Corsten / Reiß (Hrsg.)
Handbuch Unternehmungsführung

Hans Corsten / Michael Reiß (Hrsg.)

Handbuch Unternehmungsführung

Konzepte – Instrumente – Schnittstellen

GABLER

Die Deutsche Bibliothek – CIP-Einheitsaufnahme

Handbuch Unternehmungsführung:
Konzepte – Instrumente – Schnittstellen
/ Hans Corsten/Michael Reiß (Hrsg.). -
Wiesbaden : Gabler, 1995
ISBN 3-409-19974-8
NE: Corsten, Hans [Hrsg.]

Der Gabler Verlag ist ein Unternehmen der Bertelsmann Fachinformation.

Lektorat: Barbara Marks

Höchste inhaltliche und technische Qualität unserer Produkte ist unser Ziel. Bei der Produktion und Auslieferung unserer Bücher wollen wir die Umwelt schonen: Dieses Buch ist auf säurefreiem und chlorfrei gebleichtem Papier gedruckt. Die Einschweißfolie besteht aus Polyäthylen und damit aus organischen Grundstoffen, die weder bei der Herstellung noch bei der Verbrennung Schadstoffe freisetzen.

Druck und Buchbinder: Hubert & Co., Göttingen
Printed in Germany

ISBN 3-409-19974-8

Vorwort

Primäres Anliegen des vorliegenden Handbuchs ist es, einen Überblick über das Gebiet der Unternehmungsführung zu vermitteln. Dabei stehen die aktuellen Strömungen, Konzepte und Werkzeuge im Vordergrund, die nicht nur dargestellt, sondern auch auf ihre Relevanz für praktische Problemstellungen untersucht werden. Wesentlich erscheint den Herausgebern dabei, daß die Unternehmungsführung nicht mehr ausschließlich auf die Geschäftsleitungsebene fokussiert wird, sondern daß es sich hierbei um eine flächendekkende Funktion in der Unternehmung handelt.

Das Handbuch ist in vier Teile gegliedert, die wiederum jeweils drei Kapitel umfassen. In Teil I werden neben den konzeptionellen Grundlagen der Unternehmungsführung ausgewählte integrative Rahmenkonzepte und Konzeptionen der Unternehmungsführung angesprochen. Teil II ist den Funktionen der Unternehmungsführung gewidmet. Ausgangspunkt bilden hierbei die Phasen des Führungsprozesses. Im Rahmen des strategischen Management werden neben grundlegenden Fragen des Aufbaus hierarchischer Planungssysteme insbesondere neuere Entwicklungen in diesem Bereich diskutiert. Eine Analyse der Querschnittsfunktionen schließt diesen Teil ab. Gegenstand von Teil III sind die Domänen der Unternehmungsführung. Einen Schwerpunkt bildet dabei das Management ausgewählter betrieblicher Funktionsbereiche. Komplettiert wird die sektorale Betrachtung durch aktuelle Fragestellungen des internationalen und unternehmungsübergreifenden Management. Teil IV beschäftigt sich mit den Integrationsfeldern der Unternehmungsführung. Neben Fragen einer effizienzorientierten und effektivitätsorientierten Integration werden insbesondere aktuelle Trends und Herausforderungen der Unternehmungsführung diskutiert.

Als Autoren des Handbuchs konnten namhafte Wissenschaftler und Praktiker gewonnen werden, die auf dem Gebiet der Unternehmungsführung einschlägig publizieren. Dabei handelt es sich um 55 Wissenschaftler (davon 49 Universitätsprofessoren deutschsprachiger Universitäten) und 23 Vertreter der Managementpraxis.

Danken möchten wir zunächst allen mitwirkenden Autoren, ohne deren Engagement und Zuverlässigkeit das vorliegende Werk nicht hätte entstehen können. Unseren Mitarbeitern Herrn Dipl.-Wirtsch.-Ing. Constantin May, Herrn Dipl.-Kfm. Hermann Schuster, Herrn Dipl.-Kfm. Stephan Stuhlmann, Frau Stephanie Will und unseren studentischen Hilfskräften danken wir für die tatkräftige Unterstützung bei der redaktionellen Bearbeitung. Unsere Sekretärinnen Frau Hermine Hummel, Frau Emilie Stanzl-Zuliotti und Frau Senta Thumann haben wie gewohnt die drucktechnische Aufbereitung mit großer Sorgfalt übernommen. Hierfür sei ihnen herzlich gedankt. Unser Dank gilt darüber hinaus Herrn Dr. Reinhold Roski und Frau Barbara Marks vom Gabler Verlag, die das Projekt intensiv unterstützt haben.

Hans Corsten | Michael Reiss

Inhaltsverzeichnis

TEIL II: FUNKTIONEN DER UNTERNEHMUNGSFÜHRUNG

Viertes Kapitel
Phasen des Führungsprozesses

Fünftes Kapitel
Strategisches Management

TEIL III: DOMÄNEN DER UNTERNEHMUNGSFÜHRUNG

Siebtes Kapitel
Das Management der betrieblichen Funktionsbereiche

Achtes Kapitel
Internationales Management

Neuntes Kapitel
Unternehmungsübergreifendes Management

TEIL IV: INTEGRATIONSFELDER DER UNTERNEHMUNGSFÜHRUNG

Zehntes Kapitel
Effizienzorientierte Integration

Elftes Kapitel
Effektivitätsorientierte Integration

Zwölftes Kapitel
Aktuelle Trends und Herausforderungen

Abkürzungsverzeichnis

a.	am
a.A.	anderer Ansicht
a.a.O.	am angegebenen Ort
a.M.	andere(r) Meinung
Abh.	Abhandlung, -en
ABR	Accounting and Business Research
Abs.	Absatz
Abschn.	Abschnitt
Abt.	Abteilung
Acc.R.	The Accounting Review
Acc.Res.	Accounting Research
ADL	online / ADL-Nachrichten
Adm.&Soc.	Administration and Society
Adv.Man.J	Advanced Management Journal
AER	The American Economic Review
AfA	Absetzung für Abnutzung
AFG	Arbeitsförderungsgesetz
AG	Aktiengesellschaft
AGB	Allgemeine Geschäftsbedingungen
AGP	Arbeitsgemeinschaft zur Förderung der Partnerschaft in der Wirtschaft e.V.
AIF	Arbeitsgemeinschaft industrieller Forschungsvereinigungen
AJS	American Journal of Sociology
AktG	Aktiengesetz
Am.JSoc.	American Journal of Sociology
Am.Psych.	American Psychologist
Am.Soc.R	American Sociological Review
AMA	American Management Association
AMJ	Academy of Management Journal
AMR	Academy of Management Review
AO	Abgabenordnung
ARIS	Architektur integrierter Informationssysteme
Art.	Artikel
ASB	Auditing Standards Board
ASC	Accounting Standards Committee
ASQ	Administrative Science Quarterly
ASR	American Sociological Review
Ass.	Association
asw	Absatzwirtschaft. Zeitschrift für Marketing
Aufl.	Auflage
AWF	Ausschuß für wirtschaftliche Fertigung e.V.

BAB	Betriebsabrechnungsbogen
BAG	Bundesarbeitsgericht
BAnZ	Bundesanzeiger
BAV	Bundesaufsichtsamt für das Versicherungswesen
BB	Der Betriebsberater
BBankG	Bundesbankgesetz
Bd., Bde.	Band, Bände
BDB	Bundesverband Deutscher Banken
BddW	Blick durch die Wirtschaft
BDE	Betriebsdatenerfassung
BDI	Bundesverband der Deutschen Industrie
BDSG	Bundesdatenschutzgesetz
Beih.	Beiheft
Beil.	Beilage
Bem.	Bemerkung(en)
Betr.,betr.	Betreff, betrifft
BetrVG	Betriebsverfassungsgesetz
BewG	Bewertungsgesetz
BfA	Bundesanstalt für Arbeit
BFH	Bundesfinanzhof
BFuP	Betriebswirtschaftliche Forschung und Praxis
BGB	Bürgerliches Gesetzbuch
BGBl	Bundesgesetzblatt
BGH	Bundesgerichtshof
Bl.	Blatt, Blätter
BOA	Belastungsorientierte Auftragsfreigabe
BörsG	Börsengesetz
Brit.JSoc.	The British Journal of Sociology
bspw.	beispielsweise
Btx	Bildschirmtext
BW	Der Betriebswirt
BWL	Betriebswirtschaftslehre
bzgl.	bezüglich
bzw.	beziehungsweise
c.p.	ceteris paribus
CA	Computer Aided
CAD	Computer Aided Design
CAE	Computer Aided Engineering
CAM	Computer Aided Manufacturing
CAP	Computer Aided Planning
CAPM	Capital Asset Pricing Model
CAQ	Computer Aided Quality Assurance
CAS	Computer Aided Selling
CASE	Computer Aided Software Engineering
CAT	Computer Aided Technologies

CD	Certificate of Deposit
CD-ROM	Compact Disc - Read Only Memory
CI	Computer Integrated
CIM	Computer Integrated Manufacturing
CIM-Man.	CIM-Management
CIO	Computer Integrated Organization
CIP	Continuous Improvement Process
CM	Controller Magazin
CMR	California Management Review
CNC	Computerized Numerical Control
CPM	Critical Path Method
CPU	Central Processing Unit
CSCW	Computer Supported Cooperative Work
d.s.	das sind
d.h.	das heißt
DAG	Deutsche Angestellten Gewerkschaft
DAX	Deutscher Aktienindex
DB	Der Betrieb
DBW	Die Betriebswirtschaft
ders.	derselbe
DFG	Deutsche Forschungsgemeinschaft
DFÜ	Datenfernübertragung
DGB	Deutscher Gewerkschaftsbund
dgl.	dergleichen
DGOR	Deutsche Gesellschaft für Operations Research
DIHT	Deutscher Industrie- und Handelstag
DIN	Deutsches Institut für Normung
Diss.	Dissertation
DIN-Mitt.	DIN-Mitteilungen
DNC	Direct Numerical Control
DöV	Die öffentliche Verwaltung
DpB	Der praktische Betriebswirt
DSS	Decision Support System(s)
DSWR	Datenverarbeitung in Steuer, Wirtschaft und Recht
DTB	Deutsche Terminbörse
DU	Die Unternehmung
DV	Datenverarbeitung
e.V.	eingetragener Verein
E-Mail	Electronic Mail
ebd.	ebenda, ebendort
EDI	Electronic Data Interchange
EDIFACT	Electronic Data Interchange for Administration
EDV	Elektronische Datenverarbeitung
eG	eingetragene Genossenschaft

einschl.	einschließlich
EIS	Executive Information System(s)
EJ	Economic Journal
EJOR	European Journal of Operational Research
EN	Europäische Norm
Erg.H.	Ergänzungsheft
ESS	Executive Support System(s)
ESt	Einkommensteuer
et al.	et alii
etc.	et cetera
EU	Europäische Union
evtl.	eventuell
F&E	Forschung und Entwicklung
f. (ff.)	folgende Seite(n)
FArch	Finanzarchiv
FB/IE	Fortschrittliche Betriebsführung/Industrial Engineering
FEE	Federation des Experts Comptables Europeens
FFS	Flexibles Fertigungssystem
FFZ	Flexible Fertigungszelle
FIBOR	Frankfurt Interbank Offered Rate
Fin.Ex.	Financial Executive
FLF	Finanzierung, Leasing, Factoring
FR	Finanz-Rundschau
FRN	Floating Rate Notes
FSt	Finanzen und Steuern
FTS	Flexibles Transportsystem
GBM	Handbook of German Business Management
GdV	Gesamtverband der deutschen Versicherungswirtschaft
Gew.Mon.	Gewerkschaftliche Monatshefte
GewESt	Gewerbeertragssteuer
GewKSt	Gewerbekapitalsteuer
GewStG	Gewerbesteuergesetz
GHS	Gesamthochschule
GKV	Gesamtkostenverfahren
GmbH	Gesellschaft mit beschränkter Haftung
GmbH-Rdsch.	GmbH - Rundschau
GoB	Gundsätze ordnungsmäßiger Buchführung und Bilanzierung
GuV	Gewinn- und Verlustrechnung
GVBl.	Gesetz- und Verordnungsblatt
GWB	Gesetz gegen Wettbewerbsbeschränkungen
H.	Heft
Habil.	Habilitationsschrift
Hb., Handb.	Handbuch

Hbd.	Halbband
HBM	Harvard Business Manager
HBR	Harvard Business Review
HdA	Humanisierung der Arbeit
HdSt	Handwörterbuch der Staatswissenschaften
HdSW	Handwörterbuch der Sozialwissenschaften
HdW	Handbuch der Wirtschaftswissenschaft
HdWW	Handwörterbuch der Wirtschaftswissenschaften
HGB	Handelsgesetzbuch
HIOP	Handbook of Industrial and Organizational Psychologv
HR	Human Relations
Hrsg.	Herausgeber
hrsg.	herausgegeben
HV	Hauptversammlung
HWA	Handwörterbuch der Absatzwirtschaft
HWB	Handwörterbuch der Betriebswirtschaft
HWF	Handwörterbuch des Bank- und Finanzwesens
HWFü	Handworterbuch der Führung
HWInt	Handwörterbuch Export und Internationale Unternehmung
HWM	Handwörterbuch des Marketing
HWÖ	Handwörterbuch der Öffentlichen Betriebswirtschaft
HWO	Handwörterbuch der Organisation
HWP	Handwörterbuch des Personalwesens
HWPlan	Handwörterbuch der Planung
HWProd	Handwörterbuch der Produktionswirtschaft
HWR	Handwörterbuch des Rechnungswesens
HWRev	Handwörterbuch der Revision
HWSt	Handwörterbuch der Staatswissenschaften
HWStR	Handwörterbuch des Steuerrechts und der Steuerwissenschaften
HWSw	Handwörterbuch der Sozialwissenschaften
I&M	Information & Management
i.a.	im allgemeinen
i.d.F.	in der Fassung
i.d.R.	in der Regel
i.e.S.	im eigentlichen Sinn, im engeren Sinn
i.S.	im Sinne
i.V.m.	in Verbindung mit
i.w.S.	im weiteren Sinne
IASC	International Accounting Standards Committee
IBM-Nachr	IBM - Nachrichten
IdW	Institut der deutschen Wirtschaft e.V.
IfaA	Institut für angewandte Arbeitswissenschaft
Ifo	Institut für Wirtschaftsforschung
IHK	Industrie- und Handelskammer
IJPR	International Journal of Production Research

ILO	International Labour Organisation
ILRR	Industrial and Labor Relations Review
IM	Information Management
IMM	Industrial Marketing Management
IMR	Industrial Management Review
Ind.Eng.	Industrial Engineering
Ind.Rel.J	Industrial Relations Journal
INF	Die Information über Steuer und Wirtschaft
inkl.	inklusive
insb.	insbesondere
IO	Industrielle Organisation
ISO	International Standards Organization
J.Acc.	Journal of Accountancy
J.Occupat.Psych.	Journal of Occupational Psychology
JABS	Journal of Applied Behavioral Science
JAcc.Res.	Journal of Accounting Research
JAE	Journal of Accounting and Economics
JAP	Journal of Applied Psychology
JASP	Journal of Abnormal and Social Psychology
JB	Journal of Business
Jb.f.SWiss.	Jahrbuch fur Sozialwissenschaft
Jb.AVF	Jahrbuch der Absatz- und Verbrauchsforschung
Jb.f.Sozwiss.	Jahrbuch für Sozialwissenschaft
JBR	Journal of Business Research
JBus.	The Journal of Business
JCP	Journal of Consumer Policy
JCR	Journal of Consumer Research
JE	Journal of Economic Theory
JF	The Journal of Finance
JfB	Journal für Betriebswirtschaft
JFE	Journal of Financial Economics
Jg.	Jahrgang
JGM	Journal of General Management
JIBS	Journal of International Business Studies
JInd.Eng.	The Journal of Industrial Engineering
JiT	Just in Time
JMan.Stud.	Journal of Management Studies
JMark.	Journal of Marketing
JMR	Journal of Marketing Research
JoA	The Journal of Accountancy
JOB	The Journal of Occupational Behavior
JPSP	Journal of Personality and Social Psychology
JRoy.St.Soc.	Journal of the Royal Statistical Society

KG	Kommanditgesellschaft
KGaA	Kommanditgesellschaft auf Aktien
KGst	Kommunale Gemeinschaftsstelle für Verwaltungsvereinfachung
KI	Künstliche Intelligenz
KMU	Kleine und mittlere Unternehmungen
KO	Konkursordnung
KRP	Kostenrechnungspraxis
KSt	Körperschaftsteuer
KStG	Körperschaftssteuergesetz
KVP	Kontinuierlicher Verbesserungsprozeß
KWG	Kreditwesengesetz
KZSS	Kölner Zeitschrift fur Soziologie und Sozialpsychologie
LAN	Local Area Network
Lfg.	Lieferung
LIBOR	London Interbank Offered Rate
LkR	Lexikon des kaufmännischen Rechnungswesens
LO	Lineare Optimierung
LP	Lineare Programmierung
LRP	Long Range Planning
M&A	Mergers and Acquisitions
M&M	Marktforschung und Management
m.E.	meines Erachtens
Man.Pl.	Managerial Planning
Man.R.	Management Review
Mark.Sc	Marketing Science
Marketing ZFP	Marketing Zeitschrift für Forschung und Praxis
max.	maximal(e)
Max.	Maximum
MbE	Management by Exception
MbO	Management by Objectives
min.	minimal
Min.	Minimum
Mio	Million(en)
MIR	Management International Review
MIS	Management Information System(s)
MIT	Massachusetts Institute of Technology
MitbG	Mitbestimmungsgesetz
MM	Manager Magazin
MNC	Multinational corporation
MNE	Multinational Enterprise
MNU	Multinationale Unternehmung(en)
Mrd.	Milliarde(n)
MS	Management Science
MSS	Management Support System(s)

N.S.	New series, Nouvelle serie
NB	Neue Betriebswirtschaft
NC	numerical control
NPT	Netzplantechnik
Nr.	Nummer
NWB	Neue Wirtschafts-Briefe
o.ä.	oder ähnliches
o.g.	oben genannt(e,en)
o.J.	ohne Jahr
o.Jg.	ohne Jahrgang
o.O.	ohne Angabe des Erscheinungsortes
o.O.u.J.	ohne Ort und Jahr
o.V.	ohne Verfasser
ÖB	Der Österreichische Betriebswirt
OBHP	Organizational Behavior and Human Performance
OD	Organizational Development
OECD	Organization for Economic Cooperation and Development
OHG	Offene Handelsgesellschaft
OPT	Optimized Production Technology
OR	Operations Research
ORSp	Operations Research Spektrum
OS	Organization Studies
OSI	Open Systems Interconnection
ÖVD	Öffentliche Verwaltung und Datenverarbeitung
p.a.	per annum
PA	Personnel Administration
PC	Personal Computer
PERT	Program Evaluation and Review Technique
PIMS	Profit Impact of Market Strategies
PJ	Personnel Journal
PP	Personnel Psychology
PPM	Public Personnel Management
PPS	Produktionsplanung und -steuerung
PR	Psychological Review
Psych. Bull.	Psychological Bulletin
Pw	Personalwirtschaft
QFD	Quality Function Deployment
QZ	Qualität und Zuverlässigkeit
R&D-Man.	R&D-Management
REFA	Verband für Arbeitsstudien und Betriebsorganisation
REFA-Nachr.	REFA-Nachrichten
rev.	revidiert(e)

RKW	Rationalisierungskuratorium der Deutschen Wirtschaft
RM	Research in Marketing
ROB	Research in Organizational Behavior
ROI	Return on Investment
S.	Seite
s.	siehe
s.a.	siehe auch
s.o.	siehe oben
SE	Simultaneous Engineering
SG-DGfB	Schmalenbach Gesellschaft - Deutsche Gesellschaft für Betriebswirtschaft e.V.
SGE	Strategische Geschäftseinheiten
SGF	Strategische Geschäftsfelder
SMJ	Strategic Management Journal
SMR	Sloan Management Review
Soc.	Sociology
Soc.Q.	Sociological Quarterly
sog.	sogenannt(e)(en)
SOR	Stimulus Organism Response
Sp.	Spalte(n)
SPS	Speicherprogrammierbare Steuerung
SPSS	Statistical Package for the Social Sciences
Stat.H	Statistische Hefte
Stat.Jahrb.	Statistisches Jahrbuch für die Bundesrepublik Deutschland
SzU	Schriften zur Unternehmungsführung
t&m	technologie&management
Tbd.	Teilband
TBM	Time-based Management
TMU	Time Measurement Unit
TQM	Total Quality Management
TR	Technische Rundschau
TVG	Tarifvertragsgesetz
u.	und
u.a.	unter anderem
u.ä.	und ähnliches
u.a.m.	und andere mehr
u.E.	unseres Erachtens
u.U.	unter Umständen
usw.	und so weiter
UWG	Gesetz gegen den unlauteren Wettbewerb
v.	von
v.H.	von Hundert

VDA	Verband der Automobilindustrie
VDI	Verein Deutscher Ingenieure
VDI-N	VDI-Nachrichten
VDI-Z	VDI-Zeitschrift
Verf.	Verfasser(in)
vgl.	vergleiche
vs.	versus
VSt	Vermögenssteuer
WAN	Wide Area Network
WdS	Wörterbuch der Soziologie
WI	Wirtschaftsinformatik
WiSt	Wirtschaftswissenschaftliches Studium
WISU	Das Wirtschaftsstudium
WP-Handb.	Wirtschaftsprüfer-Handbuch
WPg	Die Wirtschaftsprüfung
WSI	Wirtschafts- und Sozialwissenschaftliches Institut
wt	Werkstattechnik
WuW	Wirtschaft und Wettbewerb
XPS	Expertensystem
z.B.	zum Beispiel
z.T.	zum Teil
z.Zt.	zur Zeit
ZArbWiss	Zeitschrift für Arbeitswissenschaft
ZfB	Zeitschrift für Betriebswirtschaft
ZfbF	Zeitschrift für betriebswirtschaftliche Forschung
ZfD	Zeitschrift für Datenverarbeitung
ZfgSt	Zeitschrift für die gesamte Staatswissenschaft
ZfO	Zeitschrift für Organisation (bis 1982)
ZFO	Zeitschrift Führung + Organisation (ab 1983)
ZfP	Zeitschrift für Personalforschung
ZfR	Zeitschrift für das gesamte Rechnungswesen
ZfWISO	Zeitschrift für Wirtschafts- und Sozialwissenschaften
Ziff.	Ziffer
ZIR	Zeitschrift für Interne Revision
Zit., zit.	Zitat, zitiert
ZGR	Zeitschrift für Unternehmens- und Gesellschaftsrecht
ZögU	Zeitschrift für öffentliche und gemeinwirtschaftliche Unternehmen
ZOR	Zeitschrift für Operations Research
ZöW	Zeitschrift für öffentliche Wirtschaft
ZP	Zeitschrift für Planung
ZwF	Zeitschrift für wirtschaftliche Fertigung
zzgl.	zuzüglich

Autorenverzeichnis

Matthias Bank	Wissenschaftlicher Mitarbeiter, Lehrstuhl für Betriebswirtschaftslehre, insb. Bank- und Börsenwesen, Friedrich-Alexander-Universität Erlangen-Nürnberg.
Tessa Beecken	Wissenschaftliche Mitarbeiterin, Seminar für Allgemeine Betriebswirtschaftslehre und Organisationslehre, Universität zu Köln.
Dr. Matthias Bellmann	Funktionsbereichsleiter Customer Focus und Sprecher der Geschäftsführung, ABB Management Consulting GmbH, Heidelberg.
Univ.-Prof. Dr. Knut Bleicher	Institut für Betriebswirtschaft, Hochschule St. Gallen.
WP Dr. Heinz Bolsenkötter	WIBERA Wirtschaftsberatung AG, Düsseldorf.
Apl.-Prof. Dr. Wolf-Rüdiger Bretzke	Management Consulting Prof. Dr. Bretzke GmbH, Meerbusch.
Univ.-Prof. Dr. Rolf Bühner	Lehrstuhl für Betriebswirtschaftslehre, Organisation und Personalwesen, Universität Passau.
Univ.-Prof. Dr.-Ing. Prof. e.h. Dr. h.c. Hans-Jörg Bullinger	Institut für Arbeitswissenschaft und Technologiemanagement IAT, Universität Stuttgart.
Hans-Jürgen Burmeister	Vorsitzender, Arbeitsgemeinschaft zur Förderung der Partnerschaft in der Wirtschaft e.V., Hamburg.
Univ.-Prof. Dr. Hans Corsten	Lehrstuhl für Allgemeine Betriebswirtschaftslehre, Produktionswirtschaft und Industriebetriebslehre, Universität Eichstätt / Ingolstadt.
Univ.-Prof. Dr. Werner Delfmann	Seminar für Allgemeine Betriebswirtschaftlehre, Betriebswirtschaftliche Planung und Logistik, Universität zu Köln.
Wolfgang Dernbach	Mitglied der Geschäftsleitung, Diebold Deutschland GmbH, Eschborn.
Dr. Peter Dill	The Boston Consulting Group International Inc., Seoul.

Dr. Silvia Föhr	Wissenschaftliche Assistentin, Lehrstuhl für Betriebswirtschaftslehre, Personal und Organisation, Julius-Maximilians-Universität Würzburg.
Univ.-Prof. Dr. Klaus-Peter Franz	Wissenschaftlicher Direktor des Universitätsseminars der Wirtschaft, Erftstadt und Lehrstuhl für Betriebswirtschaftslehre und Rechnungswesen, Universität Kaiserslautern.
Univ.-Prof. Dr. Erich Frese	Seminar für Allgemeine Betriebswirtschaftslehre und Organisationslehre, Universität zu Köln.
Jürgen Fuchs	Generalbevollmächtigter, Ploenzke AG, Kiedrich.
Univ.-Prof. Dr. Michael Gaitanides	Fachbereich Wirtschafts- und Organisationswissenschaften, Universität der Bundeswehr, Hamburg.
Univ.-Prof. Dr. Hans Georg Gemünden	Institut für Angewandte Betriebswirtschaftslehre und Unternehmensführung, Universität (TH) Karlsruhe.
Univ.-Prof. Dr. Wolfgang Gerke	Lehrstuhl für Betriebswirtschaftslehre, insb. Bank- und Börsenwesen, Friedrich-Alexander-Universität Erlangen-Nürnberg.
Univ.-Prof. Dr. Elmar Gerum	Lehrstuhl für Allgemeine Betriebswirtschaftslehre, Organisation und Personalwirtschaftslehre, Philipps-Universität Marburg.
Univ.-Prof. Dr. Alexander Gerybadze	Institut für Technologiemanagement, Hochschule St. Gallen.
Univ.-Prof. Dr. Dietger Hahn	Lehrstuhl für Betriebswirtschaftslehre, Unternehmungsplanung und Industriebetriebslehre, Justus-Liebig-Universität Gießen.
Univ.-Prof. Dr. Richard Hammer	Institut für Unternehmensführung, Universität Innsbruck.
Jörg Menno Harms	Geschäftsführer, Hewlett-Packard GmbH, Stuttgart.
Univ.-Prof. Dr. Dr. habil. Arnold Hermanns	Institut für Produktionswirtschaft und Marketing, Universität der Bundeswehr, München.
Dr. Knut Hildebrand	Vertretung eines Lehrstuhls für Allgemeine Betriebswirtschaft an der Westfälischen Wilhelms-Universität Münster.
Univ.-Prof. Dr. Hans H. Hinterhuber	Institut für Unternehmensführung, Universität Innsbruck.

Univ.-Prof. Dr. Hans-Jörg Hoitsch	Lehrstuhl für Allgemeine Betriebswirtschaftslehre und Industrie, Produktionswirtschaft und Controlling, Universität Mannheim.
Univ.-Prof. Dr. Péter Horváth	Betriebswirtschaftliches Institut, Lehrstuhl für Allgemeine Betriebswirtschaftslehre und Controlling, Universität Stuttgart.
Edmund Hug	Vorsitzender der Geschäftsführung, IBM Deutschland GmbH, Berlin.
Univ.-Prof. Dr. Dodo zu Knyphausen-Aufseß	Lehrstuhl für Allgemeine Betriebswirtschaftslehre, insb. Internationales Management, Friedrich-Schiller-Universität Jena.
Univ.-Prof. Dr. Wilfried Krüger	Lehrstuhl für Betriebswirtschaftslehre II, Justus-Liebig-Universität Gießen.
Univ.-Prof. Dr. Brij Kumar	Lehrstuhl für Betriebswirtschaftslehre und Internationales Management, Friedrich-Alexander-Universität Erlangen-Nürnberg.
Univ.-Prof. Dr. Peter Kupsch	Lehrstuhl für Betriebswirtschaftslehre, insb. Betriebliche Steuerlehre und Wirtschaftsprüfung, Otto-Friedrich-Universität Bamberg.
Univ.-Prof. Dr. Michael Kutschker	Lehrstuhl für Allgemeine Betriebswirtschaftslehre und Internationales Management, Universität Eichstätt / Ingolstadt.
Hon.-Prof. Dr. Hans-Joachim Langmann	Vorsitzender des Gesellschafterrates und der Geschäftsleitung, E. Merck, Darmstadt.
Dr. Albert Löhr	Wissenschaftlicher Assistent, Lehrstuhl für Allgemeine Betriebswirtschaftslehre und Unternehmensführung, Friedrich-Alexander-Universität Erlangen-Nürnberg.
WP/StB Univ.-Prof. Dr. Wolfgang Lück	Lehrstuhl für Betriebswirtschaftslehre der Brau- und Lebensmittelindustrie, Technische Universität (TU) München-Weihenstephan.
Univ.-Prof. Dr. Klaus Macharzina	Lehrstuhl für Unternehmensführung, Organisation und Personalwesen, Universität Hohenheim.
Dr. Michael Mirow	Direktor, Leiter der Hauptabteilung Unternehmensstrategien, Siemens AG, München.
Dr. h.c. Tyll Necker	Geschäftsführer und Gesellschafter der HAKO-Werke GmbH & Co., ehem. Präsident des Bundesverbandes der Deutschen Industrie e.V., Bad Oldesloe.

Stefan Niemand	Wissenschaftlicher Mitarbeiter, Betriebswirtschaftliches Institut, Lehrstuhl für Allgemeine Betriebswirtschaftslehre und Controlling, Universität Stuttgart.
Univ.-Prof. Dr. Peter Oberender	Lehrstuhl für Volkswirtschaftslehre und Wirtschaftstheorie, Universität Bayreuth.
Univ.-Prof. Dr. Walter Oechsler	Lehrstuhl für Betriebswirtschaftslehre, insb. Personalwirtschaft, Otto-Friedrich-Universität Bamberg.
Dr. Michael-Jörg Oesterle	Wissenschaftlicher Assistent, Lehrstuhl für Unternehmensführung, Organisation und Personalwesen, Universität Hohenheim.
Dr. Heinrich v. Pierer	Vorsitzender des Vorstandes der Siemens AG, München.
Univ.-Prof. Dr. Hans Jobst Pleitner	Schweizerisches Institut für Gewerbliche Wirtschaft, Hochschule St. Gallen.
Dr. Martin Posth	Chairman and President, Volkswagen Asia-Pacific Ltd., Hongkong.
Robert Raeber	Vorsitzender des Vorstands, Nestlé Deutschland AG, Frankfurt a.M.
Univ.-Prof. Dr. Michael Reiß	Betriebswirtschaftliches Institut, Lehrstuhl für Allgemeine Betriebswirtschaftslehre und Organisation, Universität Stuttgart.
Univ.-Prof. Dr. Max Ringlstetter	Lehrstuhl für Allgemeine Betriebswirtschaftslehre, Organisation und Personalwesen, Universität Eichstätt / Ingolstadt.
Siegfried Roth	Gewerkschaftssekretär beim Vorstand der IG Metall, Frankfurt a.M.
Univ.-Prof. Dr. Bernd Schauenberg	Lehrstuhl für Betriebswirtschaftslehre, Personal und Organisation, Julius-Maximilians-Universität Würzburg.
Univ.-Prof. Dr. August-Wilhelm Scheer	Institut für Wirtschaftsinformatik, Universität des Saarlandes, Saarbrücken.
Univ.-Prof. Dr. Dieter J.G. Schneider	Institut für Wirtschaftswissenschaften, Marketing und Internationales Management, Universität Klagenfurt.
Hon.-Prof. Dr. Dieter Schneidewind	Mitglied des Aufsichtsrats, Wella AG, Darmstadt.

Univ.-Prof. Dr. Georg Schreyögg	Fachrichtung Organisation und Führung, Institut für Management, Freie Universität Berlin.
Univ.-Prof. Dr. Hans-Horst Schröder	Lehrstuhl für Betriebswirtschaftslehre mit Schwerpunkt Technologie- und Investitionsmanagement, RWTH Aachen.
Dr. Christof Schulte	Leiter des Zentralbereichs Planung / Controlling, Schickedanz Holding-Stiftung & Co. KG, Fürth.
Dr. habil. Hans-Gerd Servatius	Partner, Roland Berger & Partner GmbH, Düsseldorf.
Dr. Tom Sommerlatte	Managing Director Europe, Arthur D. Little International Inc., Wiesbaden.
Dr. Dieter Spöri	Stellvertretender Ministerpräsident und Wirtschaftsminister des Landes Baden-Württemberg, Stuttgart.
Univ.-Prof. Dr. Dr. Erich Staudt	Lehrstuhl für Arbeitsökonomie, Ruhr-Universität Bochum; Vorstand des Instituts für angewandte Innovationsforschung (IAI), Bochum e.V.
Univ.-Prof. Dr. Claus Steinle	Lehrstuhl für Unternehmensführung & Organisation, Universität Hannover.
Univ.-Prof. Dr. Horst Steinmann	Lehrstuhl für Allgemeine Betriebswirtschaftslehre und Unternehmensführung, Friedrich-Alexander-Universität Erlangen-Nürnberg.
Univ.-Prof. Dr. Jörg Sydow	Fachbereich 6 - Wirtschaftswissenschaften, Bergische Universität-Gesamthochschule-Wuppertal.
Univ.-Prof. Dr. Norbert Thom	Institut für Organisation und Personal, Universität Bern.
Univ.-Prof. Dr. Martin Welge	Lehrstuhl für Unternehmensführung, Universität Dortmund.
Univ.-Prof. Dr. Axel v. Werder	Fachgebiet Organisation und Unternehmensführung, Institut für Betriebswirtschaftslehre, Technische Universität Berlin.
Univ.-Prof. Dr. Horst Wildemann	Lehrstuhl für Betriebswirtschaftslehre mit Schwerpunkt Logistik, Technische Universität München.
Univ.-Prof. Dr. Thomas Witte	Institut für Informationsmanagement und Unternehmensführung, Universität Osnabrück.
Günter Wollny	Leiter Konzernergebnisplanung und -steuerung, BMW AG, München.

Univ.-Prof. Dr. Rolf Wunderer	Institut für Führung und Personalmanagement, Hochschule St. Gallen.
Univ.-Prof. Dr. Erich Zahn	Betriebswirtschaftliches Institut, Lehrstuhl für Allgemeine Betriebswirtschaftslehre und Betriebswirtschaftliche Planung, Universität Stuttgart.
Univ.-Prof. Dr. Stephan Zelewski	Lehrstuhl für Produktions- und Industrielle Informationswirtschaft, Universität Leipzig.
Univ.-Prof. Dr. Klaus J. Zink	Lehrstuhl für Industriebetriebslehre und Arbeitswissenschaft, Universität Kaiserslautern.

Teil I

Grundlagen der Unternehmungsführung

Erstes Kapitel

Konzeptionelle Grundlagen

Michael Reiß
Hans Corsten

Schnittstellenfokussierte Unternehmungsführung

A. Unternehmungsführung als zentraler Wettbewerbsfaktor

Ressourcen und Kompetenzen bilden sowohl die Grundlage für den Wohlstand von Volkswirtschaften als auch für die Wettbewerbsfähigkeit von Unternehmungen. Dabei herrscht Einigkeit darüber, daß die mit den Humanressourcen verbundenen Kompetenzen für westliche Unternehmungen eine höhere Bedeutung aufweisen als etwa die begrenzt vorhandenen natürlichen Ressourcen. Für sich genommen stellen diese Kompetenzen allerdings keine Garanten für den wirtschaftlichen Erfolg dar. Erst wenn sie durch entsprechende Managementkompetenzen gezielt entwickelt, planvoll eingesetzt und organisiert werden, kann sich das Potential der Humanressourcen in vollem Umfang entfalten. Damit rückt die Methoden- und Sozialkompetenz des Management von und in Unternehmungen, d.h. die Unternehmungsführung, in den Mittelpunkt der Wettbewerbs- und Erfolgsfaktoren. Folglich liegt die Verantwortung für alle „hard“ und „soft factors“ in den Händen der Unternehmungsführung.

Die zentrale Stellung der Unternehmungsführung wird weiterhin dadurch unterstrichen, daß wirtschaftliche Revolutionen in hochentwickelten Wirtschaftssystemen nicht (mehr) primär im technischen Sektor, sondern vielmehr im Management stattfinden. Was Wissenschaft und Praxis nachhaltig bewegte - vom Scientific Management zu Beginn dieses Jahrhunderts bis zum Lean Management, TQM und Reengineering am Ende des Jahrhunderts - waren durchweg radikale Neuorientierungen und Innovationen im Managementsystem.

Für eine intensivere Beschäftigung mit der Unternehmungsführung als zentralem Wettbewerbsfaktor bedarf es einer geeigneten konzeptionellen Basis. Insgesamt erscheinen die in Abbildung 1 erfaßten vier Perspektiven für eine Analyse relevant.

Die *institutionelle* Perspektive setzt an der Organisation der Unternehmungsführung an. Zentrales Anliegen dabei ist es klarzustellen, daß Unternehmungsführung nicht nur an der Unternehmungsspitze betrieben wird, sondern flächendeckend auf allen Hierarchieebenen stattfindet. Hierbei kristallisiert sich über alle Branchen und Unternehmungsklassen hinweg eine charakteristische Rollenverteilung heraus:

- Die flexible und marktnahe Bearbeitung von Geschäftsfeldern obliegt den Leitern von geschäftsführenden Bereichen, Business Units oder Geschäftseinheiten, die insgesamt als Business Center bezeichnet werden sollen.
- Das Corporate Center, in mittelständischen Unternehmungen zutreffender als Management Center bezeichnet, als zweites Zentrum der Unternehmungsführung übernimmt die Synergieverantwortung für die Gesamtheit der bearbeiteten Geschäftsfelder. Sie fungiert als integrativer Portfoliomanager mit Distanz zu den einzelnen Märkten und Produkten.
- Ein drittes Zentrum bilden die Service Center, z.B. die zentralen Controlling-, Planungs-, EDV-, PR- und Personalabteilungen. Sie unterstützen sowohl das Corporate Center als auch die Business Center und fungieren zusammen mit dem Corporate Center als zentrale Infrastruktur einer Unternehmung.

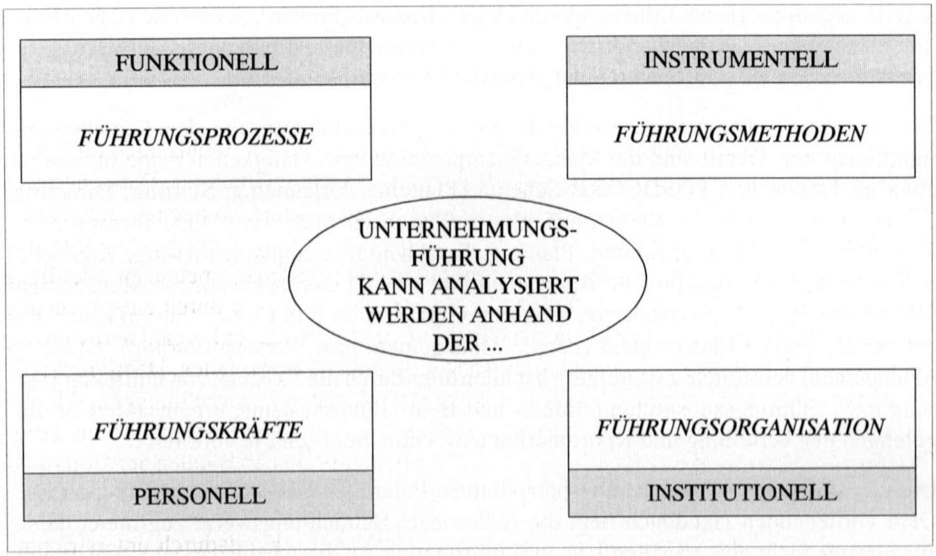

Abbildung 1: Perspektiven der Managementanalyse

Diese drei Center-Kategorien finden sich in allen Teilbereichen der Unternehmung, d.h. auf der Ebene der Divisions, Standorte und Werke, wodurch der flächendeckende Charakter der Unternehmungsführung nochmals verdeutlicht wird. Nur durch eine konsequente und umfassende Anwendung des Center-Prinzips läßt sich sicherstellen, daß die Funktionen der Unternehmungsführung tatsächlich unternehmerisch, also mit Blick auf betriebswirtschaftliche Erfolgskennzahlen und nicht rein administrativ interpretiert und wahrgenommen werden.

Die *personelle* Perspektive ist auf die Führungskräfte (Manager) als Träger der Unternehmungsführung gerichtet. Gegenstand der Analyse bilden hierbei u.a. Professionalisierungsphänomene in der Unternehmungsführung, etwa Berufsbilder (controller, treasurer, general manager, inhouse consulter), Ethos und Organisation einschlägiger Berufsgruppen (Organisatoren, Logistik- und Personalmanager), Laufbahnkonzepte (Führungs- und Fachlaufbahnen, Projektlaufbahn) und Zeitbudgets von Führungskräften. Auch in dieser Analyseform zeigt sich, daß unternehmerische Führung nicht nur auf der Geschäftsleitungsebene stattfinden darf. Durch Führungskonzepte des Entrepreneuring bzw. Intrapreneuring ist dafür zu sorgen, daß jeder Manager und jeder Mitarbeiter sich als Mitunternehmer und damit als Unternehmer im Unternehmen versteht und verhält.

Die *instrumentelle* Perspektive stellt das „Handwerkszeug" der Unternehmungsführung in den Mittelpunkt der Betrachtung. Dabei wird der Erfolg der Unternehmungsführung in einen engen Zusammenhang mit der Entwicklung und dem Einsatz von Verfahren, Methoden, Modellen und Tools gebracht. Das Methodenspektrum umfaßt jedoch nicht nur technokratische Planungs- und Controllingmethoden, sondern darüber hinaus auch strukturelle (z.B. organisatorische Erhebungs- und Darstellungstechniken), personelle (z.B. Moderationstechniken, Gesprächsführung) und informationelle Instrumente (z.B. Führungsinformationssysteme, Groupware- und Workflow-Software).

Die *funktionelle* Perspektive erschließt Unternehmungsführung von den Managementfunktionen her. Damit sind die Managementprozesse bzw. -tätigkeiten gemeint, wie sie etwa im klassischen POSDCORB-Schema (Planning, Organizing, Staffing, Directing, Coordinating, Reporting, Budgeting) oder in Phasenschemata des Managementprozesse (Zielbildung, Problemerkennung, Planung, Entscheidung, Implementierung, Kontrolle) erfaßt werden. Die funktionelle Analyse umfaßt sowohl das sachbezogene Management (Task Management in Gestalt von Planung, Organisation und Controlling) als auch das personenbezogene Management (People Management bzw. Personalführung). Diese im Management verbreitete Zweiteilung hat allerdings durch die Existenz von indirekter Führung bzw. Führungssubstituten (Anreiz- und Beurteilungssysteme, organisatorische Regelungen der Verteilung und Koordination usw.) ihre Trennschärfe verloren.

Die vier skizzierten Untersuchungsperspektiven liefern jeweils spezifische Erkenntnisse. Dem vorliegenden Handbuch liegt die funktionale Betrachtungsweise zugrunde, da sie aus unserer Sicht eine ganzheitliche und informative Analyseebene darstellt. Mit zunehmender Dezentralisierung von Managementaufgaben verringert sich nämlich die Aussagefähigkeit der institutionellen und der personellen Betrachtungsweise: Je mehr Personalmanagement durch die Fachvorgesetzten („Vorgesetzte sollen führen!“) und je mehr dezentrales Selbstcontrolling statt zentralem Fremdcontrolling („Controlling ist wichtiger als Controller!“) betrieben wird, desto weniger ergiebig wird eine Analyse von spezialisierten Abteilungen oder Berufsbildern.

B. Erfolgsfaktoren der Unternehmungsführung

Der Messung des Erfolges der Unternehmungsführung ist ein komplexes System von Effektivitäts- und Effizienzmaßstäben zugrunde zu legen. Es ist gleichzeitig durch die *Fülle* der Performancekriterien und durch diverse *Spannungsfelder* zwischen einzelnen Kriterien geprägt (vgl. Abbildung 2).

Die Vielzahl der Kriterien und die Kriterienkonflikte lassen sich nur durch Maßnahmen der Komplexitätshandhabung meistern. Es erscheint zu einfach, auch wenn dies aus der Sicht vieler Manager als geeignetes Mittel betrachtet wird, Komplexität stets durch eine Komplexitätsreduktion zu bewältigen, da diese Handhabungsform zu verschiedenen dysfunktionalen Konsequenzen geführt hat. Auf der Ebene der Erfolgskriterien ergibt sich dadurch gewissermaßen ein „Zick-Zack-Kurs der Unternehmungsführung“: In guten Zeiten ist die gesamte Aufmerksamkeit auf Umsatz und andere Effektivitätskriterien gerichtet, während die Kostenseite weitgehend vernachlässigt wird. Demgegenüber gelangen in schlechten Zeiten Maßnahmen der Kostenreduktion ins Zentrum des Interesses, wohingegen die Bemühungen um Innovationen fast vollständig unterlassen werden.

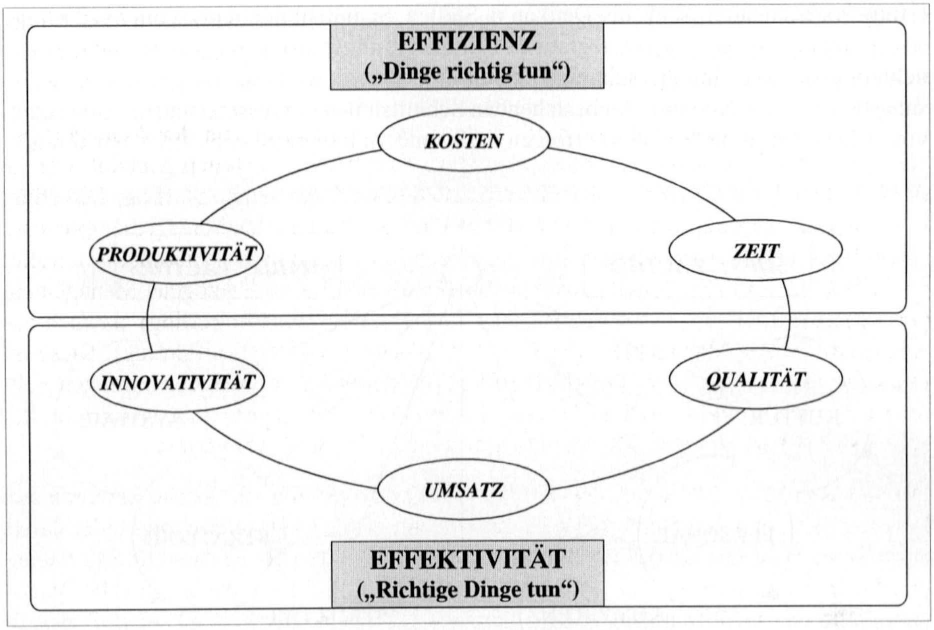

Abbildung 2: Performancekriterien der Unternehmungsführung

Des weiteren wird immer wieder der Versuch unternommen, die Vielfalt der Erfolgskriterien auf wenige Erfolgsfaktoren zu reduzieren. Solche Bemühungen münden z.B. in eine Fokussierung auf die soft factors oder aber in eine Dominanz von Systemen. Über die Zeit hinweg ergibt sich ein Muster des Wandels in der Unternehmungsführung, der sich wie eine Pendelbewegung zwischen soft und hard factors vollzieht (vgl. Abbildung 3).

Es wird erkennbar, daß exzellente Unternehmungsführung nicht auf einer derart simplifizierenden Komplexitätsreduktion aufbauen kann. Die Beschäftigung mit den Erfolgsfaktoren sollte sich nicht in einer Pendelbewegung, sondern in einem Erfolgsfaktoren-Portfolio vollziehen, innerhalb dessen sich die Stellenwerte einzelner Faktoren in einem geordneten Gesamtrahmen verändern. Portfoliodenken ist folglich Ausdruck einer ganzheitlichen Berücksichtigung mehrerer Erfolgskriterien und Erfolgsfaktoren.

Eine gehobenere Form der Komplexitätshandhabung muß dem Gebot der Ganzheitlichkeit genügen. Die Ganzheitlichkeit der Unternehmungsführung muß sich auf den beiden folgenden spezifischen Prüfständen beweisen:

– *Flexibilität:* Hierbei geht es um die Lernfähigkeit von Personen und Institutionen und die Anpassungsfähigkeit von Strategien, Strukturen und Systemen als Antwort auf Unsicherheit.
– *Integration:* Hier ist die Koordination der Prozesse und die Kooperationsfähigkeit der Manager sicherzustellen.

Dabei ist das *Schnittstellenmanagement* die verbindende Klammer zwischen flexibler Anpassung und integrativer Abstimmung. Es zeigt sich, daß ein Denken in Schnittstellen erfolgversprechender ist als ein Denken in Stellen. Schnittstellen repräsentieren das klassische Betätigungsfeld einer integrativen Unternehmungsführung. Für eine flexible Unternehmungsführung sind die Schnittstellen deshalb zentral, weil eine Diagnose von Anpassungsbedarfen die Kenntnis der bestehenden Schnittstellen voraussetzt und die Umsetzung von Anpassungen nicht isoliert erfolgen darf, sondern integrativ vonstatten gehen muß.

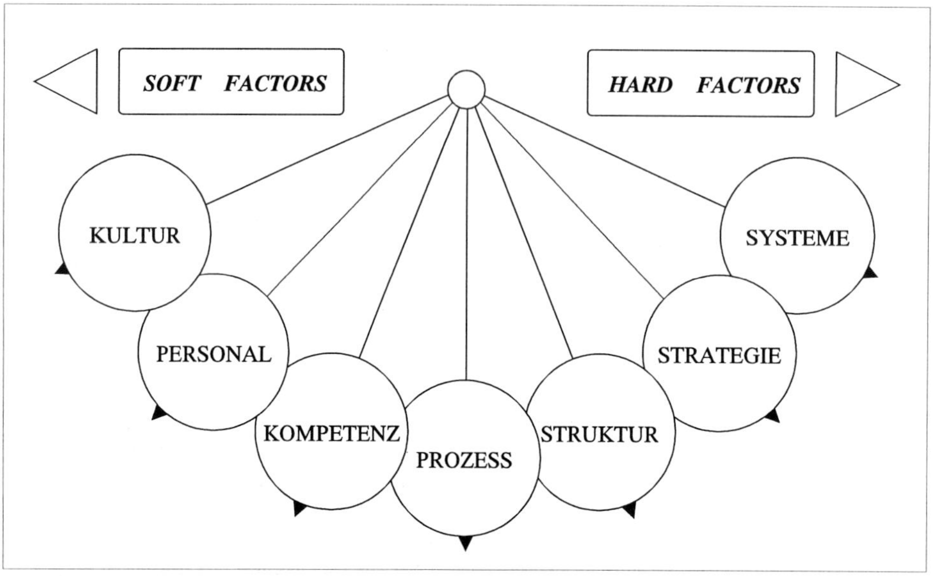

Abbildung 3: Pendel der Erfolgsfaktoren

Die Schnittstellenarbeit kann dabei auf unterschiedlichen Anspruchsniveaus erfolgen:

- *Koppelung durch Link:* Hierbei werden Verbindungen zwischen einzelnen Managementbereichen hergestellt. Durch die Errichtung von Informationskanälen wird dafür gesorgt, daß die einzelnen Managementsparten zueinander in Kontakt treten.
- *Harmonisierung durch Fit:* Es wird angestrebt, die Managementinstrumente harmonisch aufeinander abzustimmen. Der Erfolg dieser Bemühungen äußert sich u.a. in einem Fit von Strategie, Kultur und Struktur sowie in der Widerspruchsfreiheit von Teilplänen.
- *Synergie durch Mix:* Durch eine integrative Instrumentenkombination soll eine Synergie erzielt werden. In diesem Fall liegt die Gesamtperformance über der Summe der Partialerfolge.

Eine besondere Herausforderung des Schnittstellenmanagement in der Unternehmungsführung bildet die Bestimmung der optimalen Abstimmungsrichtung. Abbildung 4 gibt Auskunft über das Zusammenspiel der Erfolgsfaktoren Systeme, Strategie, Struktur, Prozeß, Kompetenz, Personal und Kultur und illustriert die gängigen Philosophien der ganzheitlichen Berücksichtigung von Erfolgsfaktoren, etwa

- „Struktur folgt Strategie",
- „Prozesse wichtiger als Strukturen" oder

– „Personal vor Struktur".

Sie signalisiert zugleich, daß im Zweifel eine einseitige Abstimmung die Forderung nach Stimmigkeit nicht erfüllen kann.

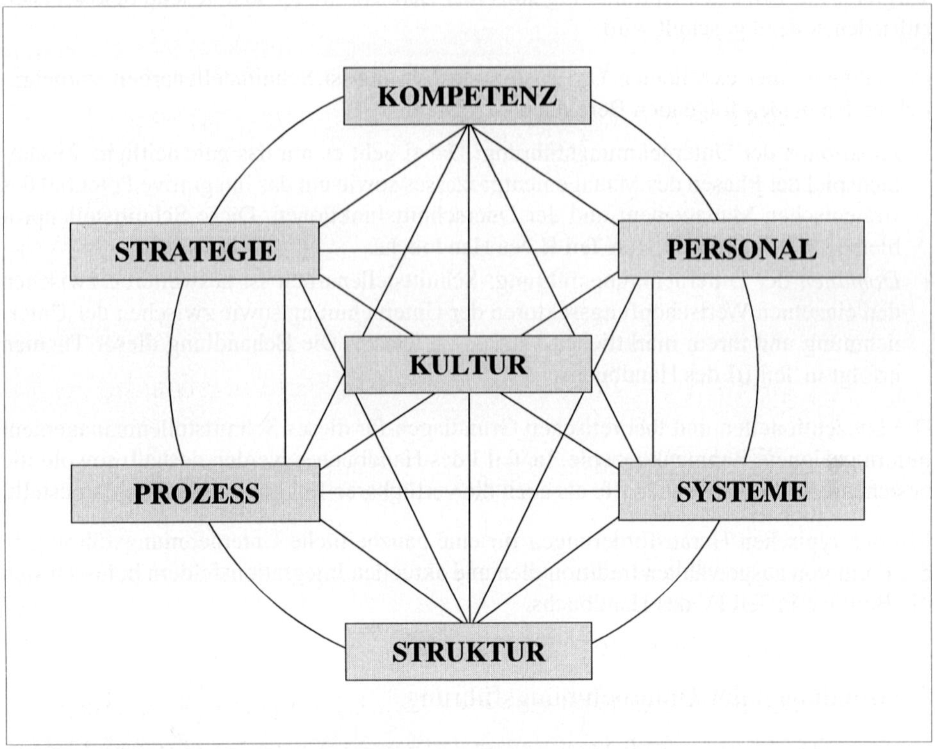

Abbildung 4: Ganzheitliche Abstimmung von Erfolgsfaktoren

C. Rahmenkonzeption des Handbuchs

1. Schnittstellenmanagement im Fokus

Das vorliegende Handbuch will einen Überblick über den State of the Art auf dem Gebiet der Unternehmungsführung geben. Neben klassischen und insofern zeitlosen Ansätzen werden auch aktuelle Managementkonzepte vorgestellt. Dabei wird die Unternehmungsführung sowohl aus wissenschaftlicher als auch aus praktischer Perspektive beleuchtet, wodurch deutlich wird, daß zwischen Wissenschaft und Praxis trotz weitgehender Übereinstimmung der Zugänge unterschiedliche Akzentsetzungen erfolgen.

Das Schnittstellenmanagement bildet die gemeinsame Perspektive und folglich den „roten Faden“ durch die Beiträge des Handbuchs. Gerade auf dem Gebiet der schnittstellenbewußten Unternehmungsführung zeigt sich ein beträchtlicher Nachholbedarf für das Management, der aus der Tatsache resultiert, daß die Optimierung von Schnittstellen im Vergleich zur isolierten Optimierung einzelner Bereiche weder ausreichend belohnt noch zufriedenstellend geschult wird.

Im Rahmen einer exzellenten Unternehmungsführung ist Schnittstellenarbeit vornehmlich in den beiden folgenden Bereichen zu leisten:

– *Funktionen* der Unternehmungsführung: Dabei geht es um das ganzheitliche Zusammenspiel der Phasen des Managementprozesses sowie um das integrative Potential des strategischen Management und der Querschnittsfunktionen. Diese Schnittstellenprobleme sind Gegenstand von Teil II des Handbuchs.
– *Domänen* der Unternehmungsführung: Schnittstellenarbeit ist desweiteren zwischen den einzelnen Wertschöpfungssektoren der Unternehmung sowie zwischen der Unternehmung und ihrem marktlichen Umfeld zu leisten. Die Behandlung dieser Themen erfolgt in Teil III des Handbuchs.

Die konzeptionellen und theoretischen Grundlagen für dieses Schnittstellenmanagement liefern geeignete Rahmenkonzepte. In Teil I des Handbuches werden deshalb sowohl die bestehenden Integrationsbedarfe als auch die verfügbaren Integrationsansätze dargestellt.

Mit den typischen Herausforderungen für eine ganzheitliche Unternehmungsführung in der Form von ausgewählten traditionellen und aktuellen Integrationsfeldern befassen sich die Beiträge in Teil IV des Handbuchs.

2. Grundlagen der Unternehmungsführung

Die Fundamente für eine schnittstellenfokussierte Unternehmungsführung werden in Teil I gelegt. Bereits an dieser Grundlagenarbeit sind Wissenschaftler, Praktiker und Berater beteiligt. Die konzeptionelle Grundlagenarbeit erstreckt sich dabei einerseits auf eine komprimierte *Gesamtcharakterisierung der Unternehmungsführung* und anderseits auf einen Überblick über die *unternehmungsexternen Rahmenbedingungen*, an die sich die Manager bei ihrer Tätigkeit anzupassen haben.

Unternehmungsintern wird der Rahmen für die Unternehmungsführung durch *normative* Konzepte abgesteckt. Dabei reicht das Spektrum von der Unternehmungsethik, also Fragen der gesellschaftlichen Verantwortung und der durch Leitbilder zu schaffenden Unternehmungsidentität, und der Unternehmungskultur bis hin zur Unternehmungsverfassung, bei der rechtsformabhängige Bestimmungen und Mitbestimmungsfragen im Vordergrund stehen.

Die Unternehmungsverfassung reicht bereits in den Bereich der *strukturellen* Rahmenkonzepte hinein. Dabei werden nicht nur aktuelle Tendenzen zu dezentralen Strukturen über Segmentierung, Abbau von Hierarchien und Zentralbereichen untersucht, sondern darüber hinaus auch integrierte Konzernstrukturen behandelt. Der Darstellung von Netzwerkstrukturen, Allianzen und virtuellen Organisationsformen wird deshalb ein so großes Gewicht verliehen, weil diese Modelle das herkömmliche Unternehmungsmodell grundsätzlich in Frage stellen.

Für die Grundlagen der Unternehmungsführung erweisen sich ganzheitliche Managementkonzepte als unverzichtbar. Zu den Klassikern auf diesem Gebiet zählen die *Management-by-Konzepte*. Neuere theoretische Ansätze stammen aus den denkbar unterschiedlichsten Wissenschaftssparten. Dies verdeutlicht die Gegenüberstellung der in der Mikro- und Industrieökonomie verwurzelten *Institutionenökonomie* und den durch Systemtheorie und Biologie geprägten *evolutionären Managementmodellen*. Komplettiert wird das Modellspektrum durch Managementmodelle, die keine wissenschaftlichen Konstruktionen darstellen, sondern eine Rekonstruktion der Managementrealität darstellen. Ein prominenter Vertreter dieser Ansätze ist das *japanische Management*.

3. Funktionen der Unternehmungsführung

Das Zusammenspiel der Phasen des Managementprozesses bildet den Ausgangspunkt einer funktionalen Betrachtung der Unternehmungsführung. Grundlage hierfür ist der Entwurf und die Ausgestaltung eines *integrierten Planungssystems*, das Planungs-, Steuerungs- und Kontrollaufgaben als originäre Führungsaufgaben begreift. Dabei werden Ziele nicht gesetzt, sondern im Rahmen eines Zielbildungsprozesses bewußt gestaltet. Dem ganzheitlichen Anspruch folgend, sind sowohl die Ziele der einzelnen Teilbereiche der Unternehmung als auch die Ziele für die Gesamtunternehmung zu entwickeln. Damit übernehmen die Ziele neben einer Motivations- auch eine Koordinationsfunktion. Die Interdependenzen zwischen den Phasen des Führungsprozesses bilden einen Ansatzpunkt für den Beitrag zur Problemerkennung. Mit ihrer Hilfe sollen Hinweise auf Handlungs- und Gestaltungserfordernisse erlangt werden. Die auftretenden Planungsprobleme lassen sich in gut- und schlechtstrukturierte Probleme unterteilen, was Auswirkungen auf die zum Einsatz gelangenden Planungsmethoden hat. Mit Abschluß der Planung erfolgt die Implementierung, d.h. die Einbindung *neuer* Konzepte in einen *gegebenen* Kontext. Es handelt sich folglich um einen Koordinationsvorgang, bei dem problemgerechte und kontextgerechte Lösungen aufeinander abgestimmt werden. Der Überwachung in Form von Kontrolle und Prüfung obliegt die Gewährleistung der Einhaltung von Planungszielen und eine Impulsfunktion für Änderungsprozesse.

Im Zentrum der Beiträge zum *strategischen Management* steht die Stragegieentwicklung mit dem Ziel der Schaffung und Erhaltung langfristig zu verteidigender Wettbewerbsvorteile. Lange Zeit galt das Hauptinteresse dem PIMS-Konzept und den Portfolioansätzen in ihren unterschiedlichsten Spielarten. Nicht zuletzt durch den Wertkettenansatz von Porter ergaben sich für das strategische Management neue Impulse. Während zunächst das Konzept der generischen Wettbewerbsstrategien mit der Alternative Kostenführerschaft versus Differenzierung die wettbewerbsstrategische Diskussion prägte, erlangt in jüngerer Zeit die kombinierte Verknüpfung dieser generischen Strategieoptionen und deren simultane Verfolgung i.S. eines Strategiemixes zunehmende Aufmerksamkeit.

Während den Produkt-Markt-Strategien implizit eine komparative Statik zugrunde liegt, basiert das *Konzept der Unternehmungskompetenz* explizit auf dynamischen Überlegungen. Dieser ressourcenorientierte Ansatz erweitert den Aufbau einer *Technologiekompetenz* (Technologieführerschaft) durch die Gestaltung der *Humanressourcen* (Kernkompetenzen) mit dem Ziel einer kompetenzbasierten Strategiewahl. In eine umfassende Strategie der Unternehmungsentwicklung sind darüber hinaus, und zwar bedingt durch ihren konstitutiven Charakter, die *Standortentscheidungen* einzubeziehen, was nicht zuletzt durch die aktuellen Globalisierungstendenzen unterstrichen wird.

Mit den *Querschnittsfunktionen* wird dem integrativen Anspruch der Unternehmungsführung in besonderem Maße Rechnung getragen. Auch beim Controlling als Koordinationsfunktion zeigt sich, daß Führung nicht nur an der Unternehmungsspitze betrieben wird, sondern flächendeckend die gesamte Unternehmung überdeckt, d.h. Controlling wird zu einer Sache für jeden Mitarbeiter. Dies dokumentiert sich nicht zuletzt in einer stärkeren Dezentralisierungstendenz der Controllingfunktion. Dem Controlling stehen dabei die unterschiedlichsten Instrumente zur Verfügung, die mittlerweile auch in der Praxis eine breite Akzeptanz erfahren haben. Neben klassischen Controllinginstrumenten wie ergebnisorientierter Planung und Kontrolle, führungsorientiertem Rechnungs- und Berichtswesen erlangen in jüngerer Zeit Ansätze der Kunden- und Prozeßorientierung und eine mehrdimensionale Ergebnisorientierung zunehmende Aufmerksamkeit. Während aus *organisatorischer Sicht* neben den schon klassischen aufbauorganisatorischen Konzepten insbesondere neuere Strukturvorschläge wie Prozeßorganisation, Netzwerkorganisation und gruppenorientierte Arbeitsstrukturen im Vordergrund stehen, gelangen in einer personalen Perspektive die Träger der Unternehmungsführung ins Blickfeld. Im Bereich *Personalmanagement* geht es primär um die Förderung der Fähigkeit und Bereitschaft zur Selbstorganisation und Selbstentwicklung sämtlicher Mitarbeiter. Ziel ist es somit, das unternehmerische Denken aller Mitarbeiter zu fördern. In einer eher technologieorientierten Sichtweise greift der Beitrag *Kommunikationsmanagement* die Kommunikation als Erfolgsfaktor im Wettbewerb auf und zeigt, daß sie eine wichtige Voraussetzung für eine integrative Unternehmungsführung bildet. Hierzu bedarf es eines *integrierten Informationssystems*, dessen grundlegende Architektur in dem Beitrag Informationssysteme für die Unternehmungsführung vorgestellt wird. Eng hiermit verbunden ist die Querschnittsfunktion Logistik, mit der es gilt, den Güterfluß und den dazugehörigen Informationsfluß in einer Unternehmung zu planen, zu steuern und zu kontrollieren. Integrativer Bestandteil der Führungsfunktion ist darüber hinaus das Risikophänomen. Eine Bewußtmachung des Risikophänomens mündet letztlich in eine risikobewußte Unternehmungsphilosophie, wobei der Unternehmung für die Risikohandhabung ein umfangreiches risikopolitisches Instrumentarium angeboten werden kann.

4. Domänen der Unternehmungsführung

Im Zuge einer zunehmenden Kundenorientierung erlangt das Marketing, je nach Branche in der Form des *Konsumgüter-* oder *Investitionsgütermarketing*, eine zentrale Rolle im Funktionenset der Unternehmung. Nicht zuletzt durch japanische Managementkonzepte gelangt die *Beschaffungsfunktion* aus ihrem Schattendasein und wird durch die aktuelle

Diskussion um *Sourcingkonzepte* zu einer Herausforderung für die Unternehmungsführung. Diese Bedeutungsverlagerung wird begleitet durch ein verändertes Beschaffungsverständnis, in dem der Chancencharakter und die strategische Bedeutung der Beschaffung ins Blickfeld gelangen. Eng mit dem Beschaffungsbereich verbunden ist das *Produktionsmanagement*, das neben der strategisch-taktischen und operativen Ebene die Programm-, Faktor- und Prozeßebenen umfaßt. Einen explizit integrativen Anspruch erhebt in diesem Kontext das *CIM-Konzept*. Damit die Unternehmung am Markt Wettbewerbsvorteile auch langfristig erreichen kann, ist es erforderlich, mit Innovationen auf den Markt zu kommen. Damit dies in einer effizienten Weise geschieht, ist in der Unternehmung ein *F&E-Management* zu installieren, das wie der Führungsprozeß in einzelne Phasen zerlegbar ist. Der technologische Wandel in der Informations- und Kommunikationstechnik war darüber hinaus eine der wesentlichen Ursachen für die Veränderungen der Rahmenbedingungen des *Finanzmanagement*. So haben sich die Aufgaben des Finanzmanagement in den letzten 20 Jahren grundlegend geändert. Diese Entwicklung umfaßt sowohl den Bereich der *Finanzinnovationen* (z.B. Floating Rate Notes, Certificates of Deposit und Euro Notes) als auch die *Finanzierungsinstrumente* (optimaler Mix der Finanzierungsinstrumente).

Die *Globalisierung der Märkte* hat seit einiger Zeit zunehmendes Interesse erlangt. In diesem Kontext ergeben sich *strategieorientierte Fragestellungen*, insbesondere organisatorische und personelle Problemstellungen, die in ihren Ausprägungen nicht nur neu, sondern darüber hinaus für das Selbstverständnis der Unternehmung von eminenter Bedeutung sind. So nehmen etwa im Rahmen der Strategiediskussion Fragen nach *Globalisierungs-* und *Lokalisierungsstrategien* einen breiten Raum ein, d.h. es geht um die Frage, in welcher Art und Weise die verteilten Aktivitäten in Multinationalen Unternehmungen koordiniert werden sollen. Damit zeigt sich gleichzeitig, daß die *Organisationsstruktur* durch die Internationalisierung wesentlich beeinflußt wird. Eng damit verbunden sind Fragen des *Personalmanagement*, und zwar hinsichtlich der Personalrekrutierung, internationale Aspekte der Entgeltpolitik und Fragen einer international orientierten Personalentwicklung. In gewisser Weise eine Klammerfunktion nimmt in diesem Zusammenhang das *interkulturelle Management* ein, da dieses durch die Identifikation von spezifischen Kultureinflüssen einen Beitrag zu einer multikulturellen Theorie des Management zu leisten vermag.

Schnittstellenfokussierte Unternehmungsführung ist jedoch nicht nur auf den unternehmungsinternen Sektor begrenzt, sondern erstreckt sich darüber hinaus auch auf das Management von externen Partnern. Dabei weisen die Formen der unternehmungsübergreifenden Kooperation ein äußerst heterogenes Erscheinungsbild auf. Als intensivste Form der Kooperation sind Joint Ventures (Gemeinschaftsunternehmungen) zu nennen, die dadurch entstehen, daß voneinander unabhängige Unternehmungen durch den Erwerb oder durch Gründung eine gemeinsame Unternehmung, d.h. eine neue organisatorische Einheit schaffen. Demgegenüber stellen Strategische Allianzen ein äußerst schillerndes Instrument dar. Unter strategisch ist dabei alles zu verstehen, was in irgendeiner Weise die Erfolgspotentiale der Unternehmung betrifft. Dabei kann es sich um lockere Formen handeln, die zur gemeinschaftlichen Erfüllung einer klar skizzierten Aufgabe eingegangen werden (z.B. Siemens AG und IBM im Bereich der Mikroelektronik), oder um bloße Absichtserklärungen, zukünftig eine „strategische" Zusammenarbeit einzugehen. Bei dem Konzept der Wertschöpfungskette geht es um eine kooperative Zusammenarbeit im Lieferanten-Hersteller-Verbund und damit letztlich um eine Neuaufteilung von Aufgaben zwischen den Beteiligten.

5. Integrationsfelder der Unternehmungsführung

Innerhalb der Unternehmungsführung haben sich diverse Managementsparten herausgebildet, die ein integratives Anliegen verfolgen und folglich weder auf einzelne Funktionsbereiche noch auf spezielle Managementfunktionen ausgerichtet sind. Die umfangreiche Palette dieser Modelle wird im Handbuch, gezwungenermaßen künstlich, in zwei Gruppen aufgeteilt, je nachdem, ob mit dem Integrationsansatz primär Effizienz- oder Effektivitätsziele verfolgt werden.

Das *Komplexitätsmanagement* ist eher effizienzorientiert angelegt. Es hat sich bislang hauptsächlich im Controlling- und Organisationsbereich etabliert. Eine Bestandsaufnahme verdeutlicht, daß sich Komplexitätshandhabung grundsätzlich auf alle Sektoren der Unternehmung erstreckt. Die komplexitätsorientierte Optimierung von Leistungsprogrammen bspw. vollzieht sich im Spannungsfeld zwischen Konzentration (Kernkompetenzen, geringe Leistungstiefe) und Diversifikation (Synergie, kunden- und kostenorientierte Variantendifferenzierung). Auch beim *Zeitmanagement* handelt es sich um eine neuere Managementsparte, die sich auf der Ebene des strategischen Management positioniert. Das Time-based Management ist allerdings nicht einseitig auf „Speed" (Beschleunigung) ausgerichtet, sondern bezweckt eine Optimierung von Prozeßzeiten im Spannungsfeld zwischen Zeitfalle und Beschleunigungsfalle. *Rationalisierung* fungiert in traditioneller Sichtweise als Inbegriff aller Bemühungen um Effizienzsteigerung. Das Spektrum der Maßnahmen zur Kostenreduktion im direkten Bereich, zum Gemeinkostenmanagement und zum Lean Management wird im Handbuch aus gewerkschaftlicher Sicht anhand eines neuen Leitbildes der Rationalisierung beleuchtet. Prozeßorientierte Unternehmungsführung bildet eine breite Strömung, die im Handbuch sowohl aus wissenschaftlicher Perspektive als auch aus Beratersicht untersucht wird. Der Beitrag zum *Prozeß-Management* gibt einen Gesamtüberblick über die Prozeßtypen, Vorgehensweisen sowie organisatorischen und informationstechnologischen Ansätze. Im Mittelpunkt des Beitrags zum *Prozeß-Engineering* stehen Empfehlungen zur Umsetzung von Reengineering-Projekten.

Ein ganzheitlicher Ansatz liegt auch den Modellen der Unternehmungsentwicklung zugrunde. Realistische Entwicklungsmodelle dürfen sich nicht nur auf Wachstumsprozesse beschränken, sondern müssen auch Prozesse der Schrumpfung im Zusammenhang mit Downsizing, Segmentierung und Konzentration auf Kernkompetenzen abdecken. Genau diese Betrachtung liegt dem Beitrag zum *Management von Wachstums- und Schrumpfungsprozessen zugrunde.* Das Management von Innovationen ist ohne begleitendes Integrationsmanagement zum Scheitern verurteilt. Im Rahmen des *Innovationsmanagement* wird vor allem die Gestaltung innovationsgerechter Prozesse und Strukturen untersucht. Innerhalb des Innovationsspektrums haben Technologien unter Wettbewerbsgesichtspunkten eine besondere Bedeutung. Dem *Technologiemanagement* sind im Handbuch zwei Beiträge gewidmet: Zum einen wird Technologiemanagement aus der Perspektive der Technologieberatung, zum anderen aus der Warte der wirtschaftspolitischen Förderung von technischen Innovationen untersucht.

Tiefgreifende Änderungen kennzeichnen die Rahmenbedingungen der Unternehmungsführung. Diesen marktlichen, technologischen, gesetzgeberischen und sozialen Turbulenzen muß durch ein konstruktives *Change Management* begegnet werden. Innerhalb des Management von Wandel hat sich eine Polarisierung zwischen zwei unterschiedlichen Leitbildern herausgebildet. Im Handbuchbeitrag wird diese Polarität durch eine Gegenüberstellung von inkrementeller Organisationsentwicklung und radikaler Business Transformation dargestellt. Das *Qualitätsmanagement* hat als Managementsparte eine spektakuläre Aufwertung und Ausdehnung erfahren. Der Beitrag vergleicht das vom ISO-Normenwerk geprägte Qualitätsmanagement mit dem TQM, einem Ansatz zur unternehmensweiten Verbesserung der Kundenorientierung.

Das abschließende Kapitel befaßt sich mit einigen ausgewählten aktuellen Trends, die weniger mit gänzlich neuen, wohl aber mit bislang nicht gemeisterten Herausforderungen verbunden sind. Die Handhabung von existenzbedrohenden Situationen stellt vor dem Hintergrund mehr oder weniger spektakulärer Skandale und Zusammenbrüche eine durchaus vertraute, dennoch methodisch noch keinesfalls bewältigte Problemstellung für das Management dar. Im Rahmen dieses *Krisenmanagement* geht es speziell um die Entwicklung von proaktiven bzw. präventiven Ansätzen sowie um die Organisation des Krisenmanagement. Darüber hinaus gilt das Interesse der Integration ökologischer Zielsetzungen und Maßnahmen in das Ziel- und Instrumentalsystem der Unternehmungsführung. Die Architektur einer *ökologieorientierten Unternehmungsführung* wird umrissen.

Zwei spezielle Unternehmungsformen beschäftigen Managementwissenschaft und -praxis bereits seit geraumer Zeit. Gemeint sind zum einen die kleinen und mittleren Unternehmungen, zum anderen die Non-Profit-Organisationen. Die Attraktivität und Relevanz der kleinen und mittleren Unternehmen ergibt sich sowohl aus der statistischen Bedeutung dieser Unternehmensgrößen als auch aus einem „small-is-beautiful"-Trend, der im Zusammenhang mit Outsourcing, Netzwerkstrukturen und anderen Formen der Dezentralisierung steht. Besonderheiten der *Unternehmungsführung im Mittelstand* werden im Rahmen einer State-of-the-Art-Betrachtung sowohl in konzeptioneller als auch in empirischer Hinsicht herausgearbeitet. *Non-Profit-Organisationen* in Form von öffentlicher Verwaltung, kommunalen Versorgungsbetrieben, Genossenschaften, Parteien, Vereinen, karitativen Organisationen und Verbänden werfen schon deshalb spezifische Managementprobleme auf, weil in vielen Fällen der Unternehmungscharakter gar nicht gegeben ist. Konzepte für die Leistungserstellung, Planung und Führung von Non-Profit-Organisationen setzen sich folglich aus generischen Bestandteilen und organisationsspezifischen Bestandteilen zusammen.

Literatur

BLEICHER, K.: Das Konzept Integriertes Management, 2. Aufl., Frankfurt a.M. 1992.
BOOZ, ALLEN & HAMILTON (HRSG.): Integriertes Technologie- und Innovationsmanagement, Berlin 1991.
BRAUCHLIN, E.; WEHRLI, H.P.: Strategisches Management. Lehrbuch mit Fallstudien, 2. Aufl., München/Wien 1994.
BROCKHOFF, K.: Schnittstellen-Management. Abstimmungsprobleme zwischen Marketing und Forschung und Entwicklung, Stuttgart 1989.
DELFMANN, W. ET AL. (HRSG.): Der Integrationsgedanke in der Betriebswirtschaftslehre, Wiesbaden 1989.
DÜLFER, E.: Internationales Management in unterschiedlichen Kulturbereichen, München/Wien 1991.
FRESE, E.: Unternehmungsführung, Landsberg a. Lech 1987.
HAHN, D.: PuK. Controllingkonzepte, 4. Aufl., Wiesbaden 1994.
HANSSEN, R.A.; KERN, W. (HRSG.): Integrationsmanagement für neue Produkte, Zfbf-Sonderheft 30, Düsseldorf 1992.
HEINHOLD, M.: Simultane Unternehmensplanungsmodelle - ein Irrweg? in: DBW, 49. Jg. (1989), S. 689-708.
HELLRIEGEL, D.; SLOCUM, J.W.: Management, 6. Aufl., Reading 1992.
HENZLER, H.A.: Handbuch Strategische Führung, Wiesbaden 1988.
HINTERHUBER, H.H.: Strategische Unternehmungsführung, 5. Aufl., Berlin/New York 1992.
KAST, F.E.; ROSENZWEIG, I.E.: Organization and Management, A Systems Approach, New York/London 1970.
KIRSCH, W.: Beiträge zum Management strategischer Programme, München 1991.
KOONTZ, H.; WEIHRICH, H.: Management, 6. Aufl., New York 1985.
KOREIMANN, D.S.: Management, 3. Aufl., München/Wien 1987.
KREIKEBAUM, H.: Strategische Unternehmensplanung, 5. Aufl., Stuttgart/Berlin/Köln 1993.
KUHN, A.: Unternehmensführung, 2. Aufl., München 1991.
MACHARZINA, K.: Unternehmensführung, Wiesbaden 1993.
MANAGEMENT-ENZYKLOPÄDIE, 10 Bde., 2. Aufl., Landsberg a. Lech 1982-1985.
MINTZBERG, H.: Mintzberg on Management, New York/London 1989.
PERLITZ, M.: Internationales Management, Stuttgart/Jena 1993.
PROBST, G.J.B.; GOMEZ, P. (HRSG.): Vernetztes Denken, 2. Aufl., Wiesbaden 1991.
PROBST, G.J.B.; SIEGWART, H. (HRSG.): Integriertes Management. Bausteine des systemorientierten Managements, Bern/Stuttgart 1985.
POTTHOFF, E. (HRSG.): RKW Handbuch Führungstechnik und Organisation, Berlin 1986.
SCHUSTER, L. (HRSG.): Die Unternehmung im internationalen Wettbewerb, Berlin 1994.
STAEHLE, W.H.: Management: eine verhaltenswissenschaftliche Perspektive, 7. Aufl., München 1994.
STAEHLE, W.H. (HRSG.) : Handbuch Management: Die 24 Rollen der exzellenten Führungskraft, Wiesbaden 1991.
STEINMANN, H.; SCHREYÖGG, G.: Management: Grundlagen der Unternehmensführung. Konzepte, Funktionen, Fallstudien, 3. Aufl., Wiesbaden 1993.
TERRY, G.R.: Principles of Management, 3. Aufl., Homewood 1960.
THOMMEN, J.-P.: Allgemeine Betriebswirtschaftslehre. Umfassende Einführung aus managementorientierter Sicht, Wiesbaden 1991.
ULRICH, P.; FLURI, E.: Management, 6. Aufl., Stuttgart 1992.
ULRICH, H.; PROBST, G.J.B.: Anleitung zum ganzheitlichen Denken und Handeln. Ein Brevier für Führungskräfte, 3. Aufl., Bern/Stuttgart 1991.
WELGE, M.K.; KUBICEK, H.: Unternehmungsführung, Stuttgart 1986.
WUNDERER, R.: Betriebswirtschaftslehre als Management- und Führungslehre, 3. Aufl., Stuttgart 1995.

Knut Bleicher

Aufgaben der Unternehmungsführung

A. Lenken und Gestalten der Unternehmungsentwicklung

Die Aufgaben der Unternehmungsführung lassen sich mit der *Lenkung*, *Gestaltung* und *Entwicklung* von komplexen Systemen (vgl. Ulrich 1984, S. 99 ff.; vgl. Abbildung 1) umschreiben.

In neuerer Sichtweise sind von diesen drei Funktionen der Führung vor allem die der *Gestaltung* und *Entwicklung* zu betonen. Ein traditionell übertriebenes Hervorheben der *Lenkungs*funktion blendet das Verständnis für die tragende Rolle der Selbstgestaltung und Selbstentwicklung von sozialen Systemen aus den Vorstellungen der Führung aus. Gerade sie aber werden für eine flexible Anpassung von Unternehmungen an veränderte Umweltbedingungen rational und im Hinblick auf die wachsenden Bedürfnisse der menschlichen Leistungsträger auch motivational wesentlich.

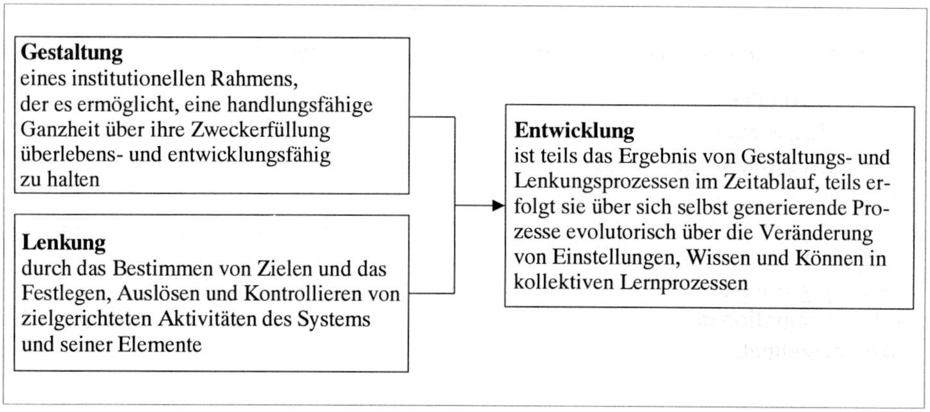

Abbildung 1: Funktionen des Management

Die zunehmende Veränderungsgeschwindigkeit unserer Umwelt veranlaßt uns, den Blick auf die *Veränderung der Unternehmung in der Zeit* zu richten. Das Gestrige ist die Wurzel des Heutigen und dieses wiederum entscheidet über das Morgen. Die Veränderung der Unternehmung im Laufe der Zeit wird in dieser Sichtweise zum zentralen Anliegen des Management: Die Gestaltung der Rahmenbedingungen, die eine Unternehmungsentwicklung erlaubt und die ein Überleben des Systems sicherstellt.

Wird unterstellt, daß sich eine Unternehmung im Laufe ihrer Geschichte weitgehend eigendynamisch entwickelt, so sind ihre in der Vergangenheit angelegten Stärken und Schwächen zu beachten, welche die heutige Problemlandschaft der Führung geschaffen haben und damit bestimmte Zukunftsentwicklungen möglich oder unmöglich machen. Die vergangene Unternehmungsentwicklung *qualifiziert* eine Unternehmung in sehr spezifischer Weise zur Sicherung ihres Überlebens und prägt ihre Identität gegenüber anderen Systemen. Im Laufe ihrer Geschichte haben sich bestimmte Potentiale, Strukturen und Verhaltensweisen als besonders erfolgsbestimmend erwiesen, sie wurden selektiert und retendiert, um leicht modifiziert von Generation zu Generation weitergegeben zu werden. In einer Welt zunehmender Dynamik gilt es nicht nur den damit akzentuierten Zeitaspekt bewußter in Überlegungen vor allem unternehmungspolitischer und strategischer Art einzubeziehen, sondern sich auch des *Wirkens von Veränderungsprozessen* bewußt zu sein. In evolutorischer Perspektive ist unter dem Aspekt wachsender Dynamik daher die Einleitung und Handhabung von Veränderungsprozessen im Sozialsystem der Unternehmung eine zentrale Führungsaufgabe, die es im Spannungsfeld von Vergangenheit und Zukunft wie von Um- und Inwelt zu lösen gilt.

B. Normative, strategische und operative Unternehmungsführung

Erkennbare Wandlungen in Theorie und Praxis der Unternehmungsführung und des Management betreffen vor allem die veränderte Positionierung von heute deutlicher erkennbaren Inhalten der *normativen und strategischen Führung* (vgl. Bleicher 1991).

Ausgehend von den unternehmensphilosophie-begründeten *unternehmerischen Visionen* und ihrer Umsetzung in der *Unternehmungspolitik, Unternehmungsverfassung* und der *Unternehmungskultur* als Teilen eines *normativen Management*, werden im integrierten Managementkonzept grundsätzliche Fragen aufgeworfen, denen sich eine Führung bei der Anpassung an veränderte Bedingungen stellen muß. Diese reichen von der inhaltlichen Formulierung unternehmungspolitischer Missionen für eine Unternehmung bis hin zur Entwicklung von Nutzenpotentialen, die durch eine unternehmerische Vision geleitet werden. Der Integration der dabei zu beachtenden Gesichtspunkte wird besondere Aufmerksamkeit gewidmet.

Aus den unternehmungspolitischen Missionen leiten sich im *strategischen Management programmpolitische* Überlegungen im Hinblick auf das sachliche, regionale und funktionale Leistungsspektrum wie der Gestaltung der Ressourcen ab. Sie werden getragen von sich verändernden *Strukturen und Systemen*, die heute in Richtung einer Vertrauensorganisation weisen und damit eine Veränderung im *Problemverhalten* der Mitarbeiter verlangen. Die Lernfähigkeit eines Systems wird dabei zum Schlüssel für die Anpassungsfähigkeit von Unternehmen. Hierfür die Voraussetzungen und Rahmenbedingungen zu schaffen, um *Kernfähigkeiten* entwickeln zu können, ist zentrale Aufgabe des Management. Wettbewerbsorientierte Stoßkraft ist letztlich nur über die *Integration* aller dieser Facetten eines strategischen Management erreichbar.

Konzepte normativen und strategischen Management finden ihre Konkretisierung und Realisierung durch die *operative Führung*. Auf die Problemlösungsprozesse in der operativen Dimension, die zunehmend durch Integrationssysteme gestützt werden, ist unter dem Aspekt operativer Aufträge, Prozeßstrukturen und des Leistungs- und Kooperationsverhaltens zu verweisen.

Diese drei Dimensionen sind aber nicht unabhängig voneinander zu betrachten. Zwischen ihnen vollziehen sich vielfältige *Vor- und Rückkopplungsprozesse*, indem einerseits konzeptionelle Vorgaben normativer und strategischer Art wegweisend für operative Dispositionen werden und andererseits unplanbare Ereignisse als Hindernisse für die Realisierung von Vorgaben erkennbar werden, die eine Veränderung von Zukunftsvorstellungen und Strategien zu ihrer Umsetzung bedingen (vgl. Abbildung 2).

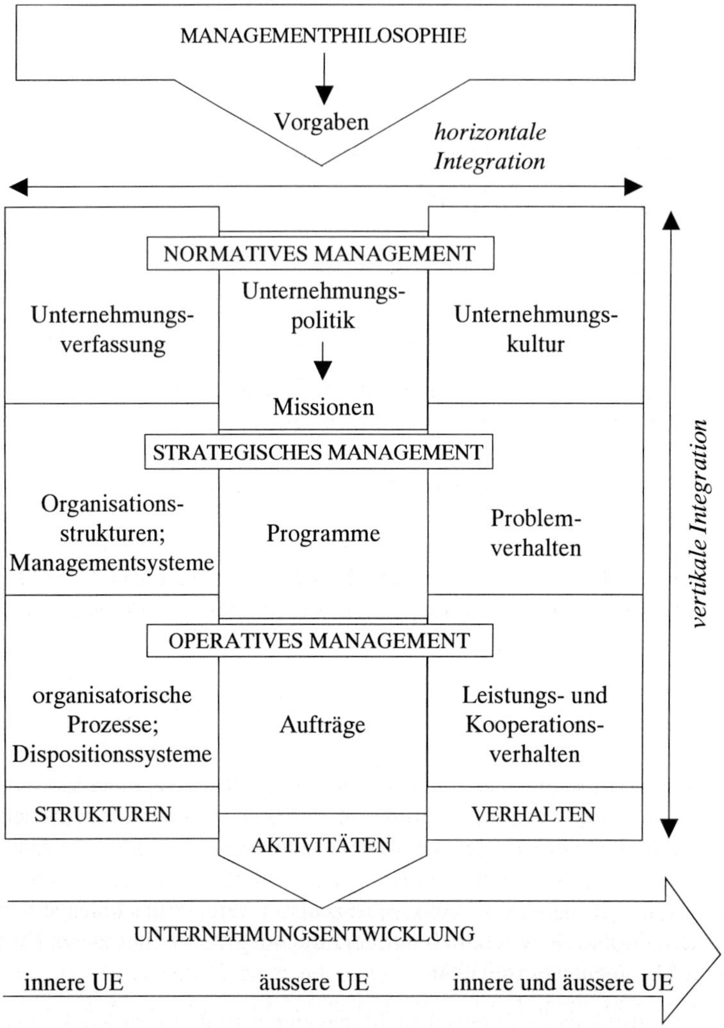

Abbildung 2: Normatives, strategisches und operatives Management

1. Normatives Management

Die Ebene des *normativen* Management beschäftigt sich mit den generellen Zielen des Unternehmens, mit Prinzipien, Normen und Strategien, die darauf ausgerichtet sind, die *Lebens- und Entwicklungsfähigkeit* des Unternehmens sicherzustellen. Die Notwendigkeit, die Lebensfähigkeit eines Unternehmens über eine Gewährleistung ihrer Identität sicherzustellen, wird überlagert durch das Streben, Voraussetzungen für die *Fähigkeit zur Unternehmensentwicklung* zu schaffen. Entwicklungsfähigkeit umschließt damit auch eine qualifizierte Veränderung in Richtung eines positiven, sinnvollen Wandels. Ausgehend von einer unternehmerischen Vision ist unternehmenspolitisches Handeln und Verhalten zentraler Inhalt des normativen Management. Unternehmungspolitik wird durch die Unternehmungs*verfassung* wie durch die Unternehmungs*kultur* getragen. Die *Legitimität* des Unternehmens wird zum Maßstab für das normative Management.

Das normative Management richtet sich auf die Entwicklung von *Nutzenpotentialen* für Anspruchsgruppen aus. Sie definieren die Zwecke des Unternehmens im Umfeld der Gesellschaft und Wirtschaft und vermitteln den Mitgliedern des sozialen Systems Sinn und Identität im Inneren und Äußeren. Das normative Management wirkt in seiner *konstitutiven* Rolle *begründend* für die Aktivitäten des Management.

2. Strategisches Management

Das strategische Management leitet sich von den Missionen des normativen Management in der Unternehmungspolitik ab. Im Mittelpunkt strategischer Überlegungen stehen neben zu verfolgenden *Programmen* die grundsätzliche Auslegung von *Strukturen und Systemen*, sowie des *Problemlösungsverhaltens* ihrer Träger. Während das normative Management begründend für Aktivitäten wirkt, ist es Aufgabe des strategischen Management, *ausrichtend* auf Aktivitäten einzuwirken.

Das *strategische* Management ist auf den *Aufbau,* die *Pflege* und die *Ausbeutung von Erfolgspositionen* gerichtet, für die Ressourcen gewidmet werden müssen. Aloys Gälweiler, auf den der Begriff des Erfolgspotentials zurückgeht, definierte *Erfolgspotentiale* als „das gesamte Gefüge aller jeweils produkt- und marktspezifischen erfolgsrelevanten Voraussetzungen, die spätestens dann bestehen müssen, wenn es um die Realisierung geht" (Gälweiler 1987). Diese Definition wurde durch Cuno Pümpin unter der Bezeichnung *„Strategische Erfolgspositionen (SEP)"* über die reine Betrachtung von produkt- und marktspezifischen Aspekten hinaus erweitert und in Beziehung zu wesentlichen wettbewerbselevanten Aspekten des Unternehmens gesetzt (vgl. Pümpin 1986).

Bestehende Erfolgspositionen drücken die im Zeitablauf gewonnenen Erfahrungen eines Unternehmens mit Märkten, Technologien und sozialen Strukturen sowie Prozessen aus. Sie schlagen sich in der Marktposition nieder. *Neue Erfolgspositionen* stellen auf die Entwicklung von Bedingungen ab, die zukünftig geeignet sind, entsprechenden Nutzen aus Vorsprüngen gegenüber dem Wettbewerb zu erzielen. Eine starke Prägung eines Unternehmens durch gegebene, herausragende Erfolgspositionen sagt nichts darüber aus, ob auch hinreichende Anstrengungen zum Aufbau neuer, zukunftsführender Erfolgspositionen unternommen werden.

3. Operatives Management

Normatives und strategisches Management werden umgesetzt im *operativen* Handeln, das im *Ökonomischen* auf leistungs-, finanz- und informationswirtschaftliche Prozesse ausgerichtet ist. Zu dem Aspekt der wirtschaftlichen Effizienz operativen Management tritt die Effektivität des Führungshandelns im *sozialen* Zusammenhang des Mitarbeiterverhaltens. Sie drückt sich vor allem in der Kooperation und vertikalen wie horizontalen Kommunikation von sozial-relevanten Inhalten aus. Die Funktion des operativen Management besteht darin, die normativen und strategischen Vorgaben *vollziehend* in Operationen umzusetzen.

C. Aktivitäten, Strukturen und Verhalten wirken auf die Unternehmungsentwicklung ein

Die dargestellten Dimensionen sind - wie im Aspekt der Vor- und Rückkopplung zwischen ihnen jeweils angedeutet - auch in *vertikaler* Sicht zu betrachten. Dabei durchziehen drei Aspekte die Dimensionen des Normativen, Strategischen und Operativen. Sie problematisieren wesentliche Integrationsaspekte zwischen konzeptionell-gestalterischem Wollen und führungsmäßiger Umsetzung des Erstrebten zunächst durch die Konkretisierung von Normen über Missionen zu Programmen, die schließlich in Aufträge durch *Vorgaben* für *Aktivitäten* umgesetzt werden. Ein weiterer Aspekt umfaßt *strukturelle* Führungshandlungen, die über alle drei Dimensionen in Form der Verfassung, der Organisations- und Managementsysteme und Dispositionssysteme konkretisiert werden. Letztlich dienen beide Aspekte der Beeinflussung menschlichen *Verhaltens* im Wechselspiel von Werthaltungen, strategischem Denken und Lernen wie der Leistungsorientiertheit im operativen Sinne.

1. Aktivitäten

Unter dem Aspekt der Handlungsaufforderung sind aus der normativen Dimension heraus unternehmungspolitische Leitlinien *(„policies")* für die Entwicklung von Nutzenpotentialen zu entwickeln. Dies vollzieht sich in mikropolitischen Prozessen *(„politics")* der Konflikthandhabung unter Einsatz von Macht. Sie werden zu Vorgaben für das strategische und operative Vorgehen. Derartige *Missionen* werden in der strategischen Dimension durch *Programme* konkretisiert, die Handlungsträgern zugeordnet werden. Sie gelten für längere Zeiträume und umfassen vielfältige Teilaspekte zum Aufbau, zur Nutzung und Pflege strategischer Erfolgspositionen. Die daraus ableitbaren Einzelhandlungen erfahren in der operativen Dimension in Form von *Aufträgen* eine weitere handlungsauffordernde

Konkretisierung. Als Integrationsproblem stellt sich die gegenseitige Abstimmung von missionarischem unternehmungspolitischen Wollen, strategischen Programmen und operativen Aufträgen, die vom operativ Machbaren getragen sind.

2. Strukturen

Das Managementhandeln wird in der normativen Dimension von der Unternehmungs*verfassung* legitimiert und kanalisiert. Dieser strukturelle Aspekt erfährt in der strategischen Dimension in der Gestaltung der *Organisation* und von *Managementsystemen* eine weitere Konkretisierung. Im Operativen drückt sich der strukturelle Aspekt im raumzeitlich gebundenen *Ablauf von Prozessen* aus, die durch *Dispositionssysteme* gesteuert werden. Über eine wechselbezügliche Gestaltung von Normen der Unternehmensverfassung, der Aufbauorganisation und von Managementsystemen, wie der operativen Ausrichtung von Prozeßorganisationen und von Dispositionssystemen, erfolgt eine strukturelle Integration.

3. Verhalten

Die vergangenheitsgeprägten Unternehmungs*kulturen* bestimmen in der normativen Dimension das Zukunftsverhalten der Mitarbeiter einer Unternehmung im strategischen und normativen Handeln. Während in der normativen Dimension die Verhaltens*begründung* im Mittelpunkt des politischen Prozesses der Unternehmung steht, erfolgt in der strategischen Dimension eine Konkretisierung des erstrebten Verhaltens im Hinblick auf die *Rollen der Träger und ihres Führungs- und Lernverhaltens*. In dieser Weise ist es Aufgabe der strategischen Führung, verhaltens*leitend* zu wirken. Die operative Dimension stellt sodann auf das Leistungsverhalten im Arbeitsprozeß ab, das durch die Führung zu fördern ist. Ihr kommt die Funktion zu, verhaltens*realisierend* zu wirken. Insgesamt ist über alle drei Dimensionen hinweg eine Verhaltensintegration herbeizuführen.

D. Integration der einzelnen Dimensionen der Unternehmungsführung

1. Interne und externe Integration

Da sich Eigenschaften und Verhaltensweisen der Unternehmungsführung nicht lediglich aus den Eigenschaften und Verhaltensweisen der einzelnen Komponenten zusammensetzen, sondern erst aus deren Vernetzung entstehen, wird eine ganzheitliche, integrierende Denkweise nötig, die in der Lage ist, einzelne Komponenten in einen größeren Systemzusammenhang einfügen zu können. Ulrich (1984) unterscheidet dabei zwischen einer *internen* und einer *externen* Integration.

- Die Integration der einzelnen Teile der Unternehmung zu einem Gesamtzusammenhang ist Aufgabe der *internen Integration*. Ziel ist es dabei, vielfältige Produktionsmittel, Produkte und Märkte mit einer Vielzahl von Zielen und den diversen spezialisierten und arbeitsteilig eingesetzten Mitarbeitern, die sich durch eigene Ziele und Werthaltungen auszeichnen, so zu integrieren, daß im Ergebnis ein lebensfähiges, produktives System entsteht.
- Der Stellenwert der Integration kommt jedoch nicht nur im Hinblick auf die Notwendigkeit einer internen Integration zum Ausdruck, sondern auch im Hinblick auf die Notwendigkeit einer *externen Integration* der Unternehmung mit ihrer Umwelt.

Durch die systemische Sichtweise, derzufolge eine Unternehmung auch immer Teil eines übergeordneten gesellschaftlichen Makrosystems ist, besteht der Zweck einer Unternehmung darin, produktive Leistungen zu erbringen, als offenes System nicht nur von der Umwelt Ressourcen zu beziehen, sondern auch für diese Leistungen zu produzieren. Eine externe Integration umfaßt somit die intensive Auseinandersetzung mit den vielgestaltigen Beziehungen, die die Unternehmung mit der Umwelt unterhält und deren Integration mit dem System Unternehmung. Vielfältige Interessen von Anspruchsgruppen („stakeholder") gilt es durch die Entwicklung von Nutzenpotentialen zu berücksichtigen und zu befriedigen, will die Unternehmung ihre Autonomie bewahren.

2. Zur Integration des normativen, strategischen und operativen Management

Der Integration liegt die in den einzelnen Dimensionen erkennbare typologische Gestaltungs-, Lenkungs- und Entwicklungsrichtung zugrunde. Dies ist im Konzeptbereich die konstitutive Prägung einer *Opportunitäts- oder Verpflichtungspolitik*, die sich in der Unternehmungsverfassung und -kultur niederschlägt. Im Bereich des strategischen Management ist es die Programm- und Strukturplanung und die intendierte Entwicklung des Problemverhaltens im Spannungsfeld von *Stabilisierung und Veränderung*. Von dieser konzeptuellen Prägung ist schließlich die Art des operativen Vollzugs abhängig.

An die normative Dimension der Unternehmungsführung schließt die strategische Unternehmungsführung an. Die Profilierung *unternehmenspolitischer Missionen* wirkt in ihrer opportunistischen oder verpflichteten Auslegung unmittelbar auf die Wahl und Ausgestaltung strategischer Programme und die Auswahl der Träger von Strategien und ihr Verhalten im Rahmen der strategischen Unternehmungsführung ein. Strukturen und Systeme müssen die jeweilige Unternehmungspolitik stützen.

Die strukturelle Architektur der *Unternehmungsverfassung* nimmt Einfluß auf die Ausrichtung der Unternehmungspolitik genauso wie über die Legitimation der Spitzenorgane und die Kanalisierung einer machtgeprägten Konfliktregelung. Mit ihrer Orientierung an einem mono-ökonomischen *„shareholder"*-Ansatz einer Opportunitäts- oder an einem pluralistischen *„stakeholder"*-Ansatz einer Verpflichtungsorientiertheit legt sie damit die

Grundlage für die strategische Ausgestaltung der Organisationsstruktur und des Führungssystems wie letztlich auch der strukturellen Prägung der operativen Dimension. Dieser Gestaltungsansatz wird ergänzt durch verfassungsmäßige Vorgaben der Verbundordnung im Spannungsfeld von wirtschaftlicher, rechtlicher und sozialer Autonomie der Subsystemgestaltung und Kooperation im Inneren und Äußeren für die strategisch und operativ zu handhabende Unternehmungsentwicklung.

Eine opportunistische oder verpflichtete *Unternehmungskultur* hat letztlich eine verhaltensprägende Wirkung auf die strategische und operative Führung. Dies drückt sich über ihre Vorformung von *Perzeptionen* und *Präferenzen* der *Träger und ihres Verhaltens* aus. Damit wird aber zugleich die Wahl unter alternativ möglichen Programmen in Richtung einer mehr opportunistischen oder mehr verpflichteten Prägung beeinflußt. Schließlich ist die Bestimmung der zu verfolgenden Strukturierung und der Gestaltung von Führungssystemen in enger Wechselwirkung zwischen diesen und der entwickelten und sich entwikkelnden Unternehmungskultur zu sehen.

Eine dem Sachlichen und Sozialen *verpflichtete* Kultur einer Unternehmung muß sich damit gegenüber den unterschiedlichen und differenzierten Interessen als offen und änderungsbereit erweisen. Zukünftige Entwicklungen in Interessenkonstellationen sind zu antizipieren, was nur in einer sensitiv auf Trends im Wandel ausgerichteten Unternehmungskultur möglich ist. Da die Komplexität, die sich mit einem differenzierten Eingehen auf vielfältige Veränderungen in Teilen des Umsystems verbindet, eine zentralistische Lenkung hoffnungslos überfordern würde, läßt sich die Umweltvernetzung nur über ein präsituatives Agieren von Subsystemen an der Peripherie des eigenen Systems erreichen. Dies verlangt eine wertdifferenzierende subkulturelle Basisorientierung der Kultur einer Unternehmung. Eine derartige Verpflichtungshaltung ist mit einem technokratisch-instrumentellen Verständnis der Unternehmungsführung nicht zu erreichen. Das sich im Quantitativen ausdrückende Kostenbewußtsein ist zwar für die wirtschaftliche Entwicklung der Unternehmung nicht unwesentlich, es muß jedoch im Mitarbeiterverhalten hinter einer breiten Orientierung an möglichem Nutzen für Dritte zurücktreten, dem unternehmerisch nachgegangen wird. Dies verlangt weniger eine passive Mitgliedschaftsorientierung als vielmehr eine Orientierung am aktiven, individuell zu erbringenden Leistungseinsatz. Er stellt die Notwendigkeit von sozialer Kommunikation und Kooperation nicht infrage. Sie ist im Gegenteil als Korrelat zum individuellen Agieren unternehmerischer Persönlichkeiten im Innovieren und Implementieren zu sehen, deren Erfolge „heroisch“ beispielhaft auf andere abstrahlen, zu Verhaltensimitationen Anlaß geben und in der Folge eine der Nutzengewinnung für Dritte *verpflichtete* Unternehmungskultur gestalten lassen.

Die Verkopplung der konzeptionell geprägten normativen und strategischen Dimensionen einerseits mit der *operativen* Problematik ihrer Umsetzung andererseits führt leicht zu Mißverständnissen, die auf der Vorstellung einer hierarchischen Zuweisung von normativen, strategischen und operativen Aufgaben an einzelne Ebenen der Führung beruhen. Es ist deshalb an dieser Stelle deutlich zu machen, daß es sich bei dieser Unterscheidung um eine rein *funktionale* Differenzierung handelt: Eine Führungskraft kann institutionell in der Organisation zugleich normative und strategische Funktionen wahrnehmen und um deren operative Durchsetzung bemüht sein. Eine falsch verstandene *institutionelle* Trennung zwischen strategischer und operativer Führung wäre gefährlich: „Letztlich sind gerade die zehntausend alltäglichen Entscheidungen, die ... in einem Unternehmen getroffen werden, strategie-bestimmend. Strategien erhalten die Bedeutung einer Leitplanke für die Zukunft; sie bilden den Weg und die zu erreichenden Ziele für sämtliche Unternehmensaktivitäten. Die postulierte Unterscheidung zwischen strategischem und operativem Management ist also gefährlich, denn sie widerspricht der Notwendigkeit, daß Strategien im Unternehmensalltag leben müssen" (Wüthrich 1989, S. 110).

In Sinne dieser funktionalen Unterscheidung ist die Integration zwischen der konzeptionell geprägten normativen und strategischen Führung einerseits und der vollziehenden operativen Führung andererseits personengeprägt und -prägend. Mangelnde Integration zeichnet sich dann in dem einen Extrem bei *Denkern und „Spinnern"* - also den Konzeptualisten, die nicht zur vollziehenden Tat schreiten - genauso ab, wie bei den Tatmenschen, die wenig nach Sinn und Zweck ihres Handelns fragen. Die Integration der operativen Führung ist damit sehr weitgehend von Personalentscheidungen und der ausgleichenden Führung des Kooperationsverhältnisses von Mitarbeitern unterschiedlichen konzeptionellen und vollziehenden Formats abhängig.

E. Transformationsprobleme einer dynamischen Unternehmungsentwicklung

Die Gestaltung und Lenkung durch die Unternehmungsführung wirkt auf die Entwicklung der Unternehmung im Zeitablauf ein.

Der Begriff der Unternehmungsentwicklung stellt auf ein zeitbezogenes Phänomen ab: Der Evolution eines ökonomisch-orientierten sozialen Systems im Spannungsfeld von Forderungen und Möglichkeiten der Um- und Inwelt durch die Stiftung eines Mehrnutzens relativ zum Angebot vergleichbarer anderer Wettbewerbssysteme über die Bereitstellung und Inanspruchnahme strategischer Erfolgspotentiale.

Reichert man derart den Begriff der Unternehmungsentwicklung mit Merkmalen einer *positiv* verlaufenden Dynamik im Spannungsfeld von Umwelt und Unternehmung an, bedarf es steuernder Kräfte, die visionär Chancen und Risiken von Veränderungen und Stärken und Schwächen bei ihrer Bewältigung durch eine Unternehmung erkennen und mit missionarischer Wirkung eine Anpassung an den notwendigen Wandel bewerkstelligen.

1. Potentiale als Objekte eines Management der Unternehmungsentwicklung

Die ökonomische, soziale und technologische Evolution erfolgt im Ausgleich von Um- und Inweltentwicklung im Zeitablauf. Die Unternehmungspolitik definiert aus den Erfahrungen der Vergangenheit heraus den *„Kanal"*, in dem sich diese Entwicklung im Kosmos chancenreicher und riskanter Möglichkeiten vollziehen sollte. Ihr Einfluß ist dabei durch die *Anpassungsfähigkeit* und eigenständige *Selbstentwicklungskraft* des sozialen Systems der Unternehmung beschränkt. Die Anstrengungen der Unternehmungsführung sind auf die *Qualifizierung von Potentialen im Zeitablauf* gerichtet. Im Hinblick auf die *Potentialitäten* - den Möglichkeiten, welche sich die Umwelt für die unternehmerische Betätigung eröffnet - gilt es, eigene *Potentiale* zu deren Erschließung zu entwickeln. Da diese Potentiale die grundsätzlichen Quellen für den Erfolg einer Unternehmung darstellen, lassen sie sich als *Erfolgspotentiale* kennzeichnen. Dabei sind vom vorgestellten Konzept her grundsätzlich *drei* wesentliche *Erfolgspotentiale* zu unterscheiden: Marktbeziehungs-, Technologie- und Humanpotentiale. Der Aufbau und die Nutzung dieser Potentiale stellt die Erhaltung der Unternehmung im wechselvollen Verlauf ihrer Entwicklung sicher.

a) Marktbeziehungspotentiale

Vordringlich geht es darum, zeitüberdauernde Marktpotentiale aufzubauen und zu sichern. Der Begriff der Markt(beziehungs)-potentiale wird in diesem Beitrag zur Beschreibung *marktgerichteter Erfolgspotentiale* verwendet. Markt-(beziehungs-)potentiale leisten einen direkten Beitrag zur Unternehmungsentwicklung, indem sie als sachzielbezogene Potentiale die Nutzenentwicklung für Anspruchsgruppen vorantreiben. Allgemein berufen sich Markt(beziehungs)potentiale auf Faktoren wie Qualität, Lieferfähigkeit und Anpassungsfähigkeit.

Markt(beziehungs)potentiale beziehen sich sowohl auf *Absatz-* als auch auf *Beschaffungsmärkte. Absatzseitig* ist damit die Kunden- und Wettbewerbsorientierung angesprochen. Hier sind Aspekte wie Markterkenntnis und -verständnis sowie Markenimage und bestehende und zukünftige Marktpositionen von Bedeutung. Die partnerschaftliche Zusammenarbeit mit Händlern und Endabnehmern stellt einen wesentlichen Erfolgsfaktor dar. *Beschaffungsseitig* sind unter dem Begriff der Markt-(beziehungs-)potentiale Kontakte und partnerschaftliche Beziehungen zu Lieferanten zu subsumieren.

b) Technologiepotentiale

Marktpotentiale beruhen in vielen Industriezweigen auf der Entwicklung ihr zugrundeliegender Technologiepotentiale von Unternehmungen, die es ihnen gestatten, besondere Wettbewerbsstärken aufzuweisen.

Technologiepotentiale beschreiben die Möglichkeiten einer Unternehmung, aufgrund spezifischer Fähigkeiten bzw. eines besonderen Wissens der *Produkt-* und *Prozeßtechnologie* besonderen Nutzen für Anspruchsgruppen bereitzustellen. Während produkttechnologische Kriterien die Kundengerechtigkeit und damit letztlich die Effektivität beschreiben, setzt sich die Prozeßtechnologie stärker mit der Ausgestaltung des Leistungsprozesses und damit mehr mit Fragen der Effizienz auseinander.

Technologiepotentiale sind ebenso wie Humanpotentiale als *Leistungspotentiale* der Unternehmung zu verstehen, welche letztlich der Entwicklung von Markt-(beziehungs)-potentialen dienen und damit einen Beitrag zur Unternehmungsentwicklung leisten.

Technologiepotentiale repräsentieren das in einer Unternehmung vorhandene Wissen bzw. Know-how bezüglich technischer Lösungswege und -möglichkeiten. Dies kann einerseits in der Beherrschung aktueller Technologien in bestehenden Prozessen und Produkten zum Ausdruck kommen und darüber hinaus auch im Wissen über neue Technologien und deren mögliche Anwendung bestehen. In diesem Zusammenhang sind Fragen nach der Herkunft der Technologie (Technologie-Quelle) sowie der Anwendung und eventuell der Verbreitung einer entwickelten Technologie von Bedeutung.

Im Potential der *Produkttechnologie* stehen die Fähigkeiten zur Entwicklung kundengerechter Produkte bzw. Leistungen im Mittelpunkt. Die Aktualität bzw. Neuheit der technischen Lösungen ist in diesem Zusammenhang eine Größe, die Dauerhaftigkeit und Intensität des Kundennutzens beeinflußt. Hierbei wird bereits ersichtlich, welche bedeutende Rolle die Schnittstelle zwischen Markt- und Technologiepotentialen spielt. Die Qualität der wechselseitigen Abstimmung determiniert die Ausrichtung der technischen Lösung auf die marktlichen Anforderungen und Gegebenheiten.

Das *prozeßtechnische* Potential liegt schwerpunktmäßig in der Fähigkeit bzw. im Know-how der *Gestaltung* und *Unterhaltung* von *Leistungserstellungsprozessen*. Die Realisierung eines leistungsfähigen Produktions-, Logistik- und Informationssystems basiert auf einem entsprechenden prozeßtechnischen Potential einer Unternehmung. Primär geht es bei der Nutzung dieses Potentials um die produktionstechnische Umsetzung der Entwicklungen im Bereich der Produkttechnologie. Weiter sind jedoch auch prozeßtechnische Neuerungen vorstellbar, die ihrerseits wiederum produktseitige Innovationen erst ermöglichen. Hier wird die wechselseitige Abhängigkeit und Interdependenz von Produkt- und Prozeßtechnologie sichtbar. Eine enge Vernetzung von Produkt- und Prozeßtechnologie ist bereits während des Entwicklungsprozesses von großer Bedeutung, um einen schnellen und effizienten Anlauf der Produktion sicherzustellen.

Sowohl für Prozeß- als auch für Produktpotential ist die *Innovationsfähigkeit* eine bedeutende Fähigkeit, die das Technologiepotential nachhaltig beeinflußt. Diese kann sich auf Kompetenz zur Produktentwicklung oder auf die generelle Bereitschaft zur Enwicklung und Umsetzung von Veränderungen beziehen. Das *Technologiemanagement* hat in diesem Kontext die Aufgabe der Koordination der technisch und technologisch relevanten Tatbestände untereinander und mit den anderen Potentialen.

c) Humanpotentiale

Letztlich beruht eine Unternehmungsentwicklung auf den Fähigkeiten von Menschen, Probleme zu erkennen, zu definieren und zu lösen. Das Humanpotential einer Unternehmung und insbesondere das Managementpotential stellt die kritische Erfolgsgröße einer Unternehmungsentwicklung dar.

Humanpotentiale beschreiben zum einen die *Quantität* und *Qualität* der Human-Ressourcen und kommen zum anderen im kulturgeprägten Verhalten zum Ausdruck. Die Verhaltensseite spiegelt Kriterien wie Eigenständigkeit, Motivation zur Veränderung oder auch die Bereitschaft zur Kooperation wider. Sie steht damit gleichsam für die *qualitative* Ausgestaltung des Humanpotentials.

Humanpotentiale sind in diesem Zusammenhang als *Leistungspotentiale* zu verstehen, die letztlich der Entwicklung von Markt(beziehungs)potentialen dienen. *Humanpotentiale* beschreiben zunächst die Gesamtheit der Mitarbeiter einer Unternehmung bzw. deren Fähigkeiten und Kompetenzen. Darüber hinaus repräsentiert das Humanpotential auch das *Managementpotential* einer Unternehmung. Während das Humanpotential aber über die Anzahl der Mitarbeiter quantifizierbar ist, kann das Managementpotential nicht unmittelbar anhand der Mitarbeiterzahl beschrieben werden.

Das *Managementpotential* stellt die in der Unternehmung vorhandenen und von den Mitarbeitern getragenen *Fähigkeiten der Führung durch Integration und Koordination* dar. Für die Beschreibung des Managementpotentials wird nicht ein abgrenzbarer Personenkreis der Manager oder des Führungspersonals im Sinne einer funktionalen Trennung von Ausführung und Führung verstanden. Das *Managementpotential* ist in diesem Verständnis vielmehr in der Summe der von allen Mitarbeitern einer Unternehmung getragenen Fähigkeiten bzw. Kompetenzen bei der Erfüllung von Führungsaufgaben zu sehen. Es wird also von allen Mitarbeitern einer Unternehmung, allerdings zu jeweils unterschiedlichen Gewichten und Anteilen, getragen.

Der kulturprägende und gleichsam kulturgeprägte Faktor des Verhaltens der Mitarbeiter stellt einen gewichtigen Faktor der qualitativen Beschreibung des Humanpotentials und des Managementpotentials dar. Neben allgemein kulturprägenden Verhaltensmustern ist insbesondere die *Lernfähigkeit* Gestaltungsobjekt der verhaltensseitigen Ausprägung von Kulturen in Unternehmungen. Zusammen mit den oben angesprochenen Aspekten stellt das Humanpotential als Träger der kritischen Faktoren *Wissen* und *kulturgeprägtes Verhalten* das erfolgskritische Potential sozialer Systeme dar.

Die herausragende Rolle der Managementkapazität im Kontext der Unternehmungsentwicklung wurde bereits 1957 von Edith Penrose herausgestellt (vgl. Penrose 1980). Sie betont die Notwendigkeit der quantitativen und qualitativen Dimensionierung der Managementkapazität für den Expansionsprozeß einer Unternehmung.

Der Aspekt der Managementpotentiale spielt in der gewählten Betrachtungsebene eine Sonderrolle. Teile des Managementpotentials sind immer auch in den anderen Potentialen enthalten. Dies kann bspw. in Form eines Technologiemanagement im Rahmen der Technologiepotentiale verdeutlicht werden. Über diese dezentrale Verteilung des Managementpotentials laufen gewissermaßen die Fäden der Gesamtkoordination des Management bei der Unternehmungsführung zusammen.

2. Das Management der Unternehmungsentwicklung im Spannungsfeld von Stabilisierung und Veränderung

Im Ausgleich von Vergangenheitserfahrungen und Anforderungen zur Bewältigung einer vielfach andersartigen Zukunft wird insbesondere die Führung des sozialen Systems der Unternehmung vor schwierig zu bewältigende *Anpassungsprobleme* gestellt. Sie erfordern nicht nur ein Erlernen von neuen Verhaltensmustern und Verfahrensweisen, sondern auch ein - zumeist weit schwereres - Entlernen von bislang durchaus erfolgreichen Handlungsweisen, die plötzlich in Frage gestellt werden.

Dabei sind soziale Systeme in ihrer Anpassungsfähigkeit leicht überfordert. Dies führt zu vielfältigen Akzeptanzproblemen, zu einem Zurückziehen auf Sicherheit versprechende Verhaltensweisen. Es ist daher im Rahmen unternehmerischer Dynamik ratsam, derartige Überforderungssituationen zu vermeiden und *Veränderungs- und Beharrungszyklen wechseln* zu lassen. Ein derartiges Vorgehen gewährleistet nach einer Lernetappe auch eine effiziente Nutzung des Erlernten. Es muß jedoch begleitet sein von einer *langfristigen Zeitperspektive* der Beteiligten, ohne die ein Verständnis für die von Zeit zu Zeit notwendigen Anpassungsmaßnahmen nicht erwachsen kann. Empirische Untersuchungen weisen zudem darauf hin, daß sich in den Unternehmungsentwicklungen Phasen inkrementaler Anpassung mit Restrukturierungsphasen abwechseln, die für das weitere Überleben unabdingbar zu sein scheinen (vgl. Mintzberg/Waters 1982, S. 465 ff.; Tushman/Newman/Romanelli 1986, S. 29 ff.; Johnson 1988, S. 75 ff.; Pettigrew 1987, S. 649 ff.).

Ein derartiger Wechsel von Veränderung und Beharrung ist zudem durch unternehmungspolitische und strategische Fragestellungen einer Unternehmungsentwicklung durchaus als normal einzustufen: Zwischen sich verdichtenden Knoten einer Unternehmungsentwicklung, die ein grundsätzliches Umdenken in allen Dimensionen des Unternehmungsgeschehens verlangen (Restrukturierung) ergeben sich durchaus mehr oder weniger lange Strecken eines durchaus positiv zu sehenden Gleichlaufs. Unternehmungen allerdings, die wenig visionär und langfristig an ihre unternehmungspolitischen und strategischen Aufgaben herangehen, sehen sich nicht selten vor Situationen gestellt, in denen verpaßte Anpassungsmaßnahmen sich plötzlich zu bedrohlichen Situationen „aufschaukeln", ohne daß ausreichende Zeit für eine planvolle und integrierte Vorgehensweise verbleibt. Dies sind typische Anlässe, die zu einem *Krisenmanagement* mit meist radikalen Eingriffen in die Unternehmungsentwicklung führen (vgl. Krystek 1987).

Literatur

Bleicher, K.: Das Konzept Integriertes Management, Frankfurt a.M./New York 1991.

Gälweiler, A.: Strategische Unternehmungsführung, Frankfurt a.M./New York 1987.

Johnson, G.: Rethinking Incrementalism, in: SMJ, 12. Jg. (1988), H. 9, S. 75-91.

Krystek, U.: Unternehmungskrisen. Beschreibung, Vermeidung und Bewältigung überlebenskritischer Prozesse in Unternehmungen, Wiesbaden 1987.

Mintzberg, H.; Waters, J.: Tracking Strategy in an Entrepreneurial Firm, in: AMJ, 25. Jg. (1982), S. 465-484.

Penrose, E.: Growth of the Firm, 2. Aufl., Oxford 1980.

Pettigrew, A.M.: Context and Action in the Transformation of the Firm, in: JMan.Stud., 24. Jg. (1987), S. 649-670.

Pümpin, C.: Management strategischer Erfolgspositionen, 3. Aufl., Bern/Stuttgart 1986.

Tushman, M.; Newman, W.; Romanelli, E.: Convergence and Upheaval. Managing the Unsteady Pace of Organizational Evolution, in: CMR, 29. Jg. (1986), H. 1, S. 29-44.

Ulrich, H.: Management - Gesammelte Beiträge, Bern/Stuttgart 1984.

Wüthrich, H.: Neuland des Strategischen Denkens, Habil., St.Gallen 1989.

Peter Oberender

Rahmenbedingungen der Unternehmungsführung[1)]

A. Einleitung

Die Unternehmung als Subsystem des Marktes befindet sich in einem ständigen Austauschprozeß von Güter- und Geldströmen mit Haushalten und anderen Unternehmungen. Die Aufgabe der Unternehmungsführung ist dabei die Lenkung der externen Austauschbeziehungen und internen Transaktionen zwecks Erreichung der jeweiligen Managementziele.

Der Ablauf und das Ergebnis dieser Prozesse sind abhängig von den gesetzlichen und sozialen Rahmenbedingungen des Wirtschaftssystems, woraus der hohe Stellenwert einer Berücksichtigung der Rahmenbedingungen in der Unternehmungsführung folgt.

B. Rechtliche Rahmenbedingungen

1. Steuerrecht und Abgabenbelastung

Steuern sind gemäß § 3 AO Geldleistungen, die nicht eine Gegenleistung für eine besondere Leistung darstellen.

Die Relevanz der Besteuerung für die Unternehmungsführung resultiert aus der allgemeinen Verbreitung der *Nettozielorientierung* bei erfolgswirtschaftlichen Größen und aus der Tatbestandsmäßigkeit der Besteuerung.

Die international unterschiedliche Höhe der Unternehmenssteuerbelastung ist momentan primärer Diskussionstatbestand, da auf offenen Märkten die Steuerbelastung einen wesentlichen Aspekt der internationalen Wettbewerbsfähigkeit darstellt, wobei jedoch die der Unternehmung zugute kommenden staatlichen Leistungen als Pendant berücksichtigt werden müssen. Die Bundesrepublik hat gegenwärtig europaweit die höchsten Grenzsteuersätze für Kapitalgesellschaften, wenn die Gewerbesteuerbelastung mit berücksichtigt wird. Das *Standortsicherungsgesetz* (vgl. z.B. Franz/Rupp 1993) soll insbesondere die Thesaurierungsbelastung mindern, um die internationale Wettbewerbsfähigkeit der deutschen Industrie zu stärken. Die Belastung einschließlich der Gewerbesteuer ist in Deutschland aber weiterhin die höchste in Europa (vgl. Abbildung 1).

D	D*	F	I	P	IRL	B	NL	E	GR	DK	GB
66,2	61,6	52,2	47,8	40,2	40,0	39,0	35,0	35,0	35,0	34,0	33,0
* *nach Standortsicherungsgesetz*											

Abbildung 1 : Grenzsteuersätze von Kapitalgesellschaften bei Thesaurierung
Annahme: Gewerbesteuerhebesatz 400%, Gewinn-Kapital-Verhältnis 1:10
(Quelle: Kroker/Fuest 1993, S. 50)

Die Höhe der Steuersätze ist im Tagesgeschäft allerdings nur bei international agierenden Konzernen entscheidungsrelevant, ansonsten stellt sie für die Unternehmungsführung ein Datum dar und ist lediglich im Rahmen strategischer Führungsentscheidungen bei der Standortwahl wichtig.

Die primäre Bedeutung des Steuerrechts liegt jedoch darin, daß je nach Sachverhaltsgestaltung aus ökonomisch äquivalenten Alternativen eine unterschiedliche Steuerbelastung resultiert, da die Ermittlung der Bemessungsgrundlage vom Weg der Erreichung des Gewinnziels abhängt.

So bewirkt die unterschiedliche Besteuerung von Personen- und Kapitalgesellschaften, die sich z.B. in den unterschiedlichen Konzepten von persönlicher Einkommensteuer einerseits und dem Körperschaftsteueranrechnungsverfahren andererseits, der vermögensteuerlichen Doppelbelastung der Kapitalgesellschaft sowie dem Unterschied in der steuerrechtlichen Berücksichtigung von Verträgen mit den Eigentümern äußert, eine Verzerrung der Rechtsformwahlentscheidung (vgl. Sigloch 1989, S. 17 ff). Die *Rechtsformwahl* stellt ebenfalls eine strategische Entscheidung dar, da eine längerfristige Bindung aufgrund der Kosten für den Rechtsformwechsel besteht.

Besondere Bedeutung gewinnt das Steuerrecht bei *Finanzierungsentscheidungen*. Insbesondere die Entscheidung zwischen Eigenkapital- und Fremdkapitalfinanzierung wird verzerrt, da diese Alternativen steuerlich für Anteilseigner von Kapitalgesellschaften nicht immer äquivalent sind. Während Eigenkapital bei Ausschüttung bereits mit 30% KSt und KapESt vorbelastet ist und für diese Beträge ein Anrechnungsguthaben besteht, sind Fremdkapitalzinsen bei der Unternehmung als Betriebsausgabe abzugsfähig und nur beim Empfänger steuerpflichtig. Abgesehen von unterschiedlichen Hinterziehungsmöglichkeiten sind diese Alternativen für Inländer gleichwertig, für ausländische Anteilseigner ist jedoch die Fremdkapitalfinanzierung vorteilhaft, da die Ausschüttungsbelastung wegen der Nichtnutzbarkeit des Anrechnungspotentials eine Definitivbelastung darstellt. Die Senkung der Ausschüttungsbelastung auf 30% durch das Standortsicherungsgesetz stellt somit eine Entlastung des ausländischen Eigenkapitals dar, ohne jedoch die Verzerrung zu beseitigen (vgl. Dötsch 1993, S. 1790 ff.). Zur Sicherung der Einmalbesteuerung im Inland werden die Zinsen aus der Gesellschafterfremdfinanzierung jetzt nach dem Standortsicherungsgesetz bei Überschreitung gewisser Grenzen gemäß § 8a KStG wie eine verdeckte Gewinnausschüttung behandelt. Da jedoch vermögen- und gewerbesteuerlich keine Gleichstellung vorliegt, ist die höhere Attraktivität der Fremdfinanzierung weiterhin gegeben (vgl. Dörner 1993, S. 409 ff.).

Trotz ihrer ursprünglichen Konzeption als Objektsteuer resultiert aus der Gewerbesteuer nämlich eine nicht unerhebliche Verzerrung, da Eigenkapital und Gewinne zu 100% berücksichtigt werden, während bei Fremdkapital und Fremdkapitalzinsen nach §§ 8 Abs. 1 und 12 Abs. 2 S. 1 GewStG lediglich eine 50%ige Zurechnung erfolgt. Empirisch bestätigt die Zunahme der Fremdfinanzierung die Relevanz dieser Aspekte.

Auch die Entscheidung zwischen *Thesaurierung* und *Ausschüttung* wird durch das Steuerrecht beeinflußt, da eine Thesaurierung für die Anteilseigner, deren individueller Grenzsteuersatz höher als der Thesaurierungssteuersatz von 45% ist, Steuerstundungsvorteile bietet. Durch die Steuersatzabsenkung des Standortsicherungsgesetzes von 50% auf 45%

wird damit die Thesaurierung attraktiver und der Innenfinanzierungsspielraum der Unternehmung dürfte sich tendenziell vergrößern. Aus dem damit verbundenen Verlust der Managementkontrolle über den Kapitalmarkt resultiert allerdings ein volkswirtschaftliches Effizienzproblem.

Neben den unbeabsichtigten Verzerrungen des Steuerrechts dienen Steuern und Abgaben teilweise zur Meritorisierung oder Demeritorisierung bestimmter Handlungen. Die unternehmerischen Entscheidungen werden dadurch häufig in erheblichem Maße beeinflußt.

Eine *Meritorisierung* im Gegensatz zum Normalfall, der bereits nicht identisch ist mit entscheidungsneutraler Besteuerung, liegt bspw. bei Investitionen durch den in Sonderabschreibungen nach § 7 g EStG und § 4 Fördergebietsgesetz sowie in Ansparabschreibungen nach § 7 g Abs. 3 ff. EStG enthaltenen zinslosen Steuerkredit vor. Eine *Demeritorisierung* findet primär bei Umweltgütern statt, um den Verbrauch wegen der Existenz externer Effekte einzuschränken. Beispiele sind die Beeinflussung des Energieverbrauchs durch die Mineralölsteuer und des Wasserverbrauchs durch Abwasserabgaben.

2. Auflagen und Verbote

Durch *Auflagen* findet eine Beeinflussung von Unternehmungsentscheidungen über konkrete Einschränkungen des Handlungsspielraums anstelle über monetäre Anreize statt. In einem hochregulierten Staat wie der Bundesrepublik ist die Liste der Auflagen nahezu unendlich. Als Beispiele seien hier nur Lärmschutzauflagen, Sicherheitsauflagen und Arbeitsschutzrecht (vgl. Forschungsinstitut der Friedrich-Ebert-Stiftung 1993), Bebauungsauflagen und -pläne (vgl. Heintz/Lenz 1993), Luftreinhaltungsstandards sowie die Verpackungs- und Rücknahmeverordnungen (vgl. Rockholz 1992) genannt. *Verbote* stellen die Extremform der Einschränkung des Handlungsspielraums dar, welche allerdings häufig durch Genehmigungsmöglichkeiten aufgeweicht ist.

Besonders umfangreich sind die Auflagen und Verbote im Bereich des Standesrechts, d.h. bei Apotheken, Ärzten und Rechtsanwälten etc. Ausprägungen sind z.B. das Werbeverbot, die Einschränkung der Rechtsformwahlmöglichkeiten und das Mehrbesitzverbot bei Apotheken (vgl. Taupitz 1991).

3. Genehmigungsrecht

Genehmigungsverfahren führen zu einer *Verzögerung* von Aktivitäten, welche die Unternehmungsführung in ihrer Planung berücksichtigen muß. Neben der Verringerung der Flexibilität sind eine durch den bürokratischen Aufwand benötigte Anpassung der Unternehmungsorganisation in Form der Einrichtung entsprechender Stabstellen und die damit verbundene Kostenerhöhung zu beachten. Die daraus resultierende Innovationsbehinderung stellt vor allem auf offenen Märkten ein wichtiges volkswirtschaftliches Problem dar.

Beispiele für Genehmigungsverfahren sind die Baugenehmigung und die Genehmigungen für den Betrieb technischer Anlagen nach dem Bundesimmissionsschutzgesetz.

4. Forschungsförderung

Der Einsatz des unternehmerischen Aktionsparameters Forschung und Entwicklung (F&E) wird von der F&E-Fähigkeit und der F&E-Willigkeit bestimmt, die ihrerseits durch die marktlichen und institutionellen Rahmenbedingungen beeinflußt werden (vgl. Oberender 1973, S. 44 ff.). Die Investitions- und Forschungsförderung kann Engagement in sonst unrentablen Bereichen lohnend machen, wobei allerdings neben den zu erhaltenden Mitteln die Kosten für Förderungsanträge, laufende Korrespondenz mit Behörden etc. zu berücksichtigen sind (vgl. Detering 1982, S. 89 ff.). Da diese Kosten mit zunehmender Erfahrung tendenziell sinken und Stabstellen, die mit der Bearbeitung von Förderungsverfahren beschäftigt sind, Fixkostencharakter haben, wird eine häufigere Inanspruchnahme von oder sogar eine Spezialisierung auf Fördermittel vorteilhaft. Das risikoaverse Verhalten der Bürokratie ist ein weiterer Vorteil, den Großunternehmen bei der Forschungsförderung haben (vgl. Oberender/Fricke 1993, S. 329). Vor allem die EU betreibt eine relativ *aktive Industriepolitik* mit hohen Förderungssummen, auch wenn diese im Vergleich zum EG-Landwirtschaftsbudget eher gering sind.

Gesamtvolumen 5,7 Mrd. ECU	
Informations- und Kommunikationstechnologien	38,9 %
Industrielle und Werkstofftechnologien	15,6 %
Umwelt	9,1 %
Biowissenschaften und -technologien	13,0 %
Energie	14,3 %
Mensch und Mobilität	9,1 %

Abbildung 2 : Forschungsförderung der EU laut Rahmenprogramm 1990 bis 1994
(Quelle: Kommission der Europäischen Gemeinschaften 1990, S. 11)

5. Patentrecht

Das Patent bietet einen *Schutz vor Nachahmern*, der über die Bekanntgabe des patentierten Know-how und über im Zeitablauf ansteigende Patentgebühren erkauft werden muß. In einigen Fällen macht die Möglichkeit zur Patentierung erst die F&E-Aktivität lohnend, da bei einer sofortigen Nachahmung keine Möglichkeit zur Kostendeckung gegeben wäre. Die Bedeutung der Patente beschränkt sich jedoch nur auf einen sehr eingeschränkten Kreis von Innovationen.

Grundlagenforschung, wie z.B. die Entwicklung neuer mathematischer Algorithmen, ist nicht patentierbar und in anderen Bereichen ist eine Patentierung sinnlos, da die Schnellebigkeit die Innovationen bereits vor Beendigung des Patentverfahrens obsolet macht. Auch kann bei komplizierten Innovationen ein Verzicht auf die mit der Patentierung verbundene Veröffentlichung der technischen Daten einen besseren Schutz darstellen als die Patentierung selbst. Das geltende Patentrecht, d.h. die Dauer und der Aufwand der Patentierungsverfahren, die Patentkosten und die schutzfähigen Bereiche, stellt somit eine Rahmenbedingung dar, die die möglichen Innovationsstrategien beeinflußt, zugleich aber auch den Handlungsspielraum der Unternehmungsführung *einschränkt*, indem eventuell kostspieligere Umgehungserfindungen notwendig werden.

56966 Patentanmeldungen beim Europäischen Patentamt 1993 davon:	
Medizin und Tiermedizin	7,5 %
Organische Chemie	6,6 %
Elektrische Bauteile	6,4 %
Elektrische Nachrichtentechnik	5,6 %
Messen und Prüfen	5,1 %

Abbildung 3: Zusammensetzung der Patente beim Europäischen Patentamt (Quelle: o.V. 1994d, S. 17)

Neben dem Patent existieren noch das Warenzeichen, das Gebrauchsmuster und das Geschmacksmuster als Schutzmechanismen (vgl. Schmitz 1988).

6. Wettbewerbsrecht

Die Vertragsfreiheit mit der Marktnebenseite wird durch das *Verbot von Kartellen* und von *abgestimmtem Verhalten* zum Schutze des Wettbewerbs eingeschränkt und damit gleichzeitig gesichert (vgl. Emmerich 1988). Es existiert allerdings eine Reihe von Ausnahmen, in denen der Gesetzgeber die Bildung von Kartellen bei Vorliegen bestimmter Voraussetzungen erlaubt. So können z.B. durch Konditionenkartelle (§ 2 GWB), Rabattkartelle (§ 3), Normen- und Typenkartelle sowie Rationalisierungskartelle (§ 5), Spezialisierungskartelle (§ 5a) und Kooperationskartelle (§ 5b) einzelne Aktionsparameter abgestimmt werden.

Auch im Falle von Strukturkrisen (§ 4) und bei Ex- und Importen (§§ 6 bzw. 7) existieren Ausnahmeregelungen. Schließlich kann der Zusammenschluß von Unternehmungen, falls dadurch eine marktbeherrschende Stellung begründet oder verstärkt wird, durch die Fusionskontrolle nach § 24 untersagt werden.

Das Vertragsverhältnis mit der Marktgegenseite wird ebenfalls durch das Wettbewerbsrecht beeinflußt. So ist eine *Preisbindung* der zweiten Hand, welche der Unternehmung eine einheitliche Preispolitik auch auf der nachgelagerten Einzelhandelsstufe ermöglichen würde, nicht zulässig. Wird eine marktbeherrschende Stellung im Sinne des § 22 GWB konstatiert, findet eine weitere Einschränkung der unternehmerischen Strategien durch die *Mißbrauchsaufsicht* statt. Dazu gehören das „Squeezing“, also die Ausnutzung einer beherrschenden Stellung sowohl auf dem Produktmarkt als auch auf dem Markt für Vorprodukte, Sperrkäufe, die Diskriminierung von Anbietern oder Nachfragern, die Nichtbelieferung sowie Kopplungsgeschäfte und Gegenseitigkeitsverträge. Die Kontrolle des Preismißbrauchs bei marktbeherrschenden Unternehmungen ist ebenfalls ein extremer Eingriff in unternehmungsinterne Angelegenheiten.

C. Arbeitsrechtliche und soziologische Rahmenbedingungen

1. Besonderheiten des Arbeitsmarktes

Die hohe Bedeutung des Humankapitals als Ressource der Unternehmung führt dazu, daß die Situation auf dem Arbeitsmarkt eine der wichtigsten Rahmenbedingungen der Unternehmungsführung darstellt. Der deutsche Arbeitsmarkt ist durch zahlreiche Regulierungen gekennzeichnet, so daß die Vertragsbeziehungen zwischen Arbeitnehmern und Unternehmung nicht frei gestaltbar sind.

Das durch das *Beschäftigungsförderungsgesetz* aufgelöste Arbeitsvermittlungsmonopol der Bundesanstalt für Arbeit führte dazu, daß Unternehmungen, die bei der Bundesanstalt nicht die ihren Anforderungen entsprechende Qualität erhielten, zeitraubende und komplizierte Rekrutierungsverfahren anwenden mußten, anstatt auf einem wettbewerblich organisierten Markt für Arbeitnehmervermittlung als Nachfrager auftreten zu können.

Das *Kündigungsschutzrecht*, das eine Einbeziehung des Betriebsrates und eine Sozialverträglichkeitsprüfung fordert sowie in Abhängigkeit vom Alter und von der Betriebszugehörigkeit z.T. sehr lange Kündigungsfristen vorgibt, erschwert die Anpassung der Belegschaft an veränderte Absatzbedingungen.

Das *Tarifvertragsrecht* eröffnet die Problematik der Anpassung der Entlohnungssysteme auf die individuellen Bedürfnisse der Unternehmung. Durch das Günstigkeitsprinzip nach § 4 TVG und die Allgemeinverbindlichkeitserklärung können die Lohnkosten über den für die Unternehmung wirtschaftlich vertretbaren Grenzen liegen, so daß Belegschaftsreduktionen unumgänglich werden, die wiederum aufgrund des Kündigungsrechts problematisch sind. Die mangelnde Lohnflexibilität in Verbindung mit dem Kündigungsrecht kann dazu führen, daß in Phasen einer steigenden Nachfrage aus Vorsichtsgründen dennoch auf Personalerhöhungen verzichtet wird, und es so entweder zu einem Verzicht auf gewinnträchtige Aufträge oder zu einer überhöhten Kostenbelastung durch Überstundenzuschläge kommt.

2. Soziologische Gegebenheiten

Die Struktur der Alterspyramide in der Bundesrepublik Deutschland (vgl. Statistisches Bundesamt 1993, S. 61) zeigt eindeutig die Gefahr der *Überalterung*, sofern keine Zuwanderung jüngerer Erwerbstätiger aus dem europäischen Ausland erfolgt. Daraus ergibt sich eventuell zukünftig die Notwendigkeit des längeren Verbleibs im Erwerbsleben, welche eine Herausforderung für die Unternehmung bezüglich der Gestaltung der Arbeitsplätze und der Weiterbildungsmöglichkeiten darstellt, da mit zunehmendem Alter häufig eine abnehmende Flexibilität einhergeht.

Die Zusammensetzung der Arbeitnehmerschaft nach *Nationalitäten* und die Qualifikation der ausländischen Arbeitnehmer befinden sich ebenfalls im Wandel. Während 1977 noch 1.889.000 ausländische Arbeitnehmer in Deutschland beschäftigt waren, von denen 730.000 aus der EG stammten, waren es 1990 nur noch 1.782.000, wobei der Rückgang der EG-Bürger auf 503.000 besonders drastisch ist. Gleichzeitig ist aber eine strukturelle Verlagerung weg von der überwiegenden Nachfrage nach wenig qualifizierten Kräften (in der EG von 103.000 auf 63.000) hin zu dem internationalen Austausch von hochqualifizierten Fach- und Führungskräften (von 84.000 auf 106.000 innerhalb der EG) zu beobachten (vgl. o.V. 1993, S. 2).

Dieser Trend dürfte sich im Zuge der zunehmenden Anerkennung von Befähigungsnachweisen und Diplomen noch verstärken. Das Potential an gut ausgebildeten ausländischen Mitarbeitern wird in Anbetracht des internationalen Engagements vieler Unternehmungen und der kreativen Anstöße eines interkulturellen Austausches sicherlich in Zukunft für die Unternehmungsführung eine wachsende Rolle spielen.

3. Bildungssystem

Nach Ausbildung gegliedert, setzt sich die Erwerbsbevölkerung der Bundesrepublik wie folgt zusammen:

Schul- bzw. Bildungsabschluß	Anzahl der Personen	Anteil an der Summe der Angaben
noch in schul. Ausbildung	208	0,6 %
Volks-, Hauptschulabschluß	17.567	48,3 %
Polytechnik- oder Realschulabschluß	12.179	33,5 %
Fachhochschul- oder Hochschulreife	6.400	17,6 %
Summe	36.354	100,0 %
darunter mit folgenden beruflichen Bildungsabschlüssen:		
Lehre	21.727	59,8 %
Fachschulabschluß inkl. ehemalige DDR	3.928	10,8 %
Fachhochschulabschluß	1.335	3,7 %
Hochschulabschluß	2.778	7,6 %

Abbildung 4 : Erwerbstätige nach Bildungsabschluß in Tausend
Anmerkung: Da es sich bei den Informationen um freiwillige Angaben handelt, entspricht die Summe nicht der tatsächlichen Zahl der Erwerbstätigen von ca. 40.087.000.
(Quelle: Statistisches Bundesamt 1993, S. 415)

Das *duale Bildungssystem*, in dem eine betriebliche Ausbildung mit Berufsschulunterricht kombiniert wird, führt zu einer im europäischen Vergleich geringeren Jugendarbeitslosigkeit und vor allem einer höheren Qualifikation der Arbeitnehmer. Es ist aber auch zu berücksichtigen, daß diese Investition in Humankapital für die Unternehmung einen beachtlichen Kostenfaktor darstellt.

Die kostenlose *Universitätsausbildung* und die Möglichkeit der Finanzierung der privaten Lebensführung während des Studiums durch BAFÖG ermöglicht ein erhöhtes Angebot an hoch qualifizierten, aber vorwiegend theoretisch ausgebildeten Kräften. So beginnen über 80% der Abiturienten ein Studium, wobei 38% sofort nach dem Abitur die Universität besuchen (vgl. o.V. 1994b, S. 1).

Dieses staatlich subventionierte, hohe Angebot an Akademikern kann für die Unternehmung eine Kostenersparnis aufgrund des zwischen den Bewerbern bestehenden Konkurrenzdrucks bedeuten. Werden Akademiker als das kreative Potential der Unternehmung angesehen, so leistet der Staat dadurch eine *Innovationshilfe*. Die Kehrseite der Medaille ist jedoch eine Akademikerschwemme und der damit verbundene Einsatz von Hochschulabgängern in geringer qualifizierten Berufen sowie *Akademikerarbeitslosigkeit* als krasses Beispiel der Fehlinvestition in Humankapital. Die theoretische Ausbildung der Universität kann an den Erfordernissen des Arbeitsmarktes vorbei einen Mangel an Praktikern erzeugen, dem jedoch nicht durch die verstärkt praktische Ausrichtung der Universitäten begegnet werden sollte.

In Zeiten des ständigen technischen und kulturellen Wandels, in denen in der Schulzeit und Ausbildung erworbene Kenntnisse schon nach wenigen Jahren obsolet werden, spielt vor allem die *Erwachsenenbildung* über Volkshochschulen, Fernuniversitäten und Schulungen durch Kammern und Verbände eine wichtige Rolle. Bei der Einführung neuer Techniken oder für die Umsetzung neuer Erkenntnisse in die betriebliche Praxis muß die Entwertung des Humankapitals zudem über eine betriebliche Fortbildung verhindert werden.

4. Soziales Sicherungssystem

Das Problem des sozialen Sicherungssystems wird in der Bundesrepublik nach dem *Solidarprinzip* gelöst, d.h. unterhalb bestimmter Einkommensgrenzen wird unabhängig von der Risikoklasse der Versicherten ein einkommensabhängiger Pflichtbeitrag für die Kranken-, Arbeitslosen- und Rentenversicherung durch den Arbeitgeber vom Lohn einbehalten und abgeführt (vgl. Figge 1989). Diese Beiträge werden je zur Hälfte von Arbeitgeber und Arbeitnehmer getragen. Dieses Verfahren führt zur Problematik der *Lohnnebenkosten*, da diese Ausgaben für den Unternehmer zwar Lohncharakter haben, aber aufgrund der staatlichen Bestimmung der Beitragssätze eine Loslösung dieses Kostenanteils vom tariflichen Verhandlungsspielraum stattfindet. Die Eigendynamik der Sozialversicherungsbeiträge führte zusammen mit der Einführung oder Ausdehnung anderer betrieblicher Zusatzleistungen zu dem extremen Anstieg der Lohnnebenkosten, der in der gegenwärtigen Standortdiskussion eine wichtige Rolle spielt.

Betrugen die Lohnnebenkosten in der Verarbeitenden Industrie 1970 noch 48% des Stundenlohns, so stiegen sie 1993 bereits auf 82%. Im internationalen Vergleich lag die Bundesrepublik Deutschland dadurch mit gut 42 DM pro Arbeiterstunde an der Spitze (vgl. o.V.

1994b, S. 5), was in Anbetracht eines sinkenden Produktivitätsvorsprungs auf eine ungünstige Entwicklung der für die Wettbewerbsposition relevanten Lohnstückkosten hinweist (vgl. o.V. 1994c, S. 3). Die Personalzusatzkosten bestehen jedoch nur zu weniger als der Hälfte aus gesetzlich veranlaßten Kosten (ca. 44,5%), von denen allerdings die Sozialversicherungsabgaben den wesentlichen Teil ausmachen (ca. 29% der gesamten Zusatzkosten) (vgl. o.V. 1994a, S. 8). Die unter den betrieblichen Zusatzkosten subsumierten Aufwendungen für Urlaub und Urlaubsgeld haben aber auch zumindest teilweise eine gesetzliche Veranlassung.

Wird die oben beschriebene Entwicklung der Altersstruktur berücksichtigt, ist durch das praktizierte Umlageverfahren in der Rentenversicherung und die steigenden Kosten der Krankenversicherung mit einer Verschärfung des Problems zu rechnen.

Die Verwaltung und Abführung der Sozialabgaben und Lohnsteuern durch die Unternehmung bedeutet zusätzlich einen erhöhten Personalbedarf und damit Kosten, welche von der Zahl der Arbeitnehmer bestimmt werden. Dadurch wird die Einstellung von mehreren Teilzeitkräften anstelle einer Vollzeitkraft behindert.

5. Gesellschaftliche Grundeinstellung

Das Image der Unternehmung hat Einfluß auf die Einstellung der Konsumenten gegenüber der Unternehmung und somit auf die Höhe von Umsatz und Gewinn. Die zunehmende Beachtung von *Unternehmungsethik* und *Image* seitens der Unternehmung läßt sich allerdings gewiß nicht nur monokausal aus erfolgswirtschaftlichen Überlegungen heraus erklären, da Manager keine bloßen neoklassischen Gewinnmaximierer sind, sondern sich durch eine Bedürfnisvielfalt auszeichnen, zu denen sicherlich auch Prestige und die gesellschaftliche Akzeptanz gehören.

Die gesellschaftliche Grundeinstellung formt also die Unternehmung, da eine gewisse Konformität mit gesellschaftlichen Erwartungen nicht nur ökonomisch rational ist. Aus diesem Sachverhalt können jedoch auch Probleme entstehen (vgl. Kaltefleiter 1994, S. 123 ff.). So führt eine negative Grundeinstellung gegenüber Neuerungen i.d.R. zu einer Verringerung der Innovationsaktivitäten, woraus Nachteile in der internationalen Wettbewerbsfähigkeit einer Volkswirtschaft resultieren können. Ein unternehmerfeindliches Klima oder ein Mißtrauen gegenüber der Marktwirtschaft hingegen behindert die unternehmerische Aktivität allgemein und führt dazu, daß sich die Rekrutierung von Führungskräften für Unternehmungsgründungen in einem derartigen Umfeld äußerst schwierig gestaltet.

D. Bedeutung der Europäischen Union

Die Schaffung des Europäischen Binnenmarktes und die damit verbundene Möglichkeit der Ausnutzung von Skaleneffekten (Economies of Scale) durch *größere Absatzmärkte* einerseits und die *Erhöhung der Wettbewerbsintensität* andererseits sind sicherlich die wesentlichsten Aspekte der europäischen Union. Das Ursprungslandprinzip im Warenverkehr ermöglicht nämlich, die in einem EG-Land zugelassenen Waren in jedem anderen Mitgliedstaat zu verkaufen. Bei der Umsatzsteuer jedoch wurde mit dem Wegfall der Grenzkontrollen zumindest vorläufig nicht auf das Ursprungslandprinzip umgestellt, so daß von einer Verlagerung der Steuergrenzen in die Unternehmungsbürokratie gesprochen werden kann.

Im Rahmen der Körperschaftsteuer wurde 1990 durch die EG-Fusionsrichtlinie, die Mutter-Tochter-Richtlinie und das Schiedsabkommen die Bildung internationaler Konzerne attraktiver gestaltet, um das EG-weite Unternehmungsengagement zu erleichtern (vgl. Theisen/Wenz 1993, S. 485 ff.). Die *Fusionsrichtlinie* ermöglicht grenzüberschreitende Umstrukturierungen durch Fusionen, Spaltungen oder Einbringung von Unternehmungsteilen ohne eine steuerwirksame Aufdeckung stiller Reserven. Die *Mutter-Tochter-Richtlinie* soll eine steuerliche Doppelbelastung von konzerninternen Ausschüttungen vermeiden, indem bei einer Beteiligungsquote von über 25% die Gewinne nur bei der Tochter, die sie erwirtschaftet hat, der Besteuerung unterliegen dürfen und im Empfängerland entweder eine Freistellung oder eine Steueranrechnung erfolgen muß. Durch das *Schiedsabkommen* wurde ein Schiedsverfahren implementiert, das eine Doppelbelastung durch eine unterschiedliche Anerkennung konzerninterner Verrechnungspreise durch die nationalen Finanzbehörden verhindern soll.

Diese Richtlinien stellen allerdings ein Rahmenrecht dar, das erst dann gilt, wenn es in den Nationalstaaten durch entsprechende Gesetze umgesetzt wird. Erst wenn die Umsetzung innerhalb der vorgegebenen Frist nicht stattfindet, kann die Richtlinie auch direkt im jeweiligen Nationalstaat in Kraft treten. Im Gegensatz dazu stellen Verordnungen direkt wirksames Recht dar. Neben der Erleichterung internationaler Transaktionen sind mit dem EG-Binnenmarkt jedoch auch *Richtlinien zur Harmonisierung der nationalen Bestimmungen* und zum Verbraucherschutz verbunden (vgl. Bellers et al. 1990, S. 11 ff.). Beispiele dafür sind eine Richtlinie über die Sicherheit von Spielzeug, über den Geräuschpegel von Rasenmähern und eine Richtlinie über die Angabe der Lebensmittelpreise und Mindestmengen je Packungsgröße.

E. Besonderheiten der Rahmenbedingungen in den neuen Bundesländern

Das oben bereits erwähnte Problem der gesellschaftlichen Grundeinstellung, nämlich mangelndes Verständnis sowie eine geringere Erfahrung mit einem marktwirtschaftlichen System, wird in den neuen Bundesländern erst langsam abgebaut. Bei Führungskräften aus dem Westen ist das Interesse an einer Position in den neuen Ländern u.a. daher noch eher gering (vgl. Nerb/Russ 1994). Weitere Aspekte sind die langsame Zunahme von Freizeiteinrichtungen und qualitativ hochwertiger Infrastruktur. Die Attraktivität für ausländische Investoren wird zusätzlich durch eine geringe Offenheit gegenüber Ausländern verringert (vgl. Brander/Hilpert/Yamaguchi 1992).

Zu langes Festhalten an veralteten Technologien in der ehemaligen DDR führte zu einer Entwertung des Humankapitals, welche sich in einer mangelnden Erfahrung mit der im Westen üblichen technischen Ausstattung und einer wesentlich geringeren Produktivität niederschlägt. Es stellt eine hohe Anforderung an das Bildungssystem dar, diesen Rückstand aufzuholen und die Bevölkerung mit den marktwirtschaftlichen Grundlagen vertraut zu machen.

Die Problematik des infrastrukturellen Nachholbedarfs, welche gerade zu Beginn der Wiedervereinigung das primäre Hemmnis eines unternehmerischen Engagements war, verliert mit der Verbesserung der Infrastruktur zunehmend an Bedeutung, wenngleich ein westlicher Standard noch nicht erreicht werden konnte.

Anmerkung

[1] Meiner Mitarbeiterin Frau Dipl.-Vw. Andrea Fibelkorn danke ich für die Unterstützung bei der Erstellung dieses Beitrags.

Literatur

BELLERS, J. ET AL.: Das Binnenmarkt-Projekt, in: Euro-Markt '93. EG-Praxis für Unternehmer, hrsg. v. J. Bellers u. E. Schmacke, Neuwied 1990, S. 11-27.

BRANDER, S.; HILPERT, H.G.; YAMAGUCHI, E.: Potentials of Eastern Germany as a Future Location of Foreign Investment. An Empirical Study with Regard to Japanese Investors, Ifo-Studie zur Strukturforschung, o. Jg. (1992), H. 16.

DETERING, K.-E.: Die öffentliche Forschungsförderung in ihren betriebs- und volkswirtschaftlichen Wechselwirkungen, Münster 1982.

DÖRNER, B.: Die Neuregelung der Gesellschafterfremdfinanzierung, Teil 1, in: INF, 47. Jg. (1993), S. 409-415.

DÖTSCH, E.: Standortsicherungsgesetz: Auswirkungen auf das körperschaftsteuerliche und auf das einkommensteuerliche Anrechnungsverfahren, in: DB, 46. Jg. (1993), S. 1790-1811.

EMMERICH, V.: Kartellrecht, 5. Aufl., München 1988.

FIGGE, G.: Sozialversicherungshandbuch für die Praxis. Das Beitrags- und Versicherungsrecht der Kranken, Renten- und Arbeitslosenversicherung, Köln 1989.

FORSCHUNGSINSTITUT DER FRIEDRICH-EBERT-STIFTUNG (HRSG.): Veränderungen des Arbeitsschutzrechtes in der Bundesrepublik Deutschland. Die neuen Richtlinien der Europäischen Gemeinschaften, Bonn 1993.

FRANZ, R.; RUPP, T.: Das Standortsicherungsgesetz, in: BB, 48. Jg. (1993), H. 31, Beil. 20.

HEINTZ, D.; LENZ, W.: Investitionserleichterungs- und Wohnbaulandgesetz, Köln 1993.

KALTEFLEITER, W.: Wertesystem und wirtschaftliche Entwicklung, in: FLF, 41. Jg. (1994), S. 123-141.

KOMMISION DER EUROPÄISCHEN GEMEINSCHAFTEN: Forschungs- und Technologieförderung der EG. Ein Leitfaden für Antragsteller, 2. Aufl., Brüssel 1990.

KROKER, R.; FUEST, W.: Internationaler Unternehmensteuervergleich vor und nach dem Standortsicherungsgesetz, in: IW-Trends, 20. Jg. (1993), H. 2, S. 47-56.

NERB, G.; RUSS, H.: Attraktivität europäischer Regionen als Wohnsitz und Produktionsstätte, in: Ifo-Schnelldienst, 47. Jg. (1994), H. 12, S. 20-28.

OBERENDER, P.: Industrielle Forschung und Entwicklung. Eine theoretische und empirische Analyse bei oligopolistischen Marktprozessen, Bern/Stuttgart 1973.

OBERENDER, P.; FRICKE, F.-U.: Möglichkeiten und Grenzen einer europäischen Forschungs- und Technologiepolitik. Eine ordnungstheoretische Analyse, in: Ifo-Studien, 39. Jg. (1993), S. 327-341.

O.V.: Beruf und Binnenmarkt, in: Wirtschaft und Unterricht, o. Jg. (1993), H. 7.

O.V.: Jetzt bei 85 Prozent, in: iwd, 20. Jg. (1994a), H. 8, S. 8.

O.V.: Mit Tempo an die Uni, in: iwd, 20. Jg. (1994b), H. 24, S. 1.

O.V.: Lohnanstieg kostet Marktanteile, in: iwd, 20. Jg. (1994c), H. 27, S. 3.

O.V.: Weniger Anmeldungen beim Europäischen Patentamt, in: Neue Zürcher Zeitung, Fernausgabe v. 16. Juni 1994d, S. 17.

ROCKHOLZ, A.: Die Verpackungsverordnung. Konsequenzen für Unternehmen, Eschborn 1992.

SCHMITZ, H.: Warenzeichen-, Patent-, Gebrauchsmuster- und Geschmacksmusterrecht, Köln et al. 1988.

SIGLOCH, J.: Die Wahl der Rechtsform als Entscheidungsproblem, in: Handbuch der Personengesellschaft, Bd. 2, hrsg. von H. Westermann et al., Köln 1989, S. 234-252.

STATISTISCHES BUNDESAMT (HRSG.): Statistisches Jahrbuch, Wiesbaden 1993.

TAUPITZ, J.: Die Standesordnungen der freien Berufe. Geschichtliche Entwicklung, Funktionen, Stellung im Rechtssystem, Berlin 1991.

THEISEN, M.R.; WENZ, M.: Besteuerung, in: Handbuch Unternehmung und Europäisches Recht, hrsg. v. E. Gerum, Stuttgart 1993, S. 485-503.

Tyll Necker

Die Standortdiskussion als Herausforderung an die Unternehmungsführung

A. Der Aufschwung beseitigt nicht die Strukturprobleme

In der zweiten Hälfte des Jahres 1994 mehrten sich die Anzeichen, daß die deutsche Wirtschaft die stärkste Rezession der Nachkriegszeit überwunden hat. Die Aufträge in der Industrie nahmen wieder zu. Die Produktion wurde ausgeweitet und die Exporte stiegen kräftig. Wurde damit Standortpolitik *überflüssig?* Vor einer derartigen Sicht ist nachhaltig zu warnen. Die Rezession der Jahre 1992/1993 war nicht die alleinige Ursache der Probleme der deutschen Wirtschaft, sie hat diese jedoch verschärft. Ursächlich sind insbesondere die strukturellen Probleme des Standortes Deutschland. Mit der konjunkturellen Erholung haben sich die Strukturprobleme der deutschen Wirtschaft keineswegs gelöst. Die Symptome der mangelnden Wettbewerbsfähigkeit werden nur oberflächlich verdeckt. Ein Nachlassen in den Bemühungen um die Verbesserung der Standortbedingungen in Deutschland könnte für den Aufschwung fatale Folgen haben.

B. Die strukturellen Probleme des Standortes Deutschland

Die deutsche Wirtschaft befindet sich in einem gewaltigen Strukturwandel. In den letzten Jahren haben sich die wirtschaftlichen und gesellschaftlichen Koordinaten für Deutschland grundlegend verändert. Unser Land ist mit einem Bündel von neuen Herausforderungen konfrontiert:

- Die Vollendung des *Europäischen Binnenmarktes* hat zu einem Abbau administrativer Barrieren in Europa und damit zu einer umfassenden Deregulierung der Wirtschaft geführt. Der Wettbewerb innerhalb der Europäischen Union hat sich dadurch wesentlich intensiviert. Dies ist nachdrücklich zu begrüßen, erfordert aber auch erhöhte Anstrengungen aller, um in diesem schärferen Wettbewerb bestehen zu können.
- Die *Wiedervereinigung Deutschlands* macht eine neue Standortbestimmung unumgänglich. Die Herstellung der wirtschaftlichen und sozialen Einheit Deutschlands ist mit größeren Schwierigkeiten und deutlich höherem finanziellen Aufwand verbunden, als vielfach erwartet wurde. Der kreditfinanzierte Einigungsbonus für Westdeutschland ist in eine höhere Steuer- und Abgabenquote für Gesamtdeutschland umgeschlagen.

Fortschritte beim Aufbau Ostdeutschlands sind in der Bauwirtschaft, dem Handwerk und den Dienstleistungen, der staatlichen Infrastruktur sowie den Wirtschaftsbereichen, die für lokale Märkte produzieren oder unmittelbar von den Transferzahlungen profitieren, unverkennbar. Auch Teile der ostdeutschen Industrie befinden sich im Aufwind. Zwar darf man sich aufgrund des niedrigen Ausgangsniveaus von den hohen Wachstumsraten nicht täuschen lassen, Aufträge und Produktion expandieren aber inzwischen mit einem hohen Tempo. Die sichtbare Verbesserung der Wirtschaftslage ließ den Beschäftigungsabbau weitgehend zum Stillstand kommen.

Obwohl der Strukturwandel seit der Wende in den neuen Bundesländern enorm war, unterscheidet sich die ostdeutsche Industriestruktur noch immer stark von der westdeutschen. So hat sich die wirtschaftliche Lage bei Industrieunternehmungen der Wirtschaftszweige, die dem internationalen Wettbewerb ausgesetzt sind, noch nicht stabilisiert. Ein Hinweis auf die nach wie vor unzureichende Wettbewerbsfähigkeit der ostdeutschen Industrie insgesamt ist die Tatsache, daß z.B. die Ernährungsindustrie mit fast einem Fünftel einen deutlich überproportionalen Anteil am Umsatz der ostdeutschen Industrie besetzt und nach wie vor die größte Branche in den neuen Bundesländern ist. Die Ernährungsindustrie ist aber i.d.R. auf lokale Produktion und die Versorgung des Inlandsmarktes ausgerichtet.

Es ist daher davon ausgehen, daß Ostdeutschland auch künftig hohe Transferzahlungen benötigt. Das schränkt die finanziellen Möglichkeiten des Staates in den nächsten Jahren außerordentlich ein.

Das durchschnittliche Bruttoinlandsprodukt pro Kopf liegt im vereinigten Deutschland immer noch um rund 10% niedriger als in Westdeutschland. In der Europäischen Union sind wir vom zweiten auf den sechsten oder siebten Platz - je nach Wechselkurs - im Wohlstand pro Einwohner zurückgefallen. Solange wir nicht bereit sind, Konsequenzen aus diesen Fakten zu ziehen, geben wir mehr aus, als wir erwirtschaften. Es ist eine vordringliche Aufgabe aller Verantwortlichen in Politik, Wirtschaft und Gesellschaft, der Bevölkerung die völlig veränderten ökonomischen Voraussetzungen für unsere gesamtdeutsche Existenz zu verdeutlichen und entsprechend zu handeln.

Die *internationale Wirtschaftsverflechtung* ist enger und der *Wettbewerb* härter geworden. Gerade auf den Feldern der Hoch- und Spitzentechnologie stehen Deutschland und Westeuropa in einem schärfer werdenden Wettbewerb mit Japan und den USA. Nach der Auflösung der Konkurrenz der Wirtschaftssysteme zwischen Ost und West liegen heute die Gravitationszentren der Weltwirtschaft in den USA, in Ostasien und Europa. Nachdem Europa und Japan in den letzten 20 Jahren technologisch zu den USA aufgeschlossen haben, treten die Länder dieser Triade in eine Phase der „Kopf-an-Kopf-Konkurrenz". Das heißt, daß diese Industrienationen heute alle um dieselben wertschöpfungsintensiven neuen Technologie- und Produktionsfelder konkurrieren. Es zeichnet sich dabei ab, daß dieser Innovationswettlauf eine neue Dimension erhalten wird. Zunehmend wichtiger wird, wo für forschungs- und wertschöpfungsintensive Produktionen die besten Standortvoraussetzungen für Wissenschaft und Industrie geboten werden. Der Technologiewettbewerb wird damit zum Standortwettbewerb. Die *technologiebezogene Qualität der Standorte* wird zur entscheidenden Grundlage für Stärken oder Schwächen der einzelnen Industrienationen.

Die Unternehmungen werden noch von einer weiteren Seite in die Zange genommen. In den letzten Jahren sind vor allem Unternehmungen aus den *südostasiatischen Schwellenländern* mit einer hochentwickelten Produktionstechnik, hoher Arbeitsdisziplin und langfristigen Strategien in die Kernmärkte der deutschen Industrie eingedrungen. Durch niedrige Löhne, ausgezeichnete Qualität sowie einen Technologieverbund mit Japan haben sie rasch die angestammten Märkte der deutschen Industrie, insbesondere bei Standardprodukten, erobert. Hiervon sind vor allem der Maschinenbau, der Fahrzeugbau, die Elektroindustrie und die chemische Industrie betroffen. Diese Branchen, in denen 47% aller Beschäftigten der Industrie arbeiten und die fast 58% der deutschen Exporte erwirtschaften, geraten durch diese Entwicklung immer stärker unter Druck. Nach dem Fall des Eisernen Vorhangs stößt Deutschland jetzt als Hochkostenland direkt an Mittel- und Osteuropa mit extrem niedrigen Arbeitskosten, aber mit relativ gut ausgebildeten und motivierten Arbeitnehmern sowie weitgehend freiem Zugang zum europäischen Markt. Setzt man die deutschen Arbeitskosten mit 100% an, liegen sie in Osteuropa bei qualifizierten Arbeitskräften zwischen 2% und 10%. Dieser geschichtlich einmalige Vorgang muß dazu führen, daß Menschen von Ost nach West und Unternehmungen von West nach Ost wandern. Die Bundesrepublik muß im Wettbewerb um Arbeitsplätze also an zwei Fronten gleichzeitig bestehen: Gegen die High-tech-Konkurrenten Japan und USA, aber auch gegen die „billigeren" Wettbewerber aus Asien und Mittel- und Osteuropa.

Vor neue Herausforderungen wird uns in Zukunft auch die *demographische Entwicklung* stellen. Die Bevölkerungspyramide wird zum Pilz. Immer weniger junge Menschen, die in Arbeit stehen, werden für immer mehr Menschen im Ruhestand sorgen und die Finanzlasten tragen müssen. Zudem stellt sich die Frage der Innovationsfähigkeit einer alternden Gesellschaft.

Diese gewaltigen Strukturveränderungen treffen Industrieunternehmungen, die im direkten internationalen Wettbewerb stehen, existenziell. Natürlich wird auch der *Dienstleistungssektor* und das Handwerk von diesen Entwicklungen hart getroffen. Der gemeinsame europäische Binnenmarkt hat auch zu einer enormen Verschärfung des Wettbewerbs bspw. im Dienstleistungssektor geführt. In vielen Fällen tritt der Wettbewerb dort aber unter in etwa gleichen Startbedingungen an. Viele Leistungen müssen zudem vor Ort erbracht werden. Hier stehen die Unternehmungen mehr im regionalen Wettbewerb und nicht in der direkten Weltkonkurrenz. Völlig unstrittig ist, daß die Mitwirkung in der Weltliga eine andere Qualifikation erfordert als etwa in der Regionalliga.

C. Standortpolitik ist eine Aufgabe für alle: Unternehmungen, Tarifpartner, Staat

Für die Verbesserung der wirtschaftlichen Bedingungen am Standort Deutschland sind alle wirtschafts- und gesellschaftspolitischen Akteure verantwortlich.

Unternehmungen sind in erster Linie für die *Wettbewerbsfähigkeit* ihrer Produkte und Leistungen sowie für ihre Zukunftsfähigkeit verantwortlich. Dieser Verantwortung müssen sie durch innovative neue Produkte, eine ständige Verbesserung der Organisationsstrukturen, Produktionsverfahren und Werkstoffe sowie durch die Gewinnung neuer Märkte gerecht werden. Die deutschen Unternehmungen haben diese Herausforderungen offensiv angenommen. Sie sind seit Jahren zu einem tiefgreifenden und schmerzhaften Strukturwandel gezwungen und müssen auf die geänderten Rahmenbedingungen schnell und nachdrücklich reagieren. Die westdeutschen Industrieunternehmungen haben daher in den vergangenen Jahren entschiedene Rationalisierungsmaßnahmen eingeleitet, die inzwischen zu einer deutlichen Kostenentlastung geführt haben. Sie haben ihre Hausaufgaben gemacht. Verbesserungen der betrieblichen Strukturen (Lean Production und Lean Management) wurden vorgenommen, ebenso wurde die Qualität der Produkte verbessert und die Kundenorientierung verstärkt.

Nicht nur die Produkte der Unternehmungen stehen im internationalen Wettbewerb, sondern auch die *Rahmenbedingungen*, unter denen die Unternehmungen wirtschaften und konkurrieren müssen. Daher müssen auch die Tarifpartner und die Politik die Überforderung unserer Volkswirtschaft beenden und der Wirtschaft durch kalkulierbare und wettbewerbsfähige Rahmenbedingungen am Standort Deutschland eine faire Chance im weltweiten Konkurrenzkampf geben.

Auch von den Tarifpartnern verlangt der notwendige Kurswechsel Realitätssinn und Mut. Entscheidend für die Wiedergewinnung der Wettbewerbsfähigkeit ist die *Lohnpolitik*. In den vergangenen Jahren ist die Entwicklung der Löhne dem Produktivitätswachstum vorausgeeilt. Die Entwicklung der Tarifabschlüsse in den alten Bundesländern in diesem Jahr, bei denen die Bedeutung des Arbeitsplatzes in den Mittelpunkt gestellt wurde, ist ein wesentlicher Grund für die bessere Entwicklung der Konjunktur im Jahre 1994. Der Erfolg dieser Tarifrunde ist ein Erhalt von Arbeitsplätzen gewesen. Diese Entwicklung reicht aber keineswegs aus, Fehlentwicklungen der Vorjahre ausreichend zu korrigieren. Auch in den nächsten Jahren muß die Lohnpolitik daher Rücksicht auf die hohe Zahl fehlender Arbeitsplätze nehmen und den Produktivitätsfortschritt für die Schaffung neuer Arbeitsplätze verwenden.

Auch der *Staat* muß seinen Beitrag leisten. Er hat sich mittlerweise zur Wachstumsbremse ersten Ranges entwickelt. Überzogene Ansprüche an die volkswirtschaftliche Wertschöpfung zerstören Leistungsanreize und dämpfen die Wachstumsdynamik. Statt zur Kostenentlastung beizutragen und damit Investitionen und die Schaffung neuer Arbeitsplätze wieder rentabel zu machen, zieht der Staat die Kostenschraube weiter an. So kommt mit der Einführung der Pflegesozialversicherung, des Solidaritätszuschlags und der Erhöhung der Versicherungssteuer ein neuer Kostenschub auf die deutsche Wirtschaft zu. Mehr Innovation und Investitionen der Unternehmungen setzen aber höhere Gewinne voraus. Wer sie wegsteuert, verkleinert die Zukunftschancen Deutschlands.

Überspitzt formuliert bedeuten diese Entwicklungen: Deutschland ist auf dem Weg in die Staatswirtschaft. Dieser Trend muß umgekehrt werden. Die Steuer-, Abgaben- und Staatsquote muß deutlich reduziert werden, um so dem Markt und privatwirtschaftlichen Aktivitäten wieder mehr Chancen einzuräumen. Eine solche Perspektive - durch konkrete Einzelziele und Maßnahmen glaubwürdig untermauert - würde das Vertrauen in den Standort Deutschland in hohem Maße positiv beeinflussen.

D. Die Standortdebatte ist nach wie vor notwendig

Die von der deutschen Industrie angestoßene Standortdebatte ist kein rezessionsbedingtes Jammern. Die seit 1987 vorgetragenen Warnungen und konkreten Vorschläge wurden lange Zeit in den Wind geschlagen. Inzwischen beginnen auch die Politik und die Gesellschaft endlich, die Probleme des weltweiten Strukturwandels und des Standortes Deutschland zur Kenntnis zu nehmen. Insbesondere die *Kostenstrukturen* des Standortes Deutschland, die sich ohne Übertreibung zu einer Kostenkrise ausgewachsen haben, belasten die internationale Wettbewerbsfähigkeit der Unternehmungen nachhaltig. Einige Beispiele mögen dies belegen.

Die *Einkommens- und Freizeitansprüche* sind gemessen an der Produktivitätsentwicklung zu hoch. Wir leisten es uns seit einigen Jahren „Weltmeister“ bei den Arbeitskosten zu sein. Gleichzeitig haben wir auch die kürzesten Arbeits- und Betriebsnutzungszeiten sowie die längste Urlaubsdauer. Die vergleichsweise hohe Arbeitsproduktivität reicht nicht mehr aus, um den Arbeitskostennachteil auszugleichen. Die Lohnstückkosten in der Industrie sind zwischen 1985 und 1993 geradezu explodiert. Auch wenn sie im Zuge der Rationalisierungsmaßnahmen der Unternehmungen bereits wieder etwas gesunken sind, wirken die hohen Arbeitskosten, die zum Gutteil auch auf die Personalzusatzkosten zurückzuführen sind, weiterhin als Rationalisierungspeitsche in den Unternehmungen.

Auch nach der Verabschiedung des Standortsicherungsgesetzes sind deutsche Unternehmungen mit erheblich höheren *Steuern und Abgaben* belastet als ihre weltweite Konkurrenz. Im Verlauf der letzten Jahre ist der Abstand durch Steuersenkungen im Ausland größer geworden. Neben der Kumulation von Ertragssteuern werden gewerbliche Einkünfte zusätzlich mit ertragsunabhängigen Steuern belegt. Diese sind auch in Verlustperioden zu zahlen und wirken somit krisenverschärfend. Dies hat dazu geführt, daß die Bundesrepublik als Anlagestandort nicht angemessen an der dynamisch expandierenden internationalen Arbeitsteilung partizipiert. Wer würde in Berlin investieren, wenn hier der Steuersatz 50%, in Hamburg dagegen 37% und in Frankfurt 26% wäre? Genau dies ist aber die Situation Deutschlands im Vergleich z.B. mit Frankreich und Großbritannien.

Vor allem aufgrund der Finanzierungsprobleme im Zusammenhang mit der deutschen Einheit sind die Staatsverschuldung und die *Staatsquote* sowie die Steuer- und Abgabenbelastung dramatisch angestiegen. In nur vier Jahren ist unsere Staatsquote von nur 45% auf rund 52% hochgeschnellt. Eine Staatsquote von über 50% ist ein Anzeichen für die Überforderung der Volkswirtschaft. Wir müssen uns die Frage stellen, wie lange wir uns mit einer so hohen Staatsquote gegen Länder wie Japan mit 32% Staatsquote oder die USA mit 36% im Wettbewerb der Standorte behaupten können.

Auch aus dem *Bildungssystem* sowie dem *sozialen Sicherungsnetz* resultieren Standortnachteile. Wer in Deutschland Abitur macht und studiert, ist bei Eintritt ins Berufsleben im Durchschnitt 30 Jahre alt. Das durchschnittliche Renteneintrittsalter liegt bei 59 Jahren. Bei einer durchschnittlichen Lebenserwartung von 76 Jahren in der Bundesrepublik Deutschland bedeutet dies, daß 30 Jahren aktiver Erwerbstätigkeit fast 50 Jahre Ausbildung und Ruhestand gegenüberstehen. Damit läßt sich angesichts der demografischen Entwicklung in Deutschland die Wettbewerbsfähigkeit auf Dauer nicht erhalten. Dies gilt umso mehr, als trotz steigenden Wohlstands der Gesellschaft und der Bürger in den letzten 20 Jahren das soziale Netz immer engmaschiger geworden ist. Das Sozialbudget war 1970 mit etwa 170 Mrd. DM etwa gleich hoch wie die Anlageinvestition der deutschen Wirtschaft. 1993 lag das gesamtdeutsche Sozialbudget mit mehr als einer Billion DM bereits um etwa 50% höher als die Anlageinvestitionen.

Gravierende Wettbewerbsnachteile für die deutschen Unternehmungen erzeugen auch die zu hohen *Energiepreise* in Deutschland sowie nationale Alleingänge im *Umweltschutz*. Gewiß ist Umweltschutz ein wichtiger Aspekt für die Zukunftsfähigkeit des Industriestandortes Deutschland. In der früheren DDR wurde drastisch demonstriert, wie Umweltzerstörung die Qualität von Wirtschafts- und Wohnstandorten bedroht. Umweltschutz ist aber auch ein Kostenfaktor, der sich in keinem anderen Land so aufaddiert wie in Deutschland. Daher brauchen wir jetzt Augenmaß für das technisch und zeitlich Machbare und sollten zunächst sicherstellen, daß die Konkurrenten nachziehen.

Diese kurze Auflistung der „Kosten-Vorreiterrolle" Deutschlands mag genügen, um die Problematik zu verdeutlichen. Der internationale Vergleich einzelner Indikatoren ist sicherlich kein direkter Beweis für die Verschlechterung der Standortbedingungen. Er zeigt aber, daß die Wettbewerbsbedingungen sich in anderen Ländern relativ zu denen in Deutschland verbessert haben. Die Auswirkungen solcher Wettbewerbsverschlechterungen sind lange Zeit nicht offenkundig sichtbar. Graduelle Terrainverluste eines Wirtschaftsstandortes vollziehen sich in den Anfangsphasen oft langsam, verdeckt und deshalb schwer erkennbar.

Die Wettbewerbsfähigkeit Deutschlands wird nicht allein durch die Kostenkrise der Unternehmungen gravierend beeinträchtigt. Das zweite Problemfeld sind die *Schwächen im Innovationswettbewerb* auf technologieintensiven Märkten. Deutschland besitzt zwar nach wie vor in den klassischen Industrien eine starke Position auf den Weltmärkten. In den neuen Schlüsseltechnologien sind jedoch Einbrüche unübersehbar. Gemessen am Weltmarktanteil für Industriewaren ist Deutschland mit 17% vor den USA und Japan führend. Beim Handel mit forschungs- und entwicklungsintensiven Gütern mußte die Bundesrepublik in den vergangenen Jahren Marktanteilsverluste hinnehmen und liegt jetzt hinter Japan und den USA nur noch an dritter Stelle.

In der Informationstechnik, der Gentechnik, der Luft- und Raumfahrt sowie der Umwelttechnik finden derzeit weltweit große Innovationsschübe statt. Diese Schlüsseltechnologien und die mit ihnen eng verbundenen forschungs- und entwicklungsintensiven Produktionsbereiche waren auch in der Bundesrepublik in den zurückliegenden zehn Jahren wichtige Träger des wirtschaftlichen Wachstums. Es sind diese Bereiche, in denen vorrangig neue Arbeitsplätze in der Industrie entstehen. Dies sind Arbeitsplätze mit hoher Wertschöpfung, die notwendig ist, damit die hohen Löhne in Deutschland auch in Zukunft gezahlt werden können. Diese neuen Technologien besitzen auch eine enorme Bedeutung für die Wettbewerbsfähigkeit der klassischen Industrien. Dies wird spätestens in dem Moment klar, wenn man sich vor Augen führt, daß bereits heute zwei Drittel der Mikrochips direkt in Werkzeugmaschinen, Autos und Fernseher eingebaut werden.

E. Was müssen wir noch tun?

Deutschland muß, wenn es sein Wohlstandsniveau sichern und seinen Rang als eine der führenden Industrienationen halten will, mit einer *Doppelstrategie* von Kostenreduzierung und Innovation reagieren.

1. Die Sicherung der Wettbewerbsfähigkeit durch Reduzierung der Kosten

Weiterhin ist eine Reduzierung der hohen Arbeitskosten notwendig. Relativ moderate Tarifabschlüsse reichen keineswegs aus, um die Fehler der Vorjahre zu kompensieren. Auch in den nächsten Jahren muß die Lohnpolitik einen Beitrag zur Schaffung neuer Arbeitsplätze leisten. Auch die Gewerkschaften können ihren Beitrag zu einer Strategie der Vernunft fortsetzen, in dem sie sich nicht in erster Linie für die Bruttoeinkommen der Arbeitnehmer, sondern viel stärker für die Nettoeinkommen der Mitarbeiter einsetzen. Höhere Nettoeinkommen durch weniger Abzüge bei den Steuern und Sozialabgaben könnten eine Gemeinsamkeit zwischen den Interessen von Gewerkschaften und Arbeitgebern schaffen, die für alle von Vorteil wäre. Auch die 1994 eingeleiteten qualitativen Reformen in der Tarifpolitik wie niedrige Einstiegstarife für Arbeitslose und Flexibilisierung der Arbeitszeit müssen fortgesetzt werden mit dem Ziel, auf den Betriebsebenen die Arbeitszeiten an die jeweiligen Erfordernisse anzupassen und längere Maschinenlaufzeiten zu erreichen. Ebenso notwendig ist die Beseitigung von Verkrustungen im Arbeitsrecht, um mehr Dynamik auf dem Arbeitsmarkt zu schaffen.

Die Rückführung der überbordenden *Staatstätigkeit* ist dringend erforderlich. Notwendig ist eine klare Selbstverpflichtung der Politik, die Steuer-, Abgaben- und Staatsquote bis zum Jahr 2000 wieder auf das Niveau der Jahre 1989/90 zurückzuführen, um markt- und privatwirtschaftlicher Aktivität wieder mehr Chancen einzuräumen.

- Der Staat muß durch eine Neubestimmung seiner Aufgaben schlanker und bescheidener werden. Lean Government und *Lean Administration* auf allen staatlichen Ebenen von der Europäischen Union über den Bund, die Länder und die Kommunen sind erforderlich.
- Freiwerdende Mittel müssen gleichrangig für die Senkung der Steuer- und Abgabenbelastung und für die Konsolidierung der Staatsfinanzen eingesetzt werden. Daher ist dringend ein Konzept für eine Unternehmenssteuerreform vorzulegen.
- Notwendig ist auch eine umfassende *Entbürokratisierung* und *Deregulierung*. Vorrang hat hier die Verringerung von Genehmigungszeiten für Forschungs- und Versuchsanlagen sowie die Beschleunigung der Planung und Durchführung von Verkehrsinvestitionen. Wir brauchen nicht nur Umweltverträglichkeitsprüfungen für die Wirtschaft, sondern auch „Ökonomieverträglichkeitsprüfungen für die Umweltpolitik". Es müssen mehr Flexibilität und marktwirtschaftliche Optimierungsspielräume für Unternehmungen bei der Umsetzung von Umweltschutzzielen geschaffen werden.
- Nach der Bahn- und Postreform ist eine weitere *Privatisierung* öffentlicher Aufgaben notwendig. Insbesondere auf kommunaler Ebene gibt es noch große Potentiale beim industriellen Beteiligungsbesitz der öffentlichen Hände (u.a. öffentlicher Personennahverkehr, Abwasser, Energie, Abfallwirtschaft).
- Korrekturbedarf besteht vor allem auch in der *Sozialpolitik*. Unser Sozialstaat droht, in einen Wohlfahrtsstaat umzukippen. Das soziale Netz muß dringend an engere Finanzspielräume angepaßt und grundlegend umorientiert werden. Vorrang gebührt dabei der Eigenverantwortung und Eigenvorsorge der Bürger, der Bekämpfung von Mißbräuchen und Ausuferungen sowie der Beseitigung von falschen Anreizsystemen.

- Eine Trendwende müssen wir auch bei den Personalzusatzkosten schaffen. Diese betragen in der Industrie bereits 84% des Direktlohns und drohen damit zu Lohnhauptkosten zu werden.

2. Die Sicherung der Wettbewerbsfähigkeit durch Innovationen

Ansatzpunkte für eine Innovationsoffensive müssen unter zwei Aspekten gesehen werden:

- Innovationen durch Erschließung technologischer Entwicklungspotentiale sowie
- Innovationsfähigkeit durch Schaffung der dafür notwendigen politischen und sozialen Rahmenbedingungen.

Erste Weichenstellungen in der Politik sind bereits erfolgt. Wir brauchen den von der Bundesregierung propagierten und schon begonnenen *Strategiedialog*. Dieser muß sich auf sieben Punkte konzentrieren: Den Fragen von Forschung und Technologie muß ein größerer politischer Stellenwert verschafft werden. Zweitens besteht die Aufgabe der Strategiegespräche darin, mehr Technikakzeptanz in der öffentlichen und politischen Diskussion zu erreichen. Sie müssen drittens den Bundesminister für Bildung, Forschung, Wissenschaft und Technologie in seiner Rolle als Anwalt für Forschung und Innovation über alle Politikbereiche hinweg unterstützen und eine systematische Gesetzesfolgenabschätzung unter Innovationsgesichtspunkten betreiben. Die Strategiegespräche haben viertens die Aufgabe, neue Technologielinien mit Infrastrukturprojekten zu verknüpfen. Fünftens geht es darum, die Forschungslandschaft zu reformieren und ihre Einzelelemente in Wirtschaft und Wissenschaft besser zu verknüpfen. Außerdem sollten in Strategiegesprächen sechstens Kriterien für effiziente Forschungs- und Technologieförderpolitik erarbeitet werden und siebtens eine adäquate Verzahnung der Forschungsförderung von EG, Bundesrepublik Deutschland und den Bundesländern erreicht werden.

Für die Unternehmungen sind derartige Ansätze von großer Bedeutung. Sie können die Wende zu einer stärkeren Innovationskraft nicht allein vollziehen. Dazu ist eine Neuorientierung im Bewußtsein unserer Gesellschaft unabdingbar. Sie setzt eine Bejahung von Unternehmertum und technischem Fortschritt ebenso voraus wie eine positive Einstellung zu Arbeit und Leistung.

Ein entscheidendes Hemmnis für Veränderungen ist bislang die verbreitete *Innovationsskepsis* in Bevölkerung und Politik. Die Innovationsfähigkeit wird in Deutschland insbesondere durch eine begrenzte Technikakzeptanz nachhaltig behindert. Wir leben in einem gesellschaftlichen Klima, in dem technologische Entwicklungen und die damit verbundenen Entwicklungspotentiale häufig von vornherein negativ besetzt sind. Die meisten Zukunftstechnologien wie Gentechnik, Kernenergie, neue Verkehrs- und Kommunikationssysteme erzeugen oft ein zwar nur diffus begründetes, aber um so lauteres Nein! Im Gegensatz dazu sind die neuen Umwelttechnologien in der Öffentlichkeit vielfach positiv besetzt. Allein von diesen kann aber der Antrieb zur ökonomischen Entwicklung nicht kommen.

Wir stehen vor der Herausforderung, unter veränderten Voraussetzungen die in der Vergangenheit auf vielen Sektoren erarbeitete *technologische Spitzenposition* zu erhalten, zu sichern und womöglich auszubauen sowie in anderen Bereichen aufzuholen. Dies wird erhebliche Anstrengungen erfordern. Deutschland ist das einzige große hochindustrialisierte Land, in dem die Ausgaben des Staates für Forschung und Technologie seit Ende der 80er Jahre real sinken. Dieser Trend muß schleunigst umgekehrt werden.

Wir müssen gerade auch angesichts dramatischer Finanzprobleme die Kraft aufbringen, Prioritäten für Zukunftsinvestitionen in Bildung, Wissenschaft sowie Forschung und Entwicklung zu setzen. Unabdingbar ist es auch, die *Hochschulen* grundlegend zu reformieren. Unsere Hochschulen leisten zugegebenermaßen viel. Aber die Studienzeiten sind zu lang und oft ist nach der langen Studienzeit das Wissen schon wieder veraltet. Wir brauchen daher dringend eine Verkürzung der Studienzeit und eine stärkere Praxisorientierung der Ausbildung. Es ist auch ein Standortvorteil, wenn man - wie in Frankreich, England oder Spanien - mit 25 Jahren statt mit 30 Jahren ins Berufsleben eintritt.

Notwendig ist auch, junge Menschen für eine selbständige Tätigkeit und *Gründung technologieorientierter Unternehmungen* zu motivieren. Eine Förderung der Markteinführung innovativer Produkte, bspw. durch die Bereitstellung von Risikokapital in größerem Umfang als bisher, wäre durchaus eine geeignete Maßnahme, um Unternehmungsneugründungen im Bereich der Schlüsseltechnologien zu erleichtern.

Die Vielzahl der vor uns liegenden Herausforderungen läßt sich nur bewältigen, wenn wir in der Wirtschafts-, Finanz- und Sozialpolitik klare Schwerpunkte setzen und darüber hinaus eine Zielsetzung haben, was wir in den nächsten Jahren erreichen können, was wir erreichen wollen und um welchen Preis dies geschehen kann.

Wenn die oben beschriebenen Herausforderungen angenommen werden, müssen wir uns keine Sorge um die Zukunft der deutschen Industrie machen. Sie wird dann auch künftig zu den maßgeblichen Trägern wirtschaftlichen und gesellschaftlichen Wohlstandes gehören. Die Zukunft des Standortes Deutschland ist zu meistern. Allerdings brauchen wir dazu erstens die Einsicht in die Notwendigkeit auch von unpopulären Entscheidungen und zweitens den Mut zur Umsetzung. Der Wohlstand in Deutschland hängt davon ab, daß wir unsere internationale Wettbewerbsfähigkeit nicht verlieren. Dies gilt für die Industrie, aber auch für die ganze Gesellschaft.

Edmund Hug

Schnittstellenhandhabung als Führungsaufgabe bei IBM

A. Einführung

Globalisierung der Märkte, verschärfter Wettbewerb, rascher technologischer Wandel, individuelle Kundenbedürfnisse - all das sind die bekannten Herausforderungen, denen sich Unternehmen heute und morgen mehr denn je stellen müssen. Eine offensive Antwort darauf sind - neben Innovation und dem Erschließen neuer Märkte - vernetzte Unternehmensstrukturen, die sich durch flache Hierarchien, die Delegation von Entscheidungskompetenz und bereichsübergreifende Teamarbeit auszeichnen.

Den Vorteilen dieser so entstehenden *offenen Strukturen* - Kundennähe, Flexibilität, Effizienz - steht jedoch die Gefahr des Steuerungsverlustes gegenüber. Zahlreiche neue Schnittstellen müssen aufeinander abgestimmt werden, um die Auseinanderentwicklung des Gesamtunternehmens zu verhindern. Unternehmensleitung, Führungskräfte, aber auch die Mitarbeiter sind gefordert, diese neue Art der Komplexität zu bewältigen.

Im folgenden soll erläutert werden, wie sich die IBM Deutschland mit neuen Strukturen auf die Herausforderungen des Marktes einstellt und wie sie die dadurch hervortretende Schnittstellenproblematik meistert.

B. Die neue IBM

Um besser auf den sich immer schneller verändernden Markt eingehen zu können und um größere Flexibilität gegenüber Kunden und Wettbewerb zu erreichen, hat die IBM Deutschland seit 1993 eine grundlegende Reorganisation durchgeführt: Zum einen wurde eine dezentrale Führungsorganisation mit einer Holdinggesellschaft an der Spitze und rechtlich selbständigen Töchtern eingeführt. Zum anderen wurde der Vertrieb konsequent nach Branchen organisiert. Mit der internationalen Einbindung dieser Branchenorganisation wird die Reorganisation zum Jahresende 1994 komplettiert.

1. Die Holdingstruktur der IBM Deutschland

Im Januar 1993 hat die IBM Deutschland begonnen, sich in einem offenen Verbund flexibler Einheiten unter dem Dach einer Holding neu zu organisieren (vgl. Abbildung 1). Der Grundgedanke dabei: In den überschaubaren Einheiten können die Prozesse besser vereinfacht, die Schnittstellen klarer definiert und Entscheidungen konsequent dorthin verlagert werden, wo der direkte Kontakt zum Kunden besteht. Auf diese Weise entstehen weniger Reibungsverluste, und die neuen Tochtergesellschaften, welche die volle unternehmerische Verantwortung tragen, können schnell und effizient ihre eigenen Wege in ihren eigenen Märkten gehen. Sie messen ihren Erfolg an den direkten Mitbewerbern.

Dieser Umbau der IBM ist allerdings auch mit schmerzhaften Konsequenzen verbunden: Teile des Unternehmens, die im Gesamtunternehmen nie zu spüren bekamen, daß sie defizitär arbeiteten, haben nun den wirklichen Zwang, unternehmerisch zu handeln.

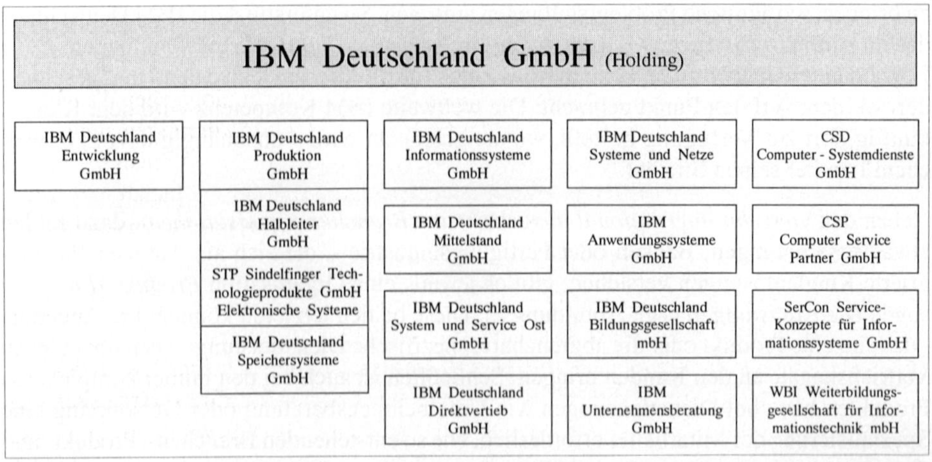

Abbildung 1: Die Holdingstruktur der IBM Deutschland

Die *Vorteile* der Holdingstruktur werden mehr und mehr deutlich: Neue Geschäftsfelder wie Outsourcing oder die Vermarktung von Know-how aus den Werken der IBM konnten schneller und gezielter erschlossen werden. Die IBM Deutschland Mittelstand GmbH kann bspw. mit ihrer neuen, flächendeckenden Organisation noch kundennäher, unkomplizierter und schneller auf die Bedürfnisse der mittelständischen Kunden eingehen. Und über die IBM Direktvertrieb GmbH werden nun Produkte, die keiner oder nur geringer Beratung bedürfen, schnell und vor allem zu marktgerechten Preisen verkauft - per Katalog, per Telefon oder über Angebote in Zeitschriften.

In allen Tochtergesellschaften wurden Hierarchien abgebaut und die Prozesse neu gestaltet. Die größten Veränderungen gab es in der für den Großteil des Vertriebs zuständigen IBM Deutschland Informationssysteme GmbH: dort wurde eine neue, branchenorientierte Vertriebsstruktur eingeführt.

2. Die branchenorientierte Vertriebsstruktur

Um dem Wunsch unserer Kunden nach spezialisiertem Branchen-, Lösungs- und Produktwissen besser entsprechen zu können, setzt die IBM auf eine Spezialisierung bei Produkten und Dienstleistungen und richtet sich konsequent nach *Branchen* aus. Ein Fertigungsunternehmen hat ganz andere Probleme als eine Bank und diese wiederum vollkommen andere Ansprüche als bspw. ein Handelsunternehmen. Für jede Branche besteht heute ein eigener Geschäftsbereich, der für die Kundenbetreuung sowie für die Entwicklung und Pflege individueller Branchenlösungen zuständig ist.

Diese zunächst auf nationaler Ebene etablierte Vertriebsstruktur wird nun auf *internationaler* Ebene weiter ausgebaut. Denn in einem globalen Markt muß es einer internationalen Unternehmung wie der IBM auch gelingen, Erfahrungen und Lösungen, die in einem Projekt an einem Ort der Welt gemacht wurden, effektiv und schnell in jedes andere Land zu bringen, wo ähnliche Problemstellungen auftreten. So unterstützt die IBM Deutschland das im Aufbau befindliche Mercedes-Werk in Alabama. Und Bankenanwendungen, die in London entwickelt wurden, können bspw. auch für Kunden in Deutschland maßgeschneidert werden. Auf den Punkt gebracht: Die weltweite IBM Kompetenz wird dem Kunden künftig dort zur Verfügung gestellt, wo sie gebraucht wird - unabhängig davon, in welchem Land er seinen Sitz hat.

Neben den *vierzehn international ausgerichteten Branchenorganisationen* - dazu zählen etwa Versicherungen, Banken oder Fertigungsindustrie -, die sich als Anbieter für integrierte Kundenlösungen verstehen, gibt es jeweils eine Organisation *Produkt Marketing* sowie *Dienstleistungen* (vgl. Abbildung 2). Diese beiden letzteren können ihre Angebote - das einzelne Produkt oder die abgrenzbare, spezifische Dienstleistung - auch über eigene Vertriebskanäle an den Kunden bringen. Schließlich ist auch bei den immer komplexeren Produkten bzw. bei Dienstleistungen wie Unternehmensberatung oder Outsourcing eine Spezialisierung der Mitarbeiter erforderlich. Die so entstehenden Branchen-, Produkt- und Servicespezialisten können für jede Situation je nach spezifischer Kundenanforderung in *Lösungsteams* zusammengeführt werden, um eine maßgeschneiderte Kundenlösung zu erarbeiten.

Nur im Zusammenspiel aller spezialisierten Bereiche kann die IBM über Einzelangebote hinaus die gesamte Bandbreite eines *universellen Lösungsanbieters* der Informationsverarbeitung zum Zuge bringen - letztlich ihre besondere Stärke. Innerhalb des Unternehmens entsteht so, über der formalen Organisation, ein komplexes, unternehmensweites Netzwerk. Gegenüber dem Kunden tritt ein geschlossenes Team auf, das Kundennähe und weltweite Kompetenz vor Ort zusammenführt.

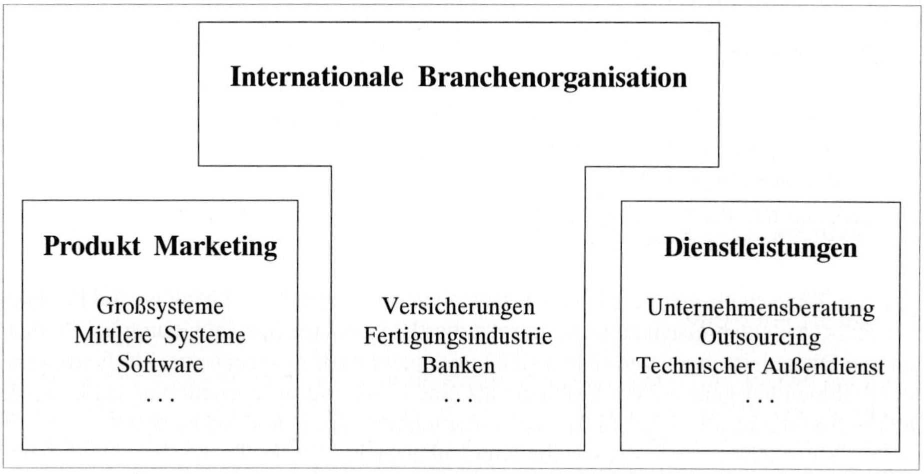

Abbildung 2: Die branchenorientierte Vertriebsstruktur

C. Neues Zusammenspiel

Beide Dimensionen der *Segmentierung* - Holdingstruktur sowie branchenorientierte Vertriebsorganisation - bringen *neue Schnittstellen* und damit neues Konfliktpotential mit sich. Bei aller Eigenverantwortlichkeit von Mitarbeitern bzw. ganzen Tochtergesellschaften muß die Geschäftsführung das Unternehmen als Ganzes zusammenhalten. *Führungsinstrumente* und *Spielregeln* - über den organisatorischen Rahmen hinaus - werden für die tägliche Zusammenarbeit noch wichtiger. Dabei ist klar, daß in einer komplexen Organisation nicht alles durch die Unternehmensleitung definiert und geregelt werden kann und soll. Insbesondere Führungskräfte, aber auch Mitarbeiter müssen sich im Einzelfall der Schnittstellenproblematik stellen und gemeinsam eine Lösung suchen. Neue Anforderungen an Führungskräfte und Mitarbeiter sind damit verbunden.

1. Instrumente der Schnittstellenhandhabung

Neben einem kooperativ-situativen Führungsstil setzt die Geschäftsführung der IBM Deutschland vor allem auf folgende Instrumente der Schnittstellenhandhabung:

a) Definition der Verantwortlichkeiten

Als Basis der Zusammenarbeit im unternehmensweiten Netzwerk müssen Zuständigkeiten und Verantwortlichkeiten festgelegt werden. Bei der IBM wurden sie im Managementsystem international und national fixiert. Die *Geschäftsführung* legt die Unternehmensstrategie für die gesamte IBM Deutschland fest und definiert bspw. neue Geschäftsfelder. Der für ein Projekt hauptverantwortliche *Mitarbeiter* holt sich i.S. von Teamarbeit jeweils den Rat aller an einem Vorhaben Beteiligten ein und bemüht sich um eine gemeinsame Lösung. Erst wenn das Team zu keiner Lösung kommt, wird die *nächste Managementebene* einbezogen. So hat der Geschäftsbereich die Entscheidungsbefugnis gegenüber den beiden Bereichen *Produkt Marketing* und *Dienstleistungen*, aber auch gegenüber den Tochtergesellschaften, die wie z.B. die Bildungsgesellschaft Dienstleistungen erbringen. Das höhere Management greift nur im Konfliktfall ein.

b) Zielorientierung

Eines der wichtigsten Steuerungsinstrumente in einer dezentralen Organisation ist ein durchgängiges Zielsystem, das alle Unternehmensteile bis hin zu jedem einzelnen Mitarbeiter in die Gesamtzielsetzung des Unternehmens einbindet. Die Geschäftsführung der IBM Deutschland stellt Jahrespläne zu Gewinn, Marktanteilen und Kundenzufriedenheit auf und gibt strategische Unternehmensziele wie bspw. „Marktführer bei globalen Netzen werden" vor. Diese bekannten *Unternehmensziele* werden zunächst auf die einzelnen *Tochtergesellschaften* und *Unternehmensbereiche* heruntergebrochen. Auf dieser Basis definieren die *Führungskräfte* in dem jährlich durchzuführenden Zielsetzungsprozeß zusammen mit dem einzelnen *Mitarbeiter* detaillierte, klar meßbare Arbeitsziele. Immer häufiger werden dabei auch Teamziele vereinbart, um die Zusammenarbeit im Netzwerk zu unterstützen. Führungskräfte und Mitarbeiter müssen sich an diesen Zielen messen lassen. Die erfolgreiche Umsetzung hat entscheidenden Einfluß auf die *Gehaltsentwicklung* und die Höhe der leistungsorientierten Sonderzahlungen. Durch diese Zielorientierung wird einerseits das Erreichen der Unternehmenszielsetzung sichergestellt, andererseits kann den Mitarbeitern die für das Funktionieren einer dezentralen Organisation notwendige Freiheit bei der Erfüllung ihrer Ziele eingeräumt werden.

c) Unternehmenskultur

Neben dieser kurzfristigen Zielorientierung gibt die Unternehmenskultur langfristig Orientierung. Gemeinsam getragene *Werte* und *Ziele* reduzieren den Bedarf an anderen Koordinations-, Befehls- und Kontrollmechanismen und bilden damit eine unverzichtbare Basis für die Handhabung von Schnittstellen in komplexen Organisationen.

Leitlinien, wie *Dienst am Kunden, Spitzenleistung als unser Leitmotiv* und *Achtung vor dem einzelnen*, sind bei der IBM schon seit ihren Anfängen Richtschnur für jeden Mitarbeiter. Als verbindendes Element sind sie heute wichtiger denn je. Angesichts des raschen Wandels muß aber auch die Unternehmenskultur *ständig weiterentwickelt* werden. Neue, weltweit gültige Grundsätze wie „Alle arbeiten unternehmerisch: unbürokratisch und produktiv" treten hinzu und unterstützen die beschriebenen strukturellen Veränderungen. Ein Klima der Offenheit und des Vertrauens hilft Führungskräften wie Mitarbeitern, eigenverantwortlich Entscheidungen zu treffen.

d) Kommunikation

Zielorientiertes Handeln aller Mitarbeiter in einem unternehmensweiten Netzwerk sowie Weiterentwicklung der Unternehmenskultur funktionieren allerdings nur, wenn zwischen den einzelnen Mitgliedern eine intensive Kommunikation stattfindet. Ohne konsequente Einbindung der Mitarbeiter bricht eine dezentrale Organisation auseinander. Ohne ausreichende Informationen können Führungskräfte und Mitarbeiter nicht zukunftsorientiert und verantwortlich handeln.

Kommunikation gehört deshalb zu den wichtigsten Aufgaben der Unternehmensleitung. *Glaubwürdigkeit* ist dabei eine wesentliche Forderung. Die Geschäftsführung der IBM Deutschland informiert ihre Mitarbeiter regelmäßig über verschiedene interne Medien - elektronisch und über Mitarbeiterzeitschriften. Darüber hinaus sucht sie aber auch vor Ort den unmittelbaren Kontakt zu den Mitarbeitern. Die Einführung der Branchenorganisation wurde bspw. auf allen großen Niederlassungen von der gesamten Geschäftsführung persönlich erläutert.

Zwischenmenschliche Kommunikation ist durch nichts zu ersetzen. Die in einer dezentralen Organisation erforderliche enge Bindung zwischen den einzelnen Unternehmensteilen muß jedoch durch den Einsatz der Informationstechnik gewährleistet werden. Als eine *vernetzte Infrastruktur* bietet die Informationstechnik die Möglichkeit, die richtige Information zur richtigen Zeit an den richtigen Ort zu bringen. Bei der IBM erfolgt der Austausch von Informationen zwischen Abteilungen und Tochtergesellschaften, mit Lieferanten und Geschäftspartnern über ein elektronisches Kommunikationsnetz. Dabei können auch mobile Arbeitsplätze, also der Arbeitsplatz zuhause oder beim Kunden, angebunden werden.

2. Die veränderte Rolle der Führungskraft

Organisation und Führungsinstrumente können nur ein Gerüst sein. Der Erfolg der neuen Strukturen hängt davon ab, wie Führungskräfte und Mitarbeiter die neuen Freiräume nutzen und wie sie sich der Schnittstellenproblematik vor Ort stellen. Insbesondere die Führungskräfte müssen dazu in eine neue Rolle hineinwachsen und ihr Führungsverhalten verändern. Neben unternehmerischem Denken und Handeln müssen sie vor allem lernen, Verantwortung und Befugnisse zu *delegieren* und das richtige Umfeld für ihre Mitarbeiter zu schaffen. Statt Anweisen ist *Überzeugungsarbeit*, statt Kontrolle ist *Vertrauen* in die Fähigkeit und die Verantwortlichkeit der Mitarbeiter gefragt. Dazu gehört auch, den Mitarbeitern Vertrauen in ihre eigenen Fähigkeiten zu geben und deren Wissen und Können *weiterzuentwickeln*. Darüber hinaus sind die Führungskräfte gefordert, unterschiedliche Fähigkeiten in den temporären Lösungsteams zusammenzuführen und quasi als *Moderatoren* im offenen Dialog mit den Teammitgliedern innovative Kundenlösungen zu erarbeiten.

Die IBM Deutschland begleitet ihre Führungskräfte bei diesem notwendigen Veränderungsprozeß mit einem umfangreichen *Seminarprogramm*. Vor allem die sozialen und kommunikativen Kompetenzen sollen weiterentwickelt werden, z.B. in Workshops, die sich ganz konkret mit den Problemen in einzelnen Abteilungen befassen. Der Umbruch muß aber in den Köpfen stattfinden. Nur wer offen ist für die notwendigen Veränderungen und den Wandel auch gegen Widerstände herbeiführt und vorlebt, eignet sich auch künftig als Führungskraft.

3. Der Mitarbeiter als „Unternehmer im Unternehmen"

Unternehmensleitung und Führungskräfte können den Rahmen vorgeben, in dem sich die Mitarbeiter als *Unternehmer im Unternehmen* entwickeln können und sie durch Weiterbildungsmaßnahmen auf die neuen Aufgaben vorbereiten. Doch auch die Mitarbeiter müssen umdenken. Die Wirtschaft braucht heute Mitarbeiter, die sich für die erfolgreiche Zukunft des Unternehmens *selbst verantwortlich* fühlen, die die Freiräume und Selbstentfaltungsmöglichkeiten nutzen und *ganzheitlich* denken und handeln. Die Chancen dazu stehen gut, denn letztlich kommen die Unternehmen damit auch den veränderten Normen und Wertehaltungen der Mitarbeiter entgegen.

D. Fazit und Ausblick

Die Einführung einer offenen Unternehmensstruktur hat sich bei der IBM Deutschland bewährt: Die Kundennähe konnte weiter ausgebaut und die Effizienz deutlich gesteigert werden. Führungskräfte wie Mitarbeiter wachsen mehr und mehr in ihre neuen Rollen hinein: Sie bringen ihre Stärken - ihr Spezialwissen und ihre Managementfähigkeiten - ein und lösen im Team komplexe Kundenprobleme. Die Richtung, die wir vor zwei Jahren eingeschlagen haben, stimmt also. Angesichts des raschen Wandels werden aber weitere Anpassungen erforderlich sein. Eines ist dabei sicher: Die Zukunft gehört bei der IBM wie in anderen Unternehmen *Netzwerken*, in denen Mitarbeiter und Führungskräfte über Unternehmens- und sogar über Ländergrenzen hinweg zusammenarbeiten. Durch neue Anwendungsmöglichkeiten der Kommunikationstechnologien, etwa durch das Zusammenwachsen von Television, Telekommunikation und Informationsverarbeitung, entsteht die dazu erforderliche Infrastruktur. Erfolg wird diesen vernetzten Strukturen jedoch nur dann beschert sein, wenn sich Führungskräfte und Mitarbeiter der wachsenden Komplexität stellen und die sich weiter verschärfende Schnittstellenproblematik flexibel lösen.

Literatur

Jung, W.; Schreiber, J.: Leitlinien über den Tag hinaus, in: Strategien für magere Jahre, hrsg. v. A. Schnorbus u. W. Glabus, Frankfurt a.M. 1993, S. 155-164.

Metzger, R.; Gründler, H.-C.: Zurück auf Spitzenniveau, Frankfurt a.M. 1994.

Nagel, K.; Rasner, C. (Hrsg.): Organisationsmanagement - Innovative Lösungen für die Praxis, Neuwied et al. 1994.

Reiss, M.: Optimale Komplexität von Führungsorganisationen, in: DU, 48. Jg. (1994), S. 83-97.

Schreyögg, G.: Die Fiktion perfekter Planung und Kontrolle, in: Strategien für magere Jahre, hrsg. v. A. Schnorbus u. W. Glabus, Frankfurt a.M. 1993, S. 145-154.

Tom Sommerlatte

Kooperation Wissenschaft - Berater - Praxis[1)]

A. Die Inputs in den Beitrag: Wissenschaftliche Auseinandersetzung und selbstkritische Erfahrung mit der Rolle des Beraters

1. Wandel der Funktion der Unternehmensberatung

Das klassische Verständnis der Unternehmensberatung beruhte auf dem Transaktionskostenansatz (vgl. Picot 1982): Die Unternehmen, die durch Wettbewerbsdruck und Veränderungen der Umfeldbedingungen ständig unter Entscheidungszwang stehen, können ihren Informations- und Organisationsbedarf durch Eigenerstellung oder Fremdbezug abdecken und wählen das eine oder andere in Abhängigkeit von den Transaktionskosten.

Je nach Situation des Unternehmens kann der Berater unterschiedliche Rollen übernehmen: vom Informationslieferanten zum Problemlöser, vom Katalysator zum Krisenmanager (vgl. Elfgen/Klaile 1987). Neuere Ansätze der Theorie der Beratung schätzen die Interventionsmöglichkeiten des Beraters vorsichtiger ein (vgl. Schober 1991; Wacker 1991).

Der Berater wird stärker als *Prozeßberater* gesehen, der die Rahmenbedingungen für Organisationsentwicklung schafft. Aber auch dieses Beratungsverständnis bleibt nicht ohne Kritik, da bei ihm die menschliche Interaktion zwischen dem Klienten und dem Berater nicht ausreichend berücksichtigt wird. So greift eine Reihe von interdisziplinären Beratungsansätzen auf die Kommunikations- und Konflikttheorie, auf die Rollentheorie, die Psychologie u.a.m. zurück (vgl. Müller 1989, S. 5; Carqueville 1991, S. 247; Hofmann 1991, S. 228).

Neueste Konzepte der Interaktion zwischen Berater und Klienten bauen schließlich darauf auf, daß das Klientenunternehmen und das Beratungsunternehmen als in sich geschlossene soziale Systeme interagieren (vgl. Elfgen 1991, S. 290; Sommerlatte 1994, S. 28). Das Beratersystem bleibt dabei Bestandteil des Umfelds des Klientensystems (vgl. Wimmer 1992, S. 82).

Das Beratersystem steht danach zunächst vor der Aufgabe, das Klientensystem und die darin anzutreffenden Probleme zu rekonstruieren, um als Beobachter zweiter Ordnung die Problemsicht des Klientensystems auf die Selbstbeobachtung dieses Systems zurückzuführen. Dabei wenden die Berater ihre Verständnisstrukturen und ihre Semantik an und verhelfen so dem Klientensystem zu einer neuen Sehweise von Ursachen und Wirkungen, durch die ihm neue Lösungen und Verhaltensweisen möglich werden, und zwar aus sich heraus.

Dieser neue Ansatz der Interaktion von Berater und Klienten verhilft dazu, die heute immer dringlicher werdenden Anforderungen der Unternehmen an die *lernende Bewältigung* ihrer Leistungsdefizite zu erfüllen.

2. Wandel der Anforderungen an Wissenschaft und Unternehmensberatung

Während vor zwanzig Jahren die markt- und wettbewerbsgerechte Weiterentwicklung der Unternehmen in erster Linie als eine Frage der richtigen Kursinformation angesehen wurde, damit der Unternehmenskapitän und seine Mannen ihr Schiff auf dem erfolgversprechendsten Weg zum Ziel steuern konnten, wurden das Ziel und der erfolgversprechendste Weg selber in der Folge, insbesondere nach der ersten Ölkrise von 1973/74, problematisiert. Expansion und Diversifikation auf der Basis von genau untersuchten Markt- und Renditepotentialen, wie sie beispielsweise ITT unter Harold Geneen u.a. erfolgreiche Konglomerate verfolgten, erwiesen sich unter erschwerten Bedingungen als rentabilitätsschädlich, wenn nicht das Portfolio der Geschäftseinheiten sorgfältigst nach Erfahrungskurven- und Synergieüberlegungen angelegt worden war. So begann der Siegeszug der *strategischen Planung als Beratungsleistung* und als Denkmodell in den Unternehmen (vgl. Arthur D. Little 1985, S. 7).

Seit Innovationswettbewerb in Form von immer kürzeren Produkt- und Technologiezyklen und auf immer globaleren Märkten das Umfeld der Unternehmen bestimmten, zunehmend ab Mitte der 80er Jahre, reichte die strategische Planung zur Positions- und Portfoliooptimierung jedoch nicht mehr aus. Vielmehr mußten die Unternehmen ihre interne Funktionsweise in Frage stellen und nach neuen Qualitäts- und Effizienzanforderungen umgestalten. So wurde das *„Business Process Reengineering"* zum dominierenden Thema der Unternehmensberatung, unterstützt von Ansätzen des Process Controlling, wie sie von wirtschaftswissenschaftlicher Seite entwickelt wurden (vgl. Hammer/Champy 1994; Horváth/Mayer 1989).

Heute hat sich herausgestellt, daß die Mehrzahl der Projekte des Business Process Reengineering, wie sie in den letzten Jahren insbesondere in den USA durchgeführt wurden, nur kurzlebige Erfolge gezeitigt haben (vgl. Arthur D. Little 1994). Als Ursache hierfür erwies sich in vielen Fällen, daß die dem Business Process Reengineering unterworfenen Organisationen diesen Ansatz in erster Linie als eine neue Runde des Personalkostenabbaus empfanden und daher im wesentlichen bei ihrer Sicht der Funktionsweise und der Umfeldbedingungen der Unternehmen blieben. In erster Linie fand eine Akzentverschiebung von der Optimierung der Strukturorganisation zu der der *Prozeßorganisation* statt (vgl. Arthur D. Little 1990, S. 25). Leistungsschwund und mangelnde Einsatz- und Innovationsbereitschaft wurden durch diese Ansätze meistens noch gesteigert, weil die Organisationsmitglieder häufig in die Defensive getrieben wurden und den Wandel zwar formal mitmachten, aber ihre ungeschriebenen Spielregeln nicht änderten (vgl. Scott Morgan 1994).

Die Unternehmen benötigen heute eine neue innere Fähigkeit, um den andauernden schnellen Wandel zu verkraften: Sie müssen das organisatorische Lernen lernen. Auch die Berater müssen von ihrer Planungs-, Reorganisations- und Rationalisierungspose herunter und Coaches des organisatorischen Lernens werden.

Für dieses neue Verständnis der Interaktion von Beratersystem und Klientensystem stehen die wissenschaftlichen Ansätze des Konstruktivismus, der Autopoiese und der Maieutik zur Verfügung.

B. Konstruktivismus als Kooperationsbasis von Wissenschaft, Unternehmensberatung und Unternehmen

1. Das Autopoiese-Konzept

Das Konzept der Autopoiese, wie es von Maturana und Varela für lebende Systeme entwickelt wurde (vgl. Maturana/Varela 1992), beschreibt, auf welche Art sich geschlossene Systeme weiterentwickeln, nämlich durch Selbsterzeugung (vgl. Roth 1986).

Bei der Interaktion des Systems mit seiner Umwelt werden Veränderungen des Systems durch Perturbationen ausgelöst, aber nicht determiniert, denn das autopoiestische System besitzt seine eigenen Strukturen, die bestimmen, welche Veränderungen das System wodurch vollziehen kann.

Strukturelle Kopplungen können zwischen einem System und seiner Umwelt, aber auch zwischen zwei Systemen aufgebaut werden, indem jedes der Systeme in seinem subjektiven Wirklichkeitsbereich einen Platz für das andere System schafft.

2. Beobachtung, Realitätskonstruktion und Stabilisierungsmechanismen von Unternehmenssystemen

Bei der Übertragung des konstruktivistischen Konzepts der Autopoiese lebender Systeme auf soziale Systeme wie Unternehmen müssen eine Reihe von Anpassungen und Einschränkungen vorgenommen werden (vgl. Varela 1992, S. 121; Roth 1992, S. 283; Hejl 1994, S. 113). Die Elemente eines sozialen Systems sind Menschen, die sowohl einzeln je ein System darstellen als auch in ihrer Gesamtheit als Organisation.

Die Interaktion des sozialen Systems mit seiner Umwelt uund anderen sozialen Systemen beruht im Idealfall auf einem kollektiven Beobachtungsakt, der zu kollektivem Handeln führt (vgl. Willke 1991). Doch steht zunächst die individuelle Wahrnehmung der einzelnen Organisationsmitglieder im Vordergrund, und das soziale System bildet sich überhaupt erst durch Kommunikation zwischen ihnen heraus, vorausgesetzt, daß die Wahrnehmungsstrukturen ähnlich sind.

Auf diese Weise können die soziale Kultur des Systems und eine ihm eigene Spezialsemantik entstehen, die zur Herausbildung einer Wirklichkeitskonstruktion im System führen, nämlich dem größten gemeinsamen Nenner der individuellen Wirklichkeitskonstruktionen. Die systemspezifische Semantik bestimmt die Beschreibungsmöglichkeiten der individuellen und kollektiven Beobachtungen. Das soziale System erhält auf dieser Basis seine Identität und seine Operationsweise, wie sie auch dem externen Beobachter erkennbar wird.

Die durch ihre Interaktion ausgebildete Realität des sozialen Systems gibt seinen Mitgliedern die Sicherheit, daß ihre Handlungen im System verstanden werden. Jede Abweichung davon heißt Ausschluß aus dem Interaktionszusammenhang des Systems. Hierdurch werden die bestehenden Strukturen und Semantiken im sozialen System stabilisiert, und Abweichungen werden als Konflikte und Probleme verstanden, aus denen das soziale System oft keinen Ausweg weiß.

Diesen Ausweg müssen heute immer stärker Berater und innovative wissenschaftliche Ansätze bieten.

C. Die Funktion von Berater und Wissenschaft in der Interaktion mit der Unternehmenswirklichkeit

1. Die Intervention und die Instrumente des Beraters

Das soziale System „Unternehmen" erlangt seine Handlungsimpulse aus der Umwelt- und Selbstbeobachtung und aus der dabei festgestellten Umwelt-System-Differenz (vgl. Luhmann 1993, S. 242). Dabei verhält sich das System aufgrund seiner sozialen Kultur bereits selektiv, d.h. bestimmte Beobachtungen werden gar nicht gemacht.

Die Interaktion des sozialen Systems „Unternehmen" mit dem sozialen System „Berater" baut darauf auf, daß das Problem, das von dem Unternehmen erkannt wird, Bestandteil der Realitätskonstruktion des Unternehmens ist, aber nicht zu dieser paßt, und daß der Berater zunächst eine *Problemrekonstruktion* vollzieht, allerdings im Rahmen seiner eigenen Strukturdeterminiertheit.

Bei der Rekonstruktion des Problems durch den Berater werden auch die inneren Strukturen, das mentale Modell des Klientenunternehmens deutlich, und der Berater kann darauf im Sinne von Problemursache einwirken, und zwar durch:

- *Perturbation*, indem er Informationen über das Klientensystem generiert, die dem System nicht zugänglich sind, und so die problemstabilisierenden Kräfte ins Wanken bringt, und indem er das System selbst dazu anregt, seine Wirklichkeitsbeobachtung zu revidieren,
- *Transparenz*, indem der irritierte Realitätsbereich des Klientensystems in das Betrachtungsfeld aller Organisationsmitglieder rückt und durch Selbstbeobachtung erweitert wird,
- *Coaching*, indem die aus der erweiterten Selbstbeobachtung resultierenden Anforderungen an neue Handlungs- und Verhaltensweisen zum Gegenstand organisatorischen Lernens gemacht werden. Dabei müssen insbesondere die informellen Kommunikationsstrukturen und die ungeschriebenen Spielregeln in dem Unternehmen mit einbezogen werden.

Als Instrumente dienen dazu vielfältige Formen von Gruppengesprächen, in denen über Fragetechniken der Prozeß der Selbstbeobachtung verstärkt wird.

Der von Krauch entwickelte Ansatz der *Maieutik* (vgl. Krauch 1985) bietet dazu eine wirkungsvolle Unterstützung, indem der Berater von der Vorstellung eines Experten, der Informationen in das Unternehmen hineingibt, abrückt und statt dessen einen starken indirekten Einfluß auf das Klientensystem ausübt und es in die Lage versetzt, als lernendes System seine Wirklichkeitskonstruktion und Semantik zu erweitern.

Dieser Wandel sollte nicht als Abwertung oder Entmachtung der Funktion der Beratung interpretiert werden. Denn es zeigt sich immer häufiger, welchen Einfluß Wirklichkeitskonstruktionen auf das Verhalten von Unternehmen und Menschen ausüben und wie entscheidend ein regelmäßiges Infragestellen dieser Konstruktionen ist.

Um ihrer neuen Rolle gerecht zu werden, benötigen die Berater aber immer stärker die theoretische Absicherung ihrer Erfahrungen, auch i.S. von Infragestellung und, ebenso stark, i.S. der didaktischen Gesamtsicht.

2. Das Verhältnis der Betriebswirtschaftslehre zum Geschehen in den Unternehmen

Die Entwicklung des Beratermarktes zeigt, daß neue Beratungsansätze immer mit neuen Themen der betriebswirtschaftlichen Diskussion gekoppelt waren. Das gilt für die Planungs- und Vorhersagemethoden der sechziger Jahre wie für die Ansätze der strategischen Planung und der prozeßorientierten Managementmodelle. Grund dafür ist, daß die Nachfrage nach Beratungsleistung ein entsprechendes *Problembewußtsein* voraussetzt, das sowohl die sensibleren Berater als auch die betriebswirtschaftliche Forschung und Lehre erzeugen.

Das gleiche gilt heute für das konstruktivistische Beratungskonzept: Nur wenn das Problembewußtsein für diese Beratungsleistung aktiviert werden kann, wird sich dieser Ansatz in den Unternehmen durchsetzen.

Allerdings hat die BWL in Deutschland ein ambivalentes Verhältnis zu der Unternehmenswirklichkeit. Ihre eigene Wirklichkeitskonstruktion ist noch immer stark von den Lehrplänen an den Universitäten geprägt, die stofflich bereits überlastet sind und an die nicht mehr „angebaut“ werden kann. Anstatt neue, häufig interdisziplinäre Themen frühzeitig aufzugreifen, verschließen sich die Wirtschaftswissenschaften in Deutschland häufig gegen solche Themen, bis sie in der Wirtschaft schon zum Allgemeingut geworden sind. In den USA erfolgt die Diffusion viel schneller, da dort die Einbeziehung von profilierten Unternehmensführern und Beratern in den akademischen Betrieb intensiv praktiziert wird, häufig im Rahmen von Fallstudien.

Die Distanz zwischen der BWL und der Unternehmenswirklichkeit kann und muß durch die Ausbildung des Dreiecks Wissenschaft - Berater - Praxis reduziert werden, wenn die zukünftigen Anforderungen an konstruktivistische Unterstützung der Unternehmen erfüllt werden soll.

3. Die Entwicklung des Beratermarktes und der Herausforderungen an Wissenschaft und Berater

In dem Maß, in dem die Unternehmen einen umfassenden Wandel vollziehen müssen, um im internationalen Wettbewerb zu bestehen (der sich zunehmend auch in ihrem eigenen Heimmarkt abspielt), benötigen sie eine Begleitung, die mehr darstellt als die Lösung von einzelnen spezifischen Problemen durch jeweils den geeignetsten Spezialberater.

Sie suchen daher zunehmend nach einer Möglichkeit, das ganze Spektrum von Beratungsleistung unter einem abgestimmten Rahmenkonzept zu erhalten. Hierzu gehören die klassischen Beratungsgebiete der Strategie- und Organisationsentwicklung, der operativen Rationalisierung und des Informationsmanagement, aber immer stärker auch Unterstützung beim Innovationsmanagement, bei Fragen der Corporate Finance und der Umweltschutzpolitik.

Es gibt heute nur wenige Beratungsfirmen, die dieses Spektrum abdecken. Hinzu kommen häufig noch Aufgaben des Human-Ressourcen-Management (z.B. der Einführung von Anreizsystemen und erfolgsabhängiger Belohnung) und der Rechts- und Steuerberatung.

Es ist offensichtlich, daß sich infolge dieser Bedarfsentwicklung zwei Tendenzen in der „Beratungsindustrie“ durchsetzen werden: Die Favorisierung von *großen Beratungsunternehmen*, die einen interdisziplinären Beratungsansatz aus den eigenen Reihen darstellen können, und die Bildung von *Strategischen Allianzen* zwischen sich gegenseitig ergänzenden Beratungsfirmen.

Die Beziehungen zwischen Berater- und Klientenunternehmen (oder, um beim konstruktivistischen Vokabular zu bleiben, zwischen Berater- und Klientensystem) wird *umfassender* sein und sich über längere Zeiträume erstrecken, denn der Aufwand für die Rekonstruktion der Klientenwirklichkeit und die Abstimmung der Semantiken wird aufgrund der komplexeren Aufgabenstellung und der verhaltensorientierten Rolle des Beraters steigen.

So wird auch die *Wahl des Beraters* eine viel kritischere Entscheidung werden als in der Vergangenheit, als noch eine bestimmte Informationsmenge oder eine strategische Analyse zu einem bestimmten Preis gekauft wurde. Die Beraterwahl geschah auf der Basis von Angeboten, wobei die Zahl der eingeholten Angebote manchmal bewußt hoch gehalten wurde.

Unter den neuen Bedingungen werden die Interaktionsfähigkeit, soziale Kompetenz und semantische Akzeptanz des Beraters stärker in den Vordergrund rücken, die nicht mehr anhand eines ausformulierten Angebots gewürdigt werden können. Eine wesentliche Rolle wird ferner sein Gesamtkonzept spielen, d.h. seine eigene Wirklichkeitskonstruktion, da nicht ein spezifisches Sachthema zur Diskussion steht, sondern ein Prozeß des Lernens und Verhaltenswandels.

Die Klientenunternehmen werden daher ihre Auswahl immer stärker nach Bekanntheitsgrad, Renommée und demonstrierter Kompetenz der interdisziplinären Unternehmensentwicklung fällen und in der Angebotsphase bereits einen eingehenden Test der „Chemie“

zwischen dem eigenen System und dem Beratersystem durchführen müssen. Das wird zwangsläufig die Zahl der in die Auswahl einbezogenen Berater begrenzen und auch zu einer deutlichen Reduktion der Angebotssituationen führen.

Für die Beraterbranche wird daraus eine neue Dynamik resultieren, die die größeren Beratungsunternehmen favorisieren wird. Denn um den erforderlichen Bekanntheitsgrad aufrecht zu erhalten, werden immer größere Investitionen in Marketing und Imagepflege erforderlich werden, und um Renommée und Kompetenzspektrum auszubauen, werden die Beratungsunternehmen immer stärker in Methoden- und Personalentwicklung sowie in die Weiterentwicklung ihres betriebswirtschaftlichen und sozialen Verständnisses investieren müssen.

Große Beratungsunternehmen werden daher *eigene wirtschaftswissenschaftliche und verhaltenstheoretische Forschung* betreiben, in erster Linie weil sie nur begrenzt auf wissenschaftliche Ergebnisse der Universitäten zurückgreifen können, die häufig eine Problemgeneration zurückliegen. Aber der Druck wird sich verstärken, Wissenschaft frühzeitig in die Beratungsaufgaben mit einzubeziehen, um über die mehr pragmatischen, situationsbedingten Ansätze hinaus, die in den Beratungsprojekten verfolgt werden, eine stärker abgesicherte wissenschaftliche Durchdringung der neuen Entwicklungen zu erreichen.

Umgekehrt wird die wissenschaftliche Forschung, um näher an die aktuellen Themen und empirischen Erkenntnisse zu gelangen, ihre „Beratungsantenne“ ausbauen müssen. Es bietet sich an, daß hier eine neue *Symbiose* zwischen Beratung und Wissenschaft entstehen könnte, wie sie in den USA bereits relativ stark ausgeprägt ist und immer wieder zu wichtigen Durchbrüchen der wirtschaftswissenschaftlichen Theorie führt.

D. Vorschlag für eine neue Form der Zusammenarbeit von Wissenschaft und Beratung

1. Ansätze und Erfahrungen

Zwischen der Unternehmensberatung und der BWL besteht, eingestanden und uneingestanden, ein wechselseitiges Abhängigkeitsverhältnis. In der Vergangenheit war es häufig so, daß Ergebnisse der betriebswirtschaftlichen Forschung und Teile der betriebswirtschaftlichen Theorie, die zunächst wenig Beachtung fanden, von Unternehmensberatern aufgegriffen, auf aktuelle Problemsituationen bei ihren Klientenunternehmen angewandt und durch Veröffentlichungen und Marketingmaßnahmen zu einem „heißen“ *Beratungsprodukt* gemacht wurden. Das gilt für den Erfahrungskurven- und den Portfolioansatz der strategischen Planung ebenso wie für das Konzept der Kernkompetenzen und der Komplexitätskosten, des Zeitwettbewerbs und der Wertschöpfungsprozesse. Heute dringt der Ansatz der lernenden Organisation mit Macht in das Repertoire der führenden Beratungsunternehmen vor.

In umgekehrter Richtung, nämlich von den Beratungsunternehmen in die BWL verläuft die Diffusion sehr viel indirekter und hat größere *Hindernisse* zu überwinden. Das liegt zum einen daran, daß Beratungsunternehmen ihre Erfahrungen und ihren Erkenntnisfortschritt selten selber thematisieren und veröffentlichen, zum anderen aber auch daran, daß das soziale System der BWL sehr ausgeprägte eigene Strukturen und Semantiken besitzt und damit ungewollt oder gewollt eine an sich unnötige Defensivwirkung erzeugt. Da die Anerkennung einer betriebswirtschaftlichen Forschungsleistung in erster Linie von den Konkurrenten innerhalb des Systems ausgesprochen werden muß und nur selten externe Klienten im Umfeld des Systems ein Wort mitzureden haben, üben die Spielregeln des Systems eine beträchtliche Macht aus. Eine der Spielregeln besteht darin, daß die Aufnahme in das System, sowohl von Individuen als auch von Themen und Erkenntnissen, ganz bestimmten Bedingungen unterliegt. Die Habilitationsarbeit, die es in dieser Ausgeprägtheit nur in Deutschland gibt, ist ein Beispiel dafür. Der Preis, den die deutsche BWL häufig dafür bezahlen muß, ist ein Hinterherhinken hinter dem thematischen und methodischen Fortschritt in den USA.

So begründen die Erlanger Konstruktivisten die Krise der Wirtschaftswissenschaften in Deutschland damit, daß die Wirtschaftswissenschaften sich zu weit von der Praxis entfernt haben (vgl. Backhaus 1979, S. 322). Anzeichen dafür sind, daß die meisten Wissenschaftler nur geringen Kontakt zu den Unternehmen haben und daß sich dieser Kontakt meistens auf der oberflächlichen Ebene von Erhebungen abspielt, ganz zu schweigen von den unterschiedlichen Semantiken, die eine Kommunikation erschweren.

Erfahrungen einzelner fortschrittlicher Lehrstühle an deutschen Universitäten zeigen aber, daß das Zusammenspiel Wissenschaft - Berater - Unternehmenspraxis dann zu einer sehr nützlichen Befruchtung führt, wenn zwischen Wissenschaft und Beratung kein Konkurrenzverhältnis gesehen wird, sondern eine erstrebenswerte *Komplementarität*.

2. Potentiale

Im Sinne der Komplementarität zwischen der BWL und der Beratung zum Nutzen der von beiden zu bedienenden Unternehmen sollte eine intensivere Auseinandersetzung zwischen Beratungsunternehmen und Lehrstühlen der BWL angestrebt werden. Gegenstand dieser Auseinandersetzung sollten zunächst die von den Beratern angetroffenen Problemsituationen und Wirklichkeitskonstruktionen der Unternehmen sein. Hierdurch kann der Zugang der BWL zu Mangelsituationen in der Praxis beschleunigt und fokussiert werden. So kann die BWL ihre eigenen wissenschaftlichen Beobachtungen in einem regelmäßigen *Kommunikationsprozeß* um die Erkenntnisse der Beratung ergänzen, die häufig stärker den Charakter von frühen Signalen besitzen.

Umgekehrt benötigen die Beratungsunternehmen eine eigene Wirklichkeitskonstruktion, die über die der Unternehmen hinausgehen, um Unternehmensprobleme lösbar zu machen und dafür den Unternehmen durch einen Perturbations- und Transparentmachungsprozeß „die Augen zu öffnen“. Hierbei kann die Auseinandersetzung mit wissenschaftlichen Ansätzen und Forschungsrichtungen eine sehr nützliche Rolle spielen.

Formen der Zusammenarbeit von BWL und Unternehmensberatung können *Kolloquien* und Seminare an den Lehrstühlen, *Lehrbeauftragungen* für Unternehmensberater, gemeinsame *Projektteams* und Veröffentlichungen sowie *Forschungsaufträge* der Beratungsunternehmen an die Institutionen der BWL sein.

3. Ausblick

Die Kooperation Wissenschaft - Berater - Praxis, die bisher noch in den Anfängen steckt (zumindest in Deutschland), wird angesichts des schnellen Wandels der Markt- und Wettbewerbsanforderungen an die Unternehmen an Bedeutung gewinnen. Die Unternehmen werden in erster Linie Unterstützung bei der Weiterentwicklung ihrer Wirklichkeitskonstruktion und bei der verhaltensmäßigen Einstellung darauf benötigen. Es handelt sich hierbei um Lernprozesse, die in den Unternehmen gestaltet werden müssen, die die Unternehmen aber immer weniger aus sich selbst heraus vorantreiben können.

Vielmehr benötigen sie Hilfe, um „über ihren Schatten zu springen", d.h. um ihre Wirklichkeitskonstruktion immer wieder zu erweitern und zu korrigieren. Diese Hilfe werden auch die Berater in Zukunft nur dann leisten können, wenn sie ihre konstruktivistischen und sozialen Fähigkeiten schneller und fundierter weiterentwickeln. Daraus entsteht ihr Interesse, enger mit der betriebswirtschaftlichen Forschung zu kooperieren, vorausgesetzt, daß diese bereit ist, auf die in der Beratung auftretenden aktuellen Problemsituationen einzugehen.

Anmerkung

[1] Meinem Sohn Herrn Dipl.-Kfm. Sven Sommerlatte danke ich für die Unterstützung bei der Erstellung dieses Beitrags.

Literatur

ARTHUR D. LITTLE (HRSG.): Management im Zeitalter strategischer Führung, Wiesbaden 1985.

ARTHUR D. LITTLE (HRSG.): Management der Hochleistungsorganisation, Wiesbaden 1990.

ARTHUR D. LITTLE (HRSG.): Management der Lernprozesse im Unternehmen, Wiesbaden 1994.

ELFGEN, R.: Systemische und kognitionstheoretische Perspektiven der Unternehmungsberatung, in: Theorie und Praxis der Unternehmensberatung, hrsg. v. M. Hofmann, Heidelberg 1991, S. 284-301.

ELFGEN, R.; KLAILE, B.: Unternehmensberatung. Angebot, Nachfrage, Zusammenarbeit, Stuttgart 1987.

HAMMER, M.; CHAMPY, J.: Business Reengineering, Frankfurt a.M/New York 1994.

HEJL, P.M.: Die Entwicklung der Organisation von Sozialsystemen und ihr Beitrag zum Systemverhalten, in: Der Diskurs des radikalen Konstruktivismus, hrsg. v. S.J. Schmidt, Frankfurt a.M 1992.

HOFMANN, M.: Tiefenpsychologische Analyse der Berater-/Klienten-Beziehung, in: Theorie und Praxis der Unternehmensberatung, hrsg. v. M. Hofmann, Heidelberg 1991, S. 221-246.

HOFMANN, M. (HRSG.): Theorie und Praxis der Unternehmensberatung. Bestandsaufnahme und Entwicklungsperspektiven, Heidelberg 1991.

HORVÁTH, P.; MAYER, R.: Prozeßkostenrechnung. Der neue Weg zu mehr Kostentransparenz und wirkungsvolleren Unternehmensstrategien, in: Controlling, 4. Jg. (1989), H. 4, S. 23-28.

KRAUCH, H.: Systemgestaltung als Hebammenkunst, Beitrag für das Seminar: Lebenswelt und Systemgestaltung, Interuniversity Center, Dubrovnik 1985.

LUHMANN, N.: Soziale Systeme. Grundriß einer allgemeinen Theorie, Frankfurt a.M 1993.

MATURANA, H.R.; VARELA, F.J.: Der Baum der Erkenntnis. Die biologischen Wurzeln menschlichen Erkennens, Bern/München 1992.

MITTELSTRASS, J.: Methodenprobleme der Wissenschaften vom gesellschaftlichen Handeln, Frankfurt a.M 1979.

MÜLLER, J.R.: Die kommunikative Dimension in der Beratung, in: Neue Leistungsinhalte und internationale Entwicklung der Unternehmensberatung, hrsg. v. W. Sertl u. K. Zapotozky, Köln 1989.

PICOT, A.: Transaktionskostenansatz in der Organisationstheorie. Stand der Diskussion und Aussagewert, in: DBW, 42. Jg. (1982), S. 267-283.

ROTH, G.: Selbstorganisation und Selbstreferentialität als Prinzipien der Organisation von Lebewesen, in: Die Dialektik und die Wissenschaften, hrsg. v. G. Körber u. H.J. Sandkühler, Köln 1986.

ROTH, G.: Autopoiese und Kognition. Die Theorie H.R. Maturanas und die Notwendigkeit ihrer Weiterentwicklung, in: Der Diskurs des radikalen Konstruktivismus, hrsg. v. S.J. Schmidt, Frankfurt a.M 1992.

SCHOBER, H.: Irritation und Bestätigung. Die Provokation der systemischen Beratung, in: Theorie und Praxis der Unternehmensberatung, hrsg. v. M. Hofmann, Heidelberg 1991, S. 34-71.

SCOTT MORGAN, P.: Die heimlichen Spielregeln. Die Macht der ungeschriebenen Gesetze im Unternehmen, Frankfurt a.M/New York 1994.

SOMMERLATTE, S.: Die Rekonstruktion der Funktion der Unternehmensberatung aus konstruktivistischer Sicht, Schloß Reichartshausen 1994.

VARELA, F.J.: Autonomie und Autopoiese, in: Der Diskurs des radikalen Konstruktivismus, hrsg. v. S.J. Schmidt, Frankfurt a.M 1992, S. 89-134.

WACKER, W.H. (HRSG.): Internationale Managementberatung. Tagungsband zur Fachtagung der Wissenschaftlichen Kommission Internationales Management im Verband der Hochschullehrer für Betriebswirtschaftslehre e.V., Berlin 1991.

WILLKE, H.: Systemtheorie. Eine Einführung in die Grundprobleme der Theorie sozialer Systeme, Stuttgart/New York 1991.

WIMMER, R.: Was kann Beratung leisten? Zum Interpretationsrepertoire und Interventionsverständnis der systemischen Organisationsberatung, in: Organisationsberatung. Neue Wege und Konzepte, hrsg. v. R. Wimmer, Wiesbaden 1992, S. 49-93.

Zweites Kapitel

Integrative Rahmenkonzepte

Horst Steinmann
Albert Löhr

Unternehmungsethik

A. Der Sinn einer Unternehmungsethik

Die nun schon seit mehreren Jahren anhaltende Diskussion um die Unternehmungsethik muß in den gesamten Kontext der Bemühungen um eine Klärung und Weiterentwicklung der normativen Grundlagen der sozialen Marktwirtschaft eingeordnet werden (vgl. Enderle 1985; Hesse 1988; Homann 1992; Steinmann/Löhr 1991; Forum für Philosophie 1994 sowie im großen Überblick Enderle/Homann/Honecker 1993).

In diesem Sinne ist die Unternehmungsethik ein Teilbereich der Wirtschaftsethik, die sich ganz allgemein mit den Legitimations- und Gerechtigkeitsproblemen von *Wirtschaftsordnungen* („Systemfragen") sowie der moralischen Beurteilung von Wirtschaftsprozessen befaßt (vgl. den Entwurf von Rich 1984). Unterhalb dieser Betrachtungen auf der „Makroebene" geht es bei der *Unternehmungsethik* auf einer „Mesoebene" um die Frage, welchen Beitrag die einzelne Unternehmung neben ihrem ökonomischen Auftrag leisten kann und soll, um die aus ihrem eigenen Handlungsprogramm resultierenden moralischen Konflikte unter Bezug auf ein angemessenes ethisches Prinzip zu lösen (zum Überblick vgl. Albach 1992; Dierkes/Zimmermann 1991; Forum für Philosophie 1994; Löhr 1991; Steinmann/Löhr 1991, 1994). Solche unternehmungsethischen Konflikte können die verschiedensten internen und externen Bezugsgruppen der Unternehmung betreffen, sofern diese jenseits des schon durch den Markt und seine rechtlichen Konnexinstitute (Gesellschaftsrecht, Wettbewerbsrecht, Arbeitsrecht, Mitbestimmungsgesetze, Kapitalmarktverfassung, etc.) vermittelten Interessenausgleichs noch weitergehende moralische Forderungen an eine Unternehmung geltend machen. Schließlich wäre noch zu bedenken, daß Ethik letztlich immer ein Problem des Handelns von konkreten Menschen darstellt, insofern also auch die Mikroebene des persönlichen Umgehens miteinander in der Unternehmung i.S. einer *Individualethik* relevant ist, wenn von „Ethik in der Wirtschaft" die Rede ist (vgl. Krupinski 1993).

Die unter dem Eindruck von zahlreichen großen und kleinen *Skandalen* immer lauter gewordenen Forderungen nach einer Unternehmungsethik haben den Blick dafür geschärft, daß die Steuerungskapazität von Markt und Recht in den hochkomplexen modernen Wirtschaftssystemen alleine *nicht ausreicht*, um sämtliche moralischen Geltungsansprüche der Gesellschaft und einzelner Betroffener an die Unternehmungsführung heranzutragen. Die nähere Begründung für diese Unterstellung ist aus der Diskussion um das Marktversagen (vgl. Cowen 1988; Enderle 1991) sowie die Steuerungsgrenzen des Rechts (vgl. Stone 1975) hinreichend bekannt. Vor diesem Hintergrund versteht sich die Debatte um die Unternehmungsethik als Aufforderung an die Unternehmungen, im Rahmen der herrschenden Wettbewerbsordnung stärkere dezentrale Verantwortung für die Lösung moralischer Konflikte zu übernehmen.

In dieser Sinnbestimmung kommt zum Ausdruck, daß es um eine Unternehmungsethik für die soziale Marktwirtschaft, nicht schlechthin um eine Unternehmungsethik unabhängig von jeder Rahmenordnung geht. Damit ist freilich vorausgesetzt, daß mit der Einrichtung der *marktwirtschaftlichen Rahmenordnung* bereits wichtige Vorentscheidungen über die Legitimität unternehmerischen Handelns getroffen und institutionell verankert sind. Für die Idee einer Steuerung des unternehmerischen Handelns durch das Gewinnprinzip und seine rechtlichen Konnexinstitute müssen also schon gute Gründe geltend gemacht werden können, so daß für die Rahmenordnung selbst eine ethische Richtigkeitsvermutung unterstellt werden darf. Dieser ethisch relevante Kerngedanke einer marktwirtschaftlichen Rahmenordnung besteht bekanntlich in der Freistellung allen individuellen wirtschaftlichen Handelns in der Erwartung, daß im freien Spiel der Wettbewerbskräfte dem Gesamtwohl durch optimale Ressourcenallokation und effiziente Bedarfsdeckung am besten gedient wird (vgl. Homann/Blome-Drees 1992, S. 47 ff.).

Allerdings wurde durch die moderne Interpretation des Liberalismus i.S. einer bindungslosen Freiheit *(„Freiheit von etwas")* lange Zeit die klassische Einsicht übersehen, daß den wirtschaftlichen Akteuren mit ihrer Freiheit zum individuellen Handeln gleichzeitig auch eine Verantwortung für die Folgen ihres Tuns zuwächst *(„Freiheit zu etwas")*. Für alle Marktpartner gilt also schon aus dem tieferen Sinn der Rahmenordnung einer freiheitlichen Gesellschaft heraus, daß sie von ihrer Freiheit einen verantwortlichen Gebrauch machen müssen (vgl. Schachtschneider 1994). Soweit diese Verantwortung nicht schon durch das Recht eingefordert wird und sanktionsbewehrt durchgesetzt werden kann, soll die Unternehmungsführung nunmehr durch einen Akt der moralischen Selbstverpflichtung zur Bereinigung spezifischer Konflikte um ihr eigenes Handlungsprogramm und damit dann indirekt auch zur allgemeinen Legitimation des unternehmerischen Handelns in der Marktwirtschaft beitragen. Es geht damit letzlich um ein Konzept subsidiärer Verantwortungsübernahme für die moralischen Problemfelder unternehmerischen Handelns (vgl. Steinmann/Löhr 1994, S. 122).

Ganz allgemein gesprochen zielt die Rede von der Unternehmungsethik also zum einen auf eine situationsgerechte *Anwendung legitimer Rechtsregeln* ab und zum anderen auf die eigenständige *Ergänzung des Rechts durch Selbstverpflichtung* in all jenen Fällen, wo situationsspezifische Konflikte um das konkrete unternehmerische Handlungsprogramm auftreten (vgl. Steinmann/Oppenrieder 1985). Die Unternehmung und die Unternehmungsführung werden damit zu einem eigenständigen moralischen Akteur im marktwirtschaftlichen System: Ihnen wird eine „republikanische" Mitverantwortung für das öffentliche Interesse (die „res publica") zugeschrieben (vgl. Steinmann/Löhr 1994).

B. Konzeptionelle Grundlagen

Dieses Vorverständnis erweist sich bei näherem Hinsehen in zweierlei Hinsicht als klärungsbedürftig, um die immer wieder aufkommende *Kritik am Projekt Unternehmungsethik* (vgl. insb. Hax 1993; Schneider 1990) richtig einordnen und zurückweisen zu können.

– Strittig ist zum einen die philosophische Frage, ob und in welchem Sinne ein Begriff der Verantwortung als notwendiges Gegenstück zur individuellen Freiheit (heute) überhaupt noch einmal begründet und eingefordert werden kann. Dieses *philosophische Begründungsproblem* einer modernen Ethik entsteht dadurch, daß in den wertepluralistischen Gesellschaften unserer Tage eine verbindliche Werteordnung wie etwa in Form historisch gewordener Traditionen nicht mehr unterstellt werden kann.

- Die zweite umstrittene Frage bezieht sich auf die Einschätzung der Wirkungsmächtigkeit einer Unternehmungsethik im marktwirtschaftlichen Wettbewerb: Kann man sich den möglicherweise „kostenträchtigen Luxus" einer ethischen Selbstverpflichtung überhaupt leisten? Es ist dies das *ökonomische Begründungsproblem* der Unternehmungsethik, das letztendlich zu der Frage führt, ob die Unternehmung überhaupt einen geeigneten Adressaten für moralische Forderungen darstellt, oder ob der systematische Ort der Moral nicht besser die politische Ebene der Wirtschaftsordnung sein sollte (vgl. Homann/Blome-Drees 1992, S. 35).

1. Das philosophische Begründungsproblem

In der Diskussion um das philosophische Begründungsproblem haben sich verschiedene Positionen herauskristallisiert. Begründungsskeptiker verweisen darauf, daß es keinerlei (wissenschaftliche) Begründung von ethischen Normen geben könne, da man in einem Begründungsprozeß logischerweise niemals an ein gesichertes Ende gelangen könne, das nicht mehr weiter bezweifelt werden kann (vgl. Albert 1980). Logischerweise mündet diese Position dann in einen *Werterelativismus*, der in seiner gemäßigten Form für eine - selbst freilich nicht weiter begründbare - Toleranz der Lebensformen und Weltanschauungen eintritt, in seiner konsequenten und radikalen Form allerdings auf dezisionistische Machtpolitik hinausläuft: Die „richtige" Ethik möge im Kampf der Wertordnungen untereinander in die Welt treten.

Einen „gesicherten Halt" in diesem Begründungsvakuum versuchen inbesondere religiös motivierte Positionen durch eine *Morallehre* zu finden, deren Setzungen deswegen nicht mehr weiter für begründungsbedürftig gehalten werden, weil sie durch höhere Autoritäten sanktioniert sind. Die unbedingte Bereitschaft zur ethischen Verantwortung in dieser Welt motiviert sich dann bspw. durch den Verweis auf die Konsequenzen alles irdischen Handelns für die unsterbliche Seele im Jenseits, wo alleine vollständige Gerechtigkeit zuteil wird (vgl. Koslowski 1988, S. 37 ff.).

Als Ausweg aus dem Begründungsstreit bieten sich allerdings auch *vernunftethische Positionen* an, die die Begründung und Befolgung von Normen als Problem der Menschen in dieser Welt betrachten (vgl. Mittelstraß 1989). Gravierende Unterschiede ergeben sich dabei allerdings aus dem zugrunde gelegten Rationalitätsverständnis, das entweder i.S. einer instrumentell-strategischen Vernunft eng auf die vernünftige Mittelwahl für individuelle Zwecksetzungen beschränkt wird, oder aber i.S. der kommunikativen Vernunft auch auf die Rationalität der Zwecke selbst hin ausgedehnt werden soll (vgl. Habermas 1981).

Strategische Begründungsversuche von ethischen Verpflichtungen rekurrieren auf *individuelle Nutzenkalküle:* Es soll gezeigt werden, unter welchen Bedingungen eine Selbstverpflichtung auf bestimmte Normen eingehalten wird, weil sich diese Normen individuell als nützlich erweisen (vgl. Gauthier 1986; Raub/Voss 1986). Es ist insoweit nicht erforderlich, noch einmal die moralischen Ansprüche und Überlegungen anderer Personen im eigenen Handeln mit zu reflektieren (vgl. Homann 1989). Dieser Ansatz ist eng verknüpft mit der (wirtschafts-)liberalen Denktradition, die bei der Freiheit des Individuums und dessen ausschließlicher Verantwortung für sich selbst ihren Ausgangspunkt nimmt. Eine aus diesem Subjektivismus entstehende Moral reicht allerdings nur so weit, wie aus den persönlichen Selbstbeschränkungen ersichtliche Vorteile für jedermann resultieren; andernfalls werden „rationale" Nutzenkalkulateure sich nicht verläßlich an die Normen halten (vgl. Löhr/Osterloh 1993). Opfer für andere zu bringen, weil diese schlechter gestellt sind, läßt sich aus diesem gedanklichen Ansatz heraus überhaupt nicht begründen - es sei denn, ein solches (kurzfristiges) Opfer führt ersichtlich zur Aussicht auf eine spätere individuelle Besserstellung. Wegen seiner nutzenkalkulatorischen Grundlagen läßt sich dieser Ansatz auch als *„ökonomische Theorie der Moral"* bezeichnen.

Demgegenüber machen die Verfechter einer *„kommunikativen Ethik"* (vgl. Apel 1973; Habermas 1981; Lorenzen 1987) in der philosophischen Tradition Kants gerade die „Transzendierung der eigenen Subjektivität" zum grundlegenden Prinzip einer jeden ernsthaften moralischen Selbstverpflichtung; das schließt aus, den Mitmenschen bloß als Mittel in den eigenen Vorteilskalkül einzustellen. Dort, wo alle Konfliktpartner nur solche Lösungen akzeptieren, die ihren eigenen Interessen förderlich sind, wird die ethische Qualität einer Konfliktlösung i.S. einer unbedingten Selbstverpflichtung nicht erreicht. Die kommunikative Ethik verharrt im Unterschied zu Kant allerdings nicht bei einer individuellen Reflexion auf das allgemeine Sittengesetz (Bewußtseinsphilosophie), sondern fordert dazu auf, Vernunft in rationaler Argumentation zur Geltung zu bringen (Sprachphilosophie). Die ethische Richtigkeit einer Norm begründet sich dabei aus der *diskursiv gewonnenen Einsicht aller Betroffenen im freien Konsens*. Man spricht deshalb auch von einer Dialog- oder Diskurs-Ethik. Als reine Verfahrensregel läßt sie inhaltlich offen, zu welchen konkreten Ergebnissen ein rationaler Dialog kommen soll: Es ist Sache der Betroffenen selbst, ihre notwendigen ethischen Selbstverpflichtungen zu erörtern und einzusehen.

2. Das ökonomische Begründungsproblem

Unabhängig von diesen verschiedenen philosophischen Positionen stellt sich beim ökonomischen Begründungsproblem die Frage nach der Möglichkeit einer Unternehmungsethik im System des marktwirtschaftlichen Wettbewerbs. Drei Positionen sind hier auszumachen.

Ein erster Ansatz argumentiert vor dem Hintergrund der vorherrschenden ökonomischen Gleichgewichtstheorie, daß im theoretischen Referenzpunkt des *„vollständigen Konkurrenzgleichgewichts"* (dem Idealmodell der Neoklassik) systematisch *kein Platz* mehr für eine eigenständige Unternehmungsethik ist (vgl. Kötter 1991). Alle Entscheidungen jenseits bloßer ökonomischer Nutzenkalkulation sind zwangsläufig *ruinös*. Aber auch auf den Märkten, wo sich empirisch Ungleichgewichte (also Handlungsspielräume) zeigen, muß die Unternehmung strikt ökonomisch handeln, um nicht zum Letzten im Geleitzug der Konkurrenz zu werden und damit früher oder später aus dem Markt auszuscheiden. Für unternehmungsethisch motivierte Entscheidungen ist in diesem Gedankengebäude nicht nur kein Platz; sie sind ökonomisch gesehen sogar *kontraproduktiv*, denn sie sind ja Ausdruck einer ordnungspolitisch ungewollten Machtstellung der Unternehmung. Die Unternehmung ist vielmehr nur als Vollzugsorgan der Wirtschaftsordnung ohne eigene Handlungsspielräume zu begreifen. Diese Sichtweise hat dann zur Konsequenz, daß alle

Bemühungen um eine ethische Legitimation und Steuerung wirtschaftlichen Handelns ihren systematischen Ort auf der Wirtschaftsordnungsebene haben müssen (vgl. Homann/ Blome-Drees 1992).

Ein zweiter Ansatz stellt die mit der neoklassischen Theorie verbundene *Gemeinwohlfiktion* (eine pareto-optimale Ressourcenallokation) systematisch in Frage. Entgegen der Annahme einer privaten Zurechenbarkeit der Folgen wirtschaftlichen Handelns - und damit also der Gerechtigkeit anfallender Gewinne - wird geltend gemacht, daß eine Universalität externer Effekte in den Produktions- und Konsumptionsverhältnissen vorherrsche, deretwegen die Lenkungsfunktion der Preise systematisch versagen müsse. Deshalb könne durch die Rahmenordnung der Wettbewerbswirtschaft auch *keine hinreichende ethische Richtigkeitsvermutung für das unternehmerische Gewinnstreben* begründet werden. Vielmehr müßten direkt am systematischen Ort des Wirtschaftens und Entstehens von Konflikten alle ethischen Reflexionsbemühungen ansetzen, also unmittelbar - genaugenommen sogar ausschließlich - auf Unternehmungsebene. Die Unternehmungsethik wird damit zu einer „Grundlagenreflexion" des Wirtschaftens, die auch ethische Diskurse über das Gewinnprinzip und die Rahmenordnung mit einschließt (vgl. Ulrich 1991, 1993).

Gegen diese zweite Position wird von dritter Seite eingewandt, daß der Verweis auf die Universalität externer Effekte allein die ethische Richtigkeitsvermutung des Gewinnprinzips nicht außer Kraft setzen kann (vgl. Steinmann/Löhr 1994). Dieses verdankt seine Legitimation nämlich der Einsicht, daß die *Markt- und Wettbewerbswirtschaft* derzeit das einzig sinnvolle *Mittel* ist, um mit der *Komplexität* der volkswirtschaftlichen Steuerungsaufgabe in hoch entwickelten Industriegesellschaften fertig zu werden. Anders ausgedrückt: Weil es keine sinnvolle Alternative zur Dezentralisation der wirtschaftlichen Entscheidungen und ihrer Koordination über den Wettbewerb und das Preissystem gibt, behält der Gewinn auch beim Verweis auf externe Effekte seine Berechtigung; er ist ein Indikator für die erfolgreiche Wahrnehmung der unternehmerischen Aufgabe, die Unternehmung unter Wettbewerbsbedingungen lebensfähig zu erhalten. Volkswirtschaftlich gesehen ist der Gewinn der Unternehmung gleichsam der Ausweis für eine erfolgreiche Bewältigung des Komplexitätsproblems. Diese *Legitimation des Gewinnprinzips* gilt aber wegen der externen Effekte nur grundsätzlich; in jeder konkreten Situation muß noch einmal geprüft werden, welche konfliktträchtigen Nebenwirkungen durch *externe Effekte* das Gewinnstreben mit sich bringt. Diese Konflikte sind dann durch rechtliche oder unternehmungsethische Maßnahmen zu lösen. Erst mit derartigen konfliktregulierenden Maßnahmen wird dann die Legitimation des individuellen Gewinnstrebens im konkreten Handeln der Unternehmung vollständig. Es sollte hervorgehoben werden, daß diese dritte Position natürlich nur eine schwache Legitimation des Gewinnprinzips liefert, da sie immer für alternative Gestaltungsmöglichkeiten der Wirtschaftsordnung offen bleiben muß. Sie ist insofern auch offen für die Fortentwicklung einer Marktwirtschaft als soziale oder ökosoziale Marktwirtschaft.

Über diese drei Positionen hinaus gibt es in der aktuellen Diskussion selbstverständlich noch andere Auffassungen zur Begründung einer Unternehmungsethik. Hervorgehoben sei hier nur der Versuch, einen Begründungszusammenhang für Unternehmungsethik auf der Basis der Neuen Institutionen-Ökonomik zu entfalten (vgl. Wieland 1994).

C. Unternehmungsethik und Betriebswirtschaftslehre

Je nachdem, welche Verknüpfung der skizzierten philosophischen und ökonomischen Positionen man vertritt, wird sich ein spezifisches Verständnis von Unternehmungsethik mit jeweils anderen Konsequenzen für die BWL ergeben. Nach unserer Überzeugung kann es jedoch sinnvollerweise nur darum gehen, die erwähnte dialogethische Position in einer subsidiären Rolle der Unternehmung im Legitimationszusammenhang wirtschaftlichen Handelns zur Geltung zu bringen. Demnach könnte ein zweckmäßiges Verständnis von Unternehmungsethik - in stark verdichteter *Definition* folgendermaßen aussehen:

„Unternehmungsethik ist eine Verfahrenslehre für Dialogprozesse, die in solchen Situationen zur Geltung kommen sollen, in denen die Steuerung der konkreten Unternehmungsaktivitäten nach den Regeln des Gewinnprinzips und im Rahmen des geltenden Rechts zu konfliktträchtigen Auswirkungen mit den internen und externen Bezugsgruppen der Unternehmung führt. Ergebnis dieser lebenspraktischen Verständigungsprozesse sollen begründete materiale und prozessuale Normen sein, die die Unternehmung zum Zwecke der friedlichen Konfliktregelung i.S. einer freiwilligen Selbstverpflichtung in Kraft setzt. In Kurzform: Die Unternehmungsethik zielt auf die Entwicklung konsensfähiger (sozialverträglicher) Strategien der Unternehmung ab" (Steinmann/Löhr 1994, S. 106 ff.).

Mit diesem Verständnis von Unternehmungsethik wächst der Unternehmungsführung eine doppelte Rolle zu: Einerseits bleibt die Unternehmungsführung i.S. der ökonomischen Rationalität verpflichtet, für das Überleben der Unternehmung durch ausreichende *Gewinnerzielung* Sorge zu tragen. Andererseits führen unternehmungsethische Erwägungen aber auch zur Notwendigkeit von *Beschränkungen hinsichtlich der konkreten Wahl der Mittel zur Gewinnerzielung*, d.h. der Unternehmungsstrategie in Form des jeweiligen Produkt-Markt-Konzeptes und der (unternehmungsinternen) Mittel zu dessen Realisierung. Typisierend ergeben sich dabei die folgenden vier konkreten *Konfliktfelder* im Zusammenhang mit dem unternehmerischen Handeln:

- Die Unternehmungsstrategie kann nach außen hin ethisch problematisch werden. Beispiel hierfür ist der bekannte Nestlé-Fall. Die Vermarktung von Baby-Nahrung in Entwicklungsländern führt wegen mangelnder hygienischer Voraussetzungen zu bedenklichen gesundheitlichen Nebenwirkungen, was weltweite Proteste und Boykottaufrufe gegen Nestlé zur Folge hatte (vgl. Sethi 1994).
- Die Unternehmungsstrategie kann nach innen hin ethisch problematisch werden. Beispiel: Die Mitarbeiter hegen ethische Bedenken gegen den Export von Rüstungsgütern in Spannungsgebiete.
- Die Mittel zur Durchsetzung der Unternehmungsstrategie können nach außen hin ethisch problematisch werden. Beispiel: Den Außendienstmitarbeitern vorgegebene Umsatzziele lassen sich häufig nur erreichen, wenn zu unverantwortlichen Werbe- und Verkaufsmethoden gegriffen wird.
- Die Mittel zur Durchsetzung der Unternehmungsstrategie können nach innen hin ethisch problematisch werden. Beispiel: Die praktizierten Anreizsysteme werden von den Mitarbeitern als ungerecht empfunden.

Innerhalb dieser vier noch recht abstrakt gehaltenen Konfliktfelder geht es darum, die ökonomische Rationalität und ihre instrumentelle Ausformung im Management und Realgüterprozeß permanent so unter Kontrolle zu halten, daß sowohl für die Effizienz wie für die Sozialverträglichkeit der Unternehmungsstrategie jederzeit argumentiert werden kann.

Diese doppelte Rationalitätsanforderung begegnet jedem Mitarbeiter im geschäftlichen Alltag in den unterschiedlichsten praktischen Dilemma-Situationen. Soll ein Auftrag hereingeholt werden, wenn das nur durch *Bestechung* möglich ist? Sollen Sicherheitsstandards aus Kostengründen vernachlässigt werden? Wieviel *Schädigung natürlicher Ressourcen* soll für die Produktion in Kauf genommen werden? Es ist sofort einsichtig, daß derartige Dilemma-Situationen weder von der Unternehmungsführung vorweg ein für allemal - z.B. durch detaillierte Kodizes - entschieden noch durch rein persönliche Urteile der jeweiligen Mitarbeiter abschließend geregelt werden können. Ein begründetes Urteil in Dilemma-Situationen kann vielmehr nur durch eine argumentative Auseinandersetzung zwischen den Betroffenen zur Klärung aller vorgetragenen Gründe herbeigeführt werden. Kurz: Verantwortung kann nur im Dialog wahrgenommen werden (vgl. Reuter 1989).

Geht man davon aus, daß die Notwendigkeit einer situationsgerechten Lösung den Regelfall im Konflikt zwischen ökonomischen und ethischen Anforderungen an das Handeln darstellt, so folgt, daß das *Implementationsproblem einer Unternehmungsethik* nicht durch strukturelle Weisungen von oben gelöst werden kann. Das bedeutet den Abschied von Managementkonzeptionen, die in der Absicht einer definitiven Vorregelung die planerische Durchstrukturierung aller Handlungsprogramme anstreben. Statt einer derartigen „Schließung“ von oben ist eine „Öffnung“ der Willensbildungsprozesse erforderlich, die Raum läßt für eine subsidiäre Verantwortungsübernahme an den Orten der spezifischen Konfliktentstehung. Diese Verantwortungsübernahme muß sich allerdings an allgemeinen Prinzipien orientieren, die in der Organisation verbindlich sein sollen: Auf oberster Ebene kann dies nur ganz allgemein als Verknüpfung von ökonomischer und sozialer Rationalität formuliert werden.

In der Praxis liegen bereits Erfahrungen darüber vor, wie die hier vorgeschlagene Lösung organisatorisch bewältigt werden kann, so etwa bei dem bekannten Jeans-Hersteller Levi Strauss (vgl. Haas 1994). Wie eigentlich zu erwarten, erwiesen sich dort solche Lösungen ethischer Probleme als völlig ineffektiv, die sich an einzelnen Beschwerden festmachten und versuchten, diese Einzelfälle dann für die Gesamtorganisation generell zu regeln (Enumerationsverfahren). Als erfolgsversprechender wird deswegen neuerdings ein anderes Verfahren erachtet: Auf der Basis allgemeiner, für die Gesamtorganisation *verbindlicher Handlungsprinzipien* - bei Levi's werden sechs solcher Prinzipien genannt: Ehrlichkeit, Einhalten von Versprechungen, Fairneß, Respekt vor anderen, Mitgefühl, Integrität. Vor dem Hintergrund dieser Selbstverpflichtungen werden situationsbezogen je nach spezifischem Konfliktfall Dialoge mit Bezugsgruppen geführt, um konkrete ethische Konfliktregelungen festzulegen. Damit dieses System hinreichend sensibel reagieren kann, müssen die notwendigen Informationsgrundlagen dezentral am Ort des Geschehens gesammelt und in die Dialogprozesse eingespeist werden.

Versucht man, diese Grundüberlegungen für die klassischen Managementfunktionen weiter zu konkretisieren, so läßt sich zeigen, daß alle diese Funktionen mit unternehmungsethischen Überlegungen angereichert werden müssen. Das gilt sowohl für Planung und

Kontrolle wie für Organisation, Leitung und Personalmanagement. Interessanterweise wird dabei nach genauerem Durchdenken deutlich, daß sich die unternehmungsethischen Überlegungen zur Notwendigkeit offener Dialogprozesse formal genau mit den *Forderungen der modernen Strategielehre zur Reform des Managementprozesses decken*. Es geht um die Ermöglichung einer kommunikativen Kritik des Bestehenden. Im einzelnen ergeben sich dabei die folgenden Zielvorstellungen:

- *Planung und Kontrolle:* Planungs- und Kontrollprozesse müssen möglichst offen und dialogisch angelegt werden - einerseits, um alle ökonomisch und ethisch relevanten Informationen und Überlegungen der Basis in den Planungsprozeß einzuschleusen und andererseits, um über dialogische Lösungen die kritisch-loyale Durchsetzung der Planung zu erleichtern.
- *Organisation und Leitung:* Hier muß es darum gehen, Organisationskulturen und -strukturen kommunikationsfähig und informationsdurchlässig zu machen, so daß ethische Blockaden aufgrund rigider organisatorischer Regelungen vermieden werden (vgl. Waters 1991). Die Vorgesetzten haben dabei die besondere Aufgabe, die situationsgerechte Auflösung der Dilemma-Situationen zu ermöglichen und voranzutreiben (vgl. Löhr/Bischof 1993).
- *Personalmanagement:* Schließlich müssen natürlich auch die humanen Ressourcen ethisch sensibilisiert werden, damit sich „mündige Organisationsbürger“ in die geforderten Reflexionsprozesse auch tatsächlich einschalten. Den Mut und die Kompetenz, ethische Überzeugungen auch gegen Widerstreben zur Geltung zu bringen, erhält man freilich nicht automatisch oder im Schnellverfahren. Organisations- und Personalentwicklung werden deshalb zunehmend wichtiger, und sie müssen natürlich auch darauf hinarbeiten, immer die Balance zwischen ökonomischen Anforderungen und ethischen Bedenken in den Blick zu rücken (vgl. Steinmann/Hennemann 1993).

D. Unternehmungsethik als praktische Herausforderung

Diese wenigen Überlegungen über die Konsequenzen einer Unternehmungsethik für die Unternehmungsführung dürften deutlich gemacht haben, daß es immer dringender wird, sich auf einer hinreichend klaren begrifflichen Grundlage Gedanken über die praktische Ausgestaltung einer Unternehmungsethik zu machen. Es reicht nicht aus, relativ abstrakte Diskussionen über die Begründungs- und Wirkungsprobleme der Unternehmungsethik zu betreiben, ohne die konkreten Handlungsbedingungen im betrieblichen Alltag und die Konsequenzen für das Management mit zu erörtern. Allgemeine Reflexionen über die Möglichkeiten und Grenzen einer Unternehmungsethik helfen wenig weiter, wenn in der betriebliche Praxis ganz konkreter Handlungsbedarf besteht und die BWL durch die Erfahrungen des täglichen Lebens mit in die Pflicht genommen wird.

Die Notwendigkeit einer solchen eher *praxisbezogenen* und konkreten Auseinandersetzung ist in der Diskussion um Business Ethics in den USA seit langem erkannt. Dort wurden auch bereits weitreichende Konsequenzen für die Universitätsausbildung gezogen, indem in Pflichtkursen konkrete praktische Dilemma-Situationen diskutiert werden, um die ethische Urteilskraft der Studenten für das innerbetriebliche Geschehen zu sensibilisieren. Ein Resümee dieses Projekts für die Harvard Business School ziehen Piper/Gentile/Parks (1993). Dieses lebensnahe, der Unternehmungspraxis verpflichtete Forschungs- und Lehrprogramm ist demgegenüber in Deutschland noch nicht recht auf den Weg gekommen. Hier verfängt sich die Diskussion um Unternehmungsethik immer wieder in theorieträchtigen Grundsatzdebatten, die angesichts der übermächtigen Philosophiegeschichte und der Dominanz volkswirtschaftlichen Vordenkens über das Stadium unverbindlicher und generalisierender Reflexionen bislang kaum hinausgekommen sind.

Vor diesem Hintergrund ist es sicherlich besonders zu begrüßen, daß im Jahre 1993 mit dem Deutschen Netzwerk Wirtschaftsethik (DNW) eine Initiative ins Leben gerufen wurde, deren Ziel darin besteht, Wissenschaftler und Praktiker zum undogmatischen Gedankenaustausch zusammenzuführen, um das wechselseitige Verständnis zwischen theoretischen Auseinandersetzungen und praktischen Handlungsbedingungen zu verbessern und die konkrete Diskussion um Wirtschafts- und Unternehmungsethik zu fördern. Eines wird dabei immer klarer: Die Unternehmungsethik ist eine zutiefst praktische Angelegenheit, die von den Betroffenen selbst in Gang gebracht werden muß und kann; ein theoretisches Urteil über die Wirkungschancen läßt sich daher nicht treffen.

Literatur

Albach, H. (Hrsg.): Unternehmensethik. Konzepte - Grenzen - Perspektiven, ZfB-Erg.H. 1, Wiesbaden 1992.

Albert, H.: Traktat über kritische Vernunft, 4. Aufl., Tübingen 1980.

Apel, K.-O.: Transformation der Philosophie, 2 Bde., Frankfurt a.M. 1973.

Cowen, T. (Hrsg.): The Theory of Market Failure: A Critical Examination, Fairfax 1988.

Dierkes, M.; Zimmermann, K. (Hrsg.): Ethik und Geschäft - Dimensionen und Grenzen unternehmerischer Verantwortung, Frankfurt a.M./Wiesbaden 1991.

Enderle, G. (Hrsg.): Ethik und Wirtschaftswissenschaft, Berlin 1985.

Enderle, G.: Business Ethics and Market Failure, in: Market Morality and Company Size, hrsg. v. B. Harvey, H.J. van Luijk u. G. Corbetta, Dordrecht 1991, S. 67-85.

Enderle, G.; Homann, K.; Honecker, M.: Lexikon der Wirtschaftsethik, Freiburg i. Br. 1993.

Forum für Philosophie Bad Homburg (Hrsg.): Markt und Moral. Die Diskussion um die Unternehmensethik, Bern/Stuttgart 1994.

Gauthier, D.: Morals by Agreement, Oxford 1986.

Haas, R.D.: Unternehmensethik als globale Herausforderung (übers. Redeauszug), in: Forum Wirtschaftsethik, hrsg. vom Deutschen Netzwerk Wirtschaftsethik e.V., 2. Jg. (1994), H. 3, S. 1-3.

Habermas, J.: Theorie des kommunikativen Handelns, 2 Bde., Frankfurt a.M. 1981.

Hax, H.: Unternehmensethik - Ordnungselement der Marktwirtschaft? in: ZfbF, 45. Jg. (1993), S. 769-779.

Hesse, H. (Hrsg.): Wirtschaftswissenschaft und Ethik, Berlin 1988.

Homann, K.: Entstehung, Befolgung und Wandel moralischer Normen. Neuere Erklärungsansätze, in: Wirtschaftsethik, hrsg. von F.U. Papp, Kiel 1989, S. 47-64.

Homann, K. (Hrsg.): Aktuelle Probleme der Wirtschaftsethik, Berlin 1992.

Homann, K.; Blome-Drees, F.: Wirtschafts- und Unternehmensethik, Göttingen 1992.

Kötter, R.: Fundierungsprobleme einer Unternehmensethik im Rahmen der neoklassischen Gleichgewichtstheorie, in: Unternehmensethik, hrsg. v. H. Steinmann u. A. Löhr, Stuttgart 1991, S. 189-210.

Koslowski, P.: Prinzipien der ethischen Ökonomie, Tübingen 1988.

KRUPINSKI, G.: Führungsethik für die Wirtschaftspraxis. Grundlagen - Konzepte - Umsetzung, Wiesbaden 1993.

LÖHR, A.: Unternehmensethik und Betriebswirtschaftslehre, Stuttgart 1991.

LÖHR, A.; BISCHOF, B.: Die Führungsfunktion Leitung. Diskussionsbeitrag Nr. 75 des Lehrstuhls für Allg. BWL und Unternehmensführung der Universität Erlangen-Nürnberg, Nürnberg 1993.

LÖHR, A.; OSTERLOH, M.: Ökonomik und Ethik als Grundlage organisationaler Beziehungen, in: Managementforschung 3, hrsg. von W. Staehle u. J. Sydow, Berlin et al. 1993, S. 109-155

LORENZEN, P.: Lehrbuch der konstruktiven Wissenschaftstheorie, Mannheim et al. 1987.

MITTELSTRASS, J.: Der Flug der Eule. Von der Vernunft der Wissenschaft und der Aufgabe der Philosophie, Frankfurt a.M. 1989.

PIPER, T.; GENTILE, M.C.; PARKS, S.D.: Can Ethics Be Taught? Perspectives, Challenges, and Approaches at Harvard Business School, Boston 1993.

RAUB, W.; VOSS, TH.: Die Sozialstruktur der Kooperation rationaler Egoisten, in: Zeitschrift für Soziologie, 15. Jg. (1986), S. 309-323.

REUTER, E.: Verantwortung im Dialog, in: Stuttgarter Nachrichten vom 21. Februar 1989, S. 7.

RICH, A.: Wirtschaftsethik. Grundlagen in theologischer Perspektive, Gütersloh 1984.

SCHACHTSCHNEIDER, K.A.: Res publica res populi. Grundlegung einer Allgemeinen Republiklehre, Berlin 1994.

SCHNEIDER, D.: Unternehmensethik und Gewinnprinzip in der Betriebswirtschaftslehre, in: ZfbF, 42. Jg. (1990), S. 869-891.

SETHI, S.P.: Multinational Corporations and The Impact of Public Advocacy on Corporate Strategy. Nestlé and the Infant Formula Controversy, Dordrecht 1994.

STEINMANN, H.; HENNEMANN, C.: Personalmanagementlehre zwischen Managementpraxis und mikro-ökonomischer Theorie - Versuch einer wissenschaftstheoretischen Standortbestimmung, in: Entgeltsysteme. Festschrift zum 65. Geburtstag von E. Gaugler, hrsg. v. W. Weber, Stuttgart 1993, S. 41-78.

STEINMANN, H.; LÖHR, A.: Grundlagen der Unternehmensethik, 2. Aufl., Stuttgart 1994.

STEINMANN, H.; LÖHR, A. (HRSG.): Unternehmensethik, 2. Aufl., Stuttgart 1991.

STEINMANN, H.; OPPENRIEDER, B.: Brauchen wir eine Unternehmungsethik? in: DBW 45. Jg. (1985), S. 170-183.

STONE, C.: Where the Law Ends, New York et al. 1975.

ULRICH, P.: Transformation der ökonomischen Vernunft, 3. Aufl., Bern/Stuttgart 1993.

ULRICH, P.: Unternehmensethik - Führungsinstrument oder Grundlagenreflexion? in: Unternehmensethik, hrsg. von H. Steinmann u. A. Löhr, Stuttgart 1991, S. 189-210.

WATERS, J.: Catch 20.5: Corporate Morality as an Organizational Phenomenon, in: Unternehmensethik, hrsg. von H. Steinmann u. A. Löhr, Stuttgart 1991, S. 289-300.

WIELAND, J.: Warum Unternehmensethik? in: Markt und Moral, hrsg. v. Forum für Philosophie Bad Homburg, Bern/Stuttgart 1994, S. 215-239.

Hans-Joachim Langmann

Die gesellschaftliche Verantwortung der Unternehmungsführung

A. Inhalt und Berechtigung der Forderung nach „gesellschaftlicher Verantwortung“

1. Die Unternehmung ist ein Teil der Gesellschaft
2. Eigentum verpflichtet
3. Kulturelle und soziale Einflüsse auf das gesellschaftliche Verhalten der Unternehmungen
4. Gesetzliche Normen für die Unternehmungsführung zur Einhaltung bestimmter gesellschaftlicher Verpflichtungen

B. Antinomie zwischen Gewinnstreben und Übernahme gesellschaftlicher Verantwortung

1. Erhalt der Unternehmung hat Vorrang
2. Der Einfluß von Wertvorstellungen

C. Einzelfragen unter spezieller Berücksichtigung der deutschen Verhältnisse

1. Duales Ausbildungssystem
2. Mütter in der Rolle von Arbeitnehmern
3. Umweltschutz
4. Friedenssicherung
5. Abwehr organisierter Kriminalität
6. Sicherung der globalen Lebensbedingungen

D. Vorteile durch gesellschaftlich verantwortliches Handeln - Nachteile bei Fehlverhalten

A. Inhalt und Berechtigung der Forderung nach „gesellschaftlicher Verantwortung“

1. Die Unternehmung ist ein Teil der Gesellschaft

Die Individuen, die eine Gesellschaft (z.B. eine Nation) bilden, haben ihr Miteinander strukturiert. Sie wirken in der Gesellschaft teils als einzelnes Individuum mit eigenen Rechten und Pflichten, teils als Familienverbund mit familiärer Bindung untereinander, teils in einem staatlichen, also in einem übergreifenden Verbund mit zwingend vereinbarten Rechten und Pflichten, teils als Mitglieder individueller Vereine nach freien Regeln und teils als Mitglieder von Unternehmungen. Letztere sollen hier der Einfachheit halber als auf den Erwerb ausgerichtete Organisationen verstanden werden. Unternehmungen können nur bestehen, weil ihre Tätigkeit von der Gesellschaft gewünscht wird und ihr nützt. Sie beziehen insofern ihre Legitimation von der Gesellschaft, in die sie eingebettet sind.

Die zentralen Aufgaben der Unternehmungsführung sind es, *Leistungen für die Gesellschaft* zu erbringen, die diese nachfragt, das in der Unternehmung zusammengefaßte *Vermögen* zu erhalten, es zu mehren und den in der Unternehmung tätigen Mitgliedern der Gesellschaft *Arbeit und Verdienst* zu geben.

Bei dem Thema „gesellschaftliche Verantwortung der Unternehmungsführung“ geht es *nicht* um diese Hauptaufgaben. Was unter „gesellschaftlicher Verantwortung“ im einzelnen zu verstehen ist, läßt sich positiv nicht abschließend definieren. Man wird darunter solche Entscheidungen der Unternehmungsführung verstehen, die nicht den genannten Hauptaufgaben dienen, die sie aber wegen der Einbettung der Unternehmungen in die Gesellschaft meinen treffen zu sollen. Zu einem nicht geringen Teil werden hierfür insbesondere in Deutschland Auflagen des Staates den Handlungsrahmen abstecken; das gilt aber nicht in allen Fällen und selbst wo staatliche Regelungen vorliegen, bleibt oftmals ein individueller Entscheidungsraum.

2. Eigentum verpflichtet

Gerade angesichts der großen Regelungsdichte für unternehmerisches Handeln stellt sich immer wieder die Frage, ob eine Unternehmungsführung sich verpflichtet fühlen darf, aus gesellschaftlicher Verantwortung, ohne Vorliegen einer gesetzlichen Auflage, Ressourcen für Maßnahmen einzusetzen, die den unternehmerischen Erfolg, gemessen anhand des Gewinnes, jedenfalls nicht fördern, möglicherweise diesen in einem überschaubaren Zeitraum sogar mindern können. Innerhalb der abendländischen Wertvorstellungen fällt einem zur Begründung des Einsatzes von Ressourcen für die Übernahme gesellschaftlicher Verantwortung vor allem der Satz ein: Eigentum verpflichtet.

Man muß sich aber bewußt sein, daß dieser Satz nur dann als Entscheidungsbasis dienen kann, wenn im gesellschaftlichen Umfeld solch eine Aussage als Maxime für unternehmerisches Handeln schlechthin angesehen wird.

3. Kulturelle und soziale Einflüsse auf das gesellschaftliche Verhalten der Unternehmungen

Kulturelle und soziale Einflüsse haben für die Übernahme gesellschaftlicher Verantwortung eine erhebliche Bedeutung. So haben die Unternehmungsleitungen in der früheren DDR vor allem unter dem Gebot gestanden, für Beschäftigung zu sorgen. Anders ausgedrückt: Das Individualrecht auf Arbeit hatte eine höhere Priorität als das Gebot der Wirtschaftlichkeit. Für die negativen Konsequenzen hatte die Gesellschaft einzustehen. Im Konzept der sozialen Marktwirtschaft in Deutschland wurden Vorstellungen zur *wechselseitigen Verpflichtung* zwischen Unternehmungen und ihren Beschäftigten entwickelt. Dabei werden die vom angelsächsischen Denken geprägten Vorstellungen zu Unternehmungen in wesentlichen Festlegungen nicht geteilt. So steht das deutsche Konzept der betrieblichen Mitbestimmung gegen das im angelsächsischen Raum vorherrschende Konzept der Alleinbestimmung des Kapitaleigners. Die Wertvorstellungen in den asiatischen Kulturen weichen in anderer Weise von denen in Zentraleuropa ab. Hier wird vielfach - aber nicht überall - der *Verpflichtung auf die Gemeinschaft* ein sehr viel höherer Stellenwert gegeben als dem *Individualrecht* des einzelnen. Solche Unterschiede wirken sich stark darauf aus, wie gesellschaftlich verantwortliches Handeln konkret gehandhabt wird.

4. Gesetzliche Normen für die Unternehmungsführung zur Einhaltung bestimmter gesellschaftlicher Verpflichtungen

In Deutschland ist in den letzten Jahrzehnten der Freiraum für eigenverantwortliches gesellschaftliches Handeln immer weiter durch verbindliche gesetzliche Regelungen eingeschränkt worden. Das gilt insbesondere auch für den sozialen Bereich. Das dadurch erzwungene Wohlverhalten der Unternehmungen läuft in der betrieblichen Praxis der an sich wünschenswerten freiwilligen Übernahme gesellschaftlicher Verantwortung entgegen, mit für die Gesellschaft nachhaltigen Konsequenzen, wie sich an Beispielen erklären läßt. So gibt es zwar kein verbrieftes Individualrecht auf Arbeit, aber die Regelungen zum *Schutz des individuellen Arbeitsplatzes* vor Kündigung gehen zu Lasten der Fähigkeit der Unternehmung, sich auf veränderte wirtschaftliche Bedingungen rasch und flexibel einzustellen. Das erhöht also das Risiko der Unternehmungen, Beschäftigung anzubieten. Dieses Risiko hemmt generell das Schaffen neuer Arbeitsplätze.

In welchem *Geiste*, nach welchen *Leitbildern* eine Unternehmung geführt wird, wie sich das Miteinander der Führung und der Mitarbeiterschaft konkret gestaltet, daran zeigt sich, wie die Unternehmungsführung gesellschaftliche Verantwortung wahrnimmt. Durch die sehr expliziten Regeln des Betriebsverfassungsgesetzes ist die Möglichkeit zu eigenständigem Handeln der Unternehmungsführung stark eingeschränkt und durch gesetzliche Vorschriften ersetzt worden.

B. Antinomie zwischen Gewinnstreben und Übernahme gesellschaftlicher Verantwortung

1. Erhalt der Unternehmung hat Vorrang

Darf die Unternehmungsführung aus gesellschaftlicher Verantwortung Entscheidungen treffen, die dem Gewinnstreben zuwiderlaufen? Im nordamerikanischen Raum gibt es betriebswirtschaftliche Schulen, die diese Fragen rundweg verneinen. Andererseits sind auch in den USA beliebig viele Beispiele gesellschaftlich verantwortlichen Handelns zu beobachten. Eine einfache Antwort gibt es daher auf die Frage nicht.

Jede Unternehmung muß ihre Prioritäten beachten. Gesellschaftlich verantwortungsvolles Handeln muß immer und ausnahmslos darauf gerichtet sein, die Unternehmung *rentabel* zu erhalten. *Diese Aufgabe geht allen anderen Forderungen vor*. Denn stirbt eine Unternehmung wegen Verlust der Rentabilität, verliert die Gesellschaft Vermögen und Arbeitsplätze. Auch wenn nämlich solch ein Vorgang am härtesten natürlich die direkt Beteiligten trifft - den Arbeitnehmer, der seinen Arbeitsplatz verliert und den Kapitaleigner, der sein Vermögen verliert -, immer sind diese individuellen Einbußen auch Einbußen der Gesellschaft insgesamt.

Oftmals bedeutet aber die Übernahme gesellschaftlicher Verantwortung allenfalls eine begrenzte, unternehmerisch noch *vertretbare Ertragsminderung* (bzw. den Verzicht auf einen begrenzten Vorteil), der womöglich nicht quantifizierbare Vorteile gegenüberstehen. Jede Unternehmungsführung wird aber sorgsam darauf zu achten haben, daß Maßnahmen, die gesellschaftlich motiviert sind, die also nicht direkt den Unternehmungszielen dienen, nicht zu falschen Reaktionen führen. Sie dürfen nicht zu einem Aufweichen der Ertragsdisziplin führen.

Deshalb müssen auch solche Maßnahmen stets unter strikte Effizienzkontrolle gestellt werden, wobei dann das gewünschte gesellschaftliche Ziel den Erfolgsmaßstab bildet. Auch z.B. ein Wohlfahrtsprogramm muß *effizient* durchgeführt werden. Gesellschaftspolitische Ziele, die die Unternehmungsführung mit ihren Maßnahmen erreichen will, lassen sich i.a. messen.

2. Der Einfluß von Wertvorstellungen

Oftmals hat die Übernahme gesellschaftlicher Verantwortung für die Unternehmung mittelbare Vorteile. Dann fällt eine Entscheidung dafür naturgemäß leichter. In anderen Fällen gibt ein solches Argument nichts her. In Einzelfällen kann die Unternehmungsführung vor sehr schwierigen Entscheidungen stehen, bei denen sie sich an ihren Wertvorstellungen orientieren muß. Stimmen diese nicht mit denen der Eigentümer überein - unterstellt, daß die Unternehmungsführung nicht mit den Eigentümern identisch ist -, dann können sich existenzgefährdende Konflikte herausbilden. Es ist dann möglicherweise eine *Machtfra-*

ge, welche Gruppe sich durchsetzen kann. Es ist allerdings davon auszugehen, daß die Eigentümer auf Dauer ihre Wertvorstellungen der Unternehmungsführung ebensowenig aufzwingen können wie diese gegenüber ihren Mitarbeitern.

Soll z.B. eine Unternehmungsführung das Abholzen eines wertvollen Tropenwaldes unterlassen, wenn sie an sich für das Abholzen eine staatliche Lizenz hat, ein Verzicht der das Entlassen einer größeren Zahl von Beschäftigten in die Arbeitslosigkeit und den Verlust eines erheblichen volkswirtschaftlichen Gewinnes bedeutet, das Abholzen aber mit großen ökologischen Nachteilen verbunden ist? Auch ein *umweltbewußter* Unternehmer wird diese Frage nicht leicht beantworten können, weil es keine allgemeingültigen Regeln für gesellschaftlich verantwortliches Handeln gibt. In diesem Beispiel könnte das Wiederaufforsten dem Problem die Spannung nehmen. Nicht immer ist ein solcher Ausweg zu sehen.

Soll eine pharmazeutische Unternehmung ein Mittel zum problemlosen Schwangerschaftsabbruch nicht auf den Markt bringen, weil *religiöse* Gruppen daran Anstoß nehmen, der Unternehmung ein Boykott ihrer Produkte droht? Gesellschaftliche Verantwortung mag es gebieten, das Mittel einzuführen, auch wenn der Unternehmung daraus Nachteile erwachsen, weil das Mittel in vielen Fällen eine wesentliche medizinische Hilfe darstellt. Haben religiöse Gründe ein höheres Gewicht als die ethische Verpflichtung zu helfen?

Noch ein Beispiel: Soll eine pharmazeutisches Unternehmung, der zufällig eine Erfindung für ein neues wirksames Heilmittel gegen eine bisher als unheilbar geltende seltene Krankheit gelungen ist, das Mittel mit hohen Kosten entwickeln, auch wenn es als gesichert gelten muß, daß es niemals die Kosten wieder verdienen kann?

Die Beispiele zeigen, daß die Antworten auf solche Fragen von den *Wertvorstellungen* der jeweiligen Unternehmungsführung abhängen werden und im Einzelfall natürlich auch von der wirtschaftlichen Kraft der Unternehmung. Eine noch arme Unternehmung in einem armen Entwicklungsland wird beim Beispiel des Tropenwaldes möglicherweise anders entscheiden als eine reiche Unternehmung z.B. in Deutschland, die vielleicht noch zusätzlich eine negative Publizität fürchten muß.

C. Einzelfragen unter spezieller Berücksichtigung der deutschen Verhältnisse

Ob und in welchem Umfang eine Unternehmung gesellschaftliche Verantwortung übernehmen will, hängt vom Potential der Unternehmung und von den Wertvorstellungen bzw. Einsichten der Führung ab. Diese bildet sich ihre Vorstellung in der Wechselwirkung mit anderen Personen und dem von *Politik* und *Kultur* geprägten gesellschaftlichen Umfeld. Unternehmungen, die durch ständig neue gesellschaftlich relevante Gesetze nicht nur entmündigt, sondern auch von der Bereitschaft, Verantwortung aus eigenem Antrieb heraus zu übernehmen, gewissermaßen entwöhnt werden, halten sich dann auch auf den Feldern zurück, die ihrer eigenen Initiative noch überlassen geblieben sind.

1. Duales Ausbildungssystem

Ein Feld, bei dem es immer noch gelingt, den Eigennutz der Unternehmung gut mit gesellschaftlicher Verantwortung zu koppeln, ist die betriebliche Ausbildung. Das gilt insbesondere für den handwerklichen Bereich. Bei den größeren Industrieunternehmungen fällt die Antwort schwerer, ob der betriebliche Nutzen den sehr hohen Kostenaufwand wirklich lohnt. Einerseits verläßt ein zunehmender Teil der Ausgebildeten die Unternehmungen, um zu studieren. Andererseits droht Unternehmungen, die Ausgebildete wegen Mangel an Arbeitsplätzen nicht übernehmen können, gesellschaftliche Mißachtung. Heute dürfte immer noch die betriebliche Ausbildung Jugendlicher als gesellschaftliche Verpflichtung angesehen werden.

2. Mütter in der Rolle von Arbeitnehmern

Ein anderes wichtiges Beispiel bietet die Beschäftigung von Frauen. Durch gesetzliche Vorschriften, die von Gerichten auch noch extensiv ausgelegt werden, ist die Tätigkeit von Frauen während und nach der Schwangerschaft geschützt. Die Sinnhaftigkeit dieser Regelungen kann von den damit verfolgten Zielen her von niemand ernsthaft in Frage gestellt werden, der gesellschaftlich verantwortlich denkt. Trotzdem führt die Vielzahl von Regelungen zu einer gewissen *Zurückhaltung* bei der Beschäftigung von Frauen und dies insbesondere bei kleinen Betriebseinheiten mit geringer personeller Flexibilität. Wenn es aber gelingt, gesellschaftliche Verantwortung mit langfristigen Vorteilen für eine Unternehmung zu verbinden, zeigt sich ein positives Bild. Um die Weiterbeschäftigung von Frauen mit Kindern zu erleichtern, richten Unternehmungen Kindergärten ein. Um die Wiedereingliederung von Frauen zu erleichtern, die zum Aufziehen Ihrer Kinder für einige Jahre ihren Beruf aufgegeben haben, werden freiwillig betriebliche Programme zur Wiedereingliederung nach der *„Mutterschaftspause“* (mit Selbstbindung der Unternehmung) eingeführt. Andere Beispiele lassen sich gerade im sozialen Bereich finden, wie betriebliche Programme für Suchtkranke und für die Eingliederung von ehemaligen Straffälligen.

3. Umweltschutz

Der Umweltschutz ist an sich in den letzten Jahren so sehr durch Gesetze und Verordnungen reglementiert worden, daß für eigenverantwortliches Handeln wenig Raum zu bestehen scheint. Da aber diese Regelungen ganz überwiegend nur *Mindestanforderungen* festlegen, die sich am allgemein wirtschaftlich Machbaren orientieren, ist für die einzelne Unternehmung oftmals ein individueller Handlungsraum offen. Eine wichtige Aufgabe der Unternehmungsführung ist es daher, die *Mitarbeiter* zu umweltverantwortlichem Handeln zu erziehen. Eine Unternehmungsführung, die den Problemen des Umweltschutzes nicht die nötige Aufmerksamkeit zuwendet, riskiert, als gesellschaftlich nicht verantwortungsbewußt zu erscheinen.

4. Friedenssicherung

Wenn es um Friedenssicherung geht, sind die Auffassungen, wie weit die gesellschaftliche Verantwortung einer Unternehmungsführung geht, u.U. vom nationalen Umfeld abhängig. Es wird keinen Streit darüber geben, daß es gesellschaftlich auf keinen Fall verantwortet werden kann, Massenvernichtungsmittel herzustellen oder Anlagen zu ihrer Herstellung zu bauen. Zumindest gilt dies, soweit solche Mittel nicht selber der Friedenssicherung dienen. Es steht jedoch außer Zweifel, daß die Herstellung von Waffen als solche nicht der gesellschaftlichen Ächtung unterliegt. Dennoch gibt es Fälle, wo die Unternehmungsführungen sich fragen müssen, wie sie gesellschaftlich verantwortlich handeln sollten. Wenn industrielle Produkte für zivile Zwecke hergestellt werden, sie aber auch für verbotene militärische Zwecke eingesetzt werden können, stehen Unternehmungsführungen vor schwierigen Fragen. Entscheiden sie sich gegen die weitere Produktion, treten wirtschaftliche Nachteile ein, müssen eventuell Betriebe geschlossen und Mitarbeiter entlassen werden. Möglicherweise wird aber die Konkurrenz in einem anderen Land weiterproduzieren; dann bleiben trotz des Opfers die Produkte für an sich verbotene Zwecke im Handel und die Konkurrenz wird stärker. Wo die *politische* Führung die Entscheidungen durch Verbote oder durch Genehmigungen übernimmt, wird die Unternehmungsleitung der eigenen Entscheidung enthoben. Es sind aber Fälle denkbar, bei denen es nur auf die ethischen Normen einer Unternehmungsführung ankommen kann. Sie wird dabei immer auch zu bedenken haben, daß politische Meinungen sich nicht selten ändern, also auch *Spätfolgen* einer politischen Meinungsänderung bedacht werden müssen.

5. Abwehr organisierter Kriminalität

Auch die organisierte Kriminalität kann die Unternehmungsführung vor sehr schwierige Fragen gesellschaftlich verantwortlichen Handelns stellen. Für einige Probleme gibt es heute gesetzliche Regelungen wie z.B. für die Herstellung und den Vertrieb von Chemikalien, die für die Herstellung von Rauschgift verwendet werden können.

Ein anderes Beispiel sind die Vorschriften zum Erschweren der sog. „Geldwäsche“. Die organisierte Kriminalität tritt jedoch in so unterschiedlichen Formen auf, daß konkrete gesetzliche Handlungsanweisungen i.d.R. fehlen, also die *Wertvorstellung* der Unternehmungsführung bestimmt, wie sehr sie ihr Gewissen anspannt.

6. Sicherung der globalen Lebensbedingungen

Von großen weltweit tätigen Unternehmungen werden heute mitunter *gesellschaftliche Leistungen* erwartet, wie sie noch vor wenigen Jahrzehnten als ausgeschlossen gelten konnten. Die Unternehmungsführung muß dann unter Umständen für ihre jeweilige Unternehmung wirtschaftlich nachteilige Entscheidungen treffen, ohne daß sie dazu rechtlich verpflichtet wäre. Sie müssen dabei zwischen politischen und wirtschaftlichen Nachteilen unter Einsatz der eigenen Wertvorstellungen entscheiden und unterschiedliches

Verhalten ihrer Wettbewerber in Rechnung stellen. An einem konkreten Beispiel, dem Verzicht auf die Herstellung fluorierter Chlorkohlenwasserstoffe (FCKW), kann man erkennen, daß Unternehmungsführungen in Europa (Deutschland), den USA und in den Entwicklungsländern bei dem gleichen Sachverhalt ihre Verantwortung zu gesellschaftlichem Handeln unterschiedlich beurteilen: Es hat sich gezeigt, daß das stratosphärische Ozon, das ein Absorber von schädlicher UV-Strahlung der Sonne ist, durch die gasförmigen FCKW anthropogenen Ursprunges in möglicherweise bedenklichem Umfang abgebaut werden. Dies könnte u.a. das vermehrte Auftreten von Hautkrebs zur Folge haben. Um dieser Beeinträchtigung des Ozonschutzschildes zu begegnen, muß die Produktion der gasförmigen FCKW weltweit gestoppt werden. Diese sind aber für manche industrielle und medizinische Zwecke sehr wichtige Produkte - ihre Einführung in der Zeit nach dem zweiten Weltkrieg galt zu Recht als ein wesentlicher Fortschritt, jedenfalls solange die ökologischen Probleme nicht erkannt wurden. Gleichwertige Ersatzstoffe mußten und müssen erst entwickelt werden, wobei völlige Gleichwertigkeit voraussichtlich nicht erreicht werden kann.

Nur ein *globaler* Verzicht auf die Herstellung und Verwendung dieser Produkte kann langfristig eine nachhaltige ökologische Verbesserung bewirken. Dieser globale Verzicht war politisch kurzfristig nicht erreichbar. Aus gesellschaftlicher Verantwortung haben dennoch die europäischen Produzenten sich verpflichtet, kurzfristig auf die Produktion der FCKW zu verzichten, um den Prozeß des allmählichen Abbaus dieser Stoffe aus der Atmosphäre in Gang zu bringen. Die US-amerikanischen Unternehmungen beteiligen sich an diesem Verzicht, aber zeitlich verzögert und erst, wenn sie Ersatzstoffe für alle Anwendungen auf den Markt bringen können. Altanlagen und ihre Erhaltung bis zum technischen Lebensende spielen hierbei eine wichtige Rolle neben gewissen essentiellen Verwendungen, z.B. bei Medizinalsprays.

Die Unternehmungen in den Entwicklungsländern werden mit langer zeitlicher Verzögerung (10 Jahre) folgen, wenn sie für den Verzicht finanziell entschädigt werden. Grundsätzlich hätten die Unternehmungen auch in anderen Regionen ähnliche Selbstverpflichtungen abgeben können. Wirtschaftliche Gründe und im Einzelfall vermutlich auch andere Wertvorstellungen haben sie abgehalten, in gleicher Weise gesellschaftlich verantwortlich zu handeln wie die Unternehmungen in Europa.

D. Vorteile durch gesellschaftlich verantwortliches Handeln - Nachteile bei Fehlverhalten

Man muß sich bewußt sein, daß sich konkrete Vorteile aus der Übernahme einer gesellschaftlichen Verantwortung durch eine Unternehmungsführung i.d.R. *nicht quantifizieren* und gegen eventuelle Nachteile abwiegen lassen. „Weiche" Vorteile darf man aber nicht gering einschätzen. Zu nennen sind dabei in erster Linie das Steigen - oder bei Fehlverhalten die Abnahme - der öffentlichen Anerkennung für eine Unternehmung. Das kommt ihrem wirtschaftlichen Erfolg zugute. Es verbessert die Chancen, die besten Mitarbeiter für die Unternehmung gewinnen zu können. Die Motivation der Mitarbeiter ist ein weiterer hoch anzusetzender Faktor.

Andererseits muß eine Unternehmungsführung immer damit rechnen, daß Konkurrenten sich eventuell der Übernahme gesellschaftlicher Verantwortung *entziehen*, daß sie dadurch einen wirtschaftlichen Vorteil gewinnen und diesen gegen die verantwortungsvoll handelnde Unternehmung einsetzen. Hier können *Wirtschaftsverbände* eine regulierende Wirkung entfalten.

Gesellschaftlich verantwortlich handeln zu können und zu müssen, ist für das Selbstverständnis einer Unternehmungsführung von hohem Rang. Das Gefühl und das konkrete Tun für die Realisierung eigener Wertvorstellungen kann für die Identifikation der Unternehmungsführung mit ihrer Unternehmung ein sehr großes Gewicht haben. Sie können für die Selbstachtung bedeutsamer sein als wirtschaftlicher Erfolg.

Hans-Jürgen Burmeister

Die Rolle von Leitbildern in der Unternehmungsführung

A. Was sind Leitbilder?

1. Leitbilder

Leitbilder sind *komplexe normative Vorstellungen über die erstrebenswerte Gestaltung der Gesellschaft oder eines Teilbereichs dieser Gesellschaft.* Sie geben an, welche Ziele angestrebt werden sollen (vgl. Fuchs-Heinritz 1994). Ihre Verwirklichung erfolgt durch die Wahl von Grundsätzen, Methoden und Einzelzielen durch lebende oder geschichtliche Personen oder Organisationen. Leitbilder sind eher abstrakt und im Gegensatz zu Vorbildern nicht auf konkrete Persönlichkeiten oder Einzelziele bezogen. Leitbilder von dynamischen sozialen Systemen, wie unserem Wirtschaftssystem, präformieren die grundlegenden Koordinations- und Ordnungsprinzipien, nach denen wirtschaftliches Handeln organisiert werden soll. Ihre Aufgabe besteht darin, die Handelnden zu einem Verhalten i.S. des Leitbildes zu verpflichten, inklusive der Bereitschaft zu überprüfen, ob die einmal gewählten Grundsätze und Methoden unter den aktuellen gesellschaftlichen Verhältnissen mit dem Leitbild vereinbar sind oder verändert werden müssen. Um dieses Ziel erreichen zu können, müssen sie gesellschaftlich internalisiert werden.

2. Leitbilder und gesellschaftliche Evolution

Die Rolle von Leitbildern der Unternehmungsführung ist unmittelbar mit dem Prozeß der gesellschaftlichen Evolution verbunden. Der Soziologe Max Weber kam in seinen Untersuchungen u.a. zu dem Ergebnis, daß das durch die Reformatoren Luther und Calvin entwickelte Leitbild einer protestantischen Beruftsethik die Einstellung der Menschen des Okzidents zum Beruf maßgeblich geprägt hat und den Grundstein für die Wirtschaftsgesinnung der Menschen darstellt. Durch Industrialisierung und neue Verkehrs- und Kommunikationstechniken hat sie Veränderungen hervorgerufen, welche die Freiheiten des Individuums und seine Abhängigkeit von anderen gesellschaftlichen Institutionen gleichzeitig erhöht haben. Auf wirtschaftlichem Gebiet haben technologische Erfindungen und Entwicklungen zu Produktionstechniken und Produkten geführt, die menschliche Arbeit physisch leichter, aber auch abstrakter, anonymer und psychisch belastender werden ließen und auf das Verdienen von Geld reduziert haben. Diese Entwicklung einer ständig größer werdenden Abhängigkeit des einzelnen und der Unternehmung von spezialisierten Teilsystemen, die innerhalb eines dynamischen Wirtschaftssystems in Partnerschaft zusammenarbeiten, machte es erforderlich, immer umfangreichere Regeln, Normen und Gesetze zu entwickeln.

a) Die Entwicklung des Leitbildes der Mitarbeiterführung

Zwangsläufig wurde durch diesen Prozeß auch die Frage nach der Führung und Steuerung größerer Organisationen mit immer spezialisierteren Subsystemen bedeutsamer. Dies hatte zur Folge, daß die unternehmerischen Systemkomponenten Technologie und Ökonomie um ein soziales System ergänzt werden mußten, weil das „Können" (Beherrschen der Technik) und das „Dürfen" (Operieren in einem gesellschaftlich anerkannten System des Rechtes und der Normen) alleine nicht mehr ausreichte. Das „Wollen" (Motivation und Zufriedenheit) der handelnden Menschen wurde zunehmend wichtiger für den Erfolg.

Das Leitbild der unternehmerischen Führung wird und wurde von dieser *steigenden Bedeutung menschlicher Bedürfnisse* für die Unternehmungsführung beeinflußt (vgl. Abbildung 1). Die Entwicklung des sozialen Systems in den Unternehmungen entstand zunächst aus mechanistisch opportunistischen Motiven. Die Leistungen wurden als *Hilfs- und Betriebsstoffe* zur Aufrechterhaltung unternehmerischer Gewinnziele angesehen. Eine Notwendigkeit, Mitarbeiter zu motivieren, wurde zwar anerkannt, aber die damalige Überzeugung, daß menschliche Handlungen Ergebnisse einer äußeren Veranlassung und einer inneren Disposition sind, die sich aus festen gegebenen Größen naturwissenschaftlich begründen lassen, führte zu der mit den Namen Max Weber und Frederick W. Taylor verbundenen Vorstellung, daß eine endliche Anzahl an Regeln und Techniken, die erlernt und beherrscht wird, das Problem der Führung immer größerer Menschengruppen innerhalb einer Organisation, im Rahmen eines hierarchischen Systems, lösen kann. Doch weder dieser Ansatz noch die Theorien von Elton Mayo bis Abraham Maslow, die den Standpunkt vertraten, daß das Problem der Führung großer Menschengruppen nicht nur durch Determinierung rationaler Handlungsanweisungen, sondern auch durch Methoden der Arbeitspsychologie gelöst werden muß, waren erfolgreich.

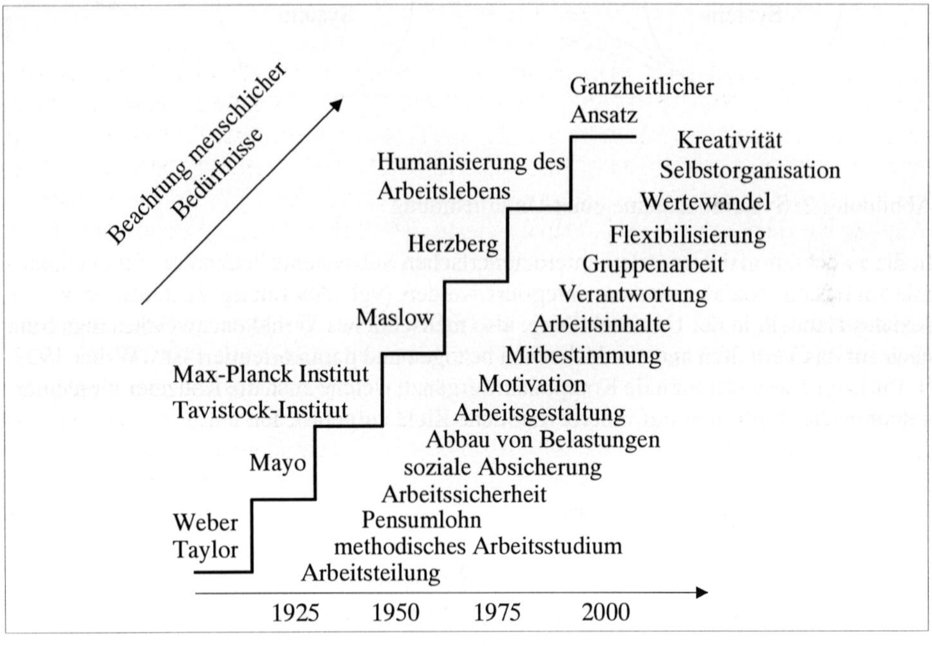

Abbildung 1: Entwicklungslinien der Führungstheorie (vgl. Warnecke 1992, S. 36)

Der Psychologe Frederick Herzberg verließ diesen Denkansatz der Zweckrationalität bei der Führung von Menschen und entwickelte in den sechziger Jahren seine Motivations-,

Hygiene- oder Zwei-Faktoren-Theorie der Zufriedenheit von Mitarbeitern, die sich stark auf die Bedürfnishierarchie von Maslow bezog und das bisherige Leitbild dahingehend veränderte, daß Menschen nicht nur durch zweckrationale extrinsische Faktoren wie Bezahlung, Arbeitsbedingungen, Arbeitsplatzsicherheit, zwischenmenschliche Beziehungen und Führungsstil zu Leistungen motiviert werden, sondern auch durch wertrationale intrinsische Faktoren ihrer Persönlichkeitsentwicklung wie Geltungsbedürfnis, Glaube und Verantwortungsbewußtsein.

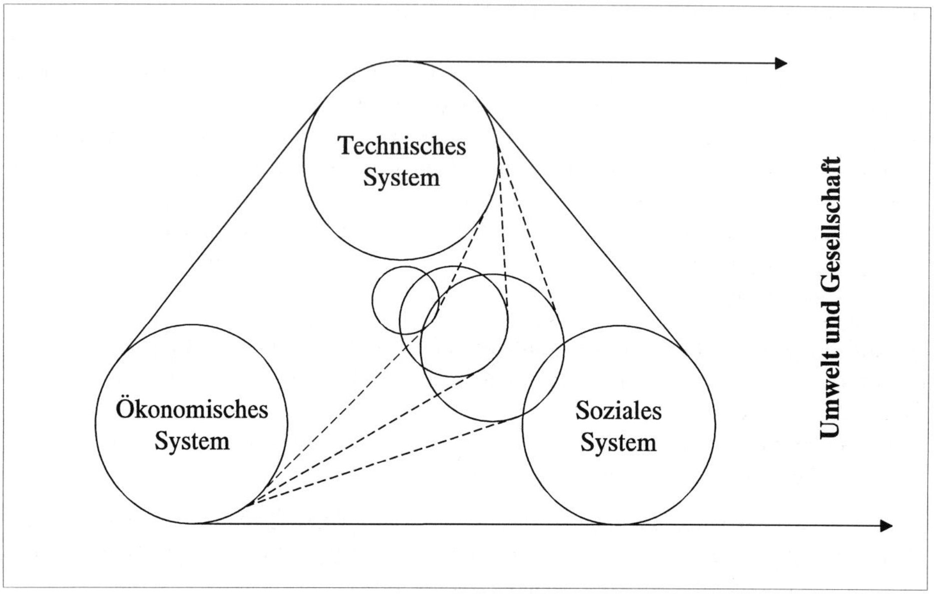

Abbildung 2: Systembausteine einer Unternehmung

In die zweckrational vernetzten unternehmerischen Subsysteme Technologie und Ökonomie mußte ein soziales System integriert werden (vgl. Abbildung 2). Dadurch wurde soziales Handeln in der Unternehmung, also menschliches Verhalten, „welches dem Sinn nach auf das Verhalten anderer Menschen bezogen und daran orientiert ist" (Weber 1922, S. 154), um eine wertrationale Komponente ergänzt, welche auch die Konzentration unternehmerischer Leitbilder auf innerbetriebliche Ziele aufgebrochen hat.

b) Die Vernetzung der Systeme

Das Zusammenspiel der drei Systeme (Sozialpartnerschaft) mit der zwangsläufigen Folge, daß ein Kompromiß zwischen technisch machbaren, ökonomisch sinnvollen und sozial verträglichen Zielen gefunden werden muß, wurde zum Leitbild vieler Unternehmungen bis in die heutige Zeit. Die herausragende Frage ist, wie die hierfür notwendigen Kompromisse gefunden werden können. Verfahren und Methoden der Vergangenheit, welche Interessenkonflikte alleine auf der Basis einer durch Gesetze und Normen geregelten organischen Solidarität regeln, sind revisionsbedüftig, weil sie sich in einem unüberschaubaren

Gestrüpp verfangen haben und so wenig Wesentliches zur Lösung der Probleme beitragen, daß Dienst nach Vorschrift eine Drohung geworden ist und keine Lösung. Eine Lösung kann nur gefunden werden, wenn es gelingt, eine Verhaltensänderung bei den Menschen zu bewirken, die auf der Grundlage eines partnerschaftlichen Leitbildes die Kompromiß- und Konsensfähigkeit der handelnden Interessenvertreter erhöht. Dies ist nicht mit neuen Gesetzen zu schaffen, sondern durch Vorbilder. Vorbilder, die in ihrem Verantwortungsbereich nicht anderen vorschlagen, was sie tun müßten, sondern selbst handeln, indem sie sich nicht fragen, was sind meine Rechte, sondern was ist meine Verantwortung (vgl. Drucker 1987). Partnerschaftliches Verhalten ist kein Altruismus, sondern die Fähigkeit und die Bereitschaft, eigene Interessen und Ziele nicht mit Machtmitteln durchzusetzen, sondern im Rahmen eines Dialoges mit den anderen Betroffenen darzulegen, zu diskutieren und Kompromisse einzugehen, um dem Wohl des Ganzen zu dienen. Partnerschaft bedeutet weder blindes Vertrauen noch ständiges Mißtrauen und Kontrolle. Partner sind bei Schwierigkeiten nicht auf der Suche nach einem Schuldigen, sondern mobilisieren alle verfügbaren Kräfte, um eine Lösung zu finden. Wer als Unternehmer oder Vorgesetzter seine Mitarbeiter zu partnerschaftlichem Verhalten motivieren will, muß in der Lage sein, Visionen zu vermitteln, Visionen, die i.S. eines Leitbildes eine Orientierung auf dem Weg zum Ziel darstellen.

Die Arbeitsgemeinschaft für Partnerschaft in der Wirtschaft e.V. (AGP), welche 1950 gegründet wurde und in der etwa 600 Unternehmungen unterschiedlichster Größen und Branchen sowie Persönlichkeiten aus verschiedenen Bereichen unserer Gesellschaft zusammengekommen sind, hat den Gedanken einer betrieblichen Partnerschaft zu ihrem zentralen Anliegen erhoben. In ihrem Leitbild heißt es:

„Betriebliche Partnerschaft ist eine vereinbarte Form der Zusammenarbeit zwischen Unternehmungsleitung und Mitarbeitern. Sie soll die Bereitschaft der Mitarbeiter fördern, sich ganzheitlich am Unternehmungsgeschehen zu beteiligen.

Mitarbeiter werden sich nur dann für die Unternehmungsziele einsetzen, wenn sie zur Mitverantwortung motiviert sind und wenn die Leistungsanforderungen an der Menschenwürde orientiert sind... Im einzelnen fördert die AGP die Entwicklung der Partnerschaft in der Wirtschaft durch folgende Bestrebungen:

Breite Streuung des Produktivkapitals durch *materielle* Beteiligung der Mitarbeiter über Erfolgsbeteiligung, Vermögensbeteiligung, Kapitalbeteiligung.

Immaterielle Beteiligung der Mitarbeiter an arbeitsplatzbezogenen und unternehmungsbezogenen Entscheidungen sowie übergreifenden Koordinationsaufgaben

Übernahme von gesellschaftlichen Aufgaben durch verantwortliche Anwendung moderner Technologie, Offenheit gegenüber Wertewandel in der Gesellschaft und Unterstützung partnerschaftlicher Beziehungen zwischen den Gruppen in der Gesellschaft...

Partnerschaft in diesem Sinne bedeutet keine Sozialisierung der Macht, weil wir befürchten, daß dies zur Ohnmacht und Verantwortungslosigkeit der einzelnen Menschen führt. Partnerschaft in unserem Sinne geht vielmehr davon aus, daß unterschiedliche Interessen und Meinungen, welche im Kräftefeld der Gesellschaft und einer Unternehmung vorhanden sind, weder negiert noch manipuliert werden, sondern daß gemeinsame Kompromisse gefunden werden können, die dann dem Wohl des Ganzen dienen“ (AGP o.J.).

B. Leitbilder für Unternehmungen, wozu?

Wenn die Lübecker Drägerwerke nach intensiven innerbetrieblichen Diskussionen Unternehmungsziele und Unternehmungsgrundsätze veröffentlichen, in denen es u.a. heißt:

„*1. Spitzenposition*

Wir wollen an der Spitze bleiben. Wir haben im Markt Spitzenplätze angestrebt und besetzt... Spitzenplatz bedeutet für uns auch, herausragend zu sein bei Arbeitsbedingungen und bei dem Verhältnis zwischen den Unternehmern und Mitarbeitern.

2. Kundenorientierung

Wir müssen unsere Kunden überzeugen. Ohne Kunden hätten wir keine Aufträge, keine Arbeit und damit auch nicht unseren heutigen Arbeitsplatz...

3. Selbständigkeit

Wir wollen selbständig bleiben. Wir wollen unsere finanzielle Unabhängigkeit erhalten, wollen frei nach unserer Überzeugung unseren Weg gehen. Unabhängig bleiben wir nur, wenn wir (Anmerkung: Unternehmer und Mitarbeiter) die Finanzierung unserer Unternehmung selbst und mit Hilfe unserer Aktionäre und Genußscheininhaber sichern können. Deshalb müssen wir für unsere Aktionäre und Genußscheininhaber eine gute Kapitalanlage bleiben, d.h. wir brauchen überdurchschnittlich gute Erträge.

4. Soziale Verpflichtung

Wir stehen zu unserer Verantwortung. Wir sind Teil unserer Gesellschaft und tragen damit Verantwortung. Das gilt besonders für den Erfolgreichen. Wir fühlen uns verantwortlich, als Wirtschaftsunternehmungen dort helfend einzugreifen, wo der Staat nur bedingt helfen kann, sei es bei kulturellen, humanitären oder sozialen Aufgaben“ (Müller/Diefenbacher 1992, S. 334).

Damit schaffen sie einen Orientierungsrahmen, der das Management sowohl zweck- als auch wertrational bei seinen operativen und strategischen Entscheidungen verpflichtet, und an dem es von jedem gemessen werden kann. Durch gemeinsam erarbeitete Grundsätze, die in einprägsamen Bildern und Metaphern formuliert sind, haben sich die Interessenvertreter von Technologie, Ökonomie und Sozialem ein Leitbild gegeben, welches zu kompromißbereitem Handeln bei der Lösung aktueller Fragen auffordert. Das Leitbild definiert den Weg, auf dem man gemeinsam unterwegs sein will, als *Ziel und Sinn der Unternehmung*. Durch diese Verfahrensweise entsteht neben der durch Arbeitsteilung hervorgerufenen und durch Gesetze, Verordnungen und Verträge geregelten organischen Solidarität eine mechanische Solidarität, die auf einer Übereinstimmung des Denkens und Wollens der handelnden Menschen beruht.

1. Leitbilder für die Arbeiter und Angestellten, wozu?

a) Leiten oder Führen?

Erfolgreiche Unternehmungen werden nicht geleitet, sie werden geführt. Dies ist keine Haarspalterei, sondern ein wichtiger Unterschied. Leiten ist Strukturieren von sachlichen Abläufen. Es erfolgt zweckbezogen. Führen ist Strukturieren von sozialem Handeln. Es erfolgt sinnorientiert. Die Fülle an Detailinformationen, welche heute für - immer schneller zu treffende - betriebliche Entscheidungen berücksichtigt werden müssen, macht es nahezu unmöglich, eine Unternehmung auf der Basis von reinen Leitungstechniken, also Anweisungen und determinierten, systematisierten Handlungsanordnungen zu führen. Hinzu kommt, daß die modernen Kommunikationstechniken es ermöglicht haben, daß die für eine Entscheidung notwendigen Informationen nahezu an jedem Arbeitsplatz vorhanden sein können und vielfach auch sind. Dadurch wird nicht nur die Entscheidungskompetenz niedrigerer Hierarchiestufen erhöht, sondern auch die Entscheidungsqualität der Führung transparenter für alle. Diese Umstände haben in erheblichem Maße mit dazu beigetragen, daß dynamische Wirtschaftsunternehmungen dem durch die sog. Management-by-Techniken repräsentierten Leitungsgedanken zunehmend eine Absage erteilen und auf ein Führungsprinzip setzen, welches durch gemeinsame Leitbilder und Visionen dem einzelnen mehr Entscheidungsspielraum und Verantwortung bei seiner Arbeit überträgt. So hat z.B. die BMW AG im Jahr 1985 13 Handlungsmaximen für ihre Mitarbeiter veröffentlicht, in denen es u.a. heißt:

„*Handlungsmaxime 4:*

Entscheidungen oder Beschlüsse sind intelligent auszuführen, sie sind aber auszuführen.

Zu den unverzichtbaren Aufgaben gehört es, daß Beschlüsse nicht nur gefaßt werden, sondern auch, daß Beschlüsse ausgeführt werden, und zwar in dem Sinn und Geist, in dem sie gefaßt wurden. Es ist der Unternehmung nicht gedient, wenn Beschlüsse buchstabengetreu, wörtlich genommen und ohne Beachtung spezifischer Umstände oder neuer Informationen ausgeführt werden. Daraus folgt, daß Abweichungen von Vorgaben erlaubt und sogar erwünscht sind, wenn es die Umstände erfordern. Die Entscheidungsgremien sind auf abweichende Realisierungen rechtzeitig hinzuweisen, damit sie ggf. ihre Entscheidungen überprüfen können“ (Müller/Diefenbacher 1992, S. 368).

Ein Führungsverständnis im vorstehend skizzierten Sinn setzt dann allerdings voraus, daß alle Beteiligten eine solidarische Vorstellung über die unternehmerischen Ziele und ihre Umsetzung haben, damit auf diesem Wege die Gefahr eines Dienstes nach Vorschrift abgewendet und durch kreatives Verhalten im Rahmen eines gemeinsamen Leitbildes ersetzt wird. Die Herstellung dieser mechanischen Solidarität ist eine Aufgabe, die nicht mit methodisch - technischen - Leitungsinstrumenten, sondern nur über psychologisch motivatorische Maßnahmen einer Führungskonzeption erreicht und am Leben erhalten werden kann. Das im BMW-Beispiel skizzierte Prinzip der Delegation von Verantwortung und Kompetenz läßt sich nur durchführen, wenn die Unternehmung sowohl seine Ziele, etwa i.S. des Dräger Beispiels, als auch seine Verhaltensweise i.S. einer demokratisch entwickelten Unternehmungsverfassung definiert, welche verbindlich, aber nicht dogmatisch die einzuschlagende Richtung festlegt. Nicht dogmatisch deshalb, weil unternehmerische Leitbilder demokratisch weiterentwickelt werden müssen, damit sie ihren Realitätsbezug behalten.

b) Leitbilder unternehmerisch umsetzen, aber wie?

Im Kapitel A meiner Überlegungen habe ich versucht, deutlich zu machen, daß die gesellschaftliche Evolution zu einem wirtschaftlichen Ordnungssystem geführt hat, welches auf der Basis von mechanistischen Leitungsvorstellungen versuchte, Interessenkonflikte auf der Basis von Gesetzen und Normen zu regeln. Obwohl keineswegs verkannt werden soll, daß durch diese Vorgehensweise objektiv Verbesserungen in bezug auf eine Humanisierung der Arbeit erzielt worden sind, ist dieses Ordnungssystem an eine Grenze gekommen, weil die Anzahl der Regelungen und die Intelligenz der legalen Umgehung zur Durchsetzung individueller Ziele gleichzeitig gestiegen sind und dazu geführt haben, daß die strikte Einhaltung dieser Regeln eine Drohung geworden ist. Bei der erfolgreichen Umsetzung von unternehmerischen Leitbildern geht es deshalb auch darum, eine Verhaltensänderung zu bewirken, welche die gesellschaftlich internalisierten Verhaltensweisen vieler Menschen, „Recht" zu haben oder zu bekommen (andere zu besiegen) in ein partnerschaftliches Verhalten überführt. Unternehmerische Leitbilder, die in Unternehmungsgrundsätzen und Führungsgrundsätzen formuliert sind, spielen hierbei eine entscheidende Rolle; aber nur, wenn ihre Entstehung und Weiterentwicklung unter Einbeziehung der Betroffenen erfolgt. Unternehmungen/Unternehmer, die sich auf einen derartigen Prozeß eingelassen haben, dies zeigen auch die Erfahrungen der AGP, waren am Anfang der Entwicklung gefordert, ihren Mitarbeitern Vertrauen entgegenzubringen, z.B. dadurch, daß sie auf ihre „Anweisungsrechte" verzichtet und statt dessen ihre Vorstellungen von unternehmerischen Leitbildern einer demokratisch geführten innerbetrieblichen Diskussion und Entscheidung unterworfen haben. Leitbilder, die auf diesem Wege entwickelt werden, sollen keine Gesetze umgehen oder ersetzen, sie schaffen aber eine Art *Headarrangement*, womit in der Jazz-Musik der Abstimmungsprozeß der Musiker über Tonart und Tempi eines Stücks beschrieben wird. Dadurch wird geklärt, was man wie gemeinsam erreichen will. Auf der Grundlage dieses Konsenses eröffnen sich auch neue Möglichkeiten einer partnerschaftlichen Zusammenarbeit auf materiellem Gebiet im Rahmen von Erfolgs- oder Kapitalbeteiligungsmodellen für die Mitarbeiter.

C. Benötigen wir neue Leitbilder?

1. Ist die Kapitalerhaltung und -vermehrung ein unternehmerisches Leitbild?

Sowenig der Kauf eines Hauses seinen Sinn dadurch erfährt, daß die Käufer Hypothekenzinsen zahlen, erfährt unternehmerische Tätigkeit ihren Sinn dadurch, daß Gewinne gemacht werden. Kapitalerhaltung und -vermehrung sind möglicherweise der Zweck einer Unternehmung, Mittel zum Sinn und gehören in die Kategorie des Leitens, welche zur Führung von Unternehmungen ungeeignet ist. Dies ist durch das Scheitern der Vorstellungen von Taylor und Weber ebenso erkennbar wie durch das Scheitern der sozialistischen Planwirtschaft. Ebenso fragwürdig im Hinblick auf den Erfolg wäre es vermutlich, wenn eine Unternehmung versuchen würde, im Rahmen eines Leitbildes ausschließlich den Nutzen der eigenen Unternehmung für das Gesamtsystem der Gesellschaft als Sinn seiner Tätigkeit zu formulieren, etwa in der Form wie es in den ehemals sozialistischen Staaten üblich war. Unternehmungen haben keine gesellschaftlichen *Aufgaben*, sie erbringen - auf freiwilliger Basis - gesellschaftliche *Dienstleistungen*, die von den Verbrauchern in Anspruch genommen werden können, aber nicht in Anspruch genommen werden müssen. Bei der Formulierung unternehmerischer Leitbilder geht es daher im Hinblick auf die motivierende Sinnkomponente nur darum zu vereinbaren, wie diese Dienstleistungen durchgeführt werden sollen, in der Unternehmung selbst also über die Form von Entscheidungsfindung, Führung und Zusammenarbeit, im gesellschaftlichen Kontext darum, wie die Unternehmung seine Verpflichtungen der Gesellschaft gegenüber definiert und einhält. In diesem überbetrieblichen Bereich haben Leitbilder eine Doppelfunktion. Einerseits sind sie wiederum Orientierungshilfe und Verpflichtung für die autonom handelnden Menschen in Unternehmungen, andererseits prägen sie das Image der Unternehmung in der Öffentlichkeit.

2. Sustainable Development, der Weg ist das Ziel

„Unser Wirtschaftssystem ist allmächtig und greift tief in den Lebensraum jedes einzelnen ein. Gleichzeitig ist es machtlos. Genauer gesagt, es ist negativ allmächtig in seinen Möglichkeiten, sich ungestraft - nämlich gesetzeskonform - lebensbedrohend und zerstörerisch zu verhalten; und gleichzeitig positiv machtlos im Hinblick auf seine Möglichkeiten das Lebenserhaltende und Aufbauende auch zu tun“ (Meffert/Kirchgeorg 1993, S. 37). Denken wir doch nur an *Probleme des Umweltschutzes*, welche nicht gelöst werden, obwohl viele Risiken schon lange bekannt sind. Auch um diesen Teufelskreis zu durchbrechen, müssen wir unser an Vorschriften und Gesetzen orientiertes Verhalten ändern. Der erste Schritt ist eine Thematisierung der Problematik, auch in unternehmerischen Leitbildern. Die Frankfurter Hoechst AG hat dies 1988 getan, indem sie „ihr Selbstverständnis“ u.a. wie folgt definiert hat:

„Leben und Umwelt schützen

Sicherheit und Umweltschutz sind für Hoechst ein Gebot vorausschauenden Handelns und eigener Verantwortung. Sicherheit und Umweltschutz stehen gleichrangig neben dem Ziel der Leistungsfähigkeit im internationalen Wettbewerb. Unsere Produkte sollen umweltverträglich sein. Bei der Herstellung soll die Umwelt möglichst wenig belastet werden. Wirtschaftliche Gesichtspunkte dürfen niemals zu Lasten der Sicherheit gehen" (Müller/Diefenbacher 1992, S. 375).

Ein zukunftsweisendes Leitbild auf diesem Gebiet wurde 1987 von der World Comission on Environment and Development unter dem Begriff „Sustainable Development" wie folgt definiert: „Sustainable Management is development that meets the needs of the present without compromising the ability of future generation to meet their own needs." (Meffert/Kirchgeorg 1993, S. 35). Die Umsetzung dieses Leitbildes setzt nicht nur technologische Kreativität bei der Umgestaltung unserer Wirtschaft zu einer ökologischen Kreislaufwirtschaft voraus, sondern auch Verantwortungsbewußtsein gegenüber den heutigen Rohstofflieferanten aus den Entwicklungsländern und den zukünftigen Generationen und Kooperationsbereitschaft zwischen allen betroffenen Partnern, also von uns allen. Auch auf diesem Gebiet ist Dienst nach Vorschrift eine Drohung. Aufgabe eines ökologischen Leitbildes ist es, unsere Bereitschaft zur Modifikation bisheriger wirtschaftlicher Paradigmen zu steigern, obwohl wir diese selbst entwickelt haben und obwohl wir den Erfolg dieses Wandels nur bedingt selbst erleben werden.

Literatur

AGP (Arbeitsgemeinschaft für Partnerschaft in der Wirtschaft e.V.): Leitbild für die verstärkte Partnerschaft, Hamburg o.J.

Drucker, P.: The new society of organizations, Boston 1987.

Fuchs-Heinritz, W. (Hrsg.): Lexikon zur Soziologie, 3. Aufl., Opladen 1994.

Meffert, H.; Kirchgeorg, M.: Das neue Leitbild Sustainable Development. Der Weg ist das Ziel, in: HBM, 16. Jg. (1993), H. 2, S. 34-45

Müller, E.; Diefenbacher, H.: Wirtschaft und Ethik, Heidelberg 1992.

Warnecke, H.-J.: Die fraktale Fabrik, Revolution der Unternehmenskultur, Berlin/Heidelberg 1992.

Weber, M.: Wirtschaft und Gesellschaft, Tübingen 1922.

Georg Schreyögg

Unternehmungskultur

A. Unternehmungskultur

Das Konzept der Unternehmungskultur beleuchtet eine Seite des Handelns, die der BWL lange verborgen geblieben war. Das Neue an dieser Sichtweise ist, daß sie die Unternehmung als eine Art *Kultursystem* begreift. In Unternehmungen entwickeln sich demnach eigene, unverwechselbare Vorstellungs- und Orientierungsmuster, die das Verhalten der Mitglieder und der betrieblichen Funktionssysteme nachhaltig prägen.

Der Kulturbegriff ist der Ethnologie entliehen und bezeichnet dort die gemeinsamen *Hintergrundüberzeugungen, Orientierungsmuster, Verhaltensnormen, Symbole* usw., die eine Volksgruppe kennzeichnen und sie von anderen Volksgruppen abhebt (vgl. Kluckhohn/ Strodtbeck 1961). Die Managementforschung nimmt diesen für Volksgruppen entwickelten Kulturbegriff auf und überträgt ihn - ohne freilich die Unterschiede verwischen zu wollen - auf Organisationen mit der Idee, daß jede Organisation für sich eine je spezifische Kultur entwickelt, d.h. in gewisser Hinsicht eine eigenständige Kulturgemeinschaft darstellt. Organisationen, so die Idee, entwickeln eigene unverwechselbare Vorstellungs- und Orientierungsmuster, die das Verhalten der Mitglieder nach innen und außen auf nachhaltige Weise prägen.

Unabhängig von den einzelnen Strömungen (zu den verschiedenen Perspektiven vgl. Smircich 1983) lassen sich einige Kernmerkmale identifizieren, die i.d.R. mit dem Begriff der Unternehmungskultur verbunden werden.

- *Implizit:* Unternehmungskulturen werden gelebt. Ihre Orientierungsmuster, Verhaltensnormen und Überzeugungen sind implizite, selbstverständliche Annahmen, die dem täglichen Handeln zugrundegelegt werden („hidden agenda“). Ihre Basis ist nicht die Reflektion, sondern die emotionale Bindung. Unternehmungskultur wird dementsprechend nicht bewußt gelernt, sondern Organisationen entwickeln zumeist eine Reihe von Praktiken, die dem neuen Organisationsmitglied verdeutlichen, wie im Sinne der kulturellen Tradition zu handeln ist (vgl. van Maanen/Schein 1979).
- *Kollektiv:* Unternehmungskultur entsteht aus der Interaktion der Mitglieder. Es entwickeln sich Überzeugungen, Orientierungen, Praktiken, auf die man sich gewissermaßen *stillschweigend* geeinigt hat. Unternehmungskultur ist also ein *kollektives* Phänomen. Zu einer Kultur zu gehören heißt, daß man in bestimmten Punkten genauso denkt und handelt wie die anderen. Kultur macht infolgedessen organisatorisches Denken und Handeln einheitlich und kohärent - jedenfalls bis zu einem gewissen Grade.
- *Historisch gewachsen:* Unternehmungskultur ist ein zunächst ungeplantes Ergebnis von Lernprozessen beim Umgang mit Problemen aus der Umwelt und der internen Koordination. Zug um Zug schälen sich bevorzugte und abzulehnende Wege des Denkens, Fühlens und Problemlösens heraus, bis schließlich diese Orientierungsmuster zu mehr oder weniger selbstverständlichen Voraussetzungen des organisatorischen Handelns werden. Unternehmungskultur ist also gewissermaßen ein kollektiver Wissensvorrat, der die Entwicklungsgeschichte einer Unternehmung widerspiegelt. Der Rekurs auf Lernprozesse bedeutet zugleich, daß Unternehmungskulturen nicht völlig statisch sind, sondern - wenn auch häufig fast unmerklichen - Veränderungen unterworfen sind.

- *Symbolisch:* Unternehmungskulturen beruhen wesentlich auf symbolischer Kommunikation, d.h. sie vermitteln sich auf symbolischem Wege über Bilder, Beispiele, Geschichten usw. Das Verstehen einer Kultur ist deshalb häufig Symbolverstehen.

B. Der innere Aufbau einer Unternehmungskultur

Unternehmungskulturen sind komplexe, in ihrer Gesamtheit nur schwer faßbare Phänomene. Dazu trägt nicht nur die Vielfalt der Orientierungsmuster und Praktiken bei, sondern vor allem der symbolische Charakter der Ausdrucksformen, der immer interpretationsbedürftig bleibt. Ein Versuch, die verschiedenen Elemente einer Kultur zu ordnen und ihre Beziehung zueinander zu klären, ist das in Abbildung 1 gezeigte Modell, das Schein in enger Anlehnung an Kluckhohn/Strodtbeck (1961) entwickelt hat. Danach ähnelt eine Unternehmungskultur einer Kernfrucht. Sie besteht aus einer sichtbaren, faßbaren (symbolischen) Schale, die das Fruchtfleisch (Normen und Standards) überspannt. Im Inneren befindet sich der bestimmende Kern (Basisannahmen).

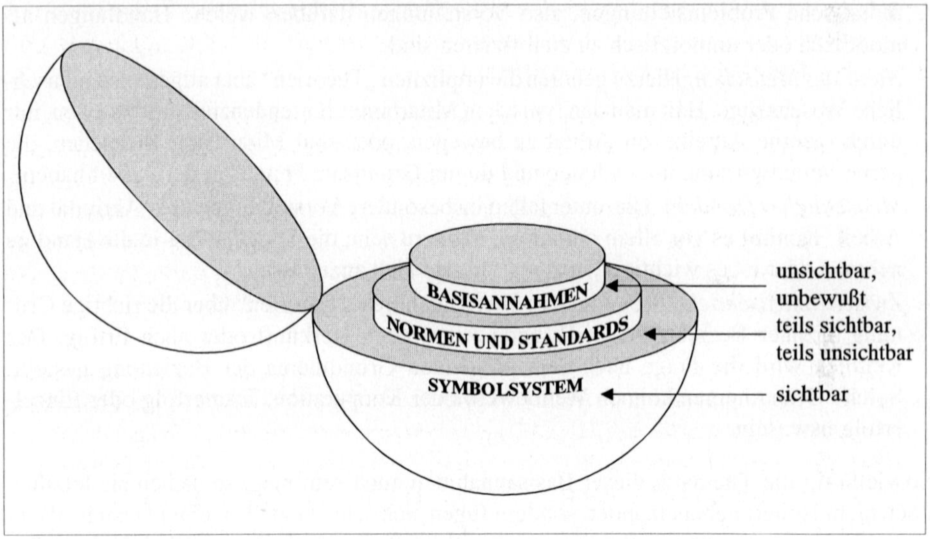

Abbildung 1: Kulturebenen und ihr Zusammenhang (vgl. Schein 1984, S. 4)

1. Basisannahmen

Die Basis einer Kultur, der innere Kern in Abbildung 1, besteht nach diesem Modell aus einem Kranz grundlegender Überzeugungen und Vorstellungsmuster, die dem Denken, Fühlen und Handeln in einer Organisation Richtung verleihen. Es sind dies die selbstverständlichen Orientierungspunkte organisatorischen Handelns, die gewöhnlich ganz automatisch verfolgt werden. Die Basisannahmen ordnen sich generell um fünf Grundthemen, die im Einzelfall jedoch sehr unterschiedliche Ausprägungen erfahren können:

- *Umwelt,* d.h. wie das Verhältnis von der Unternehmung zu ihrer Umwelt gesehen wird. Hält man sie für bedrohlich, herausfordernd, bezwingbar, übermächtig usw.? Sieht man die Umwelt als gewissermaßen schicksalhafte Kraft, als Widerfahrnis an oder versteht man sie z.B. eher als eine Herausforderung, die zu bewältigen ist, wenn nur genug Energie mobilisiert wird?
- *Wahrheit:* Jede Unternehmungskultur entwickelt Vorstellungen darüber, wann etwas als wahr oder falsch, als real oder fiktiv gelten soll. Bezieht man sich auf die Fakten, Autoritäten, die Wissenschaft oder nimmt man eine pragmatische Haltung ein und macht die Entscheidungen über richtig oder falsch von den Ergebnissen eines Versuchs abhängig. Zu den fraglichen Sachverhalten gehören nicht nur Sachfragen, sondern auch moralische Problemstellungen, also Vorstellungen darüber, welche Handlungen als moralisch oder unmoralisch zu qualifizieren sind.
- *Natur des Menschen:* Hierzu gehören die impliziten „Theorien" über allgemeine menschliche Wesenszüge. Hält man den typischen Mitarbeiter für tendenziell arbeitsscheu, nur durch externe Anreize zur Arbeit zu bewegen, oder sind Mitarbeiter Menschen, die gerne Verantwortung übernehmen und die im Grundsatz Freude an der Arbeit haben?
- *Menschliches Handeln:* Hierunter fallen insbesondere Vorstellungen über Aktivität und Arbeit. Kommt es vor allem darauf an, aktiv zu sein, die Dinge selbst in die Hand zu nehmen oder ist es wichtiger, abzuwarten und sich anzupassen?
- *Zwischenmenschliche Beziehungen:* Hierzu gehören „Theorien" über die richtige Ordnung sozialer Beziehungen, z.B. nach Alter, nach Herkunft oder nach Erfolg. Des weiteren wird die Frage nach dem prägenden Grundthema der Beziehung gestellt. Solche Grundthemen können Wettbewerb oder Kooperation, Teamerfolg oder Einzelerfolg usw. sein.

So vielfältig die Thematik dieser Basisannahmen auch sein mag, so stehen sie letztlich doch nicht isoliert nebeneinander, sondern fügen sich sehr speziell zu einer Gestalt. Wenn man eine Unternehmungskultur verstehen will, muß man deshalb versuchen, das die Basisannahmen verknüpfende Band, die überformende Gestalt, herauszumodellieren.

2. Normen und Standards

Die Basisannahmen und die sie verbindende Logik finden zu wesentlichen Teilen in konkretisierten Wertvorstellungen und Verhaltensstandards ihren Niederschlag (Sphäre 2 in Abbildung 1). Mit anderen Worten, sie formen sich in Maximen, ungeschriebene Verhaltensrichtlinien, Verbote usw. um (z.B. Sei kein Miesmacher! Keine Behauptung ohne

Fakten!). Insgesamt bilden die Basisannahmen und die daraus hervorgehenden Verhaltensstandards eine Art Weltbild, das Sinn und Orientierung in einem komplexen Handlungsgeflecht vermittelt. Es liegen Muster für die Selektion und Interpretation von Ereignissen und eine strukturierte Handlungsweise vor.

3. Symbolsystem

Die mehr oder weniger unbewußten und unsichtbaren Annahmen und Normen finden schließlich in der expressiven Sphäre (vgl. Abbildung 1), der Ebene der Symbole und Zeichen, ihren Niederschlag. Sie haben die Funktion, diesen schwer faßbaren, wenig bewußten Komplex von Annahmen, Interpretationsmustern und Wertvorstellungen nach innen und außen zu kommunizieren und lebendig zu erhalten. Die Symbole und Zeichen stellen den sichtbaren und daher am einfachsten zugänglichen Teil der Unternehmungskultur dar, der aber im Grunde auch nur im Zusammenhang mit den zugrundeliegenden Wertvorstellungen verstehbar ist.

Zu den Symbolsystemen gehören vor allem das Erzählen von Geschichten und Legenden (z.B. vom Firmengründer oder anderen wichtigen Ereignissen) sowie Zeremonien und Riten. Letztere kann man nach unterschiedlichen Funktionen gliedern: Erneuerungs-, Verstärkungs-, Konfliktlösungs-, Integrations-, Degradierungsriten (vgl. Trice/Beyer 1993; Neuberger/Kompa 1987).

Des weiteren gehören zu den sichtbaren Elementen von Unternehmungskulturen die architektonische Gestaltung der Räume und Gebäude, das Firmenzeichen (Logo), die Kleidung, die Sprache (Firmenjargon) u.a.m.

C. Kulturtypen

Obwohl jede Unternehmungskultur für sich selbst steht und nur aus sich heraus verstanden werden kann, hat es sich als hilfreich erwiesen, sie grob klassifizierend Typen zuzuweisen. Dies hilft, im Interpretationsprozeß eine erste Orientierung zu gewinnen. Abbildung 2 zeigt zwei der populären Typologien im Überblick. Während sich die Typologie von Deal/Kennedy (1982) in erster Linie an den unterschiedlich ausgeprägten Symbolsystemen von Unternehmungen ausrichtet, konzentriert sich die Typologie von Kets de Vries/Miller (1986) auf die Persönlichkeit der Führungsfigur und deren Ausstrahlungseffekte. Keine dieser Typologien zeichnet einen Typ als besonders positiv oder negativ aus. Die Typen stehen vielmehr auf einer Ebene nebeneinander. In der Typologie von Deal/Kennedy können alle vier Typen gleichermaßen erfolgreich sein. Es sind lediglich die spezifischen Bedingungen des Marktes und der Branche, die einen bestimmten Kulturtyp erfolgreicher sein läßt. Bei der Typologie von Kets de Vries/Miller sind alle Typen gleichermaßen mit spezifischen Problemen (Pathologien) behaftet; auch hier gibt es keine Auszeichnung einer besonders erstrebenswerten Kultur.

KULTURTYP	MERKMALE
Deal/Kennedy (1982)	
Alles-oder-Nichts-Kultur	individualistisch; bunt; unkonventionell; konkurrierend
Brot-und-Spiele-Kultur	teamorientiert; freundlich; hektisch; jugendlich
Analytische-Projekt-Kultur	präzise; langfristig orientiert; sachlich; kühl: wissensbetont
Prozeß-Kultur	klar; hierarchisch; perfekt im Detail; mißtrauisch; konventionell
Kets de Vries/Miller (1986)	
Paranoide Kultur	Mißtrauen und Angst; permanente Bereitschaft, Angriffe zurückzuschlagen; hochsensitiv für Bedrohungen jedweder Art
Zwanghafte Kultur	Perfektionismus und Detailbesessenheit; alles muß seine Ordnung haben; die schlimmste Bedrohung geht vom Chaos aus
Dramatische Kultur	Alles dreht sich um die charismatische Führungsfigur, die sich selbst grandios in Szene setzt; die Arbeitsmethode vertraut auf Spontaneität und Intuition; Strukturen und Regeln werden als störend empfunden
Depressive Kultur	Pessimistische Prognosen und die Angst, es nicht zu schaffen, sind das Grundthema; man erhofft Initiative von außen; alles nimmt seinen gewohnten Lauf; Routine bestimmt das Verhalten
Schizoide Kultur	Distanz, Zurückgezogenheit und die Scheu, sich auf etwas einzulassen, bestimmen die Haltung der oberen Ebene; die zweite und die weiteren Managementebenen füllen das Machtvakuum; daher gibt es viele Intrigen und Koalitionsspiele

Abbildung 2: Unternehmungskultur-Typologien

D. Die Erfassung von Unternehmungskulturen

Das in Abbildung 1 gezeigte Schema gibt nicht nur Aufschluß über den Aufbau einer Unternehmungskultur, sondern weist zugleich den Weg zu ihrer Erfassung. Da Unternehmungskulturen in wesentlichen Teilen implizite Phänomene sind, genauer von Organisationsmitgliedern verwendete Deutungs- und Orientierungsmuster, können sie auch nur auf interpretativem Wege erschlossen werden (vgl. Schein 1985; Osterloh 1988). Bei der Unternehmungskultur handelt es sich um eine gewissermaßen unterhalb der Realitätsebene angesiedelte „latente Sinnstruktur" (vgl. Oevermann et al. 1979), die nachhaltig das Verhalten der Organisationsmitglieder prägt, ohne daß diese Effekte planmäßig angestrebt würden. Dies erfolgt zumindest solange, wie keine Aufklärung über die latente Kultur stattgefunden hat.

Das Erschließen einer Unternehmungskultur hat also zur Aufgabe, die Bedeutung des Geflechts von Handlungen und Symbolen zu entschlüsseln, und zwar in einer intersubjektiv nachvollziehbaren Art und Weise. Die besondere Schwierigkeit bei der Explikation von emergenten Handlungsmustern besteht darin, daß sie zwar durch Handlungen konstituiert werden, die Handlungen aber ihrerseits wesentlich durch die Muster bestimmt sind. Der Ausgangspunkt kann also nicht bei den konkreten subjektiven Intentionen der Organisationsmitglieder genommen werden. Die grundsätzlichen Schwierigkeiten, die ein Außenstehender hat, eine ihm fremde Kultur zu verstehen, sind in der Ethnologie hinlänglich beschrieben und diskutiert worden (vgl. Geertz 1983) und gelten hier analog.

E. Subkulturen

Mit der Idee der Unternehmungskultur verknüpft sich die Vorstellung einer mehr oder weniger stimmigen Ganzheit eines kohärenten Gebildes. So treffend diese Vorstellung einerseits ist, so muß doch andererseits zugleich zur Kenntnis genommen werden, daß die meisten Unternehmungskulturen „multikulturell" sind, da sie zugleich eine Arena für viele Subkulturen bilden. Subkulturen haben im Grunde die gleichen Merkmale wie Kulturen, sie stehen jedoch mit der Superkultur in engem Bezug, sind Teil eines Gesamtsystems und grenzen sich mit diesem von der Umwelt ab.

Die Grenzziehung der Subkulturen untereinander fällt unterschiedlich aus (vgl. Bleicher 1986; Jermier et al. 1991). Klassische Themen der Grenzbildung sind die hierarchische Stellung (Arbeiterkultur, Angestelltenkultur, Managerkultur o.ä.) oder der zu erledigende Aufgabentyp (z.B. Marketingkultur, F&E-Kultur, Buchhaltungskultur). Ferner lassen sich Subkulturen nach ihrer Distanz oder Nähe zur Hauptkultur unterscheiden. Die Skala ist auch hier breit, sie reicht von enthusiastischen Verstärkungskulturen bis zu oppositionellen Gegenkulturen (vgl. Martin/Siehl 1983). Gegenkulturen oder Schattenkulturen kommt bei dem (ungeplanten) Wandel von Unternehmungskulturen häufig eine bestimmende Rolle zu. Sie relativieren nicht nur die Hauptkultur, sondern stellen u.U. eine neue kulturelle Orientierung bei Krisen bereit, auf die das System umschwenken kann (vgl. Dyer 1985). Das Phänomen der Gegenkulturen tritt fast immer im Zuge von Akquisitionen auf; die integrierte Firma reagiert regelmäßig durch Betonung der alten Werte und Muster und will demonstrieren, daß die neuen Orientierungsmuster den alten nicht unbedingt überlegen sind. Man denke nur an die Akquisitionsfälle Audi und Volkswagen, Nixdorf und Siemens oder Hoesch und Krupp und die dort aufgetretenen Schwierigkeiten. Die Probleme verstärken sich mit dem Ausmaß der angestrebten Integration.

F. Wirkungen von Unternehmungskulturen

Die Wirkungen von Unternehmungskulturen werden primär an sog. starken Kulturen studiert. Von einer *starken Unternehmungskultur* wird für gewöhnlich gesprochen (vgl. Sathe 1985; Schreyögg 1989), wenn die Kultur

- prägnante Orientierungsmuster vermittelt,
- von vielen Organisationsmitgliedern geteilt wird und
- Überzeugungen und Verhaltensmuster tief verankert und nicht nur oberflächlich erworben sind.

In der anfänglichen Euphorie hatte man starke Unternehmungskulturen als anzustrebendes Ideal, als den Schlüsselfaktor für unternehmerische Spitzenleistungen angesehen (vgl. Peters/Waterman 1984). Zwischenzeitlich ist hinlänglich bekannt, daß starke Unternehmungskulturen jedoch keineswegs nur positive, sondern z.T. auch ausgeprägt negative Wirkungen haben. Ein einfacher Zusammenhang zwischen Leistungsniveau und Stärke der Unternehmungskultur - wie häufig behauptet - läßt sich nicht nachweisen. Die funktionalen Bezüge sind viel ambivalenter. Eine differenziertere Sichtweise ist also unumgänglich. Die wichtigsten Wirkungsweisen aus der Sicht der Unternehmung sind im folgenden überblicksartig zusammengestellt.

1. Positive Effekte starker Unternehmungskulturen

- *Handlungsorientierung:* Starke Unternehmungskulturen erbringen eine sehr weitreichende Orientierungsleistung, indem sie die verschiedenen möglichen Sichtweisen und Interpretationen reduzieren und auf diese Weise eine klare Basis für das tägliche Handeln schaffen (vgl. Harris 1994). Diese Handlungsorientierungsfunktion ist vor allem dort von großer Bedeutung, wo eine formale Regelung zu kurz greift oder gar nicht greifen kann. Der Kontrollaufwand ist gering, die Kontrolle wird weitgehend auf indirektem Wege geleistet. Die Orientierungsmuster sind verinnerlicht, es besteht wenig Notwendigkeit, fortwährend ihre Einhaltung zu überprüfen.
- *Reibungslose Kommunikation:* Abstimmungsprozesse gestalten sich durch die einheitliche Orientierung wesentlich einfacher und direkter. In starken Kulturen existiert ein komplexes Kommunikations-Netzwerk, das sich auf homogene Orientierungsmuster abstützen kann.
- *Rasche Entscheidungsfindung:* Eine gemeinsame Sprache, ein konsistentes Präferenzsystem und eine allseits akzeptierte Vision für die Unternehmung lassen relativ rasch zu einer Einigung oder zumindest zu tragfähigen Kompromissen in der Findung und Umsetzung von Entscheidungen vorstoßen.
- *Motivation und Teamgeist:* Die orientierungsstiftende Kraft der kulturellen Muster und die gemeinsame, sich gegenseitig fortwährend bekräftigende Verpflichtung auf die zentralen Werte der Unternehmung lassen eine hohe Bereitschaft entstehen, sich für die Unternehmung zu engagieren und dies auch nach außen hin unmißverständlich zu dokumentieren.

2. Negative Effekte starker Unternehmungskulturen

- *Tendenz zur Abschließung:* Tief internalisierte Wertsysteme und die aus ihr fließende Orientierungskraft können leicht zu einer alles beherrschenden Kraft werden. Kritik,

Warnsignale usw., die zu der bestehenden Kultur im Widerspruch stehen, drohen verdrängt oder überhört zu werden.

- *Fixierung auf traditionelle Erfolgsmuster:* Starke Kulturen schaffen eine enge emotionale Bindung an bestimmte gewachsene und durch Erfolg bekräftigte Vorgangsweisen und Denktraditionen. Neue Pläne und Projekte stoßen damit auf eine argumentativ nur schwer zugängliche Bindung an herkömmliche Prozeduren und Vorstellungen.
- *Kollektive Vermeidungshaltung:* Die Aufnahme und Verarbeitung neuer Ideen setzt ein hohes Maß an Offenheit, Kritikbereitschaft und Unbefangenheit voraus; starke Unternehmungskulturen sind aufgrund ihrer emotionalen Bindungen wenig geeignet, diese Voraussetzungen herzustellen. Sie laufen Gefahr, sich dem hier notwendigen Prozeß der Selbstreflexion in einer Art kollektiver Vermeidungshaltung (vgl. Janis/Mann 1977) zu versagen, kritische Argumentation auf subtile Weise für illegitim zu erklären.
- *Strategische Barrieren:* Die geschilderten Effekte bringen in der Summe das Problem der Starrheit und mangelnder Anpassungsfähigkeit mit sich. Lorsch (1986) bezeichnet deshalb starke Unternehmungskulturen als „unsichtbare Barrieren" für strategischen Wandel. Unternehmungen sind in einem zunehmenden Maße mit strategischen Herausforderungen konfrontiert, die ein Verlassen der traditionellen Unternehmungsstrategie unumgänglich und die Umstellungsfähigkeit zu einer für das Überleben kritischen Ressource machen.

G. Kulturentwicklung

Die gravierenden (negativen wie positiven) Wirkungen von Organisationskulturen werfen die Frage auf, ob und ggfs. wie die Unternehmungskultur zum Gegenstand eines geplanten Wandels gemacht werden kann. Zu dieser Frage werden in der Literatur äußerst unterschiedliche Positionen bezogen (vgl. Ulrich 1984; Pümpin/Wüthrich 1985; Sandner 1987; Schreyögg 1988). Den einen Pol bilden die *„Kulturingenieure"*. Sie gehen davon aus, daß man Kulturen ähnlich wie andere Führungsinstrumente gezielt einsetzen und planmäßig verändern kann. Dieser instrumentalistischen Sichtweise völlig ablehnend steht die Gruppe der *„Kulturalisten"* gegenüber. Sie betrachten die Unternehmungskultur als eine organisch gewachsene Lebenswelt, als Welt vor dem Begriff, die sich jedem gezielten Herstellungsprozeß entzieht. Sie weisen das Ansinnen, eine Unternehmungskultur zu „managen", nicht nur als naiv zurück, sondern sehen darin auch ein gefährliches Manipulationspotential, das sich u.U. zu einem unfaßbaren Beherrschungsinstrument ausformt.

Eine dritte Position läßt sich mit dem Stichwort *„Kurskorrektur"* umreißen. Sie akzeptiert die Idee des geplanten Wandels i.S. des Initiierens einer Veränderung in einem grundsätzlich offenen Prozeß. Auf der Basis einer Rekonstruktion und Kritik der Ist-Kultur sollen Anstöße zu einer Kurskorrektur gegeben werden.

Der erste und wichtigste Schritt einer solchen Kurskorrektur ist die Beschreibung und die Bewußtmachung der bestehenden Kultur. Eine vollständige Beschreibung einer Unternehmungskultur ist allerdings nicht möglich; denn Unternehmungskulturen sind ihrem Charakter nach komplex. Aus diesem Grunde ist es auch prinzipiell nicht möglich, eine vollständig neue Kultur zu konstruieren und Schritt für Schritt zu implementieren. Diese Vorstellung ist viel zu mechanistisch und verkennt den Charakter kultureller Beziehungen. Was man jedoch tun kann ist, Anstöße zu eben einer *„Kurskorrektur"* zu geben. Dazu gehört vor allem die Möglichkeit, verkrustete Muster durch den Verweis auf ihre problematischen Wirkungen als solche deutlich zu machen und ggfs. für neue Werte zu plädieren und ihre Fruchtbarkeit zu demonstrieren.

Literatur

BLEICHER, K.: Strukturen und Kulturen der Organisation im Umbruch, in: ZFO, 5. Jg. (1986), S. 97-108.

DEAL, T.E.; Kennedy, A.A.: Corporate cultures: The rites and rituals of corporate life, Reading 1982.

DYER, W.G. : The cycle of cultural evolution in organizations, in: Gaining control of the corporate culture, hrsg. von R.H. Kilmann, M.J. Saxton u. R. Serpa, San Francisco 1985, S. 200-229.

GEERTZ, C.: Dichte Beschreibung, Frankfurt a.M. 1983.

HARRIS, ST.G.: Organizational culture and sense making: A schema-based perspective, in: OS, 5. Jg. (1994), S. 309-321.

JANIS, I.L.; MANN, L.: Decision making: A psychological analysis of conflict, choice and commitment, New York 1977.

JERMIER, J. ET AL.: Organizational subcultures in a soft bureaucracy: Resistance behind the myth and façade of an official culture, in: OS, 2. Jg. (1991), S. 170-195.

KETS DE FRIES, M.F.R.; MILLER, D.: Personality, culture and organization, in: AMR, 11. Jg. (1986), S. 266-279.

KLUCKHOHN, F.R.; STRODTBECK, F.L.: Variations in value orientations, Evanston 1961.

LORSCH, J.W.: Managing culture: The invisible hand of strategic change, in: CMR, 28. Jg. (1986), H. 2, S. 95-109.

MARTIN, J.; SIEHL, C.: Organizational culture and counterculture: An uneasy symbiosis, in: Organizational Dynamics, 12. Jg. (1983), Nr. 2, S. 52-64.

NEUBERGER, O.; KOMPA, A.: Wir, die Firma. Der Kult um die Unternehmenskultur, Weinheim/Basel 1987.

OEVERMANN, U. ET AL.: Die Methodologie einer „objektiven Hermeneutik“ und ihre allgemeine forschungslogische Bedeutung in den Sozialwissenschaften, in: Interpretative Verfahren in den Sozial- und Textwissenschaften, hrsg. v. H.G. Soeffner, Stuttgart 1979, S. 352-434.

OSTERLOH, M.: Methodische Probleme einer empirischen Erforschung von Organisationskulturen, in: Organisationskultur, hrsg. v. E. Dülfer, Stuttgart 1988, S. 139-151.

PETERS, T.J.; WATERMAN, R.M.: Auf der Suche nach Spitzenleistungen, Landsberg a. Lech 1984.

PÜMPIN, C.; KOBI, J.M.; WÜTHRICH, H.A.: Unternehmenskultur, in: Die Orientierung, o. Jg. (1985), H. 85.

SANDNER, K.: Das Unbehagen an der Organisationskultur, in: DBW, 47. Jg. (1987), S. 242-244.

SATHE, V.: Culture and related corporate realities, Homewood 1985.

SCHEIN, E.H.: Coming to a new awareness of organizational culture, in: SMR, 25. Jg. (1984), H. 2, S. 3-16.

SCHEIN, E.H.: Organizational culture and leadership, San Francisco 1985.

SCHREYÖGG, G.: Kann und darf man Unternehmenskulturen ändern? in: Organisationskultur, hrsg. v. E. Dülfer, Stuttgart 1988, S. 155-168.

SCHREYÖGG, G.: Zu den problematischen Konsequenzen starker Unternehmenskulturen, in: ZfbF, 41. Jg. (1989), S. 94-113.

SMIRCICH, L.: Concepts of culture and organizational analysis, in: ASQ, 28. Jg. (1983), S. 339-358.

TRICE, H.M.; BEYER, J.: The cultures of work organizations, Englewood Cliffs 1993.

ULRICH, P.: Systemsteuerung und Kulturentwicklung, in: DU, 38. Jg. (1984), S. 303-325.

VAN MAANEN, J.; SCHEIN, E.H.: Toward a theory of organizational socialization, in: ROB 1, hrsg. v. L.L. Cummings u. B.M. Staw, Greenwich 1979, S. 209-259.

Elmar Gerum

Unternehmungsverfassung

A. Grundlagen

1. Begriff

Die Unternehmungsverfassung (UV) bildet die Gesamtheit der konstitutiven und langfristig angelegten Regelungen für die Steuerung der Unternehmungsaktivitäten. Die UV ergibt sich aus *gesetzlichen* Regelungen, insbesondere dem Gesellschafts-, Arbeits- und Mitbestimmungsrecht, dem Wettbewerbs-, Kapitalmarkt- und Verbraucherschutzrecht, aus *kollektivvertraglichen* Vereinbarungen wie Firmentarifverträgen und Betriebsvereinbarungen sowie *privatautonomen* Rechtssetzungen wie dem Gesellschaftsvertrag, der Satzung, den Geschäftsordnungen oder Unternehmungsverträgen. Konkretisierend können *höchstrichterliche Entscheidungen* hinzutreten. Die UV i.e.S. regelt die interne, formale Machtverteilung zwischen den entscheidungsbefugten Interessengruppen. Sie wird ergänzt durch die UV i.w.S., die mit extern ansetzenden Regelungen die sonstigen verfassungsrelevanten Interessen schützt, die in der Unternehmung selbst nicht entscheidungsbefugt sind (vgl. Gerum 1992, Sp. 2480 f.).

2. Grundfragen der Unternehmungsverfassung

Bei der Analyse, dem Vergleich und der Gestaltung von UV geht es im Kern immer um zwei grundlegende Fragen (vgl. Steinmann 1969):

- Das *Legitimationsproblem:* Welche Interessen sollen die Zielsetzung und Politik der Unternehmung bestimmen bzw. bestimmen sie?
- Das *Organisationsproblem:* Welche institutionellen Vorkehrungen sind geeignet bzw. getroffen, um die Unternehmungsaktivitäten auf die verfassungskonstituierenden Interessen auszurichten?

Bei der Beantwortung der *Legitimationsfrage* geht es darum zu entscheiden, welche Interessen aus dem Kreis der potentiell verfassungsrelevanten Interessengruppen der Konsumenten, der Arbeitnehmer, der Kapitaleigner und dem öffentlichen Interesse die Unternehmung konstituieren sollen *(verfassungskonstituierende Interessen)*. Rein formal kann man dann je nach Ausgestaltung der Legitimationsbasis zwischen interessenmonistischer, interessendualistischer und interessenpluralistischer UV unterscheiden. Interessenmonistische Varianten bilden die kapitalistische UV, die die ökonomische Realität aller marktwirtschaftlich orientierten Industrienationen prägt oder eine laboristische UV, die allein auf den Arbeitnehmerinteressen gründet (Modell der Arbeiterselbstverwaltung). Die mitbestimmte Unternehmung kann demnach als interessendualistisch bezeichnet werden. Eine interessenpluralistische Verfassung würde sich ergeben, wenn zusätzlich das öffentliche Interesse an einem funktionsfähigen Ökosystem Verfassungsrang erhalten sollte.

Im Rahmen der *Organisationsproblematik* gilt es, Regelungen über Entscheidungsgremien (Art, Zusammensetzung, Wahl, Kompetenzen), über den Verlauf der Entscheidungsprozesse in den Gremien (Vorsitz, Teilnahme- und Beschlußmodalitäten) und über ihre Information im Rahmen der Entscheidungsvorbereitung (Planungsinformationen) und zur Kontrolle der Resultate der getroffenen Entscheidungen (Kontrollinformationen) zu wählen bzw. diese zu erklären. Bei der AG als dem Prototyp der großbetrieblichen UV geht es hier um die Entscheidung über die organisatorische Grobstruktur, also die dreigliedrige Verfassungsstruktur mit Hauptversammlung, Aufsichtsrat und Vorstand oder die zweistufige Lösung mit Hauptversammlung und Board bzw. Verwaltungsrat und ihre interne Ausgestaltung.

3. Wirtschaftsordnung und Unternehmungsverfassung

Die UV läßt sich sinnvoll nur als Element von Wirtschaftsordnung verstehen. Auf einzelwirtschaftlicher Ebene bildet sie neben der Ordnung der privaten und öffentlichen Haushalte die zentrale Ordnungsinstitution. Entsprechend ihrer Funktion ist die Gestalt einer UV im Grundsatz von der jeweiligen Wirtschaftsordnung und deren konstitutiven Merkmalen geprägt und deshalb auch durch diese unterscheidbar. So liegen bei der *kapitalistischen Unternehmung* die Planungs- und Koordinationsrechte, das Aneignungsrecht des Gewinns bzw. Verlusts und das Veräußerungs- und Vererbungsrecht bei den Anteilseignern. Bei der Unternehmung in *Zentralverwaltungswirtschaften* dagegen liegen die Planungs- und Koordinationsrechte in den Händen staatlicher Organe bzw. von Managern, das Aneignungsrecht des Gewinns und Verlusts beim Staat selbst, während das Veräußerungs- und Vererbungsrecht wegen Kollektiveigentums entfällt.

Für die Erklärung und Gestaltung von UV ist ferner bedeutsam, wie das Verhältnis zur Markt- und Wettbewerbsordnung als weiteren zentralen Elementen der Wirtschaftsordnung durch die Wettbewerbstheorie interpretiert wird (vgl. Gerum 1992, Sp. 2483). Folgt man der in der Tradition der klassischen Preistheorie stehenden Chicago-Schule, dann determiniert der Markt die Unternehmung und ihre Verfassung. Dem Harvard-Ansatz mit der „Industrial Organization Analysis“ zufolge verfügen Großuntenehmungen jedoch über nichttriviale Handlungsspielräume im Wettbewerbsprozeß und können durch strategisches Handeln die Marktstruktur selbst erfolgreich beeinflussen. Daraus folgt, daß die Unternehmung neben dem Markt ein eigenständiges Interessenkoordinationszentrum darstellt und in ihrer verfassungsmäßigen Ausgestaltung nicht dem reinen Marktdiktat unterliegt. Die Dependenz zwischen Markt und Unternehmung hat sich also nach dieser Auffassung in eine Interdependenz gewandelt. An diesen Sachverhalt und dem damit verbunden Handlungsspielraum knüpft die Diskussion zur Reform der UV an.

B. Die kapitalistische Unternehmungsverfassung

1. Das Vertragsmodell der Unternehmung

Die kapitalistische UV, wie sie im 19. Jahrhundert entstanden ist und in den klassischen europäischen Privatrechtskodifikationen ihren Niederschlag gefunden hat, basiert auf der Idee der *Einheit von Risiko, Kontrolle und Gewinn*. Das Kapitaleigentum legitimiert Entscheidung und Herrschaft in der Unternehmung. Relativ zum Gewinninteresse der Kapitaleigner haben die anderen im Wirtschaftsprozeß befindlichen Interessen einen rein instrumentellen Status. Im Gesellschaftsmodell des Wirtschaftsliberalismus waren es Institute des Vertrages und des Marktes, von denen man annahm, daß sie die notwendigen, aber auch hinreichenden Mittel seien, um die individuellen Interessen der freien Wirtschaftsbürger zur Wohlfahrt aller zum Ausgleich zu bringen und so eine wohlgeordnete Gesellschaft zu konstituieren. Voraussetzung war allerdings, daß die Dispositionen der Wirtschaftsbürger nach Maßgabe des erwerbswirtschaftlichen Prinzips erfolgten. Dies setzte das Privateigentum an Produktionsmitteln voraus, dem neben seiner freiheitsgarantierenden Funktion die Aufgabe zukam, dem Wirtschaftsprozeß Richtung und Dynamik zu verleihen. Das Privateigentum setzt das Handlungsmotiv des Eigeninteresses und das Handlungsziel der Besitzmehrung. *Eigentum*, *Vertrag* und *Vertragsfreiheit* bildeten demnach die zentralen rechtlichen Institute, die zusammen mit der Gewerbefreiheit, der Freiheit der Berufswahl, der Freizügigkeit und dem Koalitionsverbot als notwendig und hinreichend angesehen wurden, die unternehmerische Betätigung zu organisieren.

Die Unternehmung als wirtschaftliche Einheit reduziert sich so auf *Vertragsbeziehungen* zwischen den Produktionsmitteleigentümern und Abnehmern, Lieferanten, Arbeitnehmern und Fremdkapitalgebern (Vertragsmodell der Unternehmung). Übrig bleibt die Gesellschaft als Vertragsverbund der Kapitaleigner, die dann folgerichtig interessen*monistisch* sein muß. UV ist hier kapitalistische Gesellschaftsverfassung, in der Kapitaleigner entweder die Geschäftsführungsfunktion selbst wahrnehmen (Selbstorganschaft), wie etwa in der Einzelhandelsfirma oder der OHG, oder diese, wie in der AG, über eine Hierarchie der Mandate von der Hauptversammlung (HV) auf den Aufsichtsrat (AR) und von diesem schlußendlich auf den Vorstand übertragen (Fremdorganschaft).

Das liberale Sozialmodell verknüpft also das kapitalistische Element mit dem Markt als Institution des Interessenausgleichs in spezifischer Weise derart, daß die normative Auszeichnung der Kapitaleignerinteressen nicht als Willkür erscheint, sondern sich funktional für die Wohlfahrt aller erweisen soll (vgl. Gerum 1992, Sp. 2484 f.).

2. Konnexinstitute

Das Bild, das die kapitalistische UV in der ökonomischen Realität der Gegenwart vermittelt, entspricht jedoch nicht mehr dem klassischen Modell. Es hat verschiedenartige Ergänzungen durch rechtliche Konnexinstitute erfahren, die zugleich explizit oder implizit eine Kritik an der kapitalistischen UV darstellen (vgl. Steinmann/Gerum 1992, S. 236 ff.). Sie sind im Zusammenhang mit den verfassungsrelevanten Interessen der Konsumenten, der Arbeitnehmer und dem öffentlichen Interesse zu sehen. Da sich die Annahme von der Machtgleichheit der Marktpartner in der Realität nicht widerspiegelte, entwickelte sich zum Schutz der Konsumenten in allen westlichen Industrienationen eine umfangreiche *Verbraucherschutzgesetzgebung*. Das kollektive und das Individualarbeitsrecht dienen dem *Schutz der Arbeitnehmer* auf den Arbeitsmärkten. Die Bedeutung der Großunternehmungen für ihre wirtschaftliche und gesellschaftliche Umwelt machte es ferner erforderlich, diesen - entgegen dem liberalen Verfassungsmodell - umfangreiche *Publizitätsverpflichtungen* aufzuerlegen (Publizitätsgesetz, Bilanzrichtliniengesetz). Die negativen externen Effekte der Produktion und Konsumtion haben schließlich den Staat als Sachwalter der *natürlichen Umwelt* auf den Plan gerufen.

C. Die Managerunternehmung

In allen westlichen Industrienationen werden die Verhältnisse in den Großunternehmungen von der *Trennung von Eigentum und Verfügungsgewalt* geprägt. In der Praxis seien - so die These - die Kapitaleigner großenteils schon gar nicht mehr, wie die Konstruktionsidee der kapitalistischen UV es fordert, gleichzeitig auch die Entscheidungsträger. Vielmehr seien es angestellte Manager, die, ohne Eigentümer zu sein, relativ autonom die Verfügungsgewalt über die Produktionsmittel ausübten. Die funktionsnotwendige Einheit von Risiko, Kontrolle und Gewinn sei damit aufgehoben, das Eigentumatom in seine beiden Bestandteile, die „Nutzung der Früchte" (Dividende) und die „Verfügungsgewalt", aufgespalten. Durch die Herrschaft der Manager in Großunternehmungen wird die Zielfunktion der gewinnmaximierenden, eigentümerorientierten Unternehmung in Frage gestellt. Ob und inwieweit dies zutrifft bzw. welche Maßnahmen zur Kontrolle der Manager ergriffen werden können und sollen, ist Gegenstand vielfältiger Untersuchungen geworden.

1. Kapitaleigner und Unternehmungsführung

Die These von der Managerherrschaft kann an zwei Indikatoren, der Eigentümerstruktur und der Ausgestaltung der Führungsorganisation, empirisch überprüft werden (vgl. Gerum 1995a).

a) Eigentümerstruktur

Nach der klassischen Untersuchung von Berle/Means waren 1929/30 44% der 200 größten *US-amerikanischen* Aktiengesellschaften (non-financials) als Managerunternehmungen einzustufen. Eine Managerunternehmung liegt dann vor, wenn der Aktienbesitz einzelner Anteilseigner unter 20% liegt. Gemessen am Gesamtvermögen der untersuchten Gesellschaften betrug der Anteil 58%, was die wirtschaftliche Bedeutung der Managerunternehmungen unterstreicht. Zahlreiche Folgeuntersuchungen konstatierten in den USA einen Trend zur verstärkten Managerkontrolle. Nach Larner waren 1963 trotz eines verschärften Kriteriums für Managerherrschaft (Aktienbesitz einzelner unter 10%) ca. 75% der 500 größten US-amerikanischen Unternehmungen als managerkontrolliert einzustufen. Für *Deutschland* ergab eine Längsschnittuntersuchung für die 300 größten Unternehmungen ebenfalls eine zunehmende Trennung von Eigentum und Verfügungsmacht. 1972 waren bereits 50% managerkontrolliert, gemessen am Umsatz 57%; im Jahre 1979 waren die entsprechenden Werte auf 65% bzw. 73% angestiegen (vgl. Steinmann/Schreyögg/Dütthorn 1983). Eine diesbezügliche Überprüfung der mitbestimmten Unternehmungen (AG, GmbH) bestätigt das Ergebnis. Danach waren 66% der 451 Gesellschaften als managerkontrolliert einzustufen (vgl. Gerum/Steinmann/Fees 1988). Ganz eindeutig ist die Diagnose für die japanischen Großunternehmungen. 89% der 189 Großunternehmungen *Japans* im Jahre 1971 sind nach Maßstäben von Berle/Means managerkontrolliert.

b) Führungsorganisation

Die vorgefundene Trennung von Eigentum und Verfügungsmacht spiegelt sich thesenkonform in der organisatorischen Ausgestaltung der Unternehmungsführung wider (vgl. Gerum 1995a). In großen *deutschen* AG dominiert die Vorstand-AR-Konfiguration, in der der AR sich typischerweise aus nicht am Kapital der Unternehmung Beteiligten zusammensetzt und auch die Schlüsselposition des AR-Vorsitzenden von einem Nicht-Aktionär besetzt wird (Repräsentations-AR 27%, unternehmungspolitischer AR 37%). Faktisch entscheidet der Vorstand über die Vergabe der AR-Mandate und ob bzw. inwieweit der AR über unternehmungspolitische Kompetenz durch zustimmungspflichtige Geschäfte verfügt. In fast zwei Dritteln der Fälle steht damit die *Kontrollogik* der deutschen Führungsorganisation von AG gleichsam *auf dem Kopf* (vgl. Gerum 1991). Der AR ist zum Steuerungsinstrument des Vorstandes in einer komplexen und dynamischen (marktlichen) Umwelt geworden (vgl. Gerum 1995b). Für die organisatorische und personelle Ausgestaltung des *US-amerikanischen* Board of Directors, der de jure die Managementfunktion und die Treuhänderfunktion gegenüber den Aktionären in sich vereinigt, existieren ganz im Gegensatz zum deutschen Fall kaum rechtliche Restriktionen. Dort ergibt sich das Bild eines stark direktorial, vom Management geprägten Entscheidungsgremiums (vgl. Bleicher/Leberl/Paul 1989). Mangels funktionsfähiger Kapitaleigner vergeben die Insider die restlichen Boardmandate gezielt zur Absicherung ihrer unternehmungsstrategischen Ziele über personelle Verpflechtungen mit anderen Großunternehmungen. In der Führungsorganisation *japanischer* AG manifestiert sich die Managerherrschaft am deutlichsten. Der Board of Directors mit seiner umfassenden Geschäftsführungs- und Kontrollfunktion erweist sich als fast lupenreiner Insider-Board, d.h. die Manager sind im Macht- und Entscheidungszentrum der Unternehmung völlig unter sich.

2. Managerialismustheorie

Kernthese der Theorie ist, daß für Managerunternehmungen die Gewinnmaximierungsannahme der klassischen Theorie der Unternehmung nicht gilt. Manager würden den eigennützigen Zielen im Vergleich zu einer Gewinnmaximierung den Vorrang einräumen. Die

Managerialismustheorie geht dabei von der Annahme aus, daß die wirtschaftlichen Leistungen typischerweise durch große AG erbracht werden und diese Unternehmungen auf relativ stark konzentrierten Märkten operieren (vgl. Marris 1964). Diese oligopolistischen Marktstrukturen eröffnen *Handlungsspielräume*, die auch die Verfolgung *nicht gewinnmaximierender* Unternehmungsstrategien ermöglichen. Da Gewinnmaximierung somit nicht mehr Überlebensvoraussetzung für die Unternehmungen ist, entsteht ein für die Verfolgung eigener Ziele notwendiger Freiraum für die Manager. Eine Bindung an das Gewinnziel entfiele bei diesen, da sie nicht am Unternehmungsrisiko beteiligt und einer Kontrolle durch die Eigentümer auch nicht ausgesetzt wären.

Die Antithese aus neoklassischer Sicht lautet, daß der Eigentümereinfluß und damit das Gewinnziel auch bei Managerunternehmungen durch den *Markt* als *Kontrollmechanismus* erzwungen wird. Hierbei wird insbesondere auf den Kapitalmarkt und den Arbeitsmarkt für Manager verwiesen (vgl. Leipold 1981). Was die ökonomischen Wirkungen alternativer Eigentümerstrukturen anbelangt, so sind die Befunde auch hinsichtlich der erwirtschafteten Rendite widersprüchlich. Unabhängig davon bleibt die Frage, ob und wie die Entscheidungsmacht der Manager kontrolliert werden kann.

D. Die mitbestimmte Unternehmung

Eine weitere Variante der kapitalistischen Unternehmung ist durch die *Integration der Arbeitnehmer* in den unternehmerischen und betrieblichen Entscheidungsprozeß entstanden. Kennzeichnend für die mitbestimmte Unternehmung ist, daß durchgängig in allen zentralen ökonomischen Entscheidungen das *Letztentscheidungsrecht* der *Kapitaleigner* gewahrt bleibt.

1. Unternehmungsmitbestimmung

Auf Unternehmungsebene werden die Arbeitnehmerinteressen im AR vertreten. Die Reichweite der *AR-Mitbestimmung* variiert nach ihren gesetzlichen Grundlagen:

- Das MitbG von 1976 erfaßt Unternehmungen mit mehr als 2000 Arbeitnehmern, die in den Rechtsformen der AG, KGaA, GmbH, GmbH&Co. KG und in Erwerbs- und Wirtschaftsgenossenschaften geführt werden. Der Arbeitnehmereinfluß ist *knapp unterparitätisch* durch das Zweitstimmrecht des von der Kapitalseite gestellten AR-Vorsitzenden.
- Das Montan-MitbG von 1951 und das MitbEG von 1956/1988 erfaßt Unternehmungen mit mehr als 1000 Arbeitnehmern, die als Unternehmungen des Bergbaus und der Eisen und Stahl erzeugenden Industrie zu qualifizieren sind und in der Rechtsform einer AG oder GmbH betrieben werden. Aufgrund der Gleichverteilung der AR-Mandate auf Kapitaleigner und Arbeitnehmervertreter spricht man hier von der sog. *„paritätischen“* Mitbestimmung.

- Das BetrVG von 1952 erfaßt Unternehmungen mit mehr als 500 Beschäftigten, die in der Rechtsform der AG, KGaA, GmbH, Erwerbs- und Wirtschaftsgenossenschaften und des Versicherungsvereins auf Gegenseitigkeit betrieben werden. Der Arbeitnehmereinfluß ist hier *deutlich unterparitätisch*, da ihre Vertreter nur ein Drittel der AR-Sitze innehaben.

Die Frage nach dem Einfluß, insbesondere der Gleichgewichtigkeit des Einflußes von Kapital und Arbeit in der mitbestimmten Unternehmung, läßt sich wegen der formalen Struktur nicht abschließend beantworten, da Modell und Realität durchaus auseinander fallen können. Empirischen Befunden zufolge muß von einem gleichen (mittleren) Einfluß von Anteilseignern und Arbeitnehmern im Montan-AR ausgegangen werden. Ferner bestätigt sich global betrachtet das formale Einflußgefälle zwischen dem Montanmodell und dem Bereich des MitbG von 1976 (vgl. Kirsch/Scholl/Paul 1984; Gerum/Steinmann/Fees 1988).

2. Betriebliche Ebene

a) Betriebsratsmitbestimmung

Hat die AR-Mitbestimmung dem Arbeitgeber bereits rahmenartige Restriktionen gesetzt, so zielt auf der betrieblichen Ebene das BetrVG von 1972 und damit der *Betriebsrat* direkt darauf, die Direktionsbefugnis des Arbeitgebers im (durch den Arbeitsvertrag begründeten) Arbeitsverhältnis einzuschränken und damit die Interessen der Arbeitnehmer zu schützen. Das BetrVG erfaßt alle Betriebe mit mindestens fünf ständig beschäftigten Arbeitnehmern. Die Interaktion zwischen Management und Betriebsrat wird durch dessen genau umschriebene Kompetenzen definiert, die in sozialen, personellen und wirtschaftlichen Angelegenheiten variieren (Mitwirkungs-/Mitbestimmungsrechte). Für die Zusammenarbeit von Betriebsrat und Arbeitgeber gilt als Leitlinie der *Grundsatz der vertrauensvollen Zusammenarbeit* zum Wohle der Arbeitnehmer wie auch des Betriebes.

Das gesetzliche Interaktionsmodell von Betriebsrat und Arbeitgeber hat in der Praxis eine breite Ausdifferenzierung erfahren. Empirischen Untersuchungen zufolge klaffen insbesondere in Klein- und Mittelbetrieben mit weniger als 600 Arbeitnehmern, die vom Eigentümer selbst geführt werden, Modell und Wirklichkeit der Betriebsratsmitbestimmung weit auseinander. Der zentrale Grund hierfür ist, daß ca. die Hälfte der Arbeitgeber dem sozialpolitischen Programm des BetrVG skeptisch oder ablehnend gegenüber steht (vgl. Kotthoff 1981).

b) Sprecherausschüsse der Leitenden Angestellten

Die *Leitenden Angestellten* der Betriebe sind wegen ihrer Arbeitgeberrolle aus dem persönlichen Geltungsbereich des BetrVG von 1972 ausgenommen und haben durch das Sprecherausschußgesetz von 1988 eine repräsentative Vertretung nach dem Modell der Betriebsverfassung erhalten. *Sprecherausschüsse* werden in Betrieben mit i.d.R. mindestens zehn Leitenden Angestellten gebildet, wenn die Mehrzahl dieser sich dafür ausspricht. Im Gegensatz zum Betriebsrat besitzt der Sprecherausschuß kein Mitbestimmungsrecht, sondern lediglich einige wenige *Informations-, Anhörungs- und Beratungsrechte* bei Fragen der Arbeitsbedingungen, der Beurteilungsgrundsätze sowie bei personellen und wirtschaftlichen Angelegenheiten. Die Existenz der Sprecherausschüsse der Leitenden Angestellten ist Ausdruck der *ambivalenten* Stellung, die Manager in Unternehmungen einnehmen. Einerseits nehmen sie die Arbeitgeberrolle wahr, andererseits sind sie selbst weisungsgebundene und damit schutzbedürftige Arbeitnehmer. Eben wegen dieser Zwitterstellung wurde die Einrichtung der Sprecherausschüsse sowohl von den Gewerkschaften als auch den Arbeitgeberverbänden bekämpft bzw. für überflüssig gehalten.

E. Ausblick

Die Entwicklung der UV wird, was die *Legitimationsproblematik* anbetrifft, wohl von zwei Fragen geprägt sein. Zum einen von der *Managerherrschaft*, wenn man davon ausgeht, daß die Trennung von Eigentum und Verfügungsgewalt als weitgehend irreversibles Faktum angesehen werden muß. Die Reichweite der unternehmungsinternen Kontrollmechanismen erscheint hier recht eingeschränkt. AR und Board of Directors vermögen ihre Kontrollaufgaben nur schwer wahrzunehmen, da sie durch die Kooptationspolitik des Management zu einem Instrument der Umweltbeeinflussung umfunktioniert wurden. Somit kommt den externen Kontrollmechanismen besondere Bedeutung zu und hier vor allem der Unternehmungspublizität, damit die entsprechenden marktlichen und sozialen Kontrollprozesse in Gang kommen können (vgl. Gerum 1995a). Zum anderen wird zu prüfen sein, ob und inwieweit die UV als Instrument zur Wahrung von *Umweltinteressen* geeignet ist. Die politische und wissenschaftliche Diskussion konzentriert sich hier auf Fragen wie die mögliche Vertretung des Umweltinteresses im AR, die Bestellung eines Umweltdirektors auf Geschäftsführungsebene oder die eines Umweltbeauftragten durch die Gewerbeaufsicht sowie die Verpflichtung zu einer Umweltberichterstattung (vgl. Rehbinder 1990; Frese 1992).

Die Interdependenz zwischen der Legitimationsfrage und der *Organisationsproblematik* ist evident. Jenseits dessen wird weiterhin die Suche nach der optimalen *Organisation der Unternehmungsführung* im Spannungsfeld zwischen Board- und AR-System, auch im Hinblick auf die angestrebte Harmonisierung des Gesellschaftsrechts in der EG, anhalten. Die Entwicklung des *EG-Rechts* ist ferner für Fragen des Verbraucherschutzes, der industriellen Beziehungen, des Umweltschutzes und der Unternehmungspublizität, also der UV i.w.S., zu beachten.

Neben diesen eher traditionellen Fragen der UV wird zukünftig die *Regulierung von Unternehmungsnetzwerken* relevant werden. Hier handelt es sich nämlich um die Beziehung zwischen rechtlich selbständigen Unternehmungen, die sowohl marktliche als auch hierarchische Elemente umfassen (vgl. Sydow 1992). Diese spezifische Konfiguration von Autonomie und Kontrolle beinhaltet systematisch die Möglichkeit von Asymmetrien zwischen Beteiligten (vgl. Nagel/Riess/Theis 1990). Wegen der rechtlichen Selbständigkeit der Netzwerkteilnehmer bedeutet dies jedoch zugleich das Auseinanderfallen von Entscheidung und Risiko bzw. von Herrschaft und Haftung. Damit stellt sich schon aus ordnungspolitischen Gründen die Frage nach der Regulierung von Unternehmungsnetzwerken.

Literatur

BLEICHER, K.; LEBERL, P.; PAUL, J.: Unternehmungsverfassung und Spitzenorganisation, Wiesbaden 1989.

FRESE, E.: Umweltschutz(es), Organisation des, in: HWO, hrsg. v. E. Frese, 3. Aufl., Stuttgart 1992, Sp. 2433-2451.

FRESE, E.: Führung, Organisation und Unternehmensverfassung, in: HWB, Bd.1, hrsg. v. W. Wittmann et al., 5. Aufl., Stuttgart 1993, Sp. 1284-1299.

GERUM, E.: Aufsichtsratstypen. Ein Beitrag zur Theorie der Organisation der Unternehmensführung, in: DBW, 51. Jg. (1991), S. 719-731.

GERUM, E.: Unternehmungsverfassung, in: HWO, hrsg. v. E. Frese, 3. Aufl., Stuttgart 1992, Sp. 2480-2502.

GERUM, E. (HRSG): Handbuch Unternehmung und Europäisches Recht, Stuttgart 1993.

GERUM, E.: Manager- und Eigentümerführung, in: HWFü, hrsg. v. A. Kieser, G. Reber u. R. Wunderer, 2. Aufl., Stuttgart 1995a (im Druck).

GERUM, E.: Führungsorganisation, Eigentümerstruktur und Unternehmensstrategie, in: DBW, 55. Jg. (1995b), S. 312-343.

GERUM, E.; STEINMANN, H.; FEES, A..: Der mitbestimmte Aufsichtsrat, Stuttgart 1988.

KIRSCH, W.; SCHOLL, M.; PAUL, J.: Mitbestimmung in der Unternehmenspraxis, München 1984.

KOTTHOFF, H.: Betriebsräte und betriebliche Herrschaft, Frankfurt a.M./New York 1981.

LEIPOLD, H.: Eigentümerkontrolle und Managerverhalten, in: Anreiz-und Kontrollsysteme in Wirtschaftssystemen I, hrsg. v. G. Hedtkamp, Berlin 1981, S. 29-66.

MARRIS, R.: The Economic Theory of Managerial Capitalism, London 1964.

NAGEL, B.; RIESS, B.; THEIS, H.-J..: Der Lieferant on line, Baden-Baden 1990.

STEINMANN, H.: Das Großunternehmen im Interessenkonflikt, Stuttgart 1969.

STEINMANN, H.; GERUM, E.: Unternehmensordnung, in: Allgemeine Betriebswirtschaftslehre, Bd. 1, hrsg. v. F.X. Bea, E. Dichtl u. M. Schweitzer, 6. Aufl., Stuttgart/Jena 1992, S. 216-307.

STEINMANN, H.; SCHREYÖGG, G.; DÜTTHORN, M.: Managerkontrolle in deutschen Großunternehmen. 1972 - 1979 im Vergleich, in: ZfB, 53. Jg. (1983), S. 4-25.

SYDOW, J.: Strategische Netzwerke, Wiesbaden 1992.

Erich Frese
Tessa Beecken

Dezentrale Unternehmungsstrukturen

A. Organisationstheoretische Einordnung dezentraler Unternehmungsstrukturen

Auf den ersten Blick scheinen sich in der Organisationsliteratur und in der Unternehmungspraxis mit dem Begriff „dezentrale Strukturen" relativ klare und einheitliche Vorstellungen zu verbinden. Die nähere Auseinandersetzung mit dem Phänomen zeigt aber, daß Termini wie dezentrale Strukturen oder Dezentralisation für eine *Vielfalt organisatorischer Tatbestände* verwendet werden (vgl. bspw. die Darstellungen bei Bleicher 1966, S. 28 ff.; Frese 1993a, S. 59 ff.; Sauerbrey 1980, S. 13 ff.; Beuermann 1992, Sp. 2611 ff.).

In Anlehnung an Bleicher (1966, S. 29 f.) lassen sich die Arbeiten zum Thema der Zentralisation bzw. Dezentralisation in zwei Gruppen einteilen. Die erste, primär durch deutschsprachige Autoren vertretene Gruppe interpretiert die Frage nach der Zentralisation und Dezentralisation als allgemeines *Problem der Zuordnung von Aufgaben.* Angelehnt an die Arbeiten Kosiols (1962) wird „das Problem der Zentralisation und Dezentralisation als das generelle Kernproblem organisatorischer Synthese" (Bleicher 1966, S. 29) angesehen. Der Zentralisationsbegriff umfaßt in dieser weiten Auslegung sowohl die horizontale als auch die vertikale Aufteilung und Zuordnung des Aufgabengesamts. Dabei wird zunächst ein „Zentrum" als Bezugspunkt der Betrachtung definiert. Diese Definition eines Zentrums kann sich z.B. auf eine bestimmte Teilfunktion, auf ein Objekt, auf den Raum oder auf die Zeit beziehen, im Spezialfall auch auf das oberste Leitungsorgan der Unternehmung. Eine solches Begriffsverständnis beinhaltet letztlich alle Fragen der organisatorischen Gestaltung. Der Blick auf Spezifika der Zentralisation und der Dezentralisation wird so verstellt.

Die zweite Gruppe der Autoren versteht dagegen unter den Begriffen Zentralisation und Dezentralisation ausschließlich das *Ausmaß der vertikalen Verteilung von Kompetenzen* innerhalb einer hierarchischen Organisation (vgl. stellvertretend für viele andere z.B. Fayol 1929, S. 28; Simon et al. 1954, S. 1; Krüger 1985, S. 297). Das Zentrum, auf welches sich die Zentralisation bezieht, liegt hier immer bei dem obersten Leitungsorgan der betrachteten Organisation bzw. des betrachteten Subsystems. So definieren Simon et al. (1954, S. 1) eine Organisation „als in dem Maße zentralisiert, in dem Entscheidungen auf relativ hohen Ebenen der Organisation gefällt werden; als dezentralisiert können sie dagegen in dem Maße angesehen werden, in dem die Kompetenzen für wichtige Entscheidungen vom Top-Management auf untere Ebenen delegiert werden." Dieser Sichtweise wird im weiteren gefolgt.

Für ein tieferes Verständnis der Zentralisation und Dezentralisation sowie des Zusammenwirkens der organisatorischen Gestaltungsmöglichkeiten, die eine Zentralisation bzw. eine Dezentralisation fördern, ist der Rückgriff auf ein geschlossenes organisationstheoretisches Konzept hilfreich, welches die *Gestaltung* von Organisationsstrukturen in den Mittelpunkt stellt (vgl. Frese 1993a).

Hierarchien entstehen stufenweise durch *Arbeitsteilung* und *Delegation.* Die Unternehmungsgesamtaufgabe wird solange vertikal und horizontal zerlegt sowie an organisatorische Einheiten nachgelagerter Hierarchieebenen delegiert, bis die verbleibenden Aufgabensegmente von organisatorischen Einheiten *eigenständig* bearbeitet werden können. Delegation beschreibt damit in dem hier zugrundeliegenden Organisationsverständnis die Übertragung von Entscheidungskompetenzen an hierarchisch nachgelagerte Einheiten und ist somit für das Entstehen hierarchischer Strukturen und das Ausmaß an Entscheidungszentralisation bzw. -dezentralisation verantwortlich. In der Literatur wird die Delegation demgegenüber oftmals als Form der primär unter Führungsgesichtspunkten interessanten *Partizipation* thematisiert. In einem solchen Begriffsverständnis wird der eigenständige Charakter der Delegation jedoch vernachlässigt (vgl. zur Abgrenzung der Begriffe Dezentralisation, Delegation und Partizipation Krüger/Reißner 1990, S. 381 ff.; Leana 1986, S. 754 ff.).

Die vertikale Aufteilung eines Entscheidungsproblems durch Bildung hierarchisch über- und untergeordneter Teilentscheidungen wird als *Strukturierung* bezeichnet; sie bestimmt den Entscheidungsspielraum hierarchisch nachgelagerter Einheiten. Jede Entscheidungseinheit begrenzt durch ihren Strukturierungsbeitrag die Menge der für nachrangige Einheiten zulässigen Handlungen und damit ihren Spielraum für die Entwicklung von Alternativen.

Die horizontale Aufteilung eines Entscheidungsproblems durch Bildung gleichrangiger Teilentscheidungen wird als *Segmentierung* bezeichnet. Durch sie wird der Entscheidungsinhalt einer organisatorischen Einheit festgelegt. Die Segmentierung des Entscheidungsproblems kann dabei insbesondere nach den Kriterien Markt/Kunde, Funktion oder Produkt/Projekt erfolgen. Beispielsweise entsteht durch eine Segmentierung auf der zweiten Hierarchieebene nach dem Funktionskriterium eine Funktionalorganisation und bei Produktsegmentierung eine Spartenorganisation. Die Segmentierung eines Entscheidungsproblems führt dazu, daß organisatorische Einheiten bis zu einem gewissen Grade unabhängig voneinander Teilentscheidungen treffen können. Mit der Segmentierung eines Entscheidungsproblems entstehen jedoch immer Interdependenzen; diese liegen vor, wenn die Entscheidung einer Einheit die Entscheidungen anderer Einheiten beeinflußt.

Bei dieser Betrachtungsweise werden Strukturen als dezentral bezeichnet, wenn die organisatorischen Einheiten auf den unteren Ebenen der Hierarchie mit *verhältnismäßig großen* Entscheidungsspielräumen ausgestattet sind. Inwieweit eine Struktur als dezentral anzusehen ist, kann damit immer nur *im Verhältnis* zu anderen Strukturen beurteilt werden.

Der Begriff der Dezentralisation bezieht sich auf den *Prozeß* des Organisierens. Mittel zum Zweck ist hierbei die vertikale Übertragung von Entscheidungskompetenzen auf hierarchisch nachgeordnete organisatorische Einheiten. Auch wenn die Frage der Dezentralisation somit primär eine Frage der Strukturierung von Entscheidungsproblemen ist, so steht sie doch in engem Zusammenhang zur Segmentierung. Zum einen liegt dies darin begründet, daß Entscheidungskompetenzen immer sowohl durch den *Entscheidungsspielraum* als auch durch den *Entscheidungsinhalt* definiert sind. Zum anderen ist das Ausmaß, in dem eine Entscheidungseinheit ein Entscheidungsproblem für nachgelagerte Einheiten strukturieren kann oder in dem Entscheidungskompetenzen delegierbar sind, neben Einflußfaktoren der Strukturierung eng an die anzutreffende Segmentierung des Entscheidungsproblems gekoppelt. Die Möglichkeit der Dezentralisation von Entscheidungen hängt z.B. davon ab, welche *Entscheidungsinterdependenzen* durch das gewählte Segmentierungskriterium entstehen, wie kritisch die *Abstimmung* dieser Interdependenzen für das Erreichen des Unternehmungsgesamtziels ist und welche *Alternativen* es zu einer hierarchischen Abstimmung dieser Interdependenzen gibt. Der Betrachtung solcher Wechselbeziehungen zwischen Strukturierung und Segmentierung kommt damit ein besonderer Stellenwert zu.

B. Dezentralisation

In der Wirtschaftsgeschichte hat es immer sowohl Zeiten gegeben, in denen zentralisierten Strukturen eine Überlegenheit im Wettbewerb zugesprochen wurde, als auch Zeiten, in denen vom Gegenteil ausgegangen wurde. Derzeit setzen Unternehmungen wieder verstärkt auf *dezentrale* Strukturen. Ohne hier eine vollständige Analyse der Vor- und Nachteile dezentraler Strukturen vornehmen zu wollen, kann hervorgehoben werden, daß dezentrale Strukturen ihre Bedeutung vor allem der ihnen zugeschriebenen größeren *Flexibilität* und *Kundennähe* zu verdanken haben, sowie der Tatsache, daß sie die *Eigenverantwortung* der Mitarbeiter, ihre *Motivation* und *Kreativität* in den Mittelpunkt stellen.

Wird bei einer Restrukturierung das Ziel der Dezentralisation verfolgt, so stellt sich die Frage, welche Faktoren die Möglichkeit zur Delegation von Entscheidungskompetenzen und damit zur Dezentralisation beeinflussen. Aus der Auseinandersetzung mit dieser Problemstellung lassen sich dann Maßnahmen entwickeln, die eine Dezentralisation fördern.

1. Determinanten der Dezentralisation

Determinanten der Dezentralisation können sowohl aus der *Strukturierungs-* als auch aus der *Segmentierungsdimension* abgeleitet werden. Unabhängig hiervon determinieren auch aufgabenbezogene Merkmale die *Aufgabendelegation* (vgl. zu weiteren Klassifizierungen von Delegationsdeterminanten Leana 1986, S. 756 ff.; Hackman/Dunphy 1990, S. 49 ff.).

Aufgabenbezogene Merkmale bestimmen die grundsätzliche *Delegierbarkeit* einer Aufgabe. Nach herrschender Meinung gibt es aufgrund ihrer Bedeutung, ihrem Zeithorizont oder ihrer Vertraulichkeit Aufgaben, die nicht delegierbar sind. Diese werden als Kernaufgaben der Unternehmungsleitung bezeichnet. Welche dies jedoch genau sind, ist nicht abschließend zu beurteilen, da die Einstufung einer Aufgabe als Kernaufgabe immer situationsabhängig ist. Eine detaillierte Beschreibung der Aufgabenmerkmale ist darüber hinaus aufgrund von Operationalisierungsproblemen nur schwer möglich. In der Literatur wird sich der Identifizierung von Kernaufgaben häufig über die Aufstellung von Katalogen genähert. Beispielsweise können strategischen Grundsatzentscheidungen, Entscheidungen zum Planungs- und Kontrollsystem, Entscheidungen zum Organisationssystem und die Organisation der Unternehmungsführung als nicht delegierbare Kernaufgaben der Unternehmungsleitung angesehen werden (vgl. Frese/v.Werder 1993, S. 2). Die aufgestellten Kataloge von Kernaufgaben weisen zwar große inhaltliche Übereinstimmungen auf, ihre Unterschiede zeigen aber auch, daß die Frage nach der grundsätzlichen Delegierbarkeit von Aufgaben letztlich ungelöst bleibt. Somit ist die in der jeweiligen Unternehmung und bei der delegierenden Einheit vorherrschende Einschätzung der Delegierbarkeit von Aufgaben der für die tatsächliche Delegation von Aufgaben ausschlaggebende Faktor. Einzige Ausnahme sind diesbezüglich Aufgaben, für die sich eine *Delegationsgrenze* aus vertraglichen oder gesetzlichen Regelungen ergibt. Beispielsweise kann beim Vorstand einer Aktiengesellschaft eine zu weitreichende Übertragung von Entscheidungsbefugnissen mit der nach § 76 I AktG vorgegebenen eigenverantwortlichen Leitungspflicht kollidieren.

In welchem Maße ein Entscheidungsproblem durch eine Einheit *strukturiert* und welcher Entscheidungsspielraum auf nachgelagerte Einheiten delegiert wird, hängt von einer Reihe von Faktoren ab. Zunächst ist hier vor allem die *Kapazität der delegierenden Einheit* und ihre *Wahrnehmung der Kapazität der ihr nachgeordneten Einheit* zu nennen. Ausgehend von der Prämisse, daß eine Einheit immer den ihr maximal möglichen Strukturierungsbeitrag leistet, ist offensichtlich, daß die Entscheidungskapazität der delegierenden Einheit ein wichtiger Einflußfaktor auf das Ausmaß der Dezentralisation darstellt. Daneben ist auch die Entscheidungskapazität hierarchisch nachgeordneter Einheiten wichtig für die Dezentralisation. Ist eine solche Einheit nur mit einer geringen Entscheidungskapazität ausgestattet oder hat die delegierende Einheit eine solche Einschätzung von der Entscheidungskapazität der untergeordneten Einheit, so wird sie ihr das Entscheidungsproblem nicht übertragen. Durch unterstützende Einheiten oder zusätzliche Hierarchieebenen müßte das Entscheidungsproblem zunächst stärker vorstrukturiert werden. Wird dagegen die Entscheidungskapazität unterer Einheiten ausgeweitet, so ermöglicht dies die Verlagerung größerer Entscheidungskompetenzen auf diese Einheiten und führt zur Dezentralisation.

Neben diesen kapazitativen Determinanten der Strukturierung spielen auch *Verhaltensaspekte* eine große Rolle. Solche Verhaltensaspekte sind auf der einen Seite mit der *Bereitschaft oberer Einheiten zur Delegation* sowie auf der anderen Seite mit der *Bereitschaft unterer Einheiten zur Übernahme von Verantwortung* gegeben. Dabei muß die Bereitschaft der unteren Einheiten vor allem auch von der delegierenden Einheit wahrgenommen werden, soll es tatsächlich zu einer Ausweitung der Entscheidungskompetenzen unterer Hierarchieebenen kommen.

Auch die *Segmentierung* eines Entscheidungsproblems beeinflußt die Delegierbarkeit von Entscheidungen und damit die Dezentralisation. Grundsätzlich gilt hier der Zusammenhang, daß Aufgaben immer dann relativ problemlos delegiert werden können, wenn in Hinblick auf das Unternehmungsgesamtziel nur geringe Verluste an Entscheidungsqualität befürchtet werden müssen. Diese Verluste entstehen durch Entscheidungsinterdependenzen. Interdependenzen können in unterschiedlichem Maße für das Erreichen des Unternehmungsgesamtziels kritisch sein und damit die Entscheidungsqualität unterschiedlich stark beeinträchtigen (vgl. zur Kritizität von Entscheidungsinterdependenzen und der zugrundeliegenden strategieorientierten Gestaltungsheuristik Frese 1993a, S. 249 ff.). Daher können Aufgaben nur dort delegiert werden, wo das angewandte Segmentierungskriterium nicht zu strategisch besonders *kritischen Entscheidungsinterdependenzen* führt oder wo nicht-hierarchische *Abstimmungsalternativen* existieren. Beispielsweise können in einer Spartenorganisation die Kompetenzen für die Abstimmung der Vertriebsaktivitäten der Produkte nur dort auf die jeweiligen Spartenleiter übertragen werden, wo das produktübergreifende Auftreten auf dem Markt nicht als strategisch kritischer Faktor identifiziert wurde. Eine Delegation ist jedoch auch in diesem Fall möglich, wenn horizontale Abstimmungsmechanismen, z.B. Entscheidungsausschüsse existieren.

Einen zusammenfassenden Überblick über die Determinanten der Dezentralisation gibt Abbildung 1.

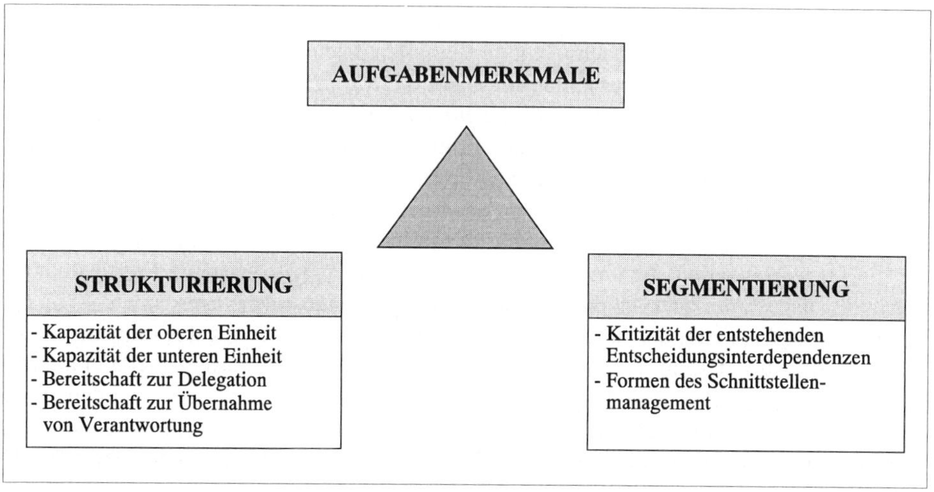

Abbildung 1: Determinanten der Dezentralisation

2. Maßnahmen der Dezentralisation

Die Dezentralisation von Entscheidungskompetenzen kann zum einen durch eine vororganisatorische Variation der *Ressourcenausstattung* forciert werden. Zum anderen können *organisatorische Maßnahmen* eine Dezentralisation ermöglichen. Diese lassen sich in *Koordinations-* und *Motivationsmaßnahmen* unterteilen.

a) Ressourcenorientierte Maßnahmen

Wie gezeigt, ist die Delegation von Entscheidungskompetenzen und damit die Dezentralisation eng an die *Kapazität* sowohl der delegierenden Einheiten als auch der hierarchisch nachgeordneten Einheiten gebunden. Grundsätzlich gilt der Zusammenhang, daß eine Ausweitung der Entscheidungskapazität unterer Einheiten eine Dezentralisation von Aufgaben fördert. Diese Ausweitung der Kapazität kann durch eine Reihe von Maßnahmen erfolgen.

Zunächst ist hier an die *Höherqualifizierung der Mitarbeiter unterer Ebenen* zu denken. Gut ausgebildete Mitarbeiter sind eher in der Lage, einen größeren Entscheidungsbeitrag zu leisten und die damit verbundene Menge an Informationen und Lösungsalternativen zu bewältigen. Darüber hinaus können qualifizierte Mitarbeiter ein breiteres Spektrum unterschiedlicher Aufgaben auf sich vereinen und tragen so dazu bei, daß seltener Eingriffe anderer Einheiten erfolgen müssen. Hierarchische Koordination kann auf diese Weise öfter vermieden werden.

Zu einem nicht unerheblichen Teil wird das Maß an Entscheidungsdezentralisation durch den *Einsatz moderner Informations- und Kommunikationstechnologien* beeinflußt (vgl. zur Diskussion über die Gestaltungsoptionen durch den Einsatz der Informationstechnologie Bleicher 1980, Sp. 2415 f.; Frese/v.Werder 1989, S. 2 ff.; Frese 1993a, S. 237 ff.). Die Bereitstellung computergestützter methodischer Problemlösungshilfen und der Rückgriff auf zentrale Datenbanken vergrößern das Informationsverarbeitungs- und Problemlösungspotential organisatorischer Einheiten. Grundsätzlich können damit sowohl Zentralisations- als auch Dezentralisationstendenzen unterstützt werden. Wird die *Kapazität* hierarchisch höherer Einheiten durch die Informationstechnologie *ausgeweitet*, so führt dies zu einer Aufgabenzentralisation. Werden jedoch dezentralen Einheiten zusätzliche computergestütze Informationsverarbeitungs- und Problemlösungshilfen zur Verfügung gestellt, so kann die *Entscheidungsqualität* dezentraler Einheiten verbessert und dadurch das Delegationsrisiko reduziert werden. Moderne Kommunikationstechnologie erleichtert darüber hinaus das Überwinden *räumlicher Distanzen*, wie sie im Zusammenhang mit der Verlagerung von Entscheidungskompetenzen an dezentrale Einheiten mit direktem Kundenkontakt immer ausgeprägter auftreten.

Wichtig für eine verstärkte Delegation von Entscheidungskompetenzen ist jedoch nicht nur die real vorhandene Kapazität hierarchisch nachgelagerter Einheiten, sondern auch die *Perzeption der Kapazität* durch die delegierenden Einheiten. Hier spielt neben der konkreten Wahrnehmung im Einzelfall, die stark durch die jeweilige Beziehung zwischen Vorgesetztem und Untergebenen geprägt ist, auch das generell vorherrschende *Menschenbild* eine Rolle. Eine Änderung des durch die Manager geteilten Menschenbildes führt gewissermaßen zu einer Neubewertung der vorhandenen Personalkapazität und kann auf diese Weise erhebliche Zentralisations- bzw. Dezentralisationstendenzen hervorrufen. Die Dezentralisation von Entscheidungskompetenzen wird durch ein Menschenbild gefördert, das in den Mitarbeitern auch der untersten Hierarchieebenen eigenständig denkende Menschen sieht, deren Erfahrungen und Kenntnisse für die Zielerreichung der Unternehmung wertvoll sind.

Derzeit vollzieht sich in Wissenschaft und Unternehmungspraxis mit der *Abkehr vom Taylorismus* eine solch grundlegende Änderung des Menschenbildes. Das in der westlichen Welt lange Zeit vorherrschende tayloristische Menschenbild basiert auf einem grundlegenden *Mißtrauen* gegenüber der Denkfähigkeit einfacher Arbeiter und Angestellter und dem Glauben an die *„wissenschaftliche"* Ermittlung detaillierter Vorgaben durch die Manager. Durch diese Trennung von denkenden und ausführenden Tätigkeiten glaubte Taylor eine höhere Arbeitseffizienz zu erreichen (vgl. zum Taylorismus Taylor 1911; Frese 1992, S. 37 ff.; Kieser 1993, S. 63 ff.). Durch die Auseinandersetzung mit den Erfolgen fernöstlicher Unternehmungen und ihren Organisationskonzepten scheint das tayloristische Menschenbild nun abgelöst und so die Entscheidungsdezentralisation forciert zu werden (vgl. Frese 1994, S. 53 ff.).

b) Organisatorische Maßnahmen

Organisatorische Maßnahmen können grundsätzlich in *Koordinations-* und *Motivationsmaßnahmen* unterschieden werden. Koordinationsmaßnahmen verfolgen das Ziel, die Einzelaktivitäten in einem arbeitsteiligen System auf ein übergeordnetes Gesamtziel auszurichten. Dabei bleiben die Verhaltenswirkungen der Strukturen zunächst unberücksichtigt. Diese werden innerhalb der Motivationsdimension explizit in die Überlegungen einbezogen.

Eine Koordinationsmaßnahme, die die Dezentralisation unterstützt, liegt im *Abbau der entscheidungsvorbereitenden Einheiten* vor allem in Form von Stäben und Informations- und Beratungsausschüssen. Solche Einheiten, die mit Aufgaben der Gewinnung und Aufbereitung von Informationen betraut sind, erlauben es der Linieneinheit, einen größeren Beitrag zur Strukturierung des Entscheidungsproblems zu leisten. Werden sie abgebaut, wird die Entscheidungskapazität der delegierenden Einheit verringert. Sie muß stärker delegieren (vgl. Frese 1993a, S. 66 ff.). Je nachdem, mit welcher Kapazität die untere Einheit ausgestattet ist, ist ein *Anwachsen der Anzahl* von Hierarchieebenen oder eine *Entscheidungsdezentralisation* die Folge.

In Zusammenhang mit den angesprochenen Wechselbeziehungen zwischen Strukturierung und Segmentierung lassen sich weitere Maßnahmen ableiten, die zu einer Entscheidungsdezentralisation führen. Zunächst kann eine *Änderung des angewendeten Segmentierungskriteriums* Auswirkungen auf die Möglichkeit zur Entscheidungsdezentralisation haben. Über die Auswahl des Segmentierungskriteriums werden die Intensität und die Kritizität entstehender Schnittstellen beeinflußt. Mit dem Ausmaß der existierenden Abhängigkeiten zwischen zwei Teilaufgaben steigt der Koordinationsbedarf und damit die Tendenz zur Zentralisation. Generell kann von der These ausgegangen werden, daß eine Spartenorganisation oder eine reine Regionalorganisation weniger Abstimmungsbedarf hervorrufen. Insbesondere die Tatsache, daß in solchen Strukturen Prozesse nicht auseinandergerissen werden, stützt diese These. Weitere Koordinationsmaßnahmen stehen in engem Zusammenhang zu diesen Aussagen. Eine Möglichkeit zur Dezentralisation besteht trotz starker horizontaler Abhängigkeiten zwischen den Einheiten, wenn *Alternativen* zur hierarchischer Koordination geschaffen werden. Solche Alternativen sind mit horizontalen Formen des Schnittstellenmanagement wie z.B. bereichsübergreifenden Teams und Koordinationsausschüssen gegeben. Auch ein *bewußter Verzicht* auf die Berücksichtigung entstehender Interdependenzen forciert die Entscheidungsdezentralisation.

Eine weitere Koordinationsmaßnahme ist der *Abbau von Zentralbereichen*. Zu einer Entscheidungsdezentralisation führt ein solcher Schritt dann, wenn der jeweilige Zentralbereich eigene Entscheidungskompetenzen bezüglich der von ihm übernommenen Teilfunktion hat und in die Entscheidungen der Geschäftsbereiche eingreifen kann (vgl. zu unterschiedlichen Formen von Zentralbereichen Frese 1993a, S. 433). Damit zeigt sich auch ein gewisser Zusammenhang zwischen den Begriffspaaren Konzentration - Diffusion und Zentralisation - Dezentralisation (vgl. zur Konzentration und Diffusion Frese/v.Werder 1993, S. 11; Laßmann 1992, S. 302). Zentralbereiche entstehen immer durch die Konzentration der Teilaufgaben einer betrachteten Teilfunktion. Mit ihrer Auflösung und der Verlagerung ihrer Kompetenzen auf die Linienbereiche vollzieht sich somit neben der *Dezentralisation* auch eine *Diffusion*.

Neben diesen strukturellen Maßnahmen können auch *Motivationsmaßnahmen* eine Entscheidungsdezentralisation fördern. Hierbei geht es in erster Linie darum, die Bereitschaft zur Delegation bei der delegierenden Einheit und die Bereitschaft der untergebenen Einheiten zur Übernahme von Verantwortung zu stärken. Hierbei könnte bspw. die Etablierung einer „Delegationskultur“ die Bereitschaft zur Delegation erhöhen. Auf der anderen Seite können mit Hilfe von Transaktionsmechanismen eventuell gezielte Anreize zur Übernahme von Verantwortung gesetzt werden.

Abbildung 2 faßt die genannten Maßnahmen zusammen.

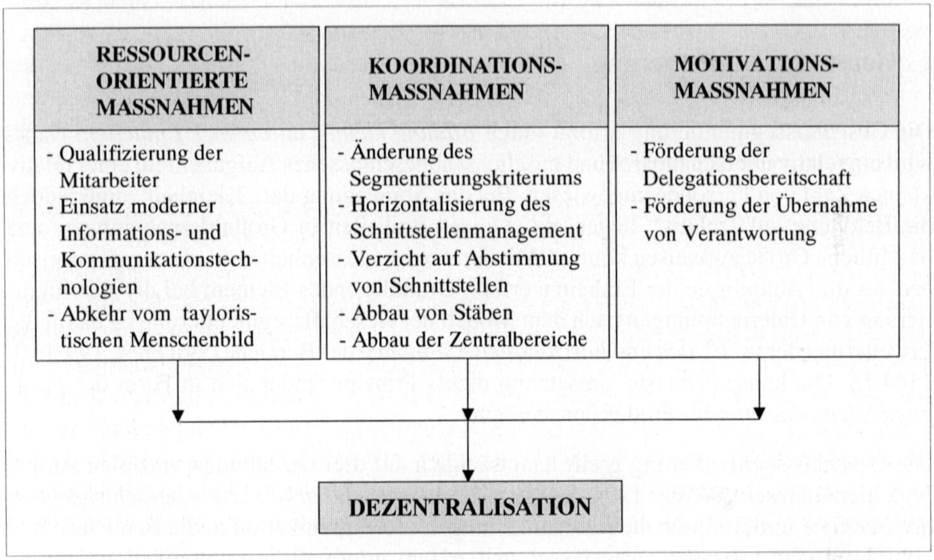

Abbildung 2: Maßnahmen der Dezentralisation

C. Aktuelle Organisationskonzepte und dezentrale Unternehmungsstrukturen

Gegenwärtig befinden sich viele Branchen in einer Wettbewerbssituation, die eine differenzierte Berücksichtigung von Märkten mit sich rasch ändernden Strukturen erfordert. Kundenorientierung, Zeitwettbewerb, Prozeß- bzw. Produktorientierung sind Schlagwörter, die die Diskussion um die strategische Antwort von Großunternehmungen auf die verschärfte internationale Konkurrenz und die gestiegenen Kundenanforderungen kennzeichnen. Im Mittelpunkt aller Überlegungen stehen heute die Komponenten *Zeit* und *Kunde*. Vor dem Hintergrund eines großen Konkurrenzdrucks kann aber auch die *Kosten-*

komponente nicht vernachlässigt werden. Es wird daher intensiv nach organisatorischen Möglichkeiten gesucht, dem Kunden einen größeren Nutzen zu bieten, die betriebliche Anpassungsgeschwindigkeit und -flexibilität zu steigern, sowie gleichzeitig die Kosten zu reduzieren. Eine höhere Zielerreichung hinsichtlich der genannten Kriterien versprechen insb. organisatorische Konzepte, die einen engen Bezug zur Dezentralisation aufweisen (vgl. zu den genannten Zielkriterien und ihren Wechselbeziehungen Frese/v.Werder 1994, S. 5 u. S. 17 ff.).

Aus der Fülle aktuell diskutierter Organisationskonzepte sollen im folgenden die *Geschäftssegmentierung*, *Profit Center* sowie *Flache Hierarchien* vorgestellt und ihre Beziehung zur Dezentralisation aufgezeigt werden (vgl. zu weiteren Konzepten Frese/v.Werder 1994, S. 12 ff.).

1. Geschäftssegmentierung

Die Geschäftssegmentierung erfolgt durch *Bildung kleiner autonomer Einheiten*. Dabei wird ein relativ überschaubares und möglichst abgeschlossenes Aufgabenfeld einer relativ kleinen Zahl von Personen zugewiesen. Bei der Abgrenzung der „Kleinheit" muß jedoch die Betonung auf „relativ" liegen, da „kleine" Einheiten in Großunternehmungen eine beachtliche Größe aufweisen können. Mit der Abgeschlossenheit wird die organisatorisch bedeutsame Autonomie der Einheiten erfaßt. Grundlegendes Element bei der Restrukturierung von Unternehmungen nach dem Modell der Geschäftssegmentierung ist damit die Erweiterung der *vertikalen* und *horizontalen Autonomie* der Bereiche (vgl. Frese 1993b, S. 1104 f.). Die konsequenteste Umsetzung dieses Prinzips findet sich in Form der *Fertigungssegmentierung* im Produktionsbereich.

Die Geschäftssegmentierung greift hauptsächlich auf drei Gestaltungsprinzipien zurück (vgl. hierzu Frese/v.Werder 1994, S. 7 ff.). Die *Überschaubarkeit bzw. Abgeschlossenheit der Bereiche* fördert durch die Internalisierung der Kommunikation in die Bereiche einen konfliktfreieren Informationsaustausch und erlaubt informelle Kommunikationsformen. Die Abgeschlossenheit erleichtert die Orientierung an einem gemeinsamen Bezugsobjekt, die Identifizierung mit der Aufgabe und die Gruppenkohäsion werden gefördert. Zusätzlich wird so die Voraussetzung einer Zuordnung von Ergebnissen geschaffen, die intrinsische und extrinsische Motivationswirkungen entfalten können. Auch die oftmals gegebene räumliche Nähe erleichtert durch Visualisierung von Vorgängen und Ergebnissen die Kommunikation. Die *Erhöhung der Eigenverantwortung* der Mitarbeiter fördert rasches und eigenverantwortliches Handeln, das kreative Potential der Mitarbeiter und ihre Vertrautheit mit der Aufgabenumwelt werden besser genutzt. Zusätzlich verringert sich die Kommunikation mit anderen Einheiten. Die *Harmonisierung von Schnittstellen*, d.h. die Internalisierung kritischer Schnittstellen durch Zusammenfassung der entsprechenden Aufgaben in einen Bereich, vereinfacht die Kommunikation und erhöht die Bereitschaft zur Kooperation.

Daß ein enger Zusammenhang zwischen dezentralen Strukturen und der Bildung kleiner autonomer Einheiten besteht, ist offensichtlich. In dem Maße, in dem den Geschäftsbereichen höhere vertikale und horizontale Autonomie gewährt wird, also Entscheidungskompetenzen stärker delegiert werden und auf die Abstimmung von Interdependenzen zwischen den autonomen Einheiten verzichtet wird, steigt das Ausmaß an Dezentralisation. Ein zusätzlicher Dezentralisationseffekt ist mit dem Abbau von Zentralbereichen gegeben, der oftmals mit der Geschäftssegmentierung einhergeht. Inwieweit allerdings innerhalb der Geschäftssegmente die Entscheidungen dezentral verankert sind, bleibt offen - eine Frage, die bei der oftmals recht beträchtlichen Größe der Geschäftsbereiche zur Beurteilung des Ausmaßes an Dezentralisation in der Gesamtunternehmung nicht vernachlässigt werden darf.

2. Profit Center

Profit Center sind Teilbereiche einer Unternehmung mit *gesondertem Erfolgsausweis* (vgl. grundlegend Frese 1993a, S. 134 ff. und S. 439 ff.). Auf der Grundlage einer Erfolgsrechnung werden bereichsspezifische Erfolgskomponenten (Kosten, Leistung) erfaßt und zugeordnet. Auf diese Weise wird ein *Vergleich* mit Unternehmungen im Markt und die Einbringung von *Marktdruck* möglich. Das Gestaltungsprinzip Marktdruck basiert auf der Wirkungshypothese, daß marktbezogene Maßstäbe der Leistungsbeurteilung die Bereitschaft fördern, *Verhalten* und *Strukturen* auf Effizienz zu überprüfen. Damit soll dieses Prinzip bei den Mitarbeitern das Bewußtsein schärfen, daß es bei mangelnder unternehmungsinterner Effizienz marktliche Alternativen gibt, die den Bestand der Unternehmung oder von Arbeitsplätzen gefährden (vgl. Frese/v.Werder 1994, S. 9).

Die Anwendung des Profit-Center-Konzepts setzt organisatorische Maßnahmen voraus, die die bereichsbezogene Zurechnung von Erfolgskomponenten erlauben. Dabei prägen zwei Bedingungen dieses Zurechnungsproblem entscheidend. Die erste Bedingung betrifft die Frage, ob der betrachtete Teilbereich einen unmittelbaren *Zugang zum Markt* hat. Ist dieser nicht gegeben, läßt er sich durch die Bildung eines fiktiven internen Marktes ersetzen. Die zweite Bedingung fordert die *Ausstattung* der betrachteten organisatorischen Einheit *mit Entscheidungskompetenzen*, die es ihr erlauben, alle zentralen Erfolgskomponenten eigenverantwortlich zu beeinflussen. Hierin zeigt sich die Verbindung zu den Gestaltungsprinzipien Überschaubarkeit und Eigenverantwortung und damit zum Konzept der Geschäftssegmentierung. Die Bildung kleiner autonomer Einheiten schafft durch die Merkmale der Abgeschlossenheit und der Entscheidungsautonomie eine ideale Voraussetzung für die Etablierung des Profit-Center-Konzepts. Damit besteht zwischen der Bildung von Profit Centern und der Dezentralisation von Entscheidungskompetenzen ein vergleichbarer Zusammenhang wie bei der Geschäftssegmentierung. Auch hier ist eine verstärkte Delegation von Entscheidungskompetenzen auf die Profit-Center-Leiter und damit eine Dezentralisationstendenz gegeben. Die Frage, inwieweit die Entscheidungskompetenzen innerhalb der Profit Center und damit innerhalb der Gesamtstruktur dezentralisiert sind, läßt sich jedoch wiederum mit dem bloßen Verweis auf die Anwendung des Profit-Center-Konzepts nicht beantworten.

3. Flache Hierarchien

Flache Hierarchien sind Organisationsstrukturen, die sich durch eine relativ *geringe Anzahl von Hierarchieebenen* auszeichnen. Wie viele Ebenen dies sind, kann jedoch nur im Einzelfall und im Vergleich zu anderen Strukturen beurteilt werden. Die Abflachung von Hierarchien wird durch eine ganze Reihe von Einzelmaßnahmen gefördert. Offensichtlich ist das *Streichen von Hierarchieebenen* eine solche Maßnahme, aber auch die *Geschäftssegmentierung*, die *Horizontalisierung des Schnittstellenmanagement* oder der *Abbau von Zentralbereichen* können zur Abflachung von Hierarchien führen (vgl. Frese/v.Werder 1994, S. 14; Beecken 1994). Damit greifen flache Hierarchien auf die Gestaltungsprinzipien Überschaubarkeit, Harmonisierung von Schnittstellen und Eigenverantwortung zurück.

Zusätzlich kann das Streichen von Hierarchieebenen über die *Reduzierung des Personalbestandes* einen Rationalisierungseffekt haben. Dabei handelt es sich dann im wesentlichen um eine vororganisatorische Maßnahme: Positionen, die ihren Inhaber nicht auslasten oder denen von der Unternehmungsleitung als überflüssig eingestufte Aufgaben übertragen wurden, werden aufgelöst.

Grundsätzlich besteht eine Verbindung zwischen der Frage nach der Zentralisation bzw. Dezentralisation von Entscheidungskompetenzen und der Anzahl von Hierarchieebenen. Beide Konzepte stellen die vertikale Dimension der Organisation und damit die Delegation in den Mittelpunkt der Betrachtung. Ein logisch zwingender Zusammenhang zwischen der Abflachung der Hierarchien und der Dezentralisation ist jedoch *nicht* gegeben. Es sind sowohl flache Hierarchien denkbar, die in hohem Maße zentralisiert sind, als auch solche, die eine entgegengesetzte Verteilung der Entscheidungskompetenzen auf die Hierarchieebenen aufweisen. Offensichtlich wird dies beim Streichen einer Hierarchieebene. Die Entscheidungskompetenzen der gestrichenen Hierarchieebene können sowohl der ihr vormals übergeordneten Ebene, als auch der zuvor untergeordneten Ebene zugewiesen werden. Da sich aber oftmals die Abflachung von Hierarchien nur im Zusammenhang mit dem Einsatz der anderen genannten Konzepte vollzieht, kann tendenziell eine Dezentralisation angenommen werden - mit den oben angesprochenen Einschränkungen.

Literatur

BEECKEN, T.: Teams statt Hierarchien. Handeln vor Ort, Arbeitspapier am Organisationsseminar der Universität zu Köln, Köln 1994.

BEUERMANN, G.: Zentralisation und Dezentralisation, in: HWO, hrsg. v. E. Frese, 3. Aufl, Stuttgart 1992, Sp. 2611-2625.

BLEICHER, K.: Zentralisation und Dezentralisation von Aufgaben in der Organisation der Unternehmungen, Berlin 1966.

BLEICHER, K.: Zentralisation und Dezentralisation, in: HWO, hrsg. v. E. Grochla, 2. Aufl., Stuttgart 1980, Sp. 2405-2418.

FAYOL, H.: Allgemeine und industrielle Verwaltung, Berlin 1929.

FRESE, E.: Organisationstheorie. Historische Entwicklung - Ansätze - Perspektiven, 2. Aufl., Wiesbaden 1992.

FRESE, E.: Grundlagen der Organisation. Konzept, Prinzipien, Strukturen, 5. Aufl., Wiesbaden 1993a.

FRESE, E.: Geschäftssegmentierung als organisatorisches Konzept. Zur Leitbildfunktion mittelständischer Strukturen für Großunternehmungen, in: ZfbF, 45. Jg. (1993b), S. 999-1024.

FRESE, E.: Die organisationstheoretische Dimension globaler Strategien. Organisatorisches Know-how als Wettbewerbsfaktor, in: Unternehmensstrategie und Wettbewerb auf globalen Märkten, hrsg. v. M. Neumann, Berlin 1994, S. 53-80.

FRESE, E.; WERDER, A.v.: Kundenorientierung als organisatorische Gestaltungsoption der Informationstechnologie, in: Kundennähe durch moderne Informationstechnolgien, ZfbF-Sonderheft Nr. 25, hrsg. v. E. Frese u. W. Maly, Frankfurt a.M. 1989, S. 1-26.

FRESE, E.; WERDER, A.v.: Zentralbereiche - Organisatorische Formen und Effizienzbeurteilung, in: Zentralbereiche. Theoretische Grundlagen und praktische Erfahrungen, hrsg. v. E. Frese, A.v. Werder u. W. Maly, Stuttgart 1993, S. 1-50.

FRESE, E. ; WERDER, A.v.: Organisation als strategischer Wettbewerbsfaktor. Organisationstheoretische Analyse gegenwärtiger Umstrukturierungen, in: Organisationsstrategien zur Sicherung der Wettbewerbsfähigkeit. Lösungen deutscher Unternehmungen, in: ZfbF-Sonderheft Nr. 33, hrsg. v. E. Frese u. W. Maly, Düsseldorf/Frankfurt a.M. 1994, S. 1-27.

HACKMAN, B.K.; DUNPHY, D.C.: Managerial Delegation, in: International Review of Industrial and Organizational Psychology, 5. Jg. (1990), S. 35-57.

KIESER, A.: Managementlehre und Taylorismus, in: Organisationstheorien, hrsg. v. A. Kieser, Stuttgart/Berlin 1993, S. 63-94.

KOSIOL, E.: Organisation der Unternehmung, Wiesbaden 1962.

KRÜGER, W.: Bedeutung und Formen der Hierarchie, in: DBW, 45. Jg. (1985), S. 292-307.

KRÜGER, W.; REISSNER, S.: Inhaltsmuster der Hierarchie. Eine Exploration anhand der zfo-Führungsprofile, in: ZFO, 59. Jg. (1990), S. 380-388.

LASSMANN, A.: Organisatorische Koordination. Konzepte und Prinzipien zur Einordnung von Teilaufgaben, Wiesbaden 1992.

LEANA, C.R.: Predictors and Consequences of Delegation, in: AMJ, 29. Jg. (1986), S. 754-774.

SAUERBREY, G.: Organisationstheoretische Untersuchung zur Aufgaben-(de)-zentralisation, Gerbrunn 1980.

SIMON, H.A. ET AL.: Centralization vs. Decentralization in Organizing the Controller's Department, Houston, 1954.

TAYLOR, F.W.: The Principles of Scientific Management, New York 1911.

Axel v. Werder

Konzernstrukturen

A. Konzernbegriff: Der Konzern als rechtlich gegliederte Unternehmung

B. Konzerntypen: Juristische und strukturelle Grundalternativen der Konzerngestaltung

1. Rechtsformen der Konzernunternehmungen und Konzernformen der Unternehmungsverbindungen
2. Vertikale und horizontale Unternehmungsprofile

C. Konzernmanagement: Betriebswirtschaftliche Implikationen des Konzerns

1. Prinzipielle Arten rechtsnorminduzierter Managementimplikationen
2. Organisation und Führung im Konzern
3. Besteuerung im Konzern

Literatur

A. Konzernbegriff: Der Konzern als rechtlich gegliederte Unternehmung

Unternehmungen stellen aus betriebswirtschaftlicher Sicht einheitlich geleitete Handlungssysteme dar, in denen sich die meist arbeitsteilige Erfüllung marktbezogener Aufgaben vollzieht. Nach der Komplexität ihres „Rechtskleids" lassen sich Unternehmungen zwei großen Gruppen zuordnen. *Einheitsunternehmungen* sind rechtseinheitlich verfaßt und damit nur in eine einzige Gesellschaftsform eingekleidet, so daß die Grenzen der (einheitlich geleiteten) wirtschaftlichen und der (gesellschaftsrechtlichen) juristischen Einheit hier deckungsgleich sind. *Konzernunternehmungen* oder kurz Konzerne bestehen dagegen aus mehreren juristisch selbständigen Einheiten (Konzernunternehmungen oder synonym Konzerngesellschaften) und bilden damit rechtlich gegliederte Wirtschaftsgebilde (vgl. auch die Legaldefinition des Konzerns in § 18 AktG). Das Charakteristikum der Konzernunternehmung liegt folglich nicht - wie häufig vermutet wird - in Merkmalen wie der Größe, dem Diversifikationsgrad oder dem Ausmaß an Internationalisierung der Unternehmungsaktivitäten, die gleichermaßen zur Kennzeichnung von Einheitsunternehmungen herangezogen werden können. Vielmehr markiert die juristische Verselbständigung wirtschaftlich unselbständiger Subsysteme des (einheitlich geleitet - wirtschaftlich selbständigen) Gesamtsystems „Unternehmung" das begriffskonstituierende Kriterium des Konzerns.

Die Konzerndefinition macht deutlich, daß die Fragen des Management von Einheitsunternehmungen und Konzernen nicht prinzipiell divergieren, sondern nur in Teilaspekten voneinander abweichen. Betriebswirtschaftliche Erkenntnisse und Gestaltungsempfehlungen, die (auch) für die Einheitsunternehmung gelten, können mit anderen Worten häufig analog auf den Konzern übertragen werden. Sie sind daher (von der Konzernmanagementlehre) lediglich insoweit weiterzuentwickeln bzw. zu modifizieren, als tatsächlich Unterschiede zwischen den beiden Formen der rechtseinheitlich verfaßten und der rechtlich gegliederten Unternehmung existieren. Diese Unterschiede aber und damit die spezifische Problematik des Konzernmanagement beruhen letztlich auf den Einflüssen der *Rechtsnormen*, die an das jeweilige (homogene bzw. heterogene) juristische Kleid der Unternehmung anknüpfen. Dabei läßt sich feststellen, daß die rechtsnorminduzierten Implikationen für das Management im Konzern zumindest komplexer sind als in der Einheitsunternehmung, da sich die relevanten Rechtsvorschriften mit der Zahl der einzelnen Konzerngesellschaften multiplizieren und durch gesonderte Rechtsregeln für die Unternehmungsverbindungen ergänzt werden.

B. Konzerntypen: Juristische und strukturelle Grundalternativen der Konzerngestaltung

Die Bildung von Konzerntypen kann helfen, die aufgrund ihrer Vielzahl und Vielschichtigkeit insgesamt kaum überschaubaren Managementimplikationen des Konzerns zu strukturieren und transparenter zu machen (vgl. zu verschiedenen Typologien z.B. Theisen 1991, S. 19 ff.; Bleicher 1992; Scheffler 1992, S. 18 ff.). Voraussetzung hierfür ist, daß die herausgestellten Typen jeweils mit charakteristischen, typspezifischen Konzernbesonderheiten verbunden sind. Die Gesamtheit der Implikationen ist mit anderen Worten durch die Typologisierung in (möglichst) disjunkte Teilkomplexe zu zerlegen. Entsprechend der zuvor erläuterten Rückführung der Besonderheiten des Konzernmanagement auf die jeweils eingreifenden Rechtsnormen sind dabei Konzerntypen zu bilden, die sich in ihrer rechtlichen Behandlung markant unterscheiden. Im folgenden werden derartige Typen, die zugleich wesentliche Gestaltungsalternativen für die Ausformung von Konzernen repräsentieren, nach juristischen und strukturellen Kriterien abgegrenzt.

1. Rechtsformen der Konzernunternehmungen und Konzernformen der Unternehmungsverbindungen

Da der Konzern eine Zusammenfassung mehrerer Konzernunternehmungen unter einheitlicher Leitung darstellt, bilden die jeweiligen Rechtsformen der einzelnen Konzernunternehmungen sowie die Art der Verbindungen zwischen diesen Gesellschaften naturgemäß die zentralen juristischen Parameter der Konzerngestaltung. Beschränkt man sich bezüglich der *Rechtsformen* auf die gängigen Gesellschaftstypen des deutschen Privatrechts, so kommen als Varianten der rechtlichen Einkleidung vor allem die beiden Personengesellschaften OHG und KG sowie die Kapitalgesellschaften AG, KGaA und GmbH in Betracht (vgl. zum Überblick über diese und weitere Rechtsformen v. Werder 1995). Je nach der gewählten Kombination dieser Alternativen können dann reine Personengesellschaftskonzerne (oder noch spezifischer: OHG-Konzerne; KG-Konzerne) den reinen Kapitalgesellschaftskonzernen (AG-Konzerne; KGaA-Konzerne; GmbH-Konzerne) sowie gemischten Konzernen gegenübergestellt werden, die sich aus Personen- und Kapitalgesellschaften zusammensetzen. Die Bedeutung dieser Einteilung liegt darin, daß die verschiedenen Rechtsformen bereits als solche (in einem gewissen Ausmaß) jeweils eine unterschiedliche *gesetzliche* Behandlung erfahren. Zu denken ist bspw. nur an die rechtsformspezifisch ausgestalteten Aspekte der Kompetenzordnung, Haftung und Besteuerung sowie auch der Regelungsdichte und Regelungsflexibilität. So ist z.B. die Verfassung einer AG deutlich starrer geregelt als die der GmbH und damit auch innerhalb eines Konzerns weniger gestaltungszugänglich (vgl. näher Frese 1987, S. 299 ff.; v. Werder 1987, sowie speziell zu den rechtswissenschaftlich vergleichsweise spät aufgegriffenen Sonderproblemen von Personengesellschaftskonzernen Schneider 1975; Kleindiek 1991; Emmerich/Sonnenschein 1993, S. 487 ff.).

In Hinblick auf die Verbindung der Gesellschaften stellen die eventuelle Abhängigkeit einzelner Konzernunternehmungen, die herangezogenen Verbindungsinstrumente und die Zahl der Konzernstufen die wichtigsten Differenzierungskriterien dar. Nach dem Abhängigkeitsmerkmal sind der *Unterordnungskonzern* und der (seltenere) *Gleichordnungskonzern* auseinanderzuhalten. Während im Fall des Unterordnungskonzerns eine herrschende Unternehmung ein oder mehrere abhängige Unternehmungen unter seiner einheitlichen Leitung zusammenfaßt, stehen im Gleichordnungskonzern keine Konzernunternehmungen in einem Abhängigkeitsverhältnis zu anderen (herrschenden) Unternehmungen des Konzerns.

Die wesentlichen Instrumente für die Herstellung der Unternehmungsverbindungen umfassen die Beteiligung als regelmäßiger Mindestvoraussetzung der Konzernierung sowie Unternehmungsverträge und personelle Verflechtungen als eventuell flankierende Maßnahmen zur stärkeren Absicherung und Intensivierung des Konzernverbundes. Die *Höhe der Beteiligung* muß im Regelfall wenigstens die einfache Mehrheit der Stimmrechte gewährleisten. Sie kann über eine qualifizierte Beteiligung (z.B. 75% der Stimmen) bis hin zu einer 100%-Beteiligung reichen, bei der in der Beteiligungsgesellschaft keine außenstehenden Minderheitsgesellschafter mehr vorhanden sind.

Die Möglichkeit zum ergänzenden Abschluß von *Unternehmungsverträgen* führt zu der wichtigen Trennung zwischen den beiden Konzernformen des Vertragskonzerns und des faktischen Konzerns. Dabei gründet der *Vertragskonzern* im Rechtssinne auf dem Beherrschungsvertrag, der häufig aus steuerlichen Gründen von einem Gewinnabführungsvertrag begleitet wird (vgl. für die AG § 291 AktG). Eine Sondervariante, die lediglich im Fall des reinen AG-Konzerns offensteht, bildet die Eingliederung nach § 319 AktG. Sie setzt eine Mindestbeteiligung von 95% an der einzugliedernden AG voraus und führt zum zwangsläufigen Ausscheiden eventueller Minderheitsaktionäre (Eingliederungskonzern). Ein *Beherrschungsvertrag* gewährt der herrschenden Unternehmung einerseits ein prinzipielles Weisungsrecht gegenüber der vertraglich gebundenen Konzernunternehmung. Dieses Recht schließt auch für die abhängige Unternehmung nachteilige Anordnungen ein, sofern sie im Konzerninteresse liegen (§ 308 AktG). Auf der anderen Seite löst der Abschluß eines Beherrschungsvertrags gesetzliche Schutzmechanismen aus, die die Sicherung der beherrschten Konzernunternehmung gewährleisten und eventuelle Beeinträchtigung der Interessenpositionen seiner Gläubiger und außenstehenden Minderheitsgesellschafter kompensieren sollen (siehe §§ 300 ff. AktG). Hierzu zählen namentlich die Übernahme eines Verlustes der abhängigen Unternehmung während der Laufzeit des Vertrages, Sicherheitsleistungen oder Bürgschaften für ihre Gläubiger bei Vertragsende sowie Ausgleichszahlungen und eventuelle Abfindungen für die außenstehenden Gesellschafter. Ein *faktischer Konzern* liegt vor, sofern auf eine beherrschungsvertragliche Bindung oder Eingliederung der abhängigen Unternehmung (einschließlich einer vertraglichen Gewinnabführung) verzichtet und allenfalls einer der in § 292 AktG aufgelisteten „anderen Unternehmungsverträge" (Gewinngemeinschaft; Teilgewinnabführungsvertrag; Betriebspachtvertrag; Betriebsüberlassungsvertrag) geschlossen wird. Diese Abgrenzung beruht darauf, daß bei fehlendem Beherrschungsvertrag (Eingliederung) sowohl die Einwirkungsrechte der herrschenden Konzernunternehmung als auch (dementsprechend) die Schutzvorkehrungen für die abhängige Gesellschaft reduziert sind. Danach genießt die faktisch herrschende Unternehmung keinerlei Weisungsrecht und ist auf ihre - vor allem beteiligungsgeborenen - tatsächlichen Einflußnahmemöglichkeiten angewiesen. Dabei darf dieser Einfluß nicht dazu genutzt werden, die abhängige Unternehmung zu nachteiligen Rechtsgeschäften oder sonstigen Maßnahmen zu veranlassen, sofern die Nachteile nicht ausgleichbar sind und ausgeglichen werden (§ 311 AktG). Um die Wahrung dieser Grenzen zu dokumentieren, muß jährlich ein Abhängigkeitsbericht erstellt werden, in dem die konzerninternen und konzernveranlaßten Transaktionen der abhängigen Gesellschaft dargestellt und bewertet werden (§ 312 AktG). Ab einer bestimmten Intensität der Konzernverflechtungen können allerdings die einzelnen Veranlassungen und ihre Wirkungen nicht mehr isoliert und die Eigeninteressen der abhängigen Gesellschaft als Bewertungsmaßstab nicht mehr definiert werden. Der einfache faktische Konzern geht dann in den qualifiziert faktischen Konzern mit der Folge über, daß eine Reihe von Schutzvorschriften des Vertragskonzerns analog angewendet werden (vgl. zu den besonders aktuellen Sonderproblemen des qualifiziert faktischen Konzerns z.B. Hirte 1992; Hommelhoff/Stimpel/Ulmer 1992; Emmerich/Sonnenschein 1993, S. 389 ff.).

Personelle Verflechtungen als drittes Instrumentarium zur Gestaltung von Unternehmungsverbindungen beruhen auf der Besetzung von Organpositionen mehrerer Konzernunternehmungen mit denselben Personen. Neben der klassischen Entsendung von Vertretern der herrschenden Unternehmung in Anteilseigner- und Überwachungsorgane der abhängigen Gesellschaft haben in der Praxis vor allem Konstruktionen Bedeutung erlangt, die unter dem Stichwort *Vorstands-Doppelmandate* bekannt geworden sind. Bei dieser Lösung gehören Mitglieder des Leitungsorgans der herrschenden Konzernunternehmung zugleich dem Leitungsorgan eine abhängigen Unternehmung an. Diese Modelle ermöglichen aufgrund der (wenigstens teilweisen) Personalunion zwischen Managementpositionen in verschiedenen Konzernunternehmungen eine besonders enge Verzahnung der Unternehmungen. Sie werfen (deshalb) aber auch gravierende Rechtsprobleme auf (vgl. näher Decher 1990; v. Werder 1989a).

Nach der Anzahl der Konzernstufen schließlich lassen sich zweistufige und mehrstufige Unternehmungsverbindungen unterscheiden. *Zweistufige Konzerne* bestehen lediglich aus einer herrschenden Unternehmung (Muttergesellschaft) sowie aus einem oder mehreren abhängigen Unternehmungen (Tochtergesellschaften), an denen die Muttergesellschaft direkt beteiligt ist. In *mehrstufigen Konzernen* erstrecken sich die Beteiligungen hingegen über mindestens drei Ebenen, so daß die Konzerntöchter ihrerseits an Enkelgesellschaften beteiligt sind und die Konzernenkel Beteiligungen an Urenkelgesellschaften usw. halten können.

2. Vertikale und horizontale Unternehmungsprofile

Unter strukturellen Aspekten lassen sich Konzerne danach typisieren, wie das Beziehungsgefüge zwischen den organisatorischen Einheiten (Stellen, Abteilungen, Bereiche etc.) und den rechtlichen Einheiten (Konzerngesellschaften) der Gesamtunternehmung ausgestaltet ist. Dieses Zusammenspiel zwischen den organisatorischen und den rechtlichen Subsystemen kann durch das individuelle Unternehmungsprofil eines Konzerns abgebildet werden, das die jeweilige Zahl der Konzerngesellschaften sowie den Verlauf ihrer um die Organisationseinheiten gezogenen Gesellschafts- bzw. Rechtsformgrenzen aufzeigt. In Anbetracht der praktisch unbegrenzten Menge möglicher Profiltypen können zur Bildung diesbezüglicher Konzerntypen lediglich besonders markante Profilvarianten vorgestellt werden, die in Wissenschaft und Wirtschaft die größte Bedeutung haben. Dabei ist eine Differenzierung zwischen alternativen Typen vertikaler und horizontaler Unternehmungsprofile bzw. Profilelemente zweckmäßig (vgl. v. Werder 1986a, S. 332 ff.).

In *vertikaler* Hinsicht ist zunächst zu beachten, daß Tochtergesellschaften (und analog die im weiteren ausgeklammerten Enkelgesellschaften usw.) - bei konstanter juristischer Beteiligungsbeziehung zwischen Muttergesellschaft und Konzerntöchtern - hierarchisch höher oder niedriger in den Unternehmungsaufbau „eingehängt“ werden können (vgl. Abbildung 1). Bei vergleichsweise hoher hierarchischer Positionierung decken Konzerntöchter (wie Tochtergesellschaft 1 in Abbildung 1) tendenziell größere organisatorische Teilkomplexe des Gesamtsystems ab als bei relativ niedriger Position. Dieser Zusammenhang hat eine unmittelbare, mitunter nicht hinreichend beachtete Bedeutung für das Gewicht, das einer Tochtergesellschaft im Rahmen des Konzernmanagement beizumessen ist. So ist es z.B. bei rechtlicher Verselbständigung einer kleinen Organisationseinheit (wie im Fall der Tochtergesellschaft 2 in Abbildung 1) ungeachtet der direkten Beteiligung der Konzernmutter an der Tochtergesellschaft nicht selten zu aufwendig, wenn Mitglieder des Leitungsorgans der Muttergesellschaft persönlich die Anteilseigner- und Aufsichtsfunktionen bei der Tochter ausüben.

Auf den Gedanken der hierarchischen Positionierung lassen sich letztlich auch die beiden wichtigen Strukturkonzepte des Stammhaus- und des Holdingkonzerns zurückführen (vgl. Abbildung 1). Der *Stammhauskonzern* zeichnet sich dadurch aus, daß die Rechtsformgrenze zwischen Muttergesellschaft und Konzerntöchtern eher uneinheitlich und niedrig gezogen ist.

Dies bedeutet, daß operative Produktions- und Absatzaktivitäten der Unternehmung auch und oft sogar überwiegend in der Muttergesellschaft als Stammhaus stattfinden und den Töchtern mehr oder minder Satellitencharakter zukommt. Im Fall des *Holdingkonzerns* verläuft die gesellschaftsrechtliche Trennlinie zwischen Konzernmutter und Tochtergesellschaften hingegen tendenziell einheitlich auf einer vergleichsweise hohen Ebene der Unternehmungshierarchie. Sie bringt damit zum Ausdruck, daß sich die Muttergesellschaft im wesentlichen auf die strategische Leitung des Konzerns konzentriert. Die operativen Aktivitäten hingegen werden somit grundsätzlich in den Tochtergesellschaften abgewickelt. Dem Holdingkonzept, das in der Praxis zunehmende Verbreitung gewinnt, werden eine Reihe von Vorteilen für die rechtliche Einkleidung großer und diversifizierter Unternehmungen zugeschrieben (vgl. z.B. Bühner 1992, insb. S. 43 ff.). Die herausgestellten Konsequenzen knüpfen allerdings häufig schon am Tatbestand der juristischen Verselbständigung bestimmter Subsysteme als solchem an und sind dann weniger im speziellen Profittyp der Holding begründet (vgl. auch Abschnitt C. 2).

In der *horizontalen* Perspektive können Unternehmungsprofile danach klassifiziert werden, ob die Konzerngesellschaften teilbereichskongruent oder teilbereichsübergreifend angelegt sind. Bei *teilbereichskongruenter* Verselbständigung fallen die Grenzen organisatorischer Subsysteme und rechtlicher Einheiten zusammen (siehe TG 3 und TG 5 in Abbildung 1). Im Fall der *teilbereichsübergreifenden* Verselbständigung hingegen werden - wie durch TG 4 in Abbildung 1 - mehrere (zunächst) getrennte organisatorische Einheiten gemeinsam von einer einheitlichen Rechtsformgrenze umschlossen. Bereichskongruente Unternehmungsprofile verkörpern den gesetzlich vorgesehenen Normalfall des Konzerns und sind vergleichsweise komplikationsfrei. Bereichsübergreifende Profile hingegen haben z.T. gravierende organisatorische und juristische Konsequenzen zur Folge, die letztlich eine Umstrukturierung zur Synchronisation der Organisations- und Rechtsstruktur nahelegen können (vgl. näher v. Werder 1986b)

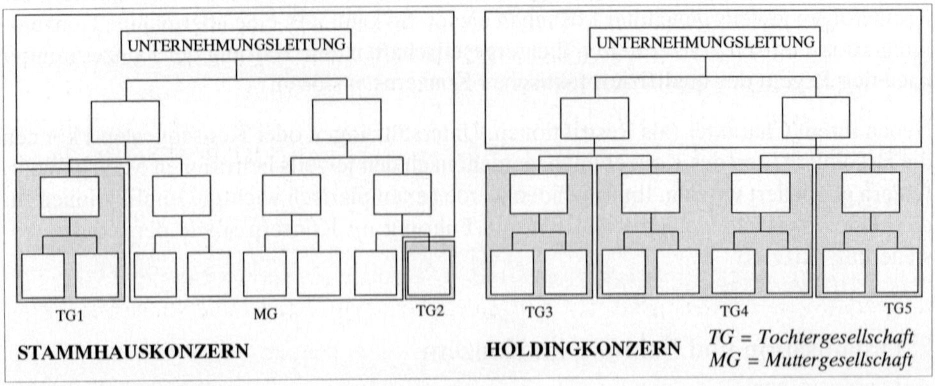

Abbildung 1: Alternative Unternehmungsprofile

C. Konzernmanagement: Betriebswirtschaftliche Implikationen des Konzerns

1. Prinzipielle Arten rechtsnorminduzierter Managementimplikationen

Wie einleitend bereits ausgeführt wurde, beruhen die Managementbesonderheiten der Konzernunternehmung streng genommen auf den Rechtsnormen, die im Gegensatz zur Einheitsunternehmung nur bzw. zusätzlich im Konzern aufgrund seiner juristischen Untergliederung eingreifen. Implikationen rechtlicher Vorschriften für manageriale Gestaltungsmaßnahmen allgemein und damit auch speziell für das Konzernmanagement lassen sich generell einteilen in rechtsnorminduzierte Restriktionen, Unterstützungen und Konsequenzen der Gestaltung (vgl. v. Werder 1986a, S. 48 ff.). *Rechtsnorminduzierte Restriktionen* trennen die juristisch zulässigen von den unzulässigen Gestaltungsalternativen und schränken damit den Aktionsraum der korrekt geführten Unternehmung ein. Ein Beispiel bilden die bereits angerissenen Einflußnahmeschranken, die nach §§ 311 ff. AktG gegenüber faktisch konzernierten Tochtergesellschaften einzuhalten sind und in entsprechenden Konzernformen einer Zentralisation von Entscheidungskompetenzen entgegenstehen (vgl. Abschnitt 2). *Rechtsnorminduzierte Unterstützungen* liegen vor, wenn Managementmaßnahmen durch den vom Gesetz gewährten Rechtsschutz praktisch überhaupt erst ermöglicht werden oder sich zumindest über das zur Verfügung gestellte rechtliche Instrumentarium juristisch absichern lassen. Zu denken ist bspw. an das beherrschungsvertragliche Weisungsrecht, das verbindliche Anordnungen auch tochterschädlicher Aktionen gestattet und damit eine erhebliche Entscheidungszentralisation im Vertragskonzern erleichtert. Während Restriktionen und Unterstützungen das Bündel managerialer Gestaltungsmöglichkeiten umgrenzen, die zulässigerweise sowie mit ausreichender Aussicht auf Durchsetzbarkeit wählbar sind, schlagen sich in *rechtsnorminduzierten Konsequenzen* die Rechtsfolgen jeweils gewählter Lösungen nieder. So kann z.B. eine übermäßige Konzernintegration faktisch konzernierter Tochtergesellschaften eine Haftung der Konzernmutter nach den Regeln des qualifiziert faktischen Konzerns auslösen.

Neben ihrem Charakter (als Restriktionen, Unterstützungen oder Konsequenzen) können die Besonderheiten des Konzernmanagement nach den jeweils betroffenen Managementfeldern gegliedert werden. Im folgenden werden exemplarisch wichtige Implikationen für die beiden Bereiche der Organisation und Führung im Konzern sowie der Konzernbesteuerung skizziert.

2. Organisation und Führung im Konzern

Die Kernprobleme des Konzernmanagement resultieren aus dem grundsätzlichen Spannungsverhältnis zwischen (wirtschaftlicher) Einheit und (rechtlicher) Vielheit im Konzern (vgl. Bälz 1974). Für die Gestaltung konzerninterner Organisationsstrukturen und Führungssysteme bedeutet dies, daß einer Koordination der Unternehmungsaktivitäten im Sinne der Zielsetzungen der Hierarchiespitze bzw. Konzernmutter mehr oder weniger ausgeprägte *Zentrifugalkräfte* entgegenwirken. Dabei variiert die Stärke dieser Zentrifugalkräfte in hohem Maße mit dem jeweils vorliegenden Typus des Konzerns. Im folgenden werden diese Zusammenhänge anhand je eines Beispiels für die juristisch und die strukturell definierten Konzerntypen veranschaulicht.

Betrachtet man den organisatorisch zentralen Gestaltungskomplex der *vertikalen Verteilung von Entscheidungskompetenzen* im Konzern, so ist eine Unterscheidung zwischen Rahmenentscheidungen und Folgeentscheidungen zweckmäßig (vgl. zum folgenden v. Werder 1989b). Unter Rahmenentscheidungen sind diejenigen Vorgaben zu verstehen, die - wie etwa die Allokation des Jahresbudgets einer Unternehmung mit divisionalem Organisationsmodell auf die einzelnen Sparten - aus Koordinationsgründen nicht auf die jeweils nachgelagerten Entscheidungseinheiten übertragen werden können, ohne den Bestand der Unternehmung als einheitliches Handlungssystem zu bedrohen. Demgegenüber können Folgeentscheidungen, die - wie z.B. Investitionsbeschlüsse im Rahmen zugewiesener Budgets - den durch Rahmenentscheidungen umgrenzten Entscheidungsspielraum ausfüllen, im Prinzip (mehr oder weniger intensiv) von der übergeordneten oder der untergeordneten Einheit getroffen werden. Unter Zugrundelegung der beiden Entscheidungskategorien lassen sich drei grobe Zentralisations- bzw. Delegationsalternativen abgrenzen. Der Delegationsgrad vom Typ A bildet den Extremfall der vollkommenen Zentralisation ab, bei dem einer nachgelagerten Organisationseinheit (hier: Tochtervorstand) keinerlei Entscheidungsautonomie eingeräumt wird. Der Delegationsgrad vom Typ B ist dadurch gekennzeichnet, daß die Folgeentscheidungen teils von der übergeordneten (hier: Vorstand der Konzernmutter), teils von der untergeordneten Einheit getroffen werden. Beim Delegationstyp C schließlich beschränkt sich die übergeordnete Einheit auf die Rahmenentscheidungen für die nachgelagerte Einheit, der somit sämtliche Folgeentscheidungen obliegen.

Welche dieser Delegationsalternativen im Konzern offenstehen, hängt nun vor allem von der Beteiligungsquote, der Rechtsform der Konzernunternehmung und der Konzernform der Unternehmungsverbindungen ab. Beschränkt man sich aus Gründen des Umfangs auf AG-Konzerne mit 100%-igen Beteiligungen, so ist festzustellen, daß im faktischen Konzern lediglich eine Delegation vom Typ C zulässig ist, während im Vertragskonzern daneben auch nach Maßgabe von Typ B zentralisiert werden darf und eine vollständige Zentralisation im Sinne von Typ A in beiden Konzernformen ausscheidet. Für straff geführte AG-Konzerne, die eine Fülle tochterbezogener Entscheidungen bei der Konzernmutter konzentrieren, kommt damit aus Rechtsgründen lediglich der Vertragskonzern in Betracht. Soll ein Konzern dagegen betont dezentral organisiert werden, so eignen sich hierfür die faktische und die vertragliche Konzernform im Grundsatz gleichermaßen. Der faktische Konzern weist insoweit lediglich, aber auch immerhin den Vorzug auf, daß eine stärkere Zentralisation auch gar nicht erlaubt ist und eine dezidierte Delegationsmaxime daher rechtlich unterstützt wird. Im Vertragskonzern hingegen wäre durch das bestehende, wenn auch keineswegs zwingend auszuübende Weisungsrecht eine Rezentralisation von der Tochterebene auf die Ebene der Muttergesellschaft zumindest juristisch unbedenklich.

Die Abhängigkeiten der konzerninternen Zentrifugalkräfte vom jeweiligen Unternehmungsprofil lassen sich sowohl durch einen Vergleich des Stammhauskonzerns mit dem Holdingmodell als auch anhand einer Gegenüberstellung der teilbereichskongruenten und der teilbereichsübergreifenden rechtlichen Verselbständigung aufzeigen.

Im Stammhauskonzern betreibt die Muttergesellschaft (meist in erheblichem Umfang) eigene *operative Produktions- und Absatzaktivitäten*. Infolgedessen kommt der Konzernmutter hier ein vergleichsweise größeres Gewicht zu als im Fall der Holdingkonstruktion, bei der sich die Muttergesellschaft im Kern auf die *strategischen Weichenstellungen* beschränkt. Vor diesem Hintergrund darf angenommen werden, daß die Durchsetzungsfähigkeit der Konzernmutter in der Stammhausvariante der Tendenz nach recht groß ist, während im Holdingfall die Konzerntöchter vergleichsweise selbstbewußt auftreten. Die zu Lasten der Muttergesellschaft verschobenen Kräfteverhältnisse im Holdingkonzern müssen allerdings (wie Zentrifugalkräfte generell) nicht per se als nachteilig eingestuft werden. Nach einer verbreiteten Auffassung liegt einer der entscheidenden Organisations- und Führungsvorteile der Holding vielmehr gerade darin, daß eine ausgewogenere Berücksichtigung der Belange aller Geschäftsfelder einer Unternehmung durch die Aufhebung der unternehmungspolitischen Dominanz der stammhausinternen Aktivitäten gefördert wird (vgl. z.B. Scheffler 1992, S. 21 f.; Keller 1990, S. 91 u. S. 154 ff.).

Die Bedeutung der teilbereichskongruenten oder -übergreifenden Form von Unternehmungsprofilen für die Steuerung der Konzernaktivitäten resultiert (u.a.) daraus, daß sich nur teilbereichkongruente Konzerngesellschaften (auch) nach dem Modell des Einliniensystems führen lassen. Teilbereichsübergreifende Profilelemente erfordern hingegen aus juristischen Gründen jeweils stets die Etablierung von *Mehrliniensystemen*. Da Mehrliniensysteme im Prinzip mit einem Zuwachs der in den Führungsprozeß eingebrachten Perspektiven verbunden sind, werden die Zentrifugalkräfte bei fehlender Bereichskongruenz der rechtlichen Verselbständigungen tendenziell höher ausfallen. Auch hier gilt allerdings, daß dieser Effekt nicht pauschal als positiv oder negativ qualifiziert werden kann. Vielmehr sind neben Situationen, in denen die rechtsnorminduzierten Mehrliniensysteme zweifelsohne übermäßige Führungsfriktionen bewirken, durchaus auch Fälle denkbar, in denen eine größere Perspektivenvielfalt willkommen ist.

3. Besteuerung im Konzern

Das konzerncharakteristische Spannungsverhältnis zwischen Einheit und Vielheit ist deutlich auch im steuerlichen Bereich wirksam (zur Konzernbesteuerung vgl. Rose 1992, S. 177 ff.; Theisen 1991, S. 391 ff.; Scheffler 1992, S. 179 ff.). Wenn man sich wie hier auf deutsche Kapitalgesellschaftskonzerne konzentriert, so unterliegen im Grundsatz die einzelnen Konzerngesellschaften als selbständige Steuersubjekte der Besteuerung und nicht die wirtschaftliche Einheit Konzernunternehmung. Die Anknüpfung an den einzelnen rechtlichen Einheiten kann allerdings ohne spezielle Vorkehrungen zu erheblichen Mehrbelastungen von Ertrag und Substanz der Unternehmung führen. Das geltende Steuerrecht kennt daher eine Reihe von Durchbrechungen dieses Grundsatzes, die dem wirtschaftlichen Verbund der einzelnen Gesellschaften Rechnung tragen. Dabei haben sich mit der Steueranrechnung, dem Schachtelprivileg und der Organschaft im wesentlichen drei verschiedene steuerrechtstechnische Instrumente zur *Beseitigung oder Milderung von Mehrfachbelastungen* im Konzern herausgebildet. Im folgenden werden die einschlägigen Regelungen kurz für die Körperschaftsteuer (KSt), die Gewerbeertragsteuer (GewESt), die Gewerbekapitalsteuer (GewKSt) und die Vermögensteuer (VSt) als wichtigsten Ertrag- und Substanzsteuerarten umrissen.

Im Bereich der KSt findet das generelle *Anrechnungsverfahren* nach §§ 27 ff. KStG Anwendung, sofern nicht die speziellen Voraussetzungen der körperschaftsteuerlichen Organschaft nach §§ 14 ff. KStG erfüllt sind. Im ersten Fall wird die auf Gewinnausschüttungen der Tochtergesellschaften entfallende (reduzierte) KSt der Töchter zuzüglich der zu entrichtenden Kapitalertragsteuer auf die KSt der Konzernmutter für die empfangenen Dividenden angerechnet. Das Anrechnungsverfahren bewirkt damit im Ergebnis, daß thesaurierte (ausgeschüttete) Gewinne von Konzerntöchtern nur auf der Tochterebene (Mutterebene) belastet werden. Im Fall der körperschaftsteuerlichen Organschaft hingegen werden die Einkommen der verbundenen Konzerngesellschaften zwar zunächst (ebenfalls) getrennt ermittelt, sodann jedoch bei der Muttergesellschaft (Organträger) zusammengerechnet und nur dort besteuert. Die Anerkennung einer solchen Organschaft, die gegenüber der Steueranrechnung u.a. Vorteile beim konzerninternen Verlustausgleich bieten kann, setzt allerdings die finanzielle, organisatorische und wirtschaftliche Eingliederung der (abhängigen) Konzerngesellschaft(en) (Organgesellschaften) in den Organträger sowie jeweils einen wirksam abgeschlossenen Gewinnabführungsvertrag voraus. Sie kommt somit nur für entsprechend strukturierte Konzerntypen in Betracht.

Die GewESt greift zur Berücksichtigung des Konzernverbunds ebenso wie die GewKSt entweder auf das Institut des Schachtelprivilegs oder der Organschaft zurück. Das *Schachtelprivileg* setzt ab einer mindestens 10%-igen Beteiligung ein und stellt Gewinnausschüttungen der Konzerntöchter sowie den Wert der betreffenden Beteiligungen auf der Ebene der Muttergesellschaft durch entsprechende Kürzungen der Bemessungsgrundlagen von der GewESt bzw. GewKSt frei (§§ 9 Nr. 2a; 12 Abs. 3 Nr. 2a GewStG für Tochterkapitalgesellschaften). Die gewerbesteuerliche *Organschaft* bedingt im Unterschied zur Situation bei der KSt lediglich die dreifache (finanzielle, organisatorische und wirtschaftliche) Eingliederung, so daß auf den Abschluß eines Gewinnabführungsvertrags hier verzichtet werden kann. Organgesellschaften gelten gemäß § 2 Abs. 2 Satz 2 GewStG als Betriebsstätten des Organträgers, deren Gewerbeerträge und Gewerbekapitalien wiederum zwar getrennt zu ermitteln, jedoch beim Organträger zusammenzurechnen sind.

Für Zwecke der VSt schließlich (sowie auch für die GewKSt teilweise parallel zum GewStG) kann das in § 102 Abs. 1 BewG normierte Schachtelprivileg genutzt werden. Es setzt ebenfalls eine Anteilsquote von mindestens 10% voraus und bestimmt, daß diesbezügliche Beteiligungen nicht zum gewerblichen Betrieb der beteiligten Unternehmung gehören. Entsprechende Anteile an Tochtergesellschaften gehen danach nicht in den substanzsteuerlich relevanten Einheitswert der Konzernmutter ein.

Der notwendig nur skizzenhafte Durchgang durch das Konzernsteuerrecht macht immerhin deutlich, daß die steuerartspezifischen Sonderregelungen zwar den Grundsatz der Anknüpfung am rechtlichen Steuersubjekt (Konzerngesellschaft) recht weitgehend durchbrechen und zumindest eklatante Mehrfachbelastungen unterbinden. Der Tatbestand der wirtschaftlichen Einheit im Konzern findet allerdings keineswegs lückenlos Beachtung. Hieraus sowie namentlich auch aus den komplexen Regelungen der internationalen Besteuerung ergeben sich für das Konzernsteuermanagement eine Fülle von Ansatzpunkten zur *Belastungsoptimierung*.

Literatur

BÄLZ, U.: Einheit und Vielheit im Konzern, in: Funktionswandel der Privatrechtsinstitutionen, hrsg. v. F. Baur et al., Tübingen 1994, S. 287-338.

BLEICHER, K.: Konzernorganisation, in: HWO, hrsg. v. E. Frese, 3. Aufl., Stuttgart 1992, Sp. 1151-1164.

BÜHNER, R.: Management-Holding. Unternehmensstruktur der Zukunft, 2. Aufl., Landsberg a. Lech 1992.

DECHER, C. E.: Personelle Verflechtungen im Aktienkonzern. Loyalitätskonflikt und qualifizierter faktischer Konzern, Heidelberg 1990.

EMMERICH, V.; SONNENSCHEIN, J.: Konzernrecht, 5. Aufl., München 1993.

FRESE, E.: Unternehmungsführung, Landsberg a. Lech 1987.

HIRTE, H. (HRSG.): Der qualifizierte faktische Konzern, Köln 1992.

HOFFMANN, F. (HRSG.): Konzernhandbuch, Wiesbaden 1993.

HOMMELHOFF, P.; STIMPEL, W.; ULMER, P.: Heidelberger Konzernrechtstage. Der qualifizierte faktische GmbH-Konzern, Köln 1992.

KELLER, T.: Unternehmungsführung mit Holdingkonzepten. Wege in ein Holdingkonzept, 2. Aufl., Köln 1993.

KLEINDIEK, D.: Strukturvielfalt im Personengesellschafts-Konzern. Rechtsformspezifische und rechtsformübergreifende Aspekte des Konzernrechts, Köln et al. 1991.

ROSE, G.: Betriebswirtschaftliche Steuerlehre. Eine Einführung für Fortgeschrittene, 3. Aufl., Wiesbaden 1992.

SCHEFFLER, E.: Konzernmanagement. Betriebswirtschaftliche und rechtliche Grundlagen der Konzernführungspraxis, München 1992.

SCHNEIDER, U.: Die Personengesellschaft als verbundenes Unternehmen. Prolegomena zu einem Konzernrecht für Personengesellschaften, in: ZGR, 4. Jg. (1975), S. 253-293.

THEISEN, M.R.: Der Konzern. Betriebswirtschaftliche und rechtliche Grundlagen der Konzernunternehmung, Stuttgart 1991.

WERDER, A.v.: Organisationsstruktur und Rechtsform. Implikationen juristischer Vorschriften für die Organisation aktienrechtlicher Einheits- und Konzernunternehmungen, Wiesbaden 1986.

WERDER, A.v.: Die Führungsorganisation in der GmbH. Grundtypen und Konsequenzen, in: DBW, 47. Jg. (1987), S. 151-164.

WERDER, A.v.: Vorstands-Doppelmandate im Konzern, in: DBW, 49. Jg. (1989a), S. 37-54.

WERDER, A.v.: Delegation im Konzern. Rechtlicher Gestaltungsspielraum und organisatorische Konsequenzen im Vergleich zur Einheitsunternehmung, in: BFuP, 41. Jg. (1989b), S. 410-426.

WERDER, A.v.: Rechtsformenwahl als Element der Unternehmensverfassung, in: Betriebshütte, hrsg. v. W. Eversheim u. G. Schuh, Heidelberg et al. 1995 (im Druck).

Jörg Sydow

Unternehmungsnetzwerke

A. Unternehmungsnetzwerke und Netzwerkunternehmungen

Unternehmungen sind bis in die jüngste Zeit durch horizontale, vertikale und/oder laterale Diversifikation gewachsen. Dabei hat das Management auf die Ausnutzung von Economies of Scale und Scope sowie von sog. Synergieeffekten gesetzt. Zu oft schon haben sich diese an die Diversifikation geknüpften Erwartungen nicht realisieren lassen. Selbst das vor allem im Fall lateraler Diversifikation bemühte Argument der Risikostreuung scheint nicht zu tragen, bieten sich Unternehmungen hierfür doch effizientere Instrumente.

Nach Produktionsausweitung und vertikaler Integration sowie nach horizontaler oder lateraler Diversifikation und der mit ihr verbundenen Divisionalisierung der Unternehmung ist deshalb in jüngster Zeit bei vielen Unternehmungen eine andere Strategie zu beobachten. In Abkehr von vertikaler Integration und Diversifikation beginnen Unternehmungen, sich auf ihre Kernkompetenzen zu konzentrieren und dezentralere Formen der Unternehmungsorganisation zu verwirklichen (vgl. Bühner 1989). Beim Streben nach dezentralen und zugleich schlankeren Strukturen ist für viele Unternehmungen dabei nicht nur ein simples „downsizing" oder „demassing" angezeigt, sondern vielmehr ein intelligentes „downscoping" (vgl. Hoskisson/Hitt 1994).

1. Formen dezentraler Unternehmungsorganisation

Das Spektrum der im Zusammenhang mit der Konzentration auf Kernkompetenzen auftretenden dezentraleren Organisationsformen ist weit: Es reicht von einer konsequenten Verwirklichung des *Profit Center-Konzepts* über die Entwicklung von *Holdingstrukturen* bis hin zur Substitution intern-hierarchischer Strukturen durch eine *Netzwerkorganisation*. Letzterer kommt vor dem Hintergrund aktueller Reduzierungen der Leistungstiefe besondere Bedeutung zu.

Umgekehrt vermeiden Unternehmungen bei der Orientierung an ihren Kernkompetenzen zunehmend eine Unternehmungs*konzentration* - und damit eine vollständig hierarchische Integration. Statt dessen setzen sie auf Unternehmungs*kooperation* durch Bildung z.B. Strategischer Allianzen (vgl. Bea 1988), sofern rein marktlich organisierte Transaktionen den Anforderungen nicht genügen oder der Markt aus anderen Gründen (z.B. bei der Übertragung nicht kodifizierbaren Wissens) versagt.

In beiden Fällen, der partiellen Ausgliederung (oder Quasi-Externalisierung) betrieblicher Funktionen ebenso wie der Unternehmungskooperation bei Vermeidung einer vollständigen Integration (Quasi-Internalisierung), entsteht eine Organisationsform, die als *Unternehmungsnetzwerk* bezeichnet wird (vgl. z.B. Miles/Snow 1986; Thorelli 1986; Sydow 1992). Unternehmungsnetzwerke stellen eine intermediäre Organisationsform ökonomischer Aktivitäten zwischen Markt und Hierarchie dar, „die sich durch komplex-reziproke, eher kooperative denn kompetitive und relativ stabile Beziehungen zwischen rechtlich selbständigen, wirtschaftlich jedoch zumeist abhängigen Unternehmungen auszeichnet" (Sydow 1992, S. 82). Zwar wird der Grad wirtschaftlicher Selbständigkeit durch die Organisation der Beziehungen innerhalb des Netzwerkes tendenziell eingeschränkt; zumindest formell aber bleibt eine gewisse wirtschaftliche Selbständigkeit der Netzwerkunternehmungen gewahrt.

Nicht zuletzt diese eingeschränkte Selbständigkeit, vor allem aber die soziale Organisiertheit der Beziehungen zwischen den Netzwerkunternehmungen erlaubt faktisch eine Kontrolle *externer* Ressourcen, die bei einer vollständigen Funktionsexternalisierung nicht möglich und bei einer vollständigen Funktionsinternalisierung nicht nötig wäre.

2. Praktische Beispiele für Unternehmungsnetzwerke

Auch wenn Unternehmungsnetzwerke heute vielfach noch mehr Konzept denn Realität strategischer Unternehmungsführung sind, belegen zahlreiche Beispiele aus der Praxis die zunehmende Popularität dieser Organisationsform. Unternehmungsnetzwerke finden sich etwa bei

- der Kooperation hochspezialisierter kleinerer und mittlerer Unternehmungen in bestimmten Regionen, sog. „industrial districts" wie dem Silicon Valley, der Emilia Romagna oder Baden-Württemberg (vgl. Piore/Sabel 1985; Voßkamp/Wittke 1994),
- im Falle der an japanischen Leitbildern (Stichwort: „keiretsu") orientierten Neugestaltung der Zusammenarbeit von Automobilherstellern mit System- und Sublieferanten (vgl. Sydow 1992) oder
- bei Franchisingnetzwerken, die immer häufiger an die Stelle intern-hierarchisch organisierter Arbeitsbeziehungen, z.B. in Warenhäusern (vgl. Wirth 1994), treten.

Ein besonders eindrucksvolles und zugleich erfolgreiches Beispiel eines Unternehmungsnetzwerkes aus dem Finanzdienstleistungsbereich sei im folgenden etwas ausführlicher beschrieben.

Marschollek, Lautenschläger und Partner (MLP), 1969 als Versicherungsmaklerunternehmung gegründet, 1984 in eine AG umgewandelt und 1993 in eine neu geschaffene MLP-Holding eingegliedert, gilt heute mit über 110.000 Kunden und einem Umsatz von DM 138 Mio. als der im bundesrepublikanischen Privatgeschäft führende unabhängige Vermittler von Finanzdienstleistungen. Bei genauerer Betrachtung stellt MLP ein strategisches Netzwerk dar, in dem derzeit 495 selbständige Vermittler zusammengeschlossen sind und das von einer fokalen Unternehmung, MLP-Finanzdienstleistungen AG, auf der Grundlage des Konzepts kontrollierter Autonomie strategisch geführt wird. Bei deutlich asymmetrischer Verteilung der Ressourcen können die Berater nur deshalb als kompetente Vermittler am Markt agieren, weil die fokale Unternehmung die Organisierung des Netzwerkes übernimmt, den Vermittlern den Zugriff auf Wissen und Dienstleistungen sowie den Zugang zu leistungsfähigen Anbietern von Finanzdienstleistungen gewährt. Die rechtliche Unterscheidung der in dem Netzwerk zusammenarbeitenden Unternehmungen verschwimmt praktisch, wenn zum einen die einzelnen, wirtschaftlich von der fokalen Unternehmung weitgehend abhängigen Vermittler räumlich in einer der 44 Geschäftsstellen zusammenarbeiten und sich selbst mehr als MLP-Mitarbeiter denn als selbständige Unternehmer begreifen. Zum anderen sind die Grenzen der einzelnen Unternehmungen des

MLP-Netzwerkes auch deshalb verschwommen, weil sich die Beziehungen zwischen den Netzwerkunternehmungen durch ein hohes Maß an sozialer Organisiertheit auszeichnen. Diese äußert sich nicht nur in den vielfältigen unternehmungsübergreifenden Gremien (z.B. für Produktinnovation) und den netzwerkweiten Planungs- und Budgetierungsverfahren, sondern auch in der massiven Nutzung interorganisationaler Informationssysteme (vgl. dazu ausführlich Sydow et al. 1995).

3. Grenzfälle: „hollow organization" und „virtual corporation"

Dieses Beispiel macht deutlich, daß im Zuge der Vernetzung von Unternehmungen die Organisationsgrenzen immer unschärfer werden; dies um so mehr, wenn Unternehmungen auch intern eine Netzwerkorganisation bilden (vgl. Sydow 1995). In Konsequenz der Entgrenzung und Vernetzung von Unternehmungen lösen sich Unternehmungen als Institution gleichsam auf, werden zur „hollow organization" (vgl. o.V. 1986) oder zur „virtual corporation" (vgl. Davidow/Malone 1992).

Der erste Begriff spielt darauf an, daß eine Netzwerkunternehmung im Extremfall alle Funktionen bis auf die Funktion der Koordination und Führung eines Netzwerkes quasi externalisiert hat: Diese Unternehmung kauft Produktideen auf, läßt die Produktion von Subkontrakt-Unternehmungen ausführen und organisiert die Distribution mittels selbständiger, gleichwohl in das Netzwerk (z.B. mittels Franchising) eingebundener Absatzmittler. Eine solche Unternehmung reduziert letztlich ihre Funktion auf die eines *Brokers* (vgl. Miles/Snow 1986).

Der Begriff der virtuellen Unternehmung wird - wie der Begriff der „virtuellen Integration" (vgl. Voßkamp/Wittke 1994) - vor allem dann benutzt, wenn die Unternehmungsvernetzung (auch) auf der Nutzung *interorganisationaler Informationssysteme* beruht. Eine virtuelle Unternehmung erlaubt - idealiter - eine kundenspezifische Produktion und simultane Distribution von Gütern und Dienstleistungen zum Zeitpunkt der Nachfrage. Um dies zu ermöglichen, schließen sich die an der Produktion und Distribution beteiligten Unternehmungen temporär und virtuell mit Hilfe interorganisationaler Informationssysteme zusammen, so daß sie Kapazitäten und Kompetenzen anderer nutzen, ohne daß dem Kunden diese arbeitsteilige Leistungserbringung auch nur ansatzweise transparent wird (vgl. Klein 1994). Die virtuelle Unternehmung benötigt zur Erbringung dieser Leistungen im Hintergrund ein funktionsfähiges Unternehmungsnetzwerk.

B. Zwei Netzwerktypen: Regionale und strategische Netzwerke

Ist die Entwicklung eines Unternehmungsnetzwerkes - aus der Sicht zumindest einer der beteiligten Unternehmungen - strategisch motiviert, und wird das Netzwerk zudem von einer fokalen Unternehmung strategisch geführt, soll es als *strategisches Netzwerk* bezeichnet werden (vgl. Tarillo 1988). Strategisch meint die proaktive, vor allem von marktökonomischen Erfordernissen und technologischen Möglichkeiten bedingte und auf die Erschließung und dauerhafte Absicherung wettbewerbsrelevanter Potentiale gerichtete Organisation des Netzwerkes. Die strategische Führung äußert sich z.B. darin, daß - wie etwa im Falle MLP - der Markt, auf dem das strategische Netzwerk tätig ist, von einer fokalen Unternehmung definiert wird. Diese Unternehmung, unter den Bedingungen eines Käufermarktes zumeist ein Endprodukthersteller, eine Handels- oder sonstige Dienstleistungsunternehmung, bestimmt mehr als andere Art und Inhalt der Strategie, mit der dieser Markt bearbeitet wird, sowie über Form und Inhalt der Interorganisationsbeziehungen. Obwohl der polyzentrische Charakter des Netzwerkes grundsätzlich erhalten bleibt, betreibt die fokale Unternehmung eine Art strategische Metakoordination der ökonomischen Aktivitäten; sie steuert den Prozeß, der auch mit dem Begriff der „systemischen Rationalisierung“ (vgl. Altmann/Sauer 1989) belegt wird. Prototypen strategischer Netzwerke sind die erwähnten *Franchisingnetzwerke* und japanische *Keiretsu* (vgl. Sydow 1992).

Regionale Netzwerke zeichnen sich im Gegensatz zu strategischen, oft international orientierten Unternehmungsnetzwerken durch eine räumliche Agglomeration der dem Netzwerk angehörenden, zumeist kleineren und mittleren Unternehmungen aus. Die Interorganisationsbeziehungen in diesem Netzwerk sind nicht ganz so stabil wie in strategischen Netzwerken, weil sie - je nach Auftragslage - mal diesen, mal jenen Partner in der Region einbeziehen. Von strategischen Netzwerken unterscheiden sie sich durch eine andere Geschichte, insbesondere durch eine größere Bedeutung emergenter Strategien. Diese resultiert aus der polyzentrischeren Organisation von Entscheidungen, verbunden mit einer fehlenden strategischen Führerschaft. Prototypische regionale Netzwerke finden sich im mittleren Norditalien (insbesondere Emilia Romagna), in Südfrankreich, im Silicon Valley, im M 4 Korridor Englands sowie entlang der Route 128 in Massachusetts und in Baden-Württemberg (vgl. Piore/Sabel 1985).

Abbildung 1 faßt die unterschiedlichen Merkmale strategischer und regionaler Netzwerke zusammen. Dabei ist zu beachten, daß es sich sowohl beim regionalen als auch beim strategischen Netzwerk um Idealtypen handelt. Hinzu kommt, daß realiter beide Netzwerktypen miteinander verwoben sind. Dies wird an der Region Baden-Württemberg deutlich, wo strategische, z.B. von Mercedes-Benz geführte Netzwerke, mit regionalen Netzwerken nicht nur koexistieren, sondern auch kooperieren.

Strategische Netzwerke	Regionale Netzwerke
- Unternehmungen unterschiedlicher Größe - strategisch von einer Großunternehmung geführt - stabile Interorganisationsbeziehungen - räumlich (häufig auch international) verteilt - eher intentionale formale Struktur	- kleine und mittlere Unternehmungen - ohne strategische Führung durch eine einzelne Unternehmung - wechselnde Interorganisationsbeziehungen - räumlich konzentriert in einer Region - eher emergente, informale Struktur und Kultur

Abbildung 1: Regionale und strategische Netzwerke

C. Zur veränderten Rolle des Management in Unternehmungsnetzwerken

Die Entwicklung von Unternehmungsnetzwerken, von regionalen wie von strategischen Netzwerken, hat erhebliche Konsequenzen für Manager und Managerinnen. Veränderte Rollenanforderungen ergeben sich bspw. durch die häufigere, funktionsbereichsübergreifende und in strategischer Perspektive durchzuführende Leistungstiefenanalyse (vgl. Picot 1991). Damit verbunden sind ggfs. eine gezielte Partnersuche sowie eine anschließende Bestimmung der *optimalen Kopplungsintensität*. Veränderte Rollenanforderungen resultieren zudem aus

- der tendenziellen Enthierarchisierung der Netzwerkunternehmungen,
- dem Einsatz interorganisationaler Informationssysteme,
- den rechtlichen und ethischen Problemen der Zurechnung von Handlungen nicht mehr auf einzelne Unternehmungen, sondern auf Unternehmungsnetzwerke,
- der angesichts verstärkt marktlicher Elemente notwendig werdenden Umgestaltung von Controlling-Systemen und in
- der Umorientierung der Anreiz- und Karrieresysteme auf eine (auch) horizontale Mobilität im Netzwerk.

1. „Boundary spanning" und „networking"

Von zentraler Bedeutung für ein Management von Unternehmungsnetzwerken sind die dort mehr als in anderen Organisationsformen auftretenden *„boundary-spanning"*-Rollen. Boundary-spanning-Rollen dienen dem Zweck, eine Organisation funktional zu ihrer Umwelt in Beziehung zu setzen (vgl. Adams 1980). Diese Umwelt besteht nicht nur, aber vor allem, aus Organisationen und Interorganisationsbeziehungen. Je mehr eine Netzwerkunternehmung die Form einer *„hollow organization"* annimmt, desto mehr ist ein

Netzwerkmanagement mit einem boundary spanning verbunden, dessen zentrale Aufgabe in der Vernetzung komplementärer Kompetenzen der Netzwerkunternehmungen besteht.

Die Hauptaufgaben von Managern in diesen boundary-spanning-Rollen sind im einzelnen

- die Suche nach und die Weitergabe von Informationen innerhalb und außerhalb des strategischen Netzwerkes,
- die Transaktion sonstiger Inputs und Outputs,
- die Repräsentation der Netzwerkunternehmungen,
- das Aushandeln von Verträgen sowie die Überwachung ihrer Einhaltung,
- die Motivation und Kontrolle von Netzwerkunternehmungen (statt einzelner Mitarbeiter) und
- die Führung von Mitarbeitern, die ihrerseits boundary-spanning-Rollen bekleiden.

Die Wahrnehmung dieser und anderer Aufgaben erfolgt vor allem mittels der Entwicklung und Unterhaltung personaler Netzwerke, die die Grenzen der einzelnen Unternehmung transzendieren und die oft unter dem Begriff des „networking“ zusammengefaßt werden (vgl. Sydow 1995).

2. Externalisierung von Arbeit

Infolge von Quasi-Externalisierung und -Internalisierung entstehen nicht nur verstärkt „boundary-spanning“-Rollen, vielmehr führen beide Strategien auch zu einer Reduktion (bzw. Begrenzung) des Personalbestandes, auch und besonders im Bereich des mittleren Management. Denn Funktionsexternalisierung impliziert immer auch die Externalisierung von Arbeit, vor der ganz aktuell selbst das Management nicht mehr verschont bleibt (vgl. Rumpel 1994). Das verbleibende Personal allerdings hat gewöhnlich komplexere Aufgaben zu erfüllen und größere Verantwortung zu tragen. Zudem werden ihm eher generellere Qualifikationen, vor allem *politisches und diplomatisches Geschick* zur Entwicklung und Unterhaltung interorganisationaler Beziehungen abverlangt (vgl. Kanter 1989). Denn das Ausbalancieren divergenter, sich zudem häufig wandelnder Interessen in Unternehmungsnetzwerken, die Tolerierung doppelter Loyalitätsanforderungen, die Schaffung einer Vertrauensbasis, mit anderen Worten die Stabilisierung von Interorganisationsbeziehungen, stellt zusätzlich höhere Anforderungen an die (mikro-) politische Qualifikation des Management.

3. Politisierung des Management

Netzwerkmanagement impliziert nicht nur vermehrtes Management von Interdependenzen, eine inhärent politische Aufgabe, sondern auch die Verhandlung über die Definition und Redefinition der Grenzen nicht nur des Netzwerkes, sondern auch der einzelnen Unternehmungen - und damit der innerhalb einer Unternehmung auszuführenden Arbeit. Damit aber sind neben den Interessen des Management der Netzwerkunternehmungen auch die Interessen des übrigen *Personals* und der *Arbeitnehmervertretung* berührt (vgl. Wirth 1994). In Unternehmungen mit einer starken Arbeitnehmervertretung ist zu erwarten, daß von deren Seite einer Quasi-Externalisierung kaum weniger Widerstand entgegengesetzt wird als einer vollständigen Funktionsexternalisierung. Das Management wird darum bemüht sein, in politischen Verhandlungsprozessen die Legitimität einer solchen Handlung nach innen und außen durchzusetzen.

Verhandlungsgeschick und weitere politische Fähigkeiten werden von Managern in Unternehmungsnetzwerken auch deshalb verlangt, weil strategische Programme hier, anders als in hierarchischen Strukturen, nicht mehr mittels Weisung durchgesetzt werden können. Obgleich eine erfolgreiche Strategieimplementation auch in Unternehmungen eine gewisse *Konsensfindung* voraussetzt, ist sie in Unternehmungsnetzwerken wegen der relativen Autonomie der Netzwerkunternehmungen - also dem polyzentrischen Charakter des Netzwerkes - unabdingbare Voraussetzung.

Auseinandersetzungen über die Verteilung von Ressourcen, Autonomie und Führung, die Bildung von Koalitionen im Netzwerk und ggfs. der Machtverlust bestimmter Netzwerkunternehmungen (oder einzelner ihrer Subsysteme) sind Indikatoren einer entsprechenden Politisierung des Management. Zu dieser Politisierung trägt auch das für Unternehmungsnetzwerke typische *Auseinanderfallen von Kompetenz und Verantwortung* in dieser Organisationsform bei. Entgegen dem Postulat der betriebswirtschaftlichen Organisationslehre kann die für eine effiziente Organisation erforderliche Kongruenz von Kompetenz und Verantwortung in Unternehmungsnetzwerken nicht gewährleistet werden. Denn Manager tragen in dieser Organisationsform systematisch Verantwortung für Funktionen, die von rechtlich selbständigen und unter Umständen räumlich entfernten Netzwerkunternehmungen ausgeführt werden. In manchen Fällen wird deshalb die Verantwortung von interorganisationalen Teams getragen werden müssen, deren Einrichtung ihrerseits das Netzwerkmanagement politisiert. Insgesamt sind es vor allem die Manager, die die Folgen davon tragen, daß ein Unternehmungsnetzwerk ein „political organism“ (vgl. Thorelli 1986, S. 40) ist und daß eine weitere Politisierung des Management nicht aufzuhalten sein wird.

4. Denken in Netzwerken

Das Management von Unternehmungsnetzwerken stellt auch besondere *kognitive Anforderungen* an Manager. Netzwerkmanagement bezieht sich bspw. systematisch auf mehr Ebenen als das Management von Unternehmungen. Zusätzlich zur Ebene der einzelnen (Netzwerk-)Unternehmung und der unmittelbaren Ebene eigenen Handelns müssen Netzwerkmanager potentielle Kontingenzen auch auf der Netzwerkebene sowie auf der Ebene der Netzwerkumwelt wahrnehmen und in ihrer Handlungsrelevanz einschätzen. Das Management kann auch dabei von mehreren theoretischen Ansätzen profitieren, die zur Erklärung bzw. Interpretation der Evolution und Organisation von Unternehmungsnetzwerken herangezogen werden (vgl. die Übersicht bei Sydow 1992). Netzwerkmanagement erfordert demnach neuartige (auch implizite) Managementtheorien, Organisationsphilosophien und Organisationsbilder (vgl. Staehle/Sydow 1992). Beispielsweise gilt es, eine in ein strategisches Netzwerk eingebundene Unternehmung, wenn nicht als „hollow organization“, so doch als hyperoffenes System mit unklaren Grenzen, zu akzeptieren. Ein das Netzwerkmanagement leitendes Organisationsbild müßte statt der „je größer, desto besser"-Philosophie eine *veränderte Vorstellung von Wachstum* beinhalten und - in der Tendenz - die Größe des Kleinen betonen. Mehr als Manager im Fall rein marktlicher oder rein hierarchischer Organisationsformen müßten sich Netzwerkmanager einem „thinking in networks" (vgl. Mattsson 1987, S. 253 f.) verpflichtet fühlen. Dieses wäre einem tiefen Verstehen des Ganzen, des Funktionierens der Netzwerkunternehmungen im Netzwerk und des Netzwerkes in seiner Umwelt und damit einer systemischen Rationalisierung förderlich.

D. Unternehmungsnetzwerke - Chancen und Risiken

Sind die ökonomischen Erklärungen für die Entstehung bzw. zunehmende Verbreitung von Unternehmungsnetzwerken zutreffend (vgl. Siebert 1991), muß diese Organisationsform ökonomischer Aktivitäten unter den gegenwärtigen Bedingungen in vielen Branchen unter strategischen Gesichtspunkten als ausgesprochen chancenreich gelten. Hinzu kommt, daß Netzwerkorganisationen mehr als rein marktliche oder hierarchische Organisationsformen die Implementierung einer Strategie der Kostenführerschaft sowie einer gleichzeitigen Differenzierungsstrategie, vor allem aber auch den raschen *Strategiewechsel* im Sinne einer Outpacing-Strategie (vgl. Staehle 1994, S. 629 ff.), unterstützen dürfte. Schließlich zeichnen sich Unternehmungsnetzwerke durch *strategische Flexibilität* aus, die organisationale und interorganisationale Flexibilität miteinander kombiniert - gleichwohl in Abhängigkeit vom Ausmaß an Redundanz und der Enge der Kopplung (vgl. Staehle 1991).

Diesen unbestreitbaren strategischen Vorteilen steht gegenüber, daß Unternehmungsnetzwerke aufgrund ihrer Offenheit und Komplexität *schwer zu steuern* sind und - sieht man vom Fall der Franchisingnetzwerke oder MLP ab - eine einheitliche Identität, vergleichbar einer Corporate Identity, vermissen lassen. Die Organisationsform des Unternehmungsnetzwerkes zeichnet sich zudem durch mindestens drei Risiken aus, auf die zum Schluß hingewiesen werden soll: das Risiko der nur partiellen Systembeherrschung, das Risiko des Kompetenzverlustes und das Risiko der Abhängigkeit.

Unternehmungsnetzwerke sind sehr komplexe, polyzentrische Systeme, die ex definitione mehrere Steuerungszentren haben. Auch wenn eine Unternehmung das Netzwerk strategisch führt, kann es niemals vollständig gesteuert werden. Die im Vergleich mit organisationsinternen Subsystemen große Autonomie der Netzwerkunternehmungen ermöglicht zwar auf der einen Seite eine weitgehende Selbstorganisation des Systems und entlastet auf diese Weise das Management der fokalen Unternehmung. Auf der anderen Seite können gerade durch diese Selbstorganisation Prozesse angeregt werden, die das Netzwerk als Ganzes nicht mehr genügend steuerbar erscheinen lassen.

Die nur Quasi-Internalisierung und die Quasi-Externalisierung von Funktionen, vor allem aber eine radikale Funktionsexternalisierung, wie sie für die eingangs beschriebene „hollow organization" kennzeichnend ist, birgt das *Risiko des Kompetenzverlustes* in sich. Durch Externalisierung von F&E- und Produktionsaufgaben werden die Kompetenzen einer Unternehmung womöglich derart unterminiert, daß sie ihre Position im Wettbewerb - und im Netzwerk - nicht mehr behaupten kann. Dieses Risiko tritt vor allem dann auf, wenn eine Externalisierungsentscheidung Ergebnis eines inkrementalen, allein kostenorientierten Vorgehens ist und die strategische Tragweite einer solch isolierten Entscheidung nicht reflektiert wird. Dabei mag diese Entscheidung nur Ausgangspunkt einer *„Spirale des Outsourcing"* (vgl. Bettis/Bradley/Hamel 1992) sein, denn sobald einmal eine effiziente Lieferanten- oder Abnehmerbeziehung etabliert ist, werden die dadurch kurzfristig erzielten Kostenvorteile das Management zur weiteren Externalisierung bzw. Quasi-Externalisierung verleiten. Auch andere Geschäftsbereiche einer Unternehmung werden dann diese Politik imitieren. Infolge der Funktionsexternalisierung werden die relativen Gemeinkosten steigen und das Management zu einem weiteren Abbau von - in diesem Fall Gemeinkosten verursachenden - Aktivitäten veranlassen. Jene Gemeinkosten verursachenden Aktivitäten treten nicht selten im Zusammenhang mit für den Fortbestand einer Unternehmung zentralen Produkt- und Prozeßinnovationen auf. Im Ergebnis mag sich eine Unternehmung sämtlicher strategischer Kompetenzen entledigen, die sie für ein Netzwerk attraktiv machen oder die sogar das Fundament für die strategische Führerschaft eines Unternehmungsnetzwerkes bilden. Im Falle einer nur Quasi-Externalisierung dürfte dieses Risiko solange von geringerer Bedeutung sein, als es den Unternehmungen gelingt, den vollständigen Kompetenzverlust über ein Management der Beziehungen zu den funktionsübernehmenden Unternehmungen zu vermeiden.

In unmittelbarem Zusammenhang mit der Externalisierung, Quasi-Externalisierung und Quasi-Internalisierung ökonomischer Aktivitäten steht das Risiko *steigender Abhängigkeiten* im Netzwerk. Im günstigeren Fall handelt es sich dabei um gegenseitige Abhängigkeiten, im ungünstigeren um einseitige. Letztere stellen eine latente Existenzbedrohung für ein Unternehmungsnetzwerk dar, nicht zuletzt auch dann, wenn eine Unternehmung im Wege der vollständigen Internalisierung (vertikalen Integration) die Abhängigkeit von Zulieferern und/oder Abnehmern abzubauen versucht.

Literatur

ADAMS, J.S.: Interorganizational processes and organizational boundary activities, in: ROB 2, hsrg. v. L.L. Cummings u. B.M. Staw, Greenwich, 1980, S. 321-355.

ALTMANN, N.; SAUER, D. (HRSG.): Systemische Rationalisierung und Zulieferindustrie, Frankfurt a.M./New York 1989.

BEA, F.X.: Diversifikation durch Kooperation, in: DB, 41. Jg. (1988), S. 2521-2526.

BETTIS, R.A.; BRADLEY, S.P; HAMEL, G.: Outsourcing and industrial decline, in: Academy of Management Executive, 6. Jg. (1992), S. 7-22.

BÜHNER, R.: Strategie und Organisation - Neuere Entwicklungen, in: ZFO, 58. Jg. (1989), S. 223-232.

DAVIDOW, W.H.; MALONE, M.S.: The virtual corporation, New York 1992.

HOSKISSON, R.E.; HITT, M.A.: Downscoping: How to tame the diversified firm, Oxford 1994.

JARILLO, J.C.: On strategic networks, in: SMJ, 9. Jg. (1988), S. 31-41.

KANTER, R.M.: When giants learn to dance, New York 1989.

KLEIN, S.: Virtuelle Organisation, in: WiSt, 23. Jg. (1994), S. 309-311.

MATTSSON, L.-G.: Management of strategic change in a „markets-as-networks" perspective, in: The management of strategic change, hrsg. v. A.M. Pettigrew, Oxford 1987, S. 234-260.

MILES, R.E.; SNOW, C.C.: Organizations. New concepts for new forms, in: CMR, 28. Jg. (1986), H.3, S. 62-73.

o.V.: The hollow organization. Insights on the boundaries of your company, in: Business Week, o.Jg. (1986), H. 14, S. 23-24.

PICOT, A.: Ein neuer Ansatz zur Gestaltung der Leistungstiefe, in: ZfbF, 43. Jg. (1991), S. 336-357.

PIORE, M.J.; SABEL, C.F.: Das Ende der Massenproduktion, Berlin 1985.

RUMPEL, R.: Management: Unternehmensberater bieten eine neuartige Dienstleistung an - den Chef auf Zeit, in: Die Zeit, 49. Jg. (1994), H. 23 v. 13. Juni 1994, S. 25.

SIEBERT, H.: Ökonomische Analyse von Unternehmensnetzwerken, in: Managementforschung 1, hrsg. v. W.H. Staehle u. J. Sydow, Berlin/New York 1991, S. 291-311.

STAEHLE, W.H.: Slack, Redundanz und lose Kopplung in Organisationen. Eine Verschwendung von Ressourcen? in: Managementforschung 1, hrsg. v. W. H. Staehle u. J. Sydow, Berlin/New York 1991, S. 313-345.

STAEHLE, W.H.: Management, 7. Aufl., München 1994.

STAEHLE, W.H.; SYDOW, J.: Management-Philosophie, in: HWO, 3. Aufl., hrsg. v. E. Frese, Stuttgart 1992, Sp. 1286-1302.

SYDOW, J.: Strategische Netzwerke - Evolution und Organisation, Wiesbaden 1992.

SYDOW, J.: Netzwerkbildung und Kooptation als Führungsaufgabe, in: HWFü, 2. Aufl., hrsg. v. A. Kieser, G. Reber u. R. Wunderer, Stuttgart 1995 (im Druck).

SYDOW, J. ET AL.: Organisation von Netzwerken. Opladen 1995.

THORELLI, H.B.: Networks: between markets and hierarchies, in: SMJ, 7. Jg. (1986), S. 37-51.

VOSSKAMP, U.; WITTKE, V.: Von „Silicon Valley" zur „virtuellen Integration". Neue Formen der Organisation von Innovationsprozessen am Beispiel der Halbleiterindustrie, in: Management interorganisationaler Beziehungen, hrsg. v. J. Sydow u. A. Windeler, Opladen 1994, S. 212-243.

WIRTH, C.: Die neue Unübersichtlichkeit im Einzelhandel, Münster 1994.

Drittes Kapitel

Konzeptionen der Unternehmungsführung

Wilfried Krüger

Management-by-Konzepte[1)]

A. Begriffsmerkmale und Auswahlkriterien

Angesichts der Vielzahl von Management-by-Konzepten, auch weitgehend synonym als Führungsmodelle, -konzepte, -instrumente bezeichnet, muß sich jede Überblicksdarstellung auf eine rigide Auswahl beschränken. Als Kriterien hierfür sind zweckmäßigerweise zunächst die begrifflichen Merkmale von Führungsmodellen zu verwenden. Dabei ist insbesondere auf den *Normencharakter* und die *Ganzheitlichkeit* der Ansätze hinzuweisen (vgl. Seidel 1993, Sp. 1300), die den *Modellcharakter* ausmachen. Nach Wild (1974, S. 164) stellen Führungsmodelle „Sollkonzepte in Gestalt konditionaler normativer Denkmodelle" dar, die Empfehlungen zur Gestaltung der Führer-Mitarbeiter-Beziehung im Rahmen der Führungsprozesse geben. Sie beziehen sich umfassend auf die Ganzheit sozialer Systeme und bestehen aus einem System aufeinander abgestimmter Prinzipien, Instrumente, Methoden und Techniken des Führens (vgl. Seidel 1993, Sp. 1300). Zentrale Modellkomponenten stellen dabei Führungsorganisation und -stil dar. Führungsmodelle suchen also i.S. von Integrationsmodellen als effizient erachtete Interaktionsmuster zwischen Führern und Geführten führungsorganisatorisch zu verankern (vgl. Seidel 1993, Sp. 1302).

Der (praktisch-)normative Charakter ist bei allen Management-by-Konzepten vorhanden. Das Ausmaß der Ganzheitlichkeit läßt jedoch starke Unterschiede erkennen. Das Spektrum reicht von Modellen, die einen umfassenden Empfehlungsanspruch erheben, wie z.B. *Management by Direction and Control*, *Management by Delegation* oder *Management by Objectives*, bis hin zu Ansätzen, die kaum mehr als einfache Grundsätze und Prinzipien zur Gestaltung der Führungsbeziehungen zwischen Vorgesetzten und Mitarbeitern darstellen und sich auf einzelne Aspekte des Führungsprozesses beschränken (vgl. Fuchs-Wegner 1987, Sp. 1366; Gabele 1992, Sp. 958 f.; Seidel 1993, Sp. 1301). Dies gilt etwa für das *Management by Walking Around*, *Management by Communication* oder *Management by Intuition*. Letztlich kann jeder Gesichtspunkt oder Teilaspekt der Führung isoliert zum Gegenstand eines Management-by-Konzepts werden. Insbesondere solche schlagwortartigen, einfachen Führungsprinzipien lassen sich umfassenderen Modellen zu- bzw. unterordnen (vgl. Seidel 1993, Sp. 1301 f.). Das *Management by Exception* und *Management by Decision Rules* etwa können durchaus als spezifische Bestandteile bzw. Ausgestaltungsformen des allgemeineren *Management by Delegation* interpretiert werden, ebenso wie Elemente des *Management by Motivation* zwangsläufig auch in anderen Management-by-Konzepten eine Rolle spielen (vgl. Gabele 1992, Sp. 959). Als weiteres Auswahlkriterium für die hier zu behandelnden Modelle soll daher deren konzeptionelle *Eigenständigkeit* dienen.

Da die Modelle möglichst vielen Führungskräften der Praxis Orientierungshilfen bieten sollen (vgl. Fuchs-Wegner 1987, Sp. 1366), stellt außerdem ihre *praktische Relevanz* bzw. Verbreitung ein Auswahlkriterium dar. Davon betroffen sind u.a. solche Ansätze, die sich in erster Linie um eine theoretisch fundierte, umfassende Behandlung aller Führungsfragen bemühen. Man denke insbesondere an das St. Gallener Management Modell (vgl. Bleicher 1992) und den Zürcher Ansatz (vgl. Rühli/Krulis-Randa 1990). Sie stellen jedoch eher einen Modellrahmen dar, innerhalb dessen sich die einzelfallspezifische Konzeptentwicklung vollziehen kann, als daß man sie selbst als Management-by-Konzepte einzustufen hätte.

Legt man die Summe dieser Merkmale als Maßstab an, so kristallisieren sich aus der Vielzahl der Konzepte das Management by Direction and Control, Management by Delegation und Management by Objectives als eigenständige Führungsmodelle von gewisser praktischer Bedeutung heraus. Sie stehen daher auch im Mittelpunkt der folgenden Ausführungen.

B. Darstellung und Würdigung ausgewählter Konzepte

1. Management by Direction and Control

Führung durch Anweisung und Kontrolle *(Management by Direction and Control, MbDC)* ist der zusammenfassende Oberbegriff für die traditionelle, eigentlich als überwunden angesehene Form des Führens (vgl. Wild 1972; Baugut/Krüger 1976). Sie geht letztlich auf die Analyse administrativer Grundsätze und Pflichten zurück, wie sie von Taylor und Fayol bereits vorgenommen wurde. Führung durch Befehl und Kontrolle stellt heute zumindest offiziell eher ein Negativbild dar, dennoch ist ihre faktische Verbreitung und damit auch ihre praktische Bedeutung außerordentlich groß.

Weder Delegation noch Partizipation sind im MbDC vorgesehen. Vielmehr herrscht eine stark ausgeprägte Entscheidungszentralisation („Alles läuft über meinen Tisch"). Das entsprechende Führungsverhalten wird üblicherweise als autoritärer Führungsstil bezeichnet. Hinsichtlich der organisatorischen Ausgestaltung liegt eine *zentralistische Hierarchie* vor, die zwar gewisse Vorteile im Bereich der Führungsprozeßeffizienz (z.B. rasche und einheitliche Entscheidungen, gute Umsetzbarkeit unternehmerischer Impulse) und der Geschäftsprozeß-Effizienz (z.B. rascher und fehlerfreier Ablauf von Routineprozessen) aufweist, in puncto Markt- und Wettbewerbsorientierung (z.B. fehlende Kundennähe), Flexibilität (fehlende strategische und strukturelle Anpassungsfähigkeit), Innovationsfähigkeit und Human-Ressourcen-Orientierung (z.B. fehlende Motivation, ungenutztes Kreativitätspotential) jedoch unverkennbare Schwächen zeigt (vgl. Krüger 1994, S. 71 ff.).

Zusammenfassend kann festgehalten werden, daß das MbDC vielen Struktur- und Verhaltensanforderungen keine Rechnung trägt. Höhere Motivklassen (z.B. Selbständigkeit, Entfaltung) werden kaum berücksichtigt. Dennoch kann unter bestimmten Bedingungen (Krisensituationen, hohe Sicherheitsmotivation, niedrige Qualifikation der Mitarbeiter) gerade die Führung durch Befehl und Kontrolle besonders schlagkräftig sein, dies besonders dann, wenn sie mit Elementen patriarchalischer Fürsorge („Betriebsfamilie") gekoppelt ist.

2. Management by Delegation

Das System des *Management by Delegation (MbD)* entspricht weitgehend dem auch als Harzburger Modell bekannten Ansatz und besaß in Deutschland, beginnend mit 1956 bis in die 70er Jahre eine nicht unerhebliche Bedeutung. Durch die Entwicklungs-, Lehr- und Beratungstätigkeit der Akademie für Führungskräfte der Wirtschaft in Bad Harzburg hat das Modell seine damalige Verbreitung erfahren.

Das Führungsleitbild des MbD (vgl. Höhn/Böhme 1977; Höhn 1987) geht davon aus, daß das Prinzip von Befehl und Gehorsam überholt ist und die Initiative und das Mitdenken der Mitarbeiter für die Unternehmung nutzbar zu machen sind. An die Stelle des autoritär-patriarchalischen Führungsstils soll die „Führung im Mitarbeiterverhältnis" treten.

Im Mittelpunkt steht die *Delegation von Verantwortung*, dokumentiert in Stellenbeschreibungen. Dabei soll der Mitarbeiter *Handlungsverantwortung* übernehmen. Die *Führungsverantwortung* hat der Vorgesetzte. Er muß alles kontrollieren, was delegiert worden ist. Mit Hilfe der *allgemeinen Führungsanweisung* werden die Führungsprinzipien in verbindlicher Form normiert, die z.B. bei der Handhabung der Delegation, beim Informationsaustausch und der Organisation zu beachten sind. Im Kern soll dadurch eine verläßliche Erfüllung delegierter Aufgaben i.S. des Vorgesetzten sichergestellt werden.

Das Harzburger Modell ist konzeptionell vor allem unter Motivations- (fehlende motivationstheoretische Basis), aber auch Organisationsaspekten stark kritisiert worden (vgl. Seidel 1993, Sp. 1305 f.). Insbesondere wurden der erhebliche Regelungsumfang und die damit verbundene Starrheit hervorgehoben. Die Hierarchie wird zementiert statt aufgelockert, eine wirkliche Hinwendung zur Kooperation und Partizipation findet nicht statt (vgl. Steinle 1978). Immerhin verändert das Harzburger Modell eine strikt zentralistische Hierarchie und führt zu Inhaltsmustern der Hierarchie, die um gewisse *Delegationselemente* ergänzt sind, so daß die bereits angesprochenen Probleme zentraler Strukturen abgeschwächt werden.

Im übrigen ist die Bedeutung der Delegation und aller damit zusammenhängenden Fragen unverändert groß. Sie ist ein wesentliches Element auch neuerer Entwicklungen, so insbesondere des „Lean Management" oder der „teilautonomen Arbeitsgruppen". Der Grundgedanke der Führungsanweisung, nämlich verbindliche Normen für das Verhalten von Vorgesetzten und Mitarbeitern zu fixieren, ist mit wechselnden Inhalten auch in den heute weit verbreiteten Leitbildern oder Visionen von Unternehmungen enthalten.

3. Management by Objectives

Das *Management by Objectives (MbO)* wird in einer autoritären Variante als Führung durch Ziel*vorgabe* und in einer kooperativen Variante als Führung durch Ziel*vereinbarung* interpretiert. Um die Interpretation des Modells offenzulassen, soll hier die neutrale Fassung „Führung durch Ziele" verwendet werden (vgl. Bleicher/Meyer 1976; Frese 1971).

Die Grundorientierung des MbO sieht eine Integration der Unternehmungs- und Mitarbeiterinteressen vor. Leistung und Zufriedenheit sollen also gleichermaßen erreicht werden.

Sachliche und humane Ziele gelten als kompatibel, dies ist eine „grundlegende Prämisse für das Funktionieren des MbO“ (Bleicher/Meyer 1976, S. 233), zumindest für seine kooperative Variante, wie man ergänzen müßte.

Sachlicher Ausgangspunkt ist die Erkenntnis, daß Zielen innerhalb der Führungsprozesse eine Schlüsselstellung zukommt, um die Aktivitäten einzelner Stellen und Abteilungen zu steuern, zu kontrollieren und zu koordinieren. Die Formulierung von Unternehmungszielen und die Ableitung von bereichsbezogenen Teilzielen stehen demgemäß im Mittelpunkt des MbO. Das Ergebnis ist ein hierarchisches System von Ober- und Unterzielen, das neben die Organisationshierarchie tritt. Der Handlungsspielraum der gesteuerten Einheiten erhöht sich durch die Übertragung der *Ergebnisverantwortung* insofern, als die Maßnahmen der Zielerreichung ihrer Entscheidung überlassen bleiben. Auf die Weise sollen die Nutzung und Entfaltung menschlicher Ressourcen ebenso erreicht werden wie eine hohe Leistung.

Dezentralisation von Zielerreichungsentscheidungen und partizipatives Fällen der Zielsetzungsentscheidungen bewirken einen deutlichen Hierarchieabbau und führen zu *dezentralistischen hierarchischen Strukturen*. Vor allem hinsichtlich der Markt- und Wettbewerbsorientierung (ausgeprägte Kundennähe), Flexibilität (hohe strategische und strukturelle Anpassungsfähigkeit), Human-Ressourcen-Orientierung (Förderung von Selbständigkeit und Initiative) und Innovationsfähigkeit (Unterstützung von Produkt- und Verfahrensinnovationen durch Ausschöpfung personeller Kreativitätspotentiale) weisen dezentrale Hierarchien entscheidende Vorteile auf (vgl. Krüger 1994, S. 71 ff.).

Die Prozeßorganisation folgt dem *Gegenstromverfahren*. Kaskadenförmiges Herunterbrechen von Zielen (Zielplanung) und stufenweises Entwickeln, Abstimmen und Zusammenfassen der zielerreichenden Maßnahmen im aufwärtsgerichteten Prozeß (Maßnahmenplanung) ergänzen sich. Dabei konzentriert sich das Augenmerk des MbO auf den jährlichen Prozeß der *operativen Planung*. Wie die weiteren Planungsebenen (z.B. strategische Planung) aussehen, bleibt offen. Die Erreichung der Ziele, zu denen, zumindest vom Konzept her, nicht nur *Standardziele*, sondern auch *Innovationsziele* und *persönliche Entwicklungsziele* gehören können, wird im Laufe des Jahres überprüft. Diese Ziel-Ergebnis-Analyse kann mit einer *Leistungsbeurteilung* gekoppelt werden und sowohl Anreizgewährung wie Personalentwicklungsmaßnahmen auslösen.

MbO ist bei konsequenter Anwendung ein Konzept, das durch die Kombination von „Fordern“ und „Fördern“ erhebliche Wirkungen entfalten kann, dies sowohl für die Unternehmung wie für den Mitarbeiter. Es trägt im Idealfall zur Motivationssteigerung wie zur Flexibilisierung bei. Nachteilig ist die Gefahr einer einseitigen Konzentration auf quantitative Ziele sowie einer Überbetonung der Kurzfristperspektive. In der Praxis resultiert daraus eine starke Fixierung auf die Bewältigung und quantitative Verbesserung des Tagesgeschäfts.

Für den Vorgesetzten wie für den Mitarbeiter stellt das MbO ungeachtet seiner Nachteile eine besondere Herausforderung dar, denn weder ist es einfach, klare Ziele zu formulieren und anschließend danach zu handeln, noch fällt es leicht, Ziel-Ergebnis-Gespräche und Leistungsbeurteilungen durchzuführen. Ein hohes Maß an persönlicher Flexibilität sowie an Offenheit und konstruktivem Umgang miteinander - ein „mündiges Verhalten" eben - ist beiderseits erforderlich.

Die Grundgedanken zielorientierten Führens sind heute weitestgehend akzeptiert und weit verbreitet. Sie haben Eingang gefunden in andere Konzepte. Spezielle Ergebnisse bzw. Ziele, denen eine überragende, flächendeckende Bedeutung zugemessen wird, sind häufig Gegenstand besonderer *Programme*, wie dies etwa im Falle des *Total Quality Management (TQM)* zu beobachten ist. Es geht dabei primär um Qualität als allgemeine Unternehmungseigenschaft, die alle Phasen der Wertschöpfungskette durchdringt und nicht nur um rein technische Fragestellungen der Produktqualität. Dieses umfassende Verständnis macht auch deutlich, daß Qualitätssicherung in diesem Sinne entscheidend von dem Qualitätsbewußtsein des Management und der Mitarbeiter als Denkhaltung getragen wird. Somit bedarf es zwar auch der Vorgabe konkreter Qualitätsziele, jedoch stellen die *Werte* und *Einstellungen* der Menschen und damit *kulturelle* statt *struktureller* Faktoren das Fundament solcher umfassenden Programme dar (vgl. Töpfer/Mehdorn 1993, S. 8 ff.). Damit ist die Führung mit Hilfe der Unternehmungskultur angesprochen, insbesondere auf der Grundlage von *Visionen*, die anzustrebende Grundwerte beschreiben sowie *Leitbildern*, die konkretere Handlungsvorschriften enthalten. Als Beispiel mag in diesem Zusammenhang die Vision „Unternehmen Mobilität" von BMW dienen, die nicht nur Ausdruck des Leistungsangebots der Unternehmung ist, sondern auch ein internes Leitbild für die geistige Mobilität (Flexibilität) der Mitarbeiter darstellt.

C. Management-by-Konzepte im Kontext der Führungsaufgaben

1. Führungsaufgaben und ihre Bedeutung

Die Diskussion der Management-by-Konzepte hat in den letzten 10 bis 15 Jahren deutlich nachgelassen. Die Gründe dafür liegen sicherlich zum einen darin, daß viele Elemente und Erkenntnisse mittlerweile akzeptiertes - allerdings keineswegs immer praktiziertes - Allgemeingut geworden sind. Zum anderen aber stoßen alle Management-by-Konzepte rasch an Grenzen, wenn es um eine umfassende Unterstützung der Führungskräfte bei der Erfüllung der jeweils aktuellen Führungsaufgaben geht. Dies wird anhand der Arten von Führungsaufgaben und deren Bedeutung deutlich.

Unterscheidet man nach Ulrich (1984) die „Gestaltung, Lenkung und Entwicklung" sozialer Systeme als Hauptaufgabengebiete des Management, so stand die Bewältigung der Lenkungsaufgaben, repräsentiert vor allem durch Planung, Steuerung und Kontrolle der Geschäftsfelder und Funktionen, eindeutig im Mittelpunkt der Führungsprobleme in den 50er und 60er Jahren. Die Management-by-Konzepte besitzen sämtlich in diesem Aufgabenfeld ihren Anwendungsschwerpunkt. Die Beherrschung und Perfektionierung des Tagesgeschäfts dominiert („doing things right") gegenüber der Reflexion strategischer Grundpositionen („doing right things").

Vor dem Hintergrund gesellschaftlicher, politischer und wettbewerblicher Umbrüche gewinnen jedoch die Aufgabenkomplexe der *Gestaltung* und *Entwicklung* der Unternehmung im Rahmen eines *Wandlungsmanagement* zunehmend an Bedeutung. An die Stelle tiefgestaffelter Pyramiden treten flache („schlanke") Strukturen, Einheitskonzerne wandeln sich zu vielgliedrigen Holdingstrukturen. Allianzen und Netzwerke überlagern, durchdringen und erweitern die Unternehmung. Projektarbeit, Teamarbeit, selbststeuernde Arbeitsgruppen, Workshops und Konferenzen sind Organisations- und Arbeitsformen, die längst zum Alltag gehören. Vielfalt, Stimulierung von Kreativität, kontinuierliche Verbesserung, Betonung des horizontalen, Durchbrechung des vertikalen Denkens und Handelns stehen im Mittelpunkt entsprechender Entwicklungsprozesse.

2. Schwerpunkte einzelner Managementansätze

Für die Gestaltungs- und Entwicklungsaufgaben der Führung geben die Management-by-Konzepte kaum Hilfen. Hinzu kommt noch, daß sich die anstehenden Probleme nur z.T. auf der traditionell im Vordergrund stehenden *Sach*ebene des Geschehens abspielen. *Verhaltens*fragen und die darin eingeschlossenen bzw. ihnen vorgelagerten Verhaltensprämissen, vor allem *Werte* und *Einstellungen*, werden verstärkt zum Gegenstand der Führung. Konsequenterweise dominieren heute solche Managementansätze die Diskussion, die darauf ihr Augenmerk legen, so insbesondere Konzepte wie Führung durch *Visionen* und *Leitbilder, Lean Management, Business Reengineering, Kaizen, Total Quality Management (TQM)*. Lean Management zielt auf eine strukturelle, aufbauorganisatorische Verschlankung. Business Reengineering konzentriert sich auf eine quantensprungartige Prozeßverbesserung. Kaizen (kontinuierliche Verbesserungsprozesse) setzt das Bemühen um eine evolutorische und ständige Weiterentwicklung in kleinen Schritten in den Mittelpunkt.

Positioniert man diese Ansätze gemeinsam mit den Management-by-Konzepten in einem Portfolio der Führungsaufgaben, so wird die unterschiedliche Aufgabenabdeckung bzw. Schwerpunktsetzung deutlich (vgl. Abbildung 1).

Erkennbar ist aber auch, daß kein Ansatz flächendeckend ist und die Lenkungsaufgaben von der aktuellen Diskussion kaum berührt werden. Eine Schlußfolgerung aus diesen Überlegungen kann sein, die Vorstellung eines umfassenden Totalmodells der Führung aufzugeben. Unternehmungen besitzen unterschiedliche und im Zeitablauf wechselnde Schwerpunkte in ihren (Führungs-) Aufgaben. Demgemäß sollten sie sich bemühen, die hierfür jeweils angemessenen Konzepte auszuwählen und kombiniert einzusetzen. Der Pluralität und dem Situationsbezug der Führungsaufgaben entspräche dann ein modular aufgebautes Führungskonzept. Die Führungstheorie hätte hierfür einen Modellrahmen sowie Hinweise für die Formulierung und Implementierung unternehmungsspezifischer Modelle bereitzustellen.

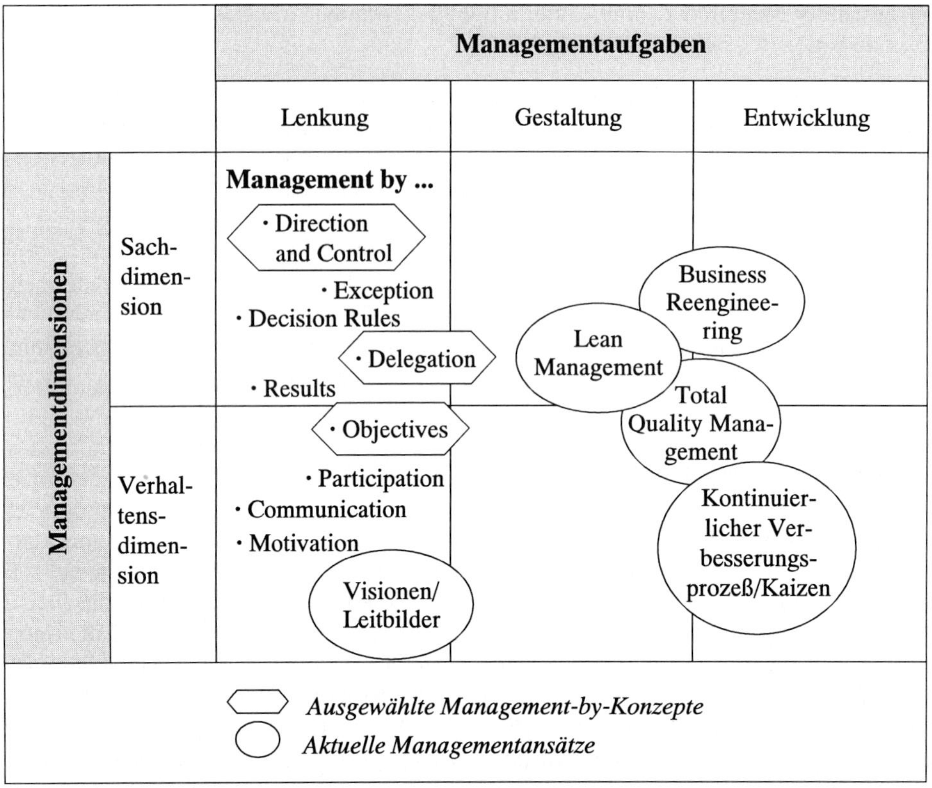

Abbildung 1: Schwerpunkte verschiedener Managementansätze

D. Management-by-Konzepte im Kontext der Mitarbeitereinbindung

1. Grundmodell der Einbindung

Führung (Management) bedeutet gemäß der klassischen Definition der American Management Association immer auch: „Making things done through people“. Die damit akzentuierten personalen Aufgaben richten sich letztlich darauf aus, die Beziehung zwischen „Individuum“ und „Organisation“ zu gestalten und auch eventuelle Gegensätze zu überwinden. Es geht um die zielwirksame Integration oder, allgemeiner, die *Einbindung* der Beteiligten, insbesondere der Mitarbeiter, in das Unternehmungsgeschehen. Im folgenden werden demgemäß die Management-by-Konzepte darauf überprüft, in welcher Weise sie

Einbindungsfragen Rechnung tragen. Grundlage hierfür ist ein umfassendes *Grundmodell* der Einbindung (vgl. Krüger 1994, S. 299 ff.).

Der Übergang vom einzelnen Vorgesetzten und seinem Verhalten zur Einbindungsproblematik liegt im *Individuum als Einbindungsbasis* (vgl. Abbildung 2). Für die Integration eines Mitarbeiters ist aber nicht nur das Führungsverhalten des Vorgesetzen, sondern auch das Verhalten anderer Bezugspersonen in der Unternehmung von Bedeutung.

Mit dem Individuum als Bezugsbasis sind also vertikale wie horizontale bzw. diagonale Interaktionen von Einzelperson zu Einzelperson angesprochen. Alle diese Beziehungslinien führen zur personalen Einbindung.

Gruppendynamische Effekte sind ein weiterer möglicher Teil des Einbindungsmusters. Sie repräsentieren die soziale Einbindung. Das Arbeitsklima in einer Arbeitsgruppe, z.B. der „fighting spirit" in einem Entwicklungsteam, können Ansporn und Anreiz für einen einzelnen sein. Vor allem aber muß die Unternehmung selbst einiges zur Einbindung tun. Bezugsbereiche sind die Unternehmungsorganisation („Aufgaben", „Strukturen/Prozesse"), die Unternehmungsplanung („Planvorgaben") und die Unternehmungskultur („Werte", „Normen").

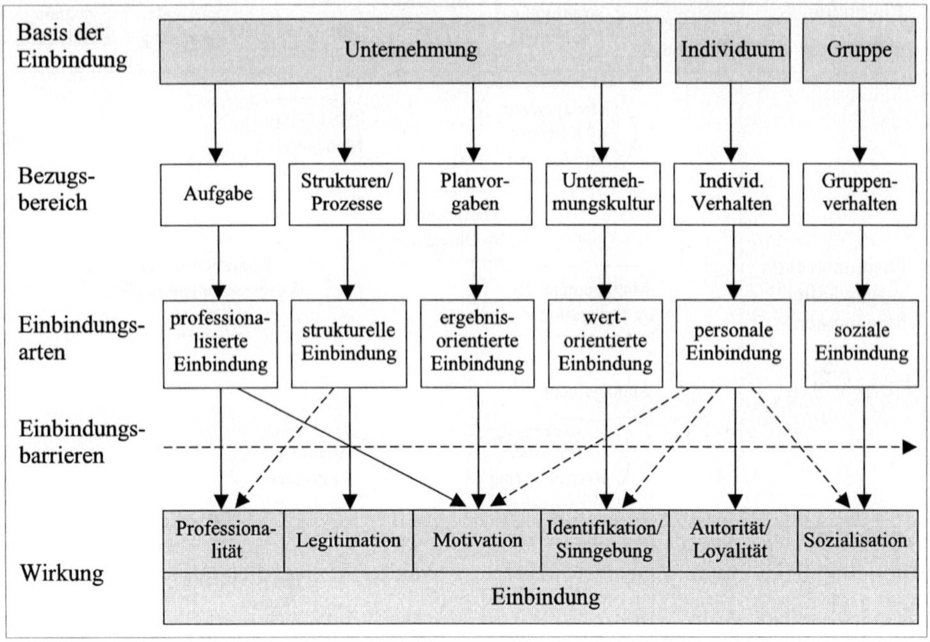

Abbildung 2: Grundmodell der Einbindung

Es entstehen insgesamt sechs verschiedene Einbindungsarten. Die spezifische Ausgestaltung und Kombination (Einbindungsmuster) wechselt von Unternehmung zu Unternehmung. Aber auch innerhalb der Unternehmung sind erhebliche Unterschiede zwischen verschiedenen Ebenen und Bereichen möglich. Nicht zuletzt sind auch Differenzierungen je nach Mitarbeiter(gruppe) erforderlich.

Einbindung ist nicht als einseitiger mechanistischer Vorgang, sondern als wechselseitiger Interaktionsprozeß zu begreifen. Aus der Sicht der Unternehmung betrachtet, ergeben sich dabei Einbindungsbarrieren, die durch geeignete Maßnahmen abzubauen sind (z.B. Anreizsysteme, Trainingsmaßnahmen). Im Erfolgsfall entsteht die Integration des Individuums als Wirkung des spezifischen Einbindungsmusters. In Abbildung 2 sind hierfür schlagwortartige Kennzeichnungen vorgesehen (z.B. Legitimation, Motivation).

2. Einbindungsschwerpunkte ausgewählter Managementansätze

Die Position der hier ausgewählten Managementansätze im Einbindungsportfolio zeigt Abbildung 3. Gemeinsames Merkmal der drei Management-by-Konzepte ist, daß sie ihren Schwerpunkt im Bereich sachbezogener Einbindungsformen besitzen (professionalisierte, strukturelle, ergebnisorientierte Einbindung).

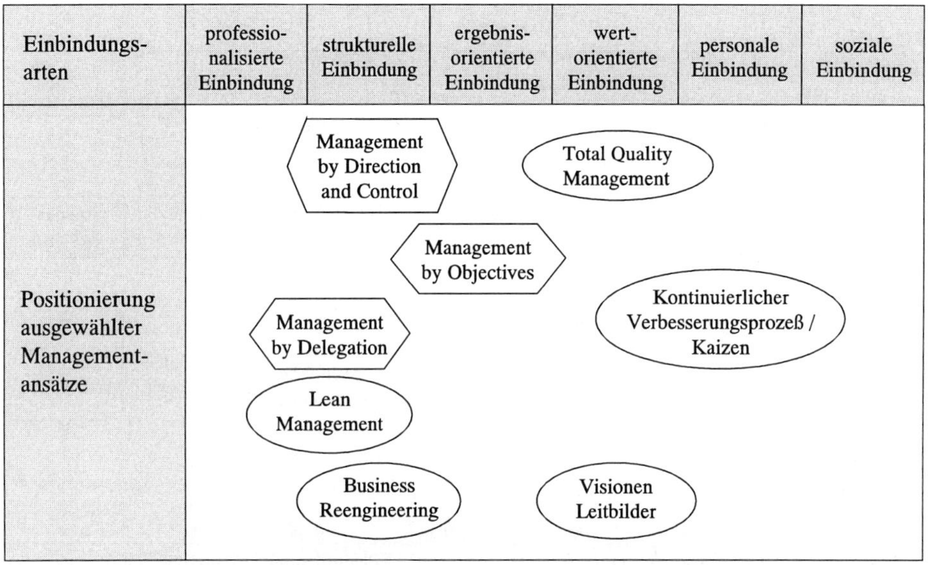

Abbildung 3: Einbindungsschwerpunkte ausgewählter Managementansätze

Die Position der hier ausgewählten Managementansätze im Einbindungsportfolio zeigt Abbildung 3. Das *MbDC* in seiner bürokratischen Ausprägung versucht, durch genaue Dienstanweisungen und vielfältige Kontrollen den einzelnen zu lenken, setzt also auf aufbau- und ablauforganisatorische Regelungen *(strukturelle Einbindung)*. Gelegentlich finden sich Ansätze einer spezifischen Ergebnisorientierung, wenn z.B. Belohnungen für Pünktlichkeit, langjährige Betriebszugehörigkeit etc. gewährt werden. Den Fall eines Pionierunternehmers unterstellt, der sich zwar „um alles selbst kümmert", aber zugleich als Vorbild für seine Mitarbeiter fungiert, kann das MbDC auch Elemente einer *personalen*

Einbindung enthalten. Ein Pionier oder - allgemein - ein Mittelständler, der durch vielfältige Einzelanweisungen und durch Improvisation statt durch Organisation führt, verzichtet auf strukturelle Einbindung. Wenn er eingeschworene Spezialisten um sich schart, denen die interessante Aufgabe Spaß macht, treten Elemente der *professionalisierten*, eventuell auch der *wertorientierten* Einbindung hinzu.

Die in diesen Beispielen enthaltene Delegation zeichnet das *MbD* aus, das allerdings zunächst durch ein vielfältiges Regelwerk auffällt und sich gerade um eine Personenunabhängigkeit der Führung bemüht. Insofern hat das MbD seinen Platz auch im Bereich der *strukturellen Einbindung*. Es fügt aber Elemente der *professionalisierten Einbindung* hinzu, zumindest, sofern nicht lediglich Routineaufgaben delegiert werden, an denen sich eine professionalisierte Einbindung kaum entzünden kann.

Das *MbO* setzt ganz eindeutig auf die *ergebnisorientierte Einbindung*, zeigt aber durch Ablaufregelungen und Delegationsmaßnahmen zwangsläufig auch Merkmale *struktureller Einbindung*. Konkrete Anknüpfungspunkte für ergebnisorientierte Einbindung sind vor allem Zielvorgaben bzw. -vereinbarungen, Budgets, Terminvorgaben und Merkmale des Leistungsergebnisses (z.B. Produktqualität). Das konsequente Führen auf der Basis derartiger Größen setzt die Existenz ausgebauter Planungssysteme und -prozeduren sowie geeigneter Informations- und Kommunikationssysteme voraus. Ergänzend kommen vielfach Anreizsysteme hinzu, die den Ergebnisverantwortlichen bei Erreichung der Ziele vor allem monetäre Anreize bieten (z.B. Prämien, Erfolgsbeteiligung, Kapitalbeteiligung). Das Hauptanliegen des MbO ist es also, die *Ergebnisverantwortung* der Mitarbeiter sicherzustellen durch den MbO-Zyklus.

Überdauernde organisatorische Regelungen verlieren relativ dazu an Bedeutung. Aber auch die damit angestrebte Form der Integration, nämlich die Motivation, stößt mehr und mehr an Grenzen. Kritiker argumentieren, daß Mitarbeiter sich letztlich nur selbst motivieren können (vgl. Sprenger 1992). Als Konsequenz daraus muß in Ergänzung der ergebnisorientierten Einbindung versucht werden, ein hohes Maß an Selbstverpflichtung („commitment") der Mitarbeiter zu erreichen. Selbstverpflichtung entsteht vor allem durch professionalisierte und wertorientierte Einbindung. Immer mehr Mitarbeiter - und besonders die qualifizierten - suchen interessante, herausfordernde Tätigkeiten mit hohem Gestaltungsspielraum (professionalisierte Einbindung), und sie wollen einen Sinn in ihrer Tätigkeit sehen. Auf diese Situation sind die Management-by-Konzepte nicht zugeschnitten. Das Führen auf der Grundlage einer Unternehmungskultur („shared values"), also *Führen mit Visionen und Leitbildern*, setzt hier ein. Bleicher (1994) spricht von *normativem Management*. Die Unternehmung bietet Werte und begünstigt Einstellungen, mit denen sich Mitarbeiter identifizieren können. Es kommt zu einer *wertorientierten Einbindung*.

Die positiven Wirkungen dieser Einbindung ergeben sich dabei ohne Unterstützung durch konkrete Handlungsanweisungen, gewissermaßen aus der kulturell fundierten Basis. Implizite (kulturelle) Regelungen übernehmen die bindende und formierende Kraft der expliziten (strukturellen) Regelungen. Dies kann im Grenzfall bis zu einer geradezu totalitär anmutenden und den Charakter einer Gehirnwäsche annehmenden Prägung der Persönlichkeit des einzelnen reichen. Eine stark ausgeprägte Unternehmungskultur hat zwar weitreichende Wirkungen, ist aber auch sehr schwer zu ändern, noch schwerer als ein umfangreiches bürokratisches Regelwerk.

Diese Erkenntnis muß zwangsläufig auf alle Ansätze übertragen werden, die maßgeblich von einer wertorientierten Einbindung geprägt sind. Hierzu zählt insbesondere das *TQM*. Im Kern ist dieser Ansatz gerade nicht in erster Linie durch umfassende Vorschriften über die „Unternehmungsqualität" gekennzeichnet, sondern dadurch, daß man sich bemüht, ein unternehmungsweites *Qualitätsbewußtsein* zu erzeugen. Durch neues Denken und veränderte Einstellungen sollen bessere Ergebnisse gegenüber internen wie externen Kunden erzielt werden.

Anders gelagert sind die Bemühungen des *Lean Management* und des *Business Reengineering*. Sie bewirken eine mehr oder minder grundlegende Veränderung von Strukturen und Prozessen der Unternehmung, eingeschlossen typischerweise eine Übertragung von mehr Verantwortung auf untere Ebenen. Es handelt sich um Ansätze des Unternehmungs*wandels*, nicht um neue Modelle der täglichen Führung. Sieht man von den Möglichkeiten der Einbindung im Rahmen der *Implementierung* ab, ist die Mitarbeitereinbindung kein (zentrales) Thema (vgl. Krüger 1995a). Aber die Ergebnisse des jeweiligen Wandels verändern auch die Einbindungssituation. Betroffen sind vorrangig die strukturelle und teilweise die professionalisierte Einbindung. Die Umsetzung des Wandels kann sich allerdings sehr wohl einzelner Management-by-Konzepte bedienen, so insbesondere des MbO. Es entsteht also eine Art Ziel-Mittel-Beziehung zwischen Ansätzen wie Lean Management und MbO.

Bleibt noch der Ansatz des *Kaizen* (KVP) zu klären. Er setzt nicht auf den einmaligen, quantensprungartigen Wandel, sondern versucht, eine kontinuierliche Entwicklung der Unternehmung durch viele kleine Schritte zu erreichen. Im Mittelpunkt stehen Teams bzw. Arbeitsgruppen, die den notwendigen Gedankenaustausch pflegen. Sie werden vielfältig geschult und von Moderatoren unterstützt. Auch die geistige Grundhaltung der ständigen Verbesserung spielt eine erhebliche Rolle, nicht selten noch durch Vorbilder (z.B. japanische Experten bei Porsche) unterstrichen. Insgesamt sind starke Elemente der sozialen, aber auch der wertorientierten Einbindung sichtbar, ergänzt durch die personale Einbindung.

Im übrigen gilt für diese aktuellen Managementansätze gleichermaßen, daß sie nicht isoliert, sondern kombiniert einzusetzen sind. So ist eine Abflachung der Hierarchie (als Kernbestandteil des Lean Management) ohne eine Optimierung der Geschäftsprozesse (Business Reengineering) ebensowenig erfolgversprechend wie die Vereinfachung der Abläufe ohne aufbauorganisatorische Umbauten. Wirkungsvolle Kombinationen sind selbst für die Wandlungsprozesse von Unternehmungen möglich. Der Top-down-Ansatz des Business Reengineering wäre dann mit der Bottom-up-Vorgehensweise des Kaizen zu verbinden (Gegenstromverfahren).

E. Schlußbemerkungen

Das Bemühen um die Entwicklung „idealer Führungsmodelle“ hat der Führungspraxis viele gute Anregungen und Ideen geliefert (vgl. Seidel 1993, Sp. 1309). Eine zusammenfassende Würdigung der Führungsmodelle kann sich auf die vorgestellten Portfolioanalysen stützen.

Aufgabenschwerpunkte: Im Mittelpunkt der Management-by-Konzepte steht die Bewältigung der Lenkungsaufgabe des Management im Innenverhältnis (interne Führung) der Unternehmung. Führungsmodelle, wie sie hier vorgestellt wurden, stoßen daher dort an ihre Grenzen, wo

- über die interne Mitarbeiterführung hinaus auch externe Führungsaufgaben („Polyzentrik der Führung“) wahrzunehmen sind (vgl. Krüger 1995b, S. 135 ff.) oder
- die Managementaufgaben der Gestaltung und Entwicklung an Bedeutung gewinnen.

Insbesondere hinsichtlich der Lenkungsaufgabe stehen Führungsmodelle vielfach in einer Art führungstechnischen Ziel-Mittel-Beziehung zu umfassenderen Konzepten, wie etwa dem Business Reengineering oder Lean Management, die stärker die Gestaltungs- und Entwicklungsaufgabe betonen.

Mitarbeitereinbindung: Im Kontext der Einbindung weisen einzelne Führungsmodelle unterschiedliche Schwerpunkte hinsichtlich der angesprochenen Einbindungsarten auf, was weniger auf eine konkurrierende als vielmehr auf eine *komplementäre* Beziehung zwischen den verschiedenen Ansätzen hinweist. Dabei scheint insbesondere im Rahmen der die Verhaltensaspekte berücksichtigenden Ansätze noch ein gewisser Entwicklungsbedarf zu bestehen.

Einen Versuch der Integration mehrerer Führungsmodelle unter besonderer Berücksichtigung computergestützter Informations- und Kommunikationssysteme stellt das sog. „Management by Systems“ dar, das jedoch bislang noch nicht realisiert wurde (vgl. Seidel 1993, Sp. 1301). Ob das damit angesprochene Streben nach Totalmodellen sinnvoll ist, darf allerdings bezweifelt werden. Ein modulares Verständnis und eine darauf aufbauende situationsgerechte Kombination einzelner Ansätze erscheint erfolgversprechender.

Anmerkung

1) Meinem Mitarbeiter Herrn Dipl.-Kfm. Thomas Olemotz danke ich für die Unterstützung bei der Erstellung dieses Beitrags.

Literatur

BAUGUT, G.; KRÜGER, S.: Unternehmungsführung. Modelle-Strategien-Techniken, Opladen 1976.

BLEICHER, K.: Das Konzept Integriertes Management, 2. Aufl., Frankfurt a.M./New York 1992.

BLEICHER, K.: Normatives Management, Frankfurt a.M. 1994.

BLEICHER, K.; MEYER, E.: Führung in der Unternehmung. Formen und Modelle, Reinbek bei Hamburg 1976.

FRESE, E.: Ziele als Führungsinstrumente. Kritische Bemerkungen zum „Management by Objectives", in: ZfO, 14. Jg. (1971), S. 227-238.

FUCHS-WEGNER, G.: Management-by-Konzepte, in: HWFü, hrsg. v. A. Kieser, G. Reber u. R. Wunderer, Stuttgart 1987, Sp. 1366-1372.

GABELE, E.: Führungsmodelle, in: HWP, hrsg. v. E. Gaugler u. W. Weber, 2. Aufl., Stuttgart 1992, Sp. 948-965.

HÖHN, R.: Führungsmodelle. Harzburger Modell, in: HWFü, hrsg. v. A. Kieser, G. Reber u. R. Wunderer, Stuttgart 1987, Sp. 614-621.

HÖHN, R.; BÖHME, G.: Führungsbrevier der Wirtschaft, 9. Aufl., Bad Harzburg 1977.

KRÜGER, W.: Organisation der Unternehmung, 3. Aufl., Stuttgart 1994.

KRÜGER, W.: Implementierung als Kernaufgabe des Wandlungsmanagements, in: Strategische Unternehmungsplanung, Strategische Unternehmungsführung, hrsg. v. D. Hahn u. B. Taylor, 7. Aufl., Heidelberg 1995a (im Druck).

KRÜGER, W.: Plurale und polyzentrische Führung als Herausforderung des Top Managements, in: Führungskräfte und Führungserfolg, hrsg. v. U. Krystek u. J. Link, Wiesbaden 1995b, S. 123-144.

ODIORNE, G.S.: Management by Objectives, Führung durch Vorgabe von Zielen, München 1967.

RÜHLI, E.; KRULIS-LANDA, J.S.: Gesellschaftsbewußte Unternehmungspolitik - „Societal Strategy", Jubiläumsband zum Anlass des zwanzigjährigen Bestehens des Instituts für betriebw. Forschung, Bern et al. 1990.

SEIDEL, E.: Führungsmodelle, in: HWB, Bd. 1, hrsg. v. W. Wittmann et al., 5. Aufl., Stuttgart 1993, Sp. 1299-1311.

STAEHLE, W.H.: Führungstheorien und -konzepte, in: HWO, hrsg. v. E. Frese, 3. Aufl., Stuttgart 1992, Sp. 655-676.

STAEHLE, W.H.: Management, 7. Aufl., München 1994.

STEINLE, C.: Führung. Grundlagen, Prozesse und Modelle der Führung in der Unternehmung, Stuttgart 1978.

TÖPFER, A.; MEHDORN, H.: Total Quality Management, Berlin 1993.

ULRICH, H.: Management, Bern et al. 1984.

WILD, J.: Betriebswirtschaftliche Führungslehre und Führungsmodelle, in: Unternehmungsführung, hrsg. v. J. Wild, Berlin 1974, S. 141-179.

WILD, J.: Analyse der Führungsmodelle, in: MM, o. Jg. (1972), H. 10, S. 60-64.

Bernd Schauenberg
Silvia Föhr

Institutionelle Ökonomie

A. Einleitung

Die institutionelle Ökonomie - auch mit Neoinstitutionalismus oder Neuer Institutionenökonomie bezeichnet - ist ein relativ junges Forschungsprogramm, das sich aus der Neoklassik und der modernen Mikroökonomie heraus entwickelt hat und noch weiterentwikkelt. In den letzten Jahren hat es eine rasche Verbreitung gefunden. Viele Wissenschaftler glauben, daß mit ihm das theoretische Fundament für eine erfolgreiche Volks- und Betriebswirtschaftslehre gelegt sei. Grundsätzlich geht es bei diesem Forschungsprogramm darum, die *Existenz und die Veränderung von Institutionen* zu erklären. Ausgangspunkt ist die Einsicht, daß der in der Neoklassik unterstellte Marktmechanismus Schwächen hat. Deutlich werden diese Funktionsstörungen u.a. beim Vorliegen von steigenden Skalenerträgen, bei externen Effekten, bei unvollständigen Zukunftsmärkten, aber auch bei unvollständigen und ungleich verteilten Informationen. In dieser Situation führt das Handeln von Menschen vor allem dann, wenn es an dem Abbau von Einkommensunsicherheit orientiert ist (vgl. Schneider 1993, 1994), zu Konsequenzen, die sich mit den Mitteln der neoklassischen Markttheorie nicht mehr hinreichend erfassen lassen.

Die institutionelle Ökonomie setzt sich vornehmlich mit denjenigen Normen und Regeln auseinander, die für das wirtschaftliche Handeln von Menschen in alltäglichen Zusammenhängen relevant sind. Sie thematisiert *Marktverfassungen*, aber auch *Unternehmungsverfassungen, formale Regelsysteme*, aber auch *informelle Regelsysteme*. Eine Institution ist dabei „ein auf ein bestimmtes Zielbündel abgestelltes System von Normen einschließlich deren Garantieinstrumente, mit dem Zweck, das individuelle Verhalten in eine bestimmte Richtung zu lenken" (Richter 1994, S. 2). In diesem Sinne sind Märkte und Unternehmungen Institutionen. Sie bestehen aus normativen Regelsystemen und aus denjenigen Handlungssystemen, die durch diese normativen Regelsysteme beeinflußt sind (vgl. Schneider 1993, 1994).

Teildisziplinen des neoinstitutionalistischen Programms sind in der *Transaktionskostentheorie,* der *Principal-Agency-Theorie* und der *Property-Rights-Theorie* zu sehen. Zu den wesentlichen Problemstellungen dieses Programms zählen die unterschiedlichen Interessen der Wirtschaftssubjekte, begrenzte Rationalität und Opportunismus der Akteure, Verfügungsrechte, Handlungsanreize, Informationsverteilungen, Unsicherheits- sowie zeitliche Effekte, die aus der möglichen Dauerhaftigkeit von wirtschaftlichen Beziehungen resultieren. Geeignete Mechanismen zu finden, die diese Probleme mindern oder auflösen, ist das Hauptziel der institutionellen Ökonomie. Bis zum gegenwärtigen Zeitpunkt ist die institutionelle Ökonomie noch vorrangig mit der Verbesserung des Erklärungspotentials ökonomischer Theorie befaßt. Erste empirische Untersuchungen liegen aber schon vor (zu einem Überblick vgl. Picot/Franck 1993). Außerdem gibt es erste Gestaltungsempfehlungen, die auf überzeugenden theoretischen Grundlagen und empirisch gestützten Argumenten beruhen (vgl. z.B. Picot 1991). Einen umfassenden Überblick vermittelt das Lehrbuch von Milgrom/Roberts (1992).

Nachfolgend werden in Kapitel B die Grundzüge der institutionellen Ökonomie dargestellt, wobei insbesondere auf Vertragsgestaltungsvarianten, Zeitprobleme, Anreizprobleme und Auswirkungen asymmetrischer Informationsverteilungen eingegangen wird. In Kapitel C werden Ansätze einer Unternehmungsführung aus institutionalistischer Perspektive skizziert, die nach Außen- und Innenbeziehungen unterschieden werden. Teil D umfaßt einen Ausblick auf das zukünftige unternehmungstheoretische Forschungspotential institutionalistischer Ansätze.

B. Grundzüge der institutionellen Unternehmungstheorie

Die Analyse von Unternehmungen kann aus ganz unterschiedlichen Forschungsperspektiven erfolgen. Die Geschichte der deutschen BWL hat nach dem Zweiten Weltkrieg gezeigt, daß der Blickwinkel, aus der die Unternehmung betrachtet wurde, oft wechselte (vgl. Ballwieser 1991; Schauenberg 1993). Neben theoretischen Gründen war dafür wesentlich auch die Tatsache verantwortlich, daß sich die Unternehmungen in der Realität sehr rasch verändert haben. Neue theoretische Konzeptionen waren notwendig, um diesen Wandel zu erfassen. Zu Beginn der Nachkriegsentwicklung standen in Theorie und Praxis *produktionswirtschaftliche* Probleme im Vordergrund. Die Unternehmung wurde dabei im Kern als Produktionsfunktion verstanden. Später wurde diese Perspektive durch *kapitaltheoretische* Ansätze erweitert. Die Unternehmung erschien nun als ein System von Zahlungsströmen. Mit der wachsenden Bedeutung von Organisationsproblemen wurden unterschiedliche *entscheidungstheoretische* Ansätze vorgetragen. Durch den Wechsel von Verkäufer- zu Käufermärkten wurde die Entwicklung von *Marketingkonzeptionen* ausgelöst.

Das Forschungsprogramm der institutionellen Unternehmungstheorie nimmt einige dieser Betrachtungsweisen auf, geht aber weit darüber hinaus. Ausgangspunkt ist ein konsequenter *Marktbezug:* Die Unternehmung wird stets über ihre vielfältigen Marktbeziehungen zu Kapital-, Beschaffungs-, Arbeits- und Absatzmärkten erfaßt. Diesen Außenbeziehungen dienen alle Innenhandlungen der Unternehmung, vor allem alle organisatorischen Regeln. Die vorrangige Aufgabe der Unternehmungsführung ist es, die dabei anfallenden *Koordinationsprobleme* zu lösen. Wenn man die Unternehmung als Institution begreift, dann erscheint sie „als eine auf Dauer angelegte kooperative Veranstaltung von Individuen mit nicht notwendigerweise identischen Interessen zur Sicherung von höchst prekären möglichen Vorteilen gemeinsamen und koordinierten Verhaltens“ (Schauenberg/Schmidt 1983, S. 249). Diese Charakterisierung weist darauf hin, daß sich aus der Zusammenarbeit von vielen Individuen in einer Unternehmung auch gemeinsame Vorteile, sog. Kooperationsrenten (vgl. Schauenberg 1991), ergeben müssen. Prekär sind die gemeinsam erreichbaren Vorteile, weil die Beteiligten bezüglich deren Höhe wohl übereinstimmende Interessen, bezüglich deren Verteilung strikt gegenläufige Interessen haben dürften. Diese Sichtweise setzt zunächst einmal einen die Kooperation organisierenden, am Residualgewinn beteiligten Unternehmer voraus (vgl. Schneider 1993, 1994). Außerdem macht sie eine sorgfältige Analyse aller relevanten vertraglichen Beziehungen der Unternehmung notwendig. Nicht zuletzt müssen die Beziehungen zwischen den Mitgliedern einer Unternehmung und damit die Unternehmungsverfassung untersucht werden. Man sieht, daß die institutionalistische Unternehmungstheorie kein einfach zu beschreibendes Projekt ist. Ihre (hier nur angedeutete) Komplexität kann aber durchaus als ein Preis betrachtet werden, der für ein leistungsfähiges Forschungsprogramm zu bezahlen ist.

Grundsätzlich versucht die institutionelle Ökonomie, die Entstehung und die dauerhaft beobachtbaren Verhaltensweisen von Unternehmungen auf Märkten zu erklären. Die Ursprungsidee geht davon aus, daß die Nutzung des Marktes bzw. des Preises als *Koordinationsmechanismus* für wirtschaftliche Aktivitäten nicht kostenlos ist (vgl. Coase 1937). Die Vermeidung dieser Kosten (auch: externe Transaktionskosten) ist der Anreiz für findige Wirtschaftssubjekte, nach alternativen Koordinationsinstrumenten zu suchen. Wirtschaftliche Aktivitäten lassen sich u.a. auch innerhalb einer Unternehmung koordinieren. Instrumente der Koordination sind hier nicht mehr nur der Preis, sondern Alternativen, wie z.B. Anweisung und Kontrolle oder formale Regelsysteme. Erfolgreich kann eine Unternehmung nach den frühen Überlegungen von Coase nur dann sein, wenn sie die interne Koordination kostengünstiger als über den Markt erbringt, wenn also die *internen* Transaktionskosten (auch: Organisationskosten) unter den *externen* Transaktionskosten liegen.

Die Art der Beziehungen einer Unternehmung läßt sich anhand der von ihr geschlossenen *Verträge* charakterisieren: Außenbeziehungen werden zumeist über Kaufverträge (oder Varianten) geregelt, Innenbeziehungen weitgehend über Arbeitsverträge. Aufgrund zahlreicher Detailprobleme sind Verträge häufig *unvollständig*, d.h. es werden nicht alle für die Transaktion relevanten Aspekte im Vertrag berücksichtigt - entweder weil sie z.T. unbekannt sind oder weil das Erstellen eines vollständigen Vertrags viel zu aufwendig wäre oder weil die Erfüllung bestimmter Vertragsgegenstände von Dritten nicht zu überprüfen ist, z.B. von einem Gericht bei Uneinigkeit über die Vertragserfüllung. Solche Verträge haben den Charakter von *Rahmenverträgen*, die die Vereinbarungen der Vertragsparteien nicht explizit regeln, deshalb aber auch Vorkehrungen darüber enthalten müssen, wie die Vertragsbestimmungen in der Zukunft präzisiert und wie mögliche Konflikte gelöst werden sollen.

Wichtigster Betrachtungswinkel der institutionellen Ökonomie ist also die *Vertragsperspektive.* Das von Unternehmungen nutzbare Vertragsspektrum reicht vom einfachen Kaufvertrag über bedingte Verträge, langfristige Lieferverträge, Kredit- und Leasingverträge, Mietverträge bis hin zu Rahmenverträgen, zu denen auch der Arbeitsvertrag zu zählen ist. Die Verträge unterscheiden sich in ihrem Bestimmtheitsgrad von Leistung und Gegenleistung. Während im einfachen Kaufvertrag diese genau spezifiziert sind, ist im Rahmenvertrag eine der beiden Seiten oft nur grob spezifiziert. So ist z.B. im Arbeitsvertrag die Leistung des Arbeitgebers (die Lohnzahlung) typischerweise relativ genau, die Gegenleistung des Arbeitnehmers (die Arbeitsleistung) relativ ungenau bestimmt. Die konkrete Ausgestaltung von Rahmenverträgen ergibt sich dann im Laufe der Vertragsbeziehung. Die institutionelle Ökonomie geht nun davon aus, daß es für jede wirtschaftliche Interaktionssituation in Abhängigkeit der Transaktionseigenschaften und der Verhaltens- und Umweltunsicherheiten einen *günstigen Vertragstyp* gibt. Somit ist es eine Aufgabe des Forschungsprogramms, Koordinationssituationen und Verträge zu erfassen und ihre jeweiligen Kombinationen zu systematisieren, um letztendlich für ähnliche Koordinationssituationen Gestaltungsempfehlungen geben zu können. Dabei geht man von rationalen und egoistisch handelnden Akteuren aus. Diese „worst-case"-Annahme wird oft mißverstanden. Damit wird *nicht* tatsächliches Verhalten beschrieben. Mit der Berücksichtigung von potentiell opportunistischen Verhaltensweisen wird lediglich darauf verwiesen, daß man auf solche Verhaltensweisen in Wirtschaftsbeziehungen treffen *kann.* Hat man *dann* keine Sicherungsmöglichkeiten im Vertrag berücksichtigt, sind die Schäden oft erheblich. Eine Analogie dazu sind Strafgesetzbücher. Diese drücken nicht aus, daß der Gesetzgeber die Bürger grundsätzlich für kriminell hält, sondern nur, daß bestimmte Handlungen, falls diese von den Bürgern begangen werden, mit Strafen bewehrt sind.

Eine wesentliche Schwierigkeit der Vertragsperspektive besteht darin, daß es für eine Koordinationssituation mehrere ähnlich gute (Vertrags-)Varianten geben kann. Die *Unbestimmtheit* ergibt sich daraus, daß optimale Verträge von vielen Einflußfaktoren abhängen, wie z.B. von Informationsverteilungen, Präferenzen usw. Wenn man die Modelle institutioneller Ökonomen nur gering variiert, erhält man oft eine Vielzahl von sehr unterschiedlichen Ergebnissen und Lösungsmöglichkeiten. Daraus resultiert eine weitergehende Schwierigkeit für das neoinstitutionalistische Forschungsprogramm: Mit den Modellen kann viel belegt werden, oft sind die Ergebnisse mehrdeutig, und für eine Präzisierung sind regelmäßig zusätzliche empirische Informationen notwendig (vgl. Schauenberg 1995).

Ein aus der Vertragsperspektive abgeleitetes Problem ergibt sich aus der Vertrags*dauer* bzw. aus dem *Zeitbezug*. Auf Dauer angelegte Kooperationsbeziehungen hängen in ihrem Erfolg vom Zeithorizont und von den Zeitpräferenzen der interagierenden Individuen ab. Mit spieltheoretischen Modellen wiederholter Interaktion konnte gezeigt werden, daß kurze Zeithorizonte, hohe Zeitpräferenzen und geringe Diskontfaktoren auf Dauer angelegte Kooperation gefährden bzw. unmöglich machen. Entsprechend sind lange Zeithorizonte, niedrige Zeitpräferenzen und hohe Diskontfaktoren notwendig, um dauerhafte Kooperation und die Sicherung von langfristigen Kooperationserträgen zu ermöglichen (vgl. Schauenberg 1991). Vertraglich sind Vorkehrungen zu treffen, die die zuletzt genannten Bedingungen unterstützen. Traditionell werden als Sicherungsmöglichkeiten „Pfänder" gewählt, die eine Art Versicherung gegen unkooperatives Verhalten darstellen (vgl. Williamson 1985, S. 163 ff.). Pfandcharakter haben u.a. Eintrittszahlungen in Franchisekonzepten, Abfindungen für ausscheidende Arbeitnehmer in japanischen Arbeitsverträgen, aber auch die mit der betrieblichen Verweildauer und der beruflichen Karriere steigenden Lohnprofile deutscher Arbeitnehmer. Neben Pfändern können auch freiwillige Informationsaufdeckung als vertrauensbildende Maßnahme, Reputation oder bestimmte Gepflogenheiten i.S. von kulturellen Erfahrungen kooperationssichernd wirken (vgl. Föhr/ Lenz 1992; Schauenberg 1991).

Vertragsgestaltung bedeutet auch, daß man mit der Ausgestaltung von Verträgen *Anreize* für den Vertragspartner setzen muß. Die dabei anfallenden Probleme werden in *Principal-Agency-Modellen* untersucht. Im einfachsten Fall geht man davon aus, daß der Agent im Auftrag des Prinzipals handeln soll. Schwierigkeiten ergeben sich dann, wenn das Ergebnis der Handlungen des Agenten nicht nur vom Arbeitseinsatz, Fleiß und Können des Agenten, sondern auch von Zufallseinflüssen abhängt. Der Prinzipal kann dann nämlich nicht mehr nach der Beobachtung der Ergebnisse auf den Arbeitseinsatz des Agenten zurückschließen. Gute Ergebnisse können wegen eines hohen Arbeitseinsatzes, aber möglicherweise auch nur deshalb eingetreten sein, weil ein leistungsschwacher Agent Glück gehabt hat. Lösungen dieses Problems laufen darauf hinaus, daß der Prinzipal versucht, durch die Ausgestaltung von Verträgen, z.B. durch eine Ergebnisbeteiligung, den Agenten so zu beeinflussen, daß der Agent genau diejenigen Entscheidungen trifft, die der Prinzipal selbst auch getroffen hätte. Neben Informationen, Präferenzen, Alternativeinkommen und Risikoeinstellungen spielen wiederum die zeitlichen Perspektiven der Vertragspartner eine große Rolle. So werden z.B. für ältere, demnächst ausscheidende Manager andere Vertragsbestandteile zur Anreizgestaltung gewählt als bei jüngeren Managern - selbst bei gleicher Position.

Nicht alle Probleme lassen sich in berücksichtigen. Wahrscheinlich sind Zeitpräferenzen vertraglich beeinflußbar. Sicherlich sind bestimmte Verträge anreizkompatibel zu gestalten, aber mit Verträgen läßt sich mutmaßlich keine vollständige Informationsaufdeckung erzwingen. Wie gehen jedoch Unternehmungen mit *asymmetrischer Informationsverteilung* um, wenn private Informationen (das sind solche Informationen, über die die Mitarbeiter, aber nicht die Mitglieder der Unternehmungsleitung verfügen) zur effizienten Koordination von Entscheidungen notwendig sind? Die traditionelle Vorgehensweise in Unternehmungen lief auf die Etablierung von rigiden Hierarchien hinaus: Informationen fließen über vorgeschriebene Kanäle nach oben, Vorgaben nach unten. Entscheidungen werden an der Spitze der Hierarchie getroffen. Stellen sich im nachhinein Fehler in der Informationsübertragung heraus, so sind diese über Kontrollen nachweisbar und mit Sanktionsmechanismen verbunden. Mit steigender Unternehmungsgröße ergeben sich notwendigerweise Probleme der *Informationsüberlastung* aus der Informationsverarbeitung und -übertragung, aus Kontrolle und Sanktionen. Dezentralisierung ist die Konsequenz. Dabei entsteht jedoch eine Lücke: Private Informationen unterer Hierarchieebenen gelangen nicht mehr in die Kontrollgremien an der Spitze. Die Ausnutzung privater Informationen gegen die Unternehmungsleitung könnte die Folge sein. Institutionelle Ökonomen empfehlen statt dessen informationsaufdeckende Mechanismen. Diese Mechanismen laufen darauf hinaus, daß die Unternehmungsleitung organisatorische Regeln so gestaltet, daß die Beteiligten ihre privaten Informationen aus Eigeninteresse aufdecken müssen (vgl. Radner 1986 zu einem informationsaufdeckenden Verfahren bei der Verrechnung innerbetrieblicher Leistungen). Für den Einsatz solcher Mechanismen ist es allerdings notwendig, daß die Unternehmungsleitung ihre informationellen Defizite genau kennt.

Zuletzt muß noch erwähnt werden, daß sich aus der Perspektive der institutionellen Ökonomie die Unternehmung als Vertragssystem in Märkten zu bewähren hat. Für den Fall der managergeführten Unternehmung kann man, wie die Agency-Theorie zeigt, zumindest nicht ausschließen, daß Verträge zwischen Eigentümern und Managern nicht perfekt funktionieren (vgl. Schauenberg 1993). Die Publikums-Aktiengesellschaft ist stets genau aus diesem Grund umstritten gewesen. Institutionelle Ökonomen gehen deshalb auch der Frage nach, ob und inwieweit der *Markt für Unternehmungskontrolle* als Instrument zur Kontrolle und Disziplinierung der managergeführten Aktiengesellschaft geeignet ist. Übernahme- bzw. Takeover-Drohungen werden als funktionales Substitut gegenüber vertraglichen Lösungen des Anreizproblems gesehen. In den USA hat dies in den 80er Jahren zu fundamentalen Veränderungen der Eigentumsverhältnisse in großen Unternehmungen geführt. Die Entwicklung in Europa ist noch nicht absehbar (vgl. Schwartze 1993).

C. Unternehmungsführung aus institutionalistischer Perspektive

In diesem Abschnitt soll der Versuch unternommen werden, die Ergebnisse und Erkenntnisse der institutionellen Ökonomie auf einige ausgewählte Fragen der Unternehmungsführung anzuwenden. Vollständig kann ein solcher Versuch aus Platzgründen nicht sein.

Ansatzpunkte für die Unternehmungsführung lassen sich grob in zwei Gruppen einteilen: Zum einen finden sich Problemlösungspotentiale für die Gestaltung der Außenbeziehungen, zum anderen Problemlösungspotentiale für die Gestaltung der Innenbeziehungen. Die institutionelle Ökonomie betont in *Außenbeziehungen* die Durchsetzungsprobleme der Interessen beteiligter Vertragsparteien. Aufgrund der Merkmale wirtschaftlicher Tauschbeziehungen sind in Verträgen Vorkehrungen gegen mögliches opportunistisches Verhalten der Vertragspartner zu treffen und gleichzeitig Umweltunsicherheiten zu berücksichtigen. Durchsetzungsprobleme können dann besonders groß sein, wenn in Marktbeziehungen hohe Qualitätsunsicherheit vorliegt und spezifische Leistungen zu erbringen sind. In diesem Fall sind Verträge speziell zu konstruieren - z.B. Leasingverträge, Franchiseverträge - und somit einfache durch komplexe Vertragsstrukturen zu substituieren.

Reichen selbst komplexe Verträge zur Durchsetzung der Interessen nicht aus, werden Marktbeziehungen häufig vermieden und die Markttransaktionen internalisiert. Die klassische *Make-or-Buy-Entscheidung* ist mit Methoden der institutionellen Ökonomie ausgiebig untersucht worden (vgl. Picot 1991; Picot/Franck 1993). Das hat wesentlich mit zu der Erkenntnis beigetragen, daß Unternehmungen in dem Sinne schlanker werden sollten, daß sie sich auf jene Transaktionen konzentrieren, die sie nicht günstiger über den Markt beziehen können. Verträge reichen des weiteren häufig nicht hin, wenn die Transaktionen im Zeitablauf hoher Veränderlichkeit unterliegen. Ist ein Vertrag nicht flexibel i.S. von anpassungsfähig formuliert, wird auch in diesem Fall das *Anpassungsproblem* durch die Vermeidung von Marktbeziehungen, also durch Internalisierung gelöst. Dies gilt aus institutionalistischer Sicht gerade dann, wenn es sich um die Kernkompetenzen der Unternehmung handelt (vgl. Milgrom/Roberts 1992, S. 107 f.).

In *Innenbeziehungen* werden Anreiz-, Informations- und Zeitprobleme z.T. über vertragliche Vorkehrungen, z.T. aber auch über formale und informelle Regelsysteme gelöst. Um Mitarbeiter zu höherer Arbeitsleistung oder - allgemeiner - zu kooperativem Verhalten anzureizen, wird verstärkt mit erfolgsabhängiger Entlohnung oder mit Beteiligungssystemen gearbeitet. Bei der Gestaltung anreizkompatibler Arbeitsverträge ist jedoch zu berücksichtigen, daß Bemessungsgrundlagen u.U. nicht intendierte Nebenwirkungen haben können. Dazu ein Beispiel: Besteht die Entlohnung eines Divisionsmanagers aus einem Fixum und einem variablen Anteil, der sich aus einer Beteiligung am Divisions*gewinn* ergibt, so wird der Divisionsmanager bestrebt sein, den Gewinn seiner Division möglichst hoch zu treiben. Dies ist aus Sicht der Unternehmung zwar erwünscht, kann aber *unerwünschte* Nebeneffekte haben: Der Manager wird nur kurzfristig orientiert sein, d.h. langfristig wirksame Investitionen unterlassen. Zudem wird er verstärkt Eigen- statt Fremdkapital einsetzen. Rückstellungen unterbleiben ebenfalls. Diese für die Unternehmung negativen Effekte können bei der Vertragsgestaltung berücksichtigt werden. Wenn die Bemessungsgrundlage um kalkulatorische Zinsen auf das Eigenkapital ergänzt wird, wird der Anreiz, zu viel Eigenkapital einzusetzen, gemindert. Wenn das Einkommen des Managers an die langfristige Entwicklung von Erfolgsindikatoren (etwa an den Marktwert der Unternehmung) gebunden wird, kann das Problem der Kurzsichtigkeit gelöst werden. Dieses einfache Beispiel zeigt, welche Probleme mit der institutionalistischen Unternehmungstheorie aufzudecken und welche Lösungsvorschläge abzuleiten sind.

Am Beispiel des Managervertrages können auch Probleme und Lösungsmöglichkeiten für die oben erwähnten *Zeiteffekte* verdeutlicht werden. Die gerade skizzierte Investitionsschwäche bei gewinnabhängigen Entlohnungskomponenten verstärkt sich mit abnehmender Restdauer der Betriebszugehörigkeit: Ältere Manager werden einige Jahre vor der Pensionierungsgrenze verstärkt auf kurzsichtige Investitionsstrategien setzen. Wenn sie das bei gewinnabhängiger Entlohnung tun, sorgen sie dafür, daß der Periodengewinn und damit ihre Prämien steigen. Gleichzeitig aber sinkt der Marktwert der Unternehmung zu Lasten der Eigentümer und der jüngeren Mitarbeiter. Mindern läßt sich dieser sog. „Endspieleffekt“ z.B. dadurch, daß man die Pensionszusagen für ausscheidende Manager an die zukünftigen Ergebnisse bindet (vgl. Laux 1975; Schauenberg 1991).

Gelegentlich gelangen institutionelle Analysen auch zu auf den ersten Blick überraschenden Ergebnissen. Das gilt u.a. auch für die Ergebnisse der „neuen“ Gewerkschaftsdebatte (vgl. zu einem Überblick Genosko 1992) im Hinblick auf Probleme der *Informationsaufdeckung*. Wenn Arbeitnehmer z.B. mit den Arbeitsbedingungen unzufrieden sind, dann ist die Kündigung für beide Seiten unbefriedigend. Eine Alternative zur Kündigung besteht nun darin, daß die Arbeitnehmer über den Betriebsrat ihre Informationen an die Unternehmungsleitung senden. Die Nutzung der betriebsverfassungsrechtlichen Institutionen als „collective voice“ ist der individuellen Verhandlung mit der Unternehmungsleitung (also „individual voice“) oft vorzuziehen, weil sie aus der Sicht der Arbeitnehmer mit weniger Risiken verbunden ist. Der Betriebsrat kann demnach von den Arbeitnehmern, aber auch von der Unternehmungsleitung als ein *Instrument der Informationsübertragung* genutzt werden.

Ein letztes Beispiel geht auf *Organisationsprobleme* ein. Üblicherweise wird in der Koordination von Entscheidungen ein zentrales Organisationsproblem gesehen. Da man nun aber zeigen kann, daß das menschliche Entscheidungsverhalten vor allem bei Unsicherheit nicht frei von Schwächen ist, hat Klose (1994) eine institutionalistisch motivierte Sichtweise zur Ergänzung traditioneller Organisationskonzepte vorgeschlagen. Systematische Entscheidungsfehler können nach diesem Vorschlag nicht nur ausgemacht, sondern auch in organisatorischen Vorkehrungen mitbedacht werden. Ein Beispiel mag dies verdeutlichen: Aus empirischen Untersuchungen weiß man, daß Entscheidungsträger ihre Erwartungen beim Zugang neuer Informationen nur unzureichend anpassen. Man weiß zudem auch, daß sich dieser Effekt unter den Bedingungen von Gruppenentscheidungen verstärken kann. Ein Organisationsgestalter, der eine wichtige Aufgabe an eine Gruppe delegiert, kann dies antizipieren. Er kann z.B. Maßnahmen zum Entscheidungstraining oder bestimmte Kontrolltechniken (etwa entscheidungsunterstützende Informationsverarbeitungssysteme) einsetzen. Dieses Beispiel macht deutlich, daß institutionelle Ökonomen nicht nur von Funktionsschwächen des Marktes ausgehen. Sie vermuten auch, daß die *Unternehmung als Koordinationsmechanismus selbst mit Funktionsschwächen behaftet ist.*

D. Ausblick

Das Forschungsprogramm der institutionellen Ökonomie kann, was hier nur an einigen wenigen Beispielen belegt werden konnte, durchaus als erfolgreich angesehen werden. Es hat das Erklärungspotential der Unternehmungstheorie deutlich verbessert. Die BWL war in ihrer Geschichte mit ihren Themen und mit ihren Problemlösungsbeiträgen selten so nahe an relevanten praktischen Problemstellungen wie heute (vgl. Albach 1993). Eine Weiterentwicklung wird aber nur möglich sein, wenn häufiger empirische Untersuchungen durchgeführt werden. Diese Untersuchungen müssen die auch in diesem Beitrag betonten Einflußfaktoren auf Vertragsbeziehungen, wie u.a. Informationsverteilungen, Präferenzen, Risikoeinstellungen usw., erfassen. Hier allerdings liegt eine nicht unbeachtliche Restriktion: Institutionelle Ökonomen sind damit bei der Durchführung von empirischen Untersuchungen auf sensible Daten angewiesen. Offen ist, ob sie diese auch immer erhalten werden.

Literatur

ALBACH, H.: Betriebswirtschaftslehre als Wissenschaft, in: Die Zukunft der Betriebswirtschaftslehre in Deutschland, ZfB-Erg.H. 3, hrsg. v. H. Albach u. K. Brockhoff, Wiesbaden 1993, S. 7-26.

BALLWIESER, W.: Das Rechnungswesen im Lichte ökonomischer Theorie, in: Betriebswirtschaftslehre und Ökonomische Theorie, hrsg. v. D. Ordelheide, B. Rudolph u. E. Busselmann, Stuttgart 1991, S. 97-124.

COASE, R.H.: The Nature of the Firm, in: Economica, 4. Jg. (1937), S. 386-405.

FÖHR, S.; LENZ, H.: Unternehmenskultur und ökonomische Theorie, in: Managementforschung 2, hrsg. v. W. Staehle u. J. Sydow, Berlin et al. 1992, S. 111-162.

GENOSKO, J.: Zur „neuen“ Gewerkschaftsdebatte, in: WiSt, 21. Jg. (1992), S. 486-492.

KLOSE, W.: Ökonomische Analyse von Entscheidungsanomalien, Frankfurt a.M. 1994.

LAUX, H.: Tantiemensysteme für die Investitionssteuerung, in: ZfB, 32. Jg. (1975), S. 597-618.

MILGROM, P.; ROBERTS, J.: Economics, Organization, and Management, Englewood Cliffs 1992.

PICOT, A.: Ein neuer Ansatz zur Gestaltung der Leistungstiefe, in: ZfbF, 43. Jg. (1991), S. 336-357.

PICOT, A.; FRANCK, E.: Vertikale Integration, in: Ergebnisse empirischer betriebswirtschaftlicher Forschung. Zu einer Realtheorie der Unternehmung, hrsg. v. J. Hauschildt u. O. Grün, Stuttgart 1993, S. 179-219.

RADNER, R.: The Internal Economy of Large Firms, in: Economic Journal, 96. Jg. (1986), Supplement, S. 1-22.

RICHTER, R.: Institutionen ökonomisch analysiert. Zur jüngeren Entwicklung auf einem Gebiet der Wirtschaftstheorie, Tübingen 1994.

SCHAUENBERG, B.: Organisationsprobleme bei dauerhafter Kooperation, in: Betriebswirtschaftslehre und Ökonomische Theorie, hrsg. v. D. Ordelheide, B. Rudolph u. E. Busselmann, Stuttgart 1991, S. 329-356.

SCHAUENBERG, B.: Theorien der Unternehmung, in: HWB, Bd. 3, hrsg. v. W. Wittmann et al., 5. Aufl., Stuttgart 1993, Sp. 4168-4182.

SCHAUENBERG, B.: Unternehmerfunktionen, Marktprozesse und Spieltheorie, in: Unternehmenstheorie und Besteuerung, hrsg. v. R. Elschen, T. Siegel u. F.W. Wagner, Wiesbaden 1995 (im Druck).

SCHAUENBERG, B.; SCHMIDT, R.H.: Vorarbeiten zu einer Theorie der Unternehmung als Institution, in: Rekonstruktion der BWL als ökonomische Theorie, hrsg. v. E. Kappler, Spardorf 1983, S. 247-276.

SCHNEIDER, D.: Betriebswirtschaftslehre, Bd. 1: Grundlagen, München/Wien 1993.

SCHNEIDER, D.: Betriebswirtschaftslehre, Bd. 2: Rechnungswesen, München/Wien 1994.

SCHWARTZE, A.: Europäische Regelungen für Unternehmensübernahmen. Eine kapitalmarktorientierte Betrachtung, in: Ökonomische Analyse des Unternehmensrechts, hrsg. v. C. Ott u. H.-B. Schäfer, Heidelberg 1993, S. 264-284.

WILLIAMSON, O.E.: The Economic Institutions of Capitalism, New York et al. 1985.

Max Ringlstetter
Dodo zu Knyphausen-Aufseß

Evolutionäres Management

A. Einleitung

Der Begriff des *Evolutionären Management* wurde Anfang der achtziger Jahre von St. Galler Autoren in die Literatur eingeführt (vgl. Malik 1984; Malik/Probst 1981; Ulrich/Probst 1984). Auf der Grundlage der kybernetischen Systemtheorie und einiger Ideen von v. Hayek (1980) entwickelten sie ein Konzept, demzufolge Unternehmen wesentlich als *evolutionäre Systeme* begriffen werden müssen, deren Regelsystem sich gleichsam *von selbst* ausbildet, also nicht oder nur in begrenztem Maße das Produkt menschlichen Wollens - des Management des Unternehmens - ist. Eine ähnliche Konzeption wurde seit Ende der siebziger Jahre im *Münchner Ansatz* (vgl. Kieser 1994) um Kirsch (1992) verfolgt, wenn auch auf veränderten Grundlagen: Statt vornehmlich auf die kybernetische Systemtheorie wird auf das ganze Spektrum der Sozialwissenschaften (einschließlich der modernen Systemtheorie) zurückgegriffen, um die theoretischen Implikationen der Konzeption des Evolutionären Management bzw. der Evolutionären Führungslehre auszuleuchten. Ein Kerngedanke besteht hier darin, die Idee eines *„gemäßigten Voluntarismus"* zu entwickeln, die einerseits die evolutionäre *„Wildwüchsigkeit"* des Unternehmensgeschehens ernstnimmt und akzeptiert, andererseits aber eben auch die Einflußmöglichkeiten der Unternehmensführung zu beschreiben versucht (vgl. Ringlstetter 1988). Aktualität besitzt diese Idee nicht zuletzt dadurch, daß die so viel beschworene Konzeption einer strategischen Unternehmensführung inzwischen doch in eine Krise geraten zu sein scheint (vgl. Knyphausen-Aufseß 1995). Servatius (1991) faßt den Trend unter der Überschrift „Vom Strategischen Management zur Evolutionären Unternehmensführung" zusammen.

Systematisch läßt sich das Konzept des Evolutionären Management am leichtesten entwickeln, wenn man sich zunächst das *Komplexitätsproblem* vor Augen führt, mit dem die Unternehmensführung „immer schon" konfrontiert ist (Kapitel B). Die Frage nach der Handhabung dieses Komplexitätsproblems führt zum Konzept der *Selbstorganisation*, das mit einem Evolutionären Management unmittelbar verbunden ist (Kapitel C). Das bedeutet nun aber eben nicht, daß *Führung* keinen Ansatzpunkt mehr hat; die Funktionen der Führung müssen nur in anderer Weise beschrieben werden als dies sonst der Fall ist (Kapitel D). Einige Hinweise zur Vertiefung dieser Überlegungen beenden den Beitrag (Kapitel E).

B. Komplexität als Ausgangsproblem

Mit Komplexität meint man landläufig die Kompliziertheit und Unübersichtlichkeit von Sachverhalten, die heute zur Alltagserfahrung von Führungskräften gehören. Etwas präziser kann man unterscheiden zwischen organisierter und nicht-organisierter Komplexität (vgl. Weaver 1948). Immer geht es um eine Vielzahl von Elementen in einem System. *Nicht-organisierte* Komplexität bezeichnet ein Aggregat von Elementen, die miteinander nur zufällig in Beziehung stehen und deren Verhalten nicht durch wechselseitige Interaktion systematisch beeinflußt wird. Hier kann man mit statistischen Methoden Wahrscheinlichkeiten des Auftretens eines bestimmten Ereignisses berechnen. Im Falle *organisierter*

Komplexität ist dies nicht möglich: Hier agieren die Elemente untereinander, und das hat Folgen für das Verhalten des Systems. Der Nobelpreisträger Simon drückt das so aus: „Unter einem komplexen System verstehe ich ein System, das aus einer großen Anzahl von Teilen besteht, die in komplizierter Art miteinander interagieren. In solchen Systemen ist das Ganze mehr als die Summe seiner Teile, nicht in einem letzten, metaphysischen Sinne, sondern in dem pragmatischen Sinne, daß bei gegebenen Eigenschaften der Teile und Gesetzen ihrer Interaktion es keine triviale Angelegenheit ist, die Eigenschaften des Ganzen zu beeinflussen. Angesichts von Komplexität mag auch ein prinzipieller Reduktionist gleichzeitig pragmatisch zum Holisten werden" (1965, S. 63 f.). Das dürfte insbesondere für Führungskräfte in Unternehmen zutreffen, die keine ausreichenden Informationsverarbeitungskapazitäten besitzen *können* und doch *„zum Handeln verdammt"* sind.

Komplexität kann sich sowohl auf das System (Unternehmen) als auch auf dessen Umwelt - und auf das Verhältnis von System und Umwelt - beziehen. IBM bspw. ist ein Unternehmen, das schon aufgrund seiner Größe zweifellos ein komplexes System darstellt; darüber hinaus ist es aber in eine Wettbewerbs- und in eine technologische Umwelt eingebettet, die jeweils eine starke Dynamik aufweisen. Die beiden Organisationswissenschaftler Emery/ Trist (1965) haben eine Typologie entwickelt, mit der die Verbindungen zwischen den einzelnen Elementen im Beziehungsgefüge von System und Umwelt systematisiert werden. Der komplexeste Fall ist der der *Turbulant Fields*, in dem Verbindungen innerhalb des Systems, Verbindungen zwischen System und Umwelt sowie Verbindungen innerhalb der Umwelt zusammenspielen und kontinuierlich Veränderungen bewirken. *Dynamik* wird damit neben der genannten *Kompliziertheit* zum zweiten wesentlichen Charakteristikum von Komplexität (vgl. Ulrich/Probst 1988).

Beschäftigen sich all diese Überlegungen in einem recht abstrakten Sinne mit *System-* oder *Umweltkomplexität*, so kann man darüber hinaus auch die Frage stellen, wie sich diese Komplexitäten in der Führungspraxis bemerkbar machen; oder anders ausgedrückt: In welcher Form werden die Führungskräfte eines Unternehmens mit Komplexität konfrontiert? Die naheliegende These ist, daß man es hier mit *komplexen Problemen* zu tun hat, die von den Führungskräften gehandhabt werden müssen (vgl. Kirsch 1988). Komplexe Probleme sind, aus der Perspektive der verhaltenswissenschaftlichen Entscheidungs- bzw. Problemlösungstheorie, Probleme, die „schlecht definiert" sind, für die also kein Algorithmus bekannt ist, den man nur verwenden muß, um in überschaubarer Zeit die Problemlösung zu finden. Dies gilt freilich nur dann, wenn man eine einzelne Führungskraft betrachtet, die in einem ganz bestimmten Kontext denkt. Die Situation ändert sich, wenn mehrere Aktoren am Problemlösungsprozeß beteiligt sind bzw. sein müssen. Komplexe Probleme können dadurch charakterisiert werden, daß *mehrere Kontexte* relevant sind, die untereinander *inkommensurabel* sind. Vor dem Hintergrund der individuellen „Lebensgeschichten" der Akteure sind diese Kontexte und die daraus hervorgehenden Bedeutungszuschreibungen nicht oder nur beschränkt vergleichbar; es gibt keine Eins-zu-Eins-Entsprechungen (vgl. Kirsch 1992). Der Ingenieur denkt, spricht und handelt anders als ein Marketing-Fachmann mit einer betriebswirtschaftlichen Ausbildung. Je mehr solcher Kontexte die Problemdefinition beeinflussen und je unterschiedlicher diese sind, desto komplexer ist das Problem. Besonders problematisch wird es schließlich, wenn sich die relevanten Kontexte im Zeitablauf ändern, also eine gewisse Dynamik festzustellen ist.

C. Handhabung von Komplexität: Von der Hierarchie zur Selbstorganisation

Die bisherigen Ausführungen zeigen, was unter Komplexität verstanden werden kann. Welche Möglichkeiten aber gibt es, mit Komplexität umzugehen? Simon (1965, S. 65 f.) erzählt zur Beantwortung dieser Frage die Geschichte der beiden Uhrmacher Tempus und Hora, die beim Zusammenbau ihrer aus ungefähr tausend Teilen bestehenden Uhren immer wieder durch Kundenanrufe gestört werden. Für Tempus bedeutet dies, daß die angefangenen Uhren immer wieder in ihre Teile zerfallen und er von neuem beginnen muß. Hora dagegen hat eine Lösung dieses Problems gefunden: Er hat seine Uhren aus zehn Teilstücken konstruiert, die ihrerseits zehn Teilstücke umfassen, die wiederum aus zehn Teilstücken bestehen. Nach einer Unterbrechung muß er deshalb nicht mit dem Bau der ganzen Uhr von neuem beginnen, sondern nur mit dem Teil, an dem er gerade sitzt. Die Folge: Während Tempus bald den Bankrott erklären muß, weil er kaum noch Uhren fertigstellen kann, gedeiht das Geschäft von Hora auf das Beste.

Es ist sofort offensichtlich, daß hier das Loblied der *Hierarchie* gesungen wird. Hierarchie soll das Muster sein, auf dessen Grundlage sich mit Komplexität am besten umgehen läßt. Es gibt viele Disziplinen, in denen diese Einsicht bestätigt werden konnte - von der Evolutionsbiologie über die Wahrnehmungspsychologie bis zum „Human Problem Solving“. Es liegt nahe zu vermuten, daß auch *soziale Systeme* und insbesondere Unternehmen sich nach diesem Muster am besten strukturieren lassen. Die meisten Organisationstheorien haben diese Vermutung auch in ihren Annahmensatz aufgenommen (vgl. Ochsenbauer 1988), ebenso wie die Praxis, in der das Hierarchiekonzept zu einem festen Bestandteil der Lösung des Komplexitätsproblems geworden ist.

Freilich gibt es eine Reihe von Einsichten, die die These, daß Hierarchie die Lösung des Komplexitätsproblems ist, relativieren oder gar konterkarieren. Im Bereich der Naturwissenschaften sind vielleicht die Forschungen von McCulloch (1965) am bekanntesten geworden, denen zufolge das menschliche Gehirn als ein neuronales Netzwerk begriffen werden muß, das nicht hierarchisch, sondern *heterarchisch* gesteuert wird: Es wird immer dem Teil die Führung zugesprochen, der den Engpaßfaktor für die weitere Systementwicklung darstellt (Betriebswirte mögen sich hier an Gutenbergs Ausgleichsgesetz der Planung erinnert fühlen!). Aus der Organisationstheorie weiß man demgegenüber, daß Hierarchie zumindest dort problematisch ist, wo man es mit *neuen, komplexen Problemstellungen* zu tun hat, für die eine Lösung noch nicht bekannt ist. In diesen Situationen ist die Hierarchiespitze einfach überlastet, wenn die guten Ideen immer von ihr kommen sollen, um von den untergeordneten hierarchischen Einheiten „kleingearbeitet“ zu werden. Hier geht es eher darum, Kommunikationskanäle zu öffnen, um das Wissen der *gesamten* Organisation zur Problemlösung zu mobilisieren. Hierarchische Strukturen bewirken hier häufig „Informationspathologien“, die es zu vermeiden gilt.

Die hier genannten Ansätze sind im vorliegenden Zusammenhang auch deshalb interessant, weil sie nicht nur das System betrachten, sondern das „System-in-der-Umwelt“: Das System ist einer komplexen, dynamischen Umwelt ausgesetzt, und in dieser kann es nur bestehen, wenn es sich hinreichend kreativ verhält, es hinreichend viele innovative

Lösungen gibt. Aus der neueren Systemtheorie ist nun zwar bekannt, daß es grundsätzlich ein *Komplexitätsgefälle* zwischen System und Umwelt geben muß; wenn das nicht so wäre, könnte das System seine Einheit, seine Identität gegenüber der Umwelt nicht bewahren. Es wird aber auch die Existenz eines „Law of Requisite Variety" (Ashby 1961) postuliert, d.h. es wird angenommen, daß ein System die Komplexität der Umwelt nur verarbeiten kann, wenn es selbst hinreichend komplex ist, also das Komplexitätsgefälle nicht zu groß ist. Man kann dann sagen, daß Hierarchie eine zu einfache Lösung ist und damit ein zu großes Komplexitätsgefälle schafft. In (sehr) komplexen Umwelten entsteht ein Bedarf für hierarchiearme bzw. -ärmere Komplexitätsverarbeitungsmuster.

Wenn Komplexität nun vermeidbar ist, liegt es in der Tat nahe, dem Management statt einer Philosophie der Komplexitätsreduktion die Philosophie der *Komplexitätsproduktion* oder wenigstens der *Komplexitätsakzeptanz* zu empfehlen. Drei Argumente können diese Empfehlung stützen. Zum einen reagieren Systeme und/oder Menschen oft ganz anders, als man es wünscht oder erwartet. Klare Vorgaben reizen zum Opponieren, mehrdeutige Vorgaben dazu, Ordnung in das Chaos zu bringen, Strukturen aufzubauen, die sinnvolles Handeln ermöglichen. Zum zweiten ist Komplexität eine Vorbedingung der Fehlerfreundlichkeit. Von außen kommende Störungen können abgefedert werden; sie müssen nicht auf das gesamte System durchschlagen. Das System gewinnt Spielräume zum Experimentieren; aus Fehlern kann man lernen. Drittens schließlich ermöglicht Komplexität, die Differenz zwischen Operation und Beobachtung aufrechtzuerhalten. Wo alles durchorganisiert ist, gibt es weder die Möglichkeit noch die Notwendigkeit, den Lauf des Systems zu unterbrechen und ggfs. zu verändern, d.h. zu beobachten, was geschieht. Komplexität eröffnet hier wieder neue Chancen der Erkenntnis. Man kann es jetzt auch mit Vereinfachungen (Komplexitätsreduktion) versuchen, solange man eben weiß, daß es sich um Vereinfachungen handelt. Es müssen also einerseits Vorgehensweisen zugelassen werden, die die Unzulässigkeit von Vereinfachungen im Bewußtsein halten; andererseits muß aber auch dafür gesorgt werden, „daß diese Beobachtungen nicht so mächtig werden, daß sie jedes Experiment mit einer Vereinfachung schon im Ansatz blockieren" (Baecker 1992, S. 60).

Bejahung von Komplexität, Offenheit für Komplexitätsproduktion schlagen sich nieder in einer Reihe von *Gestaltungsprinzipien*, die sich entlang verschiedener Dimensionen ordnen lassen. Die *Sozialdimension* bezieht sich auf die Präferenz von Kommunikation vor Bürokratie und/oder synoptischer Planung. Beides bedeutet Vorwegregelung aller denkbaren Situationen, Kommunikation dagegen die auf die konkrete Situation abstellende Suche der darauf bezogenen „besten Lösung", also *Flexibilität*. Die *Sachdimension* hat etwas mit einer „losen *Koppelung*" der Systemteile zu tun. Es soll verhindert werden, daß sich Störungen in einem Teil auf andere Teile fortpflanzen; deshalb werden die Teile voneinander abgegrenzt, aber auch Redundanzen und Varietäten angelegt, die den Ausfall eines Teiles oder dessen Unfähigkeit zur Problemlösung nicht gleich zur Überlebensfrage für das Gesamtsystem werden lassen und Möglichkeiten des kontrollierten Lerntransfers (man kann etwas hier ausprobieren und dann sehen, ob man es auch dort anwendet) eröffnet. Unter die *Zeitdimension* schließlich fällt die Umorientierung von der Lösung der Probleme auf die Problematisierung von Lösungen. Eine Problemlösung kann die falsche sein; deshalb birgt jedes Festhalten an einer Problemlösung auch eine Gefahr. „Die Problematisierung der Lösung dagegen verbindet den Vorteil, es je gegenwärtig mit genau dieser Lösung zu versuchen, aber jederzeit damit zu rechnen, daß andere Lösungen auftauchen, die ebenso sinnvoll oder angesichts der Erwartung künftiger Entwicklungen sinnvoller sind. Die Lösung eines Problems bindet die Gegenwart an die Vergangenheit. Die Problematisierung der Lösung bindet die Gegenwart an die Gegenwart und an eine offene Zukunft" (Baecker 1992, S. 61 f.).

Diese Überlegungen lassen sich mühelos auch auf die in Kapitel B vorgestellte Konzeption komplexer Probleme übertragen. Ausgangspunkt ist die Idee, daß komplexe Probleme nicht in sozialen Systemen definiert werden, sondern umgekehrt das soziale System sich im Prozeß der Problemdefinition erst bildet. Das *soziale System* ist dabei natürlich nicht die Organisation als Ganzes; eher geht es um ein *spezialisiertes Problemlösungssystem*, das seine *Grenzen* immer wieder selbst festlegt. Was das bedeutet, kann man sich mit Hilfe der Metapher eines „Schneeballprinzips" klarmachen, das nichts anderes ist als ein spezifisches Konzept der *Selbstorganisation* von Unternehmen (vgl. Kirsch 1988, S. 225 f.): Es mag zunächst einen Aktor geben, der im Lichte eines spezifischen Kontextes ein Problem definiert und dabei auch Hypothesen aufstellt, welche anderen Aktoren von diesem Problem betroffen sein könnten. Mit einzelnen dieser Aktoren nimmt er Kontakt auf, um sie im Falle des Interesses in eine potentielle *Entscheidungsarena* zu integrieren. Diese Aktoren werden aber nun das Problem in ihren individuellen Kontexten wahrnehmen: Vielleicht ist es für sie gar kein Problem, vielleicht aber auch ein geradezu existentielles Problem, für das eine Lösung auf jeden Fall gefunden werden muß; oder es ist ganz einfach ein anderes Problem. In jedem Fall wird es wieder Hypothesen darüber geben, wer von diesem Problem betroffen ist, und es liegt dann in der Logik des Schneeballprinzips, daß die nunmehr wahrgenommenen Betroffenen ebenfalls in die Entscheidungsarena „eingeladen" werden und das Spiel von neuem beginnen kann. Es kommt zu einer sukzessiven Vergrößerung der Entscheidungsarena, die sich solange fortsetzt, bis die neuerlich Angesprochenen die Einladung dankend ablehnen, weil es sich eben für sie nicht um ein Problem handelt, an dessen Lösung sie in irgendeiner Weise interessiert sind bzw. zu dessen Lösung sie sich in eine Entscheidungsarena integrieren lassen wollen. Irgendwann ist die Gesellschaft geschlossen, hat das *Lösungssystem* seine eigenen Grenzen definiert.

D. Funktionen des Management im Prozeß der Selbstorganisation

Selbstorganisation hat, so können die vorstehenden Ausführungen zusammengefaßt werden, sehr viel mit *Komplexitätsbejahung* oder gar *Komplexitätsproduktion* zu tun; die Hoffnung ist, daß durch die Integration von interessierten Aktoren, die das Problem aus der Perspektive ihrer Kontexte definieren und auch von hier aus nach Problemlösungen suchen, ein *innovatives Potential* genutzt werden kann, das anders der Organisation nicht ohne weiteres zur Verfügung steht. Die im letzten Abschnitt angestellten Überlegungen zu Prozessen der Selbstorganisation dürfen nicht dahingehend mißverstanden werden, daß das Management dabei keinerlei Funktionen mehr wahrnehmen könnte, es also zum Programm eines Evolutionären Management wird, das Unternehmen sich selbst zu überlassen. Ähnlich wie sich Chaos und Ordnung nicht ausschließen, müssen auch Selbstorganisation und Führung also als *sich ergänzende, überlagernde Konzepte* begriffen werden. Dabei bedürfen die *Funktionen der Führung* einer genaueren Umschreibung. Drei Funktionen können unterschieden werden.

Die *erste* Funktion hat sich schon angedeutet: Es müssen *„Arenen"* eingerichtet werden, innerhalb derer die selbstorganisierenden Prozesse ablaufen können. Ziel ist auch die „Orchestrierung einer Debatte" (Checkland 1981), bei der die verschiedenen Kontexte, die für die *Definition* und *Lösung* von Problemen relevant sein können, zur Geltung kommen. Eingeschlossen sind hier Bemühungen der *Konfliktregulierung* und der *Übersetzung* von Aussagen des einen Kontextes in Aussagen eines anderen Kontextes. Die Übersetzungsversuche umfassen ihrerseits auch die vorläufige Festlegung von *gemeinsamen* Sprachelementen sowie die probeweise Einführung von neuen Sprachvarianten.

Die Einrichtung von Arenen beschreibt gleichsam eine *prozedurale* Komponente der Führung. Es ist aber nicht einzusehen, warum nicht auch bestimmte substantielle Eingaben erfolgen sollen - solange damit der Selbstorganisation des Systems nicht gleich wieder ein Ende gesetzt wird. Die *zweite* Funktion der Führung besteht also in der Anreicherung des selbstorganisierenden Prozesses durch eigene Beiträge. Das kann durchaus in der Weise geschehen, daß man Rahmendaten - seien es Verrechnungspreise, seien es Mengen oder Termine - vorgibt, an die sich die Aktoren zu halten haben. Interessanter mögen aber Versuche eines „Sinnmanagement" sein, Versuche also, Modelle möglicher Welten *(Visionen)* zu formulieren, die dem System normative Orientierungen zu geben versprechen. Solche Modelle lassen sich nicht vorschreiben; sie können nur in das System eingegeben werden, um es der Evolution bzw. dem selbstorganisierenden Prozeß selbst zu überlassen, wie deren weiteres „Schicksal" dann aussieht. Als *Quellen der Visionen* kommen verschiedene Möglichkeiten in Betracht: Es kann sich dabei um die Ideen erfinderischer Unternehmerpersönlichkeiten handeln, aber auch der Kommunikationsprozeß zwischen verschiedenen Personen/Kontexten kann zur Genese von anregenden Zukunftsvorstellungen führen. Schließlich ist es denkbar, daß von außen Ideen aufgegriffen werden - z.B. aus der Wissenschaft, die sich neben aller Beschreibung und Erklärung auch mit der „Konstruktion hypothetischer Modelle von möglichen Welten [beschäftigen mag], die existieren könnten, wenn einige der veränderbaren Bedingungen anders gestaltet würden" (v. Hayek 1980, S. 33).

Die beiden bisher genannten Funktionen der Führung sind letztlich darauf ausgerichtet, „dem Unternehmen zu einer Richtung zu verhelfen" (Kirsch 1990, S. 297 ff.) - und sei es nur zu der Richtung *Finden einer Richtung* (i.S. eines Arbeitsauftrages an selbstorganisierende Arenen). Die *dritte* Funktion besteht nun einfach darin, den Prozeß in Gang zu halten, also dafür zu sorgen, daß man sich im Unternehmen fortlaufend und immer wieder mit Fragen der Unternehmensentwicklung auseinandersetzt. Das System sollte im Zustand der *„Verflüssigung"* gehalten werden; es darf nicht *„verkrusten"*. Oder um einen Gedanken von Baecker (1992) aufzunehmen: Es sind Anreize dafür zu schaffen, daß man gefundene Problemlösungen immer wieder problematisiert, in der Hoffnung, daß man „noch bessere" oder wenigstens veränderten Rahmenbedingungen angepaßte Lösungen findet.

E. Ausblick

Es ist klar, daß die hier beschriebenen Funktionen des Management hohe Ansprüche an die Fähigkeiten jedes einzelnen Managers stellen - eine Einsicht, die den Unternehmenspraktiker kaum überraschen dürfte. Erstens muß der evolutionäre Manager in der Lage sein, Prozesse der Selbstorganisation in Gang zu setzen und sie und die daraus resultierenden Konsequenzen vor allem auch *geschehen* zu lassen. Letztendlich bedeutet dies, daß er Abschied nimmt von *seinen* persönlichen Optimierungsvorstellungen bzw. mit anderen Worten: von seiner *Rationalität*. Denn diese ist zunächst einmal wie alles persönlich verfügbare Wissen *kontextgebunden*. Entsprechend würde die Anwendung der individuellen Rationalitätsstandards die Problemkomplexität vergewaltigen und Selbstorganisation bereits im Keim ersticken. Als vernünftig müssen vielmehr die unterschiedlichsten Optimierungskalküle gelten. Bestenfalls kann man sich einige davon aneignen. Dabei darf man sich freilich nicht zu dem Versuch verführen lassen, alle Einzelkontexte in einem *„Metakontext"* zu konsolidieren. Angesichts der diagnostizierten Inkommensurabilität wäre ein solches Unterfangen zum Scheitern verurteilt. Das Erlernen der Kontexte, entsprechende Lernbereitschaft vorausgesetzt, kann vielmehr zu einer *„Kultivierung der Intuition"* führen, die Entscheidungen auch angesichts komplexer Probleme rational machen kann (vgl. Ringlstetter 1988).

Zweitens muß sichergestellt werden, daß der Prozeß der Selbstorganisation von Fall zu Fall auch ein Ende findet, also ein Problem - wenigstens vorläufig - durch eine Entscheidung zu lösen ist (vgl. Knyphausen-Aufseß 1991). Der „klassische" Rückgriff auf Macht bzw. Autorisierungsrechte kann dabei nicht als geeignetes Vehikel angesehen werden. Zum einen würde es den Grundgedanken der Selbstorganisation konterkarieren. Denn selbst der liberale Mächtige (z.B. der patriarchalisch sozial verantwortliche Unternehmer alter Schule) mag zwar eine Vielzahl von Betroffenen sehen. Wer Betroffener ist, wird aber nur in seinem eigenen Kontext definiert; das Schneeballprinzip kann damit nicht funktionieren. Zum anderen mögen sich Führungskräfte selbst in einer selbstorganisierenden Arena wiederfinden, die von anderen initiiert wurde. Wenn man dabei Gleichberechtigte gegenüberstellt, verlieren auch in dieser Situation Macht und Autorisierungsrechte ihre Wirkung. Man würde sich letztendlich nur gegenseitig „neutralisieren" bzw. „paralysieren". Eine denkbare Alternative ist zunächst *sprachliche Argumentation*, also der Versuch, sich gegenseitig von einer Lösungsmöglichkeit zu überzeugen und so den Prozeß der Selbstorganisation zu Ende zu bringen. Diesen Möglichkeiten sind angesichts der kontextbedingten Vielschichtigkeit der Probleme oft enge Grenzen gesetzt. Es ist deshalb notwendig, sich auf *nichtsprachliche Mechanismen* zu verlassen, wie sie bspw. Solidarität, Vertrauen, Reputation und auch Charisma darstellen (vgl. Ringlstetter 1995). Der evolutionäre Manager muß dann selbst mit solchen Mechanismen umgehen können und den Aufbau auch bei anderen fördern. Am Beispiel des Charisma wird deutlich, daß dies in „vernünftiger" Form geschehen muß.

Literatur

ASHBY, W.R.: An Introduction to Cybernetics, London 1961.

BAECKER, D.: Fehldiagnose „Überkomplexität". Komplexität ist die Lösung, nicht das Problem, in: gdi impuls, 10. Jg. (1992), H. 4, S. 55-62.

CHECKLAND, P.: Systems Thinking, Systems Practice, Chichester 1981.

EMERY, F.; TRIST, E.: The Causal Texture of Organizational Environments, in: HR, 18. Jg. (1965), S. 21-32.

HAYEK, F.A. v.: Recht, Gesetzgebung und Freiheit, Bd. I: Regeln und Ordnung, München 1980.

KIESER, A.: Fremdorganisation, Selbstorganisation und evolutionäres Management, in: ZfbF, 46. Jg. (1994), S. 199-228.

KIRSCH, W.: Die Handhabung von Entscheidungsproblemen. Einführung in die Theorie der Entscheidungsprozesse, 3. Aufl., München 1988.

KIRSCH, W.: Unternehmenspolitik und strategische Unternehmensführung, München 1990.

KIRSCH, W.: Kommunikatives Handeln, Autopoiese, Rationalität. Sondierungen zu einer evolutionären Führungslehre, München 1992.

KNYPHAUSEN-AUFSESS, D. ZU: Unternehmen als evolutionsfähige Systeme. Überlegungen zu einem evolutionären Konzept für die Organisationstheorie, München 1988.

KNYPHAUSEN-AUFSESS, D. ZU: Selbstorganisation und Führung. Systemtheoretische Beiträge zu einer evolutionären Führungskonzeption, in: DU, 45. Jg. (1991), S. 47-63.

KNYPHAUSEN-AUFSESS, D. ZU: Theorie der strategischen Unternehmensführung. Zu dem State of the Art einer Forschungsdisziplin und den Perspektiven einer systemtheoretisch inspirierten Grundlagendiskussion, Wiesbaden 1995.

LUHMANN, N.: Soziale Systeme. Grundriß einer allgemeinen Theorie, Frankfurt a.M. 1984.

MALIK, F.: Strategie des Managements komplexer Systeme, Bern/Stuttgart 1984.

MALIK, F.; PROBST, G.: Evolutionäres Management, in: DU, 35. Jg. (1981), S. 121-140.

MCCULLOCH, W.: Embodiments of Mind, Cambridge 1965.

OCHSENBAUER, C.: Organisatorische Alternativen zur Hierarchie. Überlegungen zur Überwindung der Hierarchie in Theorie und Praxis der betriebswirtschaftlichen Organisation, München 1988.

RINGLSTETTER, M.: Auf dem Weg zu einem evolutionären Management, München 1988.

RINGLSTETTER, M.: Konzernentwicklung - Rahmenkonzepte zu Strategien, Strukturen und Systemen, München 1995.

SERVATIUS, H.-G.: Vom Strategischen Management zur Evolutionären Unternehmensführung, Stuttgart 1991.

SIMON, H.: The Architecture of Complexity, in: General Systems, 10. Jg. (1965), S. 63-76.

ULRICH, H.; PROBST, G. (HRSG.): Self-Organization and Management of Social Systems. Insights, Promises, Doubts, and Questions, Berlin et al. 1984.

ULRICH, H.; PROBST, G.: Anleitung zum ganzheitlichen Denken und Handeln. Ein Brevier für Führungskräfte, Bern/Stuttgart 1988.

WEAVER, W.: Science and Complexity, in: American Scientist, 36. Jg. (1948), S. 536-544.

Jürgen Fuchs

Biokybernetik: Vom Taylorismus zum Organismus

A. Die Natur als Lehrmeister für das Management: Steuerung von Komplexität, Dynamik und Wandel

Die vielbeschworene Abkehr vom Taylorismus heißt nicht nur Abflachen der Hierarchie. Wer glaubt denn, daß ein Uhrwerk besser läuft, wenn man 10% der Zahnräder herausnimmt? Heute bricht ein ganzes Weltbild und Wertesystem zusammen, das seit 100 Jahren perfektioniert wurde: Die Unternehmung als Automat, der Mensch als Rädchen im Getriebe und das Universum als Uhrwerk. Die Betriebswirtschaft ist heute in einer ähnlichen Situation wie die Physik um die Jahrhundertwende, als Newtonsche Mechanik mit ihrer exakten Berechenbarkeit und zuverlässigen Vorhersage versagte. Einstein, Planck und Heisenberg schufen neue revolutionäre Modelle, z.B. den Dualismus von Welle und Korpuskel oder die Unschärferelation, um wieder etwas Ordnung in das Chaos zu bekommen. Dazu mußten sie allerdings Abschied nehmen von dem liebgewordenen Bild einer Welt als exaktem Uhrwerk, wie es von Leibniz gezeichnet worden war. Viele Unternehmungen sind heute noch durchkonstruiert wie Maschinen mit fein zergliederten Arbeitsprozessen, festen Stellen und starren Zuständigkeiten. Das Management der vielen Schnittstellen führt zu starker Innenorientierung, vielen „Blindleistungen" und großer Inflexibilität. Die Betriebswirtschaft sucht heute Hilfe bei der Chaosforschung, Spieltheorie oder Soziologie, um Modelle zu finden, mit denen Komplexität, Dynamik und Wandel außerhalb und besonders innerhalb einer Unternehmung gestaltbar werden.

Vielleicht hilft ein Blick zur belebten Natur. Sie hat seit Millionen von Jahren überlebt, weil sie lernfähig ist, weil sie sich flexibel angepaßt hat und weil sie die wachsende Komplexität in einem Organismus durch schnelle Rückkopplungsysteme und viel Selbstorganisation im Griff behält:

- In der Natur ist nichts *gerade*, aber alles *gerade richtig.*
- In der Natur ist nichts *starr*, aber alles *stabil.*
- In der Natur ist nichts *gleich*, aber alles *im Gleichgewicht* (solange der Mensch nicht stört).

Solche Umbruchzeiten machen unsicher und verbreiten Angst - bis ein oder mehrere Modelle gefunden sind, mit denen man wieder gelernt hat umzugehen. Vielleicht läßt sich mit dem biokybernetischen Modell *der Unternehmung als sozialer Organismus* das Geschehen in den Firmen und Verwaltungen angemessener beschreiben. Vielleicht lassen sich Analogien aufzeigen, die uns Mut machen und Orientierung geben. Vielleicht sprechen wir in Zukunft mehr von Verbindungsstellen als von Schnittstellen, mehr von Zusammenhängen als von Abteilungen und mehr von Regelkreisen als von Regeln.

Ich vergleiche eine Unternehmung gerne mit einem lebendigen Organismus: Die Mitarbeiter entsprechen den *Zellen* und die Business Units, Bereiche oder Profit Center den *Organen.* Die Informations- und Kommunikationsnetze sind das *Nervensystem*, das dafür sorgt, daß die rechte Hand weiß was die linke tut. Eine Unternehmung hat als sozialer Organismus auch ein *Immunsystem.* Wir kennen alle die Reaktionen, wenn ein *Neuer* in eine Abteilung kommt oder wenn neue Unternehmungsteile sozusagen als *Organver-*

pflanzung integriert werden sollen. Eine Unternehmung lebt. Es ist eine *Person* und hat eine eigene Identität, eine *Persönlichkeit*.

Jeder lebendige Organismus hat eine *Oberfläche*, die ihn als Einheit von der Außenwelt abgrenzt, aber auch gleichzeitig mit der Außenwelt verbindet. Mit eigener Identität ist er immer auch Teil eines größeren Ganzen. Diese Eigenschaft haben im Sinne der Selbstähnlichkeit auch alle Bestandteile des Organismus. Jedes Organ hat eine *Oberfläche*, eine Membran, die ihn zu einer Einheit macht. Jedes Organ gehört zu einem größeren Verbund. Jede Zelle grenzt sich durch die Zellenwand ab und ist Teil eines Organs. Übertragen auf das Wirtschaftsleben ist jede Unternehmung Organ und Organismus zugleich.

Bei der Darstellung einer Unternehmung als lebender Organismus empfiehlt es sich, auf das klassische Bild mit Matrizen, Stäben, Linien und Hierarchieebenen zu verzichten, die aus der Monarchie- und der Maschinenzeit stammen. Geeigneter ist eine Beschreibung als Verbund von „Leistungszentren" mit ihren Leistungsflüssen zu ihren externen und internen Kunden.

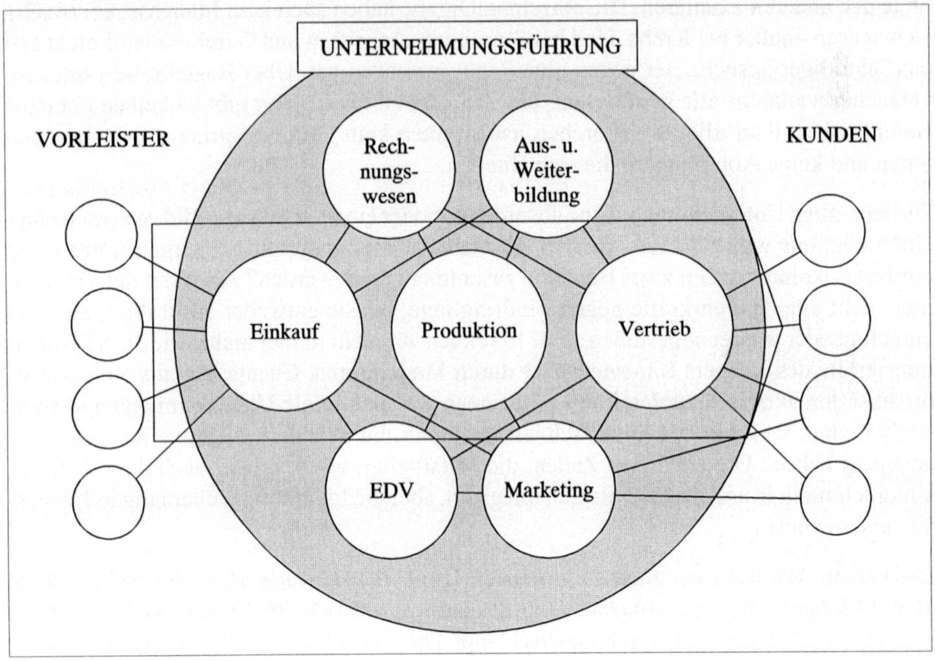

Abbildung 1: Die Unternehmung als Verbund von Leistungszentren für externe und interne Kunden

Dabei ist es wichtig, die Leistungsbeiträge der einzelnen Leistungszentren, der Teams in diesen Leistungszentren und der einzelnen Mitarbeiter zu der Leistungskette transparent zu machen. So wird es möglich, daß das Management und jeder Mitarbeiter die Unternehmung als Ganzes sieht, versteht und seine Rolle im Verbund begreift. Das fordert und fördert ganzheitliches Denken und Handeln als Voraussetzung für die längst überfällige

Flexibilisierung, für das Einführen von Team-Strukturen und für das Entdecken von *Blindleistungen*, d.h. Leistungen, die von keinem externen oder internen Kunden gebraucht oder honoriert werden. Schlagworte wie Business Reengineering, Redesign von Unternehmungen, Kundenorientierung oder Prozeßorganisationen können schneller Realität werden, wenn wir von der Natur lernen und wenn wir das Maschinenmodell verabschieden, an das wir uns seit Taylor und Ford gewöhnt haben.

B. Die Unternehmung als lebendiger Organismus

Beim lebendigen Organismus wird echte Arbeitsteilung praktiziert in einer echten *Vertrauensorganisation.* Jedes Organ arbeitet im Vertrauen darauf, daß auch die anderen „ihren Job tun“. Kein Organ fühlt sich einem anderen überlegen, keines ist wertvoller. Ob Herz, Lunge, Niere, Augen, Gehirn oder die Haut - alle sind gleichrangig. Keiner kann ohne den anderen existieren. Die einzelnen Organe haben auch kein Interesse, übermäßig zu wachsen - außer bei Krebs. Und bei Störungen, Angriffen und Gefahren wird nicht erst ein Schuldiger gesucht, der gegen eine Regel verstoßen hat. Über Regelkreise gesteuert, versuchen vielmehr alle gemeinsam, das Problem zu lösen. Hier gibt es keinen obersten Befehlshaber, dem alle zu gehorchen haben, auch kein Ordnungsprinzip mit oben und unten und keine Abteilungen, die sich abteilen.

Die lebendige Unternehmung: Eine absurde Idee oder ein realistisches Bild, wie es in einer Unternehmung wirklich läuft? Spüren wir nicht das Immunsystem des Organismus, wenn ein Neuer kommt, wenn zwei Bereiche zusammengelegt werden? Aktiviert der Organismus nicht alle Abwehrkräfte gegen Eindringlinge, bis sie entweder assimiliert, sinnvoll eingefügt oder wieder abgestoßen sind? Erkennen wir nicht immer mehr, wie die Selbstheilungskräfte des Körpers *Unternehmung* durch Moderatoren, Change Agents oder Selbstorganisation aktiviert werden können? Kennen wir nicht viele Unternehmungen, die gestorben sind, weil sie sich nicht schnell genug an die geänderten Umweltbedingungen angepaßt haben? Die einzelnen Zellen, die Mitarbeiter, werden zwar nach dem Tode der Unternehmung in andere Organismen integriert, aber die Identität des ehemaligen Körpers ist verschwunden.

Die belebte Natur ist ein guter Lehrmeister. Die *Unternehmung Mensch* beschäftigt ca. 100 Billionen Zellen als *Mitarbeiter* und schafft es auf sehr intelligente Weise, daß die Zusammenarbeit der Zellen reibungslos klappt. Die rechte Hand weiß, was die linke tut. In einem Körper gibt es sozusagen drei Hierarchieebenen: Zelle, Organ und den gesamten Organismus.

Die meisten Aktivitäten im Körper laufen ab ohne Einschalten des Gehirns als *Unternehmungszentrale:* z.B. die chemischen Prozesse und die Reflexe. Der Verstand als *Geschäftsleitung* gibt beim Gehen zwar die Richtung an. Die komplizierten Abläufe der richtigen Muskelbewegung und die notwendigen chemischen Prozesse laufen aber unbewußt ab. Dies gilt praktisch für alle *Geschäftsprozesse* im Körper, ob Atmung, Blutkreislauf oder Verdauung.

In der *Unternehmung Mensch* gibt es *keine Schnittstellen,* sondern *nur Verbindungsstellen.* Die *Liegezeiten* bei den Geschäftsprozessen sind minimal. Es gäbe schon große Probleme, wenn der Verdauungsprozeß so ablaufen würde wie die Antragsbearbeitung bei einer Bank, Versicherung oder Behörde. Aufgeblähte Bürokratien erzeugen Blähungen. Faulen, Fäulnis und das Adjektiv „faul" sind bezeichnenderweise im Wortstamm sehr eng miteinander verwandt. Die *Unternehmung Mensch* kennt keine Richtlinien und Anordnungen, um für Ordnung zu sorgen. Regelkreise, Feedback-Systeme, Reflexe, Netzwerke und eine starke Selbstorganisation der Zellen und der Organe sind das Geheimnis des dynamischen Gleichgewichts in allen lebenden Systemen. Nur so schafft es der Körper, Ordnung und Stabilität bei der hohen Dynamik zu erhalten. So bleiben Blutdruck, Körpertemperatur, Salzgehalt in den Zellen oder auch die chemische Zusammensetzung des Blutes stabil.

C. Das Nervensystem in der lebendigen Unternehmung: Die Informations- und Kommunikationsnetze

In der Vergangenheit konnte das organische Organisationsmodell in den Unternehmungen nicht eingeführt werden, weil ein wesentliches Element gefehlt hat: das Nervensystem. Erst bei dem heutigen Stand der Informations und Kommunikationstechnik kann ein solches Modell erfolgreich genutzt werden. Jede verfügbare Basistechnologie prägt auch die Organisation der Unternehmungen. Die Dampfmaschine führte zur Zentralisierung der Arbeitskräfte rund um die Energiequelle und das Fließband zur Arbeitszerlegung in kleinste Schritte und zur zentralen Steuerung der Arbeitsprozesse.

Die moderne Informations- und Kommunikationstechnik erlaubt jetzt intelligente Organisationsformen, die durch vier Eigenschaften gekennzeichnet sind:

- *Direkt an dem Ort der Leistungserbringung können Verantwortung, Informationen und Entscheidungen zusammengeführt werden:* z.B. im Reisebüro oder in der Bank beim Berater, in der Versicherung beim Vertreter oder Schadensregulierer *vor Ort*, in der Fabrik beim Monteur an der Maschine, im Einwohnermeldeamt oder der Kfz-Zulassungsstelle beim Sachbearbeiter mit Kundenkontakt. Trotz Dezentralisierung von Kompetenz ist noch eine zentrale Information und Steuerung möglich, soweit sie nötig ist. *Zentral* und *dezentral* sind im Organismus keine Gegensätze, sondern sinnvolle Ergänzung.
- *Die extreme Arbeitszerlegung kann rückgängig gemacht werden, um sinnvolle Arbeitsprozesse zusammenzuführen.* Abschließende Sachbearbeitung, Vorgangsbearbeitung, Zusammenlegen von Arbeitsvorbereitung, Ausführung und Qualitätssicherung in der Produktion zeigen den Weg vom Fließband zur ganzheitlichen Arbeitsgestaltung.
- *Teams mit hohem Grad der Selbstorganisation können im Verbund zusammenwirken,* sozusagen als Organe in einem Organismus: z.B. als Fertigungszentren, Vertriebsinseln oder Projektteams. Bei Volvo war vor 20 Jahren die Gruppenarbeit gescheitert, weil das *Nervensystem zwischen den Organen* gefehlt hat. Bei einer Störung z.B. in der Gruppe,

die die Türen fertigt, stockte die ganze Produktion, weil ohne Informatiknetze nicht schnell genug reagiert oder umgeplant werden konnte.

Bei allen Vorteilen dezentral ablaufender Prozesse braucht die Unternehmung ein *sicherndes Netz, das die fraktale Struktur zu einem Ganzen zusammenhält und auf ein gemeinsames Ziel ausrichtet.*

Damit Leistungsprozesse erfolgreich ablaufen können, bedarf es einer *zentral koordinierten Dezentralisierung*, eines gemeinsamen Bewußtseins für das Ziel und einer zentral gesteuerten Einführung von dezentral ablaufenden Regelkreisen als Basis der Selbstorganisation. Es wäre töricht zu glauben, daß man eine Unternehmung nur zerschlagen muß, um Erfolg zu haben. Das sinnvolle Zusammenwirken im Unternehmungsorganismus sollte nicht dem Zufall überlassen bleiben.

Hier ist die Unternehmungsleitung gefordert - nicht als Verwalter, sondern als Gestalter. Sie muß festlegen, welche Leistungszentren in der Unternehmung welche Leistungen für welche Kunden erbringen sollen und welche Leistungen von außen zugekauft werden. Sie muß entscheiden, welche Leistungsprozesse quer durch die Unternehmung laufen und die *Koordination der Prozesse* absichern, damit alles wie in einem Organismus zusammenpaßt. Sie muß Prozeßverantwortliche einführen, z.B. für den Auftrags-Abwicklungsprozeß, die dann für die kontinuierliche Optimierung des Prozesses sorgen. Zentral und dezentral sind keine Gegensätze. Die Zentrale ist verantwortlich für das sinnvolle Gestalten dezentraler Regelkreise und für ein sicherndes Informationsnetz der dezentralen Selbstorganisation, damit jeder weiß, ob er sich noch im Toleranzbereich bewegt oder den Organismus sprengt. Auf direktes Einwirken der Zentrale kann danach weitgehend verzichtet werden.

D. Das Fließband: Organisationsmodell der Vergangenheit

Im Gegensatz zu dem organischen Modell einer Unternehmung steht das anorganische Modell von Taylor und Ford: die Unternehmung als Maschinerie. Es war zum Ende des letzten Jahrhunderts dafür gedacht und geeignet, um in den USA die vielen *ungelernten* Einwanderer aus Europa in den Arbeitsprozeß sinnvoll zu integrieren. Das System war damals ein Erfolg, weil z.B. Ford mit billigen Kräften, die nur Routinearbeit unter Anweisung und Kontrolle der ehemaligen Handwerksmeister ausführen mußten, Autos als Massenware produzieren konnte. Der Markt bekam preiswerte Produkte und die Arbeiter konnten ihre Familien ernähren.

Das Fließband und die daraus abgeleiteten Organisationsformen mit festen Stellen und starren Zentralstrukturen sind eine wesentliche Basis für das Wachstum der Industrienationen. Sie erweisen sich aber heute als Achillesferse, weil ein Satz von Henry Ford seine Gültigkeit verloren hat:

„Bei mir kann jeder Kunde jede Farbe haben - vorausgesetzt sie ist schwarz!“

Der Kunde ist nicht mehr zufriedener Abnehmer, der dankbar sein neues Auto am Ende des Fließbandes *abnimmt.* Er ist heute anspruchsvoll, er ist *kundig,* geworden. Er hat auf der ganzen Welt gekundschaftet, er hat sich erkundigt, ist kundig und er gibt jetzt Kunde - per Fax. Wir nennen das heute Marktdynamik oder Wandel vom Verkäufer- zum Käufermarkt. Es gibt in Deutschland einen großen Automobilkonzern, bei dem man vor einiger Zeit kein Auto „kaufen" konnte. Man mußte einen Kaufantrag stellen, der dann mit der Auflage einer Wartefrist genehmigt wurde. Dieses Verhalten kennzeichnet das Organisationsmodell von Taylor und Ford. Wir erleben es immer noch bei Versicherungen, Banken und Behörden, obwohl sich auch dort Bewegung zeigt.

E. Die Metamorphose der Unternehmung: Der Wandel als Gestaltungsprinzip

Alle *biologischen Organismen* haben trotz all ihrer dynamischen Stabilität, trotz all ihrer Regelkreise und all ihrer Kreisläufe, trotz ihrer Nervensysteme und ihrer dezentralisierten Verantwortung eine *Achillesferse:* Die einzelnen Zellen sind an einen festen Platz gebunden! Sie haben sozusagen einen festen Arbeitsplatz, für den sie optimal *ausgebildet* sind. Die Unbeweglichkeit ist das Todesurteil für das Lebewesen oder die ganze Rasse, wenn die Umwelt zu turbulent oder unwirtlich wird. Die fest definierte Arbeitsteilung wird zum Verhängnis. Vielleicht nicht für die neue Generation, wenn einzelne Nachkommen zufälligerweise besser ausgestattet sind. Das eherne Gesetz der Evolution bestraft Unbeweglichkeit.

Unternehmungen als *soziale Organismen* haben allerdings die Chance und die Pflicht, diesem Darwinschen Gesetz zu entgehen. Sie haben die Möglichkeit zur *Metamorphose!* Je nach Marktsituation können sie sich vom Fisch zum Lurch, zum Löwen oder zum Vogel entwickeln.

Unternehmungen können sich ihrer Ziele, ihrer Stärken und Schwächen bewußt werden. Sie können ihre Strukturen, ihre Abläufe, ihre Geschäftsprozesse bewußt verändern. Und sie können die Folgen ihres Handelns ein- und abschätzen. Sie können *selbstbewußte* Organismen sein. Sie haben die Chance, aber auch die Verpflichtung, sich selbst zu verändern, dauernd zu lernen und lernfähig zu bleiben. Sie lieben den Wandel und können sich selbst unaufhörlich anpassen. Unternehmungen als bewußte Organismen unterliegen nicht dem tödlichen Gesetz der Evolution. Sie müssen nicht wie ein biologischer Organismus erst sterben, damit die neue Generation lernen kann. Allerdings nur, wenn jede Zelle, jedes Mitglied der Organisation mitmacht. Wenn jeder Mensch in der Unternehmung seine eigene Metamorphose, seinen Wandel, seine persönliche Entwicklung bewußt vollzieht. In diesem Sinne hat *jeder* Personalverantwortung – mindestens für sich selbst.

Alle Anzeichen deuten darauf hin, daß starre Strukturen ausgedient haben: in der Politik und in der Wirtschaft. Soziale Systeme, ob Staaten oder Unternehmungen können und müssen nicht mit fester Hand im statischen Gleichgewicht gehalten werden. *„Ordnung ist* *das halbe Leben!*“ sagt der Volksmund – aber auch nur das halbe. Dies wird häufig vergessen.

In einem *Unternehmungsorganismus* gibt es vorrangig *horizontale informelle* Verbindungen zwischen den Partnern und weniger *vertikale formale* Abhängigkeiten von Vorgesetzten und Untergebenen. Die Netze sind nicht statisch oder starr. Sie befinden sich dauernd im Fluß, in einem ständigen Veränderungsprozeß. Solch ein Verbund bietet den Menschen fachliche und moralische Unterstützung, Rückkoppelung und die Möglichkeit zur gegenseitigen Bekräftigung, zur Ungezwungenheit und zum Austausch von Erfahrungen. Es schafft einen *angstfreien Raum,* in dem Fehlertoleranz und lebenslanges Lernen möglich werden. Denn jeder kennt jeden, jeder redet mit jedem und jeder hilft jedem. Dann kann auch jeder lernen und sich verändern, ohne daß er Angst vor dem Risiko der Änderung haben muß. Denn Leben ist Kontinuität *und* Chaos, statisches *und* dynamisches Gleichgewicht, Verstand *und* Gefühl. Das Leben ist Entwicklung mit Risiko. Organisationen als Organismen existieren nur in einem instabilen Gleichgewicht, um sich Entwicklungsmöglichkeiten zu wahren.

Hier ist besonders die Unternehmungsleitung und das Management gefordert. Hier hat Hierarchie ihre Existenzberechtigung – als Gestalter des Gesamtsystems und als *Lenker des Wandlungsprozesses.* Die Unternehmungsleitung muß die Struktur einer lebendigen Unternehmung, d.h. die Leistungszentren in Abbildung 1 ihre Rolle im Unternehmungsverbund eine zeitlang stabil halten, damit sich die Prozesse auf den Markt und die Unternehmungserfordernisse optimieren können.

Bei aller Notwendigkeit zur Flexibilität und zum Wandel brauchen Mitarbeiter und Kunden auch Stabilität und Kontinuität. Die Unternehmungsleitung wird in Zukunft gefordert sein, die Lernfähigkeit und die Wandlungsfähigkeit der Unternehmung zu fördern (Lern-Strategie) und gleichzeitig auch Stabilität abzusichern. Die *Koexistenz* von Lern-Strategie und Nichtlern-Strategie wird den Erfolg der Unternehmungsentwicklung bestimmen. Die Entscheidung, ob sich die Unternehmung als Fisch auf seine Außenwelt hin nur optimiert im Sinn von KVP (kontinuierlicher Verbesserungsprozeß) oder ob sogar eine Metamorphose zum Lurch notwendig ist, wird die Überlebensfähigkeit der Unternehmungen bestimmen.

Literatur

Beer, S.: The heart of enterprise, New York 1979.

Fuchs, J.: Das biokybernetische Modell. Unternehmen als Organismen, 2. Aufl., Wiesbaden 1994.

Maturana, H.; Varela, F.: Der Baum der Erkenntnis, Bern 1987.

Dieter Schneidewind

Japanische Management-Konzepte

A. Einleitung

Das technische Rüstzeug des japanischen Management gleicht dem in anderen Industriestaaten; japanische Management-Konzepte stützen sich hingegen auf menschliche Verhaltensweisen und nicht auf abstrakte Prinzipien. Solche Konzepte sind pragmatisch, situationsbedingt, kompromiß- und wandlungsfähig. Das offizielle Wort hierfür ist „gainen" (generelle Idee). Praktiker verwenden das offene „gensoku" (generelle Regel) und Wissenschaftler das strenge „shugi" (Prinzip). Innerhalb der „gensoku" gelten Systeme („seido"), die Ordnungsrahmen darstellen.

Nachstehend werden vier wichtige „Konzepte" japanischen Management vorgestellt: personenbezogenes Management, partizipatives Management, Management in Netzwerken und Management der Zukunftssicherung.

Japaner bevorzugen den Begriff Management-Philosophie. Sie wirkt wie ein Kompaß für die Mitarbeiter, der sie befähigt, die rechten Wege selbständig zu gehen. Ihr Verständnis wird durch Kenntnisse des Taoismus, Konfuzianismus, Shintoismus und Buddhismus erleichtert.

B. Personenbezogenes Management

Die Unternehmung besteht nach japanischer Auffassung aus Menschen („kigyo wa hito nari"). Daher gilt dem Personalwesen außerordentliche Aufmerksamkeit.

1. Investitionen in das Humankapital

Pragmatisch unterscheidet die japanische Unternehmung zwischen Leistungsträgern und Hilfskräften; erstere bilden die nahezu unkündbare Stammbelegschaft, letztere werden als Tagelöhner angesehen. Die Grundlagen für eine erfolgreiche Unternehmung werden durch Auslese und Auswahlkriterien der Stammbelegschaft geschaffen. Der neue Mitarbeiter („sarariman") wird von einem befreundeten Hochschullehrer oder Lehrer empfohlen und kommt aus vertrauter Hochschule oder Schule und guter Familie; er besitzt heute durchweg das Abitur. Als Auswahlkriterien gelten charakterliche Eigenschaften wie Ausdauer, Fleiß, Bescheidenheit und Teamfähigkeit; wichtig ist, daß der Kandidat zur Unternehmung *paßt*, wodurch die personelle Homogenität japanischer Unternehmungen erreicht wird.

Fachliche Fähigkeiten vermittelt die Unternehmung durch Prozesse permanenter Weiterbildung („minarai"), die *unternehmungsspezifisch* gestaltet sind und daher externen Arbeitsplatzwechsel stark erschweren. Die Aus- und Weiterbildung umfaßt oft mehrere Fachgebiete und fördert zusätzlich das Verständnis für die Gesamtheit der Ablaufprozesse in der Unternehmung und schafft außerdem vielfältige Kontakte. Sie erweckt keinen Anschein eines „abgeschlossenen“ Wissensstandes, sondern bleibt offen für die ständigen Veränderungen des ökonomisch-technischen Umfeldes.

Die Mitarbeiter werden aus Gründen betrieblicher Erfordernisse, der Gewinnung sozialer Kompetenz und der Weiterbildung häufig versetzt; diese *Job Rotation* mutet ihnen geografische, fachliche und soziale Veränderungen zu. So muß ein Experte des Entwicklungslabors einige Zeit im Vertrieb gearbeitet haben, um Marktanforderungen zu verstehen.

2. Der Chef als Coach

Als wichtigste Tugend gilt die *Loyalität* („chuseishin“) zum Vorgesetzten, der die Unternehmung vertritt. Sie entwickelt sich im Gegenzug zur Loyalität, die der Vorgesetzte seinen Mitarbeitern vorleistet. Gegenseitige Loyalität bildet den Kitt, der japanische Unternehmungen (und generell Geschäftspartner in Japan) zusammenhält. Der Chef kümmert sich um seine Mitarbeiter in betrieblicher und menschlicher Hinsicht, er „coacht“ sie wie ein Sporttrainer seine Mannschaft. Dies geschieht in paternalistischer Fürsorge („onjo shugi“), die auch in Großbetrieben ungeachtet gewerkschaftlicher und gesetzlicher Regelungen weitgehend gilt.

Arbeitslust, Einsatzbereitschaft und Disziplin werden in Japan nicht vermittels Befehlen, sondern durch *Motivation* erzeugt. Sie geschieht durch eine Fülle immaterieller Anreize; die wichtigsten werden weiter unten kurz beschrieben. Große Bedeutung kommt jedoch auch der materiellen Vergütung in der Form zu, daß alle direkt *am Unternehmungsergebnis beteiligt* werden, was bei der Stammbelegschaft im Durchschnitt bis zu 40% des Gesamteinkommens (bei den Hilfskräften 20%) ausmacht. Im Prinzip wird der Unternehmungsgewinn über eine vernünftige Kapitalrendite hinaus unter der Belegschaft aufgeteilt und in Form von halbjährlichen Boni ausgezahlt. Die Gesamthöhe handelt die Firmengewerkschaft aus, die individuelle Aufteilung nimmt das Management vor.

Eine besondere Art der Motivation bildet das Management by Entertainment. Bei guten Ergebnissen werden großzügig Auslandsreisen und Bewirtungen gewährt. T. Sakaya führt dies - neben dem geschlossenen Beschäftigungssystem (mit lebenslanger Beschäftigung, dem Senioritätssystem und den Firmengewerkschaften) und der gemeinsamen Entscheidungsfindung - als drittes Charakteristikum des japanischen Managementstils an (vgl. Sakaya 1993, S. 39). Führungskräfte legen daher mehr Wert auf ihren *Spesenrahmen* („kosaihi“) als auf ihr nominelles Gehalt.

C. Partizipatives Management

Arbeit gilt in Japan als Lebensinhalt und nicht als Lebenslast. Daher dürfen Einsatz und Interesse bei den Mitarbeitern vorausgesetzt werden, und Arbeitsgruppen belegen Abweichler von dieser Gesinnung mit Sanktionen.

1. Gruppendynamische Prozesse

Die Arbeit des einzelnen wird in der *Gruppe* fruchtbar; hier wächst die Hingabe an die eigene Unternehmung („uchi no kaisha").

Entgegengesetzt gerichtete Kräfte heben sich auf; vereinte Anstrengungen addieren sich. Daher gilt es, die Anstrengungen der Gruppen in einem Kräfteparalellogramm zu organisieren, um die Schubkraft des Ganzen zu verstärken. Die Leistung einer Gruppe wird obsolet, wenn die vorangehende oder nachfolgende Gruppe im Prozeß fehlerhaft, zu langsam oder zu aufwendig arbeitet. Daher stimmen sich Gruppen in den Betrieben untereinander ab; dies System ist als *Kanban* bekannt und sorgt für reibungslose Prozesse ohne Zwischen- oder Endläger.

Bei Kanban arbeitet die einzelne Gruppe weitgehend autonom und kommt weitgehend ohne externe Vorgaben (Arbeitsvorbereitung) oder Hilfen (Reparaturen, Qualitätskontrolle) aus. Die Marktanforderung wirkt letztlich als Vorgabe; im Idealfall bestimmen die Verkaufsergebnisse des Vortages die Arbeit. An jedem Morgen erscheinen die Soll-Zahlen für alle sichtbar an einer Tafel (Kanban) und die jeweiligen Ist-Zahlen werden bis zum Arbeitsende mit ihnen abgeglichen, so daß sich der Arbeitsrhythmus ihnen anpassen kann. Dazu notwendige Maßnahmen nimmt die jeweilige Arbeitsgruppe selber vor.

Visionen, Unternehmungskurs und Investitionen bestimmt das Top Management. Die operative Ausführung liegt vornehmlich in den Händen der mittleren und unteren Ebenen, wobei im Idealfall die gesamte Stammbelegschaft *beteiligt* ist. Daher *informiert* die Unternehmungsspitze über alle Vorhaben und beteiligt möglichst alle relevanten Kräfte an der Planung und den Entscheidungen. Das ermöglicht eine optimale Umsetzung der getroffenen Entscheidungen auf den operativen Ebenen. Planung, Entscheidung und Implementierung wachsen zu einem Prozeß zusammen. Niemand darf Desinteresse zeigen, und für das Ergebnis sind alle verantwortlich. In Großbetrieben sind Entscheidungsprozesse oft in einem besonderen Verfahren („ringi seido") formalisiert, das alle an der Ausführung Beteiligten involviert.

Jederman kann und soll Anregungen für Verbesserungen geben und diese seinen Vorgesetzten vorschlagen. Aus den praktischen Erfahrungen am Arbeitsplatz heraus kommt auf diese Weise eine Fülle von Verbesserungsvorschlägen zustande, die vom Management belobigt und belohnt werden. In sportlicher Weise wetteifern darüber hinaus Gruppen in den Unternehmungen, um den Arbeitsprozeß effizienter zu gestalten; ihr Slogan lautet „ZD (zero defect)". Die besten eines Betriebes nehmen an Wettbewerben auf Kreis-, Provinz- und Landesebene teil. Von jährlich 60.000 Bewerbern gewinnt einer den nationalen Deming-Preis (nach dem US-amerikanischen Qualitätsexperten W.E. Deming benannt), der für die Beteiligten und ihre Unternehmungen hohes Prestige trägt.

2. Selbstorganisation - Jishu Kanri

Sowohl rechte Arbeitsgesinnung als auch hohes Bildungsniveau (besonders in Mathematik sowie Naturwissenschaften) und bemerkenswertes fachliches Können der Mitarbeiter befähigen sie, ihre Arbeitsprozesse weitgehend *selber* zu gestalten. Es handelt sich dabei nicht um Demokratie im Betrieb, sondern um eine fließende Stufenordnung im operativen Bereich, die das hierarchische Gefüge unberührt läßt.

Das System verzichtet nicht auf die notwendigen *Kontrollen*, beschränkt diese jedoch auf objektive Meßzahlen, die penibel vorgegeben werden. Die Menschen erhalten das *Vertrauen* ihrer Manager, die von deren Leistungsbereitschaft und Können ausgehen; deren Mangel würde auf sie selbst zurückfallen. Sie gehen von der nationalen Angst vor Gesichtsverlusten ebenso aus wie von der Überzeugung der Fähigkeit ihrer Mitarbeiter und deren kompletter Motivation.

So wird eine Fülle von Ideen und Initiativen im Arbeitsprozeß frei; das Management kann auf eine Vielzahl von Lösungsvorschlägen zurückgreifen. Die Abläufe in modernen Unternehmungen weisen eine hohe *Komplexität* auf. Nach systemtheoretischer Erkenntnis schlägt nur Komplexität die Komplexität. Multivariates Management benötigt daher möglichst zahlreiche Alternativen; es gilt nur selten zwischen A und B zu entscheiden, sondern je mehr Varianten zur Verfügung stehen, desto eher wird die passende gefunden. Japaner mißtrauen dem Manager, der „alles weiß" und greifen selber gern mit Kraft und Kenntnis in die Speichen.

Diese Rolle spielen auch die Firmengewerkschaften, deren Aufgabe die Sicherung und der Zuwachs der Einkommen der Mitarbeiter darstellt. Diese richtet sich nach der Ertragskraft der Unternehmungen. Daher sehen sie ihre Mitwirkung in Qualitätszirkeln und Rationalisierungskomitees als selbstverständlich an; sie gehen unnachsichtig gegen Bremser vor, wenn dies notwendig werden sollte. Aus gleichem Grunde üben sie *Druck auf das Management* aus, wenn sie dort Mut zur Innovation und zur Eröffnung neuer Geschäftsfelder vermissen.

D. Management in Netzwerken

Japaner erkennen nicht das Individuum, sondern die *Basisgruppe* (z.B. das Arbeitsteam oder die Familie) als kleinste soziale Einheit. Auch sie steht nicht allein, sondern ist mit der Gesamtheit aller Gruppen der Nation vernetzt. Daher endet eine Unternehmung auch nicht an den Werkstoren, sondern greift weit über seine juristische Begrenzung hinaus in Beziehungskreise der Märkte und der Gesellschaft.

1. Zum kybernetischen Regelkreis

Jede Wirkung einer Aktion löst eine oder mehrere andere Wirkungen aus. Daher ist sie vorher in Konsultation mit den Betroffenen abzustimmen. Das führt zur Pflicht der Informationssammlung, die zur Grundlage der Aktion wird. Dies beschreibt den kybernetischen Regelkreis: Feststellung der Änderung eines Tatbestandes in bezug auf seinen Soll-

Zustand, Meldung der Abweichung, Korrektur der Abweichung und Rückmeldung des wieder geregelten Zustandes.

In Großunternehmungen entgleisen täglich - mindestens in minimaler Form - Hunderte von Prozessen. Daher bedarf es Hunderter von wachsamen Augen, um diese zu registrieren und sofort mit Korrekturen darauf zu reagieren, damit sie nicht durch Weiterungen zu hohen Schäden führen. Das ist nicht Aufgabe des Management, das damit zahlen- und auch kompetenzmäßig überfordert wäre, abgesehen davon, daß die Zahlenfluten des Rechnungswesens es mit erheblicher Verspätung erreichen. So regelt sich eine Unternehmungsorganisation selber im biokybernetischen Sinne eines Biotops in der Natur. Das kann der anonyme desinteressierte Einzelne nicht leisten, sondern es bedarf der aktiven Gruppe als intelligentes Fraktal in der Unternehmung.

Eine der wichtigsten Vernetzungen bildet die Verbindung mit den Märkten. Japanische Unternehmungen sind konsequent auf die *Kunden* und deren Bedürfnisse ausgerichtet. Dies manifestiert sich in dichten *Beziehungsgeflechten* zwischen Kunden, Einzel- und Großhändlern sowie den Unternehmungen. Mit Clubs, Zeitschriften, Großveranstaltungen, Geschenken und Tagen der offenen Tür werden die Beziehungen gepflegt. Vertreter großer Automobilkonzerne absolvieren Hausbesuche und versenden Gratulationskarten zu besonderen Anlässen, um sich der Treue ihrer Endkunden zu versichern. Das erlaubt Rückkoppelungen zum Markt, die für Produktentwicklung und Werbekampagnen wertvoll sind.

2. Interessengleichgewichte

Japan hält sich für eine egalitäre Gesellschaft mit vergleichsweise geringen sozialen Konflikten. Das gilt auch für die Wirtschaftsunternehmungen, die sich um ein Gleichgewicht ihrer Interessengruppen bemühen, da Interessenkollisionen in kostspielige Friktionen einmünden.

Als wichtige Modelle für organisch funktionierende soziale Systeme werden die *Arbeitsgruppe* („shudan shugi") und die *Familie* („kazoku shugi") bemüht. Beide pflegen Homogenität, gewähren soziale Geborgenheit und üben sanften kollektiven Zwang auf die Mitglieder aus.

Das Gruppenprinzip wird in der Schule eingeübt und bildet ein wichtiges berufliches Qualifikationskriterium. Die Familie dient den Unternehmungen als Vorbild; Manager bemühen gern den Ausdruck der Firmenfamilie. Das impliziert nicht nur die Rolle als Kinder für die Mitarbeiter, sondern sichert ihnen auch den Fürsorgeanspruch und das Recht mitzureden. Von den Vorgesetzten werden ein vorbildliches Verhalten und Opferbereitschaft gefordert.

Wie eine Familie bemüht sich die Unternehmung um *Harmonie*, die nach außen zu demonstrieren ist. Harmoniefähigkeit in der Gruppe qualifiziert zur Führungskraft. Daher lehnen Japaner Mehrheitsbeschlüsse ab und bemühen sich statt dessen um *Konsensus*.

Konsensusfähigkeit stellt kein genetisches Erbe dar, sondern muß von der Kindheit an trainiert werden. So geht man (nach sorgfältiger Vorbereitung) mittags in eine interne Sitzung mit dem Vorsatz, an diesem Tage eine Entscheidung zu erreichen. Die anfangs kontroversen Standpunkte nähern sich daher ab dem späten Nachmittag immer mehr an und zum Schluß werden die noch Zögernden von der allgemeinen Strömung erfaßt, die oft nur im Atmosphärischen erkennbar wird, da die Errechnung konkreter Zahlen als Basis das Risiko kaufmännischer Entscheidungen allein nicht substituieren kann.

Dabei werden *Kompromisse* für die Beteiligten notwendig, die alle mittragen, auch wenn sie sich häufig nur dem sanften Gruppenzwang beugen; Coulmas (1993) spricht hier von ritueller Harmonie. Solche Entscheidungsprozesse setzen voraus, daß die Beteiligten sich gut kennen und netzwerkartig untereinander verbunden und voneinander abhängig sind. Harmonie ist auch im realen Betriebsalltag ein Ideal, für das sich japanische Manager engagiert einsetzen.

Aus Kosten-, Zeit- und Qualitätsgründen werden Prozeßabläufe *streng determiniert*, wobei alle Beteiligten mitwirken. Dadurch werden spätere Kontrollen unnötig, denn die Ergebnisse stellen sich praktisch zwangsläufig ein. Auf die Determinierung muß sich eine Vielzahl von Beteiligten im voraus einigen, so daß bei etwaigen späteren Pannen Schuldzuweisungen nicht mehr sinnvoll sind. Ein Konfliktpotential zwischen Stäben, die Vorgaben erarbeiten und Ergebnisse kontrollieren, sowie Ausführenden wird auf diese Weise vermieden, da alle Akteure dem gleichen Netzwerk angehören.

E. Management der Zukunftssicherung

Die Unternehmung als Schicksalsgemeinschaft der gesamten Stammbelegschaft ist nicht auf kurzfristige Dividendenpolitik oder die Selbstdarstellung der obersten Führungsebene, sondern auf seine langfristige Sicherung abgestellt.

1. Management des Wandels

Die Halbwertzeit des Wissens wird kürzer; der rasche Wandel wird die Regel. Das erheischt eine *ständige Anpassung* an geänderte Verhältnisse, die in japanischen Unternehmungen gut bewältigt wird.

Produkte, Verfahren und Maschinen werden ständig in Frage gestellt und ohne Sentimentalität ausgewechselt, wenn vielversprechende Neuheiten auftauchen. Diese Bereitschaft zum Wechsel wird durch die *Technologiefreude* der Japaner gefördert, die keinen Fortschrittspessimismus pflegen. Innovateure genießen hohes Ansehen.

Der Wandel wird bevorzugt in evolutionären *kleinen Schritten* angestrebt. Als Ideal wird hundertprozentige Performance angestrebt, doch deren Erreichen wird in weiter Ferne gesehen, so daß praktisch immer ein Verbesserungspotential verbleibt. Dies wird mit „Poka yoke“ und „Kaizen“ angegangen. Poka yoke strebt *Fehlerfreiheit* bei Arbeitsoperationen an und stellt hierfür sowohl Methodik als auch praktische Beispiele zur Verfügung. Dabei geht es nicht um die Korrektur von Ausschuß oder Fehlern, sondern deren Beseitigung oder Vermeidung bereits bei der Entstehung.

Kaizen gilt für alle Tätigkeitsbereiche und realisiert *inkrementelle Verbesserungsschritte*. Es gehört zur japanischen Lebensphilosophie, alles in Frage zu stellen und das Gute durch das Bessere zu schlagen. Dies verleiht dem Arbeitsalltag eine stete Bewegung, in dem ein selbstgefälliges Ausruhen auch bei guten Leistungen nicht toleriert wird. Führung gestaltet sich zur Kunst, das Unvollkommene zu beherrschen und ein wenig der Vollkommenheit näher zu bringen. Es fördert ein prozeßorientiertes statt eines resultatorientierten Denkens und ist auf *Prozeßverbesserung* ausgerichtet. Sein Hauptinteresse gilt dem Zeitmanagement, der Entwicklung von Geschicklichkeiten, der Disziplinverbesserung, dem totalen Engagement der Manager und Mitarbeiter, der Vertiefung der Kommunikation und allgemein der Verbesserung der Leistungsmoral. Sein Erfolg steht und fällt mit der Unterstützung durch die Unternehmungsführung.

Da die Wettbewerber gleiche Anstrengungen unternehmen, werden die Vorsprünge zunehmend geringer. Dann gilt es, gelegentlich einen radikalen Sprung in ein neues Produkt- oder Marktsegment vorzunehmen; das wird „Kaitaku“ genannt. Hier wird wieder aufgesetzt und eine längere Periode erneut mit Kaizen operiert. Der Sprung in ein neues Segment wird als gute Gelegenheit genutzt, auch die Unternehmungsorganisation umzustellen.

Man entscheidet sich daher nicht für kontinuierliches, evolutionäres oder revolutionäres Vorgehen sondern setzt ständig alle drei Alternativen - häufig auch *simultan* - ein.

2. Lean Management

Schwere Strukturen verursachen Kosten und erschweren den Wandel. Daher setzen Japaner auf das Leichte und Schlanke, was sie zu Protagonisten der Miniaturisierung prädestiniert. Der Ausdruck „Lean Management“ stammt indessen aus den USA und wurde von dort nach Europa übernommen, um vornehmlich betriebliche Strukturen durch Personalabbau kostengünstiger zu gestalten. Dabei wird oft übersehen, daß der schlanke Rest deutlich mehr leisten und daher deutlich besser ausgebildet und motiviert werden muß als die vorherigen Kräfte durchschnittlicher Qualität.

Bei der Definition von Lean Management denken Japaner zunächst daran, *Reibungsverluste* zu vermeiden. Eine Maschine funktioniert umso störunanfälliger, aus je weniger Teilen sie besteht. Daher gilt es in den Prozessen möglichst wenige Menschen zu beschäftigen und diese in geschmeidiger Technik des Umgangs miteinander zu trainieren. Reibung wird gleichfalls durch Rundungen und Schmierstoffe verringert. Erstere werden durch fließende Übergänge statt harter Abgrenzungen erreicht, während die angestrebte harmonische Atmosphäre letztere ersetzt.

Ferner gehört es zur Definition von Lean Management, *Verschwendung* („muda") abzustellen. Im ressourcenarmen Japan galt es traditionell, sparsam mit den vorhandenen Mitteln umzugehen. Dies trifft sich gut mit der rohstoffsparenden Miniaturisierung. Sie findet jedoch kaum im laufenden Prozeß, sondern vornehmlich in der Konstruktionsauslegung statt. Flaschen für Salatöl sind möglichst so zu konstruieren, daß sie später auf Paletten keine Hohlräume verursachen. Der Tokyo Tower ist ein wenig höher als der Eiffelturm, er kommt jedoch mit 40% weniger Materialeinsatz aus. Japanische Toiletten sind so konstruiert, daß das zur Spülung bestimmte Wasser zunächst zum Waschen der Hände genutzt wird; dabei wird die Wassermenge je nach großen und kleinen Geschäften dosiert. Dies ist kein Trivialbeispiel, sondern an ihm wird deutlich, wie in Zusammenhängen gedacht und konsequent darauf gesetzt wird, daß sich viele kleine Einsparungen sich letztlich zu großen Kostensenkungen addieren. Bei der Eindämmung von Verschwendung wirken die Mitarbeiter engagiert mit, da ihnen der Zusammenhang mit ihrem eigenen, vom Unternehmungserfolg abhängigen Bonus direkt einleuchtet.

Zum Lean Management gehört die *Konzentration* auf das Wesentliche. So werden erstklassige Maschinen in sehr einfachen Gebäuden aufgestellt, da erstere der Produktivität und Qualität dienen, während letztere nur die Funktion haben, das Wetter abzuwehren. Leitungen und Rohre werden meistens über Putz verlegt, da dies ihrer Funktion nicht abträglich ist. Auch bei den Mitarbeitern konzentrieren sich die Bemühungen vorwiegend auf die Stammbelegschaft. Das Denken ist auf Opportunitäten gerichtet.

3. Sicherheitspolitik

Japaner gehen gern und oft kleine Risiken ein. Sie geben jedoch sehr darauf acht, daß die großen Ziele nicht gefährdet werden, bei letzteren möchten sie auf der sicheren Seite bleiben.

Es ist äußerst bedauerlich für Unternehmer, wenn sie Kalamitäten nicht abwehren oder Opportunitäten nicht ergreifen können, weil ihre Mittel im Augenblick begrenzt sind. Doch die akkurateste Planung kann diese unvorhergesehenen Ereignisse nicht ausschließen, sie kommen im Gegenteil laufend vor. Dagegen helfen - trotz Lean Management - nur *kalkulierte Reserven* sowohl im Personalbereich als auch bei den Finanzmitteln. So vereinbart sich die Vorhaltung qualifizierter Mitarbeiter durchaus mit der Forderung nach einer schlanken Unternehmung.

Der bekannte Unternehmer Konosuke Matsushita versäumte neben mutigen geschäftlichen Schritten nicht, seine Unternehmung mit Reserven für Ernstfälle auszustatten. Dazu entwickelte er sein Konzept des „Damm-Management". So wie viele Dämme die Terrassen eines Berghangs stützen, um herabstürzenden Fluten Widerstand zu bieten, so sind Dämme für die Unternehmungen erforderlich, um jeden wichtigen Managementaspekt abzudecken. Neben verschiedenen materiellen Reserven sah er auch *Ideenvorräte* als wichtigen Damm an und besonders bedeutsam erschien ihm eine große Forschungs- und Entwicklungskapazität. Er legte ebenfalls großen Wert auf mentale Eindämmung, die seine Manager und ihn vor Vorurteilen, Falschbewertungen und vor allem der Unterschätzung der Gegner schützen sollte.

Die größte Sicherheit bietet jedoch eine treue und fähige Mitarbeiterschaft. Kaum ein japanisches Schloß und keine japanische Stadt umgürteten sich mit Mauern; statt auf Steine vertrauten sie auf Wälle loyaler Gefolgsleute. In der Unternehmung liegen die wichtigsten Ressourcen in den Köpfen der Mitarbeiter. Ihr Firmenschatz an Wissen (corporate memory) darf nicht gefährdet werden, im Gegenteil ist er durch ständige Information und breite Kommunikation/Rückkoppelung stets auf dem laufenden zu halten. Der wohlinformierte Mitarbeiter stellt den wichtigsten Teil des Firmenvermögens dar.

Literatur

COULMAS, F.: Das Land der rituellen Harmonie, Frankfurt a.M. 1993.

DREYFACK, R.: Making it in Management. The Japanese Way, New York 1982.

INSTITUT FÜR JAPANOLOGIE DER UNIVERSITÄT WIEN (HRSG): Das japanische Unternehmen, Wien 1987.

MATSUSHITA, K.: Velvet Glove. Iron Fist, Tokyo et al. 1991.

PASCALE, R.T.; ATHOS, A.G.: The Art of Japanese Management, New York 1981.

SAKAYA, T.: What is Japan? New York et al. 1993.

SCHNEIDEWIND, D.: Das japanische Unternehmen. Uchi no Kaisha, Berlin et al. 1991.

SCHNEIDEWIND, D.: Jishu Kanri. Ein japanisches Erfolgsgeheimnis, Wiesbaden 1994.

YAMAMOTO, S.: Ursprünge der japanischen Arbeitsethik, in: Japan und der Westen, hrsg. v. C. v. Barloewen u. K. Werhahn-Mees, Bd. 1, Frankfurt a.M. 1986, S. 95-127.

Teil II

Funktionen der Unternehmungsführung

Viertes Kapitel

Phasen des Führungsprozesses

Dietger Hahn

Aufbau von Planungssystemen

A. Grundsätzliches zur Planung als Kernfunktion der Führung der Unternehmung

B. Theoretische Ableitung eines Planungssystems

C. Ausgestaltung eines integrierten Planungssystems
   1. Unternehmungspolitik bzw. generelle Zielplanung
   2. Strategische Planung - Programm- und Potentialplanung, Potentialstrukturplanung
   3. Operative Planung - Programm- und Aktionsplanung bei gegebenen Potentialen
   4. Gesamtunternehmungsbezogene Ergebnis- und Finanzplanung im Rahmen der Planungs- und Kontrollrechnung

D. Entwicklungstendenzen bei der Ausgestaltung von Planungssystemen

E. Planungssysteme in der Praxis
   1. Planungssystem des Daimler-Benz-Konzerns
   2. Planungssystem des Siemens-Konzerns

Literatur

A. Grundsätzliches zur Planung als Kernfunktion der Führung der Unternehmung

Führung als Funktion beinhaltet einen *Prozeß der Willensbildung und Willensdurchsetzung - mit und gegenüber anderen (weisungsgebundenen) Personen zur Erreichung eines Ziels oder mehrerer Ziele* unter Übernahme der hiermit verbundenen Verantwortung, stets verbunden mit einem spezifischen Führungsverhalten (vgl. Hahn 1974, 1994; Bleicher 1966, S. 124 ff.; Bleicher/Meyer 1976; Heinen/Dietel 1987, Sp. 2073 ff.; Staehle 1991, S. 65 ff.; Ulrich 1990, S. 13 ff.). Der systematisch durchgeführte und auf künftiges Geschehen ausgerichtete *Willensbildungs-* bzw. *Entscheidungsprozeß* kann dabei als *Planung*, der anschließende *Willensdurchsetzungsprozeß* als *Steuerung* und *Kontrolle* interpretiert werden. Planung umfaßt damit eine stets zielorientierte Suche nach Lösungsalternativen sowie deren Beurteilung und Auswahl im Hinblick auf Planungsgegenstände unterschiedlichster Art - unter Zugrundelegung einwertiger oder mehrwertiger Zukunftserwartungen.

Unternehmungsplanung ist systematische Zukunftsgestaltung der Unternehmung. Sie erfolgt im Rahmen einer Vielzahl von Informations- und Kommunikationsprozessen.

Hauptzwecke der Planung bilden dabei:

- Zielorientierung, Integration und Koordination,
- Risikoerkennung und -reduktion,
- Komplexitätsreduktion,
- Flexibilitätserhöhung (Zeitdruckminimierung)

und damit *Sicherung von Effektivität und Effizienz* des gesamten Unternehmungsgeschehens (vgl. Hahn 1993, Sp. 3188; Rühli 1989, Sp. 566 ff.; Wild 1982, S. 15 ff.).

Träger der Planung in Unternehmungen bilden die hierzu legitimierten Willensbildungszentren. Es handelt sich zum einen um die *internen Willensbildungszentren*, d.h. die *Führungskräfte* auf allen Führungsebenen, unterstützt durch *Führungs(ge)hilfen* (Mitglieder von Stabs- und Zentralabteilungen) und zum anderen für die Verabschiedung spezifischer Planungen auch um die *externen Willensbildungszentren*, wie z.B. Aufsichtsrat/Beirat und Gesellschafterversammlung.

B. Theoretische Ableitung eines Planungssystems

Planung und Kontrolle des Unternehmungsgeschehens vollziehen sich im Rahmen eines Planungs- und Kontrollsystems, das bezüglich seiner Ausgestaltung selbst Gegenstand der Planung sein kann (Meta-Planung) (vgl. Bleicher 1989; Hahn 1994, S. 71 ff. sowie Anthony 1965; Ackoff 1970; Bircher 1989; Hahn 1974; Hammer 1988; Hill 1971; Hax/Majluf 1991; Kirsch 1975; Kirsch/Maaßen 1989; Koch 1975; Kuhn 1990; Lorange 1980; Mellerowicz 1961; Pfohl 1981; Steiner 1969; Szyperski/Mußhoff 1989; Töpfer 1976; Wild 1982). Hierbei kann auf der Basis der Systemtheorie (vgl. Ulrich 1970, S. 105 f.) das

Planungs- und Kontrollsystem einer Unternehmung - wegen der zwingend notwendigen Ergänzung der Planung durch die Kontrolle oft auch nur als Planungssystem bezeichnet - als zielgerichtete Gesamtheit von *Elementen*, hier von *Planungs- und Kontrollprozessen*, verstanden werden, zwischen denen *sachlich und zeitlich spezifizierte Beziehungen* bestehen.

Die Resultate der Planungs- und Kontrollprozesse sind *qualitative und quantitative Planungs- und Kontrollinformationen*, die ihren Niederschlag in Plänen und Berichten finden. Diese können ihrerseits als Elemente eines *Plan- und Berichtssystems* interpretiert werden. Zwischen Planungs- und Kontrollsystem sowie Plan- und Berichtssystem besteht damit zwingend ein sachlogischer Zusammenhang.

Planungs-, Steuerungs- und Kontrollaufgaben sind Führungsaufgaben, die durch die Organisation geregelt werden. Organisation und Planungssystem sollten daher deckungsgleich sein (vgl. Hahn 1974; Kern 1971). So lassen sich für funktional oder divisional gegliederte Unternehmungen organisationsorientiert Planungssysteme mit entsprechenden periodischen Plänen und Berichten im Hinblick auf Bereiche, Märkte, Produkte und Prozesse konzipieren und zur Anwendung bringen, die durch aperiodisch zu erstellende Pläne und Berichte für Produkte und Projekte zu ergänzen sind.

Die Verarbeitung von quantifizierten Informationen zu Planungs- und Kontrollinformationen bildet den Inhalt der *Planungs- und Kontrollrechnung*. Diese stellt das wichtigste Instrument der Unternehmungsführung für die Setzung und Ableitung der quantifizierbaren Ziele und Zielerreichungsmaßnahmen sowie die Überwachung der Zielerreichung dar (vgl. Hahn 1974, 1994).

Die *Anforderungen an ein Planungssystem* können aus dem Systembegriff mit seinen allgemeinen Systemmerkmalen und aus dem jeweiligen Systemzweck abgeleitet werden (vgl. hierzu Hahn 1994, S. 73 sowie Bircher 1976, S. 71 ff.; Kuhn 1990, S. 69 ff.; Mellerowicz 1979, S. 31 ff.; Pfohl 1981, S. 116 ff.; Steiner 1969, S. 45 ff.; Töpfer 1976, S. 97 ff.; Wild 1982, S. 157 ff.). Geht man von Systembegriff und Systemzweck aus, muß sich ein Planungs- und Kontrollsystem mit integrierter Planungs- und Kontrollrechnung durch folgende *Charakterisierungsmerkmale* auszeichnen:

- Zielbezogenheit,
- Gesamtheit bzw. Vollständigkeit,
- Beschreibung der Elemente bzw. Teilplanungen und Teilpläne nach Inhalt, Ausmaß und zeitlichem Bezug,
- zielorientierte Integration der Teilplanungen und Teilpläne (horizontale und vertikale aufgabenorientierte inhaltliche und zeitliche Strukturierung) sowie
- Flexibilität, Aktualität und Wirtschaftlichkeit.

Auf der Basis der Interpretation der *Unternehmung als zielorientiertem Aktionszentrum* (vgl. Kosiol 1976), in dem Ziele durch zielorientierte Aktionen bzw. Maßnahmen von Potentialen, d.h. Menschen und Betriebsmitteln, erreicht werden, läßt sich in einem ersten Schritt das *Grundschema* eines Planungs- und Kontrollsystems mit folgenden Teilplanungskomplexen und daraus resultierenden Plänen ableiten:

- Zielplanung,
- Potentialplanung und
- Aktionsplanung,

wobei Potential- und Aktionsplanung stets ziel- bzw. programmbezogen erfolgen (vgl. Hahn 1994).

C. Ausgestaltung eines integrierten Planungssystems

In Literatur und Praxis werden für die einzelnen Teile des dargestellten Grundschemas des Planungssystems unterschiedliche Bezeichnungen gewählt. Von diesen Bezeichnungen seien im folgenden die Begriffe strategische und operative Planung aufgenommen (vgl. Hahn 1994, S. 90 ff.). Da eine simultane Zielplanung und zielorientierte Potential- und Aktionsplanung für das System Unternehmung i.d.R. nur schwer möglich und beschreibbar ist, wird unter Verwendung von in Praxis und Literatur geläufigen Begriffen ein *Planungs- und Kontrollsystem einschließlich Planungs- und Kontrollrechnung* mit folgenden integrierten Teilplanungskomplexen zugrunde gelegt (vgl. auch Arbeitskreis „Integrierte Unternehmungsplanung" der SG-DGfB 1991; Hahn 1974, 1994; vgl. Abbildung 1):

1. Unternehmungspolitik bzw. generelle Zielplanung;
2. Strategische Planung - Programm- und Potentialplanung, Potentialstrukturplanung;
3. Operative Planung - Programm- und Aktionsplanung bei gegebenen Potentialen;
4. Gesamtunternehmungsbezogene Ergebnis- und Finanzplanung.

In einer bestehenden Unternehmung können diese periodisch durchzuführenden Teilplanungskomplexe durch *aperiodisch durchzuführende Projektplanungen* ergänzt werden.

Das *Planungs- und Kontrollsystem* bildet das *Kernstück eines visionsorientierten, vernetzten dialogischen Führungsinformationssystems*. Geprägt wird jedes Planungs- und Kontrollsystem durch die *Unternehmungsphilosophie und -kultur* - die gemeinsamen bzw. abgestimmten Werthaltungen der obersten Führungskräfte der Unternehmung und die maßgeblich durch diese und die Umfeldbedingungen beeinflußten, unternehmungsgeschichtlich gewachsenen Denk-, Entscheidungs- und Verhaltensmuster der Mitarbeiter der Unternehmung.

1. Unternehmungspolitik bzw. generelle Zielplanung

Erhaltung und erfolgreiche Weiterentwicklung der Unternehmung bilden den *Hauptzweck* bzw. das *oberste Ziel* der Unternehmung aus der Sicht aller an ihr interessierten Gruppen, sofern hierdurch die Chance der Realisierung ihrer Individualziele gegeben ist.

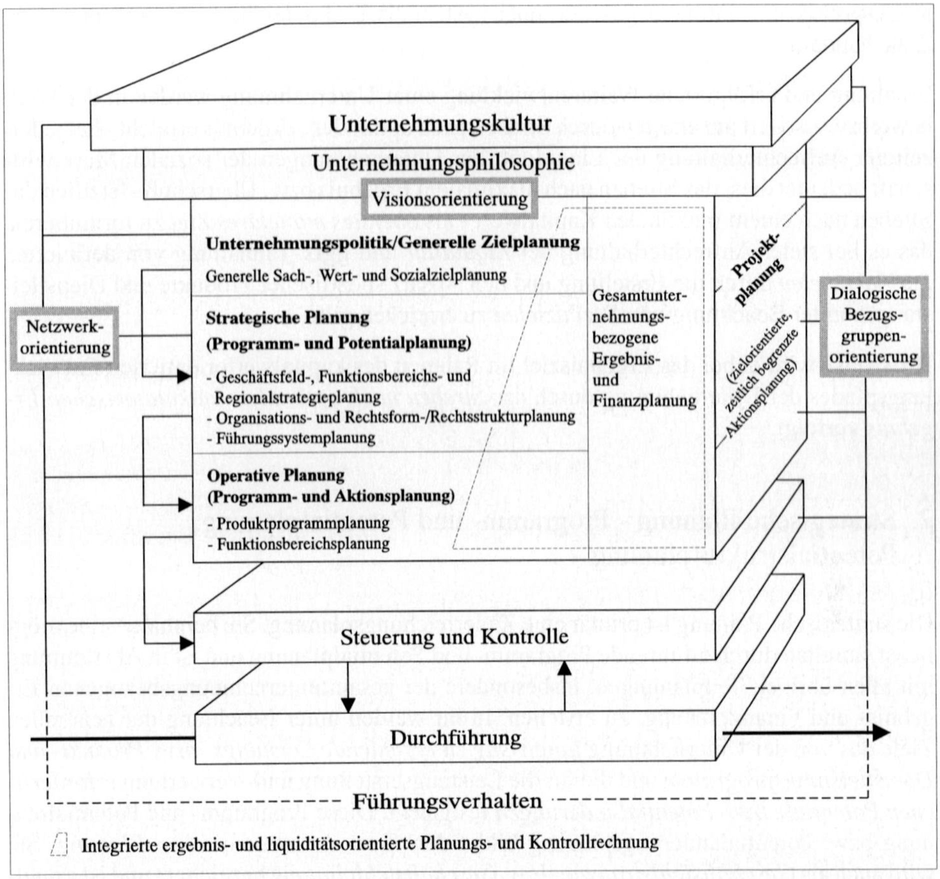

Abbildung 1: Kennzeichnung des Grundkonzeptes und der Teilkomplexe des Planungssystems einer Unternehmung

Differenziert gesehen ist hierzu im Rahmen der *generellen Zielplanung* die Fixierung aller generellen ökonomischen und nichtökonomischen Ziele für das System Unternehmung vorzunehmen. Es gilt, die wichtigsten *Sachziele* (Angaben des Tätigkeitsfeldes, der Branche bzw. der Wirtschaftszweige, der wichtigsten angestrebten Leistungsarten und ggfs. Kundengruppen), die wichtigsten *Wertziele* (Ergebnis- und Liquiditätsziele) sowie die wichtigsten *Sozialziele* (angestrebte Zustände und Verhaltensweisen gegenüber Mitarbeitern, Kapitalgebern, Marktpartnern, dem Staat, der allgemeinen Öffentlichkeit und der natürlichen Umwelt) festzulegen.

Die generellen Ziele sind dabei stets Ausdruck der Wertvorstellungen der am Zielbildungsprozeß beteiligten obersten Führungskräfte bzw. oberen internen und externen Willensbildungszentren. Versteht man unter *Unternehmungspolitik* das Fällen von Führungsentscheidungen primär im Hinblick auf die Ziele der Unternehmung als Ganzes, wird deutlich, daß es sich bei den generellen Unternehmungszielen als Resultate der Unternehmungspolitik um autonom gesetzte oder systematisch abgeleitete bzw. geplante obere Ziele handelt.

Erhaltung und erfolgreiche Weiterentwicklung einer Unternehmung werden in der Wettbewerbswirtschaft am ehesten durch Streben nach optimalem Ergebnis erreicht - bei jederzeitiger Aufrechterhaltung der Liquidität. Für Unternehmungen der sozialen Marktwirtschaft bedeutet dies, das Streben nach maximalem Ergebnis bzw. Überschuß - letztlich das Streben nach einem maximalen Kapitalwert - als *oberstes monetäres Ziel* zu formulieren, das es bei steter Aufrechterhaltung der *Liquidität* und ggfs. Einhaltung von definierten *Periodenzielen* durch die Erstellung und den Absatz spezifischer Produkte und Dienstleistungen unter Beachtung von *Sozialzielen* zu erreichen gilt.

Hilfsweise wird dabei das Ergebnisziel im Rahmen des kapitalwertorientierten Entwicklungspfades der Unternehmung durch das *Streben nach optimalem kalkulatorischen Ergebnis* verfolgt.

2. Strategische Planung - Programm- und Potentialplanung, Potentialstrukturplanung

Die strategische Planung ist primär eine Zielerreichungsplanung. Sie beinhaltet eine möglichst simultan durchzuführende Programm- und Potentialplanung und ist in Abstimmung mit allen übrigen Teilplanungen, insbesondere der gesamtunternehmungsbezogenen Ergebnis- und Finanzplanung, zu erstellen. In ihr werden unter Beachtung der generellen Ziele das von der Unternehmung *langfristig zu erstellende Leistungs- bzw. Produkt- und Dienstleistungsprogramm* und die für die Leistungserstellung und -verwertung *erforderlichen Potentiale bzw. Potentialänderungen* festgelegt. Diese Programm- und Potentialplanung bzw. Potentialänderungsplanung bildet den *Kern der strategischen Planung*. Sie wird auch als *Geschäftsfeldstrategie- bzw. Geschäftsfeldplanung* bezeichnet und ist grundsätzlich mit Funktionsbereichs- und Regionalstrategieplanungen verbunden.

Da sachpotentialbezogene Planungen unter monetären Aspekten letztlich grundsätzlich nur durch die (Außen-)Finanzierungsmöglichkeiten begrenzt werden, wird auch die Planung der *Kapitalstruktur* (als Ausdruck des Verhältnisses des Eigenkapitals zum Fremdkapital) zur strategischen Planung gezählt.

Zum Gegenstand der strategischen Planung gehört ferner die Bestimmung der *Potentialstruktur*. Bei Betonung der Sachpotentiale handelt es sich um die *Standortstruktur- bzw. Layoutplanung*, bei Betonung der aufgabenorientierten Sach- und Humanpotentiale um die *Planung der Aufbauorganisation* sowie der mit ihr verbundenen *Rechtsform* und *Rechtsstruktur* der Unternehmung. Schließlich ist in diesem Zusammenhang als zu gestaltendes Objekt auch das zum Organisationssystem passende und seinen Trägern dienende *Führungssystem* zu nennen. Die Planung des Führungssystems umfaßt unter Heraushebung des wichtigsten Humanpotentials aus dem Personalpotential der Unternehmung die *Führungskräfteplanung*, die Gestaltung des für deren Motivation wichtigen *Führungskräfteanreizsystems* und des für die Aufgabenerfüllung notwendigen *Führungsinformationssystems*.

3. Operative Planung - Programm- und Aktionsplanung bei gegebenen Potentialen

Die operative Planung ist ebenfalls primär eine Zielerreichungsplanung. Sie baut auf der generellen Zielplanung und der strategischen Planung auf.

In ihr werden die von der Unternehmung *kurz- und mittelfristig* zu erstellenden *Leistungs- bzw. Produkt- und Dienstleistungsprogramme* (im Rahmen des strategischen Leistungsprogramms) nach Art und Menge auf der Basis gegebener Potentiale bzw. Kapazitäten und die zur Realisierung dieser Programme erforderlichen *Maßnahmen (zielorientierten Aktionen/Operationen)* in den einzelnen Bereichen der Unternehmung geplant.

Die operative Produktprogrammplanung erfolgt grundsätzlich gesamtunternehmungsbezogen im Wechselspiel mit den Subsystemplanungen der Unternehmung.

4. Gesamtunternehmungsbezogene Ergebnis- und Finanzplanung im Rahmen der Planungs- und Kontrollrechnung

Die monetäre und nichtmonetäre Planungs- und Kontrollrechnung ist der quantitative Ausdruck der generellen Zielplanung sowie der strategischen und operativen Planung. Wird die monetäre und nichtmonetäre Planungs- und Kontrollrechnung soweit wie möglich im Rahmen der generellen Zielplanung, der strategischen Planung und der operativen Planung behandelt, verbleibt als vierter Teilplanungskomplex nur die *gesamtunternehmungsbezogene Ergebnis- und Finanzplanung*.

Zudem finden im Rahmen der periodisch durchgeführten Teilplanungskomplexe aperiodisch *Projektplanungen* (Planungen zeitlich begrenzter, zielorientierter Aktionsfolgen) statt.

Abbildung 2 verdeutlicht die zielorientierte Integration von Teilplanungskomplexen zu einem Unternehmungsplanungssystem mit integrierter ergebnis- und liquiditätsorientierter Planungs- und Kontrollrechnung am Beispiel einer primär funktional organisierten Industrieunternehmung.

Das hier aufgezeigte *Grundschema eines Planungssystems bzw. Planungs- und Kontrollsystems mit integrierter Planungs- und Kontrollrechnung* ermöglicht es der obersten Unternehmungsführung, ausgehend von bestimmten Prämissen die wichtigsten monetären Ziele (Wertziele) und die zu ihrer Erreichung notwendigen Produktziele (Sachziele) und Handlungsziele sowie einen hierfür erforderlichen Mitteleinsatz nach Überprüfung von alternativen Entscheidungsmöglichkeiten der strategischen und operativen Planung sowie der gesamtunternehmungsbezogenen Ergebnis- und Finanzplanung festzulegen. Dabei können auf der Basis des Zahlenwerks der integrierten Planungs- und Kontrollrechnung operative und strategische Alternativen aufgrund ihrer Wirkungen sowohl im Hinblick auf die Periodenziele der Unternehmung (z.B. Umsatz-, Cash-Flow-, Ergebnis- und Liquiditätsziele) als auch im Hinblick auf die Kapitalwerte der Alternativen oder der Unternehmung als Ganzes beurteilt werden. Durch Simulationsrechnungen, vereinzelt auch analytische Modelle des Operations Research (OR), ist eine Ausrichtung der Ziele und Maßnahmen aller Führungsebenen auf die oberen Ziele der Unternehmung möglich (vgl. Hahn 1994; Popp 1992; Zwicker 1988).

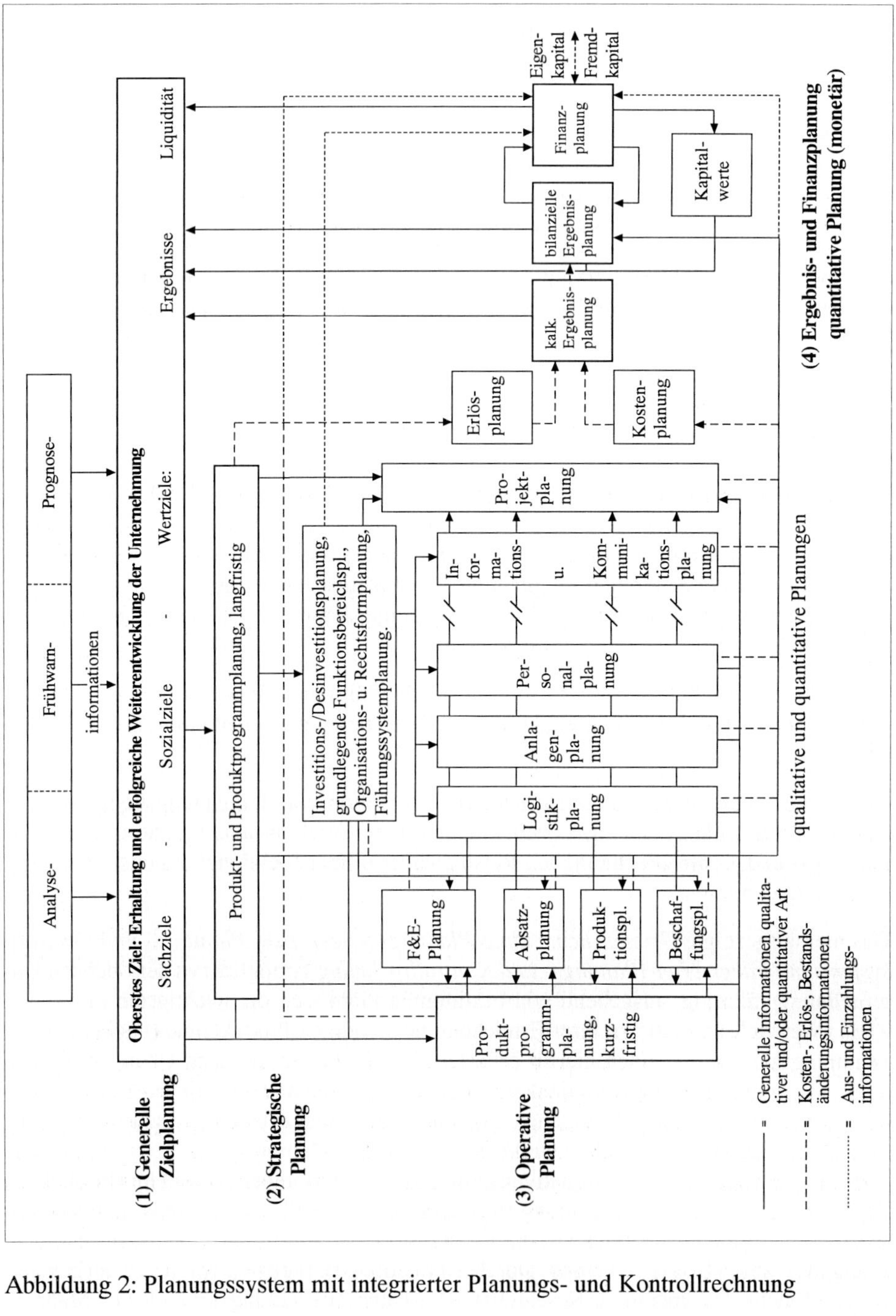

Abbildung 2: Planungssystem mit integrierter Planungs- und Kontrollrechnung

Beschränkt man sich bei den Plan- und Kontrollinformationen auf *Kennzahlen*, also jene absoluten und relativen Zahlen, die betriebswirtschaftlich relevante Informationen in konzentrierter Aussageform beinhalten, erhält man abgeleitet aus den Zielen Ergebnis und Liquidität das *PuK-Kennzahlensystem* einer Unternehmung. Schlagwortartig kann es als *erweitertes ROI-/Cash-Flow-Kennzahlensystem* bezeichnet werden (vgl. Hahn 1974, 1994; Reichmann 1990).

Bei *primär divisional* (produkt- oder regionenorientiert) *organisierten Unternehmungen/ Konzernen* nehmen die Probleme der Gestaltung und Nutzung eines *Planungs- und Kontrollsystems mit integrierter Planungs- und Kontrollrechnung* erheblich zu. Jedoch läßt sich auch hier ein Planungs- und Kontrollsystem nach dem vorab erläuterten Grundschema konzipieren und anwenden. Die Ausgestaltung richtet sich im Einzelfall insbesondere nach der jeweiligen Aufbau- und Führungsorganisation, der Zusammensetzung des Produkt- und Dienstleistungsprogramms, der Standortstruktur sowie dem Führungsstil der oberen Führungskräfte in der Unternehmungs- bzw. Konzernspitze. Ausgehend von unserem Grundkonzept für ein Planungs- und Kontrollsystem sind sowohl für die *Zentrale* als auch für die *Divisions* jeweils entsprechende mehrperiodige Planungen sowie aperiodische Planungen mit dazugehöriger Kontrolle durchzuführen. Das Grundschema eines Planungssystems für einen einstufigen Konzern mit heterogenem Leistungsprogramm und primär produktorientierter Aufbauorganisation zeigt Abbildung 3 (vgl. Hahn 1990, S. 87 ff., 1994, S. 609 ff.). Hierbei ist zwischen Plänen und Berichten bezogen auf den Konzern, die Muttergesellschaft und die Divisions bzw. Tochtergesellschaften zu unterscheiden.

In Literatur und Praxis erfolgt die *Bildung von Teilplanungskomplexen* eines Planungssystems unterschiedlich oder unter unterschiedlicher Bezeichnung (Abbildung 4). In vereinfachter Form wird nur zwischen strategischer Planung (einschließlich der Zielplanung) und (lang-, mittel- und kurzfristiger) operativer Planung differenziert. Häufig wird die gesamtunternehmungsbezogene Ergebnis- und Finanzplanung, in der sich die monetären Wirkungen der strategischen und der operativen Planungen sowie die generellen Ziele periodenbezogen abbilden lassen, als Teil der operativen Planung angesehen. In der Literatur - jedoch nach unserer Kenntnis grundsätzlich nicht in der deutschsprachigen Praxis - grenzt man Teile des Planungssystems mit entsprechender Bezeichnung auch als sog. taktische Planung ab, die als mittel- oder kurzfristige Planung interpretiert wird. In Literatur und Praxis werden auch die generelle Ziel- und Rahmenplanung und die strategische Programmplanung einerseits sowie die (lang- und kurzfristige) operative Planung andererseits als Teilplanungskomplexe angesehen. Hierbei wird die Investitionsplanung als Bestandteil der langfristigen operativen Planung betrachtet.

In der *amerikanischen Literatur und Praxis* wird bei der Darstellung von Planungskonzepten primär auf die strategische Planung und Umsetzung mit Untergliederungen in *Strategieformulierung* und *Strategieimplementierung* abgestellt (vgl. Hahn 1989). Hierbei wird jedoch stets betont, daß die Formulierung und Implementierung der Unternehmungsstrategie in Form eines integrierten, abgestimmten und rückkoppelnden Prozesses vorzunehmen sind. Dabei wird z.T. sehr anschaulich die sachliche und zeitliche Verzahnung der Planungs- und Kontrollprozesse in mehrstufigen Unternehmungen skizziert (vgl. Hax/ Majluf 1984, 1991; Vancil/Lorange 1975). Zudem wird meist auch explizit die Festlegung genereller Ziele (Vision, Mission, Objectives) am Anfang des Planungsprozesses herausgestellt.

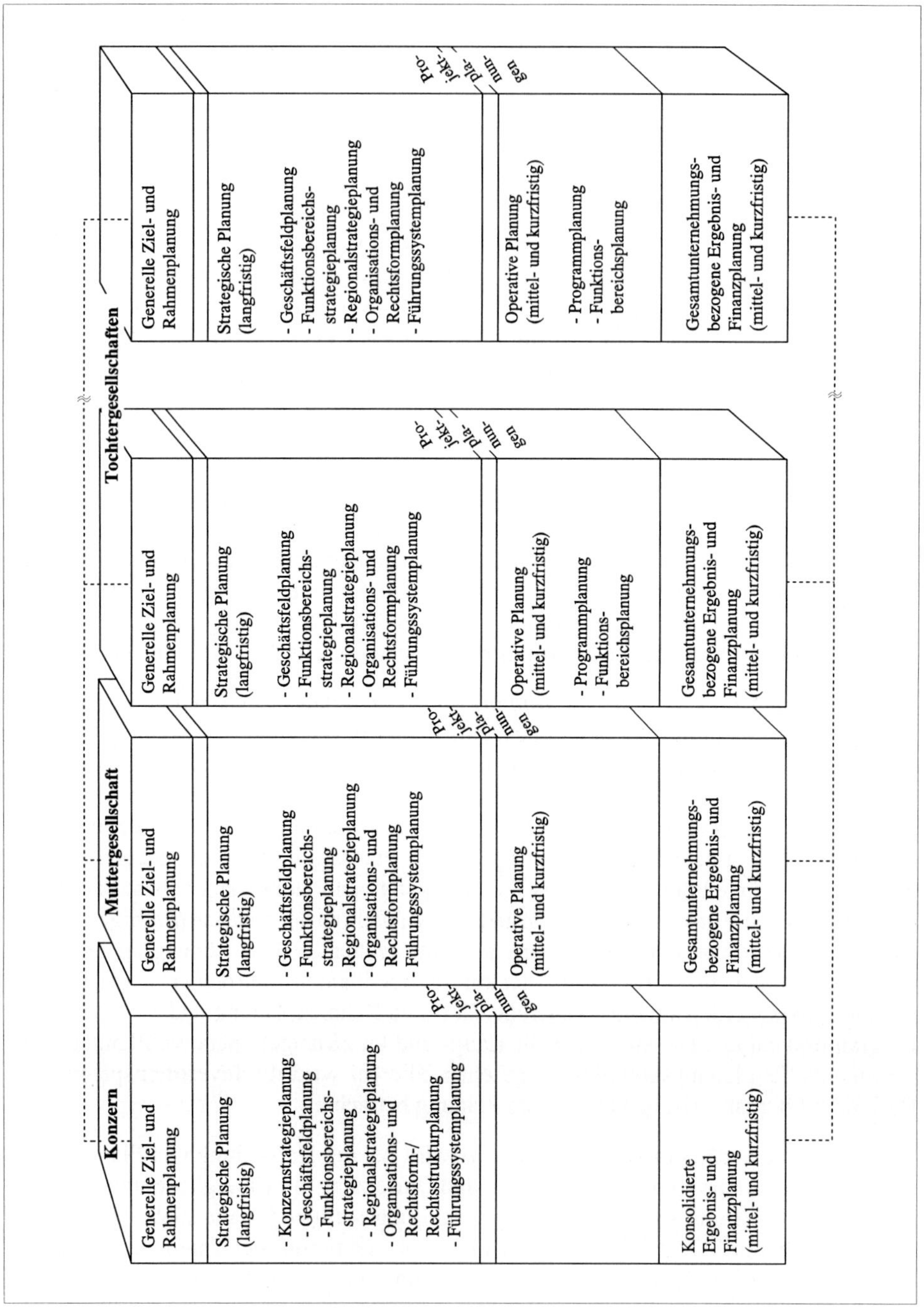

Abbildung 3: Grundschema des Planungssystems eines einstufigen Konzerns mit heterogenem Leistungsprogramm und primär produktorientierter Aufbauorganisation

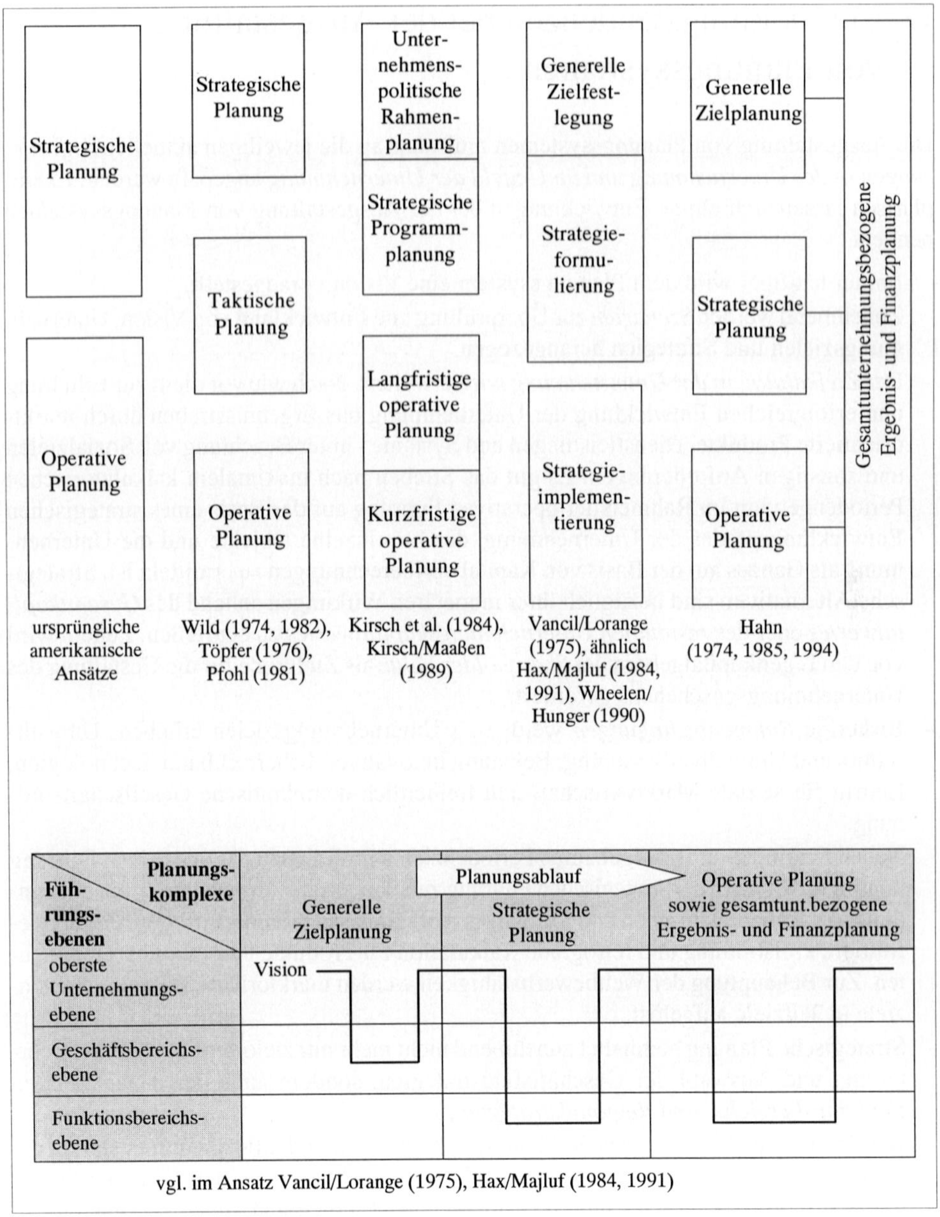

Abbildung 4: Planungskonzepte (mögliche Teilplanungskomplexe) und möglicher Planungsablauf

D. Entwicklungstendenzen bei der Ausgestaltung von Planungssystemen

Die Ausgestaltung von Planungssystemen muß stets an die jeweiligen aktuellen *Anforderungen in der Unternehmung und im Umfeld der Unternehmung* angepaßt werden. Exemplarisch lassen sich einige Entwicklungen bei der Ausgestaltung von Planungssystemen nennen:

- Immer häufiger wird dem Planungssystem eine *Vision* vorangestellt.
- Zunehmend werden *Szenarien* zur Überprüfung und Entwicklung von Vision, Unternehmungszielen und Strategien herangezogen.
- Der *Zielkatalog in der Unternehmung* wird erweitert. Nach wie vor dient zur Erhaltung und erfolgreichen Entwicklung der Unternehmung das Ergebnisstreben durch marktorientierte Produkte, Dienstleistungen und Systeme - unter Beachtung von Sozialzielen und sonstigen Anforderungen. Es gilt das Streben nach maximalem kalkulatorischen Periodengewinn im Rahmen der operativen Führung auf der Basis eines strategischen Entwicklungspfades der Unternehmung, der für einzelne Objekte und die Unternehmung als Ganzes auf der Basis von Kapitalwertberechnungen zu ermitteln ist. Strategische Alternativen sind bezüglich ihrer monetären Wirkungen anhand des *Gesamtkapitalwertes* oder des *residualen Unternehmungskapitalwertes* zu beurteilen. Zudem wird von den Eigenkapitalgebern der *Shareholder Value* als Zielgröße für die Gestaltung des Unternehmungsgeschehens gefordert.
- Bisherige *Rahmenbedingungen* werden zu Unternehmungszielen erhoben: Umweltschutz und Umweltverbesserung, Bejahung innovativer, beherrschbarer Technologien, Eintritt für soziale Marktwirtschaft und freiheitlich-demokratische Gesellschaftsordnung.
- Neben pyramidenartig aufgebauten Periodenzielen im Rahmen der operativen Führung kommt im Rahmen der strategischen Führung zunehmend das *Target Costing* zur Anwendung. An Kundenwünschen und Konkurrenzverhältnissen orientiert erfolgen Produktdefinition, Preisbildung und retrograde Kalkulation für Produkte und Produktkomponenten. Zur Behauptung der Wettbewerbsfähigkeit werden marktorientiert Produktkostenziele in Teilziele aufgelöst.
- Strategische Planung beinhaltet zunehmend nicht mehr nur zielorientierte Suche, Beurteilung und Auswahl der Geschäftsfeldstrategien, sondern auch der dazugehörigen *Funktionsbereichs- und Regionalstrategien.*
- Kardinale Aufgabe strategischer Planung ist heute auch in der Praxis immer stärker die strategieorientierte Gestaltung von Organisation, Rechtsstruktur und Führungssystem mit Führungskräfteentwicklungssystem sowie nach innen und außen gerichtetem Informations- und Kommunikationssystem. *Bezugsgruppenorientierte, dialogische Führung* wird immer wichtiger.
- *Implementierung* und *Überwachung* von strategischen Vorhaben finden deutlich mehr Beachtung.
- Die *computergestützte Integration von Technik und Betriebswirtschaft* erleichtert und verbessert zunehmend strategische und operative Planungen und Kontrollen. Computergestützte Produkt-, Programm- und Investitionsplanungen sowie mehrperiodige Budget-

planungen sind heutiger Stand. Am Bildschirm in Alternativen dargestellte Fabrikplanungen mit detaillierten Programm-, Layout- und Materialflußplanungen, hieraus abgeleitete mehrperiodige Ergebnis- und Finanzplanungen sowie dazugehörige Unternehmungswertberechnungen werden integrierte Planungen von morgen sein.

- Aufgabenzuwachs in den traditionellen Führungsaufgaben, hinzukommende Querschnittsfunktionen und Wachstumssprünge sind wesentliche Gründe für immer schwieriger werdende *Fit-Analysen* oder Planharmonisierungen.
- Mögliche Veränderungen im Umsystem sowie in und zwischen den Teilplanungskomplexen werden zunehmend *vernetztes Denken* und *Sensibilitätsanalysen* erfordern, um die Wirkungen von Veränderungen auf die Unternehmungsziele verdeutlichen zu können. Auch treten das Denken, Rechnen und Entscheiden in *Wertschöpfungsketten* in den Vordergrund - wertschöpfungskettenorientierter Strategieanalysen und *Prozeßkostenrechnungen*.
- *Eigenverantwortung* und *Selbststeuerung* im Rahmen hierarchiearmer und dezentraler Organisation erfordern ein diesen Anforderungen entsprechendes Planungs- und Kontrollsystem als Führungsinstrument. Es hat vor allem *modularen Strukturen* (Center-Konzepte, teilautonome Arbeitsgruppen) und stärkerer *Projektorientierung* zu entsprechen.
- Planungserleichterung ist durch verbesserte Planungsorganisation anzustreben, etwa durch simultan durchzuführende Strategie- und Investitionsplanungen einerseits und operative Planungen mit integriertem Jahresbudget andererseits. Generell gilt es, *„Überplanung" zu vermeiden.*
- Verbesserte Planungsqualität und Planumsetzung sowie verbesserte Prämissen- und Durchführungskontrollen werden vor allem durch verstärkte Einführung *planzielorientierter Führungskräftevergütung* erreicht werden. Strategische und operative Zielvereinbarungen, von deren Erfüllung und Überschreitung die Höhe des persönlichen Saläers abhängt, führen zu Motivationssteigerungen sowie zu besserer Formulierung und Erfüllung der Unternehmungsziele.
- Erfolgreiche Planung erfordert schließlich eine die Planung bejahende *Unternehmungsphilosophie* und eine die Planung unterstützende *Unternehmungskultur*.

Diese Entwicklungen sind in das von uns aufgezeigte Planungs- und Kontrollsystem, das Teil eines umfassenden Führungskonzeptes bildet, integrierbar oder bereits aufgenommen worden. Hierbei messen wir dem *visionsorientierten, vernetzten und dialogischen Führen* besondere Bedeutung zu.

E. Planungssysteme in der Praxis

Die dargestellte Grundkonzeption eines Planungssystems bzw. Planungs- und Kontrollsystems mit genereller Zielplanung, strategischer Planung, operativer Planung sowie gesamtunternehmungsbezogener Ergebnis- und Finanzplanung mit integrierter Planungs- und Kontrollrechnung ist theoretisch auf der Basis der System- und der Entscheidungstheorie abgeleitet und hat sich in der Praxis bewährt. Als Beispiele für - unternehmungsspezifisch modifizierte - Anwendungen dieser Grundkonzeption seien im folgenden kurz die Planungs- und Kontrollsysteme des Daimler-Benz-Konzerns und des Siemens-Konzerns dargestellt.

1. Planungssystem des Daimler-Benz-Konzerns

Unter dem Dach der *Daimler-Benz AG* (vgl. Hanssen/Remmel 1994) als geschäftsführender Holding sind heute vier Unternehmungsbereiche in Form rechtlich selbständiger Gesellschaften vereinigt: Mercedes-Benz AG, AEG AG, Deutsche Aerospace AG und Daimler-Benz Inter Services AG. Diese tragen die Ergebnisverantwortung für die operativen Geschäfte im Konzern.

Seit der Erweiterung der Geschäftstätigkeit in der zweiten Hälfte der 80er Jahre bestimmt die *Vision des „Integrierten Technologiekonzerns"* die Unternehmungsphilosophie des Daimler-Benz-Konzerns. Grundidee dabei ist, daß die *Kerngeschäfte des Konzerns* durch integrierende Funktionen (Integrierende Geschäfte, Querschnittskompetenzen und Querschnittsfunktionen) verbunden sind, um daraus besondere Wettbewerbsvorteile zu schöpfen. Zur Unterstützung der angestrebten Vorteile aus der Integration kommt einer *Unternehmungskultur* besondere Bedeutung zu, die das *„Wir"-Bewußtsein* im Konzern unterstützt.

In diesem Sinne ist auch die Idee des „Integrierten Technologiekonzerns" im *Konzernleitbild* inhaltlich präzisiert und ausgefüllt. Es vereinigt eine Darstellung der unternehmerischen und gesellschaftlichen Grundpositionen mit einer Charakterisierung der Strategie des Konzerns. Gemeinsam mit den daraus abgeleiteten *Leitlinien der Unternehmungsbereiche* dient es der Orientierung und der Kommunikation.

Grundsätzlich lassen sich im Planungssystem des Daimler-Benz-Konzerns *drei Planungsebenen* unterscheiden: *strategische Planung, operative Planung sowie unterjährige Planung und Berichterstattung*. Die drei Planungsebenen lassen sich hinsichtlich des Planungshorizontes wie folgt abgrenzen: Während die *strategische Planung* keine zeitliche Begrenzung erfährt, umfaßt die *operative Planung* rollierend einen Zeitraum von fünf Planjahren; auf der Basis der Planung des ersten Jahres dient die *unterjährige Planung* der monatlichen Überprüfung und Analyse i.S. der Erreichung der Jahresziele.

Ergänzend bietet sich an, unter dem Aspekt der primären Zielsetzungen eine Abgrenzung vorzunehmen. *Merkmale der strategischen Planung* sind die Festlegung strategischer Ziele und Konzepte, insbesondere auf der Ebene Produkt/Markt, sowie die Identifikation strategischen Handlungsbedarfs. Die entsprechenden Rahmenvorgaben finden i.S. einer strategischen Vorsteuerung Eingang in die operative Planung und münden letztlich in einen strategiekonformen Zielvereinbarungsprozeß zwischen den jeweiligen Verantwortungsebenen.

Ferner kann zwischen der *Planung auf Konzernebene und auf Unternehmungsbereichs-/ Geschäftsbereichsebene* unterschieden werden. Während auf Konzernebene grundsätzlich die strategische Führung im Vordergrund steht, hat die operative Führung auf Unternehmungs- bzw. Geschäftsbereichsebene einen vergleichsweise höheren Stellenwert.

Im Daimler-Benz-Konzern und in den Unternehmungsbereichen wird auf dem Gebiet der *strategischen Planung* zwischen einer periodischen - i.S. einer jährlich revolvierenden - und einer projektorientierten Planung unterschieden. In der *periodischen strategischen Planung* erfolgt kalenderorientiert - d.h. einmal jährlich - für alle Geschäftsfelder des Konzerns sowie übergreifend für den Konzern eine Analyse der strategischen Position einschließlich der externen und internen Rahmenbedingungen. Ziel hierbei ist es, den aktuellen Stand der Strategieumsetzung darzustellen und insbesondere möglichen strategischen Handlungsbedarf frühzeitig aufzuzeigen. Wird kein grundlegender Handlungsbedarf erkannt, kann die bisherige Strategie - mit entsprechend geringfügigen Anpassungen - weiter verfolgt werden. Wird grundlegender Handlungsbedarf festgestellt, ist die Strategie im Rahmen von Strategieprojekten von Grund auf neu zu überdenken und auszurichten.

Strategieprojekte zum Zwecke der *Strategieentwicklung* erfolgen ereignisorientiert aufgrund von Vorstandsbeschlüssen für jeweils ein bestimmtes (bestehendes oder neues) Geschäftsfeld wie auch für den Konzern.

Als kleinste markt-/wettbewerbsorientierte Elemente, für die Strategien entwickelt und dokumentiert werden, werden sog. *Strategische Geschäftseinheiten (SGE)* gebildet. Als Ergebnis eines Segmentierungsprozesses wurden die Geschäftsaktivitäten des Konzerns in insgesamt ca. 150 SGE aufgeteilt. Für die Diskussion im Konzernvorstand werden die SGE zu *Arbeitsgebieten* zusammengefaßt, den derzeit 33 sog. *„konzernstrategischen Geschäftsfeldern"* im Gesamtkonzern.

Im Mittelpunkt aller Aktivitäten in der Unternehmung stehen somit die Produkte/Märkte der einzelnen Geschäftsfelder. Strategische Geschäftsfeld- und die dementsprechenden Produkt-/Marktentscheidungen sind für die Unternehmung bzw. die einzelnen Unternehmungseinheiten von entscheidender Bedeutung. Alle produkt-/marktbezogenen Moderations- und Koordinationsaufgaben der Unternehmungsleitung münden jedoch letztlich in eine Auflösung der produktbezogenen Gesamtaufgabe in bereichs- und/oder funktionsbezogene Teilaufgaben und -ziele. *Produkte/Märkte* sowie *Bereiche* und *Funktionen* haben als *drei Dimensionen der Führung* in der Unternehmung einen gleichermaßen strategischen wie operativen Bezug.

Gegenüber der Geschäftsfeldstrategieplanung ist die *Konzernstrategie* eine deutlich abgegrenzte eigenständige Aufgabe. Sie ist Kernaufgabe des Konzernvorstandes. Darin eingeschlossen ist auch die Aufgabe, die Einzelelemente der Konzernstrategie wie auch die einzelnen Geschäftsfeldstrategien im Hinblick auf eine Verstärkung der Wettbewerbsposition aufeinander abzustimmen.

Zentrales Element der Konzernstrategie ist die Festlegung des *„Geschäftsrahmens"*. Dieser umfaßt

- die Auswahl derjenigen Geschäftsfelder, in denen der Konzern überhaupt tätig sein will,
- die Rollen, in denen diese Geschäfte sich betätigen sollen - als Kern- oder Spezialgeschäfte - und
- die Allokation der Ressourcen entsprechend dem Leitbild des Konzerns sowie entsprechend der zu erfüllenden Rollen.

Zusätzliche Wettbewerbsvorteile, die sich dem Konzern als Ganzem eröffnen, werden über *konzernweite Funktionalstrategien* (Forschung und Technik, Finanzen, Personal, Öffentlichkeitsarbeit) sowie über *konzernweite Geschäftsstrategien* (insbesondere im Rahmen von Regionalstrategien, Strategischen Allianzen) angestrebt. Die verschiedenen Einzelelemente werden zielorientiert und in sich schlüssig in einem dauernden Optimierungsprozeß zu einer Konzernstrategie zusammengefaßt, die sich ihrerseits am Leitbild des Konzerns orientiert.

Die *operative Führung* im Daimler-Benz-Konzern basiert wie die strategische Führung auf dem Grundsatz des Führens durch Ziele bei eigenverantwortlicher Selbststeuerung der Konzernbereiche. Ausgehend vom Rollenverständnis der Daimler-Benz AG als geschäftsführender Holding erfolgt die Führung auf Konzernebene vorrangig über die Vereinbarung strategischer (Geschäftsfeld-)Ziele. Diese werden im Rahmen der operativen Führung in einem mehrstufigen Zielvereinbarungsprozeß in perioden- und verantwortungsbereichsbezogene Ergebnisziele heruntergebrochen und unterjährig nachgehalten, wobei auf Konzernebene die Ergebniszielvereinbarung - entsprechend der Führungsorganisation - zwischen dem Konzernvorstand und den vier Unternehmungsbereichen getroffen wird.

Die *operative Planung* versteht sich somit als *Bindeglied* zwischen der strategischen Planung und der unterjährigen Planung und Berichterstattung. Ihre *Hauptaufgabe* ist es, die Detaillierung und Umsetzung der strategischen Rahmenvorgaben und Zielkorridore in konkrete Zielvereinbarungen für Produkte/Märkte, Bereiche und Funktionen sowie die Ableitung konkreter Maßnahmen für den mittelfristigen Planungszeitraum sicherzustellen. Sie definiert damit zugleich Vorgaben für die unterjährige Planung und Berichterstattung.

Die operative Planung erfolgt in den *dezentralen Organisationseinheiten* (z.B. inländische Werke/Leistungszentren, ausländische Produktionsgesellschaften und Vertriebsstufe) auf der Basis vereinbarter Zielkorridore. Die Zusammenführung der dezentralen Teilplanungsumfänge und die Abbildung der wirtschaftlichen Auswirkungen in der Ergebnisplanung bzw. der Finanz- und Jahresabschlußplanung sowie deren Analyse und Wertung erfolgen in den zuständigen zentralen Bereichen.

Im Rahmen der operativen Führung stehen mithin die Sicherung der Ertragskraft sowie die Sicherstellung der operativen Umsetzung der strategischen Ziele im Vordergrund. Dementsprechend sind die periodische strategische Planung und die operative Planung, die sich auf die folgenden fünf Jahre bezieht, eng miteinander verknüpft. Aus dem Prozeß der periodischen strategischen Planung werden Leitlinien, Zielgrößen und Maßnahmen (z.B. Investitionen) für die operative Planung abgeleitet. Die operative Planung gibt i.S. einer Rückkoppelung Signale für strategischen Anpassungs- und Handlungsbedarf.

Mit der Zielverfolgung durch die unterjährige Berichterstattung schließt sich der Kreis des operativen Führungsprozesses, der mit der Vereinbarung der Ergebnisziele im Rahmen der operativen Planung begonnen hat. Die wesentlichen Ergebnisse und Kenngrößen aus dem operativen Planungsprozeß werden auf Konzernebene in einem *Planungsbericht* zusammengeführt, der dem Konzernvorstand und dem Aufsichtsrat vorgelegt wird. Diese Planungsvorlage enthält eine Konzerngesamtdarstellung, die Planungen der Unternehmungsbereiche und Gemeinschaftsunternehmungen sowie die Planung der Daimler-Benz-Holding.

Die strategischen und operativen Teilplanungen bilden eine *integrierte Gesamtplanung über alle Stufen des Konzerns* hinweg, die durch ein *konzernübergreifendes Berichterstattungssystem* zur Information über Geschäftsentwicklung und Zielerreichung ergänzt wird (vgl. Abbildung 5). Die Erreichung der im Rahmen der operativen Planung vereinbarten Ergebnisziele für das erste Planjahr, die in der Eigenverantwortung der Unternehmungs- und Geschäftsbereiche liegt, wird quartalsweise verfolgt. Daneben werden sog. *Monatsberichte* erstellt, die für die einzelnen Konzernbereiche wesentliche Kennziffern zum Geschäftsverlauf, wie z.B. Umsatz, Auftragssituation, Absatz, Produktion und Personalstände, aufzeigen.

2. Planungssystem des Siemens-Konzerns

Das Haus *Siemens* (Siemens AG und die mit ihr durch Mehrheitsbeteiligungen verbundenen Unternehmungen) (vgl. Zimmermann 1994) orientiert sich mit seinen Planungen als internationaler Universalist an den drei Dimensionen der Organisation, bestehend aus *geschäftsführenden Einheiten* mit weltweiter Produktverantwortung, *zentralen Stäben* mit weltweiter Richtlinienkompetenz und *regionalen Einheiten* mit Verantwortung für die Aktivitäten in der Region bzw. im Land. In seinem organisatorischen Aufbau gliedert sich Siemens heute in 13 Bereiche, zwei Bereiche mit eigener Rechtsform und zwei selbständige Geschäftsgebiete, fünf Zentralabteilungen, drei Zentralstellen und vier zentrale Dienste sowie regionale Einheiten im In- und Ausland.

Die *Bereiche* (Bereiche ohne und mit eigener Rechtsform sowie selbständige Geschäftsgebiete) sind auf ihren Arbeitsgebieten die *Träger des Geschäftes* und demgemäß für ihre Entwicklungs-, Fertigungs- und Vertriebstätigkeiten sowie deren Ergebnis verantwortlich. Sie führen ihre Geschäfte als unternehmerische Einheiten selbständig im Rahmen der Unternehmungspolitik des Hauses Siemens. Dazu verfügen sie über alle notwendigen Ressourcen. Die Bereiche sind ihrerseits in Geschäftsgebiete und Geschäftszweige untergliedert.

Oberstes Leitungsgremium der Unternehmung ist gesellschaftsrechtlich der *Gesamtvorstand.* Er wählt aus seiner Mitte mit Zustimmung des Aufsichtsrates den *Zentralvorstand,* der aktienrechtlich ein Vorstandsausschuß ist, dem die Führung der Unternehmung übertragen wurde, soweit dies durch Gesetz und Satzung zulässig ist. Damit ist der Zentralvorstand faktisch das oberste Leitungsgremium der Unternehmung. Ihm obliegt die strategische Führung der Unternehmung. Die Umsetzung der strategischen Ziele des Zentralvorstandes in die Führung der Geschäfte ist Aufgabe der *Bereichsleitungen,* die gegenüber dem Zentralvorstand weisungsgebunden sind.

Das grundlegende Selbstverständnis bzw. die grundlegenden Geschäfts- und Verhaltensziele des Hauses Siemens wurden in sechs *Unternehmungsleitsätzen* zusammengefaßt. Darin werden die angestrebte Unternehmungspolitik sowie insbesondere die angestrebten Beziehungen zu allen Partnern innerhalb und außerhalb der Unternehmung beschrieben.

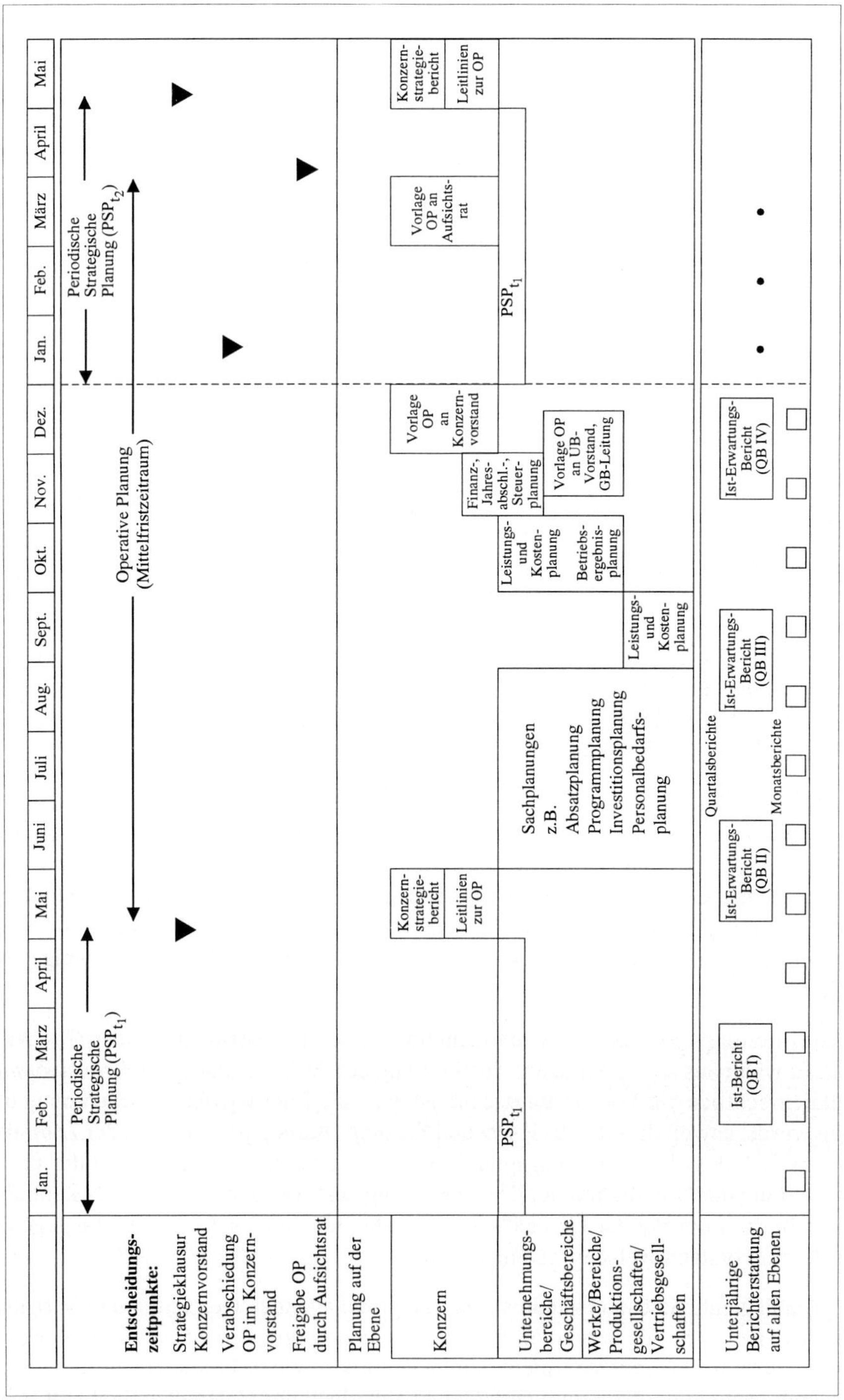

Abbildung 5: Ablauf von Planung und Berichterstattung im Daimler-Benz-Konzern

Aufbauend auf diesen Leitsätzen wird im Rahmen *unternehmungspolitischer Rahmenziele* das Tätigkeitsfeld des Hauses Siemens definiert: Siemens ist eine Unternehmung mit den Betätigungsgebieten Elektrotechnik und Elektronik, die auf diesen Märkten als Universalist auftritt und die ihre Geschäftstätigkeit weltweit sieht.

Diese qualitativ formulierten unternehmungspolitischen Rahmenziele wurden darüber hinaus in konkret faßbare und verfolgbare langfristige *Ziele* der Unternehmung für das Ende des Jahrzehnts umgesetzt. Sie betreffen die angestrebten Arbeitsgebiete und die Positionen in diesen, das Umsatzvolumen, die regionale Verteilung des Umsatzes sowie die Umsatzrendite. Hierbei handelt es sich nicht um verbindliche Planzahlen, vielmehr sollen Zielrichtungen und Größenordnungen vermittelt werden, auf die die Unternehmung hingesteuert werden soll.

Die kleinsten strategischen Planungseinheiten des Hauses Siemens sind die *Geschäftsfelder*. Sie bilden die *Basis* sowohl für die *Strategieentwicklung der geschäftsführenden Bereiche* als auch für *Querschnittsanalysen von Geschäfts- und Regionalstrukturen und deren Veränderungen auf Unternehmungsebene*. Da eine Steuerung der Geschäftsstruktur der Gesamtunternehmung über z.Zt. rund 300 Geschäftsfelder für den Zentralvorstand aus zeitlichen und inhaltlichen Gründen unmöglich ist, mußte sich die Unternehmungsleitung für die institutionalisierten und routinemäßigen Prozesse von der Ebene „Geschäftsfeld" lösen. Aus diesen Gründen hat Siemens die Ebene der *Arbeitsgebiete* eingeführt, die aus Geschäftsfeldern mit hohen strategischen Gemeinsamkeiten gebildet wurden. Da Geschäftsfelder bei Siemens i.d.R. Organisationseinheiten mit eigener Führung und Ergebnisverantwortung darstellen, erfolgt die Zusammenführung mit der Organisation somit auf der Ebene der Arbeitsgebiete.

Die *Formulierung der Ziele für die Arbeitsgebiete* erfolgt in drei Schritten:

1. Bestimmung der strategischen Position der Arbeitsgebiete (Kompetenz/Wettbewerbsfähigkeit von Siemens und Attraktivität).
2. Festlegung der Rolle der Arbeitsgebiete in der Zielstruktur der Unternehmung (Kern-, Aufbau-, Spezial- und Problemgebiete).
3. Zielfindung für die einzelnen Arbeitsgebiete (strategische Ziele und Stoßrichtung).

Siemens hat im Zuge der Organisationsreform von 1989 auch seine Planungs- und Kontrollprozesse angepaßt. Die Neugestaltung des Planungssystems konnte auf einer vorhandenen breit angelegten *(strategischen) Geschäftsfeldplanung* und einer tief gegliederten *kurz- und mittelfristigen Wirtschaftsplanung (operative Planung)* aufbauen. Allerdings liefen beide Planungsprozesse weitgehend getrennt voneinander ab.

In der neuen Planungsarchitektur sind die längerfristige strategische Zielorientierung und ihre Realisierung im operativen Feld „kurzgeschlossen", indem die strategische Planung stärker in die organisatorisch verankerte Verantwortung eingebunden wurde und gleichzeitig die Konsequenzen aus den strategischen Zielsetzungen für die finanzwirtschaftlichen Daten erkennbarer und kontrollierbarer gemacht wurden.

Dies hat zur Entwicklung eines neuen Planungsinstrumentes, der *Geschäftsplanung*, geführt. Sie verbindet die strategische Planung für die Bereiche auf der Grundlage ihrer Arbeitsgebiete (nicht jedoch Geschäftsfelder), die i.d.R. auch Organisationseinheiten mit eigener Verantwortung sind, mit der Planung der daraus folgenden Maßnahmen und erwarteten Resultate. Die Geschäftsplanung verfolgt die mittelfristige Periodenplanung mit nur wenigen finanzwirtschaftlichen Eckdaten über einen Planungszeitraum von regelmäßig fünf Jahren. Hierbei geht es im wesentlichen um das Wachstum (Umsatz), den Ressourceneinsatz (Mitarbeiter, F&E-Aufwendungen, Investitionen) und die Ergebnisse.

Die wirtschaftlichen Eckdaten der Geschäftsplanung für das erste Folgejahr bilden den *Budgetrahmen.* Dieser liefert dann die Basis für die detaillierte Ausplanung des Budgets und ist damit das eigentliche *Bindeglied*, das den inhaltlichen und zeitlichen Zusammenhang zwischen Geschäfts- und Budgetplanung herstellt. Dabei ist die Geschäftsfeldplanung, die zeitlich vor der Geschäftsplanung abläuft, integraler Bestandteil der Planung der Arbeitsgebiete und damit des gesamten Planungsprozesses.

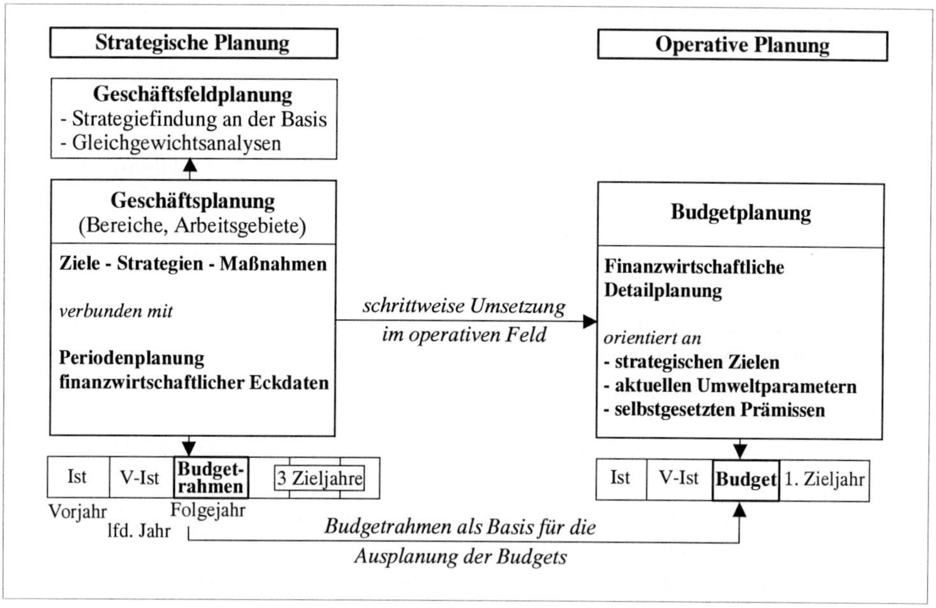

Abbildung 6: Verbindungen zwischen strategischer und operativer Planung im Siemens-Konzern

Der *formalisierte Planungs- und Kontrollprozeß* sieht *vier Elemente* vor; drei davon sind in den Zyklus eines Geschäftsjahres mit folgenden Funktionen fest eingebunden:

- Die *Geschäftsplanung* dient der mittelfristigen Ausrichtung der Strategien der Unternehmung und ihrer Teile. Hier werden die geschäftspolitischen Ziele und Strukturen konkretisiert.
- Die *Budgetplanung* ist mit der kurzfristigen Steuerung von Geschäften, Ressourcen und Periodenergebnissen auf die schrittweise Umsetzung strategischer Ziele im operativen Feld gerichtet. Dazu werden Geschäftsvolumen, Ergebniserwartungen und erforderliche Einsatzfaktoren im kurzfristigen Bereich festgelegt und Leistungen und Kosten im Detail geplant.

- Der *Abschluß* behandelt den Soll-Ist-Vergleich und die Bilanzierungen für Handels- und Steuerbilanz - als Rechenschaftslegung über das im Berichtsjahr Erreichte.
- Die *Geschäftspolitischen Durchsprachen*, als viertes Element, sind nicht an den Jahreskalender gebunden. Hier werden nach Bedarf aktuelle Themen, wie z.B. Geschäftsfeldstrategien, Länder- und Standortkonzepte sowie Funktionsstrategien, bspw. für Logistik, vertieft behandelt und entschieden.

Neben den institutionalisierten strategischen und operativen Planungsroutinen gibt es noch eine ganze Reihe *spezieller Planungsprozesse*, die auf bestimmte Ziele bzw. auf die Steuerung bestimmter Funktionen der Unternehmung ausgerichtet sind. Sie sind mit der strategischen bzw. operativen Planung mehr oder weniger eng verknüpft. Beispiele hierfür sind die F&E-Planung, Investitionsplanungen, Standortplanungen und die Personalplanung.

Die Unternehmungsorganisation und damit auch die strategischen und operativen Planungen werden zudem mehr und mehr durch *projektbezogene Organisationsformen* und *Planungsprozesse* überlagert. Ihre wachsende Bedeutung ist im Strukturwandel der Techniken und Märkte begründet.

Literatur

Ackoff, R.L.: A Concept of Corporate Planning, New York 1970.

Anthony, R.N.: Planning and Control Systems. A Framework for Analysis, Boston 1965.

Arbeitskreis „Integrierte Unternehmungsplanung" der SG-DGfB: Grenzen der Planung - Herausforderung an das Management, in: ZfbF, 43. Jg. (1991), S. 811-829.

Bircher, B.: Langfristige Unternehmungsplanung, Bern/Stuttgart 1976.

Bircher, B.: Planungssystem, in: HWPlan, hrsg. v. N. Szyperski, Stuttgart 1989, Sp. 1503-1515.

Bleicher, K.: Zentralisation und Dezentralisation von Aufgaben in der Organisation der Unternehmungen, Berlin 1966.

Bleicher, K.: Metaplanung, in: HWPlan, hrsg. v. N. Szyperski, Stuttgart 1989, Sp. 1119-1129.

Bleicher, K.; Meyer, E.: Führung in der Unternehmung, Reinbek bei Hamburg 1976.

Hahn, D.: Planungs- und Kontrollrechnung (PuK), Wiesbaden 1974.

Hahn, D.: Planungs- und Kontrollrechnung - PuK. Integrierte ergebnis- und liquiditätsorientierte Planungs- und Kontrollrechnung als Führungsinstrument in Industrieunternehmungen mit Massen- und Serienproduktion, 3. Aufl., Wiesbaden 1985.

Hahn, D.: Integrierte Planung, in: HWPlan, hrsg. v. N. Szyperski, Stuttgart 1989, Sp. 770-788.

Hahn, D.: Strategische Führung und Controlling - unter besonderer Berücksichtigung internationaler Aspekte, in: Unternehmerisches Handeln - Wege, Konzepte und Instrumente, hrsg. v. K. Bleicher u. R. Schmitz-Dräger, Bern/Stuttgart 1990, S. 87-121.

Hahn, D.: Strategische Kontrolle, in: Strategische Unternehmungsplanung - Strategische Unternehmungsführung, hrsg. v. D. Hahn u. B. Taylor, 6. Aufl., Heidelberg 1992, S. 651-664.

Hahn, D.: Planung und Kontrolle, in: HWB, Bd. 2, hrsg v. W. Wittmann et al., 5. Aufl., Stuttgart 1993, Sp. 3185-3200.

Hahn, D.: PuK, Controllingkonzepte: Planung und Kontrolle, Planungs- und Kontrollsysteme, Planungs- und Kontrollrechnung, 4. Aufl., Wiesbaden 1994.

Hammer, R.M.: Unternehmungsplanung: Lehrbuch der Planung und strategischen Unternehmungsführung, 3. Aufl., München/Wien 1988.

HANSSEN, R.A.; REMMEL, M.: Strategische und operative Führung im Daimler-Benz-Konzern - Philosophie und Instrumentarien, in: PuK, Controllingkonzepte: Planung und Kontrolle, Planungs- und Kontrollsysteme, Planungs- und Kontrollrechnung, hrsg. v. D. Hahn, 4. Aufl., Wiesbaden 1994, S. 849-958.

HAX, A.C.; MAJLUF, N.S.: Strategic Management: An Integrative Perspective, Englewood Cliffs 1984.

HAX, A.C.; MAJLUF, N.S.: The Strategy Concept and Process. A Pragmatic Approach, Englewood Cliffs 1991.

HEINEN, E.; DIETEL, B.: Ziele der Führung, in: HWFü, hrsg. v. A. Kieser, G. Reber u. R. Wunderer, Stuttgart 1987, Sp. 2073-2083.

HILL, W.: Unternehmungsplanung, 2. Aufl., Stuttgart 1971.

KERN, W.: Kennzahlensysteme als Niederschlag interdependenter Unternehmungsplanung, in: ZfbF, 23. Jg. (1971), S. 701-718.

KIRSCH, W.: Planung, Kapitel einer Einführung, München 1975.

KIRSCH, W.; MAASSEN, H. (Hrsg.): Managementsysteme, München 1989.

KIRSCH, W. ET AL.: Das Management strategischer Programme, 1. u. 2. Hbd., 1. Aufl., München 1984.

KOCH, H.: Planung, betriebswirtschaftliche, in: HWB, Bd. 2, hrsg. v. E. Grochla u. W. Wittmann, 4. Aufl., Stuttgart 1975, Sp. 3001-3016.

KOSIOL, E.: Organisation der Unternehmung, 2. Aufl., Wiesbaden 1976.

KUHN, A.: Unternehmensführung, 2. Aufl., München 1990.

LORANGE, P.: Corporate Planning. An Executive Viewpoint, Englewood Cliffs 1980.

MELLEROWICZ, K.: Planung und Plankostenrechnung. Bd. 1: Betriebliche Planung, Freiburg i.Br. 1961.

MELLEROWICZ, K.: Planung und Plankostenrechnung. Bd. 1: Betriebliche Planung, 3. Aufl., Freiburg i.Br. 1979.

PFOHL, H.-Ch.: Planung und Kontrolle, Stuttgart/Berlin/Köln 1981.

POPP, W.: Simultane strategische Planung betrieblicher Funktionsbereiche, in: Strategische Unternehmungsplanung - Strategische Unternehmungsführung, hrsg. v. D. Hahn u. B. Taylor, 6. Aufl., Heidelberg 1992, S. 718-731.

REICHMANN, T.: Controlling mit Kennzahlen - Grundlagen einer systemgestützten Controlling-Konzeption, 2. Aufl., München 1990.

RÜHLI, E.: Funktionen der Planung, in: HWPlan, hrsg. v. N. Szyperski, Stuttgart 1989, Sp. 566-578.

STAEHLE, W.H.: Management, 6. Aufl., München 1991.

STEINER, G.A.: Top Management Planning, London 1969 - deutsche Ausgabe: Top Management Planung, München 1971.

SZYPERSKI, N.; MUSSHOFF, H.J.: Planung und Plan, in: HWPlan, hrsg. v. N. Szyperski, Stuttgart 1989, Sp. 1542-1548.

TÖPFER, A.: Planungs- und Kontrollsysteme industrieller Unternehmungen, Berlin 1976.

ULRICH, H.: Die Unternehmung als produktives soziales System, 2. Aufl., Bern/Stuttgart 1970.

ULRICH, H.: Unternehmungspolitik, 3. Aufl., Bern/Stuttgart 1990.

VANCIL; R.F., LORANGE, P.: Strategic Planning in Diversified Companies, in: HBR, 53. Jg. (1975), H. 1, S. 81-90.

WEBER, M.: Entscheidungen bei Mehrfachzielen und unvollständiger Information, in: ZfbF, 37. Jg. (1985), S. 311-331.

WHEELEN, T.L.; HUNGER, J. D.: Strategic Management, 3. Aufl., Reading 1990.

WILD, J.: Grundlagen der Unternehmungsplanung, Reinbek bei Hamburg 1974.

WILD, J.: Grundlagen der Unternehmungsplanung, 4. Aufl., Opladen 1982.

ZIMMERMANN, A.: Planung und Kontrolle im Führungssystem des Hauses Siemens, in: PuK, Controllingkonzepte: Planung und Kontrolle, Planungs- und Kontrollsysteme, Planungs- und Kontrollrechnung, hrsg. v. D. Hahn, 4. Aufl., Wiesbaden 1994, S. 959-1072.

ZWICKER, E.: INZPLA - Ein Konzept der computergestützten Unternehmensgesamtplanung, in: Betriebswirtschaftliche Steuerungs- und Kontrollprobleme, hrsg. v. W. Lücke, Wiesbaden 1988, S. 341-354.

Hans Georg Gemünden

Zielbildung[1)]

A. Problemstellung

In der Welt der Entscheidungsmodelle ging man lange von „gegebenen“ Zielen aus. Bei rationalem Verhalten konnten nachprüfbare Empfehlungen abgeleitet werden, welche Alternative gewählt werden sollte. In der realen Welt sind Ziele jedoch keinesfalls „gegeben“. Vor allem bei innovativen komplexen Problemen sind sie weder vollständig, noch klar, noch wohlgeordnet. Sie müssen vielmehr im Rahmen eines Zeit, Kraft und Geld verbrauchenden Zielbildungsprozesses, der eng mit dem Problemlösungsprozeß verflochten ist, erarbeitet werden (vgl. Hauschildt 1977). Auch bei Entscheidungen mittlerer Komplexität besteht häufig eine erhebliche Zielunklarheit (vgl. Hauschildt 1983, S. 226 ff.; zu Entscheidungen „mittlerer Komplexität“ vgl. Gemünden 1983, S. 101).

Nicht nur für einzelne Entscheidungen, sondern auch für Teilbereiche des Unternehmens und für das Unternehmen als Ganzes müssen Ziele entwickelt werden. Ziele sind gestaltbare und zu gestaltende Größen. Es gilt das Grundaxiom der Organisationstheorie: *„Bewußt gestaltete Zielbildungsprozesse* führen zu ‚besseren‘ Ergebnissen als unbewußt ablaufende“ (Hauschildt 1977, S. 254, Hervorhebung im Original). Es stellt sich die Frage: *Wie soll der Zielbildungsprozeß gestaltet werden?*

B. Begriffliche Grundlagen: Ziele und Zielsysteme

1. Ziele und ihre Elemente

Unter *Zielen* werden mit Hauschildt normative Vorstellungen von Entscheidungsträgern, die einen gewünschten, von ihnen oder anderen anzustrebenden, zukünftigen Zustand der Realität beschreiben, verstanden (vgl. Hauschildt 1993a, S. 205; Hauschildt, auf die Zielartikulation abhebend, spricht von „Aussagen“ statt von „Vorstellungen“).

Zur näheren Beschreibung werden verschiedene Elemente verwendet (vgl. Heinen 1966; Bidlingmaier/Schneider 1976; Hauschildt 1977; Hamel 1989): Das *Zielobjekt* beschreibt den Ausschnitt der Realität, für den eine Zielsetzung zu entwickeln ist. Die *Zieleigenschaften* sind die Zielinhalte, die ein Entscheidungsträger verfolgt. Er kann z.B. technische, wirtschaftliche, ökologische oder soziale Zieleigenschaften anstreben. Der *Zielmaßstab* gibt an, wie die Zieleigenschaft zu dimensionieren und zu quantifizieren ist. Die *Zielfunktion* beschreibt das *angestrebte Ausmaß* der Zielerfüllung. Das Streben kann sich auf das Erreichen eines diskret bestimmten Zustandes, das Erreichen oder Übertreffen eines Anspruchsniveaus, die Einhaltung oder Unterschreitung eines zulässigen Grenzwertes, das Erreichen eines Maximums oder Minimums oder auf die (maximale) Annäherung an einen Idealpunkt richten. Der *zeitliche Bezug* gibt an, bis zu welchem Termin das Ziel erreicht werden soll. Bezüglich der *Zielperson* sind zielartikulierende, -legitimierende und -ausführende Personen zu unterscheiden. Kirsch (1971, S. 129 ff.) beschreibt den politischen Prozeß, in dem aus Zielen *für* die Organisation Ziele *der* Organisation werden (vgl. weiterführend Corsten 1988).

2. Zielsysteme: Ordnungsformen mehrfacher Ziele

Unternehmen verfolgen i.d.R. *mehrere Ziele gleichzeitig* (zur Dokumentation der Zielvielfalt vgl. insbesondere Kaluza 1979, S. 246 ff.; Hauschildt/Gemünden 1980; Raffée/Fritz 1992). Dabei können die Ziele in unterschiedlichen Beziehungen zueinander stehen:

- *Zielneutralität* liegt vor, wenn die Erfüllung eines Zieles auf die gleichzeitige Erfüllung eines anderen Zieles keinen Einfluß hat.
- Von *Zielkonflikt* wird gesprochen, wenn die (zunehmende) Erfüllung eines Zieles zur gleichzeitigen (zunehmenden) Nichterfüllung eines anderen Zieles führt.
- Bewirkt hingegen die (zunehmende) Erfüllung eines Zieles eine gleichzeitige (zunehmende) Erfüllung eines anderen Zieles, liegt *Zielkomplementarität* vor.

Zwei Ziele können bereichsweise verschiedene Relationen aufweisen. So besteht beim Monopolisten bis zum gewinnmaximalen Punkt Komplementarität zwischen Gewinn- und Umsatzstreben, danach sind beide Ziele konfliktär ausgeprägt.

Die bewußte Ordnung der Ziele wird als *Zielsystem* bezeichnet. Unproblematisch ist die Ordnung bei komplementären Zielen. Sie lassen sich in einer Zielhierarchie ordnen, bei der die Unterziele jeweils Mittel zum Zweck der Erfüllung des Oberzieles darstellen. Innerhalb einer Zielhierarchie kommt es i.d.R. zu einer Verengung und Präzisierung der Zielelemente. Zielhierarchien dienen somit der Zielklärung. Sie veranschaulichen den Bezug unterschiedlicher Einheiten zu gemeinsamen Oberzielen und entfalten damit eine motivierende und koordinierende Wirkung.

Bei konfliktären Zielen unterscheidet man das Nutzen- und das Nebenbedingungskonzept als Ordnungsform. Das *Nutzenkonzept* geht von kompensatorischen Zielen aus: Die Mindererfüllung eines Zieles kann durch die Übererfüllung eines anderen Zieles kompensiert werden. Der Zielkonflikt wird dadurch aufgelöst, daß die konfliktären Ziele in eine gemeinsame, hierarchisch übergeordnete Zieleigenschaft, den Nutzen, transformiert werden. In der Nutzwertanalyse bildet man eine gewichtete Summe, bei der die Teilnutzenwerte der einzelnen Ziele mit dem Bedeutungsgewicht der Ziele multipliziert werden. Gewählt wird die Alternative mit der höchsten Summe. Die Anwendbarkeit dieses Verfahrens setzt konsistente Präfenzen und eine wechselseitige Präferenzunabhängigkeit aller Ziele voraus (vgl. Weber 1992).

Sofern bei einzelnen Zielen Mindest- oder Höchstwerte auf jeden Fall einzuhalten sind („Muß"-Ziele, „k.o."-Kriterien), ist das *Nebenbedingungskonzept* anzuwenden. Es besagt, daß erst die Grenzwerte der als „Neben"-Bedingungen formulierten Ziele erfüllt sein müssen, ehe sich die Frage der Optimierung bei den übrigen Zielen stellt.

Man kann die beiden Ordnungsformen miteinander kombinieren, indem man bei den zu optimierenden Zielen Grenzwerte vorgibt, die auf jeden Fall erreicht werden sollen, oder indem man bei den als Nebenbedingungen formulierten Zielen den Abstand zum Grenzwert optimiert. Dies geschieht in Verfahren zur Vektoroptimierung, zum Goal Programming und zur computerunterstützten interaktiven Multi-Criteria-Analyse (vgl. Neumann/Morlock 1993, S. 135 ff.; Zimmermann/Gutsche 1991).

C. Funktionen von Zielen und Zielbildungsprozessen

1. Einführung

Ziele besitzen eine verhaltenssteuernde Wirkung. Die Angabe eines Soll-Zustandes aktiviert den Entscheidungsträger, Lösungen zur Überwindung der erlebten Diskrepanz zwischen Soll und Ist zu suchen *(Motivationsfunktion)*. Zugleich wird eine Richtung angegeben, in der die Veränderung erfolgen soll. Wahrgenommene Lösungswege können hinsichtlich ihrer Eignung, die Diskrepanz zu verringern, beurteilt werden, so daß unter mehreren Alternativen die günstigste gewählt werden kann. Durch die Angabe von Zielen kann der Entscheidungsträger den Raum der zulässigen Lösungen begrenzen und sich entlasten *(Kognitive Funktion)*. Bei komplexen, arbeitsteiligen Problemen sind die Handlungen unterschiedlicher Entscheidungs- und Interessenträger aufeinander abzustimmen *(Koordinationsfunktion)*. Die Einigung auf ein gemeinsames Zielsystem ermöglicht den Ausgleich unterschiedlicher Interessen *(Konfliktregulierungsfunktion)*.

2. Motivationsfunktion

a) Forschungsergebnisse zur Wirkung von Zielen

In der *Zielsetzungstheorie von Locke/Latham* (1990) werden *Ziele als Motivatoren* begriffen: Anspruchsvolle, präzise Ziele fordern zu höheren Leistungen heraus. Deshalb lautet die sehr gut bestätigte Kernaussage der Ziel-Leistungs-Theorie: Je höher das gesetzte Ziel, desto höher die realisierte Leistung. Qualifizierend wird hinzugefügt, daß diese Aussage nur bei spezifischen, hinreichend präzisen Zielen und innerhalb der Leistungsgrenzen gilt (vgl. Locke/Latham 1990, S. 27 ff.).

Locke/Latham führen den Zusammenhang zwischen Zielsetzung und Leistung auf *vier motivationale Erklärungen* zurück (vgl. Locke/Latham 1990, S. 86 ff.): Bei schwierigen, präzisen Zielen wird der Leistungsträger herausgefordert, sich intensiver anzustrengen (Anstrengungs-Erklärung). Er wird länger versuchen, das Ziel zu erreichen (Ausdauer-Erklärung). Seine Aufmerksamkeit wird auf zielführende Aktivitäten gelenkt, irrelevante werden vermieden (Aufmerksamkeits-Erklärung). Bei komplexen Aufgaben wird er motiviert, nach neuen Lösungsstrategien zu suchen (Problemlösungs-Erklärung).

Der Zusammenhang zwischen Zielsetzung und Leistung wird durch eine Reihe von *Moderatoren* beeinflußt. Hierzu gehören die Fähigkeiten des Leistungsträgers, sein Leistungsvertrauen („self-efficacy"), seine Zielbindung („commitment"), die Aufgabenkomplexität, das Feedback, die Leistungsanreize und die situativen Beschränkungen (beschränkte Ressourcen, Informationen, Zeitdruck). Dabei gilt: Je höher die Fähigkeit, das Leistungsvertrauen und die Zielbindung, desto enger ist die Beziehung zwischen Zielhöhe und Leistung. Eine anspruchsvollere Zielvorgabe wird daher auch bei befähigten Mitarbeitern nur dann zu einer höheren Leistung führen, wenn auch das Leistungsvertrauen, die Zielbindung und die situativen Bedingungen geeignet gestaltet werden. Außerdem sind das Feedback und die Anreize zu beachten: Ziele entfalten erst dann ihre volle motivierende Wirkung, wenn der Entscheidungsträger über seine Leistung eine rasche, spezifische und vertrauenswürdige Rückmeldung erhält (vgl. Locke/Latham 1990, S. 173 ff. u. S. 206 ff.).

Eine besondere Bedeutung kommt der Moderatorvariablen *Aufgabenkomplexität* zu: Je komplexer die Aufgabe, desto schwächer ist der Zusammenhang zwischen Zielniveau und Leistung (vgl. Wood/Mento/Locke 1987). Dies wird darauf zurückgeführt, daß mit zunehmender Aufgabenkomplexität die Entwicklung neuer aufgabenspezifischer Problemlösungsstrategien („new task specific plans") an Bedeutung gewinnt und die drei *Mediatoren* Anstrengung, Ausdauer und Aufmerksamkeit an Bedeutung verlieren. Offen bleibt, ob herausfordernde Ziele zu einer erfolgreicheren Strategiensuche führen. Zu stark verengende, auf unmittelbaren Erfolg ausgerichtete Ziele können Lernprozesse beeinträchtigen (vgl. Locke/Latham 1990, S. 105, die von einer „tunnel vision" sprechen).

Die psychologische Zielsetzungstheorie kann offenkundig auch auf *Gruppen* ausgedehnt werden. Eine neuere Meta-Analyse weist einen starken Einfluß des Gruppenzieles auf die Leistung nach (vgl. O'Leary-Kelly/Martocchio/Frink 1994).

Eine Erweiterung erfährt die psychologische Zielforschung durch das sehr gut bestätigte *Modell der Arbeitsmotivation von Hackman/Oldham* (1976). Danach steigt die Arbeitsleistung mit der Wichtigkeit und Ganzheitlichkeit der Aufgabe, der Anforderungsvielfalt und dem Handlungsspielraum. Begreift man Aufgabenabgrenzungen als Ziele, dann gehen auch von der Vielfalt der Zieleigenschaften und Zielerfüllungsmöglichkeiten motivierende Wirkungen aus. Sie müssen jedoch auch in Relation zu Moderatorvariablen wie den individuellen Fähigkeiten und den Bedürfnissen nach Entwicklung und Autonomie gesehen werden.

b) Forschungsergebnisse zu den Determinanten der Zielwahl

Zielhöhe und Zielbindung orientieren sich an Machbarkeit und Erwünschtheit der Ziele. So zeigen schon die klassischen Experimente zur *Anspruchsanpassungstheorie,* daß das angestrebte Anspruchsniveau von der erlebten Leistungsfähigkeit und vom Leistungsvertrauen abhängt (vgl. hierzu Lewin et al. 1944). Die als erwünscht erlebte Zielhöhe und die Stärke der Zielbindung hängen auch von den Machtquellen des Vorgesetzten, den Normen und Machtquellen der Referenzgruppe sowie den Wertigkeiten der erwarteten Belohnungen und Bestrafungen ab. Bezüglich der Zielhöhe ergibt sich ein Konflikt zwischen Leistung und Zufriedenheit: Je höher das Ziel, desto seltener wird es erreicht, desto häufiger wird Mißerfolg erlebt. Es empfiehlt sich daher, die Ziele nur so hoch zu setzen, daß Leistungserlebnis und Leistungsvertrauen gegeben sind, und die Anforderungen dann langsam, aber kontinuierlich zu steigern.

c) Würdigung

Die meisten Studien wurden in Laborsituationen mit studentischen Versuchspersonen durchgeführt. Die Aufgaben waren einfach, ihre Erledigung dauerte selten länger als eine Stunde. Im Regelfall wurde nur ein Ziel vorgegeben, die Zielbindung war der Normalfall, die Umweltbedingungen wurden konstant gehalten. Bei Zielbildungsprozessen in Unternehmen sind i.d.R. mehrere konfliktäre Ziele zu beachten, zwischen der Zielbestimmung und der Ausführung können viele Monate liegen, so daß das Feedback komplex und mehrdeutig wird (vgl. Locke/Latham 1990, S. 40 ff., S. 218 ff. u. S. 320 ff.). Daher können die Ergebnisse nicht ohne weiteres auf die Zielbildung in Unternehmen übertragen werden.

Trotz dieser Einschränkungen liefert die psychologische Zielforschung wichtige Beiträge. Sie erklärt, wie und warum Ziele motivieren, und spezifiziert damit Anforderungen an das Ergebnis der Zielbildung. Spätestens vor der Ausführung sollten die Ziele das Maß an Präzision und das Anspruchsniveau aufweisen, das zu guten Leistungen motiviert. Die Anforderung, klare und herausfordernde Ziele zu entwickeln, gilt dabei um so mehr, je stärker das Ziel einen Realisationsprozeß steuern soll.

3. Kognitive Funktion

Ziele beeinflussen den Erkenntnisprozeß. Sie können die Perspektive verengen, Lernprozesse behindern und zu falschen Entscheidungen verleiten. Hierfür gibt es eine Reihe von Beispielen: die Neigungen, Gegenständen nur bestimmte Zwecke zuzuordnen („funktionale Fixierung"), Menschen anderer Herkunft mit Vorurteilen zu begegnen, aktuelle Problemkriterien überwertig zu erleben, „Neben"- und Fernwirkungen zu unterschätzen, dringende anstelle wichtiger Probleme anzupacken, Zielkonflikte zu überspielen und zu verdrängen. Hauschildt/Pulczynski (1992) belegen, daß eine frühe, starre („rigide") Zielfestlegung einen Mißerfolg bewirken kann.

Um diese negativen Wirkungen zu vermeiden, sind *Lernprozesse* erforderlich. Dabei werden folgende Aspekte unterschieden:

- Durch die *Bildung von Zielhierarchien* werden komplexe Oberziele wie „Benutzerfreundlichkeit" oder „Kundennähe" in verständlichere Einzelziele zerlegt. Erst beim *Dekomponieren* wird deutlich, daß es nicht nur um eine Sache geht, bzw. wie vielschichtig und vielfältig die zu erfassenden Oberziele sind. Dem empirischen Forscher ist diese *Operationalisierungsproblematik* sehr vertraut. Mangelhafte Dekomposition begünstigt eine Problemauswahl nach Sinnfälligkeit und wahrgenommener eigener Kompetenz statt nach Relevanz. Dies führt zum „Ad-hocismus", zur Lösung falscher Probleme und zur Verselbständigung irrelevanter Probleme (vgl. Dörner 1989, S. 94).
- Durch den Vergleich von Alternativen und Zielen lernt der Entscheidungsträger, „was er alles wollen kann". Bei dieser *alternativenbedingten Zielvariation* (vgl. Hamel 1974) werden auch die angestrebten Zieleigenschaften variiert, nicht nur das angestrebte Ausmaß.
- Durch die *Überprüfung von Hypothesen* kann der Entscheidungsträger abschätzen, welche Zielzustände notwendig und erreichbar sind.

- In *Planungsrechnungen* kann der Entscheidungsträger Varianten durchspielen: Sensitivitätsanalysen zeigen, wie stark die Wahl von der Zielgewichtung abhängt; Trade-off-Analysen verdeutlichen, wieviel Einheiten eines Zieles er aufgeben muß, um ein konfliktäres Ziel um eine Einheit zu verbessern.

Durch diese zielklärenden Lernprozesse wird der parallel ablaufende Entscheidungsprozeß verbessert: Die Informationssuche und -verarbeitung erfolgt zielgerichtet, die Alternativenwahl wird verbessert. Der anschließende Realisationsprozeß profitiert von der höheren Qualität des Zielsystems.

4. Koordinationsfunktion

a) Konzeptionelle Grundlagen

In der Organisationsforschung steht die *Zusammenarbeit* unterschiedlicher organisatorischer Einheiten im Vordergrund. Es geht um den Zusammenhang von Unternehmens-, Bereichs- und Entscheidungszielen. Das herausragende Instrument zur Koordination ist die *Zielhierarchie* (vgl. hierzu Heinen 1966; Berthel 1973; Wild 1974; Hauschildt 1977; Kaluza 1979; Kupsch 1979; Hamel 1989). Für den Zielplanungsprozeß wird das *Gegenstromverfahren* empfohlen (vgl. Berthel 1973, S. 30 u. S. 168 f.): Vom Top-Management soll die „Vision“ erarbeitet werden, die das „Wünschbare“ aufzeigt. Diese Zielvorstellung soll von einer Ebene zur nächsten zunehmend präzisiert werden. Dabei sollen die nachrangigen Instanzen die „Machbarkeit“ der Ziele prüfen und entsprechende Zielrevisionen anmelden. Dies kann auch bedeuten, daß auf übersehene Chancen hingewiesen wird. Anschließend werden die besprochenen Ziele auf horizontale Verträglichkeit überprüft und in aufsteigender Richtung zu Oberzielen verdichtet. Schließlich werden für jede Ebene und jede Einheit Ziele vereinbart, die im Rahmen eines konsistenten Zielsystems aufeinander abgestimmt sind.

Im Rahmen dieses Zielplanungskonzeptes, das die Zielhierarchie eng mit der Aufgaben- und Kompetenzhierarchie verknüpft, wurden Anforderungen zur *Operationalität* von Zielsystemen herausgearbeitet (vgl. Berthel 1973, S. 24 ff.; Wild 1974, S. 55 ff.; Krüger 1983, S. 52 ff.). Andere Autoren sprechen in ähnlicher Weise von der *Klarheit* von Zielsystemen (vgl. Hauschildt 1981a, S. 308 ff.; Dörner 1989, S. 76 ff.):

- *Verständlichkeit:* Die Ziele sollen so verständlich formuliert sein, daß Zielartikuland und Zieladressat das gleiche meinen. Das Oberziel sollte sachliche Anhaltspunkte dazu aufzeigen, auf welchen Wegen man es erreichen kann.
- *Verfolgbarkeit:* Die prinzipielle gleichzeitige Erreichbarkeit aller Ziele sollte unter Berücksichtigung aller relevanten rechtlichen, technischen, ökologischen, sozialen und wirtschaftlichen Restriktionen gegeben sein.
- *Qualität der Messung:* Je höher das Skalenniveau der Messung, je zuverlässiger, valider und genauer die Messung und je konkordanter die Festlegung der Meßverfahren, desto höher ist die Operationalität des Zieles.

- *Zeitlicher und räumlicher Bezug:* Die Frist und der Raum zur Zielerreichung müssen angegeben werden.
- *Angestrebtes Ausmaß:* Es muß festgelegt werden, innerhalb welcher Grenzwerte die Zielerfüllung liegen soll. Die Literatur ist sich einig, daß bloße Angabe einer Veränderungsrichtung keine operationale Zielformulierung darstellt.
- *Zurechenbarkeit:* Es muß angegeben werden, wer das Ziel erfüllen und unter welchen Bedingungen der Sollwert gelten soll.
- *Ordnung des Zielsystems:* Bei der Formulierung mehrerer Ziele muß die Gewichtung der Ziele angegeben werden oder die Mindestwerte, die auf jeden Fall erreicht werden sollen.
- *Durchsetzbarkeit:* Das Ziel muß von den Zielerreichenden akzeptiert werden.

b) Empirische Ergebnisse

Die empirischen Untersuchungen zur Effizienz der Führungskonzeption *„Management by Objectives" (MbO)* geben Hinweise zur Angemessenheit dieser Anforderungen. Nach Rodgers/Hunter (1991) beruht die Effizienzwirkung von MbO auf drei gut bestätigten Komponenten: der Motivationswirkung klarer, herausfordernder Ziele, der zielklärenden und zielbindenden Wirkung der Partizipation und den positiven Wirkungen eines objektiven Feedback. Ihre Meta-Analyse belegt Produktivitätssteigerungen bei 68 von 70 ausgewerteten Studien (vgl. Rodgers/Hunter 1991, S. 328; zu ähnlichen Ergebnissen vgl. Kondrasuk 1981; Caroll 1986; zur Wirkung der Partizipation auf Leistung, Zufriedenheit und Zielbindung vgl. Schweiger/Leana 1986). Dabei beträgt die durchschnittliche Steigerungsrate in den Untersuchungen, die kardinale Maßgrößen der Zielerreichung verwenden, 44,6%. Rodgers/Hunter (1991) belegen die aktive Teilnahme eines engagierten Top Management am MbO-Programm als zentrale Erfolgsdeterminante. Pritzl ermittelt in einer empirischen Untersuchung von ca. 2.500 deutschen Führungskräften einen signifikanten Zusammenhang zwischen der subjektiv wahrgenommenen Zielklarheit der Unternehmensziele und dem ökonomischen Erfolg dieser Unternehmen (vgl. Pritzl 1987, S. 196 ff.).

In einer bisher unveröffentlichten explorativen Studie des Institutes für Angewandte Betriebswirtschaftslehre und Unternehmensführung konnte der Einfluß einer *partizipativen Bildung der Projektziele* auf den Projekterfolg pfadanalytisch untersucht werden. Es zeigt sich, daß partizipativ vereinbarte Ziele den Projekterfolg auf drei Wegen signifikant positiv beeinflussen: über die Qualität der Zielformulierung, die Verbindlichkeit der Zielvorgabe und die Reduktion der Konflikte im Team. Dies deutet darauf hin, daß die Partizipation auch bei horizontalen Koordinationsprozessen Partizipation die Zielbildung verbessert.

c) Würdigung

Die empirischen Untersuchungen sagen etwas aus über die *Wirkung* von Zielen, zum Zielbildungs*prozeß* gibt es relativ wenige Informationen. Gemessen wird der Erfolg bei operativen, routinehaften Prozessen. Offen bleibt der Erfolg der Zielbildung bei innovativen, komplexen Entscheidungen. Hauschildt (1981a) stellt die immer wieder erhobene Norm der „Zielklarheit" in Frage. Aufgrund seiner Untersuchung über die Zielbildung bei einer innovativen Entscheidung, der erstmaligen Beschaffung von EDV-Anlagen in der Bundesrepublik Deutschland, stellt er fest:

„1. Entscheidungsträger denken in einem nicht unerheblichen Ausmaß in unklar definierten Zielen und bringen diese Unklarheit in ihren Zielartikulationen für den außenstehenden Beobachter auch eindeutig erkennbar zum Ausdruck.

2. Sie finden eine Vielfalt von Ansatzpunkten, Zielunklarheit herzustellen und beizubehalten,
– durch weite Fassung des Zielobjektes,
– durch Anwendung unklarer, diffuser und vager Zieleigenschaften,
– durch Anwendung von Ordinal-Skalen bei der Zielmessung,
– durch Anstreben lediglich einer Verbesserung des Status Quo ohne Nennung eines Grenzwertes" (Hauschildt 1981a, S. 310, Hervorhebung im Original).

Er macht geltend, daß es aufgrund kognitiver Grenzen unmöglich und aufgrund kontextbestimmter Zwänge sowie konfliktbedingter Erwägungen unvernünftig sei, klare Ziele zu formulieren (vgl. Hauschildt 1981a, S. 311 ff.). Er plädiert dafür, die Norm der „Zielklarheit" durch eine „kontrollierte Zielunklarheit" zu ersetzen und zeigt Wege zur Zielklärung auf (vgl. Hauschildt 1993a, S. 222 ff.).

Die Kritik am hierarchischen Abstimmungsprozeß richtet sich gegen drei Punkte:

1. Hierarchische Koordinationssysteme haben Probleme bei horizontalen Abstimmungen. Dies belegen Untersuchungen zum Schnittstellen- und Prozeßmanagement.
2. In großen Unternehmen kommt es zu schwerfälligen, bürokratischen, über viele Stufen verlaufenden Planungsprozessen, bei denen die Durchgängigkeit der Zielableitung keineswegs gesichert ist. In Untersuchungen zur Abstimmung der Absatz- und Entwicklungsprogrammplanung konnten wir erhebliche Lücken im horizontalen und vertikalen Abstimmungsprozeß feststellen (vgl. Gemünden/Niemeier/Lechler 1993). Unternehmen, die das Gegenstromverfahren anwendeten, waren nicht unbedingt erfolgreicher. Die Tendenz zur Dezentralisierung vieler Großunternehmen, zur marktorientierten Koordination und zu netzwerkartigen Strukturen untermauert diese These.
3. Der hierarchische Zielplanungsprozeß führt nicht nur zu präzisen, sondern häufig auch zu starren und engen Vorgaben. Zu geringer Handlungsspielraum demotiviert, er beeinträchtigt die Flexibilität und Reagibilität des Systems, weil aufwendige Zielrevisionsprozesses durchlaufen werden müssen. Außerdem ist es nicht ökonomisch, unter hoher Unsicherheit zu genau zu planen. Es ergibt sich ein Optimierungsproblem bezüglich der Zielklarheit.

5. Konfliktregulierungsfunktion

Zielbildungsprozesse sind *Verhandlungsprozesse,* in denen unternehmensinterne und -externe Machtträger Koalitionen eingehen, um ihre Interessen durchzusetzen (vgl. Cyert/March 1963; Heinen 1966; Bidlingmaier 1968; Kirsch 1971; Bidlingmaier/Schneider

1976; Hauschildt 1977, 1981b). Der Zielbildungsprozeß hat die Aufgabe, konsensfähige Kompromißlösungen zu bestimmen und zu legitimieren.

Konflikte sind eine Hauptquelle der Zielunklarheit. Kirsch vertritt die These, daß Zielbildungsprozesse unterbleiben, wenn sie die Machtverteilung in Frage stellen: „Die Hypothese sei gewagt: Je mehr eine Mittelentscheidung einer Organisation die Machtverteilung beeinflußt, desto weniger sind die am politischen System Beteiligten bereit, sich zum Anlaß und zum Zweck der Bestimmung dieser Mittelentscheidung auf ein Zielsystem der Organisation zu einigen" (vgl. Kirsch 1971, S. 155). Hauschildt (1981a) sieht in unklaren Zielen eine Möglichkeit, Konsens zu wahren, die Handlungsfähigkeit des Systems aufrechtzuerhalten und eine Eskalation des Konfliktes zu verhindern. Unklare Ziele erlauben es, Emotionalisierungen zu vermeiden, Kompromissen ohne Gesichtsverlust zuzustimmen und bei erneuten Problemen wieder miteinander zu verhandeln.

Der Zielbildungsprozeß kann sich auch darauf richten, Spielregeln der Konfliktklärung und -schlichtung aufzustellen. Die *Organisation der Zielbildung* wird festgelegt, nicht der Inhalt. Die Ziele sollen legitimiert, das Verhalten berechenbarer werden, produktiv wirkende Konflikte sollen institutionalisiert werden. Corsten (1988) beschreibt die Konfliktaustragung als einen interaktiven Prozeß zwischen den Verhandlungsparteien.

Ein integrativ ausgetragener Verhandlungsprozeß wird eher zu einer *ausgewogenen Zielkonzeption* führen. Sie zeichnet sich dadurch aus, daß sowohl die wesentlichen Anforderungen aller relevanten Bezugsgruppen des Unternehmens berücksichtigt werden, als auch die Anforderungen derjenigen, die die Ziele erreichen sollen. Die Ausgewogenheitsanforderung steht in enger Beziehung zum Begriff Zielkonsens. Wir sprechen von *Zielkonsens,* wenn alle Ziele konkordant interpretiert werden, eine Bereitschaft besteht, die vereinbarten Ziele zu erfüllen und der Konsens in einer für alle Parteien verbindlichen Form legitimiert wird. Zielkonsens wird durch einen partizipativen Zielbildungsprozeß gefördert.

6. Fazit: Zielbildung als multiples Gestaltungsproblem

Zielsysteme erfüllen unterschiedliche Funktionen: motivierende, kognitive, koordinierende und konfliktregulierende. Diese Funktionen stellen unterschiedliche, konfliktäre Anforderungen: Empirische Untersuchungen zur Motivationsfunktion belegen die Bedeutung klarer, herausfordernder Ziele, konflikttheoretische Ansätze weisen auf die Bedeutung einer konsensermöglichenden Zielunklarheit hin. Forschungsergebnisse zur kognitiven Funktion und zur Koordinationsfunktion belegen die Notwendigkeit der Zielklärung: Zielsysteme müssen komplettiert und operationalisiert werden. In partizipativen Zielbildungsprozessen erreichte horizontale und vertikale Abstimmungen sichern die Realisierbarkeit, Akzeptanz und Verantwortlichkeit der Zielerfüllung. Diese Ergebnisse machen deutlich: Zielunklarheit hat ihren Preis. Daher sollte man auch bei starken Interessenkonflikten prüfen, welche Möglichkeiten einer Zielklärung bestehen.

Für die Zielbildung gibt es keine Patentrezepte. Soll ein Ausführungsprozeß gesteuert werden? Dann sind klare und herausfordernde Ziele zu bilden. Soll unter mehreren Alternativen die beste gefunden werden? Dann kann es ausreichen, die Vor- und Nachteile auf Ordinalskalen zu bewerten und lediglich bei den „Muß"-Kriterien abzuschätzen, ob die Anspruchsniveaus eingehalten werden. Sollen prozedurale Ziele bestimmt werden? Haben die Regelungen Präzedenzcharakter? Dann sind Ziele zu bestimmen, die verschiedenen Situationen gerecht werden und Interpretationsspielräume lassen. Die Liste der Probleme ließe sich verlängern. Wichtig ist die Einsicht, daß die Zielbildung je nach Art des Problems unterschiedliche Funktionen erfüllen soll. Es macht einen Unterschied, ob zentrale Werte auf dem Spiel stehen oder nicht, ob es sich um ein völlig neuartiges Entscheidungsproblem oder um eine Routineentscheidung handelt.

Bei der Lösung des Optimierungsproblems sind auch *Prozeßziele* zu beachten. Der Zielbildungsprozeß sollte nicht endlos ausufern, um die Handlungsfähigkeit nicht in Frage zu stellen (Zeit- und Kostenziele). Er sollte so ablaufen, daß die gebildeten Ziele legitimiert und die Teilnehmer motiviert und qualifiziert werden (Qualitätsziele).

D. Gestaltungsmöglichkeiten und Gestaltungsgrenzen des Zielbildungsprozesses

1. Gestaltungsmöglichkeiten des Zielbildungsprozesses

Die Zielbildung ist ein zu komplexes Phänomen, um „optimale" Empfehlungen abzuleiten. Wir konzentrieren uns daher auf ausgewählte Ansatzpunkte.

Überwindung der Startbarrieren:
Es ist keineswegs selbstverständlich, daß ein Zielbildungsprozeß durchlaufen wird. In Studien über Erfolgsfaktoren des Projektmanagement und Erfolgsfaktoren von Produktinnovationsprozessen werden mangelhafte Zielsysteme immer wieder als Ineffizienzursache belegt (vgl. Gemünden 1990). Untersuchungen zum Lösen komplexer Probleme illustrieren vielfache Mängel individueller Zielbildungsprozesse (vgl. Dörner et al. 1983; Dörner 1989). Offenkundig gibt es Barrieren des „Nicht-Wollens", des „Nicht-Wissens", des „Nicht-Könnens" und des „Nicht-Dürfens", die Zielbildungsprozesse verhindern. Die *Weckung des Zielbewußtseins* sollte sich darauf richten, die Notwendigkeit und den Nutzen der Zielbildung zu belegen und Wege zur Zielklärung aufzeigen (vgl. Hauschildt 1993a, S. 223 f.). Anfängliche Zielunklarheit soll nicht tabuisiert, sondern reflektiert und toleriert werden. Die Norm der Zielklarheit ist durch die der *Zielklärung* zu ersetzen.

Komplettierung des Zielsystems
Werden wichtige Anforderungen übersehen, kann die angestrebte Lösung leicht an Implementierungs- und Akzeptanzproblemen scheitern. Zur Komplettierung von Zielsystemen kann man erstens von den *Ansprüchen der Bezugsgruppen* des Unternehmens ausgehen, d.h. vom „Sollen", „Dürfen" und „Bedürfen". Bedeutung für die Zielbildung besitzen

Frühaufklärungsaktivitäten hinsichtlich der Veränderung von Kunden- und Mitarbeiterbedürfnissen sowie des gesellschaftlichen Wertewandels. Zweitens kann von den Fähigkeiten, vom „Können", ausgegangen werden. Die *technologische Frühaufklärung* kann entscheidend dazu beitragen, visionäre Zieleigenschaften zu entdecken. Auch aus der *Analyse organisatorischer Probleme* sind neue Ziele zu generieren (vgl. Damm 1994). Schließlich liefert eine Differenzierung nach Prozeß- und Ergebniszielen, nach Phasen und nach den oben referierten Ziel-Elementen weitere Anregungen zur Komplettierung des Zielsystems (vgl. Nagel 1992, Sp. 2631 f.; Hauschildt 1993a, S. 224 f.).

Gestaltung des Zielsystems

Die Ordnung von Einzelzielen zu Zielsystemen basiert auf der Bestimmung von Zweck/Mittel-Beziehungen, Grenzwerten, Gewichten und gewünschten Austauschraten.

- *Zweck/Mittel-Beziehungen* können durch Interpretation und Detaillierung von Oberzielen oder durch Zielsuche und Verallgemeinerung von Unterzielen ermittelt werden (vgl. Hauschildt 1977, S. 82 ff.). Zur Bestimmung von Relevanzziffern, die die Bedeutung des Unterzieles für die Erreichung des Oberzieles ausdrücken, wurden verschiedene Verfahren entwickelt, so z.B. das Relevanzbaumverfahren PATTERN (vgl. Berthel 1973, S. 129 ff.) oder der „Analytic Hierarchy Process" von Saaty (vgl. Zimmermann/Gutsche 1991, S. 65 ff.).
- *Grenzwerte* können a priori oder interaktiv, im Rahmen computergestützter Multi-Criteria-Dialoge, bestimmt werden. Letzteres ist vorzuziehen, da das Anspruchsniveau vom Wissen über die Alternativen abhängt. Vorschläge hierzu beschreiben Zimmermann/Gutsche (1991, S. 137 ff. u. S. 164 ff.).
- Verfahren mit konstanten *Zielgewichten* sind in der Praxis weit verbreitet, ob es sich nun um Zehnkampfpunkte, Produkttests, Durchschnittsnoten, Scoring-Modelle oder Nutzwertanalysen handelt. Es gibt jedoch gute Gründe von diesem Verfahren abzurükken: Erstens sind die Austauschrelationen zweier Ziele häufig nicht linear, weil der Grenznutzen abnimmt. Zweitens werden auch bei einer parametrischen Variation von Zielgewichten effiziente Lösungen, die sich besonders gut für einen interpersonellen Kompromiß eignen, nicht aufgezeigt (vgl. Zimmermann/Gutsche 1991, S. 117 f.). Verfahren mit lösungsabhängigen Trade-offs vermeiden diese Defekte. Ein wichtiges Verfahren zur Bestimmung von variablen Teilnutzenwerten ist das „Conjoint Measurement" (vgl. Green/Srinivasan 1990).

Zusammenwirken der Schlüsselpersonen

Zur Überwindung von Barrieren schlägt die Innovationsforschung den Einsatz von Macht-, Fach-, Prozeß- und Beziehungspromotoren vor. Eine weitere Effizienzsteigerung wird dem kritischen Dialog von Promotoren und Opponenten zugeschrieben (vgl. Witte 1976; Hauschildt 1993a, S. 126 ff.).

- *Fachpromotoren* erfinden oder entwickeln Problemlösungen, die ganz neue Zieleigenschaften anbieten oder Zielkonflikte überwinden. Sie erkennen die „kritischen Details" und sind Schlüsselpersonen bei der Operationalisierung von Zielhierarchien und Nebenbedingungskatalogen.
- Die Bedeutung von *Machtpromotoren* für die Zielbildung wird durch die Untersuchungen zur Implementierung von MbO-Programmen (vgl. Rodgers/Hunter 1991), durch Studien zur Akzeptanz neuer Technologien (vgl. Josef/Knauth/Gemünden 1992), durch

Arbeiten über Erfolgsfaktoren des Projektmanagement (vgl. Gemünden 1990) und durch Ergebnisse der empirischen Innovationsforschung sehr gut belegt (vgl. Gemünden 1981, S. 24 f., S. 52 ff., S. 152 ff. u. S. 425 ff.; Gemünden 1988; Hauschildt 1993b, S. 316 ff.).

- *Prozeßpromotoren* steuern den Zielklärungsprozeß. Sie verknüpfen Macht- und Fachpromotoren unterschiedlicher Ränge und Ressorts und überwinden Abteilungsgrenzen des „Nicht-Dürfens" und „Nicht-Miteinander-Könnens" (vgl. Hauschildt 1993a, S. 122 f.). Sie setzen Lernprozesse zwischen Nutzern und Entwicklern in Gang. Der Nutzer lernt, was er alles wollen kann, der Entwickler, was er alles brauchen kann. Prozeßpromotoren verfügen über organisatorische und planerische Fähigkeiten, soziale Kompetenzen und Organisationskenntnis, um zielklärende Vorgehensmodelle zu implementieren. In Innovationsprozessen mit Prozeßpromotoren werden anspruchsvollere Ziele gesetzt und größere technische und wirtschaftliche Erfolge realisiert (vgl. Kirchmann 1994, S. 240 ff.).
- *Beziehungspromotoren* überwinden inter-organisationale Barrieren (vgl. Gemünden/ Walter 1995). Sie stimulieren den Zielbildungsprozeß dadurch, daß sie die richtigen Partner zusammenbringen und ihre Fähigkeits- und Willensbarrieren, einander zu verstehen und zu vertrauen, überwinden. Außerdem sind sie geeignet, bei konfliktären Zielvorstellungen zu vermitteln und Kompromißvorschläge zu unterbreiten.
- *Opponenten* können im Sinne eines *„Advocatus Diaboli"* eingesetzt werden. Fachopponenten warnen vor schädlichen „Neben"- und Fernwirkungen innovativer Lösungen. Sie zeigen auf, an welche Voraussetzungen die Nutzung neuer Technologien gebunden ist. Machtopponenten weisen auf „politische" Widerstände hin.

Marktbezug der Ziele

In Vorgehensmodellen werden Ziel-Lernprozesse institutionalisiert. Man möchte vor allem die Zielvorstellungen herausfordernder „Lead User" integrieren, die den Innovationserfolg nachhaltig steigern (vgl. Gemünden 1980; Hauschildt 1993a, S. 226 f.; Kirchmann 1994). So werden insbesondere beim Quality Function Deployment (QFD) die Bedürfnisse der Kunden in die Sprache der Entwickler übersetzt und mit den technischen Möglichkeiten verknüpft (vgl. Schöler 1994). Die partizipative Softwareentwicklung wird durch „Rapid Prototyping" unterstützt. Als weitere Integrationsmöglichkeiten sind „Target Costing", „Benchmarking", „Customer Advisory Board", „Reportery Grid" und „Problem Detection Analysis" vorgesehen.

2. Gestaltungsgrenzen des Zielbildungsprozesses

Zielbildungsprozesse unterliegen Beschränkungen: Zum einen sind die Determinanten des Zielbildungsprozesses aus der System- und Problemumwelt sowie die Machtverhältnisse, Interessenskonflikte, Wissensstände und Entscheidungsstile der Personen nicht beliebig veränderbar: Soweit die Zielbildung ein politischer Prozeß ist, erweist sie sich auch als „Kunst des Möglichen". Zum anderen werden die Möglichkeiten der aktiven Gestaltung des Zielbildungsprozesses durch die Unsicherheit der Erwartungen und kognitive Grenzen weiter eingeengt.

Der Zielbildungsprozeß kann bei komplexen, innovativen Problemen kaum vom Problemlösungsprozeß isoliert werden. Es handelt sich um ein komplexes Gesamtproblem. Eine

Verbesserung der Zielbildung setzt auch eine Verbesserung bei anderen Teilprozessen voraus. Wenn nur die Zielbildung verbessert wird, dann kann sich diese Verbesserung nur begrenzt auswirken. Aus diesem Grunde plädieren wir dafür, den Zielbildungsprozeß systematisch in den Gesamtprozeß einzubetten.

Anmerkung

[1] Meinem akademischen Lehrer Jürgen Hauschildt gewidmet.

Literatur

BERTHEL, J.: Zielorientierte Unternehmenssteuerung. Die Formulierung operationaler Zielsysteme, Stuttgart 1973.

BIDLINGMAIER, J.: Zielkonflikte und Zielkompromisse im unternehmerischen Entscheidungsprozeß, Wiesbaden 1968.

BIDLINGMAIER, J.: Unternehmerziele und Unternehmerstrategien, Wiesbaden 1973.

BIDLINGMAIER, J.; SCHNEIDER, D.: Ziele, Zielsysteme und Zielkonflikte; in: HWB, Bd. 3, hrsg. v. E. Grochla u. W. Wittmann, 4. Aufl., Stuttgart 1976, Sp. 4731-4740.

CAROLL, S.J.: Management by Objectives: Three Decades of Research and Experience, in: Current Issues in Human Resource Management, hrsg. v. S.L. Rynes u. T. Milkovich, Plato 1986.

CORSTEN, H.: Zielbildung als interaktiver Prozeß, in: WISU, 17. Jg. (1988), S. 337-344.

CYERT, R.M.; MARCH, J.: A Behavioral Theory of the Firm, Englewood Cliffs 1963.

DAMM, A.W.: Organisatorische Problemanalyse. Entwicklung eines Verfahrens zur Analyse und Strukturierung von Problemen in Organisationen, Diss., Karlsruhe 1994.

DÖRNER, D.: Die Logik des Mißlingens, Reinbek bei Hamburg 1989.

DÖRNER, D. ET AL.: Lohhausen. Vom Umgang mit Unbestimmtheit und Komplexität. Bern/Stuttgart/Wien 1983.

GEMÜNDEN, H.G.: Effiziente Interaktionsstrategien im Investitionsgütermarketing, in: Marketing ZFP, 2. Jg. (1980), H. 1, S. 21-32.

GEMÜNDEN, H.G.: Innovationsmarketing - Interaktionsbeziehungen zwischen Hersteller und Verwender innovativer Investitionsgüter, Tübingen 1981.

GEMÜNDEN, H.G.: Führungsentscheidungen: eine Realtypologie, in: Entscheidungen der Geschäftsführung, hrsg. v. J. Hauschildt et al., Tübingen 1983, S. 24-102.

GEMÜNDEN, H.G.: „Promotors" - Key Persons for the Development and Marketing of Innovative Industrial Products, in: Innovation - A Cross-Disciplinary Perspective, hrsg. v. K. Grønhaug u. G. Kaufmann, London et al. 1988, S. 347-374.

GEMÜNDEN, H.G.: Erfolgsfaktoren des Projektmanagements - eine kritische Bestandsaufnahme der empirischen Untersuchungen, in: Projektmanagement, 1. Jg. (1990), H. 1, S. 4-15.

GEMÜNDEN, H.G.; NIEMEIER, D.; LECHLER, T.: Die Abstimmung von Entwicklungs- und Absatzprogrammplanung - Konzeptionelle Überlegungen und empirische Analyse. Arbeitspapier des Institutes für Angewandte Betriebswirtschaftslehre und Unternehmensführung der Universität (TH) Karlsruhe, Karlsruhe 1993.

GEMÜNDEN, H.G.; WALTER, A.: Der Beziehungspromotor - Schlüsselperson für inter-organisationale Innovationsprozesse, in: ZfB 65. Jg. (1995), im Druck.

GREEN, P.E.; SRINIVASAN, V.: Conjoint Analysis in Marketing: New Developments with Implications for Research and Practice, in: JMark., 54. Jg. (1990), S. 3-19.

GRÜN, O. : Zielbildung, Prozesse der, in: HWB, Bd. 3, hrsg. v. E. Grochla u. W. Wittmann, 4. Aufl., Stuttgart 1976, Sp. 4719-4730.

HACKMAN, R.J.; OLDHAM, G.R.: Motivation through the Design of Work: Test of a Theory; in: OBHP, 16. Jg. (1976), S. 250-279.

HAMEL, W.: Zieländerungen im Entscheidungsprozeß, Tübingen 1974.

HAMEL, W.: Zielplanung, in: HWPlan, hrsg. v. N. Szyperski, Stuttgart 1989, Sp. 2302-2316.

HAMEL, W.: Zielsysteme in: HWO, hrsg. v. E. Frese, 3. Aufl., Stuttgart 1992, Sp. 2634-2652.

HAUSCHILDT, J.: Entscheidungsziele. Zielbildung in innovativen Entscheidungsprozessen: theoretische Ansätze und empirische Prüfung, Tübingen 1977.

HAUSCHILDT, J.: Zielysteme, in: HWO, hrsg. v. E. Grochla, 2. Aufl., Stuttgart 1980, Sp. 2419-2430.

HAUSCHILDT, J.: „Ziel-Klarheit" oder „kontrollierte Ziel-Unklarheit" in Entscheidungen, in: Der praktische Nutzen empirischer Forschung, hrsg, v. E. Witte, Tübingen 1981a, S. 305-322.

HAUSCHILDT, J.: Zielbildung im Rahmen der Betriebswirtschaftspolitik, in: Die Führung des Betriebes, hrsg. v. M.N. Geist u. R. Köhler, Stuttgart 1981b, S. 131-143.

HAUSCHILDT, J.: Die Effizienz von Führungsentscheidungen und ihre Ursachen, in: Entscheidungen der Geschäftsführung, hrsg. v. J. Hauschildt et al., Tübingen 1983, S. 211-261.

HAUSCHILDT, J.: Innovationsmanagement, München 1993a.

HAUSCHILDT, J.: Innovationsmanagement - Determinanten des Innovationserfolges, in: Ergebnisse empirischer betriebswirtschaftlicher Forschung. Zu einer Realtheorie der Unternehmung, Festschrift für Eberhard Witte, hrsg. v. J. Hauschildt u. O. Grün, Stuttgart 1993b, S. 295-326.

HAUSCHILDT, J.; GEMÜNDEN, H.G.: Ziele von Unternehmen; in: Grundbegriffe der Wirtschaftspsychologie, hrsg. v. C. Graf Hoyos et al., München 1980, S. 427-434.

HAUSCHILDT, J.; PULCZYNSKI, J.: Rigidität oder Flexibilität der Zielbildung in Innovationsprozessen? in: ZFO, 39. Jg. (1992), S. 74-81.

HEINEN, E.: Das Zielsystem der Unternehmung, Wiesbaden 1966.

JOSEF, J.; KNAUTH, P.; GEMÜNDEN, H.G.: Determinanten der individuellen Akzeptanz von CAD - Ergebnisse einer empirischen Untersuchung, in: DBW, 41. Jg. (1992), S. 59-69.

KALUZA, B.: Entscheidungsprozesse und empirische Zielforschung in Versicherungsunternehmen, Karlsruhe 1979.

KIRCHMANN, E.M.W.: Innovationskooperation zwischen Herstellern und Anwendern, Wiesbaden 1994.

KIRSCH, W.: Entscheidungsprozesse, Bd. 3: Entscheidungen in Organisationen, Wiesbaden 1971.

KONDRASUK, J.N.: Studies in MBO Effectiveness, in: AMR, 6. Jg. (1981), S. 419-430.

KRÜGER, W.: Grundlagen der Organisationsplanung, Gießen 1983.

KUPSCH, P.: Unternehmungsziele, Stuttgart 1979.

LEWIN, K. ET AL.: Level of Aspiration, in: Personality and the Behavior Disorders, hrsg. v. J. McHunt, New York 1944.

LOCKE, E.A. ET AL.: Goal Setting and Task Performance: 1969-1980; in: Psych.Bull., 90. Jg. (1981), S. 125-152.

LOCKE, E.A.; LATHAM, G.P.: A Theory of Goal Setting and Task Performance, Englewood Cliffs 1990.

MENTO, A.J.; STEEL, R.P.; KARREN, R.J.: A Meta-Analytic Study of the Effects of Goal Setting on Task Performance: 1966-1984, in: Organizational Behavior and Human Decision Processes, 39. Jg. (1987), S. 52-83.

NAGEL, P.: Zielformulierung, Techniken der, in: HWO, hrsg. v. E. Frese, 3. Aufl., Stuttgart 1992, Sp. 2626-2634.

NEUMANN, K.; MORLOCK, M.: Operations Research, München/Wien 1993.

O´LEARY-KELLY, A.M.; MARTOCCHIO, J.J.; FRINK, D.D.: A Review of the Influence of Group Goals on Group Performance; in: AMJ, 37. Jg. (1994), S. 1285-1301.

PRITZL, M.: Die Bedeutung der Zielklarheit für die Führungskräfte des Unternehmens, München 1987.

RAFFÉE, H.; FRITZ, W.: Dimensionen und Konsistenz der Führungskonzeption von Industrieunternehmen, in: ZfbF, 44. Jg. (1992), S. 303-322.

RODGERS, R.; HUNTER, J.E.: Impact of Management by Objectives on Organizational Productivity, in: Journal of Applied Psychology Monograph, 76. Jg. (1991), S. 322-336.

Schöler, H.R.: Einführung in die Methode des Quality Function Deployments, in: Markt - Qualität - Produktion. Quality Function Deployment mit betriebswirtschaftlichen Methoden, hrsg. v. R. Köppen, Giffhorn 1994, S. 1-12.

Schweiger, D. M.; Leana, C.R.: Participation in Decision Making, in: Generalizing from Laboratory to Field Settings, hrsg. v. E.A. Locke, Lexington 1986.

Weber, M.: Nutzwertanalyse, in: HWO, hrsg. v. E. Frese, 3. Aufl., Stuttgart 1992, Sp. 1435-1448.

Wild, J.: Grundlagen der Unternehmungsplanung, Reinbek bei Hamburg 1974.

Witte, E.: Kraft und Gegenkraft im Entscheidungsprozeß, in: ZfB, 46. Jg. (1976), S. 319-326.

Wood, R.E.; Mento, A.J.; Locke, E.A.: Task Complexity as a Moderator of Goal Effects: A Meta-Analysis; in: JAP, 72. Jg. (1987), S. 416-425.

Zimmermann, H.-J.; Gutsche, L.: Multi-Criteria Analyse. Einführung in die Theorie der Entscheidungen bei Mehrfachzielsetzungen, Berlin et al. 1991.

Richard Hammer

Problemerkennung

A. Problemerkennung als Führungsaufgabe

1. Der Führungskreislauf

Die wesentlichen Aufgaben, die das Stellenprofil der Unternehmensführung charakterisieren, lassen sich in vier Bereiche gliedern: in den Bereich der Planung, der Organisation, der Umsetzung und der Kontrolle. Zwischen diesen *Kernaufgaben* bestehen enge Beziehungen, sie bedingen sich gegenseitig, und ihre inhaltliche Ausgestaltung ist ein Indikator für den Grad der Führungskompetenz, die ein Unternehmen auszeichnet (vgl. Hinterhuber 1992, S. 291).

Ausgangspunkt jeder unternehmerischen Tätigkeit ist die vorausschauende Gestaltung des Unternehmensgeschehens: die *Planung*. Sie schafft eine Basis für das zukünftige unternehmerische Handeln. Erster Schritt dabei und gleichzeitig Voraussetzung für die nachfolgenden Planungsstufen ist die Analyse der Ausgangssituation des Unternehmens. Darauf aufbauend erfolgt die Entwicklung von Unternehmenszielen und die Herleitung von Strategien auf der Ebene des Gesamtunternehmens und der Ebene der strategischen Geschäftsfelder (vgl. Newman/Logan 1981, S. 342 ff.). Mit der Planung der Umsetzungserfordernisse der Strategien in den funktionalen Teilbereichen des Unternehmens wird die Implementierung gedanklich vorbereitet. Eine Konkretisierung erfolgt in den operativen Teilplänen und in den Budgets der einzelnen Unternehmensbereiche.

Nächste Phase im Führungsprozeß ist die *Organisation*. Sie beinhaltet in erster Linie die Definition der Stelleninhalte des Unternehmens, die Gestaltung der Führungsorganisation - der Unternehmenshierarchien - und der Abläufe. Leitlinie des Organisierens muß der Grundsatz „structure follows strategy“ (Chandler 1962, S. 13f.) sein. Dadurch wird sichergestellt, daß Organisation kein Selbstzweck ist, sondern unter Berücksichtigung der organisatorischen Erfordernisse, die sich aus der Planung ergeben, ausgerichtet wird.

Die Phase der *Umsetzung* umfaßt die Teilaufgaben des Anordnens, des Delegierens und Motivierens sowie der Durchführung. Vom Führungsstil und vom Führungsverhalten der einzelnen Führungskräfte auf den verschiedenen Führungsebenen ist es weitgehend abhängig, ob die Durchführung auch die Ergebnisse bringt, die die Planung als Zielvorgabe eingebracht hat.

Die Umsetzung schafft dementsprechend die Voraussetzung für die Abarbeitung der letzten Phase im Führungsprozeß, der Phase der *Kontrolle*. Teilaufgaben sind der Soll-Ist-Vergleich, die Analyse der Abweichungen, die Ursachenanalyse und das Einleiten von Korrektur- und/oder Steuerungsmaßnahmen.

Abbildung 1 verdeutlicht die dargestellten Zusammenhänge.

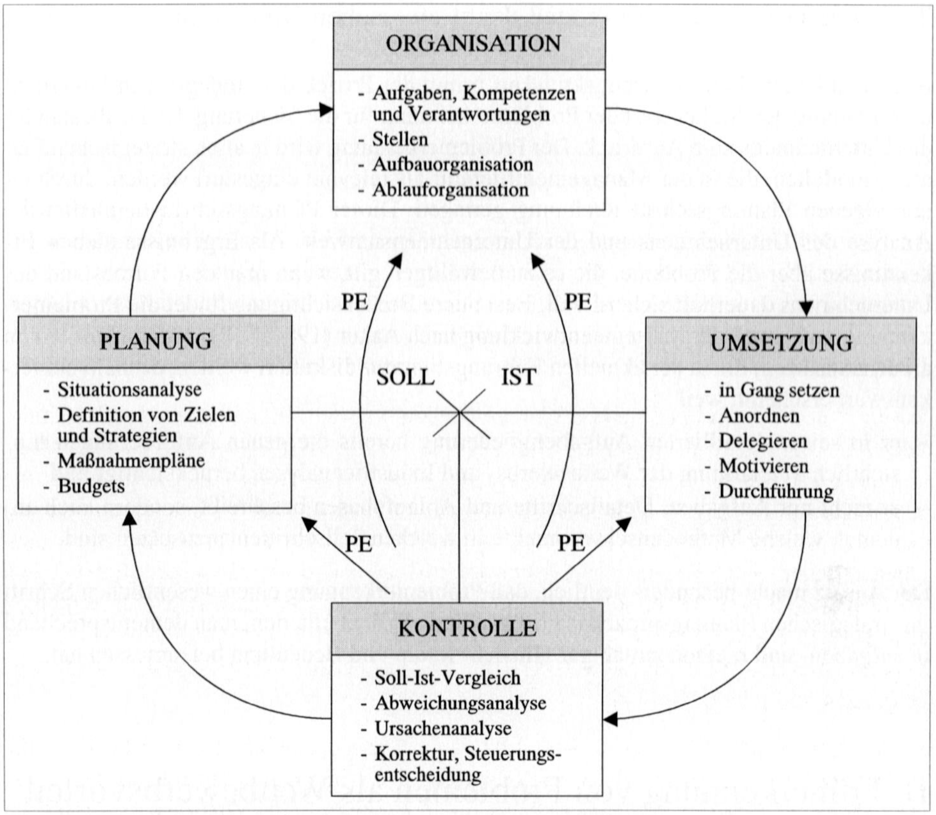

Abbildung 1: Problemerkennung (PE) im Führungskreislauf

Gemeinsam mit der Phase der Planung ist die Kontrolle entscheidend für eine *Problemerkennung*. Allerdings ist hier zwischen Planungs- und Kontrollprozessen zu unterscheiden. Planungsprozesse liefern im Rahmen der Situationsanalyse Hinweise auf Stärken und Schwächen bzw. Chancen und Risiken des Unternehmens. Kontrollprozesse hingegen liefern Hinweise auf Abweichungen vom Plan und den Planungsprämissen und versuchen, deren Ursachen transparent zu machen. Planungs- und Kontrollprozesse gemeinsam liefern Hinweise auf operative und/oder strategische Handlungs- und Gestaltungsbedürfnisse und tragen so der Führungs- und Steuerungsfunktion der Unternehmensplanung Rechnung (vgl. Hammer 1992b, S. 16).

Die Phasen der Organisation und der Umsetzung leisten nur mittelbar einen Beitrag zur Problemerkennung. Sie sind neben dem Unternehmen selbst und der Unternehmensumwelt Objektbereiche von Planung und Kontrolle des Unternehmensgeschehens.

2. Problemerkennung im Prozeß der strategischen Unternehmensplanung

Noch deutlicher als im Führungskreislauf bringt der Prozeß der strategischen Unternehmensplanung den Stellenwert der Problemerkennung für die Sicherung des Fortbestandes des Unternehmens zum Ausdruck. Der Problemerkennung wird in allen strategischen Planungsmodellen, die in der Managementliteratur als relevant eingestuft werden, durch einen eigenen Planungsschritt Rechnung getragen. Dieser Planungsschritt beinhaltet die Analyse des Unternehmens und der Unternehmensumwelt. Als Ergebnisse stehen Erkenntnisse über die Probleme, die es zu bewältigen gilt, wenn man den Fortbestand des Unternehmens dauerhaft sichern will. Besondere Berücksichtigung findet die Problemerkennung im Prozeß der Strategieentwicklung nach Aaker (1984, S. 2), dessen Ansatz von all den Ansätzen, die in der aktuellen Führungsliteratur diskutiert werden, deshalb bemerkenswert erscheint, weil

- er in seiner detaillierten Aufgabengliederung bereits die neuen Anforderungen hinsichtlich Verstärkung der Wettbewerbs- und Industrieanalysen berücksichtigt und
- er nicht nur Aufgaben, Detailschritte und Ablaufphasen beschreibt, sondern auch andeutet, welche Methodenschwerpunkte in welchen Teilschritten anzusetzen sind.

Der Ansatz macht besonders deutlich, daß Problemerkennung einen wesentlichen Schritt im strategischen Planungsprozeß (vgl. Abbildung 2) darstellt, dem man dementsprechend in aufgaben- und methodenmäßiger Hinsicht Raum und Bedeutung beizumessen hat.

B. Früherkennung von Problemen als Wettbewerbsvorteil

1. Informationsvorsprung durch Früherkennung

Wesentlich im Rahmen der Früherkennung von Problemen ist die Berücksichtigung des *Faktors Zeit*. Die frühe und rechtzeitige Identifikation positiver und negativer Einflüsse aus dem Unternehmensumfeld bzw. die frühe und rechtzeitige Erkenntnis über Stärken und Schwächen im Unternehmen versetzt das Management in die Lage, schneller Chancen und Risiken wahrzunehmen bzw. Probleme oder Problempotentiale zu beseitigen. Dieser „Informationsvorsprung" kann zu einem entscheidenden Wettbewerbsvorteil führen und erheblich zur langfristigen Sicherung des Unternehmens beitragen (vgl. Kühn/ Winterling 1991, S. 39). Früherkennung erfordert deshalb eine spezielle Art der Informationsbeschaffung und -verarbeitung sowie auch die Weiterleitung von Informationen. Inwieweit ein Früherkennungssystem den gewünschten Informationsvorsprung erbringen kann, hängt im wesentlichen von Aufbau und Pflege dieser Beschaffungs-, Verarbeitungs- und Weiterleitungsaufgaben ab. Entscheidend ist auch der Informationsbedarf. Art und Umfang des Informationsbedarfes ergeben sich aus den im Rahmen des strategischen Planungsprozesses abzuarbeitenden Teilaufgaben bzw. den dafür vorgesehenen Methoden. Aufgaben und Methoden der strategischen Planung, die im jeweiligen Fall einzuset-

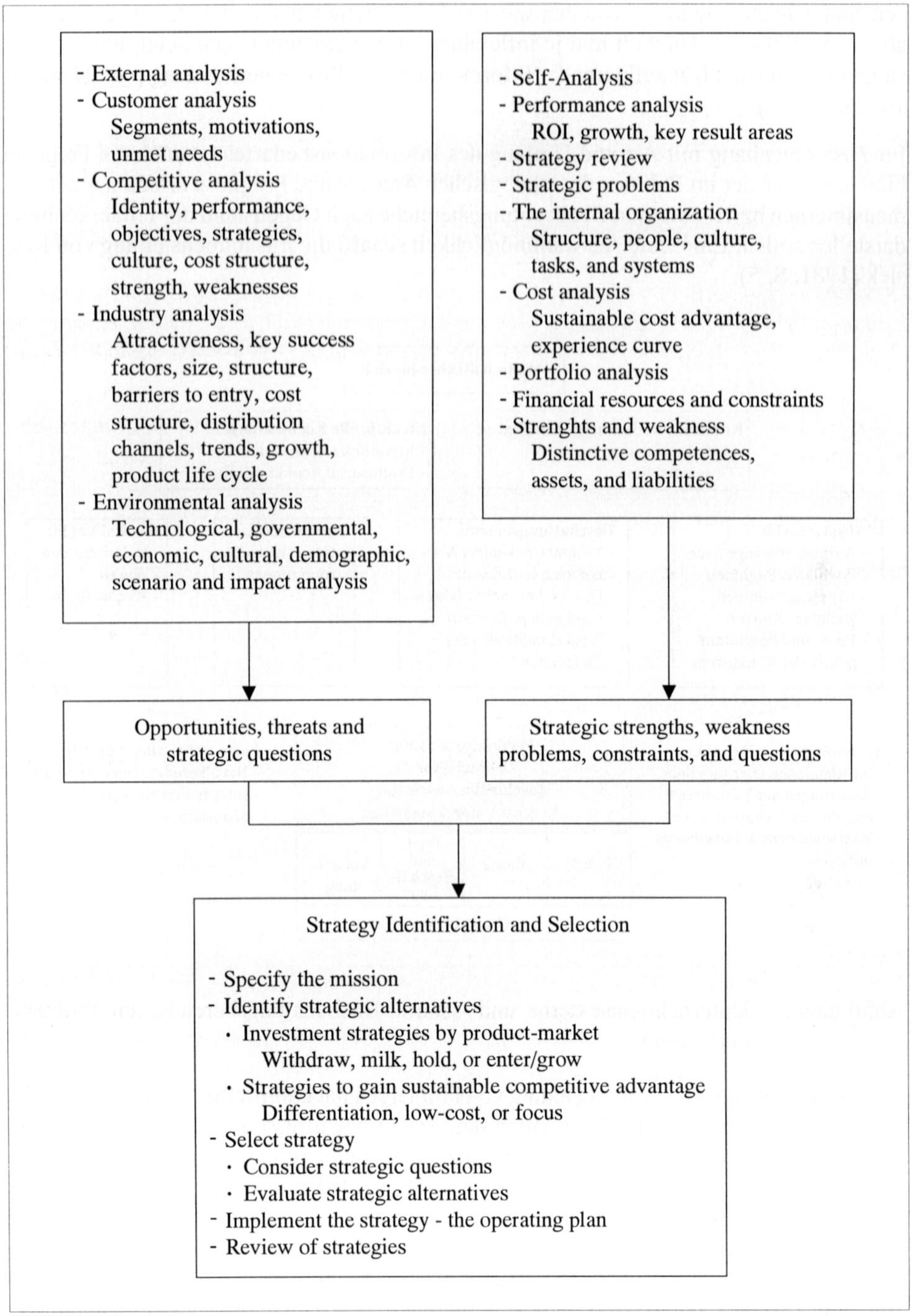

Abbildung 2: Analyse und Prognose von Umwelt und Unternehmen als Instrument der Problemerkennung

zen sind, hängen wiederum von den spezifischen Unternehmens- und Umweltsituationen ab. Je instabiler die Umwelt und je inflexibler ein Unternehmen sich zeigt, um so mehr steigt die Relevanz frühaufklärender Informationen zur Problemerkennung (vgl. Hammer 1992b, S. 193).

Im Zusammenhang mit Art und Umfang des Informationsbedarfes ist auch die Frage zu klären, welche der im Rahmen der strategischen Analyse und Prognose erfaßten unternehmensinternen bzw. -externen Beobachtungsbereiche auch Gegenstand der Früherkennung darstellen sollen. Eine erste Auswahlmöglichkeit schafft die Zusammenstellung von Krystek (1981, S. 5):

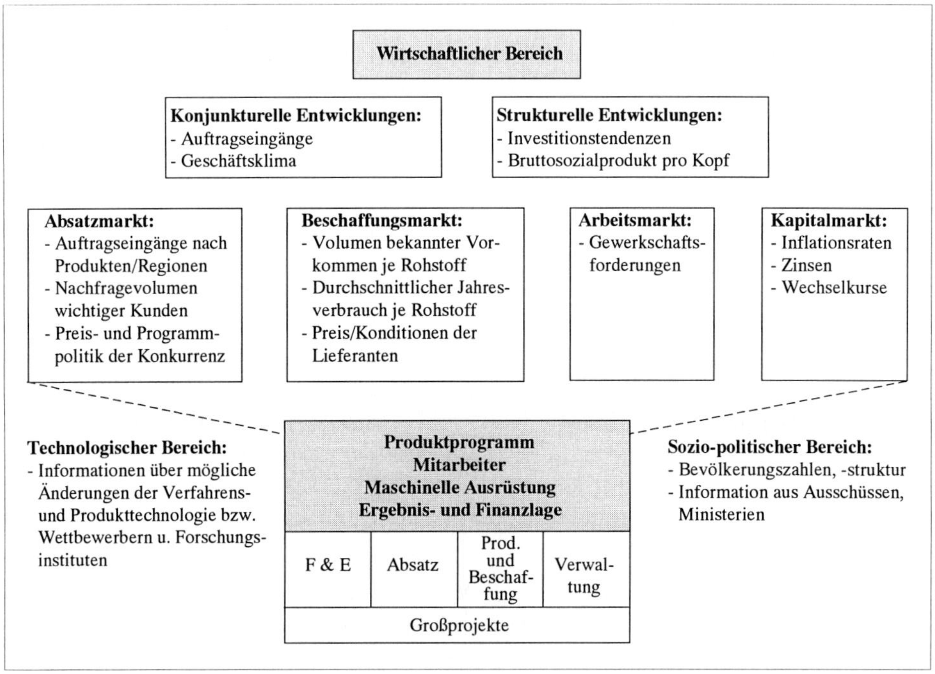

Abbildung 3: Unternehmensexterne und -interne Beobachtungsbereiche zur Problemerkennung

Strategisch bedeutsame Früherkennung von Problemen hat unmittelbar an den *Quellen* der Entwicklungen anzusetzen, die letztlich den Erfolg beeinflussen. Das heißt, daß strategisch bedeutsame Früherkennung von Problemen eher im Umfeld von Unternehmen stattfindet. Diese Meinung vertreten auch Porter (1980, S. 118) und Hinterhuber (1992, S. 83), die die Ausrichtung der Früherkennungssysteme auf die Determinanten des Wettbewerbs - Bedrohung durch neue Konkurrenten, Wettbewerbsverhalten der etablierten Unternehmen, Bedrohung durch Substitutionsprodukte, Verhandlungsstärke und Kaufverhalten der Abnehmer, Verhandlungsstärke und Verhalten der Lieferanten, Verhandlungsstärke und Verhalten der Arbeitnehmer und ihrer Organisationen und Eingriffe des Staates - verlangen.

2. Zur Einführung eines Früherkennungssystems

Bei der Einführung eines Systems zur Früherkennung von Problemen ist zwischen den Aufgaben der Systemgestaltung und den Aufgaben beim Betreiben des Systems zu unterscheiden (vgl. Hammer 1992b, S. 245)

a) Aufgaben der Systemgestaltung

Die Herleitung von Aufgaben für die Gestaltung eines Systems wird generell durch die Gestalt bzw. Struktur, die das System annehmen soll, determiniert. Die Struktur ist wiederum das Ergebnis von Überlegungen bezüglich der Aufgaben - inklusive der Zuordnung zu Aufgabenträgern/Stellen - die durchzuführen sind, um die Systemziele zu erreichen. Die Ziele eines strategischen Früherkennungssystems bestehen darin, von für das Unternehmen oder einzelne strategische Geschäftseinheiten relevanten Beobachtungsbereichen möglichst frühzeitig schwache Signale über Chancen und/oder Bedrohungen zu erfassen, zu verarbeiten und an die Entscheidungsträger im Unternehmen weiterzuleiten, für die diese Informationen entscheidungsrelevant sind. Damit lassen sich die Aufgaben der Systemgestaltung entsprechend der nachstehenden Abbildung skizzieren.

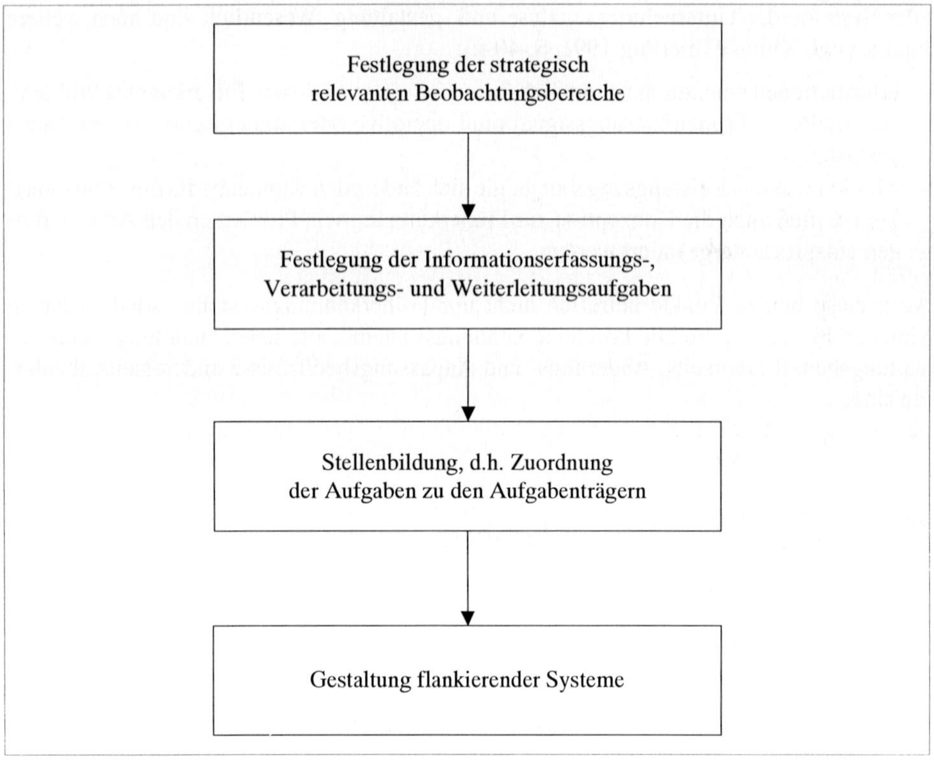

Abbildung 4: Aufgabenbereiche der Systemgestaltung

b) Aufgaben beim Betreiben des Systems

Von den Aufgaben der Systemgestaltung zu unterscheiden sind die Aufgaben, deren Ergebnisse in den Prozeß der strategischen Planung einfließen bzw. berücksichtigt werden müssen. Im wesentlichen sind dies:

- Beobachtung der definierten frühaufklärungsrelevanten Unternehmens- und Umweltbereiche und die Erfassung schwacher Signale,
- Analyse der schwachen Signale inklusive ihrer potentiellen Auswirkungen,
- Relevanzbeurteilung von Frühaufklärungssignale,
- Formulierung von Reaktionsstrategien sowie
- Implementierung und Kontrolle.

Unabhängig von dieser Unterscheidung in Aufgaben der Systemgestaltung und in Aufgaben beim Betreiben eines Früherkennungssystems ist zu berücksichtigen, daß eine erfolgreiche Einführung vor allem davon abhängig ist, ob die Mitarbeiter vom Sinn und Zweck eines Systems überzeugt sind. Jedem Mitarbeiter muß verständlich gemacht werden, daß ein Unternehmen nur dann wettbewerbsfähig bleibt, wenn es sich der schnell wandelnden Umwelt anpaßt. Diese Aussage hat allerdings nicht nur im Zusammenhang mit der Einführung von Früherkennungssystemen ihre Gültigkeit, sie betrifft die Implementierung aller Systeme der Unternehmensanalyse und -gestaltung. Wesentlich sind noch weitere Punkte (vgl. Kühn/Winterling 1991, S. 40 f.):

- Informationen sind nur dann nützlich, wenn sie etwas auslösen. Ein erkanntes Problem, ein erhaltenes Frühaufklärungssignal muß operative oder strategische Konsequenzen auslösen.
- Ähnlich wie das Leistungsangebot an die sich ändernden Kundenbedürfnisse anzupassen ist, muß auch die Konzeption zur Früherkennung von Problemen den Anforderungen entsprechend geändert werden.

Auch diese beiden Punkte betreffen nicht nur Früherkennungssysteme, sondern haben Sinn und Bedeutung für alle Problemerkennungssysteme, aus denen Handlungs- und Gestaltungsbedarf einerseits, Änderungs- und Anpassungsbedürfnisse andererseits abzuleiten sind.

C. Instrumente der Problemerkennung

1. Methodenüberblick

Ein Methodenüberblick setzt üblicherweise eine Klassifikation der Methoden voraus. Eine allgemeingültige Klassifikation ist aber nur schwer zu realisieren, vor allem deshalb, weil es eine Vielzahl möglicher Ordnungsgesichtspunkte für eine Klassifikation gibt. Sinnvoll erscheint die Bezugnahme auf die generellen Phasen des Planungsprozesses. In Anlehnung an die klassische Gliederung nach Wild (1981, S. 148 f.) läßt sich - auszugsweise für die Phasen der Problemanalyse und Prognose - ein Methodenüberblick geben, der in Abbildung 5 enthalten ist:

Problemanalyse	
Teilschritte	**Methoden/Instrumente**
- Erkenntnis und Analyse des Problems nach Ursachen und Ausmaß durch Diagnose/Prognose und Vergleich mit den Zielen - Beschreibung und Auflösung des Gesamtproblems in einzelne Elemente und Feststellung ihrer Abhängigkeitsbeziehungen - Abgrenzung des Problems und Ordnung (Strukturierung) nach Gegenständen, Zeitbezug, Schwierigkeitsgrad und Zielrelevanz - Detailanalyse der Ursachen und systematische Gliederung nach Ansatzpunkten zur Problemlösung bzw. Ursachenbehebung	- Lagediagnose und -prognose - Szenario-Writing - Strukturanalyse - Systemanalyse - Kausalanalyse - SOFT-Analyse - Life-Cycle-Analyse - Produkt-Status-Analyse - Gap-Projektion - Checklisten - Wertanalyse - Kepner-Tregoe-Technik
Prognose	
Teilschritte	**Methoden/Instrumente**

- Abgrenzung des Prognoseproblems
- Bestimmung der erforderlichen Prognosen nach Inhalt, Präzision und zeitlicher Reichweite usw.
- Analyse des Wirkungszusammenhangs zwischen zu prognostizierender Größe und Bestimmungsursachen bzw. Indikatoren
- Aufstellung des Prognosemodells bzw. Anwendung des Auswahlverfahrens
- Gewinnung der Prognose(n)
- Angabe der Bedingungen, unter denen sie gilt
- Abschätzung der Prognosesicherheit (wenn möglich: Wahrscheinlichkeit) und Beurteilung nach weiteren Gütekriterien
- Auswahl einer Prognose
- Konsistenzprüfung
	- mathematisch-statistische Prognosemodelle
	  - Trendmodelle
	  - Exponential Smoothing
	  - Wachstums-und Sättigungsfunktionen
	  - Regressionsmodelle
	  - ökonometrische Modelle
	  - Simulationsmodelle
	  - Netzplantechnik
	- intuitive Prognoseverfahren
	  - Relevanzbäume
	  - Szenario-Writing
	  - morphologische Analyse
	  - Kausalanalyse
	  - Systemanalyse
	- Argumentatives Auswahlverfahren
	- Bewertungsmethoden

Abbildung 5: Überblick über Methoden der Problemanalyse und Prognose

2. Ausgewählte Methoden der Problemerkennung

Die Dynamik der Unternehmensumwelt und auch die Dynamik der Unternehmen selbst haben zur notwendigen Weiterentwicklung des Führungsinstrumentariums generell und der strategischen Planung im besonderen geführt (vgl. Hammer 1992a, S. 78 ff.). Die wesentlichen Elemente dieser Entwicklung sind in Abbildung 6 dargestellt.

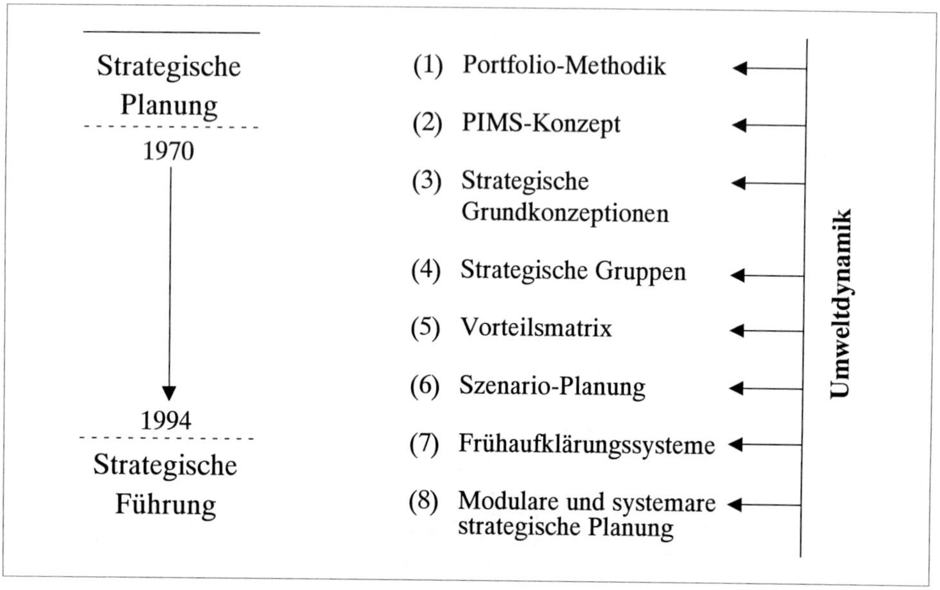

Abbildung 6: Entwicklungselemente des strategischen Planungsinstrumentariums

Sämtliche dieser Entwicklungselemente des strategischen Planungsinstrumentariums können als Methoden zur Problemerkennung bezeichnet werden. Sie alle werden im Rahmen der strategischen Analyse und Prognose von Umwelt und Unternehmen eingesetzt.

Im folgenden wird kurz und den Beitrag abschließend auf diese Methoden eingegangen:

- Die *Portfolio-Methodik* ist, vereinfacht ausgedrückt, ein Bewertungsraster für die gegenwärtige und zukünftige Erfolgssituation des Unternehmens als Ganzes und der einzelnen strategischen Geschäftseinheiten. Aus dem Ist-Portfolio des Unternehmens lassen sich Hinweise auf das Cash-Flow- und das Risikogleichgewicht des Unternehmens ableiten. Probleme eines *Ungleichgewichts* werden sichtbar gemacht.
- Das *PIMS(Profit Impact of Market Strategy)-Konzept* ist ein internationales Forschungs- und Beratungsprogramm, dessen Datenmaterial es ermöglicht, strategische Erfahrungen anderer Unternehmen nutzbar zu machen. Als Ergebnis dieser Forschungen stehen Erfolgsfaktoren, die den ROI beeinflussen und die damit eine brauchbare Basis für ein Stärken-Schwächen-Profil im Vergleich zur Konkurrenz abgeben.
- Das *Konzept der strategischen Grundkonzeptionen* baut auf dem PIMS-Konzept auf und hilft, die eigene strategische Profilierung zu hinterfragen: Preisführerschaft, Pro-

duktdifferenzierung oder Konzentration auf Marktnischen. Mängel der strategischen Positionierung und Profilierung werden dadurch sichtbar.

- Das *Konzept der strategischen Gruppen* basiert im wesentlichen auf einer vertiefenden Analyse der Branchensituation dadurch, daß innerhalb einer Branche die Wettbewerber ermittelt werden, die aufgrund strategisch relevanter Merkmale ein ähnliches Wettbewerbsverhalten zeigen. Wettbewerber, die dieselben Ausprägungen in bezug auf diese strategisch relevanten Merkmale aufweisen, bilden eine strategische Gruppe. Die Zugehörigkeit zu einer Gruppe wird signalisiert durch ein i.d.R. ähnliches Marktverhalten und dementsprechend vergleichbare Gewinnpotentiale. In der Vergleichsmöglichkeit liegt das Potential der Problemerkennung.
- Bei der *Vorteils-Matrix* handelt es sich um ein zweidimensionales Bewertungsraster, mit dem die Größe und die Anzahl der Vorteilsmöglichkeiten der einzelnen Geschäftsfelder eines Unternehmens evaluierbar und in der Matrix sichtbar gemacht werden können. Die Positionierung eines Geschäftsfeldes ist Ausdruck der Problemsituation und Impulsgeber für strategische Implikationen.
- Die *Szenario-Technik* ist ein Instrument, das sich mit zukünftig zu erwartenden Entwicklungen auseinandersetzt. Zentrales Element dieser Technik ist der sogenannte *Szenario-Trichter*, ein Denkmodell, das ausgehend von den Gegebenheiten der Gegenwart, Zukunftsbilder in Form von Extremszenarien entwirft. Die Auswirkungen dieser Szenarien sind im Prozeß der strategischen Planung mitzuverarbeiten.
- *Frühwarn- und Frühaufklärungssysteme* bilden einen Schwerpunkt in der Entwicklung des strategischen Führungsinstrumentariums, der sich mit der Bewältigung von Diskontinuitäten und Trendbrüchen auseinandersetzt. Ergebnis dieser Entwicklung ist z.B. die Szenario-Technik oder die *Unschärfenpositionierung* im Zusammenhang mit der Portfolio-Methodik. Bekannt ist vor allem das *Konzept der Schwachen Signale von Ansoff*. Sensibilisierung für schwer Vorhersehbares und damit vor allem für potentielle Probleme ist hier der Beitrag.
- *Systemare und modulare strategische Planung* umfaßt eine ganzheitliche, computer- und modellunterstützte strategische Planung mit einer Betonung auch quantitativer Zusammenhänge. Sie ermöglicht die Simulation alternativer, zukünftiger Umwelt- und Unternehmenskonstellationen und leistet so ebenfalls einen Beitrag zum Erkennen von Problempotentialen.

Literatur

Aaker, D.A.: Developing Business Strategies, New York 1984.

Chandler, A.D.: Strategy and Structure, Cambridge 1962.

Hammer, R.: Unternehmungsplanung, 5. Aufl., München/Wien 1992a.

Hammer, R.: Strategische Planung und Frühaufklärung, 2. Aufl., München/Wien 1992b.

Hinterhuber, H.H.: Strategische Unternehmungsführung, Bd. I u. II, 5. Aufl., Berlin/New York 1992.

Krystek, U.: Krisenbewältigungsmanagement und Unternehmensplanung, Wiesbaden 1981.

Kühn, M.; Winterling, K.: Vorteile im Konkurrenzkampf durch Früherkennungssysteme, in: io Management-Zeitschrift, 60. Jg. (1990), H. 10, S. 39-41.

Newman, W.H.; Logan, J.P.: Management of Expanding Enterprises, New York 1955.

Porter, M.: Competitive Strategy, New York 1980.

Wild, J.: Grundlagen der Unternehmungsplanung, 3. Aufl., Reinbek bei Hamburg 1981.

Thomas Witte

Methoden der Planung

A. Grundlagen

1. Das Planungsverständnis

Im Alltag bedeutet *Planen*, über eine Handlungsweise zu entscheiden, bevor man handelt. In Anlehnung an dieses Begriffsverständnis soll hier unter einem *Plan* ein im voraus entwickeltes Schema oder eine im voraus festgelegte Methode des Handelns oder Vorgehens verstanden werden. *Planung* ist der Vorgang, einen Plan zu machen. Ein Plan ist die Darstellung einer Handlungsweise, ein Handlungsschema. Man kann ihn sich als Liste von Handlungsanweisungen vorstellen, die befolgt werden müssen, um ein bestimmtes Ziel oder Ergebnis zu erreichen.

2. Wissenschaftliche Methoden

Eine *Methode* ist ein auf einem Regelsystem aufbauendes Verfahren zur Erlangung von Kenntnissen oder praktischen Ergebnissen. Von einer *wissenschaftlichen* Methode kann man sprechen, wenn zugleich mit dem Handlungsprogramm Kriterien angegeben werden können, mit deren Hilfe die vorgeschlagenen Handlungen auf ihren Zweck hin überprüft werden können. Bei einer wissenschaftlichen Methode ist man in der Lage zu begründen, warum die Methode zweckdienlich ist. Das Ergebnis des Einsatzes einer wissenschaftlichen Methode ist daher für einen Experten frei von Überraschungen. Falls die Methode angemessen ist und den Regeln entsprechend eingesetzt wird, ist der Erfolg garantiert.

3. Vorgehensweise

Methoden der Planung zum Gegenstand der Überlegung zu machen, bedeutet, über die *Planung der Planung* nachzudenken. Planungsprobleme lassen sich hierfür grob in zwei Klassen einteilen: Newell/Simon (1958) unterscheiden gutstrukturierte und schlechtstrukturierte Planungsprobleme. Diese Unterscheidung ermöglicht die Zuordnung von angemessenen Planungsmethoden.

B. Wohlstrukturierte Planungsprobleme

Im einfachsten Fall besteht Planen darin, aus einer Menge wohldefinierter Handlungsalternativen eine Handlungsmöglichkeit auszuwählen und zur Richtschnur des Handelns zu machen. Sinnvoll ist diese Vorgehensweise, wenn das Planungsproblem wie folgt strukturiert ist:

- Die Menge der Handlungsalternativen ist vollständig. Alle wesentlichen Wahlmöglichkeiten sind erfaßt.
- Die Konsequenzen jeder Handlungsmöglichkeit bei deren Durchführung sind wohldefiniert, d.h. die Handlungsergebnisse sind für alle Alternativen bekannt.
- Die Handlungsergebnisse lassen sich in eine vollständige Ordnung bringen. Auf diese Weise ist die Kennzeichnung eines bestmöglichen Handlungsergebnisses möglich.

Die Planung sollte in einer solchen Situation eine Handlungsalternative herausfinden, die zu einem bestmöglichen Ergebnis führt.

Planungsprobleme dieser Art sind wohlstrukturiert, wenn zusätzlich zu allen wichtigen strukturellen Bestandteilen des Problems auch noch eine systematische Vorgehensweise für die Auswahl einer bestmöglichen Alternative bekannt ist. Das skizzierte Konzept entspricht dem Grundschema der Planung in der entscheidungsorientierten BWL. Die BWL stellt dafür eine Vielzahl von Methoden bereit, die nach der Art des Vorgehens klassifiziert werden können.

C. Methoden der Planung für wohlstrukturierte Probleme

1. Einfacher Alternativenvergleich: Die Methode der vollständigen Enumeration

In vielen Fällen erfolgt die Auswahl einer Handlungsalternative in der Form eines einfachen Alternativenvergleichs, sozusagen durch „einfaches Hingucken". Aus einer überschaubaren endlichen Menge von Alternativen läßt sich die bestmögliche durch *paarweisen Vergleich* leicht auswählen: Man beginnt mit einer Alternative und vergleicht sie mit einer zweiten. Von den beiden in Vergleich gebrachten Möglichkeiten behält man die bessere. Mit dieser vergleicht man dann eine der verbliebenen Möglichkeiten. Bei zwei gleich guten Alternativen behält man eine der beiden. Das Verfahren wird so lange fortgeführt, bis man sämtliche Möglichkeiten in den Vergleichsvorgang einbezogen hat. Übrig bleibt eine bestmögliche Handlungsalternative. Man bezeichnet diesen Vorgang der Durchmusterung sämtlicher Alternativen auch als vollständige Enumeration, insbesondere dann, wenn der Durchmusterungsvorgang selber systematisch durch einen Computer erfolgt.

Diese Vorgehensweise hilft mehr oder minder unbewußt bei vielen alltäglichen Planungsvorgängen. In Routinesituationen laufen diese Auswahlvorgänge automatisch ab, etwa bei der Auswahl des Verkehrsmittels bei der Fahrt zum Arbeitsplatz: Jemand, der bei gutem Wetter mit dem Fahrrad zur Arbeit fährt, wird bei schlechtem Wetter, ohne lange zu überlegen, den Bus oder das Auto wählen. Häufig ist es aber auch nötig, sich die Konsequenzen unterschiedlicher Möglichkeiten im einzelnen zu überlegen und auch den Vergleich der möglichen Handlungsergebnisse explizit durchzuführen. Das gilt z.B. für alle Vergleichsrechnungen im Rahmen der *Wirtschaftlichkeitsrechnung*. In der Regel ist hier eine Bewertung etwa von Investitionsalternativen oder auch Finanzierungsalternativen erst nach einem Rechenvorgang möglich. Dabei wird aus Größen, die als bekannt vorausgesetzt werden, eine Ergebnisgröße berechnet, die dann zum Vergleich herangezogen wird. Beim einfachen Verfahrensvergleich auf Kostenbasis werden die Kosten pro Periode für die zu vergleichenden Verfahren aus Abschreibungen und ausbringungsabhängigen Kosten ermittelt. Man wählt dann die kostengünstigere Alternative. Beim internen Zinsfußverfahren werden die Renditen der Investitionsalternativen ermittelt und miteinander verglichen. Auch sie müssen aus Grunddaten vorab ermittelt werden. Rechenvorgänge dienen dabei der Ermittlung von Handlungskonsequenzen. Die Ermittlung der bestmöglichen Alternative erfolgt durch einfachen Vergleich ohne Ausnutzung weiterer formaler Gesetzmäßigkeiten.

Als hervorragendes Hilfsmittel für diese Art der Vorgehensweise hat sich im letzten Jahrzehnt die *Tabellenkalkulation* herausgestellt. Sie ermöglicht die Erfassung und Bewertung von Handlungsalternativen in einem Rechenschema, das nach Zeilen und Spalten organisiert ist. Gleichartig vorzunehmende Berechnungsvorgänge können auf einfache Weise mit Hilfe der verfügbaren finanzmathematischen und statistischen Funktionen programmiert werden. Die eingegangenen Grunddaten lassen sich leicht simultan für alle Alternativen ändern. Auf diese Weise ist es möglich, schnell und übersichtlich die Abhängigkeit der Ergebnisse von den Ausgangsdaten zu überprüfen und so Sensitivitätsanalysen durchzuführen.

2. Analytische Vorgehensweisen: Methoden der mathematischen Optimierung

Analytische Vorgehensweisen setzen voraus, daß die problematische Planungssituation auf eine *mathematische Struktur* abgebildet werden kann, die genutzt wird, um mit mathematischen Methoden einen optimalen Plan zu bestimmen. Im Unterschied zu enumerativen Verfahren wird hier nicht nur eine Ergebnisbestimmung für die Alternativen auf rechnerischem Wege vorgenommen, sondern zusätzlich werden die Gesetzmäßigkeiten der gewählten mathematischen Struktur genutzt, um *Optimierungsrechnungen* durchzuführen. Als Beispiele für diese Art der Vorgehensweise sollen hier die Differentialrechnung und die Lineare Programmierung (LP) behandelt werden. Dabei ist klar, daß die Mathematik nur ein Mittel zum Zweck darstellt. Vorauszugehen hat eine Überprüfung der Einsatzvoraussetzungen der entsprechenden Methoden.

Um die *Differentialrechnung* einsetzen zu können, ist es notwendig, den Planungszusammenhang in Form einer reellwertigen differenzierbaren Funktion einer oder mehrerer Variablen darzustellen. Die Variablen der Funktion dienen der Erfassung der alternativen Handlungsmöglichkeiten. Bei der *Bestimmung der optimalen Bestellmenge* werden die unterschiedlichen Bestellmengen durch eine Variable erfaßt, die die Höhe der Bestellung zum Ausdruck bringt. Zur Bewertung unterschiedlicher Alternativen werden die Bestell- und Lagerkosten herangezogen, die für die jeweilige Bestellmenge anfallen. Der Zusammenhang zwischen Handlungsalternativen und bewerteten Handlungsergebnissen wird durch die entsprechende Kostenfunktion erfaßt. Dabei gilt es, diejenige Bestellmenge zu berechnen, die die Kosten minimiert. Mit der Kostenfunktion hat man ein formales Modell für die Planungssituation geschaffen, das die Auswahl der besten Alternative auf ganz erhebliche Weise erleichtert. Auf die Kostenfunktion lassen sich die Gesetzmäßigkeiten der Differentialrechnung anwenden, um die optimale Bestellmenge auf formalem Wege zu bestimmen. Man nutzt z.B. notwendige und hinreichende Bedingungen, die für die Ableitungen der Funktionen gelten müssen, um das Optimum zu bestimmen. Auf diese Weise ergibt sich die bekannte Wurzelformel für die Bestimmung der optimalen Bestellmenge.

Der Vorteil dieser Methode liegt in der Ökonomie des Denkens. Sobald die Anwendungsvoraussetzungen des Modells erfüllt sind, kann das optimale Ergebnis direkt mit Hilfe der Formel bestimmt werden. Das gilt auch für kompliziertere Zusammenhänge. Die Aufgabe des Planenden besteht bei einem Einsatz dieser Methoden in der sorgfältigen Überprüfung der Anwendungsvoraussetzungen der Modelle. Gelten die Anwendungsvoraussetzungen, kann er sich zur Ermittlung einer bestmöglichen Handlungsalternative auf die Gesetzmäßigkeiten der Mathematik stützen. Die BWL hat für viele Standardsituationen Modelle entwickelt, die auf diese Weise zu nutzen sind. Dazu zählen neben der Lagerhaltungstheorie die vielfältigen neoklassischen Modelle, die auf mikroanalytische Überlegungen der VWL zurückzuführen sind, wie etwa die Modelle der Preis- und Absatztheorie oder auch der Produktionstheorie. Schließlich fallen in diesen Bereich auch viele Modelle des Operations Research (OR). Den meisten ist gemeinsam, daß sie im Planungsalltag bis auf wenige Ausnahmen, wie z.B. Ansätze aus der Lagerhaltungstheorie, nur eine geringe Rolle spielen.

Zu den häufig eingesetzten Methoden zählt auch die LP. Sie ermöglicht es, eine lineare Zielfunktion mit einer großen Anzahl von Variablen zu optimieren, deren Wertebereich durch Bedingungen eingeschränkt ist, die wiederum durch lineare Ungleichungen zu beschreiben sind. Diese mathematische Struktur entstammt der linearen Algebra und ist für viele Planungsprobleme als Modell brauchbar, weil der Zusammenhang zwischen beeinflußbaren Größen und Ergebnisgrößen i.d.R. zumindest in erster Näherung linear ist, d.h., eine Veränderung eines Planungsparameters führt zu einer größenmäßig direkt proportionalen Veränderung der abhängigen Größen. Die Bedeutung der einschränkenden Bedingungen läßt sich einfach für den Fall begrenzter Ressourcen erläutern, die für die Herstellung mehrerer Produktarten eingesetzt werden müssen. Die Ressourcen sind mögliche Einsatzfaktormengen, z.B. Maschinenstunden einzusetzender Aggregate, Arbeitsstunden des Personals oder verfügbare Materialmengen. Solche Einsatzfaktoren stehen einem Unternehmen während der Planungsperiode nur in begrenzten Mengen zur Verfügung. Für jede nur begrenzt zur Verfügung stehende Einsatzfaktorart ist eine Ungleichung zu formulieren. Sie beschreibt mit Hilfe der Variablen für die herzustellenden Mengen der verschiedenen Produktarten die Lösungen, die die betrachtete, begrenzt zur Verfügung stehende Einsatzfaktorart zuläßt. Die Gesamtheit der Ungleichungen beschreibt den Raum der zulässigen Lösungen, aus dem das Produktionsprogramm ausgewählt werden soll, das die Zielfunktion maximiert. Die Zielfunktion beschreibt für jedes nach Art und Menge festgelegte Produktionsprogramm den zugehörigen Bruttogewinn in Form der Summe der Deckungsbeiträge für verschiedene Produktarten. Für jede Produktart läßt sich der Deckungsbeitrag durch einen linearen Term darstellen, bei dem die produzierte Menge mit der Deckungsspanne multipliziert wird. Die Bestimmung eines optimalen Produktionsprogramms ist dann auf algorithmischem Wege etwa mit Hilfe des Simplexverfahrens möglich. Die LP hat viele Anwendungsmöglichkeiten bei sehr verschiedenartigen betrieblichen Planungsproblemen etwa aus den Bereichen Produktion, Absatz, Investition und Finanzierung.

Es gibt weitere Methoden der mathematischen Optimierung, die für nichtlineare Zusammenhänge eingesetzt werden können. All diese Vorgehensweisen beziehen ihre Rechtfertigung aus der Abbildung der realen Sachverhalte auf mathematische Strukturen, die genutzt werden können, um auf formalem Wege mit den Methoden der Mathematik eine bestmögliche Lösung des Planungsproblems zu finden. Wegen der Striktheit der *formalen Voraussetzungen* und wegen des hohen *Abstraktionsgrades* des Modellierungskonzeptes führen diese Methoden häufig zu *Anwendungs- und Akzeptanzproblemen.*

3. Experimentelle Vorgehensweisen: Methoden der Simulation

Eine Methode für die Bewältigung komplexer betrieblicher Planungsprobleme ist die Simulation. Der Einsatz von Methoden der mathematischen Optimierung scheitert bei der Abbildung von Sachverhalten, die sich nicht in den rigiden Formalismus mathematischer Strukturen pressen lassen. Das ist typischerweise dann der Fall, wenn

- es um das Zusammenspiel verschiedenartiger Systeme geht,
- detaillierte Zusammenhänge im Zeitablauf erfaßt werden müssen oder
- zufallsabhängige Sachverhalte eine Rolle spielen.

Viele reale Planungsprobleme weisen alle drei Merkmale auf. Man denke z.B. an die Auslegung und den Betrieb von Produktions- und Logistiksystemen. Häufig ist in diesen Fällen die Simulation eine geeignete Planungsmethode.

Bei der Simulation wird das Verhalten des zu planenden Systems durch ein Computerprogramm nachgeahmt. Ein derartiges *Simulationsprogramm* erstellt auf rechnerischem Wege Verhaltensprotokolle, die dem tatsächlichen Verhalten entsprechen. Die Zustandsgeschichten des realen Systems werden durch *Zeitreihen* abgebildet, die im Rechner erzeugt werden. Dabei können alle erdenklichen Rechenregeln genutzt werden, um eine realitätsgerechte Fortschreibung der Variablen zu gewährleisten, die die *Zustandsänderungen* des Systems erfassen. Gelingt es, ein strukturtreues Modell in Form eines Rechnerprogrammes zu entwickeln, kann es als Ersatzsystem für die Planung des realen Systems herangezogen werden. Durch Programmdurchläufe mit unterschiedlichen Planungsparametern lassen sich Erkenntnisse über die Konsequenzen der verschiedenen Alternativen ermitteln.

Dadurch, daß die Modellbildung bei der Simulation nicht an die Strukturen mathematischer Teildisziplinen wie der Differentialrechnung oder der Theorie linearer Räume gebunden ist, läßt sich ein wesentlich größeres Spektrum von Planungsproblemen behandeln, als das mit analytischen Modellen möglich ist. Zur Modellierung reichen die Kenntnisse darüber aus, welche Zustände das geplante System erreichen kann und was sich, ausgehend von einem bestimmten Zustand, als nächstes ereignen kann. Die Methode der Simulation sorgt dann für eine umfassende Darstellung des Gesamtverhaltens des

Systems. Der Mangel an geschlossenen mathematischen Strukturen bringt es mit sich, daß man zur Optimierung auf experimentelle Vorgehensweisen zurückgreifen muß. Dazu überlegt man sich nach den Regeln für die Auslegung von Experimenten eine letztlich überschaubare Menge repräsentativer Alternativen. Aus dieser Menge läßt sich über den paarweisen Vergleich eine relativ beste Alternative ermitteln. In der Regel sind die Ergebnisse von Simulationen von großer Überzeugungskraft, weil in die Modellierung das Verhalten des zu planenden Systems im Detail in gut nachvollziehbarer Weise einfließt. Zur Zeit geht die Entwicklung dahin, weitere Verbesserungsstrategien wie evolutionäre Algorithmen oder Vorgehensweisen bei neuronalen Netzen für die Simulation fruchtbar zu machen.

D. Schlechtstrukturierte Planungsprobleme

Die bisher behandelten Planungssituationen sind dadurch gekennzeichnet, daß die konstituierenden Elemente der zugrundegelegten Modelle als bekannt vorausgesetzt wurden. Für den Normalfall in der Realität trifft das aber nicht zu. Im Alltag sind Planungsprobleme i.d.R. schlechtstrukturiert, d.h. sie haben *Strukturmängel,* die es verhindern, daß Planungsmodelle der bisher behandelten Art problemlos angewendet werden können. Man unterscheidet drei Arten von schlechtstrukturierten Planungsproblemen:

Lösungsdefekte Planungsprobleme: Sie sind dadurch gekennzeichnet, daß Handlungsalternativen und die zugehörigen Konsequenzen sowie eine *sinnvolle* Bewertung durchaus anzugeben sind, aber die Möglichkeit fehlt, systematisch eine Verbesserung herbeizuführen. Zu dieser Kategorie zählen z.B. viele Ablaufplanungsprobleme der Produktionsplanung.

Zielsetzungs- und bewertungsdefekte Planungsprobleme: Hier rührt der Strukturmangel daher, daß mögliche Handlungsalternativen Schwierigkeiten bei der Bewertung und Beurteilung ihrer Vorziehenswürdigkeit machen. Das gilt z.B. für Planungssituationen, in denen sich keine oder nur miteinander konkurrierende Bewertungsaspekte anbieten.

Wirkungsdefekte Planungsprobleme: Bei ihnen sind schon die möglichen Handlungsalternativen und der Zusammenhang mit möglichen Konsequenzen in der Ausgangssituation unklar. Die Fragen „Was kann man tun?“ und „Was bewirkt das?“ müssen noch beantwortet werden. Insbesondere bei langfristigen Problemen müssen sich die Planungsbemühungen zunächst mit solchen Fragestellungen auseinandersetzen.

Die hier vorgenommene Klassifizierung von Planungsproblemen ist das Ergebnis eines systematischen Ansatzes. Wie so häufig bei der Übertragung theoretischer Konzepte auf praktische Probleme gilt auch hier, daß in der Praxis eher *Mischformen* auftreten, die dann auch mit Methoden aus verschiedenen Bereichen angegangen werden müssen. So ist bspw. beim Einsatz einer analytischen Vorgehensweise für die Planung von Lagern die Entscheidung darüber, welches Modell geeignet ist, die Situation sinnvoll zu erfassen, ein schlechtstrukturiertes Problem.

E. Methoden der Planung für schlechtstrukturierte Probleme

1. Heuristiken als erfahrungsgestützte plausible Planungsregeln

In vielen Planungssituationen, denen schlechtstrukturierte Probleme zugrunde liegen, helfen erfahrungsgestützte plausible Planungsregeln, sog. Heuristiken, weiter. Insbesondere bei lösungsdefekten Problemen führen sie i.d.R. zu annehmbaren Lösungen, ohne daß der Nachweis der Optimalität erbracht werden kann. Das gilt z.B. für viele Reihenfolgeprobleme der Ablaufplanung, bei denen man *Prioritätsregeln* zur Erstellung durchsetzbarer Pläne heranzieht. Bei der „Kürzesten-Operationszeit-Regel" etwa wird immer derjenige Auftrag als nächster aus der Warteschlange vor einer Bearbeitungsstation bearbeitet, dessen Bearbeitungszeit an dieser Station die kürzeste ist. Mit dieser Planungsregel kommt es zu einer guten Auslastung von Werkstattsystemen und zu einer hohen Anzahl fertiggestellter Aufträge. Die offensichtliche Benachteiligung von Aufträgen mit relativ langen Bearbeitungszeiten läßt sich über zusätzliche Regeln erträglich halten. Man denke etwa an eine Obergrenze für die Wartezeit von Aufträgen, die in der Warteschlange von anderen überholt wurden. Parameter hierfür lassen sich wiederum mit Hilfe der Simulation auf experimentellem Wege bestimmen.

Heuristiken der beschriebenen Art setzen überschaubare, weit vorstrukturierte Planungssituationen voraus. Von Vorteil ist es, wenn in einem neuen Planungsbereich Strukturen erkennbar werden, mit denen man in anderen Zusammenhängen schon konfrontiert war. Heuristiken des alten Erfahrungsbereiches kommen dann auch als Lösungskandidaten für den neuen Bereich in Frage. Als *„Metaheuristik"* benutzt man die Regel, daß ähnliche *Problemstellungen* auch mit *ähnlichen Methoden* erfolgreich angegangen werden können. Das Geschick des Planers besteht dabei darin, die Ähnlichkeit zu sehen und damit erprobte Methoden einsetzbar zu machen. Für jemanden, der die ABC-Analyse eingesetzt hat, um Entscheidungen bei der Lagerhaltungsplanung zu treffen, ist es naheliegend, ähnliche Überlegungen im Qualitätsmanagement bei der Fehlerkontrolle einzusetzen. Bei der Lagerhaltung ermittelt man mit Hilfe der ABC-Analyse den i.d.R. relativ kleinen Anteil von Artikelarten, die einen hohen Anteil am Lagerwert haben. Typisch ist eine Situation, bei der 20% der Artikelarten 80% des Lagerwertes ausmachen. Es lohnt sich, diese Artikelarten herauszufinden und für sie eine enge Bestandskontrolle etwa i.S. einer bedarfsgesteuerten Mengenbereitstellungsplanung vorzusehen. Beim Qualitätsmanagement ist es häufig der Fall, daß relativ wenig Fehlerarten für einen hohen Anteil der Fehlerkosten verantwortlich sind. In Analogie zum Lagerhaltungsproblem versucht man zunächst, diese Fehlerarten herauszufinden und in den Griff zu bekommen. So läßt sich in sehr unterschiedlichen Sachbereichen auf analoge Weise mit gegebenem Aufwand der größtmögliche Effekt erzielen.

2. Methoden der Problemstrukturierung

a) Das heuristische Planungsschema

Ist die Planungssituation nicht mit einer der bislang behandelten Methoden zu bewältigen, muß in einem i.d.R. mehrschrittigen Verfahren eine *Strukturierung der Situation* geleistet werden. Systematisch kann dabei nach einem heuristischen Planungsschema vorgegangen werden. Danach wird eine schlechtstrukturierte Planungssituation durch *Zerlegung in Unter- und Teilprobleme* schrittweise weiter strukturiert. Dieses Vorgehen führt zu einer Abfolge von Aufgabenstellungen, die zur Erledigung der umfassenden Planungsaufgabe der Reihe nach gelöst werden müssen. Die Strukturierung entwickelt sich in dem Sinne dynamisch, daß weitere Unter- und Teilaufgaben häufig erst vor dem Hintergrund schon festgelegter *Teillösungen* formuliert werden. Auf diese Weise ist es möglich, auch in Bereichen, in denen in der Ausgangssituation noch keine Erfahrungen vorliegen, Pläne zu entwickeln. Zwischenergebnisse müssen immer wieder daraufhin überprüft werden, ob sie auch tatsächlich einen Fortschritt für die Lösung der zugrundeliegenden umfassenden Planungsaufgabe darstellen. Auch diese Überprüfung muß unter Berücksichtigung der bisherigen Strukturierung erfolgen. Insgesamt beruht heuristisches Planen auf einem vorsichtigen, tastenden Voranschreiten in Richtung auf eine vollständige Lösung. Dabei werden Teillösungen und Problemstruktur gleichzeitig entwickelt und der gesamte bisher beschrittene Lösungsweg immer wieder auf seine Richtung hin überprüft. Falls nötig, muß man einen Teil des Weges wieder zurückgehen und eine Entwicklung in eine neue Richtung in Gang setzen. Neu definierte Teil- und Unterprobleme werden quasi auf Probe gelöst. Wenn die Lösungen einen weiterbringen, geht man in der eingeschlagenen Richtung weiter voran.

Die hier skizzierte Methode des heuristischen Planens kann besonders dann mit Vorteil eingesetzt werden, wenn Planungsbereiche bearbeitet werden müssen, für die in der Praxis zwar viele Erfahrungen vorliegen, eine Abbildung in einem Modell für wohlstrukturierte Situationen sich aber nicht sofort anbietet. Häufig sind planerische Entscheidungen, die die Struktur der Planungsprobleme betreffen, Voraussetzung bei der Festlegung optimaler Pläne i.S. einer wohlstrukturierten Situation. Dieser Art des Vorgehens entspricht z.B. die Methode der hierarchischen Planung oder auch die Methode der revolvierenden Planung.

b) Beispiel: Hierarchische Planung

Typisch für die hierarchische Planung ist eine Einteilung in mehrere *Planungsebenen*, z.B. eine Einteilung in eine strategische, eine taktische und eine operative Ebene. Dabei schafft die strategische Planung einen inhaltlichen, häufig auch nach Fristigkeit festgelegten Rahmen für die taktische Planung und diese wiederum definiert die Voraussetzungen für die operative Planung. Aus einem zunächst *vorläufigen Globalplan* werden über verschiedene problemabhängige Konkretisierungsstufen hinweg *endgültige Detailpläne* entwickelt. Auf diese Weise folgt die hierarchische Planung im wesentlichen dem heuristischen Planungsschema. Als Leitschnur dient die Verringerung von Komplexität auf der Grundlage von Zweck-Mittel-Beziehungen.

c) Beispiel: Rollende Planung

Rollende Planung ist eine Vorgehensweise, bei der ein längerer Planungszeitraum schrittweise in sich wiederholenden *Planungszyklen* abgearbeitet wird. Auf diese Weise braucht keine simultane detaillierte Festlegung sämtlicher Entscheidungsgrößen zu erfolgen, sondern es kann im Rahmen einer langfristigen Grobplanung mittel- und kurzfristig eine Feinplanung durchgeführt werden. Man führe sich die Situation eines Automobilherstellers vor Augen: Aufgrund seiner Betriebsmittelausstattung liegt die Kapazität für eine Produktlinie langfristig, z.B. für ein Jahr, fest. In einem mittelfristigen Schichtplan kann man festlegen, wieviel Einheiten eines Typs in einem Quartal gefertigt werden sollen. Eine weitere Spezifizierung über die Ebene der Varianten bis hin zur Sonderausstattung und Farbgebung erfolgt schrittweise und mit immer kürzeren Planungsfristen. Dabei gelten Zeitschranken für die Festlegung der Pläne: Für die exakte Fertigungssequenz der vollständig beschriebenen Fahrzeuge besteht etwa eine Frist von drei Tagen, während eine Festlegung der Anteile unterschiedlicher Fahrzeugtypen (Produktmix) für eine Dekade gelten kann, Stückzahlen ohne weitere Spezifizierung für ein Quartal. Eine systematische Aktualisierung der Pläne erfolgt in einem sich wiederholenden Prozeß der Fortschreibung. Eine weitere Verfeinerung stellt die *revolvierende Planung* dar, der sich gegenseitig beeinflussende Abstimmungen der kurz- und langfristigen Planungen zugrunde liegen. Neben der Berücksichtigung der langfristigen Rahmenbedingungen bei der Gestaltung der kurzfristigen Pläne wird umgekehrt auch eine Anpassung der langfristigen Planungen an die bislang erfolgten Entwicklungen i.S. einer Planrevision angestrebt. Dem Vorgehen liegt insgesamt eine *Zerlegung des Planungsproblems* i.S. des heuristischen Planungsschemas zugrunde, bei der die Fristigkeit der Informationen und der daraus resultierenden Festlegungen die Richtschnur bilden.

Literatur

ADAM, D.: Planung und Entscheidung: Modelle - Ziele - Methoden, 3. Aufl., Wiesbaden 1993.

ADAM, D.: Planung, heuristische, in: HWPlan, hrsg. v. N. Szyperski, Stuttgart 1989, Sp. 1414-1419.

BERENS, W.; DELFMANN, W.: Quantitative Planung: Konzeption, Methoden und Anwendungen, Stuttgart 1994.

DINKELBACH, W.: Operations Research: ein Kurzlehr- und Übungsbuch, Berlin 1992.

DOMSCHKE, W.: Einführung in Operations Research, 2. Aufl., Berlin 1991.

GAITANIDES, M.: Zeitliche Koordination, Konzepte zu, in: HWPlan, hrsg. v. N. Szyperski, Stuttgart 1989, Sp. 2258-2270.

HAHN, D.: Planungs- und Kontrollrechnung (PUK) als Führungsinstrument, 4. Aufl., Wiesbaden 1994.

JAEGER, A.: Lineare Programmierung, in: HWPlan, hrsg. v. N. Szyperski, Stuttgart 1989, Sp. 972-983.

KREIKEBAUM, H.: Strategische Unternehmensplanung, 5. Aufl., Stuttgart 1993.

MÜLLER-MERBACH, H.: Operations Research und Planung, in: HWPlan, hrsg. v. N. Szyperski, Stuttgart 1989, Sp. 1290-1299.

NEWELL, A.; SIMON, H.A.: Heuristic Problem Solving: The next advance in O.R., in: OR, 6. Jg. (1958), S. 1-10.

PFOHL, H.-CHR.: Planung und Kontrolle, Stuttgart 1981.

RIEPER, B.: Betriebswirtschaftliche Entscheidungsmodelle: Grundlagen, Herne 1992.

WILD, J.: Grundlagen der Unternehmensplanung, 4. Aufl., Opladen 1982.

WITTE, TH.: Simulationstheorie und ihre Anwendung auf betriebliche Systeme, Wiesbaden 1973.

WITTE, TH.: Heuristisches Planen - Vorgehensweisen zur Strukturierung betrieblicher Planungsprobleme, Wiesbaden 1979.

WITTE, TH.; CLAUS, TH.; HELLING, K.: Simulation von Produktionssystemen mit SLAM, Bonn/Paris 1994.

ZAHN, E.: Strategische Planung zur Steuerung der langfristigen Unternehmensentwicklung, Berlin 1979.

ZAHN, E.: Mehrebenenansatz der Planung, in: HWPlan, hrsg. v. N. Szyperski, Stuttgart 1989, Sp. 1080-1090.

Michael Reiß

Implementierung

A. Implementierung als Baustein des Veränderungsmanagement

Bei kaum einer Managementfunktion haben sich in den letzten Jahren so viele und so grundsätzliche Änderungen vollzogen wie beim Management der *Implementierung, Einführung, Umsetzung, Promotion* oder *Realisierung* von Veränderungen. Vordergründig zeichnet hierfür die quantitative Zunahme von Veränderungsprozessen innerhalb des Führungssystems verantwortlich, die aus der Dynamik in den technischen, marktlichen, kulturellen und rechtlichen Umsystemen der Unternehmung resultiert. Gleichzeitig hat das *Einsatzgebiet* von Implementierungsaktivitäten eine erhebliche Ausweitung erfahren. Während anfänglich nur die Einpassung (dv-)technischer Änderungen in eine vorhandene DV-Umgebung als Implementierung (etwa in Form einer sog. Migration) bezeichnet wurde (vgl. Seibt 1980), versteht man heute unter Implementierung alle Bemühungen um eine erfolgreiche Einpflanzung von neuen Konzepten jeder Art in alle Sektoren des jeweils umgebenden Kontextes. Jeder Wechsel in der Strategie, jeder modifizierte Arbeitsablauf, jede Akquisition, jede Sozialinnovation, jeder neue Standort und jede Umstrukturierung ziehen Implementierungsbedarfe nach sich.

Ferner läßt sich eine *Ausweitung des Funktionsspektrums* von Implementierungsmaßnahmen beobachten. Im engeren Sinne dient ein Implementierungsmanagement lediglich der Optimierung von *Umstellungsmaßnahmen.* Hierbei wird vor allem angestrebt, daß etwa ein Release-Wechsel oder bauliche Maßnahmen das Tagesgeschäft so wenig wie möglich beeinträchtigen. Im weitesten Sinne sollen Implementierungsmaßnahmen die passende *Infrastruktur* für eine Neuerung schaffen. Die Infrastruktur umfaßt bspw. bei Strategieänderungen (etwa Konzentration oder Diversifikation) neben den unternehmungsinternen Sektoren auch den unternehmungsexternen Kontext, vor allem die Kunden- und Lieferantenbeziehungen. Zwischen diesen beiden extremen Auffassungen von Implementierung ist die *Akzeptanzsicherung* angesiedelt (vgl. Manz 1983). Die dabei im Mittelpunkt stehende Überwindung von Widerständen oder die Behebung von Qualifikationsdefiziten bringt die zentrale Bedeutung der *personellen* Infrastruktur für alle Arten von technischen, strategischen und strukturellen Neuerungen einschließlich der Betriebsänderungen i.S. des § 111 BetrVG zum Ausdruck.

Innerhalb des Veränderungsmanagement hat sich neben Implementierung noch das *Change Management* als Managementsparte herausgebildet (vgl. Abbildung 1). Es erstreckt sich sowohl auf die „weichen“ Ansätze der Organisationsentwicklung („Geplante Evolution“) als auch auf die „harten“ Ansätze des Reengineering („Organisierte Revolution“). Im Gegensatz dazu vollzieht sich Implementierungsarbeit typischerweise in dem „bescheideneren“ Rahmen eines Projektmanagement („Veränderungsprojekte“) oder einer Zirkelarbeit („Moderierte Verbesserung“) nach japanischem oder auch europäischem Vorbild.

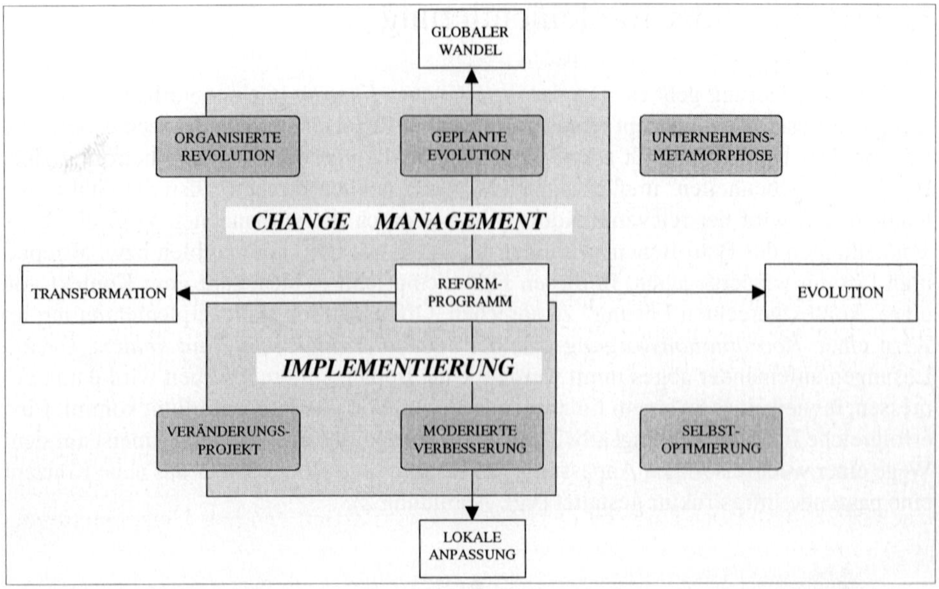

Abbildung 1: Positionierung der Implementierung im Veränderungsmanagement

Gemeinhin wird Implementierung eher mit kleineren Veränderungen („Lokale Anpassung") in Verbindung gebracht, wohingegen es beim Change Management um tiefgreifende Veränderungen („Globaler Wandel") geht. Außerdem werden Implementierungsprojekte meist durch konkrete, einzuführende Konzepte ausgelöst, für die *spezifische* Infrastrukturvoraussetzungen geschaffen werden sollen. Demgegenüber ist gerade die Organisationsentwicklung auf die personellen und strukturellen Potentiale wie etwa Lernfähigkeit und Flexibilität fokussiert, die als *generische* Infrastruktur für ein möglichst weites Spektrum von potentiellen Strategie-, Struktur- oder Technik-Veränderungen fungieren sollen. Zwischen Implementierungsarbeit und Change Management gibt es fließende Übergänge: So manches lokale Implementierungsprojekt entwickelt sich zu einem Programm des geplanten Wandels, umgekehrt setzt Wandel oft die Implementierung konkreter Teilkonzepte voraus.

Offensichtlich haben diverse Entwicklungen das Image der Implementierungsarbeit vom „notwendigen Übel" hin zum „kritischen Erfolgsfaktor" verändert. Bei DV-Änderungen ist schon seit geraumer Zeit bekannt, daß etwa das Customizing von Standard-Software mehr Zeit und Manpower in Anspruch nimmt als die konzeptionelle Programmierungs- oder Konfigurationstätigkeit. Gerade bei den Restrukturierungsprozessen der 90er Jahre zeichnet sich eine Umfokussierung von der Entwurfsarbeit auf die Einführungsarbeit ab. Ohne professionelle Umsetzungsarbeit sind vor allem die radikalen Veränderungsvorhaben mit einem hohen Fehlschlagsrisiko verbunden, wie zahlreiche Unternehmungen innerhalb von Reengineering-Offensiven erfahren mußten. Hieraus folgt nicht zuletzt, daß Einführungsarbeit zur Chefsache werden muß.

B. Prinzipien der Implementierung

Bei Implementierung geht es stets darum, ein neues *Konzept* in einen vorhandenen *Kontext* einzupassen. Das Konzept repräsentiert in aller Regel eine problemgerechte, optimale Lösung. Der Kontext umfaßt alle Gegebenheiten, die von der Neuerung betroffen sind. Bei den „Gegebenheiten“ muß es sich nicht immer um den aktuell realisierten Status quo handeln. Oft wird der relevante Kontext besser durch die vorhandenen Wünsche bzw. Vorstellungen der Betroffenen von einer benutzergerechten, kompatiblen bzw. akzeptablen Lösung wiedergegeben. In diesen Fällen empfiehlt es sich, statt vom Kontext von einer „kontextgerechten Lösung“ zu sprechen. Offensichtlich stellt Implementierung im Kern einen *Koordinationsvorgang* dar, bei dem *problemgerechte und kontextgerechte* Lösungen aufeinander abgestimmt werden. Gute Implementierungsarbeit wird daran gemessen, inwieweit es zu einem Fit zwischen Optimalität und Kompatibilität kommt. Eine erfolgreiche Implementierungsarbeit zeichnet sich dadurch aus, daß man - meist auf dem Wege einer wechselseitigen Anpassung von Konzept und Kontext - für das neue Konzept eine passende Infrastruktur gestaltet (vgl. Abbildung 2).

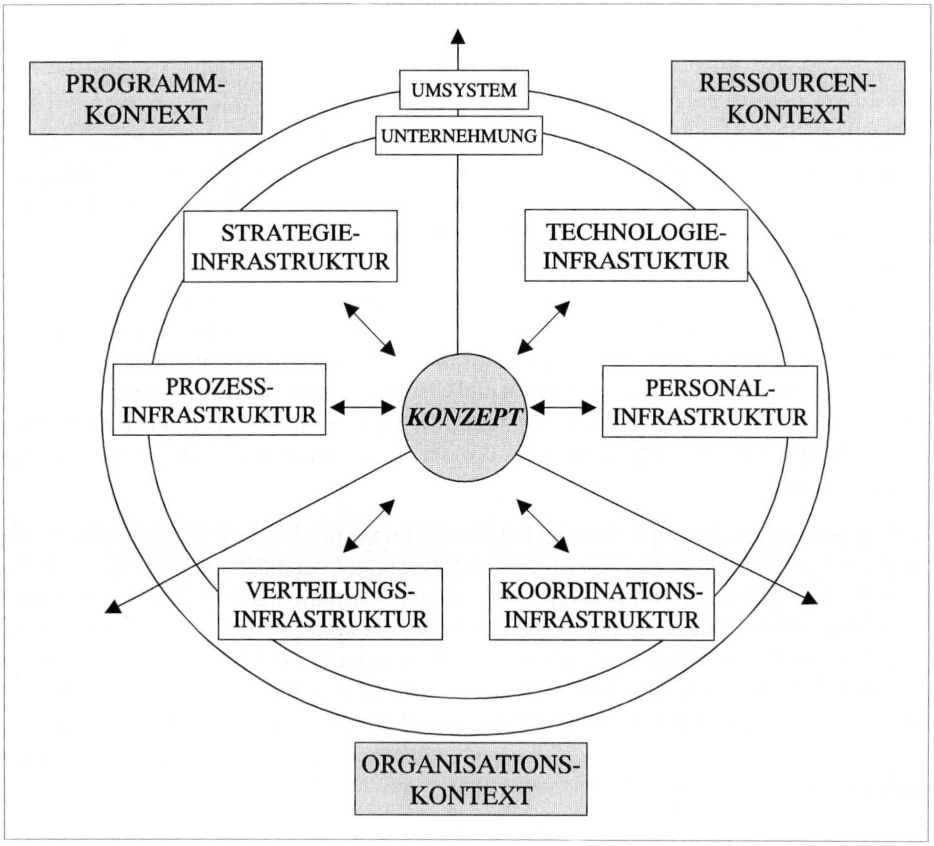

Abbildung 2: Implementierung als Gestaltung einer Infrastruktur

Die Formel „Implementation = Koordination“ steht in keinerlei Widerspruch zu anderen Verständnissen von Implementierung. Ein Implementierungsvorhaben läßt sich auch als *Transition* (Übergang) von einem Vorgänger-Zustand auf einen Nachfolger-Zustand, als *Transformation* eines Ist-Zustands in einen Soll-Zustand, als *Transfer* (auch: Diffusion) einer Idee in neue Anwendungsgebiete oder als *Substitution* eines alten durch ein neues Konzept interpretieren. Keine dieser gängigen Modellierungen legt jedoch die charakteristischen Abstimmungsprobleme innerhalb eines Implementierungsprojekts richtig offen.

Die Koordination von problemgerechter und kontextgerechter Lösung vollzieht sich über zwei *Grundprinzipien* oder „Mechanismen“ der Harmonisierung: Durch *Kontextanpassung* werden die betroffenen Gegebenheiten am neuen Konzept ausgerichtet. Hier ist auch von „Durchsetzung“ oder „Akkomodation“ die Rede. Mit Hilfe einer *Konzeptanpassung* modifiziert man das einzuführende Konzept so stark, bis es keinen Fremdkörper im vorhandenen Kontext mehr darstellt. Hier wird von „Angleichung“ oder „Assimilation“ gesprochen. Der Regelfall der wechselseitigen Anpassung läßt durchaus Kompromisse zu, die jeweils einen stärkeren Anpassungsdruck auf das Konzept bzw. auf den Kontext widerspiegeln. Oft korrespondiert das Ergebnis des implementierungsseitigen Lernprozesses mit „weichen“ bzw. „harten“ Vorgehensweise im Umsetzungsprozeß.

Der im Rahmen der Implementierungsarbeit zu bewältigende *Abstimmungs- bzw. Anpassungsbedarf* wird hauptsächlich durch folgende Faktoren determiniert:

- *Breite:* Sie wird durch die Anuahl der anzupassenden Infrastruktursektoren erfaßt (vgl. Abbildung 2). Bei der Einführung von Teamarbeit müssen z.B. meist die Unternehmungshierarchie, die Prozeßkoordination zwischen den Gruppen (Pull-Prinzip), die Geschäftsprozesse (Orientierung am internen Kunden), das Personal (Schulung, Rekrutierung) und die technisch-architektonischen Arbeitsbedingungen angepaßt werden.
- *Weite:* Im Falle der Teamarbeit ist die Reichweite der Anpassungsmaßnahmen nicht immer auf die Arbeitsplatzebene in einem Funktionsbereich beschränkt, sondern erstreckt sich auf mehrere Funktionsbereiche (etwa bei Auftragszentren) und sogar in den unternehmungsübergreifenden Kontext (Simultaneous Engineering) hinein.
- *Tiefe:* Hierin kommt das Ausmaß der Diskrepanz zwischen den problem- und den kontextgerechten Lösungskonzepten zum Ausdruck. Der Übergang von der Meisterwirtschaft auf teilautonome Gruppenarbeit ist tiefgreifender als die Weiterentwicklung einer bereits implementierten Zirkelarbeit.
- *Rigidität:* Je „verkrusteter“ die Kontextgegebenheiten (etwa durch Habitualisierung) und je weniger Freiheitsgrade und damit Formbarkeit im Konzept vorhanden sind, desto höher ist der Implementierungsbedarf.
- *Geschwindigkeit:* Zeitlich komprimierte Umsetzungsprojekte (etwa ohne Erprobung eines neuen Teamkonzepts in Pilotbereichen) gehen in aller Regel mit einem höheren Implementierungsbedarf einher.

C. Implementierung durch Kontext-Anpassung

1. Spektrum der Instrumente

Die „klassische" Sparte der Implementierung umfaßt alle Bemühungen zur Ausrichtung von Strategie, Struktur, Prozessen, Technologien und Menschen an den Erfordernissen des neuen Konzepts. Über die verfügbaren Instrumente zur Anpassung von Strategien, Prozessen, Technologien und Strukturen an Veränderungen können nun kaum *allgemeingültige* Aussagen gemacht werden. Hier muß man sich weitestgehend auf Faustregeln wie z.B. „Struktur geht vor Technik" beschränken.

Hingegen läßt sich für die Anpassung der personellen Infrastruktur (vgl. Abbildung 2) unabhängig vom konkreten Implementierungsobjekt ein Katalog von universell einsetzbaren Standardmaßnahmen aufstellen. Personelle Anpassungsmaßnahmen sollen dafür sorgen, daß die Betroffenen das neue Konzept kennen, damit umgehen können, das Konzept wollen und bestimmte Rollen im Übergang von Alt auf Neu übernehmen. Im Mittelpunkt stehen also *Kompetenz und Commitment* für das neue Konzept, die zusammen eine Akzeptanz der Neuerung sicherstellen, auch wenn es sich - etwa im Falle einer harten Durchsetzung - nur um eine erzwungene Akzeptanzhaltung handelt. Hier lassen sich vier Instrumentenkomplexe identifizieren (vgl. Reiß 1993), zu deren praktischer Ausgestaltung und Bewährung einzelne Untersuchungen vorliegen (vgl. Wyatt Company 1993).

2. Organisationsinstrumente

Organisatorische Implementierungsmaßnahmen dienen der aufbau- und ablaufseitigen Strukturierung des Übergangsprozesses. Sie haben sowohl direkte als auch indirekte Auswirkungen auf die Akzeptanz einer Änderung. Die Anwendung des *Partizipationsprinzips* (Betroffene zu Beteiligten machen!) wirkt sich unmittelbar akzeptanzförderlich aus. Auch von der aktiven Integration von Managern (oder Pilotbereichen) als *Vorbilder* im Umsetzungsprozeß geht erfahrungsgemäß eine direkte Akzeptanzsteigerung aus. Andere organisatorische Instrumente haben eine indirekte Verbesserung der Akzeptanz zur Folge. Hierzu zählen insbesondere die Optimierung der *Projektorganisation* für das jeweilige Veränderungsprojekt (vgl. Abbildung 1) sowie der Einsatz von internen bzw. externen *Macht-, Fach- und Prozeßpromotoren.*

3. Motivationsinstrumente

Motivationsmaßnahmen wenden sich sowohl an die Gewinner als auch an die Verlierer einer Veränderung. Gegenüber den Gewinnern kommen primär *intrinsische* Anreize zum Einsatz, indem die Vorteile der Neuerung betont werden. Mit *kompensatorischen* Anreizen (z.B. materielle Entschädigungen, immaterieller Ausgleich von Statusverlusten) läßt sich der Aufbau von Widerstand durch die Verlierer verhindern oder zumindest verringern.

Für die aktiven Pioniere einer Neuerung hat sich der Einsatz spezifischer *extrinsischer* Anreize bewährt, vornehmlich Preise im Rahmen von Wettbewerben (bestes TQM-Team, erfolgreichster Pilot-Bereich bzw. Musterbetrieb).

4. Informationsinstrumente

Für die Information der Betroffenen über Neuerungen kommen immer mehr *strukturelle* Instrumente (Workshops, Kick-off-Veranstaltungen, Meetings, Informationsmärkte usw.) und Medien (Broschüren, Mitarbeiterzeitschrift, Videos, Songs, Satellitenfernsehen usw.) zum Einsatz. Dabei zeichnet sich ein Spannungsfeld zwischen effizienter und effektiver Informationspolitik ab (vgl. Wyatt Company 1993, S. 26). Ein Weg aus diesem Dilemma ist die Ersetzung der herkömmlichen „Propaganda" durch eine echte Kommunikationspolitik. Mit Workshops, individuellen Beratungen, Gesprächen und Hilfestellungen in kritischen Situationen werden die Informationsaktivitäten dabei auf die Informationswünsche der Betroffenen maßgeschneidert (vgl. Abbildung 3).

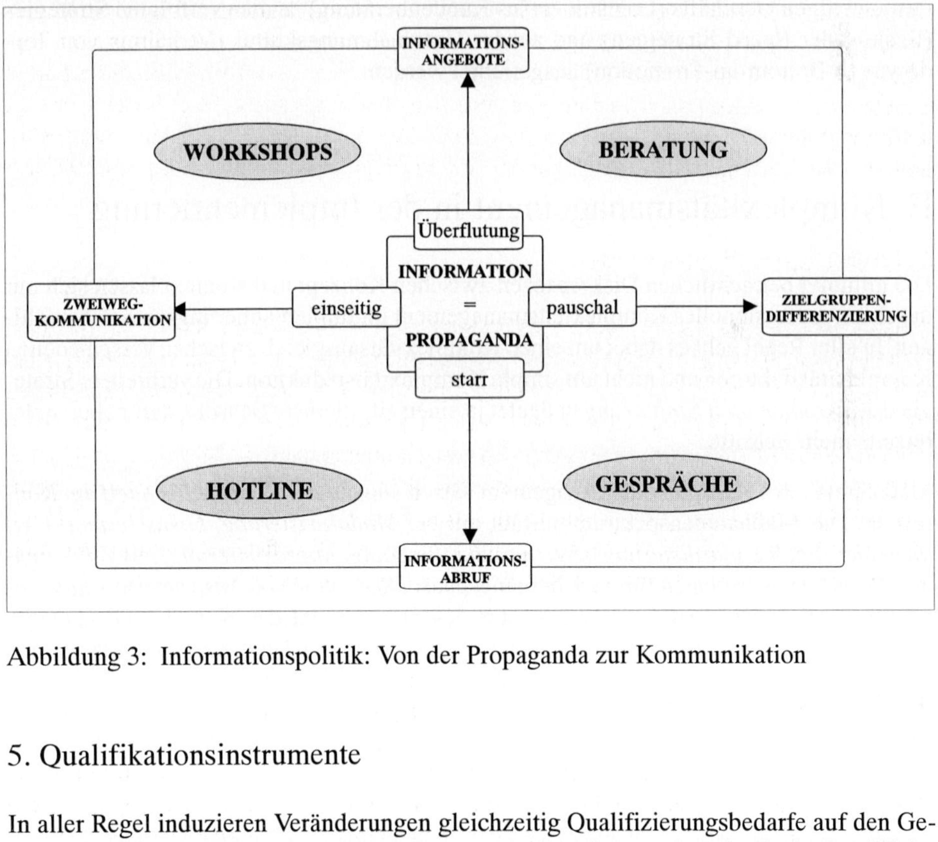

Abbildung 3: Informationspolitik: Von der Propaganda zur Kommunikation

5. Qualifikationsinstrumente

In aller Regel induzieren Veränderungen gleichzeitig Qualifizierungsbedarfe auf den Gebieten der *Fach-, Methoden- und Sozialkompetenz*. Fachliche und methodische Qualifizierungsoffensiven stehen beim Einzug der Mikroelektronik in der Unternehmung im Vordergrund. Demgegenüber dominiert das Training der Methoden- und Sozialkompetenz bei der Einführung von TQM und anderen ganzheitlichen Fitneß-Programmen.

D. Implementierung durch Konzept-Anpassung

Die Anpassung eines neuen Konzepts an bestimmte Kontextgegebenheiten prägt die Entwicklungsstrategien des *Customizing* und *Prototyping*. Grundsätzlich müssen alle Standardkonzepte modifiziert werden, um der Forderung nach *Benutzergerechtheit* zu genügen. Welche konkreten Modifikationen an einer Neuerung vorgenommen werden müssen, damit sie mit einem spezifischen Kontext kompatibel wird, läßt sich nicht generell, sondern nur exemplarisch illustrieren. So sind Programme der Gemeinkostenoptimierung unterschiedlich auszugestalten, wenn sie als Krisen-Intervention oder als Chancen-Management fungieren sollen. Sogar die für die (fiktive) Zero-Base-Konstellation gemünzten Konzepte des Process Reengineering müssen bspw. an den spezifischen Kernprozessen des jeweiligen Geschäfts (Logistik versus Kundenberatung), an den verfolgten Strategien (Scale- oder Speed-Strategien) und an der Unternehmungskultur (Verhältnis von Top-down- zu Bottom-up-Promotion) ausgerichtet werden.

E. Komplexitätsmanagement in der Implementierung

Die mitunter beträchtlichen Diskrepanzen zwischen Konzept und Kontext lassen sich nur durch ein professionelles Komplexitätsmanagement im Implementierungsprozeß bewältigen. In aller Regel geht es dabei um einen Komplexitätsausgleich zwischen verschiedenen Komplexitätsfaktoren und nicht um simple Komplexitätsreduktion: Die verbreitete Strategie der *inkrementalen Einführung* bedeutet ja einerseits kleinere Schritte, dafür aber andererseits mehr Schritte.

Maßnahmen des Komplexitätsmanagement setzen *sowohl am Konzept als auch am Kontext* an. Das Maßnahmenspektrum umfaßt mit der *Modularisierung, Fokussierung, Umformatierung, Standardisierung* bzw. *Individualisierung, Approximierung*, mit *Versionen-* und *Provisorienstrategien* für die Übergangsphase, *Reduktion von Anspruchsniveaus, opportunistischen Vorgehensweisen* usw. das gesamte Arsenal des Komplexitätsmanagement. Zu den *weichen* Instrumenten einer Verringerung der Kontextkomplexität zählen die aus der Organisationsentwicklung stammenden Maßnahmen zur Sensibilisierung für Veränderungsbedarfe und zur Förderung der Lernbereitschaft und - fähigkeit. Ihnen entspricht konzeptseitig der Entwurf von vagen, formbaren Konzepten mit eingebauter Flexibilität. *Harte* Maßnahmen der Komplexitätsverringerung laufen auf eine Substitution des Kontexts (Versetzung oder Entlassung von Mitarbeitern, Kaltstellen von Opponenten) oder des ursprünglichen Konzepts (z.B. Lean Management als Rationalisierungs- statt als TQM-Konzept) hinaus.

Zwischen diesen beiden Extremen sind bspw. *Approximationslösungen* anzusiedeln. In Abbildung 4 werden exemplarisch typische Verläufe einer Annäherung an eine unternehmungsinterne Marktwirtschaft skizziert.

Als erfolgskritisch erweist sich beim Einsatz dieser plausiblen und verbreiteten Vorgehensweisen der erforderliche Mindestapproximationsgrad. Dabei wäre es naiv, grundsätzlich vom Ideal einer *stetigen Annäherung* an die durch die stufenweise Einführung von marktwirtschaftlichen Parametern erhoffte Performanceverbesserung auszugehen. Oft greifen diese Maßnahmen realistischerweise erst bei einem recht *hohen* Approximationsgrad. In vielen Fällen muß man sich sogar darauf einstellen, daß sich die Kennzahlen *verschlechtern*, wenn man nur einzelne Bausteine der Marktwirtschaft („Halbe Sachen") einführt.

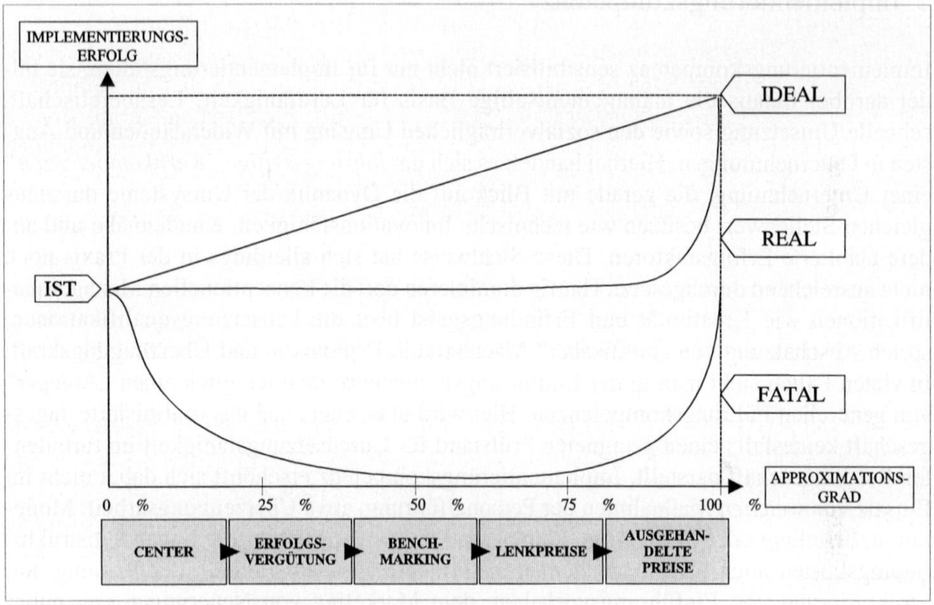

Abbildung 4: Erfolgskennlinien von Näherungslösungen

F. Herausforderungen der Implementierung

1. Implementierungsfallen

Anhand der Approximationsstrategien wurde deutlich, daß man selbst bei systematischer und intensiver Planung von Implementierungsaktivitäten mit „Fallen" im Einführungsprozeß rechnen muß. Der umfangreiche Katalog von Implementierungsfallen enthält u.a.

typische *Fehlformatierungen* und *Fehlfokussierungen, Aktionismus-, „Doping"-* und *Komplexitäts-Fallen* (vgl. Reiß 1993, S. 486 ff.). Derart intransparente und unerwartete Schwierigkeiten lassen sich nicht durch „Work-harder-Parolen" in den Griff bekommen. Im Gegenteil, sie ergeben sich bevorzugt in „progressiven" Unternehmungen, die viel in die Implementierungsarbeit investieren. Um bspw. Turbulenzen in einer streng hierarchisch geführten Unternehmung zu vermeiden, weil bereits im Einführungsprozeß eines innovativen Empowerment-Konzepts (etwa Gruppenarbeit oder Intrapreneuring) mit im Hause unbekannten Formen der autonomen und autarken Projektorganisation operiert wird (*„Frühstart-Falle"*), muß nach der „Work-smarter-Devise" vorgegangen werden (vgl. Scott-Morgan 1994, S. 151 f.).

2. Implementierungskompetenz

Implementierungskompetenz sensibilisiert nicht nur für Implementierungsfallen, sie bildet darüber hinaus die managementseitige Basis für Lernfähigkeit, Lernbereitschaft, schnelle Umsetzung sowie den sozialverträglichen Umgang mit Widerständen und Ängsten in Unternehmungen. Hierbei handelt es sich um *führungsseitige „Kernkompetenzen"* einer Unternehmung, die gerade mit Blick auf die Dynamik der Umsysteme durchaus gleichen Stellenwert besitzen wie technische Innovationsfähigkeit, Kundennähe und andere etablierte Erfolgsfaktoren. Diese Sichtweise hat sich allerdings in der Praxis noch nicht ausreichend durchgesetzt. Häufig dominieren dort die konzeptionellen Managerqualifikationen wie Kreativität und Erfindungsgeist über die Umsetzungsqualifikationen, sprich Abschätzung von „politischer" Machbarkeit, Diplomatie und Überzeugungskraft. In vielen Fällen sieht man in der Einführungskompetenz auch lediglich einen „Ableger" von generellen Führungskompetenzen. Hier wird übersehen, daß das routinisierte Tagesgeschäft keinesfalls einen geeigneten Prüfstand für Durchsetzungsfähigkeit im turbulenten Reformgeschäft darstellt. Implementierungskompetenz erschöpft sich dabei nicht im Einsatz von *weichen* Maßnahmen der Personalführung, etwa Überzeugungsarbeit, Moderation, Schulung oder Motivation. Flankierend müssen angesichts der hohen Umstrukturierungskosten auch harte Managementinstrumente aus dem Bereich der Planung und Strukturierung von Einführungsvorhaben, dem Marketing von Neuerungen gegenüber den Betroffenen sowie dem Controlling von Veränderungen zum Einsatz kommen (vgl. Reiß 1993a).

Literatur

BARDACH, E.: The implementation game, 2. Aufl., Boston 1977.

CLAUSS, M.: Die Strategie der Implementierung in der Unternehmung, Pfaffenweiler 1989.

CORSTEN, H. (HRSG.): Die Gestaltung von Innovationsprozessen, Berlin 1989.

GABELE, E.: Implementation, in: Handbook of German Business Management, hrsg. v. E. Grochla et al., Stuttgart 1990, Sp. 1069-1079.

HAMEL, W.: Berücksichtigung von Akzeptanzbarrieren bei der Konstruktion betriebswirtschaftlicher Entscheidungsmodelle, in: DBW, 41. Jg. (1981), S. 615-625.

HEEG, F.J.: Einführung neuer Technologien: ein gruppenorientierter Ansatz, in: ZFO, 55. Jg. (1986), S. 41-46.

HENTZE, J.: Akzeptanzprobleme bei der Implementierung von Planungssystemen, in: WISU, 16. Jg. (1987), S. 23-28.

JOSEPH, J.; KNAUT, P.; GEMÜNDEN, H.G.: Determinanten der individuellen Akzeptanz neuer Technologien, in: DBW, 52. Jg. (1992), S. 59-69.

KELDERS, C.: Implementations- und Konzeptionsprobleme der strategischen Führung. Praxisorientierte Gestaltung durch indirekte Modellbildung, in: ZFO, 62. Jg. (1993), H. 5, S. 299-303.

KIRSCH, W.; ESSER, W.-M.; GABELE, E.: Das Management des geplanten Wandels von Organisationen, Stuttgart 1979.

KRAMER, U.; HEGNER, F.: Die Implementation beweglicher Zeitmuster: sachbezogene und sozialpsychologische Aspekte, in: Innovatives Arbeitszeit- und Betriebszeitmanagement, hrsg, v. K.-F. Ackermann u. M. Hofmann, Frankfurt a.M./New York 1990, S. 313-339.

KRÜGER, W.: Organisatorische Einführung von Anwendungssystemen, in: Handbuch Wirtschaftsinformatik, hrsg. v. K. Kurbel u. H. Strunz, Stuttgart 1990, S. 275-288.

LINN, N.: Die Implementierung vertikaler Kooperationen, Diss., Darmstadt 1989.

MANZ, U.: Zur Einordnung der Akzeptanzforschung in das Programm sozialwissenschaftlicher Begleitforschung, München 1983.

MARR, R.; KÖTTING, M.: Implementierung, organisatorische, in: HWO, hrsg. v. E. Frese, 3. Aufl., Stuttgart 1992, Sp. 827-841.

MÜLLER-BÖLING, D.; MÜLLER, M: Akzeptanzfaktoren der Bürokommunikation, München/Wien 1986.

NUTT, P.C.: Tactics of Implementation, in: AMJ, 29. Jg. (1986), H. 2, S. 230-261.

OPPELLAND, H.J.: Implementierungstechniken, in: HWPlan, hrsg. v. N. Szyperski, Stuttgart 1989, Sp. 665-677.

REISS, M.: Implementierung als Erfolgsbasis des Lean Managements, in: Lean Management, hrsg. v. gfmt, St. Gallen 1993, S. 447-484.

REISS, M.: Führungsaufgabe „Implementierung“, in: Personal, 43. Jg. (1993), S. 551-555.

SCHULTZ, R.L.; SLEVIN, D.P.: Implementing Operations Research / Management Science, New York et al. 1975.

SCOTT-MORGAN, P.: The Unwritten Rules of the Game, New York et al. 1994.

SEIBT, D.: Organisatorische Implementierung, in: HWO, hrsg. v. E. Grochla, 2. Aufl., Stuttgart 1980, Sp. 853-862.

STEINLE, C.: Zur Implementation partizipativer Führungsmodelle, in: Partizipative Führung - Betriebswirtschaftliche und Sozialpsychologische Aspekte, hrsg. v. W. Grunwald u. H.-G. Lilge, Stuttgart 1980, S. 286-314.

WILDEMANN, H.: Einführungsstrategien für neue Produktionstechnologien, in: ZfB, 56. Jg. (1986), S. 337-369.

WOLLNIK, M.: Implementierung computergestützter Informationssysteme, Berlin/New York 1986.

WYATT COMPANY: Best Practices in Corporate Restructuring, Chicago 1993.

Wolfgang Lück

Kontrolle und Prüfungswesen [1)]

A. Der Stellenwert des Prüfungswesens für die Überwachung der Unternehmensführung und für die Überwachung durch die Unternehmensführung
   1. Prüfungen und Kontrollen als Elemente der Überwachung
   2. Die Interne Revision und die Externe Revision als Überwachungsträger des Prüfungswesens

B. Möglichkeiten und Grenzen der Aufdeckung und der Beseitigung von Soll-Ist-Abweichungen durch die Externe Revision
   1. Die Prüfung der Einhaltung der Normen für die externe Rechnungslegung als mittelbare Überwachung der Unternehmensführung
   2. Das Rechnungswesen und das Interne Überwachungssystem als Instrumente für die Überwachung durch die Unternehmensführung und deren Prüfung
   3. Die Abhängigkeit der Fehlerbeseitigungsfunktion der Jahresabschlußprüfung von der Sanktionswirksamkeit anderer Überwachungsträger

C. Möglichkeiten und Grenzen der Aufdeckung und der Beseitigung von Soll-Ist-Abweichungen durch die Interne Revision
   1. Financial Auditing und Operational Auditing als Maßnahmen zur Überwachung durch die Unternehmensführung
   2. Management Auditing - ein Instrument zur Überwachung der Unternehmensführung oder ein Instrument zur Überwachung durch die Unternehmensführung?
   3. Möglichkeiten zur Beseitigung der durch die Interne Revision aufgedeckten Schwachstellen und Mängel

D. Ansatzpunkte zur Verbesserung der Überwachung der Unternehmensführung und zur Verbesserung der Überwachung durch die Unternehmensführung sowohl durch die Externe Revision als auch durch die Interne Revision

Literatur

A. Der Stellenwert des Prüfungswesens für die Überwachung der Unternehmensführung und für die Überwachung durch die Unternehmensführung

1. Prüfungen und Kontrollen als Elemente der Überwachung

Überwachung ist ein mehrstufiger Informations- und Entscheidungsprozeß, der alle Maßnahmen beinhaltet, durch die festgestellt werden soll, ob Zustände oder Vorgänge einer Norm entsprechen bzw. normgerecht durchgeführt worden sind (vgl. z.B. Lück 1993e, S. 1218). Sie fußt auf dem Vergleich eines vorgefundenen Ist-Zustands mit einem vorgegebenen Soll-Zustand, der abschließenden Urteilsbildung über die festgestellten Soll-Ist-Abweichungen und der Urteilsmitteilung des Überwachungsergebnisses, welches beim Urteilsempfänger entsprechende Korrekturimpulse auslösen soll. Terminologisch ist Überwachung der Oberbegriff, dem die Begriffe *Prüfung* und *Kontrolle* untergeordnet sind, wobei die Begriffe Prüfung und Revision als Synonyma gebraucht werden. Unterscheidungskriterium für Kontrolle und Prüfung ist das Verhältnis der mit der Überwachung beauftragten Person zu den Überwachungsobjekten: *Kontrollen* sind Überwachungsmaßnahmen, die von *prozeßabhängigen* Personen oder durch laufende, automatische Einrichtungen vorgenommen werden (vgl. z.B. Lück 1989b, S. 440); der Überwachungsträger ist in den Prozeßablauf integriert und sowohl für das Ergebnis des überwachten Prozesses als auch für sein eigenes Prüfungsergebnis verantwortlich. *Prüfungen* sind Überwachungsmaßnahmen, die von *prozeßunabhängigen* Personen oder Organen vorgenommen werden; der Überwachungsträger ist nicht für das Ergebnis des überwachten Prozesses, sondern nur für sein eigenes Prüfungsergebnis verantwortlich, ohne in den Prozeßablauf eingebunden zu sein (vgl. z.B. Lück 1989e, S. 586).

2. Die Interne Revision und die Externe Revision als Überwachungsträger des Prüfungswesens

Die unter dem Begriff des *Prüfungswesens* zusammengefaßten Prüfungen durch unternehmensexterne Personen und unternehmensinterne Personen lassen sich als auf rückgekoppelte Korrekturimpulse ausgerichtete Soll-Ist-Vergleiche mit anschließender Urteilsabgabe verstehen, die der Kontrolle der wirtschaftlichen Entscheidungen der externen und der internen Koalitionsteilnehmer des Unternehmens dienen (vgl. z.B. Lück 1991, S. 27). Aus der Vielzahl externer und interner Prüfungsträger sollen im folgenden nur die Prüfungen durch die Interne Revision als ein unternehmensinterner Prüfungsträger und die Prüfungen durch die Externe Revision, insbesondere durch den gesetzlichen Abschlußprüfer, untersucht werden. Die *Interne Revision* und die von ihr durchgeführten internen Prüfungen sind auf die Kontrolle des Vollzugs der Entscheidungen innerhalb des hierarchischen Systems der internen Koalitionsteilnehmer ausgerichtet. Die Interne Revision ist Erfüllungsgehilfe der ihr hierarchisch übergeordneten Entscheidungsträger, die ihre eigene

Überwachungsaufgabe an diese interne Prüfungsinstanz delegiert haben (vgl. z.B. Goetzke 1976, S. 158). Externe Prüfungen durch die *Externe Revision* fungieren dagegen als Basis der Außensteuerung der internen durch die externen Koalitionsteilnehmer. Bei diesen externen Prüfungen fungiert die Prüfungsinstanz nicht als Erfüllungsgehilfe der sie beauftragenden Instanz, sondern als Anwalt externer Interessenten, die über das Prüfungsurteil eines unabhängigen Sachverständigen das Betriebsgeschehen und die internen Koalitionsteilnehmer mittelbar durch ihr Entscheidungsverhalten steuern wollen (vgl. z.B. Goetzke 1976, S. 158).

Interne Prüfungsinstanzen werden immer dann institutionalisiert, wenn die Unternehmensleitung der ihr obliegenden originären Überwachungsaufgabe wegen der zunehmenden Automatisierung, der steigenden Komplexität der Arbeitsprozesse und der zunehmenden Unternehmensgröße nicht mehr nachkommen kann (vgl. z.B. Lück 1987, S. 506). Werden die drei Phasen des Unternehmensführungsprozesses - Planung, Realisation und Überwachung - in einem Regelkreis dargestellt, wird deutlich, daß erst durch die an die Interne Revision delegierte Überwachung und die damit einhergehenden rückgekoppelten Informationen über Soll-Ist-Abweichungen zwischen der Planung und der Realisation bei der Unternehmensführung Regelungsimpulse zur Beseitigung der Soll-Ist-Abweichungen ausgelöst werden. *Interne Prüfungen* dienen folglich der Unterstützung der *Überwachung durch die Unternehmensführung*.

Bei *externen Prüfungen* geht es dagegen vordergründig nicht um eine Unterstützung der Überwachung durch die Unternehmensführung, sondern um eine *Überwachung der Unternehmensführung* durch unternehmensexterne, unabhängige und sachverständige Personen. Die Notwendigkeit dieser externen Prüfungen zeigt sich bei Rechtsformen, die durch eine Trennung von Eigentum und Verfügungsgewalt gekennzeichnet sind (vgl. z.B. Lück 1993c, S. 1). Der externe Prüfer hat die Rechenschaftslegung der Unternehmensführung über das ihr anvertraute Vermögen zu prüfen und zu sichern (vgl. z.B. Lück 1991, S. 2).

Um die Bedeutung der Externen Revision und der Internen Revision als Träger des Prüfungswesens für die Überwachung der Unternehmensführung und für die Überwachung durch die Unternehmensführung herausstellen zu können (vgl. z.B. Theisen 1987, S. 27), ist zu untersuchen,

- welche Soll-Ist-Abweichungen vom jeweiligen Überwachungsträger aufgedeckt werden können und welchen Stellenwert diese aufgedeckten Soll-Ist-Abweichungen i.S. von Überwachungsinformationen für die Überwachung der Unternehmensführung und die Überwachung durch die Unternehmensführung haben und
- welche Möglichkeiten die jeweiligen Überwachungsträger zur Beseitigung der aufgedeckten Soll-Ist-Abweichungen besitzen.

Diese Zielsetzung ist insbesondere vor dem Hintergrund der folgenden Zusammenhänge zu sehen: Je größer die Wahrscheinlichkeit der Aufdeckung von Soll-Ist-Abweichungen ist, desto größer ist auch die Wahrscheinlichkeit der Beseitigung der Soll-Ist-Abweichungen und desto größer ist die vom Überwachungsträger ausgehende Prophylaxewirkung im Hinblick auf die bewußte Vermeidung von Soll-Ist-Abweichungen der handelnden Personen im Unternehmen.

B. Möglichkeiten und Grenzen der Aufdeckung und der Beseitigung von Soll-Ist-Abweichungen durch die Externe Revision

1. Die Prüfung der Einhaltung der Normen für die externe Rechnungslegung als mittelbare Überwachung der Unternehmensführung

Die Möglichkeiten der Aufdeckung von Soll-Ist-Abweichungen durch den externen Abschlußprüfer als einem exponierten Aufgabenträger des externen Überwachungssystems und deren Stellenwert für die Überwachung der Unternehmensführung werden durch den Gegenstand und den Umfang der *Jahresabschlußprüfung* determiniert. Gegenstand der Jahresabschlußprüfung sind die Buchführung, der Jahresabschluß - bestehend aus Bilanz, Gewinn- und Verlustrechnung (GuV) und Anhang - und der Lagebericht von Kapitalgesellschaften, die nicht kleine i.S. des § 267 Abs. 1 HGB sind (vgl. § 316 Abs. 1 i.V.m. § 317 Abs. 1 HGB). Die Buchführung und der Jahresabschluß sind darauf zu prüfen, ob die gesetzlichen Vorschriften und die sie ergänzenden Bestimmungen des Gesellschaftsvertrages oder der Satzung beachtet sind (vgl. § 317 Abs. 1 Satz 2 HGB). Der Lagebericht ist darauf zu prüfen, ob er mit dem Jahresabschluß in Einklang steht und ob die sonstigen Angaben keine falsche Vorstellung von der Lage des Unternehmens erwecken (vgl. § 317 Abs. 1 Satz 3 HGB).

Der Abschlußprüfer hat sich im Rahmen der Jahresabschlußprüfung von der Normgerechtigkeit der externen Rechnungslegung zu überzeugen (vgl. z.B. Lück 1991, S. 196). Er hat dabei zu prüfen, inwieweit das Unternehmensgeschehen und das Ergebnis der Unternehmensführungstätigkeit in der externen Rechnungslegung richtig erfaßt und ob die für diesen Abbildungsprozeß maßgeblichen Normen beachtet worden sind. Den Schwerpunkt der Prüfung bildet die Untersuchung, ob die Geschäftsvorfälle, die Vermögensgegenstände und die Schulden in der externen Rechnungslegung vollständig und richtig angesetzt, bewertet und ausgewiesen worden sind.

Die Jahresabschlußprüfung ist kein Selbstzweck, sie dient vielmehr der Sicherung der Qualität der externen Rechnungslegungsinformationen, durch die die Unternehmensleitung Rechenschaft über die Verwendung der ihr anvertrauten Vermögenswerte ablegen soll (vgl. z.B. Lück 1989f, S. 67). Durch die Prüfung der externen Rechnungslegung als Ergebnis der Unternehmensführungstätigkeit soll eine Überwachung der Unternehmensführung über die Verwendung des ihr anvertrauten Vermögens erreicht werden und damit gleichzeitig eine Grundlage für die Überwachung der Unternehmensführung durch die externen Koalitionsteilnehmer geschaffen werden.

Fraglich ist allerdings, inwieweit durch die Prüfung der externen Rechnungslegung und des darin dokumentierten Unternehmensgeschehens als Ergebnis der Unternehmensführungstätigkeit eine effiziente Überwachung der Unternehmensführung erreicht werden kann. Obwohl der Jahresabschluß unter Beachtung der Grundsätze ordnungsmäßiger Buchführung (GoB) ein den tatsächlichen Verhältnissen entsprechendes Bild der Vermögens-, Finanz- und Ertragslage vermitteln soll (vgl. § 264 Abs. 2 HGB) und obwohl dadurch ein hoher Anspruch an die Aussagefähigkeit des Jahresabschlusses gestellt wird, gewährleistet der Jahresabschluß aufgrund der zahlreichen gesetzlich zulässigen Wahlrechte einschließlich der Möglichkeiten der Sachverhaltsgestaltung und der damit einhergehenden Abbildungsverzerrungen keinen Einblick in die wahre Unternehmenslage. Der Abschlußprüfer hat nicht die Aufgabe, die durch das Gesetz und die GoB zulässigen Abbildungsverzerrungen zu entschleiern; er hat nur ein Urteil darüber abzugeben, ob die für die Aufstellung der externen Rechnungslegung vorgegebenen gesetzlichen und satzungsmäßigen Vorschriften sowie die GoB beachtet worden sind (vgl. z.B. Lück 1989g, S. 764).

Der Abschlußprüfer hat nur die *Gesetz-, Satzungs- und Ordnungsmäßigkeit* der externen Rechnungslegung zu bestätigen (vgl. z.B. Lück 1993c, S. 12). Er trifft keine Aussage über die wirtschaftliche Lage und über die Qualität der Unternehmensführung (vgl. z.B. Stehle 1989, S. 871) und kann daher nur mittelbar einen Beitrag zur Überwachung der Unternehmensführung leisten, da die Unternehmensführung und die durch ihre Tätigkeit beeinflußte Unternehmenslage nicht unmittelbarer Prüfungsgegenstand der gesetzlichen Jahresabschlußprüfung sind.

2. Das Rechnungswesen und das Interne Überwachungssystem als Instrumente für die Überwachung durch die Unternehmensführung und deren Prüfung

Der Abschlußprüfer hat sich bei seiner Prüfungstätigkeit mit dem Rechnungswesen und dem Internen Überwachungssystem des Unternehmens, die wichtige Informationsgrundlagen für die Steuerung und für die Überwachung der wirtschaftlichen Entscheidungen der Unternehmensführung darstellen, auseinanderzusetzen. Obwohl nur das externe Rechnungswesen (Finanzbuchhaltung) aufgrund der gesetzlichen Vorschriften ausdrücklich zu prüfen ist, hat sich der Abschlußprüfer aber aufgrund seiner zukunftsgerichteten Prüfungshandlungen (vgl. z.B. Prüfung des Going Concern, Prüfung des Lageberichts) auch mit dem internen Rechnungswesen und seinen Bestandteilen (Kosten- und Leistungsrechnung, Planungsrechnung und betriebliche Statistik) zu beschäftigen (vgl. z.B. Freiling/Lück 1984, S. 285; Freiling/Lück 1994, S. 1249). Der Abschlußprüfer muß sich davon überzeugen, inwieweit das Rechnungswesen eine vollständige und richtige Erfassung, Verarbeitung und Dokumentation des betrieblichen Geschehens in den Grund-, Haupt- und Nebenbüchern und dessen Transformation in die Zahlen des Jahresabschlusses gewährleistet.

Die Unternehmensleitung benötigt für ihre unternehmensbezogenen Entscheidungen und für die Überwachung der betrieblichen Abläufe Informationen, die sie weitgehend aus dem externen und internen Rechnungswesen gewinnt. Der Abschlußprüfer trägt durch die Prüfung der ordnungsmäßigen Erfassung, Verarbeitung und Dokumentation der Geschäftsvorfälle im Rechnungswesen zur *Sicherung der Informations- und Entscheidungsbasis* der Unternehmensführung bei. Die Abschlußprüfung kann daher auch als eine *Informationsprüfung* bezeichnet werden (vgl. z.B. Goetzke 1976, S. 159): Sie ist eine Prüfung der

Vermittlung von Informationen, die als Basis für die Überwachung der Entscheidungen der Unternehmensleitung dienen. Der Stellenwert der Jahresabschlußprüfung für die Überwachung durch die Unternehmensführung ist darin zu sehen, daß sie die Informationsbasis für die Entscheidungsfindung und für die Überwachung der Unternehmensführung sicherstellt. Nur wenn die Ordnungsmäßigkeit des Zahlenmaterials gegeben ist, kann davon ausgegangen werden, daß die Unternehmensführung auch die richtigen Entscheidungen aus den Informationen des Rechnungswesens hinsichtlich ihrer eigenen Überwachungsaufgabe zieht. Die Grenzen der Jahresabschlußprüfung für die Überwachung durch die Unternehmensführung liegen jedoch darin, daß sich der Abschlußprüfer nicht von der Zweckmäßigkeit des Rechnungswesens als Führungs- und Überwachungsinstrument zu überzeugen hat und auch nicht prüft, ob die Unternehmensleitung aus den relevanten Informationen die richtigen Konsequenzen für ihre eigene Überwachungstätigkeit gezogen hat.

Einen weiteren Beitrag zur Überwachung durch die Unternehmensführung leistet die Jahresabschlußprüfung durch die Prüfung des Internen Überwachungssystems eines Unternehmens. Das Interne Überwachungssystem ist ein originäres Instrument zur Überwachung durch die Unternehmensführung, das die Gesamtheit aller unternehmensinternen Überwachungsmaßnahmen und Überwachungsträger, die der unternehmensinternen Überwachung dienen, umfaßt (vgl. z.B. Lück 1987, S. 507). Da der Abschlußprüfer aus Wirtschaftlichkeitsgründen nicht eine lückenlose Prüfung aller Geschäftsvorfälle durchführen kann, muß er sich zur Sicherung seines Prüfungsurteils zunächst von der Genauigkeit und Zuverlässigkeit der Erfassungs-, Verarbeitungs- und Dokumentationssysteme überzeugen, um von der Vollständigkeit, Funktionsfähigkeit und Wirksamkeit der Systeme auf die Qualität der mit diesem System verarbeiteten Daten schließen zu können (vgl. z.B. Freiling/Lück 1986, S. 996 u. S. 1000). Bei Vorhandensein eines funktionsfähigen Internen Überwachungssystems kann sich der Abschlußprüfer auf eine Stichprobenprüfung der Geschäftsvorfälle beschränken. Um sich von der Genauigkeit und Zuverlässigkeit der Erfassungs-, Verarbeitungs- und Dokumentationssysteme überzeugen zu können, hat sich der Abschlußprüfer mit dem ordnungsorientierten Teil des Internen Überwachungssystems auseinanderzusetzen und zu prüfen, inwieweit die im internen und im externen Rechnungswesen installierten aufbauorganisatorischen und ablauforganisatorischen Regelungen einschließlich der daraus resultierenden Kontrollzusammenhänge eine Sicherung des betrieblichen Vermögens und die Genauigkeit und Zuverlässigkeit der betrieblichen Aufzeichnungen gewährleisten (vgl. z.B. Freiling/Lück 1986, S. 1001). Der Abschlußprüfer hat sich davon zu überzeugen, daß die von der Unternehmensleitung installierten Überwachungsmaßnahmen vom Umfang her vollständig und unter dem Gesichtspunkt der Überwachung qualitativ in Ordnung sind, daß sie während der gesamten Abrechnungsperiode wirksam waren und daß sie funktionsfähig sind.

Die vom Abschlußprüfer aufgedeckten Schwachstellen im Bereich des Internen Überwachungssystems des Unternehmens sind eine Art kritischer Spiegel für die Unternehmensleitung hinsichtlich der Erfüllung ihrer originären Überwachungsaufgabe. Da der Abschlußprüfer aber nur den ordnungsorientierten (Internal Accounting Controls), nicht aber den zielorientierten (Internal Administrative Controls) Teil des Internen Überwachungssystems zu prüfen hat, kann er keine Unzulänglichkeiten bei solchen Regelungen und Vorkehrungen aufdecken, die der Überwachung des betrieblichen Wirkungsgrades einschließlich der Effizienzsteigerung der Geschäftspolitik dienen (vgl. z.B. Lück 1989a, S. 381).

3. Die Abhängigkeit der Fehlerbeseitigungsfunktion der Jahresabschlußprüfung von der Sanktionswirksamkeit anderer Überwachungsträger

Die externe Jahresabschlußprüfung als Soll-Ist-Vergleich einschließlich der Beurteilung und Mitteilung der festgestellten Soll-Ist-Abweichungen hat keine unmittelbaren Sanktionskompetenzen zur Beseitigung der aufgedeckten Soll-Ist-Abweichungen, denn der Prüfungsprozeß ist mit der Mitteilung des Prüfungsergebnisses an die Prüfungsadressaten beendet. Grundsätzlich sollte der Abschlußprüfer auch keine unmittelbaren Möglichkeiten zur Beseitigung der aufgedeckten Soll-Ist-Abweichungen haben, da er ansonsten Einfluß auf die Gestaltung des von ihm zu prüfenden Objektes nimmt und damit keine unabhängige, objektive und neutrale Prüfung durch einen sachverständigen Dritten mehr gegeben ist (vgl. z.B. Lück 1989h, S. 780). Obwohl der Abschlußprüfer keinen unmittelbaren Einfluß auf die Fehlerbeseitigung haben darf, soll die Berichterstattung über die aufgedeckten Soll-Ist-Abweichungen eine Fehlerbeseitigungsfunktion für andere unternehmensinterne und unternehmensexterne Überwachungsträger erfüllen. Die Intensität der durch die Berichterstattung ausgelösten Korrekturimpulse hängt sowohl von dem Urteilsmitteilungsinstrument als auch von den beim jeweiligen Urteilsempfänger induzierten Sanktionswirkungen ab.

Ein erstes Instrument der Berichterstattung über das Ergebnis der Jahresabschlußprüfung ist der *Bestätigungsvermerk*. Der Bestätigungsvermerk ist die formelhafte Zusammenfassung des Prüfungsergebnisses; er hat die Aufgabe, die Öffentlichkeit über die Gesetz-, Satzungs- und Ordnungsmäßigkeit der externen Rechnungslegung einschließlich der zugrundeliegenden Buchführung in Form eines Positivbefundes zu informieren (vgl. z.B. Lück 1991, S. 184). Der uneingeschränkte Bestätigungsvermerk ist neben den publizierten Jahresabschlußinformationen eine wichtige Informationsquelle für die Öffentlichkeit zur Fundierung ihrer auf das Unternehmen gerichteten Entscheidungen, durch die die Öffentlichkeit mittelbar einen Beitrag zur Überwachung der Unternehmensführung leisten kann. Ob die Öffentlichkeit durch ihre auf das Unternehmen gerichteten Entscheidungen einen Einfluß auf die Unternehmensführung und deren Überwachung ausüben kann, scheint aufgrund der Tatsache, daß der Bestätigungsvermerk als Informationsquelle der Öffentlichkeit kein Urteil über die wirtschaftliche Gesundheit und über die Ordnungsmäßigkeit der Unternehmensführung trifft, fraglich. Da der Bestätigungsvermerk nur über die Normgerechtigkeit der externen Rechnungslegung informiert und von dieser weder auf die wirtschaftliche Lage des Unternehmens noch auf die Qualität der Unternehmensführung geschlossen werden kann (vgl. z.B. Lück 1991, S. 196), sind die vom Bestätigungsvermerk ausgelösten Sanktionswirkungen der Öffentlichkeit auf die Entscheidungen der Unternehmensführung und damit auf die Überwachung der Unternehmensführung eher als gering zu bewerten. Dies wird noch dadurch verstärkt, daß in der Praxis kaum Versagungen oder Einschränkungen des Bestätigungsvermerkes zu finden sind, sondern i.d.R. aufgrund der geringen Normenverstöße immer ein uneingeschränkter Bestätigungsvermerk erteilt wird.

Der *Prüfungsbericht* ist ein weiteres Instrument zur Auslösung von Korrekturimpulsen zur Beseitigung von aufgedeckten Soll-Ist-Abweichungen. Der Prüfungsbericht ist die detaillierte schriftliche Berichterstattung über das Ergebnis der Prüfung, der über den Vorstand an den Aufsichtsrat als das primäre Organ zur Überwachung der Unternehmensführung weitergeleitet wird und ausschließlich an diese beiden Organe adressiert ist (vgl. z.B. Lück 1993c, S. 111). Der Prüfungsbericht enthält u.a. neben einer Darlegung der Normgerechtigkeit der externen Rechnungslegung, der Vollständigkeitserklärung des Vorstandes, einer Aufgliederung und ausreichenden Erläuterung der einzelnen Posten des Jahresabschlusses auch Frühwarninformationen (vgl. § 321 HGB), die wesentliche Korrekturimpulse sowohl beim Leitungsorgan als auch beim Aufsichtsorgan des Unternehmens auslösen sollen (vgl. z.B. Lück 1991, S. 180). Der Abschlußprüfer hat nachteilige Veränderungen der Vermögens-, Finanz- und Ertragslage gegenüber dem Vorjahr und Verluste, die das Jahresergebnis nicht unwesentlich beeinflußt haben, aufzuführen und ausreichend zu erläutern (vgl. § 321 Abs. 1 Nr. 4 HGB); er hat über Bestandsgefährdungen und Entwicklungsbeeinträchtigungen des Unternehmens sowie über Verstoßtatbestände der gesetzlichen Vertreter, die er bei Wahrnehmung seiner Aufgaben feststellt, zu berichten (vgl. § 321 Abs. 2 HGB). Darüber hinaus entspricht die Darstellung der wirtschaftlichen Lage im Prüfungsbericht allgemeiner Berufsausübung (vgl. z.B. Stehle 1989, S. 871). Inwieweit die im Prüfungsbericht enthaltenen Informationen Korrekturimpulse auslösen und daher zur Überwachung der Unternehmensführung beitragen können, hängt weitgehend von den dadurch ausgelösten Sanktionen des Aufsichtsrats - als eigentlichem Überwachungsorgan der Unternehmensführung - ab. Obwohl die im Prüfungsbericht enthaltenen Frühwarninformationen grundsätzlich einen hohen Stellenwert für die Überwachung des Leitungsorgans durch den Aufsichtsrat haben, werden die im Prüfungsbericht enthaltenen Korrekturimpulse aufgrund der faktischen Ineffizienz der Aufsichtsratstätigkeit in der Praxis nicht ausreichend genutzt (vgl. Lück 1990, S. 1009 f.). Der Stellenwert des Prüfungsberichtes für die Überwachung der Unternehmensführung wird auch dadurch deutlich, daß der Aufsichtsrat seiner originären Überwachungsaufgabe und seiner Verpflichtung zur eigenständigen Prüfung der externen Rechnungslegung in der Praxis häufig nur durch bloße Einsichtnahme in den Prüfungsbericht des Abschlußprüfers nachkommt.

Eine ebenfalls wichtige Bedeutung für die Beseitigung der bei der Prüfung aufgedeckten Soll-Ist-Abweichungen hat die *Schlußbesprechung* als mündliche Berichterstattung über das vorläufige Ergebnis der Prüfung gegenüber den gesetzlichen Vertretern des geprüften Unternehmens. An der Schlußbesprechung, die sowohl der Beseitigung von letzten Unklarheiten als auch der Beseitigung von Mängeln vor der Abfassung des Prüfungsberichtes dient, nehmen der Abschlußprüfer und der Vorstand des geprüften Unternehmens teil (vgl. z.B. Lück 1993c, S. 145). Obwohl die Fehlerbeseitigungsfunktion der Schlußbesprechung als extrem hoch zu bezeichnen ist, besteht durch diese Art der Vorabkorrektur allerdings die Gefahr, daß der Aufsichtsrat über diese im Vorfeld beseitigten Mängel nicht mehr unterrichtet wird und damit wesentliche Informationen für die Überwachung der Unternehmensführung verlorengehen.

C. Möglichkeiten und Grenzen der Aufdeckung und der Beseitigung von Soll-Ist-Abweichungen durch die Interne Revision

1. Financial Auditing und Operational Auditing als Maßnahmen zur Überwachung durch die Unternehmensführung

Die *Interne Revision* ist eine prozeßunabhängige innerbetriebliche Institution zum Zweck der Überprüfung betrieblicher Funktionen und betrieblicher Tätigkeiten im Auftrag der Unternehmensleitung (vgl. z.B. Lück 1993b, S. 584). Es handelt sich um eine *übergeordnete Überwachung*, die darin besteht, daß sie die Wirksamkeit anderer Überwachungsaktivitäten prüft und bewertet. Als der auf eine gesonderte Abteilung übertragene Teil der unternehmerischen Überwachungsfunktion prüft und analysiert sie kritisch wertend - unabhängig von der laufenden Durchführung der betrieblichen Aktivitäten - die Angemessenheit und Wirksamkeit organisatorischer Strukturen, Abläufe und Routinekontrollen (vgl. z.B. Schoenfeld 1989, S. 502).

Ein wichtiges Aufgabengebiet der Internen Revision für die Überwachung der Unternehmensführung ist der Bereich des Finanz- und Rechnungswesens (Financial Auditing). Unter *Financial Auditing* wird die vergangenheitsorientierte formelle und materielle Prüfung des Finanz- und Rechnungswesens verstanden, die der Feststellung der Ordnungsmäßigkeit des Finanz- und Rechnungswesens, dem Schutz der Vermögensgegenstände sowie der Zuverlässigkeit und der Zweckmäßigkeit der eingebauten Kontrollen dient (vgl. z.B. Lück 1993a, S. 393 f.). Die Interne Revision ist ein wichtiges Instrument zur Überwachung der mit der Informationsbeschaffung, -verarbeitung und -weitergabe befaßten Personen des Rechnungswesens durch die Unternehmensführung. Die Interne Revision hat im Rahmen des Financial Auditing nicht nur die Einhaltung der für das Rechnungswesen vorgegebenen gesetzlichen und unternehmensinternen Normen sicherzustellen, sondern auch die Zweckmäßigkeit des Rechnungswesens als Führungs- und Steuerungsinstrument der Unternehmensleitung zu überwachen. Die Interne Revision dient folglich der Überwachung der Informationsbasis der Unternehmensführung, da diese ihre wesentlichen Entscheidungen auf der Grundlage des externen und internen Rechnungswesens fundiert. Darüber hinaus hat die Interne Revision auch das von der Unternehmensleitung installierte Interne Kontrollsystem darauf zu prüfen, ob durch die in der Aufbau- und Ablauforganisation institutionalisierten Kontrollen die Sicherung des betrieblichen Vermögens, genaue und zuverlässige betriebliche Aufzeichnungen, die Effizienz der Betriebsabläufe und die Einhaltung der durch die Unternehmensleitung vorgegebenen Leitlinien der Geschäftspolitik gewährleisten (vgl. z.B. Lück/Schüttrich 1993, S. 367). Durch die von der Internen Revision aufgedeckten Schwachstellen im Internen Kontrollsystem des Unternehmens werden der Unternehmensleitung Schwächen in der von ihr aufgrund der Sorgfaltspflicht eines ordentlichen und gewissenhaften Geschäftsleiters wahrzunehmenden Überwachung signalisiert.

Ein weiteres Aufgabengebiet der Internen Revision zur Unterstützung der Überwachung durch die Unternehmensführung sind die Prüfungen im organisatorischen Bereich (Operational Auditing). *Operational Auditing* ist eine unabhängige und systematische Beurteilung der organisatorischen Aktivitäten der verschiedenen Stufen des Management mit dem Ziel der Systemverbesserung; es umfaßt alle Revisionsaufgaben, die sich auf die Prüfung und Verbesserung der Aufbau- und Ablauforganisation des Unternehmens beziehen (vgl. z.B. Lück 1989d, S. 547). Gegenstand einer derartigen Organisationsprüfung sind z.B. die Überprüfung der Realisation der Aufgabenformulierung, der Aufgaben- und Kompetenzverteilung sowie der Prozesse zur Aufgabenerfüllung. Die von der Internen Revision aufgedeckten Schwachstellen im Bereich der Aufbau- und Ablauforganisation sind wichtige Anhaltspunkte für eine Verbesserung der organisatorischen Aktivitäten des Management. Prüfungen im organisatorischen Bereich dienen der quantitativen, qualitativen und zeitlichen Verbesserung des gesamten Betriebsablaufs, ohne die auf Dauer keine Sicherheit zur Aufdeckung von Schwachstellen, Störgrößen und Systemmängeln möglich ist (vgl. z.B. Schoenfeld 1989, S. 503).

2. Management Auditing - ein Instrument zur Überwachung der Unternehmensführung oder ein Instrument zur Überwachung durch die Unternehmensführung?

Management Auditing durch die Interne Revision ist eine zukunftsorientierte, prozeßunabhängige und systematische Leistungsbeurteilung und Leistungsbewertung der Führungskräfte eines Unternehmens (vgl. z.B. Lück 1993d, S. 787), um durch eine Verbesserung der Ausübung der Führungsfunktionen des Management die Zielerreichung zu fördern. Es ist ein Instrument zur Überwachung unternehmerischer Entscheidungen und beinhaltet neben einer vergangenheitsorientierten Ursachenforschung eine zukunftsorientierte Schwachstellenforschung, die sich mit Themen wie Unternehmenswachstum, Zukunftschancen, Risikofaktoren und Frühwarnsystemen auseinandersetzt (vgl. z.B. Lück 1991, S. 121).

Die Überprüfung und Bewertung der unternehmerischen Entscheidungsfindung zur Lösung betrieblicher Probleme sowie die Untersuchung der Durchlässigkeit der Informationswege in Richtung Entscheidungsträger sind neben der Analyse der Nutzung zukünftiger Erfolgspotentiale und Wachstumsmöglichkeiten zur langfristigen Existenzsicherung die wichtigsten Gegenstandsbereiche der Prüfung und Bewertung von Managementleistungen (vgl. z.B. Stradal 1990, S. 428 ff.). Management Auditing als Überwachung stellt sich in der Praxis aber nicht als eine umfassende Überwachung der Unternehmensführung dar. Da die Unternehmensleitung der eigentliche Auftraggeber der Internen Revision ist, umfaßt das Management Auditing in der Praxis i.d.R. keine Überwachung der Managementleistungen der obersten Unternehmensleitung, sondern nur eine Überwachung der Managementleistungen, die von den der Unternehmensleitung nachgelagerten Hierarchieebenen erbracht werden. Insofern ist Management Auditing in der Praxis regelmäßig nur eine Überwachung durch die Unternehmensführung und keine Überwachung der Unternehmensführung, da eine Prüfung der Managementleistungen der Unternehmensleitung zahlreiche Konfliktsituationen zwischen Prüfern und Geprüften aufkommen lassen würde. Management Auditing kann allenfalls in einem Konzern eine Überwachung der Unternehmensführung beinhalten, wenn die zentrale Revision die dezentralen Unternehmensführungen überprüft. Hier kann es nicht zu Konflikten zwischen Prüfern und Geprüften kommen, wenn die zentrale Revision organisatorisch bei der Konzernleitung angesiedelt ist und in deren Auftrag prüft.

3. Möglichkeiten zur Beseitigung der durch die Interne Revision aufgedeckten Schwachstellen und Mängel

Eine wesentliche Voraussetzung für eine erfolgreiche Revisionstätigkeit ist die *Prozeßunabhängigkeit* der Internen Revision. Um die Prozeßunabhängigkeit der Internen Revision sicherzustellen, darf die Interne Revision keine Möglichkeiten zur Beeinflussung ihres eigenen Prüfungsobjektes haben. Daher ist die Interne Revision in der Praxis organisatorisch oberhalb der von ihr zu prüfenden Bereiche angesiedelt und als Stabstelle der Unternehmensleitung institutionalisiert, die keine Anweisungsbefugnisse gegenüber den zu prüfenden Bereichen besitzt und damit keine unmittelbaren Möglichkeiten auf die Beseitigung der von ihr in den einzelnen Unternehmensbereichen aufgedeckten Schwachstellen und Mängeln besitzt (vgl. z.B. Lück 1991, S. 122). Die Interne Revision kann die von ihr aufgedeckten Soll-Ist-Abweichungen nur in ihrem Prüfungsbericht gegenüber der Unternehmensleitung darlegen. Die Beseitigung der von ihr aufgedeckten Fehler hängt daher im wesentlichen von der Sanktionseffizienz der Unternehmensleitung ab. Allerdings kann die Interne Revision durch einen qualitativ hochwertigen Prüfungsbericht eine wesentliche Überzeugungsarbeit zur Notwendigkeit der Fehlerbeseitigung durch die Unternehmensführung leisten.

Hat die Interne Revision in der Praxis nicht nur eine „Alibifunktion" und kann sie sich durch ihre Überwachungstätigkeit ein hohes Ansehen bei der Unternehmensleitung verschaffen, eröffnen sich auch umfangreichere Einwirkungsmöglichkeiten zur Umsetzung der von ihr festgestellten Prüfungsergebnisse in Form von Verbesserungsvorschlägen. Wird die Interne Revision von der Unternehmensleitung akzeptiert, kann sie verstärkt im Rahmen ihrer Beratungstätigkeiten auf die Beseitigung der Fehler hinwirken und auch die Unternehmensleitung zur Institutionalisierung von *Nachrevisionen (follow up)* veranlassen. Die Nachrevision ist eine der Hauptrevision in zeitlichem Abstand (bis zu 6 Monaten) nachfolgende Art der Erfolgskontrolle, durch die festgestellt werden soll, ob Beanstandungen oder Verbesserungsvorschläge verwirklicht worden sind (vgl. z.B. Lück 1989c, S. 528). Die Nachrevision ist eine geeignete Maßnahme zur Erhöhung der Überwachungseffizienz der Internen Revision.

D. Ansatzpunkte zur Verbesserung der Überwachung der Unternehmensführung und zur Verbesserung der Überwachung durch die Unternehmensführung sowohl durch die Externe Revision als auch durch die Interne Revision

Im Bereich der *Jahresabschlußprüfung* ergeben sich die folgenden Ansatzpunkte zur Verbesserung der *Überwachung der Unternehmensführung* und zur Verbesserung der *Überwachung durch die Unternehmensführung:*

- Die *Überwachung der Unternehmensführung* könnte durch eine Erweiterung der klassischen Jahresabschlußprüfung um die Prüfung der wirtschaftlichen Lage und um die Prüfung der Ordnungsmäßigkeit der Geschäftsführung, wie dies bei Genossenschaften schon seit 1889 üblich ist, verbessert werden.
- Die *Überwachung durch die Unternehmensführung* könnte durch eine Verpflichtung zur Prüfung des zielorientierten Teils des Internen Überwachungssystems eines Unternehmens im Rahmen der Jahresabschlußprüfung verbessert werden, weil durch diese Prüfung die Effizienz der Betriebsabläufe sichergestellt und der Wirkungsgrad der Geschäftspolitik des Unternehmens erhöht werden können.
- Die *Überwachung der Unternehmensführung* könnte durch eine stärkere Beachtung der Fehlerbeseitigungsfunktion der Jahresabschlußprüfung und eine gleichzeitige Beseitigung der faktischen Ineffizienz der Aufsichtsratstätigkeit verbessert werden.

Im Bereich der Internen Revision ergeben sich die folgenden Ansatzpunkte zur Verbesserung der *Überwachung durch die Unternehmensführung:*

- Die *Überwachung durch die Unternehmensführung* könnte durch eine intensivere Zusammenarbeit der Internen Revision mit der Externen Revision verbessert werden (vgl. z.B. Lück/Schüttrich 1993, S. 361 f.).
- Die *Überwachung durch die Unternehmensführung* könnte durch vermehrte Nachrevisionen, die zu einer Erhöhung der Fehlerbeseitigungsfunktionen führen, verbessert werden.
- Die *Überwachung durch die Unternehmensführung* könnte auch durch die Institutionalisierung eines Berufsexamens für Interne Revisoren verbessert werden, weil durch diese Professionalisierung der Internen Revision sicher auch eine höhere Revisionsqualität zu erreichen ist.

Anmerkung

[1] Meiner Mitarbeiterin Frau Dipl.-Kfm. Astrid Jung danke ich für die Unterstützung bei der Erstellung dieses Beitrages.

Literatur

FREILING, C.; LÜCK, W.: Unternehmungsinterne Planung und aktienrechtliche Jahresabschlußprüfung, in: ZfbF, 36. Jg. (1984), S. 285-291.

FREILING, C.; LÜCK, W.: Interne Überwachung und Jahresabschlußprüfung, in: ZfbF, 38. Jg. (1986), S. 996-1006.

FREILING, C.; LÜCK, W.: Unternehmungsinterne Planungen und handelsrechtliche Jahresabschlußprüfung, in: DB, 47. Jg. (1994), S. 1249-1252.

GOETZKE, W.: Grundmodelle wirtschaftlicher Kontrolle und aktienrechtlicher Jahresabschlußprüfung, in: BFuP, 28. Jg. (1976), S. 151-180.

LÜCK, W.: Interne Überwachung und Jahresabschlußprüfung, in: WISU, 16. Jg. (1987), S. 506-512.

LÜCK, W.: Internal Control, in: Lexikon der Rechnungslegung und Abschlußprüfung, hrsg. v. W. Lück, 2. Aufl., Marburg 1989a, S. 381.

LÜCK, W.: Kontrolle, in: Lexikon der Rechnungslegung und Abschlußprüfung, hrsg. v. W. Lück, 2. Aufl., Marburg 1989b, S. 440.

LÜCK, W.: Nachrevision, in: Lexikon der Rechnungslegung und Abschlußprüfung, hrsg. v. W. Lück, 2. Aufl., Marburg 1989c, S. 528.

LÜCK, W.: Operational Auditing, in: Lexikon der Rechnungslegung und Abschlußprüfung, hrsg. v. W. Lück, 2. Aufl., Marburg 1989d, S. 547.

LÜCK, W.: Prüfung, in: Lexikon der Rechnungslegung und Abschlußprüfung, hrsg. v. W. Lück, 2. Aufl., Marburg 1989e, S. 586.

LÜCK, W.: Quo vadis? Rechnungslegung und Jahresabschlußprüfung im Widerstreit der Interessen, in: Wirtschaftswissenschaften in Theorie und Praxis, hrsg. v. W. Lück, Marburg 1989f, S. 67-83.

LÜCK, W.: true and fair view, in: Lexikon der Rechnungslegung und Abschlußprüfung, hrsg. v. W. Lück, 2. Aufl., Marburg 1989g, S. 762-764.

LÜCK, W.: Unabhängigkeit und Unbefangenheit, in: Lexikon der Rechnungslegung und Abschlußprüfung, hrsg. v. W. Lück, 2. Aufl., Marburg 1989h, S. 779-780.

LÜCK, W.: Audit Committee - Eine Einrichtung zur Effizienzsteigerung betriebswirtschaftlicher Überwachungssysteme? in: ZfbF, 42. Jg. (1990), S. 995-1013.

LÜCK, W.: Wirtschaftsprüfung und Treuhandwesen, 2. Aufl., Stuttgart 1991.

LÜCK, W.: Financial Auditing, in: Lexikon der Betriebswirtschaft, hrsg. v. W. Lück, 5. Aufl., Landsberg a. Lech 1993a, S. 393-394.

LÜCK, W.: Interne Revision, in: Lexikon der Betriebswirtschaft, hrsg. v. W. Lück, 5. Aufl., Landsberg a. Lech 1993b, S. 584-586.

LÜCK, W.: Jahresabschlußprüfung, Stuttgart 1993c.

LÜCK, W.: Management Auditing, in: Lexikon der Betriebswirtschaft, hrsg. v. W. Lück, 5. Aufl., Landsberg a. Lech 1993d, S. 787.

LÜCK, W.: Überwachung, in: Lexikon der Betriebswirtschaft, hrsg. v. W. Lück, 5. Aufl., Landsberg a. Lech 1993e, S. 1218-1219.

LÜCK, W.; SCHÜTTRICH, P.: Zusammenarbeit von Interner Revision und Abschlußprüfern in den USA, in: DBW, 53. Jg. (1993), S. 361-374.

SCHOENFELD, M.: Management Auditing, in: Lexikon der Rechnungslegung und Abschlußprüfung, hrsg. v. W. Lück, 2. Aufl., Marburg 1989, S. 502-503.

STEHLE, H.: Wirtschaftliche Lage, Prüfung der, in: Lexikon der Rechnungslegung und Abschlußprüfung, hrsg. v. W. Lück, 2. Aufl., Marburg 1989, S. 871-872.

STRADAL, M.: Management Audit - Ansätze und Risiken, in: Der Schweizer Treuhänder, 64. Jg. (1990), S. 425-433.

THEISEN, M.R.: Überwachung der Unternehmensführung, Stuttgart 1987.

Günter Wollny

Das Steuerungs- und Controlling-System von BMW

A. Vorbemerkung

Aus den vielfältigen Veränderungen der wirtschaftlichen, technischen und sozialen Rahmenbedingungen ergibt sich in der europäischen Automobilindustrie die Notwendigkeit einer vorausschauenden Steuerung des Unternehmens, wobei *Steuerung* als Prozeß mit den Schritten Zielfindung, (Maßnahmen-) Planung, Plan-Ist-Vergleich und Abweichungsanalyse verstanden wird. Die formale Gestaltung dieses Steuerungsprozesses, die Bereitstellung effizienter Steuerungssysteme und geeigneter Steuerungsgrößen sowie die Gewinnung und Aufbereitung entscheidungsrelevanter Informationen ist Aufgabe des *Controlling*.

Im vorliegenden Beitrag wird das Steuerungs- und Controlling-System von BMW dargestellt. Hierzu wird zunächst ein Überblick über die Führungs- bzw. Strukturorganisation des Unternehmens gegeben, mit der das Steuerungs- und Controlling-System korrespondieren muß. Dabei wird insbesondere auf einige organisatorische Besonderheiten hingewiesen, die für die betriebswirtschaftliche Steuerung des Unternehmens von besonderer Bedeutung sind. Anschließend werden Philosophie, Aufgaben und Organisation des Controlling beschrieben und die wichtigsten Steuerungs- bzw. Controlling-Instrumente im einzelnen dargestellt.

B. Führungs- und Strukturorganisation

Der BMW Konzern erzielte 1994 einen Umsatz von über 40 Mrd. DM und beschäftigt weltweit etwa 105.000 Mitarbeiter. An 14 Produktionsstandorten mit ausgedehnten Lieferverflechtungen werden ungefähr 1.100.000 Personenkraftwagen, 42.000 Motorräder und zukünftig auch Triebwerke für große Geschäftsreise- und Regionalflugzeuge hergestellt. Das Investitionsvolumen des BMW Konzerns betrug mehr als 3 Mrd. DM; es wird in der Regel voll über den Cash Flow finanziert.

Die Aktivitäten des BMW Konzerns sind in die Geschäftsfelder Personenkraftwagen, Motorrad, Finanzdienstleistungen, (Flugzeug-) Triebwerke, Elektrik/Elektronik und Software gegliedert, wobei der Schwerpunkt auf dem Geschäftsfeld Personenkraftwagen liegt.

Die Geschäftsfelder Finanzdienstleistungen, (Flugzeug-) Triebwerke, Elektrik/Elektronik und Software werden durch selbständige Unternehmen repräsentiert, die als Profit Center gesteuert werden.

Das BMW Stammhaus - auf das in diesem Beitrag vor allem eingegangen wird - ist nach betrieblichen Funktionen in sechs Vorstandsressorts und fünf Vertriebsbereiche gegliedert; es hat eine funktionale Strukturorganisation mit projekt- und technologieorientierten sowie regionalen Profit Centern innerhalb der Funktionen Entwicklung, Produktion und Vertrieb.

Das Ressort Entwicklung, Einkauf und Technik (E) beinhaltet zum einen Entwicklungsbereiche für die Fahrzeugkomponenten wie z.B. Antrieb, Fahrwerk, Karosserie und Elektrik/Elektronik sowie den Einkauf, den Fahrversuch und das Design. Als *projektorientierte Profit Center* wurden darüber hinaus Baureihenverantwortliche (kurz: Baureihen) eingesetzt, deren Aufgabe es ist, die Poduktprojekte im Hinblick auf die technischen und betriebswirtschaftlichen Parameter entsprechend dem Zielkatalog zu steuern.

Das Ressort Produktion (T) besteht aus der technischen Planung, den fünf (Fahrzeug-) Kernfertigungen an den Standorten München, Dingolfing, Regensburg, Pretoria (Südafrika) und Spartanburg (USA) mit den Bereichen Rohbau, Lackiererei und Montage sowie den sechs gesellschafts- bzw. standortübergreifenden Sparten Preßwerk, Kunststoff, Labor, Gießerei, Werkzeugbau und Motor/Fahrwerk. Als Zulieferer der (Fahrzeug-) Kernfertigungen stehen die Sparten im Wettbewerb zu externen Lieferanten, so daß sie als *technologieorientierte bzw. (beschaffungs-) marktorientierte Profit* Center bezeichnet werden können.

Der Vertrieb (V) ist in fünf Bereiche gegliedert, die jeweils für bestimmte Regionen der Welt zuständig sind und als *regionale, d.h. (absatz-) marktorientierte Profit Center* geführt werden. Die Vertriebsbereiche ihrerseits sind in nationale Vertriebsgesellschaften bzw. Importeursgebiete unterteilt, die ebenfalls als Profit Center gesteuert werden. Zentrale bereichsübergreifende Koordinationsaufgaben wie z.B. Marketing, Teiledienst, Kundendienst und Programmplanung werden von den Bereichsleitern zweier Vertriebe mit wahrgenommen.

In den Ressorts Finanz- und Betriebswirtschaft (F), Personal- und Sozialwesen (P), Wirtschaft und Politik (W) sowie im Ressort des Vorstandsvorsitzenden (A) sind die allgemeinen Verwaltungs- und Dienstleistungsbereiche angesiedelt, wozu u.a. die Unternehmensplanung und das zentrale Controlling gehören, die für den Steuerungsprozeß bei BMW mitverantwortlich sind.

C. Philosophie und Aufgaben des Controlling

„Bei BMW gibt es mehr als 4.000 Controller ... ." Mit dieser Aussage werden die Teilnehmer von Führungsseminaren regelmäßig in Erstaunen versetzt, bevor nach einer kurzen Kunstpause der Nachsatz „... nämlich alle Führungskräfte!" folgt. Tatsächlich spiegelt diese Aussage die Philosophie des Controlling bei BMW sehr gut wider. Aufgrund wirtschaftlicher Sachzwänge, die sich aus der begrenzten Verfügbarkeit der finanziellen Mittel ergeben, hat jede Führungskraft neben einer Fach- und einer Führungsfunktion auch eine Controlling-Funktion. Das bedeutet, daß eine Führungskraft den Steuerungsprozeß mit den Schritten Zielfindung, (Maßnahmen-) Planung, Plan- bzw. Soll-Ist-Vergleich und Abweichungsanalyse auch im wirtschaftlichen Sinne beherrschen muß. Controlling ist somit eine Funktion, die grundsätzlich jeden im Unternehmen angeht - zumindest aber *jede Führungskraft* vom Vorstandsvorsitzenden bis zum Leiter einer Kostenstelle.

Bei der Wahrnehmung ihrer Controlling-Funktion werden die Führungskräfte durch „das Controlling" als organisatorischer Einrichtung unterstützt. Aufgabe des Controlling ist es, ein strukturgerechtes Steuerungssystem mit einem Netz adressierbarer Steuerungsgrößen bereitzustellen, die auf das wirtschaftliche Unternehmensziel ausgerichtet sind. Dabei handelt es sich zum einen um *monetäre Größen* wie z.B. Ergebnisse, Umsätze, Kosten, Deckungsbeiträge und Rentabilitäten. Im Sinne einer zunehmend prozeßorientierten Betrachtungsweise werden aber auch *nicht monetäre Steuerungsgrößen* wie z.B. Bestände, Durchlaufzeiten, Nutzungsgrade, Ausschuß-, Nacharbeits- und Abwesenheitsquoten sowie Kennzahlen für Qualität, Programmtreue oder Kundenzufriedenheit verwendet.

Die Organisation des Controlling korrespondiert insofern mit der Führungs- und Strukturorganisation des Unternehmens, als jedem Vorstandsressort, jedem Werk, jeder Sparte, jedem Vertriebsbereich, jeder Tochtergesellschaft und jeder Baureihe ein dezentraler Controlling-Bereich zugeordnet ist. Das *dezentrale* Controlling untersteht disziplinarisch dem Leiter des entsprechenden Verantwortungsbereichs. Fachlich besteht eine Matrixbeziehung zum zentralen Controlling, das - wie oben bereits dargestellt - im Ressort „Finanz- und Betriebswirtschaft" angesiedelt ist.

Der betriebswirtschaftliche Steuerungsprozeß vollzieht sich auf allen Ebenen der Hierarchie sowie auf Projekt- und Periodenebene, d.h. Projekte und (Abrechnungs-) Perioden können als Steuerungsobjekte und damit als Objekte des Controlling betrachtet werden. Dementsprechend wird bei BMW zwischen der *Projektsteuerung* und der *Periodensteuerung* unterschieden. Als Bindeglied fungiert vor allem die strategische Planung, in deren Rahmen die Auswirkungen verabschiedeter und zu verabschiedender Projekte auf zukünftige (Abrechnungs-) Perioden aufgezeigt werden (Abbildung 1).

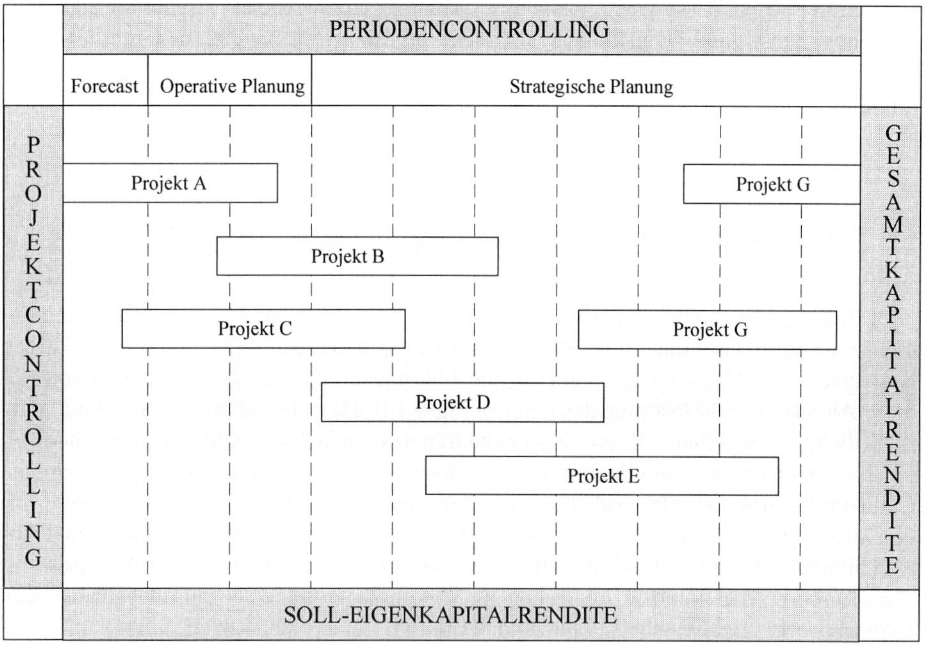

Abbildung 1: Strategische Planung bei BMW

Im folgenden werden die Aufgaben, Ziele und Instrumente der Periodensteuerung und der Projektsteuerung im Überblick dargestellt. Die Durchgängigkeit von strategischer Steuerung, operativer Steuerung und Projektsteuerung ist durch einen korrespondierenden Formalaufbau sowie eine gemeinsame Datenbasis sichergestellt. So wird z.B. auf allen drei Steuerungsebenen der (Konzern-) Deckungsbeitrag pro Fahrzeug mit seinen unterschiedlichen Bestandteilen als Steuerungsgröße verwendet.

D. Periodensteuerung

1. Aufgaben und Ziele

Aufgabe der Periodensteuerung ist es, in jeder (Abrechnungs-) Periode, d.h. in jedem Geschäftsjahr einen angemessenen Unternehmenserfolg sicherzustellen. Als Meß- und zentrale Steuerungsgröße für den Unternehmenserfolg in vergangenen wie auch zukünftigen Geschäftsjahren wird die *Soll-Eigenkapitalrendite* verwendet, die als Quotient aus dem Ergebnis vor Steuern und dem Soll-Eigenkapital zum 31.12. des Vorjahres gebildet wird. Die Höhe der Soll-Eigenkapitalrendite beinhaltet - analog dem Shareholder-Value-Konzept - eine Annahme hinsichtlich der Renditeerwartungen der Aktionäre an risikobehaftete Kapitalanlagen und steht im Einklang mit der Ausschüttungs- bzw. Selbstfinanzierungspolitik des Unternehmens.

Das Solleigenkapital des Unternehmens, eines Geschäftsfeldes oder einer Gesellschaft wird anhand einer konzerneinheitlichen Formel aus der Vermögensstruktur zum 31.12. des Vorjahres abgeleitet, indem die einzelnen Positionen auf der Aktivseite der Bilanz unter Beachtung allgemein anerkannter Finanzierungsgrundsätze mit Eigenkapital hinterlegt werden. Mit dem Soll-Eigenkapital als Bezugsgröße für das Periodenergebnis soll sichergestellt werden, daß die einzelnen Verantwortungsbereiche ein renditeorientiertes Asset Management betreiben. Der Unterschied zwischen dem Ist-Eigenkapital und dem Soll-Eigenkapital wird darüber hinaus als Indiz für die Kapitalisierung bzw. als Hinweis auf das Ausschüttungspotential einer Konzerngesellschaft verwendet.

Als Quotient aus dem Soll-Eigenkapital und dem Gesamtkapital läßt sich die *Soll-Eigenkapitalquote* berechnen, die aufgrund ungleicher Vermögensstrukturen in den einzelnen Geschäftsfeldern unterschiedlich ausgeprägt sein kann. Von den rechnerischen Soll-Eigenkapitalquoten der einzelnen Geschäftsfelder ist die Zieleigenkapitalquote für den BMW Konzern zu unterscheiden, die als Anhaltspunkt für eine angemessene Ausstattung des Gesamtunternehmens mit Eigenkapital dient. Die *Zieleigenkapitalquote* ist so bemessen, daß Risiken in der wirtschaftlichen Entwicklung jederzeit abgedeckt sind, Spielräume für zukunftssichernde Maßnahmen bestehen und günstige Möglichkeiten zur Refinanzierung genutzt werden können.

Das Soll-Eigenkapital wird bei allen bilanzierenden Verantwortungsbereichen - bis zum BMW Konzern als Ganzes - als Bezugsgröße für das Ergebnis vor Steuern verwendet. Um die Vergleichbarkeit der abgelaufenen Geschäftsjahre sicherzustellen, werden Unterschiede zwischen dem Soll-Eigenkapital und dem Ist-Eigenkapital durch Abzug bzw. Hinzurechnung von Fremdkapitalzinsen auf den Unterschiedsbetrag berücksichtigt. Bei einigen nicht bilanzierenden Verantwortungsbereichen wie z.B. den fünf Vertriebsbereichen oder den Sparten wird das Ergebnis in Beziehung zum - überschlägig ermittelten - betriebsnotwendigen Vermögen gesetzt.

Ergänzend zu den Zielen für die Eigenkapitalrendite bzw. Eigenkapitalquote wurden ähnlich dem Du Pont-Kennzahlensystem weitere Ziele für die Gesamtkapitalrendite, den Kapitalumschlag und die Umsatzrendite festgelegt.

2. Steuerungsgrößen und -instrumente

Bei der weiteren Operationalisierung wird das Ergebnis vor Steuern eines Geschäftsjahres in den einzelnen Geschäftsfeldern nach branchenspezifischen Kriterien in seine inhaltlichen Bestandteile wie z.B. Finanz-, Neutrales Ergebnis, Betriebsergebnis, Umsatz, proportionale Kosten und fixe Kosten *aufgelöst* und entsprechend ihrer Beeinflußbarkeit den Verantwortungsbereichen *zugeordnet* (Abbildung 2). Aus der funktionalen Strukturorganisation des BMW Stammhauses und dem Grundsatz der Adressierbarkeit von Steuerungsgrößen ergibt sich zwangsläufig eine funktionale kosten- und ergebnisorientierte Steuerung. Um den mehrdimensionalen komplexen Problemstellungen gerecht zu werden, wird die funktionale kosten- und ergebnisorientierte Steuerung allerdings durch projekt-, prozeß- und marktorientierte Betrachtungen ergänzt. Beispielhaft werden in den folgenden Absätzen die wichtigsten *Steuerungsmechanismen* im BMW Stammgeschäft skizziert.

Die *markt- und ergebnisorientierte Steuerung* der fünf Vertriebsbereiche erfolgt über das jeweilige Vertriebsergebnis, das in Form einer abgestuften konzerndurchgängigen Ergebnisrechnung auf Vollkostenbasis ermittelt wird. Ausgehend vom (Konzern-) Deckungsbeitrag werden nacheinander die Fixkosten der Vertriebsgesellschaften, die Fixkosten der Vertriebszentrale, die Finanz-/Neutralen Ergebnisse der Vertriebsgesellschaften sowie eine Umlage für die Fixkosten der Entwicklung, Produktion und Verwaltung abgezogen. Die Darstellung auf Vollkostenbasis hat den Vorteil, daß die (Konzern-) Deckungsbeiträge der Vertriebsbereiche, Vertriebsgesellschaften und Absatzgebiete von vornherein relativiert bzw. keine zu üppigen Vertriebsergebnisse *ausgewiesen* werden

Die *proportionalen* Kosten der Fahrzeuge, Sonderausstattungen und Ersatzteile setzen sich aus den Materialkosten, den proportionalen Fertigungskosten sowie den kalkulatorischen Gewährleistungskosten zusammen. Für diese Umfänge werden bereits in einer frühen Phase der Konzeptentwicklung nach dem Prinzip des *Target Costing* marktorientierte Zielwerte abgeleitet und den Modulen (z.B. Tür) des zu entwickelnden Fahrzeugs zugeordnet. Aufgabe der interdisziplinär, d.h. prozeßorientiert besetzten Modulteams ist es, im Rahmen der Konzept- bzw. Serienentwicklung die vereinbarten Zielwerte zu erreichen. Der Zielerreichungsgrad bzw. die Zielabweichung wird im Rahmen des *Produkt-/Projektcontrolling* auch nach Serienanlauf mehrmals im Jahr als Planungsstand festgehalten. Der jeweils aktuelle Planungsstand für die proportionalen Kosten eines Fahrzeugs wird in der

Periodensteuerung verarbeitet. Die Veränderung von Jahr zu Jahr sowie vom Budgetwert zum Forecast- bzw. Ist-Wert eines Jahres ist im wesentlichen von Entwicklung, Einkauf und Technik zu verantworten. Ausnahmen sind z.B. Veränderungen aufgrund von Modifikationen des Produktinhalts bzw. Rationalisierungsmaßnahmen nach Serienanlauf in den Sparten/Werken. Die Umsetzungsverantwortung für die im jeweiligen Planungsstand enthaltenen Maßnahmen liegt bei den ausführenden Fachstellen, d.h. für die proportionalen Fertigungskosten bei den Sparten/Werken.

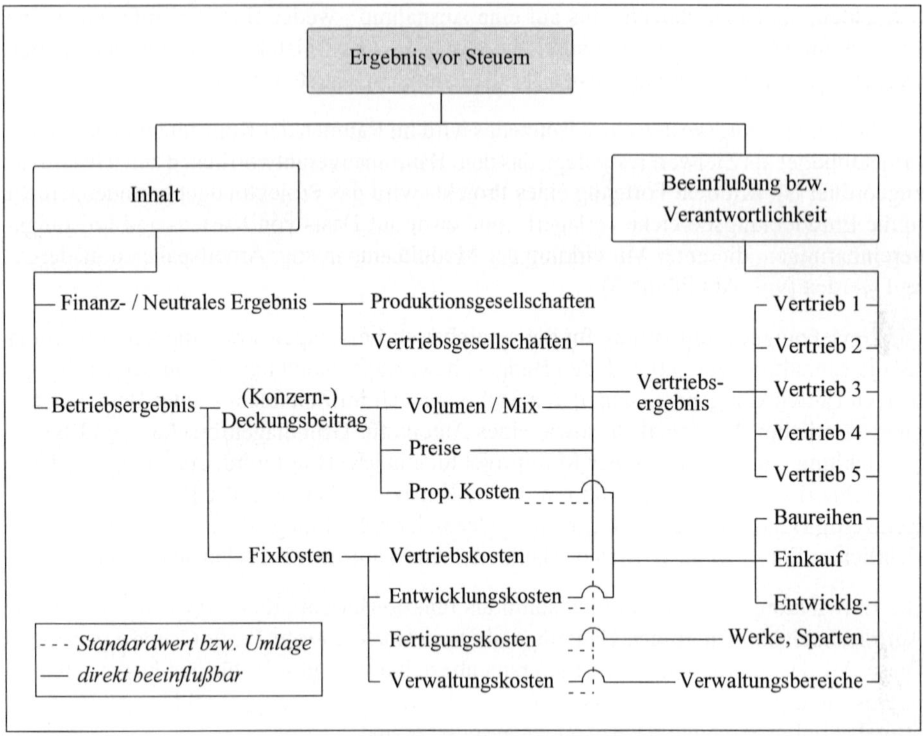

Abbildung 2: Steuerungsgröße Ergebnis vor Steuern

Wie die vorstehenden Ausführungen erkennen lassen, werden die (Fertigungs-) Kosten der Sparten/Werke zu einem erheblichen Teil durch die Festlegung der Fertigungstiefe, der modellabhängigen Fertigungsstrukturen, der Fahrzeuginhalte sowie eine fertigungsgerechte Konstruktion bestimmt. Aufgabe der Sparten/Werke als ausführenden Fachstellen ist es, die Fahrzeuge bei gegebenen modellabhängigen Fertigungsstrukturen zu den vereinbarten proportionalen Fertigungskosten zu produzieren und die modellunabhängigen Strukturen sowie bestimmte Standortfunktionen möglichst kostengünstig bereitzustellen.

Sowohl die Sparten als auch die Werke werden im *operativen* Bereich als funktionsorientierte *Cost Center* nach dem Prinzip der (Grenz-) Plankostenrechnung gesteuert. Ergänzend hierzu werden die Sparten im *mittel- bis langfristigen Bereich* als technologieorientierte *Profit Center* mit Kunden-/Lieferantenbeziehungen zu den (Fahrzeug-) Werken betrachtet. Als Steuerungsgrößen der Sparten werden die Spartenergebnisse verwendet, die in Form einer statistischen Ergebnisrechnung, d.h. ohne wirkliche konzerninterne Verrechnungen ermittelt werden. Ausgehend von tatsächlichen bzw. fiktiven Spartenumsätzen werden dabei nacheinander die proportionalen Kosten, die fixen Kosten, die kalkulatorischen Zinsen, die Kosten für direkt zuordenbare Dienstleistungen der Zentralbereiche sowie eine Umlage für die Kosten der nicht direkt zuordenbaren Dienstleistungen der Zentralbereiche abgezogen. Die Spartenergebnisse geben Aufschluß über die *Konkurrenzfähigkeit* einer Fertigungstechnologie und lassen Handlungsbedarf im mittel- bis langfristigen Bereich erkennen. Die Sparten sind allerdings als reine Produktionsbetriebe zu betrachten; sie haben derzeit - bis auf eine Ausnahme - weder eine Einkaufs- noch eine Entwicklungsfunktion. Die Entwicklungskosten für das Leistungsspektrum der Sparten werden bei den Entwicklungskosten für die Fahrzeugprojekte mitbehandelt.

Für die *Entwicklungskosten* eines Fahrzeugs wird im Rahmen der Konzeptentwicklung ein Projektbudget als Zielwert festgelegt, das dem Baureihenverantwortlichen zunächst direkt zugeordnet ist. Mit dem Fortgang eines Projekts wird das Projektbudget periodengerecht in die Entwicklungsbereiche verlagert - und zwar auf Basis von Kosten- und Leistungsvereinbarungen, die unter Mitwirkung der Modulteams in sog. Arbeitspaketen niedergelegt werden (vgl. Abbildung 3).

Die Umsetzungsverantwortung für die vereinbarten Leistungen sowie die Verantwortung für die Einhaltung der verhandelten Budgets bzw. Kapazitäten liegt fortan bei den freigebenden Entwicklungsbereichen, deren Soll-Kapazität im Zeitablauf - unter Berücksichtigung sämtlicher Arbeitspakete sowie eines Anteils für Grundlagenforschung und Basisentwicklung - im Rahmen einer Multiprojektplanung verfolgt wird. Aus dem Vergleich der rechnerischen Soll-Kapazität mit der Ist-Kapazität können in der Periodensteuerung rechtzeitig Handlungsbedarf in der einen oder anderen Richtung erkannt sowie die voraussichtlichen Entwicklungskosten der laufenden und künftigen Perioden abgeleitet werden.

Die Entwicklungsbereiche werden somit als funktionsorientierte *Cost Center* mit klaren Auftragsbeziehungen zu den Baureihen als *projektorientierten Profit Centern* gesteuert. Diese Art der internen Kunden-/Lieferantenbeziehung sorgt u.E. für den bestmöglichen Interessenausgleich zwischen der Projekt- und Periodensteuerung, die ihren spezifischen, oftmals konkurrierenden Sachzwängen ausgesetzt sind.

Die Festlegung des Projektbudgets sowie die Leistungsvereinbarungen mit den Modulteams bzw. Entwicklungsbereichen erfolgen u.a. auf der Grundlage von Prozeßkostensätzen, die im Rahmen einer jährlich aktualisierten *Prozeßkostenrechnung* für die verschiedensten Planungs- und Entwicklungsleistungen ermittelt werden.

Als *Verwaltungskosten* werden die Kosten der zentralen Verwaltungs- und Dienstleistungsbereiche in der Finanz- und Betriebswirtschaft, dem Personal- und Sozialwesen, der Wirtschaft und Politik sowie im Ressort des Vorstandsvorsitzenden bezeichnet. Die Kosten dieser Bereiche werden traditionell nach Kostenstellen und Kostenarten geplant und abgerechnet. Als Ansatzpunkt zur Einführung verstärkter Kunden-/Lieferantenbeziehungen werden die Leistungen einiger Bereiche (z.B. Informationsverarbeitung) zu Vollkostensätzen an die Leistungsnehmer weiterverrechnet. In umfangreichen Organisationsprojekten wird darüber hinaus die Prozeßorientierung in den Verwaltungsbereichen laufend auf Verbesserungsmöglichkeiten untersucht.

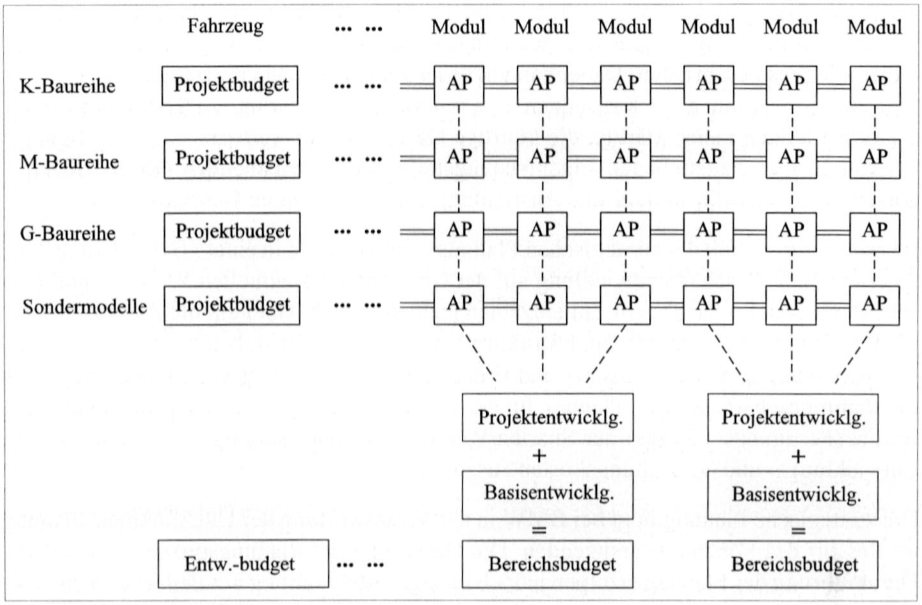

Abbildung 3: Aufspaltung des Gesamtbudgets

3. Strategische und operative Steuerung

Die Soll-Eigenkapitalrendite bzw. das Ergebnis vor Steuern werden sowohl in der strategischen als auch in der operativen Steuerung als Meß- bzw. zentrale Steuerungsgößen für den Unternehmenserfolg verwendet. Beide Formen der Periodensteuerung stehen insofern in einer wechselseitigen Beziehung, als die Aufgabe der strategischen Steuerung in der langfristigen *Schaffung* bzw. Erhaltung von Erfolgspotentialen besteht, während als Aufgabe der operativen Steuerung die kurzfristige *Ausschöpfung* dieser Erfolgspotentiale betrachtet wird. Unterschiede bestehen vor allem im Detaillierungs- und Zentralisierungsgrad, im Planungshorizont sowie im Verpflichtungsgrad der einzelnen Hierarchieebenen.

Bei der strategischen Steuerung des Unternehmens ist zu unterscheiden zwischen der laufenden Bearbeitung strategisch bedeutsamer Fragestellungen und der periodisch durchgeführten strategischen Planung, deren Aufgabe darin besteht, die Auswirkungen des aktuellen Entscheidungsstandes darzustellen, eventuellen Handlungsbedarf frühzeitig erkennen zu lassen und den Handlungsrahmen für die operative Steuerung des Unternehmens vorzugeben.

Die *strategische* Planung wird bei BMW im letzten Quartal des Jahres für jedes Geschäftsfeld mit einem Planungshorizont von 12 Jahren erstellt, wobei die letzten 6 Jahre auf stark aggregiertem Niveau extrapoliert werden. Als strategisches Führungsinstrument wird sie in enger Zusammenarbeit zwischen der Unternehmensplanung, dem Marketing, den Baureihen, dem Controlling und der technischen Planung weitgehend zentral erstellt und setzt sich aus einem qualitativen und einem quantitativen Teil zusammen.

Im *qualitativen* Teil der strategischen Planung werden die externen Rahmenbedingungen, die strategische Ausgangsposition sowie die strategischen Handlungsschwerpunkte des Unternehmens beschrieben. Dabei handelt es sich um Themenbereiche wie z.B. die Haltung zu Kooperationen, die Konsequenzen aus der engen Verbindung zu Systemlieferanten, die Erschließung neuer Märkte, die künftige Gestaltung der Vertriebs- bzw. Fertigungsstrukturen, die anzustrebende Eigenleistungstiefe, die auszubauenden (Kern-) Kompetenzbereiche oder die strategische Ausrichtung eines bestimmten Geschäftsfelds.

Im *quantitativen* Teil der strategischen Planung wird zunächst in einer „Basisplanung" die zu erwartende Geschäftsentwicklung auf der Grundlage des aktuellen Wissens- und Entscheidungsstandes dargestellt. Im einzelnen handelt es sich dabei um die Absatzplanung, die Kapazitäts-, Produktions- und Strukturplanung, die Personalplanung, die Bilanz- und Finanzplanung sowie die Umsatz- und Ergebnisplanung. Die Ergebnisplanung setzt sich im Stammgeschäft aus einer Planung für den (Konzern-) Deckungsbeitrag, den Planungen für die (Fertigungs-) Kosten der Sparten/Werke sowie den Planungen für die Vertriebs-, Entwicklungs- und Verwaltungskosten zusammen.

Die strategische Planung liegt bei BMW in der Verantwortung der Unternehmensplanung im Ressort des Vorstandsvorsitzenden. Die Gestaltung des Planungsprozesses sowie die Durchführung der Planung erfolgen jedoch in enger Abstimmung mit dem zentralen Controlling, so daß neben einer methodischen Vereinheitlichung auch die inhaltliche Durchgängigkeit von strategischer Steuerung und operativer Steuerung gewährleistet ist.

Bei der *operativen* Steuerung ist zu unterscheiden zwischen der operativen Planung und der unterjährigen Feinsteuerung im Rahmen des Forecast; die operative Steuerung wird vom zentralen und dezentralen Controlling initiiert, koordiniert und moderiert.

Die *operative* Planung umfaßt bei BMW einen Zeitraum von zwei Jahren und beginnt mit der Festlegung der Planungsprämissen sowie der Erstellung eines „Ausblicks" auf die voraussichtliche Geschäftsentwicklung im Planungszeitraum. Auf Basis dieses Ausblicks wird ein (Ziel-) Ergebnis vor Steuern durch einen Abgleich des langfristig Angestrebten mit dem kurzfristig Machbaren festgelegt und „top-down"-Zielkorridore für die oben beschriebenen Bestandteile des Ergebnisses vor Steuern abgeleitet. Die Möglichkeit der Einhaltung dieser Zielkorridore wird im Rahmen der anschließenden Detailplanung in den Verantwortungsbereichen „bottom up" überprüft. Am Ende eines mehrstufigen Rückkopplungs- bzw. Verhandlungsprozesses steht die Verabschiedung des Budgets, das auf Zielvereinbarungen mit den einzelnen Verantwortungsbereichen beruht. Als feste Bezugsgröße ist das *Budget* das wichtigste Führungsinstrument bei der operativen Steuerung des Unternehmens. Es wird dezentral mit einem hohen Detaillierungsgrad aufgebaut und enthält eine starke Verpflichtung der einzelnen Hierarchieebenen.

Die Einhaltung des Budgets wird *unterjährig* laufend verfolgt und fünfmal im Jahr im Rahmen des betriebswirtschaftlichen Monatsberichts dargestellt. Der betriebswirtschaftliche Monatsbericht wird „bottom up" für die einzelnen Bestandteile des Ergebnisses vor Steuern erstellt und enthält einen aktuellen Forecast, eine Analyse der Veränderungen gegenüber dem letzten Forecast sowie gegenüber dem Budget, eine Darstellung von Chancen und Risiken in der weiteren Geschäftsentwicklung sowie einen Vorschlag für Maßnahmen zur Erreichung des (Ziel-) Ergebnisses vor Steuern.

E. Aufgaben und Ziele der Projektsteuerung

Aufgabe der Projektsteuerung ist es, dafür zu sorgen, daß jedes einzelne Produkt- und Strukturprojekt eine angemessene Rendite erwirtschaftet. Da bei der Finanzierung einzelner Projekte stets von einer Mischfinanzierung, d.h. von einer Mischung aus Eigenkapital und Fremdkapital ausgegangen werden muß, wird als Maßstab für den Erfolg der Produkt- und Strukturprojekte grundsätzlich die *Gesamtkapitalrendite* verwendet, die im Rahmen einer dynamischen Investitionsrechnung als interner Zinsfuß aus den Ausgaben und Einnahmen über die Laufzeit eines Projektes ermittelt wird. Das festgelegte Ziel für die Gesamtkapitalrendite wird aus der Soll-Eigenkapital- bzw. Soll-Fremdkapitalquote des betreffenden Geschäftsfeldes, dem Ziel für die Soll-Eigenkapitalrendite sowie einer Annahme für den langfristigen Zinssatz auf das Fremdkapital abgeleitet. Als Ergänzung zum internen Zinsfuß werden fallweise auch der Kapitalwert sowie die Amortisationszeit eines Projekts betrachtet.

Eine dynamische Investitionsrechnung wird vom Controlling grundsätzlich für jede Maßnahme im Unternehmen durchgeführt. Eine besondere Bedeutung hat in einem Automobilunternehmen allerdings die Steuerung der *Produktprojekte*. Bei einer Entwicklungs- wie auch Modellaufzeit von bis zu sieben Jahren und Ausgaben vor Anlauf in Höhe von mehreren Milliarden Mark ist der Erfolg des Unternehmens in erheblichem Maße mit dem Erfolg einzelner Baureihen verknüpft, wobei wesentliche Entscheidungen für den Erfolg lange vor der Markteinführung bei der Definition der Produktmerkmale sowie im Rahmen der Konzept- und Serienentwicklung getroffen werden (vgl. Abbildung 4).

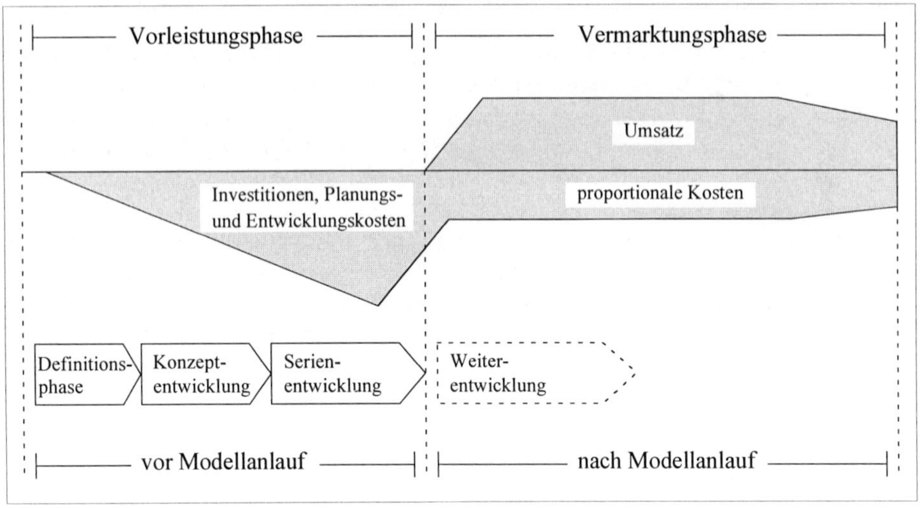

Abbildung 4: Eingangsgrößen in die Berechnung der Modellrendite

Die Steuerung von Produktprojekten ist eine strategisch bedeutsame, interdisziplinäre und abstimmungsintensive Aufgabe. Sie begleitet eine Baureihe über den gesamten Lebenszyklus von der Ideenfindung über die Ideenauswahl, die Konzept- und Serienentwicklung, die Fertigungsplanung, die laufende Weiterentwicklung, die Produktion bis zum Vertrieb und letztendlich bis zu ihrem Auslauf. Die Projektsteuerung wird bei BMW von den *Baureihen* als projektorientierten Profit Centern wahrgenommen, die aufgrund des Beeinflußungspotentials im Ressort „Entwicklung, Einkauf und Technik" angesiedelt sind. Wie bereits erwähnt, haben die Baureihen vor allem die Aufgabe, die Einhaltung der technischen und betriebswirtschaftlichen Parameter entsprechend dem Zielkatalog zu gewährleisten und damit den Erfolg des Projekts sicherzustellen. Die zentrale Steuerungs- bzw. Meßgröße für den Erfolg eines Projekts ist die *Modellrendite*, die als spezifische Form der Gesamtkapitalrendite auf Basis der vollen Ausgaben, d.h. unter Berücksichtigung von Umlagen ermittelt wird.

Fünftes Kapitel

Strategisches Management

Peter W. Dill

Produkt-Markt-Strategien

A. Produkt-Markt-Strategien als Bestandteil der Strategieentwicklung

Die Strategieentwicklung und ihr Ergebnis zielen auf die Schaffung und Erhaltung langfristig verteidigbarer *Wettbewerbsvorteile* ab, die den zukünftigen Erfolg und Wert eines Unternehmens oder eines seiner Teilbereiche sichern und steigern helfen. Im Rahmen eines solchen Verständnisses von Strategieentwicklung kommt erfolgreichen Produkt-Markt-Strategien eine zentrale Rolle zu, nicht zuletzt weil durch sie die Verbindung von Vision, übergeordneten Gesamtstrategien und strategischem Management mit operativen Marktgegebenheiten gewährleistet wird.

Die konzeptionelle Basis zur Entwicklung von dezidierten Produkt-Markt-Strategien entwickelte sich in den 70er Jahren, als die traditionelle, auf Extrapolation basierende Langfristplanung durch neuere, aus dem angloamerikanischen Sprachraum stammende Ideen wie z.B. die Portfolio-Analyse usw. ergänzt und z.T. auch ersetzt wurde (vgl. Dörler/Rufer/Wuthrich 1994, S. 25 ff.). Deren Schwerpunkt lag in der strategisch ausgerichteten Beurteilung einzelner Produkt-Markt-Bereiche, vor allem aus der Sicht *dynamischer Markt- und Wettbewerbsverhältnisse.* In dieser Phase, die bis Mitte der 80er Jahre andauerte, erlebte die Entwicklung von Produkt-Markt-Strategien auf Basis von Produkt-Markt-Matrix, Produktlebenszyklus, Lern- und Erfahrungskurven, Portfolio-Analyse usw. ihren Boom. Alternative Anwendungsmöglichkeiten der Portfolio-Idee wurden erkannt, und der wesentliche Zweck der Strategieentwicklung bestand darin, mit den richtigen Produkten und der richtigen Technologie auf den richtigen Märkten tätig zu sein, um verteidigbare Positionen zu entwickeln.

Ausgelöst durch externe Einflußfaktoren wie negativen Konjunkturverlauf und durch Weiterentwicklung der Managementmethodik kamen in den 80er Jahren neue Konzepte zur Anwendung, die stärker die *Idee der strategischen Profilierung* zum Inhalt hatten, wie z.B. Porters Wertschöpfungskette oder die Vorteilsmatrix der Boston Consulting Group (BCG). Diese Konzepte ergänzten Produkt-Markt-Strategien, lösten sie jedoch nicht vollständig ab. Dies gilt ebenfalls für die gegenwärtigen 90er Jahre, in denen Ideen und Konzepte wie Fähigkeitsstrategien, Wertmanagement, Time-based Management und Process Reengineering die Diskussion der Strategieentwicklung beherrschen. Auch in der heutigen Zeit sind solide Produkt-Markt-Strategien keinesfalls obsolet und so genießt die Portfolio-Analyse immer noch einen hohen Stellenwert in der Managementpraxis, so daß heute sogar von der „Renaissance des Portfolios“ (Miles 1994, S. 321) gesprochen wird.

B. Instrumente zur Entwicklung von Produkt-Markt-Strategien

Zur Entwicklung von Produkt-Markt-Strategien wurde eine Reihe von unterstützenden Instrumenten konzipiert, deren dominante Aufgabe es ist, Daten und Informationen nach verschiedenen Kriterien sinnvoll zu strukturieren und Entscheidungshilfen zu geben.

1. Produkt-Markt-Matrix

Als populäres Hilfsmittel für den Suchprozeß nach neuen Produkt-Markt-Strategien wird häufig die Produkt-Markt-Matrix eingesetzt, die *generische strategische Handlungsmöglichkeiten* zur Erreichung definierter Ziele zusammenfaßt.

Die Produkt-Markt-Matrix basiert im wesentlichen auf der Lücken- oder Gap-Analyse (vgl. Marr/Picot 1991, S. 658 ff.) und soll helfen, Lösungsideen zur Schließung prognostizierter Lücken zu generieren, welche aus dem Unterschied zwischen extrapolierten Daten versus expliziten Zielsetzungen resultieren. Die sich ergebenden vier generischen strategischen Alternativen sind in Abbildung 1 präzisiert.

Markt \ **Produkt**	bestehend	neu
bestehend	(1) Marktdurchdringung	(3) Produktentwicklung
neu	(2) Marktentwicklung	(4) Diversifikation

Abbildung 1: Marktstrategien nach der Produkt-Markt-Matrix

Die Produkt-Markt-Matrix wird in der Praxis differenziert angewendet und hat ihren Stellenwert als Strukturierungshilfe, wenngleich sie eine Reihe von zentralen Faktoren der Strategieentwicklung, wie z.B. Wettbewerbsverhältnisse, Kostenpositionen, qualitative Erfolgsfaktoren usw., nicht explizit berücksichtigt.

2. Das PIMS-Modell

Die PIMS(Profit Impact of Market Strategies)-Untersuchung geht auf Analysen von General Electric zurück, in denen versucht wurde, die Erfolgsfaktoren und Gesetze des Marktes empirisch zu ermitteln. Die Harvard Business School engagierte sich für das Projekt, das in der Praxis entstanden war, und in einer Computeranalyse wurden verschiedene Einflußgrößen, wie Marktwachstum, Größe, Marktanteil usw., mit der Ertragskraft von Unternehmen korreliert. Das PIMS-Programm lieferte viele interessante Erkenntnisse und bildete die Grundlage für zahlreiche produkt-markt-relevante Hypothesen. Besonders eine davon beeinflußte die Strategiediskussion nachhaltig: Die *Wechselbeziehung zwischen Marktanteil und Ertragskraft* wurde nachgewiesen (vgl. hierzu und zu einer ausführlichen Würdigung des PIMS-Modells Roventa 1979, S. 114 ff.).

Natürlich war und ist das PIMS-Modell einschlägiger Kritik unterworfen, deren Hauptaugenmerk sich vor allem auf seine Grundannahmen richtet, auf die Beziehungen zwischen den einbezogenen Variablen und die Methodik der Untersuchung. Dennoch hat es einen bedeutenden Platz in der Strategiediskussion, nicht zuletzt als theoretische Basis und Wegbereiter für die Portfolio-Analyse, dem Instrument zur Entwicklung von Produkt-Markt-Strategien schlechthin.

3. Grundgedanken und Varianten der Portfolio-Analyse

Die *Grundidee* der Portfolio-Analyse ist den Überlegungen zur optimalen Bestimmung des Wertpapierportfolios im Finanzbereich und den dabei verwendeten Ansätzen der Portfolio-Analyse entlehnt. Ziel dieser Ansätze ist es, Wertpapiere und Finanzanlagen so zu streuen, daß das Portfolio, d.h. die Gesamtheit der Anlagen, ausgewogen ist. Dies bedeutet auch, daß einzelne Anlageoptionen nicht isoliert bezüglich ihrer Ertrags- und Wachstumsaussichten, sondern nur im Gesamtzusammenhang des Portfolios zu beurteilen sind.

Dieser Gedanke läßt sich leicht auf ein diversifiziertes und/oder Mehrproduktunternehmen übertragen. Produkt-Markt-Kombinationen und daraus abzuleitende strategische Geschäfte können sowohl in ihrer relativen Position zu anderen Produkt-Markt-Kombinationen als auch bzgl. ihrer Wachstumschancen und Wettbewerbspositionierung beurteilt werden. Dementsprechend hat sich die Portfolio-Analyse als *diagnostisches Instrument* als eines der am weitesten verbreiteten Vorstandswerkzeuge eines jeden diversifizierten und/oder Mehrproduktunternehmens durchgesetzt.

Voraussetzung zur Anwendung der Portfolio-Analyse ist eine strategisch ausgerichtete Segmentierung, d.h. Abgrenzung und Definition der Produkt-Markt-Kombinationen, in denen ein Unternehmen operiert. Die strategische Segmentierung hat zum Ziel, abgrenzbare Bereiche - *strategische Geschäfte* - zu definieren, in denen sich Wettbewerbsvorteile erzielen und ausnutzen lassen. Strategische Geschäfte werden dementsprechend durch Wettbewerbsunterschiede (vgl. Henderson 1994, S. 355) und -mechanismen, nicht aber z.B. durch organisatorische Grenzen oder andere interne Gegebenheiten definiert.

Die wichtigsten Portfolio-Konzeptionen sind das in der Beratungspraxis von der BCG entwickelte Marktanteil-Marktwachstum-Portfolio sowie das von McKinsey kreierte Marktattraktivität-Wettbewerbsvorteil-Portfolio.

a) Marktwachstum-Marktanteil-Portfolio

Das Marktwachstum-Marktanteil-Portfolio basiert auf den Erkenntnissen der *Erfahrungskurve*. Der Geltung der Erfahrungskurve und den mit zunehmender kumulierter Ausbringungsmenge abnehmenden Stückkosten kommt in diesem Ansatz hohe Bedeutung zu. Um eine höhere Kostendegression zu erzielen, ist es notwendig, stärker zu wachsen als der Wettbewerb. Bei einem extern definierten Marktwachstum wird das Wachstum der eigenen strategischen Geschäfte und damit der Umfang des Kostensenkungspotentials vom Marktanteil im Vergleich zur Konkurrenz bestimmt. Vor diesem Hintergrund lassen sich die *Grundgedanken* des Marktanteil-Marktwachstum-Portfolios wie folgt beschreiben (vgl. Roventa 1979, S. 132 ff.):

- Erreichung und Sicherung von hohen Marktanteilen ist Voraussetzung für höhere Profitabilität.
- Steigerung von Marktanteilen soll vor allem in Märkten mit hohem zu erwartendem Marktwachstum angestrebt werden.
- Die Ausgewogenheit des Portfolios, d.h. von Cash-Bedarf und Cash-Rückfluß der verschiedenen strategischen Geschäfte, muß gewährleistet sein.

Ausgehend von diesen Grundideen werden die strategischen Geschäfte nach den beiden dominierenden Kriterien *Marktwachstum* und *Marktanteil* beurteilt, was sich in Form einer 2x2-Matrix darstellen läßt.

Bei der Durchführung der Portfolio-Analyse werden die unterschiedlichen strategischen Segmente in das Raster der Matrix eingetragen, wobei die Größe der Kreise das Volumen der jeweiligen Segmente repräsentiert. Hierbei können entsprechend ihrer Cash-Erfordernisse und ihrer Zukunftsträchtigkeit *vier idealtypische Einordnungen* unterschieden werden, die in Abbildung 2 beschrieben sind. Die vier bekannten Quadranten - Cash-Kühe, Stars, Fragezeichen, Arme Hunde (Sorgenkinder) - werfen kreative Fragen über die Zukunft des Unternehmens auf. Die *„Anatomie" der Cash-Kuh* lehrt, daß i.d.R. nur eine kleine Anzahl von Geschäften (bzw. Produkt-Markt-Kombinationen) den größten Teil des Cash, d.h. der originären Ertragskraft erwirtschaftet, während die überwiegende Zahl der Geschäfte „Cash-Verbraucher" sind, sei es aufgrund ihres Investitionsbedarfs oder ihrer nachteiligen Wettbewerbsposition.

Das Marktanteil-Marktwachstum-Portfolio ist - ebenso wie seine Nachfolger und Varianten - eine *Strukturierungshilfe* und ein *Diagnoseinstrument*. Dementsprechend ist es kein Ersatz für Detailanalysen, intensive Diskussionen im Kreise der Entscheidungsträger und unternehmerisches Urteilsvermögen. Es weist jedoch unerbittlich darauf hin, daß die langfristige Ertragskraft eines Unternehmens eine Funktion echter Vorteile und von Fokus ist (vgl. v. Oetinger 1994, S. 282).

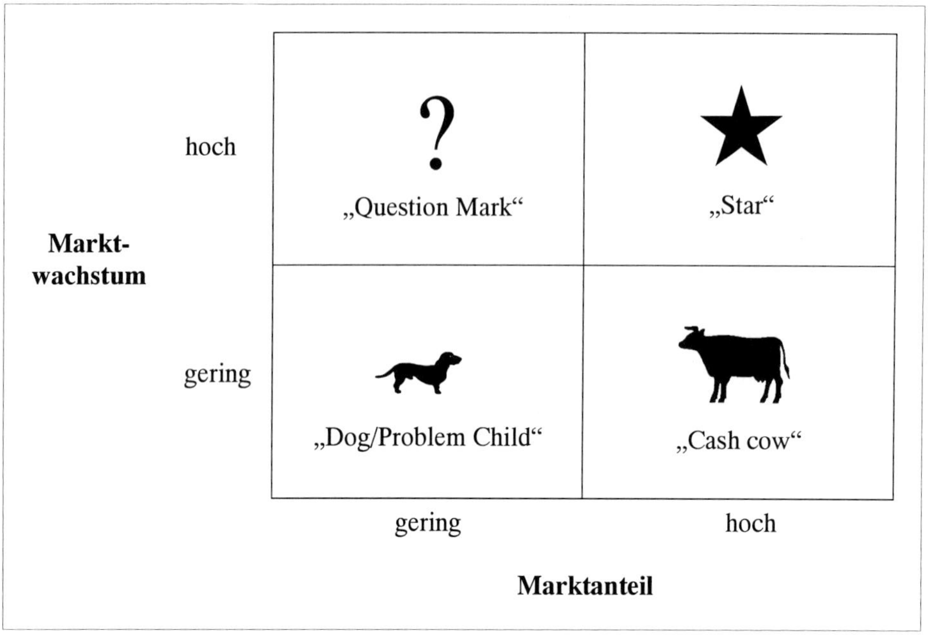

Abbildung 2: Marktanteil-Marktwachstum-Portfolio

b) Marktattraktivität-Wettbewerbsvorteil-Portfolio

In Anlehnung an das BCG-Portfolio entwickelte die Beratungsgesellschaft McKinsey das Marktattraktivität-Wettbewerbsvorteil-Portfolio. Rein formal unterscheidet es sich durch eine stärker differenzierte Aufteilung des Achsenkontinuums in jeweils drei Felder. Inhaltlich wird die Eindimensionalität der Faktoren Marktanteil und Marktwachstum zur Ermittlung von Wettbewerbsposition und der Attraktivität strategischer Geschäfte aufgehoben, wodurch zwei *multidimensionale Hauptachsen* entstehen. Dies soll der Tatsache Rechnung tragen, daß die Stärken eines Unternehmens im Wettbewerb von einer Vielzahl von Faktoren abhängig sind.

Die Marktattraktivitätsachse gibt primär die externe Sichtweise des Umfeldes wieder, während die Positionierung auf der Wettbewerbsvorteilsachse vorwiegend ein Resultat eigenen Entscheidungsverhalten und damit (in der Vergangenheit verfolgter) unternehmerischer Strategie ist. Die Operationalisierung beider Achsen kann vereinfacht entlang der nachfolgend skizzierten Kriterien erfolgen:

Wettbewerbsvorteil:
- relative Marktposition,
- relatives Produktionspotential,
- relatives F&E-Potential und
- relative Qualifikation der Führungskräfte/Mitarbeiter;

Marktattraktivität:
- Marktwachstum,
- Marktgröße,
- Marktqualität,
- Energie- und Rohstoffversorgung und
- Umweltsituation.

Aufbauend auf diesen Kriterien werden dann zu gewichtende Subkriterien definiert, die unternehmens- und problemspezifisch zu generieren sind. Mit Hilfe eines daraus abgeleiteten Kataloges wird eine *„semi-quantitative" Positionierung* im Portfolio vorgenommen. Ähnlich dem BCG-Portfolio erlaubt auch das Marktattraktivität-Wettbewerbsvorteil-Portfolio die Ableitung von *Normstrategien*, die in Abbildung 3 inkludiert sind.

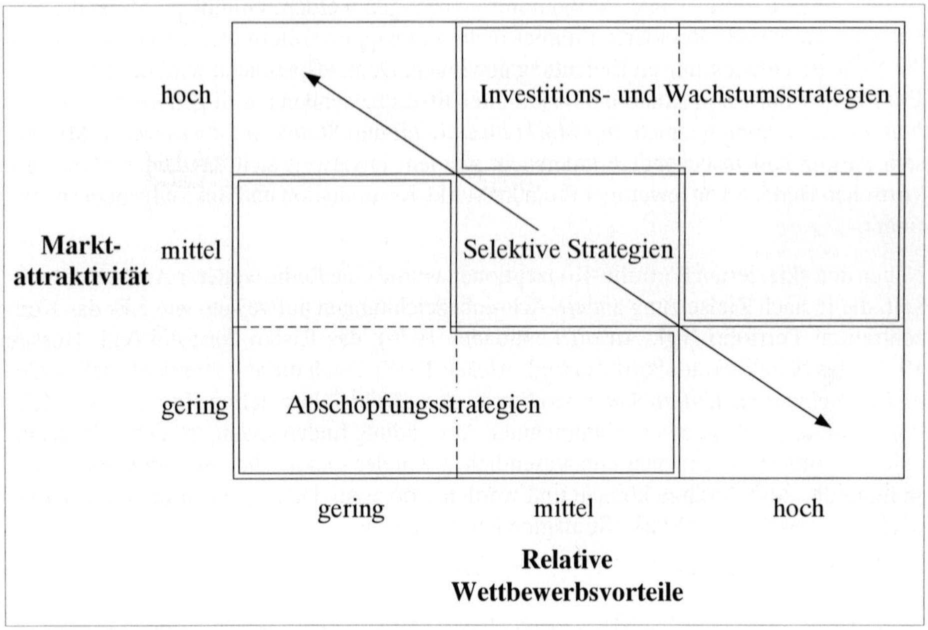

Abbildung 3: Marktattraktivität-Wettbewerbsvorteil-Portfolio

Die explizite Einbeziehung einer Vielzahl von strategischen Variablen bedeutet, daß sich die Bedeutung der Erfahrungskurve für das Portfolio im Vergleich zum BCG-Ansatz abschwächt. Allerdings besteht andererseits die Tendenz zu stärkerer Subjektivität, da die Kriteriendefinition selbst Bestandteil des Positionierungsprozesses ist. Beide Modelle aber hängen stark von der Genauigkeit der Segmentierung der strategischen Geschäfte ab.

c) Weitere Portfolio-Konzeptionen

Aufbauend auf den beschriebenen Portfolio-Konzeptionen wurde in der Unternehmens- und Beratungspraxis eine Reihe weiterer Portfolio-Modelle entwickelt, denen verstärkt der Gedanke zur Ausgeglichenheit und Risikostreuung im Unternehmen zugrunde liegt.

Das *Markt-Produktlebenszyklus-Portfolio* basiert auf dem Produktlebenszyklus-Konzept und wählt als Achsen zum einen die Wettbewerbsposition und zum anderen die Lebenszyklusphase eines Geschäftes, die in Anlehnung an das Produktlebenszykluskonzept in Entstehung, Wachstum, Reife und Alter segmentiert wird. Mit Hilfe dieser Portfolio-Variante wird das Ziel verfolgt, ein *Mix der Geschäfte hinsichtlich ihrer Lebenszyklusphasen* zu erreichen, so daß jeweils eine ausreichende Anzahl von „jungen" Geschäften vorhanden ist.

Das *Geschäftsfeld-Ressourcen-Portfolio* (vgl. Ansoff/Leontiades 1976, S. 13ff.) beinhaltet als zentrale Aussage, daß eine primär an Markt- und Wettbewerbsgegebenheiten ausgerichtete strategische Analyse allein nicht ausreichend ist. Vielmehr müssen ergänzend beschaffungsmarktrelevante Faktoren mit einbezogen werden. Grundlage bildet die Hypothese, daß gerade Ressourcen immer mehr zu knappen Gütern werden und im Prozeß der Strategieentwicklung an Bedeutung gewinnen. Dementsprechend wird die *Verfügbarkeit von Ressourcen* in Kombination mit ihrer abzuschätzenden jeweiligen *Kostenentwicklung* in Verbindung gebracht mit *Marktattraktivität* und *Status im Lebenszyklus*. Mit diesem Ansatz soll insbesondere untersucht werden, inwieweit sich das Unternehmen im kritischen Bereich von jeweiliger Produkt-Markt-Kombination und Ressourceneinsatz befindet.

Neben den skizzierten Portfolio-Konzeptionen wurde eine Reihe weiterer Ansätze entwikkelt, die je nach Zielsetzung andere Achsenbezeichnungen aufweisen, wie z.B. das Konzentrations-Portfolio (vgl. Ansoff/Leontiades 1976), das Risiko-Portfolio (vgl. Hussey 1978), das Anfälligkeits-Portfolio (vgl. Albach 1978). Auch diese Instrumente sollen *Ungleichgewichte im Unternehmen* strukturieren und darstellen helfen. Inwieweit welche Portfolio-Konzepte in einem Unternehmen Anwendung finden sollen, ist nicht allgemeingültig beantwortbar und hängt im wesentlichen von der spezifischen Situation und Fragestellung ab. Alle Ansätze können und werden jedoch als Diagnoseinstrumente zur Entwicklung von Produkt-Markt-Strategien herangezogen.

C. Entwicklungstendenzen

Weiterentwicklungen traditioneller Produkt-Markt-Konzepte sowie insbesondere des Portfolio-Gedankens durch die BCG führten zu neueren strategischen Instrumenten wie der Vorteilsmatrix, der Kundennutzen-Wettbewerbsvorteil-Matrix sowie seit Beginn der 90er Jahre zu einer Neuausrichtung grundsätzlichen strategischen Gedankengutes, das mit den Stichworten

- vom *„klassischen" Portfolio zum Wertmanagement,*
- von Erfahrung und Positionen zu Fähigkeiten und
- von Strukturen zu Prozessen und Zeitwettbewerb

umschrieben werden kann (vgl. v. Oetinger 1994). Damit soll verdeutlicht werden, daß sich das Wesen der Strategieentwicklung im Sinne der Ursache-Wirkungs-Betrachtung evolutionär verschoben hat und neue, stärker an Ursachen und weniger an Resultaten ausgerichteten Denkweisen in Ergänzung klassischer Ansätze immer mehr an Bedeutung gewinnen. Dies gilt insbesondere für sog. *(Prozeß-)Fähigkeitsstrategien,* welche die traditionelle produkt-markt-orientierte (Portfolio-)Sichtweise in den Hintergrund rücken, ohne sie jedoch obsolet werden zu lassen. Denn letztlich führen überlegene Fähigkeiten zu

Wettbewerbsvorteilen, die ihren Ausdruck wiederum in stärkeren Produkt-Markt-Positionen im Portfolio finden.

Literatur

ALBACH, H.: Strategische Unternehmensplanung bei erhöhter Unsicherheit, in: ZfB, 48. Jg. (1978), S. 702-715.

ANSOFF, H.I.; LEONTIADES, J.C.: Strategic Portfolio Management, in: JGM, 1. Jg. (1976), H. 1, S. 13-31.

DÖRLER, H.A.; RUFER, D.; WUTHRICH, H.A.: Von der Produkt/Marktplanung zur dynamischen Unternehmensarchitektur, in: Praxis der Strategieentwicklung, hrsg. v. H.-Chr. Riekhof, 2. Aufl., Stuttgart 1994, S. 21-43.

HENDERSON, B.D.: Strategische Geschäfte, in: Das Boston Consulting Group Strategie-Buch, hrsg. v. B.v. Oetinger, 2. Aufl., Düsseldorf 1994, S. 355-357.

HUSSEY, D.E.: Portfolio Analysis: Practical Experience with the Directional Policy Matrix, in: LRP, 16. Jg. (1978), H. 4, S. 2-8.

MARR, R.; PICOT, A.: Absatzwirtschaft, in: Industriebetriebslehre, hrsg. v. E. Heinen, 9. Aufl. 1991, S. 623-728.

MILES, A.W.: Die Renaissance des Portfolios, in: Das Boston Consulting Group Strategie-Buch, hrsg. v. B.v. Oetinger, 2. Aufl., Düsseldorf 1994, S. 321-326.

ROVENTA, P.: Portfolio-Analyse und Strategisches Management, München 1979.

OETINGER, B.v. (Hrsg.): Das Boston Consulting Group Strategie-Buch, 2. Aufl., Düsseldorf 1994.

Hans Corsten

Wettbewerbsstrategien - Möglichkeiten einer simultanen Strategieverfolgung

A. Grundlegungen

Strategien sind generelle unternehmerische Handlungsmöglichkeiten, durch die die grundsätzliche Richtung festgelegt wird, die eine Unternehmung zukünftig zu realisieren trachtet. Sie umfassen langfristig orientierte Entscheidungen darüber, in welchen Domänen eine Unternehmung aktiv sein möchte. Als *Schwerpunkte* dieser Entscheidungen sind zu nennen (vgl. Hofer/Schendel 1978, S. 25):

- *Tätigkeitsbereich* der Unternehmung, d.h. in welchen Geschäftsfeldern möchte die Unternehmung tätig sein?
- *Wettbewerbsvorteil* der Unternehmung, d.h. mit welcher strategischen Positionierung soll den Wettbewerbern in den ausgewählten Geschäftsfeldern begegnet werden?
- *Ressourcen* der Unternehmung, d.h. welches Potential ist aufzubauen, um die strategischen Ziele zu erreichen?

Die Komplexität dieser Entscheidungsprobleme erfordert eine Dekomposition. Dabei werden in der Literatur (vgl. den Überblick bei Kreikebaum 1993, S. 52 ff.) die unterschiedlichsten Strategietypologien vorgestellt. Nach dem Kriterium des *organisatorischen Gestaltungsbereiches* lassen sich Unternehmungsgesamt-, Geschäftsbereichs- und Funktionsbereichsstrategien unterscheiden. Während die *Gesamtunternehmungsstrategie* das Gesamtportfolio Strategischer Geschäftsfelder (SGF) festlegt und die *Geschäftsbereichsstrategie* die grundsätzlichen Verhaltensweisen für eine Produkt-Markt-Kombination fixiert, obliegt den *Funktionsbereichsstrategien* die Aufgabe der Unterstützung der Geschäftsbereichsstrategie (zu anderer Auffassung vgl. Steinmann/Schreyögg 1991, S. 131).

Ausgangspunkt der vorliegenden Überlegungen bilden die Geschäftsfeld- oder Geschäftsbereichsstrategien, für die sich der Terminus *Wettbewerbsstrategien* durchgesetzt hat. Zentrales Anliegen der Wettbewerbsstrategien ist dabei der Aufbau und die Absicherung von Wettbewerbsvorteilen. *Strategische Wettbewerbsvorteile* beruhen auf im Vergleich zu den Wettbewerbern überlegenen Leistungsmerkmalen, die

- für den Nachfrager wichtig sind,
- von diesem in ihrer Bedeutung wahrgenommen werden und
- gegenüber den Wettbewerbern dauerhaft verteidigt werden können (vgl. Simon 1993, Sp. 4693).

Ausgangspunkt des wettbewerbsstrategischen Planungsprozesses ist die Analyse der strategischen Wettbewerbssituation. Sie schafft die Informationsbasis für die Entwicklung von Wettbewerbsstrategien, wobei zwischen der *geschäftsfeldbezogenen Umweltanalyse* (auch Geschäftsfeld-, Branchenstruktur- oder Wettbewerbsanalyse genannt) und der *Unternehmungsanalyse* zu unterscheiden ist.

Im Rahmen der Umweltanalyse gelangen Aspekte wie

- Bedrohung durch neue Wettbewerber,
- Verhandlungsmacht von Abnehmern und Lieferanten,
- Bedrohung durch Substitute sowie
- Rivalität etablierter Konkurrenten

als strukturelle Determinanten der Geschäftsfeldattraktivität ins Zentrum des Interesses (vgl. Porter 1990, S. 29 ff.), die dann zu einem geschäftsfeldbezogenen Chancen-Risiken-Profil verdichtet werden. Demgegenüber ist die *Unternehmungsanalyse* auf das unternehmungsinterne Potential ausgerichtet, um ein unternehmungsspezifisches Stärken-Schwächen-Profil zu erstellen. Zur Formulierung von Wettbewerbsstrategien ist es dann erforderlich, einen „Fit" zwischen den unternehmungsinternen Möglichkeiten und unternehmungsexternen Erfordernissen herbeizuführen.

Dabei rückt die Frage in den Mittelpunkt, wie die wettbewerbsstrategischen Anforderungen mit den ressourcenseitigen, insbesondere produktionsseitigen Möglichkeiten aufeinander abgestimmt werden können, d.h. es geht um die Interdependenz von Wettbewerbs- und Produktionsstrategie.

Damit sind insbesondere die *Strategiekonzepte* von *Miles/Snow* (1986) und von *Porter* (1989, 1990) relevant, da in diesen Ansätzen vor allem inhaltliche Strategieempfehlungen hinsichtlich des Aufbaus von Wettbewerbsvorteilen im Vordergrund stehen. Eine grundlegende konzeptionelle *Gemeinsamkeit* dieser beiden Konzepte ist darin zu sehen, daß sie sich nicht in ihren strategischen Handlungsmustern aus einer geschäftsfeldexternen Perspektive auf die Strategische Geschäftseinheit (SGE) als Ganzes beziehen, wie dies etwa bei den Ansätzen von Buzzel/Gale/Sultan (1975, S. 97 ff.), Abernathy/Utterback (1978, S. 40 ff.), Hofer/Schendel (1978, S. 162 ff.) und Vesper (1979, S. 75 ff.) der Fall ist, sondern auf der Basis einer *geschäftsfeldinternen Gestaltungsperspektive* der Frage nachgehen, wie Unternehmungen im Vergleich zu ihren Konkurrenten Wettbewerbsvorteile aufbauen und verteidigen können. Dabei erfolgt eine Konzentration auf produktions- und organisationsbezogene Fragestellungen, d.h. inwieweit lassen sich technologische und organisatorische Gestaltungsempfehlungen hinsichtlich unternehmungsinterner Ressourcenkonfigurationen formulieren, und zwar als Voraussetzung für die Realisierung unterschiedlicher Wettbewerbsstrategien.

B. Ausgewählte wettbewerbsstrategische Ansätze

1. Kontextbezogene Wettbewerbsstrategien nach Miles/Snow

Miles/Snow (1986, S. 86) verstehen unter Wettbewerbsstrategien *generelle Anpassungsmuster* an spezifische strategische Kontextsituationen für die jeweiligen SGE. Dabei geht es um die Abstimmung der Strategie mit dem internen und externen Kontext der Unternehmung, wobei eine Abstimmung in den drei folgenden Domänen erforderlich ist (vgl. Miles/Snow 1986, S. 28):

- Produkt-Markt-Bereich („unternehmerisches Problem"),
- Technologie („technologisches Problem") und
- Unternehmungsstrukturen und -prozesse („administratives Problem").

Zur Abstimmung von Strategie, Struktur und Prozeß werden dann die drei folgenden *Wettbewerbsstrategien* unterschieden (vgl. Miles/Snow 1986, S. 38 ff):

- *Defender*: Die Unternehmung bearbeitet einen begrenzten und stabilen Produkt-Markt-Bereich mit einer kosteneffizienten Technologie und einer hochspezialisierten und formalisierten Organisationsstruktur, wobei i.d.R. eine funktionale Struktur gewählt wird.
- *Prospector*: Die Unternehmung ist ständig auf der Suche nach neuen Marktchancen, wobei der Produkt-Markt-Bereich durch ein breites und sich ständig weiterentwickelndes Tätigkeitsfeld gekennzeichnet ist. Entsprechend heterogen sind auch die zum Einsatz gelangenden Technologien, d.h. es ist ein flexibles Produktionspotential zur Herstellung dieses breiten Produktprogrammes bereitzustellen. Als Organisationsstruktur liegt häufig eine Spartenorganisation vor, die eine relativ geringe Arbeitsteilung und Formalisierung aufweist.
- *Analyzer*: Die Unternehmung versucht, als früher *Follower*, erfolgreiche Produktinnovationen des Prospector zu lokalisieren und zu nutzen, und gleichzeitig eine relativ stabile Produkt-Markt-Basis, wie sie für den Defender typisch ist, aufrechtzuerhalten. Voraussetzung hierfür ist ein hybrid strukturiertes Technologiesystem mit einem „dualen technologischen Kern", der sowohl stabile als auch flexible Komponenten aufweist. Dem Hybridcharakter entspricht eine Matrixstruktur als organisatorische Gestaltungsoption, in der primär effizienzorientierte funktionale Arbeitsgruppen mit primär effektivitätsorientierten Produktgruppen kombiniert werden.

Die Charakterisierung dieser Wettbewerbsstrategien zeigt, daß Miles/Snow zwischen den beiden extremen Strategietypen „Defender" und „Prospector" einen Kombinationstyp „Analyzer" als dritte Strategieoption unterscheiden, die versucht, die Vorteile der „reinen" Strategieformen zu vereinen.

2. Konzept generischer Wettbewerbsstrategien nach Porter

Die Entwicklung von Wettbewerbsstrategien auf der Grundlage des *generischen Strategiekonzepts* nach Porter erfordert Grundsatzentscheidungen über

- den inhaltlichen Schwerpunkt des Wettbewerbs (Kosten oder Differenzierung) und
- die Breite der Marktabdeckung (Gesamtmarkt oder Marktnische).

Auf dieser Grundlage lassen sich die Strategien Kostenführerschaft, Differenzierung und Konzentration auf Schwerpunkte unterscheiden.

Die Strategie der *Kostenführerschaft* zielt darauf ab, durch eine Bündelung aller strategischen Aktivitäten einen relativen Kostenvorsprung gegenüber den Wettbewerbern zu erreichen und auf diese Weise Wettbewerbsvorteile auf dem Gesamtmarkt des SGF zu erzielen. Als mögliche *Quellen* derartiger strategischer *Kostenvorteile* sind betriebsgrößenbedingte Kostendegressionen, unternehmungsspezifische Technologien, vorteilhafter Ressourcenzugang, hohe Kapazitätsauslastung, Standortvorteile usw. zu nennen, die insgesamt ein Absinken der Stückkosten unter das Niveau der wichtigsten Konkurrenten ermöglichen sollen (vgl. Porter 1989, S. 33 f.). Da die Kostenführerschaft auf der Logik der *Erfahrungskurve* basiert, kann sie durch hohe relative Marktanteile erreicht werden, um über ein hohes kumuliertes Produktionsvolumen ein Kostensenkungspotential zu erschließen. Sie ist folglich in Märkten mit homogenen Gütern und weithin anerkannten Produktstandards zweckmäßig, in denen der Preis das primäre Präferenzbildungskriterium ist.

Demgegenüber stellt die *Differenzierungsstrategie* darauf ab, sich durch das Angebot einzigartiger Produkte von den Wettbewerbern abzuheben. Die angebotenen Produkte müssen dem Nachfrager einen Zusatznutzen stiften, den dieser mit einer Preisprämie zu honorieren bereit ist. Dies setzt zum einen voraus, daß der angebotene Zusatznutzen für den Abnehmer wichtig ist und von ihm wahrgenommen wird. Zum anderen muß nach Differenzierungswegen gesucht werden, die eine über den Differenzierungskosten liegende Preisprämie aufgrund einer im Wettbewerbsvergleich vollständigen oder annähernden Kostenparität ermöglichen. Ferner muß die Preisprämie in einem angemessenen Verhältnis zum Wert des Zusatznutzens für den Abnehmer stehen. Als *Ansatzpunkte* zur wettbewerbsstrategischen *Differenzierung* können einerseits die Senkung der Nutzungskosten des Abnehmers, z.B. aufgrund von Produktionskostensenkungen durch fertigungssynchrone Zulieferung oder durch montagegerechte Produktgestaltung von Vorprodukten, und anderseits die Steigerung des Nutzungswertes, z.B. aufgrund einzigartiger Leistungen hinsichtlich Kundenservice, Standort, Qualität usw. unterschieden werden.

Im Gegensatz zu den bereits skizzierten Strategien liegt der *Konzentrationsstrategie* keine Ausrichtung auf den Gesamtmarkt, sondern auf eine spezielle Marktnische des Geschäftsfeldes zugrunde, wobei innerhalb dieses Teilmarktes wiederum zwischen Kostenführerschaft und Differenzierung zu unterscheiden ist, so daß sich die Varianten *Konzentrationsstrategie mit Kostenschwerpunkt* oder *mit Differenzierungsschwerpunkt* ergeben. Ansatzpunkte beider Varianten der Konzentrationsstrategie sind Unterschiede zwischen dem betrachteten Nischensegment und den anderen Segmenten des SGF, z.B. hinsichtlich spezifischer Abnehmerbedürfnisse oder der Adäquanz des Produktions- und Distributionssystems, wobei die vom Branchendurchschnitt divergenten Anforderungen des Nischensegments aufgrund einer spezifischen Ressourcenkombination bzw. einer segmentbezogenen Fokussierung unternehmungsspezifischer Stärken (z.B. F&E, Produktionstechnologie) gezielter erfüllt werden können.

3. Vergleichende Analyse der Ansätze von Miles/Snow und Porter

Eine vergleichende Gegenüberstellung der skizzierten wettbewerbsstrategischen Ansätze soll Gemeinsamkeiten und Unterschiede der einzelnen Strategien offenlegen. Dabei zeigt sich eine tendenzielle *Kompatibilität* zwischen Kostenführerschaft und Defender einerseits und zwischen Differenzierung und Prospector anderseits, die sich aus den folgenden Überlegungen ergibt:

– *Kostenführer* und *Defender* weisen
  - einen begrenzten und relativ stabilen Produkt-Markt-Bereich,
  - eine dominante Kostensenkungsorientierung und
  - einen hohen Zentralisationsgrad

  auf.

- *Differenzierer* und *Prospector* weisen
  - einen häufigeren Produkt- und Programmwechsel,
  - eine dominante Orientierung an Kundennutzensteigerung und
  - einen hohen Dezentralisierungsgrad

  auf.

Demgegenüber gibt es für den Strategietyp des *Analyzer* keine konzeptionelle Entsprechung bei Porter. Dies liegt darin begründet, daß Porter von einer prinzipiellen Unvereinbarkeit seiner generischen Strategien ausgeht (Alternativhypothese; vgl. Corsten/Will 1991, S. 2 ff.) und der Analyzer einen *Kombinationstyp* der „elementaren" Strategietypen Prospector und Defender darstellt. Dies bedeutet, daß Miles/Snow im Gegensatz zu Porter eine Kombinationsoption für grundsätzlich möglich und erfolgreich erachten und folglich keine konzeptionellen Inkonsistenzen sehen. Sie betrachten vielmehr den Analyzer als eine grundsätzlich gleichwertige Strategiealternative zum Defender und Prospector. Ermöglicht wird dieser Kombinationstyp durch sog. „Hybridstrukturen" im Rahmen der organisatorischen Gestaltung (z.B. Matrixstrukturen) und einen „dualen technologischen Kern" (vgl. Miles/Snow 1986, S. 87).

Ein weiterer Unterschied zwischen diesen Strategietypologien ist in ihrer *Kontextbezogenheit* zu sehen. Während Porter seine Wettbewerbsstrategien unabhängig vom situativen Kontext der Unternehmung formuliert, beziehen Miles/Snow Kontextüberlegungen explizit in ihre Konzeption ein (vgl. Segev 1989, S. 492).

C. Alternative oder simultane Strategieverfolgung

Mit dem erwähnten Kombinationstyp des Analyzer wurde bereits die von Porter vertretene Unvereinbarkeitsthese der generischen Strategietypen in Frage gestellt. Konkret an der Porterschen Konzeption setzt der *Outpacing-Strategy-Ansatz* von Gilbert/Strebel (1987; 1989) an. Konzeptioneller Kern einer Outpacing Strategy ist es, in Abhängigkeit von der jeweiligen Wettbewerbssituation einen Wechsel zwischen den Strategien Kostenführerschaft und Differenzierung herbeizuführen, um so Wettbewerbsvorteile zu erlangen, d.h. sie strebt an, die beiden Strategien in Abhängigkeit von der Wettbewerbsphase des Geschäftsfeldes im Zeitverlauf zu kombinieren (vgl. Corsten/Will 1993b, S. 317). Der Ansatz von Gilbert/Strebel stellt insofern eine Vorgehensweise dar, die zwischen einer alternativen und simultanen Strategieverfolgung liegt.

Im folgenden soll der Frage nachgegangen werden, ob die generischen Strategien Kostenführerschaft und Differenzierung alternativ oder simultan verfolgt werden können, um dauerhafte Wettbewerbsvorteile zu erlangen und zu sichern. Kontrastierend lassen sich dann die beiden folgenden Positionen skizzieren (vgl. Corsten/Will 1993a, S. 49):

- Die *Alternativhypothese*, die von einer prinzipiellen Unvereinbarkeit von Kostenführerschaft und Differenzierung ausgeht.

- Die *Simultaneitätshypothese*, die eine kombinative Verknüpfung generischer Strategieoptionen und deren simultane Verfolgung i.S. eines Strategiemixes für möglich und erforderlich hält.

Eine Analyse empirischer Untersuchungen (vgl. Corsten/Will 1991, S. 4 ff.) zeigt, daß in zahlreichen SGE bei simultaner Verfolgung generischer Strategietypen keine inkonsistenzbedingten Wettbewerbsnachteile auftreten, sondern eine Simultaneität durchaus ein gleichwertiger Weg zur Erreichung von Wettbewerbsvorteilen darstellt.

Ferner sprechen jüngere Entwicklungen in SGF von Unternehmungen für die zunehmende Notwendigkeit einer simultanen Strategieverfolgung und -unterstützung im Produktionsbereich. Insbesondere Unternehmungen in SGF, die durch eine hohe Wettbewerbsintensität in Verbindung mit stark ausgeprägter abnehmerseitiger Verhandlungsmacht gekennzeichnet sind (z.B. in der Automobilzulieferindustrie), sehen sich zunehmend höheren Kundenanforderungen hinsichtlich differenzierungsbezogener Leistungsmerkmale und gleichzeitig einer preiselastischen Nachfrage gegenüber, die eine günstige relative Kostenposition voraussetzt.

Für eine Simultaneität spricht vor allem, daß im globalen Wettbewerb zunehmend *strategieorientierte Reorganisationsprojekte* des Produktionsbereichs, wie z.B. Focused Factory, Fertigungssegmentierung, Fraktale Fabrik und Lean Production, eingesetzt werden, um zur Lösung der Konflikte

- Produktivität versus Flexibilität,
- Produktivität versus Speed oder
- Produktivität versus Qualität

beizutragen und damit tendenziell die gleichen Ziele simultan zu verfolgen (vgl. Bolwijn/Kumpe 1990, S. 44 ff.; Corsten/Will 1993a, S. 47 ff.). Diese *Homogenisierung wettbewerbsstrategischer Zielprioritäten* relativiert die Notwendigkeit, Wettbewerbsvorteile durch eine strategieabhängige Gestaltung von Produktionssystemen i.S. der Alternativhypothese zu erreichen.

Damit stellt sich die Frage, wie eine Simultaneität ressourcenseitig unterstützt werden kann, wobei informationstechnologische und arbeitsorganisatorische Entwicklungstendenzen in die Überlegungen einbezogen werden sollen.

1. Informationstechnologisches Unterstützungspotential

Informationstechnologisch basierten Systemen, wie Systemen der flexiblen Automatisierung und CIM-Systemen (vgl. Scheer 1990a, S. 2 ff.), wird eine hohe Relevanz für die wettbewerbsstrategische Position von Unternehmungen zugesprochen, weil hierdurch neben der Produktivität auch die Flexibilität und die Qualität verbessert werden (vgl. Bötzow 1988, S. 45).

Aus der Sicht der Alternativhypothese gibt es grundsätzlich keine Möglichkeit, mit CIM generische Wettbewerbsstrategien simultan zu unterstützen (vgl. Görgel 1991, S. 192 ff.), d.h. Entscheidungen über die Gestaltung von *CIM-Komponenten* (CAD, CAQ, CAM) sowie hinsichtlich der Integrationsrichtung und des Integrationsgrades der CIM-Komponenten hängen von der verfolgten Wettbewerbsstrategie ab. Demgegenüber geht die Simultaneitätshypothese davon aus, daß die einzelnen CIM-Komponenten so aufgebaut werden können, daß sie beide Strategien zu unterstützen vermögen (vgl. hierzu die Argumentation bei Corsten/Will 1993a, S. 53 f.).

Ebenfalls sind Thesen hinsichtlich unterschiedlicher *Integrationsrichtungen* der CIM-Komponenten in Abhängigkeit von der verfolgten Wettbewerbsstrategie zu relativieren (vgl. Görgel 1991, S. 112). Handlungsempfehlungen, die auf eine Vorteilhaftigkeit der Integrationsrichtung CAD - CAP - CAM für Differenzierer abzielen, scheinen u.E. eher von Aspekten der daten- und fertigungstechnischen Integration geleitet zu sein als von wettbewerbsstrategischen Überlegungen. So ergab eine empirische Untersuchung (vgl. Wildemann 1990, S. 145 f.) zwar *Integrationsschwerpunkte* einzelner CIM-Bausteine bei der *CIM-Einführung*, jedoch kann hieraus eine Strategieabhängigkeit solcher Integrationsschwerpunkte nicht abgeleitet werden. Die *Integrationsreihenfolge* dürfte vielmehr in hohem Maße von der konkreten fertigungstechnischen Situation abhängig sein, davon also, welche spezifische Insellösung gegeben ist und welcher stufenweise Ausbau zweckmäßig erscheint.

Auch Aussagen (vgl. Görgel 1991, S. 189 u. S. 213) über die Strategieabhängigkeit des optimalen *Integrationsgrades* der CIM-Komponenten, wonach dieser für Differenzierer höher sei als für Kostenführer, weil Kostenführerschaft mit einem begrenzten Integrationsumfang verfolgbar sei, während Differenzierung zur Flexibilisierung und Beschleunigung der Prozesse einen hohen, mit steigenden Kosten verbundenen Integrationsgrad erfordere, erscheinen nicht haltbar. Vieles spricht dafür, daß der optimale Integrationsgrad von CIM-Komponenten weniger von der verfolgten Wettbewerbsstrategie abhängt, sondern vielmehr von den Produktionsbedingungen beeinflußt wird (vgl. Wildemann 1990, S. 140 ff.).

Darüber hinaus wird die alternativhypothetische Position durch *strategieindifferente Wirkungen neuer Technologien* relativiert. So trägt etwa derselbe CIM-Effekt „Durchlaufzeitverkürzung" über Produktivitätssteigerung und Kapitalbindungsreduktion sowohl zur Kostenführerschaft als auch, etwa über bessere Logistikleistung, zur Differenzierung bei. Analoge Überlegungen gelten für die Effekte Bestandssenkung, Flexiblitätssteigerung und Qualitätsverbesserung.

Die mit CIM-Einführungen verfolgten Ziele weisen ebenfalls keine hinreichende wettbewerbsstrategische Trennschärfe auf. Empirische Untersuchungen zeigen vielmehr, daß die Bedeutung der Ziele, die mit der Einführung neuer Technologien verfolgt werden, hinsichtlich der wettbewerbsstrategischen Grundorientierung nur geringfügig voneinander abweicht (vgl. Scheer 1990b, S. 28 ff.).

Diese Überlegungen zeigen, daß die Forderung nach einer strategiespezifischen CIM-Gestaltung nicht aufrechterhalten werden kann. Vielmehr erscheinen die in dieser Position formulierten Restriktionen für eine simultane Strategieunterstützung durch neue Technologien geringer als bisher vielfach behauptet, woraus jedoch noch kein aktives Simultaneitätspotential per se resultiert.

In einer Gegenposition wird hinsichtlich des wettbewerbsstrategischen Simultaneitätspotentials z.T. explizit hervorgehoben, daß CIM *informationstechnologisch basierte Potentialbeiträge* bereitstelle, um gleichzeitig sowohl die relative Kostenposition der Unternehmung als auch den Kundennutzen, z.B. durch höhere Liefertreue, schnellere Reaktion auf spezifische Kundenwünsche und bessere Qualität, zu verbessern (vgl. Scheer 1990b, S. 5). Damit wirkt CIM nicht einseitig auf die Kosten oder den Kundennutzen, sondern simultan auf beide Ziele (vgl. Wildemann 1988, S. 118).

Dennoch sollte das Simultaneitätspotential von Konzepten zur strategiegerechten Produktionsgestaltung, die ausschließlich oder doch dominant auf informationstechnologischen Gestaltungsansätzen wie CIM basieren, nicht überbewertet werden (vgl. Jürgens 1992, S. 27; Jones 1991, S. 42). Dies gilt ebenfalls für die Systeme flexibler Automatisierung.

Es ist vielmehr davon auszugehen, daß ein effizienter Einsatz der flexiblen Automatisierung eine *Reorganisation von Ablaufstrukturen und -prozessen* voraussetzt, was auch durch empirische Studien unterstützt wird (vgl. Rommel 1991, S. 6). Vor diesem Hintergrund erscheint es zweckmäßig, dieses begrenzte Simultaneitätspotential durch arbeitsorganisatorische Produktionskonzepte weiter zu erhöhen.

2. Arbeitsorganisatorisches Unterstützungspotential

Im Mittelpunkt arbeitsorganisatorischer Überlegungen steht die Anwendung des Gruppenprinzips, dessen Hauptmerkmal die organisatorische Reintegration tayloristisch strukturierter, d.h. hochgradig arbeitsteiliger Funktionen, zu möglichst ganzheitlichen Arbeitsaufgaben ist, die durch gemeinsames Aufgabenverständnis, Kohärenz, Überschaubarkeit, polyvalente Mitarbeiterqualifikation und gruppenorientierte Anreizsysteme gekennzeichnet sind. Neuere Untersuchungen (vgl. Bötzow 1988, S. 101 ff.) stützen die These, daß *gruppenbasierte Produktionskonzepte* ein Simultaneitätspotential bereitstellen. So haben Fertigungsinseln einerseits *kostensenkende Implementierungseffekte* aufgrund gruppentechnologischer Gestaltungsmaßnahmen und hieraus resultierender kürzerer Transportzeiten zur Folge. Darüber hinaus ergeben sich aus der Inseleinführung flexibilitäts- und qualitätssteigernde, d.h. *differenzierungsfördernde Effekte* aufgrund des Einsatzes teilautonomer Gruppen mit erweiterten Handlungs- und Entscheidungsspielräumen der Mitarbeiter (vgl. Schuring 1991, S. 125 ff.).

Auch wenn eine größere *Arbeitsanreicherung* unter Humanisierungsaspekten wünschenswert erscheint, sind ihr aus ökonomischer Sicht Grenzen gesetzt. Da sich große Arbeitsinhalte nur begrenzt mit einem hohen Arbeitstempo verbinden lassen, ist von einem zunächst steigenden und dann sinkenden Produktivitätsverlauf in Abhängigkeit vom Ausmaß des Arbeitsinhaltes auszugehen (vgl. Springer 1992, S. 14 f.). Dabei steigt der *produktivitätsoptimale Funktionsintegrationsgrad* mit zunehmender Produktvielfalt und abnehmender Stückzahl.

3. Systemisches Unterstützungspotential

In den bisherigen Ausführungen wurde eine getrennte Diskussion von informationstechnologischen und arbeitsorganisatorischen Ansätzen durchgeführt. Um die mit einer *integrativen Vorgehensweise* erzielbaren Vorteile in vollem Umfang nutzen zu können, ist es erforderlich, daß sich eine Unternehmung den informatorischen *und* arbeitsorganisatorischen Integrationsanforderungen gleichermaßen stellt (vgl. Bühner 1988, S. 4), d.h. eine systemische Integration anstrebt (vgl. Corsten/Reiß 1992, S. 214 ff.). Anliegen eines *systemischen Integrationsmanagement* von Technologie und Organisation neuerer Produktionskonzepte ist es, beide Dimensionen in sachlicher und zeitlicher Hinsicht miteinander zu verknüpfen.

In *sachlicher Hinsicht* können integrative „Tech-Org-Konzepte" mit begrenztem Funktionsintegrationsgrad (z.B. Fertigungsinseln) als Ausgangspunkt herangezogen werden. Dabei erfolgt eine *Reintegration* von planenden, ausführenden und kontrollierenden Tätigkeiten zu ganzheitlichen Arbeitsaufgaben, die organisatorisch und technologisch gleichermaßen unterstützt wird. In diesem Punkt zeigt sich auch die *methodische Komplementarität* dieser arbeitsorganisatorischen Konzepte mit dem informationstechnologischen Konzept CIM, das sowohl eine Daten- als auch eine Vorgangsintegration anstrebt, die es für eine systemische Integration zu nutzen gilt. In *zeitlicher Hinsicht* ist zu beachten, daß sich Technologien tendenziell schneller implementieren lassen als organisatorische Veränderungen, mit der Konsequenz, daß sich der Erfolg bei der Einführung technologischer Konzepte schneller einstellt als bei arbeitsorganisatorischen Innovationen (Lead-Problematik).

Es ist folglich eine sachliche *und* zeitliche Harmonisierung dieser Dimensionen notwendig, um eine einseitige Technologieorientierung aufgrund des sich bei Technologieinnovationen früher abzeichnenden Erfolges zu vermeiden (vgl. Reiß 1992, S. 162). Ein solches „Meta-Integrationskonzept", das Technologie und Organisation in sachlicher und zeitlicher Hinsicht gleichermaßen verknüpft, wird als *Computer Integrated Organization (CIO)* bezeichnet (vgl. Corsten/Will 1993a, S. 80). Zur Implementierung von CIO erscheint eine von Anfang an ausgewogene Ressourcenintegration als prinzipiell wünschenswert, was jedoch nur für den Ausnahmefall einer Neugestaltung des Produktionsbereiches, etwa im Rahmen einer Werksneugründung, möglich erscheint. Es ist vielmehr davon auszugehen, daß Produktionsbereiche i.d.R. durch eine „High-Tech-" oder „High-Org-Dominanz" gekennzeichnet sind. Für diesen Fall erfordert die „CIO-Vision", die jeweils vernachlässigte Ressourcendimension ins Zentrum der Integrationsbemühungen zu rücken.

In Abhängigkeit vom Umfang der CIO-Reorganisation lassen sich zwei grundlegende *Implementierungsstrategien* unterscheiden:

- Die *Totalstrategie* zielt auf eine systemische Integration im gesamten Produktionsbereich ab. Sie birgt damit enorme Risiken einer Überforderung der Unternehmung und dürfte nur in Ausnahmefällen zum Erfolg führen.
- Die *Pilotstrategie* versucht, zunächst in einzelnen Produktionseinheiten eine systemische Integration zu realisieren. Solche CIO-Inseln können dann im Falle einer erfolgreichen Einführung stufenweise über weitere Produktionseinheiten schließlich auf den gesamten Produktionsbereich ausgedehnt werden. Dabei kann die Kommunikation er-

ster Implementierungserfolge der Pilotinseln dem CIO-Diffusionsprozeß zusätzliche Schubkraft verleihen.

Als *Implementierungseffekte* der technologischen und organisatorischen Konzepte sind zu nennen (vgl. Wildemann 1992, S. 5):

- Durchlaufzeitverkürzung,
- Produktivitätssteigerung,
- Qualitätssteigerung und
- Flexibilitätssteigerung,

wobei diese Implementierungeffekte untereinander komplementäre Wirkungszusammenhänge aufweisen. Wird darüber hinaus die bereits angesprochene methodische Komplementarität von Technologie und Organisation berücksichtigt, dann läßt sich diese *doppelte Komplementarität* (vgl. Corsten/Will 1994, S. 47 ff.) wie in Abbildung 1 dargestellt erfassen.

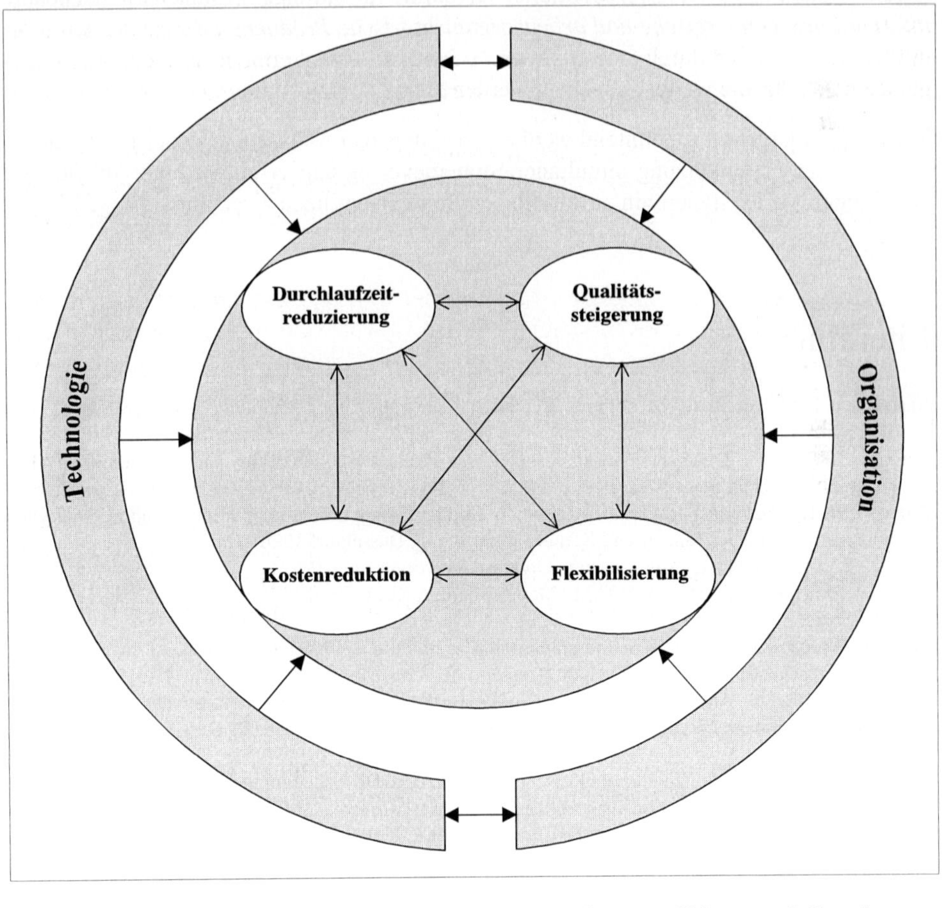

Abbildung 1: Interdependenzen zwischen Implementierungseffekten und Gestaltungsaspekten

D. Abschließende Bemerkungen

Wettbewerbsstrategien zielen darauf ab, durch den Aufbau von Wettbewerbsvorteilen den Unternehmungserfolg nachhaltig zu sichern. Diese strategische Problemstellung stellt Unternehmungen in den neunziger Jahren vor neue Herausforderungen, eröffnet aber auch neue Möglichkeiten.

Die aktuelle Wettbewerbssituation ist zunehmend durch die Notwendigkeit gekennzeichnet, eine gleichzeitige Verbesserung von Kundennutzen und Kostenposition zu erzielen, um Produkte mit überlegenen Leistungsmerkmalen zu günstigen Preisen anbieten zu können und somit die beiden generischen Wettbewerbsvorteilstypen Kostenführerschaft und Differenzierung *simultan* zu verknüpfen.

Moderne Produktionskonzepte stellen für diese strategische Herausforderung neue Unterstützungsmöglichkeiten bereit, wodurch dem Produktionsbereich eine Schlüsselrolle zum Aufbau von Wettbewerbsvorteilen zukommt. Im Mittelpunkt stehen hierbei neuere *informationstechnologische und arbeitsorganisatorische Produktionskonzepte*, deren Simultaneitätspotential durch eine *systemische Integration* isolierter Technologie- bzw. Organisationskonzepte weiter ausgebaut werden kann.

Vor dem Hintergrund zunehmend wettbewerbsintensiver Märkte und neuer Produktionskonzepte zur Unterstützung simultaner Strategieverfolgung erscheint eine Abkehr von dichotomen Vorteilstypen hin zu simultanen Strategieansätzen zweckmäßig.

Literatur

ABERNATHY, W.; UTTERBACK, J.M: Patterns of Industrial Innovation, in: Technology Review, 80. Jg. (1978), H. 7, S. 40-47.

BOLWIJN, P.T.; KUMPE, T.: Manufacturing in the 1990s - Productivity, Flexibility and Innovation, in: LRP, 23. Jg. (1990), H. 4, S. 44-57.

BÖTZOW, H.: Die Fertigungsinsel als Konzept zur Einführung flexibler Automation in mittelständischen Industriebetrieben der Einzel- und Kleinserienfertigung, Düsseldorf 1988.

BÜHNER, R.: CIM setzt eine leistungsfähige Organisation voraus, in: CIM-Man., 3. Jg. (1988), H. 6, S. 4-8.

BUZZEL, R.D.; GALE, B.T.; SULTAN, R.G.M.: Market Share: A Key to Profitability, in: HBR, 53. Jg. (1975), H. 1, S. 97-106.

CORSTEN, H.; REISS, M.: Systemische Integrationsansätze im Produktentstehungsprozeß, in: Integrationsmanagement für neue Produkte, hrsg. v. R.A. Hanssen u. W. Kern, Düsseldorf/Frankfurt a.M. 1992, S. 214-228.

CORSTEN, H.; WILL, T.: Ansatzpunkte neuerer Produktionskonzepte auf der Grundlage wettbewerbsstrategischer Überlegungen. Diskussionsbeiträge der Wirtschaftswissenschaftlichen Fakultät Ingolstadt, Nr. 14, Ingolstadt 1991.

CORSTEN, H.; WILL, T.: Simultaneität von Kostenführerschaft und Differenzierung durch neuere informationstechnologische und arbeitsorganisatorische Produktionskonzepte, in: Lean Production. Schlanke Produktionsstrukturen als Erfolgsfaktor, hrsg. v. H. Corsten u. T. Will, Stuttgart/Berlin/Köln 1993a, S. 47-86.

CORSTEN, H.; WILL, T.: Reflections on Competitive Strategy and its Impact on Modern Production Concepts, in: MIR, 33. Jg. (1993b), S. 315-334.

CORSTEN, H.; WILL, T.: Competitive Advantages through Integrated Production Concepts - Design Features and Implementation Effects, in: Eighth International Working Seminar on Production Economics, Pre-Prints, Bd.1, Igls/Innsbruck 1994, S. 39-55.

GILBERT, X.; STREBEL, P.: Strategies to Outpace the Competition, in: The Journal of Business Strategy, 8. Jg. (1987), H. 1, S. 28-36.

GILBERT, X.; STREBEL, P.: From Innovation to Outpacing, in: Business Quarterly, 54. Jg. (1989), H. 2, S. 19-22.

GÖRGEL, U.B.: Computer Integrated Manufacturing und Wettbewerbsstrategie, Wiesbaden 1991.

HOFER, C.W.; SCHENDEL, D.: Strategy Formulation: Analytical Concepts, St. Paul 1978.

JONES, D.T.: „Mager" is beautiful - Japaner auf Erfolgskurs, in: TR, 82. Jg. (1991), H. 38, S. 40-50.

JÜRGENS, U.: Lean Production in Japan: Mythos und Realität, in: Lean Production. Schlanke Produktion. Neues Produktionskonzept humanerer Arbeit? hrsg. v. IAT, IGM, IAO, HBS, 2. Aufl., Düsseldorf 1992, S. 25-34.

KREIKEBAUM, H.: Strategische Unternehmensplanung, 5. Aufl., Stuttgart/Berlin/Köln 1993.

MILES, R.E.; SNOW, C.C.: Unternehmensstrategien, Hamburg 1986.

PORTER, M.E.: Wettbewerbsvorteile. Spitzenleistungen erreichen und behaupten, Frankfurt a.M./New York 1989.

PORTER, M.E.: Wettbewerbsstrategie, 6. Aufl., Frankfurt a.M. 1990.

REISS, M.: Mit Blut, Schweiß und Tränen zum schlanken Unternehmen, in: Lean Strategie. Wege zu mehr Effizienz in Produktentwicklung, Produktion, Service und Vertrieb (Tagungsbericht), hrsg. v. gfmt Verlags KG, München 1992, S. 137-173.

ROMMEL, G.: Produkt- und Produktionsstrategie I/Industriestudie: Am meisten zählt die einfache Lösung, in: Handelsblatt vom 12.8.1991, S. 6.

SCHEER, A.-W.: Computer Integrated Manufacturing: CIM. Der computergesteuerte Industriebetrieb, 4. Aufl., Berlin et al. 1990a.

SCHEER, A.-W. (HRSG.): CIM-Strategie als Teil der Unternehmensstrategie, Berlin et al. 1990b.

SCHURING, R.: The Competitive Advantage of Autonomous Work Groups in a Changed Environment, in: Achieving Competitive Advantage. Getting Ahead through Technology and People, Proceedings of the Operations Management Association - UK sixth International Conference held at Aston Business School, Aston University, Birmingham, England, hrsg. v. D. Bennett u. C. Lewis, Berlin et al. 1991, S. 125-130.

SEGEV, E.: A Systematic Comparative Analysis und Synthesis of two Business-Level Strategic Typologies, in: SMJ, 10. Jg. (1989), S. 487-505.

SIMON, H.: Wettbewerbsstrategien, in: HWB, Bd. 3, hrsg. v. W. Wittmann et al., 5. Aufl., Stuttgart 1993, Sp. 4687-4704.

SPRINGER, R.: Auf dem Weg zur Facharbeiterbranche? Strukturveränderungen der Arbeit in der deutschen Automobilindustrie, in: Automobil-Industrie, 36. Jg. (1991), H. 1, S. 47-53.

SPRINGER, R.: Gruppenarbeit - Anlässe, Ziele und aktueller Stand. Erfahrungsberichte aus der Mercedes-Benz AG, unveröffentlichtes Manuskript, Stuttgart 1992.

STEINMANN, H.; SCHREYÖGG, G.: Management. Grundlagen der Unternehmensführung, 2. Aufl., Wiesbaden 1991.

VESPER, V.D.: Strategic Mapping - A Tool for Corporate Planners, in: LRP, 12. Jg. (1979), H. 6, S. 75-92.

WILDEMANN, H.: Erfolgspotentialaufbau durch neue Produktionstechnologien, in: Wettbewerbsvorteile und Wettbewerbsfähigkeit, hrsg. v. H. Simon u. J. Bohnenkamp, Stuttgart 1988, S. 116-128.

WILDEMANN, H.: Einführungsstrategien in die computerintegrierte Produktion, München 1990.

WILDEMANN, H.: Die modulare Fabrik: Kundennahe Produktion, 3. Aufl., St. Gallen 1992.

Erich Zahn

Kompetenzbasierte Strategien

A. Wandel im Strategieverständnis

Die Unternehmensrealität, wie die Wirklichkeit überhaupt, befindet sich in einem ständigen Wandel. Daraus resultieren immer wieder neue Herausforderungen, deren Bewältigung gewöhnlich auch neue Antworten bedingt. In Anbetracht der vielfältigen und tiefgreifenden unternehmensrelevanten Veränderungen während der letzten Jahre kann deshalb kaum überraschen, daß die Diskussionen auf dem Gebiet des Strategischen Management gerade heute so intensiv und so kontrovers sind wie vielleicht noch nie zuvor. Das liegt aber auch am Gegenstand selbst, hat doch *Strategie* etwas zu tun mit „Denken in Alternativen", „Entscheiden unter Ungewißheit", „Schaffen und Überwinden von Gegensätzen", „Auflösen von Paradoxien" und „Streben nach Vorteilssuche anstatt nach Gleichschritt im Wettbewerb" (vgl. Zahn 1992, S. 1 ff.). Aufgrund dieser und anderer Merkmale des „Phänomens Strategie" ist irgendein einziges „Strategiediktum" immer problematisch und nur von begrenztem Nutzen (vgl. Hamel/Heene 1994, S. 2 f.).

1. Dominanz der Außenorientierung

Der seit etwa Mitte der 70er Jahre dominante Strategieansatz, der von der Boston Consulting Group (1975) popularisiert wurde, seine theoretische Basis im *Structure-Conduct-Performance-Paradigma* der *Industrial-Organizations-Forschung* fand und in Porter (1980, 1981, 1985) seinen herausragenden Vertreter hat, kann als *kontextorientiert* oder *umweltzentriert* bezeichnet werden. Die Ratio des strategischen Verhaltens manifestiert sich hier vornehmlich im Ausnutzen bestehender branchenbezogener Machtasymmetrien, im Aufbau von Eintrittsbarrieren und in der Auswahl von Wettbewerbsarenen, in denen die Kräfte aus der Sicht des betroffenen Unternehmens günstig ausgeprägt sind und die eigenen Stärken erfolgversprechend eingesetzt werden können. Der primäre Fokus im Wettbewerb liegt im geschickten Positionieren und Manövrieren in Produkt-Markt-Arenen. Wettbewerbsvorteile werden durch *Entweder-oder-Strategien*, z.B. durch Kostenführerschaft oder Leistungsdifferenzierung angestrebt.

Die Gleichung Qualitätsverbesserung durch Mehrkosten bzw. Kostensenkung durch Qualitätseinbußen wird aber vom Markt so nicht mehr akzeptiert. Gefordert werden statt dessen immer häufiger „Weltklasseleistungen" i.S. von gleichzeitig besser, billiger, verläßlicher und kundenbezogener (vgl. Zahn 1993, S. 7 f.). Diese verlangen jedoch, zumindest in gewissen Ausmaßen, eine Hinwendung zu *Sowohl-als-auch-Strategien* (vgl. Gaitanides/Westphal 1991, S. 247 ff.; Corsten/Will 1992, S. 293; Reitsperger et al. 1993, S. 11 ff.; Zahn/Dillerup 1994, S. 39 f.), die allerdings aus naheliegenden Gründen schwierig zu realisieren sind und besondere Kompetenzen erfordern. Beide Aspekte legen es nahe, sich bei strategischen Überlegungen nicht nur von einer Außenorientierung leiten zu lassen, sondern auch einer Innenschau zu folgen.

2. Ergänzung durch Innenorientierung

Empirische Untersuchungen aus jüngerer Zeit belegen, daß nachhaltige Wettbewerbsvorteile nicht nur eine Frage von *umweltbedingten Gelegenheiten* sind, sondern auch oder sogar vor allem auf *Unternehmensfähigkeiten bzw. -kompetenzen* (beide Begriffe werden synonym verwendet) beruhen. Unternehmen, die erfolgreich Wettbewerb auf der Basis ausgeprägter Kompetenzen betreiben, nehmen danach Spitzenpositionen in ihren Branchen ein. Sie gehören zu den Technologieführern (vgl. Prahalad/Hamel 1990) und beherrschen ihre Schlüsselprozesse „weltmeisterlich" (vgl. Stalk/Evans/Shulman 1992).

Im zunehmend globalen Wettbewerb, der auch ein Rennen um Technologieführerschaft ist, hat Technologiekompetenz einen besonderen Stellenwert. Das Konzept der *Unternehmenskompetenz* (vgl. Zahn 1993, S. 18) reduziert sich jedoch nicht auf herausragendes Wissen in den Bereichen F&E und Produktion, wie die immer wieder zitierten japanischen Beispiele Canon, Honda, NEC, Sharp, Sony usw. (vgl. Prahalad/Hamel 1990) vermuten lassen. Es umfaßt vielmehr das *Wissen* und die *Fähigkeiten* in allen Gliedern der Wertschöpfungskette, und es gilt natürlich auch für Handels- und Dienstleistungsunternehmen, wie ebenfalls beeindruckende Fallbeispiele belegen (vgl. Stalk/Evans/Shulman 1992). *Kompetenzen* beziehen sich auf Technik- und Marktwissen, individuelle und gruppenbezogene Fähigkeiten, weiche Assets (z.B. Markenimage) sowie Organisations-, Führungswissen und -fähigkeiten. Die Wettbewerbsfähigkeit von Unternehmen hängt davon ab, inwieweit diese solche Kompetenzen beherrschen und zur Verbesserung ihrer Effektivität und Effizienz einsetzen. Überlegene Kompetenzen sind eine fruchtbare Basis für die Generierung von Strömen erfolgreicher Innovationen und damit ein wirksamer Hebel zur Unternehmenserneuerung (vgl. Zahn 1993, S. 17 ff.). Dieses Potential wird insbesondere sog. *Kernkompetenzen* zugeschrieben. Darunter wird eine Integration von verschiedenen Einzelfähigkeiten bzw. eine gekonnte Mischung von Wissen auf geschäftsrelevanten Gebieten verstanden. So beruht z.B. die Kernkompetenz von Federal Express, dem Paketschnelldienst, u.a. auf der Beherrschung von Barcode-Technologien und von Methoden zur Optimierung der Transportwege. Kompetenzen verdienen dann den Zusatz „Kern-", wenn sie

- einen fundamentalen Kundennutzen stiften können,
- sich zur Differenzierung im Wettbewerb eignen,
- schwierig zu imitieren sind und
- Tore zu neuen Märkten öffnen (vgl. Hamel 1994, S. 11 f.).

Der Kompetenzansatz impliziert Veränderungen im Wettbewerbs- und im Strategieverständnis. Wettbewerb hat hier weniger die Züge eines Stellungskrieges, sondern mehr die eines Bewegungskrieges; er ist eher mit einem interaktiven Videogame als mit einem Schachspiel vergleichbar (vgl. Stalk/Evans/Shulman 1992, S. 62). Strategische Überlegungen konzentrieren sich nicht nur auf die optimale Positionierung in Produkt-Markt-Feldern, sondern vor allem auf die kreative Generierung von Unternehmenskompetenzen sowie auf die marktbezogene Gestaltung von *Geschäftsprozessen* - den Mechanismen zur Transformation überlegener Kompetenzen in erfolgreiche Produkte und Dienstleistungen. Sie zielen weniger auf Erhaltung und mehr auf Erneuerung i.S. der „kreativen Zerstörung" (Schumpeter 1934) ab. Damit ist ein *dynamisches Strategieverständnis* impliziert, das dem Realphänomen der Veränderlichkeit entspricht und somit eine geeignete Basis für ein Management des Wandels bietet.

B. Merkmale des kompetenzbasierten Strategieansatzes

Die Erkenntnis, daß überlegene Unternehmenskompetenzen eine ergiebige Quelle für nachhaltige Wettbewerbsvorteile sein können, hat der Forschung über *Strategisches Management* Anstöße zur Formulierung und Überprüfung neuer Hypothesen und zur Entwicklung neuer Strategieansätze gegeben. Diese verstehen sich in bezug auf das in der Industrial-Organizations-Forschung dominierende Paradigma als Alternative wie der *Resource-based View* (vgl. z.B. Peteraf 1993, S. 186) bzw. das *Resource-Conduct-Performance-Paradigma,* oder auch als notwendige Ergänzung wie der *Competence-based Competition* (vgl. Hamel 1994, S. 18 ff.).

1. Historische Wurzeln

Mit den genannten Strategieansätzen wird kein wirkliches Neuland betreten, sondern an alte, zwischenzeitlich etwas in Vergessenheit geratene Denkschulen der Strategischen Unternehmensführung angeknüpft. Die Wurzeln des *ressourcenbasierten Ansatzes* lassen sich bis zu den grundlegenden Arbeiten von Penrose (1959) zur Theorie des Unternehmenswachstums zurückverfolgen. Sie interpretiert das Unternehmen u.a. als eine Ansammlung von Ressourcen, wobei die meisten Ressourcen eine Vielfalt von Leistungen ermöglichen können; die mit ihnen arbeitenden Menschen müssen dazu nur verschiedene Ideen für einen nutzbringenden Einsatz haben (vgl. Penrose 1959, S. 25 u. 75 f.).

Nach dieser Interpretation lassen sich die Unterschiedlichkeit von Unternehmen sowie ihr Erfolg oder Mißerfolg auf ihre Ressourcen sowie die Art ihrer Nutzung (sie impliziert eine Fähigkeit) zurückführen. Die Frage nach der Einzigartigkeit von Unternehmen wird damit zur Frage nach ihren *Stärken* und *Schwächen.* Wernerfelt (1984, S. 172), einer der jüngeren Protagonisten des ressourcenbasierten Ansatzes, sieht deshalb in allem, was als eine Stärke oder Schwäche eines gegebenen Unternehmens aufgefaßt werden kann, eine Ressource.

Auch das *Konzept der Kompetenz* hat seine Vorläufer. Im klassischen Strategieansatz der Harvard Business School, der mit den Arbeiten von Andrews (1971) eng verbunden ist, hat Kompetenz den Stellenwert einer Schlüsselgröße erfolgreicher Strategien. Kompetenz wird hier i.S. des statischen Konzepts der *Distinctive Competence* von Selznick (1957) verwendet. Unter solchen „unverwechselbaren Kompetenzen“ wird verstanden, was ein Unternehmen besonders gut kann. Sie begründen zusammen mit den Werthaltungen und Ressourcen die Einzigartigkeit von Unternehmen (vgl. Learned et al. 1969, S. 179 f.).

2. Ressourcen und Kompetenzen

Die Begriffe Ressourcen und Kompetenzen werden gestern wie heute oft nicht klar definiert und sehr unterschiedlich verwendet, was das Verständnis der auf ihnen basierenden Strategieansätze erschwert. Zuweilen werden die Begriffe nebeneinander, häufig noch mit Termini wie Fertigkeiten (Skills), Know-how, Assets (i.S. von materiellem und immateriellem Vermögen) usw., aufeinander bezogen oder in einer Über-/Unterordnung verwendet (vgl. u.a. Aaker 1989; Hall 1992; Grant 1991; Amit/Schoemaker 1993). So beschreibt z.B. Barney (1991, S. 101) Unternehmensressourcen sehr umfassend als das, was Assets, Fähigkeiten, Geschäftsprozesse, Firmenattribute, Information, Wissen usw. beinhaltet. Dieser extensiven Interpretation folgend, verwenden Bogaert/Martens/Van Canwenbergh (1994, S. 61) Unternehmensressourcen ebenfalls als Überbegriff und unterteilen sie in die Komponenten „Haben" und „Tun", d.h. in das, was ein Unternehmen besitzt (sichtbare Assets und Ressourcen) und in das, was ein Unternehmen kann (unsichtbare, intangible Assets, Fertigkeiten, Fähigkeiten bzw. Kompetenzen).

Hall (1994, S. 154) stellt *Capabilities* (Fähigkeiten i.w.S.), die er in die Kategorien *functional, cultural, positional* und *regulatory* einteilt, auf der einen Seite intangiblen Ressourcen mit den Ausprägungen „Skills" und „Assets", die er noch nach ihrer Mitarbeiterabhängigkeit klassifiziert, auf der anderen Seite gegenüber. Mit dem dadurch gebildeten Raster lassen sich genauere Einordnungen vornehmen. So kann z.B. Mitarbeiter-Know-how als funktionale Fähigkeit und gleichzeitig als mitarbeiterabhängiger Skill oder eine Lizenz als ein gesetzlich geschützter und mitarbeiterunabhängiger (intangibler) Asset definiert werden.

Ressourcen, gewöhnlich intangible Assets, und *Kompetenzen*, sind von *strategischer Bedeutung*, wenn sie

- knapp, kaum transferierbar, damit also wertvoll sind,
- sich zur Differenzierung eignen,
- sich nur schwierig imitieren lassen und
- deshalb Potentiale für Wettbewerbsvorteile enthalten (vgl. u.a. Prahalad/Hamel 1990, S. 83 f.; Amit/Schoemaker 1993, S. 36).

Strategisch relevante Kompetenzen werden auch als *Distinctive Competences* (vgl. z.B. Bogaert/Martens/Van Canwenbergh 1994, S. 61) oder als *Core Competences* (vgl. Prahalad/Hamel 1990; Hamel/Heene 1994, S. 1 f.) oder als *Core Capabilities* (vgl. Schoemaker 1992) bezeichnet.

Nach vorherrschender Auffassung sind weder strategische Ressourcen noch Kernkompetenzen Gegebenheiten. Sie entstehen vielmehr erst durch Akkumulation bzw. durch Entwicklung, wozu u.U. lange Zeiträume erforderlich sind (vgl. Rumelt 1984; Prahalad/Hamel 1990, S. 85). Der Prozeß der Ressourcenakkumulation und die Entwicklung von Kernkompetenzen bedingen sich gegenseitig. Kernkompetenzen ermöglichen und steuern quasi den Prozeß der Assetakkumulation; sie sind Katalysatoren dieses Vorgangs, aber gleichzeitig profitieren sie auch von ihm (vgl. Verdin/Williamson 1994, S. 86 f.). Die Interaktionen zwischen beiden Vorgängen implizieren kollektive Lernprozesse, die gleichsam als Motor des Fortschritts i.S. von besserer Leistungsfähigkeit fungieren. Dabei kann unterstellt werden, daß einzelne Fähigkeiten (z.B. bestimmte Produktionsfertigkeiten) und Assets (z.B. Mitarbeiter-Know-how) in kürzeren und Kernkompetenzen (z.B. die Fähigkeit der Zusammenführung verschiedener Technologiestränge) in längeren Lernzyklen verbessert werden. Diese Lernvorgänge implizieren ihrerseits eine besondere Fähigkeit: das „Lernen lernen".

3. Von überlegenen Kompetenzen zu erfolgreichen Leistungen

Lernzyklen sind Vorgänge über der Zeit. Ihre Gestaltung und Steuerung erfordern deshalb eine dynamische Perspektive. Die klassischen Interpretationen der Rolle von Ressourcen und Kompetenzen, aber auch einzelne Auffassungen zum modernen Resource-based View implizieren dagegen eine statische Sicht. Unternehmenskompetenzen und -ressourcen werden als gegeben betrachtet, ebenso Marktchancen, und die Aufgabe des Management wird in der Gestaltung eines optimalen Fit, gleichsam im Bau einer festen Brücke zwischen Unternehmensfähigkeiten und Marktchancen, gesehen. Diese Vorstellung ist in Zeiten relativ stabiler Umweltbedingungen hinreichend. Sie ist jedoch nicht bei labilen Umweltkonstellationen oder turbulenten Veränderungen geeignet. Die strategische Aufgabe des Management ist es hier, die Unternehmenskompetenzen kreativ weiterzuentwickeln sowie Markttrends zu antizipieren und mit zu beeinflussen, um dann immer wieder möglichst (erfolgs-)sichere Brücken zu schlagen zwischen sich verändernden Märkten und ständig weiterzuentwickelnden Kompetenzen (vgl. Zahn 1993, S. 17 f.).

Das *Konzept der Kernkompetenzen* trägt dieser Forderung Rechnung. Es beinhaltet den proaktiven Aufbau von Kernkompetenzen, und es betrachtet diese als sich erneuernde Basis für ein breites Spektrum von Geschäften mit vielfältigen Produkten und Dienstleistungen. Der strategisch bedeutsame Zusammenhang zwischen überlegenen Kompetenzen und erfolgreichen Geschäften wird deutlich, wenn das Unternehmen als „Baum" gedacht wird (vgl. Prahalad/Hamel 1990, S. 81). Ebenso wie ein Baum von seinen Wurzeln her wächst, so entwickelt sich ein Unternehmen aus seinen Kernkompetenzen (z.B. der gleichzeitigen Beherrschung von Optoelektronik, Bildverarbeitung, Lasertechnik, Miniaturisierung und Mikroprozessorsteuerung) heraus. Auf diesen bilden sich zunächst, dem Stamm und den dicken Ästen gleichend, Kernprodukte (wie Mikrochips) und dann, analog zu den dünnen Ästen und Zweigen, Geschäftseinheiten, deren Blätter und Früchte so unterschiedliche Endprodukte wie Laptops, Farbkopierer, elektronische Kameras, Laserfaxgeräte usw. (wie etwa im Fall von Canon) darstellen können.

Der Erfolg eines Unternehmens manifestiert sich letztlich in der Konkurrenzfähigkeit seiner Produkte und Dienstleistungen. Diese sichtbaren Marktleistungen repräsentieren jedoch nur einen relativ kurzfristigen Erfolgsmaßstab. Längerfristig wird der Wettbewerb häufig tiefer, auf der Ebene der Kompetenzen (wie z.B. im Falle der Fluglinien durch Flottenmanagement und Reservierungssysteme), entschieden. Hier liegen die Quellen für dauerhaftere Wettbewerbsvorteile. Kernkompetenzen können eine Vielzahl von Geschäften nähren und so für einen anhaltenden Strom von neuen Produkten sorgen. Sie nutzen sich dadurch nicht ab, müssen aber wegen der zwangsläufigen Wissensveralterung ständig erneuert und verteidigt werden. Fehlschläge mit Produkten können für ein betroffenes Unternehmen ernsthafte Umsatz- und Ertragseinbußen bedeuten. Gravierendere und nachhaltigere Auswirkungen auf seine Wettbewerbs- und damit Überlebensfähigkeit können allerdings Probleme auf der Ebene der Kompetenz haben. Erstere gleichen in der Baummetapher schadhaften Blättern oder faulen Früchten, letztere dagegen kranken Wurzeln. Während das eine oft nur temporäre Probleme (hier vielleicht i.S. eines witterungsbedingten Ernteausfalls) bedeutet, repräsentiert das andere einen dauerhaften Schaden. Aber ebenso wie bei einem Baum von schönen Früchten nicht auf gesunde Wurzeln geschlossen werden kann, sind noch erfolgreiche Produkte keine Garantie für eine weiterhin ergiebige Kompetenzbasis für neue Produkte. Dieser Umstand zeigt, daß bei strategischen Überlegungen Produkt-/Marktbetrachtungen zu kurz greifen können, und daß sie deshalb nicht nur auch, sondern vor allem der Sicht durch die Kompetenzbrille bedürfen.

4. Eine komplementäre Perspektive

Der kompetenzbasierte Strategieansatz ist geeignet, den konventionellen Strategieansatz des Industrial-Organizations-Paradigmas wie folgt zu ergänzen (Heene 1994, S. XXV):

Kernkonzepte des konventionellen Strategieansatzes	Ergänzungen des kompetenzbasierten Strategieansatzes
- Strategie als Fit zu Markt-/Wettbewerbschancen	- Strategie als Beeinflussung von Markt-/Wettbewerbschancen
- Ressourcenallokation	- Ressourcenhebelkraft
- Portfolio von Geschäftsfeldern	- Portfolio von Kompetenzen
- Märkte in Termine von Produktion und Kunden	- Märkte in Termine von Bedarfen und Funktionalitäten
- Wettbewerb als Konfrontation	- Wettbewerb als Einkreisung
- Wettbewerb um Marktanteile	- Wettbewerb um Chancenanteile

Abbildung 1: Ergänzung von konventionellem und kompetenzbasiertem Strategieansatz

Die strategische Bedeutung von (Kern-)Kompetenzen ergibt sich aus der Tatsache, daß sie gewöhnlich eine längere Lebensdauer haben als die Produkte, die auf ihnen basieren, und daß sie schwieriger als diese zu imitieren sind. Kompetenzen, wie die Beherrschung der Miniaturisierung, können einem Unternehmen (so z.B. Sony) u.U. über Jahrzehnte hinweg als *Wissens-Basis* für ganze Wellen von Produktgenerationen und damit als Quelle für *Wettbewerbsvorteile* dienen. Der Aufbau solchermaßen überragender und ergiebiger Kernkompetenzen dauert aber auch seine Zeit, und er erfordert deshalb einen langen Atem.

Das Denken in *Geschäftsportfolios* impliziert eine engere und kürzere Sicht als das Denken in *Kompetenzportfolios*. Es konzentriert die strategischen Anstrengungen auf einen Fit zwischen vorhandenen Unternehmenskräften und bestehenden Marktchancen. Daraus ergibt sich die *Gefahr eines selbstbegrenzten potentiellen Chancenhorizonts* (vgl. Hamel 1994, S. 21). Latente Kundenbedürfnisse und Möglichkeiten zu ihrer Erschließung durch systematische Kompetenzentwicklung und umfassende Kompetenznutzung können dabei übersehen werden.

Marktanteile bei *Endprodukten* sind ein Ausdruck von Marktmacht und Wettbewerbsstärke. Beide stehen jedoch u.U. auf tönernen Füßen, wenn hinter den Marktanteilen bei Endprodukten nicht auch hohe Marktanteile bei *Kernprodukten* stehen und wenn keine Überlegenheit bei der Beherrschung von *Kernkompetenzen* vorliegt. Unternehmen, die bei Kernprodukten einen wesentlich geringeren Marktanteil aufweisen als bei Endprodukten, können in eine bedenkliche Abhängigkeit von ihren Lieferanten geraten und von diesen ggfs. „ausgehungert" werden.

Der Verkauf von Kernprodukten (z.B. Komponenten, in denen die Intelligenz der Endprodukte steckt) bedeutet gewöhnlich „Geschäfte machen mit Freund und Feind". Ein Verzicht darauf wird i.a. mit der Furcht vor Abfluß von überlegenem Know-how und vor Verlust an Wettbewerbsvorteilen begründet. Eine solche Einschätzung mag in bestimmten Fällen gerechtfertigt sein. Häufig ist sie jedoch unbegründet, weil oft erst der Verkauf von Kernprodukten eine Führungsposition bei Kernkompetenzen erlaubt und zudem ein Zeichen von vorhandener Stärke ist. Wo eine solche in ausgeprägter Form gegeben ist, kann u.U. selbst der Verkauf von Kernkompetenzen sinnvoll sein, wie Marriot mit dem Verkauf seiner Kernkompetenzen im Catering und Einrichtungsmanagement zeigt (vgl. Hamel 1994, S. 22 f.)

C. Anwendung des kompetenzbasierten Strategieansatzes

Der erfolgreiche Einsatz kompetenzbasierter Strategien erfordert ein dynamisches Strategieverständnis, die umfassende Kenntnis der Kompetenzproblematik sowie ein professionelles Kompetenzmanagement.

1. Ein dynamisches Strategieverständnis

Das Denken in Produkt-Markt-Positionen, vor allem i.S. von Soll-Ist-Portfolios, impliziert eine komparativ-statische Sicht. Es konzentriert sich gleichsam auf das Endstadium eines *Mehrebenen-Wettspiels* (vgl. Hamel 1991, S. 83) und darauf, wie das Spiel in dieser Phase gespielt wird. Wettbewerb auf der Basis von Kompetenzen beinhaltet dagegen auch eine Antwort auf die Frage, womit das Spiel gespielt wird, und er erfordert den Blick auf das gesamte, zeitlich nicht terminierte Spiel, d.h. auf den Zeitraum der Kompetenzentwicklung vor der betrachteten Produkt-Markt-Arena sowie auf mögliche Verlängerungen des hier stattfindenden Spiels oder seine Ausdehnung auf andere Produkt-Markt-Arenen.

Um die Wurzeln von Wettbewerbsvorteilen umfassender zu verstehen, muß Strategie als Mehrebenen-Wettspiel wohl auch noch über die Ebene der Kernkompetenzen hinausgedacht werden. Weitere Ebenen können den Prozeß der interaktiven Kompetenzentwicklung in den ausgewählten Wetttbewerbsarenen, die Veränderungen der Spielregeln im

Wettbewerb und die Qualität der Unternehmensführung betreffen (vgl. De Leo 1994, S. 38 f.).

Der Kampf um Wettbewerbsvorteile wird auch dadurch entschieden, ob und wie es vom Management eines Unternehmens verstanden wird, Kernkompetenzen durch die wechselseitige Interaktion zwischen unternehmens- und umweltspezifischen Ressourcen zu entwickeln. Um Zugang zu gewünschten Kompetenzen zu bekommen, müssen zunächst strategische Verbindungen geschaffen werden. Diese spielen eine wichtige Rolle beim Erlernen neuer sowie beim Aufwerten bestehender Fähigkeiten (vgl. Kogut 1991; Nohria/Garcia-Pont 1991).

Unternehmen betreiben auch Wettbewerb durch die Art und Weise, wie sie die Spielregeln in ihren Wettbewerbsarenen verändern. Erfolgreiche Beispiele hierfür lassen sich in den unterschiedlichsten Branchen finden, so bspw. Benetton in der Textiloberbekleidung, Microsoft in der Softwarebranche oder Wal-Mart im Einzelhandel. Hinter diesen Erfolgen stehen gewöhnlich auch besondere Kompetenzen, z.B. die Kompetenz von Benetton zur Integration von selbständigen Herstellern und Einzelhändlern zu Wertschöpfungspartnerschaften.

Künftiger Erfolg im Wettbewerb wird auch wesentlich davon abhängen, inwieweit es Unternehmensführern gelingt, ihre Unternehmen zu lernenden Organisationen zu machen. Kollektive Lernvorgänge sind schließlich der wesentliche Mechanismus für die Entwicklung von Kompetenzen und ihre Bündelung zu Kernkompetenzen (vgl. Helleloid/Simonin 1994, S. 214 ff.; Zahn 1994, S. 18). Kernkompetenzen können deshalb auch als *interdependente Wissenssysteme* interpretiert werden (vgl. Leonard-Barton 1992, S. 113 f.).

2. Kenntnis der Kompetenzhierarchie

Erfolg hat gewöhnlich viele Väter. Dies gilt ebenso für Wettbewerbsvorteile, die nicht notwendig aus (Kern-)Kompetenzen resultieren müssen, sondern auch auf dem richtigen Gespür für Nachfrageentwicklungen oder auf besonderen Bedingungen (z.B. Standortvorteilen) oder einfach auf günstigen Ereignissen (z.B. gesetzlichen Geschäftserleichterungen oder starken, kooperationswilligen Konkurrenten) beruhen können. Wettbewerbsvorteile, die über längere Zeiträume anhalten, wollen erarbeitet und verteidigt werden. Sie beruhen auf Kompetenzen. Diese sind sowohl für das strategische Management bestehender Geschäfte als auch für das Erkennen und Realisieren neuer Geschäftspotentiale erforderlich. Was verbirgt sich hinter solchen Kompetenzen? Wie lassen sie sich kategorisieren und damit leichter verstehen? Eine sinnvolle Unterteilung kann anhand der *Dimensionen* „Besitz“, „Inhalt“, „Fokus“ und „Struktur“ vorgenommen werden (vgl. Turner/Crawford 1994, S. 242 f.).

Nach dem *Besitzverhältnis* kann zwischen Mitarbeiter- und Unternehmenskompetenzen unterschieden werden. *Mitarbeiterkompetenzen* befinden sich im Besitz von Individuen und gehen verloren, wenn diese das Unternehmen verlassen. *Unternehmenskompetenzen* betreffen Fertigkeiten, weiche Assets und Wissensbasen, die sich in der Kultur und Struktur, in den Leistungsprozessen und Führungssystemen sowie in den Technologien und im Verhalten der Menschen im Unternehmen niederschlagen.

Bei der Betrachtung *inhaltlicher Schwerpunkte* lassen sich technische Kompetenzen und Managementkompetenzen erkennen. *Technologiekompetenz* manifestiert sich in den Entwicklungs-, Produktions-, Logistik- und Servicefähigkeiten eines Unternehmens, und zwar über den gesamten Lebenszyklus von Technologien hinweg. Heute besonders kritische und wichtige Aspekte betreffen hier *Fähigkeiten zur Zusammenführung* verschiedener Technologiestränge zu technischen Kernkompetenzen und *Fähigkeiten der Integration* bei technischen Systemgeschäften. Technologiekompetenz ist zugleich eine unverzichtbare Quelle für Innovationen zur Unternehmenserneuerung, und zwar nicht nur für Unternehmen in Hochtechnologiebranchen (vgl. Zahn 1994, S. 18 f.).

Managementkompetenz findet ihren Ausdruck in Führungs-, Organisations- und Koordinationskompetenz (vgl. Zahn 1993, S. 18 f.), aber auch in der Motivation von Mitarbeitern, in der Integration von Aktivitäten sowie in der Planung und Kontrolle des Unternehmensgeschehens.

Mit der Dimension *Fokus* lassen sich operative *Managementkompetenzen*, die primär auf die laufenden Leistungsprozesse konzentriert sind, von *Erneuerungskompetenzen*, die sich auf strategische Aktivitäten der Restrukturierung und Reorientierung zur kreativen Unternehmensentwicklung beziehen, differenzieren.

Eine in den Wirkungspotentialen ähnliche Unterscheidung ist die Zweiteilung nach der *Struktur* von Kompetenzen in grundlegende und unverwechselbare Kompetenzen. Der Terminus *grundlegende Kompetenz* bezieht sich auf die vielen elementaren Fähigkeiten in einem Unternehmen. Sie sind Grundlage und integraler Bestandteil jener gebündelten Fähigkeiten, mit denen Unternehmen sich differenzieren und Wettbewerbsvorteile erringen und die deshalb als *unverwechselbare Kompetenzen* bezeichnet werden können.

Solche *Kernkompetenzen* können in drei Hauptklassen eingeteilt werden (vgl. Hamel 1994, S. 16 f.):

- *marktzugangsbezogene Kompetenzen* (wie Markenentwicklung, Marketing- und Vertriebsfähigkeiten, Händlermanagement, Servicefähigkeiten, Kooperationsfähigkeiten usw.), die das Unternehmen näher an den Kunden bringen und dabei auch neue Wege bedeuten (so z.B. das *mail-order selling* von Dell Computers),
- *verläßlichkeitsbezogene Kompetenzen* (wie Qualitäts-, Zykluszeit-, JiT-Management, Rapid Prototyping, SE usw.), die es einem Unternehmen erlauben, besser, schneller, flexibler oder preiswerter zu sein als seine Konkurrenten, und
- *funktionalitätsbezogene Kompetenzen* (z.B. Fähigkeiten, die zu Produkten und Dienstleistungen mit einzigartiger Funktionalität führen, oder Fähigkeiten i.S. von *„agile manufacturing“*, bedarfsgerechter Fertigung in fraktalen Fabriken oder *„mass customization“)*, die Sprünge in der Leistungsverbesserung und individuellere Kundennutzenstiftungen erlauben.

Aus der Bündelung von Kernkompetenzen ergeben sich *Metakompetenzen*. Diese verkörpern gleichsam das Wissen der Grundleistung bzw. des Wertschöpfungssystems eines Unternehmens (z.B. Logistik im Paketschnelldienst). Die Trennungslinien zwischen den einzelnen Ebenen einer Kompetenzhierarchie (Metakompetenzen - Kernkompetenzen - Kompetenzen) sind fließend und lassen sich nur situativ bestimmen. Für die Anwendung des kompetenzbasierten Strategieansatzes ist die Kenntnis der jeweiligen Kompetenzpyramide von großem praktischen Nutzen. Sie gibt Aufschluß über vertikale und horizontale Zusammenhänge, über vorhandene Stärken und Schwächen und über Anhaltspunkte zur effizienten Entwicklung einer strategischen Architektur für den Aufbau einer visionsgetriebenen Kompetenzpyramide (vgl. Prahalad/Hamel 1990, S. 89 f.).

3. Überlegene Kompetenzen und strategische Absichten

Das Vorhandensein bestimmter (Kern-)Kompetenzen führt nicht automatisch zu Wettbewerbsvorteilen (vgl. auch Reed/De Fillippi 1990). So war etwa Xerox nicht in der Lage, eine Führungsposition bei der Kernkompetenz „benutzerfreundliche Computerinterfacetechnologie" zu Wettbewerbsvorteilen zu nutzen. Das mit diesbezüglich fortschrittlichster Technologie ausgestattete Produkt „Star Computer" hat den Sprung aus dem Forschungslabor in den Markt praktisch nicht geschafft. Das Geschäft haben andere Wettbewerber, z.B. Apple, gemacht.

Wettbewerbserfolg beruht gewöhnlich auf mehreren Kernkompetenzen, wie z.B. im Fall von Honda auf Kernkompetenzen bei Motoren einerseits und im Händlermanagement andererseits. *Technologiekompetenz* z.B. bleibt ungenutzt, wenn keine Vorstellungen darüber bestehen, welche Kundenprobleme mit ihr gelöst werden können, oder wenn sie wegen unzureichender Fähigkeiten in der Prozeßorganisation nicht rechtzeitig in marktfähige Produkte und Dienstleistungen transferiert werden können oder wenn diese Produkte und Dienstleistungen wegen fehlender Marktzugangsmöglichkeiten oder Marketing-Fähigkeiten oder Marktkenntnisse die Kunden nicht erreichen bzw. von diesen nicht angenommen werden. Der Erfolg *kompetenzbasierter Strategien* hängt neben der Beherrschung vorhandener Kompetenzen und den bestehenden Bedingungen in der jeweiligen Geschäftsumwelt vor allem von der Existenz einer *strategischen Absicht* und ihrer konsequenten Verfolgung ab. Unternehmen, die mit relativ wenigen Ressourcen in Geschäftsumwelten von hoher Komplexität und Dynamik agieren, sehen sich i.d.R. mit großen Risiken konfrontiert. Sie können hier erfolgreich eine Pionierrolle spielen, wenn sie Nischen besetzen, die ihren Kernkompetenzen adäquat sind und wenn sie diese zielbewußt weiterentwikkeln. Unternehmen, die in ähnlichen Geschäftsumwelten operieren, aber über relativ viele Kernkompetenzen verfügen, haben es mit moderateren Risiken zu tun. Eine ehrgeizige strategische Absicht liegt hier in der Eroberung benachbarter Marktnischen. Sie erfordert die geschickte Ausnutzung von Hebelwirkungen der vorhandenen Kernkompetenzen.

In Geschäftsumwelten mit niedriger Komplexität und Dynamik, in denen sich keine nennenswerten neuen Geschäftschancen abzeichnen, sind Unternehmen mit wenigen Kernkompetenzen wahrscheinlich gut beraten, wenn sie ihre Märkte neu definieren, sich auf die lukrativsten Marktsegmente konzentrieren, aber dazu gleichzeitig ihre wenigen Kernkompetenzen neu arrangieren und systematisch stärken. Dagegen sollten Unternehmen unter ähnlichen Geschäftsumfeldbedingungen, aber mit relativ vielen Kernkompetenzen eine Marktführerschaft anstreben, indem sie durch konsequente Nutzung ihrer Kernkompetenzen in den besetzten Marktsegmenten wachsen (vgl. Lorange 1993, S. 91 f.).

Auch Kernkompetenzen werden imitiert. Sie sind dann keine Kernkompetenzen mehr und versiegen deshalb als Quellen für Wettbewerbsvorteile. Neue oder andere Kernkompetenzen müssen dann an ihre Stelle treten. Die Automobilindustrie liefert hierfür ein gutes Anschauungsbeispiel. Ford hatte lange Jahre eine beherrschende Weltmarktposition dank fast weltweiter Fertigungsstandorte und eines Händlernetzes in den wichtigsten Ländern. Diese Infrastruktur des Marktzutritts verlor ihren Charakter als Kernkompetenz, nachdem die japanischen Hersteller ihre Weltmarktoffensive erfolgreich beendet hatten. Die japanischen Hersteller verschafften sich dann ihrerseits Wettbewerbsvorteile durch verläßlichkeitsbezogene Kernkompetenzen (wie TQM, JiT und Lean Management). Durch Anstrengungen zur Qualitätsverbesserung konnte Ford den hierdurch erlittenen Rückstand verkürzen, weshalb nun auch diese verläßlichkeitsbezogenen Kernkompetenzen an Bedeutung verlieren. Mazda versucht deshalb mit funktionalitätsbezogenen Kernkompetenzen, die ihren Niederschlag in auf Marktnischen fokussierten *„lifestyle cars“* finden, eine neue kompetenzbasierte Quelle für Wettbewerbsvorteile zu erschließen.

Diese Quasi-Gesetzmäßigkeit ist auch in anderen Branchen zu beobachten. Sie ist ein Grund dafür, weshalb eindimensionale (Entweder-oder-) Wettbewerbsstrategien immer häufiger durch mehrdimensionale (Sowohl-als-auch-) Wettbewerbsstrategien abgelöst werden. Einen erheblichen Anteil daran haben die entdeckten Vorteile von *„economies of speed“* und von integrierten Prozeßaktivitäten, die vormals bestehende Zielkonflikte zwischen Zeit, Qualität und Kosten nicht nur entschärfen, sondern auch bei allen Zielkriterien gleichzeitig bessere Realisierungen erlauben (vgl. Zahn 1993, S. 7).

4. Management von Kompetenzen

Erfolgreiches Kompetenzmanagement setzt seitens der Unternehmensführung zunächst eine klare und akzeptierte Vorstellung über vorhandene und erforderliche (Kern-)Kompetenzen voraus (vgl. Hamel 1994, S. 25 f.). Dazu müssen als erste Aufgabe die vorhandenen Kompetenzen systematisch erfaßt und ihr Leistungsbeitrag kritisch beurteilt werden. Damit sich die *Bestandsaufnahme* nicht in einer ausufernden und willkürlichen Auflistung verliert, empfiehlt sich die oben skizzierte Kompetenzhierarchie als Ordnungsrahmen. Um sicherzustellen, daß sich (Kern-)Kompetenzen zur Kundennutzenstiftung, zur Kostensenkung und zur Differenzierung im Wettbewerb eignen, müssen ihre Leistungsbeiträge aus Marktsicht (d.h. vor allem nach qualitativen Kriterien) beurteilt werden. Zur Unterstützung dieser *Evaluierung* sind inzwischen eine Reihe von Methoden (vgl. Klein/Hiscocks 1994, S. 183 f.; Edge et al. 1995, S. 201 ff.) entwickelt worden.

Noch schwieriger ist die zweite Aufgabe: die Entscheidung über die *Auswahl* jener Kompetenzen, auf denen die Unternehmensentwicklung künftig basieren soll. Ihre Lösung erfordert einen Konsens über Geschäftsmissionen i.S. von Kundennutzenklassen, die von Unternehmen beherrscht werden sollen. Erst wenn Einverständnis über einen angestrebten Kundennutzen besteht, können die zu seiner Realisierung notwendigen Kompetenzen festgelegt werden. In die Beurteilung müssen dabei auch die erforderlichen Anstrengungen zur Entwicklung solcher Kompetenzen (in den Kategorien Zeit und Geld) eingehen.

Die *Entwicklung* von (Kern-)Kompetenzen ist ein Lernprozeß, durch den Wissen sowohl aus dem Unternehmen als auch aus seinem Umfeld akkumuliert und integriert wird (vgl. u.a. Helleloid/Simonin 1994, S. 214 f.). Quellen für solches Wissen sind Kenntnisse über Fähigkeiten von Schlüsselpersonen und -bereichen im Unternehmen, Erfahrungen mit erfolgreichen Produkten, Wahrnehmungen der Kunden und Lieferanten, Szenarien über Zukunftstrends, Benchmarkingstudien (vgl. Boos/Jarmai 1994, S. 21 f.) und Lernen in Allianzen (vgl. Zahn/Richter 1995, S. 307 ff.).

Allianzen, Joint Ventures, Akquisitionen, Lizenznahmen und Personalabwerbungen können Wege zur schnelleren und effizienteren Kompetenzentwicklung sein. Zwei weitere Stellschrauben zur Reduzierung von Kosten der Kompetenzentwicklung manifestieren sich in der Konsequenz von Lernprozessen und der Diffusion von Kompetenzen in möglichst viele Produkte und Märkte (vgl. Hamel 1991, S. 89 f.).

Die verbreitete *Anwendung* von (Kern-)Kompetenzen stößt oft auf Hindernisse, die nicht zuletzt aus einer Aufbauorganisation in Form strategischer Geschäftseinheiten und aus der zunehmenden Tendenz zur Dezentralisierung resultieren. Hier besteht die Gefahr, daß Kernkompetenzen „eingesperrt“ werden. Dies widerspricht jedoch dem Wesen von Kernkompetenzen als Systemen interdependenten Wissens, das aus verschiedenen Quellen stammt und zur nützlichen Anwendung wieder in verschiedene Bereiche fließen muß. Als organisatorische Lösungen zur besseren Nutzung des in Kernkompetenzen enthaltenen Wissens bieten sich integrierte Projektteams, Center of Competence und Netzwerke an (vgl. Boos/Jarmai 1994, S. 25 f.). Da Projekte immer nur von begrenzter Dauer sind, sind Projektteams besonders zur Ingangsetzung von Erneuerungsprozessen oder zum schnellen Ergreifen von Marktchancen geeignet. Dabei kann der Wirkungsgrad solcher Projektteams erhöht werden, wenn sie großzügig mit Ressourcen und besonderen Rechten ausgestattet werden, wie die „urgent project teams“ bei Sharp oder die „gold badge teams“ bei Sony. Center of Competences sind dauerhafte Lösungen. Damit Kernkompetenzen hier zielbewußt weiterentwickelt und frei in Anwendungsfelder abfließen können, sind jedoch besondere Anreize erforderlich. Dazu zählen die Finanzierung der Basisentwicklung durch besondere Budgets, die Unterstützung von Geschäftseinheiten, die Kernkompetenzen zur Anwendung bringen, sowie Verrechnungspreissysteme. Ähnliche Anreizsysteme sind auch für das Funktionieren von Netzwerken erforderlich, um die Interessen der lose gekoppelten Partner zusammenzuführen.

(Kern-)Kompetenzen bedürfen schließlich des *Schutzes vor Erosion*, die ihre Ursache in unzureichender Finanzierung, Fragmentierung durch Divisionalisierung, Personalabwanderung, Wissensabzug durch Allianzpartner und Outsourcing haben kann (vgl. Hamel 1994, S. 32). Wirksame Protektion bieten u.a. ein strategisches Management von Allianzen einschließlich eines effektiven Lernens in Allianzen (vgl. Zahn/Richter 1994, S. 307 ff.) sowie ein Insourcing bestimmter Aktivitäten. Ein Beispiel für den letztgenannten Aspekt gibt die Firma Marquart, die zur Erschwerung einer Imitation ihrer Kernkompetenz in der Fertigung von Schaltern zur Eigenentwicklung ihrer Herstellautomaten übergegangen ist.

Literatur

AAKER, D.A.: Managing Assets and Skills: the Key to Sustainable Advantage, in: CMR, 31. Jg. (1989), H. 2, S. 91-106.

ANDREWS, K.R.: Concept of Strategy, Homewood 1971.

AMIT, R.; SCHOEMAKER, P.J.H.: Strategic Assets and Organizational Rent, in: SMJ, 14. Jg. (1993), S. 33-46.

BARNEY, J.: Firm Resources and Sustained Competitive Advantage, in: Journal of Management, 17. Jg. (1991), H. 1, S. 99-120.

BOGAERT, I.; MARTENS, R.; VAN CANWENBERGH, A.: Strategy as a Situational Puzzle: The Fit of Components, in: Competence-based Competition, hrsg. v. G. Hamel u. A. Heene, Chichester et al. 1994, S. 57-76.

BOOS, F.; JARMAI, H.: Kernkompetenzen - gesucht und gefunden, in: HBM, 16. Jg. (1994), H. 4, S. 19-26.

BOSTON CONSULTING GROUP: Strategy Alternatives for the British Motorcycle Industry, London 1975.

CORSTEN, H.; WILL, T.: Ansatzpunkte zu einer strategiegerechten Produktionsorganisation bei simultanen Strategieanforderungen, in: ZFO, 61. Jg. (1992), S. 293-298.

DE LEO, F.: Understanding the Roots of your Competitive Advantage. From Product/Market Competition to Competition as a Multiple-Layer Game, in: Competence-based Competition, hrsg. v. G. Hamel u. A. Heene, Chichester et al. 1994, S. 35-55.

EDGE, G. ET AL.: Technologiekompetenz und Skillbasierter Wettbewerb, in: Handbuch Technologiemanagement, hrsg. v. E. Zahn, Stuttgart 1995, S. 187-217.

GAITANIDES, M.; WESTPHAL, J.: Strategische Gruppen und Unternehmenserfolg - Ergebnisse einer empirischen Untersuchung, in: ZP, 2. Jg. (1991), S. 247-265.

GRANT, R.M.: The Resource-based Theory of Competitive Advantage: Implications for Strategy Formulation, in: CMR, 33. Jg. (1991), H. 3, S. 114-135.

HALL, R.: The Strategic Analysis of Intangible Resources, in: SMJ, 13. Jg. (1992), S. 135-144.

HALL, R.: A Framework for Identifying the Intangible Sources of Soustainable Competitive Advantage, in: Competence-based Competition, hrsg. v. G. Hamel u. A. Heene, Chichester et al. 1994, S. 149-169.

HAMEL, G.: Competition for Competence and Interpartner Learning within International Strategic Alliances, in: SMJ, 12. Jg. (1991), Special Issue Summer 1991, S. 83-103.

HAMEL, G.: The Concept of Core Competence, in: Competence-based Competition, hrsg. v. G. Hamel u. A. Heene, Chichester et al. 1994, S. 11-33.

HAMEL, G.; HEENE, A.: Introduction: Competing Paradigms in Strategic Management, in: Competence-based Competition, hrsg. v. G. Hamel u. A. Heene, Chichester et al. 1994, S. 1-7.

HEENE, A.: Preface, in: Competence-based Competition, hrsg. v. G. Hamel u. A. Heene, Chichester et al. 1994, S. XXV-XXVII.

HELLELOID, D.; SIMONIN, B.: Organizational Learning and a Firm‘s Core Competence, in: Competence-based Competition, hrsg. v. G. Hamel u. A. Heene, Chichester et al. 1994, S. 213-239.

KOGUT, B.: Country Capabilities and the Permeability of Borders, in: SMJ, 12. Jg. (1991), Special Issue Summer 1991, S. 33-47.

LEARNED, E.P. ET AL.: Business Policy: Text and Cases. Homewood 1969.

LEONARD-BARTON, D.: Core Capabilities and Core Rigidities, in: SMJ, 13. Jg. (1992), Special Issue Summer 1992, S. 111-125.

LORANGE, P.: Strategic Planning and Control, Cambridge 1993.

KLEIN, J.A.; HISCOCKS, P.G.: Competence-based Competition: A Practical Toolkit, in: Competence-based Competition, hrsg. v. G. Hamel u. A. Heene, Chichester et al. 1994, S. 183-212.

NOHRIA, N.; GARCIA-PONT, C.: Global Strategic Linkages and Industry Structure, in: SMJ, 12. Jg. (1991), Special Issue Summer 1991, S. 105-124.

PENROSE, E.: The Theory of the Growth of the Firm, Oxford 1959.

PETERAF, M.A.: The Cornerstones of Competitive Advantage: A Resource-based View, in: SMJ, 14. Jg. (1993), S. 179-191.

PORTER, M.E.: Competitive Strategy, New York 1980.

PORTER, M.E.: The Contribution of the Industrial Organization to Strategic Management, in: AMR, 6. Jg. (1981), S. 609-620.

PORTER, M.E.: Competitive Advantage, New York 1985.

PRAHALAD, C.K.; HAMEL, G.: The Core Competence of the Corporation, in: HBR, 68. Jg. (1990), H. 3, S. 79-91.

REED, R.; DE FILLIPPI, R.J.: Causal Ambiguity Barriers to Imitation, and Sustainable Competitive Advantage, in: AMR, 15. Jg. (1990), S. 88-102.

REITSPERGER, W.D. ET AL.: Product Quality and Cost Leadership: Compatible Strategies? in: MIR, 33 Jg. (1993), Special Issue 1: Strategic Quality Management, S. 7-79.

RUMELT, R.P.:Towards a strategic theory of the firm, in: Competitive Strategic Management, hrsg. v. R.B. Lamb, Englewood Cliffs 1984, S. 566-570.

SCHOEMAKER, P.J.H.: How to Link Strategic Vision to Core Capabilites, in: SMR, 34. Jg. (1992), H. 1, S. 67-81.

SCHUMPETER, J.A.: The Theory of Economic Development, Cambridge 1934.

SELZNICK, P.: Leadership in Administration. A Sociological Interpretation, New York 1957.

STALK, G.; EVANS, PH.; SHULMAN, L.E.: Competing on Capabilities: The New Rules of Corporate Strategy, in: HBR, 70. Jg. (1992), H. 2, S. 57-69.

TURNER, D.; CRAWFORD, M.: Managing Current and Future Competitive Performance: The Role of Competence, in: Competence-based Competition, hrsg. v. G. Hamel u. A. Heene, Chichester et al. 1994, S. 241-263.

VERDIN, P.J.; WILLIAMSON, P.J.: Core Competences, Competitive Advantage and Market Analysis: Forging the Links, in: Competence-based Competition, hrsg. v. G. Hamel u. A. Heene, Chichester et al. 1994, S. 77-110.

WERNERFELT, B.: A Resource-based View of the Firm, in: SMJ, 5. Jg. (1984), S. 171-180.

ZAHN, E.: Konzentration auf Kompetenz - Ein Paradigmawechsel im Strategischen Management, in: Erfolg durch Kompetenz, hrsg. v. E. Zahn, Stuttgart 1992, S. 1-38.

ZAHN, E.: Die strategische Renaissance des Unternehmens, in: Fit machen für den Wettbewerb, hrsg. v. E. Zahn, Stuttgart 1993, S. 1-49.

ZAHN, E.: Gegenstand und Zweck des Technologiemanagements, in: Handbuch Technologiemanagement, hrsg. v. E. Zahn, Stuttgart 1995, S. 3-32.

ZAHN, E.; DILLERUP, R.: Fabrikstrategien und -strukturen im Wandel, in: Vereinfachen und Verkleinern - die neuen Strategien in der Produktion, hrsg. v. G. Zülch, Stuttgart 1994, S. 15-51.

ZAHN, E.; RICHTER, F. J.: Lernprozesse als Katalysatoren für das Technologiemanagement, in: Handbuch Technologiemanagement, hrsg. v. E. Zahn, Stuttgart 1995, S. 307-321.

Jörg Menno Harms

Technologiekoordination in einer High-Tech-Unternehmung

A. Technologiekoordination und Erfolgsfaktoren

1. Technologiekoordination

Voraussetzung für erfolgreiches Arbeiten in Hoch-Technologie-Unternehmungen ist das Verständnis der Innovationswirkung neuer Technologien: Die aus einer Erfindung resultierenden Produkt- und Verfahrenstechnologien können ihrerseits wieder technologische Innovationen zur Folge haben. Diese Technologiediffusion mit Rückkopplung auf die auslösende Idee erzeugt einen schnell wachsenden Strom von Innovationen und Erfindungen. Die S-Kurve, das heißt der Aggregatzustand einer spezifischen Technologie als Funktion der Zeit, wird immer schneller durchlaufen. Spezifische Technologietrends können die Zeitkompression noch verstärken. So steigt der Integrationsgrad der Mikroelektronik weiter. Die Kosten pro Funktion sinken und die Zahl der möglichen Anwendungen steigt. Aus Geräten und Systemen für ausgewählte Anwendungen werden chip-bestückte Baugruppen; diese Baugruppen werden wieder durch höher integrierte Halbleiterschaltkreise ersetzt. Diese Entwicklung läßt sich auch treffend so kennzeichnen: „Der Chip frißt das System" (Weinerth 1990). Dabei steigt das Volumen, der Kostendruck wächst und das ursprüngliche Anwendungswissen geht zurück. Ein Ergebnis dieses Ablaufes ist, daß neue Standardtechnologien und -produkte weltweit jedem Hersteller zur Verfügung stehen. Auf dieser Grundlage entwickelt sich dann die Notwendigkeit zusätzlich gesteigerter Produktdifferenzierung mit einer Variantenvielfalt, die von den Herstellern zur wettbewerblichen Differenzierung genutzt wird. Zeitwettbewerb, neue Märkte und Differenzierungsdruck sind unmittelbare Folgen. Wegen der empfundenen Gleichzeitigkeit der Vorgänge entsteht der Eindruck eines turbulenten Umfeldes. Die Steuerung dieser verschiedenen Erscheinungsformen von Technologie in Richtung zum Kunden ist *Technologiekoordination* und umschließt alle funktionalen Verrichtungsbereiche der Wertschöpfungskette wie Einkauf, F&E, Marketing, Vertrieb, Fertigung, Logistik und Service. Die Steuerung kann unterschiedliche Qualitäten aufweisen. Sie kann z.B. kooperativ oder direktiv durchgeführt werden.

2. Erfolgsfaktoren Zeit, Kosten und Kunden

Die Einflußfaktoren, die sich im Wechselspiel von Produktangebot und Marktnachfrage in High-Tech-Unternehmungen entwickeln, sind (vgl. Harms 1991):

- Der *Zeitwettbewerb*, d.h. die Beschleunigung des gesamten Wertschöpfungsvorganges.
- Die *Kosten* der eigenen Wertschöpfung und die preisliche Durchsetzung am Weltmarkt.
- Die *Marktdifferenzierung*, d.h. eine immer größere Zahl unterschiedlicher Marktteilnehmer, die zuverlässige und individuelle Lösungen nachfragen (Extrem: *segment of one*).

Die Notwendigkeit eines *Markteintritts* vor oder mit dem Wettbewerb ist heute existenzsichernd geworden und erhält Ertrag und Marktanteil bei Steigerung von Innovation und

Flexibilität (vgl. v. Oetinger 1988). Die Beschleunigung des Technologieangebots und die teilweise exponentiell ansteigenden Aufwendungen für notwendige F&E-Investitionen erfordern, daß sich die Unternehmungen auf ihre Kernarbeitsbereiche und -fähigkeiten *konzentrieren.* Hierbei wird Wertschöpfung, die nicht mehr wettbewerbsgerecht hergestellt und vermarktet werden kann, ausgelagert und wieder zugekauft. Partnerschaften und *outsourcing* nicht strategischer Arbeiten sind die Folge. Wir sehen in den High-Tech-Unternehmungen eine ausgeprägte *Anwendungs- und Endverbraucherorientierung*, gleichzeitig beeinflußt durch kompromißlos individuelle Abnehmer, die fehlerlosen Nutzen mit unmittelbarer Verfügbarkeit nachfragen (vgl. Hunsicker 1986, S. 22). Der globale Markt wird heterogener hinsichtlich der Endabnehmer und *homogener* bei Standardtechnologien und -produkten (vgl. Harms 1992). Dies ist deutlich erkennbar im Hardware- und Software-Bereich. Der an Kundenanforderungen ausgerichtete Produktentwicklungs- und Vermarktungsprozeß muß den genannten Erfolgsfaktoren gerecht werden.

B. Steuerungsvarianten

1. Wie organisieren?

Die Konzentration auf die Umsetzung der Erfolgsfaktoren Zeit, Kosten und Kunden erfordert eine deutliche Veränderung der Aufbau- und Ablauforganisation (vgl. Harms 1991). Die bisherige statische Ordnung muß durch einen dynamischen Prozeß abgelöst werden, um die *Explosion* der Wertschöpfungskette und die neuen Anforderungen erfolgreich steuern zu können. In welchem Bereich soll die Unternehmung ihren Beitrag erbringen? Welchen vertikalen Integrationsgrad soll die Unternehmung aufweisen? Wie werden Partnerunternehmungen integriert? Wie werden die Kundenanforderungen in den Produktentwicklungs- und Vermarktungsprozeß eingebracht? Wer macht was, wann? Wie arbeiten verschiedene Bereiche im Hinblick auf die Erfolgsfaktoren zusammen? Hilfreich für die Wertschöpfungssteuerung ist die rechtzeitige Bestimmung der eigenen *Kernleistungskategorien*, z.B. (1) Komplexe Systeme, (2) einfache Endprodukte, (3) Dienstleistungen, da die Steuerungen in diesen verschiedenen Kategorien durchaus verschieden sein können und die horizontalen (querfunktionalen) *Kernprozesse* spezifisch gestaltet werden müssen, vor allem:

- Geschäftsplanung,
- Produktentwicklung,
- Auftragsakquisition,
- Auftragsbearbeitung,
- Kunden-*Service* und
- Kunden-*Feedback.*

Aber auch die Bilanzierung der erforderlichen und vorhandenen *Kernfähigkeiten* ist sinnvoll, um einer ständig komplexeren und sich ändernden Umgebung gerecht zu werden.

2. Eingesetzte Verfahren

Ein integriertes Geschäftsplanungssystem ist die Grundvoraussetzung für die leistungsfähige Technologiesteuerung und ein kundenorientiertes Arbeiten. Die strategische Ausrichtung des eigenen Geschäftes, der Sinn der Unternehmung, die Vision, Mission und Ziele der Unternehmung, das Erkennen der eigenen Erfolgsfaktoren, das Erstellen einfacher Dreijahres-Geschäftspläne *(10 Step Business Plan)* und die Ziele für das laufende Geschäftsjahr sind wichtige Bestandteile dieser Planung. Diese kann wiederum konzernweit durch ein *Management-Qualitätssystem* periodisch bewertet werden. Der gesamte Entstehungsprozeß eines Produkts (Planung, Entwicklung, Einführung) unterliegt einem - die Funktionen F&E, Marketing und Fertigung parallel schaltenden - Phasenprozeß *(Phase Review)*, der insbesondere die Produktplanungsphase *(Phase 0: Concept Engineering)* bewußt ausdehnt, um in der eigentlichen Entwicklung um so schneller abzulaufen.

Zur Sicherung einer getreuen Erfassung der erklärten und latenten Kundenerwartungen *(Customer's Voice)* in der Produktplanungsphase, wird ein hierfür entwickeltes Verfahren immer öfter eingesetzt - *Quality Function Deployment* (vgl. Hauser/Clausing 1988) - um Produktfehlentwicklungen möglichst zu vermeiden. An dieser Stelle muß auch auf die innerbetrieblichen Reibungsflächen zwischen Abteilungen und auf menschliche Einflußgrößen hingewiesen werden, die den gesamten Entstehungsprozeß eines Produktes und seinen späteren Markterfolg erheblich beeinflussen können. Die während der Produktplanungsphase durchgeführten Besprechungen mit allen Beteiligten und die bewußt gemessene Divergenz/Konvergenz bezüglich der Projektzielsetzungen können einen erheblichen Beitrag zur Projektbeschleunigung erzielen. Auf die informationstechnischen Verfahren CAD, CAE, CIM und praktische Methoden zur Durchführung von Technologieprojekten kann an dieser Stelle nur hingewiesen werden (vgl. Harms 1990). Weitere Parameter zur erfolgreichen Technologiekoordination sind:

- das Prinzip der *F&E-Charter*, d.h. eine eindeutige Zuordnung von Verantwortung für einen klar umrissenen Tätigkeitsbereich,
- die Möglichkeit, Erfolg zu *messen* und *zuzuordnen*, und
- *kreativitätsfördernde Rahmenbedingungen*, wie vertrauensvolle Arbeitsbedingungen und nicht hierarchiebetonte Strukturen.

3. Stärken und Schwächen der Varianten

Technologiekoordination ist die kundenorientierte Steuerung der verschiedenen Erscheinungsformen von Technologie und umschließt alle funktionalen Verrichtungsbereiche der Wertschöpfungskette. Koordinationsarbeit ist sowohl in vertikaler und - besonders integrativ - in quer-funktionaler Weise erforderlich. Die streng funktionale Ablauforganisation ist zur erfolgreichen Koordination zu langsam und wird den Anforderungen der dynamischen Arbeitsumgebung von High-Tech-Unternehmungen nicht gerecht. Funktionale Organisationen waren in der Vergangenheit berechtigt, wenn *ausschließlich technische Expertise abgefragt* wurde (vgl. HP 1992; Warnecke 1993). Heute verlangen Gleichzeitigkeit vieler Vorgänge und stärkere Kundenorientierung vor allem dynamische *Koordinati-*

onsstrukturen und weniger statische Aufbau - und Ablauforganisationen. Außerdem gilt, daß eine dezentrale Geschäftsorganisation *(Business Unit/Division)*, die sich nach Produkten, Anwendungen oder geographischen Märkten ausrichtet, besser geeignet ist, die genannten Erfolgsfaktoren zu erfüllen. Aber auch die Empfehlung, die eigene Unternehmungsstruktur (also auch die Technologiekoordination) so zu gestalten, wie die *Produktarchitektur* angelegt ist, gehört in der informationstechnologischen Industrie zu den erfolgsversprechenden Koordinationskonzepten (vgl. Morris/Ferguson 1993, S. 86). Die Re-Organisation großer High-Tech-Unternehmungen wie Siemens, DEC oder IBM (vgl. McWilliams 1994, S. 32) zeugt von dem anhaltenden Anpassungsdruck (vgl. Castillo 1993, S. 24).

a) Technologiekoordination in F&E

Mitarbeiter müssen heute stärker *vernetzt* denken als früher, insbesondere aufgrund der leistungsfähigeren Software im Systemverbund. Hier gibt es eine eindeutige Veränderung vom Einzelkämpfer der 70er Jahre zum kooperativen Systementwickler. Wenn die verknüpften, parallelen Vorgänge und Projekte in F&E, Fertigung und Marketing erfolgreich ablaufen sollen, muß bei dem Mitarbeiter ein abteilungs- und projektüberschreitendes Gesamtinteresse vorhanden sein. Oft kann ein Mitarbeiter nur an einem Teil des Ganzen arbeiten. Um so wichtiger ist dann das via Unternehmungsvision vermittelte Verständnis für das Ganze und die eigene Rolle im Projekt sowie in der Organisation. Sehr oft sind Projekte nur durch abteilungsübergreifendes *Projektmanagement* möglich. Hier zeigt sich die Stärke der zeitlich begrenzten Projektgruppe, die über Mitarbeiter aus allen notwendigen Fachbereichen und über entsprechende Ressourcenverantwortung verfügt. Hier gilt es dann, die richtige *Teambildung und -organisation* zu finden. F&E -Koordination zwischen mehreren *Business Units* ist zur Vermeidung von Doppelentwicklungen und zur gemeinsamen Nutzung von Gleichteilen erforderlich, auch wenn ein bestimmtes Maß an Entwicklungsüberlappung förderlich sein kann, da so die Koordinierungskosten gesenkt und die *„time to market"* verkürzt werden können. Der Zeit- und Kostendruck im Entstehungszyklus erfordert eine sehr viel intelligentere Nutzung von Standard- und Gleichteilen, den Einkauf von bisher selbst entwickelten Komponenten, Konzepte zum wiederholten Einsatz einmal entwickelter Hardware/Software-Komponenten *(Plattformstrategien)*, zeitsparenden Modul- und Aufbaustrategien in der Erzeugnisstruktur *(Huckepackstrategien)* und Partnerschaften mit zuliefernden Unternehmungen. Auch ist die Überwindung der vielen hemmenden organisatorischen Schnittstellen für den schnellen Durchlauf förderlich.

b) Technologiekoordination in Fertigung, Einkauf und Logistik

Die genannten Erfolgsfaktoren zwingen die Unternehmungen zu einer Erneuerung ihrer Fertigungsstrategien. Aus Kostengründen werden einfache Arbeiten aufgegeben und dann zugekauft (*Outsourcing, Subcontracting, Global-Sourcing, Geo-Sourcing*). Der Einkauf bestätigt seine wichtige Rolle und muß zunehmend koordinierende Aufgaben zwischen mehreren Partnern übernehmen. Zulieferer werden viel früher in den Produktentwicklungsprozess integriert. Die Anforderungen an das Zusammenspiel der verschiedenen, unter sich autarken Partner sind beträchtlich und erfordern neue Spielregeln und Erfolgskriterien, z.B. TQRCDE zur Bewertung mehrerer Alternativen *(T*echnology, *Q*uality, *R*esponsiveness, *C*ost, *D*elivery, *E*nvironment). Die genannten Erfolgsfaktoren verlangen, daß eine F&E-nahe Fertigung für die Anlaufphase *(ramp up)* vorhanden ist. Volumenfertigung kann dann aus strategischen Gründen in ausgewählten geographischen Räumen erfolgen. Die Koordination zwischen den beteiligten Bereichen ist erfolgskritisch für einen schnellen, weltweiten und gleichzeitigen Fertigungsanlauf. Ermöglicht wird dies auch durch den Einsatz zeitgemäßer Informations- und Kommunikationstechnologien.

c) Technologiekoordination in Marketing, Vertrieb und Geographie

Die Steuerung der Geschäftsvorgänge vom Vertrieb in die F&E, von der F&E in die Fertigung und in den Vertrieb geschieht durch den *Produktmanager*, dessen koordinierende und führende Rolle für den Produkterfolg gar nicht deutlich genug herausgestellt werden kann. Die in den letzten Jahren ausgeprägte *Vertikalisierung* der High-Tech-Unternehmungen, d.h. die Übertragung aller notwendigen Funktionen in einen Geschäftsbereich, führt zu einer gewünschten Fokussierung auf Produkte und Kunden. Gleichzeitig ergibt sich in der geographischen Ebene eine aus Kundensicht notwendige Koordination der vertikalen Geschäfte (Major/Global Account Management), die nicht immer leicht zu erbringen ist. Im Auslieferungsprozeß werden - wie im Zulieferprozeß - heute deutlich mehr Partner eingesetzt. Diese Unternehmungen übernehmen Aufgaben, die die herstellende Unternehmung bisher selbst erledigt hatte. Vom Großhandel über das kleine Softwarehaus bis zum Third-Party-Service sind eine Vielfalt von Wertschöpfungsaktivitäten delegiert, die sinnvoll zur Konfliktbewältigung koordiniert sein wollen.

Die *Matrix-Organisation* wird als integrative Koordinierungsstruktur dann eingesetzt, wenn zentrale Verrichtungsorganisationen die komplexen, gleichzeitig ablaufenden Prozesse nicht mehr zeitnah bewältigen können. Hierbei geht man bewußt das Risiko größerer organisatorischer und persönlicher Unsicherheit ein. Aber auch informelle „Parallelorganisationen", die dadurch entstehen, daß Mitarbeiter in hierarchiebetonten Unternehmungen sich i.S. eines Matrixprinzips verhalten, sind erfahrungsgemäß - trotz der Hierarchie - koordinationsschneller als funktionale Organisationen. Die notwendige Koordinationsarbeit ist allerdings auch abhängig von der jeweiligen Leistungskategorie: einfache Produkte verlangen eine andere Steuerung als komplexe Systeme. Dezentrale Organisationen haben ihren Preis. Mit steigender Dezentralisierung steigen die *Anforderungen* an die Methoden- und Sozialkompetenz der betroffenen Mitarbeiter.

4. Beobachtete Durchführungsschwierigkeiten

An einem Beispiel des Produktentwicklungsprozesses sollen typische Koordinationsprobleme stichwortartig aufgezeigt werden (vgl. Abbildung 1).

AUFGABE	Technologiekoordination bei multidivisionalen Projekten zur Nutzung verteilten Know-hows Koordination verschiedener Divisions/Business Units, die intern funktional organisiert sind			
	VARIANTE 1	VARIANTE 2	VARIANTE 3	VARIANTE 4
KOORDINATIONSFORM	Klassische zentrale Koordination der Funktionen auf der nächsthöheren Ebene	Koordination mit Hilfe von Steuerungsgruppen (Konsensusmanagement)	Koordination durch rigides Phasenmanagement	Koordination durch zeitbegrenztes Projekt-/Programmanagement
VORTEILE	keine	Geeignet bei Einsatz schwieriger Technologie und besonders kritischen Teilnehmern	Fokussiert, gute Synchronisation, Zeitgewinn	Bester existenter Kompromiß
NACHTEILE	Langsam, Momentum der Erbhöfe, zu starke Funktionalorganisation, Meß-/Anreizsysteme sind nicht unterstützend	Langsam, bürokratisch, *overorganized*, komplexe horizontale und vertikale Debatten	Bürokratisch	Erfordert organisatorische und menschliche Kompetenz, Akzeptanzprobleme in Funktionalbereichen

Abbildung 1: Varianten des Produktentwicklungsprozesses

5. Ständige Veränderung: Die Trends im auslaufenden Jahrhundert

Die Wertschöpfungskette ist in Bewegung geraten. Veränderungen in der High-Tech-Branche erfordern eine Erneuerung vieler Prozesse und Werte in der Unternehmung (vgl. Milgrom/Roberts 1994). Aber allein schlank und „lean" zu werden reicht nicht aus. Aufgrund der weiter zunehmenden Dynamisierung müssen ständig zusätzliche Zeit- und Flexibilitätsvorteile gesucht werden. Eine *universelle*, d.h. für alle Fälle optimale Strategie und Struktur wird es jedoch nicht geben. Die *Koordinationsarbeit* wird allerdings zu dem kritischen Erfolgsfaktor und das zeitlich begrenzte Projektmanagement zur dominanten Koordinierungsstruktur. Die Technologieart selbst wird weniger wichtig als eine konzentrierte Strategie und eine anpassungsfähige Organisation. Technologie kann kopiert werden, das Management- und Organisations-Know-how nur sehr schwer. Informations - und Kommunikationstechnologien (I&K) werden zunehmend zum Rückgrat der Koordinierung aller vertikalen und horizontalen Unternehmungsaktivitäten. Die agile Unternehmung, welche mit zu- und ausliefernden Partnern vernetzt ist, wird die I&K-Technologien konsequent einsetzen. Der optimale Arbeitspunkt einer Organisation verschiebt sich in Richtung dezentrale Organisation, u.a. auch, weil die Kosten der Koordination durch den I&K-Einsatz sinken (vgl. Picot 1994, S. 547). Dies läßt vermuten, daß dezentrale Organisationsformen wie Business Units, Spin-offs, Partner-Allianzen und Management Holdings, aber auch außerbetriebliche Arbeitsstätten in den kommenden Jahren stärker eingesetzt werden können. Untersuchungen zeigen, daß die Reduzierung der Unternehmungsgröße (in Mitarbeiterzahl) mit der Anzahl der Computer in einer Unternehmung korrelieren. Dies bestätigt die Hypothese, daß Informationstechnologie die vertikale Integration reduziert (vgl. McMillan 1994). Virtuelle Organisationen (vgl. Davidow/Malone 1993) sind eine Folge dieser Entwicklung, mit einem stärkeren Outsourcing von generischer, aber auch von spezifischer Leistung, die von Unternehmungs-Konsortien erbracht werden, welche öfter und auch schneller als bisher zur Leistungserbringung zusammenarbeiten. Dies schließt Wettbewerber ein (vgl. Sheridan 1993, S. 30).

Kern der virtuellen Unternehmung ist die Koordination durch Kommunikation. Das Koordinationsverhalten in solchen Organisationen wird durch die schlanke Matrix- und Netzwerkorganisation vermutlich am besten unterstützt (vgl. Reiß 1994, S. 10). „Team based, problem focused, often changing work groups, supported by electronic communications will be the primary organization form .... Organizations will increasingly reward individuals based on collective performance“ (Winby 1993). Viele der neuen Organisations - und Arbeitsverfahren erfordern eine nicht unbedeutende Veränderung im Verhalten. So wird *boundaryless behaviour* als Verhaltensfähigkeit in von unzähligen Schnittstellen durchsetzten dezentralen Unternehmungen gefordert. Es überrascht nicht, wenn Führungskräfte die Ursachen Verhalten und Struktur zuerst nennen, wenn sie nach den Gründen für die Schwierigkeiten bei der Technologiekoordination befragt werden (vgl. Harms 1993).

Literatur

CASTILLO, C.: Researchers gather data to profile computer firms, in: Stanford Business School Magazine, Dez. 1993, S. 24-31.

DAVIDOW, W.H.; MALONE, M. S: Das virtuelle Unternehmen, Frankfurt a.M. 1993.

HARMS, J.M.: Technologiebedingte Strukturveränderungen in der Hoch-Technologie-Industrie und deren Einfluss auf unternehmerische Entscheidungen, Vortrag auf der Arbeitstagung der Gesellschaft für Management und Technologie, Frankfurt a.M. 1990.

HARMS, J.M.: Erfolgspotential „Organisation" in Hochtechnologie-Unternehmen. Die kritische Rolle der Organisation in Unternehmen mit starker Technologiebetonung. Vortrag auf dem Stuttgarter Strategieforum, Stuttgart 1991.

HARMS, J.M.: Technologiesteuerung. Resultate einer empirischen Untersuchung in der High-Tech-Industrie, Stuttgart 1993.

HAUSER, J.R.; CLAUSING, D.: The House of Quality, in HBR, 23. Jg. (1988), H. 5, S. 22-34.

HERMANNS, A.: Marketing und Technologie, in: Zukunftsorientiertes Marketing für Theorie und Praxis, hrsg. v. A. Hermanns, Berlin 1984, S. 6-32.

HUNSICKER, J.Q: Vision, Leadership and Europe's Future, in: The McKinsey Quarterly, Frühjahr 1986, S. 22.

MCMILLAN, J.: Reorganizing vertical supply relationships, Vortragsmanuskript am Institut für Weltwirtschaft, Kiel 13./14. Juni 1994.

MCWILLIAMS, G.: How DEC's ‚minicompanies' led to major losses, in: Business Week v. 7. Februar 1994, S. 32.

MILGROM, P.; ROBERTS, J.: Continous Adjustment and Fundamental Change in Business Strategy and Organization, Unveröffentlichtes Vortragsmanuskript an der Stanford University, 1994.

MORRIS, C.R; FERGUSON, C.H.: How Architecture Wins Technology Wars, in: HBR, 27. Jg. (1993), H. 3, S. 86-93.

OETINGER, B. v.: Vision und Strategie (III), München 1988.

PICOT, A.; REICHWALD, R.: Auflösung der Unternehmung? Vom Einfluß der I&K-Technik auf Organisationsstukturen und Kooperationsformen, in: ZfB, 64. Jg. (1994), S. 547-570.

REISS, M.: Schlanke Matrix, in: ZFO, 63. Jg. (1994), S. 10-17.

SHERIDAN, J.: Agile Manufacturing, in: Industry Week v. 19. April 1993, S. 30-34.

WARNECKE, H.J.: Erfolg und Organisationsform, Stuttgart 1993.

WEINERTH, H.: Schlüsseltechnologie Mikroelektronik. Investitionen in die Zukunft, München 1990.

WINBY, S.S.: Factory of the Future. Internes Arbeitsmanuskript bei Hewlett Packard, Stuttgart 1993.

Klaus Macharzina
Michael-J. Oesterle

Standortstrategien

A. Bedeutung und Notwendigkeit von Standortstrategien

Als ein wesentliches Charakteristikum der neueren wissenschaftlichen Literatur zum Problembereich der nationalen und internationalen Unternehmensführung kann die Betonung einer *Vorteilhaftigkeit strategischen Vorgehens* (vgl. z.B. Kirsch/Esser/Gabele 1979; Davidson 1982) bezeichnet werden. Die diesbezüglichen, in der Lehre vom strategischen Management zusammengefaßten Vorstellungen bauen auf der Annahme auf, daß die bewußte, langfristige und vor allem *proaktiv* angelegte Gestaltung der Unternehmensentwicklung dem traditionellen Management in Form einer reaktiven Entsprechung auf Umweltveränderungen sowie einer kurzfristigen Erfolgsorientierung vorzuziehen sei (vgl. Macharzina 1993, S. 8 ff. u. S. 495). Trotz der Plausibilität derartiger Empfehlungen und ihrer intensiven Propagierung innerhalb von Publikationen erweckt die kritische Analyse der Unternehmenspraxis jedoch den Eindruck einer lediglich bruchstückhaften Umsetzung. Zwar lassen sich durchaus Ansätze von geradezu lehrbuchmäßig entwickelten Aktivitäten im Bereich der Ableitung und Implementierung von Teilstrategien finden, wobei durch diese die theoretische Analyse teilweise sogar erst initiiert wurde; hierzu sind vor allem die strategisch orientierte Gegenwarts- und Zukunftsbeurteilung sowie die Bestimmung einer strategischen Stoßrichtung (vgl. Macharzina 1993, S. 216 ff.) zu zählen. Je stärker sich aber die Objektbereiche potentieller Strategien von einer eher abstrakten auf eine konkrete Ebene von Geschäften verlagern, desto geringer scheint die strategische Dimension ausgeprägt und mit den vorgelagerten Teilstrategien abgestimmt zu sein. Versuche der kurzfristigen Nutzung situativer Günstigkeiten oder der hastigen Reaktion auf Umweltveränderungen verdrängen in diesen Bereichen die Einsicht in die Vorteilhaftigkeit des geplanten Wandels. Als ein geradezu mustergültiger Beleg für diese Behauptung können die in unregelmäßigen Zeitabständen vor allem von deutschen Unternehmen entfalteten Bemühungen um die kritische Beleuchtung des Standortes Bundesrepublik Deutschland (vgl. Macharzina 1989, S. 489 ff.) und die Suche und Erschließung neuer, internationaler Standorte angeführt werden. Anstatt sich hierbei von einem übergeordneten Konzept der langfristigen Entwicklung leiten zu lassen, wird einem mitunter hektisch anmutenden Aktionismus (vgl. Fischer 1993, S. 128 ff.) der Vorzug gegeben. Anlässe hierzu bestehen bspw. in Form einer akuten externen Bedrohung der Wettbewerbsfähigkeit deutscher Unternehmen durch neue und günstiger produzierende Konkurrenten (vgl. Lüder 1982, S. 426); aber auch heimische Belastungen in Form von Lohnerhöhungen oder Wechselkursschwankungen, die für weitere Aufwertungen der DM gegenüber Währungen wichtiger Exportzielländer sorgen, können als Auslöser vorwiegend kostenorientierter Standortdiskussionen interpretiert werden. Deren Folgen bestehen dann nicht selten in einer zumindest partiellen Aufgabe heimischer Produktionsstätten zugunsten kurzfristig aufgebauter Kapazitäten im Ausland; übergeordnete, nicht unmittelbar quantifizierbare Entscheidungskriterien werden dabei allerdings kaum berücksichtigt.

In weitaus geringerem Maße kommt es demgegenüber zur öffentlichen Diskussion von Standortüberlegungen und -aktivitäten, die in ihrer Spontaneität auf Versäumnisse der unternehmerischen Praxis zurückzuführen sind. In diesem Zusammenhang ist vor allem auf das nicht rechtzeitige Erkennen neuer internationaler Märkte sowie daraus resultierender Wachstumschancen und Investitionsnotwendigkeiten zu verweisen. Dieser Kategorie der „Standortdebatte“ können z.Zt. insbesondere die Reaktionen auf die dynamische Entwicklung der Volkswirtschaften im südost-asiatischen Gebiet zugerechnet werden (vgl. Fischer 1993, S. 128 ff.). Darüber hinaus werden Unternehmen oftmals aber auch durch plötzlich erlassene nichttarifäre Handelshemmnisse gezwungen, in bestimmten Ländern direktinvestiv vertreten zu sein, um mittels der Produktion vor Ort erschwerte Exportmöglichkeiten zu substituieren.

Auch wenn sich die angeführten Beispiele für Standortüberlegungen im Hinblick auf ihre Prognostizier- und Planbarkeit unterscheiden: Angesichts des konstitutiven Charakters von Standortentscheidungen (vgl. Meissner/Gerber 1980, S. 226) dürfte es dennoch grundsätzlich unabdingbar sein, derartige Prozesse der Unsicherheits- und Komplexitätsreduktion (vgl. Macharzina 1975, S. 29 ff.) zumindest anzustreben und die Notwendigkeit zur Integration in eine umfassende Strategie der Unternehmensentwicklung zu berücksichtigen. Deren inhaltliche Gestaltung wird bei konsequenter Orientierung an den skizzierten Anlässen und Formen von Standortdiskussionen maßgeblich vom Denken in internationalen Zusammenhängen beeinflußt sein. Grundlage von Strategien der Standortbelegung sollte daher die Definition von Internationalisierungszielen und -strategien bilden (vgl. Dülfer 1992, S. 472 ff.). Die systematische Entwicklung derivativer Standortstrategien besteht dann darin, mit den Grundlagen der Internationalisierung abgestimmte Richtlinien des Handelns in bezug auf die langfristig angestrebte geographische Verteilung der Leistungserstellung (vgl. Lüder 1982, S. 424) zu entwerfen. Neben dem dadurch erzielten Beitrag zur Schaffung von Bewußtsein und Transparenz in bezug auf eigene Standortziele sowie -aktivitäten bewirkt die Koordination mit grundlegenderen Überlegungen vor allem auch die Verringerung der Gefahr einer insgesamt dysfunktionalen Kette isolierter, inkrementaler Einzelentscheidungen.

Selbstkritisch muß jedoch in diesem Zusammenhang darauf hingewiesen werden, daß bislang kaum theoretische Ansätze zu verzeichnen sind, die für die Ableitung von Standortstrategien explizite Empfehlungen beinhalten. Ausgehend von allgemeinen Überlegungen zur Internationalisierung der Unternehmenstätigkeit soll daher im folgenden der Versuch unternommen werden, dieses Defizit durch die Zusammenstellung und Ordnung bereits vorliegender Rudimente ansatzweise zu verringern und hierdurch zur strategischen Gestaltbarkeit der Standortwahl beizutragen.

B. Internationalisierungsziele und -strategien als Determinanten der Standortstrategie

Mit den oben angeführten Beispielen für Standortüberlegungen wurde bereits implizit auf deren unterschiedliche Motive oder Ziele hingewiesen. Im Einklang mit den Ergebnissen empirischer Untersuchungen (vgl. z.B. Lüder 1982, S. 424 ff.) sowie theoretischer Überlegungen (vgl. z.B. Döpper/Eversheim 1993, S. 373 f.) können diese Ziele einer Zweiteilung i.S. von *Kostenorientierung* und/oder *(Absatz-)Marktorientierung* zugeordnet werden; die letztgenannte Kategorie eröffnet hierbei prinzipiell auch die Möglichkeit, an Bedeutung gewinnende beschaffungsmarktorientierte Aktivitäten (vgl. Dülfer 1992, S. 476) zu subsumieren. Derartige Ziele stehen in der Unternehmenspraxis bewußt, oftmals aber auch unbewußt am Anfang von Internationalisierungssequenzen. Im Rahmen der theoretischen Auseinandersetzung mit dem Internationalisierungsphänomen wird zwar die praktische Bedeutung von Unternehmenszielen als Triebkraft für die Entfaltung grenzüberschreitender Aktivitäten durchaus erkannt und in Form von eingehenden Thematisierungen gewürdigt. Die entsprechende Berücksichtigung von Zielen im Rahmen der als Werkzeug ihrer Realisierung interpretierbaren Strategieentwicklung findet allerdings meist lediglich implizit statt. Für die systematische Ableitung von Standortstrategien aus übergeordneten Konzepten resultiert aus diesem Sachverhalt die Anforderung, retrograd strategische Grundformen der Internationalisierung im Hinblick auf ihren Gehalt an Kosten- und Marktorientierung zu klassifizieren.

1. Standortstrategien im Spannungsfeld des marktorientierten Globalisierungs- und Lokalisierungskonzeptes

Die frühesten und mittlerweile wohl häufigsten Versuche zur Erfassung der strategischen Orientierung international tätiger Unternehmen ordnen diese als Akteure in einen von Globalisierungsvorteilen und Lokalisierungsnotwendigkeiten geprägten Handlungsraum ein (vgl. Fayerweather 1969; Doz 1979). Das ursprüngliche, von Fayerweather (1981) modellierte Konzept von *„fragmenting"* und *„unifying influences"* (vgl. Fayerweather 1981, S. 21) ist hierbei spätestens mit der Veröffentlichung Levitts „The Globalization of Markets" (1983) zu einem stark marktorientierten Schema möglicher Internationalsierungsstrategien ausgebaut worden. Diesem liegt die Interpretation von Globalisierungsvorteilen und Lokalisierungsnotwendigkeiten als Kontinuum zugrunde, das jeweils die Ausprägungen „niedrig" und „hoch" verbindet. Mittels einer Gegenüberstellung unterschiedlicher Kombinationen der extremen Ausprägungen lassen sich insgesamt vier *Idealstrategien der Internationalisierung* unterscheiden (vgl. Meffert 1986, S. 194 f.). Hierbei empfiehlt es sich mit Blick auf die Diagnose von Standortstrategien, eine Synthese mit dem von Porter (1986, S. 23 ff.) entwickelten Koordinations- und Konfigurationsschema anzustreben. Die auf dem Wertkettenmodell aufbauende Größe Konfiguration, d.h. die geographische Streuung von Wertschöpfungsaktivitäten, erlaubt es nämlich, zumindest im Falle der globalen Strategie detailliertere Konsequenzen für Standortstrategien herauszuarbeiten. Diese ergeben sich im wesentlichen aus einer Differenzierung in die Spielarten einfache Globalstrategie und globale Rationalisierung. Unabhängig von einer unterschiedlichen Konfiguration ist beiden Teilstrategien jedoch gemeinsam, daß sie über standardisierte Produkte und Konzepte die großen Globalisierungsvorteile bei kaum vorhandenen Lokalisierungsnotwendigkeiten auszuschöpfen trachten.

Mit der *einfachen Globalstrategie* ist die geographische Zentralisation möglichst vieler Funktionsbereiche auf einen Standort beabsichtigt; die übrigen Unternehmenseinheiten im In- und Ausland übernehmen dezentral lediglich Funktionen wie z.B. Ersatzteilservice oder Vertrieb, deren lokale Erfüllung zur adäquaten Bearbeitung des jeweiligen Marktes notwendig ist. Die Erschließung des Weltmarktes erfolgt somit auf dem Wege des Exports. Generell ist es hierbei offen, an welchem Standort die Zentralisation der standardisierungsfähigen Aktivitäten wie interne Logistik oder Produktion vorgenommen wird. Bei Zugrundelegung einer rein theoretischen Betrachtungsweise wäre es denkbar, daß ein

Unternehmen unabhängig von der aktuellen Ansiedlung wichtiger Funktionen denjenigen Standort zur Realisation der einfachen Globalstrategie wählt, der in der Summe seiner Eigenschaften wie Faktorkosten, politische Stabilität oder Anbindung an logistische Systeme die größten Vorteile bietet. In der historischen Entwicklung einfacher Globalstrategien haben allerdings bislang solche Standortstrategien überwogen, die den Ausbau des ursprünglichen Heimatmarktes für die Produktion weltweit standardisierter und angebotener Produkte beinhalten. Damit sind insbesondere unter den Gesichtspunkten optimaler Betriebsgrößen und Erschließungsinvestitionen erhebliche Kostenvorteile verbunden. Als Beispiel für eine derartige Vorgehensweise kann auf die von japanischen Produzenten während der 60er und 70er Jahre verfolgte Konzentration der Kernfunktionen im Heimatmarkt verwiesen werden (vgl. Porter 1986, S. 27). Die skizzierten Varianten der einfachen Globalstrategie gehen mit der Gefahr einher, daß aufgrund von protektionistischen Maßnahmen der Exportzielländer eine strategische Reorientierung in Richtung *globaler Rationalisierung* notwendig wird. Viele Unternehmen entschließen sich daher bereits antizipativ zum Aufbau mehrerer, geographisch gestreuter Standorte, an denen jeweils identische oder spezialisierte Funktionen der Leistungserstellung ausgeübt werden. Die geographische Streuung der jeweiligen Leistungen und damit die Standortwahl kann sich aber auch hiervon isoliert am alleinigen Ziel orientieren, mittels Spezialisierung, Nutzung komparativer Kostenvorteile und Ausschöpfung unterschiedlicher Niveaus der Faktorausstattung (bspw. Humankapital) Effizienzgewinne zu realisieren (vgl. Welge 1982, S. 171 ff.). Die Standortstrategie baut demnach auf der Maxime auf, für einzelne standardisierungsfähige Funktionen des Unternehmens unter Einbeziehung von jeweils relevanten Kriterien (Lohnkosten, Qualifikationsniveau, Inventions- und Innovationsintensität, Rohstoffe, politisches Risiko, Mitgliedschaft in Freihandelszonen bzw. supranationalen Wirtschaftsräumen) den günstigsten Standort zu finden (vgl. Porter 1986, S. 37 f.). In bezug auf die Produktion ist allerdings nicht auszuschließen, daß die Kombination aus Vorliegen von Mindestbetriebsgrößen und Streben nach Risikovermeidung zur Einrichtung verschiedener Produktionsstandorte führt. Ebenso können Versuche, weltweite Präferenzen als Destillat aus regionalen Tendenzen von Abnehmern herauszufiltern oder an relevanten Orten der Wissensgenerierung vertreten zu sein, zur Einrichtung mehrerer F&E-Zentren führen.

Als Gegenthese zur Globalisierung ist die von ökonomischen und politischen Imperativen geförderte Lokalisierung der Unternehmenstätigkeit zu sehen. Um wirtschaftspolitischen Eigeninteressen von Gastländern sowie extrem landesspezifischen Kundenbedürfnissen zu entsprechen, verfügen die jeweiligen Auslandsgesellschaften eines international tätigen Unternehmens im Rahmen der *multinationalen Strategie* über weitgehende Handlungsfreiheiten (vgl. Doz 1980, S. 27 ff.); damit ist auch die Notwendigkeit verbunden, die Gesellschaften als mit nahezu allen wichtigen betrieblichen Funktionen ausgestattete Unternehmen zu institutionalisieren. Für die Standortstrategie bedeutet dies, daß sie mit der Internationalisierungsstrategie identisch ist. Die zur Bearbeitung vorgesehenen Märkte erfordern jeweils den Aufbau eines voll ausgestatteten Standortes. In den Mittelpunkt der Überlegungen sollte daher weniger die Suche nach Standorten i.e.S. als vielmehr die frühzeitige und proaktive Diagnose von lukrativen Auslandsmärkten und Markteintrittschancen rücken. Dies ist vor allem vor dem Hintergrund neoprotektionistischer Bestrebungen vieler potentieller Gastländer in wirtschaftlich dynamischen Regionen von Bedeutung; dort besteht oftmals die Bedingung, die Teilhabe ausländischer Unternehmen am Wachstum von der direktinvestiven Tätigkeit vor Ort abhängig zu machen.

Die *internationale* oder auch *ethnozentrische Strategie* kann als Vorgehensweise beschrieben werden, die einer geringen Lokalisierungsnotwendigkeit bei ebenfalls geringen Globalisierungsvorteilen zu entsprechen versucht. Ethnozentrisch orientierte Unternehmen präferieren demnach heimische Märkte und weisen i.d.R. lediglich geringe, vorwiegend über Export erzielte Auslandsumsätze auf. Fragmentierende Einflüsse bei verstärkter internationaler Einbindung lassen diese Strategie vorwiegend in den Anfangsphasen der Internationalisierung, bei absoluter Beschränkung auf eng verwandte Märkte oder bei Vorliegen monopolartiger Wettbewerbsvorteile im Technologiebereich zweckmäßig erscheinen (vgl. Macharzina 1993, S. 701). Unter Standortgesichtspunkten ist damit die Konzentration der Aktivitäten auf den Heimatmarkt verbunden; zur Stützung der Exporte dürfte es jedoch empfehlenswert sein, in den jeweiligen Zielländern mittels Direktinvestitionen für die abnehmernahe Wahrnehmung von Vertriebs- und Marketingfunktionen zu sorgen.

Blockiert globale Strategien schließlich dienen dazu, der Situation ausgeprägter Globalisierungsvorteile bei gleichzeitiger Notwendigkeit zur lokalen Anpassung zu entsprechen. Diese Charakterisierung verdeutlicht, daß es sich hierbei um Geschäfte handelt, die an sich in der materiellen Dimension das Potential zur Globalisierung aufweisen; künstliche Auflagen der Abnehmerländer erfordern jedoch in den marktbezogenen Komponenten der Leistungserstellung eine Lokalisierung. Die dadurch für die Standortstrategie geschaffenen Determinanten entsprechen somit im wesentlichen denjenigen bei der multinationalen Grundstrategie.

2. Standortstrategien bei kostenorientiertem Grundkonzept der Internationalisierung

Als ausgesprochen kostenorientierte Grundkonzeption der Internationalisierung kann im Rahmen der Strategien operationaler Flexibilität die sog. *Arbitrage-Strategie* bezeichnet werden. Diese ist durch das Bemühen von international tätigen Unternehmen gekennzeichnet, kostenmäßige Differenzen zwischen Ländern relativ besser auszuschöpfen als die jeweiligen Konkurrenzunternehmen. Derartige Strategien können in der Form des internationalen Sourcing, der internationalen Produktionsverlagerung, der Steuerminimierung, der Nutzung von Finanzmarkt- oder Informations(Wissens-)arbitragen ausgestaltet sein (vgl. Roxin 1992, S. 147 ff.). Das gemeinsame Kennzeichen ihrer Anwendung besteht darin, flexibel auf Minderungen jeweiliger Standortattraktivitäten reagieren zu können, indem Verlagerungen der betroffenen Aktivitäten vorgenommen werden. Dies bedeutet allerdings nicht, daß ein Standort zugunsten eines anderen völlig aufgegeben werden muß; zur Erzielung von Effizienzgewinnen reicht es bereits aus, Veränderungen im Aktivitätsniveau der jeweiligen Standorte herbeizuführen. Damit dürfte deutlich werden, daß Strategien der operationalen Flexibilität lediglich von solchen Unternehmen sinnvoll angewandt werden können, die bereits über mehrere erschlossene Standorte im internationalen Geschäft verfügen. Andernfalls erfordern (Teil-)Verlagerungen der Produktion infolge von restriktiven Regierungsauflagen oder von Wechselkursänderungen sowie die Erschließung neuer Regionen zur Beschaffung wichtiger Inputfaktoren (Rohstoffe, Kapital, Arbeit, Wissen) zu hohe Investitionen, deren Vornahme die mit ihnen erzielbaren Kostenvorteile überkompensieren dürfte. Unter dem Gesichtspunkt der Standortstrategie ergibt sich demnach die Maxime, eine möglichst breite Streuung der lokalen Ansiedlung unterschiedlicher Unternehmensaktivitäten aufzubauen, um zu einem späteren Zeitpunkt Flexibilitätsvorteile nutzen zu können. Die Auswahl der einzelnen Standorte hat sich hierbei zum einen daran zu orientieren, ob die zur Erfüllung bestimmter unternehmerischer Funktionen notwendigen Voraussetzungen aktuell vorhanden sind; zum anderen sollten jedoch auch Aspekte wie politische Durchsetzbarkeit von Verlagerungen, Stabilität oder Ergebnisse von Prognosen der Entwicklung in relevanten Umfeldbereichen berücksichtigt werden.

Insgesamt weisen Arbitrage-Strategien gedankliche Ähnlichkeiten zur Strategie der globalen Rationalisierung auf; sie können als *dynamisierte* und *flexibilitätsorientierte* Variante der Rationalisierung bezeichnet werden. Beiden Vorgehensweisen ist das Streben nach einer bestmöglichen Nutzung von länderspezifischen Vorteilen eigen, deren Synthese im Gesamtverbund die Konzentration auf standardisierte Produkte und Leistungen erfordert. Wesentliche Unterschiede sind jedoch zum einen in der Herleitung dieser Notwendigkeit zu verzeichnen. Während die Strategie der globalen Rationalisierung a priori auf der Nutzung von Chancen einheitlicher Nachfragebedingungen aufbaut, steht am Anfang der Argumentationskette *Arbitrage-Strategie* die Absicht, Kostenvorteile zu realisieren. Standardisierungszwänge mit der Folge, homogene Nachfragebedingungen zu nutzen oder gar erst zu schaffen, ergeben sich im Rahmen weiterer Überlegungen. Zum anderen beinhaltet die Arbitrage-Strategie die Anforderung, Standorte mit identischem Leistungsspektrum aufzubauen, um dadurch Flexibilitätspotentiale zu erlangen. Dieser flexibilitätsorientierte Gedanke ist jedoch im Rahmen einer Strategie der globalen Rationalisierung nicht Triebkraft des Handelns. Gleichwohl zeigt der Vergleich zwischen den strategischen Grundorientierungen, daß sie trotz ihrer Unterschiedlichkeit ähnliche Konsequenzen für die allgemeine Definition von Standortstrategien beinhalten.

Da auch im Falle der ethnozentrischen und einfachen Globalstrategie Ähnlichkeiten der standortbezogenen Konsequenzen nicht auszuschließen sind, läßt es bereits sowohl das Kriterium der Ähnlichkeit, aber auch das der Allgemeinheit geraten erscheinen, den Prozeß der Formulierung von Standortstrategien weiter zu präzisieren. Darüber hinaus erfordert es die dynamische Entwicklung des internationalen Umfeldes sowie der Unternehmen selbst, daß innerhalb der gegebenen oder gar modifizierten Internationalisierungsstrategie Maßnahmen zur Feinsteuerung und -anpassung zur Anwendung kommen. Möglichkeiten hierzu sollen nachfolgend beschrieben werden.

C. Erweiterungs- und Desinvestitionsstrategien zur Feinsteuerung grundlegender Standortstrategien

Eine Präzisierung des durch strategische Orientierungen vorgegebenen Spektrums an Standortstrategien äußert sich darin, daß innerhalb dieser Rahmenbedingungen Entscheidungen über die Auswahl neuer oder über die zukünftige Gestaltung bestehender Standorte getroffen werden. Derartige Entscheidungen sollten das Resultat einer kontinuierlichen Prämissen-, Fortschritts- und Ergebniskontrolle (vgl. Macharzina 1993, S. 334 ff.) bzgl. strategischer Standortbelegungen der Vergangenheit sein. Als Ergebnis dieser Stufe im

Prozeß der Formulierung von Standortstrategien kann insofern grob nach Erweiterungs- und Desinvestitionsstrategien (vgl. Lüder 1982, S. 424 f.) differenziert werden. Hierbei zählen zu den *Erweiterungsstrategien* die Strategie der räumlichen Diversifikation, die Strategie der räumlichen Verdichtung in der bisherigen Standortregion sowie die Strategie der Ausdehnung vorhandener Stätten der Leistungserstellung *(on-site-expansion-Strategie)*. Erscheinungsformen der *Desinvestitionsstrategien* sind die Bereinigungsstrategie (Verminderung der Anzahl von Stätten der Leistungserstellung je Produkt), die Konzentrationsstrategie (Aufgabe von Standorten sowie Zentralisation der Leistungserstellung) und die Strategie der Schrumpfung vorhandener Stätten der Leistungserstellung *(on-site-contraction-Strategie)*.

Die Entscheidung für eine der genannten Strategien bzw. deren Kombination sollte zunächst vor dem Hintergrund wahrgenommener *Standortattraktivitäten* erfolgen. Für die diesbezüglich notwendige Wahl geeigneter Kriterien der Standortbewertung kommt einer Orientierung an der zugrundeliegenden Internationalisierungsstrategie bzw. an Maßnahmen ihrer weiteren Ausgestaltung erheblicher Einfluß zu; dadurch wird zur Erzielung einer *strategischen Stimmigkeit* beigetragen. So werden bspw. im Falle der multinationalen Strategie Kriterien der allgemeinen wirtschaftlichen Entwicklung eine hohe Gewichtung erfahren; gilt es dagegen, einen Standort ausschließlich zur Produktion im Rahmen der globalen Rationalisierung zu bewerten, dürfte die Betonung eher auf Kriterien wie Lohnkosten oder politisch bestimmten Exportmöglichkeiten liegen. Die unterschiedlichen Schwerpunkte der Standortattraktivität können dann meßtechnisch durch entsprechende Gewichtungen im Rahmen von Punktwertverfahren zur Standortbewertung berücksichtigt werden (vgl. Schöllhammer 1989, Sp. 1965 ff.). Um jedoch zu eng angelegte Einschätzungen bereits besetzter Standorte zu vermeiden, sollte diese externe Dimension der Bewertung noch um eine Beurteilung *unternehmensinterner Handlungsmöglichkeiten* ergänzt werden. Mit einer derartigen Perspektivenerweiterung über reine (externe) Standortfaktoren hinaus kann einem vorschnellen Rückzug aus einem Standort vorgebeugt werden, der zwar im Hinblick auf das derzeitige Programm der Leistungserstellung als unattraktiv bewertet wurde, in bezug auf zukünftige, vom Unternehmen aktiv eingeleitete Entwicklungen jedoch Vorteile bieten kann. Der Bewertungsprozeß sollte demnach zusätzlich das unternehmensinterne Potential zur verbesserten Nutzung einer gegebenen Standortattraktivität durch die veränderte Allokation von strategischen Teilaufgaben bzw. Elementen der Wertschöpfungskette berücksichtigen. Derartige Potentiale hängen zum einen von der produktorientierten Flexibilität der an einem Standort vorhandenen Ressourcen wie Produktionsanlagen oder Humankapital ab (vgl. ähnlich Lüder 1982, S. 431 f.); zum anderen werden sie aber auch wesentlich von der strategischen Grundorientierung beeinflußt. Verschlechtert sich bspw. bei der multinationalen Strategie die Attraktivität eines Standortes dramatisch und besteht keine Absicht, die Gesamtstrategie zu ändern, so ist aufgrund des jeweils erforderlichen vollen Ausbaustandes von Auslandsgesellschaften keine Möglichkeit zur anderweitigen Nutzung des Standortes möglich; der Standort sollte dann aufgegeben werden. Dagegen könnte im Fall der globalen Rationalisierung ein für die Produktion unwirtschaftlich gewordener Standort in einem Industrieland zukünftig zu einem F&E-Schwerpunkt ausgebaut werden. Die Kombination von unternehmensexternen und -internen Bewertungsdimensionen läßt die Konstruktion eines *Portfolios* zu, welches für jede Einzelsituation entsprechende Standortstrategien enthält; in allgemeiner Form ist ein derartiges Portfolio in Abbildung 1 wiedergegeben. In bezug auf die gewählte

Internationalisierungsstrategie dürfte es mit dem skizzierten Verfahren ermöglicht werden, stringent die weitere Entwicklung des Unternehmens zu steuern, indem bei der Bewertung beider Dimensionen jeweils der strategische Hintergrund explizit mitberücksichtigt wird.

Potential zur verbesserten Nutzung („Erhöhung") einer gegebenen Standortattraktivität durch veränderte Allokation von Teilaufgaben und Elementen der Wertschöpfungskette	**hoch**	Bereinigung anderer Standorte und/oder Verlagerung neuer Prozesse der Leistungserstellung an den bewerteten Standort	on-site-expansion und/oder räumliche Verdichtung
	gering	Stillegung	Erhaltung oder on-site-expansion
		gering	**hoch**
		Standortattraktivität bei gegebener Allokation von Teilaufgaben und Elementen der Wertschöpfungskette	

Abbildung 1: Standortattraktivität-Flexibilität-Portfolio

D. Entwicklungsperspektiven von Standortstrategien

Mit den bisherigen Überlegungen zur Entwicklung von Standortstrategien dürfte die implizite Betrachtung der Standortqualität als Summe *gegebener* Eigenschaften deutlich geworden sein. Die verstärkte Herausbildung von global tätigen Großunternehmen mit erheblicher Kapitalkraft könnte jedoch im internationalen Umfeld eine Tendenz fördern, die wie im nationalen Kontext die *aktive Einflußnahme* auf Standortfaktoren beinhaltet. Als diesbezügliche Maßnahmen kommen zum einen Prozesse der politischen Einflußnahme in Form von Lobbying oder Druckstrategien (bspw. Androhung von Produktionsverlagerungen) in Betracht; zum anderen kann die Entfaltung von Standortstrategien aber auch mit direkten Ansätzen einhergehen, Standortbedingungen durch eigene Investitionen langfristig günstig zu gestalten und dadurch Wettbewerbsvorteile zu erwirtschaften. Beispiele hierfür sind insbesondere Versuche, in Entwicklungs- und osteuropäischen Reformländern attraktive Absatzmärkte oder Produktionsstandorte zu schaffen, indem Investitionen in infrastrukturelle Bedingungen, Bildungseinrichtungen oder in die Gestaltung vorteilhafter, d.h. international harmonisierter Normensysteme im technischen Bereich vorgenommen werden. Möglichkeiten zur Verringerung der Gefahr, daß die erzielten Nutzeffekte auch Konkurrenten als sog. Trittbrettfahrern zukommen, bestehen dann darin, mittels der frühzeitigen Standortbelegung i.S. einer echten Leistungserstellung vor Ort Bindungspotentiale aufzubauen. Ob derartige Einflußnahmen langfristig nicht nur aus einzelwirtschaftlicher, sondern auch aus der Perspektive der Weltwirtschaft betrachtet positive Effekte nach sich ziehen, kann angesichts der zwiespältigen Erfahrungen mit Machtkonzentrationen im nationalen Bereich zumindest bezweifelt werden. Insofern wird es von erheblicher Bedeutung sein, ob kleinere und mittelständische Unternehmen weiterhin international tätig werden und damit zur Aufrechterhaltung wettbewerblicher Prozesse im globalen Zusammenhang beitragen. Die Erfolgsaussichten hierfür dürften sich jedenfalls nachhaltig steigern lassen, wenn die Vorteilhaftigkeit einer strategisch abgestimmten und angelegten Standortwahl erkannt wird.

Literatur

DAVIDSON, W.H.: Global Strategic Management, New York et al. 1982.

DÖPPER, W.; EVERSHEIM, W.: Internationale Produktion - Tendenzen, Risiken und Chancen der Globalisierung, in: Globalisierung der Wirtschaft. Einwirkungen auf die Betriebswirtschaftslehre, hrsg. v. M. Haller et al., Bern/Stuttgart/Wien 1993, S. 367-382.

DOZ, Y.L.: Government Control and Multinational Strategic Management, New York 1979.

DOZ, Y.L.: Strategic Management in Multinational Companies, in: SMR, 21. Jg. (1980), H. 2, S. 27-46.

DÜLFER, E.: Ziellandwahl bei Direktinvestitionen im Ausland, in: Handbuch der internationalen Unternehmenstätigkeit, hrsg. v. B.N. Kumar u. H. Haussmann, München 1992, S. 472-495.

FAYERWEATHER, J.: International Business Management. A Conceptual Framework, New York 1969.

FAYERWEATHER, J.: A Conceptual Framework for the Multinational Corporation, in: Internationale Unternehmensführung. Managementprobleme international tätiger Unternehmen, hrsg. v. W.H. Wacker, H. Haussmann u. B.N. Kumar, Berlin 1981, S. 17-31.

FISCHER, M.: Vom Pferd steigen, in: Wirtschaftswoche, 47. Jg. (1993), H. 19, S. 128-130.

KIRSCH, W.; ESSER, W.; GABELE, E.: Das Management des geplanten Wandels, Stuttgart 1979.

LEVITT, TH.: The Globalization of Markets, in: HBR, 61. Jg. (1983), H. 3, S. 92-102.

LÜDER, K.: Strategische Standortplanung transnationaler industrieller Großunternehmen, in: Internationalisierung der Unternehmung als Problem der Betriebswirtschaftslehre, hrsg. v. W. Lück u. V. Trommsdorf, Berlin 1982, S. 415-438.

MACHARZINA, K.: Reduktion von Ungewißheit und Komplexität durch Prognose und Planung, in: MIR, 15. Jg. (1975), H. 6, S. 29-42.

MACHARZINA, K.: Die Wettbewerbsfähigkeit der Bundesrepublik Deutschland im internationalen Vergleich, in: BFuP, 41. Jg. (1989), S. 472-488.

MACHARZINA, K.: Unternehmensführung. Das internationale Managementwissen. Konzepte - Methoden - Praxis, Wiesbaden 1993.

MEFFERT, H.: Multinationales oder globales Marketing? Voraussetzungen und Implikationen von Internationalisierungsstrategien, in: Zukunftsaspekte der anwendungsorientierten Betriebswirtschaftslehre, hrsg. v. E. Gaugler, H.G. Meissner u. N. Thom, Stuttgart 1986, S. 191-209.

MEISSNER, H.-G.; GERBER, S.: Die Auslandsinvestition als Entscheidungsproblem, in: BFuP, 32. Jg. (1980), S. 217-228.

PORTER, M. E.: Competition in Global Industries: A Conceptual Framework, in: Competition in Global Industries, hrsg. v. M.E. Porter, Boston 1986, S. 15-60.

ROXIN, J.: Internationale Wettbewerbsanalyse und Wettbewerbsstrategie, Wiesbaden 1992.

SCHÖLLHAMMER, H.: Standortwahl, internationale, in: HWInt, hrsg. v. K. Macharzina u. M.K. Welge, Stuttgart 1989, Sp. 1959-1968.

WELGE, M.K.: Das Konzept der globalen Rationalisierung, in: Internationalisierung der Unternehmung als Problem der Betriebswirtschaftslehre, hrsg. v. W. Lück u. V. Trommsdorf, Berlin 1982, S. 171-189.

Sechstes Kapitel

Querschnittsfunktionen

Klaus-Peter Franz

Controlling

A. Grundlagen des Controlling

1. Controlling-Philosophie

Um die charakteristischen Grundzüge des Controlling klarzulegen, ist es trotz der zugegebenen Unschärfe des Begriffs „to control" (vgl. Weber 1993, S. 3) sinnvoll, diesen als Ausgangspunkt zu wählen, da vor allem in der Praxis vorzufindende Versionen des Controlling eine starke Affinität zur ursprünglichen Bedeutung dieses Wortes haben. Praktische Gesichtspunkte und Ausprägungen des Controlling werden in diesem Beitrag bewußt betont, denn „Controlling besitzt seine Wurzeln in der Unternehmenspraxis und hat sich dort über mittlerweile fast einhundert Jahre entwickelt. Ein Begriffsverständnis, das völlig vom empirischen Befund abwiche, wäre deshalb zwar nicht für die Führungstheorie als solche, wohl aber für einen anwendungsbezogenen Anspruch dieser Theorie problematisch" (Weber 1993, S. 41). Insofern sind die folgenden Ausführungen letztlich auf die Institution *Controlling* ausgerichtet, in der *Controller* tätig sind. Den von ihnen zu erfüllenden Aufgaben und ihrer organisatorischen Einbindung in die Unternehmung gilt das besondere Interesse. Zu diesem Zweck muß jedoch zunächst ihr „Arbeitsgebiet", das *Controlling-Objekt*, näher beleuchtet werden, zu dem ein guter Zugang über eine Analyse des Wortes „to control" zu erlangen ist. Dieses hat in der deutschen Sprache nicht so sehr die Bedeutung von „kontrollieren", sondern in einem umfassenderen, Kontrolle einschließenden Sinn von „steuern" bzw. „regeln". Beide Begriffe haben im technisch naturwissenschaftlichen Sprachgebrauch fest geregelte Definitionen (vgl. Schiemenz 1993, Sp. 4132 f.). Danach kommt der Inhalt des Wortes „Regelung" dem am nächsten, was die *Controlling-Philosophie* und das *Arbeitsgebiet* und die *Aufgaben der Controller* grundsätzlich ausmachen. Es soll an dieser Stelle nicht die Regelung in technischer Terminologie erläutert, sondern ihr Grundgedanke unmittelbar auf die Vorgänge in Unternehmungen übertragen werden: Jede Regelung setzt zunächst ein Ziel voraus, das die Auswahl entsprechender Maßnahmen zur Zielerreichung ermöglicht. Das Setzen von Zielen und die anschließende Verfolgung der Zielerreichung ist typisch für rational und planmäßig geführte Unternehmungen. Es ist - mit anderen Worten - in solchen Unternehmungen üblich, Handlungen und Maßnahmen für abgegrenzte zukünftige Zeiträume zielgerichtet zu planen. Dies allein begründet jedoch noch kein Controlling. Dazu ist der weitere, auf die Planung folgende Ablauf zu betrachten: In aller Regel treten in dem Zeitraum, in dem die Planung realisiert wird, zahlreiche Einflußfaktoren auf, die eine Abweichung der erreichten *Ist-Werte* von den ursprünglichen *Soll-Vorstellungen* verursachen. Solche Einflüsse können vom Wettbewerb, den Kunden oder der politischen und technologischen Umwelt ausgehen. Es obliegt dem Management einer Unternehmung, den Ursachen für die Abweichungen nachzugehen und bei Bedarf mit entsprechenden Maßnahmen auf die Abweichungen zu reagieren. Diese Reaktion kann bspw. darin bestehen, daß die ursprünglich geplanten Handlungen einer Korrektur unterzogen oder durch zusätzliche Maßnahmen ergänzt werden. Insofern bildet sich über die Vorgangskette „Planung - Kontrolle und Analyse von Abweichungen - Reaktion auf Abweichungen in Form von Eingriffen in die ursprünglich geplanten Maßnahmen" ein geschlossener Kreis, in dem zwecks Erreichung oder Übererfüllung der geplanten Ziele gesteuert und geregelt wird und damit Controlling seinen Platz findet. Gegenstand des *Controlling* ist der Managementprozeß. Hahn drückt dies prägnant in folgenden Worten aus: „Die Vorgehensweise des Controlling als Führungsphilosophie beinhaltet ... ergebnisorientierte Planung und Überwachung durch

- Zielvereinbarungen (MbO) und
- Zielerreichungsanalysen (MbE) mit dem Zahlenwerk des Rechnungs- und Finanzwesens“ (Hahn 1987, S. 6).

Für die folgenden Ausführungen ist vorab zu bemerken, daß Controlling in seiner praktischen Ausgestaltung kaum allgemein dargestellt werden kann, da diese von verschiedenen Kontextfaktoren, wie insbesondere der Größe der Unternehmung und ihrer Organisationsstruktur abhängt. Es ist hier allerdings nicht möglich, ein nach den verschiedenen Einflußfaktoren differenziertes Bild des Controlling zu entwerfen. Sofern nichts anderes gesagt wird, steht im folgenden das Modell einer größeren Unternehmung mit divisionaler Organisation im Hintergrund. Darin wird zunächst von einem Controlling ausgegangen, das auf die operative, d.h. im Schwerpunkt auf ein Planjahr bezogene Ebene des Managens gerichtet ist.

2. Elemente des Controlling-Gegenstandes

Um die charakteristischen Elemente des Gegenstandes bzw. Arbeitsfeldes eines Unternehmungs-Controlling deutlicher herauszuarbeiten, wird im folgenden der Managementprozeß der *Zielplanung und -verfolgung* detaillierter aufgezeigt. Dabei wird davon ausgegangen, daß Unternehmungen in der Marktwirtschaft aufgrund der finanziellen Ansprüche ihrer Eigner gehalten sind, neben eventuellen anderen Oberzielen auf jeden Fall eine angemessene Rendite oder einen angemessenen Gewinn zu erzielen. Diese oberste monetäre Zielsetzung hat den Vorteil der Transparenz und Klarheit, ist aber nicht als unmittelbare Anleitung für praktisches Handeln auf allen Stellen und in allen Bereichen der Unternehmung geeignet. Um die Gesamtheit der Führungskräfte und Mitarbeiter über alle Hierarchieebenen und in allen funktionalen Bereichen in die Erfüllung des monetären Oberziels einzubeziehen, ist daher im Rahmen eines von der Unternehmung zu regelnden Zielplanungs- und -Koordinationsprozesses für jede Stelle und letztlich jeden Arbeitsplatz ein spezifisches operationales Ziel abzuleiten und bezüglich Ausmaß und zeitlicher Erstreckung zu formulieren. So könnte mit einer Vertriebsstelle z.B. vereinbart werden, im folgenden Jahr einen Umsatz in Höhe eines bestimmten Betrages zu erzielen (vgl. Abbildung 1).

Die zweite Verfahrensweise ist der ersteren natürlich überlegen, da sie es ermöglicht, auf Abweichungen bereits vor Ablauf des Planungszeitraums zu reagieren. Die Abweichungen stellen insofern eine Art *Frühwarnung* dar, durch die *Steuerungsmaßnahmen* induziert werden sollen. Voraussetzung für die Durchführbarkeit eines unterjährigen Soll-Ist-Vergleichs ist das Herunterbrechen des Umsatzzieles für den gesamten Planungszeitraum auf die kürzeren Kontrollintervalle, wobei saisonale und geschäftsspezifische Einflüsse, die i.d.R. aus betrieblicher Erfahrung bekannt sind, berücksichtigt werden müssen (vgl. Abbildung 2).

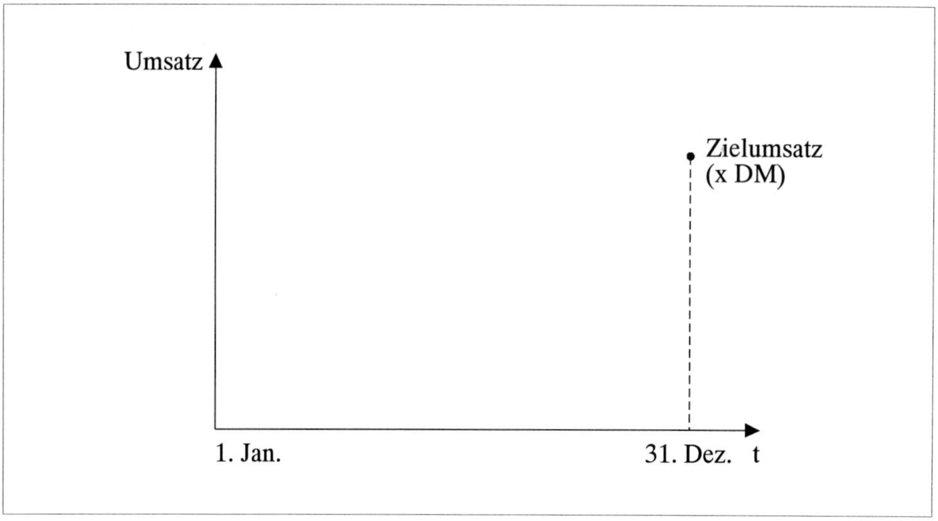

Abbildung 1: Vereinbarter Zielumsatz des Planjahres

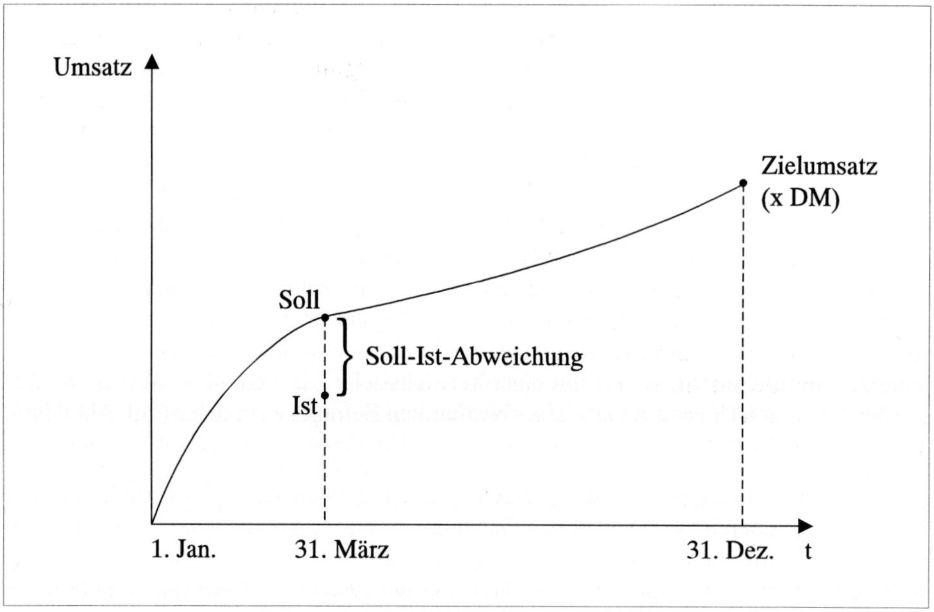

Abbildung 2: Unterjähriger Soll-Ist-Vergleich

Eine anschließende *Überprüfung* des Grades der Erreichung dieses Umsatzziels kann auf zwei Wegen erfolgen:

- Der tatsächlich erzielte Umsatz (Ist) wird dem ursprünglich geplanten (Soll) am *Ende* des Planungszeitraums, also nach Ablauf eines Jahres, gegenübergestellt.
- Der Planungszeitraum wird in *Intervalle* (z.B. Quartale oder Monate) unterteilt, in denen bereits *unterjährig Soll-Ist-Abweichungen* ermittelt und analysiert werden.

Die Art der *Reaktion* auf festgestellte Abweichungen hängt davon ab, ob die Soll-Zielgröße unterhalb oder oberhalb der Ist-Ausprägung liegt.

- Ist das gesetzte Ziel bis zum unterjährigen Kontrollzeitpunkt nicht erreicht worden, so soll eine Information darüber entsprechende *Gegensteuerungsmaßnahmen* auslösen, mit deren Hilfe das Ziel doch noch im verbleibenden Zeitraum erfüllt wird (vgl. Abbildung 3).

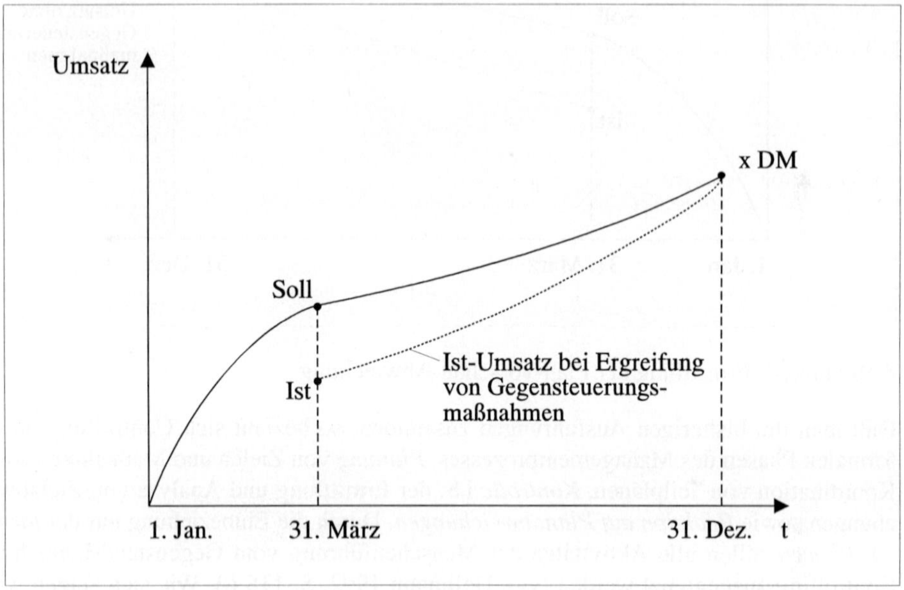

Abbildung 3: Gegensteuerungsmaßnahmen bei Soll-Ist-Abweichungen

- Zeigt die Abweichung an, daß das gesetzte Ziel besser als geplant erfüllt wird, soll dies ebenfalls zu Maßnahmen anregen. Werden bspw. im ersten Quartal höhere als die geplanten Umsätze aufgrund von Steigerungen der Absatzmengen erzielt und wird dies auch in Zukunft erwartet, muß erwogen werden, dies an die Stellen in der Unternehmung zu kommunizieren, die die Ressourcen für die Realisierung der Umsatzsteigerung bereitstellen müssen.

Stärker als Soll-Ist-Abweichungen zeigen *Plan-Vorschau-Abweichungen* Handlungsbedarf an (vgl. Abbildung 4). An festzulegenden Zeitpunkten innerhalb des Ausführungszeitraums der Planungen wird die voraussichtlich zu erwartende Ausprägung jedes Zieles am Ende des Planungszeitraumes abgeschätzt und damit die voraussichtlich zu erwartende Abweichung. Eine solche Abschätzung ist Gegenstand von *Vorschau- bzw. Erwartungsrechnungen*, die den Zielverantwortlichen den bei einem gegenüber dem Planungszeitraum verbesserten Wissensstand voraussichtlich zu erwartenden Zielerfüllungsgrad vor Augen führen.

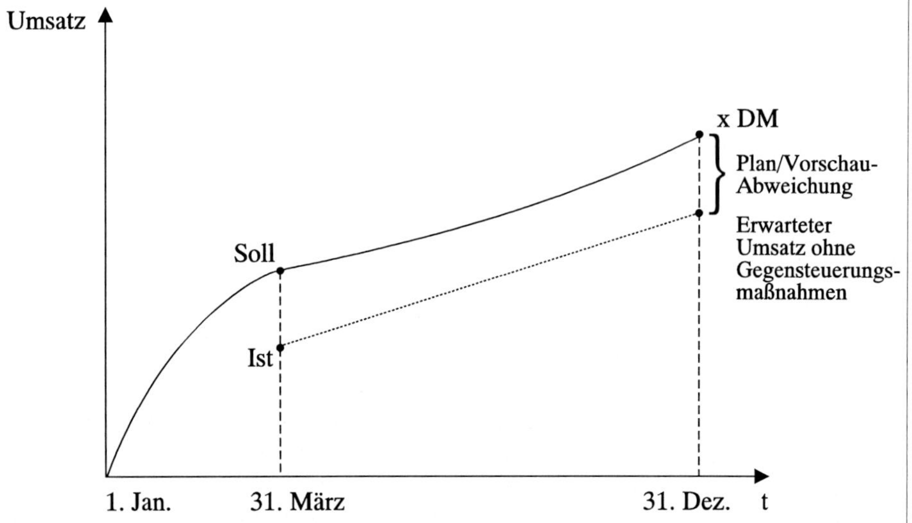

Abbildung 4: Ermittlung der Plan-Vorschau-Abweichung

Faßt man die bisherigen Ausführungen zusammen, so bezieht sich Controlling auf die formalen Phasen des Managementprozesses: *Planung* von Zielen und Maßnahmen sowie Koordination von Teilplänen, *Kontrolle* i.S. der Ermittlung und Analyse von Zielabweichungen sowie *Reaktion auf Planabweichungen*. Durch die Einbeziehung nur der *formalen Phasen* sollen alle Aktivitäten der Menschenführung vom Gegenstandsbereich des Controlling ausgegrenzt werden (vgl. Dellmann 1992, S. 115 f.). Wie sich zeigen wird, sind die genannten drei Bereiche grundsätzliche Bestandteile aller theoretischen und praktischen Controlling-Konzeptionen.

Darüber hinaus sind die folgenden Feststellungen für das Verständnis des Controlling von Bedeutung:

- Controlling steht im Zusammenhang mit der Setzung und Verfolgung von *Ergebniszielen* (Gewinn, Rentabilität) als Oberziel und daraus abgeleiteten Unterzielen, wie Umsatz oder Kosten. Es spricht allerdings nichts dagegen, auch andere, z.B. in Mengengrößen oder qualitativen Dimensionen formulierte Ziele einzubeziehen.
- Die Teilziele aller Unternehmungsbereiche müssen sinnvoll auf das unternehmerische *Oberziel* abgestimmt werden. Desgleichen sind Planung, Kontrolle und Informationssystem aufeinander abzustimmen. Somit wird eine entsprechende *Koordination* zu einem unabdingbaren Teil jeder arbeitsteiligen Organisation und auch des Controlling.
- Eine systematische Zielverfolgung und Reaktion auf Abweichungen ist nur möglich, wenn dem Zielverantwortlichen entsprechende *Informationen* vorliegen. Daher ist ein

an den Ansprüchen der Berichtsempfänger orientiertes *Berichts- und Rechnungswesen* eine wesentliche Voraussetzung für ein effektives Controlling.

– Schließlich gehören das rechtzeitige Ermitteln von Abweichungen und die damit verbundene *Frühwarnung* vor drohenden Zielverfehlungen zu den wesentlichen Merkmalen des Controlling.

B. Controlling-Ausprägungen

1. Controlling als Funktion und als Institution

Bislang wurden die formalen Phasen des Managementprozesses in Unternehmungen und seine formalen Elemente als das generelle Tätigkeitsfeld von Controllern (der *Controlling-Institution)* gesehen. Diese Sichtweise, den Managementprozeß und das Controlling zu trennen, wird im Schrifttum selten vertreten. Statt dessen werden einzelne Phasen des Managementprozesses oder die Verknüpfung mehrerer Phasen ebenfalls als Controlling gesehen und zum Teil als funktionales Controlling bezeichnet (vgl. z.B. Weber 1993, S. 45). Diese Begriffsbildung hat einerseits ihren guten Sinn, indem sie anzeigt, daß Manager und Controller an der zielgerechten Regelung der unternehmerischen Vorgänge gemeinsam beteiligt sind. Andererseits wird nicht zu Unrecht bemerkt, daß in „Literatur und Unternehmenspraxis bisweilen auftretende Unsicherheiten hinsichtlich Aufgaben und Bedeutung des Controlling ... in der Vermengung von *institutionalem* und *funktionalem Controllingbegriff*" (Serfling 1992, S. 16) begründet sind. Der funktionale Controlling-Begriff wird in weiten Teilen des Schrifttums vertreten. Allerdings sind die Auffassungen über die Inhalte der Funktion keineswegs einheitlich, was im folgenden Abschnitt ansatzweise aufgezeigt wird.

a) Funktionales Controlling

Gemeinsam ist den Auffassungen zum funktionalen Controlling, daß der Begriffsinhalt auf die formalen Aspekte des Managens eingegrenzt wird: Formalzielplanung, Kontrolle, Abweichungsanalyse, Reaktion auf Abweichungen. Nicht zum Controlling im funktionalen Sinn gehören somit alle Aktivitäten der Menschenführung (vgl. Dellmann 1992, S. 115 f.).

Serfling vertritt einen weiten Begriff des funktionalen Controlling, indem er ihm „die selbstverständlichen, nicht delegierbaren Managementaufgaben aller Linienmanager, die in Planung, Kontrolle, Analyse und Steuerung der in ihren Kompetenzbereich fallenden Tätigkeiten bestehen" (Serfling 1992, S. 16) zuordnet und in diesem Zusammenhang von „Self-Controlling" (Serfling 1992, S. 16) spricht (ähnlich Peemöller 1992, S. 50). Häufig wird der funktionale Controlling-Begriff jedoch auf Spezialaspekte eingegrenzt. So umschreibt Heigl Controlling als „Beschaffung, Aufbereitung und Prüfung von Informationen für deren Anwendung zur Steuerung der Betriebswirtschaft auf deren Ziel hin" (Heigl

1978, S. 3), betont also die für den Ablauf des Controlling-Prozesses notwendige Versorgung des Management mit Informationen.

In einer Reihe vor allem neuerer Ansätze wird der Kern des Controlling im funktionellen Sinn in der Erfüllung der Koordinationsfunktion gesehen. Diese Sicht, nach der Controlling einen eigenständigen Teil des Führungssystems neben dem Planungs- und Kontrollsystem und dem Informationssystem bildet, geht auf Horváth (1978, S. 194 ff.) zurück. Danach ist es die Funktion des Controlling, die Beziehungen zwischen den verschiedenen Führungsteilsystemen sowie die Abläufe innerhalb eines jeden Teilsystems abzustimmen. Bei allen begriffsbildenden Versuchen zu einem funktionalen Controlling fällt auf, daß letztlich „keine neue Funktion geschaffen wird" (Peemöller 1992, S. 59). Bereits seit jeher in Unternehmungen bestehende Aufgaben werden selektiert oder zusammengefaßt und mit dem Begriff „Controlling" versehen. Dellmann bezeichnet insofern „Controlling als anwendungsbezogene Umformung bekannter Theorien der Unternehmensführung" (Dellmann 1992, S. 114). Jede Definition des Controlling in funktioneller Sicht hebt einzelne Elemente des Managementprozesses heraus und betont damit jeweils eine ganz bestimmte Sichtweise. Welche Sichtweise dies im einzelnen ist, bleibt letztlich eine persönliche Entscheidung. Auch Weber bemerkt in seiner Auseinandersetzung mit Controlling-Begriffen kritisch, daß teilweise „bekannte Führungsbereiche unter neuem Namen" (Weber 1993, S. 24) zusammengefaßt werden, bezieht sich dabei aber nur auf den oben angeführten weiten Begriff des funktionalen Controlling (vgl. hierzu das Zitat von Serfling 1992, S. 16), nicht jedoch auf den (auch) von ihm vertretenen koordinationsorientierten Controlling-Begriff. Dem ist entgegenzuhalten, daß auch die Koordination einen Bereich der Führung darstellt; so stellt bspw. Kuhn unter der Überschrift „Führung als Prozeß der Beeinflussung" Koordinierungsprozesse gleichrangig neben Planungs- und Kontrollprozesse (vgl. Kuhn 1982, S. 2; ähnlich Laux 1993). Insofern gilt generell, daß funktionale Controlling-Begriffe beliebig formuliert werden können; aber „wenig Neuigkeitswert" (Weber 1993, S. 24) bieten. Es ist ein Vorteil des institutionellen Controlling-Begriffs, daß er auf einer empirisch beobachtbaren Grundlage basiert, und zwar sowohl bezüglich der Institution „Controlling" als auch ihrer Funktionen. Insofern können auf induktivem Weg Funktionskataloge erstellt werden, die nach Ansicht des Verfassers bei Betrachtung des Standes des Controlling in vielen Großunternehmungen heute einheitlicher ausfallen als in den Anfangszeiten des Controlling (vgl. Serfling 1992, S. 22 u. 39 f.). Diese könnten die Grundlage für die Entwicklung normativer Aufgabenmuster bilden, die sich jedoch letztlich am grundlegenden Zweck des institutionellen Controlling orientieren sollten, das Management bei der Erfüllung seiner formalen Aufgaben zu unterstützen und die Unternehmungsplanung zu koordinieren (vgl. als Beispiel für die normative Ableitung von Controlling-Aufgaben Weber 1993, S. 295 ff.).

b) Institutionelles Controlling

Bei zunehmender Komplexität der Vorgänge in Unternehmungen und der sie beeinflussenden Umwelt wird auch die ergebnisorientierte Führung einer Unternehmung allein durch das Management problematischer, so daß sich seit geraumer Zeit Stellen herausgebildet haben, die die Manager bei einem Teil ihrer Aufgaben unterstützen und entlasten. Diese

Stellen, in denen Controller tätig sind, bilden in ihrer Gesamtheit das institutionelle Controlling. Eine Hilfe durch Controller ist in zweierlei Hinsicht erforderlich:

- Einmal bietet sich *unmittelbare persönliche Hilfestellung* bei der Ausübung der Aufgaben des einzelnen Managers an. Diese Unterstützung beginnt bei der Planung, vor allem, sofern Führungskräfte noch unerfahren auf diesem Gebiet sind. Alle Führungskräfte sollten von der Erstellung eigener Abweichungsberichte entlastet werden und bei Bedarf Hilfe bei der Analyse von Abweichungen und dem Entwurf von Gegensteuerungsmaßnahmen erhalten.
- Controllern obliegt es weiterhin, die *Beziehungen* zwischen Stellen, Abteilungen oder Bereichen *abzustimmen*, um die Zusammenarbeit auf ein gemeinsames Ziel hin zu koordinieren. Allenfalls in kleinen Unternehmungen erfolgt diese Koordination durch persönliche Kommunikation. In größeren marktwirtschaftlich tätigen Unternehmungen wird i.d.R. über gegenseitig abzustimmende Pläne koordiniert. Dieser Vorgang bedarf einer ordnenden Hand, durch die die Vielzahl der Einzelpläne zeitlich aufeinanderfolgend abgestimmt und sachlich koordiniert wird.

Um die beiden aufgezeigten Aufgabenkomplexe zu bewältigen, werden in Unternehmungen spezielle Stellen gebildet, die von Controllern besetzt werden. Controlling in diesem Sinn ist ein „System führungsanalytischer Tätigkeiten ..., die der Entlastung der Unternehmensführung dienen und organisatorisch verselbständigt sind" (Serfling 1992, S. 84).

2. Operatives und strategisches Controlling

Mit der im Schrifttum üblichen Unterteilung in ein operatives und ein strategisches Controlling werden nicht, wie man auf den ersten Blick erwarten könnte, zusätzliche Controlling-Begriffe geschaffen. Vielmehr handelt es sich um zwei mögliche Arten des oben angeführten weiten, die formalen Phasen des Managementprozesses umfassenden funktionalen Controlling-Begriffs. Geht man vom institutionellen Controlling-Begriff aus, bezeichnen operativ und strategisch zwei sich unterschiedlich weit in die Zukunft erstreckende Objektbereiche, auf die sich die Tätigkeit der Controller bezieht.

Kern des *operativen Controlling* ist ein einjähriger Planungszeitraum mit entsprechenden unterjährigen Kontrollzeiträumen. Dieser zeitliche Horizont wird insofern erweitert, als dem ersten, detailliert geplanten Jahr zwei bis vier weitere Planjahre mit weniger genau geschätzten Zahlen folgen. Geplant wird mit konkreten finanziellen Zielgrößen, für die auch Soll-Ist-Abweichungsberichte und Erwartungsrechnungen aufgestellt werden.

Zeitlich weitreichender sind *strategische Planung* und *strategisches Controlling*, deren Horizont in Abhängigkeit von der Branche bis zu 15 Jahre betragen kann. Es leuchtet ein, daß über solch lange Zeiträume nur eingeschränkt finanzielle Zielgrößen abgeschätzt werden können, so daß sich neben finanzwirtschaftlich ausgerichteten Entscheidungshilfen wie dem Shareholder-Value-Ansatz auch andere Denkweisen und Methoden im operativen Bereich herausgebildet haben.

In beiden Planungssystemen sind Aussagen über die voraussichtliche zukünftige Entwicklung zu treffen, wobei die Kenntnis über die Einflußfaktoren auf diese Entwicklung und ihre Auswirkungen der *Unsicherheit* unterliegt. Insofern kann jede Planung nur unter Treffen von Annahmen über die Ausprägungen der Einflußfaktoren erstellt werden, d.h., um Aussagen über die Zukunft zu gewinnen, sind *Planungsprämissen* zu setzen.

Bei der operativen Planung schlagen sich die Annahmen über die Einflußfaktoren in den Schätzungen der Komponenten der finanziellen Zielgrößen nieder. So spiegeln sich die Erwartungen über Konkurrenz- und Kundenverhalten in der Planung der Umsatzeinnahmen wider.

Aufgrund des weiter in die Zukunft reichenden Zeitraums der strategischen Planung sind erheblich mehr Planungsparameter flexibel, so daß auch erheblich mehr Annahmen über die Entwicklung der Parameter zu treffen sind. Dies und das Fehlen finanzieller Zielgrößen ändert den Charakter strategischer Planung gegenüber der operativen Planung. Noch unterschiedlicher ist jedoch die strategische Kontrolle. Wegen des Fehlens quantitativer Kontrollgrößen sind Soll-Ist-Vergleiche analog zum operativen Bereich allenfalls zur Überprüfung der Einhaltung von Umsetzungszeitpunkten (Meilensteinen) üblich. Mehr Gewicht kommt im strategischen Controlling der Prämissenkontrolle zu. Es erscheint sinnvoll, die Planungsprämissen in einem Prämissenkatalog zu sammeln und zu ordnen und sie in regelmäßigen Abständen einer Überprüfung zu unterziehen. Zeigt sich dabei, daß sich grundlegende Planungsannahmen verändert haben, muß die Strategie entsprechend angepaßt werden.

C. Institutionelles Controlling

1. Controlling als Service Center

Wie bereits ausgeführt, soll das Controlling als Institution die Manager bei ihrer Arbeit unterstützen. „Controlling erbringt eine Service-Leistung zur Selbstkontrolle der Verantwortlichen“ (Serfling 1992, S. 17). Ähnlich drückt sich Deyhle aus, wenn er bemerkt, daß Controller „einen Service- und Lotsendienst leisten sowie dabei für die fachlichen Unterlagen sorgen. Controller-Funktion ist Management-Service“ (Deyhle 1975, S. 74).

Controller werden auch als Planungsgehilfen oder allgemeiner als Berater bezeichnet. Wie ihre Rolle dabei im einzelnen ausgestaltet ist, hängt im wesentlichen davon ab, wie das Controlling selbst organisiert ist. In kleineren und mittleren Unternehmungen wird es allenfalls eine Controlling-Stelle oder -Abteilung geben, während sich in größeren Unternehmungen häufig ein gesamtunternehmungsbezogenes zentrales Controlling und daneben dezentrale Controlling-Stellen gebildet haben. Von letzterem wird im folgenden ausgegangen.

2. Controlling-Organisation

a) Zentrales und dezentrales Controlling

Die Ausgestaltung des *dezentralen Controlling* hängt davon ab, ob die Unternehmung auf der zweiten Leitungsebene funktional oder divisional organisiert ist. Bei funktionaler Organisation bestehen neben dem zentralen Controlling als deren verlängerter Arm Funktions- und Werkscontroller. Bei divisionaler Organisation treten neben eventuelle Funktions- und Werkscontroller die Divisions- bzw. Spartencontroller, deren Rolle der eines zentralen Controllers für die Sparte entspricht.

In jüngster Zeit ist zu beobachten, daß bestehende Sparten rechtlich verselbständigt und neue Unternehmungen dem Unternehmungsverbund hinzugefügt werden. Um die Beteiligungsunternehmungen zu integrieren und i.S. der Gesamtunternehmung zu steuern, wurde in vielen Unternehmungen ein Beteiligungs-Controlling eingerichtet.

Das *zentrale Controlling* kann sowohl Aufgaben im Rahmen des strategischen wie auch des operativen Management übernehmen, während die hierarchisch tiefer angesiedelten dezentralen Controller-Stellen überwiegend unterstützende Tätigkeiten auf der operativen Ebene ausüben.

Im Bereich der strategischen Planung kann das zentrale Controlling Hilfestellung durch die Gewinnung und Bereitstellung der für die Strategieformulierung notwendigen Informationen leisten. Bei der strategischen Kontrolle ist eine Einbindung des zentralen Controlling in Form der Verfolgung des bei der Planung aufgestellten Prämissenkataloges möglich.

Die folgenden Ausführungen beziehen sich ausschließlich auf die Aufgaben des Controlling im Rahmen des operativen Management.

Dem *zentralen Controlling* obliegt grundsätzlich die Erarbeitung einer für die gesamte Unternehmung einheitlichen Controlling-Konzeption und -Terminologie.

Im Rahmen der *Planung* hat das zentrale Controlling insbesondere folgende Aufgaben:

- Bei einer Planung im Gegenstromverfahren steht eine top-down-gerichtete Zielvorgabe durch die Geschäftsleitung am Beginn. Das Controlling ist an der Erarbeitung dieser Zielvorgabe sowie der für die dezentralen Einheiten maßgeblichen Planungsprämissen beteiligt.
- Planung ist in der Praxis ein sukzessive ablaufender Prozeß, dessen verschiedene Schritte sorgfältig in Form eines Planungskalenders aufeinander abzustimmen sind. Die zeitliche Koordination der Planung obliegt ebenfalls dem zentralen Controlling.
- Im Rahmen der Bottom-up-Planung erarbeiten die dezentralen Einheiten ihre Teilpläne. Die Abstimmung dieser dezentralen Pläne und ihre Integration zu einem Gesamtplan (Musterplan) erfolgt durch das zentrale Controlling. Dabei wird i.d.R. auch die Plausibilität der Einzelpläne sowie des Gesamtplans überprüft.

- Zentrale Controller wirken bei der Abstimmung zwischen der Top-down-Zielvorgabe und dem dezentral erarbeiteten Gesamtplan mit und vertreten den Gesamtplan vor der Geschäftsleitung.

Auch im Rahmen der *Kontrolle* hat das zentrale Controlling übergreifende Aufgaben wie die zusammenfassende Beurteilung der Soll-Ist-Abweichung gegenüber der Geschäftsleitung oder die Koordination und Integration der Vorschau- bzw. Erwartungsrechnung für die Gesamtunternehmung.

Bei der Reaktion auf Abweichungen (Steuerung) wirkt das zentrale Controlling bei der Erarbeitung ressortübergreifender Steuerungsmaßnahmen mit und interpretiert diese gegenüber der Geschäftsleitung.

Speziell bei divisionaler Organisation hat das zentrale Controlling die wichtige Aufgabe, an der Bildung von Verrechnungspreisen für interne Leistungen mitzuwirken.

Die dezentralen Controller legen für ihre jeweiligen Bereiche die Planungsabläufe fest und beraten die Führungskräfte in Fragen der Ziel- und Maßnahmenplanung. Sie unterstützen die zentralen Controller bei der Integration der Teilpläne in den unternehmerischen Gesamtplan. Sie prüfen die Teilpläne auf Plausibilität.

Die dezentralen Controller sorgen für die rechtzeitige und vollständige Bereitstellung der Abweichungsberichte und achten in diesem Zusammenhang auf eine einwandfreie Kontierung und Aufbereitung der Ist-Zahlen. Falls erwünscht, beraten sie die Führungskräfte bei der Auswertung der Abweichungen und der Entwicklung von Steuerungsmaßnahmen.

Ein spezielles Problem bei der teilweisen Dezentralisierung der Controlling-Aufgaben stellt die Regelung der Entscheidungs- und Weisungsbefugnisse zwischen zentralem Controlling, dezentralem Controlling und den Leitern der dezentralen Einheiten (Funktionen, Werke, Sparten) dar. Zur Lösung dieses Problems bestehen grundsätzlich vier Möglichkeiten:

- Die fachliche und disziplinarische Unterstellung des dezentralen Controlling unter das zentrale Controlling. Dieses Modell wird kaum empfohlen und praktiziert, da die Gefahr, daß sich das Controlling zum Fremdkörper in der dezentralen Einheit entwickelt, den Vorteil der Unabhängigkeit des Controlling vermutlich überwiegt.
- Die fachliche und disziplinarische Unterstellung des dezentralen Controlling unter den Leiter der dezentralen Einheit. Diese ein Maximum an Controlling-Dezentralisation darstellende Lösung entspricht am ehesten dem Gedanken der Spartenorganisation (vgl. Serfling 1992, S. 88), wirft jedoch Probleme bzgl. der Anbindung an das zentrale Controlling auf.
- Das dezentrale Controlling ist fachlich dem zentralen Controlling und disziplinarisch dem Leiter der dezentralen Einheit unterstellt.
- Das dezentrale Controlling ist disziplinarisch dem zentralen Controlling und fachlich dem Leiter der dezentralen Einheit unterstellt.

Beide letztgenannten Lösungen bergen für die dezentralen Controller Konfliktpotential in sich; sie werden in der Praxis häufiger bei funktionaler Organisation angewendet (vgl. Serfling 1992, S. 86 f.).

b) Aufbauorganisatorische Stellung des Controlling-Bereiches

Nachdem im vorhergehenden Abschnitt die interne Organisation des Controlling behandelt wurde, soll im folgenden überblicksartig den Fragen nachgegangen werden,

- an welcher Stelle der Leitungsorganisation der Controlling-Bereich hierarchisch einzugliedern ist, und
- ob das Controlling eher als Stabs- oder als Linienfunktion auszugestalten ist.

Auf diese Fragen kann es keine allgemeingültigen Antworten geben, da diese von der Unternehmungssituation abhängen, die wiederum durch unterschiedliche Einfluß- bzw. Kontextfaktoren bestimmt wird (vgl. Serfling 1992, S. 81). Wesentliche, im einschlägigen Schrifttum wiederholt angeführte Kontextfaktoren sind die Unternehmungsgröße, die Unternehmungsumwelt und die Organisationsstruktur, in die sich das Controlling einzubetten hat (vgl. Peemöller 1992, S. 83). Insofern werden i.d.R. lediglich die Möglichkeiten der Problemlösung und ihre jeweiligen Vor- und Nachteile angeführt.

Für die erste der beiden Fragen bedeutet dies, daß zunächst die Alternativen einer hierarchischen Einordnung des Controlling in die Führungsebenen einer Unternehmung zu erwägen sind. Sind neben Stellen für zentrale Controller auch solche für dezentrale eingerichtet, beziehen sich die folgenden Ausführungen nur auf die zentralen Controller. Es steht außer Zweifel, daß der Controlling-Leiter hierarchisch hoch angesiedelt sein sollte, um ihm die Autorität zu verleihen, die der Bedeutung seiner Funktion entspricht. Insofern wird nur eine Einordnung in die erste oder die zweite Führungsebene diskutiert.

Ist der Leiter des zentralen Controlling Mitglied des Vorstandes bzw. der Geschäftsführung, so erlangt er damit ohne Zweifel das Gewicht, seine Aufgaben in größter Unabhängigkeit zu erfüllen. Dagegen ist der Nachteil abzuwägen, daß dem mit der Rechnungsverantwortung für das Unternehmungsergebnis betrauten Controller unter Umständen die nötige Distanz fehlt, kritisch auf eventuelle Fehlentwicklungen hinzuweisen, da er sie selbst mit beeinflußt hat. Zudem wird auf die Gefahr einer „Entwicklung des Controllers zur ‚grauen Eminenz', zum eigentlichen Machtzentrum innerhalb der Unternehmensleitung" (Weber 1993, S. 354) hingewiesen.

Als Alternative bietet sich die Einordnung des Controlling in die zweite Führungsebene an. Das zentrale Controlling wird dabei dem Vorstandsressort Finanzen zugeordnet. Hierdurch entsteht zwar die notwendige Entfernung zum obersten Entscheidungsgremium im ganzen, es entsteht aber eine starke Bindung an ein Ressort, was eine ressortneutrale Aufgabenerfüllung erschweren kann. Als dritte Lösungsmöglichkeit bietet sich schließlich die Herausnahme des zentralen Controlling aus der formalen Bindung an ein Ressort und seine Zuordnung zum Vorstandssprecher an. Damit würde das Controlling aus der Linienverantwortung herausgenommen als Stabsstelle fungieren, der allenfalls eine indirekte Anordnungsbefragung zugebilligt wird.

Eine reine Stabslösung wird nur von wenigen Autoren empfohlen (vgl. z.B. Hoffmann 1968). Sie wird mit Gründen abgelehnt, die Serfling (1992, S. 92) herausgearbeitet hat und die letztlich darauf hinauslaufen, daß Führungskräfte, die aufgrund ihrer Tätigkeit Informations- und Expertenmacht besitzen, nicht jeglicher hierarchischer Macht entbehren sollten.

Eine Lösung des Dilemmas wird darin gesehen, den Controllern sowohl Stabs- als auch Linienaufgaben zu übertragen (vgl. z.B. Hauschildt 1972, S. 169 ff.). Unbeschränkte Anordnungsbefugnis besteht danach innerhalb der Controlling-Institution. Außerhalb des Controlling können einerseits Beratungsbefugnisse gegenüber der Linie existieren, wie z.B. bei der Festlegung der Planungs- und Budgetzahlen. Andererseits können fachliche Anordnungs- und Kontrollrechte eingeräumt werden, die sich bspw. auf die Einführung neuer Buchhaltungsverfahren oder eine Umgestaltung des internen Rechnungswesens beziehen.

Literatur

DELLMANN, K.: Eine Systematisierung der Grundlagen des Controlling, in: Controlling, Grundlagen - Informationssysteme - Anwendungen, hrsg. v. K. Spremann u. E. Zur, Wiesbaden 1992, S. 113-140.

DEYHLE, A.: Controllerfunktion und Interne Revision, in: ZIR, 10. Jg. (1975), S. 73-84.

HAHN, D.: Controlling - Stand und Entwicklungstendenzen unter besonderer Berücksichtigung des CIM-Konzeptes, in: Rechnungswesen und EDV, 8. Saarbrücker Arbeitstagung , hrsg. v. A.W. Scheer, Heidelberg 1987, S. 3-39.

HAUSCHILDT, J.: Finanzvorstand, Treasurer, Controller, in: ZfO, 41. Jg. (1972), S. 167-174.

HEIGL, A.: Controlling - Interne Revision, Stuttgart/New York 1978.

HOFFMANN, F.: Der Controller im deutschen Industriebetrieb, in: DB, 21. Jg. (1968), S. 2181-2185.

HORVÁTH, P.: Controlling, 1. Aufl., München 1978.

HORVÁTH, P.: Controlling, 4. Aufl., München 1992.

KIESER, A.; KUBICEK, H.: Organisation, 3. Aufl., Berlin/New York 1992.

KUHN, A.: Unternehmensführung, München 1982.

KÜPPER, H.-U.: Industrielles Controlling, in: Industriebetriebslehre, hrsg. v. M. Schweitzer, München 1990, S. 781-891.

KÜPPER, H.-U.; WEBER, J.; ZÜND, A.: Zum Verständnis und Selbstverständnis des Controlling, in: ZfB, 60. Jg. (1990), S. 281-293.

LAUX, H.: Koordination in der Unternehmung, in: HWB, Bd. 2, hrsg. v. W. Wittmann et al., 5. Aufl., Stuttgart 1993, Sp. 2308-2320.

PEEMÖLLER, V.H.: Controlling - Grundlagen und Einsatzgebiete, 2. Aufl., Herne/Berlin 1992.

SCHIEMENZ, B.: Systemtheorie, betriebswirtschaftliche, in: HWB, Bd. 3, hrsg. v. W. Wittmann et al., 5. Aufl., Stuttgart 1993, Sp. 4127-4140.

SCHWEITZER, M.; FRIEDL, B.: Beitrag zu einer umfassenden Controllingkonzeption, in: Controlling, hrsg. v. K. Spremann u. E. Zur, Wiesbaden 1992, S. 141-167.

SERFLING, K.: Controlling, 2. Aufl., Stuttgart/Berlin/Köln 1992.

WEBER, J.: Einführung in das Controlling, 4. Aufl., Stuttgart 1993.

Péter Horváth
Stefan Niemand

Methoden und Tools des Controlling

A. Umfeldbedingtheit des Controlling-Instrumentariums

Controlling als ergebnisorientierte Steuerung ist eine Kernfunktion eines jeden Managers. Im Zuge der tayloristischen Arbeitsteilung fand in den letzten Jahrzehnten ein „Siegeszug des institutionalisierten *„Off-the-Job-Controlling“* auf Kosten des *„On-the-Job-Controlling“* statt (vgl. Reiß/Höge 1994, S. 218). Hierbei ist das institutionalisierte Controlling *(Controllership)* vielfach zur „Speerspitze einer Mißtrauensorganisation“ (Krystek 1991, S. 18) geworden. Die Folge ist ein zu komplexes und schwerfälliges Controlling, das mit Akzeptanzproblemen zu kämpfen hat.

Um diesem Trend zu begegnen, muß das Controlling die radikalen Umfeldänderungen (intensiverer Wettbewerb mit hohen Flexibilitätsanforderungen) der letzten Jahre adaptieren und seine Methodik entsprechend den geänderten Anforderungen anpassen. Die dabei zu beobachtenden Tendenzen sind in Abbildung 1 zusammengestellt.

Traditionelle Controlling-Methodik	**Neue Controlling-Methodik**
Ergebnisorientierung allein anhand Wertgrößen	Ergebnisorientierung anhand monetärer und nichtmonetärer Größen
Soll-Ist-Vergleich: Statische Standards	Kaizen: dynamische Standards
Vorwiegend operativ	Strategisch und operativ
Einsatz der Tools durch institutionalisiertes Controlling	Einsatz der Tools vorwiegend im Rahmen des Selbst-Controlling
Komplexes Informationssystem	Einfachheit als k.o.-Kriterium
Funktionale Orientierung	Prozeßorientierung
Fokus: Produktions- und Vertriebsphase	Fokus: Produktentstehungsphase
Vorwiegend interne Ausrichtung	Der Markt ist Ausgangspunkt
Informationen für das (Top) Management	Informationen für alle Mitarbeiter
„Command and Control Systems“	„Bottom-up-Empowerment“

Abbildung 1: Methodik des Controlling - State-of-the-Art

B. Klassische Controlling-Instrumente

Entsprechend der klassischen Controlling-Methodik wurde auch das klassische Controlling-Instrumentarium ausgestaltet, das im wesentlichen aus drei Elementen besteht (vgl. Horváth 1994, S. 255 ff.):

- ergebnisorientierte Planung und Kontrolle (Budgetierung);
- verschiedene Formen der Kosten- und Leistungsrechnung und der Investitionsrechnung (Führungsorientiertes Rechnungswesen);
- Berichtswesen (Reporting).

Diese *klassischen Tools* sollen im folgenden kurz vorgestellt werden. Im Sinne der oben geschilderten Trends und der Anpassung der Methodik des Controlling sind auch die Controlling-Instrumente an diese Anforderungen anzupassen (vgl. zum Zusammenhang Abbildung 2). Insbesondere liegt der Fokus nicht mehr auf der isolierten Anwendung bestimmter Tools, sondern auf dem integrierten Einsatz eines *Controlling-Instrumentensystems*.

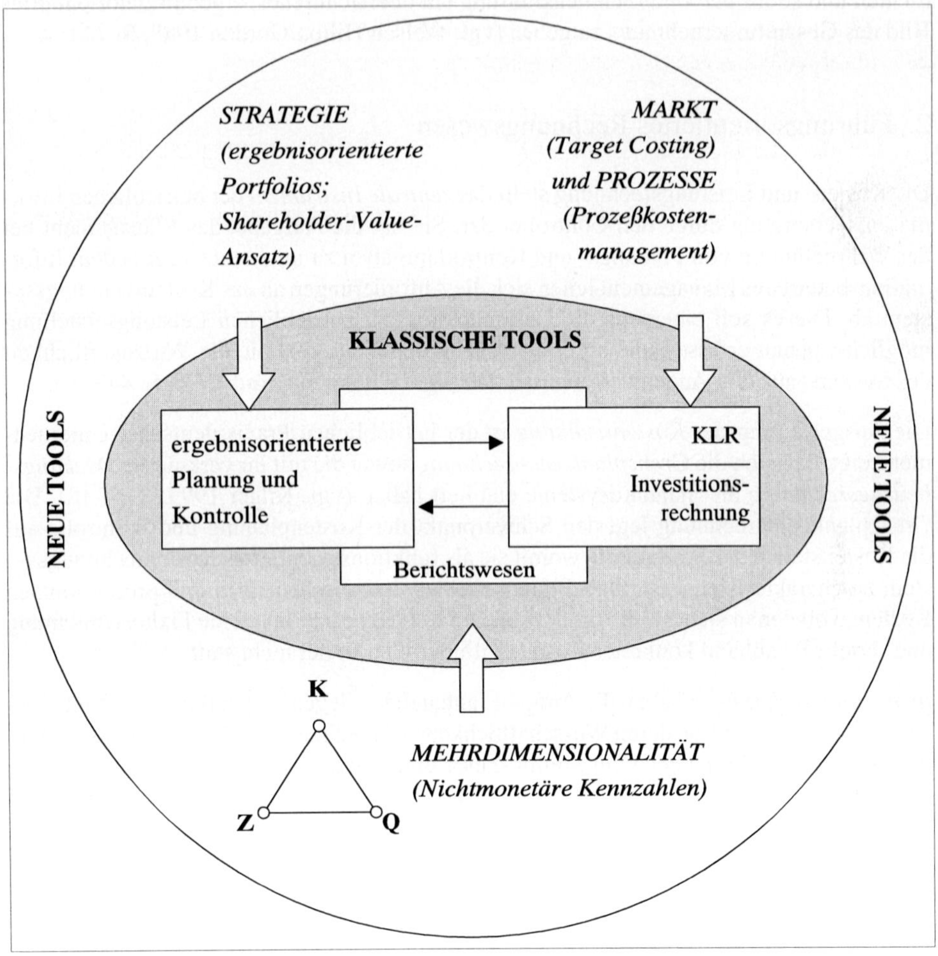

Abbildung 2: Klassische und moderne Tools des Controlling im Zusammenhang

1. Ergebnisorientierte Planung und Kontrolle

Die ergebnisorientierte Planung und Kontrolle oder Budgetierung hat die wesentliche *Aufgabe der formalzielorientierten Planung oder Profitplanung* (vgl. Dambrowski 1986, S. 23 ff.). Für jeden Bereich eines Unternehmens wird in Abstimmung mit der Sachzielplanung für die kommenden Planperioden ein Budget erstellt, das in monetären Größen den Ressourcenverbrauch ausdrückt, der für die Erreichung der Sachziele und der dazu notwendigen Maßnahmen anfällt (vgl. Hahn 1994, S. 394 ff.). Diese Budgetzahlen haben Vorgabecharakter für den Bereichsleiter und werden zur Durchführung des Soll-Ist-Vergleichs während der Planperiode herangezogen. Außerdem fällt der Budgetierung die Aufgabe zu, die dezentralen Planungen über unterschiedliche Aggregationsstufen zu verdichten und somit der Unternehmensführung ein übersichtliches, ergebniszielorientiertes Bild des Gesamtunternehmens zu geben (vgl. Welsch/Hilton/Gordon 1988, S. 72 ff.).

2. Führungsorientiertes Rechnungswesen

Die Kosten- und Leistungsrechnung stellt das *zentrale Instrument* der betrieblichen Informationsversorgung durch den Controller dar. Sie hat die Aufgabe, das Management bei der Wahrnehmung von Planungs- und Kontrollaufgaben zu unterstützen. Aus dem Informationsbedarf des Management leiten sich die Anforderungen an das Kostenrechnungssystem ab. Dieses soll einerseits die Gesamtkosten der betrieblichen Leistungserstellung möglichst genau erfassen und strukturieren. Andererseits darf nie die Wirtschaftlichkeit des Systems aus den Augen verloren werden (vgl. Willson/Colford 1990, S. 443 ff.).

Die Ausgestaltung der *Kostenrechnung* in der betrieblichen Praxis deutscher Unternehmen zeigt, daß sich die *Grenzplankostenrechnung* sowie die mit ihr verknüpfte *Deckungsbeitragsrechnung* als Standardsysteme etabliert haben (vgl. Kilger 1993, S. 57 ff.). Die Grenzplankostenrechnung legt den Schwerpunkt der Kostenplanung und -kontrolle auf die Kostenstellen der Produktion, womit sie als funktionsorientiertes Kostenrechnungssystem zu charakterisieren ist. Dabei unterscheidet sie zwischen fixen und proportionalen Kosten, wobei man sich auf die proportionalen Kosten beschränkt, eine Fixkostenplanung und -kontrolle anhand konkreter Kosteneinflußgrößen findet nicht statt.

Investitionsrechnungen haben die Aufgabe, anhand der Gegenüberstellung von Zahlungsströmen einer Investition deren Wirtschaftlichkeit zu berechnen. Das klassische Instrumentarium der Investitionsrechnung nimmt damit eine Sonderstellung im Instrumentarium des Controllers ein, da es nicht auf Ebene der Kosten und Leistungen, sondern der der Ein- und Auszahlungen argumentiert und sich damit dessen Ergebnisse nicht ohne weiteres in die Kosten- und Leistungsrechnung integrieren lassen (vgl. Blohm/Lüder 1991, S. 49 ff.).

3. Berichtswesen

Das Berichtswesen dient der *Informationsübermittlung* zwischen den Stellen der Informationsentstehung und der Informationsverwendung. Unter *Berichtswesen* versteht man konkret die Einrichtungen, Mittel und Maßnahmen eines Unternehmens zur Erarbeitung, Weiterleitung und Verarbeitung von Informationen über das Unternehmen und seine Umwelt (vgl. Blohm 1982, S. 866). Das klassische Berichtswesen ist in seiner Ausprägung in den Unternehmen meist an der externen Rechnungslegung und damit am Aufbau der Gewinn- und Verlustrechnung orientiert. Dies bedingt, daß Berichte zum einen nur monetäre Informationen beinhalten. Zum anderen sind diese dann häufig zu langsam und zu wenig empfänger- und entscheidungsorientiert.

Die Kritik am klassischen Controlling-Instrumentarium hat in letzter Zeit zur Entwicklung neuer Instrumente geführt, die mit dem Anspruch antreten, die Mängel der klassischen Tools zu beheben. Hierbei darf aber nicht übersehen werden, daß es keinesfalls darum geht, diese vollständig durch neue Verfahren und Methoden zu ersetzen. Vielmehr sollen die genannten Mängel durch den *integrierten Einsatz verschiedener Instrumente* behoben werden.

C. Neue Controlling-Instrumente

1. Strategische Ausrichtung

Die Budgetierung als eher kurzfristig und monozielausgerichtetes Instrument bedarf insbesondere der Erweiterung um langfristige strategische Aspekte. Hierzu bieten sich ergebnisorientierte Portfolios und der Shareholder-Value-Ansatz an.

Ergebnisorientierte Portfolios bieten die Möglichkeit, zwei voneinander unabhängige nichtmonetäre Größen einander gegenüberzustellen und Aussagen über die Ergebniswirkung unterschiedlicher Kombinationen dieser Größen zu treffen. Als unabhängige Variablen werden häufig Marktwachstum, Marktanteil, Wettbewerbsvorteile, Wettbewerbsposition oder Marktattraktivität gewählt, während die davon abhängigen Ergebnisvariablen meist Cash Flow oder Rendite (ROI) sind (vgl. Hax/Majluf 1988, S. 38). Obwohl die Einschränkung der Betrachtungsweise auf lediglich zwei Variablen problematisch ist, bieten diese Portfolios doch die Möglichkeit einer ersten Quantifizierung strategischer Optionen. Sie zwingen zur konkreten Formulierung der Auswirkungen von Strategiealternativen und lassen eine grobe Beurteilung anhand von Erfolgsgrößen zu.

Der *Shareholder-Value-Ansatz* (Wertsteigerungsanalyse) ist ein Instrument, mit dem die Auswirkungen von strategischen Maßnahmen auf den Unternehmenswert als Zielgröße ermittelt werden. Als Bewertungsmaßstab für den Unternehmenswert dient der freie Cash Flow, den eine Strategievariante hervorruft. Die große Stärke der Wertsteigerungsanalyse liegt in der Verwendung sog. Wertgeneratoren zur Abschätzung des Cash Flow. Dies sind wesentliche Einflußgrößen, die den freien Cash Flow maßgeblich bestimmen. Ihre Festlegung muß unternehmens- und strategiespezifisch erfolgen. Als Beispiele werden Umsatzwachstum, Umsatzrentabilität, Nettoinvestitionsrate, Kapitalkosten und Steuerrate genannt. Sensitivitätsanalysen erlauben eine Aussage darüber, wie sich der Unternehmenswert bei Veränderung eines Wertgenerators ändert und zeigen somit die Robustheit einer Strategievariante an (vgl. Rappaport 1986).

2. Kunden- und Prozeßorientierung

Zur Erreichung einer verstärkten Marktorientierung der Kostenrechnung dient das Instrument des Target Costing. Eine Kombination mit dem Prozeßkostenmanagement erlaubt die Umsetzung der Marktorientierung im Unternehmen.

Target Costing oder marktorientiertes Zielkostenmanagement stellt keine Ergänzung bestehender Kostenrechnungssysteme um Aspekte der Marktorientierung dar, sondern es handelt sich dabei um eine *völlig neue Philosophie des Kostenmanagement*, die die frühzeitige, d.h. am Anfang des Produktlebenszyklus stattfindende, und marktgetriebene Beeinflussung und Gestaltung der Kostenstrukturen eines neuen Produktes in den Vordergrund stellt (vgl. Seidenschwarz 1993).

Ausgangspunkt des Kostenmanagement sind dabei nicht mehr interne Effizienzkriterien, sondern der am Markt erzielbare Preis. *Ziel des Target Costing* ist es, über die Orientierung an den Kundenwünschen eine Marktorientierung des Kostenmanagement zu erreichen. Target Costing ist keineswegs allein ein neues Kostenrechnungsverfahren ist, sondern vielmehr ein *umfassendes Planungs- und Steuerungsinstrumentarium* zur frühzeitigen markt- und kostenorientierten Beeinflussung des Entwicklungsprozesses von Produkten und Dienstleistungen.

Man unterscheidet im Target Costing zwei Phasen: die Phase der Zielkostenfestlegung und der Zielkostenerreichung (vgl. Gaiser/Kieninger 1993, S. 60). Die *Zielkostenfestlegung* geschieht im Team, das sich aus Mitarbeitern aller beteiligten Bereiche zusammensetzt. Aus Markt-, Konkurrenz- und internen Informationen werden die Gesamtzielkosten für das Produkt festgelegt und im Rahmen der Zielkostenspaltung auf einzelne Bauteile, Komponenten und begleitende Dienstleistungen heruntergebrochen. Sind die Zielkosten somit verbindlich festgelegt, bedient sich das Target Costing in der zweiten Phase vielfältiger Instrumente zur *Zielkostenerreichung* (Wertanalyse, Quality Function Deployment (QFD), konstruktionsbegleitende Kalkulation usw.).

Die Vorgabe von marktorientierten Zielkosten ist nicht nur auf Produktebene sinnvoll, sondern muß gerade auch für Prozesse stattfinden. Ein *Prozeß* ist eine Zusammenfassung von Tätigkeiten, die sequentiell oder parallel durchgeführt werden müssen, um ein bestimmtes Ergebnis zu erzielen. Wählt man die in der Prozeßkostenrechnung übliche Unterscheidung in Haupt- und Teilprozesse, so sollte ein Hauptprozeß immer Marktbezug haben und somit direkt einen Wert für den Kunden schaffen. Für diese Wertschöpfung muß nun aus dem Markt der Nutzen abgeleitet werden, der dann den maximalen Ressourceneinsatz für den Prozeß vorgibt. Als Informationsinstrument für die marktorientierte Planung und Steuerung der Prozesse wird die Prozeßkostenrechnung eingesetzt (vgl. IFUA Horváth & Partner 1991).

Die *Prozeßkostenrechnung* ist kein völlig neues Kostenrechnungssystem, sondern baut auf der traditionellen Kostenarten- und Kostenstellenrechnung auf. Ihre Sichtweise ist jedoch nicht abteilungs- oder kostenstellenbezogen, sondern orientiert sich an den Arbeitsabläufen, den Prozessen. Die Teilprozesse - also Prozesse, die innerhalb einer Abteilung oder Kostenstelle ablaufen - werden im Rahmen einer Tätigkeitsanalyse ermittelt, ihnen werden Prozeßkosten zugeordnet, um sie dann zu den wenigen maßgeblichen Prozessen - den Hauptprozessen - zusammenzufassen. Entscheidend an diesem Vorgehen ist, daß zu jedem Prozeß der wesentliche Kosteneinflußfaktor - der sog. Cost Driver - ermittelt wird. Diese *Cost Driver* zeigen auf, warum Kosten entstehen und sind folglich Ansatzpunkte für kostenbeeinflussende Maßnahmen. Im Rahmen des Prozeßkostenmanagement, also der marktorientierten Steuerung der Prozeßkosten, müssen diese Cost Driver auf ihre Auswirkungen auf den Kundennutzen hin untersucht werden. Daraus ergeben sich Hinweise auf nicht marktadäquat gestaltete Prozesse und Prozeßstrukturen.

3. Mehrdimensionale Ergebnisorientierung

Das traditionell auf monetäre Informationen ausgerichtete Berichtswesen muß zukünftig um nichtmonetäre Informationen erweitert werden. Instrumentell kann dies durch den Einsatz von *Kenngrößensystemen* realisiert werden, die eine ganzheitliche Messung und Steuerung der Unternehmensaktivitäten hinsichtlich der erfolgsrelevanten Kriterien Kosten, Zeit und Qualität ermöglichen. Ein überzeugender Vorschlag ist die *Balanced Scorecard* (vgl. Kaplan/Norton 1992, S. 71 ff.). Sie berücksichtigt in ihrer Darstellung vier unterschiedliche Ebenen der Leistungsmessung:

- *Kundenperspektive:* Die generelle Vision, den Kunden optimal zu bedienen, wird hier umgesetzt in konkrete Kennzahlen, die die Leistungsmerkmale definieren, die für den Kunden wesentlich sind. Dabei sind die Kategorien Zeit, Qualität, Produktleistung und Service von Bedeutung.
- *Interne Betriebsperspektive:* Diese Perspektive betrachtet die Prozesse, die notwendig sind, um die Kundenwünsche zu erfüllen. Erforderlich ist eine Konzentration auf die Kernkompetenzen eines Unternehmens, die dann mit Hilfe von Kennzahlen über Zykluszeiten, Qualität, Mitarbeiterkompetenz und Produktivität zu steuern sind.
- *Innovationsperspektive:* Da ein Unternehmen langfristig nur mit Hilfe innovativer Produktideen am Markt erfolgreich sein kann, muß das Management die Fähigkeit des Unternehmens, sich zu steigern, innovativ zu sein und ständig zu lernen, laufend überwachen können. Als Kennzahlen können der Umsatzanteil der Neuprodukte oder die Zeit bis zur Marktreife einer Produktidee dienen.
- *Finanzwirtschaftliche Perspektive:* Die Erfolge in den ersten drei Bereichen finden ihren Niederschlag im finanziellen Erfolg des Unternehmens, der über Größen wie Rentabilität, Cash Flow, Wachstum oder Unternehmenswert gesteuert werden kann.

Bei der Scorecard steht nicht eine detaillierte Vorgabe und Kontrolle auf allen Betrachtungsebenen im Vordergrund, sondern eine umfassende Steuerung anhand allgemein akzeptierter Ziele. Die Selbständigkeit der Mitarbeiter und deren Fähigkeit, eigenverantwortlich Wege zur Zielerreichung zu finden, soll durch den Ansatz gezielt gefördert werden.

Entscheidend ist, daß die vier Bereiche der Scorecard nicht unabhängig nebeneinander stehen, sondern Betrachtungsweisen aus unterschiedlichen Perspektiven darstellen. Wird z.B. als erstes Ziel ein bestimmter Umsatzwert angestrebt (finanzwirtschaftliche Perspektive), so ist zu fragen, wie dieser Umsatz erreicht werden kann. Die Antwort kann z.B. Erreichung erhöhter Kundenzufriedenheit lauten (Kundenperspektive). Um diese umzusetzen, sollte bspw. die Lieferfrist verkürzt werden (Interne Betriebsperspektive). Dies wiederum kann nur durch ein neues Lagerhandlingsystem realisiert werden (Innovationsperspektive).

Unterstützung erhält der Balanced Scorecard Approach durch das Instrument des Benchmarking. *Benchmarking* ist ein kontinuierlicher Prozeß, bei dem Produkte, Dienstleistungen, aber insbesondere Prozesse und Methoden betrieblicher Funktionen branchenübergreifend mit anderen Unternehmen verglichen werden, die beim Vergleichsobjekt einen Weltklassestandard - die sog. *„best practice"* - setzen (vgl. Horváth/Herter 1992). Damit können auf allen vier Betrachtungsebenen die jeweiligen Steuerungskennzahlen mit den Werten der besten Wettbewerber verglichen werden, um den Abstand des eigenen Unternehmens zur Spitzenleistung zu dokumentieren. Da es sich hierbei um objektive Zielkriterien handelt, ist damit ein hoher Motivationseffekt für die Mitarbeiter verbunden. Außerdem bietet das Benchmarking konkrete Hinweise, wie die gesetzten Ziele zu erreichen sind, indem es die Prozeßabläufe und Methoden der Besten und damit Wege zur Zielerreichung aufzeigt. Dies prädestiniert das Benchmarking auch für den Einsatz in Zusammenhang mit dem Target Costing.

4. Integrierter Instrumenteneinsatz

Um den genannten Anforderungen zu entsprechen, kann es nicht Ziel eines modernen Unternehmenscontrolling sein, ausschließlich die Entwicklung neuer Einzelinstrumente für geänderte Problemstellungen voranzutreiben. Um ein schlankes und dennoch effektives Controlling zu gewährleisten, ist die Durchgängigkeit und Integration des gesamten Instrumentariums sicherzustellen. Zum einen ist damit eine zeitliche Durchgängigkeit über den Produktlebenszyklus gemeint, zum anderen eine Integration von Instrumenten zur Qualitäts-, Zeit- und Kostensteuerung (vgl. Abbildung 3).

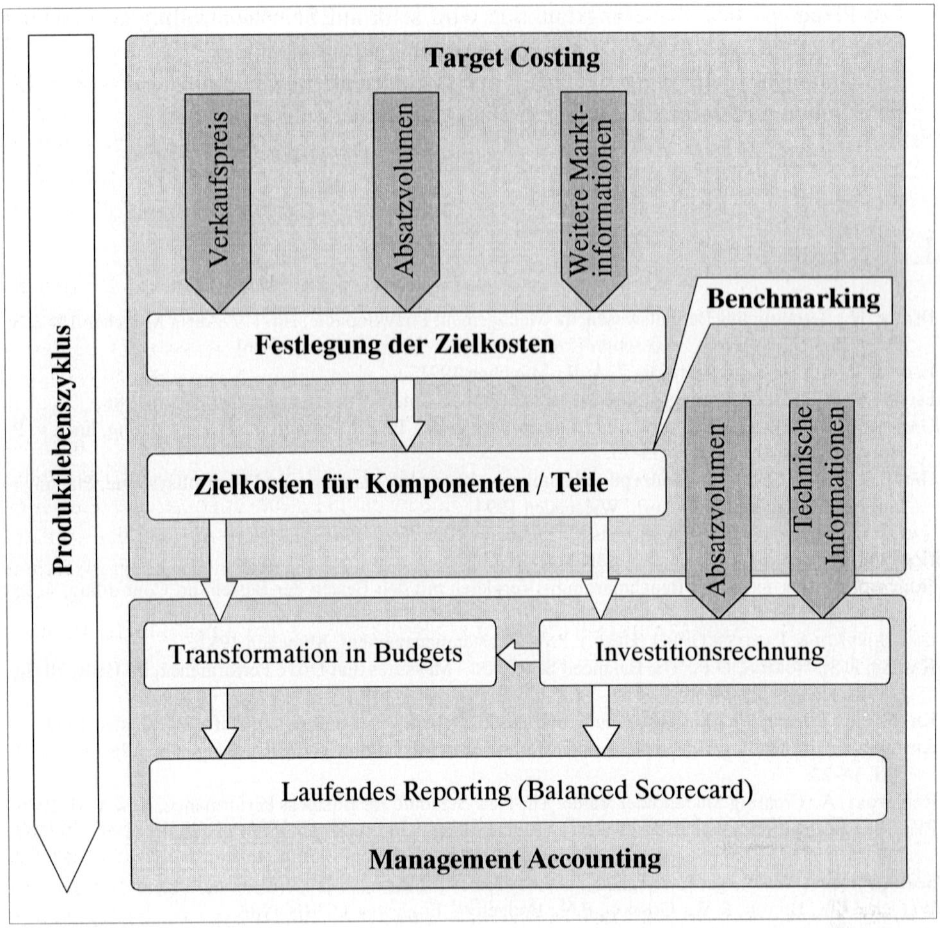

Abbildung 3: Beispiel eines integrierten Instrumenteneinsatzes über den Produktlebenszyklus

D. Umstrukturierung des gesamten Controlling-Systems

Die Verschiebung der Controlling-Schwerpunkte als Antwort auf die wettbewerbsbedingten Änderungen in der Organisations- und Führungsstruktur von Unternehmen hat drei wesentliche *Konsequenzen* für das Gesamtsystem des Controlling:

- Das Controlling wird zunehmend prozeßorientierter und erhält selbst eine Prozeßstruktur. Für den Instrumenteneinsatz bedeutet dies die konsequente Entwicklung und den zunehmenden Einsatz prozeßorientierter Instrumente.

- Die Planungs- und Steuerungsfunktion wird stark auf Selbstcontrolling ausgerichtet sein. Dies gilt auch für das Controlling-Instrumentarium.
- Die Unternehmensprozesse werden durch marktorientierte Zielpreise und -kosten dimensioniert und durch direkte Meßgrößen gesteuert.

Literatur

BLOHM, H.: Betriebliches Berichtswesen, in: Management Enzyklopädie, Bd. 1, 2. Aufl., München 1982, S. 866-876.

BLOHM, H.; LÜDER, K.: Investition, 7. Aufl., München 1991.

DAMBROWSKI, J.: Budgetierungssysteme in der deutschen Unternehmenspraxis, Darmstadt 1986.

GAISER, B.; KIENINGER, M.: Fahrplan für die Einführung des Target Costing, in: Target Costing, hrsg. v. P. Horváth, Stuttgart 1993, S. 55-73.

HAHN, D.: PuK - Controllingkonzepte: Planung und Kontrolle, Planungs- und Kontrollsysteme, Planungs- und Kontrollrechnung, 4. Aufl., Wiesbaden 1994.

HAX, A.C.; MAJLUF, N.S.: Strategisches Management, New York 1988.

HORVÁTH, P.: Controlling, 5. Aufl., München 1994.

HORVÁTH, P.; HERTER, R.N.: Benchmarking - Vergleich mit den Besten der Besten, in: Controlling, 4. Jg. (1992), H. 1, S. 4-11.

IFUA HORVÁTH & PARTNER GMBH (HRSG.): Prozeßkostenmanagement, München 1991.

KAPLAN, R.S.; NORTON, D.P.: The Balanced Scorecard - Measures that Drive Performance, in: HBR, 70. Jg. (1992), H. 1, S. 71-79.

KILGER, W.: Flexible Plankostenrechnung und Deckungsbeitragsrechnung, 10. Aufl., Wiesbaden 1993.

KRYSTEK, U.: Controlling: Speerspitze einer Mißtrauensorganisation? in: Gablers Magazin, 5. Jg. (1991), H. 5, S. 18-22.

RAPPAPORT, A.: Creating Shareholder Value: The New Standard for Business Performance, New York 1986.

REISS, M.; HÖGE, R.: Schlankes Controlling in segmentierten Unternehmen, in: BFuP, 46. Jg. (1994), S. 210-224.

SEIDENSCHWARZ, W.: Target Costing, München 1993.

WELSCH, G.A.; HILTON, R.W.; GORDON, P.N.: Budgeting, Englewood Cliffs 1988.

WILLSON, J.D.; COLFORD, J.P.: Controllership, 4. Aufl., Somerset 1990.

Michael Gaitanides

Führungsorganisation

A. Zum Begriff Führungsorganisation

Der Terminus Führungsorganisation gehört zu jenen betriebswirtschaftlichen Fachbegriffen, die - obgleich häufig gebraucht - nicht über ein einheitliches Begriffsverständnis verfügen. So wird in der Literatur der Begriff Führungsorganisation zur Kennzeichnung von zwei ganz unterschiedlichen Sachverhalten verwandt. Eine Gruppe von Autoren versteht unter Führungsorganisation die Organisation der obersten Unternehmensleitung und untersucht hierbei u.a. die personelle Besetzung und kompetenzmäßige Ausgestaltung von Leitungsorganen wie Vorstand, Aufsichtsrat oder Gesellschafterversammlung. Die Diskussion alternativer Unternehmensverfassungsmodelle bildet einen weiteren Schwerpunkt dieser Arbeiten (vgl. v. Werder 1987; Seidel/Redel 1987). Andere Autoren dagegen belegen mit dem Begriff Führungsorganisation das in einem Unternehmen existente Ordnungsmuster, durch das zwecks Sicherstellung der Unternehmenszielerreichung Aufgaben sowie Weisungs- und Entscheidungskompetenzen den betrieblichen Instanzen zugeordnet und Informationswege vorgegeben werden (vgl. Hoffmann 1980, 1984). Das letztgenannte Verständnis liegt den folgenden Ausführungen zugrunde.

B. Aufbauorganisatorische Grundformen der Führungsorganisation

Hinsichtlich der formalen organisatorischen Gestaltung von Unternehmen werden in der Literatur eine Reihe alternativer Strukturkonzepte diskutiert. Diese lassen sich bei Zugrundelegung einer genealogischen Betrachtungsweise in der in Abbildung 1 dargestellten Form grob systematisieren.

Komplexität und Dynamik von Märkten resultieren aus der Anzahl und dem Verhalten der Kunden und Wettbewerber des betreffenden Unternehmens. Die Entwicklung der funktionalen, Matrix- und divisionalen Organisation als aufbauorganisatorische Grundformen läßt sich vor dem Hintergrund einer zunehmenden unternehmensinternen und -externen *Komplexität* rekonstruieren. Verknüpft mit dem Problem wachsender Umwelt- bzw. Markt*dynamik* sind dagegen die Organisationskonzepte Managementholding, SGE-Organisation und Business Reengineering. Die Managementholding stellt dabei eine spezifische, alternative Form divisionaler Organisation dar. Demgegenüber handelt es sich bei SGE-Organisation und Prozeßorganisation nicht um Alternativen zu den aufbauorganisatorischen Grundmustern. Sie treten vielmehr ergänzend zu einer vorhandenen Organisationsstruktur hinzu.

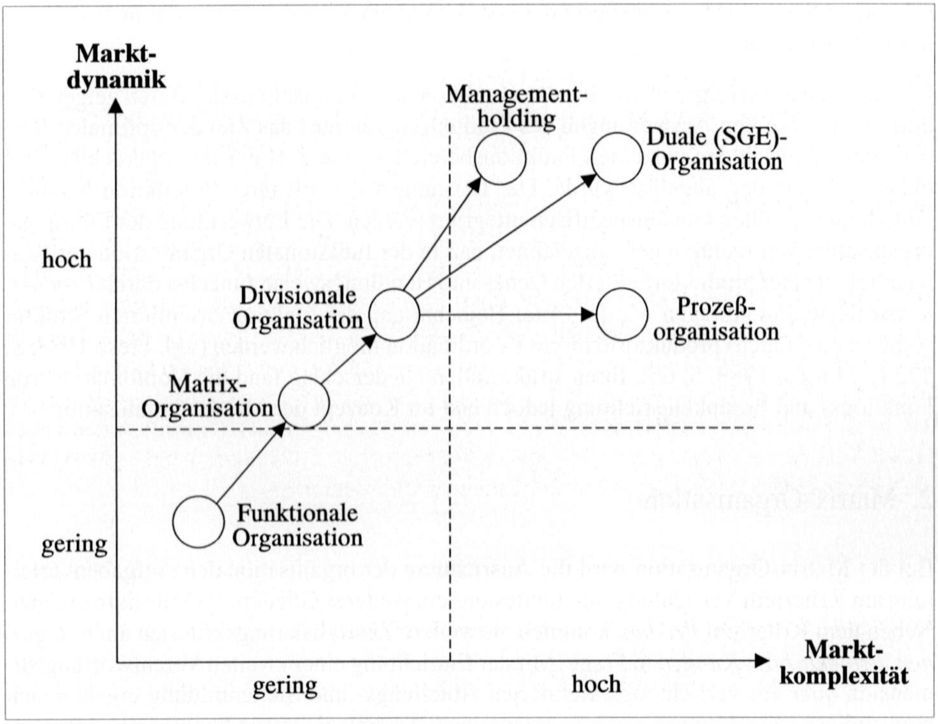

Abbildung 1: Marktstruktur und Führungsorganisation

1. Funktionale Organisation

Prägendes Strukturmerkmal der funktionalen Organisation ist die Abteilungs- bzw. Stellenbildung auf der zweiten Hierarchieebene nach dem Kriterium der *Verrichtung*. Ziel ist die *Nutzung von Spezialisierungsvorteilen*. Das Ergebnis funktionaler Gliederung sind Abteilungen wie bspw. Beschaffung, Produktion, Absatz oder auch Finanz- und Rechnungswesen.

Mit der Gliederung nach Verrichtungen und der damit notwendigen Interdependenz der Funktionsbereiche kommt der *Koordinationsaufgabe* in funktionalen Organisationen besondere Bedeutung zu. In der Unternehmenspraxis wird dieser Abstimmungsbedarf durch den Einsatz von klassischen technokratischen Koordinationsinstrumenten (Pläne und Programme) und persönliche Weisung durch hierarchisch höher gestellte Instanzen durch die Einrichtung von Ausschüssen zu bewältigen versucht (vgl. Frese 1993, S. 318).

In Anbetracht des Zieles der Nutzung von Spezialisierungsvorteilen und vor dem Hintergrund des Koordinationsaufwandes bietet sich eine funktionale Organisationsstruktur vor allem für kleinere und mittlere Unternehmen mit standardisierten Produkten, homogenem Produktprogramm und bei stabilen Umweltverhältnissen an. So ist die produktionsorientierte Spezialisierung insbesondere bei Unternehmen anzutreffen, die in Verkäufermärkten operieren.

Die *Grenzen* des erfolgreichen Einsatzes funktionaler Organisationsstrukturen zeigen sich dort, wo infolge von Ausweitungen des Produktprogrammes das Ziel der optimalen Ressourcennutzung in den einzelnen Funktionsbereichen vom Ziel der marktgerechten Produktdifferenzierung abgelöst wurde. Die Leistungen der mit ihrer Produktion befaßten Abteilungen mußten kundenspezifisch integriert werden. Die Entwicklung der Führungsorganisation war dadurch gekennzeichnet, daß in der funktionalen Organisation der Notwendigkeit einer produktorientierten Denk- und Handlungsweise zunächst durch *Produktteams* Rechnung getragen wurde. Unter Beibehaltung der funktionsorientierten Struktur sollte so eine (auch) produktorientierte Koordination möglich werden (vgl. Frese 1988, S. 522 f.; Morgan 1989, S. 65). Ihren strukturellen Niederschlag fand die Kombination von Funktions- und Produktausrichtung jedoch erst im Konzept der Matrix-Organisation.

2. Matrix-Organisation

Bei der Matrix-Organisation wird die Ausrichtung der organisationalen Aufgabenverteilung am Kriterium Verrichtung um mindestens ein weiteres Gliederungskriterium ergänzt. Neben dem Kriterium *Produkt* kommen als weitere Zentralisierungskriterien auch *Regionen, Projekte* oder *Kunden* in Frage. Mit der Einrichtung einer zweiten Verantwortungsdimension *quer* zur verrichtungsorientierten Abteilungs- und Stellenbildung ergeben sich notwendigerweise *Kompetenzüberschneidungen.* So sind einerseits Funktionsbereichsleiter für die Bereiche Beschaffung, Produktion und Absatz andererseits Produktmanager für die einzelnen Objekte des Produktprogramms zuständig. Ziel dieser institutionalisierten Kompetenzüberschneidungen ist es, *Abstimmungszwänge* zwischen Funktions- und Produktbereichen zu schaffen, um von verschiedenen Unternehmensteilbereichen gemeinsam genutzte, aber knappe Ressourcen durch gemeinsame Entscheidung aller betroffenen Stellen möglichst effizient zu nutzen.

Die Matrix-Struktur fördert jedoch nicht nur Flexibilität, Problemlösungskompetenz und Innovationskraft, indem sie die betroffenen Stellen zu häufigerer (und schnellerer) Kommunikation zwingt. Vielmehr beinhalten die Schnittstellen auch *strukturelle Konfliktpotentiale*, die zum Tragen kommen, wenn die Mitarbeiter den anspruchsvollen Verhaltensanforderungen nicht gerecht werden. Mögliche dysfunktionale Folgen sind endlose Diskussionsrunden oder - noch problematischer - das Ausbrechen von Machtkämpfen (vgl. Davis/Lawrence 1977, S. 129 ff.). Durch formale Kompetenzabgrenzung zwischen den Funktions-, Produkt-, Projekt-, Kunden- bzw. Regionenmanagern wird im Vorwege versucht, solche Streitigkeiten und Ineffizienzen abzumildern.

In Anbetracht der Reibungsverluste, die immer mit Schnittstellenproblemen verbunden sind, stellt eine unternehmensweite Matrix-Organisation allenfalls für (kleinere) Unternehmen, die über ein hochtechnologisches Produktprogramm verfügen, eine effiziente Lösung dar (vgl. Bühner 1993, S. 407). Aufgrund hoher Forschungs- und Entwicklungsintensität können sie Nutzen aus einer kontinuierlichen Kommunikation zwischen unterschiedlichen Produkt- und Funktionsbereichen ziehen, da dadurch die Dominanz einzelner

Funktionsbereiche vermieden werden kann (vgl. Brockhoff 1989, S. 55 ff.). Entsprechend selten findet sie als organisationsweite Strukturform in der Praxis Anwendung. Ihr Einsatzgebiet ist zumeist auf Unternehmensteilbereiche (sog. Mikromatrix), insbesondere auf die Marketing- und Vertriebsorganisation beschränkt (vgl. Staehle 1991, S. 666 f.).

3. Divisionale Organisation

Die Herausbildung der divisionalen Organisationsstruktur läßt sich als Folge zunehmenden Unternehmenswachstums durch Diversifikation verstehen. Im Falle einer Matrix-Organisation würde diese Entwicklung zu einer Vervielfachung der Schnittstellenzahl und schließlich zu einer Überlastung der Unternehmensspitze mit Koordinationsaufgaben führen. Die divisionale Organisationsstruktur vermeidet gezielt eine solche Aufblähung von Abstimmungsbedarfen, indem auf der zweiten Hierarchieebene eine Abteilungsgliederung nach nur *einem* Kriterium, und zwar nach Produkten bzw. Produktgruppen, Regionen oder aber Schlüsselkunden bzw. Kundengruppen erfolgt. Auf den nachfolgenden Hierarchieebenen kommt in den so geschaffenen Teilbereichen *(Sparten)* idealtypisch wieder die funktionale Gliederung zum Einsatz. Ergebnis sind - bei konsequenter Anwendung - *autonome Entscheidungseinheiten.* Ressourceninterdependenzen bzw. Interdependenzen aufgrund innerbetrieblicher Leistungsbeziehungen werden durch diese Dezentralisierung in autarke Geschäftsbereiche zumindest reduziert (vgl. Frese 1993, S. 334 f.).Um trotzdem Synergie- oder Größenvorteile nutzen zu können, ist es durchaus möglich, einzelne zentrale Kernfunktionen weiterzuführen. Typische Beispiele solcher Zentralbereiche bilden Grundlagenforschung ebenso wie Werbeabteilungen (vgl. Krüger/v. Werder 1993, S. 270 ff.). Werden dagegen den Sparten sämtliche Funktionsbereiche von der Produktentwicklung, der Vorproduktbeschaffung über die Produktion bis hin zum Absatzergebnis verantwortlich übertragen, liegen sog. *Profit Center* vor. Diese sind (relativ) autonom in bezug auf produkt-, regionen- oder kundenbezogene Entscheidungen, bleiben aber aufgrund ihrer rechtlichen Abhängigkeit „Unternehmen im Unternehmen" (Schertler 1988, S. 34). Da Profit Center über eine eigene Erfolgsrechnung verfügen, ermöglichen sie eine leistungsbezogene Führung und Beurteilung. Vom Profit Center sind zentrale Service bzw. Cost Center zu unterscheiden, die Dienstleistungen für Profit Center erbringen (vgl. Abbildung 2).

Die Koordinationsanforderungen bei divisionaler Organisationsstruktur sind im Vergleich zur funktionalen Organisation gering. So sind die Leiter eines Profit Center in ihren Entscheidungen ausschließlich auf ihr spezifisches Produkt, ihre Region bzw. ihre Kunden konzentriert und brauchen insoweit keine Abstimmungsleistungen mit anderen Spartenleitern zu erbringen. Abstimmungsbedarf entsteht erst auf der obersten Unternehmensebene, auf der einzelne Unternehmensbereiche unter strategischen Gesichtspunkten zusammenzuführen sind und die Ressourcenverteilung zu steuern ist (vgl. Bühner 1992, Sp. 2276).

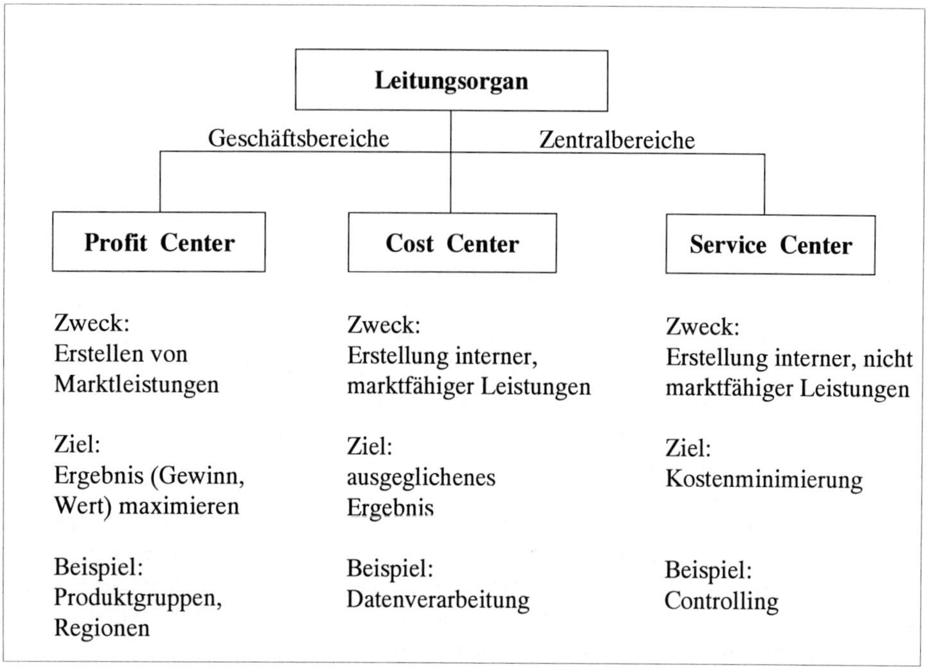

Abbildung 2: Struktur der divisionalen Organisation mit zentralen und dezentralen Bereichen

Die Spartenstruktur führt jedoch nicht nur zu einer *Reduzierung des Koordinationsbedarfs*. Durch die Aufteilung des Unternehmens in separate Entscheidungsbereiche wird auch die *Reaktions-*, *Adaptions-* und *Innovationsfähigkeit* des Unternehmens gesteigert. So können je nach Umweltanforderungen auch länderspezifische Produktstrategien entwickelt und regionengebundene Kundenwünsche berücksichtigt werden (vgl. Staehle 1991, S. 694 f.). Als Nachteile der Spartenorganisation sind vor allem die Tendenz zur Vernachlässigung des Unternehmensgesamtinteresses bei hoher Spartenautonomie, mehrfache Erfüllung einzelner Funktionen und die Gefahr des „Kannibalismus" zwischen konkurrierenden Sparten anzuführen.

Mit der funktionalen, der Matrix- und der divisonalen Organisation sind die einschlägigen aufbauorganisatorischen Grundformen vorgestellt. In Anbetracht wachsenden Konkurrenzdrucks sowie einer immer unübersichtlicheren und in ihren Entwicklungen zunehmend schwerer prognostizierbaren Marktentwicklung (Umweltdynamik) haben sich in Literatur und Praxis eine Reihe organisatorischer Lösungsvorschläge herausgebildet. Drei von diesen, nämlich Managementholding, SGE-Organisation und Prozeßorganisation, haben besondere Aufmerksamkeit gefunden. Sie sollen im folgenden kurz vorgestellt werden.

C. Strukturvorschläge für dynamische Märkte

1. Managementholding

Als konsequente und infolge einer zunehmend dynamischeren und komplexeren Umwelt notwendige Weiterentwicklung des divisionalen Organisationsstrukturkonzepts setzt sich in jüngerer Zeit das Modell der Managementholding vermehrt durch. In Anlehnung an Williamsons *M-Organisationsform* (vgl. Williamson 1975) sollen vorhandene Zentralbereiche weitestgehend aufgelöst, entsprechende Funktionen in den einzelnen Sparten eingerichtet und die Sparten sodann (auch) rechtlich verselbständigt werden (vgl. Bühner 1989, S. 228 ff., 1990, S. 300 ff.). Die Unternehmensleitung liegt dabei in den Händen einer ebenfalls rechtlich selbständigen Holding. Als konzernleitende Obergesellschaft kommt ihr die Aufgabe der koordinierenden Leitung der Geschäftsbereiche (Tochtergesellschaften) zu. Dies beinhaltet im einzelnen auch die Entwicklung und Umsetzung der Unternehmensstrategie, sowie die Verteilung von Finanzmitteln, die Koordination von Querschnitts- bzw. Basistechnologien und den Einsatz von Führungskräften (vgl. Bühner 1989, S. 229, 1990, S. 301). Die Entwicklung geht dabei zu einer *schlanken*, von Service- und sonstigen Dienstleistungsaufgaben befreiten Managementholding, die meist in einer Dienstleistungsgesellschaft zentral zusammengefaßt wird.

Ziel der Holdingstruktur ist die Steigerung von Innovationsfähigkeit und Flexibilität über das in einer klassischen divisionalen Organisation vorhandene Maß hinaus sowie die Sicherstellung von Kooperationsfähigkeit und innerorganisatorischer Transparenz (vgl. Bühner 1990, S. 299 f.).

2. SGE-Organisation

Ebenfalls auf die Steigerung von Anpassungsfähigkeit und Flexibilität ist das Konzept der SGE-Organisation gerichtet. Im Unterschied zur Managementholding, deren Umsetzung Reorganisationsmaßnahmen erfordert, handelte es sich bei der SGE-Organisation jedoch (zunächst) um ein *gedankliches Konstrukt* (vgl. Gälweiler 1979, S. 253). *Strategische Geschäftseinheiten (SGE)* werden gebildet, indem verschiedene *Produkt/Markt-Kombinationen* aus dem Kanon der Unternehmensaktivitäten zu Gruppen zusammengefaßt werden. Dabei ist für die Zusammenfassung entscheidend, daß die jeweiligen Produkt/Markt-Kombinationen hinsichtlich ihrer Markt- bzw. Wettbewerbsposition homogen sind, sich deutlich von anderen Kombinationen unterscheiden und längerfristig Erfolgspotentiale aufweisen (vgl. Gerl/Roventa 1981, S. 847; Gälweiler 1979, S. 259; Szyperski/Winand 1979, S. 196). Ziel der Gruppenbildung ist es, für die verschiedenen SGE sodann kohärente und konsistente Strategien formulieren zu können (vgl. Henzler 1978, S. 915). Dahinter steht das Denkmuster des Portfolio-Management, das die strategische Situation verschiedener Geschäftsbereiche des Unternehmens analysiert, um Entscheidungen über unternehmensinterne Ressourcenverteilungen und damit über zukünftige Strategien treffen zu können. Die Bildung der SGE läßt sich insoweit als „organisatorisches Konzept zur Umsetzung der strategischen Planung" (Henzler 1978, S. 913) verstehen.

Hinsichtlich der *organisatorischen Umsetzung* dieser bis dahin rein gedanklichen Clusterung werden in der Literatur verschiedene Varianten erwogen. Die diskutierten Möglichkeiten reichen von der Einsetzung von *SGE-Managern* mit unterstützenden *Task-Force-Einheiten* über *Matrix-Konzepte* bis hin zu einer vollständigen, der SGE-Segmentierung entsprechenden *Reorganisation* (vgl. Henzler 1978, S. 917 f.; Gerl/Roventa 1981, S. 855 f.; Szyperski/Winand 1979, S. 200). Im Mittelpunkt der Diskussion steht dabei das Konzept einer *Dualen Organisation.* Kerngedanke dieses Strukturvorschlags ist die Beibehaltung der vorhandenen, an operativen Zielen orientierten Aufbauorganisation, die von einer strategischen, sich an den SGE-Gruppen orientierenden Parallel- bzw. Sekundärorganisation überlagert wird. Materiell führt dies dazu, daß die neu hinzugekommenen strategischen Aufgaben entweder neu geschaffenen Stellen übertragen (vgl. Szyperski/Winand 1979, S. 200) oder aber von den operativen Stelleninhabern miterledigt werden (vgl. Grün 1989, Sp. 306).

3. Prozeßorganisation

Prozeßorganisation ist ebenso wie das Managementholding-Konzept oder das Modell der SGE-Organisation ein Ansatz, der den (erfolgreichen) Bestand von Unternehmen in einer zunehmend turbulenteren und unübersichtlicheren Umwelt sichern helfen soll. Im Unterschied zu Managementholding und SGE-Organisation jedoch, die dem Postulat *„structure follows strategy"* folgend den zukünftigen Unternehmenserfolg - gemäß industrieökonomischer Denktraditonen - vor allem in einer optimalen Positionierung des Unternehmens am Markt sehen *(Market-based View)* stellt das *Business-Reengineering-Konzept* die Bedeutung unternehmensinterner Ressourcen in Gestalt von Geschäftsprozessen - für den langfristigen Erfolg einer Unternehmung heraus *(Resource-based View).*

Geschäftsprozesse können wettbewerbskritische Ressourcen sein, die als funktionsübergreifende Abfolge von Aktivitäten in eine marktreife Leistung münden (vgl. Gaitanides 1983, S. 65). Ihre Gestaltung steht im Mittelpunkt des Business Reengineering. Leitgedanken der Prozeßgestaltung bilden

- die Zusammenfassung ausgewählter bislang separierter Aufgaben zu *integrierten Prozessen* und
- die Rückbesinnung auf ganzheitliche selbstorganisierte und kontrollierte Tätigkeiten (vgl. Hammer/Champy 1994, S. 71 ff.).

Hinter dieser *Prozeßfokussierung* des Business Reengineering tritt die aufbauorganisatorische Struktur des Unternehmens zurück. Ihre Bedeutung wird dabei jedoch im Business-Reengineering-Konzept nicht negiert. Sie folgt dem Prozeßgedanken i.S. der Sequenz *„structure follows process follows strategy"*. Die Führungsorganisation wird entlang der Wertschöpfungsketten gebildet. Dem Prozeßgedanken kann allerdings auch durch den Einsatz von Prozeßverantwortlichen *(process owner)* in einer Dualen bzw. Sekundär-Organisation Rechnung getragen werden. Grundgedanke ist immer, daß jeder Geschäftsprozeß als Profit bzw. Service Center zu führen ist, das über Kunden-Lieferanten-Beziehungen mit anderen Prozessen oder externen Kunden verknüpft ist.

Grundformen und weitergehende Strukturvorschläge der Führungsorganisation sind in Abbildung 3 nochmals als Folgen der Umwelt- bzw. Marktstruktur zusammengefaßt.

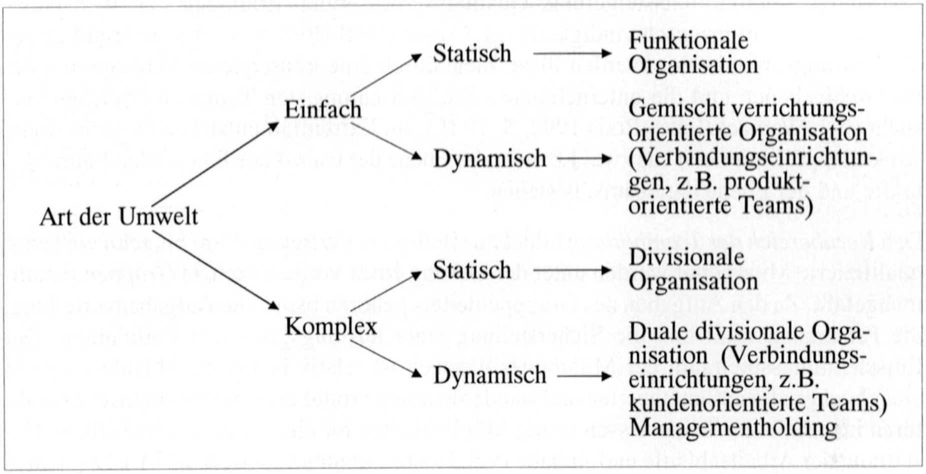

Abbildung 3: Umweltbedingungen als Einflußgröße der Führungsorganisation

D. Neuere Entwürfe zur Führungsorganisation

In jüngster Zeit sind vielfältige Varianten unternehmensinterner Zusammenarbeit vorgeschlagen worden. Als Erfolgsrezept für den Umgang mit wachsender Umweltdynamik und gestiegener (unternehmensinterner) Komplexität wird häufig der Übergang von Fremd- zu *Selbstorganisation* gefordert. Zur Umsetzung der Selbstorganisation werden *Teams* vorgeschlagen. Mit ihrer Hilfe soll die Reaktionszeit auf Veränderungen verkürzt und die Umsetzung von Lösungen beschleunigt werden. Die Vorschläge unterscheiden sich nach dem Ausmaß, in dem Teammitgliedern die teaminterne Arbeitsverteilung und Selbstkontrolle, die Organisation ihres Arbeitsprozesses und die Eigenverantwortung für ihre Arbeitsergebnisse übertragen wird. Die in diesem Zusammenhang meistbeachteten Konzepte, Lean Production, virtuelle Organisation, Adhocratie und Netzwerkorganisation, lassen sich hinsichtlich der Selbstorganisation wie folgt systematisieren.

1. Lean Production

Unter dem Lean-Production-Konzept wird ein umfassender Ansatz der Unternehmensführung verstanden. Lean Production ist anders als es der Begriff vermuten läßt, nicht nur eine Neugestaltung des Produktionsprozesses. Lean Production beinhaltet vielmehr auch Veränderungen in den Bereichen Organisation, Personalführung und -entwicklung, F&E sowie bei der Gestaltung von Kunden- und Lieferantenbeziehungen. Die Umstrukturierungsvorschläge, die das Lean-Production-Konzept enthält, sind dabei alle am Ziel des erfolgreichen Bestehens in dynamischen und komplexen Märkten orientiert. *Kerngedanken* bilden Produktivitätssteigerung, Qualitätsverbesserung, Erhöhung von Wertschöpfung und Innovationsgeschwindigkeit (vgl. Corsten/Will 1993, S. 50 ff.). Im Hinblick auf die Führungsorganisation werden diese Ziele durch eine konsequente Verringerung der Hierarchieebenen und die unternehmensweite Einrichtung von Teams zu erreichen versucht (vgl. Womack/Jones/Roos 1992, S. 79 ff.). Im Extremfall entstehen Organisationsstrukturen, die nur noch aus zwei Ebenen, der Ebene der team-koordinierenden Führungskräfte und der Ebene der Teams, bestehen.

Den *Kernbereich der Teambildung* bildet zweifellos die *Fertigung*. Fünf bis zehn vielseitig qualifizierte Mitarbeiter werden unter der Leitung eines Vorgesetzten zu *Gruppen* zusammengefaßt. Zu den Aufgaben des Grupppenleiters gehören bspw. die Aufgabenverteilung, die Personalauswahl und die Sicherstellung einer leistungsgerechten Entlohnung. Der Entscheidungsspielraum der Mitarbeiter dagegen ist relativ begrenzt: Ablaufzwänge in einer hochgradig automatisierten und standardisierten Produktion und hierarchische Strukturen innerhalb der Teams lassen wenig Möglichkeiten für eine eigenverantwortliche Gestaltung der Arbeitsabläufe und -inhalte (vgl. Hentze/Kammel 1992, S. 632 f.). Die Teams der schlanken Unternehmung sind damit deutlich von den *teilautonomen Arbeitsgruppen* (vgl. Bartölke 1992) mit ihren im Vergleich dazu sehr viel umfangreicheren Entscheidungs- und Kontrollkompetenzen zu unterscheiden.

In engem Zusammenhang mit dem Lean-Production-Ansatz steht das Modell der *virtual corporation,* das in der Bundesrepublik Deutschland erst zögernd, in den USA aber schon recht intensiv diskutiert wird. Die Begriffsfassung scheint jedoch auch dort noch keinesfalls abgeschlossen zu sein. Der konzeptionelle Kern geht auf Davidow/Malone (1993) zurück, die als Wegbereiter die Idee der virtuellen Organisation gelten dürften. Hinter dem Konzept verbirgt sich grundsätzlich nichts anderes als Lean Production: Zu den *Leitideen* der virtuellen Unternehmung zählen ebenfalls JiT-Prozesse, Arbeitsgruppen und Qualitätssicherung (vgl. Davidow/Malone 1993, S. 28). Ein Unterschied zu Lean Production läßt sich allenfalls in einer etwas anderen Problemsicht erkennen. Während das Lean-Konzept die Produktivitäts-, Qualitäts- und Innovationstemposteigerung in den Mittelpunkt stellt, setzt die virtuelle Organisation an der Erfüllung von Kundenbedürfnissen an (vgl. Davidow/Malone 1993, S. 30).

Gelegentlich wird der Begriff der virtuellen Organisation in Anlehnung an den der *virtual reality* interpretiert. Danach sind virtuelle Organisationen solche, die sich erst bei Auftreten eines Problemlösungsbedarfes als *künstliche Gebilde* konstituieren. Organisation ist danach nicht ein auf Dauer angelegtes, mit festen Strukturen und Mitgliedschaften versehenes Sozialgebilde, sondern ein fraktales, allein durch die Informationstechnologie koordiniertes System. Beispiele lassen sich im Dienstleistungsbereich, insbesondere im Beratungswesen finden, wo sich je nach Auftrags- und Problemlage Mitgliedschaft, Organisationsgrenzen und -strukturen variabel halten lassen.

2. Adhocratie

Im Mittelpunkt der Adhocratie stehen ebenfalls *Teams*. In ihren Zielen, Strukturen und Kompetenzen unterscheiden sie sich jedoch von den Teams der schlanken Organisation. Zweck der Teambildung in der Adhocratie ist die Schaffung eines geeigneten Umfeldes für die Entwicklung anspruchsvoller *Innovationen* (vgl. Mintzberg 1991, S. 207 ff.). *Experten* werden in zeitlich befristeten *Projektteams* zusammengeführt, deren Entscheidungs- und Kompetenzausstattung allerdings über die von Lean-Teams hinausgeht. Zwar besitzen alle Projektteams Projektmanager als formale Teamleiter. Ihre Aufgabe ist jedoch nicht die Verteilung von Tätigkeiten auf die Teammitglieder und deren Anleitung. Sie sind vielmehr als Koordinatoren zu verstehen, welche die Arbeit in und zwischen den verschiedenen Teams lateral abstimmen sollen.

Auch hinsichtlich ihrer organisatorischen Stellung unterscheiden sich die Teams in Adhocratie und schlanker Unternehmung. Als auf Zeit, nämlich auf die Projektdauer, angelegte Einheiten stellen die Teams der Adhocratie in Zusammensetzung und organisatorischer Einordnung anders als bei Lean Production kein konstantes aufbauorganisatorisches Element dar. Sie werden vielmehr zeitweilig an eine vorhandene funktionale bzw. divisionale Grundstruktur angelagert. Durch die übergreifende Rekrutierung von Teammitgliedern aus Linienpositionen ähnelt die Adhocratie der Matrix-Struktur (vgl. Mintzberg 1991, S. 209).

3. Netzwerkorganisation

Ebenfalls auf die Schaffung von Freiräumen zur Entfaltung innovativen Potentials ist die Netzwerkorganisation ausgerichtet. Gegenstand von *Innovationen* sind jedoch nicht Produkte oder Projekte, sondern vielmehr *Organisationsziele* und *Leitideen*, die im Lichte von Umweltveränderungen kritisch hinterfragt und - sofern erforderlich - revidiert werden sollen. Da vorhandene Strukturen aber die Tendenz haben, die eigene Existenz zu konservieren, können sinnvolle Anstöße zur Umsteuerung vorzugsweise von Instanzen außerhalb der Hierarchie erwartet werden. Eben diese Einsicht wird im Konzept der Netzwerkorganisation verarbeitet, indem Mitarbeiter unterschiedlicher Fachabteilungen zur Generierung von Problemlösungen in *vorhierarchisch* angesiedelten und in ihrer Existenz *zeitlich befristeten Teams* zusammengeführt werden (vgl. Schnelle 1992, S. 33). Die Organisation der Kommunikation und Interaktion liegt dabei vollständig in den Händen der Teammitglieder. Die Bezeichnung *Netzwerk* steht als Sinnbild für die besondere Art der Kommunikation und Interaktion, die hier in Gang gesetzt wird: Die Auswahl der Teammitglieder erfolgt nicht nur über alle hierarchischen Grenzen hinweg und erzeugt damit eine die vorhandenen Kommmunikationswege überlagernde innovationsfördernde Kommunikationsstruktur. Die Mitwirkenden kommunizieren zudem der Idee nach im vorhierarchischen Raum, also ohne Rücksichtnahme auf die Einschränkung durch formale Herrschaftsbeziehungen, Machtstreben oder Informationsselektion. Bei idealtypischer Umsetzung des Netzwerkgedankens steht der Generierung rein sachorientierter Ideen und Lösungen dann nichts im Wege. Die Lebensdauer der Teams ist begrenzt, da andere Probleme andere Betroffene und Experten betreffen, die dann an ihrer Lösung mitwirken.

E. Führungsorganisation: Synthese von Fremd- und Selbstorganisation

Die bisherigen Ausführungen haben neuere Ansätze den traditionellen Varianten der Führungsorganisation gegenübergestellt: Fremdorganisation und Selbstorganisation sind keine Gegensätze, sondern bedingen einander. Fremdorganisation schafft die Spielräume, die durch Selbstorganisation zu füllen sind. Sie bildet die Voraussetzung und Grenzen für Selbstorganisation. Ein Verzicht auf Fremdorganisation bedeutet Organisations- und Führungslosigkeit. Eine der Hauptfunktionen von Organisation besteht darin, stabile Verhaltenserwartungen bei Mitgliedern und externen Interessengruppen möglich zu machen. Flexibilität als ausschließliches Gestaltungsziel führt daher zu Desorientierung der Beteiligten mit der Folge, daß das Vertrauen in Institution und Funktion der Organisation verlorengeht.

Auch das Ziel der Selbstorganisation, durch Flexibilität Innovationen zu erzeugen, scheitert ohne Fremdorganisation. Ohne den Maßstab gegebener Strukturen und Verhaltensmuster kann Innovationsbedarf weder definiert, noch können Innovationen entwickelt und implementiert werden.

Die erfolgreiche Führungsorganisation der Zukunft wird darauf angewiesen sein, einerseits als Fremdorganisation Räume für Selbstorganisation zu schaffen und andererseits als Selbstorganisation die Fremdorganisation weiterzuentwickeln.

Literatur

BARTÖLKE, K.: Teilautonome Arbeitsgruppen, in: HWO, hrsg. v. E. Frese, 3. Aufl., Stuttgart 1992, Sp. 2384-2399.

BROCKHOFF, K.: Schnittstellenmanagement, Stuttgart 1989.

BÜHNER, R.: Strategie und Organisation, in: ZFO, 58. Jg. (1989), S. 223-232.

BÜHNER, R.: Gestaltungsmöglichkeiten und rechtliche Aspekte einer Managementholding, in: ZFO, 59. Jg. (1990), S. 299-308.

BÜHNER, R.: Spartenorganisation, in: HWO, hrsg. v. E. Frese, 3. Aufl., Stuttgart 1992, Sp. 2274-2287.

BÜHNER, R.: Strategie und Organisation, 2. Aufl., Wiesbaden 1993.

CORSTEN, H.; WILL, T.: Simultaneität von Kostenführerschaft und Differenzierung durch neue informationstechnologische und arbeitsorganisatorische Produktionskonzepte, in: Lean Production. Schlanke Produktionsstrukturen als Erfolgsfaktor, hrsg. v. H. Corsten u. T. Will, Stuttgart et al. 1993, S. 47-86.

DAVIDOW, H.W.; MALONE, M.S.: Das virtuelle Unternehmen, Frankfurt a.M. et al. 1993.

DAVIS, S.M.; LAWRENCE, P.R.: Matrix, Reading 1977.

FRESE, E.: Grundlagen der Organisation, 4. Aufl., Wiesbaden 1988.

FRESE, E.: Grundlagen der Organisation, 5. Aufl., Wiesbaden 1993.

GÄLWEILER, A.: Strategische Geschäftseinheiten SGE und Aufbauorganisation der Unternehmung, in: ZfO 48. Jg. (1979), S. 252-260.

GAITANIDES, M.: Prozeßorganisation, München 1983.

GERL, K.; ROVENTA, P.: Strategische Geschäftseinheiten - Perspektiven aus der Sicht des Strategischen Managements, in: ZfbF, 33. Jg. (1981), S. 843-858.

GRÜN, O.: Duale Organisation, in: HWPlan, hrsg. v. N. Szyperski, Stuttgart 1989, Sp. 304-316.

HAMMER, M.; CHAMPY, J.: Business Reengineering, 2. Aufl., Frankfurt a.M. et al. 1994.

HENTZE, J.; KAMMEL, A.: Lean Production: Erfolgsbausteine eines integrierten Management-Ansatzes, in: WISU, 21. Jg. (1992), S. 631-639.

HENZLER, H.: Strategische Geschäftseinheiten (SGE): Das Umsetzen von strategischer Planung in Organisation, in: ZfB, 48. Jg. (1978), S. 912-919.

HOFFMANN, F.: Führungsorganisation, Bd. I, Tübingen 1980.

HOFFMANN, F.: Führungsorganistion, Bd. II, Tübingen 1984.

KRÜGER, W.; WERDER, A. v.: Zentralbereiche - Gestaltungsmuster und Entwicklungstrends in der Unternehmenspraxis, in: Zentralbereiche, hrsg. v. E. Frese, A. v. Werder u. W. Maly, Stuttgart 1993, S. 235-285.

MINTZBERG, H.: Mintzberg über Management, Wiesbaden 1991.

MORGAN, G.: Creative Organization Theory, Newbury Park et al. 1989.

SCHERTLER, W.: Unternehmensorganisation, 3. Aufl., München 1988.

SCHNELLE, E.: Werkstatt des Wandels, in: HBM, 4. Jg. (1982), H. 4, S. 32-36.

SEIDEL, E.; REDEL, W.: Organisation der obersten Unternehmensleitung, in: WISU, 16. Jg. (1987), S. 131-136.

STAEHLE, W.H.: Management, 6. Aufl., München 1991.

SZYPERSKI, N.; WINAND, U.: Duale Organisation - Ein Konzept zur organisatorischen Integration der strategischen Geschäftsplanung, in: ZfbF, 31. Jg. (1979), S. 195-205.

WERDER, A. v.: Die Führungsorganisation der GmbH - Grundtypen und Konsequenzen, in: DBW, 47. Jg. (1987), S. 151-164.

WILLIAMSON, O.E.: Markets and Hierarchies: Analysis and Antitrust Implications, London 1975.

WOMACK, J.P.; JONES, D.T.; ROOS, D.: Die zweite Revolution in der Autoindustrie, 7. Aufl., Frankfurt a.M. et al. 1992.

Rolf Bühner

Arbeitsorganisation

A. Grundlagen

1. Begriff

Organisation wird von Gutenberg (1983, S. 235) als zentrale Funktion der Unternehmensleitung neben der Planung gesehen. Mit Nordsieck (1955, S. 23) kann man Organisation als Strukturtechnik verstehen, die ein System von institutionalisierten Regeln zur Erfüllung der Betriebsaufgabe schafft.

Ausgangspunkt der Arbeitsorganisation ist das unternehmerische Zielsystem. Die Betriebsaufgabe wird im Rahmen der Arbeitsorganisation analysiert und im Hinblick auf das System technisch-ökonomischer (Produktivität, Rentabilität) und sozialer (Arbeitssicherheit, Arbeitszufriedenheit) Ziele zu geschlossenen Arbeitsumfängen verdichtet. Durch die Zuweisung dieser Arbeitsumfänge zu menschlichen und sachlichen Aufgabenträgern entstehen *Arbeitssysteme*, deren Abgrenzung und Beziehungen die Arbeitsstruktur bilden (vgl. Heeg 1988, S. 17 ff.).

2. Gestaltungsvariablen

Wesentliche Gestaltungsgrößen der Arbeitsorganisation sind

- der Grad der Arbeitsteilung und
- der Grad der Zentralisation.

Die Entscheidung über den Grad der *Arbeitsteilung* bestimmt den Arbeitsumfang eines Arbeitssystems. Traditionelle Formen der Arbeitsorganisation, die wesentlich durch die *Grundsätze wissenschaftlicher Betriebsführung* (vgl. Taylor 1911) bestimmt sind, versuchen, durch ein hohes Maß an Arbeitsteilung funktionale Spezialisierungsvorteile zu erzielen. Im Vordergrund steht die Senkung der Faktorkosten durch die größen- und lernbedingte Optimierung der Durchführung einzelner Arbeitsgänge.

Ansatzpunkte für die *Zentralisation* sind die Verrichtung, das Objekt und die Entscheidung. Traditionelle Arbeitsstrukturen zeichnen sich zunächst durch eine Entscheidungszentralisation aus. Planungs-, Steuerungs- und Kontrollfunktionen sind hier von bloßen Ausführungsfunktionen ohne Entscheidungskompetenz getrennt. Innerhalb einzelner Ausführungsbereiche wird dann i.d.R. ausschließlich ein Zentralisierungskriterium angewandt. Beispiele sind die *Werkstattfertigung*, in der Arbeitskräfte und Betriebsmittel zur Ausführung einer bestimmten Verrichtung(-sart) an allen zu bearbeitenden Objekten zusammengefaßt sind (Verrichtungszentralisation), und im Gegensatz dazu die *Reihenfertigung*, bei der die Betriebsmittel entsprechend der Abfolge der Verrichtungen an einem bestimmten Objekt angeordnet sind (Objektzentralisation).

Charakteristisch für beide Organisationstypen der Fertigung ist (vgl. Bühner 1994a, S. 225 ff.)

- die Trennung von Ausführung und Entscheidung, d.h. die Entscheidungsfunktionen Planung, Steuerung und Kontrolle werden zentral für alle Verrichtungs- bzw. Objektbereiche wahrgenommen, und
- die Bildung von Schnittstellen durch Anwendung unterschiedlicher Zentralisationskriterien (Verrichtung *oder* Objekt) auf verschiedenen Fertigungsstufen.

Eine so charakterisierte Arbeitsorganisation ist für eine Betriebsaufgabe geeignet, die folgende *Eigenschaften* aufweist:

- homogenes Produktprogramm mit geringer Variantenvielfalt und langen Lebenszyklen,
- gleichbleibendes Produktionsvolumen sowie
- konstantes Produktionsprogramm.

Diese Eigenschaften sichern längerfristig gleichbleibende Produktionsverfahren und -abläufe und machen so den Aufbau einer stabilen, spezialisierten Arbeitsorganisation wirtschaftlich. Durch diese längerfristige Stabilität lassen sich Lern- bzw. Erfahrungskurveneffekte erschließen und Spezialisierungserfolge erzielen. Dabei ist die Komplexität der Planung und Steuerung der Aufgabenerfüllung aufgrund einer relativ geringen Anzahl relativ stabiler Einflußgrößen gering.

Eine hohe Varietät in der Produktion bzgl. Produktarten und -varianten sowie Produktionsmengen und -reihenfolgen führt zu einer exponentiell steigenden Komplexität der zentral und für alle Ausführungssysteme simultan durchzuführenden Planungsaufgabe. Mit jeder Änderung der zugrundeliegenden Planungsdaten - Liefertermine, Ausschußquoten, Maschinen- und Materialverfügbarkeit, Personalstand, Auftragsprioritäten - ist eine komplette Neuplanung für das Gesamtsystem durchzuführen. Diese Form der zentralen Planung ist wenig robust gegen stochastische Störgrößen, deren Zahl und Häufigkeit von den o.g. Eigenschaften abhängt.

Die Marktentwicklung der letzten Jahrzehnte ist durch eine steigende Individualität der Produkte, die sich in einer höheren Variantenvielfalt äußert, und durch höhere Anforderungen an Qualität und Liefertreue gekennzeichnet. In der Folge verändert sich die Planungsgrundlage (vgl. Wildemann 1993, S. 23 ff.). Kleinere Losgrößen und erhöhte Anforderungen an die Exaktheit von Liefervorhersagen führen zu kürzeren und damit häufigeren Planungszyklen. Mit Konzepten zur unternehmensweiten Datenintegration und rechnergestützten Planung wurde versucht, die Koordinationskapazität zentraler Planungssysteme zu steigern, ohne die Arbeitsorganisation im Prinzip zu verändern. Die Integration funktionaler Teillösungen (CA-/CI-Techniken) in einem geschlossenen Informationssystem (CIM) scheitert jedoch bis heute an großen Datenmengen und heterogenen Datenstrukturen in unterschiedlichen Funktionsbereichen, die die Überwindung von Schnittstellen erschweren.

3. Fertigungssegmentierung und Gruppentechnologien

Einen Lösungsansatz für das Problem mangelnder Planungsgeschwindigkeit und Reaktionsflexibilität am Markt bietet die Reorganisation der bestehenden Arbeitsstrukturen (vgl. Bühner 1993, S. 19 ff.). Im Fertigungsbereich wird seit den 80er Jahren die Reorganisation nach Prinzipien der *Gruppentechnologie* (vgl. Bierbaum/Muster 1988, S. 26) betrieben. Die *Segmentierung der Fertigung* nach den o.g. Eigenschaften der Betriebsaufgabe und die *gruppenorientierte Reorganisation von Arbeitssystemen* sind die Grundlage für eine moderne Arbeitsorganisation, deren Entwicklung und Charakteristika nachfolgend erörtert werden.

Die Bildung von Arbeitssystemen auf der Grundlage von Gruppentechnologien vollzieht sich idealtypisch in vier Schritten (vgl. ähnlich Bierbaum/Muster 1988, S. 26):

1. *Segmentierung* der Produktionsaufgabe nach dem Kriterium der Produktionsprogrammhomogenität. Kriterien sind
   - ähnliches Produktionsvolumen,
   - ähnlicher Fertigungsablauf,
   - ähnliche Variantenvielfalt und
   - ähnliche Spielräume hinsichtlich Qualität und Liefertreue.

   Für diese Produktgruppen wird der jeweils zieloptimale Organisationstyp der Fertigung gewählt und auf einen gesamten Prozeß angewandt. Durch diese Segmentierung der gesamten Produktionsaufgabe unter der Maßgabe der *Flußoptimierung* wird die Planungskomplexität reduziert, die Abläufe werden harmonisiert (vgl. Wildemann 1993, S. 246 ff.).

2. Das Produktprogramm eines Segmentes wird nach fertigungstechnischen (Abmessungen) oder fertigungsablaufbezogenen (Bearbeitungsreihenfolgen) Ähnlichkeiten in *Teilefamilien* differenziert.
3. Die zur *Komplettbearbeitung* eines Fertigungsprozesses für eine Teilefamilie notwendigen Betriebsmittel werden räumlich zusammengefaßt (vgl. Wildemann 1992).
4. Mitarbeiter mit sich ergänzenden Qualifikationen werden zu einer *Arbeitsgruppe* zusammengezogen, deren Aufgabe die Komplettbearbeitung eines gesamten teilefamilienspezifischen Prozesses ist. Die entstandene gruppenorientierte Arbeitsstruktur wird als *Fertigungsinsel* bezeichnet (vgl. AWF 1984).

Abbildung 1 zeigt die Grundstruktur einer Fertigungsinsel-Organisation mit mehreren Fertigungsinseln, die in produktorientiert abgegrenzten Meisterbereichen jeweils einen Ausschnitt des Fertigungsprozesses (Arbeitsgänge A bis E) komplett bearbeiten.

In der Fertigungsinsel wird nun eine Entwicklung eingeleitet, deren Ziele die sukzessive Aufhebung der Arbeitsteilung und die Verlagerung von Entscheidungskompetenz und -verantwortung an den Ort der Leistungserstellung sind:

5. Die abgegrenzten Aufgabeninhalte der zusammengefaßten Einzelarbeitsplätze werden in einem Prozeß der *Arbeitsstrukturierung* durch schrittweise, der Mitarbeiterqualifikation angepaßte Aufgabenerweiterung und -bereicherung zu einer ganzheitlichen Gruppenaufgabe integriert. Auf der Grundlage dieser Bündelung operativer Funktionen wird nach und nach der Entscheidungsspielraum der Mitarbeiter der Fertigungsinsel erhöht. Ziel dieser *Funktionsbündelung* ist eine *selbststeuernde Arbeitsgruppe*, die eigenverantwortlich die Art und Weise der Erfüllung ihrer Aufgabe bestimmt (vgl. Stürzl 1992).

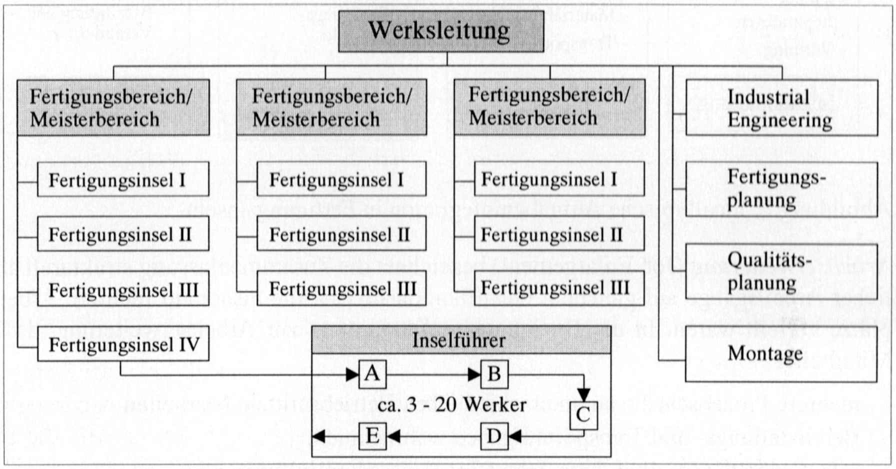

Abbildung 1: Grundstruktur der Fertigungsinsel-Organisation

B. Gestaltungsaspekte gruppenorientierter Arbeitsstrukturen

1. Funktionsbündelung

In der Fertigungsinsel werden durch Maßnahmen der *Arbeitsstrukturierung* (Arbeitserweiterung und -bereicherung) (vgl. Heeg 1988, S. 78 ff.) die in Abbildung 2 dargestellten Aufgaben integriert. Der Aufgabenbereich der Gruppe wird um produktionsflußunterstützende Aufgaben (Instandhaltung, Logistik, Qualitätssicherung) erweitert und um dispositive Aufgaben der Prozeßplanung sowie bisherige Dienstleistungsfunktionen (bspw. Personalmanagement-Aufgaben) bereichert.

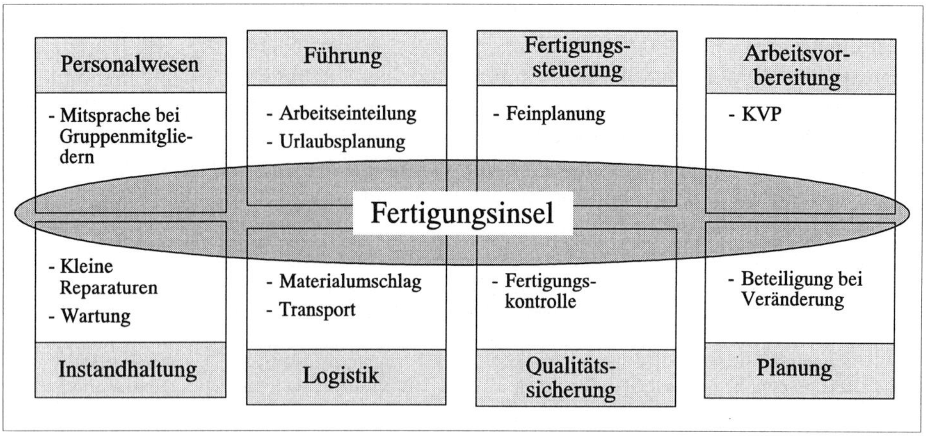

Abbildung 2: Idealtypische Aufgabenintegration in Fertigungsinseln

Arbeitserweiterung (Job Enlargement) bezeichnet die Zusammenfassung strukturell ähnlicher Arbeitsgänge auf gleichem Qualifikationsniveau, die bisher auf mehrere Arbeitsplätze verteilt waren. In der Fertigungsinsel kommt es zur Arbeitserweiterung, da die Mitarbeiter

- mehrere Prozeßschritte an unterschiedlichen Betriebsmitteln bearbeiten,
- Bereitstellungs- und Transportaufgaben wahrnehmen,
- selbständig die Qualität ihrer Arbeitsergebnisse kontrollieren und
- einfache Instandhaltungsaufgaben eigenständig ausführen.

Arbeitsbereicherung (Job Enrichment) stellt die Integration strukturell verschiedenartiger Arbeitsaufgaben dar. Dispositive Aufgabeninhalte werden im Rahmen einer Entscheidungsdezentralisation in der Fertigungsinsel-Organisation an den Ort der Arbeitsausführung verlagert. Die Planungs-, Steuerungs- und Kontrollaufgaben, die direkt die Ausführung der Gruppenaufgabe betreffen (Reihenfolgeplanung, Bereitstellungsplanung, Aufgabenverteilung in der Gruppe, Ergebniskontrolle), werden in den Verantwortungsbereich der Mitarbeiter verlagert. Hinzu kommt die Aufgabe, an der ständigen Verbesserung der Produktivität und Prozeßsicherheit des in der Fertigungsinsel bearbeiteten Prozesses mitzuwirken.

2. Selbststeuerung

Die *selbststeuernde Arbeitsgruppe* (vgl. Rohmert/Weg 1976; Bühner 1994b, S. 215 ff.) zeichnet sich durch einen weitgehenden Wegfall externer, zentraler Planung, Steuerung und Kontrolle aus. Die Gruppe wird lediglich durch ein vorgegebenes oder vereinbartes Leistungsziel (bspw. Produktionsmenge mit Terminfixierung, Qualitätsniveau, Ausschuß, Instandhaltungsaufwand) geführt. Die Gruppe entscheidet eigenverantwortlich über die Vorgehensweise zur Zielerreichung.

Mit der Entscheidungskompetenz wird auch die Ergebnisverantwortung für den Arbeitsbereich in die Verantwortung der Gruppe übertragen. Am Beispiel der Qualitätssicherung läßt sich der Verantwortungszuwachs deutlich machen: Die in zentralisierten Organisationen üblichen Kontrollen durch spezialisierte Funktionsträger am Ende des gesamten Prozesses fallen hier weg. Die Gruppe muß sicherstellen, daß nur Gutteile an nachgeordnete Stellen weitergegeben werden. Treten im Prozeß Probleme auf, die auf Qualitätsmängel in einer bestimmten Gruppe zurückzuführen sind, so wird die Gruppe mit den entstandenen Kosten belastet. Die Arbeit der Gruppe erhält durch die *Führung als Cost Center* eine unternehmerische Dimension.

Neben der reinen Produktionsaufgabe wird der Aufgabenkatalog der selbststeuernden Arbeitsgruppe explizit um die Aufgaben der

- ständigen Verbesserung der Prozesse und
- ständigen Höherqualifizierung der Gruppenmitglieder

erweitert. Die Funktionen Innovation und Qualifizierung werden in das Arbeitssystem integriert (vgl. Bühner/Pharao 1993).

Die Dezentralisation von Ergebnis-, Prozeß- und Kostenverantwortung setzt die Beeinflußbarkeit dieser Größen voraus. Daher sind Problemlösungen und Verbesserungen hinsichtlich Arbeitsablauf und Qualität vor Ort in der Gruppe zu erarbeiten und umzusetzen. Mit dieser weitgehenden Eigenverantwortlichkeit für die Arbeitsprozesse wird die effektive Nutzung des Erfahrungswissens und der Problemlösungsfähigkeit der Mitarbeiter angestrebt.

3. Gruppenentwicklung

Voraussetzungen für eine effektive Arbeit selbststeuernder Gruppen sind:

- Eine optimierte *Gruppenzusammensetzung*: Wesentliche Bestimmungsgrößen einer effektiven Zusammenarbeit in der Gruppe sind die *Gruppengröße* und die *Sozialstruktur* (vgl. Bühner/Pharao 1992, S. 52 f.). Die Gruppe muß einerseits eine Mindestgröße aufweisen, um einen sinnvollen Ausschnitt des Gesamtprozesses bearbeiten zu können. Andererseits ist die Gruppengröße nach oben durch die Notwendigkeit intensiver Kommunikation zur Selbstorganisation (Abstimmung von Gruppenzielen und -arbeitsweisen, gruppeninterne Aufgabenverteilung) sowie zur Diskussion von Verbesserungen und Problemlösungen beschränkt. In der Praxis hat sich eine Gruppengröße von etwa fünf bis maximal zwölf Mitarbeitern als geeignet erwiesen. Bei der Gruppenbildung ist darauf zu achten, daß die persönlichen Beziehungen der Gruppenmitglieder nicht negativ vorbelastet sind. Eine konfliktfreie Ausgangssituation fördert den Gruppenzusammenhalt und ermöglicht die Herausbildung hoher Leistungsnormen in der Gruppe. Jede Arbeitsgruppe bildet interne Leistungsnormen. Abweichungen von diesen Normen werden sozial sanktioniert, wobei Abweichungen nach oben stärkeren Sanktionen unterworfen werden als solche nach unten. Eine konfliktgeladene Arbeitsatmosphäre verstärkt diesen Sanktionsdruck und führt so zu Leistungsnormen, die tendenziell weit unter den Leistungsmöglichkeiten der Gruppe liegen.

– *Qualifizierung*: Das Qualifikationsprofil der Mitarbeiter ist i.d.R. durch die langandauernde Tätigkeit an hochspezialisierten Einzelarbeitsplätzen bestimmt. Notwendig ist die Ausbildung einer hohen (vgl. Bühner 1994b, S. 226 ff.) Fach-, Methoden- und Sozialkompetenz. *Fachkompetenz* in Form der Fähigkeiten und Fertigkeiten zur Besetzung jedes Arbeitsplatzes in der Gruppe bestimmt die Einsatzflexibilität, die eine Restriktion für die Nutzbarkeit des Flexibilitätspotentials der Fertigungsinsel-Organisation ist. Das wichtigste Instrument zur Förderung der fachlichen Qualifikation ist der *systematische Arbeitsplatzwechsel* (Job Rotation). Die Mitarbeiter der Gruppe weisen sich gegenseitig in die einzelnen Tätigkeiten ein und multiplizieren so ihr Wissen. In der integrierten Arbeitsgruppe ist die Organisation der Qualifizierung i.S. einer *kooperativen Selbstqualifikation* weitestgehend der Gruppe überlassen. *Methodenkompetenz* als Fähigkeit zur systematischen Problemanalyse und -lösung im Rahmen der Verbesserungsfunktion der Gruppe vermittelt vor allem Präsentations- und Problemlösungstechniken. *Sozialkompetenz* als Fähigkeit zur Kommunikation und Kooperation in einer Gruppe mit einer heterogenen Sozial- und Qualifikationsstruktur bestimmt die Konfliktlösungsfähigkeit und die Möglichkeit zur produktiven, zielorientierten Kommunikation in der Gruppe. Abbildung 3 zeigt exemplarisch Schulungsinhalte und -maßnahmen für integrierte Gruppenarbeit.

	Bezug	Schulungsinhalte	Maßnahme
1	Fachkompetenz	- Mehrfachqualifikation	- Lerninsel - Training on the Job - Seminare
2	Methodenkompetenz	- Kreativitätstechniken - Problemlösungstechniken - Visualisierungstechniken - Lehr-, Lernmethoden	- Qualitätszirkel - freiwillige Arbeitsgemeinschaften - Seminare (Video) - Fallstudien
3	Sozialkompetenz	- Umgang miteinander - Konfliktlösungsmethoden - Kommunikationstechniken	- Workshops - Erfahrungsaustausch mit anderen Gruppen - Rollenspiele

Abbildung 3: Schulungskonzept für Gruppenarbeit

– Eine auf den Qualifikationsstand abgestimmte *Delegation von Verantwortung*: Das Ausmaß der auf die Gruppe zu übertragenden Entscheidungsverantwortung - der Autonomiegrad - hängt vorrangig vom erreichten Qualifikationsniveau der Gruppe ab (vgl. Bühner/Pharao 1993). In der Praxis werden sich in Abhängigkeit vom Qualifikationsniveau der Gruppe Zwischenstadien herausbilden. Die hieraus entstehende Notwendigkeit differenzierter Steuerungsmechanismen erfordert eine dezentrale Bewertung der Verantwortungsfähigkeit der einzelnen Gruppen durch die Vorgesetzten.
– *Ergänzende Temporärorganisation*: Die Effektivität einer gruppenorientierten Arbeitsorganisation hinsichtlich der Problemlösungs-/Verbesserungsfunktion und der Qualifizierungsfunktion hängt wesentlich von der Kommunikationsintensität in und zwischen den einzelnen Arbeitssystemen - Arbeitsgruppen - ab. Problemlösungen und Verbesse-

rungen entstehen aus einem intensiven Wissens- und Erfahrungsaustausch zwischen den Mitarbeitern (vgl. Wildemann 1990). Die Arbeitsorganisation muß daher flexible Kommunikationsmöglichkeiten vorsehen. Ein Ansatz ist die Förderung der Zusammenarbeit in temporären Gruppen mit konkretem Problembezug, die ergänzend zur routinemäßigen Erfüllung der Produktionsaufgabe gebildet werden (vgl. Bühner 1994b, S. 270; Wildemann 1993, S. 225 ff.). Formen temporärer Gruppen sind (vgl. Ritter/ Zink 1989)

- Qualitätsgruppen,
- Problemlösungs-/Verbesserungsgruppen sowie
- moderierte Workshops.

Qualitätsgruppen dienen der Lösung gruppenübergreifender Qualitätsprobleme und werden nach folgenden Gestaltungsprinzipien gebildet:

- Zusammenfassung von Mitarbeitern aus mehreren betroffenen Gruppen auf Vorschlag von Vorgesetzten nach dem Kriterium des möglichen Beitrags zur Problemlösung,
- Beteiligung mehrerer Hierarchieebenen und
- Teamleitung durch einen formal bestimmten Moderator.

Problemlösungs-/Verbesserungsgruppen bilden sich i.d.R. in abgegrenzten Arbeitsbereichen. Wesentliche Gestaltungselemente sind:

- Bildung bei Bedarf durch die Mitarbeiter, die ein Problem festgestellt haben,
- freiwillige Teilnahme aller, die einen Beitrag zur Problemlösung leisten können,
- freie Wahl von Themenstellung, Anzahl und Dauer der Sitzungen,
- keine interne Strukturierung, allenfalls informelle Bestimmung eines Sprechers, und
- externe Unterstützung auf Anfrage der Gruppe.

Moderierte Workshops stellen zeitlich konzentrierte, von der Betriebs- oder Unternehmensleitung geförderte Aktionen zur Prozeßverbesserung dar. Ziel ist i.d.R. eine sprunghafte Produktivitätserhöhung durch eine umfassende Betrachtung der Arbeitsweisen in einem Bereich. Gestaltungselemente moderierter Workshops sind:

- Zusammenführung von Mitarbeitern mit Prozeßerfahrung,
- Konzentration auf einen Zeitraum von einigen Tagen, in dem die Gruppe permanent an Prozeßverbesserungen arbeitet,
- umfassende Umsetzungskompetenz für erarbeitete Lösungen, insbesondere die Kompetenz zur sofortigen Beiziehung von Experten und notwendigen Sachmitteln für Erarbeitung und Umsetzung von Verbesserungen, und
- Leitung durch einen externen Moderator, etwa einen Unternehmensberater oder eine Führungskraft aus einem anderen Bereich.

Temporäre Gruppen führen außerhalb der Produktionsroutine Mitarbeiter verschiedener Gruppen zusammen. Sie tragen so dazu bei, die Kommunikation zwischen allen am Produktionsprozeß beteiligten Personen zu intensivieren. Die Mitarbeiter erhalten einen Überblick über Problemstellungen und Anforderungen vor- und nachgelagerter Fertigungsstufen und können ihre Arbeitsweise auf die Anforderungen des Gesamtprozesses ausrichten. Abbildung 4 zeigt schematisch die Einbindung temporärer Gruppen in eine gruppenorientierte Arbeitsorganisation.

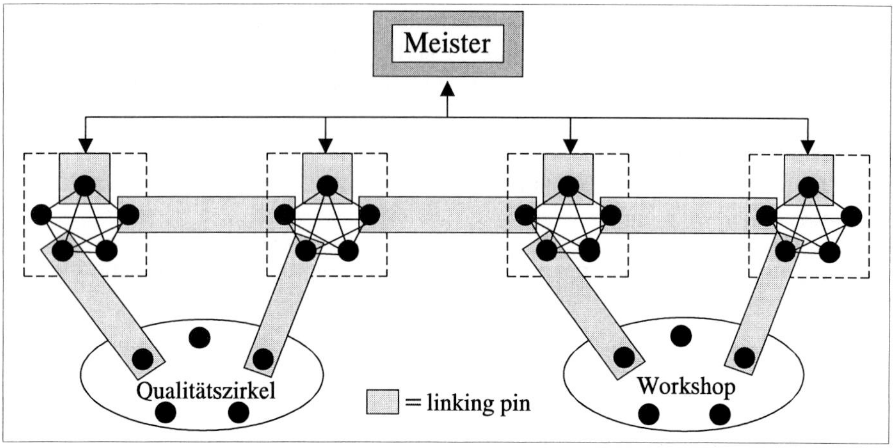

Abbildung 4: Integration temporärer Gruppen

C. Eignungskriterien gruppenorientierter Arbeitsstrukturen

1. Aufgabenbezogene Kriterien

Die Eignung gruppenorientierter Arbeitsstrukturen für eine hinsichtlich der Zielgrößen Kosten, Zeit und Qualität optimale Erfüllung der Betriebsaufgabe hängt von folgenden Bedingungen ab:

- *Abgrenzbarkeit von Teilaufgaben:* Der sachlogische, prozessuale Zusammenhang zwischen den einzelnen Arbeitsgängen innerhalb der Teilaufgabe ist größer als zwischen verschiedenen Teilaufgaben. Bei Fehlen dieser Eigenschaft wäre die Einführung von Gruppenarbeit mit einer Zusammenfassung von Arbeitsgängen ohne prozessuale Verkettung bzw. über verfahrenstechnische Schnittstellen hinweg verbunden. Die mangelnde Identität von technischer und arbeitsorganisatorischer Strukturierung in einer rein additiven Zusammenfassung unabhängiger Einzelaufgaben verhindert die Definition einer geschlossenen Zielsetzung für das gesamte Arbeitssystem.
- Die Teilaufgaben stellen *homogene Qualifikationsanforderungen:* Eine Zusammenfassung von Einzelarbeitsplätzen unterschiedlicher Qualifikationsanforderungen erschwert die eigenständige Zieldefinition und Arbeitsplanung und verhindert einen systematischen Arbeitsplatzwechsel. Umgekehrt kommen homogene Qualifikationsanforderungen dem Ziel entgegen, daß jeder Mitarbeiter jeden Arbeitsgang in der Gruppe beherrscht.

Darüber hinaus werden potentielle Konfliktquellen ausgeräumt (vgl. Rosenstiel 1993, S. 315 f.).

- Die *Vorhersehbarkeit* von Einzeltätigkeiten ist gering: Ein kurzer Planungshorizont, verbunden mit einer großen Zahl unsicherer, nicht hinreichend planbarer Prozeßvariablen läßt eine Dezentralisierung der Planung vorteilhaft erscheinen. Die Beschränkung auf eine zentrale Rahmenplanung und Delegation der operativen Ablaufdisposition an die Arbeitsgruppe senkt den Planungsaufwand und verbessert die Planungsqualität, da in dezentrale Teilplanungen jeweils nur eine beschränkte Anzahl von Variablen eingeht.
- Das *Technologieniveau* ist insgesamt hoch: CA-Technologien erhöhen die Eingriffsmöglichkeiten der Mitarbeiter in die Aufgabenerfüllung, die Zahl der Freiheitsgrade des Prozesses steigt. Diese Form der Flexibilität liegt vornehmlich in der hohen Mitarbeiterqualifikation und kann nur genutzt werden, wenn sie in der Festlegung eines entsprechend hohen Autonomiegrades nachvollzogen wird.

2. Mitarbeiterbezogene Kriterien

Das Flexibilitätspotential gruppenorientierter Arbeitsstrukturen wird durch die Fähigkeit der Mitarbeiter bestimmt, Technologie und Organisation im Rahmen der großen Freiräume selbststeuernder Gruppen zielgerichtet zu nutzen. Folgende Eigenschaften des Mitarbeiterpotentials beschränken die potentielle Flexibilität einer gruppenorientierten Arbeitsorganisation:

- Ein hinreichendes *Ausgangsniveau fachlicher und methodischer Qualifikation* ist notwendig, um das Wissen zusammenzuführen, das als sachliche Basis für die Ingangsetzung gruppeninterner Abstimmungsprozesse dient. Selbststeuerung und Lernen in sozialen Prozessen setzt eine „kritische Masse" an fachlichem Diskussions- und Auseinandersetzungsstoff voraus.
- Ein ausreichendes *Qualifikationspotential* der Mitarbeiter ist erforderlich, um ausgehend von dem durch langjährige Einzelplatzarbeit geprägten Erfahrungshintergrund die umfassende Qualifikation für integrierte Gruppenarbeit erreichen zu können.
- Komplementäre *Qualifikationsprofile* der in Frage kommenden Mitarbeiter. Das Gruppenprofil muß sämtliche operativen und dispositiven Aufgabenbestandteile abdecken.
- *Verantwortungsfähigkeit* der Gruppe. Voraussetzung sind Erfahrungen mit partizipativen Entscheidungsmechanismen und eine Vertrautheit der Mitarbeiter mit selbständigem Entscheiden.
- *Bereitschaft zur Zusammenarbeit* in der Gruppe. Soziale Störungen können zu ineffizienten Abstimmungsprozessen und Leistungszurückhaltung führen. Mitarbeiter, die nicht zur gemeinschaftlichen Arbeit in einer Gruppe bereit sind, senken das potentielle Leistungsniveau einer selbststeuernden Gruppe und können nicht in eine gruppenorientierte Struktur einbezogen werden. Für diese Mitarbeiter sind alternative Verwendungen vorzusehen.

D. Schlußbemerkung

Die Einführung einer gruppenorientierten Arbeitsorganisation mit dem integrativen Ansatz der Bündelung von Produktions-, Problemlösungs- und Qualifizierungsfunktion stellt einen Ansatz zur Verflachung der Hierarchie sowie zur Flexibilisierung der Entscheidungsfindung im Betrieb dar. Die umfassende Verantwortung der Gruppe bereichert die Arbeitsweise im operativen Bereich um eine unternehmerische Dimension. Voraussetzung für die Nutzung der Potentiale, die Gruppenarbeit gegenüber tradierten Formen der Arbeitsorganisation bietet, ist eine auf die Aufgabenstruktur abgestimmte Gestaltung von Gruppenzusammensetzung, Qualifikationsniveau, Autonomiegrad und unterstützenden temporären Organisationsformen. Dementsprechend bedarf es einer intensivierten und individuellen Betreuung durch das Personalwesen, um die Qualifikation und Problemlösungsfähigkeit dezentral zu sichern und zu entwickeln. Die Arbeitszeitregelung im Betrieb muß entsprechend der ablaufbezogenen Gestaltungsfreiheit flexibilisiert werden.

Das Führungsverhalten gegenüber den Mitarbeitern muß sich von fachlicher Anweisung zu Beratung und Unterstützung wandeln. Dies gilt insbesondere für Mitarbeiter, die Schwierigkeiten haben, sich in ihre Rolle als Verantwortungsträger hineinzufinden. Grundsätzlich ist davon auszugehen, daß nicht jeder Mitarbeiter zur Arbeit in Gruppen und Übernahme unternehmerischer Verantwortung bereit ist. Für diese Mitarbeiter sind vom Personalmanagement alternative Einsätze auf verbleibenden Einzelarbeitsplätzen bzw. andere Maßnahmen der Personalplanung vorzusehen. Anreizsysteme sind der gestiegenen unternehmerischen Einflußmöglichkeit und Verantwortung der Mitarbeiter anzupassen. Der Querschnittscharakter der Funktion Arbeitsorganisation im Rahmen der Unternehmensführung wird durch diese zusätzlichen Interdependenzen betont.

Literatur

AWF (Hrsg.): Flexible Fertigungsorganisation am Beispiel von Fertigungsinseln, Eschborn 1984.

Bierbaum, H.; Muster, M.: Ende des Taylorimus? in: Fabrik der Zukunft, hrsg. v. S. Bleicher u. J. Stamm, Hamburg 1988, S. 16-31.

Bühner, R.: Der Mitarbeiter im Total Quality Management, Düsseldorf/Stuttgart 1993.

Bühner, R.: Betriebswirtschaftliche Organisationslehre, 7. Aufl., München/Wien 1994a.

Bühner, R.: Personalmanagement, Landsberg a. Lech 1994b.

Bühner, R.; Pharao, I.: Organisatorische und personalwirtschaftliche Gestaltung integrierter Gruppenarbeit in der Fertigung, in: CIM-Man., 8. Jg. (1992), H. 6, S. 50-55.

Bühner, R.; Pharao, I.: Erfolgsfaktoren integrierter Gruppenarbeit, in: VDI-Z, 135. Jg. (1993), H. 1/2, S. 46-57.

Gutenberg, E.: Grundlagen der Betriebswirtschaftslehre. Bd. 1: Die Produktion, 24. Aufl., Berlin/Heidelberg/New York 1983.

Heeg, F.-J.: Moderne Arbeitsorganisation, München/Wien 1988.

Nordsieck, F.: Rationalisierung der Betriebsorganisation, 2. Aufl., Stuttgart 1955.

Ritter, A.; Zink, K.J.: Differenzierte Kleingruppenkonzepte als wesentlicher Bestandteil eines umfassenden, integrierten Qualitätsmanagements (i.S. von TQM), in: Qualität als Managementaufgabe, hrsg. v. K.J. Zink, Landsberg a. Lech 1989, S. 233-258.

Rohmert, W.; Weg, F.J.: Organisation teilautonomer Arbeitsgruppen, München/Wien 1976.

Rosenstiel, L.v.: Die Arbeitsgruppe, in: Führung von Mitarbeitern, hrsg. v. L.v. Rosenstiel, E. Regnet u. M. Domsch, 2. Aufl., Stuttgart 1993, S. 311-329.

Stürzl, W.: Lean Production in der Praxis, Paderborn 1992.

Taylor, F.W.: The Principles of Scientific Management, New York 1911.

Wildemann, H.: Die Fabrik als Labor, in: ZfB, 60. Jg. (1990), S. 611-630.

Wildemann, H.: Die modulare Fabrik. Kundennahe Produktion durch Fertigungssegmentierung, 3. Aufl., St. Gallen 1992.

Wildemann, H.: Fertigungsstrategien, München 1993.

Michael Reiß

Projektmanagement

A. Positionierung des Projektmanagement

1. Erfolgsfaktor „Projektmanagement"

Kaum eine Sparte der Unternehmungsführung kann einen so beeindruckenden und nachhaltigen Boom vorweisen wie das Projektmanagement, worunter das Management von *Sonderaufgaben* bzw. *außergewöhnlichen Vorhaben* verstanden wird. Hierfür zeichnen sehr unterschiedliche Faktoren verantwortlich:

- Projektmanagement hat sich als Managementprinzip *flächendeckend* in allen Funktionsbereichen etabliert und ist nicht wie früher primär auf den Entwicklungsbereich (z.B. Produkt-, Software- und Verfahrensentwicklung) beschränkt. Außerdem ist eine Zunahme der funktionsbereichsübergreifenden Projekte (z.B. Bau- bzw. Standortprojekte, Einführung von Prozeßmanagement oder Gruppenarbeit) zu verzeichnen.
- Im Zuge der verstärkten Kundenorientierung wird eine möglichst individualisierte Befriedigung von Kundenwünschen gefordert. Hierdurch kommt es zu einer erheblichen Ausdehnung der *projektmäßig abgewickelten Einzelfertigung* und eines 1:1-Marketing von Sach- und Dienstleistungen.
- Gerade bei *komplexen Leistungsangeboten* (etwa Systemlösungen) läßt sich die Leistungserstellung nicht im routinisierten Tagesgeschäft bewältigen, sondern erfordert ein eigens eingerichtetes Projektmanagement.
- Unternehmungen des Anlagenbaus und Wissensunternehmungen wie Unternehmungsberatungen oder Ingenieurbüros arbeiten weitestgehend adhocratisch und damit nach den Gesetzen des Projektmanagement: Die Kern-Geschäftstätigkeit vollzieht sich über eine *Folge von Projekten.*
- Tiefgreifende Veränderungen zur Bewältigung von Anpassungsbedarfen haben eine große Zahl von umfassenden *Reformprojekten* ausgelöst, die z.B. unter „Business Reengineering", „Turnaround Management", „Interne Märkte", „Total Quality" oder „Rightsizing" firmieren und auch das Sanierungs- und Krisenmanagement umfassen. Eine verbreitete Variante des organisatorischen Wandels ist der Einsatz der Projektarbeit zur Überwindung der Hierarchie, der mitunter auch als Übergang von der starren Palastorganisation auf eine flexible Zeltorganisation umschrieben wird.
- Der Aufbau von *Erfolgspotentialen,* etwa von Verfahrensinnovationen, Technologien, Produkten oder neuen Marktregionen, erfolgt in strategischen Projekten (z.B. beschleunigte Produktentwicklung durch Simultaneous Engineering) und in projektnahen Gremien. Er wird unterstützt durch das Empowerment der Projektverantwortlichen gegenüber der Linie, um den Projekten die erforderliche „Promotion" zu verschaffen.
- Die projektbasierte Unternehmungsführung (vgl. Turner 1993) äußert sich weiterhin in Unternehmungen, die eigens für die Abwicklung von Projekten gegründet werden bzw. durch eine zeitliche Terminierung ihrer Mission gekennzeichnet sind. Das Spektrum solcher *Projektgesellschaften* reicht von Arbeitsgemeinschaften, Konsortien, Tochtergesellschaften für den Aufbau Ost bis hin zur Treuhandanstalt. Auch virtuelle Unternehmungen in Gestalt von dynamischen Netzwerken haben insofern Projektcharakter, als sie zur Bewältigung eines terminierten Vorhabens zustandekommen.

Offensichtlich schlägt sich die steigende Bedeutung des Projektmanagement nicht nur in einem intensiveren *Management von Projekten*, sondern in einem *Management by Projects* nieder. Dennoch dürfen die Schattenseiten des Projektbooms nicht übersehen werden: Die Überlagerung des Organigramms durch eine zusätzliche Projektschicht provoziert einen mitunter kontraproduktiven Antagonismus von Projekt und Linie. Ferner besteht die Gefahr, die Projektarbeit als eine Art „Problemdeponie" zu mißbrauchen, in der all die Aufgaben „entsorgt" werden, die die Linie überfordern. Hierzu zählen nicht zuletzt auch „politische" Probleme der Konfliktbewältigung, die eigentlich nicht in Projektgruppen, sondern in Gremien gemeistert werden sollten.

2. Architektur des Projektmanagement

a) Sektoren-Architektur

Zur Standortbestimmung des Projektmanagement innerhalb der Unternehmungsführung wird eine Reihe von begriffsbildenden Projektmerkmalen herangezogen, darunter u.a. die *Einmaligkeit* und die *zeitliche Befristung* durch fixierte Anfangs- und Endzeitpunkte. Besondere Relevanz besitzen dabei folgende drei Managementspezifika: Bei Projekten handelt es sich um nicht routinisierbare *Sonderaufgaben* mit einem außergewöhnlich breiten *Kompetenzbedarf*, die in einer aus der Primärorganisation ausgelagerten *Sonderorganisation* erledigt werden.

Der *Aufgabensektor* ist geprägt durch die Unsicherheit der zu bewältigenden Aufgabenstellungen. Im Falle der Erstellung von komplexen Systemen in Einzelfertigung erstrekken sich diese Unsicherheiten auf den gesamten Wertschöpfungsprozeß. Beim Aufbau von Erfolgspotentialen treten die Sonderaufgaben primär in den frühen Entwicklungs- und Vermarktungsphasen des Potential-Lebenszyklus (z.B. Marktanalyse, Konstruktion, Produktionsanlauf) auf.

Der *Ressourcensektor* zeichnet sich durch eine besondere Zusammenstellung der Projektbeteiligten und -mitarbeiter aus. Für eine erfolgreiche Projektarbeit müssen - im Gegensatz zum Tagesgeschäft - verschiedene Fach-, Macht- und Prozeßpromotoren (z.B. Moderatoren) erst rekrutiert werden. Die Zusammenarbeit der für die Projektarbeit erforderlichen Spezialisten aus den unterschiedlichsten Bereichen und Disziplinen hat sich zu Projektbeginn meist noch nicht eingespielt.

Der *Organisationssektor* ist vor allem auf die Flexibilität der Projektarbeit ausgerichtet - eine Antwort auf die zahlreichen Unwägbarkeiten in außergewöhnlichen Vorhaben. Flexibles Arbeiten wird durch einen geringeren Organisationsgrad (Minimum an Reglementierung) ermöglicht. Außerdem vermeidet man die Nachteile einer starren Aufbauorganisation, vornehmlich durch flexible Arbeitsteilung (statt „Revierverhalten") und laterale Kommunikation (statt hierarchischer Dienstwegkommunikation). Die flexiblen Aufbau- und Ablaufregelungen müssen allerdings ein Mindestmaß an Verantwortlichkeit und Disziplinierung durch Meilensteinkonzepte, Einfrieren von Spezifikationen usw. garantieren.

b) Ebenen-Architektur

Die sektorale Betrachtung erweist sich nicht zuletzt deshalb als zu eng, weil hier tendenziell die Gleichsetzung von Projekt mit Projektgruppe/Projektleitung nahegelegt wird. Zum Projektmanagement gehört aber noch mehr. Tatsächlich umfaßt die Projekt-Architektur insgesamt drei Ebenen: Die Kernmannschaft des Projekts repräsentiert dabei die Ebene der *Projekt-Basis*. Das freigestellte Kernteam ist für die Abwicklung eines in Auftrag gegebenen Projekts verantwortlich. Zum Projektmanagement zählt außerdem noch die „Manpower", die nur zeitweise in die Projektarbeit involviert ist, z.B. Experten, Promotoren, Trainer usw. Sie bilden die Ebene der *Projekt-Infrastruktur*, also des „Unterbaus" von Projekten. Da außerdem über die Initialisierung bzw. den Abbruch einzelner Projekte entschieden, die erforderlichen Projektressourcen und -budgets zur Verfügung gestellt und mehrere Projekte untereinander abgestimmt werden müssen, enthält das Projektmanagement noch die dritte Ebene der *Projekt-Suprastruktur*. Im Mittelpunkt dieses koordinativen Überbaus steht der Lenkungsausschuß (auch „steering committee", „Regiegruppe" usw.), in dem Auftraggeber, Betroffene und andere Projekt-Stakeholder vertreten sind. Jede der drei Ebenen kann bei umfangreicher Projektarbeit wiederum in sich aufgegliedert werden. Der Überbau enthält dann z.B. zusätzlich einen Lenkungskreis zur Abstimmung mehrerer projektspezifischer Lenkungsausschüsse (vgl. Heeg 1992, S. 150ff.).

c) Schnittstellen-Architektur

Eine architektonische Betrachtung muß sich auch mit den relevanten Schnittstellen zwischen den Bausteinen des Projektmanagement befassen. Schnittstellen-Handhabung ist im Projektmanagement in drei Arenen zu leisten: Die *Intraprojekt-Arena* beschäftigt sich mit den Schnittstellen innerhalb eines Projekts. Die *Interprojekt-Arena* widmet sich den Schnittstellen zwischen verschiedenen Projekten und bildet somit das Kernstück eines Multiprojektmanagement. Als *Extraprojekt-Arena* sollen „Außenbeziehungen" zwischen dem Projektmanagement und den restlichen, nicht projektmäßig abgewickelten Bereichen der Unternehmungsführung bezeichnet werden. Hierzu zählen die Linienorganisation und andere sekundärorganisatorische Gremien, z.B. die Einrichtungen des Betrieblichen Verbesserungsvorschlagswesens. Die Analyse dieser Schnittstellen kann innerhalb von statischen Modellen oder von dynamischen Prozeß-Modellen erfolgen. Zusammen ergibt sich ein Gesamtspektrum der Schnittstellenarbeit im Projektmanagement, das in Abbildung 1 anhand von Beispielen illustriert wird.

Im Rahmen einer *statischen* Betrachtung geht es innerhalb eines Projekts vor allem um die Integration der Arbeitspakete bzw. Teilprojekte, die Führungsbeziehungen (als Konkretisierung der Leitungs- bzw. Moderationsaufgabe) sowie um die Kooperation unter den Projektmitarbeitern. Zwischen Projekten treten sowohl Komplementaritäten (z.B. Erfahrungstransfer, Vorbildfunktion) als auch Substitutionalitäten (z.B. Prioritätensetzung zur Lösung von Verteilungskonflikten) auf. Zwischen Projekt und Linie erweisen sich die Stakeholder-Schnittstellen als erfolgskritisch, vor allem die Alimentierungsschnittstelle (Zuteilung von Ressourcen durch die Projektauftraggeber oder Sponsoren) und die Implementierungsschnittstelle („Marketing" des Projektergebnisses gegenüber den Betroffenen). In beiden Fällen kommen Partizipationsformen als Instrument der Schnittstellenhandhabung zum Einsatz. Schließlich muß für eine funktionstüchtige Transfer-Schnittstelle zwischen Projektorganisation und anderen Sonderorganisationen (Gremien- und Zirkelarbeit) gesorgt werden.

ARENA / MODELLIERUNG	INTRAPROJEKT-SCHNITTSTELLEN	INTERPROJEKT-SCHNITTSTELLEN	EXTRAPROJEKT-SCHNITTSTELLEN
STATISCHE SCHNITTSTELLEN	INTEGRATION FÜHRUNG KOOPERATION	ERGÄNZUNGS-VERBUND VERDRÄNGUNGS-VERBUND	ALIMENTIERUNG IMPLEMENTIERUNG PARTIZIPATION TRANSFER
DYNAMISCHE SCHNITTSTELLEN	PHASEN VERSIONEN LEBENSZYKLEN	SUKZESSIVE KOORDINATION SIMULTANE KOORDINATION	ANSTOSS REDIMENSIONIERUNG ABSCHLUSS

Abbildung 1: Schnittstellen-Architektur des Projektmanagement

Im Mittelpunkt der *dynamischen* Schnittstellenbetrachtung stehen die Verlaufsmuster der Projektarbeit, z.B. in Form einer sequentiellen, parallelen oder iterativen Arbeitsweise. Projektintern kreisen die Überlegungen um das optimale Vorgehensmodell für die Projektbearbeitung (Phasenmodell, Kaskaden-Modell, Prototyping, evolutionäres Versionenkonzept, Lebenszyklusmodelle usw.). Interprojekt-Schnittstellen können im Rahmen eines sukzessiven Vorgehens (z.B. über bilaterale Verhandlungen zwischen Projektleitern) oder eines simultanen Vorgehens (z.B. Prioritätensetzung durch Lenkungsausschuß) optimiert werden. Die Extraprojekt-Schnittstelle steht für Prozesse des Projektanstoßes (einschließlich Rekrutierungsaktivitäten), der Projektredimensionierung (Downsizing bzw. Upsizing von Projekten) und des Projektabschlusses (von der Reintegration der Projektmitarbeiter bis zu einem eventuellen Projektabbruch).

B. Erfolgsfaktoren des Projektmanagement

1. Spektrum der Erfolgsfaktoren

Die Fülle der Erfolgsfaktoren (vgl. Mühlfelder/Nippa 1989; Gemünden 1992) wird durch Abbildung 2 in eine zweidimensionale Systematik gebracht. Eine Dimension trägt dem unterschiedlichen *Abstraktionsgrad* der ermittelten Faktoren dadurch Rechnung, daß z.B. zwischen abstrakten Prinzipien und konkreten Methoden unterschieden wird. Die zweite

Dimension greift die gängige, wenn auch nicht unumstrittene Unterscheidung zwischen *„hard factors"* und *„soft factors"* auf. Wie in anderen Managementdomänen so vollzieht sich auch im Projektmanagement eine Umfokussierung von harten Erfolgsfaktoren (Prozesse und Systeme) auf weiche Erfolgsfaktoren (Manpower und Organisation).

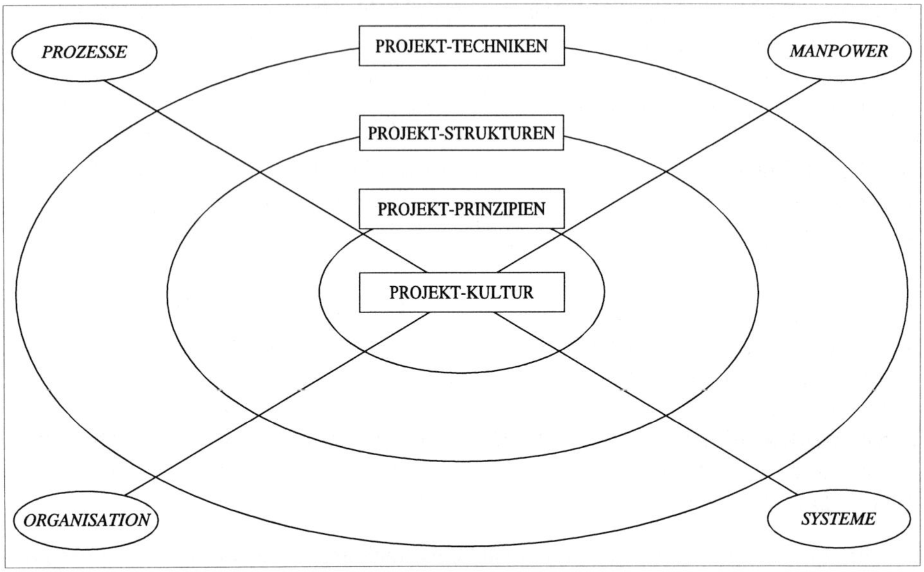

Abbildung 2: Erfolgsfaktoren des Projektmanagement

Projektkultur stellt infolge des „Sonderstatus" der Projektarbeit eine Subkultur innerhalb der Unternehmungskultur dar. Diese unterstützt dann das Projektmanagement, wenn in ihr projektaffine Arbeitsweisen (z.B.: „Wir erzielen Leistung im Team") sowie Kooperationsprinzipien verankert sind. Zum Aufbau einer Mikro-Kultur für ein spezifisches Vorhaben muß das Projekt eine eigene Identität erhalten, z.B. Projektnamen, räumliche Zentralisation des Kernteams, eigene „Öffentlichkeitsarbeit", Rituale. Die *Prinzipien des Projektmanagement* umfassen u.a. die Führungsprinzipien der Kooperation, des Unternehmertums und der Partizipation sowie Lernprinzipien, z.B. Lernen am Vorbild oder Lernen durch Testen (Prototyping). Zu den wichtigsten *Strukturen des Projektmanagement* zählen organisatorische Gruppenstrukturen, die personelle Zusammensetzung von Projektgruppen, Prozeßstrukturen (etwa Meilensteinkonzepte) sowie EDV-technische Konfigurationen. Schließlich verfügt das Projektmanagement über einen reichhaltigen Fundus an *Techniken, Methoden und Verfahren,* von der Netzplantechnik (z.B. Critical Path Method), Sensivitätsanalyse über Präsentations- und Darstellungsmethoden bis hin zu Moderations-, Schulungs- und Führungsmethoden.

2. Prozesse

Als Grundlage für die zeitliche Strukturierung von Projekten dienen in aller Regel bestimmte *Phasen* als Prozeßeinheiten des Projektgeschehens. Üblicherweise fokussiert man die Phasenbetrachtung auf den Aufgabensektor und damit auf den Prozeß der Wertschöpfung im Projekt. Allgemeine Phasenschemata für die Problemhandhabung (Zielbildung, Bedarfsermittlung, Planung, Implementierung, Durchführung, Kontrolle/Steuerung) werden auf Projektspezifika angepaßt. Zu diesem Zweck erfolgt bei Projekten im Anlagenbau u.a. eine Erweiterung um Feasibility-Studies sowie um ein Konfigurations-, Änderungs- und Riskmanagement. Die Phase der *Planung* eines Projekts umfaßt im Kern die Stufen der Vorgangs-, Vorgangszeit-, Struktur-, Termin-, Ressourcen- und Kostenplanung. Innerhalb des Multiprojektmanagement erstreckt sich der Planungsprozeß außerdem auf die Reihung von rivalisierenden Projekten.

Eine umfassende Prozeßbetrachtung muß sich außerdem mit den typischen Prozessen im Ressourcen-Sektor befassen. Für das einzelne Projektmitglied lassen sich hier die Phasen Rekrutierung/Schulung, Einsatz und Reintegration in die Linie unterscheiden. Der *gruppendynamische Prozeß* wird meist in die Phasen Forming, Storming, Norming, Performing (und Mourning) unterteilt. Schließlich lassen sich auch Entwicklungsphasen im Organisationssektor feststellen, etwa die Veränderung des Organisationsgrades nach dem „Loose-tight"-Muster.

3. Systeme

Planungs-, Controlling- und Informationssysteme wurden in erster Linie als Instrumente zur Effizienzsteigerung entwickelt. Mit ihrer Hilfe will man die Schwachstellen der Projektarbeit bekämpfen, die sich in teilweise spektakulären Termin- und Kostenüberschreitungen von „runaway"-Projekten niederschlagen. Im Mittelpunkt der Planungssysteme steht traditionell die Netzplantechnik als Instrument der Terminplanung für verzweigte, konjunkte Vorgangsstrukturen. Zur Berücksichtigung der vorgangs- und zeitbedarfsseitigen Unsicherheiten kommen verschiedene Verfahren zum Einsatz, die bspw. mit Konditionalisierung (etwa bei Petri-Netzen) operieren, am Detaillierungsgrad der Netzpläne ansetzen oder mit Wahrscheinlichkeiten (z.B. Graphical Evaluation and Review Technique, Least Cost Estimating Scheduling bzw. unscharfen Mengen) arbeiten. Bei den Kontrollsystemen läßt sich ein Übergang von der reaktiven Überwachung zur *proaktiven* Steuerung feststellen. Zur Optimierung der Wirtschaftlichkeit von Projekten stellt das Projektcontrolling u.a. diverse Methoden der Kostenschätzung zur Verfügung (vgl. Burghardt 1993, S. 53 ff.). Informationssysteme dienen einerseits Dokumentations- und Kommunikationszwecken. Andererseits eröffnet ein breites Spektrum von Projektmanagement-Software (Tools) die Möglichkeit einer *computergestützten* Planung und Steuerung von Projekten.

4. Organisation

Für die Organisation des „harten" Kerns der Projektarbeit (Basisstruktur) haben sich drei bis fünf Archetypen herauskristallisiert. Hierzu rechnet man die *linienintegrierte Projektorganisation*, die *Stabs- bzw. Einflußprojektorganisation*, die *Matrix-Projektorganisation* sowie mehrere Formen von *autarker Projektorganisation.* Das Spektrum umfaßt hier die reine Projektorganisation (nur Projekteinheiten) als extreme Lösung sowie Mischorganisationen aus Projekteinheiten, Venture-Einheiten und Task Forces einerseits und Linieneinheiten andererseits. Die organisatorischen Grundformen unterscheiden sich zum einen durch den Grad an *Autonomie* (Macht, Einfluß) und an *Autarkie* (Ausstattung, dedizierte Manpower), der den Projekten zugestanden wird. Diesbezüglich ist bei der Matrixstruktur noch nach balancierten oder nichtbalancierten Varianten zu differenzieren.

Zum anderen repräsentieren die Organisationsformen auch unterschiedliche Formen der Eingliederung des Projektmanagement in die Unternehmungsführung. Die autarke Projektorganisation ist insofern *modular* konstruiert, als hier eine strenge personelle und organisatorische Segmentierung von Projektarbeit und Linienarbeit vorgenommen wird. Das Projektmanagement in der Linie und (bezüglich der Projektmitarbeiter) auch das Einfluß-Projektmanagement sind hingegen *hybrid* angelegt, weil hier von denselben Mitarbeitern unter denselben Arbeitsbedingungen sowohl Routineaufgaben als auch (innovative) Sonderaufgaben erfüllt werden. Dazwischen sind die *dualen* Formen der Projektorganisation angesiedelt. Tagesgeschäft und Projektarbeit werden hierbei zwar vom selben Mitarbeiterstamm getragen, jedoch in signifikant verschiedenen Arbeitsformen (z.B. andere Kooperationspartner, weniger Reglementierung, hierarchiearme Strukuren).

5. Manpower

Die erforderliche „Power" erhält ein Projekt nicht nur durch organisatorische Kompetenzen, sondern auch durch die in der „Projekt-Manpower" enthaltenen *personellen Kompetenzen.* Insgesamt benötigt das Projektmanagement neben *Sponsoren,* die für die Machtpromotion zuständig sind, auch die Fachkompetenz von *Experten* sowie die Methodenkompetenz von *Projekt-Champions,* mit deren Hilfe diese die komplexen Prozesse steuern und heterogene Standpunkte integrieren können. Sozialkompetenz i.S. von Team- und Kooperationsfähigkeit muß von allen Beteiligten eingebracht werden.

Führungsmaßnahmen konzentrieren sich demgemäß auf die *Rekrutierung* und *Reintegration* von Projekt-Manpower sowie auf *Qualifizierungsprogramme* für Projektleiter, Moderatoren und Projektmitglieder. Flankierend müssen auch *Motivationsmaßnahmen* ergriffen werden, um das kompetenzseitige „Empowerment" durch ein „Commitment" zur Projektarbeit zu ergänzen. Ein derartiges Commitment stellt sich erfahrungsgemäß nur dann ein, wenn sich die oft recht anstrengende Mitwirkung am Projekt nicht nur intrinsisch, sondern auch extrinsisch (etwa laufbahnseitig) „lohnt".

C. Zentrale Gestaltungsfelder des Projektmanagement

1. Dimensionierung

In qualitativer Hinsicht geht es hierbei um die Optimierung der kompetenzseitigen Projektautarkie in Gestalt der dedizierten Projekt-Basis. In quantitativer Hinsicht stand bisher die kostenorientierte Optimierung der Größendimensionen *„Projektumfang"* (Aufgaben- und Mitarbeiterumfang) und *„Projektlaufzeit"* im Mittelpunkt des Interesses (vgl. Burghardt 1993). In dieses Kalkül werden neuerdings auch die relevanten, jedoch schwierig bezifferbaren Schnittstellen- bzw. Koordinationskosten einbezogen.

2. Integrierung

Zur Schnittstellenarbeit in den drei Arenen (vgl. Abbildung 1) kommt das Gesamtarsenal von *technokratischen, strukturellen, personalpolitischen und informationellen* Integrationsinstrumenten zum Einsatz. Unter den weichen Integrationsinstrumenten spielen die Kultur (z.B. Kommunikationskultur) und die personelle Verflechtung zwischen verschiedenen Projekten bzw. zwischen den Projektebenen eine zentrale Rolle. Besondere Schwierigkeiten bereitet ablaufseitig die *zeitliche Abstimmung* zwischen dem Prozeß der Aufgabenerfüllung und der Gruppenentwicklung (vgl. Abbildung 3). Der Idealfall eines Vorlaufs der gruppendynamischen Prozesse gegenüber der eigentlichen Projektarbeit (Performing) läßt sich wohl nur selten verwirklichen. Erheblich verschärft wird das Integrationsproblem durch eine Fluktuation in der Projektmannschaft.

3. Flexibilisierung

Die klassischen Ansatzpunkte der Flexibilisierung sind die zeitliche *Umlastung* von Vorgängen bzw. *Umsetzung* von Mitarbeiterkapazitäten. Flexibilitätsförderlich wirkt ferner die bedarfsgerechte zeitliche Variation der Projektkapazität. Dafür muß *„slack"* in der Linienorganisation vorgehalten werden, der gewissermaßen die virtuelle Größe des Projektbereichs widerspiegelt. Solche Inhouse-Outsourcing-Optionen sind allerdings nur dann attraktiv, wenn sie mit überschaubaren Fluktuations- und Transaktionskosten zwischen Projekten bzw. zwischen Projekt und Linie einhergehen. Eine moderne Grundlage des flexiblen Projektmanagement bilden die *Selbstorganisation* und die flexiblen Vorgehensmodelle (Prototyping, Versionenkonzepte usw.), die Raum für *Lernprozesse* schaffen.

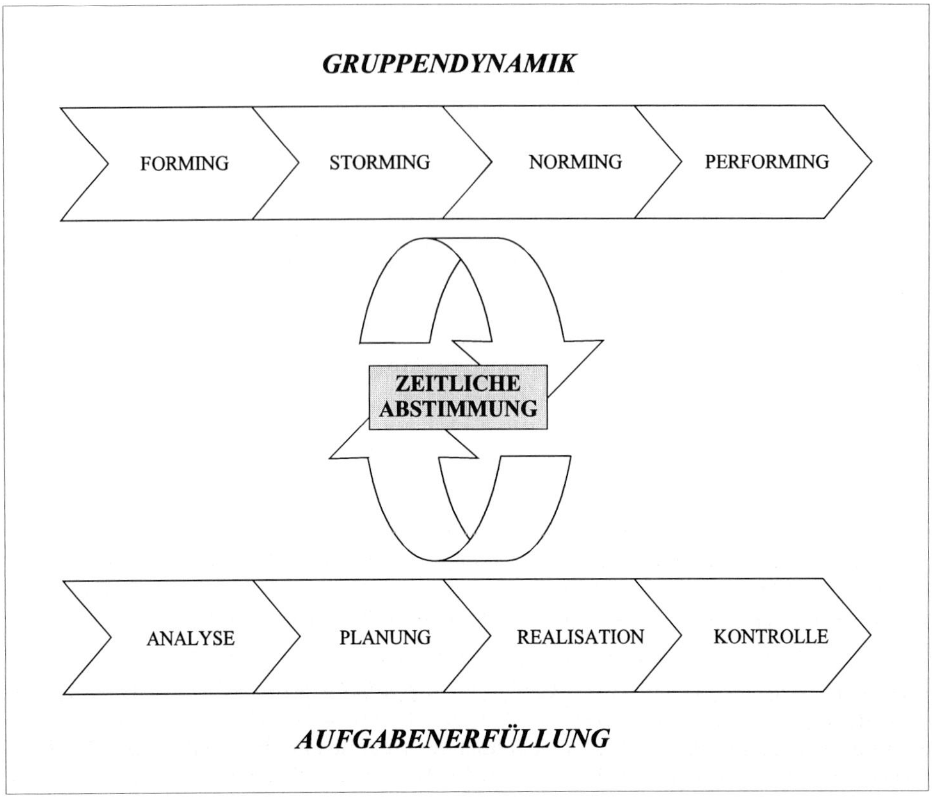

Abbildung 3: Prozeßintegration im Projektmanagement

4. Implementierung

Mit der Festlegung auf ein spezielles Terminplanungsverfahren, ein Führungsprinzip, eine spezielle Organisationsform bzw. Phasengliederung hat man nur ein bescheidenes Stück des Weges zu einem erfolgreichen Projektmanagement zurückgelegt. Zusätzlich erfordert die Einführung dieser Bausteine des Projektmanagement nämlich ein umfangreiches Investment. Umsetzungsarbeit ist zunächst auf dem Gebiet der Aufklärung über die Formen, Gründe und Folgen (Stärken/Schwächen) des Projektmanagement zu leisten. Projektleiter müssen in Terminplanung, Software-Einsatz, Moderation und Konflikthandhabung geschult werden. Motivierungsaufgaben umfassen sowohl Laufbahnanreize für Projektleiter und -mitglieder als auch Kompensationen für eventuelle Verlierer im Linienmanagement. Zur Organisation des Einführungsprozesses sind häufig externe Berater und Trainer zu rekrutieren und die Mitwirkung der Betroffenen (etwa im Lenkungsausschuß) sicherzustellen. Im Rahmen einer *zweigleisigen* Vorgehensweise sollte man gleichzeitig die Grundprinzipien des Projektmanagement (etwa Kooperation) propagieren und spezifische Techniken in konkreten Projekten anwenden und erproben (vgl. Abbildung 2).

Literatur

AGGTELEKY, B.; BAJNA, N.: Projektplanung, München/Wien, 1992.

BURGHARDT, M.: Projektmanagement, 2. Aufl., Berlin/München 1993.

CLELAND, D.I.; KING, W.R. (HRSG.): Project Management Handbook, 3. Aufl., New York 1988.

FREIMUTH, J.: Die personalpolitische Absicherung von Projektmanagement, in: ZFO, 61. Jg. (1992), S. 220-225.

FRESE, E.: Grundlagen der Organisation, 5. Aufl., Wiesbaden 1993.

GEMÜNDEN, H.-G.: Erfolgsfaktoren des Projektmanagements - ein State-of-the-Art-Report, in: Projektmanagement. Beiträge zum Projektmanagement-Forum 92, hrsg. v. D. Lange u. H. Schelle, München 1992, S. 156-169.

GRAHAM, R.J.: Project Management as if People Mattered, Bala Cynwyd 1989.

HEEG, F.-J.: Projektmanagement, München/Wien 1992.

KRÜGER, W. (HRSG.): Projekt-Management in der Krise: Probleme und Lösungsansätze, Frankfurt a.M. et al. 1986.

KRÜGER, W.: Organisation der Unternehmung, 3. Aufl., Stuttgart et al. 1994.

LITKE, H.-D.: Projektmanagement. Methoden, Techniken, Verhaltensweisen, München/Wien 1991.

MADAUSS, B.J.: Handbuch Projektmanagement, 5. Aufl., Stuttgart 1994.

MEREDITH, J.R.; MANTEL, S.J.: Project Management. A Managerial Approach, New York 1985.

MÜHLFELDER, P.; NIPPA, M.: Erfolgsfaktoren des Projektmanagements, in: ZFO, 58. Jg. (1989), S. 368-380.

PEARSON, A.W.; GUNZ, H.P.: Project Groups, in: Groups at Work, hrsg. von R. Payne u. C. Cooper, London 1981, S. 139-163.

PLATZ, J.: Projektmanagement erfolgreich einführen, in: ZFO, 56. Jg. (1987), S. 217-226.

REISS, M.: Integriertes Projekt-, Produkt- und Prozessmanagement, in: ZFO, 61. Jg. (1992), S. 25-31.

RESCHKE, H.; SCHELLE, H.; SCHNOPP, R. (HRSG.): Handbuch Projektmanagement, Köln 1989.

RINZA, P.: Projektmanagement. Planung, Überwachung und Steuerung von technischen und nichttechnischen Vorhaben, 3. Aufl., Düsseldorf 1994.

SCHWARZ, G.: Kulturelle Einflußgrößen des Projektmanagements, in: ZFO, 56. Jg. (1987), S. 241-248.

TURNER, J.R.: The Handbook of Project-Based Management: Improving the Processes for Achieving Strategic Objectives, Maidenhead 1993.

VOLPP, U.: Reintegration des Projektpersonals in die Linienorganisation, in: JfB, 41. Jg. (1991), S. 194-207.

Rolf Wunderer

Personalmanagement

A. Grundannahmen, Stand und Entwicklungstendenzen

Wir definieren *Personalarbeit* als „strukturelle Personalführung“ (vgl. Wunderer 1975a). Diese sieht ihren Schwerpunkt nicht im operativen, taktischen und reaktiven Eingreifen der Personalverantwortlichen in das Betriebsgeschehen, sondern in der *Förderung unternehmerischen Denkens, Handelns und Verantwortens* möglichst vieler Mitarbeiter über darauf ausgerichtete Strukturen (Strategie, Organisation, Kultur). Damit kann die Fähigkeit und Bereitschaft zur Selbstorganisation, Selbstentwicklung und Selbststeuerung der Belegschaft erhöht werden - mit dem Ziel, die Wertschöpfung der menschlichen Arbeit zu steigern. Die „strukturelle“ Managementfunktion steht damit im Mittelpunkt.

Als Profession ist das Personalmanagement in Wissenschaft und Praxis eine junge Disziplin. Vor erst gut 30 Jahren wurde der erste deutschsprachige Lehrstuhl an der Universität Mannheim errichtet. In den siebziger Jahren war das stärkste relative Wachstum an neuen Professuren zu verzeichnen, das sich auch in Publikationen von Lehrbüchern niederschlug. Zwar zählt die Kommission Personalwesen des Verbandes der Hochschullehrer für Betriebswirtschaft inzwischen rund 100 Mitglieder, aber es gibt noch viele Universitäten - vor allem die sog. klassischen - an denen bis heute noch kein eigener Lehrstuhl für Personalwesen errichtet wurde. In Forschung und Lehre stehen Funktionen und Instrumente des Personalmanagement noch immer im Mittelpunkt. Dennoch kann man im letzten Jahrzehnt eine Hinwendung auf grundsätzlichere Fragen, auf strategische Denkweisen sowie qualitative Gestaltungsaspekte des Personalmanagement erkennen.

Die weitere Entwicklung dürfte zu einer stärkeren Integration von den bisher bevorzugten verhaltenswissenschaftlichen Ansätzen mit ökonomischen und betriebswirtschaftlichen Denkweisen führen. Immer mehr wird das Personalmanagement zu einem ressourcenorientierten, strategischen Konzept der gesamten Unternehmensführung. Auch deshalb setzt sich der Begriff des *„Human-Resource-Management“* stärker durch, während traditionelle Begriffe, wie Personalwesen und Personalwirtschaft, in den Hintergrund rücken.

In der Praxis des Personalmanagement kann man bei idealtypischer Betrachtungsweise fünf Entwicklungsphasen unterscheiden (vgl. Abbildung 1, vgl. Wunderer 1989). Hierbei handelt es sich um sich überlagernde Entwicklungsphasen, die somit noch alle das Personalmanagement prägen, wenn auch in veränderter Weise. Wir vertreten damit die These, daß die unternehmerische Orientierung - unter Einschluß humaner wie ökonomischer Grundlagen - die dominante Zielrichtung für die neunziger Jahre darstellt.

B. Die zukünftigen Kernfunktionen des Personalmanagement

Die Auswahl der Funktionen stützt sich auf Ergebnisse einer Prognosestudie, die 1991/92 mit den für das Personalressort zuständigen Vorständen von 16 international tätigen Großunternehmen durchgeführt wurde (vgl. Wunderer/Kuhn 1993). Abbildung 2 gibt einen

Überblick über den von den Experten eingeschätzten Bedeutungswandel zu 18 ausgewählten Funktionen des Personalmanagement. Diese werden im folgenden in fünf *Kernfunktionen* zusammengefaßt und kurz behandelt. Die Auswahl erfolgte unter systematischen Gesichtspunkten sowie der zukünftigen Bedeutung bzw. dem Bedeutungszuwachs in den neunziger Jahren. Die dazugehörigen Instrumente werden mit angesprochen. Die Entgeltgestaltung wird dabei als Teil der Arbeitsbedingungen diskutiert.

I. Bürokratisierung	bis ca. 1960
- Philosophie:	Kaufmännische Bestandspflege der „Personalkonten"
- Strategie:	Aufbau vorwiegend administrativer Personalfunktionen
- Hauptfunktionen:	Verwaltung der Personalakten, Durchführung personalpolitischer Entscheidungen - z.T. in Nebenfunktion
- Verantwortlich:	Kaufmännische Leitung
II. Institutionalisierung	ab ca. 1960
- Philosophie:	Anpassung des Personals an organisatorische Anforderungen (Sozialisierungskonzepte)
- Strategie:	Professionalisierung der Personalleiter, Zentralisierung des Personalwesens, Spezialisierung der Personalfunktion
- Hauptfunktionen:	Neben Kernfunktionen: Verwaltung, Einstellung, Einsatz, Entgeltfindung, juristische Konfliktregelung, zusätzlich Ausbau der qualitativen Sozialpolitik (Bildung, Freizeit, Arbeitsplätze)
- Verantwortlich:	Personalleiter im Groß- und z.T. Mittelbetrieb
III. Humanisierung:	ab ca. 1970
- Philosophie:	Anpassung der Organisation an die Mitarbeiter (Akkomodationskonzepte)
- Strategie:	Spezialisierung, Ausbau sowie Mitarbeiterorientierung der Personalfunktionen
- Hauptfunktionen:	Humanisierung, Partizipation, Ausbau der qualitativen Funktionen, wie Aus- und Weiterbildung (off-the-job), kooperative Mitarbeiterführung, Human Relations, Personalbetreuung, Humanisierung von Arbeitsplätzen, -umgebung, Arbeitszeit, Organisations- und Personalentwicklung
- Verantwortlich:	Personalressort in der Geschäftsleitung, Personalstäbe, Arbeitnehmervertretung
IV. Ökonomisierung	ab ca. 1980
- Philosophie:	Anpassung von Organisation und Personal an veränderte Rahmenbedingungen nach Wirtschaftlichkeitsaspekten
- Strategie:	Dezentralisierung, Generalisierung, Entbürokratisierung, Rationalisierung von Personalfunktionen
- Hauptfunktionen:	Flexibilisierung der Arbeit und der Arbeitskräfte, Rationalisierung des Entwicklungspotentials, Aufbau quantitativer und freiwilliger Personalleistungen, Orientierung auf Freisetzungspolitik
- Verantwortlich:	Geschäftsleitung, Personalwesen, Linienmanagement
V. Unternehmerische Orientierung	ab ca. 1990
- Philosophie:	Mitarbeiter als wichtigste, wertvollste und sensitivste Unternehmensressource; das Personalmanagement soll sie als Mitunternehmer gewinnen, entwickeln und erhalten; Wertschöpfung (added value) als Oberziel
- Strategie:	Zentralisierung des strategischen und konzeptionellen Personalmanagement
- Hauptfunktionen:	Unternehmerisches Mitwissen, Mitdenken, Mithandeln und Mitverantworten in allen wesentlichen Unternehmensentscheidungen; damit integrierte und gleichberechtigte Mitwirkung bei der Unternehmensphilosophie, -politik und - strategie mit besonderer Berücksichtigung von „Mensch und Arbeit"; Evaluation der ökonomischen und sozialen Folgen von Unternehmensentscheidungen (Personal-Controlling)
- Verantwortlich:	Geschäftleitung, insbesondere ein für Personal (Human-Ressourcen und Humankapital) verantwortliches Mitglied, das zentrale Personalmanagement als „Wertschöpfungs-Center" sowie die Linie (als dezentrales Personalmanagement)

Abbildung 1: Idealtypische Phasen der Entwicklung des Personalwesens

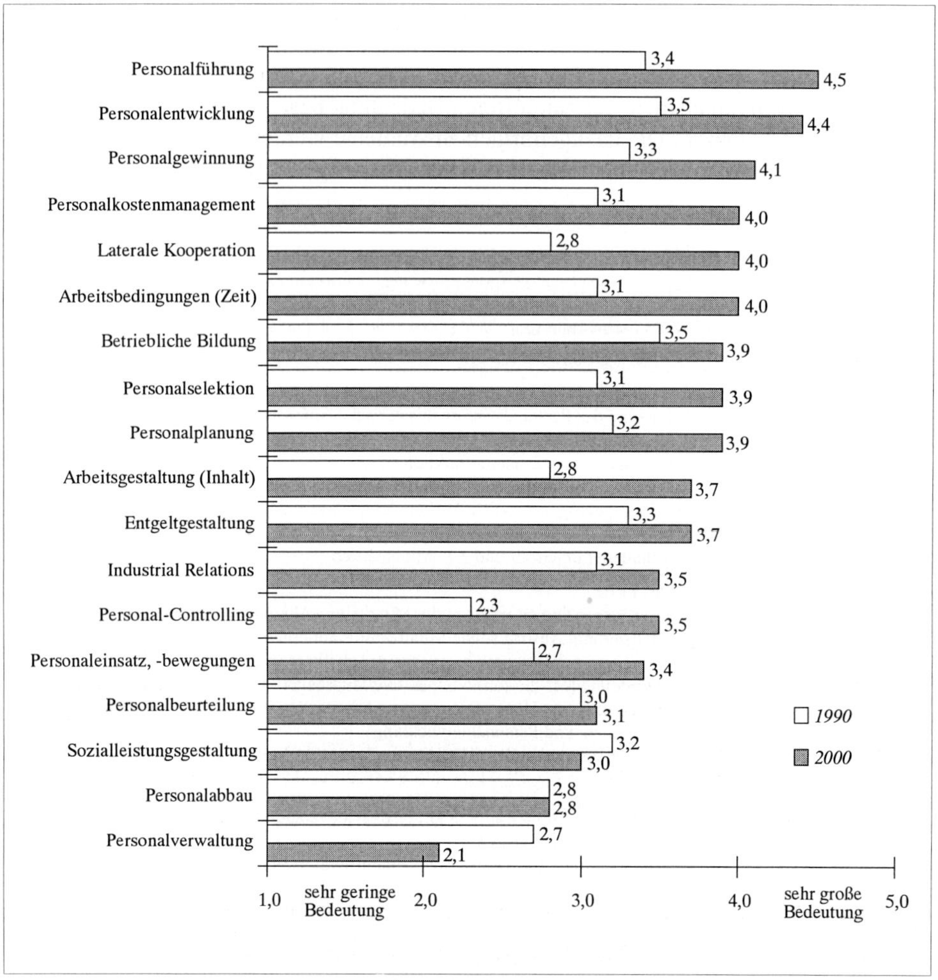

Abbildung 2: Personalfunktionen im zeitlichen Vergleich

1. Arbeitsgestaltung unter Personalmarketingaspekten

Unter *Personalmarketing* verstehen wir die Kunst, attraktive und effiziente Arbeitsbedingungen zu analysieren, zu gestalten und zu kommunizieren (vgl. Wunderer 1991). Darin wird eine Philosophie und Strategie des Human-Resource-Management gesehen, die sowohl auf die Bedürfnisse der Arbeits- und Lebenssituation der Mitarbeiter als auch der anderen wesentlichen Märkte bzw. Kunden (Linie als interne Kunden sowie bedeutsame außerbetriebliche Stakeholder als externe Kunden) ausgerichtet ist. Bei der Formulierung des Leitbildes einer schweizerischen Unternehmung wurde dies so zusammengefaßt: „Absatz- und Arbeitsmarkt sind unsere Herausforderung, Kunden- und Mitarbeiter unsere wichtigsten Zielgruppen. In beiden Märkten analysieren, gestalten und kommunizieren wir als Unternehmer. Dabei orientieren wir uns an den Bedürfnissen der Zielgruppen, gestalten wir attraktive Partnerschaften, steigern wir Wertschöpfung und Wettbewerbsfähigkeit" (Wunderer 1991, S. 124 f.).

Wir konzentrieren uns in diesem Beitrag aber auf das interne Personalmarketing, da wir die in Literatur und Praxis sonst unter dem Begriff Personalmarketing bevorzugte externe Funktion der Personalgewinnung und -freisetzung anschließend getrennt behandeln.

Bei unserer Frage an die Experten, welche Personalstrategie in Zukunft die größte Bedeutung hätte, wurde die Arbeitsgestaltung mit Abstand an erster Stelle genannt.

Der Begriff der *Arbeitsbedingungen* soll unter einem Personalmarketingaspekt hier folgende Gestaltungsdimensionen einschließen:

- Arbeitsinhalte,
- Arbeitsplatz und Technologie,
- Arbeitsumfeld,
- Arbeitszeit,
- Entgelt und Zusatzleistungen,
- direkte und indirekte Mitwirkung am und über den Arbeitsplatz hinaus sowie
- Unternehmensstruktur, -kultur und -strategie.

Dieser weite Begriff umfaßt sowohl die klassischen - traditionell in der Arbeitswissenschaft diskutierten - Arbeitsbedingungen wie auch die vorzugsweise in der betriebswirtschaftlichen Managementlehre thematisierten Aspekte. Von herausragender Bedeutung sind *Arbeitsinhalt* und *Technologie*, denn sie beeinflussen die intrinsische Motivation in besonderem Maße. Deshalb werden heute vor allem psychologische Aspekte der Arbeitsstrukturierung angesprochen. Ganzheitlichkeit, Anforderungsvielfalt, Möglichkeit der sozialen Interaktion, Selbständigkeit sowie Lern- und Entwicklungsmöglichkeiten sind nach Ulich (1992) die dafür wesentlichen Ansatzpunkte.

Das *Arbeitszeitmanagement* der Zukunft konzentriert sich nach Meinung der Experten (vgl. Wunderer/Kuhn 1993, S. 157) auf größere Selbstbestimmung im Arbeitsvolumen, auf arbeitsanfallorientierte Arbeitszeitgestaltung, auf gleitende Arbeitszeit sowie gleitenden Ruhestand. Die bedürfnisorientierte Gestaltung der Teilzeitarbeit wird weiter an Boden gewinnen.

Das *Arbeitsentgelt* hat in der Hierarchie der Leistungsmotivatoren an Bedeutung verloren. Immer stärker rückt die Forderung nach ganzheitlichen Anreizkonzepten in den Vordergrund, in denen z.B. Sinnhaftigkeit, Selbständigkeit und Freude an der Arbeit starke Zuwachsraten zeigen. Aus Unternehmenssicht wird die strategische Gestaltung der Anreizsysteme (vgl. Bleicher 1994; Hilb 1993) wichtiger. Das betrifft besonders die variable Vergütung. Ebenso zeigt sich eine Verschiebung von der anforderungs- und zeitorientierten Entlohnung zur ergebnisbezogenen Entgeltfindung. Eine weitere Tendenz wird in einer stärker zielgruppenorientierten bzw. individualisierten Vergütung gesehen. Und schließlich werden bei unternehmerischer Ausrichtung des Personalmanagement die finanzielle Beteiligung am Ertrags- oder Substanzzuwachs der Unternehmungs- oder der Organisationseinheit (vgl. z.B. Schultz 1987) an Bedeutung gewinnen.

Je mehr sich auch die Mitarbeiter zu Mitunternehmern entwickeln, desto stärker sind sie an übergreifenden Managementaspekten interessiert, die längerfristig und umfassend auf die klassischen Gestaltungsdimensionen einwirken. Deshalb sind hier *Kultur, Strategie* und *Struktur* die drei zentralen Steuerungsfunktionen. Sie werden im einzelnen im Rahmen der Funktion Personalführung behandelt.

2. Personalgewinnung, -einsatz und -freisetzung

Neben der Arbeitsstruktur ist die *Personalstruktur* ein zentraler Ansatzpunkt des unternehmerischen Personalmanagement. Die klassische Betrachtungsweise konzentrierte sich auf die quantitative Bereitstellung der personellen Kapazität. Inzwischen hat zwar die qualitative Personalplanung an Bedeutung gewonnen. Doch zeigt sich in der Praxis, daß hieran noch fundierter, differenzierter und mit dem erforderlichen Zeitaufwand gearbeitet werden sollte. Dies sollte beginnen bei einer selektiven *Personalwerbung* (vgl. Wunderer 1975b), die nicht die absolute Zahl, sondern nur die geeigneten Bewerbungen und Bewerber als Erfolgsgröße definiert und sich in wesentlich fundierteren Ansätzen zur Personalauswahl durch *Potentialbeurteilungen*, z.B. mittels Assessment Center fortsetzen.

An die Phase der Personalgewinnung schließt die Einarbeitung und Integration in den technischen und sozialen Arbeitsprozeß an. Auch sie wurde bisher sehr vernachlässigt. Der *Personaleinsatz* ist gerade bei Unternehmen mit stark - zuweilen sehr kurzfristig - schwankenden Beschäftigungszeiten von besonderem Interesse. Personaleinsatz wird auch zunehmend als Qualifizierungsmaßnahme verstanden. Und schließlich werden hier Aspekte der Identifikation und Motivation der zunehmend selbstbewußten und selbständigen Mitarbeiter immer wichtiger.

Erst in den letzten Jahren - im Zeichen weltweiter struktureller und konjunktureller Krisen - hat die *Personalfreisetzung* sprunghaft an Bedeutung gewonnen. Viele Unternehmen waren über Jahrzehnte gewohnt, sich nur auf die Beschaffungsseite zu konzentrieren und damit eine „asthmatische" Personalarbeit („Einatmen gut, Ausatmen beschränkt") zu betreiben. Auch in den Lehrbüchern zum Personalmanagement wurde und wird diese Funktion z.T. ignoriert. Während früher nicht altersbedingte Freisetzungsentscheide vorwiegend von den Mitarbeitern getroffen wurden, müssen sie nun vermehrt vom Management gefällt werden. Gerade hier spielen gesetzliche und betriebliche Regelungen, Mitbestimmungsorgane, aber auch Unternehmenskultur und Wertewandel eine wesentliche Rolle. Die Unternehmen können dabei immer weniger eine spezifische Arbeitsplatzsicherheit garantieren. Dagegen sollten sie aber Beschäftigungssicherheit anstreben, d.h. eine Qualifikation der Mitarbeiter, die auch in anderen Unternehmen oder Branchen eingesetzt werden kann.

3. Personal-Controlling

Personal-Controlling wird verstanden als ein *planungsfundiertes Evaluationsinstrument.* Ziel ist die Optimierung des ökonomischen und sozialen Nutzens der Personalarbeit. Dies wird über Informationssammlung, Analyse der ermittelten Daten, deren Bewertung sowie anschließende Planung und Steuerung realisiert. Der Schwerpunkt des Personal-Controlling liegt dabei eindeutig auf der Bewertung der Personalarbeit und nicht des Personals. Dabei lassen sich drei wesentliche Dimensionen unterscheiden:

Das *strategische* Controlling versucht die Frage zu beantworten: „Werden die richtigen Dinge getan?“ Sollte also die Personalrekrutierung von Führungskräften bzw. deren Freisetzung selbst oder über Personalberater durchgeführt werden? Ist das Verhältnis von On-the-Job- und Off-the-Job-Entwicklungsmaßnahmen zweckmäßig, kümmert man sich bei der Personalentwicklung nur um das Management und warum nicht auch um den Bereich der durchführenden Tätigkeiten?

Das *operative* Controlling stellt die Frage: „Werden die Dinge richtig getan?“ Die Schwerpunkte liegen also bei Soll-Ist- bzw. Ist-Ist-Vergleichen (z.B. über Benchmarking).

Das *Wirkungs-Controlling* fragt schließlich: „Werden die Dinge erfolgreich getan?“ Hier wird über Indikatoren versucht, die Wirkung von zuvor geplanten Personalmanagemententscheidungen und -aktivitäten zu ermitteln.

Das Personal-Controlling könnte die Funktion eines unternehmerischen Entwicklungshelfers erhalten. Nur 12% praktizieren es zwar, aber 63% sind dabei, es einzuführen (vgl. Heidrick&Struggles 1990). Denn ohne fundierte Personalplanung und eine darauf aufbauende Evaluation von sozialen und ökonomischen Wirkungen der Personalarbeit besteht weiterhin die Gefahr, daß sich das Personalwesen in administrativen, operativen und taktischen Aufgaben verliert. Damit wird die Gewinnung von Steuerungsinformationen in das Zentrum rücken, die möglichst dezentral abgerufen, verarbeitet und evaluiert werden können - zu Lasten des klassischen Berichtswesens, das häufig zum „Zahlenfriedhof“ degeneriert. Weiterhin ist eine Integration mit dem gesamten Unternehmens-Controlling anzustreben - zumindest in bezug auf Philosophie, Systematik, Methodik und Indikatoren.

4. Führung und Kooperation

Wir verstehen *Führung* als zielorientierte soziale Einflußnahme zur Erfüllung gemeinsamer Aufgaben in bzw. mit einer strukturierten Arbeitssituation. Die Motivationsaufgabe der Führung sehen wir nicht als zuvorderst in direkter Verhaltenssteuerung, sondern in der attraktiven Gestaltung, Kommunikation und Interpretation von Optionen der Arbeitswelt zur Beeinflussung von Anreizpotentialen bzw. Bedürfnissen (Motiven). Wir konzentrieren uns damit auf die Dimension der *indirekten Führung* - allerdings unter zwei Prämissen. Erstens müssen die Geführten über einen genügend hohen „Reifegrad“ verfügen, d.h. für ihre Aufgaben gut qualifiziert und selbst motiviert sein. Zweitens steht die Zielsetzung der Förderung unternehmerischen Denkens und Handelns bei dafür qualifizierten Mitarbeitern im Vordergrund. Unser Konzept unternehmerischer Führung wird in Abbildung 3 kurz charakterisiert. Wir gehen davon aus, daß neuzeitliche Führung besonders durch die *drei Schlüsselqualifikationen („Attribute“)*, die *adäquate Gestaltung der Arbeitsbedingungen* und durch *Personalgewinnung bzw. -einsatz* geprägt sein sollte. Sie ist vor allem bei den allgemein besser ausgebildeten und mehr intrinsisch motivierten Mitarbeitern realisierbar und entspricht im wesentlichen den Kriterien delegativer Führung.

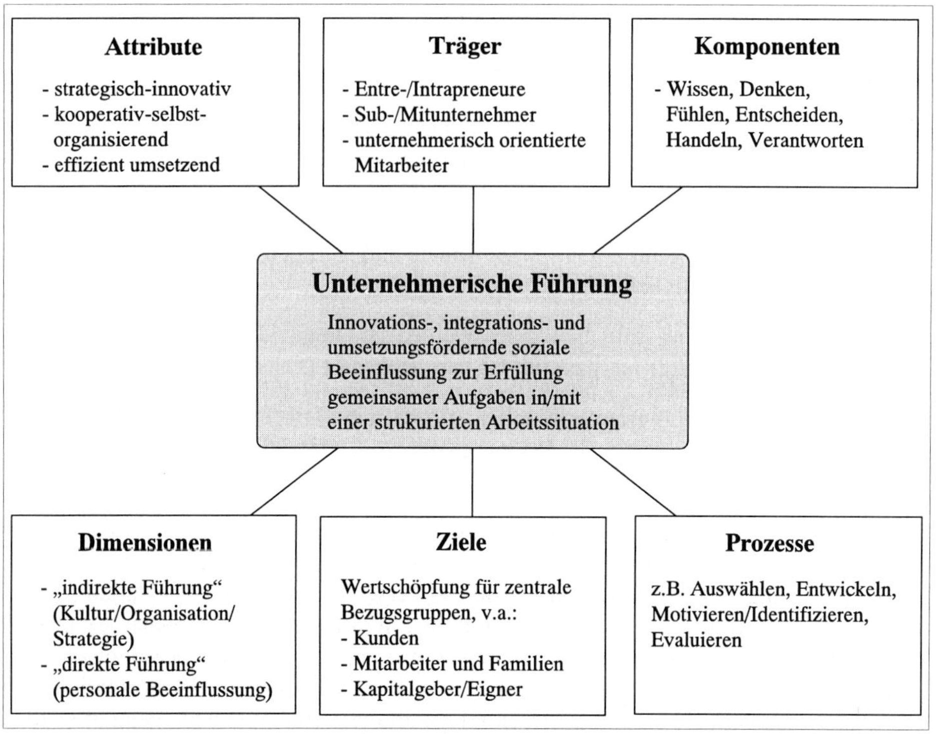

Abbildung 3: Bezugsrahmen und Definition unternehmerischer Führung

Darüber hinaus wird Führung als interaktiver Prozeß verstanden, bei dem gerade qualifizierte Mitarbeiter („Spezialisten") auch die Führungskraft beeinflussen können und sollen.

In der wissenschaftlichen Diskussion nordamerikanischer Forscher (vgl. z.B. Avolio/Bass 1988), aber auch nach Meinung der von uns befragten Personalvorstände (vgl. Wunderer/ Kuhn 1993, S. 122 ff.) steht dagegen ein Führungskonzept im Vordergrund, das als *charismatisch bzw. transformational* bezeichnet wird. Es weist der Führungskraft die Hauptverantwortung für die Mitarbeitermotivation zu und erwartet von den Vorgesetzten, niederwertige („extrinsische") in höherwertige („intrinsische") Motivation zu „transformieren".

Wir vertreten dagegen die Meinung, daß es erstens viel zu wenig Führungskräfte mit solch charismatischer Begabung gibt, um daraus eine allgemeine Verhaltensforderung an den Großteil des Management abzuleiten. Zweitens scheint dieser Stil nach ersten Studien vor allem für krisenhafte Transformationsprozesse geeignet zu sein (vgl. Wunderer 1994). Auch lebt der charismatische Führungsstil von entsprechenden Erwartungen und Zuschreibungen der Geführten. Und diese können sich in anderen Situationen sehr schnell verändern, wie die Lebensgeschichte der meisten charismatischen Führerpersönlichkeiten zeigt; denn der Weg vom „Hosianna" zum „Kreuziget ihn!" ist erfahrungsgemäß oft sehr kurz. Schließlich werden mit diesem Führungsstil die Mitarbeiter eher infantilisiert, als daß eigenständige Kreativität und Umsetzungsbereitschaft dadurch gefördert würden.

Die Aufgabe des Personalmanagement liegt mehr in der grundsätzlichen, langfristigen Beeinflussung von harten (z.B. Aufbau- und Ablauforganisation, Strategie) und weichen (vor allem Führungskultur) Faktoren. Auf jeden Fall ist es notwendig, *strukturelle* und *interaktionelle* Führung als zwei Seiten einer Medaille zu verstehen. Darüber hinaus wird Führungserfolg dann gefördert, wenn die Betroffenen in der Führungsdyade die richtige situative Dosierung zwischen und innerhalb dieser beiden Führungsdimensionen finden. Ebenso ist unbestritten, daß *Selbstorganisation und -führung* der Mitarbeiter gefördert werden müssen. Dies kann unter den verbesserten technologischen, qualifikatorischen und motivatorischen Bedingungen auch zunehmend besser realisiert werden.

Die *laterale Kooperatio*n, auch Schnittstellenmanagement genannt, thematisiert die horizontale Zusammenarbeit in Organisationen. Es geht hier um die zielorientierte, arbeitsteilige Erfüllung von stellenübergreifenden Aufgaben in einer strukturierten Arbeitssituation durch hierarchisch formal etwa gleichgestellte Organisationsmitglieder. Dabei können - im Gegensatz zu vertikalen Führungsbeziehungen - Konflikte nicht mit dem Mittel der direkten Weisung gelöst werden, ohne die laterale Kooperation in eine hierarchische Beziehung zu überführen. Eine erfolgreiche Zusammenarbeit ist also nur über wechselseitige Abstimmung und Konsens möglich. Laterale Kooperationsbeziehungen befinden sich häufig in einem empfindlichen Gleichgewicht. Nach eigenen empirischen Erhebungen stellen sie für qualifizierte Mitarbeiter und Führungskräfte eine stärkere *Konfliktquelle* als die vertikalen Führungsbeziehungen dar. Im Zentrum des Problems steht dabei die abteilungsübergreifende Zusammenarbeit mit anderen Organisationseinheiten. Die Kooperationsbelastung wächst nach unseren Analysen mit steigender Führungsebene. Die zentralen Konfliktursachen wurden empirisch erforscht (vgl. Wunderer 1993, S. 249).

Da es bei lateralen Kooperationskonflikten um bei allen Lebewesen feststellbare Verhaltensmuster (Brut- und Sippenorientierung, Revierverteidigung) geht, sind die Konflikte auch nicht allein durch Instrumente des Personalmanagement zu lösen, sondern allenfalls zu „handhaben“.

Unter strukturellen Aspekten kann man *drei Steuerungsdimensionen* unterscheiden, die auch alle vom Personalmanagement eingesetzt werden können:

- freiwillige, internalisierte Kooperationsnormen und -verpflichtungen im soziokulturellen System (z.B. „Wir helfen uns wechselseitig.“),
- formale Autorität, Macht, Koordinationsregeln und Programme im organisationspolitischen System (z.B. gemeinsame Sitzungen) und
- Anreize, Vorteile, materiell bewerteter Leistungsaustausch im ökonomischen System (z.B. Teamawards).

Die laterale Kooperation ist ein Konzept der Selbststeuerung und -organisation. Deshalb sind hier gerade die *strukturellen* Gestaltungsansätze bedeutsam, also die entsprechende Kooperationskultur, eine laterale kooperationsfreundliche Aufbau- und Ablauforganisation sowie eine Kooperationsstrategie, welche die Synergievorteile von Kooperation gerade auf dem internen Markt deutlich macht und die dazu nötigen Mittel bereitstellt.

Das Personalmanagement kann auch dazu beitragen, über eine entsprechende *Selektion* von kooperationsfähigen und -bereiten Führungskräften und Mitarbeitern die entsprechenden Voraussetzungen mit der Personalstruktur zu schaffen, um gerade bei kooperationsbelasteten Positionen (vor allem Querschnittabteilungen) die erforderliche Zusammenarbeit zu sichern und zu fördern.

5. Personalentwicklung

Grundsätzlich differenzieren wir auch hier zwischen einer direkten und einer indirekten Form der Personalentwicklung. Abbildung 4 zeigt Ansatzpunkte einer indirekten Personalentwicklung (vgl. Wunderer 1995).

Wir verstehen - wie auch bei der Führung - die Aufgabe der Personalentwicklung darin, die Mitarbeiter vor allem auf die zukünftigen Anforderungen ihrer Arbeit hin zu fördern. Besonderer Wert sollte dabei wiederum auf die Förderung *unternehmerischer Schlüsselqualifikationen* gelegt werden, also auf Kreativität, Umsetzung innovativer Ideen sowie sozialkompetentes Verhalten. Dies unterstützt auch ein sog. „Double-loop-learning", bei dem über die Anforderungs- und Zielabweichungen hinaus ein weiterführender Lernprozeß angeregt werden soll, der die Mitarbeiter und die Organisation zur Überprüfung und Neuentwicklung von Strukturen, Prozessen, Methoden und Produkten führt (vgl. Wunderer 1993, S. 236 ff.). Unternehmerische Personalentwicklung muß auch organisatorisches mit individuellem Lernen verbinden, ein Gleichgewicht zwischen Lern- und Verlernfähigkeit sichern bzw. im sog. „Turn-around-learning" bei fundamentalen Umweltveränderungen neue Theorien und darauf fundierte innovative Strategien entwickeln.

Kultur	Strategie	Organisation	Personalstruktur
Werte zu - Innovation - kooperativer Selbstorganisation - effizienter Umsetzung - Leistungs-, Kunden-, Wettbewerbsorientierung - Subsidiarität **Rituale** - öffentliche Feiern - Auszeichnungen **Vorbilder** - Führungskräfte als Lernmodell	**Ziel-Mittel-Kombinationen** - Markt versus Ressourcen - Wachstum versus Abschöpfung - Differenzierung versus Konzentration - Selektion versus Entwicklung - Selbst- versus Fremdentwicklung - Management versus Mitarbeiter	**Dezentrale, flexible, dynamische Organisationsformen** - Sparten/Profit Center - Wertschöpfungs-Center **Arbeitsgestaltung** - Handlungsspielraum - Ganzheitlichkeit - Anforderungsvielfalt - soziale Interaktion	**Unternehmerische Qualifikation** - Kernkompetenzen - Alterstruktur - Erfahrungsstruktur - Entwicklungspotentiale **Unternehmerische Motivation** - Innovation - Umsetzung - Kooperation

Abbildung 4: Dimensionen indirekter unternehmerischer Personalentwicklung

C. Organisation und Träger des Personalmanagement

1. Prinzipien und Varianten der Organisation

Für das Personalmanagement verantwortlich sind grundsätzlich die *Geschäftsleitung*, das *Personalwesen,* die *Linie* sowie teilweise auch die *institutionellen Mitarbeitervertretungen* im Unternehmen. Bei konsequenter Weiterentwicklung des unternehmerischen Konzeptes werden aber zwei weitere Träger mehr in den Vordergrund rücken. Einmal sind es die *Mitarbeiter* selbst, von denen man bei wachsender Qualifikation und Selbstmotivation auch einen höheren Grad an Selbstorganisation im Bereich der Personalarbeit erwarten kann (z.B. teilautonome Arbeitsgruppen, selbständige Absprachen bei anfallsbedingter Arbeitszeit oder Urlaubsregelungen, Selbstbeurteilung vor dem Mitarbeitergespräch, eigene Karriereplanung und Selbstentwicklung).

Daneben wird nun unter strategischen Aspekten immer mehr die Frage gestellt, welche Aufgaben von internen Personalverantwortlichen zu erfüllen sind und welche auf *externe* verlagert werden können und sollten - z.B. Aus- oder Fortbildung. Die Entscheidung zum *„Outsourcing"* - auch im Rahmen von langfristigen Partnerschaften und Allianzen - verlagert damit zum Teil wesentliche Funktionen nach außen.

Im folgenden wird ein Ansatz vorgestellt, der das generelle Konzept (vgl. Wunderer/Kuhn 1993, S. 192; Zander 1992) zeigt (vgl. Abbildung 5).

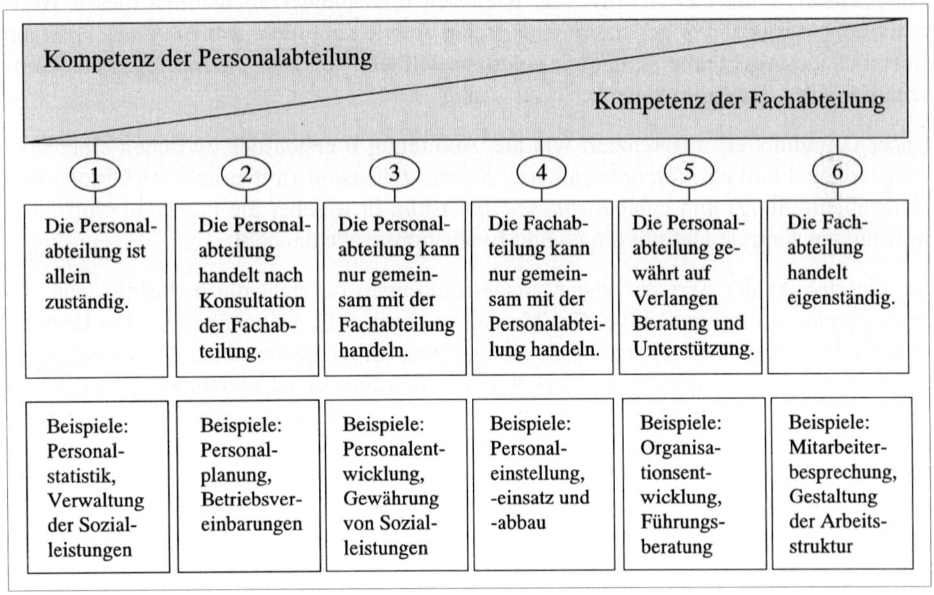

Abbildung 5: Kontinuum der Kompetenzverteilung zwischen Personal- und Fachabteilung

Schließlich soll noch die Frage der *Integration der Personalfunktion in die strategische Unternehmensführung* angesprochen werden. Nach unseren Expertenbefragungen (vgl. Wunderer/Kuhn 1993, S. 193 ff.) meinten zwei Drittel der Teilnehmer, daß die notwendige Integration eher noch zu wenig realisiert wäre. Und dies, obwohl alle beteiligten Experten Großunternehmen vertreten, in denen schon durch das Mitbestimmungsgesetz in der Geschäftsführung ein Arbeitsdirektor vertreten sein muß und in denen auch durch die starke Präsenz der Arbeitnehmervertreter im Aufsichtsrat und Wirtschaftsausschuß sowie im Betriebsrat eine institutionell verankerte Integration des Personalmanagement in obersten Führungs- und Aufsichtsgremien gewährleistet ist. Hieran wird deutlich, wie lange es dauert, bis normative Regelungen in der Unternehmenspraxis zieladäquat umgesetzt sind.

2. Das Konzept des Wertschöpfungs-Center Personal

Dies trifft auch für ein anspruchsvolles Konzept der Organisation der Personalabteilung zu, das wir abschließend unter der von uns gewählten Bezeichnung „Wertschöpfungs-Center Personal" vorstellen (vgl. Wunderer 1989). Zuerst wird dieser Ansatz als *Denkmodell* für eine unternehmerische Personalarbeit verstanden und erst in zweiter Linie als konkretes Organisationskonzept, denn der erste Schritt der Veränderung besteht im Verlernen von gewohnten Traditionen und im anschließenden Umdenken und Entwickeln bzw. Aneignen neuer Denkmuster. So kann man die Personalabteilung gedanklich auch als ein selbständiges kleines Unternehmen verstehen, das alle wesentlichen Funktionen dieser Institution wahrnehmen kann.

Ein nächster, konkreter Schritt fragt nach den relevanten Dimensionen dieses Wertschöpfungs-Center, das bei unternehmerischer Ausrichtung den „added value", also die Nutzensteigerung vor die Kostenminimierung stellt und versucht, einen Beitrag zur Wertschöpfung des Gesamtunternehmens zu leisten.

Unser Grundmodell differenziert wie aus Abbildung 6 ersichtlich zwischen einer vorwiegend qualitativen *Management- und Servicedimension* (mit primär nichtmonetärer Nutzenbeurteilung) und einer *Business-Dimension*, in welcher die monetäre Nutzenbewertung die zentrale Optimierungs- und Evaluationsgröße darstellt.

Im Mittelpunkt der Service- und Managementdimension steht die bedürfnis- und bedarfsgerechte sowie innovative, flexible und professionelle Unterstützung aller Bezugsgruppen bzw. Kunden der Personalabteilung. Dabei sollen die einzelnen Aktivitäten möglichst für alle Bezugsgruppen von Vorteil sein, so daß einseitige Unterstützungen einzelner „Stakeholder" zu vermeiden sind. Nach Kriterien und Indikatoren, die mit den zentralen Kunden ausgehandelt werden können, sind Maßstäbe für die Dienstleistungs- (vgl. z.B. Lichtsteiner/v. Arx 1995, S. 459) und Managementqualität zu erarbeiten. Die Dienstleistungsqualität kann - in Anlehnung an Indikatoren des Dienstleistungsmarketing - z.B. durch die Kriterien Verläßlichkeit, Reliabilität, Professionalität, Kontaktbereitschaft, Kundenfreundlichkeit, Kommunikation und Flexibilität für spezielle Bedürfnisse beeinflußt und evaluiert werden. Die Managementqualität kann man über folgende Indikatoren beurteilen: Innovationsfähigkeit, Planung und Koordination, Implementation und Evaluation, Konflikthandhabung und externe Unternehmensrepräsentation (vgl. Wunderer 1992).

Wertschöpfungs-Center	
Management- und Servicedimension	**Business-Dimension**
nichtmonetäre Nutzenbeurteilung	monetäre Nutzenbeurteilung
Management- und Servicebereitschaft	**Cost Center** Kosten(vergleichs-)größen als Steuerungsinstrument
Management- und Serviceumfang	**Revenue Center** Leistungs(vergleichs-)größen als Steuerungsinstrument
Management- und Servicequalität	**Profit Center** Erfolgs(vergleichs-)größen als Steuerungsinstrument

Abbildung 6: Management-/Service- und -Business-Dimension des Wertschöpfungs-Center

Die Erfüllung dieser Funktionen wird z.B. über Kundenbefragungen (intern und extern) direkt ermittelt. Indirekt, aber ökonomisch wirksamer, wirkt sich die Qualität der Service- und Managementleistungen in der Nachfrage der angebotenen Leistungen aus. Das Angebot kann in Leistungskatalogen definiert werden (vgl. Lichtsteiner/v. Arx 1995, S. 455).

Dies führt zu Abnahmeverhandlungen und abschließend zu Service-Verträgen zwischen der Personalabteilung und ihren Kunden (vgl. z.B. Alt/v. Arx 1995, S. 488 f.), die zu internen Verrechnungspreisen (i.d.R. unter Marktpreisen kalkuliert) vereinbart werden. Damit erleben die Mitarbeiter und Kunden unmittelbar den Zusammenhang zwischen Kosten der Personalarbeit und Preisgestaltung. Diese Leistungen werden damit nicht mehr als freies Gut verstanden, das man nach Belieben und ohne Effizienzgesichtspunkte abfragen und konsumieren kann. Die Leistungsvereinbarungen motivieren die Personalabteilung kontinuierlich, die angeboteten Dienstleistungen und Preise zu optimieren. Schließlich sind die Personalaufwendungen für alle Beteiligten bis in Einzeltätigkeiten sehr transparent (vgl. Alt/v. Arx 1995, S. 493 f.). Neben reinen Dienstleistungen wird in der Praxis auch zwischen strategischen Leistungen sowie unternehmenssichernden Managementfunktionen differenziert (vgl. Alt/v. Arx 1995, S. 487 f.). Unternehmenssichernde Dienstleistungen werden nicht den Kunden zur freien Wahl und Vereinbarung überlassen, sondern zentral durch die Geschäfts- und Personalleitung bestimmt.

Die Business-Dimension des Wertschöpfungs-Center konzentriert sich in der Praxis auf die Frage, ob die Personalleitung insgesamt bzw. bei bestimmten Leistungen (vgl. Lichtsteiner/v. Arx 1995, S. 438) mit Kosten- oder mit Ertragszielen geführt werden soll. Das Profit-Center-Konzept wird bisher im Rahmen der Personalarbeit allenfalls für marktfähige Leistungen wie Personalberatung, -forschung und -entwicklung verwendet. Noch weitgehender wird dieses Konzept realisiert, wenn solche auch für externe Märkte anbietbare Funktionen zu wiederum selbständigen Einheiten organisiert werden. Am häufigsten ist dies bisher im Bereich der Aus- und Weiterbildung geschehen (vgl. Ischebeck/v. Arx 1995, S. 498 ff.).

3. Anforderungen an die Personalverantwortlichen

Damit werden auch die Anforderungen an eine umfassende unternehmerische Ausrichtung der Personalverantwortlichen deutlich. Mit administrativem, operativem und reaktivem Denken und Handeln können die Aufgaben nicht mehr gelöst werden. Ebensowenig wird eine „Kaminkarriere" sowie eine rein auf nationale Besonderheiten ausgerichtete Erfahrung ausreichen. So ermittelte eine umfassende empirische Studie von Heidrick& Struggles (1990) den größten Anforderungszuwachs in der Kategorie *„unternehmerisches Denken"* (von damals 35% auf zukünftig 87%). Diese verlangt dabei von allen Personalverantwortlichen ein Mitwissen, Mitdenken, Mithandeln und Mitverantworten in allen wesentlichen Unternehmensentscheiden. Generalistische Ausrichtung, kommunikative Sozialkompetenz, ganzheitlich integrierendes, vorwärts orientiertes, progressives Vorgehen sind nach dieser Studie die wesentlichen Kriterien im Anforderungsprofil des zukünftigen Personalmanagers. Unsere Expertenstudie (vgl. Wunderer/Kuhn 1993, S. 213) brachte zur Förderung dieses Anforderungsprofils folgende Vorschläge:

- Ausbau des Personalwesens zum Profit Center,
- Job Rotation,
- professionelles Controlling der Personalarbeit sowie
- Einbindung der Personalstrategie in die Unternehmensstrategie.

Mit diesem Konzept ist schließlich gewährleistet, daß das zukünftige Personalmanagement als *integrierte Funktion der Unternehmensführung* verstanden und praktiziert wird.

Literatur

Alt, H.; Arx, S.v.: Dezentrale Personalabteilungen als professionelle Service-Center bei der Drägerwerk AG, in: Innovatives Personalmanagement. Theorie und Praxis unternehmerischer Personalarbeit, hrsg. v. R. Wunderer u. T. Kuhn, Neuwied et al. 1995, S. 472-497.

Avolio, B.J.; Bass, B.M.: Transformational leadership, charisma, and beyond, in: Emerging leadership vistas, hrsg. v. J.G. Hunt et al., Lexington 1988, S. 29-49.

Bleicher, K: Strategische Anreizsysteme, in: Praxis der Strategieentwicklung. Konzepte - Erfahrungen - Fallstudien, hrsg. v. H.-Chr. Riekhof, 2. Aufl., Stuttgart 1994, S. 291-307.

Heidrick&Struggles: Der Vorstand/Geschäftsführer Personal, München 1990.

Hilb, M.: Integriertes Personal-Management. Ziele - Strategien - Instrumente, Neuwied et al. 1993.

Ischebeck, W.; Arx, S.v.: Aus- und Weiterbildung als eigenständige Bildungsgesellschaft bei IBM Deutschland, in: Innovatives Personalmanagement. Theorie und Praxis unternehmerischer Personalarbeit, hrsg. v. R. Wunderer u. T. Kuhn, Neuwied et al. 1995, S. 498-524.

Lichtsteiner, R.; Arx, S.v.: Varianten von Wertschöpfungs-Centern für das Personalmanagement bei ABB Schweiz, in: Innovatives Personalmanagement. Theorie und Praxis unternehmerischer Personalarbeit, hrsg. v. R. Wunderer u. T. Kuhn, Neuwied et al. 1995, S. 442-471.

Schultz, R.: Gewinn- und Kapitalbeteiligung der Arbeitnehmer (Vermögensbildung), München 1987.

Ulich, E.: Arbeitsstrukturierungsmodelle, in: HWP, hrsg. v. E. Gaugler u. W. Weber, 2. Aufl., Stuttgart 1992, Sp. 374-387.

Wunderer, R.: Personalwesen als Wissenschaft, in: Personal, 27. Jg. (1975a), Stichworte der Zeitschrift Personal, S. 33-36.

Wunderer, R.: Personalwerbung, in: HWP, hrsg. v. E. Gaugler, Stuttgart 1975b, Sp. 1689-1708.

Wunderer, R.: Personalmanagement und Personalchef der neunziger Jahre. Thesen zu einem Szenario, in: Die Aufgaben der Personalabteilung in einer sich wandelnden Umwelt, hrsg. v. C. Lattmann u. J.S. Krulis-Randa, Heidelberg 1989, S. 227-239.

Wunderer, R.: Personalmarketing, in: DU, 45. Jg. (1991), S. 119-131.

Wunderer, R.: Von der Personaladministration zum Wertschöpfungs-Center, in: DBW, 52. Jg. (1992), S. 201-215.

Wunderer, R.: Führung und Zusammenarbeit. Beiträge zu einer Führungslehre, Stuttgart 1993.

Wunderer, R.: Der Beitrag der Mitarbeiterführung für unternehmerischen Wandel. Ansätze zur unternehmerischen Mitarbeiterführung, in: Unternehmerischer Wandel. Konzepte zur organisatorischen Erneuerung, hrsg. v. P. Gomez et al., Wiesbaden 1994, S. 229-271.

Wunderer, R.: Unternehmerische Personalentwicklung, in: Wirtschaftliche Bildung. Träger, Inhalte, Prozesse, hrsg. v. C. Metzger u. H. Seitz, Zürich 1995, S. 505-526.

Wunderer, R.; Kuhn, T.: Unternehmerisches Personalmanagement. Konzepte, Prognosen und Strategien für das Jahr 2000, Frankfurt a.M./New York 1993.

Zander, E.: Zusammenarbeit zwischen Personal- und Organisationsabteilung, in: HWO, hrsg. v. E. Frese, 3. Aufl., Stuttgart 1992, Sp. 1914-1923.

August-Wilhelm Scheer

Informationssysteme für die Unternehmensführung

A. Integrierte Informationssysteme

Eine wesentliche Aufgabe der Unternehmensführung ist das Treffen von Entscheidungen. *Information* als Grundlage von Entscheidungen ist damit eine wichtige Ressource für die Unternehmensführung. Entsprechend groß ist die Bedeutung einer abgestimmten Planung und des effizienten Einsatzes von Informationssystemen zur Unterstützung von Entscheidungsträgern.

In diesem Beitrag wird zunächst der Beschreibungsgegenstand *integrierte Informationssysteme* herausgearbeitet (vgl. Scheer 1994, S. 4 ff.) und die Bedeutung einer an Geschäftsprozessen orientierten Planung der Ressource Information dargestellt. Mit der *Architektur integrierter Informationssysteme (ARIS)* wird anschließend ein Konzept vorgestellt, welches eine Auswahl angemessener Planungsmethoden für die Entwicklung und Implementierung integrierter Informationssysteme ermöglicht. Darauf aufbauend werden unterschiedliche Ansätze zur Gestaltung von Analyse- und langfristigen Planungs- und Entscheidungssystemen diskutiert.

1. Beschreibungsgegenstand integrierte Informationssysteme

Betriebswirtschaftliche Anwendungssysteme werden häufig in Administrations-, Dispositions-, Planungs- und Kontrollsysteme unterschieden (vgl. Mertens 1993, S. 10 ff.). Diese Definition geht von der Art der betriebswirtschaftlichen Aufgabe aus.

Wird ein DV-System lediglich als „schnelle Rechenmaschine“ zur Verarbeitung fast banaler Massenvorgänge wie Adressenschreiben oder Tabellendrucken eingesetzt, so wird dies als administrative DV bezeichnet. Werden mit dem DV-System kurzfristige, gut strukturierte Abläufe innerhalb des Betriebes gesteuert, wie z.B. die Bestellabwicklung oder der Vertrieb, so wird es als Dispositionssystem bezeichnet. Als Management Information System wird ein System zur Bereitstellung von Führungsinformationen gekennzeichnet. Planungssysteme werden für langfristige, i.d.R. schlecht strukturierte Aufgaben eingesetzt.

Management Information Systems (MIS) setzen Dispositionssysteme voraus, die die Datenbasis erzeugen, auf die dann entsprechende Verdichtungsprozeduren zur Ermittlung von Führungsinformationen zugreifen. Andererseits enthalten auch Dispositionssysteme wie die Bestellabwicklung einfache Verarbeitungsfunktionen wie die Bestellschreibung, die zu den Administrationssystemen gehören, so daß die Übergänge zwischen den Begriffen fließend sind. Der Begriff Informationssystem dient deshalb als Oberbegriff für Administrations-, Dispositions-, Management-Informations- und Planungssysteme.

Ein weiteres Abgrenzungskriterium von Informationssystemen ist die Trennung von eng mit der Leistungserstellung verbundenen operativen Informationssystemen und wertbezogenen Abrechnungs- und Controlling-Systemen. Aber auch hier zeigt eine nähere Betrachtung die zunehmende Verflechtung von mengen- und wertorientierten Aspekten. Ein Beschaffungssystem liefert bspw. die wesentlichen Daten für die Kreditorenbuchführung und ein Vertriebssystem die Daten für die Debitorenbuchführung. Auch Lagerentnahmen werden gleichzeitig sowohl mengenmäßig in der Lagerbestandsrechnung als auch wertmäßig in der Lagerbuchführung erfaßt.

Die Unterteilung von Informationssystemen nach ihrer Betonung mehr operativer oder wertorientierter Aspekte kann deshalb lediglich als didaktische und gedankliche Hilfe verstanden werden. So ist auch die in Abbildung 1 dargestellte *„Informationspyramide“* zu verstehen.

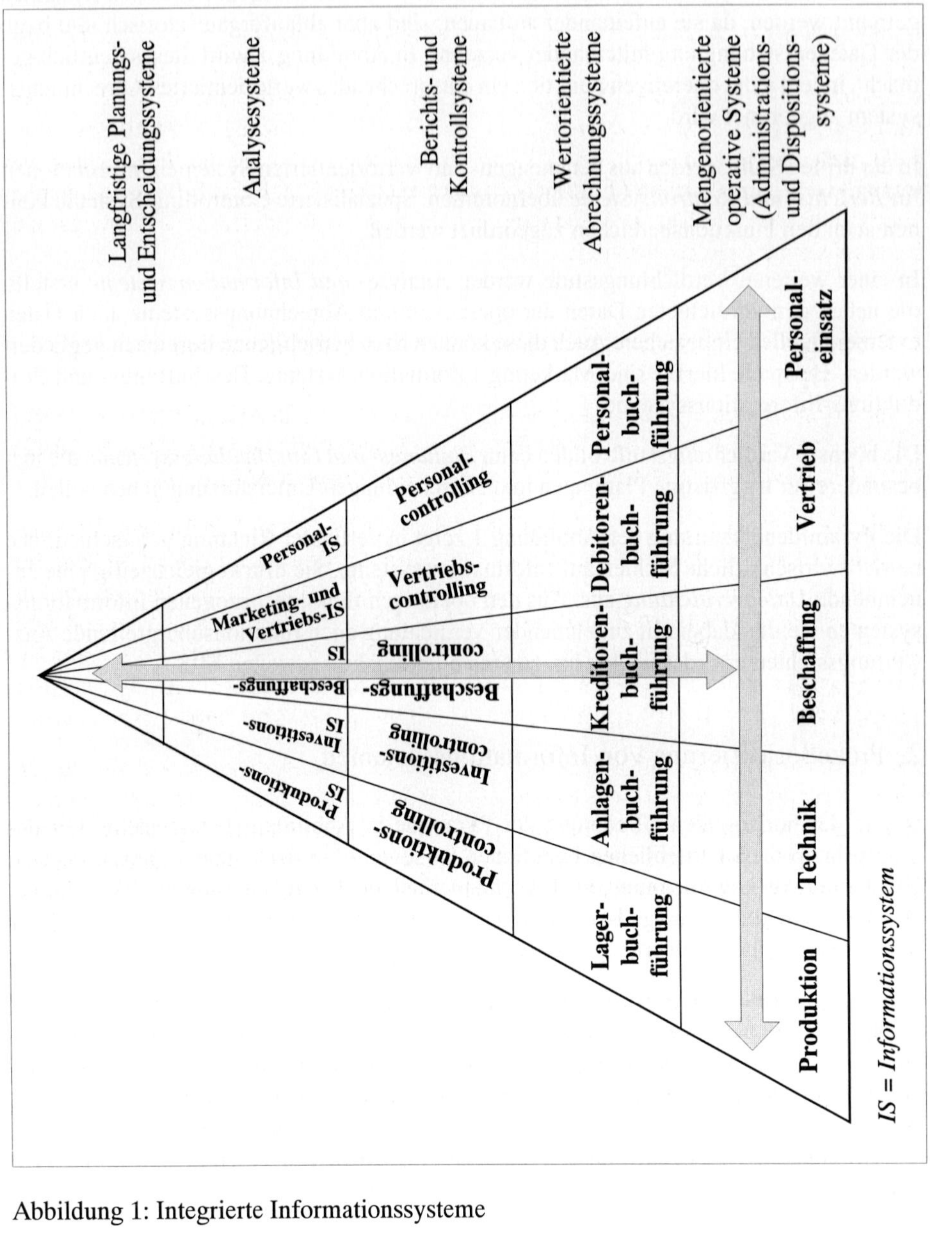

Abbildung 1: Integrierte Informationssysteme

In Abbildung 1 sind wegen der schwierigen Abgrenzung Administrations- und Dispositionssysteme zum Begriff *operative Systeme* zusammengefaßt. Sie umfassen *mengenorientierte Prozesse*, die eng mit der Leistungserstellung verbunden sind. Typische Funktionsbereiche hierfür sind Produktion, Technik, Beschaffung, Vertrieb und Personaleinsatz.

Die mengenorientierten Prozesse werden von *wertorientierten Abrechnungssystemen* begleitet, um ihre betriebswirtschaftlichen Konsequenzen sichtbar werden zu lassen. Diese wertorientierten Systeme können zwar gedanklich von den mengenorientierten Systemen getrennt werden, da sie aufeinander aufbauen, sind aber ablauforganisatorisch und bzgl. der Datenentstehung eng miteinander verzahnt. In Abbildung 1 wird dieses deutlich gemacht, indem jeder operativen Funktion ein entsprechendes wertorientiertes Abrechnungssystem zugeordnet wird.

In der dritten Stufe werden aus den mengen- und wertorientierten Systemen Informationen für *Berichts- und Kontrollsysteme* übernommen. Spezialisierte Controlling-Systeme können auch den Funktionsbereichen zugeordnet werden.

In einer weiteren Verdichtungsstufe werden *Analyse- und Informationssysteme* erstellt, die neben den verdichteten Daten der operativen und Abrechnungssysteme auch Daten externer Quellen einbeziehen. Auch diese können nach betrieblichen Bereichen gegliedert werden. Beispiele hierfür sind Marketing-Informationssysteme, Beschaffungs- und Produktions-Informationssysteme.

Die höchste Verdichtungsstufe bilden dann *Planungs- und Entscheidungssysteme,* die insbesondere für langfristige Planungen und Entscheidungen Unterstützung geben sollen.

Die Pyramidendarstellung der Abbildung 1 zeigt in vertikaler Richtung unterschiedliche betriebswirtschaftliche Sichten auf Informationssysteme. Sie drückt gleichzeitig eine zunehmende *Datenverdichtung* aus. Aus den operativen funktionsbezogenen Informationssystemen werden dabei mit zunehmender Verdichtung auch funktionsübergreifende Auswertungssichten erforderlich bis hin zu einem unternehmensweiten MIS.

2. Prozeßorientierung von Informationssystemen

Das in der horizontalen Gliederung der Pyramide in Abbildung 1 dargestellte Gliederungsprinzip nach betrieblichen Funktionen ist sowohl bei der aufbauorganisatorischen Gliederung von Unternehmungen als auch innerhalb der Fachgliederung der BWL üblich. Es ist aber nicht das einzige Kriterium, nach dem ein Industriebetrieb zur Reduktion der Komplexität seiner Probleme gegliedert werden kann.

Wenn die *Komplexität* eines Problems durch den Aufwand, den der Mensch zu seiner Lösung betreiben muß, gekennzeichnet wird, so ergibt sich diese in Industriebetrieben aus der Vielzahl der zu bearbeitenden Funktionen und aus der großen Anzahl zu disponierender Leistungen (Materialien, Einzelteile, Baugruppen bis hin zu Enderzeugnissen). In Abbildung 2 sind diese beiden Dimensionen einander gegenübergestellt, wobei die Fläche die Gesamtkomplexität kennzeichnet. Bei den Funktionen sind einige operative und auch „höhere“ Funktionen aus der Pyramidendarstellung aufgeführt.

Eine Teilung der *Komplexitätsfläche* in einzelne Schnitte soll dazu dienen, die Gesamtkomplexität zu reduzieren. Bei einer senkrechten Gliederung würden jeweils alle Funktionen, die mit einer bestimmten Gruppe von Objekten verbunden sind, gemeinsam betrachtet. Dieses könnte aufbauorganisatorisch zu einer *objektorientierten* (Sparten-) Organisation führen. Dieses ist in Abbildung 2 durch gestrichelt gezeichnete Linien angedeutet.

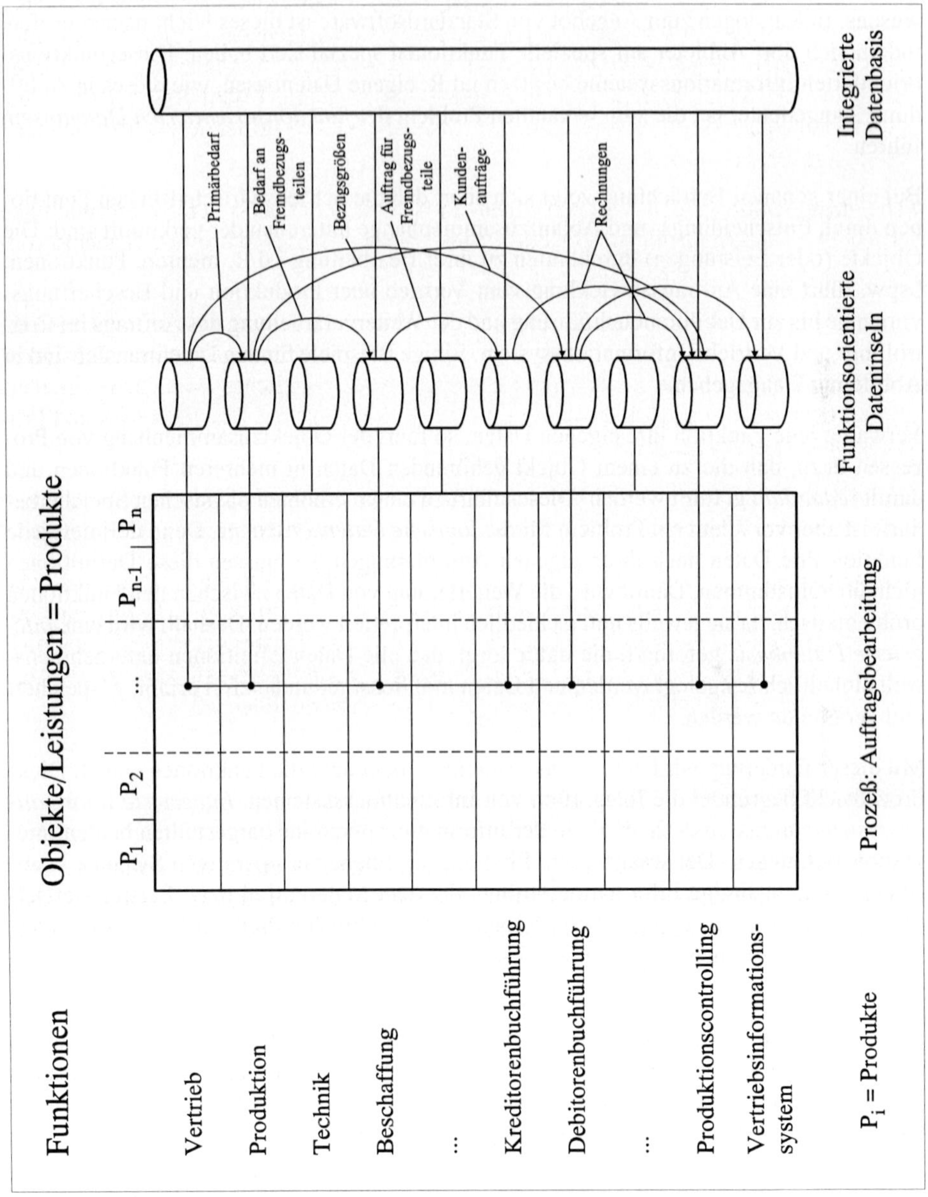

Abbildung 2: Reduzierung der Komplexität

Die vorherrschende Gliederungsform ist aber *funktionsorientiert.* Hier werden jeweils aufbauorganisatorische Organisationseinheiten für Funktionseinheiten gebildet, die für das gesamte Leistungsspektrum verantwortlich sind. Dieses ist in Abbildung 2 durch waagerechte Striche angedeutet. Da beim Auftreten der EDV dieses Gliederungsprinzip die vorherrschende Organisationsform war, ist sie diesem gefolgt. So entstanden Informationssysteme zur Unterstützung von Produktion, Beschaffung, Vertrieb oder des Rechnungswesens. In Katalogen zum Angebot von Standardsoftware ist dieses leicht nachzuprüfen, indem sich dort Anbieter auf spezielle Funktionen spezialisiert haben. Diese funktionsorientierten Informationssysteme besitzen i.d.R. eigene Datenbasen, wie dieses in Abbildung 2 angedeutet ist, die zum bekannten Problem der *funktionsorientierten Dateninseln* führen.

Bei einer genauen Betrachtung zeigt sich aber, daß die betriebswirtschaftlichen Funktionen durch Entscheidungs- und Ablaufzusammenhänge untereinander verknüpft sind: Die Objekte (oder Leistungen) durchlaufen zu ihrer Bearbeitung i.d.R. mehrere Funktionen; bspw. führt eine Auftragsabwicklung vom Vertrieb über Produktion und Beschaffungsvorgänge bis zur Debitorenbuchführung und der Weiterverarbeitung des Auftrags im Controlling- und Vertriebs-Informationssystem. Einige Beispiele für den Datentransfer sind in Abbildung 2 angegeben.

Verwaltet jede Funktion ihre eigenen Daten, so führt der Objektzusammenhang von Prozessen dazu, daß die zu einem Objekt gehörenden Daten in mehreren Funktionen und damit *redundant* geführt werden. Dieses führt zu einem erhöhten physischen Speicherbedarf, ist aber vor allem ein Problem für die *logische Datenkonsistenz*. Denn definiert jede Funktion ihre Daten nach ihren eigenen Anforderungen, so müssen diese Definitionen nicht übereinstimmen. Damit wird die Weiterleitung von Daten zwischen den Funktionen problematisch, da sie jeweils unterschiedlich interpretiert werden. Deshalb wird eine *integrierte Datenbasis* gefordert, die dafür sorgt, daß alle Datendefinitionen unternehmensweit einheitlich festgelegt werden und Daten möglichst redundanzfrei erfaßt, gespeichert und verarbeitet werden.

Mit dieser Forderung wird eine *prozeßorientierte Sicht* über die Funktionen gelegt. Diese Prozeßsicht begründet die Integration von Informationssystemen. *Integrierte Informationssysteme* umfassen deshalb die in der Informationspyramide dargestellten beiden Integrationsrichtungen. Der waagerechte Pfeil auf der Ebene der operativen Systeme kennzeichnet durchgängige Informationsströme, die dem Materialfluß bzw. Leistungserstellungsprozeß in einem Industriebetrieb folgen. Der senkrechte Pfeil verdeutlicht die enge Verflechtung zwischen Mengen und Werten.

Zusammenfassend bleibt somit festgestellt, daß integrierte Informationssysteme einem objektorientierten, d.h. prozeßorientierten Entwurfsparadigma folgen. Unternehmensprozesse verbinden dabei sowohl operative Funktionen untereinander als auch operative Systeme mit wertorientierten Abrechnungssystemen bis hin zu Planungs- und Entscheidungsunterstützungssystemen für die Unternehmensführung.

B. Architektur integrierter Informationssysteme (ARIS)

Nach der Bestimmung des Beschreibungsgegenstandes *integrierte Informationssysteme* wird in diesem Kapitel ein Konzept zur Planung und Entwicklung integrierter Informationssysteme vorgestellt. Das Konzept der *Architektur integrierter Informationssysteme (ARIS)* folgt dem im ersten Kapitel entwickelten Integrationskonzept, indem es Geschäftsprozesse unterstützt. Der Begriff *Geschäftsprozeß* ist die Übersetzung des gebräuchlichen amerikanischen Begriffs *Business Process*. Er wird im folgenden gleichbedeutend mit dem Begriff Unternehmensprozeß verwendet.

Es wird zunächst ein *Modell für Unternehmensprozesse* entwickelt. Aufgrund dessen hoher Komplexität wird es in verschiedene Sichten zerlegt. Dadurch besteht die Möglichkeit, einzelne Sichten durch besondere Methoden zu beschreiben, ohne jeweils die Zusammenhänge zu den anderen Sichten einbeziehen zu müssen. Anschließend werden aber die Verbindungen zwischen den Sichten wieder aufgenommen.

Zweiter Grundgedanke neben dem Zerlegungsprinzip des ARIS-Ansatzes ist ein Konzept unterschiedlicher Beschreibungsebenen. Informationssysteme können in unterschiedlicher Nähe zur Informationstechnik beschrieben werden. Mit Hilfe eines *Life-Cycle-Konzeptes* wird eine durchgängige Beschreibung von der betriebswirtschaftlichen Problemstellung bis zur DV-mäßigen Implementierung sichergestellt.

Die Architektur strebt somit an, ein Informationssystem zur Unterstützung von Geschäftsprozessen *ganzheitlich* (aus allen Sichten und über alle Entwicklungsphasen) zu beschreiben (zur genaueren Ableitung und Darstellung von ARIS vgl. Scheer 1992).

1. Beschreibungssichten

In Abbildung 3 ist ein Ausschnitt für den Unternehmensprozeß „Auftragsbearbeitung" angegeben, der zur Erläuterung des Sichtenkonzeptes dient.

Der Prozeß wird durch das Ereignis „Eintreffen eines Kundenauftrages" ausgelöst. Es stößt die Funktion „Auftragsannahme" an. Zur Bearbeitung dieses Vorgangs werden Zustandsbeschreibungen der relevanten Umwelt des Vorgangs benötigt, hier die Zustände über den Kunden und die in dem Auftrag angesprochenen Artikel. Während der Vorgangsbearbeitung können die Zustände verändert werden, indem z.B. durch Reservierungen die Lagerbestandsdaten von Artikeln aktualisiert werden.

Zur Vorgangsbearbeitung ist weiterhin Sachbearbeitertätigkeit erforderlich. Der Sachbearbeiter ist einer Abteilung zugeordnet. Die Abteilung ist mit Ressourcen der Informationstechnik, z.B. PC, Anschluß an Datenbanken usw., ausgestattet.

Ergebnis der Vorgangsbearbeitung ist die Auftragsbestätigung. Das Ereignis „Auftragsbestätigung" kann weitere Vorgänge wie „Auftragsverfolgung" und „Produktionsplanung" auslösen. Zur Bearbeitung dieser Vorgänge sind wiederum Zustandsbeschreibungen sowie personelle und sachliche Ressourcen erforderlich. Dabei können sich Beziehungen zu anderen Vorgängen ergeben, indem gleiche Zustandsbeschreibungen benötigt werden oder gleiche Ressourcen eingesetzt werden. Im Beispiel ist dieses durch die gemeinsame Nutzung von Kundendaten für Auftragsannahme und -verfolgung angedeutet.

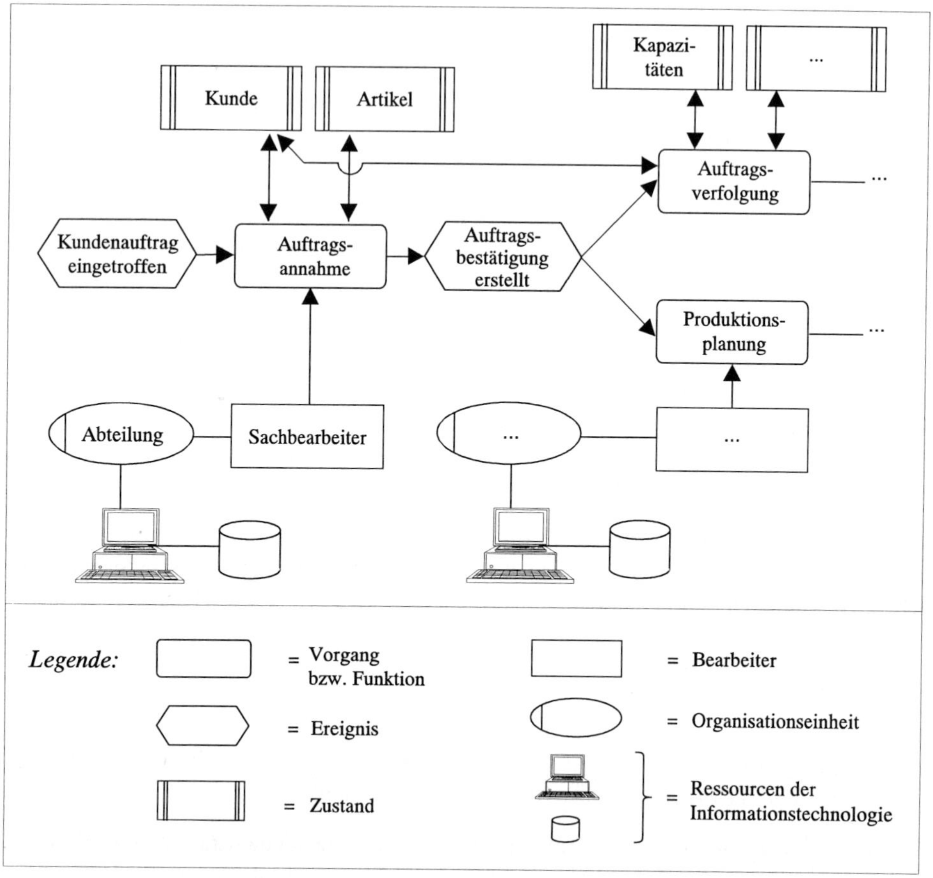

Abbildung 3: Geschäftsprozeß

Die bei einem computergestützten Unternehmensprozeß zu beschreibenden Komponenten einschließlich ihrer Beziehungen untereinander sind somit Vorgänge, Ereignisse, Zustände, Bearbeiter, Organisationseinheiten und Ressourcen der Informationstechnologie. Müßten bei dem Entwurf des Informationssystems jeweils alle Auswirkungen auf alle Elemente des Prozesses betrachtet werden, würde dies den Entwurf sehr komplizieren.

Um diese Komplexität zu reduzieren, wird das Modell in einzelne *Sichten* zerlegt (vgl. Abbildung 4), die jeweils eigene Entwurfsfelder darstellen, die (weitgehend) unabhängig voneinander bearbeitet werden können und auf diese Weise die Aufgabe vereinfachen.

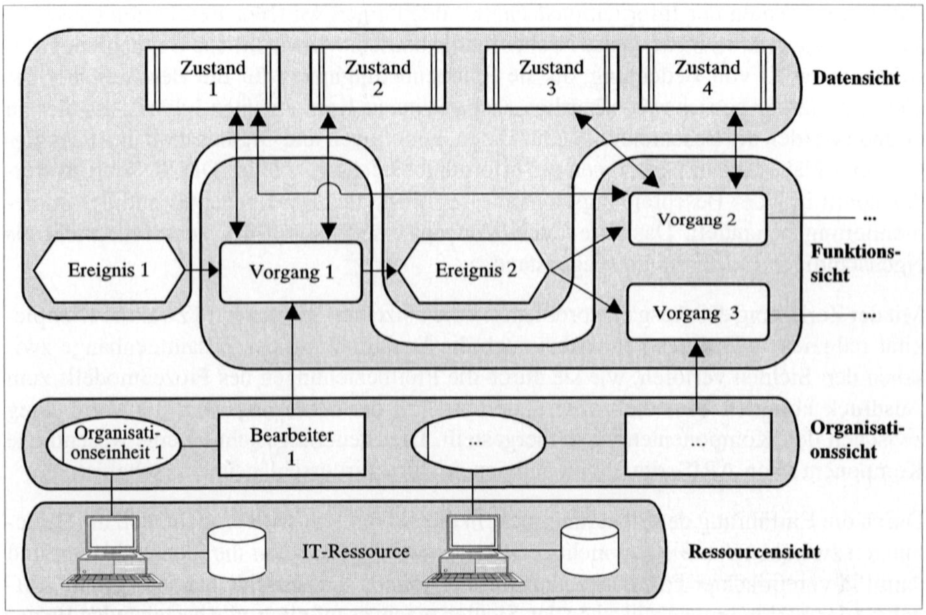

Abbildung 4 : Sichten des Prozeßmodells

Bei der Festlegung der Sichten muß beachtet werden, daß die Beziehungen innerhalb der Sichten sehr hoch und zwischen den Sichten relativ einfach und lose gekoppelt sind. Nur unter dieser Voraussetzung ist eine Zerlegung sinnvoll.

Ereignisse wie „Kundenauftrag eingetroffen", „Fertigmeldung eingetroffen" oder „Rechnung erstellt" sind Informationsobjekte, die durch Daten repräsentiert werden. Zustände des Bezugsumfeldes wie „Kundenstatus" und „Artikelstatus" werden ebenfalls durch Daten repräsentiert. Zustände und Ereignisse bilden somit die *Datensicht.*

In der klassischen DV werden Ereignisdaten als Bewegungsdaten bezeichnet, während das Bezugsumfeld durch Stammdaten beschrieben wird, die ständig aktuell gehalten werden und somit eine aktuelle Zustandsrepräsentation wiedergeben.

Die auszuführenden Funktionen sowie ihr Zusammenhang bilden eine zweite Sicht, die *Funktionssicht.* Sie beinhaltet einmal die Beschreibung der Funktion selbst, die Aufzählung der einzelnen Teilfunktionen, die zum Gesamtzusammenhang gehören, sowie die zwischen den Funktionen bestehenden Anordnungsbeziehungen.

Die Komponenten „Bearbeiter" und „Organisationseinheit" werden wegen ihres engen Zusammenhangs zu einer Beschreibungssicht zusammengefaßt. Bearbeiter sind Organisationseinheiten zugeordnet. Sie werden nach Kriterien wie „gleiche Funktion" oder „gleiches Arbeitsobjekt" gebildet. Struktur und Beziehungen von Bearbeitern und Organisationseinheiten bilden somit die *Organisationssicht.*

Die Komponenten der Informationstechnik bilden einen weiteren Beschreibungsgegenstand, die *Ressourcensicht*. Diese ist aber für die betriebswirtschaftliche Betrachtungsweise nur insoweit von Bedeutung, als sie Rahmenbedingungen für die Beschreibung der anderen, stärker betriebswirtschaftlich ausgerichteten Komponenten bildet. Aus diesem Grunde werden die Beschreibungen für Daten, Funktionen und Organisation in Abhängigkeit ihrer Nähe zu den Ressourcen der Informationstechnik geführt. Die Ressourcen werden somit in jeder Beschreibungssicht auf der Ebene des DV-Konzeptes und der Implementierung behandelt. Das Life-Cycle-Konzept ersetzt somit die Ressourcensicht als eigenständigen Beschreibungsgegenstand.

Mit der Zerlegung des Ausgangsproblems in die einzelnen Sichten wird zwar die Komplexität reduziert, allerdings geht dabei auch die Beschreibung der Zusammenhänge zwischen den Sichten verloren, wie sie durch die Pfeilbeziehungen des Prozeßmodells zum Ausdruck kommen. Aus diesem Grunde wird mit der *Steuerungssicht* die Verbindung zwischen den Komponenten wiederhergestellt. Die Steuerungssicht ist eine wesentliche Komponente von ARIS, die es von anderen Architekturvorschlägen unterscheidet.

Durch die Einführung der Steuerungssicht in die Architektur wird erreicht, daß die Beziehungen zwischen den Sichten nicht verlorengehen, obwohl zuvor die Sichten isoliert und damit in vereinfachter Form behandelt werden können. Die anschließende explizite Aufnahme der Verbindungen zwischen den Sichten macht es möglich, alle bestehenden Beziehungen systematisch zu erfassen. Daraus ergeben sich die *vier ARIS-Sichten* der Abbildung 5.

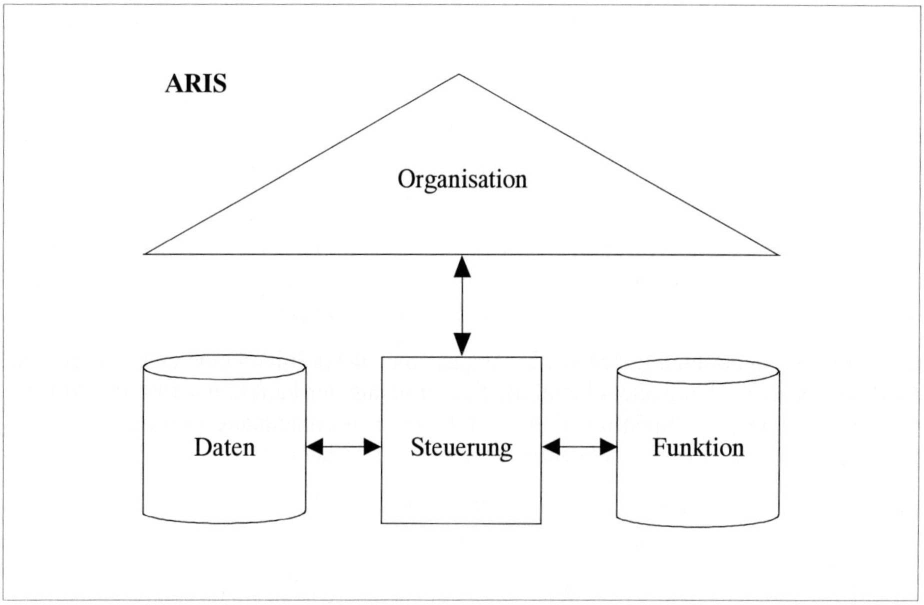

Abbildung 5: ARIS-Zerlegungssichten des Prozeßmodells

2. Beschreibungsebenen

Die Ressourcensicht wird bei ARIS durch ein Life-Cycle-Konzept der Beschreibungsebenen eines Informationssystems aufgelöst.

Die Realisierung betriebswirtschaftlicher Tatbestände mit Hilfe der Informationstechnik wird allgemein durch differenzierte Life-Cycle-Konzepte in Form von Stufen- oder Phasenkonzepten beschrieben. Der Life Cycle eines Informationssystems umfaßt den genannten Lebensablauf eines Informationssystems. Er hat für ARIS aber nicht die Bedeutung eines Vorgehensmodells zur Entwicklung eines Informationssystems, sondern definiert unterschiedliche Beschreibungsebenen, die sich nach der Nähe zur Informationstechnik richten. Dabei wird einer dreistufigen Abschichtung gefolgt (vgl. Abbildung 6).

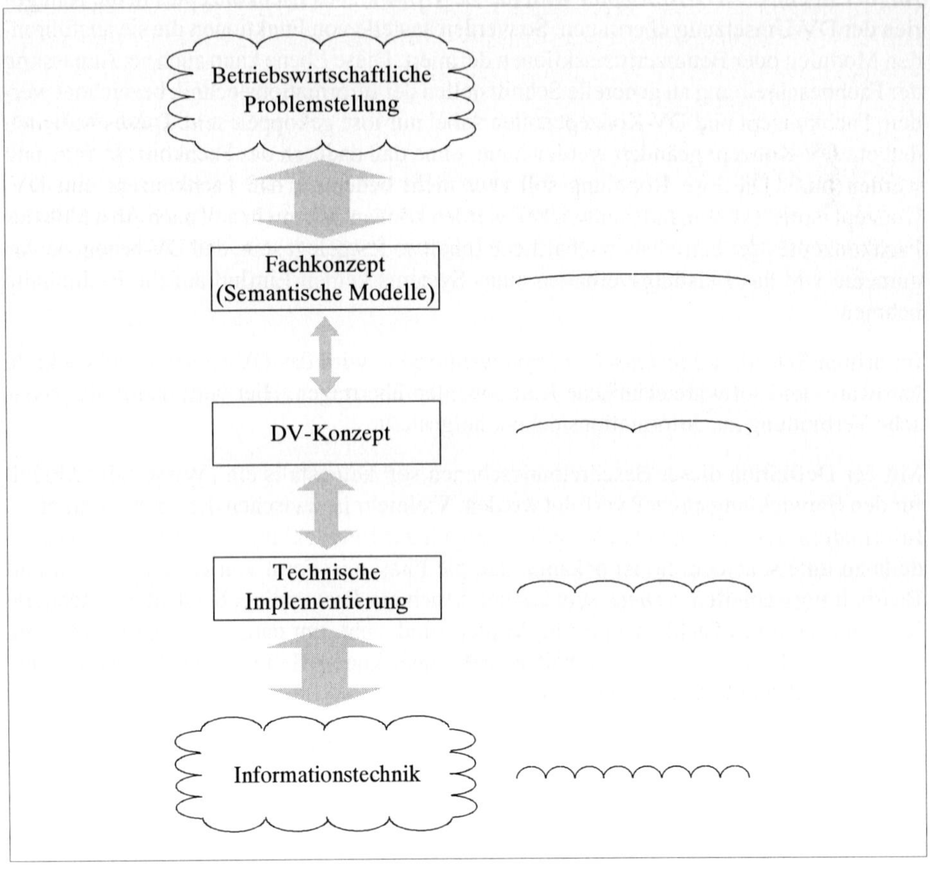

Abbildung 6: Beschreibungsebenen eines Informationssystems

Ausgangspunkt der Systementwicklung ist die *betriebswirtschaftliche Problemstellung*. In ihr sind bereits die Möglichkeiten der Informationstechnik zur Unterstützung betriebswirtschaftlicher Abläufe und Entscheidungen i.S. einer EDV-orientierten BWL (vgl. Scheer

1990) einbezogen. Die Beschreibung umfaßt grobe Tatbestände, die sehr nahe an den fachlichen Zielsetzungen und der fachlichen Sprachwelt orientiert sind. Zur Darstellung der betriebswirtschaftlichen Problemstellung werden deshalb auch nur halbformale Beschreibungsmethoden eingesetzt. Sie können aufgrund ihrer fehlenden Detailliertheit und auch des in der Fachwelt spezifischen Vokabulars nicht als Ausgangspunkt einer formalisierten Umsetzung in die Implementierung dienen.

Deshalb wird in einem *Fachkonzept* das zu unterstützende betriebswirtschaftliche Anwendungskonzept in einer so weit formalisierten Sprache beschrieben, daß es Ausgangspunkt einer konsistenten Umsetzung in die Informationstechnik sein kann. Das Fachkonzept ist sehr eng mit der betriebswirtschaftlichen Problemstellung verbunden, wie es die Breite des Doppelpfeiles ausdrückt.

Auf der Ebene des *DV-Konzeptes* wird die Begriffswelt des Fachkonzeptes in die Kategorien der DV-Umsetzung übertragen. So werden anstelle von Funktionen die sie ausführenden Modulen oder Benutzertransaktionen definiert. Diese Ebene kann auch als Anpassung der Fachbeschreibung an generelle Schnittstellen der Informationstechnik bezeichnet werden. Fachkonzept und DV-Konzept sollen dabei nur lose gekoppelt sein. Dieses bedeutet, daß ein DV-Konzept geändert werden kann, ohne daß dadurch das Fachkonzept angepaßt werden muß. Die lose Kopplung soll aber nicht bedeuten, daß Fachkonzept und DV-Konzept isoliert voneinander entwickelt werden können. Vielmehr soll nach Abschluß des Fachkonzeptes der betriebswirtschaftliche Inhalt so festgelegt sein, daß DV-bezogene Argumente wie das Leistungsverhalten eines Systems keinen Einfluß auf die Fachinhalte nehmen.

Im dritten Schritt, der *technischen Implementierung*, wird das DV-Konzept auf konkrete hardware- und softwaretechnische Komponenten übertragen. Hier wird damit die physische Verbindung zur Informationstechnik hergestellt.

Mit der Definition dieser Beschreibungsebenen soll keinesfalls ein „Wasserfall"-Modell für den Entwicklungsprozeß verfolgt werden. Vielmehr ist zwischen der Architektur eines Informationssystems und dem Vorgehensmodell zur Entwicklung eines Informationsmodells zu unterscheiden. So ist bekannt, daß die Phasen in Form von Überlappungen und Bearbeitungsschleifen *vernetzt* sein können. Auch ein *Prototyping*, bei dem eine schnelle Realisierung eines Fachkonzeptes im Vordergrund steht, um daraus Anregungen für die Qualität des Fachkonzeptes zu erhalten, steht einer klaren Trennung der Beschreibungsebenen auf den ersten Blick entgegen.

Dieses gilt auch für objektorientierte Ansätze, bei denen gerade die Einheitlichkeit der Entwurfsobjekte vom Fachkonzept bis zur Realisierung ein wesentliches Paradigma ist (vgl. Heß 1993).

Trotzdem bleiben auch bei diesen Ansätzen die verschiedenen Beschreibungsebenen eines Informationssystems bestehen, wenn sie auch nicht zu einem daraus abgeleiteten sequentiellen Vorgehensmodell führen.

Die Beschreibungsebenen sind durch unterschiedliche Änderungszyklen gekennzeichnet (vgl. Abbildung 6). Die Änderungsfrequenz ist tendenziell auf der Ebene der Informationstechnik am höchsten und auf der Ebene der Fachkonzepte am geringsten.

Die technische Implementierung ist sehr eng an die Entwicklung der Informationstechnik gekoppelt und erfährt deshalb durch deren Änderungen, wie z.B. Entwicklung neuer Datenbanksysteme, Netze, Hardwareeinheiten usw., ebenfalls ständige Änderungen.

Die Ebene des Fachkonzeptes ist von besonderer Bedeutung, da sie einmal langfristiger Träger des betriebswirtschaftlichen Gedankengutes ist und gleichzeitig einen Ausgangspunkt für die weiteren Generierungsschritte zur Umsetzung in die technische Implementierung darstellt. Das Fachkonzept ist die Verbindung zwischen dem Anwender und der ersten Umsetzung seiner Problemstellungen in eine DV-Sprache.

Mit dem Zerlegungsprozeß und den Beschreibungsebenen einschließlich der betriebswirtschaftlichen Ausgangslösung ist das ARIS-Konzept entwickelt (vgl. Abbildung 7).

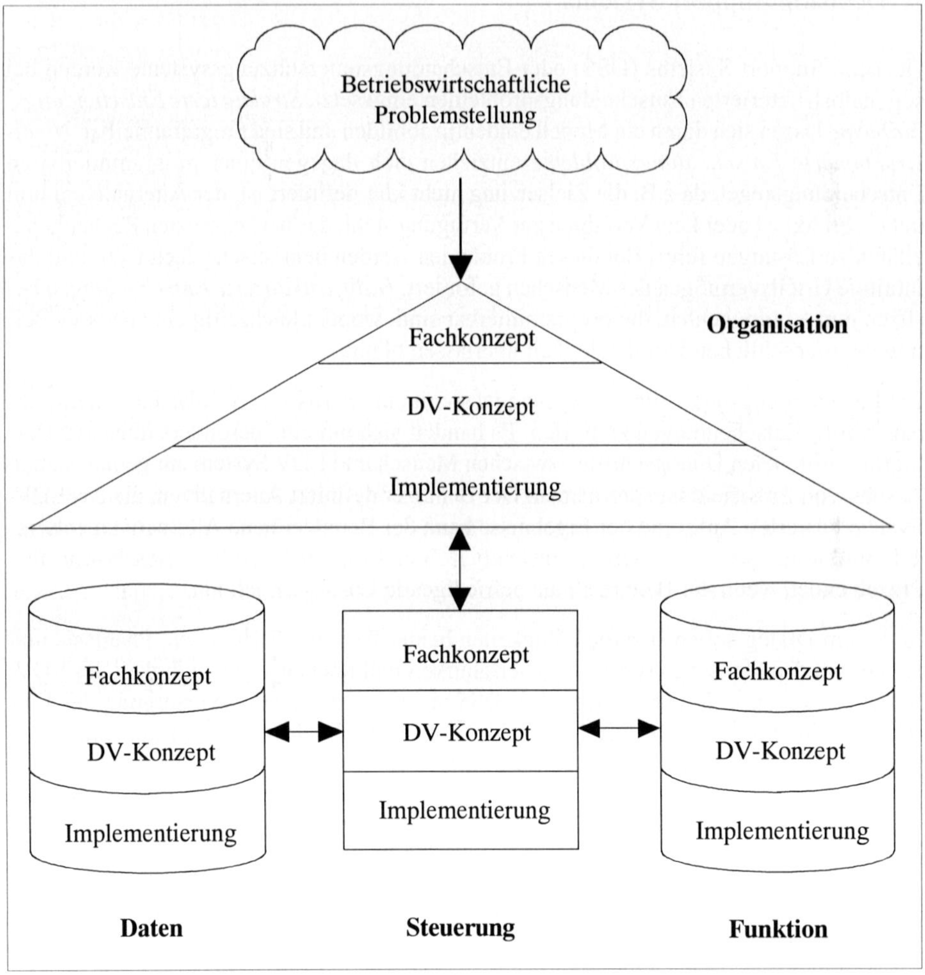

Abbildung 7: ARIS-Konzept

C. Informations-, Planungs- und Entscheidungssysteme

Der Einsatz von speziellen Informationssystemen für die Unternehmensführung hat bereits eine Tradition, die bis in die 60er Jahre zurückgeht. In diesem Kapitel werden unterschiedliche, teilweise historisch gewachsene Ansätze zur praktischen Umsetzung vorgestellt. Hierbei wird unterschieden zwischen Decision Support Systems (DSS), Expertensystemen, Management Information Systems (MIS) bzw. Executive Information Systems (EIS) und Management Support Systems (MSS) bzw. Executive Support Systems (ESS) (vgl. Karl 1995, S. 28).

1. Decision Support Systems

Decision Support Systems (DSS) oder Entscheidungsunterstützungssysteme werden bei sog. halbstrukturierten Entscheidungsproblemen eingesetzt. *Strukturierte Entscheidungsprobleme* lassen sich durch ein Modell eindeutig abbilden und sind programmierbar. *Nichtstrukturierte Entscheidungsprobleme* entziehen sich dagegen einer programmierbaren Entscheidungsregel, da z.B. die Zielsetzung nicht klar definiert ist, der Alternativenraum unbeschränkt ist oder kein Verfahren zur Verfügung steht, das bei begrenzten Rechenkapazitäten zu Lösungen führt. Bei diesen Problemen werden heuristische Techniken und das intuitive Urteilsvermögen des Menschen gefordert. *Halbstrukturierte Entscheidungen* besitzen nun Komponenten, die programmierbar sind, wobei gleichzeitig ein gewisser Beitrag der menschlichen Urteilsfähigkeit überlassen bleibt.

Ein Entscheidungsunterstützungssystem ist somit ein *interaktives System*, das einem Manager hilft, Entscheidungen zu treffen. Es handelt sich um eine besonders intensive Dialogform mit vielen Dialogschritten zwischen Mensch und EDV-System zur gemeinsamen Lösung von Entscheidungsproblemen. Der Benutzer definiert Alternativen, die das EDV-System bewertet. Aufgrund der Ergebnisse kann der Benutzer neue Alternativen entwickeln und vom System wiederum hinsichtlich ihrer Konsequenzen bewerten lassen. Der Prozeß endet, wenn der Benutzer eine befriedigende Lösung erzielt hat.

In diesem Dialog sollen sich die Fähigkeiten beider Partner - Fachwissen, Phantasie und Kreativität des Menschen sowie Speicherfähigkeit und Rechengeschwindigkeit des EDV-Systems - gegenseitig unterstützen. Bei DSS steht die Informationsversorgung des Entscheiders im Vordergrund. Der Entscheider soll nicht abgelöst, sondern nur unterstützt werden.

Die Möglichkeiten der *interaktiven Problemlösung* führen dazu, daß Probleme, die bisher von EDV-Systemen mit programmierten Entscheidungsregeln nur unvollkommen gelöst werden konnten, neu gestaltet werden. Entscheidungsunterstützungssysteme stellen jedoch individuelle Entwicklungen dar, die auf eine bestimmte Problemklasse, eine bestimmte Entscheidungssituation oder auch auf einen bestimmten Entscheidungsträger zugeschnitten sind. Sie unterstützen also immer nur eine *eindeutig abgegrenzte Aufgabenstellung*. Typische Anwendungsbeispiele sind die Kapazitätsterminierung im Rahmen einer computergestützten Produktionsplanung und -steuerung oder das Marketing-Management (vgl. Brombacher 1988).

2. Expertensysteme

Während bei Entscheidungsunterstüzungssystemen die Betonung auf „Unterstützung" liegt und die Entscheidung vom Menschen getroffen wird, sollen Expertensysteme stärker in die Lösung von Problemen eingebunden sein, d.h. Entscheidungen quasi *selbständig* treffen. Nach einer Definition von Feigenbaum (vgl. Harmon/King 1989, S. 3) ist ein *Expertensystem* ein intelligentes Computerprogramm, das Wissen und Inferenzverfahren benutzt, um Probleme zu lösen, die immerhin so schwierig sind, daß ihre Lösung beträchtliches menschliches Fachwissen (Expertenwissen) erfordert. Um allzu überzogene Erwartungen an Expertensysteme zu reduzieren, wird zunehmend auch der weniger anspruchsvolle Begriff *wissensbasierte Systeme* verwendet.

Expertensysteme gelten als ein Teilbereich der *künstlichen Intelligenz (KI)*. Es wird deshalb versucht, das Problemlösungsverhalten eines menschlichen Experten abzubilden. Menschliche Experten besitzen große Wissensmengen über ein Spezialgebiet und wenden neben nachvollziehbar schlüssigen Vorgehensweisen auch Faustregeln (Heuristiken) und Intuition zur Lösung von Ausnahmefällen an.

In klassischen Programmen werden alle möglichen Fälle eines Problems ausprogrammiert. Dieses gilt aber nur für gut strukturierte Probleme. Die einfach klingende Aufgabe „wir gehen heute Abend ins Kino" ist dagegen schlecht strukturiert und durch ein klassisches Programm mit einem gut strukturierten Modell nicht abbildbar. Die Aufgabe ist schlecht strukturiert, weil das Ziel nicht explizit angegeben ist (welches Kino und welcher Film gemeint sind), die Mittel zur Erreichung des Kinos nicht eindeutig festliegen (z.B. Auto, Fußgang, Taxi, Bus) und der Problemraum unbegrenzt ist (keine Eingrenzung des Kinos auf einen bestimmten Stadtteil, Ort usw.) (vgl. Harmon/King 1989, S. 34).

Expertensysteme versuchen, derartige Probleme durch eine Beschreibung des Wissens über den Sachverhalt und ein Verfahren zur zielgerechten Verknüpfung des Wissens *(Inferenzmechanismus)* zu lösen. Expertensysteme versuchen somit, auch schlecht strukturierte Probleme möglichst gut zu approximieren.

Die mit der Entwicklung von Expertensystemen anfangs verbundene Euphorie soll aber nicht darüber hinwegtäuschen, daß auch Expertensysteme Schwachstellen besitzen. Bisherige Anwendungen sind auf relativ *kleine Problemlösungsfelder* bezogen, wie sie auch ausdrücklich für den Einsatz von Expertensystemen definiert sind. Außerdem bleibt auch bei Expertensystemen die naive Vorstellung, daß die gesamte Entscheidungssituation durch ein Modell (eben das Expertensystem) abgebildet werden kann. Das vielfältige Allgemeinwissen, über das menschliche Problemlöser verfügen und das ebenfalls, möglicherweise in nicht kausaler Form, bei der Lösung von Ausnahmefällen eingesetzt werden kann, steht Expertensystemen nicht zur Verfügung.

Trotz dieser Einwände liegen aus einem breiten betriebswirtschaftlichen Spektrum Anwendungen auf der Ebene für Expertensysteme vor, so in Marketing, Beschaffung, Qualitätssicherung, Produktionsplanung und Finanzierung.

3. Management Information Systems und Executive Information Systems

Der Begriff Management Information System (MIS) läßt sich bis in die 60er Jahre zurückverfolgen. Der ursprüngliche Ansatz, der auf eine vollständige Abbildung des Unternehmens in einem einzigen, komplexen Informationssystem abzielte, mußte jedoch wegen des hohen Aufwands zur Systemerstellung und Systempflege scheitern. Zudem war die Technologie damals noch nicht weit genug entwickelt, um den Anforderungen an Leistungsfähigkeit und Flexibilität der Systeme zu genügen (vgl. Scheer 1982, S. 30).

Seit Mitte der 80er Jahre wird das Konzept in modifizierter Form nun unter dem Begriff Executive Information System (EIS) wieder aufgegriffen. Im Unterschied zu MIS beschränken sich EIS auf abgesteckte Aufgabenfelder, wie z.B. als Controlling-Informationssystem oder Umweltinformationssystem (vgl. Corsten/Götzelmann 1994). Abgrenzungskriterium zur konventionellen DV ist dabei die Zielgruppe, die Unternehmensführung, während die konventionelle DV vor allem die Informationsverarbeitung auf der operativen Ebene unterstützt (vgl. Krcmar 1990).

Als MIS oder EIS wird ein System zur *Bereitstellung von Führungsinformationen* gekennzeichnet. Mit ihnen wird der Informationsbedarf der Unternehmensführung in Form von umfassenden Verdichtungs- und Auswertungsmöglichkeiten aus den wertbezogenen Datenbeständen unterstützt.

Die vom externen Rechnungswesen und der Kosten- und Leistungsrechnung bereitgestellten Informationen sind wesentliche Grundlage für das Controlling und für EIS. Die aus diesen Bereichen gelieferten Daten führen jedoch zu einer Informationsüberflutung, da die Daten auf der Ebene der Unternehmensführung nicht adäquat ausgewertet werden können. Die Datenvielfalt führt dazu, daß sich der wesentliche Aufwand auf die Erstellung der Informationen richtet und nicht auf die entscheidungsgerechte Auswertung für das Management.

Das Controlling hat deshalb *Informationsfilter* bereitzustellen, um die Informationen empfängergerecht, entscheidungsbezogen, aggregiert und anpassungsfähig bereitzustellen (vgl. Reichmann/Fritz/Nölken 1993, S. 465). Kernstück eines solchen Controlling ist ein entsprechend aufgebautes *Kennzahlensystem.* Dieses kann z.B. nach den Dimensionen der Controlling-Bereiche, der zu erfassenden Informationsobjekte (Wertgrößen oder auch technische Mengen- und Zeitgrößen) und dem zeitlichen Bezug (kurz-, mittel- oder langfristig) ausgerichtet werden.

Trotz einiger Vorschläge für Kennzahlensysteme ist das *Controlling* wegen seiner Empfängerorientierung *unternehmensindividuell* zu gestalten. Deshalb werden von der Informationsverarbeitung hauptsächlich Werkzeuge entwickelt, mit denen Verdichtungen oder grafische Aufbereitungen entsprechend den Informationsbedürfnissen der Unternehmensleitung aus den operativen Systemen aufbereitet werden. In diesem Zusammenhang sind

EIS und ESS von Bedeutung. Einen Eindruck von den Darstellungsmöglichkeiten eines EIS vermittelt Abbildung 8.

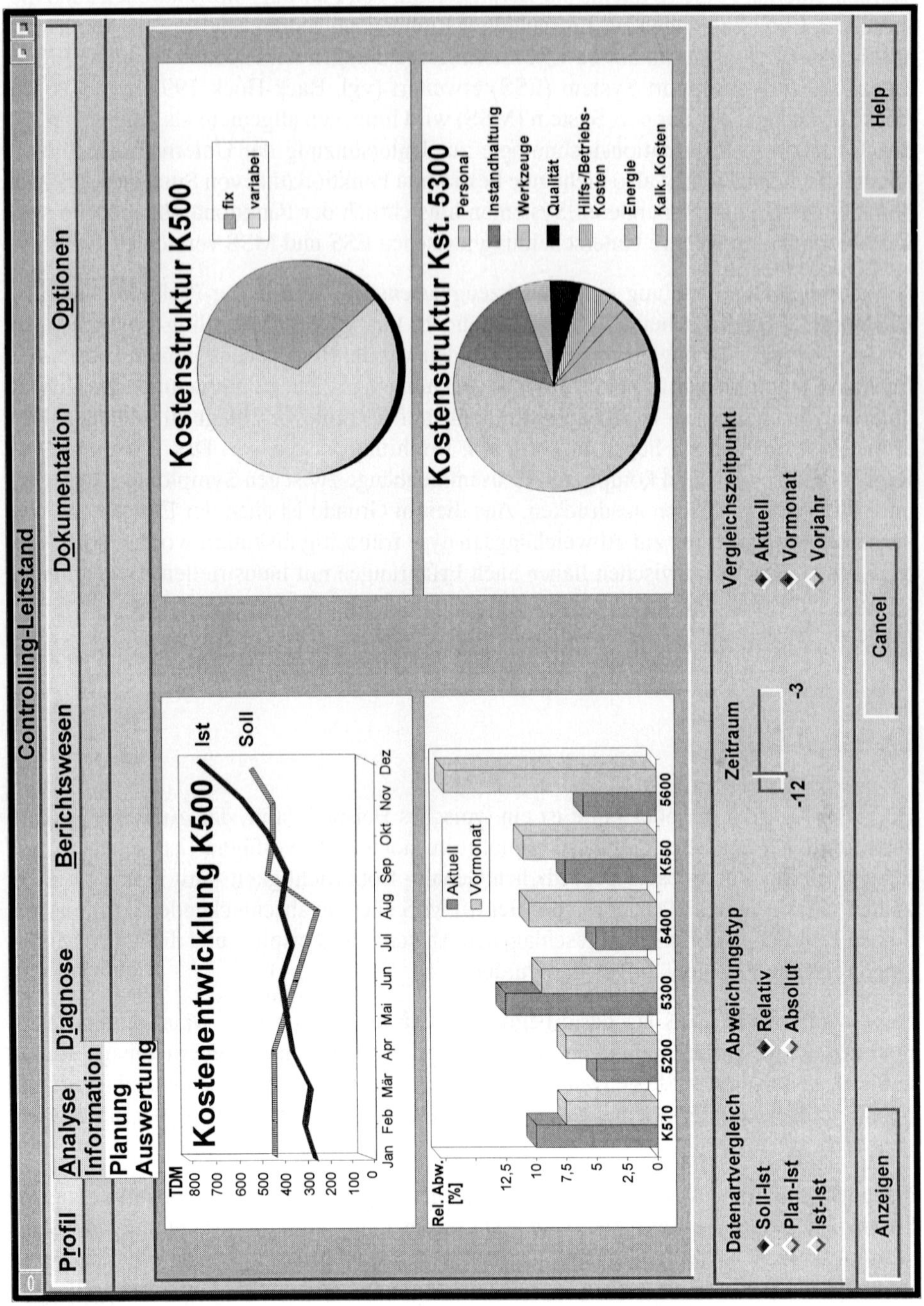

Abbildung 8: Abweichungsreporting mit dem Controlling-Leitstand CLEAR

4. Management Support Systems und Executive Support Systems

Werden innerhalb eines Systems zur Bereitstellung von Führungsinformationen auch methodische Unterstützungen zur Entscheidungsfindung angeboten, wie sie DSS durch statistische Auswertungen bis hin zu Optimierungsrechnungen anbieten, so wird das EIS zu einem Executive Support System (ESS) erweitert (vgl. Back-Hock 1990, S. 190). Der Begriff Management Support System (MSS) wird hingegen allgemein als Oberbegriff für den Einsatz von Informationstechnologie zur Unterstützung der Unternehmensführung benutzt. Er kennzeichnet also nicht eine bestimmte Funktionalität von Systemen. Da auch bei ESS die Grenzen zu anderen Systemen hinsichtlich der Funktionalität fließend sind, wird hier auf eine weitere Unterscheidung zwischen ESS und MSS verzichtet.

Die alleinige Bereitstellung eines Werkzeugkastens für Controlling-Probleme - wie bei EIS vorgeschlagen - scheint zu mager. Vielmehr können für Controlling-Probleme typische Auswertungsstrategien vorgefertigt werden, um die Ursachenbestimmung von aufgetretenen Symptomen (z.B. hohe Kostenabweichungen in einem Unternehmensbereich) zu unterstützen und aus der Ursachenbestimmung auf Therapievorschläge zu schließen. Derartige Zusammenhänge liegen in Form von Erfahrungswissen vor. Das Wissen kann in Regeln repräsentiert und komplizierte Zusammenhänge zwischen Symptomen, Ursachen und Therapievorschlägen ausdrücken. Aus diesem Grunde ist auch der Einsatz von wissensbasierten Systemen zur Abweichungsanalyse frühzeitig diskutiert worden (vgl. Mertens 1989, S. 844). Inzwischen liegen auch Erfahrungen mit industriellen Anwendungen vor (vgl. Kraemer 1993).

D. Ausblick

Das MIS-Konzept der 60er Jahre ist ein typisches Beispiel dafür, daß Anwendungskonzepte, deren technische Realisierungsplattform noch nicht verfügbar ist, scheitern und dabei auch ihren betriebswirtschaftlichen Gehalt - trotz Richtigkeit - mit in den Abgrund ziehen. So war in den 70er Jahren der Begriff MIS eher ein abschreckender Terminus, bei dessen Nennung sofort die fehlgeschlagenen Anwendungsbeispiele und die hohen Millionenverluste an Lehrgeld aufgezählt wurden.

Das Scheitern von MIS lag darin begründet, daß ein umfassendes Management-Informationssystem, das aus operativen Systemen verdichtete Daten der Unternehmensführung anbietet, benutzerfreundliche Datenbanksysteme, Auswertungswerkzeuge und integrierte operative Anwendungssysteme voraussetzt. Dieses war aber alles in den 60er Jahren nicht gegeben.

Nachdem nun aber sowohl im Zuge der integrierten operativen Datenverarbeitung die benötigten Datenbasen in vielen Unternehmen angelegt worden sind und auch mit Auswertungssprachen die methodische Unterstützung gewährleistet ist, kann der Gedanke von MIS mit neuen Erfolgschancen wieder aufgenommen werden. Um aber die Erinnerung an die früheren Fehlschläge nicht erst aufkommen zu lassen, ist es verständlich, den

Start mit der Wahl eines neuen Begriffes wie EIS oder in einem erweiterten Konzept, d.h. den ESS, zu wagen.

Dabei werden die gegenwärtig vorherrschenden „aufgesetzten“ PC-orientierten Systeme wohl nur eine Übergangserscheinung sein, wenn sie nicht direkt mit den operativen Datenbanken der unternehmensweiten Standardsoftware verbunden werden können. Sobald nämlich diese die funktionalen Zusätze wie Grafikaufbereitung und hohe Benutzersprachen selbst mit aufnehmen, werden sie isolierte EIS, mögen sie auch noch so schön sein, verdrängen.

Literatur

BACK-HOCK, A.: Executive-Information-Systems, Software für die Gestaltung von Controlling-Informationssystemen, in: Rechnungswesen und EDV, 11. Saarbrücker Arbeitstagung, hrsg. v. A.-W. Scheer, Heidelberg 1990, S. 186-210.

BROMBACHER, R.: Entscheidungsunterstützungssysteme für das Marketing-Management - Gestaltungs- und Implementierungsansatz für die Konsumgüterindustrie, Berlin et al. 1988.

CORSTEN, H.; GÖTZELMANN, F.: Betriebliche Umweltinformationssysteme, in: Handbuch Produktionsmanagement, hrsg. v. H. Corsten, Wiesbaden 1994, S. 1051-1067.

HARMON, P.; KING, D.: Expertensysteme in der Praxis: Perspektiven, Werkzeuge, Erfahrungen, 3. Aufl., München/Wien 1989.

HESS, H.: Wiederverwendung von Software: Framework für betriebliche Informationssysteme, Wiesbaden 1993.

KARL, P.: Management by Technology - Potentiale, Erfolgsfaktoren und Gestaltungsansätze für den umfassenden Einsatz von Informations- und Kommunikationstechnologien im Aufgabenfeld des Managements, Diss. an der Rechts- und Wirtschaftswissenschaftlichen Fakultät der Universität des Saarlandes, in Vorbereitung.

KRAEMER, W.: Effizientes Kostenmanagement, EDV-gestützte Datenanalyse und -interpretation durch den Controlling-Leitstand, Wiesbaden 1993.

KRCMAR, H.: Entscheidungsunterstützungssysteme: Hilfsmittel und Werkzeuge, in: Handbuch Wirtschaftsinformatik, hrsg. v. K. Kurbel u. H. Strunz, Stuttgart 1990, S. 405-418.

MERTENS, P.: Expertisesysteme als Variante der Expertensysteme zur Führungsinformation, in: ZfbF, 41. Jg. (1989), S. 835-854.

MERTENS, P.: Integrierte Informationsverarbeitung, Bd. 1: Administrations- und Dispositionssysteme in der Industrie, 9. Aufl., Wiesbaden 1993.

REICHMANN, T.; FRITZ, B.; NÖLKEN, D.: EIS-gestütztes Controlling: Schnittstelle zwischen Controlling und Informationsmanagement, in: Handbuch Informationsmanagement: Aufgaben, Konzepte, Praxislösungen, hrsg. v. A.-W. Scheer, Wiesbaden 1993, S. 463-489.

SCHEER, A.-W.: Einfluß neuer Informationstechnologien auf Methoden und Konzepte der Unternehmensplanung, in: Veröffentlichungen des Instituts für Wirtschaftsinformatik, H. 32, Saarbrücken 1982.

SCHEER, A.-W.: EDV-orientierte Betriebswirtschaftslehre, 4. Aufl., Heidelberg et al. 1990.

SCHEER, A.-W.: Architektur integrierter Informationssysteme. Grundlagen der Unternehmensmodellierung, 2. Aufl., Heidelberg et al. 1992.

SCHEER, A.-W.: Wirtschaftsinformatik. Referenzmodelle für industrielle Geschäftsprozesse, 5. Aufl., Heidelberg et al. 1994.

Knut Hildebrand

Kommunikationsmanagement

A. Kommunikation als Erfolgsfaktor im Wettbewerb

In der Bundesrepublik Deutschland wurden 1992 über 45 Mrd. Telefonverbindungen geschaltet. Die Zahl der Datex-P-Anschlüsse (Datendienst) nahm gegenüber dem Vorjahr um ca. 20% zu.

Die Deutsche Bundesbank führte 1993 3,1 Mrd. *unbare* Zahlungen aus, im Gesamtbetrag von 202 654 Mrd. DM. Der Anteil des *beleglosen* Datenträgeraustausches bei Überweisungs- und Einzugsaufträgen erhöhte sich von 78% auf 82%.

Beim weltweit größten Computernetz, dem Internet mit einigen Millionen Rechnern, stieg die Zahl der Teilnehmer 1994 um 10% - pro Monat!

Diese beispielhaft ausgewählten Zahlen sind zumindest ein Indiz für die Zunahme der Kommunikation, speziell der elektronischen. Folgende These läßt sich daraus ableiten: Die effektive und effiziente Weitergabe von Informationen ist zu einem entscheidenden Wettbewerbsfaktor geworden, der nicht dem Zufall überlassen werden darf. Kommunikation ist zu planen, ihre Potentiale sind in strategischen Überlegungen - z.B. beim *Business Process Redesign* oder bei verteilten und parallelen Prozessen - zu berücksichtigen, und ihr Einsatz ist regelmäßig zu überprüfen. Mit anderen Worten: Kommunikation muß gemanagt werden.

B. Rechnergestützte Kommunikationssysteme

Nicht nur in der Produktion (PPS) ist eine leistungsfähige Kommunikation unerläßlich; sei es bei der Prozeßsteuerung, wenn computergesteuerte Maschinen ihre Informationen austauschen (CIM), oder auch bei der Mensch/Maschine-Interaktion (Beispiel: Leitstand). Vielmehr ist vor allem die Büroarbeit/dispositive Arbeit dadurch gekennzeichnet, daß mehrere Personen informationsbezogen zusammenarbeiten (kommunizieren) und eine entsprechende Infrastruktur benötigen.

Für die - nicht nur interpersonelle - rechnergestützte Kommunikation bieten sich zwei grundsätzliche *Modelle* an (vgl. Abbildung 1):

- die *direkte* Kommunikation, bei der zwischen den Teilnehmern ein *expliziter* Austausch stattfindet, der eine zeitliche Synchronisation sowie lediglich ein *Kommunikationssystem* voraussetzt, und
- die *implizite* Kommunikation, bei der eine Zwischenspeicherung *(Informationssystem mit Datenbank)* erfolgt, die wiederum eine temporale Entkopplung und optional eine Dokumentation erlaubt.

Darüber hinaus lassen sich die Anwendungen in einem Unternehmen auf der Basis der eingesetzten Informations- und Kommunikationstechnologie klassifizieren. Für die Art der Kommunikation können vier *Kategorien* definiert werden:

1. unternehmensübergreifende Kommunikation (Bestellannahme via EDIFACT (Electronic Data Interchange for Administration, Commerce and Transport)),
2. unternehmensweite Kommunikation (E-Mail im lokalen Netz),
3. abteilungsbezogene Kommunikation und
4. keine/kaum Kommunikation.

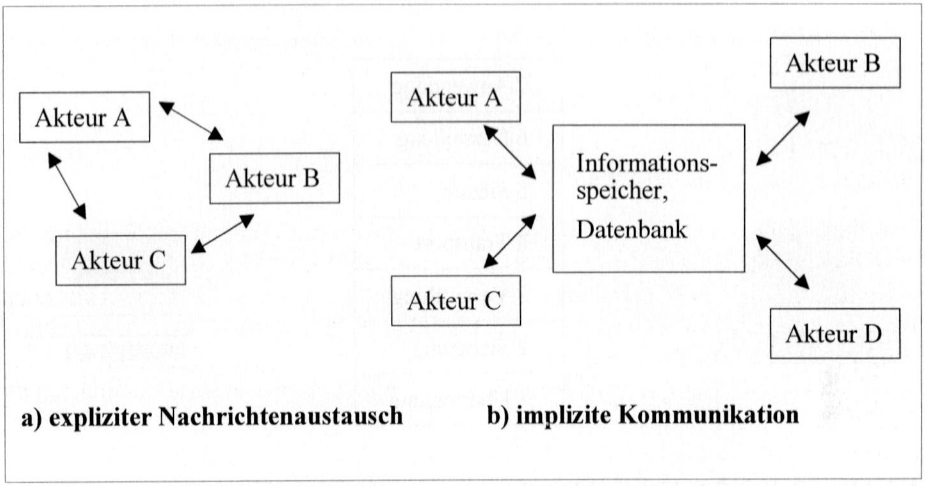

Abbildung 1: Kommunikationsmodelle (vgl. Hasenkamp/Kirn/Syring 1994, S. 23)

1. Normen und Standards als technische Komponente

Information wird in Netzen übertragen. Generell lassen sich dabei unterscheiden: *Wide Area Networks (WAN)* mit relativ niedrigen Datenübertragungsraten (z.B. 64 kbit/Sekunde), die meist von der Post betrieben werden, und *Local Area Networks (LAN)* mit hoher Leistung bei nicht-öffentlichen Anwendern. Beiden Netzen können wiederum unterschiedliche Protokolle zugrunde liegen. Damit dennoch Verbindungen möglich sind, erfolgt eine Koppelung über *Bridges* (homogene Netze), *Router* (zur Wegewahl) und *Gateways* (heterogene Netze). Einige wichtige Standards werden im folgenden skizziert.

a) ISO-Referenzmodell

Aus den Standardisierungsbemühungen für die elektronische Kommunikation (EDI: Electronic Data Interchange) innerhalb und zwischen Unternehmen entstand das „Referenzmodell für die Kommunikation offener Systeme" der *International Standards Organization (ISO)*. Ziel war die Beschreibung einer logischen Kommunikationsstruktur, die Realisierung der offenen Kommunikation heterogener Systeme durch kompatible Implementierung von Funktionen (OSI: Open Systems Interconnection) sowie die Bildung eines Referenzsystems als Basis für die Entwicklung neuer Kommunikationsdienste.

Im *ISO-7-Schichten-Modell* (vgl. Abbildung 2), das als Referenz für die Kommunikation in offenen Systemen fungiert, dienen die unteren vier Schichten zur Festlegung der Eigenschaften der Übertragungstechnik. Die oberen drei Ebenen - Sitzung, Darstellung (Präsentation) und Anwendung - beschreiben dagegen die anwendungsbezogene Seite der Kommunikation. Für die jeweilige Dienstebene wurden entsprechende Protokolle (z.B. X.25) definiert.

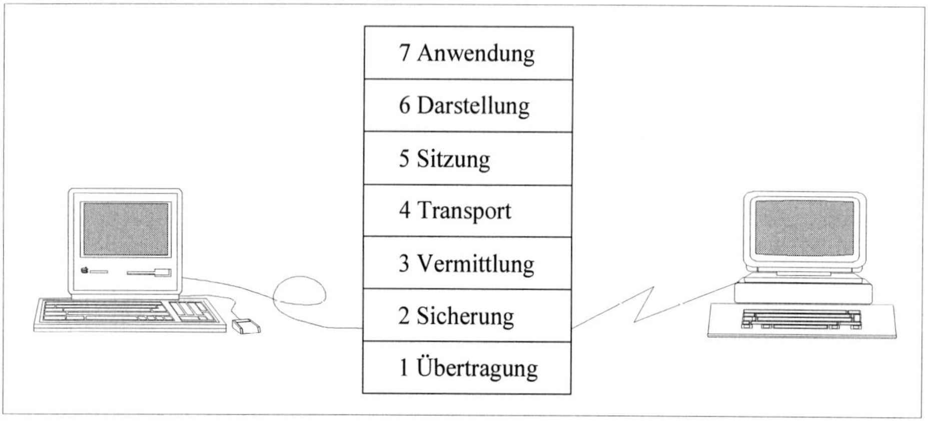

Abbildung 2: ISO-7-Schichten-Modell

Eine inhaltliche Ebene als achte Schicht wird zwar gefordert, ist bisher aber lediglich branchenbezogen implementiert. Beispiele für diese *Interpretationsstandards* sind:

- ODETTE (Organization for Data Exchange through Teletransmission in Europe) der Automobilhersteller und -zulieferer und
- EDIFACT für strukturierte betriebswirtschaftliche Informationen im elektronischen Geschäftsverkehr zwischen allen Marktpartnern.

Dies sind deutliche Indikatoren dafür, daß Unternehmen die steigende Bedeutung der Information im Wettbewerb, bspw. beim Informationsaustausch mit Kunden und Lieferanten, erkannt haben; sie können so frühzeitig Wettbewerbsvorteile aus der elektronischen Kommunikation ziehen.

b) X.400

X.400 ist ein *internationaler Standard für die weltweite Kommunikation*, geschaffen vom CCITT (Comité Consultatif International Télégraphique et Téléphonique), dem Zusammenschluß der nationalen Post- und Fernmeldegesellschaften. Bei X.400 handelt es sich um eine Speicher-Datenübermittlung zwischen heterogenen Rechnern für die elektronische Post, d.h. um ein Message Handling System (MHS). *Electronic Mail (E-Mail)* kann sowohl Ersatz für die Briefpost sein als auch zur Datenkommunikation (File-Transfer) verwandt werden.

Innerhalb der weltweiten Struktur, die eine eindeutige Adressierung (vgl. Abbildung 3) erfordert, findet sich folgende Hierarchie:

- ADMD (Administration Management Domain) als landesweite, zentrale E-Mail-Verteilstelle; öffentlicher X.400 Knoten, der die landesweiten Verzeichnisse enthält,
- PRMD (Private Management Domain), beinhaltet lokale Benutzerverzeichnisse,
- MTA (Message Transfer Agent), für Versand, Adressierung usw.,
- UA (User Agent), Benutzerschnittstelle (Anzeige, Ablage, Bearbeitung der Post).

c = de, a = d400, p = uni-mannheim, o = wiwi, ou = inf, s = daimler, g = carl

ergibt die folgende Adresse:

carl.daimler@inf.wiwi.uni-mannheim.d400.de

Legende:

c = country	*s = surnamed*
a = admd	*g = givenname*
p = prmd	*i = initials*
o = organization	*dda = domain defined attributes*
ou = organization.unit	

Abbildung 3: Adressierungsbeispiel X.400

c) X.500

E-Mail hat gegenwärtig den Nachteil, daß es - im Gegensatz zum Telefondienst - keine Auskunft und auch kein Teilnehmerverzeichnis gibt. Um diese Einschränkung aufzuheben, wurde mit X.500 die Spezifikation für ein weltweit verteiltes Informationsverzeichnis/Adreßbuch (Personen, Organisationen) geschaffen. Anwender können in dem Directory Service/Verzeichnisdienst („Telefonbuch") auf globale und unternehmensinterne Daten (Namen, Adressen usw.) zugreifen. Die einheitliche Gestaltung mit einer hierarchischen Baumstruktur erlaubt eine eindeutige Namensgebung.

d) TCP/IP

Die Klasse der TCP/IP-Protokolle dient der Kommunikation in heterogenen Netzen. IP (Internet Protocol) entspricht dabei der dritten Ebene des ISO-OSI-Modells, während TCP (Transmission Control Protocol) mit Schicht vier vergleichbar ist, d.h. den Transport der Datenpakete regelt. Vorteilhaft ist die weite Verbreitung von TCP/IP, das als Basis des Internet Anwendung findet und in UNIX-Systemen standardmäßig implementiert ist.

Ein Anwendungsbeispiel: Das Internet

Das *Internet* ist das seltene Beispiel einer funktionierenden Anarchie; es gibt keine Internet GmbH, keine Bosse, keine Zensoren - das Internet gehört allen und niemandem. Es beruht einzig auf einer sinnvollen Übereinkunft: dem TCP/IP-Standard (vgl. Klau 1994, S. 28 f.). Beim Internet handelt es sich um ein weltweites Datennetz auf der Basis von TCP/IP; über 20 Mio. Teilnehmer arbeiten auf mehr als 2 Mio. Rechnern und greifen auf die folgenden Applikationen zurück:

- SMTP (Simple Mail Transport Protocol) für E-Mail,
- FTP (File Transfer Protocol) für die Dateiübertragung,
- Telnet: Dialogsystem für Remote Login, z.B. zur Literaturrecherche in Datenbanken,
- Archie: elektronisches Suchsystem zur Textsuche in FTP-Archiven,
- Gopher: Dienst zur Suche, Anzeige und Übertragung von Dateien, die auf unterschiedlichen Servern existieren,
- Veronica: Programm zur Informationssuche in Gopher-Servern,
- WAIS (Wide Area Information Server): zur Volltextsuche in Datenbanken,
- WHOIS: Adreß- und Telefonverzeichnis,
- WWW (World Wide Web): Hypertext-System für Information Retrieval,
- Newsgroups für Diskussionen u.a.m.

2. Computer Supported Cooperative Work

Immer wichtiger wird die Verbesserung der informationstechnischen Unterstützung der Gruppenarbeit und -kommunikation, die die Tätigkeit am Einzelarbeitsplatz komplettiert. Entsprechende Konzepte werden unter der Bezeichnung *Computer Supported Cooperative Work (CSCW)* bzw. Computerunterstützung für die Gruppenarbeit subsumiert. Das Management der Informations- und Kommunikationstechnik erstreckt sich dabei auf drei Felder: die Gruppenkommunikation (E-Mail), die Gruppenarbeitsunterstützung sowie die Gruppenentscheidungsunterstützung (vgl. Abbildung 4).

Im einfachsten Fall übernimmt das Informationssystem die Vorgangssteuerung/-bearbeitung. Ein Vorgang, d.h. eine Folge von Tätigkeiten, wird zunächst aufgeteilt - damit die Teilaufgaben von den Akteuren unabhängig voneinander gelöst werden können - um anschließend in der erforderlichen Reihenfolge (also *nacheinander)* die Funktionsträger zu durchlaufen. Dabei koordiniert das *Workflow-Management-System* Benutzer und Datenressourcen und regelt den Arbeitsfluß zwischen den Personen.

Einen Schritt weiter als die reine Vorgangsverwaltung geht das Konzept des *Workgroup Computing*, das die flexible und umfassende Unterstützung von Arbeitsgruppen hinsichtlich gemeinsam benutzter Informationen beinhaltet. Der Akzent liegt dabei auf flexibel *(semiformale Kommunikation)*, d.h. es liegen i.d.R. keine weitgehend automatisierbaren Prozesse vor wie beim Workflow Management. Alle betrachteten Akteure tragen gemeinsam (auch *parallel)* zur Lösung eines Problems bei, eine Ablaufsteuerung ist nur z.T. möglich (vgl. Abbildung 5).

Anwesenheit der Teilnehmer	zur gleichen Zeit	zu unterschiedlichen Zeiten
am gleichen Ort	z.B. Sitzungsunterstützung, Präsentationssoftware [face-to-face-interaction]	z.B. Electronic Mail, Gruppen-Terminkalender [asynchronous interaction]
an unterschiedlichen Orten	z.B. Audio- und Videokonferenzsysteme, Screen-Sharing [synchronous distributed Interaction]	z.B. Electronic Mail, Multiautorensoftware [asynchronous distributed interaction]

Abbildung 4: Klassifikation von CSCW-Systemen/Groupware

Probleme des CSCW-Einsatzes können aus folgenden Gründen entstehen (vgl. Hasenkamp/Kirn/Syring 1994, S. 32):

- Unzureichendes Verständnis der Koordinationsprozesse in Organisationen,
- Veränderung der Zusammenarbeit in Organisationen,
- ungenügende Akzeptanz bei den Mitarbeitern,
- Verfügbarkeit von Methoden und Werkzeugen für die Einführung von CSCW-Systemen,
- Integration von CSCW-Systemen in bestehende Anwendungen („neue Insellösungen") und
- mangelndes Vorstellungsvermögen über die Potentiale von CSCW-Systemen.

3. Groupware

Für die Software, die das rechnergestützte Zusammenarbeiten (CSCW, insbesondere Workgroup Computing) unterstützt, hat sich der Begriff *Groupware* herausgebildet. Auf der Grundlage eines skalierbaren Funktionsumfangs eignet sie sich für das Management komplexer und weicher Informationen; das ist der Bereich, der durch die klassische Datenbank-Welt formatierter Daten nicht abgedeckt wird: Memoranden, Protokolle, Zwischenberichte, Aktennotizen, Expertisen, Korrespondenz, Terminabstimmungen u.a. Gute Einsatzgebiete sind demzufolge Bürokommunikation, Projektverwaltung oder Vertrieb; weniger geeignet sind Anwendungen, die sich mit strukturierten Daten beschäftigen und demzufolge eine unmittelbare Verfügbarkeit des geänderten Informationsstandes erfordern, wie z.B. Finanzbuchhaltung, Auftragsbearbeitung oder Lagerverwaltung. Typische Merkmale von Groupware sind (vgl. Nastansky 1991, S. 6 ff.):

	Workflow Management	**Workgroup Computing**
Koordinationsmodell	Aufteilung und Lösung von Teilproblemen	Lösung *eines* gemeinsamen Problems
Anzahl der Beteiligten	hoch	niedrig
räumliche Verteilung der Beteiligten	an einem Ort/an verschiedenen Orten	an einem Ort/an verschiedenen Orten
zeitliche Verteilung	zu unterschiedlichen Zeiten	zur gleichen Zeit/zu unterschiedl. Zeiten
Strukturierungsgrad der Aufgabe	hoch	mittel/gering
Wiederholungsfrequenz	hoch	mittel/gering
Bedeutung organisatorischer Regeln	hoch	niedrig
organisatorischer Bezug	organisationsweite Prozesse	Gruppe
Einbindung in Gesamtorganisation	ja	gering
primäres Ziel	Effizienz	Flexibilität
aktive Steuerung und Verfolgung des Arbeitsfortschrittes	ja	nein
Datenbankkonzept	transaktionsorientiert (relational)	replikationsorientiert (verteilt)
Datenstrukturen	formatierte Daten (Tabellen)	compound documents

Abbildung 5: Workflow Management und Workgroup Computing (vgl. Hasenkamp/Kirn/Syring 1994, S. 27)

- Verteilte Datenbanken (mit Replikationsmechanismen zum Datenabgleich),
- Compound Documents (Verbundstruktur mit Text, Grafik, Tabelle, Sprache usw.),
- integrierte Gruppenkommunikation (Electronic Conferencing),
- Text- und Dokumentenmanagement (Recherchierfunktionen mit Views, Dokumenthierarchien),
- Import und Export (Texte, Tabellen, Grafiken),
- Verwaltung externer Datenbestände (Archive),
- E-Mail (Namens- und Adreßverzeichnisse, Routing-Tabellen, Verschlüsselung, Lesebestätigung, Empfangsbestätigung, verifizierbare Absender, Forward- und Reply-Mechanismen, eingekapselte Dokumente),
- Sicherheitskonzept (Zugriffsrechte, Verschlüsselung),
- GUI-basierte Benutzerschnittstelle,
- Hard- und Softwareplattformen: PC, UNIX usw. und
- leistungsfähige Entwicklungsumgebung.

C. Kommunikationskultur

Kommunikationsmanagement darf sich nicht auf die technische Seite beschränken, die letztlich nur Mittel zum Zweck ist. Viel wichtiger ist es, eine Atmosphäre zu schaffen, die zur optimalen gegenseitigen Information führt: die Kommunikationskultur muß entwickelt werden.

Das bedeutet, daß die traditionelle *Bringpflicht* mit ihrem passiven Informationsverhalten zu überprüfen ist. Dieses *Push-Prinzip*, bei dem der Informationserzeuger sicherstellen muß, daß die Information den Empfänger erreicht, funktioniert nicht immer; sei es, daß zu viele Hierarchiestufen dies erschweren, sei es, daß in flachen Hierarchien (viele direkte Mitarbeiter) die Verteiler nicht immer aktuell sind. Schlimmste Konsequenz ist dann die Informationsüberflutung („sicherheitshalber lieber zuviel Information") als Ausdruck der Unfähigkeit, relevante Nachrichten empfängergerecht zu distribuieren.

Das Zuschieben der Arbeit mag in Strukturen, die eine tayloristische Handhabung noch erlauben, durchaus das richtige Vorgehen sein. Mehr Flexibilität - gerade in Zeiten des Umbruchs - verspricht jedoch das *Pull-Prinzip*. Aktives Informationsverhalten, durch eine Holschuld begründet, ist allerdings nur mittels eines entsprechenden Mediums möglich; hier hat in jüngster Zeit die *Groupware* zu einem Durchbruch geführt. Erst dadurch können sich Mitarbeiter die Information dann holen, wenn sie gebraucht wird. Damit gehen folgende Vorteile einher: geringere Verteilkosten, höhere Aktualität, schnellerer Durchlauf sowie Umkehr der Verantwortung. Daß die *Gruppe* dann *alle* Informationen zu sehen bekommt, dient jedoch nicht der Überwachung, sondern begründet ihre Mitverantwortung.

Bringschuld wie Holschuld schließen sich nicht gegenseitig aus; sie sind vielmehr Optionen der Kommunikationsgestaltung, die sich ergänzen und die kombiniert werden müssen. Ziel auf dem Weg vom *Informationskonsum* zum *Informationsbewußtsein* ist eine Kultur, die eines will: Informationsvorsprung durch Kommunikation!

Literatur

Deutsche Bundesbank (Hrsg.): Geschäftsbericht 1993, Frankfurt a.M. 1994.

Gutenberg, E.: Grundlagen der Betriebswirtschaftslehre, Bd. 1: Die Produktion, 22. Aufl., Berlin/ Heidelberg/New York 1976.

Hasenkamp, U.; Kirn, S.; Syring, M. (Hrsg.): CSCW - Computer Supported Cooperative Work, Bonn et al. 1994.

Institut der deutschen Wirtschaft Köln (Hrsg.): Zahlen zur wirtschaftlichen Entwicklung der Bundesrepublik Deutschland, Ausgabe 1994, Köln 1994.

Kauffels, F.-J.: PC-Netze und Workgroup Computing, Bd. 1, Bergheim 1993.

Klau, P.: Das Internet. Weltweit vernetzt, Vaterstetten 1994.

Nastansky, L.: Gruppenarbeit - Workgroup Computing, in: Office Management, 39. Jg. (1991), H. 6, S. 6-13.

Werner Delfmann

Logistik

A. Logistik als Führungskonzept: Flußorientiertes Netzwerkmanagement

1. Entwicklungslinien und Entwicklungsstand der Logistik

Die betriebswirtschaftliche Logistik hat in den letzten zwei Jahrzehnten, besonders jedoch in den letzten Jahren, einen grundlegenden Bedeutungswandel erfahren. Dabei hat sich die Logistik zu einer spezifischen Denkhaltung oder Perspektive der Unternehmensführung entwickelt. Verglichen mit anderen theoretischen Konzepten ist diese Entwicklung sehr schnell erfolgt, und der Logistik-Begriff ist noch nicht hinreichend gefestigt. Nicht zuletzt deshalb unterliegt die Logistik immer noch der Gefahr, als Modewort angesehen und schnell abgetan zu werden. Andererseits werden die wirtschaftlichen Potentiale, die das Denkmodell der Logistik in funktioneller, instrumenteller und institutioneller Hinsicht zu realisieren erlaubt, zunehmend auch im Top Management von Industrie-, Handels- und Dienstleistungsunternehmen erkannt. Vor dem Hintergrund des intensivierten Zeitwettbewerbs, der Globalisierung und Individualisierung der Absatzmärkte und der zunehmenden Herausbildung weltweiter, arbeitsteiliger Wertschöpfungsnetzwerke entwickelt sich eine kompetente Logistik mehr und mehr zu einer strategischen Ressource (vgl. Delfmann 1995b; Pfohl 1994, S. 3 ff.).

Angesichts der uneinheitlichen Verwendung des Logistik-Begriffs in Literatur und Praxis muß zunächst eine begriffliche Klärung erfolgen, um das Wesen und die Bedeutung der Logistik für die Unternehmensführung klarer herausarbeiten zu können. Hierbei sind zwei Aspekte von Bedeutung:

Zum einen sind drei Ebenen der Begriffsverwendung zu unterscheiden.

- Auf der untersten Ebene bezeichnet Logistik einen bestimmten Gegenstandsbereich, nämlich die dem räumlichen und zeitlichen Transfer von Objekten jeder Art (vor allem aber Güter und Informationen) dienenden Strukturen und Prozesse. Hierzu gehören die „klassischen" Einrichtungen und Prozesse des Transports, der Lagerhaltung, der Auftragsabwicklung sowie des Umschlags, der Handhabung und der Verpackung. Sie seien im folgenden als *Logistik-Systeme* bezeichnet. Logistik-Systeme in diesem Sinne haben immer schon existiert, auch ohne daß der Begriff Logistik zu ihrer Bezeichnung angewandt worden wäre.
- Auf der zweiten Ebene bezeichnet Logistik die Planung, Realisierung, Steuerung und Kontrolle derartiger Systeme. Hierfür soll präziser der Begriff *Logistik-Management* verwandt werden. Auch Logistik-Management hat im Prinzip schon immer stattgefunden, allerdings auf sehr unterschiedlichen Orientierungsgrundlagen basierend. So war traditionell das Logistik-Management fragmentiert, unterschiedlichen betrieblichen Funktionsbereichen zugeordnet und folglich in einem eher tayloristischen Sinne auf die (lokale) Optimierung einzelner Teilaspekte bzw. Teilbereiche logistischer Systeme ausgerichtet. Dies zeigt sich nicht zuletzt auch an der großen Anzahl einschlägiger Operations-Research-Modelle.

- Schließlich wird der Begriff Logistik zunehmend verwandt, um eine ganz spezifische Art und Weise der Konzipierung und Realisierung eines Logistik-Management zu kennzeichnen. Hierbei geht es um die Ausrichtung des Logistik-Management an ganz bestimmten Orientierungsgrundlagen bzw. um eine spezifische Denkhaltung. Nicht selten wird in diesem Zusammenhang auch von der *Logistik-Philosophie* gesprochen bzw. kürzer einfach von der *modernen Logistik-Konzeption*. Sie zielt ganz generell darauf ab, die Wechselwirkungen der interdependenten Prozesse in (mehr oder weniger komplexen) Wertschöpfungssystemen möglichst ganzheitlich zu erfassen und bei Gestaltungs- und Steuerungsentscheidungen ganzheitlich zu berücksichtigen. Häufig wird dies durch den Begriff „Systemdenken" oder „Systemansatz" gekennzeichnet. Hieraus ergibt sich die Notwendigkeit, eine interfunktionale und darüber hinaus interorganisationale Perspektive einzunehmen. Die Zusammenarbeit verschiedener Aufgabenträger in Logistik-Systemen rückt damit besonders in den Mittelpunkt des Interesses. Wertschöpfungsprozesse zielen stets auf die Erstellung von Leistungen, die der Befriedigung von Kundenbedürfnissen dienen bzw. Kundennutzen schaffen sollen. Deshalb stellt die Kundenorientierung die Leitlinie für die Gestaltung und Steuerung der gesamten Wertschöpfungskette dar. Spezifisches Merkmal der Logistik-Philosophie ist in diesem Zusammenhang, daß die gesamte Abfolge von arbeitsteiligen Wertschöpfungsprozessen als Abfolge von Lieferanten-Kunden-Beziehungen („Kundenkette", vgl. Schonberger 1990) interpretiert wird, so daß der Gedanke der Kundenorientierung extern wie intern gleichermaßen von Bedeutung ist. Diesem outputbezogenen Aspekt steht der inputbezogene Aspekt des Totalkostendenkens gegenüber. Er besagt, daß für die Beurteilung der Effizienz von Logistik-Systemen den Wechselwirkungen der Kosten in unterschiedlichen Teilbereichen bzw. Teilprozessen (Trade-offs) besondere Bedeutung zukommt.

Wenn sich auch mittlerweile ein weitgehender Konsens hinsichtlich der grundlegenden Merkmale der modernen Logistik-Konzeption herausgebildet hat, so lassen sich doch immer noch unterschiedliche Interpretationen dieser Konzeption ausmachen, die für die theoretische Weiterentwicklung, vor allem aber für die praktische Umsetzung der Logistik-Konzeption von erheblicher Tragweite sind (vgl. Klaus 1993):

- In einer ersten Interpretation bezieht sich die Logistik-Konzeption ausschließlich auf die *Transferaktivitäten* im Wirtschaftsprozeß. Nicht selten wird hierbei in Anlehnung an die begrifflichen Wurzeln der Logistik im militärischen Bereich die Hauptaufgabe der Logistik in der physischen Versorgung von Bedarfspunkten bzw. Märkten mit Gütern gesehen. Die Konzentration auf Transfer- bzw. Überbrückungsleistungen rückt auch die Transport- und Verkehrssysteme in und zwischen Volkswirtschaften in den Blickpunkt der Logistik. So bilden denn auch nach wie vor Transferprozesse ohne Zweifel einen Eckpfeiler logistischer Analyse. Ein Grundproblem dieser Sichtweise besteht aber darin, daß eine Reduktion der Logistik-Konzeption auf Transferprozesse dem selbstgesetzten Anspruch auf eine ganzheitliche, dem Systemdenken verpflichtete Betrachtung von Wertschöpfungssystemen im Ansatz widerspricht. Es wird dem Kreis etablierter betrieblicher Funktionsbereiche lediglich ein neuer, wenn auch *„querschnittsorientierter" Funktionsbereich* hinzugefügt. Die Problematik einer derartigen funktionalen Beschränkung wird besonders deutlich, wenn man sich die mangelnde Abgrenzbarkeit zwischen Transfer- und physischen Transformationsprozessen in modernen integrierten Fertigungssystemen vor Augen führt.

- Eine zweite Interpretation der Logistik-Konzeption zielt auf die *Koordination* wirtschaftlicher Aktivitäten *im Hinblick auf* die Maximierung von *Güterverfügbarkeit* ab. Hiernach bildet die querschnittsorientierte Koordination und Integration jeglicher Wirtschaftsprozesse den Schwerpunkt logistischer Analyse. Zur Sicherung der Verfügbarkeit von Gütern an den Bedarfspunkten wird die material- und warenbezogene Koordination der interdependenten Prozesse der „logistischen Kette" zum Erkenntnisobjekt der Logistik erhoben. Nun bildet aber die wirtschaftliche Koordination arbeitsteiliger Prozesse in und zwischen Unternehmen schon immer eine fundamentale Aufgabe des Management schlechthin. Diese Interpretation der Logistik-Konzeption setzt sich damit - wie andere „neue" Management-Konzeptionen zuvor - dem Vorwurf eines „Omnipotenzanspruchs" aus. Auch eine Einengung auf die Material- und Warenflüsse vermag eine Eigenständigkeit der Logistik-Konzeption in diesem Sinne nicht zu begründen. Darüber hinaus bleibt die Frage nach den konkreten und eigenständigen Prinzipien und Kriterien vorteilhafter logistischer Gestaltung unbeantwortet. Die Logistik-Konzeption bleibt insofern konturlos und weitgehend inhaltsleer.
- Die dritte, gleichzeitig aktuellste und, wie es scheint, überzeugendste Auslegung der Logistik-Konzeption sieht deren Kerngedanken in einer spezifischen „Weltsicht", die Wertschöpfungssysteme als Fließsysteme interpretiert und hierüber zu einem spezifischen Gestaltungsansatz, eigenständigen Kriterien und Bewertungen gelangt. Logistik wird damit zu einer spezifischen Perspektive des Management, die neben anderen denkbaren und notwendigen Perspektiven existiert. Die Weltsicht der Logistik drückt sich zunächst darin aus, daß wirtschaftliche Phänomene als Flüsse in Netzwerken interpretiert werden. Die *flußorientierte Netzwerkperspektive* erlaubt es, arbeitsteilige Wertschöpfungsprozesse auf verschiedenen Betrachtungsebenen und in verschiedenen Betrachtungsdimensionen zu erfassen. Sie wird konkretisiert durch die Fokussierung auf die transferspezifischen Eigenschaften der Strukturen und Prozesse (Prozeßketten) von Wertschöpfungssystemen. Leitbild logistischer Gestaltung ist vor diesem Hintergrund die Metapher des „Fließens", d.h. einer räumlich und zeitlich möglichst gleichmäßigen, ununterbrochenen und aufeinander abgestimmten Abfolge von Aktivitäten und Prozessen, die auf die Befriedigung von Kundenbedürfnissen zielen. Dieser Flußgedanke ist eng verwandt mit der in verschiedenen theoretischen und pragmatischen betriebswirtschaftlichen Ansätzen erkennbaren und neuerdings stark propagierten *Prozeßorientierung*. Diese findet sich z.B. im sog. Wertkettenkonzept, in den Konzepten ablauforganisatorischer Gestaltung, im sog. „organizational process paradigm" der Managementlehre oder in den Prozeßmanagement-Ansätzen der Unternehmenstheorie und -praxis (vgl. Klaus 1993). Die Logistik-Konzeption bietet diesen Ansätzen zum einen eine gemeinsame Basis, geht zum anderen aber über sie insofern hinaus, als sie mit der Umsetzung des Flußgedankens konkrete Handlungsleitlinien der Prozeßgestaltung liefert. Die Konsequenzen dieser Interpretation der Logistik-Konzeption für die Unternehmensführung sollen im folgenden näher beleuchtet werden. Dabei wird, nachdem die inhaltliche Präzisierung nunmehr erfolgt ist, der Begriff Logistik in eben diesem konzeptionellen Sinne verwendet.

2. Logistik und Unternehmensführung

Die grundlegende Bedeutung der Logistik für die Unternehmensführung liegt darin, daß ein Orientierungsrahmen für Führungsentscheidungen geboten wird. Der Stellenwert der Logistik hängt vom Gewicht transferspezifischer Aspekte für die Wettbewerbsposition des Unternehmens ab. Einerseits bestimmt zwar die Art der von einem Unternehmen erstellten Güter und Dienstleistungen in nicht unerheblichem Ausmaß das durch Anwendung der logistischen Perspektive ausschöpfbare Markt- und Kostenpotential. Andererseits hat aber in allen Unternehmen die Bedeutung logistikgerechter Problemlösungen ganz generell zugenommen. Hieraus ergibt sich die besondere Tragweite der Logistik für die Unternehmensführung. Im wesentlichen sind es zwei Entwicklungen, die dies begründen. Beide Entwicklungen sind eng verbunden mit der in allen Branchen zunehmenden Komplexität, Dynamik, Globalisierung und Ungewißheit der Wettbewerbsbedingungen (vgl. Pfohl 1994).

Zum einen wird die *Zeit* zunehmend zur entscheidenden Waffe im Wettbewerb. Dies gilt sowohl in bezug auf Produktentwicklungszeiten („time to market"), als auch hinsichtlich der Reaktions- und Durchlaufzeiten bei der Produktion und Distribution eines vorhandenen Leistungsprogramms, insbesondere bei der Erfüllung individueller Kundenwünsche. Für beide zeitbezogenen Aspekte bedeutet eine überlange Dauer der entsprechenden Prozesse ungenauere Prognosen über Kundenbedürfnisse, Zeitnachteile gegenüber schnelleren Wettbewerbern und damit insgesamt Wettbewerbsnachteile in operativer wie in strategischer Hinsicht.

Die zweite Entwicklung betrifft die verbreitete Abkehr von vertikal ausgerichteten, hierarchischen Organisationskonzepten und den Übergang zu eher horizontalen, heterarchischen, organisationalen *Netzwerken* innerhalb von und zwischen Unternehmen.

Die Kerngedanken der Logistik-Konzeption zielen aber mit der Netzwerkperspektive und der Prozeß- bzw. Flußorientierung unmittelbar auf eine Gestaltung von Wertschöpfungssystemen, die diesen Entwicklungen höchste Priorität einräumt. Damit bietet die Logistik einen adäquaten Denkrahmen für das Management flexibler und vernetzter Wertschöpfungssysteme an. Die Implementierung dieses Denkrahmens kann durchaus als Paradigmawechsel der Unternehmensführung bezeichnet werden, weil viele überkommene Denkgewohnheiten abgelöst werden müssen (Knolmayer 1987). Dazu reicht es aber nicht aus, wie bisweilen gefordert, die Grundprinzipien der Logistik in einem „logistischen Leitbild" zu verankern. Vielmehr sind alle Unternehmensprozesse einschließlich der unternehmensübergreifenden Leistungsaustausche mit externen Partnern im gesamten Wertschöpfungsnetzwerk nach logistischen Prinzipien zu analysieren, ggfs. neu zu gestalten und entsprechend zu steuern und zu führen. Das bedeutet, daß der Gesamtkomplex der Unternehmensführung von diesem Paradigmawechsel berührt wird. Von vorrangiger Bedeutung ist, daß die Tragweite dieser Neuorientierung von den internen und externen Aufgabenträgern erkannt, mitgetragen und umgesetzt wird. Damit rücken, anders als es traditionell bei logistischen Analysen der Fall war, der Mitarbeiter und seine logistische Kompetenz verstärkt in den Blickpunkt logistikgerechter Unternehmensentwicklung.

Vor diesem Hintergrund sei im folgenden auf einige zentrale Konsequenzen logistischer Unternehmensführung näher eingegangen.

B. Gestaltung und Steuerung von Logistik-Systemen

1. Das Netzwerkmodell als Bezugspunkt logistischer Gestaltungsprinzipien

Die Netzwerkperspektive ist als eine der Kernideen der Logistik charakterisiert worden. Wertschöpfungsprozesse werden als Flüsse in Ketten und Netzen betrachtet. Dementsprechend spielt für Gestaltungsüberlegungen von Logistik-Systemen das sog. Netzwerkmodell eine zentrale Rolle. Wirtschaftliche Vorgänge lassen sich in Form von Objektflüssen in graphentheoretischen Modellen erfassen. Diese Modelle bilden Logistik-Systeme in ihrer räumlichen und zeitlichen Struktur in sog. Graphen ab. Graphen sind durch eine Menge von definierten Punkten (Knoten) und Verbindungen zwischen ihnen (Kanten) gekennzeichnet. Zwischen den Knoten erfolgen die Objektflüsse, die in den Knoten verzweigen oder zusammenlaufen. Knoten und Kanten unterliegen Kapazitätsbeschränkungen. Speichervorgänge dienen der Zeitüberbrückung. Abgesehen davon, daß die sog. Graphentheorie auf der Basis derartiger Modellstrukturen eine Reihe leistungsfähiger quantitativer Analysemethoden für logistische Fragestellungen zur Verfügung stellt, bietet das Netzwerkmodell die Grundlage für die Formulierung prinzipieller Leitlinien für die Gestaltung und Steuerung von Logistik-Systemen (vgl. zum folgenden Klaus 1993).

Bei der Gestaltung der Flüsse in logistischen Netzwerken lassen sich im wesentlichen drei grundlegende *Aufgabenstellungen* unterscheiden:

- Zum einen geht es um die Senkung der Kosten, die der Fluß eines Objektes durch ein logistisches System verursacht. Ansatzpunkte zur Kostensenkung bieten einerseits potentielle Veränderungen der raumzeitlichen Flußeigenschaften selbst und andererseits strukturelle Veränderungen des Netzwerkes, durch das der Fluß erfolgt.
- Zum zweiten geht es um die Steigerung von Werten, die beim Fluß eines Objektes durch das logistische System geschaffen werden. Im Mittelpunkt steht hier die Frage, wie die Verfügbarkeit der Objekte im System gesteigert bzw. wie Zykluszeiten beschleunigt werden können oder wie schnellere, kontinuierlichere, besser kontrollierte Prozeßverläufe realisiert werden können.
- Zum dritten geht es um die Verbesserung der Anpassungs- und Veränderungsfähigkeit von Logistik-Systemen. Dieser Aspekt betrifft vor allem die Überwindung von Unterbrechungen des Objektflusses durch Engpässe, Staustrecken oder unabgestimmte Schnittstellen sowie die Verkettung zwischen verschiedenen logistischen (Teil-) Systemen.

Aus diesen Hauptzielsetzungen lassen sich unmittelbar einige *Grundprinzipien* ableiten, die als Leitlinien vorteilhafter logistischer Gestaltung für das praktische Logistik-Management dienen können.

Netzkonfigurationen sind c.p. umso vorteilhafter, je

- kürzer, gerader, weniger unterbrochen die verketteten Prozesse zwischen kritischen Quellen und Senken sind (Prinzip der kürzesten Wege, der Kettenverkürzung und Netzvereinfachung),
- stärker zeitlich/räumlich aufeinanderfolgende Aktivitäten gebündelt und verkettet sind (Prinzip der Relationsbildung),
- enger die Kopplung bzw. je perfekter die Integration von physischen Flüssen und Informationsflüssen ist,
- weiter flußaufwärts Lager- und Umschlagspunkte, je weiter flußabwärts wertschöpfungsintensive, kundenspezifische Aktivitäten plaziert werden (Postponement-Prinzip).

Objektflüsse sind c.p. umso vorteilhafter, je

- weniger „Medienbrüche" entlang des Flusses erfolgen (Prinzip der Objektvereinheitlichung, Forderung nach Durchgängigkeit der Ketten),
- gleichmäßiger und rascher der Fluß ist,
- frühzeitiger, robuster und integrierter Fehlervermeidung einsetzt,
- größer die Abstimmung der Flüsse an Schnittstellen ist.

Die Steuerung der Flüsse ist c.p. umso vorteilhafter, je

- stärker sie bedarfs- bzw. engpaßorientiert erfolgt, d.h. je stärker das sog. „Pull-Prinzip" zur Anwendung kommt,
- individualisierter und objektnäher die Steuerung erfolgt,
- stärker Selbststeuerungssysteme zur Anwendung kommen.

Die Grundprinzipien der Netzwerkgestaltung gelten unabhängig von der Verteilung der Einzelaktivitäten auf unterschiedliche Aufgabenträger. Das bedeutet, daß Wertschöpfungssysteme als ganzes nach diesen Prinzipien zu gestalten sind. Das Netzwerkmodell entspricht insoweit dem Anspruch der Logistik, eine schnittstellen- und unternehmensübergreifende Perspektive einzunehmen, es setzt ein Denken in übergreifenden Zusammenhängen voraus und erfordert die Kooperation der Partner in Wertschöpfungssystemen. Auf der Basis der Grundprinzipien der Netzwerkgestaltung lassen sich Lösungsansätze für einzelne Teilaufgaben konkreter formulieren.

2. Logistische Segmentierung

Eine der Kernfragen der Netzwerkgestaltung betrifft die Gliederung der gesamten Wertschöpfungskette in mehrere logistische Auftragszyklen (vgl. Delfmann 1995a). Als logistischer Auftragszyklus wird eine im Prinzip zeitlich ununterbrochene Folge von objektbezogenen Transformations- und Transferprozessen bezeichnet, die der Erledigung von Kundenaufträgen durch Lieferanten dienen. Die innerhalb eines solchen Auftragszyklus angesiedelten Einzelaktivitäten sind auf das engste miteinander verzahnt und gekoppelt, sie unterliegen einer durchgängigen logistischen Steuerung. Demgegenüber sind verschiedene Auftragszyklen voneinander „entkoppelt“, d.h. durch die Einrichtung von Zeitpuffern so voneinander getrennt, daß die logistische Steuerung jeweils (in Grenzen) unabhängig erfolgen kann. Ein Abschnitt der logistischen Kette, der in diesem Sinne durch einen Auftragszyklus abgedeckt wird, wird als „logistisches Segment“ bezeichnet.

Bei der Frage der Aufteilung der logistischen Kette in logistische Segmente geht es nicht etwa um die Frage der rechtlichen Selbständigkeit derartiger Wertschöpfungsabschnitte. Ganz im Gegenteil zeigt die aktuelle Entwicklung im Rahmen der Anwendung des Just-in-Time-Konzeptes, daß rechtlich und wirtschaftlich selbständige Unternehmen sich (partiell) in integrierten logistischen Systemen zusammenfinden. Insofern geht es bei der logistischen Segmentierung um die Festlegung der Auftragszyklen in logistischen Netzwerken, innerhalb derer die Leistungsprozesse durchgängig flußorientiert organisiert sind, d.h., daß allenfalls kurzzeitige, ablauf- oder unteilbarkeitsbedingte Unterbrechungen des Objektflusses vorgesehen sind. Insbesondere werden die einzelnen Leistungsprozesse innerhalb eines solchen Segmentes nicht durch eine (intendierte) Bildung von Pufferlagern oder Zeitpuffern voneinander getrennt. Eine derartige Trennung erfolgt hingegen geplant zwischen den einzelnen logistischen Segmenten. Die Abläufe in aufeinanderfolgenden Segmenten der logistischen Kette sind dadurch voneinander entkoppelt. Logistische Segmente stellen also Teile der Wertschöpfungskette dar, die hinsichtlich spezifischer logistischer Merkmale der Leistungserstellung identische Anforderungsprofile besitzen, die sinnvolle Realisierung eines geschlossenen Auftragszyklus erlauben und von daher als organisatorische Einheit koordiniert und nach außen abgegrenzt werden können.

Das Segmentierungsproblem stellt sich entlang der gesamten Wertschöpfungskette, so daß es i.a. mehrere Entkopplungspunkte einzurichten gilt. Inwieweit innerhalb dieser Segmente eine stärker erwartungs- oder kundenauftragsorientierte Logistik praktiziert wird, ist a priori nicht festgelegt. Daß auch stromaufwärts, also etwa hinter einer durch Lagerbestände gebildeten Segmentgrenze im Zuge einer allgemein steigenden Bedeutung der (auch internen) Kundenorientierung eine auftragsorientierte, d.h. dem „Pull-Prinzip“ folgende Logistik praktikabel ist und zunehmend praktiziert wird, zeigt bspw. die Anwendung des Kanban-Konzeptes in der industriellen Fertigung. Im Rahmen dieses Konzeptes erfolgt die Erledigung eines (internen) Auftrages zur Auffüllung eines (Fertigwaren-) Lagers konsequent auftragsorientiert. Genauso ist die JiT-Anbindung von Zulieferern ein typisches Beispiel für eine weit stromaufwärts in der logistischen Kette gelegene auftragsorientierte Logistik, ohne daß diese Auftragsorientierung durchgängig bis zum Absatzmarkt reichen müßte.

Die logistische Segmentierung ist abhängig von der verfolgten Wettbewerbsstrategie. So bewirkt eine auf die Realisierung hoher Servicegrade, vor allem kurzer Lieferzeiten, ausgerichtete Differenzierungsstrategie c.p. einen Anstieg der Leistungskosten im marktnahen logistischen Segment. Dies führt zu einer Verkürzung dieses Segmentes, zu höheren Lagerkosten und zu einer geringeren Auftragseindringtiefe. Umgekehrt setzt die Realisierung einer Kostenführerschaftsstrategie im logistischen Bereich tendenziell längere Lieferzeiten, d.h. einen geringeren Kostenaufwuchs im marktnahen Segment voraus und führt damit zu einer Verschiebung der entsprechenden Segmentgrenze stromaufwärts, was Vorteile durch geringere Lagerkosten beinhaltet.

3. Aufgabenverteilung und Kooperation in logistischen Netzwerken

Die Frage der Aufgabenverteilung in logistischen Netzwerken hängt nur bedingt mit der logistischen Segmentierung zusammen. Zwei Entwicklungstrends der Praxis machen dies deutlich. Zum einen läßt die zunehmende Arbeitsteilung im Rahmen der Reduzierung der Fertigungstiefe und der Konzentration auf Kernkompetenzen (Outsourcing) einen verstärkten Wandel traditioneller Wertschöpfungsstrukturen hin zu arbeitsteiligen Netzwerken erkennen. Zum anderen schreitet die logistische Integration der Partner in solchen Wertschöpfungsnetzwerken weiter fort. Gerade im Hinblick auf die Gestaltung und Steuerung derartiger unternehmensübergreifender logistischer Segmente ist die Adaption des logistischen Denkrahmens unabdingbar, um die Leistungs- und Kostenpotentiale der Kooperation realisieren zu können. Grundvoraussetzung ist, daß der Nutzen der Kooperation für alle beteiligten Partner („Win-Win-Situation“) erkennbar ist und insofern die enge logistische Verzahnung gemeinsam getragen wird.

In unternehmensübergreifenden logistischen Segmenten übernehmen Logistik-Dienstleister vermehrt logistische Funktionen. Hieraus resultieren besondere Anforderungen an die Gestaltung und Steuerung der Güter- und Warenflüsse. In diesem Zusammenhang ist vor allem auf die Kompatibilität der physischen und Informationssysteme abzustellen, um einen durchgängigen Waren- und Informationsfluß zu gewährleisten. Dabei wird der Einsatz schnittstellenübergreifender Informationssysteme (EDI) und die frühzeitige Verfügbarkeit güterflußbezogener Informationen für die Netzwerkpartner immer mehr zur unabdingbaren Voraussetzung für eine effiziente logistische Abwicklung. Während dies für die Schnittstelle zwischen Industrie und Zulieferern schon länger bedeutsam ist, gilt es mehr und mehr auch für die logistische Schnittstelle zwischen Konsumgüterherstellern und Einzelhandel, wo neuere Konzepte schnellstmöglicher Reaktion auf aktuelle Kundenbedürfnisse (Quick Response, Efficient Consumer Response) hohe Beachtung finden.

C. Führung von Logistik-Systemen

1. Logistikorientierte Organisations- und Personalentwicklung

Logistik soll in spezifischer Weise dem Aufbau und Erhalt von Wettbewerbsvorteilen dienen. Aktiva, die den Aufbau von Wettbewerbsvorteilen ermöglichen, werden als strategische Ressourcen bezeichnet (vgl. Knyphausen-Aufseß 1993; Barney 1991). Bedeutsam sind vor allem solche Ressourcen und Fähigkeiten, die nicht einfach erworben oder imitiert werden können. Derartige „Kernkompetenzen“ stellen organisatorische Handlungsroutinen dar, die es erlauben, die in Organisationen gewonnenen Erfahrungen und Fähigkeiten weiterzuentwickeln und dadurch auch in dynamischen Umwelten auf Dauer Wettbewerbsvorteile sicherzustellen.

Eine in diesem Sinne entwicklungsorientierte Analyse der betriebswirtschaftlichen Logistik hat den Prozeß der logistischen Problemlösung und seine organisationsstrukturellen Rahmenbedingungen in den Mittelpunkt der Betrachtung zu stellen. Es stellt sich deshalb die Frage, wie in Organisationen logistisches Wissen generiert und kommuniziert werden kann und wie hierdurch dauerhafte Wettbewerbsvorteile realisiert werden können. Hierbei ist dem Umstand besonderes Augenmerk zu widmen, daß logistische Prozesse unterschiedliche Funktionsbereiche von Unternehmen durchlaufen und darüber hinaus Unternehmensgrenzen durchdringen (vgl. Delfmann 1995b).

Damit die Kerngedanken der Logistik-Konzeption nicht abstrakte Schlagworte bleiben, bedarf es der netzwerkweiten Etablierung logistischen Denkens. Die betroffenen Handlungsträger sind nicht nur innerhalb eines Unternehmens angesiedelt, sondern Mitglieder verschiedener Organisationen. Die besondere Problematik liegt hier darin, daß eine Veränderung unternehmensbezogener Handlungsgrundlagen („Weltanschauungen“) auf der Basis einer unternehmensübergreifenden logistischen Perspektive erforderlich wird. Genau hier ergibt sich nicht selten ein großes Hindernis für die praktische Umsetzung der Logistik-Konzeption, verlangt sie doch eine über den „Tellerrand“ des eigenen Unternehmens hinausreichende Perspektive.

Um logistisches Denken zu etablieren und weiterzuentwickeln, muß das in logistischen Netzwerken vorhandene, auf verschiedene Stellen verteilte Wissen in logistischen Entwicklungsprozessen gezielt und systematisch mobilisiert, ausgetauscht und integriert werden. Dies ist die besondere Herausforderung, die die Logistik impliziert. Damit logistische Entwicklungsfähigkeit erreicht werden kann, muß den beteiligten Akteuren vor allem ein hohes Maß an Transparenz der Handlungskonsequenzen in der logistischen Kette vermittelt werden. Der inner- und zwischenbetrieblichen Kommunikation zwischen den Partnern in logistischen Systemen kommt deshalb weitreichende Bedeutung zu. Hierbei tritt die informale Kommunikation gegenüber formalen Kommunikationssystemen zunehmend in den Vordergrund, um die notwendige Flexibilität zu gewährleisten. Dies setzt darüber hinaus hinreichende Freiräume für die bilaterale bzw. multilaterale Selbstabstimmung der unmittelbar betroffenen Handlungsträger voraus. Schließlich haben logistische Kriterien Eingang in die Anreizsysteme zu finden, um die Lernbereitschaft und Motivation zu steigern und logistische Problemlösungen zu fördern und zu honorieren.

Eine erfolgreiche Umsetzung der Logistik-Konzeption bedarf einer organisatorischen Grundstruktur, die als Basis für logistische Lern- und Innovationsprozesse dienen kann. Ausgangspunkt für eine solche Grundstruktur bilden wiederum die logistischen Auftragszyklen. Darüber hinaus sind insbesondere jene Organisationsformen bedeutsam, die zur Erhöhung der Flexibilität bei gleichzeitiger Integration der Wertschöpfungsaktivitäten beitragen. Hierbei entstehen vernetzte Strukturen, deren Ausmaß an hierarchischer Koordination abnimmt. Speziell hinsichtlich der logistischen Qualifizierung ergeben sich hieraus folgende (im Prinzip nicht neue, aber in spezifischer Weise einzusetzende) Ansatzpunkte bzw. Instrumente zur Entwicklung der logistischen Wissensbasis: Job Enlargement, Job Enrichment, Job Rotation, prozeßorientierte Teamstrukturen, Einrichtung funktions- und unternehmensübergreifender Abstimmungskreise, Aufbau einer Beteiligungskultur,

Motivation zu laufendem, auch informellem Wissensaustausch, regelmäßiger netzwerkweiter Erfahrungsaustausch, Workshops, Planspiele, Simulationen, Workgroup Computing. Insgesamt läßt sich so eine Entwicklung zu lernenden Organisationen (zu lernenden Netzwerken) initiieren, mit der eine kontinuierliche Verbesserung der logistischen Eigenschaften des gesamten Wertschöpfungssystems erreicht werden kann.

Für die Ausgestaltung logistischer Anreizsysteme müssen Meßgrößen etabliert werden, die eine Bewertung des eigenen Handelns nach transferspezifischen Kriterien ermöglichen. Meßgrößen in dieser Hinsicht sind etwa die Bearbeitungsdauer für bestimmte Tätigkeiten oder am Service orientierte Größen, wie z.B. die Anzahl der rechtzeitig ausgeführten Aufträge. Hinsichtlich des Technikeinsatzes sind solche Systeme hervorzuheben, die eine Flexibilisierung der Kommunikation und des Datenaustausches bewirken. Auf struktureller Ebene bedarf es Organisationsformen, die den Dialog und somit auch die Rückkopplung über die logistischen Auswirkungen des eigenen Handelns erleichtern. Grundsätzlich haben sich hierzu gruppenorientierte Strukturen bewährt, die allerdings einer spezifischen, logistikgerechten Ausgestaltung bedürfen. Dabei erfordert das Flußprinzip, daß innerhalb von Gruppen integrierende Aspekte für umfangreichere Segmente der Wertschöpfungskette realisiert werden.

Als Beispiel logistikorientierter Organisation kann die spezifische Form der Auftragsabwicklung in Vertriebsinseln dienen. Diese Einheiten stellen im Rahmen der Auftragsfertigung Bindeglieder zwischen Kunden, Fertigung, Transfereinheiten der Distribution und der Beschaffung sowie Stabsstellen und Stellen der manageriellen Infrastruktur dar. Die Vertriebsinsel setzt sich aus Mitgliedern der am Auftragszyklus beteiligten Segmente zusammen. Neben Mitgliedern von Segmenten der Fertigung oder des Transfersystems - z.B. der Materialwirtschaft oder der physischen Distribution - sind Teilnehmer aus der Konstruktion, der Auftragskalkulation sowie des Vertriebs zu involvieren. Innerhalb der Vertriebsinsel muß eine eigene, auf logistische Zusammenarbeit ausgerichtete Teamkultur entstehen. Durch den direkten, vor allem auch informalen Kontakt untereinander kann somit die Zusammenarbeit zwischen den Mitgliedern der Vertriebsinsel verbessert werden. Sie entsteht durch Kenntnisse über die Bedingungen in den „Heimatsegmenten" der Gruppenmitglieder. Diese Kenntnisse können durch Qualifizierungsmaßnahmen in Form von Job Rotation erreicht werden, die vor oder während der Tätigkeit in der Vertriebsinsel durchgeführt werden.

2. Logistikgerechtes Controlling

Die vorstehenden Ausführungen zu den organisatorischen Konsequenzen der Logistik lassen bereits darauf schließen, daß auch die Planungs- und Kontrollsysteme des Unternehmens zu ergänzen bzw. umzugestalten sind, wenn sie die Umsetzung der Logistik-Konzeption unterstützen sollen. Insbesondere bedeutet Logistik-Controlling in diesem Zusammenhang mehr als ein spezifisches funktionsbezogenes Controlling. Vielmehr geht es um die Frage einer Ausgestaltung des Controlling-Systems insgesamt, welche die Umsetzung der Kerngedanken der Logistik-Konzeption - vor allem Netzwerkperspektive und Flußorientierung - fördert und unterstützt.

Ohne hier auf die konzeptionellen Unterschiede verschiedener Controlling-Konzeptionen eingehen zu können (vgl. hierzu Pfohl 1994, S. 199 ff.), kann als primäre Funktion des Controlling die Informationsversorgungs- und Koordinationsfunktion angesehen werden. Sie konkretisiert sich in dem Entwurf, der Bereitstellung und der laufenden Weiterentwicklung von Informationssystemen zur Entscheidungsunterstützung für das Management. Legt man nun hieran den Maßstab der Logistik an, so müssen die Controlling-Systeme dem Management verstärkt schnittstellenübergreifende und flußorientierte Informationen zur Verfügung stellen. Traditionelle Methoden des Rechnungswesens oder auch traditionelle Kennzahlensysteme folgen eher einer vertikalen Betrachtung und erlauben damit nicht, die Wechselwirkungen (Trade-offs) entlang der Wertschöpfungsprozesse zu erfassen. Die flußorientierte Perspektive der Logistik erfordert dies aber gerade. Damit rücken prozeßorientierte Controlling-Methoden in den Mittelpunkt des Interesses, die in letzter Zeit verstärkt propagiert worden sind. Hierzu gehören etwa prozeßorientierte Kostenrechnungsmethoden wie die Prozeßkostenrechnung, das Activity Based Costing oder auch das Target Costing sowie prozeßorientierte Kennzahlensysteme einschließlich des Process Benchmarking.

Darüber hinaus sind aber die Controlling-Systemc in Richtung auf Schaffung einer größeren Transparenz über die Zusammenhänge entlang der logistischen Kette weiterzuentwikkeln. Dies erfordert offenere Systeme, die den Aufgabenträgern in der logistischen Kette Zugriff auf relevante Informationen über die gesamte Prozeßkette für logistisch überlegene Entscheidungen bieten.

D. Schlußbemerkung

Die Interpretation der Logistik als flußorientierte Perspektive der Unternehmensführung hat weitreichende Konsequenzen für die Ausgestaltung und Führung arbeitsteiliger Wertschöpfungssysteme. Im Zusammenhang mit dem Vordringen kooperativer Netzwerkstrukturen wird die Bedeutung dieser Perspektive weiter zunehmen. Die Potentiale der Logistik-Konzeption sind bisher erst in Ansätzen aufgezeigt und in der Unternehmenspraxis noch lange nicht ausgeschöpft.

Literatur

BARNEY, J.: Firm Resources and Sustained Competitive Advantage, in: Journal of Management, 17. Jg. (1991) H. 1, S. 99-120.

COOPER, J.; M. BROWNE; M. PETERS: European Logistics. Markets, Management and Strategy, Oxford et al. 1991.

DARR, W.: Integrierte Marketing-Logistik, Wiesbaden 1992.

DELFMANN, W.: Logistische Segmentierung. Ein modellanalytischer Ansatz zur Gestaltung logistischer Auftragszyklen, in: Risikofreude und Dynamik in der Unternehmensführung, hrsg. v. H. Albach u. W. Delfmann, Wiesbaden 1995a, S. 171-202.

DELFMANN, W. : Logistik als strategische Ressource. Theoretisches Modell und organisatorische Umsetzung integrierten Lernens in logistischen Netzwerken, in: Die lernende Unternehmung, hrsg. v. H. Wildemann, Wiesbaden 1995b (im Druck).

IHDE, G. B.: Transport, Verkehr, Logistik, 2. Aufl., München 1991.

ISERMANN, H. (HRSG.): Logistik: Beschaffung, Produktion, Distribution, Landsberg a. Lech 1994.

KLAUS, P.: Die dritte Bedeutung der Logistik. Nürnberger Logistik-Arbeitspapier Nr. 3, Nürnberg 1993.

KNOLMAYER, G.: Materialflußorientierung statt Materialbestandsoptimierung. Ein Paradigmawechsel in der Theorie des Produktions-Managements? in: Logistik. Eine Aufgabe der Unternehmenspolitik, hrsg. v. J. Baetge, H. Rühle von Lilienstern u. H. Schäfer, Berlin 1987, S. 53-69.

KNYPHAUSEN-AUFSESS, D. ZU: Why are Firms different? in: DBW, 53. Jg. (1993), S. 771-792.

PFOHL, H.-CH.: Logistikmanagement. Funktionen und Instrumente, Berlin et al. 1994.

SCHONBERGER, R.J.: The Chain of Customers, New York 1990.

WEBER, J.: Logistik-Controlling, Stuttgart 1993.

WEBER, J.; S. KUMMER: Logistikmanagement, Stuttgart 1994.

Wolf-Rüdiger Bretzke

Praktische Herausforderungen an das Logistik-Management

A. Begriff und Aufgabenstellung der Logistik

1. Begriff und Bedeutung der Logistik

Logistik ist Herstellung von Verfügbarkeit. Sie bindet Ressourcen, verursacht damit Kosten und stellt infolgedessen ein interessantes Feld für Rationalisierungsprogramme dar. Dies macht den einen Teil ihrer Bedeutung in der Praxis aus.

Auf der anderen Seite, der Outputseite der Logistik, kann ein ausgeprägter Logistik-Service verstärkte Kundenbindungen schaffen und damit wesentlich zur Wertschöpfung eines Unternehmens beitragen. Dieser zweite Aspekt der Logistik wurde in der jüngeren Vergangenheit von vielen Industrie- und Handelsunternehmen verstärkt in den Vordergrund der Betrachtung gerückt. Mit zunehmender Wettbewerbsintensität suchen immer mehr Unternehmungen im Dienstleistungsbereich nach Differenzierungsmerkmalen, die sie bei der Weiterentwicklung ihrer eigentlichen Kernprodukte bzw. Kernleistungen kaum noch finden.

2. Stellenwert und organisatorische Einordnung der Logistik

Parallel zur Aufwertung des Themas Logistik konnte, mit einem kleineren *Time-lag*, ein Aufstieg der Logistik-Manager in den Unternehmenshierarchien beobachtet werden. Die Aufwertung der Logistik steht allerdings in einem merkwürdigen Mißverhältnis zu der Uneinheitlichkeit und Unsicherheit, mit der die Frage nach der organisatorischen Einordnung der Logistik in der Praxis behandelt wird (vgl. Klaus 1994; Weber/Kummer 1994; Pfohl/Large 1994).

Noch bis zu Beginn der 80er Jahre wurde die Logistik üblicherweise als eine nachrangige Funktion betrachtet (und behandelt), deren Handlungsspielräume durch Vorgaben aus den Bereichen Marketing und Produktion eng gesteckt waren. Der Durchbruch kam nicht zuletzt dank einer Erkenntnis, die sich als Folge der Just-in-Time-(JiT-)Philosophie eingestellt hat: der Einsicht nämlich, daß die entscheidenden Fortschritte auf dem Weg von einem produktionsorientierten Materialfluß zu einer *materialflußorientierten Produktion* erst dadurch zustande kommen, daß sich nichtlogistische Bereiche (z.B. Produktgestaltung oder Fertigungs-Layout) an die Bedürfnisse der Logistik anpassen. Die Konstruktion von Maschinen, die mit niedrigen Rüstzeiten die wirtschaftliche Fertigung kleiner Losgrößen ermöglichen, liefert hierfür nur ein Beispiel.

Unter der Überschrift *Just in Time* ist die Logistik in vielen Unternehmen von einer Residualfunktion zu einer *funktionsübergreifenden Leitidee der Prozeßgestaltung* geworden. Die Leitfrage, auf die die Logistik in einem solchen Kontext fokussiert wird, ist nicht mehr die Suche nach dem Minimum an Lagerhaltungs- und Transportkosten, das sich innerhalb der *autonomen* Vorgaben von Marketing und Produktion noch finden läßt, sondern die unter ausdrücklicher Einbeziehung nichtlogistischer Entscheidungstatbestände durchgeführte Suche nach Systemen, die mit einem Minimum an Lagerhaltung und Transport auskommen. Wenn ein Großteil der Kosten, die in der Logistik ausgelöst werden, außerhalb der Logistik verursacht sind, dann muß logistisches Denken schon sehr viel früher einsetzen als bei der konkreten Lösung von Lagerhaltungs- und Transportaufgaben, bspw. bei der Produktentwicklung, bei Entscheidungen über die Variantenvielfalt oder bei Standortentscheidungen.

Die Logistiker selbst halten sich zugute, daß sie auf eine derartige perspektivische Erweiterung bestens vorbereitet sind, weil sie sich dem *Systemdenken* verpflichtet haben. Ein solcher Denkansatz kann jedoch in zweifacher Hinsicht zu kurz greifen. Zum einen kommt es nicht darauf an, die Logistik als System zu begreifen, sondern sie als Teil eines Systems zu verstehen. Und zum anderen hilft das Systemdenken allein nicht viel weiter, solange Unternehmen nicht so organisiert sind, daß die dort agierenden Menschen auch in Systemen handeln können.

Der Wechsel zu *flachen Hierarchien* und einer *prozeßorientierten Organisation* kann als ein Durchbruch verstanden werden, der für die Umsetzung des Systemdenkens in Systemhandeln die erforderlichen praktischen Spielräume schafft. Die Folgen, die eine solche Entwicklung zu Organisationsformen von höherer Komplexität für den Stellenwert der Logistik innerhalb der Organisation haben wird, erscheinen derzeit jedoch noch offen. Vorstellbar ist bspw. eine Neudefinition einzelner Geschäftsprozesse, die neben den bisherigen Aufgaben der Logistik auch ehemalige Funktionen des Einkaufs oder des Verkaufs umfassen und die insoweit funktional überhaupt nicht mehr eindeutig zuzuordnen sind. Vorstellbar ist auch, daß sich die Logistik als hierarchisch gesondert verantwortete Einzelfunktion wieder auf das ursprüngliche Kernthema des Management von Lagerhaltungs- und Transportprozessen zurückentwickelt, wenn die Unternehmen sich durchgängig prozeßorientiert organisiert haben und alle übrigen Prozeßmanager ihre Lektionen im logistischen Denken gelernt haben. Die Frage nach der richtigen Einordnung der Logistik in die Unternehmensorganisation ist im Fluß und wird uns (als Herausforderung an die Unternehmensführung) noch auf absehbare Zeit beschäftigen.

B. Herausforderungen an das Logistik-Management in Industrie- und Handelsunternehmen

Von den möglichen Problemtatbeständen, die man als besondere Herausforderung aufgreifen kann, werden im folgenden drei Bereiche herausgegriffen, die sich durch zwei gemeinsame Aspekte besonders auszeichnen: die zu suchenden Problemlösungen weisen jeweils deutlich über die Grenzen des eigenen Unternehmens hinaus, und sie hängen jeweils in besonderem Maße vom Einsatz moderner Informations- und Kommunikationstechnologien ab.

1. Die Vernetzung verteilter Produktionssysteme

Stimuliert durch die neuen Handlungsspielräume einer zunehmenden weltwirtschaftlichen Integration, aber auch erzwungen durch die damit einhergehende zunehmende Wettbewerbsintensität, haben sich viele Unternehmen ein Programm zum weiteren Abbau der eigenen Fertigungstiefe verordnet. Die Suche nach Effizienzvorteilen durch eine Kooperation mit stärker spezialisierten Lieferanten wird dabei gezielt kombiniert mit der Suche nach regional begründeten Standortvorteilen in der Produktion (vgl. Ihde 1990). Es liegt auf der Hand, daß in der Umsetzung einer solchen Strategie die Logistik in besonderer Weise gefordert wird.

Unter sonst gleichen Bedingungen steigt mit dem Abbau der Fertigungstiefe und einem gleichzeitigen *Global Sourcing* nicht nur der Anteil der Transportkosten an den Herstellkosten des Endproduktes. Zu erwarten ist vielmehr gleichzeitig ein Anstieg der Versorgungsrisiken in der Produktion bzw. Montage. Wenn diese Risiken nicht dadurch neutralisiert werden sollen, daß sich das Unternehmen durch den Wiederaufbau von Beständen gegen Störeinflüsse von der Lieferantenseite abpuffert, dann muß das Unternehmen eine erheblich verbesserte Fähigkeit zum *Management fremder Ressourcen* entwickeln. Der Einkauf von Produkten muß gezielt auf den Einkauf von Fähigkeiten ausgedehnt werden, wobei die Neutralisierung von Versorgungsrisiken ein *Lieferantenmanagement* bedingen kann, das bis zu einem qualitätsorientierten Organisationscontrolling innerhalb der Zuliefererunternehmen gehen kann. Insbesondere setzt der Aufbau von weltweit gespannten Produktionsnetzwerken den Aufbau leistungsfähiger Informationsnetze voraus, wobei diese nicht nur die logistischen Prozesse zu unterstützen haben (z.B. durch die frühestmögliche Übermittlung von Bedarfsinformationen), sondern idealerweise bereits die Kooperation im Bereich der Produktentwicklung fördern sollten.

Wenn die Gleichzeitigkeit von Global Sourcing und JiT nicht in einer lebensbedrohlichen Spagathaltung enden soll, dann darf sich Logistik bei der Organisation von Produktionsverbundsystemen mit weltweit verteilten Fertigungsstandorten nicht darauf beschränken, Transporte zu organisieren und Bestände zu verwalten. Gefordert ist vielmehr eine *Vernetzung* sämtlicher logistischer und nichtlogistischer Prozesse zu einer transparenten und damit jederzeit beherrschbaren, schlanken Wertschöpfungskette.

2. Die Integration von Industrie- und Handelslogistik

Im Falle mehrstufiger Produktionsverbundsysteme entspringt die Vernetzung der Prozesse der Notwendigkeit, den Einsatz eigener und fremder Ressourcen so zu koordinieren, daß die Produktionskostenvorteile der arbeits- und standortteiligen Fertigung nicht durch erhöhte Logistik-Kosten und/oder Versorgungsrisiken wieder verloren gehen. Eine schnittstellenübergreifende Integration der Auftragsabwicklungsprozesse von Unternehmen nachgelagerter Wertschöpfungsstufen kann jedoch auch unabhängig von einem solchen, durch *Outsourcing* selbst erzeugten Problemdruck beträchtliche Effizienzsteigerungspotentiale erschließen, wobei auch hier wiederum die Möglichkeiten moderner Informationsverarbeitung und Datenkommunikation als *„enabling technology"* die Entwicklung stimulieren (vgl. Diruf 1994; Zentes 1994). Beispielhaft seien hier neue Operationsformen zwischen Industrie und Handel aufgeführt, wie sie unter Stichworten wie *„continuous replenishment“*, *„quick response“* und *„efficient consumer response“* diskutiert werden.

Wenn ein Handelsunternehmen mit einem Lieferanten vereinbart, daß dieser das gelieferte Produkt auf der Basis eines jederzeitigen Einblicks in die entsprechende Bestandsentwicklung im Handelslager innerhalb eines vereinbarten Bestandsreichweiten-Korridors zu bevorraten hat, dann ergeben sich daraus Effizienzsteigerungen in verschiedenen Bereichen. Zunächst einmal lassen sich durch eine solche *ereignisgesteuerte Organisation*, bei der Zeitpunkt und Umfang von Nachlieferungen über zwischengeschaltete Prognose- und Bestellmengenrechnungen direkt durch die artikulierte Nachfrage ausgelöst und gesteuert werden, auf beiden Seiten die Transaktionskosten senken. Ein Nebeneffekt dieser Entwicklung besteht darin, daß die bestellfixen Kosten und mit ihnen eines der prominentesten Logistik-Modelle, die Andlersche Losgrößenformel, ihre praktische Bedeutung verlieren. Der mit der Beschleunigung des Bestellvorganges verbundene Zeitgewinn ermöglicht es dem Handelsunternehmen, die angestrebte Lieferbereitschaft auf der Basis niedrigerer Sicherheitsbestände zu gewährleisten. Gleichzeitig verbessern sich durch die permanente Versorgung der Herstellerorganisation mit aktuelleren Abverkaufsdaten deren Möglichkeiten, die Produktion dichter an der Marktentwicklung entlangzusteuern und damit die Risiken ungeplanter Fehl- und Überbestände zu minimieren. Das Leitbild einer solchen *vernetzten Prozeßkette* ist eine *redundanzfreie Organisation*, in der Fertigungsanlagen in der Industrie durch Scannerkassen im Handel und damit letztlich durch Verbrauchswünsche der Konsumenten gesteuert werden *(selling to the scanner)*.

Aus der Sicht der Lieferanten liefert eine solche *schnittstellenübergreifende Prozeßverkettung* zugleich ein besonders anschauliches Beispiel für die eingangs hervorgehobene Möglichkeit, durch einen ausgefeilten Lieferservice eine engere Kundenbindung zu schaffen. Gerade hierin liegt jedoch auch ein wesentliches *Umsetzungshemmnis*, das einer schnellen Ausbreitung entsprechender Systeme und Strategien in der Praxis derzeit noch im Wege steht. Enge Partnerschaften reduzieren die Wettbewerbsintensität und nehmen den Einkäufern von Ware, die das Einkaufen von Fähigkeiten noch nicht erlernt haben, damit ein aus ihrer Sicht unersetzliches Kostensenkungsinstrument. Grundvoraussetzung für eine erfolgreiche Systemintegration ist deshalb die Aufhebung des antagonistischen Grundverständnisses von Einkauf und Verkauf als eine Art Nullsummenspiel, bei dem der Vorteil des einen dem Nachteil des anderen entspricht und bei dem Marktmacht und Verhandlungsgeschick über die Aufteilung eines gegebenen „Kuchens“ entscheiden. Zu fokussieren ist statt dessen die Idee einer *Win-Win-Strategie*, bei der man zunächst durch eine Neugestaltung der Wertschöpfungskette den Kuchen gemeinsam vergrößert, bevor man über seine Verteilung verhandelt. Ein solcher Leitbildersatz wird in der Praxis noch dadurch erschwert, daß sich die Effekte einer Begradigung, Vereinfachung und Beschleunigung logistischer Prozesse in Ermangelung einer Prozeßkostenrechnung oft nicht exakt messen lassen.

3. Warenstromsteuerung in einer überlasteten Verkehrsinfrastruktur

Die schöne, neue Welt weiträumig gespannter, extrem arbeitsteiliger und weitgehend bestandsarmer Produktions- und Versorgungssysteme ist im Vertrauen auf eine unbegrenzt verfügbare *Verkehrsinfrastruktur* entwickelt worden. Diese Prämisse könnte sich schon bald als eine entscheidende „Achillesferse" moderner Logistik herausstellen.

Alle seriösen Prognosen der in den kommenden Jahren zu erwartenden Entwicklung des Verkehrsaufkommens verweisen auf Wachstumsraten, die durch unsere vorhandene Verkehrsinfrastruktur unter sonst gleichen Bedingungen nicht mehr aufgenommen werden können (vgl. Aberle 1994). Dabei ist es offensichtlich, daß die Lösung dieses Problems nicht durch eine Anpassung des Angebotes an die Nachfrage nach Verkehrsadern gefunden werden kann. Unsere finanziellen Möglichkeiten und unsere politischen Spielräume lassen nur einen moderaten Ausbau der Verkehrsinfrastruktur zu. Deshalb werden wir unsere ganze Kraft auf die Frage konzentrieren müssen, wie wir die Nachfrage nach Verkehrsinfrastruktur an das begrenzte Angebot anpassen können.

Es ist offensichtlich, daß hier kreative Lösungen gefordert sind. Eine Entlastung der Verkehrswege durch die Rückkehr zu einer vorratsintensiven Wirtschaft mit hoher Fertigungstiefe, Local Sourcing und kundennaher Produktion müßte mit einem Verlust an Wettbewerbsfähigkeit auf den Weltmärkten und entsprechend hoher Arbeitslosigkeit erkauft werden. Worauf es also (auch im Hinblick auf eine Vermeidung staubedingter Schadstoffemissionen) ankommt, ist die Abkopplung des Verkehrs- vom Wirtschaftswachstum.

Beiträge zur Lösung dieser Problematik, von der die Bundesrepublik Deutschland als europäisches Transitland in besonderer Weise betroffen ist, sind derzeit erst in Ansätzen erkennbar. Sie umfassen sowohl geänderte Logistik-Strategien auf Unternehmensebene als auch Umgestaltungen der gesamtwirtschaftlichen Rahmenbedingungen.

Auf makroökonomischer Ebene wird es bspw. darauf ankommen, durch *Verkehrsleitsysteme* und ein gezieltes *„roadpricing"* zu einer zeitlichen und räumlichen Umverteilung der Nachfrage nach Verkehrsinfrastruktur beizutragen und damit den Verkehr wieder zum Fließen zu bringen. Der korrespondierende Beitrag der Privatwirtschaft muß hier in einem wesentlich flexibleren Umgang mit dem *Faktor Zeit* bestehen. Starre und enge Warenannahmefenster erzeugen ebenso überflüssige Staus wie eine fehlende Koordinierung von Lieferterminen.

Mit *Infrastrukturinvestitionen* wie zusätzlichen Terminals für den kombinierten Verkehr oder Güterverkehrszentren muß der Staat die Voraussetzungen für ein verstärktes Bündeln von Verkehrsströmen und eine zusätzliche Verlagerung von Transporten auf weniger belastete und umweltfreundlichere Verkehrsträger schaffen. Die korrespondierenden Beiträge von Industrie und Handel werden in einer verstärkten *Kooperation* auf dem Felde der Logistik bestehen müssen. Zusätzliche Spielräume für die Verdichtung von Warenströmen können dabei auch durch die Rücknahme von überzogenen Serviceerwartungen („jedes Teil in 24 Stunden") gewonnen werden. Die Wirtschaft wird sich dabei darauf einstellen müssen, daß der Staat derartige Entwicklungen (nicht zuletzt unter dem Diktat leerer Haushaltskassen) durch eine künstliche Verteuerung von Transporten fördern wird. Dabei hat er mit dem Hinweis auf die Notwendigkeit einer Internalisierung externer Kosten im

Prinzip sogar schlüssige Argumente auf seiner Seite. Je nach Höhe der mittelfristig zu erwartenden Transportkostensteigerungen werden sich Industrie und Handel dabei in vielen Fällen nicht nur durch geänderte Bestellmengen bzw. Transportlosgrößen, sondern darüber hinaus auch durch geänderte Standort- und Netzstrukturen anpassen.

Eine erschöpfende Darstellung der hier zu erwartenden Veränderungen ist nicht nur aus Platzgründen unmöglich. Festzuhalten bleibt jedoch, daß die Anpassung der gegenwärtigen Logistik-Systeme und -Strategien an ein Umfeld zunehmend verstopfter Verkehrswege zu den zentralen Herausforderungen an das Logistik-Management des vor uns liegenden Jahrzehntes zählen wird.

C. Herausforderungen an das Management in logistischen Dienstleistungsunternehmen

Logistische Dienstleistungsunternehmen sehen sich seit einiger Zeit mit einer besonderen Dynamik im Bereich ihrer Umweltbedingungen und demzufolge mit besonderen Herausforderungen konfrontiert (vgl. Bretzke 1991, 1993). Das Zusammentreffen von Deregulierung und Rezession hat einen drastischen Preisverfall ausgelöst, auf den die Branche infolge unzureichender Controlling-Instrumente überwiegend schlecht vorbereitet war. Hinzu kommt, daß sich unter den künstlichen Bedingungen der deutschen Verkehrsmarktordnung eine stark parzellierte Angebotsstruktur herausgebildet hat, die unter den Bedingungen eines freien Marktes nicht überlebensfähig ist. Die stark gewachsenen Qualitätsansprüche der verladenden Wirtschaft tragen in dieser Situation zusätzlich zu einem Selektionsprozeß bei, in dessen Verlauf sich die Branche neu formieren wird.

Vom Management der betroffenen Unternehmen werden in dieser Situation in erster Linie eine klare *Marktsegmentierung* und *Unternehmenspositionierung* verlangt. Mittelstandsfeindliche Marktsegmente, in denen sich über höhere Marktanteile Stückkosten senken lassen und/oder in denen Kunden mit ihrem Wunsch nach flächendeckender Präsenz eine entsprechende Kapitalkraft verlangen, erzeugen ohne geeignete Antworten (Stichwort: Kooperation) nahezu zwangsläufig gefährliche strategische Defensivlagen. Umgekehrt ergeben sich in einem Dienstleistungsmarkt immer wieder neue Chancen für eine *Nischenpositionierung*, in der mittelständische Unternehmen die Vorteile größerer Marktnähe erfolgswirksam ausspielen können.

Als besonders interessanten Grenzfall einer Nischenstrategie kann man auch die Übernahme logistischer Dienstleistungen von einem Verlader einstufen, die dieser vorher in Eigenregie erbracht hat. Die stark zugenommene Bereitschaft von Industrie- und Handelsunternehmen, sich von Leistungsbereichen zu trennen, in denen sie keine Kernkompetenz besitzen (vgl. Bretzke 1994, S. 321 ff.), vergrößert den Markt für logistische Dienstleistungen und schafft für entsprechend flexible Anbieter Chancen, *symbiotische Kundenbeziehungen* aufzubauen, die in einer Welt einfacher, relativ leicht austauschbarer Transportleistungen praktisch unmöglich sind.

Auch eine solche Diversifizierung in das Feld der *Kontrakt-Logistik* markiert jedoch keinen einfach zu beschreitenden Erfolgspfad. Die Anforderungen an das Know-how sind vielfach hoch und mit den bestehenden Personalressourcen i.d.R. nicht zu befriedigen. Ebenfalls besonders ausgeprägt sind die Kalkulationsrisiken, die Anforderungen an eine ausgewogene Vertragsgestaltung und an ein professionelles Projektmanagement in der Umstellungsphase. Die bemerkenswerte Entwicklung einiger mittelständischer Unternehmen auf diesem Gebiet belegt jedoch, daß man Konzernunternehmen am besten dort schlagen kann, wo individuelle Anpassungsleistungen, hohe Einsatzbereitschaft und persönliche Betreuung gefordert sind.

Im Zuge der Restrukturierung der Angebotsseite des Verkehrsmarktes wird sich damit auch eine neue Arbeitsteilung zwischen Mittelstand und Großspeditionen herausbilden. Eine der Nebenfolgen der hier beschriebenen Entwicklungen besteht darin, daß der Begriff der Spedition das Tätigkeitsspektrum vieler Dienstleistungsanbieter schon lange nicht mehr angemessen umschreibt.

D. Schlußbetrachtung

Praktische Herausforderungen an das Logistik-Management stellen sich sowohl in Industrie- und Handelsunternehmen, in denen die Logistik-Systeme das jeweilige Kerngeschäft fördern sollen, als auch in logistischen Dienstleistungsunternehmen, in denen sie das Kerngeschäft sind. Sie resultieren aus veränderten Umweltbedingungen und den sich daraus jeweils neu ergebenden Risiken und Chancen und sind insoweit zeitgebunden. Dies gilt zwangsläufig auch für die Ausführungen dieses Beitrags. Die interessanteste Veränderung und damit die größte Herausforderung der kommenden Jahre dürfte in den neuen Marktbeziehungen liegen, die sich aus der Gleichzeitigkeit von reduzierter Wertschöpfungstiefe, reduzierter Lieferantenzahl und unternehmensübergreifender Prozeßintegration ergeben. Schnittstellenübergreifende, vertikale Wertschöpfungspartnerschaften verlagern den ursprünglich auf jeder Wertschöpfungsstufe intensiv ausgetragenen Wettbewerb tendenziell auf eine andere Ebene. Die Konkurrenz zwischen antagonistisch organisierten und stärker integrierten Wertschöpfungsketten wird auf dem Feld der Logistik ausgetragen.

Literatur

ABERLE, G.: Verkehrsinfrastrukturpolitik und deren Auswirkung auf die Unternehmenslogistik, in: Logistik: Beschaffung, Produktion, Distribution, hrsg. v. H. Isermann, München 1994, S. 89-104.

BRETZKE, W.-R.: Neuorientierung der Distributionslogistik als strategische Herausforderung für Speditionen, in: Moderne Distributionskonzepte in der Konsumgüterwirtschaft, hrsg. v. J. Zentes, Stuttgart 1991, S. 109-118.

BRETZKE, W.-R.: Optionen für die strategische Neuorientierung der Speditionen im Europäischen Binnenmarkt, in: Strategien gegen den Verkehrsinfarkt, hrsg. v. H. J. Frank u. N. Walter, Stuttgart 1993, S. 127-153.

BRETZKE, W.-R.: „Make-or-buy von Logistikdienstleistungen": Erfolgskriterien für eine Fremdvergabe logistischer Dienstleistungen, in: Logistik: Beschaffung, Produktion, Distribution, hrsg. v. H. Isermann, München 1994, S. 321-330.

DIRUF, G.: Computergestützte Informations- und Kommunikationssysteme der Unternehmenslogistik als Komponenten innovativer Logistikstrategien, in: Logistik: Beschaffung, Produktion, Distribution, hrsg. v. H. Isermann, München 1994, S. 71-86.

IHDE, G.B.: Die Entwicklung des EG-Verkehrsmarktes, in: Schritte zum Europäischen Binnenmarkt, hrsg. v. E. Dichtl, München 1990, S. 145-164.

KLAUS, P.: Jenseits einer Funktionenlogistik: der Prozeßansatz, in: Logistik: Beschaffung, Produktion, Distribution, hrsg. v. H. Isermann, München 1994, S. 331-348.

PFOHL, H.-CH.; LARGE, R.: Zur Eingliederung der Logistik in die Aufbauorganisation von Unternehmen, in: Logistik: Beschaffung, Produktion, Distribution, hrsg. v. H. Isermann, München 1994, S. 57-70.

WEBER, J.; KUMMER, S.: Logistikmanagement, Stuttgart 1994.

ZENTES, J.: Effizienzsteigerungspotentiale kooperativer Logistikketten in der Konsumgüterwirtschaft, in: H.-Ch. Pfohl: Management der Logistikkette, hrsg. v. H.-Ch. Pfohl., Berlin 1994, S. 105-126.

Peter Kupsch

Risikomanagement

A. Grundlagen des Risikoverhaltens

In der betriebswirtschaftlichen Risikotheorie werden zwei Definitionen für den Terminus „Risiko“ unterschieden: der formale und der materielle Risikobegriff. Der *formale Risikobegriff* dient zur Kennzeichnung des Informationsstandes eines Wirtschaftssubjektes und knüpft an das Vorhandensein von objektiven statistischen Wahrscheinlichkeiten für den Eintritt zukünftiger Datenkonstellationen an. Risiko wird als *meßbare Unsicherheit* verstanden. Liegen keine oder nur subjektive Wahrscheinlichkeitsinformationen vor, ist eine Entscheidungssituation unter Unsicherheit gegeben. Die Differenzierung zwischen Risiko und Unsicherheit, die sich in der Entscheidungstheorie weitgehend durchgesetzt hat, ist für die Beschreibung von Informationsstrukturen nur bedingt geeignet, da durch diese Zweiteilung nicht alle möglichen Ausprägungen der Ungewißheit erfaßt werden, wie z.B. Informationsstrukturen mit partiellen oder ungenauen Wahrscheinlichkeiten (vgl. Kupsch 1975, S. 153).

Die *materielle Ausprägung des Risikobegriffs* kennzeichnet Risiko als *Verlustgefahr*. Das Risiko beinhaltet eine Quantitäts- und eine Intensitätsdimension. Während sich die *Quantitätsdimension* auf Art und Höhe des Verlustes bezieht, spiegelt die *Intensitätsdimension* die Wahrscheinlichkeit des Eintritts eines Verlustes wider. Die Ermittlung eines zahlenmäßigen Ausdrucks für das Risiko ist deshalb an die Voraussetzung gebunden, daß sowohl der Verlust als auch die Intensität der Gefahr beziffert werden können. Die materielle Risikodefinition setzt die Existenz von *Zielen* für ökonomisches Handeln voraus, da andernfalls Verluste nicht bestimmbar sind. Folglich geht in den materiellen Risikobegriff implizit die Zielabhängigkeit wirtschaftlicher Entscheidungen ein.

Risiko bedeutet z.B. Gefahr von Einnahmeausfällen, mögliche Ausgabenmehrungen oder nicht ausschließbare Vermögens- und Kapitalverluste, wenn finanzielle Zielvorstellungen verfolgt werden oder eine Kapital- bzw. Vermögensmehrung angestrebt wird.

Neben der *Zielabhängigkeit*, durch die die Art des Verlustes bestimmt wird, ist Risiko abhängig vom Entscheidungsfeld des handelnden Subjektes. Die *Entscheidungsabhängigkeit von Risiko* kommt in der Gefahr einer Fehlentscheidung aufgrund unvollkommener Informationen zum Ausdruck. Da Fehlentscheidungen unterschiedlich abgegrenzt werden können, sind bei der Messung von Risiko unterschiedliche Verlustschwellen maßgeblich. Es besteht die Gefahr, daß die Situation der Unternehmung durch Entscheidungen ihrer Akteure im Vergleich zum Status quo zum Entscheidungszeitpunkt verschlechtert wird. In diesem Fall wird die Verlustschwelle durch die bisher realisierten Zielerreichungsgrade bestimmt *(absolutes Risiko)*. Wird jede negative Abweichung von einer erreichbaren Optimallösung als Fehlentscheidung deklariert, dann entspricht die optimale Zielrealisation der Verlustschwelle, so daß auch entgangene Zielbeiträge in die Risikokonzeption eingeschlossen sind *(relatives Risiko)*.

Wegen der Ziel- und Entscheidungsabhängigkeit des Risikos stellen *Entscheidungsprozesse* in der Regel *Vorgänge der Risikohandhabung* dar. Ablauf und Ergebnis von Entscheidungen werden maßgeblich durch die *Risikoeinstellung* des Entscheidungsträgers bestimmt. Die Risikoeinstellung als Verhaltensdimension wird einerseits durch Persönlichkeitsmerkmale und die jeweilige Umweltsituation sowie andererseits durch die Art des Risikos und die möglichen Maßnahmen zur Handhabung des Risikos beeinflußt.

Die möglichen Beziehungen zwischen den Elementen der Risikoeinstellung bilden den Bezugsrahmen für eine Analyse des Risikoverhaltens.

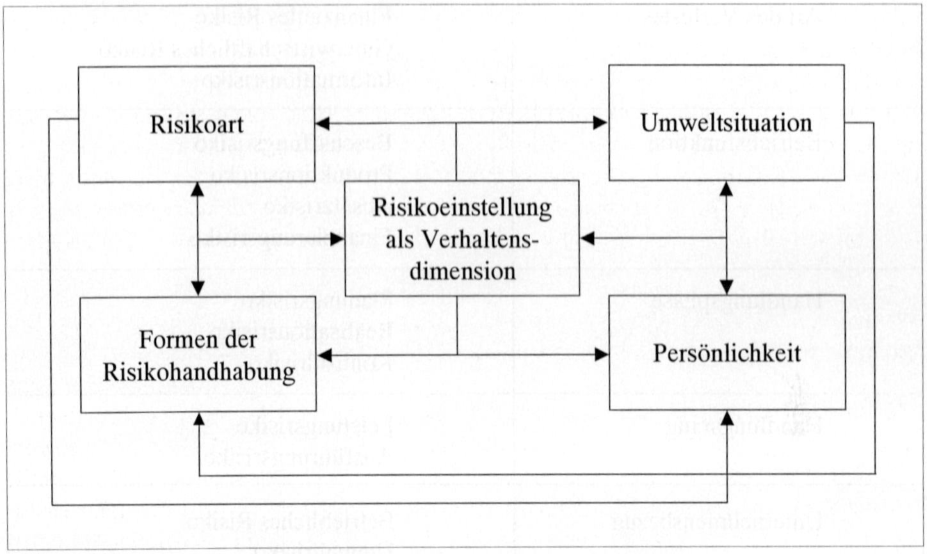

Abbildung 1: Bezugsrahmen für die Analyse des Risikoverhaltens

Bisher existiert keine geschlossene Theorie, in der die Interdependenzen zwischen den Einflußgrößen des Risikoverhaltens umfassend erklärt werden. Insbesondere die Persönlichkeitsstruktur und die relevanten Risikokomponenten von Umweltsituationen repräsentieren Determinanten der Risikoeinstellung, deren Auswirkungen auf Entscheidungsprozesse durch die Art des Risikos und durch situationsabhängige Formen der Risikobewältigung zusätzlich beeinflußt werden.

B. Systematisierung betrieblicher Risiken

Risiken als wesentliche Elemente betrieblicher Entscheidungen können nach den gleichen Kriterien systematisiert werden, wie sie bei der Kennzeichnung von Entscheidungsproblemen in der Unternehmung gebräuchlich sind. Abbildung 2 vermittelt einen Überblick über mögliche Risikoarten in Abhängigkeit von alternativen Unterscheidungsmerkmalen.

Unterscheidungsmerkmale	Risikoarten
Problemtyp	Strategisches Risiko Operatives Risiko
Art des Verlustes	Finanzielles Risiko Güterwirtschaftliches Risiko Informationsrisiko
Betriebsfunktion	Beschaffungsrisiko Produktionsrisiko Absatzrisiko Finanzierungsrisiko
Handlungsphase	Planungsrisiko Realisationsrisiko Kontrollrisiko
Handlungsrang	Leistungsrisiko Ausführungsrisiko
Unternehmensbezug	Betriebliches Risiko Umweltrisiko
Versicherbarkeit	Versicherbares Risiko Nichtversicherbares Risiko

Abbildung 2: Risikoarten

Nach dem *Problemtyp betrieblicher Entscheidungen* sind strategische und operative Unternehmensrisiken zu unterscheiden.

Strategische Risiken beziehen sich auf die Erreichung langfristiger, globaler Unternehmensziele (z.B. langfristiges Erwerbsstreben, Behauptung von Marktpositionen, Unternehmenserhaltung). Sie umfassen in erster Linie mögliche Gefahren für den Bestand von Unternehmungen als Ganzes oder von wesentlichen Unternehmungsteilen. Strategische Risiken sind i.d.R. hinsichtlich Intensität und Verlusthöhe nur begrenzt quantifizierbar.

Operative Risiken kennzeichnen Verlustgefahren in einzelnen Teilbereichen unternehmerischen Handelns. Sie sind kurzfristiger Natur, wobei häufig einzelne Verlustdimensionen abgeschätzt werden können. Operative Risiken kommen in finanziellen, güterwirtschaftlichen und Informationsrisiken zum Ausdruck, die dadurch entstehen, daß bei der Gestaltung der betrieblichen Güter-, Geld- und Informationsströme negative Abweichungen von den geplanten Soll-Zuständen eintreten. Strategische und operative Risiken erstrecken sich auf alle betrieblichen Funktionsbereiche. Nach dem betrieblichen Entstehungsort ergibt sich eine Aufteilung in Beschaffungs-, Produktions-, Absatz- und Finanzierungsrisiken, die in ihrer funktionsorientierten Ausprägung ihrerseits finanzielle, güterwirtschaftliche und informationelle Risiken einschließen.

Die verschiedenen Risikokategorien treten *in jeder Handlungsphase* in Erscheinung. Deshalb sind insbesondere Planungs- und Kontrollrisiken sowohl auf der strategischen und der operativen Ebene als auch in den einzelnen betrieblichen Funktionsbereichen bei der Gestaltung der verschiedenen Güter-, Geld- und Informationsströme vorhanden.

Im Rahmen der Delegation betrieblicher Aufgaben werden *Leitungs- und Ausführungsrisiken* begründet. Während Leitungsrisiken auf mögliche Zielabweichungen als Folge von Kompetenzregelungen zurückzuführen sind, entstehen Ausführungsrisiken bei der unmittelbaren Umsetzung von Zielvorgaben durch Aufgabenvollzug.

Die *Ursachen von Unternehmungsrisiken* können primär der Umwelt entstammen (Umweltrisiko, externes Risiko) oder in der Unternehmung verankert sein. Insbesondere für Umweltrisiken besteht häufig die Möglichkeit, einen zukünftigen Schadenseintritt durch Versicherungsschutz abzudecken, während für betriebliche Risiken i.d.R. kein Versicherungsschutz gegeben ist.

C. Ziele und Aufgaben des Risikomanagement

Risikomanagement bedeutet risikoorientiertes Entscheidungsverhalten. Auf der oberen Leitungsebene ist Risikomanagement mit *risikobewußter Unternehmensführung* gleichzusetzen. Die Analyse von Risikophänomenen ist integrativer Bestandteil der Führungsfunktion und keine isolierbare Führungsaufgabe. Die Risikoorientierung der Unternehmungsführung erfordert eine Sensibilisierung der Entscheidungsträger im Hinblick auf mögliche Verlustgefahren, die den Chancen der Handlungsalternativen gegenüberzustellen sind. Allgemeine Aufgabe des Risikomanagement im Rahmen der Führungsfunktion ist die *Einbindung der Risikokomponente bei der Verfolgung der angestrebten Unternehmungsziele.* Die Bewußtmachung des Risikophänomens auf allen Führungsebenen mündet in die Entwicklung einer risikobewußten Unternehmungsphilosophie ein, aus der Grundsätze für die Risikoanalyse und die Handhabung von Risiken abzuleiten sind.

Die risikoorientierte Unternehmensführung wird durch das *spezielle Risikomanagement* ergänzt, das die *Gestaltung einer gegebenen Risikosituation* zum Gegenstand hat. Die geplante Veränderung oder Beibehaltung eines konkreten Unternehmungsrisikos wird dabei durch das Ergebnis einer Bewertung des Verhältnisses von Risikominderung und Ausgaben für risikopolitische Maßnahmen bestimmt.

Bei isolierter Betrachtung kann das Streben nach Risikominderung oder nach Sicherheit dem speziellen Risikomanagement als Zielsetzung vorgegeben werden. Dabei wird für den Entscheidungsträger *Risikoaversion* unterstellt, die das Entstehen von Ausgaben für Maßnahmen der Risikohandhabung rechtfertigt, bis ein tolerierbares Risikoniveau erreicht ist.

Sind verschiedene Maßnahmen der Risikominderung verfügbar, welche die angestrebte Risikobegrenzung gewährleisten, ist das Prinzip der Kostenwirtschaftlichkeit das geeignete Auswahlkriterium.

Die Vorgabe eigenständiger Zielvorstellungen für das spezielle Risikomanagement ist nicht mehr möglich, wenn das akzeptable Risikoniveau zusammen mit den zu seiner Realisierung notwendigen Maßnahmen festgelegt werden soll. In diesem Fall verlieren Sicherheitsstreben und Wirtschaftlichkeitsprinzip ihre Eigenschaft als selbständige risikopolitische Ziele, da simultan über mögliche Zielerreichungsgrade der formalen und materiellen Unternehmungsziele in Verbindung mit dem Sicherheitsgrad der Zielrealisation zu entscheiden ist. Rationale risikopolitische Entscheidungen erfordern deshalb ein umfassendes *Nutzenkalkül*, in dem die Erfassung aller Handlungsalternativen und ihrer Einzelrisiken einschließlich der Folgewirkungen möglicher risikopolitischer Maßnahmen sowie eine Bewertung der jeweiligen Ergebnismatrizen durchgeführt werden muß.

D. Aufgaben des speziellen Risikomanagement

1. Risikoanalyse

Gegenstand der Risikoanalyse ist die *Identifizierung und Bewertung möglicher Risiken* in der Unternehmung und in einzelnen Teilbereichen. Die Risikoanalyse erstreckt sich auf die Gewinnung von Informationen über Risikoursachen und deren Einflußgrößen sowie über die mögliche Schadenshöhe in einer Risikosituation. Sie schließt die Ermittlung von Informationen über mögliche risikopolitische Instrumente zur Risikominderung und über deren Wirkungen ein.

Die Risikoanalyse stellt eine *Ergänzung des betrieblichen Planungsprozesses* dar, indem entweder die Mehrwertigkeit von Informationen und die Wahrscheinlichkeitsverteilungen über Ergebniswirkungen von Handlungsalternativen unmittelbar im Planungsprozeß berücksichtigt werden (simultane Risikoanalyse) oder die aufgestellten Teilpläne für die einzelnen Planungsbereiche einer anschließenden risikoorientierten Überprüfung unterzogen werden (sukzessive Risikoanalyse).

Mögliche *Verfahren der simultanen Risikoanalyse* sind das Rechnen mit sicherheitsäquivalenten Verfahren der Sensitivitätsanalyse und die Risikoanalyse durch Vollenumeration und Simulation (vgl. Schindel 1978, S. 4 ff.).

Das Verfahren der *Sicherheitsäquivalente* reduziert die wegen der Unsicherheit bestehenden mehrwertigen Informationen auf einwertige Größen.

Eine Rechnung mit *objektiven Sicherheitsäquivalenten* geht von der Voraussetzung aus, daß eine Verlustgefahr bei einer Vielzahl von Fällen meßbar gemacht werden kann. Sie kommt in einem *Korrekturfaktor* zum Ausdruck, der die unsichere Ergebnisgröße auf eine mit großer Wahrscheinlichkeit realisierbare Größe reduziert. Insoweit wird das bestehende

Risiko der Handlungsalternativen eliminiert, so daß nur noch relativ sicher erreichbare Werte in die Planung eingehen. Allerdings ist die Ermittlung objektiver Sicherheitsäquivalente an die Bedingung einer relativ stabilen Wahrscheinlichkeitsverteilung auf der Basis einer größeren Anzahl gleichartiger Fälle gebunden, die auch in Zukunft gültig ist.

Subjektive Sicherheitsäquivalente können in der Weise bestimmt werden, daß die angenommene wahrscheinlichste Ergebnisausprägung um eine *Risikoprämie* gekürzt wird. Der reduzierte Wert bildet das Sicherheitsäquivalent für die mehrwertige Ergebnisreihe und geht in die betriebliche Planung ein.

Sensitivitätsanalysen stellen die Auswirkungen der Mehrwertigkeit von Daten dar und liefern auf diese Weise ergänzende Informationen über die jeweilige Risikosituation. Ihr Ziel ist die Ermittlung der Auswirkungen von Abweichungen zwischen möglichen Ausprägungen und erwarteten Werten einzelner Parameter oder Parametergruppen auf das Planungsergebnis. Dabei wird einerseits untersucht, wie groß die Unterschiede bei einzelnen Einflußgrößen sein dürfen, ohne daß Vorgabewerte oder Soll-Zustände verletzt werden, und andererseits erfolgt die Bestimmung der Ergebnisänderungen bei vorgegebenen Datenvariationen. Im ersten Fall werden kritische Werte für verschiedene Parameterkonstellationen ermittelt, der zweite Aspekt wird durch Alternativrechnungen erfaßt.

Das Verfahren der *Vollenumeration* besteht darin, die Ergebnisse einer Risikosituation für alle möglichen Kombinationen von Einflußgrößen zu berechnen, um die Bandbreite der Ergebnisse und gegebenenfalls ihre Verteilung zu bestimmen. Das Verfahren ist nur dann zweckmäßig, wenn die Anzahl der Einflußgrößen und ihrer Ausprägungen gering ist.

Durch *Simulationsverfahren* werden zur Quantifizierung des Risikos Zufallsprozesse erzeugt und ihre Ergebniswirkungen berechnet. Die Zufallsvorgänge ergeben sich aus Merkmalswerten, die Zufallsgrößen einer für die jeweilige Entscheidungssituation typischen statistischen Verteilung sind. So können z.B. mit der *Monte-Carlo-Methode* experimentell Stichproben beliebigen Umfangs aus Gesamtheiten erzeugt werden, die bekannten statistischen Verteilungen folgen.

Die simultane Risikoanalyse vermittelt je nach zugrunde gelegter Methodik ein umfassenderes Bild über die Risikostruktur einer vorgegebenen Entscheidungssituation als die einwertige Planung. Sie erleichtert bei Planabweichungen die Durchführung von Anpassungsmaßnahmen und schafft die Voraussetzungen für eine flexible Planung, da durch die Erfassung möglicher Abweichungen von erwarteten Datenkonstellationen die Grundlagen für die Entwicklung von Alternativplänen verfügbar sind. Insoweit führt die simultane Risikoanalyse zu einer höheren Flexibilität der Entscheidungsstrukturen und trägt auf diese Weise zu einer Risikominderung durch Vorbeugemaßnahmen und durch Verkürzung von Reaktionszeiten bei.

Bei der *sukzessiven Risikoanalyse* werden die betrieblichen Teilpläne einer speziellen Planungskontrolle unterzogen. Dabei sind im Rahmen der Risikoidentifikation alle wesentlichen Risiken eines Planungsbereichs zu erfassen („Risikoinventur“). Anschließend ist zu überprüfen, ob die Risiken bei der Entwicklung der Pläne angemessen berücksichtigt wurden (Risikobewertung).

Die *Methoden der Risikoidentifikation* sind vielfältig und abhängig von den einzelnen Planungsbereichen. Hierzu zählen *Checklisten*, in denen Einzelrisiken oder Risikoursachen als Elemente von Risikoerkennungsmaßnahmen aufgeführt sind. *Flußdiagramme* sowie *Input-Output-Analysen* von Lieferungs- und Leistungsbeziehungen in güterwirtschaftlicher, finanzieller und informationeller Hinsicht zwischen Unternehmung und Umwelt sowie innerhalb der einzelnen Unternehmungsbereiche ermöglichen die Identifizierung von Schwachstellen, Engpässen und sonstigen Risikoursachen. Sie bilden eine wesentliche Grundlage für eine systematische Risikoerfassung.

Betriebsinspektionen dienen der Aufdeckung von Risikoursachen und Risiken bei Einrichtungen und Betriebsabläufen in der Unternehmung, wobei häufig die Erfassung technischer Risiken bei gefährlichen Stoffen, Lagerungs- und Transporteinrichtungen sowie die Beurteilung von Sicherheitsmaßnahmen im Vordergrund stehen.

Ein weiteres Instrument der Risikoerfassung ist die *Dokumentenanalyse*, die sich auf die Auswertung des betrieblichen Rechnungswesens sowie weiterer interner und externer Dokumentationen (z.B. Schwachstellenanalysen, Schadensstatistiken) bezieht.

Die Erfassung früher eingetretener Schäden, verbunden mit der Ermittlung wesentlicher Risikoursachen und Risikoobjekte, bildet die Grundlage für die *Risikobewertung* der betrieblichen Teilpläne. Die Größenordnungen möglicher Schäden liefern Anhaltspunkte, ob risikopolitische Maßnahmen zu ergreifen sind, die eine Änderung der bisherigen Pläne auslösen können. Daneben sind auch die Eintrittswahrscheinlichkeiten der Einzelrisiken von Bedeutung, die zu Plananpassungen führen können.

Die Ermittlung der Verlusthöhe von Risiken wird durch den möglichen Eintritt von Folgeschäden erschwert. Im Rahmen der *Analyse von Störungsketten* kann durch Zusammenfassung abhängiger Einzelrisiken eine Risikoeinheit gebildet werden, der ein Gesamtverlust zugeordnet wird.

Bei *komplexen Risiken* mit relativ großen Verlustbeträgen sind externe Schadensstatistiken wichtige Anhaltspunkte für die *Abschätzung von Eintrittswahrscheinlichkeiten.* Durch eine Aufgliederung von Risikofaktoren und die Prognose ihrer Eintrittswahrscheinlichkeiten unter Einbeziehung der möglichen Abhängigkeiten zwischen den Risikoursachen im Rahmen von Schadensszenarien, Störablaufanalysen und Ereignisbaumbaumverfahren kann die unternehmensinterne Beurteilung der Schadenswahrscheinlichkeiten zusätzlich abgesichert werden.

2. Risikohandhabung durch Einsatz des risikopolitischen Instrumentariums

Ausgehend von den zwei Risikodimensionen kann die Handhabung von Unternehmensrisiken durch Anwendung des risikopolitischen Instrumentariums in ursachenbezogene und wirkungsbezogene Risikopolitik unterteilt werden, wobei den beiden Teilbereichen unterschiedliche Instrumente zugeordnet werden (vgl. Abbildung 3).

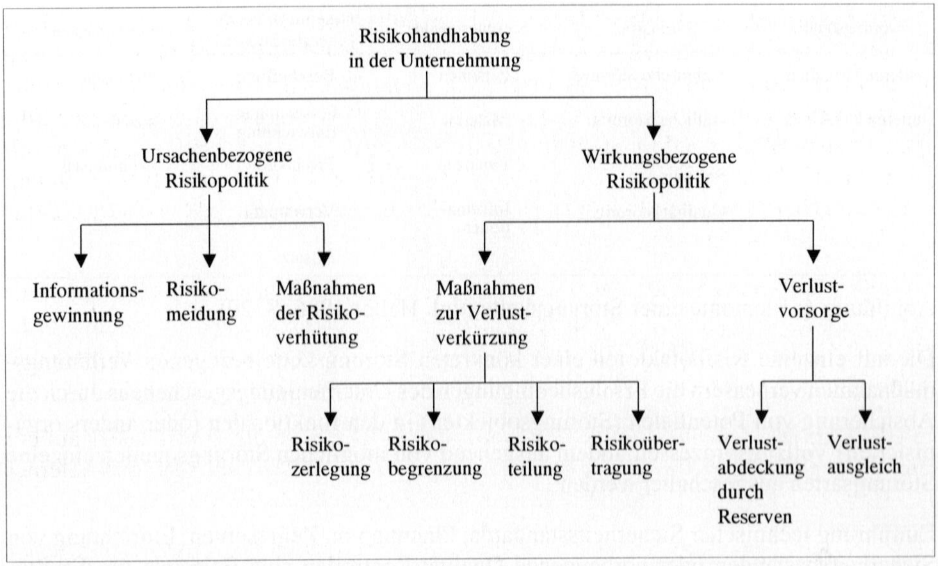

Abbildung 3: Grundstruktur des risikopolitischen Instrumentariums

Ursachenbezogene Risikopolitik ist auf die Beseitigung der Schadensursachen gerichtet, wobei die Eintrittswahrscheinlichkeit des Risikos verringert werden soll. *Informatorische Aktivitäten*, die im Rahmen der Risikoanalyse durchgeführt werden, können zumindest mittelbar einen Beitrag zur Risikoabwehr leisten, wenn sie die Ungewißheit über Ursachen möglicher Verluste abbauen. Die einzelnen Informationsmaßnahmen sind teilweise situationsabhängig. Sie reichen von der Einholung einer Kreditauskunft zur Verminderung des Forderungsrisikos bis zu umfassenden Marktbeobachtungen, um Absatzrisiken zu vermeiden.

Risikomeidung bedeutet den Verzicht auf die Übernahme von Risiken durch Ausschluß riskanter Aktivitäten oder die Abwehr möglicher Risikosituationen durch Wahl der Unterlassungsalternative. Akzeptiert wird das bestehende Risikoniveau des erreichten Zustandes, während neue Aktivitäten wegen der erwarteten zusätzlichen Verlustgefahren nicht realisiert werden. Dieses Instrument ist nur begrenzt einsatzfähig, da Ertragschancen innovativer Handlungsalternativen nicht genutzt werden und eine Rigidität der Unternehmungsentwicklung gefördert wird, die Veralterungstendenzen und somit letztlich das Bestandsrisiko der Unternehmung verstärkt.

Maßnahmen der Risikoverhütung streben eine Minderung der Wahrscheinlichkeit des Eintritts von Schadensereignissen an. Sie sollen mögliche Störprozesse aus dem Unternehmungsgeschehen eliminieren, indem die einzelnen Komponenten einer Störkette (vgl. Abbildung 4) und die Beziehungen zwischen diesen Komponenten durch Sicherungsmaßnahmen in ihrer Funktionsfähigkeit verbessert werden.

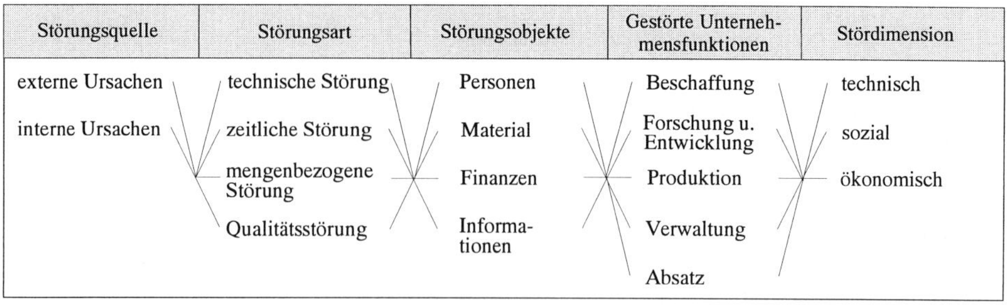

Abbildung 4: Elemente einer Störungskette (vgl. Haller 1986, S. 29)

Die auf einzelne Risikofaktoren einer konkreten Störungskette bezogenen Verhütungsmaßnahmen verbessern die Erfolgsbedingungen des Unternehmungsgeschehens durch die Absicherung von Potentialen (Störungsobjekten) in den funktionalen (oder anders organisierten) Vollzugsprozessen, indem ausgehend von möglichen Störungsquellen einzelne Störungsarten ausgeschaltet werden.

Einführung technischer Sicherheitsstandards, Planung von Zeitreserven, Einrichtung von Sicherheitsbeständen oder vorbeugende Qualitätskontrollen sind Beispiele für die Störungsart beeinflussende Sicherheitsmaßnahmen. Maßnahmen der Personalentwicklung zur Schaffung von Risikobewußtsein und zur Unfallverhütung, Sicherheitsinspektionen bei Produktionsanlagen, Substitution gefährlicher Materialien, Institutionalisierung von Arbeitsabläufen und Schaffung eines internen Kontrollsystems verhüten Verlustgefahren bei Störungsobjekten, wobei die konkrete Ausgestaltung der Verhütungsmaßnahmen auch von den Abläufen in den Unternehmungsfunktionen abhängig ist.

Wirkungsbezogene Risikopolitik ist einerseits auf die *Verlustverkürzung* bei Risikoeintritt gerichtet. Andererseits umfaßt sie als *Verlustvorsorge* Maßnahmen zur Herabsetzung von Verlustwirkungen.

Risikozerlegung bezieht sich auf eine Verminderung von Verlusten durch eine Risikoaufspaltung auf mehrere Risikoobjekte. Dazu gehört die Risikostreuung in sachlicher Hinsicht, die durch Dezentralisierung von Lagern oder durch eine Veränderung der Lieferanten- oder Kundenstruktur durch Übergang von wenigen großen Vertragspartnern auf mehrere kleinere Lieferanten bzw. Kunden erreicht wird. In ähnlicher Weise ist eine zeitliche Dezentralisierung zu beurteilen, wenn Aktivitäten innerhalb eines Zeitraums anstatt einmal mehrfach durchgeführt werden, um z.B. Preisschwankungen im Einkauf oder beim Absatz auszugleichen.

Risikobegrenzung ist die Gesamtheit der Maßnahmen, die eine Verlustbeschränkung zur Folge haben, indem im Rahmen der Leistungsbeziehungen zwischen der Unternehmung und ihren Vertragspartnern eine Risikoverlagerung auf die Vertragspartner erfolgt. Insbesondere vertragliche Maßnahmen der Haftungsüberwälzung (z.B. Garantiebedingungen, Vertragsstrafen, Einkaufsbedingungen) auf unternehmensexterne Partner sind für die Risikobegrenzung wesentlich.

Risikoteilung bezeichnet die Aufspaltung von Risiken auf mehrere Risikoträger. Es handelt sich um eine personelle Risikozerlegung, wobei der mögliche Verlust eines (einheitlichen) Risikos auf mehrere Unternehmungen verteilt wird. Arbeitsgemeinschaften, Konsortialgeschäfte und andere Gemeinschaftsverträge sind Ausprägungen einer Risikoteilung.

Risikoübertragung betrifft die Versicherung von Risiken. Es handelt sich um ein flexibles und dosierbares Instrument der Verlustverkürzung, bei dem der Schadensfall vollständig durch Versicherungsleistungen ausgeglichen werden kann.

Verlustvorsorge setzt sich aus Maßnahmen der Verlustabdeckung und des Verlustausgleichs zusammen. *Verlustabdeckung* beinhaltet die Kompensation eingetretener Verluste durch die Bildung von finanziellen und güterwirtschaftlichen Reserven. Eigenreserven werden in der Unternehmung angesammelt und sind Ausdruck der Selbstversicherung der Unternehmung (Liquiditätsreserven, Materialreserven). Die Reservenbildung kann direkt durch Disposition über Geld- und Güterbestände erfolgen und indirekt durch Einführung von Sicherungszielen oder durch Verrechnung kalkulatorischer Wagniskosten. Fremdreserven werden außerhalb der Unternehmung auf vertraglicher Grundlage gebildet und im Schadensfall bei Dritten abgerufen (z.B. Kreditlinien, Kaufvertrag auf Abruf, Gewährleistungsverträge).

Durch *Verlustausgleich* werden gegenläufige oder unabhängige Risiken zusammengefaßt, so daß Verluste durch entgegengesetzte positive Wirkungen ausgeglichen werden. Die Maßnahmen des Verlustausgleichs umfassen Sicherungs- und Gegengeschäfte, bei denen Vermögensverluste durch gegenläufige Erfolge kompensiert werden. Zu den Sicherungsmaßnahmen gehören auch Kreditsicherheiten und Bürgschaften, die einen drohenden Vermögensschaden durch entsprechende Ausgleichsleistungen von Dritten kompensieren.

Die Abgrenzung der Instrumente der wirkungsbezogenen Risikopolitik ist wegen der Verkettung von Risiken, ihrer Mehrfachverursachung und wegen kombinierter Schadenswirkungen nicht gänzlich überschneidungsfrei. Häufig werden zur Risikominderung auch *Kombinationen risikopolitischer Instrumente* eingesetzt.

Die Möglichkeit der *Risikotragung* bildet die Unterlassungsalternative gegenüber den Maßnahmen zur Risikobeeinflussung. Sie wird gewählt, wenn der Aufwand der Risikobeeinflussung höher bewertet wird als die durch Risikohandhabung bewirkte Verringerung der Verlustgefahr.

3. Abschließende Risikobewertung durch Wahlakt

Der Entscheidungsprozeß findet mit der Durchführung eines Wahlaktes seinen (vorläufigen) Abschluß. Die Art des Wahlaktes ist abhängig vom jeweiligen Problemtyp. Während sich bei *wohlstrukturierten Entscheidungssituationen* der Wahlakt auf die Entscheidung für eine unter mehreren verfügbaren Alternativen mit einem im Ergebnisvektor zum Ausdruck kommenden Risikoprofil erstreckt, bezieht sich der Entscheidungsakt bei *schlechtstrukturierten Problemen* häufig auf die Annahme oder Ablehnung eines bestimmten Lösungsvorschlags. Da durch den Wahlakt die Höhe des übernommenen Risikos determiniert wird, stellt sich der Abschluß eines Entscheidungsprozesses auch als ein Vorgang der abschließenden Risikobewertung dar.

Für Entscheidungssituationen mit mehreren verfügbaren Alternativen und mehrwertigen Ergebnissen werden *in Abhängigkeit von der Informationsstruktur unterschiedliche Entscheidungsregeln* vorgeschlagen. Entscheidungsregeln sind Verfahren zur Auswahl der optimalen Aktion.

Sind für die möglichen Umweltzustände Eintrittswahrscheinlichkeiten bekannt, so daß den Ergebnisvektoren der Alternativen eine Wahrscheinlichkeitsverteilung zugeordnet werden kann *(Entscheidung unter Risiko)*, so wird nach der *Bayes-Entscheidungsregel* die Alternative mit dem höchsten Erwartungswert der Ergebnisse über alle Umweltzustände gewählt. Wird die Bayes-Regel nicht auf monetäre oder güterwirtschaftliche Ergebnisse, sondern auf Nutzwerte angewendet, so ist nach dem *Bernoulli-Prinzip* diejenige Alternative zu präferieren, die den Erwartungswert der Nutzengrößen maximiert. Weitere Entscheidungsregeln beziehen neben dem Erwartungswert auch die Standardabweichung in die Alternativenbewertung ein ((μ,σ)-Prinzip).

Für den Fall fehlender Wahrscheinlichkeiten *(Entscheidung unter Unsicherheit)* sind mehrere Entscheidungsregeln entwickelt worden. Die *Laplace-Regel* geht von der Unterstellung aus, daß alle Umweltzuständc die gleichen Eintrittswahrscheinlichkeiten aufweisen, wobei der höchste Erwartungswert maßgeblich ist. Sie entspricht der Bayes-Regel bei Gleichverteilung der Umweltsituationen. Eine risikoscheue Wertung liegt der *Minimax-Regel* zugrunde, wonach diejenige Alternative ausgewählt wird, die bei Eintritt der ungünstigsten Konstellation das relativ beste Ergebnis liefert. Sie führt folglich zur Minimierung des maximal möglichen Verlustes. Weitere Entscheidungsregeln für Ergebnisvektoren ohne Eintrittswahrscheinlichkeiten sind die *Hurwicz-Regel*, bei der die Alternative mit dem höchsten Nutzwert gewählt wird, der sich aus der Zusammenfassung der gewichteten Minimal- und Maximalergebnisse einer Aktion ergibt sowie die *Savage/Niehans-Regel*, bei deren Anwendung der mit der Wahl einer bestimmten Aktion zu erwartende Opportunitätsverlust minimiert wird.

Bei schlechtstrukturierten Problemen ist die Vorteilhaftigkeit einer Handlungsweise im Vergleich zur Unterlassungsalternative zu ermitteln. Mögliche Verfahren sind *Kosten-Nutzen-Analysen*, die nichtmonetäre Risikokomponenten durch Transformation in Geldgrößen rechen- und vergleichbar machen oder *Nutzwertanalysen*, bei denen Risikoelemente in (negative) Teilnutzengrößen überführt und im Rahmen der Gesamtbewertung durch Nutzwertvergleich berücksichtigt werden.

Die abschließende Risikobewertung ist Bestandteil jedes Entscheidungsprozesses mit nicht deterministischen Informationsstrukturen. Insoweit deckt sich das Risikomanagement letztlich mit dem Entscheidungsverhalten der Unternehmungsmitglieder.

E. Organisatorische Regelungen für das Risikomanagement

1. Risikomanagement und Organisationsstruktur

Da die Realisierung von Unternehmungszielen im Rahmen des Risikomanagement eine Daueraufgabe der Unternehmungspolitik darstellt, ist eine organisatorische Institutionalisierung des Risikomanagement erforderlich. Grundsätzlich kann eine integrative oder eine selbständige Konzeption für das Risikomanagement gewählt werden.

Das *integrative Risikomanagementsystem* geht von der Prämisse aus, daß jeder Entscheidungsträger für die Berücksichtigung von Risiken in seinem Kompetenzbereich verantwortlich ist. Risikoanalyse und Risikohandhabung fallen deshalb in den Aufgabenbereich der jeweils sachlich zuständigen Entscheidungsinstanz. Das integrierte Konzept zeichnet sich dadurch aus, daß die Aufgabe der Risikohandhabung problemorientiert derjenigen Entscheidungsinstanz zugeordnet ist, die i.d.R. über die besten Kenntnisse über Risikoursachen und spezielle Handhabungsmaßnahmen verfügt. Allerdings besteht die Gefahr, daß die Entscheidungseinheiten dem Risikomanagement nicht das angemessene Gewicht beilegen und Risikohandhabungsmaßnahmen nicht ausdrücklich in Planungsüberlegungen einbeziehen.

Die Konzeption eines *organisatorisch verselbständigten Risikomanagement* führt zu einer Trennung von Sachentscheidung und Risikohandhabung. Vorteilhaft an der selbständigen Konzeption ist die Möglichkeit einer einheitlichen Steuerung aller risikopolitischen Maßnahmen durch eine zentrale Instanz. Eine organisatorische Zusammenfassung der risikopolitischen Aufgaben bezieht sich hauptsächlich auf operative Entscheidungsbereiche. Strategische Risikoprobleme sowie die Schaffung von Risikobewußtsein in der Unternehmung sind Bestandteile der risikoorientierten Unternehmungsführung.

Typische *Aufgabenelemente* eines organisatorisch verselbständigten Risikomanagement sind die Entwicklung und Koordination von Maßnahmen zur Risikoverhütung und Verlustverkürzung. Dazu zählen insbesondere die Einführung und Kontrolle von Sicherheitsrichtlinien, speziell von Arbeitsschutzmaßnahmen sowie die Ermittlung und Durchführung des optimalen Versicherungsschutzes bei versicherbaren Risiken.

Inhalt und Umfang des zusammengefaßten Aufgabenbereichs hängen davon ab, ob das Risikomanagement zumindest teilweise aus der Unternehmung *ausgegliedert* wird oder die Erledigung *intern* erfolgt. Für bestimmte Risikoarten und Produktionsfaktoren sind Beratungs- und Dienstleistungen für die Risikopolitik auf dem Markt verfügbar (Sicherheitsingenieure, Versicherungsmakler, technische Überwachungsvereine), wobei dem Ausmaß der Ausgliederung allerdings Grenzen gesetzt sind.

Die *organisatorische Verankerung* des Risikomanagement knüpft an die vorhandenen Organisationsstrukturen an. Für das Risikomanagement werden häufig organisatorische *Stabseinheiten* gebildet, die primär risikopolitische Maßnahmen funktionsübergreifend koordinieren. Die Einrichtung einer separaten Linienorganisation für das Risikomanagement ist problematisch, da die Risikopolitik nicht vollständig von anderen Aktivitäten abgespaltet werden kann.

Im Rahmen einer Matrix-Organisation mit den Dimensionen Funktionen und Objekte kann das Risikomanagement als gesondertes Funktionselement eingefügt werden. Weiterhin ist die zeitlich befristete Einrichtung eines Projektteams „Risikomanagement" mit speziellen Aufgabenzuweisungen möglich, wenn die Organisationsstruktur um eine Projektdimension erweitert wird.

2. Risikomanagement und Controlling

Controlling als ein Subsystem der Unternehmungsführung dient als Querschnittsfunktion der Unterstützung von Führungsentscheidungen durch die Gestaltung von Planungs- und Kontrollsystemen. Es bietet sich an, diese Querschnittsaufgabe mit dem Risikomanagement zu verbinden. Die explizite Einbeziehung von Risiken in Planungs- und Kontrollstrukturen sowie die Bestrebungen zur Reduzierung von Unsicherheit durch die Ausgestaltung von Informationsversorgungssystemen können in den Aufgabenbereich des Controlling integriert werden.

Auf der *strategischen Ebene* sind zur Sicherung der Anpassungsfähigkeit und der Erfolgspotentiale einer Unternehmung die systematische Identifizierung und die Handhabung künftiger Chancen und Risiken notwendig, wobei eine besondere Betonung der Risikokomponente in den langfristigen Planungsprozessen erfolgen sollte, um die Risikoorientierung der Unternehmungsführung zu unterstützen.

Im *operativen Bereich* ist im Rahmen der ergebnisorientierten Unternehmungssteuerung die Risikoanalyse in Verbindung mit der Planung risikopolitischer Maßnahmen in die Planung einzubeziehen, so daß die Reagibilität der Unternehmung durch die größere Differenziertheit des Planungs- und Kontrollsystems bei festgestellten Abweichungen verbessert wird.

Literatur

BRAUN, H.: Risikomanagement: Eine spezifische Controllingaufgabe, Darmstadt 1984.

HÄRTERICH, S.: Risk-Management von industriellen Produktions- und Produktrisiken, Karlsruhe 1987.

HAHN, D.: Risiko-Management: Stand und Entwicklungstendenzen, ZFO, 56 Jg. (1987), S. 137-150.

HALLER, M.: Risiko-Management - Eckpunkte eines integrierten Konzepts, in: Risiko-Management, Schriften zur Unternehmensführung, Bd. 33, hrsg. v. H. Jacob, Wiesbaden 1986, S. 7-43.

HALLER, M.: Risiko-Management und Versicherung, in: Versicherungsenzyklopädie, Bd. 1, hrsg. v. W. Große et al., 4. Aufl., Wiesbaden 1991, S. 523-568.

KARTEN, W.: Aspekte des Risk Managements, BFuP, 30 Jg. (1978), S. 308-340.

KARTEN, W.: Risk-Management, in: HWB, Bd. 3, hrsg. v. W. Wittmann et al., 5. Aufl., Stuttgart 1993, Sp. 3825-3868.

KUPSCH, P.: Das Risiko im Entscheidungsprozeß, Wiesbaden 1973.

KUPSCH, P.: Risiken als Gegenstand der Unternehmenspolitik, WiSt, 7 Jg. (1975), S. 153-159.

MENSCH, G.: Risiko und Unternehmensführung: Eine systemorientierte Konzeption zum Risikomanagement, Frankfurt a.M. et al. 1991.

MÜLLER, W.: Risiko und Ungewißheit, in: HWB, Bd. 3, hrsg. v. W. Wittmann et al., 5. Aufl., Stuttgart 1993, Sp. 3813-3824.

MÜLLER, W.; SEIFERT, W.: Organisation des Risk Management, in: JfB, 28 Jg. (1978), S. 15-27.

MUGLER, J.: Risk Management in der Unternehmung, Wien 1979.

SCHINDEL, V.: Risikoanalyse: Darstellung und Bewertung von Risikorechnungen am Beispiel von Investitionsentscheidungen, 2. Aufl., München 1978.

Teil III

Domänen der Unternehmungsführung

Siebtes Kapitel

Das Management der betrieblichen Funktionsbereiche

Arnold Hermanns

Konsumgüter-Marketing

A. Marketing-Verständnis und Marketing-Konzeption

Die Entwicklung des heutigen Marketing-Verständnisses wurde vor allem durch den Wandel vieler Konsumgütermärkte von Verkäufer- zu Käufermärkten vorangetrieben. Während auf *Verkäufermärkten* das anbietende Unternehmen eine starke Position hat und vor allem produktionsorientiert entscheiden und handeln kann, müssen sich Unternehmen in *Käufermärkten*, also Märkten, auf denen Konkurrenz und ein Überangebot an Produkten existiert, vor allem kundenorientiert verhalten, d.h. ihre Entscheidungen und ihr Verhalten vor allem an den Kunden unter Berücksichtigung der Konkurrenten ausrichten.

Vor diesem Hintergrund wird heute in der BWL Marketing als *markt- und kundenorientierte Unternehmensführung* betrachtet; Meffert spricht in diesem Zusammenhang von einem *dualen Konzept der marktorientierten Führung*: „Danach wird Marketing verstanden als:

(1) *Leitkonzept des Management* zur Ausrichtung aller Unternehmensaktivitäten am Konsumenten, Wettbewerber, Handel i.S. eines ‚shared value' und

(2) *gleichberechtigte Unternehmensfunktion*, die die Planung, Koordination und Kontrolle aller auf die aktuellen und potentiellen Märkte ausgerichteten Unternehmensaktivitäten mit dem Zweck der Verwirklichung der Unternehmensziele im gesamten wirtschaftlichen Güterprozeß durch eine dauerhafte Befriedigung der Kundenbedürfnisse umfaßt" (Meffert 1993, Sp. 2242).

Die Unternehmensfunktion Marketing i.S. der Gestaltung von *Absatzmärkten* manifestiert sich in der Planung, Durchführung und Kontrolle von *Marketing-Konzeptionen.* Hierunter wird ein umfassender gedanklicher Entwurf verstanden, der sich an bestimmten Zielen orientiert und grundlegende Handlungsrahmen (Strategien) wie auch die notwendigen operativen Handlungen (Einsatz der Marketing-Instrumente) zu einem schlüssigen Plan auf der Basis eines Marketing-Budgets zusammenfaßt (vgl. Becker 1993, S. 2 f.). Die zentrale Aufgabe des Marketing-Management besteht somit darin, systematisch strategische und operative Ziele, Strategien und Maßnahmen im Umweltbezug zu planen, durchzuführen und zu kontrollieren.

Das Konsumgüter-Marketing richtet sich an *Zielgruppen* der privaten Nachfrage, also an sog. Endverbraucher bzw. Konsumenten. Die angebotenen Güter sind einerseits *(Sach-) Konsumgüter*, die sich in kurzlebige *Verbrauchsgüter* (z.B. Bier, Bonbons, Haushaltsreiniger usw.) und in langlebige *Gebrauchsgüter* (z.B. Wohnzimmereinrichtung, Homecomputer, Rasenmäher usw.) differenzieren lassen, und andererseits *konsumptive Dienstleistungen* (z.B. Automobilreparatur, Haareschneiden, Heizungswartung usw.).

Insbesondere in Abgrenzung zum Investitionsgüter-Marketing sind es die folgenden Kriterien, die tendenziell zur *Charakterisierung des Konsumgüter-Marketing* angeführt werden können: Orientierung am originären Bedarf der privaten Nachfrage, relativ hohe Anzahl von Bedarfsträgern, hoher Anteil an Individualentscheidungen, Dominanz indirekter Distributionsformen und überwiegend kommunikative Ansprache über Massenmedien (vgl. Meffert 1993, Sp. 2244).

B. Informationsgrundlagen für das Konsumgüter-Marketing

Für die Planung und Kontrolle von Zielen, Strategien und Maßnahmen im Konsumgüter-Marketing und die dafür erforderlichen Analysen, Prognosen und Entscheidungen benötigt das Marketing-Management relevante *Informationen*. Für die Informationsversorgung des Marketing-Management ist die *Marketing- bzw. Marktforschung* zuständig (vgl. Hammann/Erichson 1994).

Als Informationsbereiche kommen grundsätzlich alle Sektoren der Mikro- und Makroumwelt des Konsumgüteranbieters in Betracht. Von besonderer Bedeutung sind jedoch Informationen über die Konsumenten und deren Verhalten, die Konkurrenten sowie die Absatzmittler (Handel) im Rahmen der Mikroumwelt.

Für die Realisierung der postulierten *Kundenorientierung* erscheint es unerläßlich, die Kunden als *Zielgruppe* im strategischen Sinne zu identifizieren, dies ist Aufgabe der sog. *Marktsegmentierung*, und das *Verhalten* der Konsumenten und das der eigenen Zielgruppe so genau wie möglich zu kennen: *„Wer* (Käuferstruktur), *kauft was* (Stellung im Konsumsystem), *wofür* (Verwendungszweck), *wie oft* (Intensität und Häufigkeit der Kaufakte), *wann* (Zeitpunkt des Kaufs), *wo* (Einkaufsstätte) und *warum* (Bestimmungsgründe des Kaufs)?“ (Meffert 1993, Sp. 2245). Damit wird deutlich, daß die Informationsversorgung im Konsumgüter-Marketing ein qualitativ wie quantitativ anspruchsvolles Problem darstellt.

Für die Beschaffung dieses komplexen Informationsspektrums steht die gesamte *Methodik* der Marketing- bzw. Marktforschung zur Verfügung (vgl. Hammann/Erichson 1994). Die Konsumgüter-Marktforschung wird von den Erhebungsmethoden der Primärforschung, Befragung (z.B. für Imageanalysen), Beobachtung (z.B. Handhabungsuntersuchungen) und Experiment (z.B. Store-Test), dominiert.

Eine besonders wichtige Position nimmt die *Panelmethode* in Form von Haushalts-, Individual- und Handelspanels ein. Das *Haushaltspanel* z.B. liefert in regelmäßigen Zeitabständen die oben angeführten Verhaltensdaten der privaten Haushalte mit Ausnahme der Kategorie *„warum“* (Bestimmungsgründe des Kaufs). Das Spektrum dieser Informationen umfaßt nicht nur das Kaufverhalten in bezug auf das eigene Produkt, es schließt auch die der *Konkurrenten* ebenso mit ein wie die entsprechenden Daten über die *Absatzmittler.* Die Methode generiert somit aktuelle Daten z.B. über Marktanteile und Marktvolumen bei Kaffeemarken, identifiziert Intensivverwender etwa bei der Mundhygiene oder preisreagible Markenwechsler bei Süßwaren.

Für das *Kaufverhalten* der Konsumenten ist eine Vielzahl von grundsätzlichen und situativen Variablen verantwortlich; diese reicht von der Art des Produktes (Convenience, Shopping oder Speciality Goods) über die Wichtigkeit eines Kaufs (High-Involvment- versus Low-Involvement-Käufer) bis hin zu aktuellen Werten und Einstellungen, etwa einem starken Trend zum Individualismus und eine sehr starke Erlebnisorientierung. In der Marketing-Wissenschaft werden zur Beschreibung und Erklärung und damit zur Prognose des Käuferverhaltens *Partialmodelle* (mit nur einer oder wenigen Variablen, z.B das

Involvement-Konzept oder der Lebensstil-Ansatz) und *Totalmodelle* (die das Kaufverhalten prozessual-ganzheitlich erfassen, z.B. das Kaufprozeßmodell von Howard/Sheth) entwickelt und z.T. empirisch überprüft (vgl. Kroeber-Riel 1992).

C. Planung des Konsumgüter-Marketing

Die Marketing-Planung umfaßt die relevanten Entscheidungen des strategischen und operativen Marketing einschließlich der Budgetierung. Als Ergebnis der Marketing-Planung ergibt sich der Marketing-Plan.

1. Strategisches Marketing

Das strategische Marketing hat in erster Linie die Aufgabe, *langfristig* angelegte *Erfolgskonzepte* zur *Zukunftssicherung* des Unternehmens zu entwickeln. Im Mittelpunkt dieser Aufgabe steht die Planung von strategischen Marketing-Zielen und entsprechenden Marketing-Strategien.

a) Strategische Marketing-Ziele

Grundsätzlich sind *Marketing-Ziele* derivative Ziele im Rahmen der unternehmerischen Formalzielkonzeption. Als strategische Marketing-Ziele sind dabei solche Ziele anzusehen, deren zeitlicher Bezug über eine einjährige Betrachtung hinausgeht, wobei Bezugszeiträume von bis zu zehn Jahren denkbar sind. Folgende *Basiskategorien* von strategischen Marketing-Zielen lassen sich erkennen: *Marktziele* (z.B. Umsätze), *Ertragsziele* (z.B. Produktgewinn) und *Leistungsziele* (z.B. ökologische Verantwortung). In der konkreten Ausprägung dieser Zielkategorien können qualitative (z.B. das Produktimage) und quantitative (z.B. ein spezifischer Deckungsbeitrag) Zieldimensionen differenziert werden.

b) Marketing-Strategien

Zur Erreichung der gesetzten strategischen Marketing-Ziele müssen geeignete *Marketing-Strategien* generiert werden. Sie beinhalten die zielorientierte Festlegung der grundlegenden Stoßrichtungen für das künftige Auftreten im Markt. Die *Wahl* der geeigneten Marketing-Strategie ist prinzipiell abhängig von der gegebenen und zukünftigen Unternehmens-, Wettbewerbs- und Umweltkonstellation. Eine den Erfolg zwingend auslösende Strategie kann es jedoch für einen Konsumgüteranbieter nicht geben. Eine Differenzierung von Marketing-Strategien kann nach dem inhaltlichen Wirkungsrahmen in Grundsatz- und Instrumentalstrategien vorgenommen werden.

Grundsatzstrategien besitzen übergreifenden Charakter, sie legen fest, auf welchen Märkten welche Leistungen wie und wo angeboten werden. Von Bedeutung sind für den Konsumgüteranbieter dabei neben den *Wettbewerbsstrategien* (Schaffung von Wettbewerbsvorteilen durch spezifische Kompetenzen, vgl. Porter 1992) insbesondere die konsumentenorientierten und die handelsorientierten Strategien. Zur ersten Kategorie gehören zum einen jene Strategien, die die Art der *Marktbearbeitung* festlegen - differenzierte versus undifferenzierte sowie preismengenorientierte versus präferenzorientierte Marktbearbeitung (vgl. Becker 1993) - und zum anderen die *Markierungs- bzw. Produktmarkenstrategien*. Letztere werden nach Einzelmarken-, Mehrmarken-, Markenfamilien- und Dachmarkenstrategien differenziert. Die so markierten Produkte werden als *Markenartikel* bezeichnet (z.B. Nivea, Coca Cola oder Volkswagen); sie werden nach dem *Push-* und *Pull-System* vermarktet. Dies beinhaltet ein sog. „Hineinverkaufen" in den Einzelhandel (Push-Effekt) und Schaffung von Nachfrage beim Konsumenten insbesondere durch kommunikative Maßnahmen (Pull-Effekt). *Handelsorientierte Strategien* schließlich legen das grundsätzliche Verhalten gegenüber den Absatzmittlern fest; als Optionen gelten Anpassungs-, Konflikt-, Umgehungs- und Kooperationstrategie.

Instrumentalstrategien beziehen sich auf den Einsatz der Marketing-Instrumente. Sie stellen grobe Handlungsrahmen für den Einsatz der jeweiligen Instrumente dar. Sie werden aus den Grundsatzstrategien abgeleitet und sind das Bindeglied zu den einzelnen Instrumentalentscheidungen: Produktstrategie (z.B. Qualitätsstrategie), Kommunikationsstrategie (z.B. Verwendung von Schlüsselbildern), Preisstrategie (z.B. Hochpreisstrategie) und Distributionsstrategie (z.B. Direktmarketing-Strategie).

2. Operatives Marketing

Dem operativen Marketing kommt die Aufgabe zu, die strategischen Marketing-Ziele sowie die Marketing-Strategien mit konkreten *Marketing-Maßnahmen* umzusetzen. Dies beinhaltet zunächst die Planung operativer Marketing-Ziele, sowie die Auswahl der Marketing-Instrumente sowie deren Zusammenfassung zum Marketing-Mix. Diese Teilaufgaben werden üblicherweise in einer zeitlichen Periodisierung auf der Basis eines Geschäftsjahres erfüllt.

a) Operative Marketing-Ziele

Die *operativen Marketing-Ziele* werden aus den strategischen Marketing-Zielen abgeleitet. Die ökonomischen Bezugsgrößen für diese Ziele können sein: das gesamte Unternehmen, eine Division oder Sparte, eine Produktlinie oder Produktgruppe oder ein einzelnes Produkt. Grundsätzlich lassen sich ergebnisorientierte Ziele und Instrumentalziele differenzieren. Mit den *ergebnisorientierten Zielen* wird das Ausmaß des ökonomischen Erfolges der eingesetzten Maßnahmen festgelegt, während die *Instrumentalziele* den hierzu notwendigen Beitrag der beteiligten Marketing-Instrumente aufzeigen.

b) Marketing-Instrumente

Die Marketing-Maßnahmen bzw. Marketing-Instrumente sind im Konsumgüter-Marketing stark differenziert. Sie werden üblicherweise in vier Kategorien zusammengefaßt: Instrumente der Produkt-, Kommunikations-, Kontrahierungs- und Distributionspolitik. Der Begriff *Instrument* beinhaltet, daß ein Zweck-Mittel-Verhältnis angesprochen wird: Der Einsatz der Instrumente im Markt soll durch entsprechende Reaktionen der Zielgruppen die Erreichung der gesetzten operativen Marketing-Ziele bewirken. Über jedes Marketing-Instrument muß eine Entscheidung gefällt werden.

Die *Produktpolitik* umfaßt alle Entscheidungen, die sich auf die markt- und umweltgerechte Gestaltung der einzelnen Produkte und des Leistungsprogramms des Unternehmens beziehen (vgl. Koppelmann 1993). Dabei geht es um Einzelprodukt- (neue Produkte, Produktvariation, Produktelimination), Programm-, Qualitäts- und Serviceentscheidungen. Die Produktpolitik im Konsumgüter-Marketing wird immer schwieriger zu entscheiden, da bei hoher Konkurrenz die Anzahl der Marktinnovationen geringer und die funktionale Qualität konkurrierender Produkte immer ähnlicher wird.

Grundsätzlich geht es bei der *Kommunikationspolitik* (vgl. Berndt/Hermanns 1993) um die Übermittlung von Informationen zum Zwecke der Beeinflussung von Meinungen, Einstellungen und Verhalten von Zielgruppen. *Objekte* der Kommunikation können das Unternehmen, man spricht dann von *Unternehmenskommunikation*, und die Angebote des Unternehmens, man spricht dann von *Angebots- oder Markenkommunikation*, sein. Als Instrumente der Kommunikationspolitik bzw. Marketing-Kommunikation gelten: Werbung, Öffentlichkeitsarbeit (Public Relations), Verkaufsförderung (Sales Promotions), Teilnahme an Messen und Ausstellungen, Sponsoring, Product Publicity, Product Placement und Mitarbeiter-Kommunikation. Diese Kommunikationsinstrumente ermöglichen zum Teil eine *direkte* und/oder *indirekte* Kommunikation mit den Zielgruppen.

Die Vereinbarungen, die zwischen einem Käufer und Verkäufer bei einem Kauf bzw. Verkauf erzielt werden, sind Gegenstand des Kaufvertrages. Die *Kontrahierungspolitik* befaßt sich mit der Gestaltung der Gesamtheit der vertraglichen Vereinbarungen über die angebotenen Leistungen der Unternehmen (vgl. Diller 1991). Dabei sind Entscheidungen und Vereinbarungen über die Preis- und Konditionenpolitik zu treffen. Gegenstand der *Preispolitik* ist die Festlegung der Verkaufspreise. In der Konsumgüterpraxis dominieren drei Konzepte der Preisbestimmung: Kosten-, Nachfrage- und Konkurrenzorientierung. Die *Konditionenpolitik* umfaßt alle kontrahierungspolitischen Instrumente, die neben dem Preis Bestandteil vertraglicher Vereinbarungen für das Leistungsentgelt bei einer Transaktion sein können. Differenziert werden Rabatte, Zahlungsbedingungen, Lieferungsbedingungen und Möglichkeiten der Krediteinräumung.

Die *Distributionspolitik* befaßt sich mit all jenen Entscheidungen, die im Zusammenhang mit dem Weg des Produktes vom Hersteller zum Endnachfrager stehen; dies sind absatzwegeorientierte und distributionslogistische Entscheidungen (vgl. Ahlert 1991). Hinsichtlich der *absatzwegeorientierten Entscheidungen* stehen schwerpunktmäßig die folgenden Entscheidungen im Vordergrund: Absatzwegewahl (direkt/indirekt), Absatzmittlerwahl, Verkauf (persönlich/unpersönlich) und Verkaufsorgane. Bei der *Distributions- bzw. Marketing-Logistik* geht es um alle betrieblichen Entscheidungen zur Realisierung des Absatzes, also um den räumlichen, zeitlichen und mengenmäßigen Transfer der Produkte von ihrer Fertigstellung bis hin zu den Abnehmern. Das grundlegende logistische Problem besteht darin, das richtige Produkt im richtigen Zustand in der richtigen Menge zur richtigen Zeit am richtigen Ort zur Verfügung zu stellen.

c) Marketing-Mix

Die einzelnen Marketing-Instrumente der Produkt-, Kommunikations-, Kontrahierungs- und Distributionspolitik werden zum sog. *Marketing-Mix* zusammengefaßt. Hierunter bezeichnet man die integrierte Kombination der Marketing-Instrumente für einen konkreten Planungsfall zur Erreichung der operativen Marketing-Ziele.

Für einen solchen *Planungsfall* muß entschieden werden,

- welche Instrumente eingesetzt werden sollen *(qualitative Dimension* des Marketing-Mix),
- in welchem Umfang die einzelnen Instrumente eingesetzt werden sollen *(quantitative Dimension* des Marketing-Mix) und
- wie lange und in welcher zeitlichen Abstimmung die Instrumente eingesetzt werden sollen *(zeitliche Dimension* des Marketing-Mix),

damit eine zieladäquate Reaktion der Zielgruppen zu erwarten ist. Die Marktreaktion hängt darüber hinaus maßgeblich von der Qualität der getroffenen Maßnahmen ab.

Die Frage nach der Bestimmung des *optimalen Marketing-Mix* für ein spezifisches Konsumprodukt auf der Basis von quantitativen Entscheidungsmodellen ist derzeit nur theoretisch mit „Ja", praktisch jedoch mit „Nein" zu beantworten. Dies liegt u.a. daran, daß sich der Einfluß der einzelnen Marketing-Instrumente sowie deren Zusammenspiel auf die Marktreaktion empirisch nicht bestimmen läßt, so daß sich keine in ihren Wirkungen erklärbare *Marktreaktionsfunktion* ableiten läßt. In der Praxis des Konsumgüter-Marketing erfolgen Marketing-Mix-Entscheidungen vorwiegend nach heuristischen Prinzipien.

3. Marketing-Budgetierung

Marketing-Budgets sind eine schriftliche Zusammenfassung der geplanten monetären Vorgaben für bestimmte Organisationseinheiten im Marketing. Die *Marketing-Budgetierung* umfaßt dabei alle Konzepte und Instrumente zur Erstellung solcher Vorgaben. Zu unterscheiden sind ein strategischer und ein operativer Budgetierungsansatz im Konsumgüter-Marketing.

Bei der *strategischen Budgetierung* werden auf der Basis der geplanten strategischen Marketing-Entscheidungen die langfristig benötigten Finanzmittel anhand der erforderlichen Marktinvestitionen und der Erlösmöglichkeiten pro Periode für den strategischen Zeitraum festgestellt. Hinsichtlich der Verwendung geht es darum, die betroffenen organisatorischen Einheiten, z.B. das Produktmanagement, frühzeitig auf die finanziellen Planungskonsequenzen hinzuweisen, auch wenn es sich dabei häufig nur um vorläufige Schätzungen handelt (vgl. Köhler 1992, S. 134).

Die *operative Budgetierung* knüpft an die operative Marketing-Planung an. Aus den Entscheidungen, welche Marketing-Maßnahmen durchgeführt werden sollen, ergeben sich Schätzungen der dafür anfallenden Kosten. Daraus resultieren Marketing-Budgets, in die pro Stelle oder Abteilung auch innerbetriebliche Leistungsverrechnungen eingehen müssen wie z.B. variable Marktforschungskosten (vgl. Köhler 1992, S. 136).

4. Marketing-Plan

Der Marketing-Plan faßt die Ergebnisse der Analyse-, Prognose- und Planungsphase des Marketing-Management *schriftlich* zusammen. Zielsetzung des Marketing-Plans ist die Selbstbindung des Marketing-Management sowie die Information der sonstigen Führungskräfte, soweit diese nicht in den Planungsprozeß involviert sind.

Der Marketing-Plan bezieht sich auf strategische Geschäftsfelder, Produktgruppen oder einzelne Produkte. Nach Inhalt und Umfang kann ein Marketing-Plan unterschiedlich strukturiert sein, dies hängt vom gewünschten *Detaillierungsgrad* des jeweiligen Unternehmens ab. Im Regelfall umfaßt der Marketing-Plan jedoch die folgenden Bestandteile (in Anlehnung an Kotler/Bliemel 1992, S. 104):

- *Management Summary:* Gesamtüberblick über den vorgesehenen Plan zur schnellen Information.
- *Analyse der aktuellen Marketing-Situation:* Auflistung der wichtigsten Hintergrunddaten über den Markt, das Produkt, die Konkurrenz und das Makroumfeld.
- *Chancen/Risiken und Stärken/Schwächen:* Zusammenfassung der wichtigsten Chancen und Risiken, Stärken und Schwächen sowie der daraus resultierenden Problemfragen für das Produkt.
- *Marketing-Ziele:* Formulierung der strategischen Marketing-Ziele, z.B. Positionierung, langfristiger Marktanteil usw., und der operativen Marketing-Ziele, z.B. Produktumsatz, Produktbekanntheitsgrad usw.
- *Marketing-Strategien:* Festlegung der Strategien zur Verfolgung der strategischen Marketing-Ziele.
- *Marketing-Mix und Aufgabenzuordnung:* Festlegung, was im einzelnen getan wird, wer es tun wird und wann es getan wird.
- *Marketing-Budget und Ergebnisplanrechnung:* Ermittlung und Zuordnung der Kosten für die Marketing-Maßnahmen und zusammenfassende Darstellung des voraussichtlichen Ertrages und dessen Zusammensetzung.

D. Marketing-Kontrolle

Die Marketing-Kontrolle ist eine unverzichtbare Funktion des Marketing-Management, ohne sie wäre letztlich eine sinnvolle Marketing-Planung in dynamischer Sicht nicht möglich (vgl. Kotler/Bliemel 1992). Marketing-Kontrolle beinhaltet die systematische, kritische und unvoreingenommene Prüfung und Beurteilung der Ziele, Strategien und Operationen im Marketing.

Die Gewinnung von *Kontrollinformationen* erfolgt idealtypisch in fünf Schritten: Auswahl der Kontrollgröße sowie Festlegung von Sollgrößen bzw. Standards, Festlegung von Toleranzgrößen, Ermittlung der Ist-Werte, Vergleich der Soll-Werte mit den Ist-Werten, Analyse und Interpretation der Vergleichsergebnisse.

Die gesamte Marketing-Kontrolle läßt sich in eine ergebnisorientierte und eine prozeßorientierte Kontrolle differenzieren. Die *ergebnisorientierte Marketing-Kontrolle* bezieht sich auf die Wirkungen der Gesamtheit der Marketing-Instrumente und auf die Wirkungen einzelner Instrumente, Grundlage können dabei ökonomische und außer-ökonomische Größen sein. Bei der *prozeßorientierten Marketing-Kontrolle*, dem *Marketing-Audit*, handelt es sich im Prinzip um die Prüfung der Prämissen und Rahmenbedingungen für Planungen und Steuerungsmaßnahmen im Marketing-Bereich. Beurteilt wird also die Arbeitsweise des Marketing-Management und das Entstehen von Marketing-Aktivitäten. Die Einteilung des Marketing-Audit kann nach vier Gesichtspunkten vorgenommen werden: Verfahrens-, Strategien-, Marketing-Mix- und Organisations-Audit.

E. Organisation des Konsumgüter-Marketing

Für die Gestaltung der *Aufbauorganisation* im Konsumgüter-Marketing haben sich in der Praxis die Konzepte des Produkt- und des Kundengruppenmanagement durchgesetzt; ergänzt werden diese Lösungen durch das Projektmanagement (vgl. Nieschlag/Dichtl/Hörschgen 1994).

Der Ansatz des *Produktmanagement* sieht in der Grundform vor, daß bestimmte Personen - die Produktmanager - ausschließlich ein spezielles Produkt betreuen. Bei der Vielfalt von marketing-relevanten Abteilungen soll dadurch sichergestellt werden, daß sich ein Manager um die gesamte Koordination und Integration des Marketing eines Produktes kümmert.

Das *Kundengruppenmanagement*, auch *Key-Account-Management* genannt, hat die konkrete Aufgabe, sich ausschließlich um die Geschäfte mit einem oder mehreren Schlüsselkunden zu kümmern. Diese Organisationsvariante im Verkauf entstand vor allem durch die enorme Konzentration in der Einzelhandelsebene und der damit verbundenen Beschaffungsmacht des Handels.

Beim *Projektmanagement* handelt es sich um eine teamorientierte Organisationsform, die in erster Linie Kreativität und abteilungsorientierte Problemlösungen fördern soll. Hierzu wird z.B. ein Team aus Fachspezialisten aus Marketing, F&E und Produktion gebildet, um die Entwicklung eines neuen Produktes vorzunehmen.

F. Entwicklungstendenzen im Konsumgüter-Marketing

Die Entwicklungstendenzen im Konsumgüter-Marketing werden sehr stark von den vorherrschenden Werten und Einstellungen, aber auch vom konkreten Kaufverhalten der Konsumenten bestimmt. Die folgenden *Orientierungen* in unserer Gesellschaft werden für das künftige Konsumverhalten als besonders wichtig erachtet:

- Streben nach Individualisierung,
- Erlebnisorientierung,
- Genußorientierung,
- Ökologieorientierung,
- Gesundheitsorientierung und
- Freizeitorientierung.

Daneben manifestieren sich in bezug auf das *konkrete Kaufverhalten* die folgenden Tendenzen:

- *Hybrides Kaufverhalten:* Das individuelle Kaufverhalten ist zunehmend durch ein Nebeneinander von Teuer-, Preiswert- und Billigkäufen geprägt.
- *Verringerte Markenloyalität:* Die Bereitschaft zum Markenwechsel der Konsumenten nimmt zu.
- *Höherer Freizeitkonsum:* Die zunehmende Freizeit und deren Gestaltung bindet mehr und mehr Kaufkraft an entsprechende Freizeitprodukte einschließlich der Tourismusprodukte.
- *Kritisches Konsumverhalten:* Die Konsumenten tolerieren immer weniger Schwächen und Fehler der Anbieter.
- *Steigende Serviceforderungen:* Die Konsumenten orientieren sich immer weniger am *Produkt als Hardware*, die Inanspruchnahme von Dienstleistungen steigt, *„value added services" im Produktumfeld* werden stärker nachgefragt.

Aus den genannten Konsumentenorientierungen und den Tendenzen aus dem konkreten Verhalten der Konsumenten resultiert für die Anbieter von Konsumgütern eine Reihe von *Veränderungspotentialen:*

Markenwechsel und abnehmende Markentreue implizieren eine Umorientierung der bisherigen Grundsätze der Führung von Marken. Gleichbleibendes Image und gleichbleibender kommunikativer Auftritt waren konstitutive Elemente der Markenpolitik. *Individualisierung und Erlebnisorientierung* müssen auf das Image und die Kommunikation von Markenartikeln sinngemäß transferiert werden. Die Marke als Kristallisationspunkt muß dabei erhalten werden. Die hierfür notwendigen Bindungen werden ergänzend über neue Marketing-Instrumente, wie z.B. Kundenclubs, die etwa spezifische Vorteile beim Kauf und sonstige Vorteile häufig im Rahmen der Freizeitgestaltung bieten, oder durch Sponsoring, das auf neuen Wegen andere Erlebnis- und Imagewelten erschließt, geschaffen.

Besonders die zunehmende Bedeutung der *Freizeit* einschließlich des *Tourismus* eröffnet für die Anbieter von Konsumgütern innovative Produktspielräume für fast alle Zielgruppen. Der anhaltende Trend bspw. zu Funsportarten bei Jugendlichen, wie Snow-Boarding, Snake-Boarding, Street-Ball, Beach-Ball usw., hat der Sportartikelindustrie eine Vielzahl von innovativen Produkten in den Bereichen Sportgeräte und Sportausrüstung beschert. Im Tourismus entwickeln sich durch den zunehmenden *Individualismus* neue Angebotsformen und damit zusätzliche Absatzmöglichkeiten im Sinne modularer Angebotskomponenten, die je nach Zielgruppe und Reisebudget zu Individualreisen kombiniert werden können.

Das Streben nach *Individualisierung* hat mehr und mehr zur Folge, daß die Konsumenten individuelle Angebote wünschen und auch eine individuelle kommunikative Ansprache erwarten. Dies führt zu einer wachsenden Bedeutung des *Direkt-Marketing* mit einer ausgeprägten *Dialogkommunikation* zwischen Hersteller bzw. Anbieter und Konsument. Hier wird deutlich, daß das Konsumgüter-Marketing in Zukunft nicht mehr auf bloße Kaufbeeinflussung hin angelegt sein wird, sondern daß die Marketing-Instrumente zur Gestaltung von *Beziehungen* zum Konsumenten eine stärkere Prozeßorientierung erlangen. Die erwähnte Dialogkommunikation wird in diesem Zusammenhang zukünftig stärker durch neue *interaktive Medien,* wie z.B. über CD-ROM auf dem PC oder dem interaktiven Fernsehen, gestaltet werden; *multimediale Techniken* werden dabei auch der *Erlebnisorientierung* der Konsumenten stärker gerecht werden als dies bisher die Kommunikation über den Bildschirm ermöglichte. Ein interessantes Beispiel für die Anfänge dieser neuartigen Dialogkommunikation stellt der OTTO-Katalog Herbst/Winter 1994/95 dar, der auf CD-ROM verfügbar ist. Er enthält multimediale Bestandteile (Video und Ton zu Text, Bild und Grafik) und ermöglicht eine elektronische Bestellung über Modem.

Die Faktoren *Ökologie und Gesundheit* werden zu einem radikalen Umdenken hinsichtlich der Art, der Zusammensetzung, der Verpackung usw. von Produkten führen. Der ökologische Kreislaufgedanke und die gesundheitlichen Auswirkungen werden mehr und mehr die Beurteilung von Produkten aus Konsumentensicht mitbestimmen und zu entsprechenden Produktveränderungen führen.

Beschwerden von Konsumenten über Produktmängel, Verwendungsprobleme, Qualitätsschwankungen, Serviceschwächen u.ä. werden in der Zukunft zu einer neuen Auffassung von *Kundenorientierung und durchgängiger Qualitätsorientierung* i.S. einer kundenorientierten Unternehmensführung in den Unternehmen führen, ein *proaktives Beschwerde-Management* wird zum Regelfall werden.

Über diese Entwicklungstendenzen hinaus wird sich die Anwendung von Lean Management i.S. einer markt- und kundenorientierten Unternehmensführung auf die *Marketing-Organisation* des Konsumgüter-Anbieters auswirken: stärkere Diffusion der Marketing-Orientierung in alle Fachabteilungen und Zunahme von teamorientierten Strukturen bei der Erfüllung von Marketing-Funktionen. Ferner zeichnet sich auch für die Konsumgüteranbieter eine stärkere *Internationalisierung* mit einem entsprechenden internationalen Marketing ab (vgl. Hermanns/Wißmeier 1995).

Literatur:

AHLERT, D.: Distributionspolitik: Das Management des Absatzkanals, 2. Aufl., Stuttgart 1991.

BECKER, J.: Grundlagen der Marketingkonzeption, 5. Aufl., München 1993.

BERNDT, R.: Marketing; Bd. 1: Käuferverhalten, Marktforschung und Marketing-Prognosen, 2. Aufl., Berlin et al. 1992; Bd. 2: Marketing-Politik, 2. Aufl., Berlin et al. 1992; Bd. 3: Marketing-Management, Berlin et al. 1991.

BERNDT, R.; HERMANNS, A. (HRSG.): Handbuch Marketing-Kommunikation. Strategien, Instrumente, Perspektiven, Wiesbaden 1993.

DILLER, H.: Preispolitik, 2. Aufl., Stuttgart et al. 1991.

HAMMANN, P.; ERICHSON, B.: Marktforschung, 3. Aufl., Stuttgart/Jena 1994.

HERMANNS, A.; SCHMITT, W.; WISSMEIER, U.K. (HRSG.): Handbuch Mode-Marketing. Grundlagen, Strategien, Instrumente, Frankfurt a.M. 1991.

HERMANNS, A.; FLEGEL, V. (HRSG.): Handbuch des Electronic Marketing. Funktionen und Anwendungen der Informations- und Kommunikationstechnik im Marketing, München 1992.

HERMANNS, A.; WISSMEIER, K.U. (HRSG.): Internationales Marketing-Management, München 1995.

KÖHLER, R.: Budgetierung, in: Vahlens großes Marketinglexikon, hrsg. v. H. Diller, München 1992, S. 134-136.

KOPPELMANN, U.: Produktmarketing, 4. Aufl., Berlin et al. 1993.

KOTLER, P.; BLIEMEL, F.: Marketing-Management, 7. Aufl., Stuttgart 1992.

KROEBER-RIEL, W.: Konsumentenverhalten, 5. Aufl., München 1992.

MEFFERT, H.: Konsumgütermarketing, in: HWB, Bd. 2, hrsg. v. W. Wittmann et al., 5. Aufl., Stuttgart 1993, Sp. 2241-2255.

MEFFERT, H.: Was kann der Motor Marketing leisten? in: asw, 37. Jg. (1994), Sondernummer Oktober, S. 16-30.

NIESCHLAG, R.; DICHTL, E.; HÖRSCHGEN, H.: Marketing, 17. Aufl., Berlin 1994.

PORTER, M.: Wettbewerbsstrategie, 7. Aufl., Frankfurt a.M./New York 1992.

TIETZ, B.: Der Handelsbetrieb, 2. Aufl., München 1993.

Dieter J. G. Schneider

Investitionsgüter-Marketing

A. Einleitung

1. Aufgabe des Investitionsgüter-Marketing

Das Investitionsgüter-Marketing hat die Aufgabe, Unternehmungen des Investitionsgüterbereichs im Rahmen ihrer Geschäftsfelder so auf die Lösung von Kundenproblemen auszurichten, daß die Unternehmungsleistungen von den Kunden im Rahmen des jeweiligen Wettbewerbsumfeldes präferiert werden. Backhaus (1990, S. 17ff.) spricht von komparativen Konkurrenzvorteilen. Dabei können Ansatzpunkte für überlegene Gesamtleistungen sowohl in den Wertketten (vgl. Porter 1985) der Anbieter als auch in der eigenen Wertkette liegen, da es den Kunden nicht nur um den Kauf von Produkten (z.B. einer Erodiermaschine), sondern um die Lösung ihrer Leistungserstellungsprobleme (z.B. den auftragsbezogenen Formenbau) und in diesem Zusammenhang auch um Investitions- und Finanzierungsprobleme geht, an die sich weitere, mit der Aufrechterhaltung der Leistungsfähigkeit der Kundenunternehmungen zusammenhängende Probleme (z.B. Logistik, Service, Beratung, Schulung) knüpfen. Die Probleme der Kunden liegen nicht nur darin, daß sie z.B. neue Maschinen oder Komponenten kaufen wollen, sondern in tiefer liegenden Problemschichten. Es zeigen sich z.B. neue Marktchancen bzw. -erfordernisse für die Unternehmung, die mit der vorhandenen Ausrüstung nicht wahrgenommen werden können; es sollen neue Produkte hergestellt werden, für die technisch geeignete Zulieferteile just in time beschafft werden müssen; es sollen Verwaltungs-, Informations- und Kommunikationsprobleme einer Unternehmung effizienter gelöst werden, wofür geeignete Systemtechnologien mit Hard- und Software erforderlich sind, usw. Die Kundenorientierung kann dabei so weit gehen, daß nicht nur die Wertketten der unmittelbaren Abnehmer, sondern auch jene der Kunden der Abnehmer in Marketingüberlegungen einbezogen werden. Das führt dann auch dazu, daß Produkte immer mehr mit Dienstleistungen, z.B. Qualitätskontrolle nach Standards der Abnehmer, JiT-Anlieferung, Schulungen usw., angereichert werden.

Marketing übt damit eine *koordinierende und integrative Funktion* aus, da wettbewerbsbezogene Konkurrenzvorteile durch die Koordination der Unternehmungsfunktionen des Anbieters auf wertsteigernde Effekte in den Wertketten der unmittelbaren und mittelbaren Abnehmer erreichbar sind. Es geht um den Aufbau von Kundenzufriedenheit und Kundenbindung über wahrgenommene Nutzenvorteile der Leistungen des Anbieters im Vergleich zu denen der Wettbewerber.

2. Einordnung des Investitionsgüter-Marketing

Das Investitionsgüter-Marketing ist ein Teilgebiet der Wissenschaft und Lehre vom Marketing. Konzeptionelle Grundgedanken, wie etwa das Ansetzen bei Kundenproblemen, die Einteilung des Instrumentariums, die Idee der Segmentierung des Marktes usw. gelten daher auch hier. Die jeweilige inhaltliche Ausgestaltung weicht allerdings i.d.R. erheblich von der des Konsumgüter-Marketing ab, wenn es auch Randbereiche gibt, die in ihrer konzeptionellen Ausgestaltung dem Konsumgüter-Marketing sehr ähnlich sind.

Eine geschlossene Darstellung des Investitionsgüter-Marketing stößt deshalb auf Probleme, weil der Bereich der Investitionsgüter äußerst *heterogene Leistungen* (z.B. Rohstoffe, Energie, einfache, aber auch sehr komplexe Teile und Aggregate, investive Dienstleistungen und hochkomplexe Systeme, z.B. Kraftwerke) umfaßt, die an sehr *unterschiedlich strukturierte Abnehmer*, wie Klein-, Mittel- und Großunternehmen, Verbände, Gebietskörperschaften, Behörden, Regierungen usw., abgesetzt werden. Hiermit sind sehr unterschiedliche Transaktionssituationen (vgl. Plinke 1991, S. 174 ff.) aus der Sicht von Nachfragern (Transaktionen im Produktgeschäft, Transaktionen im Anlagengeschäft) und aus der Sicht von Anbietern (Marketing auf anonymen Märkten bzw. Marktsegmenten, Marketing in längerfristigen Geschäftsbeziehungen, Marketing beim einzelnen Auftrag) verbunden, die unterschiedliche konzeptionelle Antworten erforderlich machen.

3. Zum Begriff des Investitionsgutes

Die Abgrenzung des Investitionsgüter-Marketing hängt eng mit der begrifflichen Fassung des Wortes Investitionsgut zusammen. Man unterscheidet dabei meist nach gütertypologischen, nach institutionellen oder nach kaufprozeßorientierten Gesichtspunkten.

Aus *gütertypologischer* Sicht können Investitionsgüter als Produktionsfaktoren aufgefaßt werden. Dabei werden unter diesem Begriff in enger Sicht Potentialfaktoren (z.B. Maschinen, Anlagen) und in weiter Sicht Potential- und Repetier- (bzw. Verbrauchs-) faktoren subsumiert. Vom *institutionellen* Standpunkt her können Investitionsgüter als Wirtschaftsgüter definiert werden, deren Absatz nicht an Konsumenten, sondern an privatwirtschaftliche und öffentlich-rechtliche Organisationen erfolgt. Aus *prozessualer* Sicht interessieren die Strukturen der Transaktionsprozesse in den beschaffenden sowie in den vermarktenden Organisationen. Auf der Basis von Transaktionstypen können ebenso Marketing-Konzepte aufgebaut werden wie auf der Grundlage gütertypologischer oder institutioneller Gesichtspunkte.

Aus Sicht einer eher breit angelegten Begriffsbildung, die Unterbegriffe aus verschiedenen Perspektiven zuläßt, können Investitionsgüter als Leistungen materieller und immaterieller Art (Hard- und Software) verstanden werden, die von Nicht-Konsumenten direkt oder indirekt für die Leistungserstellung zur Fremdbedarfsdeckung (private und öffentliche Unternehmungen) bzw. zur kollektiven Deckung des Eigenbedarfs (Gebietskörperschaften, Staatshaushalte usw.) beschafft werden. Meist, aber nicht immer, sind mit der Beschaffung organisationale Kaufverhaltensreaktionen verbunden (vgl. Schneider 1985).

B. Organisationales Kaufverhalten

1. Grundzüge des organisationalen Kaufverhaltens

Marketing-Konzepte und Marketing-Prozesse werden vor dem Hintergrund realen Kauf- und Verkaufverhaltens entwickelt und gesteuert. Deshalb sind diese Transaktionen, insbesondere aber das Beschaffungsverhalten von Organisationen, die i.d.R. Käufer von Investitionsgütern sind, ein zentraler Forschungsschwerpunkt des Investitionsgüter-Marketing.

Organisationale Beschaffungsprozesse sind meist mehr oder weniger komplexe und langwierige Entscheidungsprozesse, deren Strukturen und zeitliche Abläufe von der Komplexität und Neuartigkeit der Problemlösung, dem damit verbundenen organisationalen Wandel, vom relativen Wert des Investitionsobjektes sowie von anderen Einflußfaktoren (z.B. rechtlicher Status und Größe der beschaffenden Organisation, Beschaffungsusancen usw.) abhängen.

Unter Marketing-Gesichtspunkten lassen sich aus den Entscheidungssituationen der Käufer in idealisierender Weise unterschiedliche *Typen von Gütern* herauskristallisieren: Güter mit einem Spektrum von *Qualitätsdimensionen*, die bereits vor dem Kauf inspiziert werden können, solche, deren Qualitätsdimensionen erst aus der Erfahrung mit diesen Gütern beurteilbar sind und Güter, die selbst nach Produkterfahrungen nur unvollkommen in der Gesamtheit ihrer Qualitätsdimensionen überblickbar sind. Man spricht hier von Gütern, die eher *Inspektionsqualität*, solchen, die eher *Erfahrungsqualität* oder aber solchen, die eher *Vertrauensqualität* aufweisen (vgl. Darby/Karni 1973, zit. nach Backhaus 1992). Marketing-Konzepte für derartige Güter müssen entsprechend unterschiedlich konzipiert sein, wenn auch die Zurechnung zu den genannten Güter- oder Transaktionskategorien viele Probleme aufweist.

An Beschaffungsentscheidungen für Investitionsgüter sind i.d.R. mehrere Personen mit unterschiedlichem *Rollenverständnis* beteiligt. Dabei kann auch eine Person mehrere Rollen in sich vereinen und eine Rolle durch mehrere Personen wahrgenommen werden. So unterscheiden z.B. Webster/Wind (1972) in ihrem theoretischen Konstrukt des *Buying Center* die Rollen Verwender, Einkäufer, Beeinflusser, Entscheider und Informationsfilterer. Eine konstruktive Antwort des Marketing auf diese Rollenstruktur des Kaufverhaltens bei komplexen Kaufentscheidungsprozessen ist die Konzeption eines *Selling Center* als strukturelles Analogon zum Buying Center. Im *Promotorenkonzept* (vgl. Witte 1976; Gemünden 1993) werden demgegenüber Macht- und Fachpromotoren, Prozeß- und Beziehungspromotoren und Promotorengespanne sowie Opponenten zur Erklärung von Entscheidungsprozessen herangezogen, während Strothmann (1979) aus der Sicht des Informationsverhaltens einkaufsentscheidender Fachleute Image- und Fakten-Reagierer in die Diskussion gebracht hat. Letztlich handelt es sich um verschiedene Schnitte, die aus unterschiedlicher Forschungsperspektive durch den gleichen Gegenstandsbereich gelegt werden.

2. Darstellung und Erklärung des organisationalen Kaufverhaltens

Das organisationale Kaufverhalten kann mit Hilfe monoorganisationaler Partial- oder Totalmodelle (organisationale Kaufverhaltensmodelle) auf der Grundlage des *SOR(Stimulus-Organism-Response)-Paradigmas* zu beschreiben und zu erklären versucht werden. Ein Vorteil dieser Ansätze liegt darin, daß auf Strukturen aus dem Konsumgüter-Marketing zurückgegriffen werden kann und daß die Modelle eine überschaubare Komplexität aufweisen. Allerdings kann die Wechselseitigkeit der Beeinflussungs- und Aushandlungsstrukturen so nicht direkt erfaßt werden. In diesen Modellen steht damit reaktives Kaufverhalten im Vordergrund des Interesses.

Die Beschreibungen und Erklärungen der Transaktionsstrukturen und -prozesse legen zum einen die *Entscheidungsstrukturen* (Strukturmodelle) und die *Abläufe von Entscheidungsprozessen* (Phasenmodelle, Prozeßmodelle) offen und vermitteln so Ansatzpunkte für die sinnvolle Gestaltung des marketing-politischen Instrumentariums. Zum anderen bieten sie aber Ordnungsstrukturen, die eine koordinierte wissenschaftliche Analyse, theoretische Weiterentwicklung und empirische Überprüfung durch verschiedene Wissenschaftler - zumindest ansatzweise - ermöglichen.

Bei *Strukturmodellen* steht die Analyse der Einflußfaktoren des Kaufverhaltens und ihrer wechselseitigen Wirkungsbeziehungen im Vordergrund des Interesses. Dabei werden Variablen aus den Bereichen Umwelt, Organisation, Gruppe und Individuum i.S. eines neobehavioristischen SOR-Modells kombiniert und strukturiert. Webster/Wind (1972) differenzieren in ihrem Kaufverhaltensmodell diese Variablengruppen zusätzlich in aufgabenbezogene und nicht aufgabenbezogene Variablen.

Im Unterschied zu den Strukturmodellen fassen die *Ablauf- oder Phasenmodelle* der Kaufentscheidung funktionsgleiche Tatbestände systematisch zu einem idealen Phasenablauf zusammen oder versuchen das reale Ablaufgeschehen in zeitlicher Hinsicht zu gruppieren, um auch hier Marketing-Aktivitäten auf die in den einzelnen Phasen auftretenden Anforderungen in sachlicher und personeller Hinsicht abstimmen zu können. Phasenmodelle ergänzen damit die fehlende zeitliche Ablaufdimension der Strukturmodelle.

Dem Gesichtspunkt, daß Kaufprozesse im Investitionsgüterbereich durch wechselseitige Beeinflussungsaktivitäten gekennzeichnet sind, trägt der *Interaktionsansatz* Rechnung. Er geht auf Ansätze zur Austauschtheorie zurück. Gerade bei komplexen Kaufprozessen, wie z.B. dem Bau von Sondermaschinen oder dem Systemkauf usw., läuft eine Fülle von Interaktionen ab, die dazu dienen, die Leistungen zu spezifizieren und die Transaktionsbedingungen festzulegen. Je nach Kaufsituation kann es sich hierbei um dyadische, multipersonale oder multiorganisationale Interaktionen handeln, die bis zu hochkomplexen Interaktionsmustern führen können, die, wie Abbildung 1 zeigt, über *Netzwerkansätze* zu beschreiben versucht werden.

Kaufverhaltensmodelle abstrahieren i.d.R. stark von den kultur- und mentalitätsbedingten Besonderheiten, die das Verhandlungs- und Entscheidungsverhalten der potentiellen Käuferorganisationen in verschiedenen Ländern prägen oder haben das Verhalten von Organisationen westlicher Industrienationen als Hintergrund. Im Rahmen des internationalen Investitionsgüter-Marketing bieten diese Modelle daher nur das „Gerüst", in das die jeweiligen kulturspezifischen Besonderheiten erst integriert werden müssen. Es liegen damit sehr wertvolle Strukturierungsrahmen vor. Von *Erklärungs*modellen i.e.S. ist man aber noch weit entfernt.

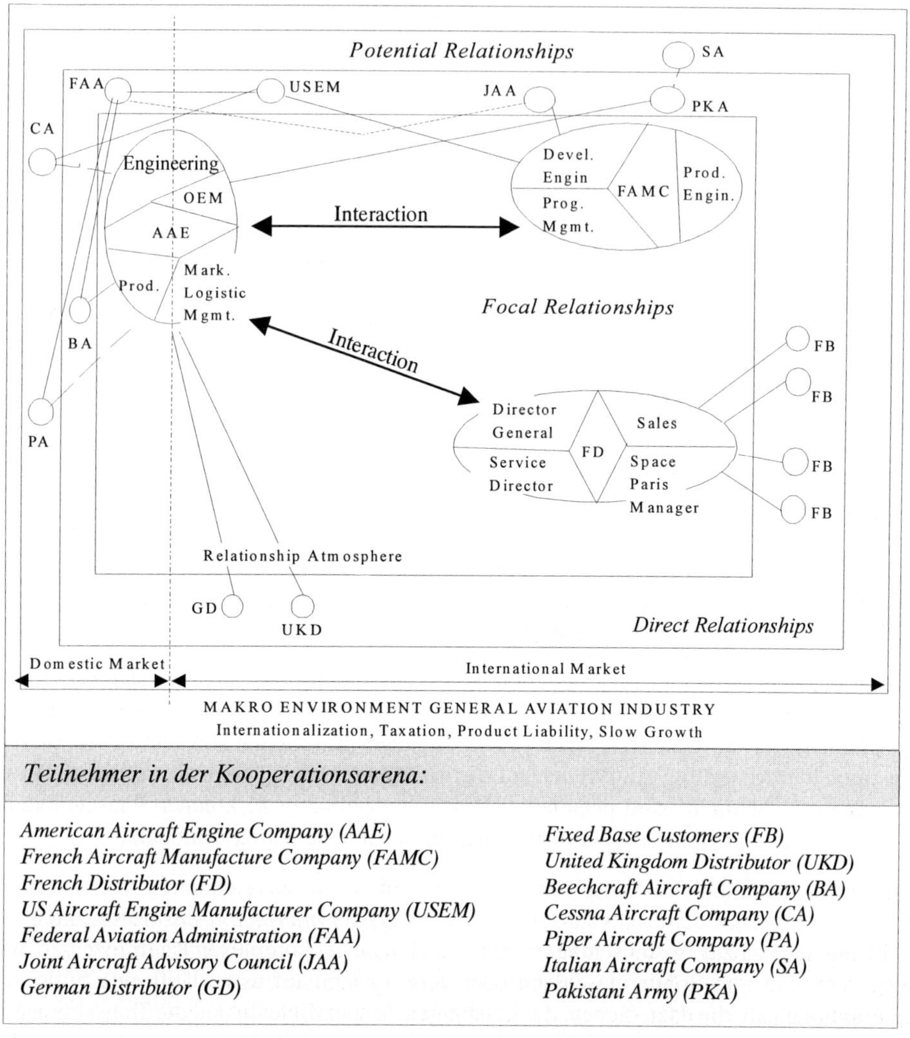

Abbildung 1: Netzwerkansatz im Investitionsgüter-Marketing (in Anlehnung an Metcalf/Frear 1992, zit. nach Wührer 1993)

C. Struktur des Marketing-Konzeptes

Die zunehmende Internationalisierung des Wirtschaftsgeschehens spielt im Investitionsgüterbereich eine besonders wichtige Rolle. Das hängt auch mit dem hohen Spezialisierungsgrad vieler Unternehmungen dieses Bereichs zusammen. Marketing für Investitionsgüter ist daher in der überwiegenden Zahl der Fälle internationales Marketing. Das erfordert schon vom Ansatz her eine internationale Ausrichtung, die in entsprechende Marketing-Konzepte umgesetzt werden muß.

Während die *operative* Marketing-Politik am Alltagsgeschäft ausgerichtet ist und die Steuerung, Koordination und Kontrolle des laufenden Markterfolges zu gewährleisten hat, beschäftigt sich die *strategische* Marketing-Politik mit dem Aufbau und der Sicherung von längerfristigen Erfolgspositionen. Strategische Marketing-Entscheidungen betreffen die Wahl der Geschäftsfelder der Unternehmungstätigkeit, Timingstrategien (Führer-, Folgerstrategien), Marktauswahl- und Markteintrittsstrategien, Kooperationsstrategien (in horizontaler und vertikaler Richtung), Basisentscheidungen für den Instrumentaleinsatz, Grundsätze der Standardisierungs- und Differenzierungspolitik usw. Dabei können strategische Entscheidungen unterschiedlicher Reichweite unterschieden werden.

Eine zentrale strategische Entscheidung ist die über die Wahl des oder der *Geschäftsfelder*. Ein Anbieter investiver Leistungen (Produkte und Dienstleistungen) wird dabei vor dem Hintergrund einer Analyse seines technischen und wirtschaftlichen Potentials, seiner Ressourcen, seines technischen Know-hows sowie der potentiellen Kundengruppen und Märkte solche Problemfelder (Kundenfunktionen und Technologien zu ihrer Lösung), Kundengruppen und Ländermärkte als Geschäftsfelder auswählen, für die er im Vergleich zu seinen Wettbewerbern technisch und wirtschaftlich wettbewerbsfähigere Problemlösungen auf den Markt bringen kann. Den integrativen Rahmen für die Erarbeitung des Marketing-Konzeptes bilden die *Corporate-Identity-Konzeption* und die gewählte *Wettbewerbsstrategie*. Strategisches Marketing-Konzept, Corporate-Identity-Strategie und Wettbewerbsstrategie sind dabei Konzepte, die auf engste und vielfältige Weise miteinander verzahnt sind.

Problemlösungen sind im Investitionsgüter-Marketing in aller Regel Kombinationen von Produkten mit oft vielfältigen Dienstleistungen wie z.B. Beratung, Projektierung, Service, Schulung und Finanzierung. Probleme von Nachfragern verschiedener Branchen und Länder unterscheiden sich häufig erheblich. Unter wettbewerbsstrategischen Gesichtspunkten muß daher geklärt werden, welche Spielräume für Standardisierung bzw. Differenzierung der Problemlösungen für verschiedene Kundengruppen (Marktsegmentierung) und Länder (Marktselektion) zur Verfügung stehen und inwieweit durch Baukastensysteme und entsprechende Gestaltung von Teilefamilien und/oder durch individualisierte Dienstleistungen angepaßte und wettbewerbsfähige Lösungen erstellt werden können. Dabei ist das *Spannungsfeld* zwischen Unternehmungsbedingungen (z.B. Zielen, Ressourcen- und Know-how-Potentialen, Unternehmungskultur) und den technischen und ökonomischen Anforderungen heterogener Kundengruppen und Ländermärkte und den jeweiligen Usancen und Mentalitäten dieser Märkte durch ein konzeptions- und marktkonformes Marketing-Mix zu überbrücken.

D. Anforderungen an ein erfolgreiches Investitionsgüter-Marketing

1. Gestaltung der Schnittstelle zwischen F&E und Marketing

Gerade bei technologieintensiven Unternehmungen bedarf es zur Realisierung einer effizienten Marketing-Konzeption eines bewußt gestalteten *Schnittstellenmanagement zwischen technischem und ökonomischem Denken* in der Unternehmung, insbesondere zwischen F&E und Marketing sowohl i.S. der strategischen Unternehmungspolitik als auch hinsichtlich der taktischen und operativen Entscheidungen dieser Bereiche. Hier bestehen häufig Disharmonien, verursacht durch Persönlichkeitsunterschiede von F&E- und Marketing-Personal, verbunden mit Differenzen in deren Zielstrukturen, Zeithorizonten, Unterschiede in den Anreizsystemen sowie Organisationsprobleme usw., die es durch entsprechende Maßnahmen aufzulösen oder abzuschwächen gilt (vgl. Schneider/Müller 1993).

Anzusetzen ist hierbei zum einen auf der personalen Ebene, indem Maßnahmen zur Steigerung der sozialen Fähigkeiten der Organisationsteilnehmer - der *interpersonalen Kompetenz* - ergriffen werden. Zum anderen können auf der organisationalen Ebene sog. *Verbindungseinrichtungen* - Verbindungspositionen (z.B. Versetzung eines Mitgliedes der F&E-Abteilung in den Marketing-Bereich), Task Forces (institutionalisierte Zusammenkünfte für spezielle Sonderaufgaben), Teams, Integrationsmanager usw. - die Koordination von F&E eher direkt vornehmen, während Planungs- und Kontrollsysteme über Standardisierung von Arbeitsergebnissen eher indirekt zur Koordination beitragen.

2. Marketing-Organisation

Eine auf die Gegebenheiten der Unternehmung und ihre Betätigungsfelder zugeschnittene Marketingorganisation ist damit eine wesentliche Voraussetzung zur konsequenten Realisierung konzeptioneller Überlegungen. Es geht dabei darum, durch organisationale Maßnahmen ein *integriertes Marketing-Konzept*, das eine flexible Anpassung an Markterfordernisse und kreative Spielräume für Mitarbeiter ermöglicht, durchsetzen zu können.

Die Integrationsfunktion des Marketing hat die Aufgabe, alle auf den Kundennutzen einwirkenden Unternehmungsfunktionen im Hinblick auf komparative Wettbewerbsvorteile zu koordinieren. Hierfür werden unterschiedliche Konzepte, wie Matrix-Organisation, Key-Account-Management, Verbindungseinrichtungen usw., eingesetzt. Gefordert sind flexible, reagible und flache Strukturen.

3. Planungs-, Informations- und Kontrollsysteme

Planungs- und Kontrollsysteme - eingebunden in ein Controlling-Konzept - sollen das Marketing-Management unterstützen. Sie haben eine Informations- und Dokumentationsfunktion, eine Koordinierungs- und Integrationsfunktion sowie eine Anreiz- und Motivationsfunktion. Gerade im Hinblick auf Kunden- und Wettbewerbsorientierung kommt diesen Funktionen im Rahmen eines marktorientierten Controlling-Systems erhöhte Bedeutung zu.

Im Investitionsgüter-Marketing werden Markt- und Technologie-Informationen zunehmend zu einem Erfolgsfaktor, denn Informationsvorsprünge lassen sich häufig in Wettbewerbsvorsprünge umsetzen. Allerdings steht im Gegensatz zum Konsumgüter-Marketing die Sekundärmarktforschung in der Praxis stärker im Vordergrund. Doch kann auch ein Investitionsgüter-Hersteller auf Primärinformationen nicht verzichten. Daher wird die systematische Gewinnung von Marktinformationen durch den Außendienst (Verkaufsingenieur, Servicepersonal usw.) und ihre Aufbereitung zu einer immer dringenderen Notwendigkeit. Im internationalen Geschäft erweitern sich - z.B. infolge unterschiedlicher sozio-kultureller und rechtlicher Bindungen in den verschiedenen Märkten - die Informationsfelder erheblich. Es müssen demnach konzeptionell und operativ geeignete Instrumentarien geschaffen werden, die die Fülle an internen und externen Daten in strategisch relevante Informationen zu transformieren vermögen. Informationsmanagement wird damit zur Führungsaufgabe.

4. Internationale Ausrichtung der Aktivitäten

Im Investitionsgüter-Marketing werden mit zunehmender Internationalisierung der Unternehmungstätigkeit die Grenzen zum *Internationalen Management* fließender, da aufgrund unterschiedlichster Markteintrittsbedingungen vieler Ländermärkte und der strategischen Erfordernisse z.T. umfangreiche Direktinvestitionen notwendig werden, die nicht aus funktionaler Marketing-Sicht allein geplant und durchgeführt werden können.

In Abbildung 2 werden die Bestandteile eines integrierten Investitionsgüter-Marketing-Konzeptes noch einmal zusammengefaßt dargestellt.

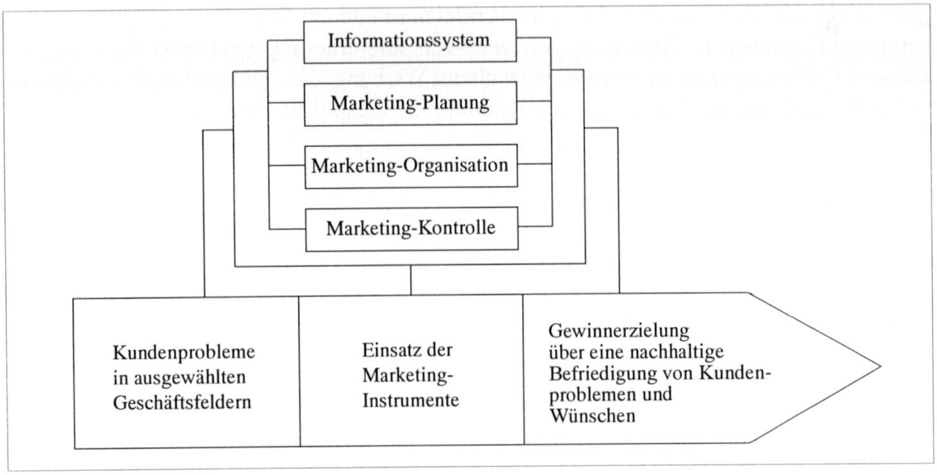

Abbildung 2: Integriertes Investitionsgüter-Marketing-Konzept

E. Marketing-Instrumentarium

Wie beim Konsumgüter-Marketing stehen auch dem Investitionsgüter-Marketing mit der Leistungspolitik, der Kommunikationspolitik, der Distributionspolitik und der Kontrahierungspolitik vier Instrumentalbereiche zur Verfügung. Allerdings weichen Gewichtung und inhaltliche Ausgestaltung wesentlich vom Konsumgüter-Marketing ab.

1. Leistungspolitik

Im Investitionsgüter-Marketing ist die Leistungspolitik von zentraler Bedeutung. Mit steigender Komplexität der Produkte und steigendem Technologieniveau gewinnt sie an Dominanz gegenüber den anderen Marketing-Instrumenten. Wichtige Entscheidungsbereiche sind hier die Produktgestaltung, der Grad der Individualisierung oder Standardisierung, der Spezialisierungsgrad der Produkte, die Produktqualität und die Integrierbarkeit in bestehende, zunehmend computergesteuerte Fertigungssysteme (Integralqualität) sowie der Anteil der Softwareleistungen an der angebotenen Problemlösung.

2. Kommunikationspolitik

In der Kommunikationspolitik spielt die kommunikative Seite des *Personal Selling* (persönliche Kommunikation) eine dominierende Rolle, da ein Verkauf der meist komplexen und in hohem Maße beratungs- und erklärungsbedürftigen Investitionsgüter des persönlichen Verkaufsgesprächs und personengebundener Verhandlungen bedarf. Der persönliche Verkauf wird hierbei durch das Instrument der *Verkaufsförderung* mit stärker *sachbetonten* (z.B. Prospekten, Katalogen, Verkaufshandbüchern, Wirtschaftlichkeitsrechnungen, Referenzen, Tonbildschauen, Werbegeschenken) oder mit *personenbezogenen* Maßnahmen (z.B. Schulungen, Training, Betriebsbesichtigungen, Messen, Ausstellungen, Fachtagungen) direkt oder indirekt unterstützt. Im Vergleich mit den meisten Kommunikationskonzepten im Konsumgüter-Marketing gewinnen Verkaufsförderung und Direkt-Werbung eine stärkere Bedeutung gegenüber mediengestützter Werbung, die - wie auch Public Relations - eher als flankierende Maßnahme der Kommunikationspolitik eingesetzt wird.

3. Distributionspolitik

Im Rahmen der Distributionspolitik sind durch die Komplexität, Beratungs- und Verhandlungsbedürftigkeit der Hard- und Software-Kombinationen *direkte* Formen des Vertriebs (z.B. über Vertriebsingenieure oder Mitglieder der Geschäftsleitung) dominant. Aber auch Formen des *indirekten* Vertriebs über unterschiedliche Absatzmittler (z.B. Handelsvertretungen oder Produktionsverbindungshandel) sind - speziell beim internationalen Investitionsgüter-Marketing - von nicht zu unterschätzender Bedeutung. Auf internationaler Ebene sind, ausgehend vom strategischen Konzept, dem Ressourcenpotential und den Marktzutrittsbedingungen des jeweiligen Auslandsmarktes die Markteintrittsstrategien, z.B. indirekter oder direkter Export, Servicestützpunkte, Lizenzabkommen, Montagebetriebe, Joint Ventures oder Verkaufs- und Produktionstochtergesellschaften, festzulegen.

In einigen Bereichen des Investitionsgüter-Marketing, wie etwa dem Maschinen- und Anlagengeschäft, sind logistische Entscheidungen eher operativ dominiert, während z.B. im Komponentengeschäft auch logistische Entscheidungen - z.B. im Rahmen von JiT-Konzepten - strategische Bedeutung gewinnen.

4. Kontrahierungspolitik

Die Kontrahierungspolitik, die Fragen der Vertragsgestaltung, insbesondere aller Leistungspflichten von Verkäufer und Käufer, sowie die rechtlichen Grundlagen und Begrenzungen des Vertragswerkes zum Gegenstand hat, ist ebenfalls ein sehr wichtiges Instrumentalbündel, zumal sie einen sehr direkten Einfluß auf die Ertragslage der Unternehmung nimmt. Neben der Preis- und Rabattpolitik sind hier Lieferungs- und Zahlungsbedingungen, Finanzierungsfragen, Gegengeschäftsvereinbarungen, Gewährleistungsfragen usw. geregelt. Dabei sind Preishöhe und Preisgestaltung bei hochkomplexen Produkten und Systemen zwar nicht unbedeutend, jedoch selten dominierendes Marketing-Instrument, zumal preispolitische Entscheidungen nur auf der Grundlage der anderen Vertragsbestandteile sinnvoll getroffen werden können.

F. Ausblick

Investitionsgüter-Marketing ist ein Gebiet der Marketing-Forschung und -Lehre, das zwar nicht so allgegenwärtig jedem Betrachter infolge des in unseren westlichen Gesellschaften sehr starken Konsumdrucks ins Auge fällt, das aber in unserer Wirtschaft - gerade auch für die internationale Wettbewerbsfähigkeit - eine herausragende Rolle spielt. Durch die ungeheure Heterogenität des Güterspektrums, der Kaufsituationen sowie der organisationalen Strukturen sind wissenschaftliche Durchdringung, Lehre und praxisorientierte Konzeptentwicklungen vor vielfältige Herausforderungen gestellt.

Literatur

BACKHAUS, K.: Investitionsgütermarketing, 2. Aufl., München 1990.

BACKHAUS, K.: Investitionsgüter-Marketing - Theorieloses Konzept mit Allgemeinanspruch? in: ZfbF, 44. Jg. (1992), S. 771-791.

COREY, R.E.: Industrial Marketing: Cases And Concepts, Englewood Cliffs 1983.

DARBY, M.R.; KARNI, E.: Free Competition and the Optimal Amount of Fraud, in: Journal of Law and Economics, 16. Jg. (1973), S. 67-86.

ENGELHARDT, W.H.; GÜNTER, B.: Investitionsgütermarketing, Stuttgart et al. 1981.

GEMÜNDEN, H.G.; WALTER, A.: Der Beziehungspromotor, in: Dokumentation des 1 . Workshop der Arbeitsgruppe Beziehungsmanagement, hrsg. v. K. Backhaus u. H. Willer, Frankfurt a.M. 1993, S. 123-150.

KIRSCH, W.; KUTSCHKER, M.: Das Marketing von Investitionsgütern, Wiesbaden 1978.

METCALF, L.; FREAR, C.: Networks in International Markets: A Case Study, in: Business Networks in an International Context, Proceedings of the 8th IMP Conference, hrsg. v. R. Salle et al., Bd. 1 (1992), S. 240-254.

PLINKE, W.: Investitionsgütermarketing, in: Marketing ZFP, 13. Jg. (1991), S. 172-177.

PORTER, M.E.: Competitive Advantage, New York 1985.

SCHNEIDER, D.J.G.: Das Investitionsgut als Grundkategorie des Investitionsgüter-Marketing - Konsequenzen der Begriffsbildung für die Marketinglehre, in: Der Markt, 24. Jg. (1985), H. 1, S. 1-7.

SCHNEIDER, D.J.G.; MÜLLER, M.E.: Durch Koordination zu marktgerechten Innovationen - Schnittstellengestaltung zwischen Marketing und F&E, in: Marktforschung & Management, 37. Jg. (1993), H. 1, S. 6-13.

SCHNEIDER, D.J.G.; MÜLLER, R.U.: Datenbankgestützte Marktselektion, Stuttgart 1989.

STROTHMANN, K.-H.: Investitionsgütermarketing, München 1979.

WEBSTER, F.E. JR.: Industrial Marketing Strategy, New York, 1979.

WEBSTER, F.E.; WIND, Y.: Organisational Buying Behavior, Englewood Cliffs/New York 1972.

WITTE, E.: Kraft und Gegenkraft im Entscheidungsprozeß, in: ZfB, 46. Jg. (1976), S. 319-326.

WÜHRER, G.A.: Internationale Allianz- und Kooperationsfähigkeit österreichischer Unternehmen, Habil., Klagenfurt 1993.

Hans Corsten

Beschaffungsmanagement - Konzeption und Aufgabenbereiche

A. Sourcing-Konzepte und Versorgungsstrategien als Ausgangspunkte für ein verändertes Beschaffungsverständnis

Einschneidende Veränderungen auf den Beschaffungsmärkten wie

- Internationalisierung der Märkte,
- Reduzierung der Fertigungstiefe,
- abnehmende Lieferantenzahl pro Zukaufteil und
- Veränderung der Beziehungen zwischen Lieferanten und Abnehmern

haben zu einem Bedeutungswandel der Beschaffungsfunktion geführt. In jüngster Zeit hat dabei die *Bezugsquellenplanung* unter dem Stichwort „Sourcing-Konzepte" eine intensive Diskussion erfahren, wobei insbesondere die folgenden Aspekte diskutiert werden (vgl. Günther 1993, Sp. 346; Kaufmann 1993, S. 52 ff.; Kraljic 1988, S. 479):

- Konzentration auf wenige ausgewählte Lieferanten,
- verstärkte Lieferantenintegration, d.h. eine enge Zusammenarbeit etwa im Rahmen der technischen Entwicklung,
- überbetriebliche Kooperation zwischen Lieferanten, Spediteuren und Produzenten und
- langfristige Rahmenverträge.

Die Aktualität der Handhabung der Bezugsquellen liegt insbesondere in der zunehmenden Reduzierung der *Fertigungstiefe* begründet (vgl. Kaufmann 1993, S. 94 f.), die mit einer Zunahme der *Beschaffungstiefe* einhergeht. Werden als Kriterien die

- Bezugsquellenanzahl,
- Ausdehnung der Märkte und
- Komplexität der Bezugsobjekte

herangezogen, dann ergibt sich der in Abbildung 1 dargestellte „Sourcing-Würfel".

Von diesen unterschiedlichen *Sourcing-Konzepten*, die sich nicht gegenseitig ausschließen, seien im folgenden einige aktuelle Ansätze kurz skizziert.

Zunächst kann eine Reduzierung der Lieferantenzahl pro Teil konstatiert werden, wobei tendenziell in der Literatur eine Reduzierung in Richtung *Single Sourcing* betont wird (vgl. z.B. Jokisch 1989, S. 65 ff.). In einer empirischen Untersuchung zeigt Homburg (1994, S. 9 ff.) jedoch auf, daß ein Single Sourcing eher die Ausnahme darstellt, wobei die stärkste Tendenz zum Single Sourcing in der Elektroindustrie und im Fahrzeugbau zu beobachten ist (jeweils 15,4% der Befragten). Über alle untersuchten Unternehmungen konnte jedoch nur in knapp 10% der Fälle ein Single Sourcing festgestellt werden. Werden als Kriterien die

- Komplexität der Beschaffungssituation und die
- wirtschaftliche Bedeutung für das Endprodukt

herangezogen, dann zeigt sich, daß die Anzahl der Lieferanten pro Teil mit zunehmender wirtschaftlicher Bedeutung und zunehmender Komplexität der Endprodukte tendenziell steigt, ein Sachverhalt, der die häufig postulierte Tendenz zum Single Sourcing relativiert.

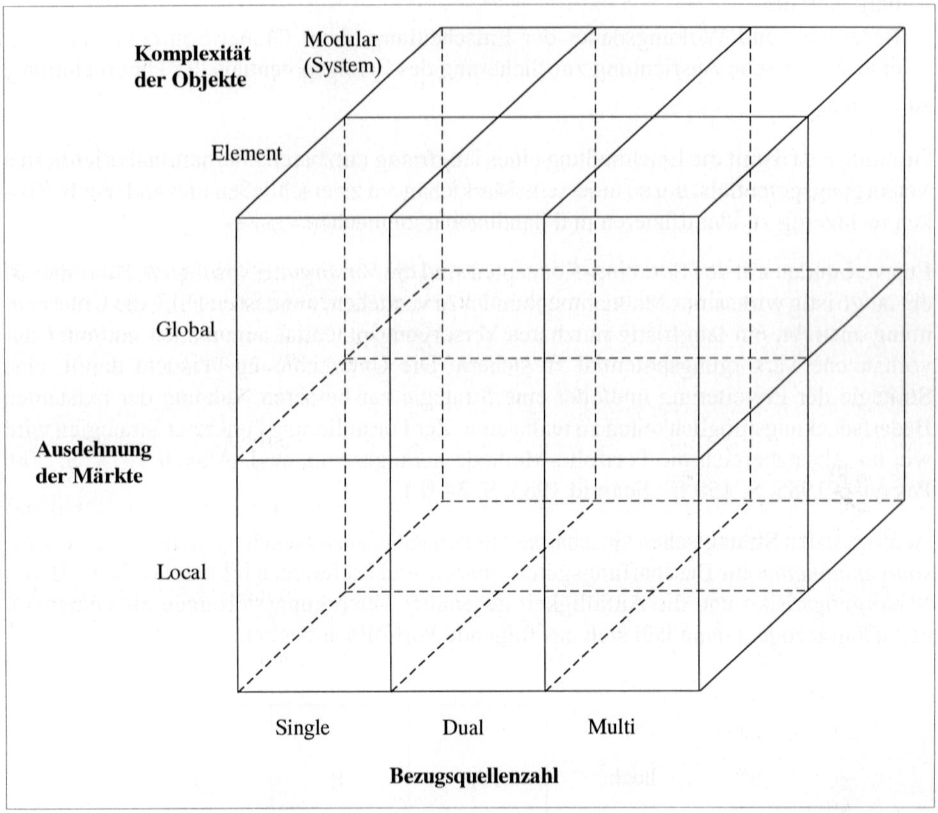

Abbildung 1: Sourcing-Würfel

Ein weiterer Trend im Sourcing-Bereich ist im *System (Modul, Complex) Sourcing* zu sehen (vgl. Kaufmann 1993, S. 109 ff.; Pfeiffer/Weiß 1992, S. 70 ff.). Bei einem System Sourcing handelt es sich um umfassende Leistungsbündel, die sich aus einer Vielzahl von Bauteilen, Komponenten und Elementen zusammensetzen. Hiermit eng verbunden ist eine Reduktion der Zulieferspanne, d.h. eine Verminderung der Zahl der Direktzulieferer, so daß sich eine „Pyramidisierung der Zulieferer“ ergibt. Der Direktzulieferer (Primärzulieferer) übernimmt dabei die Verantwortung für das komplette System und vergibt die Komponenten- und Teilefertigung an Sekundär- und Tertiärzulieferer, die es dann zu koordinieren gilt.

Im Zuge der Globalisierung, Liberalisierung und Konzentration auf den Beschaffungsmärkten gelangt das *Global Sourcing* als eine Ausrichtung der Beschaffungsaktivitäten der Unternehmung auf weltweite Beschaffungsmärkte ins Blickfeld (vgl. Arnold 1990, S. 55; Helfer 1981, S. 7; zu einem Beispiel zum Global Sourcing kleiner und mittlerer Unternehmungen vgl. Silberstein 1994, S. 37 ff.). Als wesentliche *Elemente eines Global Sourcing* sind demzufolge die

- Ausdehnung der Märkte, denn Global Sourcing bedeutet internationale Marktbearbeitung, und die
- Bedeutung und Wirkungsdauer der Entscheidung, denn Global Sourcing impliziert eine strategische Ausrichtung zur Sicherung des Erfolgspotentials der Unternehmung,

zu nennen.

Grundlage ist damit die Erschließung eines langfristig nutzbaren international orientierten Versorgungspotentials, um so einerseits Marktchancen zu erschließen und anderseits Risiken rechtzeitig zu identifizieren und handhabbar zu machen.

Eng verbunden mit den Sourcing-Konzepten sind die *Versorgungsstrategien*. Hierunter ist ein langfristig wirksames Maßnahmenbündel zu verstehen, mit dessen Hilfe die Unternehmung anstrebt, ein langfristig nutzbares Versorgungspotential aufzubauen und/oder das vorhandene Versorgungspotential zu sichern. Die Unternehmung versucht damit, eine Strategie der Erweiterung und/oder eine Strategie zur besseren Nutzung der existenten Bedarfsdeckungsmöglichkeiten zu realisieren. Zur Formulierung konkreter Strategien wird wie im Absatzbereich die Portfolio-Methode herangezogen (vgl. Albach 1978, S. 709; Pekayvaz 1985, S. 150 ff.; Schmid 1983, S. 34 ff.).

Analog zu den Strategischen Geschäftseinheiten (SGE) lassen sich dann *Strategische Ressourceneinheiten* für Beschaffungsgüter, -märkte und Lieferanten bilden. Werden z.B. das Versorgungsrisiko und die Anfälligkeit gegenüber Versorgungsstörungen als Dimensionen herangezogen, dann läßt sich das folgende Portfolio aufstellen:

Versorgungsrisiko				
	hoch	7	8	9
	mittel	4	5	6
	niedrig	1	2	3
		gering	mittel	hoch
		Anfälligkeit gegenüber Versorgungsstörungen		

Abbildung 2: Beschaffungsportfolio

Für die Strategischen Ressourceneinheiten werden, wie dies für die Portfolio-Methode charakteristisch ist, für die Matrixfelder Beschaffungsstrategien in der Form von *Normstrategien* formuliert, mit denen eine grobe Stoßrichtung für die jeweiligen Strategischen Ressourceneinheiten angegeben wird:

- Felder 4,7,8: aktive Abschöpfungsstrategie;
- Felder 1,5,9: selektive Strategie;
- Felder 2,3,6: Investitionsstrategie.

Abbildung 3 präzisiert diese Strategien auf der Grundlage ausgewählter Handlungsgsparameter.

B. Einordnung des Beschaffungsmanagement

Mit der Aufgabenerweiterung um *strategische Fragestellungen* obliegt dem Beschaffungsmanagement neben der Aufgabe einer Risikoreduzierung bzw. -vermeidung auch die Aufgabe nach einer aktiven Suche und Nutzung von Chancen auf den Beschaffungsmärkten. Durch die Hervorhebung des *Chancencharakters* der Beschaffung und ihre strategische Bedeutung für die Unternehmung verliert diese ihren mehr passiven und dienenden Charakter (vgl. Koppelmann 1993, S. 121 ff.) und wird durch ein aktives Beschaffungsverhalten ersetzt, das durch die Erforschung und Beeinflussung der Märkte charakterisiert ist (vgl. Corsten 1990, S. 47). Dieses Beschaffungsverhalten setzt letztlich die Entwicklung eines *Beschaffungsmarketing* voraus, d.h. die bewußte Gestaltung der Interaktionsbeziehungen zwischen der jeweiligen Unternehmung und ihren Lieferanten, und zwar auf der Grundlage des Einsatzes des beschaffungspolitischen Instrumentariums (vgl. Hammann/Lohrberg 1986, S. 51 ff.; zu einer Literaturübersicht vgl. Seiler 1977, S. 49 ff.).

In dieser Sichtweise vermag die Beschaffung dann einen originären Beitrag zum Unternehmungserfolg zu erbringen und wird über innovative und strategische Beiträge zu einer *Quelle von Wettbewerbsvorteilen* (vgl. Winand/Welters 1982, S. 9). Die Beschaffung hat damit auch die Initiative am Markt zu ergreifen, mit dem Ziel, den Lieferanten zur Erbringung besonderer Leistungen zu motivieren. Die hierfür erforderliche enge Zusammenarbeit mit den Lieferanten entspricht der Sichtweise, die auch dem Konzept des „Reverse Marketing“ zugrunde liegt.

Die strategische Ausrichtung der Beschaffung hat dabei einerseits eine strukturelle Dimension, d.h. es geht um die organisatorische Einbindung der Beschaffungsfunktion in die Unternehmung, da hierdurch auch ihre Bedeutung in der Unternehmung beeinflußt wird, und anderseits eine marktliche Dimension, d.h. sie soll aktiven Einfluß auf die relevante Umwelt nehmen (vgl. Arnold 1982, S. 205 ff.). Dazu gehört nicht nur die situationsgerechte Gestaltung der beschaffungspolitischen Aktionsparameter, sondern auch aller Aktivitäten die darauf gerichtet sind, existierende Randbedingungen, die in einer kurzfristigen Betrachtung als Daten zu akzeptieren und damit nicht beeinflußbar sind, längerfristig zu beeinflussen, und damit Daten zu Aktionsparametern zu machen. Dem Beschaffungsmanagement kommt folglich die Aufgabe zu, einerseits die sich bietenden Chancen am Be-

Strategie / Handlungsparameter	Abschöpfungsstrategie	Selektive Strategie	Investitionsstrategie
Bedarf/Bestellmenge	Bedarf streuen und in kostenoptimale Bestellmengen zerlegen	Verteilen des Bedarfs auf die verfügbaren Lieferanten; selektive Bestellmengenoptimierung	Bedarf auf wenige Lieferanten konzentrieren, um zu einem attraktiven Nachfrager zu werden
Preis	Aushandeln günstiger Einstandspreise („ausreizen“)	Mit Zurückhaltung günstige Preise aushandeln („Ausgleich suchen“)	Zurückhaltung in der Preispolitik; Versorgungssicherheit dominiert
Rechtliche Gestaltung	Keine langfristigen Bindungen (Gelegenheitskauf zu Tagespreisen)	Mischung von Gelegenheitskauf und längerfristigen Verträgen (Fallweise entscheiden)	Längerfristige Verträge
Sicherheitsbestand	Sicherheitsbestände niedrig halten	Situativ entscheiden (Sicherheitsbestände tendenziell erhöhen)	Sicherheitsbestände ausbauen
Qualität	Lieferanten Auflagen zur Qualitätssicherung und -verbesserung machen	Lieferanten bei Qualitätssicherung und -verbesserung unterstützen	Lieferanten aktiv in allen Qualitätsfragen unterstützen
Wertschöpfungskette	Anteil der Eigenfertigung nicht erhöhen	Überprüfen des Anteils der Eigenfertigung; evtl. vertikale Integration	Anteil der Eigenfertigung erhöhen (vertikale Integration)

Abbildung 3: Normstrategien

schaffungsmarkt für die Unternehmung zu nutzen und die Versorgung mit den erforderlichen Produktionsfaktoren sicherzustellen und anderseits Maßnahmen zu ergreifen, um Risiken von der Unternehmung abzuwenden.

Werden als Kriterien die *primäre Intention* sowie die *Bedeutung und Wirkungsdauer von Entscheidungen* herangezogen, dann läßt sich das skizzierte Beschaffungsverständnis wie in Abbildung 4 dargestellt einordnen.

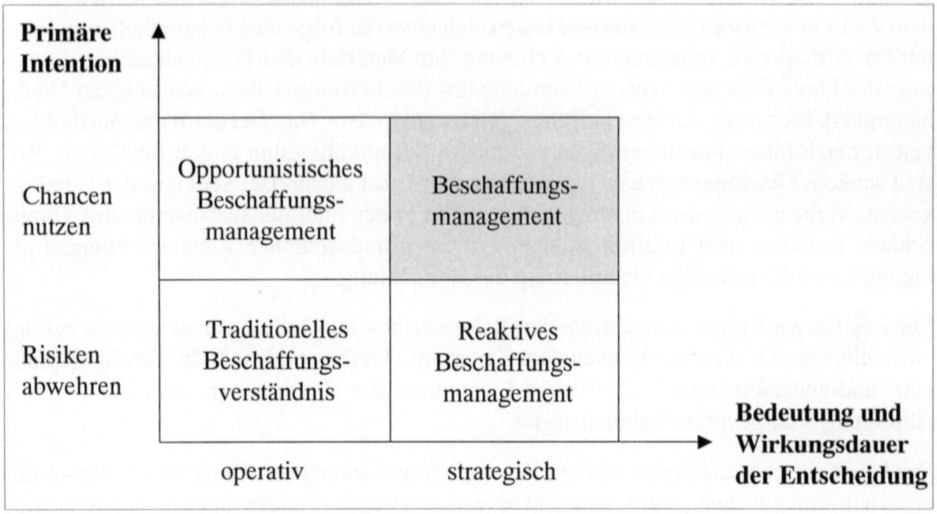

Abbildung 4: Einordnung des Beschaffungsverständnisses

C. Konzeptioneller Rahmen und Aufgabenbereiche des Beschaffungsmanagement

Unter Beschaffung sind alle diejenigen Aktivitäten zu subsumieren, die darauf gerichtet sind, der Unternehmung die Produktionsfaktoren zur Verfügung zu stellen, die sie im Rahmen ihrer Sachzielerfüllung benötigt, die sie aber nicht selbst produziert. In der Literatur sind dabei sowohl hinsichtlich des Objekt- als auch des Funktionsumfangs unterschiedliche Beschaffungsauffassungen zu beobachten (vgl. z.B. Fieten 1992, Sp. 340; Hammann/Lohrberg 1986, S. 5 ff.; Pfisterer 1988, S. 13 ff.; Puhlmann 1985, S. 27 ff.; Tietz 1988, S. 543 f.). Ohne auf diese unterschiedlichen Konzeptionen im einzelnen einzugehen, werden als *Beschaffungsobjekte* die Verbrauchsfaktoren und Dienstleistungen einbezogen. Hinsichtlich des *Funktionsumfanges* zählen zur Beschaffung die Erlangung der Verfügungsgewalt über die Beschaffungsobjekte (Einkauf), die innerbetriebliche Behandlung (Lagerhaltung und Transport) sowie die Entsorgung. Damit wird die Materialwirtschaft als eine objektspezifische Erscheinungsform der Beschaffung aufgefaßt (zu einer anderen Sichtweise vgl. z.B. Bloech 1985, S. 9; Grün 1990, S. 481 ff.).

In bezug auf die Zielsetzungen der Beschaffung existieren ebenfalls unterschiedliche Positionen (vgl. z.B. Bahlmann 1982, S. 299 ff.; Fieten 1994, S. 175; Grün 1990, S. 444 f.; Koppelmann 1993, S. 100; Puhlmann 1985, S. 134 ff.; Seggewiß 1985, S. 78 ff.; Winand/Welters 1982, S. 55 ff.). Gemeinsam ist diesen Überlegungen jedoch, daß die Ziele

- Versorgungssicherheit und
- Wirtschaftlichkeit

genannt werden, wobei zunehmend auch die Entsorgungssicherheit erwähnt wird. Unter dem Zielfeld *Versorgungssicherheit* lassen sich etwa die folgenden beispielhaft angeführten Spezifikationen subsumieren: Sicherung der Material- und Personalqualität, Sicherung der Flexibilität und Mengen, Streuung des Beschaffungsrisikos, Wahrung der Unabhängigkeit, Sicherung der Beschaffungsmarktposition usw. Das Ziel der *Wirtschaftlichkeit* verbirgt sich hinter Formulierungen wie niedrige Kapitalbindung in den Beständen, Kosten senken, Gewinne erzielen, Beeinflussen der Einstandspreise, Senkung der Gemeinkosten, Verbesserung des Leistungsniveaus. Die in der Literatur festzustellenden Unterschiede beziehen sich folglich weniger auf die grundsätzlichen Zielausrichtungen als vielmehr auf die jeweilige Detaillierung der Betrachtung.

Für den Entwurf eines konzeptionellen Rahmens des Beschaffungsmanagement erfolgt einerseits eine Strukturierung nach dem Kriterium „Stärke und Dauer der Erfolgswirkungen“ und anderseits nach „inhaltlichen Elementen“ der Beschaffung, so daß sich der in Abbildung 5 dargestellte Rahmen ergibt.

Wird als Kriterium die Dauer und Stärke von Erfolgswirkungen herangezogen, dann kann zwischen strategischem, taktischem und operativem Beschaffungsmanagement unterschieden werden (vgl. Pekayvaz 1985, S. 23; zu dieser Vorgehensweise im Produktionsbereich vgl. Corsten 1994, S. 7 ff.). Dabei ist zu bedenken, daß eine Entscheidung nicht per se strategisch, taktisch oder operativ ist, sondern nur im Einzelfall bestimmt werden kann, welcher Ebene die jeweilige Entscheidung zuzuordnen ist. Eine saubere Zuordnung, insbesondere zwischen dem taktischen und operativen und dem strategischen und taktischen Beschaffungsmanagement dürfte schwierig sein.

Zum *strategischen Beschaffungsmanagement* gehören die Entscheidungen, die in Stärke und Dauer den Unternehmungserfolg am nachhaltigsten beeinflussen, d.h. es steht die Schaffung neuer Erfolgspotentiale im Mittelpunkt. Dem strategischen Management obliegt damit die Grundsatzplanung mit langfristiger Wirkung.

Das *taktische Beschaffungsmanagement*, für das die Entscheidungen des strategischen Management Rahmenbedingungen bilden, hat die Aufgabe, eine inhaltliche Konkretisierung dieser Strategien vorzunehmen, d.h. es geht um die Konkretisierung der strategischen Beschaffungspläne.

Beim *operativen Beschaffungsmanagement* handelt es sich hingegen um laufende Anpassungsentscheidungen innerhalb des vom taktischen Beschaffungsmanagement vorgegebenen Rahmens.

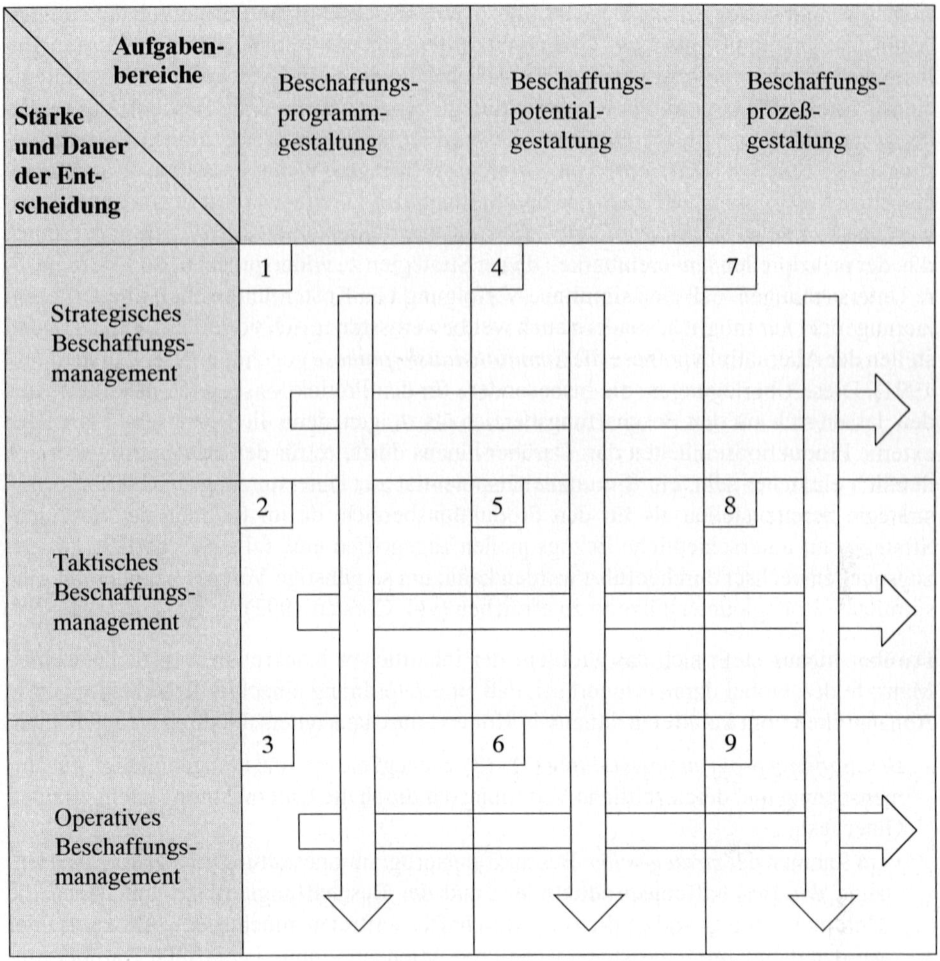

Abbildung 5: Konzeptioneller Rahmen des Beschaffungsmanagement

Diese hierarchische Stufung ist nicht so sehr i.S. einer Über- und Unterordnung zu sehen, sondern vielmehr als funktionale Abhängigkeit eines arbeitsteiligen Systems zu begreifen. Bei diesen Ebenen handelt es sich nicht um isoliert zu gestaltende Beschaffungskomplexe, sondern es existiert zwischen ihnen eine innere Verbindung. Es liegt folglich ein *vermaschter Entscheidungsprozeß* vor, wobei dem Beschaffungsmanagement die Koordination der hierarchisch abgestuften Teilpläne obliegt (vgl. Zäpfel 1989, S. 3 f.; zu konkreten Aufgabenstellungen vgl. Schlesinger 1991, S. 165 f.). Dieser Koordinationsprozeß kann auf der Grundlage einer kombinierten, retrograden und progressiven Planung erfolgen, eine Vorgehensweise, die als Gegenstromverfahren bezeichnet wird. Mit diesem *Gegenstromverfahren* soll einerseits den sachlich-vertikalen Interdependenzen zwischen den Ebenen Rechnung getragen und anderseits den Risiken einer Suboptimierung entgegengewirkt werden (vgl. Wild 1974, S. 196 ff.).

In dieser Sichtweise wird die Beschaffung zu einem konstitutiven Bestandteil der strategischen Unternehmungsplanung. Gruschwitz (1993, S. 66) betont in diesem Zusammenhang, daß die *Beschaffungsstrategie* zielgerichtet an der verfolgten Wettbewerbsstrategie auszurichten ist, d.h. beim Porterschen Strategieverständnis muß die Beschaffung entweder große Kostenvorteile (Strategie der Kostenführerschaft) oder bedeutsame Differenzierungsmöglichkeiten (Differenzierungsstrategie) erbringen. Wenngleich dem Grundgedanken einer Abstimmung zwischen der Beschaffungs- und Wettbewerbsstrategie zugestimmt werden kann, so ist der *Alternativhypothese* „Kostenführerschaft versus Differenzierung", d.h. der prinzipiellen Unvereinbarkeit dieser Strategien zu widersprechen. So zeigen neuere Untersuchungen, daß eine simultane Verfolgung von Kostenführerschaft und Differenzierung nicht nur möglich, sondern auch wettbewerbsstrategisch vorteilhaft sein kann und stellen der Alternativhypothese die *Simultaneitätshypothese* gegenüber (vgl. Corsten/Will 1991). Diese Überlegungen, die insbesondere für den Produktionsbereich diskutiert wurden, lassen sich auf den Beschaffungsbereich übertragen, denn die Bezugsquellen stellen externe Produktionseinheiten dar. Darüber hinaus dürfte es für den Beschaffungsbereich deutlich einfacher sein, ein Simultaneitätspotential zur Unterstützung der Wettbewerbsstrategie bereitzustellen als für den Produktionsbereich, da im Rahmen der Sourcing-Strategie auf unterschiedliche Bezugsquellen zugegriffen und, falls erforderlich, ein Bezugsquellenwechsel durchgeführt werden kann, um so günstige Voraussetzungen für eine simultane Strategieunterstützung zu erreichen (vgl. Corsten 1993).

Darüber hinaus stellt sich das Problem der inhaltlichen Konkretisierung der einzelnen Matrixfelder, wobei daran erinnert sei, daß eine Zuordnung einzelner Entscheidungen in Abhängigkeit vom konkreten situativen Kontext durchaus unterschiedlich erfolgen kann:

– *Beschaffungsprogrammgestaltung* (1) - (3): Sie legt die art- und mengenmäßige Zusammensetzung und deren zeitliche Verteilung der durch die Unternehmung nachgefragten Güter fest:
  - Im Rahmen der *strategischen* Beschaffungsprogrammgestaltung erfolgt eine Abgrenzung der Beschaffungsproduktfelder und der Beschaffungsmärkte, auf denen die Unternehmung grundsätzlich als Beschaffer auftreten möchte. Die Produktfelder werden dabei durch das strategische Produktionsprogramm beeinflußt. Darüber hinaus gehören hierzu das frühzeitige Erkennen von Markttendenzen, die qualitative Prognose von Marktentwicklungen, die Bestimmung der strategisch kritischen Materialien (vgl. Pekayvaz 1985, S. 72 ff.) sowie qualitätspolitische Grundsatzentscheidungen.
  - Der *taktischen* Beschaffungsprogrammgestaltung obliegt die Aufgabe der Konkretisierung des Beschaffungsprogramms, und zwar hinsichtlich der Breite und Tiefe. Mit der Breite wird die Anzahl der unterschiedlichen Güterarten erfaßt, die beschafft werden sollen. Demgegenüber beeinflußt die Tiefe des Beschaffungsprogramms die Fertigungstiefe. Die Beschaffungsbereinigung, etwa durch Standardisierung, und die Überprüfung der Qualitäten mit Hilfe der Wertanalyse gehören ebenfalls zur taktischen Programmgestaltung.
  - Die *operative* Beschaffungsprogrammgestaltung bestimmt dann im Rahmen der durch die taktische Programmgestaltung vorgegebenen Grenzen, welche Mengen der Beschaffungsgüter in den einzelnen Perioden des anstehenden Planungszeitraumes (z.B. Woche, Monat, Quartal) beschafft werden sollen. Sie gibt damit an, welche Güter in

welchen Mengen in der nächsten Periode zu beschaffen sind, um die vorgegebene Zielsetzung (z.B. Bestimmung der optimalen Bestellmenge) zu erfüllen.

- *Beschaffungspotentialgestaltung* (4) - (6): Zur Realisation des Beschaffungsprogramms bedarf es des Einsatzes von Produktionsfaktoren, d.h. der Unternehmung obliegt die Aufgabe, das zur Programmrealisation erforderliche Potential (Finanz-, Sach- und Humanpotential) zu planen und zur Verfügung zu stellen:
  - Aufgabe der *strategischen* Potentialgestaltung ist der Aufbau von Humanressourcen sowie die Personalentwicklungsplanung, die Festlegung der Lagertechnologie und -kapazitäten, die Sicherung der langfristigen Rohstoffversorgung, die Wahl und die Sicherung der Beschaffungswege, die Standortwahl, die Marktstrukturanalyse, die Aufstellung von Richtlinien für Make-or-Buy-Entscheidungen, die Festlegung der generellen Beschaffungsorganisation (vgl. Fieten 1992, Sp. 349; Günther 1993, Sp. 341 f.) und die Einleitung Strategischer Allianzen.
  - Im Zentrum der *taktischen* Potentialgestaltung stehen die konkreten Ausstattungsentscheidungen (Investitionsplanung). Hierzu gehören die Festlegung der Art und des Umfanges der Beschaffungseinheiten sowie deren Zusammenwirken. Ihr obliegen damit die Aufgaben der Personal- und Aggregateausstattung, des Technologieeinsatzes, der generellen Lieferantenauswahl, der Durchführung von Organisationsstrukturänderungen, der Fixierung der grundsätzlichen Bestellpolitik und der Erschließung der Bezugsquellen.
  - Aufgabe der *operativen* Potentialgestaltung ist die Bereitstellung der erforderlichen Produktionsfaktoren von den Beschaffungsmärkten, d.h. die Beschaffung der Repetierfaktoren. Ferner gehört hierzu der Einsatz der Mitarbeiter sowie die kurzfristige Einsatzplanung der Aggregate, d.h. der Potentialfaktoren.
- *Beschaffungsprozeßgestaltung* (7) - (9):
  - Der *strategischen* Prozeßgestaltung obliegt die Festlegung der generellen Beschaffungsabläufe (Grundsatzentscheidung hinsichtlich der Ablauforganisation) und Verhaltensweisen sowie die Verbesserung der strategischen Planungs- und Entscheidungsprozeduren.
  - Zentrales Anliegen der *taktischen* Prozeßgestaltung ist die Aufteilung der Beschaffungsprozesse in Teilprozesse und deren Gestaltung, die Anbahnung der Beziehungen zu den Lieferanten, die generelle Gestaltung des Güter- und Informationsflusses, d.h. die Beschaffungslogistik (vgl. Corsten 1994, S. 619; Tempelmeier 1993, S. 313 f.).
  - Die *operative* Prozeßgestaltung hat dann die Aufgabe, im Rahmen der strategischen und taktischen Vorgaben einen optimalen Einsatz des vorhandenen Potentials zu realisieren und damit den wirtschaftlichen Vollzug der Aufgabenerfüllung sicherzustellen. Ihr Ziel ist es, die einzelnen Beschaffungsprozesse zu veranlassen und zu sichern (z.B. Bestellerfassung, -rechnung, Bedarfsermittlung, Auslösen konkreter Bestellungen, physische Abwicklung von Transporten zwischen Beschaffungs-, Lagerungs- und Verwendungsort, kurzfristige Lieferantenwahl, Einlagerung, Bestandsführung, Auslagerung, Termin- und Qualitätssicherung).

Diese Überlegungen zeigen, daß im Bereich des strategischen und taktischen Beschaffungsmanagement die generellen Entscheidungen getroffen werden, die in der Literatur auch zur Beschaffungspolitik zusammengefaßt werden. Sie bildet den Bezugspunkt für die kurzfristige Entscheidung im operativen Beschaffungsmanagement, in dem die Bestimmung des *beschaffungswirtschaftlichen Optimums* im Zentrum des Interesses steht.

Darüber hinaus sind auch die vielfältigen *Entscheidungsinterdependenzen* zwischen der Potential-, der Programm- und der Prozeßgestaltung zu beachten mit der Zielsetzung, eine bessere Abstimmung dieser drei Hauptelemente jeweils auf der strategischen, taktischen und operativen Ebene i.S. eines *integrativen Beschaffungsmanagement* zu erreichen. Diese integrative Sichtweise muß zu einer zentralen Aufgabenstellung des Beschaffungsmanagement werden.

D. Abschließende Bemerkungen

Ausgangspunkt der Überlegungen bildet ein verändertes Beschaffungsverständnis, das sich von einer rein operativ dienenden Betrachtung hin zu einem *aktiven Versorgungsmanagement* entwickelt, dem neben einer Risikoreduzierung und -vermeidung insbesondere ein Chancencharakter zugesprochen wird. Damit kann die Beschaffung einen originären Beitrag zum Unternehmungserfolg leisten und wird somit zu einer Quelle von Wettbewerbsvorteilen.

Um ein Konzept für ein umfassendes Beschaffungsmanagement entwickeln zu können, erfolgt eine zweidimensionale Strukturierung, und zwar auf der Grundlage der Kriterien „Stärke und Dauer der Erfolgswirkungen“ und „inhaltliche Elemente“ der Beschaffung. Damit ergibt sich einerseits eine Unterscheidung in strategisches, taktisches und operatives Beschaffungsmanagement und anderseits eine Differenzierung in Beschaffungsprogrammgestaltung, -potentialgestaltung und -prozeßgestaltung. Hierdurch ist ein konzeptioneller Rahmen geschaffen, in dem sich die konkreten Aufgabenstellungen eines Beschaffungsmanagement einordnen lassen.

Literatur

ALBACH, H.: Strategische Unternehmungsplanung bei erhöhter Unsicherheit, in: ZfB, 48. Jg. (1978), S. 702-715.

ARNOLD, U.: Strategische Beschaffungspolitik. Steuerung und Kontrolle strategischer Beschaffungssubsysteme von Unternehmungen, Frankfurt a.M./Bern 1982.

ARNOLD, U.: Ziele, Aufgaben und Instrumente des Materialmanagement, in: Beschaffung aktuell, o.Jg. (1989), H. 9, S. 47-54.

ARNOLD, U.: „Global Sourcing" - Ein Konzept zur Neuorientierung des Supply Management von Unternehmungen, in: Globales Management: Erfolgreiche Strategien für den Weltmarkt, hrsg. v. M.K. Welge, Stuttgart 1990, S. 49-71.

ARNOLD, U.: Beschaffungsinformation, in: HWB, Bd. 1, hrsg. v. W. Wittmann et al., 5. Aufl., Stuttgart 1993, Sp. 325-338.

BAHLMANN, A.R.: Informationsbedarfsanalyse für das Beschaffungsmanagement, Gelsenkirchen 1982.

BLOECH, J.: Materialkosten-Management, in: Materialmanagement, hrsg. v. J. Bloech et al., Thun/Frankfurt a.M. 1985, S. 5-42.

CORSTEN, H.: Betriebswirtschaftslehre der Dienstleistungsunternehmungen. Einführung, 2. Aufl., München/Wien 1990.

CORSTEN, H.: Internationalisierung der Beschaffung - Voraussetzungen und Konsequenzen erfolgreicher Beschaffungsstrategien, Diskussionsbeiträge der Wirtschaftswissenschaftlichen Fakultät Ingolstadt, Nr. 40, Ingolstadt 1993.

CORSTEN, H.: Gestaltungsbereiche des Produktionsmanagement, in: Handbuch Produktionsmanagement, hrsg. v. H. Corsten, Wiesbaden 1994, S. 5-21.

CORSTEN, H.; WILL, T.: Analyse neuerer Produktionskonzepte auf der Grundlage wettbewerbsstrategischer Überlegungen. Diskussionsbeiträge der Wirtschaftswissenschaftlichen Fakultät Ingolstadt, Nr. 14, Ingolstadt 1991.

CORSTEN, H.; WILL, T.: Reflections on Competitive Strategy and its Impact on Modern Production Concepts, in: MIR, 33. Jg. (1993), S. 337-356.

FIETEN, R.: Beschaffung, Organisation der, in: HWO, hrsg. v. E. Frese, 3. Aufl., Stuttgart 1992, Sp. 340-353.

FIETEN, R.: Integrierte Materialwirtschaft, in: Handbuch Produktionsmanagement, hrsg. v. H. Corsten, Wiesbaden 1994, S. 173-188.

FIETEN, R.; WESTPHAL, K.B.; WUNDERLICH, D.: Die langfristige Versorgungssicherung der Unternehmung, in: Beschaffung und Unternehmungsführung, hrsg. v. N. Szyperski u. P. Roth, Stuttgart 1982, S. 103-127.

GLASER, H.: Beschaffungsplanung und -kontrolle, in: HWB, Bd. 1, hrsg. v. W. Wittmann et al., 5. Aufl., Stuttgart 1993, S. 347-362.

GRÜN, O.: Industrielle Materialwirtschaft, in: Industriebetriebslehre, hrsg. v. M. Schweitzer, München 1990, S. 439-559.

GRUSCHWITZ, A.: Global Sourcing - Konzeption einer internationalen Beschaffungsstrategie, Stuttgart 1993.

GÜNTHER, H.-O.: Beschaffungsorganisation, in: HWB, Bd. 1, hrsg. v. W. Wittmann et al., 5. Aufl., Stuttgart 1993, Sp. 339-347.

HAHN, D.; HUNGENBERG, H.; KAUFMANN, L.: Optimale Make-or-buy-Entscheidung, in: Controlling, 6. Jg. (1994), H. 2, S. 74-82.

HAMMANN, P.; LOHRBERG, W.: Beschaffungsmarketing. Eine Einführung, Stuttgart 1986.

HELFER, D.F.: Global Sourcing. Off-shore Investment Strategy for the 1980s, in: The Journal of Business Strategy, 2. Jg. (1981), H. 1, S. 7-12.

HOMBURG, CHR.: Das industrielle Beschaffungsverhalten in Deutschland, in: Beschaffung aktuell, o.Jg. (1994), H. 3, S. 9-13.

JOKISCH, E.: Beschaffung im Wandel der Anforderungen, in: Beschaffung aktuell, o.Jg. (1989), H. 10, S. 65-68.

KAUFMANN, L.: Planung und Abnehmer-Zulieferer-Kooperationen - dargestellt als strategische Führungsaufgabe aus Sicht der abnehmenden Unternehmung, Gießen 1993.

KOPPELMANN, U.: Beschaffungsmarketing, Berlin et al. 1993.

KRALJIC, P.: Zukunftsorientierte Beschaffungs- und Versorgungsstrategie als Element der Unternehmensstrategie, in: Handbuch Strategische Führung, hrsg. v. H.A. Henzler, Wiesbaden 1988, S. 477-497.

KUMMER, S.; LINGNAU, M.: Global Sourcing und Single Sourcing, in: WiSt, 21. Jg. (1992), S. 419-422.
PEKAYVAZ, B.: Strategische Planung in der Materialwirtschaft, Frankfurt a.M./Bern/New York 1985.
PFEIFFER, W.; WEISS, E.: Lean Management. Grundlagen der Führung und Organisation industrieller Unternehmen, Berlin 1992.
PFISTERER, J.: Beschaffungskontrolle, Köln 1988.
PUHLMANN, M.: Die organisatorische Gestaltung der integrierten Materialwirtschaft in industriellen Mittelbetrieben. Konzeptionelle und empirische Grundlagen, Bergisch Gladbach/Köln 1985.
SCHLESINGER, A.: Zur Analyse des Beschaffungsbedarfs, Düsseldorf/Köln 1991.
SCHMID, M.: Strategische Frühaufklärung für die Materialbeschaffung, in: Harvard manager, 5. Jg. (1983), H. 3, S. 29-37.
SEGGEWISS, K.-H.: Die Organisation der Materialbeschaffung in Großunternehmungen, Frankfurt a.M./Bern/New York 1985.
SEILER, H.: System- und entscheidungstheoretischer Modellansatz zur industriellen Beschaffungspolitik, Diss., St. Gallen 1977.
SILBERSTEIN, M.: Zehn kaufen gemeinsam in Fernost ein, in: Beschaffung aktuell, o.Jg. (1994), H. 4, S. 37-39.
TEMPELMEIER, H.: Beschaffung, Materialwirtschaft, Logistik, in: HWB, Bd. 1, hrsg. v. W. Wittmann et al., 5. Aufl., Stuttgart 1993, Sp. 312-325.
TIETZ, B.: Beschaffung, in: HdWW, Bd. 1, hrsg. v. W. Albers et al., Stuttgart et al. 1988, S. 543-556.
WILD, J.: Grundlagen der Unternehmungsplanung, Reinbek bei Hamburg 1974.
WINAND, U.; WELTERS, K.: Beschaffung und strategische Unternehmungsführung. Ergebnisse einer Delphi-Studie, in: Beschaffung und Unternehmungsführung, hrsg. v. N. Szyperski u. P. Roth, Stuttgart 1982, S. 5-101.
ZÄPFEL, G.: Taktisches Produktions-Management, Berlin/New York 1989.

Hans-Jörg Hoitsch

Produktionsmanagement

A. Grundlagen

Produktionsmanagement kann als Tätigkeit verstanden werden, welche die Gestaltung und Lenkung der Produktion zum Gegenstand hat. Unter *Produktion* soll dabei der zielgerichtete Einsatz von Sachgütern und Dienstleistungen und deren Transformation zu neuen *Sachgütern* verstanden werden. Im technischen Sinne umfaßt der hier zugrunde gelegte Begriff der Produktion, für den auch andere Begriffe wie „Erzeugung“, „Fertigung“, „Herstellung“ und „Leistungserstellung“ synonym verwendet werden, die Gewinnung, Aufbereitung, substantielle Umwandlung, substanzerhaltende Umformung sowie den Zusammenbau und die Zerlegung von Sachgütern. Die Gestaltung und Lenkung der Produktion vollzieht sich in den Teilprozessen der Produktionsplanung, Produktionssteuerung und Produktionskontrolle. Die charakteristische Folge dieser Teilprozesse und deren wesentliche Inhalte zeigt Abbildung 1.

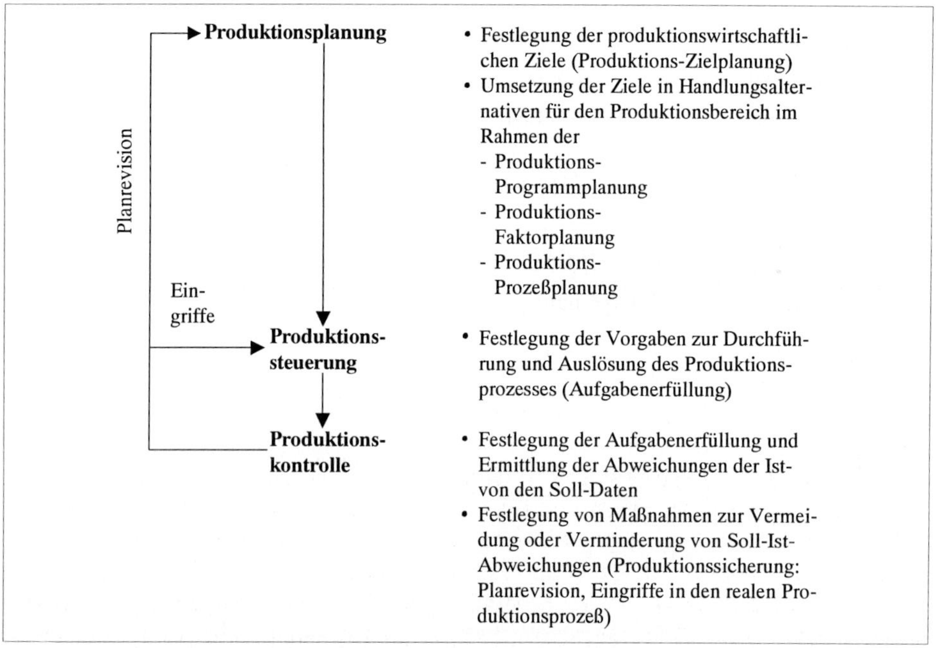

Abbildung 1: Teilprozesse des Produktionsmanagement

Produktionsplanung, -steuerung und -kontrolle werden damit zu zentralen Führungsaufgaben im Bereich der Produktion. An das *Produktionsmanagement* eines modern geführten Industriebetriebes sind in diesem Zusammenhang folgende *Forderungen* zu stellen (vgl. Hoitsch 1993a, S. 28 f.):

– Die kurzfristig orientierte *operative Planung, Steuerung und Kontrolle der Produktion* müssen in eine langfristig orientierte *strategisch-taktische Produktionsplanung und -kontrolle* eingebettet werden.

- In das *produktionswirtschaftliche Zielsystem* müssen *wettbewerbsrelevante Kriterien*, wie z.B. Qualität, Flexibilität und Lieferzeit, neben operativen Leistungsmaßstäben, wie bspw. Produktivität und Wirtschaftlichkeit, aufgenommen werden.
- Ein strategisch-taktisches Produktionsmanagement muß wichtige *strukturelle Rahmenentscheidungen* für ein leistungsfähiges operatives Produktionsmanagement treffen. Dazu gehören z.B. die Mitwirkung bei der strategischen Programmplanung, die Produktions-Standort- und Fabrikplanung, die Auswahl der Produktionstechnologie und Produktionsanlagen, die Produktions-Personalplanung sowie die Implementierung technischer und betriebswirtschaftlicher Steuerungssysteme der Produktion.
- Die *Produktionsstrategien* müssen integrierender Bestandteil der gesamten Unternehmungsstrategie werden.

Im folgenden wird auf die Aufgabenbereiche des strategisch-taktischen und operativen Produktionsmanagement im Rahmen des Programm-, Faktor- und Prozeßmanagement eingegangen. Anschließend werden deren Besonderheiten innerhalb einer computer-integrierten Produktion behandelt.

B. Aufgabenbereiche des Produktionsmanagement

1. Strategisch-taktisches und operatives Produktionsmanagement

Strategisches Management soll die geplante, d.h. bewußte Weiterentwicklung der Unternehmung und des für sie relevanten Umweltausschnitts in einer sich ständig wandelnden Gesamtumwelt betreiben. Der Schwerpunkt der Aufgaben konzentriert sich auf die Schaffung strategischer Erfolgspotentiale (vgl. Zäpfel 1989, S. 9 ff.). Lange Zeit standen dabei primär Produkt-/Markt-Potentiale im Vordergrund eines solchen *extern* orientierten strategischen Management. Durch die Einführung neuer Technologien - wie CAD/CAM, FFS, Industrieroboter sowie integrativer Lösungen wie das CIM-Konzept - treten eher *intern* orientierte Ansätze eines strategischen Management hinzu und in den Vordergrund. An die Seite von Produkt-/Markt-Potentialen gesellen sich innenorientierte Potentiale wie Human Resources, neue Technologien oder Managementsysteme. Dabei wird das strategische Management funktionalisiert, wobei das strategische Produktionsmanagement zunehmend an Bedeutung gewinnt.

Die *Aufgaben des strategischen Produktionsmanagement* bestehen im wesentlichen in der Ziel- und Strategieformulierung zur Gestaltung und Lenkung der Produktion. Dabei liegt sein Arbeitsschwerpunkt auf der Schaffung und Erhaltung einer wettbewerbsfähigen Produktion. Die Konkretisierung der Strategien, die sich aus systemorientierter Sicht auf Entscheidungen über das langfristige strategische Produktprogramm (Output), die zu seiner Realisierung langfristig bereitzustellenden Produktionsfaktoren bzw. -potentiale (Input) und die langfristige Organisation des Produktionsprozesses (Throughput) bezieht, ist Aufgabe des *taktischen Produktionsmanagement*. Da beide Aufgabenfelder sowohl aus theoretischer Sicht als auch in der betrieblichen Praxis häufig nur schwer voneinander zu trennen sind, werden sie häufig zusammengefaßt. Mit den Entscheidungen des strategisch-taktischen Produktionsmanagement werden Rahmenbedingungen für die Aufgaben des *operativen Produktionsmanagement* geschaffen. Diese umfassen den zieladäquaten Einsatz der Produktionspotentiale zur Durchführung der Produktion. Konkret sind damit kurzfristig orientierte Entscheidungen über das operative Produktionsprogramm (Output), die Nutzung und den Einsatz der Produktionsfaktoren (Input) sowie die Ablauforganisation des Produktionsprozesses (Throughput) verbunden.

Im Idealmodell einer modernen Unternehmungsführung sind die Aufgaben des strategisch-taktischen und operativen Produktionsmanagement in Form vermaschter Regelkreise miteinander verbunden. Abbildung 2 zeigt, daß somit das Führungssystem der Produktion eine hierarchische Struktur mit Rückkopplungen aufweist (vgl. Hoitsch 1993a, S. 42).

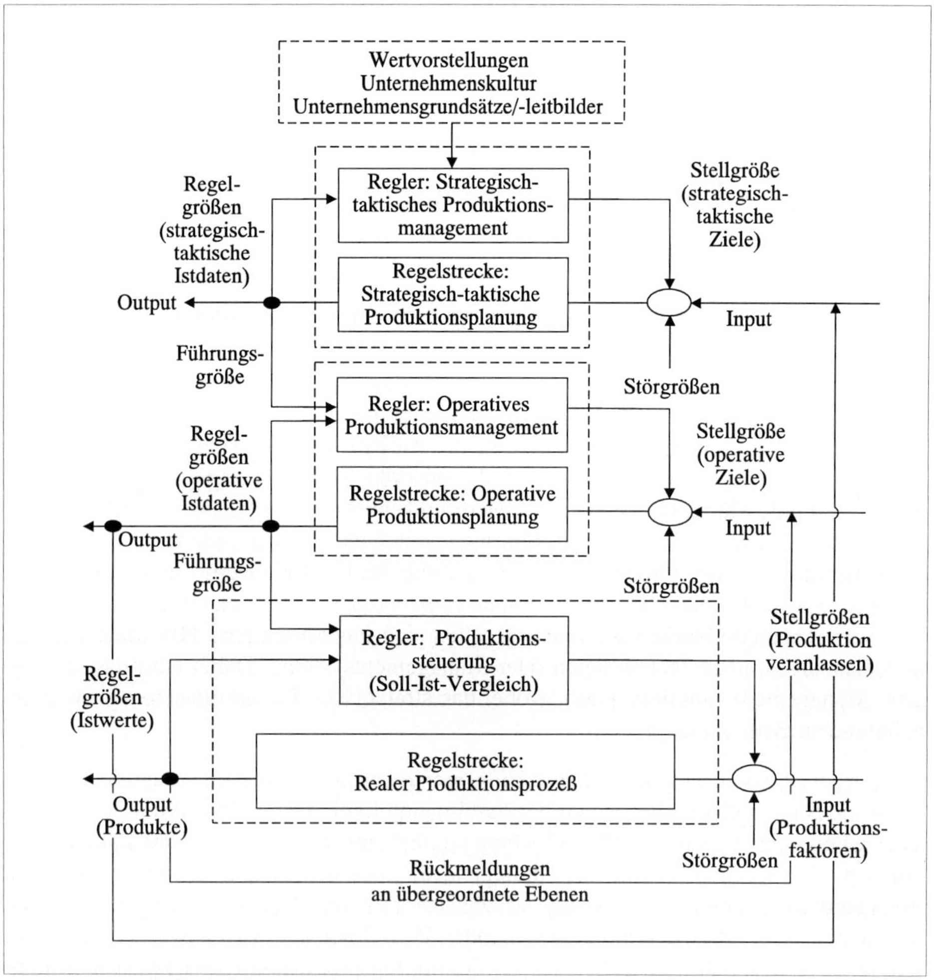

Abbildung 2: Regelkreise des Produktionsmanagement

Im Sinne einer „schlanken Produktion“ *(Lean Production)* soll damit aber nicht eine Über- bzw. Unterordnung des Führungspersonals der Produktion in bezug auf viele Führungsebenen verbunden sein. Vielmehr soll hiermit nur eine funktionale Abhängigkeit im Rahmen eines arbeitsteiligen Führungsprozesses zum Ausdruck kommen. Führungsgrößen der übergeordneten Ebenen werden der unteren Ebene als Sollwerte vorgegeben. Sie bilden den Rahmen, innerhalb dessen die untere Ebene in disaggregierter Betrachtung ihre beeinflußbaren Parameter festlegen kann. Für die oberste Ebene des strategisch-taktischen Produktionsmanagement bilden die autorisierten Wertvorstellungen die Führungsgröße, die - abgeleitet aus der Unternehmungsphilosophie - letztlich die Überlebensfähigkeit der Unternehmung sichern sollten.

Die *Rückkopplungen* sorgen dafür, daß sich die dargestellten Ebenen nicht nur in einer Richtung beeinflussen, sondern die Ergebnisse des operativen Produktionsmanagement wiederum auf das strategisch-taktische Produktionsmanagement einwirken. Somit hat das Produktionsmanagement für die Koordination der hierarchisch abgestuften Teilplanungsbereiche zu sorgen (vgl. Hoitsch 1993b, Sp. 3464 ff.). Hierbei kann es vom *Produktionscontrolling* als Koordinationssystem der Produktion unterstützt werden (vgl. Hoitsch 1992b, S. 53 ff., 1994, S. 421 ff.). Der Koordinationsprozeß erfolgt meist auf der Grundlage einer kombinierten retrograden und progressiven Planung, die als *Gegenstromverfahren* bezeichnet wird. Hiermit wird einerseits den sachlich vertikalen Interdependenzen zwischen den Ebenen Rechnung getragen und andererseits den Risiken einer Suboptimierung entgegengewirkt.

2. Programm-, Faktor- und Prozeßmanagement

Die oben dargestellten Aufgabenbereiche des strategisch-taktischen und operativen Produktionsmanagement bedürfen einer inhaltlichen Präzisierung. Eine systemorientierte Betrachtung der Aufgabenbereiche des Produktionsmanagement knüpft hier an den *Elementen des Produktionssystems* an und unterscheidet dabei zwischen folgenden Aufgabenbereichen des Produktionsmanagement:

- Gestaltung und Lenkung des Outputs als Ergebnis der Produktion erfordert *Produktions-Programmanagement.*
- Gestaltung und Lenkung des Inputs als Einsatz der Produktion erfordert *Produktions-Faktormanagement.*
- Gestaltung und Lenkung des Throughputs als Produktionsprozeß erfordert *Produktions-Prozeßmanagement.*

Die Aufgaben des Produktions-Programm-, -Faktor- und -Prozeßmanagement werden mit den Aufgaben des strategisch-taktischen und operativen Produktionsmanagement kombinativ verknüpft. Bezogen auf die Produktionsplanung als Kernbereich des Produktionsmanagement ergeben sich die in Abbildung 3 angeführten, inhaltlich konkretisierten Aufgabenbereiche des Produktionsmanagement (vgl. Hoitsch 1993a, S. 34). Zu deren Vervollständigung muß die strategisch-taktische Produktionsplanung um eine strategisch-taktische Produktionskontrolle und die operative Produktionsplanung um eine Produktionssteuerung und operative Produktionskontrolle ergänzt werden.

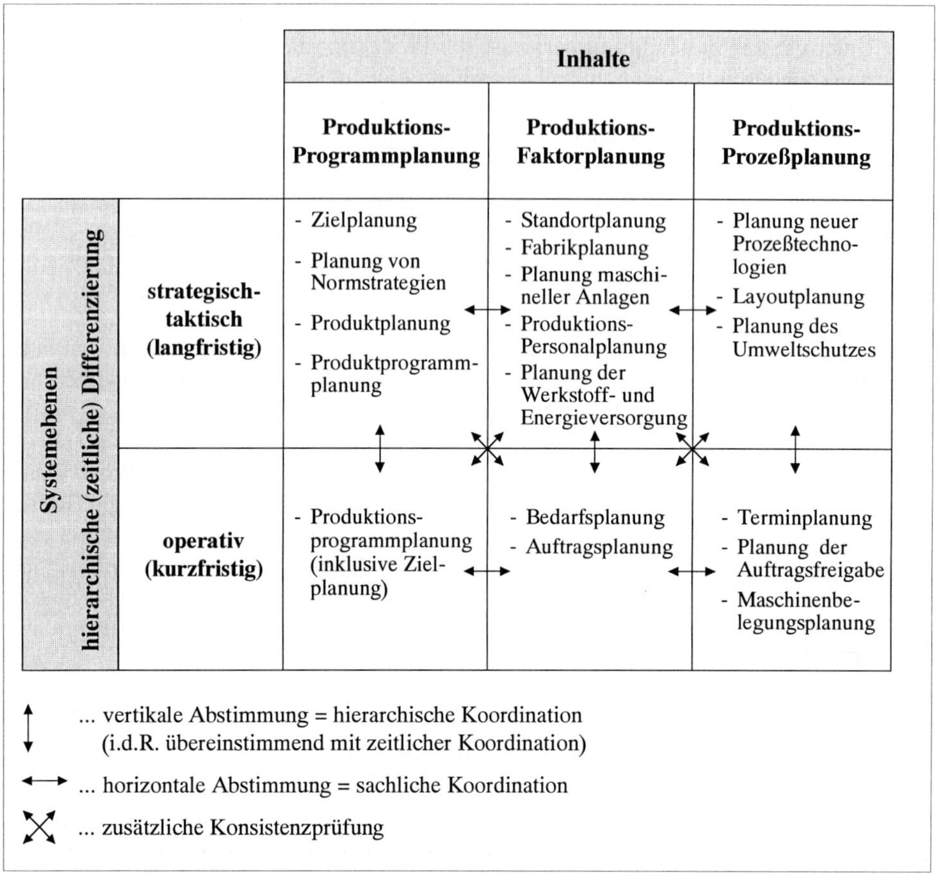

Abbildung 3: Aufgabenbereiche der Produktionsplanung

Produktions-Programm-, -Faktor- und -Prozeßmanagement weisen jeweils eine hierarchische Differenzierung nach strategisch-taktischen und operativen Aufgabenbereichen auf.

Das *strategisch-taktische Produktions-Programmanagement* befaßt sich mit der Festlegung des Produktprogramms. Nach Feststellung der strategischen Ziele werden auf der Basis einer Umwelt- und Unternehmensanalyse und -prognose hierzu Normstrategien für Strategische Geschäftseinheiten (SGE) abgeleitet. Das endgültige strategische Produktprogramm kann erst nach Durchführung der Planung neuer Produkte, insbesondere für die Umsetzung von F&E-Strategien innovatorischer SGE, festgelegt werden.

Das *operative Produktions-Programmanagement* kann von einem nach Arten, Qualitäten und Produktions-Höchstmengen bereits festgelegten Produktprogramm sowie weiteren vom strategisch-taktischen Produktions-Faktor- und -Prozeßmanagement festgelegten Rahmenbedingungen ausgehen. Auf der Grundlage operativer produktionswirtschaftlicher Ziele (z.B. Maximierung des Deckungsbeitrags der Periode) wird hier bestimmt, welche konkreten Produkte in welchen Mengen in den einzelnen Teilperioden des unmittelbar anstehenden Planungszeitraums herzustellen sind (vgl. Corsten 1994a, S. 192).

Innerhalb des *strategisch-taktischen Produktions-Faktormanagement* müssen Strategien zur Bereitstellung von Produktionsfaktoren festgelegt und konkretisiert werden, damit die Unternehmung ihr geplantes strategisches Produktprogramm realisieren kann. Zu den wesentlichen Teilstrategien auf diesem Gebiet zählen Standortstrategien für die Fabriken, Kapazitätsstrategien für maschinelle Anlagen, Personalstrategien für das Produktionspersonal und Strategien zur Fertigungstiefe (z.B. „Make or Buy"). Diese Faktorstrategien sind vom strategisch-taktischen Faktormanagement im Rahmen der in Abbildung 3 angeführten Teilplanungsbereiche anschließend zu konkretisieren.

Das *operative Produktions-Faktormanagement* geht von den Rahmenbedingungen des strategisch-taktischen Produktionsmanagement aus und hat für die Bereitstellung der Produktionsfaktoren zur Realisierung des geplanten operativen Produktionsprogramms zu sorgen. Nach Feststellung des Faktorbedarfs, insbesondere für sog. Verbrauchsfaktoren (z.B. Werkstoffe), sind im Rahmen der Auftragsplanung die Faktorbeschaffung und -lagerung sowie der Faktoreinsatz zu gestalten.

Schwerpunkte des *strategisch-taktischen Produktions-Prozeßmanagement* sind die Einführungsplanung neuer Prozeßtechnologien, die Layout-Planung zur Gestaltung der Produktions-Prozeßstruktur (Festlegung des Organisationstyps der Produktion, wie z.B. Zentren- oder Fließproduktion, und innerbetriebliche Standortwahl) und die Gestaltung des betrieblichen Umweltschutzes. Hier muß langfristig festgelegt werden, mit welchen Produktionsprozessen bzw. -verfahren die bereitgestellten Produktionsfaktoren zu Produkten des strategischen Produktprogramms verarbeitet werden können.

Unter Beachtung der Rahmenbedingungen, die vom strategisch-taktischen Produktionsmanagement festgelegt wurden, befaßt sich das *operative Produktions-Prozeßmanagement* mit der Gestaltung der kurzfristigen Auftragsdurchführung. Im einzelnen umfaßt dieser Aufgabenbereich die Terminplanung der Aufträge, die Auftragsfreigabe und die Maschinenbelegungsplanung sowie die Produktionssteuerung (Veranlassung und Sicherung der Auftragsdurchführung) und Produktionskontrolle (Überwachung der Produktmengen, Termine, Produktqualität und Produktionskosten).

Die hier dargestellte zweidimensionale Charakterisierung der Aufgabenbereiche des Produktionsmanagement soll zum Ausdruck bringen, daß dieses vielfältige horizontale und vertikale Entscheidungsinterdependenzen zwischen Programm-, Faktor- und Prozeßmanagement sowohl auf der strategisch-taktischen als auch auf der operativen Führungsebene und zwischen diesen beiden Führungsebenen i.S. eines *integrativen Produktionsmanagement* zu berücksichtigen hat (vgl. Corsten 1994b, S. 12 f.).

Bei diesen hierarchischen (vertikalen), sachlichen (horizontalen) und hierarchisch-sachlichen (diagonalen) Koordinationsprozessen soll das Produktionsmanagement von einem leistungsfähigen *Produktionscontrolling* unterstützt werden.

C. Produktionsmanagement im CIM-Konzept

1. CIM-Konzept

Die Aufgaben eines *integrativen Produktionsmanagement* bestehen einerseits darin, die Verflechtungen innerhalb der oben skizzierten Gestaltungsbereiche des strategisch-taktischen und operativen Produktions-Programm-, -Faktor- und -Prozeßmanagement zu erfassen. Andererseits sollen aber auch die Schnittstellen zu anderen Bereichen, wie etwa der Produktionstechnik, dem Qualitätsmanagement oder der Logistik in ausreichendem Maße berücksichtigt werden.

Mit dem CIM-Konzept wird ein Ansatz formuliert, der explizit einen Integrationsanspruch i.S. eines *integrativen Produktionsmanagement* erhebt. Unter CIM wird der integrierte computergestützte Einsatz von Planungs-, Steuerungs-, Ausführungs- und Kontrolltechniken zur Herstellung industrieller Erzeugnisse verstanden. Durch systematischen Aufbau einer der ganzheitlichen Ablauforganisation angepaßten Prozeßkette soll die Herstellung kundenindividueller Produkte bei gleichzeitig kurzen Durchlauf- und damit Lieferzeiten erreicht werden. Im produktionswirtschaftlichen Zielsystem eines CIM-Konzeptes dominieren somit *Flexibilitäts-, Zeit- und Qualitätsziele des Konstruktions- und Produktionsbereichs*. Die hierzu erforderliche integrierte Informationsverarbeitung sowohl für betriebswirtschaftliche als auch technische Aufgaben eines Industriebetriebs betrifft zusammengefaßt:

- primär betriebswirtschaftliche Funktionen: PPS/BDE und
- primär technische Funktionen: CAE, CAD, CAP, CAM, CAQ (kurz: CAD/CAM).

Die integrierte Informationsverarbeitung wird im Wege einer Daten- und Vorgangsintegration erreicht. Die *Datenintegration* erfordert eine gemeinsame Datenbasis für sämtliche CIM-Komponenten, so daß aufgrund einer logisch einheitlichen Datenorganisation eine redundanzfreie Datenverwaltung ermöglicht wird. Durch die *Vorgangsintegration* werden über eine Reintegration vorher arbeitsteiliger Funktionen lückenlose Prozeßketten bei der Auftragsabwicklung erreicht.

Obwohl das CIM-Konzept einen deutlichen Schwerpunkt im Bereich des operativen Produktionsmanagement bildet, soll seine Anwendung durch Aktivitäten des strategisch-taktischen Produktionsmanagement vorbereitet werden.

2. Strategisch-taktisches CIM-Management

Mit der Einführung von CIM kann die Wettbewerbsposition einer Unternehmung deutlich verbessert werden. Sie erlaubt eine Abgrenzung gegenüber der Konkurrenz und ermöglicht eine Preis- bzw. Kostenführerschaft am Markt. Gelingt es, mit CIM auch neue oder verbesserte Produkte herzustellen, so kann dies zu einer Vergrößerung des Marktvolumens bzw. zu einer Steigerung der Wachstumsrate beitragen. Aus diesen Gründen muß ein leistungsfähiges strategisch-taktisches CIM-Management, das schwerpunktmäßig dem strategisch-taktischen Prozeßmanagement zuzuordnen ist, auch das strategisch-taktische Produktions-Programm- und -Faktormanagement einbeziehen (vgl. Hoitsch 1992a, S. 19 f.).

Das *strategisch-taktische CIM-Management* befaßt sich mit der Einführung von CIM, wobei der komplexe Einführungsprozeß folgende Arbeitsschritte erforderlich macht (vgl. Wildemann 1993, S. 543 ff.):

- *Analyse der Wettbewerbsstrategie* der Unternehmung zur Einschätzung der strategischen Bedeutung von CIM: Mit dem Einsatz von CIM können sowohl Differenzierungs- als auch Kostenführerschaftsstrategien unterstützt werden. So kann bspw. mit einem durchgängigen CAD/CAM-System mit Schwerpunkt im Bereich der Neukonstruktion sowie mit Einsatz von FFS und Industrierobotern die zur Umsetzung einer Differenzierungsstrategie erforderliche Anpassungs- und Innovationsfähigkeit erreicht werden. Der Einsatz flexibler Transferstraßen und von Industrierobotern ermöglicht die Realisierung von Kostensenkungspotentialen und unterstützt somit die Umsetzung einer Kostenführerschaftsstrategie.
- *Ableitung einer Normstrategie* für die Einführung von CIM: Durch Abschätzung von Chancen und Risiken sowie Stärken und Schwächen werden Technologieattraktivität und Technologieposition bestimmt, welche zur Formulierung einer Strategie des Früheinstiegs oder des sinnvollen Wartens führen können.
- *Aufstellung eines Technologiekalenders*: Durch zeitliche Abstimmung des strategischen Produktprogramms mit dem geplanten Einsatz neuer Produkt-, Werkstoff- und Prozeßtechnologien kann eine globale Abstimmung des erforderlichen Investitionsbedarfs mit dem geplanten Investitionsbudget vorgenommen werden.
- *Planung der CIM-Implementierung*: Nach einer Analyse des Ist-Integrationsstandes werden hier das CIM-Soll-Integrationskonzept erarbeitet und die CIM-Architektur sowie die Einführungspfade und Implementierungsschritte geplant.
- *Ökonomische Bewertung* des CIM-Sollkonzeptes: Auf der Basis von Kosten- und Erlösplanungen bzw. Aus- und Einzahlungsplanungen wird die Wirtschaftlichkeit des CIM-Sollkonzepts beurteilt (vgl. Hoitsch/Backes 1993, S. 73 ff.).

3. Operatives CIM-Management

Durch Daten- und Vorgangsintegration des PPS/BDE-Systems mit dem CAD/CAM-System achtet das *operative CIM-Management* darauf, daß innerhalb der Auftragsabwicklung eine Verflechtung betriebswirtschaftlicher und technischer Informationsverarbeitungsfunktionen stattfindet. Nach dem derzeitigen Stand der PPS-Systementwicklung (vgl. Glaser/Geiger/Rohde 1991, S. 2 ff.) besteht ein EDV-gestütztes PPS-System nach dem MRP (Manufacturing Resource Planning)-Standard i.a. aus den Modulen Vertriebsabwicklung (Auftragssteuerung), Primärbedarfsplanung, Materialwirtschaft, Zeitwirtschaft, Auftragsfreigabe, Fertigungssteuerung, Betriebsdatenerfassung (BDE) und Versandsteuerung. Während die Vertriebsabwicklung (Auftragssteuerung) und die Versandsteuerung i.d.R. dem Verkaufs-(Vertriebs-/Marketing-)Bereich zuzuordnen sind, werden die Primärbedarfsplanung dem operativen Programmanagement und die Materialwirtschaft dem operativen Faktormanagement zugerechnet. Zeitwirtschaft, Auftragsfreigabe, Fertigungssteuerung und BDE werden als Aufgabenbereiche des operativen Prozeßmanagement betrachtet.

Operatives Programmanagement:
Erreichen kundenindividuelle Aufträge die Abschlußreife, so werden sie zusätzlich zu den mit Hilfe von Prognoseverfahren ermittelten Absatzerwartungen für standardisierte Produkte als Absatz-Höchstmengen in die *Primärbedarfsplanung (Operative Programmplanung)* aufgenommen. Unter Berücksichtigung bereits vertraglich abgeschlossener Aufträge (Absatz-Mindestmengen) und begrenzter Kapazitäten im Materialbeschaffungs-, Produktions- und Vertriebsbereich können hier Optimierungsmodelle der Linearen Programmierung (LP) eingesetzt werden, die eine Maximierung des vom Produktionsprogramm erwirtschafteten Deckungsbeitrags der Periode ermöglichen.

Operatives Faktormanagement:
Ausgehend von den Primärbedarfsdaten werden in der *Materialwirtschaft (Operative Faktorplanung)* durch Auflösung der innerhalb von CAD generierten Stücklisten programmgesteuert die Brutto-Sekundärbedarfe an Vorprodukten (Baugruppen, Einzelteilen) und Rohstoffen bestimmt. Den Brutto-Tertiärbedarf an Hilfs- und Betriebsstoffen (inklusive Werkzeuge) bestimmt man verbrauchsgesteuert. Unter Berücksichtigung geplanter Lagerbestände wird als letzter Schritt der *Bedarfsplanung* der Netto-Sekundär- bzw. -Tertiärbedarf grobterminiert geplant, der durch Eigenfertigung oder Fremdbezug gedeckt werden kann. Im sukzessiven Planungsablauf werden danach in der *Auftragsplanung* die grobterminierten Nettobedarfe zu Losgrößen (Seriengrößen bei Eigenfertigung, Bestellmengen bei Fremdbezug) gebündelt (vgl. Hoitsch 1993c, S. 79 ff.).

Operatives Prozeßmanagement:
Unter Berücksichtigung der durch CAP festgelegten Arbeitspläne werden die Fertigungsaufträge in der *Zeitwirtschaft (Terminplanung - Erster Teil der Operativen Prozeßplanung)* mit ihren einzelnen Arbeitsgängen den Betriebsmitteln zugeordnet und eine Durchlauf- sowie Kapazitätsterminierung vorgenommen. Die Planung der *Auftragsfreigabe (Zweiter Teil der Operativen Prozeßplanung)* erfolgt heute meist belastungsorientiert. Über eine Termin- und Belastungsschranke wird der Zugang der Aufträge an den einzelnen Betriebsmitteln so geregelt, daß dort der mittlere Bestand und damit die mittlere Durchlaufzeit in bestimmten Grenzen gehalten werden kann. Nach der Auftragsfreigabe werden die Arbeitsgänge in der Fertigungssteuerung *(Maschinenbelegungsplanung - Dritter Teil der Operativen Prozeßplanung)* mit extrem kurzfristigem Planungshorizont (z.B. eine Schicht) nach neuen Optimierungskriterien (z.B. Vermeidung von Umrüstkosten) den Betriebsmitteln zugeordnet (vgl. Hoitsch/Lingnau 1992, S. 300 ff.).

Im Anschluß an die Fertigungssteuerung und nach Abschluß realer Produktionsvorgänge werden auftrags-, betriebsmittel-, mitarbeiter- und materialbezogene Ist-Daten mit der BDE zurückgemeldet (vgl. Hahn 1989, S. 34 ff.). Diese Daten sind sowohl für eine aktuelle *Produktionssteuerung und -kontrolle* (Mengen-, Zeit-, Qualitätskontrolle) als auch für eine leistungsfähige Istkostenrechnung und damit *Kostenkontrolle* unabdingbar.

Literatur

CORSTEN, H.: Produktionswirtschaft. Einführung in das industrielle Produktionsmanagement, 4. Aufl., München 1994a.

CORSTEN, H.: Gestaltungsbereiche des Produktionsmanagement, in: Handbuch Produktionsmanagement, hrsg. v. H. Corsten, Wiesbaden 1994b, S. 5-21.

GLASER, H.; GEIGER, W.; ROHDE, V.: PPS - Produktionsplanung und -steuerung, Wiesbaden 1991.

HAHN, D.: Prozeßwirtschaft - Grundlegung, in: Produktionswirtschaft. Controlling industrieller Produktion, Bd. 2, hrsg. v. D. Hahn u. G. Laßmann, Heidelberg 1989, S. 5-237.

HOITSCH, H.-J.: Produktionscontrolling im CIM-Konzept, in: CIM-Man, 8. Jg. (1992a), H. 1, S. 18-25.

HOITSCH, H.-J.: Produktionscontrolling: Konzepte - Inhalte - Methoden, in: EDV-gestützte Controlling-Praxis, hrsg. v. B. Huch et al., Frankfurt a.M. 1992b, S. 53-62.

HOITSCH, H.-J.: Produktionswirtschaft. Grundlagen einer industriellen Betriebswirtschaftslehre, 2. Aufl., München 1993a.

HOITSCH, H.-J.: Produktionsplanung, in: HWB, Bd. 2, hrsg v. W.Wittmann et al., 5. Aufl., Stuttgart 1993b, Sp. 3450-3467.

HOITSCH, H.-J.: Auftragsplanung, in: Lexikon der Betriebswirtschaftslehre, hrsg. v. H. Corsten, 2. Aufl., München 1993c, S. 79-85.

HOITSCH, H.-J.: Ziele und Aufgaben des Produktionscontrolling, in: Handbuch Produktionsmanagement, hrsg. v. H. Corsten, Wiesbaden 1994, S. 421-438.

HOITSCH, H.-J.; BACKES, M.: Die ökonomische Bewertung strategischer Investitionen im CIM-Bereich, in: JfB, 43. Jg. (1993), S. 73-91.

HOITSCH, H.-J.; LINGNAU, V.: Neue Ansätze der Fertigungssteuerung - Ein Vergleich, in: WISU, 21. Jg. (1992), S. 300-312.

WILDEMANN, H.: Fertigungsstrategien. Reorganisationskonzepte für eine schlanke Produktion und Zulieferung, München 1993.

ZÄPFEL, G.: Strategisches Produktions-Management, Berlin 1989.

Hans-Horst Schröder

F&E-Management

A. Einführung

1. Kennzeichnung von F&E-Aktivitäten

F&E beinhaltet „... *alle planvollen und systematischen Aktivitäten, die mit Hilfe wissenschaftlicher Methoden den Erwerb neuer Kenntnisse über Natur- und Kulturphänomene und/oder die erstmalige oder neuartige Anwendung derartiger Kenntnisse anstreben.*" (Kern/Schröder 1977, S. 16). Der Begriff umfaßt eine Fülle verschiedenartiger Sachverhalte: Auf der einen Seite des Spektrums sind Aktivitäten angesiedelt, die - ohne spezifische Anwendungsabsichten - auf die reine (Er)Kenntnisgewinnung gerichtet sind *(Grundlagenforschung)*, auf der anderen Seite des Spektrums finden sich Aktivitäten, die auf die Anwendung bewährter technischer Prinzipien auf neuartige Problemstellungen *(Anwendungsentwicklung)* und auf geringfügige konstruktive Veränderungen vorhandener Prozesse und Produkte *(Routineentwicklung)* zielen. Zwischen diesen beiden Polen sind die *angewandte Forschung*, die - wie die Grundlagenforschung - auf den Erwerb neuer Kenntnisse abstellt, aber - wie die Anwendungsentwicklung und die konstruktive Entwicklung - auf die Lösung konkreter Probleme abzielt, und die *experimentelle Entwicklung*, die neuartige technische Prinzipien, deren „Machbarkeit" noch ungewiß ist, auf ihre Anwendbarkeit hin untersucht, angesiedelt.

Konstitutives Merkmal von F&E-Aktivitäten ist die *Neuartigkeit* ihrer Ergebnisse, wobei „neu" aus der Sicht der F&E-treibenden Organisation zu sehen ist. Der Grad der Neuartigkeit der angestrebten Ergebnisse kann variieren; neu muß zudem nur das Ergebnis der Aktivitäten als Ganzes sein. Aus der Neuartigkeit des angestrebten Ergebnisses leiten sich drei Eigenarten ab, die die Besonderheiten des F&E-Management begründen:

- F&E-Aktivitäten sind durch *Unsicherheit* sowohl bei der Gewinnung der angestrebten Kenntnisse als auch bei deren Verwertung geprägt.
- F&E-Aktivitäten als Ganzes zeichnen sich durch ihre *Einmaligkeit* aus.
- F&E-Aktivitäten sind *kreative Problemlösungsprozesse.*

Aus der Notwendigkeit des Einsatzes wissenschaftlicher Methoden folgt der *hohe Spezialisierungs- und Professionalisierungsgrad* vieler Tätigkeiten als vierte Besonderheit des Management von F&E-Aktivitäten.

2. Bedeutung von F&E-Aktivitäten in Unternehmungen

Sättigungstendenzen in vielen Märkten, die Globalisierung und Intensivierung des Wettbewerbs, die drohende Erschöpfung der Umwelt als Lieferant von Ressourcen wie als Aufnahmemedium für Rückstände und Veränderungen in den Wertesystemen haben bewirkt, daß sich der *Charakter des Wettbewerbs auf vielen Märkten grundlegend verändert* hat: Aus dem primär mit operativen Instrumenten (Preis- und Konditionenpolitik, Werbung, Produktgestaltung u.a.) bestrittenen traditionellen Wettbewerb auf relativ statischen Märkten mit einer Tendenz zu Nachfrageüberhängen ist ein primär mit strategischen Mitteln - Innovationen, Strategischen Allianzen, Kernkompetenzen u.a. - geführter strategischer Wettbewerb auf dynamischen Märkten mit einer Tendenz zum Angebotsüberhang geworden. Die zentrale Bedeutung, die Innovationen für den Erfolg und die Entwicklung von Unternehmungen gewonnen haben, hat auch zu einem Wandel der Stellung von F&E-Aktivitäten in Unternehmungen geführt: Aus einem relativ autonomen und isoliert geführten, in starkem Maße wissenschaftlich-technisch orientierten Bereich wurde ein in die Unternehmungsgesamtplanung integriertes Instrument von zentraler strategischer Bedeutung. Diese gewandelte Bedeutung kommt in der Entwicklung des *Umfangs betrieblicher F&E-Aktivitäten in der Bundesrepublik Deutschland* zum Ausdruck: Wurden 1975 noch lediglich ca. 14,1 Mrd. DM für F&E in den Unternehmungen eingesetzt, so war dieser Betrag 1984 bereits auf 34,4 Mrd. DM gestiegen und erreichte 1992 mehr als 58,5 Mrd. DM.

B. Aufgaben und Instrumente des F&E-Management

1. Überblick über die Aufgaben des F&E-Management

F&E-Management im hier zugrundegelegten funktionalen Sinn beinhaltet die zielorientierte Gestaltung und Steuerung von F&E-Aktivitäten und -systemen. In Anlehnung an die allgemeine Einteilung von Managementsystemen in Teil- bzw. Subsysteme bei Küpper (1993, Sp. 652) lassen sich *sechs Typen von F&E-Management-Aufgaben* - die drei elementaren Aufgabenkategorien *F&E-Planung und -Kontrolle*, *F&E-Organisation* und *F&E-Personalführung* und die drei abgeleiteten Aufgabenkategorien *F&E-Zielsetzung*, *F&E-Informationserfassung, -verarbeitung und -bereitstellung* und *F&E-Controlling* - unterscheiden. Alle Aufgaben des F&E-Management sind grundsätzlich *auf drei Ebenen* zu erfüllen:

- Auf der *strategischen* Ebene sind die Grundsätze für die Steuerung der F&E-Aktivitäten und die Gestaltung des F&E-Systems als Ganzes zu formulieren.
- Auf der *taktischen* Ebene sind die strategischen Grundsätze auf Teilbereiche der Unternehmung aufzuspalten und in ein Rahmenkonzept umzusetzen; darüber hinaus sind die internen Bedingungen für ihre Verwirklichung herzustellen.
- Auf der *operativen* Ebene ist der auf der strategischen und taktischen Ebene abgesteckte Rahmen mit konkreten Maßnahmen zu füllen; zudem ist die Verwirklichung dieser Maßnahmen zu veranlassen und zu sichern.

Aus der Verknüpfung des Konzeptes der F&E-Management-Aufgaben mit dem Konzept der Management-Ebenen lassen sich die in Abbildung 1 dargestellten 18 Teilbereiche und -aufgaben des F&E-Management ableiten, die im folgenden behandelt werden.

	Strategische Ebene	Taktische Ebene	Operative Ebene
Formulierung von F&E-Zielsystemen	Festlegung • der grundsätzlichen Bedeutung von F&E-Aktivitäten • der Struktur der F&E-Aktivitäten	Formulierung von Bereichs- und Programmzielen (Beitrag von F&E-Aktivitäten zur Verbesserung von Produkten und Prozessen u.a.)	Formulierung von Projektzielen (Qualitäts-, Kosten- und Zeitziele)
F&E-Planung und -Kontrolle	- Identifikation techn(olog)ischer Erfolgspotentiale - Rahmenplanung von F&E-Aktivitäten zur Realisierung der Erfolgspotentiale - Strategische Prämissenkontrolle	Mittelfristige Budget- und Personalplanung	- F&E-Projektbewertung und -auswahl - F&E-Projektablaufplanung - Planung der F&E-Projekt-Einsatzmittel
F&E-Organisation	Schaffung der Rahmenstruktur für den Aufbau des F&E-Bereichs und den Ablauf der F&E-Aktivitäten	- Differenzierung der Rahmenstruktur zwecks Anpassung an die individuellen Bedingungen - Beeinflussung der informalen Organisation	Regelung der aufbau- und ablauforganisatorischen Details
F&E-Mitarbeiterführung	- Beeinflussung der F&E(-Sub)-Kultur - Wahl eines Führungsstils	Herstellung struktureller Voraussetzungen für die Schaffung und Ausschöpfung eines leistungsfähigen Mitarbeiterpotentials	- Motivation der Mitarbeiter - Identifikation von potentiellen Rollenträgern
Gestaltung des F&E-Informationssystems	Erfassung, Verarbeitung und Weiterleitung von Daten zur strategischen Planung und Kontrolle (Technological Forecasting, Frühaufklärungssysteme, Technology Assessment u.a.)	Bereitstellung von Informationen für die taktische F&E-Planung und -Kontrolle (insbesondere Kennzahlensysteme)	Bereitstellung von Informationen für die Projektplanung und -kontrolle (F&E-Kostenrechnung, Target Costing u.a.)
F&E-Controlling	Schaffung „koordinationsfreundlicher" Führungsteilsysteme und laufende Koordination zwischen und in den strategischen Führungsteilsystemen	Koordination der Führung verschiedener Projekte	Koordination der Führung in den verschiedenen Projektphasen

Abbildung 1: Bereiche und Aufgaben des F&E-Management

2. Teilaufgaben des F&E-Management und Instrumente zu ihrer Lösung

a) Formulierung von F&E-Zielsystemen

F&E-Zielsysteme umfassen - wie alle Zielsysteme - sowohl Sach- als auch Formalziele: Während die *Sach*ziele die Frage beantworten, *was* erforscht und entwickelt werden soll und damit die *Effektivität* der F&E-Arbeiten bestimmen, steuern die *Formal*ziele die Beantwortung der Frage, *wie* die Aktivitäten durchgeführt werden sollen und sind damit die Grundlage für die Beurteilung der *Effizienz* von F&E-Aktivitäten.

Im Mittelpunkt der Formulierung *strategischer* F&E-Ziele steht die Festlegung der grundsätzlichen Bedeutung von F&E-Aktivitäten für die Unternehmung. Ausgangspunkt für die Bestimmung der Relevanz von (eigenen) F&E-Aktivitäten ist der Bedarf an neuen technisch-naturwissenschaftlichen Kenntnissen, der aus der strategischen Unternehmungsplanung abzuleiten ist. Da (eigene) F&E-Aktivitäten in Konkurrenz zu anderen Instrumenten zur Beschaffung neuen technischen Wissens stehen, ist darüber hinaus die relative Eignung eigener F&E-Arbeiten im Verhältnis etwa zum kooperativen Wissenserwerb, zur Vergabe von F&E-Aufträgen und zur Lizenznahme wie auch zur Imitation und zur Akquisition anderer Unternehmungen oder zur Anwerbung von Personen mit den erforderlichen Kenntnissen zu prüfen.

Die Aufgabe der Formulierung strategischer F&E-Ziele beschränkt sich aber nicht auf die Festlegung der grundsätzlichen Bedeutung von F&E-Aktivitäten, sondern beinhaltet auch *strukturelle Festlegungen*. Dazu gehört neben der Entscheidung über die Rolle von (Grundlagen-)Forschungsarbeiten, der Festlegung der relativen Bedeutung von Produkt- und Verfahrenstechniken und des Verhältnisses zwischen Neu- und Weiterentwicklungen insbesondere die Festlegung der inhaltlichen Schwerpunkte der F&E-Aktivitäten.

Diese strukturellen Festlegungen bilden den Ausgangspunkt für die Formulierung von Bereichs- und Programmzielen auf der *taktischen* Ebene der Formulierung von F&E-Zielsystemen, durch die die strategischen Ziele differenziert und in Abhängigkeit von den jeweiligen Umweltbedingungen konkretisiert werden. Die taktischen F&E-Ziele haben vornehmlich *Sach*zielcharakter und bringen für die einzelnen F&E-Gebiete und -Programme zum Ausdruck, welchen Beitrag die eigenen F&E-Aktivitäten zur Verbesserung der Prozesse und Produkte leisten und welches Niveau sie im Verhältnis zu den F&E-Aktivitäten der Konkurrenz aufweisen sollen.

Die taktischen F&E-Ziele bilden den Bezugsrahmen für die Formulierung von F&E-*Projekt*zielen auf der *operativen* Ebene des Zielbildungsprozesses. Projektziele sind insbesondere für die drei Elemente des „magischen Dreiecks" bei der Planung von F&E-Vorhaben - Projektkosten, Projektdauer und Qualität der Projektergebnisse - zu formulieren.

Betriebswirtschaftliche Instrumente zur Unterstützung der Formulierung von F&E-Zielsystemen sind gegenwärtig noch rar und beschränken sich zumeist auf spezifische Anwendungen allgemeiner Methoden wie etwa der Nutzwertanalyse - z.B. für den Vergleich alternativer Instrumente für den Erwerb der benötigten neuen Kenntnisse -, der Relevanzbaum-Methode - zwecks Differenzierung der strategischen in taktische und operative

Ziele -, der Simulation - etwa zur Unterstützung der Festlegung des Stellenwertes eigener F&E-Aktivitäten - oder der Portfolio-Methode. Letztere wird für vielfältige Teilaufgaben im Rahmen der Festlegung von F&E-Zielen insbesondere auf der strategischen und taktischen Ebene empfohlen; beispielhaft genannt seien der Einsatz zur Ermittlung der Relevanz eigener F&E-Aktivitäten (vgl. z.B. Roberts/Berry 1985) und die Unterstützung bei der Formulierung von Zielen für einzelne Technologien durch (reine) Technologie-Portfolios (vgl. insbesondere Pfeiffer et al. 1987) und integrierte Markt-Technologie-Portfolio-Methoden (vgl. Wolfrum 1991). Entscheidungsunterstützung bei der Formulierung von Projektzielen auf der operativen Ebene bietet z.B. das Modell von Braun/Brockhoff (1988) zur Bestimmung der optimalen Dauer von Entwicklungsvorhaben.

b) F&E-Planung und -Kontrolle

Aufgabe der *strategischen F&E-Planung* ist die Identifikation techn(olog)ischer Erfolgspotentiale einerseits und die Rahmenplanung entsprechender F&E-Programme zur Realisierung der Erfolgspotentiale andererseits. Für die Identifizierung techn(olog)ischer Erfolgspotentiale bieten sich entsprechend den Mechanismen der technischen Entwicklung (vgl. Pfeiffer 1971, S. 94 ff.) zwei *Grundkonzepte* an:

- Der *bedarfsorientierte Ansatz („market pull")* baut auf der strategischen Marktplanung auf und versucht, aus den angestrebten Marktpositionen heraus den Bedarf an techn(olog)ischen Kenntnissen abzuleiten. Techn(olog)ische Erfolgspotentiale für die strategische F&E-Planung beinhalten insbesondere Schrittmacher- und Zukunftstechnologien, bei denen die betreffende Unternehmung über komparative Vorteile verfügt.
- Der *potentialorientierte Ansatz („technology push")* geht von den vorhandenen techn(olog)ischen Potentialen aus und versucht, deren Weiterentwicklungsmöglichkeiten und die dafür zu erwartenden Aufwendungen abzuschätzen. Als techn(olog)ische Erfolgspotentiale kommen insbesondere Technologien mit dynamischer Entwicklung in Frage, die Vorteile gegenüber der Konkurrenz ermöglichen und vielfältige Nutzungsmöglichkeiten mit hohen Marktpotentialen bieten.

Bedarfs- und potentialorientierter Ansatz schließen sich nicht aus, sondern ergänzen einander sowohl im Hinblick auf die zugrundeliegenden Zeithorizonte als auch bzgl. des zu erwartenden Neuheitsgrades der F&E-Ergebnisse: Während der bedarfsorientierte Ansatz wegen der beschränkten Prognosemöglichkeiten des Nachfrager- und Konkurrenzverhaltens (vgl. Brockhoff 1985, S. 624) nur kurz- bis mittelfristig orientiert ist und wegen der Ausrichtung an bestehenden oder absehbaren Produktfeldern inkrementalen Charakter hat, ist der potentialorientierte Ansatz langfristig orientiert und eröffnet die Möglichkeit radikaler Innovationen hohen Neuheitsgrades.

Die Identifikation techn(olog)ischer Erfolgspotentiale ist zu ergänzen um die *Rahmenplanung von Maßnahmen zur Realisierung der Erfolgspotentiale* durch die Formulierung geeigneter F&E-Programme. Dabei sind alle Instrumente zum Erwerb techn(olog)ischer Kenntnisse zu berücksichtigen; angesichts der Tendenzen zu komplexen Systemtechnologien und des Bemühens um Konzentration der Aktivitäten auf Kernbereiche haben in jüngster Zeit vertikale und horizontale Kooperationen bis hin zu Strategischen Allianzen und strategischen Netzen stark an Bedeutung gewonnen.

Ansätze zur *betriebswirtschaftlichen Unterstützung der strategischen F&E-Planung* finden sich vor allem in zwei Bereichen:

- Zum einen liegen Konzepte zur Strukturierung des Prozesses der strategischen Technologieplanung vor (vgl. z.B. Servatius 1985, insbesondere S. 159 ff.; Gerybadze 1989, S. 49 ff.), mit deren Hilfe die strategische F&E-Planung in die strategische Technologieplanung eingebunden werden kann und die darüber hinaus auch Anhaltspunkte für die in der strategischen F&E-Planung durchzuführenden Aktivitäten sowie die dabei jeweils zu berücksichtigenden Gesichtspunkte und die benötigten Informationen geben.
- Zum anderen können mit Hilfe der bereits erwähnten Technologie-Portfolios techn(olog)ische Erfolgspotentiale identifiziert werden.

Strategische F&E-Kontrollen sind auf die F&E-Aktivitäten als Ganzes gerichtet und dienen primär der Anpassung der strategischen F&E-Planung an Umweltänderungen. Sie sind dementsprechend in erster Linie *Prämissen*kontrollen. Strategisch orientierte Kontrollen der (unmittelbaren und mittelbaren) F&E-Ergebnisse sollten daher auch weniger als Ergebniskontrollen per se, sondern vielmehr als Kontrollen von Indikatoren für die Prämissen der strategischen Planung betrachtet werden.

Im Mittelpunkt der *taktischen Planung* der F&E-Aktivitäten steht die mittelfristige Planung der Ressourcen, die zur Realisierung der strategischen F&E-Programme erforderlich sind. Diese Planung ist auf zwei Ebenen vorzunehmen: Auf der *monetären Ebene* sind die finanziellen Mittel festzulegen, die für F&E-Aktivitäten zur Verfügung stehen, auf der *materiellen Ebene* sind die realen Mittel für F&E-Aktivitäten zu planen; dabei steht angesichts der überragenden quantitativen wie qualitativen Bedeutung der personellen Ressourcen die F&E-Personalplanung im Vordergrund.

Betriebswirtschaftliche Konzepte wurden bisher vor allem für die *Planung von F&E-Budgets* entwickelt (vgl. Kern/Schröder 1977, S. 122 ff.; Brockhoff 1992, S. 193 ff.). Dabei wurden zum einen Modelle formuliert, mit deren Hilfe die direkte Ermittlung zieloptimaler F&E-Budgets unterstützt wird; zum anderen wurden Methoden und Modelle entworfen, die es ermöglichen, die Zweckeignung bestimmter Budgetierungsregeln zu ermitteln (vgl. Brockhoff 1987). Betriebswirtschaftliche Arbeiten zur *F&E-Personalplanung* richteten sich vornehmlich auf die Frage der Übertragbarkeit bzw. Anpassungserfordernisse allgemeiner Konzepte und Methoden der Personalplanung (vgl. z.B. Domsch/Jochum 1984; Domsch/Gerpott 1985).

Gegenstand der *operativen F&E-Planung* sind die einzelnen Projekte, die als operative Einheiten zur Umsetzung der im Rahmen der strategischen Planung formulierten Programme gebildet werden. Teilbereiche der operativen F&E-Projektplanung sind neben der bereits behandelten Planung der Ziele von F&E-Projekten die Projektbewertung und -auswahl, die Projektablaufplanung und die Planung der Projekteinsatzmittel. Zentrales Problem der operativen F&E-Planung ist die *Bewertung* und *Auswahl von F&E-Projekten*, denn sie bestimmt nicht nur die Effektivität des F&E-Subsystems, sondern begrenzt auch die Möglichkeiten im operativen Bereich.

Die BWL bietet eine Fülle von *Instrumenten* für die Bewertung und Auswahl von F&E-Projekten an: Die Skala der Modelle und Verfahren reicht von einfachen Kennziffern ohne

Berücksichtigung der Unsicherheit über die Verfahren der Investitionsrechnung und Verfahren zur Berücksichtigung mehrwertiger Zielfunktionen und unsicherer Erwartungen bis hin zu komplexen mathematischen Optimierungsmodellen für die Bestimmung von F&E-Portfolios unter Berücksichtigung finanzieller, personeller und anderer Restriktionen (vgl. Kern/Schröder 1977, S. 169 ff.; Brockhoff 1992, S. 247 ff.). Die Eignung dieser Ansätze für die Praxis ist jedoch zumeist nur gering, da viele Modelle

- von realitätsfernen Annahmen ausgehen,
- die Existenz von Daten voraussetzen, die in der Praxis nur schwer oder gar nicht zu beschaffen sind,
- gar nicht oder nur mit Schwierigkeiten in die strategische Planung und in mehrstufige und multipersonale Entscheidungsprozesse eingebunden werden können und
- sich nicht flexibel an die jeweils herrschenden Bedingungen anpassen lassen.

Die *Projektablaufplanung* umfaßt alle Phasen von der Hervorbringung der Idee (soweit sie planbar ist) über deren Akzeptierung und Verwirklichung bis hin zum Transfer der F&E-Ergebnisse in Anwendungen. Aufgrund der Besonderheiten von F&E-Aktivitäten ist die Antizipation der einzelnen Aktivitäten allerdings nur beschränkt möglich, so daß eine detaillierte Planung aller im Rahmen eines Projektes durchzuführenden Maßnahmen nur selten möglich ist. Zur Lösung dieses Problems bieten sich mit der flexiblen Planung, der adaptiven Planung und der Planung mit variierendem Detaillierungsgrad mehrere *betriebswirtschaftliche Konzepte* an, die auch miteinander kombiniert werden können. Als konkretes Instrument für die F&E-Ablaufplanung steht neben der Meilensteinplanung insbesondere die flexibel einsetzbare Netzplantechnik (NPT) zur Verfügung.

Wenig Beachtung in der betriebswirtschaftlichen Forschung hat bisher das Problem der *Planung der Einsatzmittel für einzelne F&E-Vorhaben* gefunden. Es ähnelt zwar strukturell dem Problem der Kapazitätsbelegungsplanung in der Produktion, weist aber mit der vielfach hohen Unsicherheit über die einzelnen Aktivitäten und wegen der häufig sehr speziellen Anforderungen an die Mitarbeiter und deren hoher Spezialisierung Besonderheiten auf, die die Eignung der Methoden und Instrumente, die für die Kapazitätsbelegungsplanung in der Produktion entwickelt worden sind, in Frage stellen.

c) F&E-Organisation

Aufgabe der F&E-Organisation auf der *strategischen* Ebene ist die *Schaffung der Rahmenstruktur* für den Aufbau des F&E-Bereiches und den Ablauf der F&E-Aktivitäten. Dabei beinhaltet die Festlegung global-prinzipieller Regelungen für die F&E-Aufbauorganisation mit der Lokalisierung der F&E-Aktivitäten, der Festlegung der strukturellen Merkmale für den F&E-Bereich, der Differenzierung innerhalb des F&E-Bereiches und der Formulierung von Grundsätzen für die Koordination der F&E-Aktivitäten vier Teilaspekte.

Die *Lokalisierung der F&E-Aktivitäten* innerhalb der Gesamtorganisation betrifft sowohl die sachliche als auch die räumliche Lokalisierung. Bezüglich der *sachlichen Lokalisierung* ist zunächst zu prüfen, ob überhaupt ein organisatorisch verselbständigter F&E-Bereich gebildet werden soll oder ob die F&E-Aufgaben - wie häufig bei kleineren und mittleren Unternehmungen - von anderen Stellen - vielfach der Geschäftsleitung oder

Mitarbeitern des Produktionsbereiches - mit übernommen werden. Weiterhin ist zu klären, ob *ein* zentraler F&E-Bereich oder mehrere dezentrale F&E-Abteilungen geschaffen werden soll(en); dabei ist auch die hierarchische Einordnung der F&E-Bereiche in die Gesamtorganisation festzulegen. Die Frage der *räumlichen Lokalisierung* stellt sich vornehmlich bei Unternehmungen mit mehreren Betrieb(sstätt)en; sie ist in jüngster Zeit insbesondere für international tätige Unternehmungen akut geworden (vgl. Gerpott 1991; Beckmann/Fischer 1994).

Bei der *Festlegung der Strukturmerkmale* geht es um die Bestimmung

- des Spezialisierungsgrades und der Aufgabenkomplexität,
- des Formalisierungs- und Standardisierungsgrades,
- des Grades der Entscheidungs(de)zentralisation und
- des Strukturierungsgrades des formalen Kommunikationssystems

(vgl. Thom 1980, S. 243 ff.; Tebbe 1990, S. 74 ff.). Entsprechend dem Paradigma vom Dilemma der Organisation von Innovationen variiert die optimale Ausprägung der Strukturmerkmale mit der Phase des Innovationsprozesses (vgl. z.B. Wicher 1985). Da F&E-Aktivitäten alle Phasen des Innovationsprozesses umfassen, ist die Festlegung einheitlicher Strukturmerkmale für den gesamten F&E-Bereich nicht zu empfehlen: Je höher der Anteil an Aktivitäten zur Ideenerzeugung ist bzw. je stärker die Hervorbringung von Ideen gefördert werden soll, desto geringer sind der Spezialisierungs-, Formalisierungs- und Standardisierungs-, Zentralisierungs- und Kommunikationsstrukturierungsgrad und desto höher ist die Aufgabenkomplexität anzusetzen. Umgekehrt sind höhere Spezialisierungs-, Formalisierungs- und Standardisierungs-, Zentralisierungs- und Kommunikationsstrukturierungsgrade sowie eine niedrigere Aufgabenkomplexität zu wählen, wenn die Realisation von Ideen im Vordergrund steht bzw. gefördert werden soll.

Die Frage nach der *Differenzierung des F&E-Bereiches* betrifft zum einen den Grad, zum anderen das Kriterium für die Differenzierung. Als Differenzierungskriterien kommen vor allem die *F&E-Phasen* ([Grundlagen-, angewandte] Forschung und [experimentelle und konstruktive] Entwicklung), *technisch-wissenschaftliche Disziplinen* (Chemie, Physik, Biologie,...), *Produktfelder* bzw. *-gruppen* und *F&E-Programme* oder *-Projekte* in Frage. Die Entscheidung für ein Differenzierungskriterium oder die Kombination mehrerer Kriterien ist von vielerlei Faktoren abhängig und kann nur situationsspezifisch erfolgen (vgl. dazu Kern/Schröder 1977, S. 320 ff.).

Art und Intensität der internen Differenzierung bestimmen gemeinsam mit der sachlichen Lokalisation der F&E-Aktivitäten den Koordinationsbedarf, der wiederum starken Einfluß auf die *Wahl der Koordinationsmechanismen und -instrumente* nimmt. Wie in allen Organisationen kann auch die Koordination von F&E-Aktivitäten durch *strukturelle Maßnahmen* - hierarchische Koordination über das Leitungssystem, Selbstabstimmung in formalen Gremien (Ausschüsse, Komitees u.ä.) oder spontan auf informalem Wege und Festlegung von allgemeinen Verfahrensregeln und spezifischen Plänen - und durch *nichtstrukturelle Maßnahmen*, insbesondere über die Schaffung „starker“ Organisationskulturen, erfolgen. Die Eignung der Instrumente ist von den spezifischen Bedingungen des Einzelfalls abhängig und wird insbesondere vom Koordinationsbedarf, den Fähigkeiten und Eigenschaften der Mitarbeiter und den verfolgten Zielen beeinflußt.

Spezielle Probleme bei der *Leitungsorganisation* von F&E-Bereichen bestehen insofern, als zum einen die Zahl der Leitungspositionen in F&E-Bereichen von Unternehmungen zumeist nur gering, die Aufstiegsmöglichkeiten für die vielfach hochqualifizierten F&E-Mitarbeiter dementsprechend begrenzt sind; zum anderen soll auch vermieden werden, die fachlich hochqualifizierten F&E-Mitarbeiter aus der eigentlichen F&E-Tätigkeit abzuziehen und mit Führungsaufgaben zu betrauen. Als Ausweg aus diesem Dilemma bietet sich die *Parallelhierarchie* an, bei der parallel zur üblichen Führungshierarchie eine fachliche Hierarchie ohne Weisungsbefugnisse aufgebaut wird (vgl. Kern/Schröder 1977, S. 348 ff.; Spear/Souder 1986; Domsch 1993, S. 166 ff.).

Hinsichtlich der *Rahmenbedingungen für die Ablauforganisation* sind vor allem zwei grundsätzliche Entscheidungen zu treffen:

- Zum einen ist zu entscheiden, ob und für welche Arten von Projekten eine Projektorganisation eingeführt und welche Variante der Projektorganisation - evtl. unter welchen Bedingungen - eingesetzt werden soll.
- Zum anderen ist grundsätzlich darüber zu befinden, ob die verschiedenen Phasen von F&E-Projekten sequentiell oder - dem Konzept des Simultaneous Engineering (SE) (vgl. Eversheim 1989; Wildemann 1992) folgend - (teilweise) parallel durchgeführt werden sollen.

Aufgabe der *F&E-Organisation auf der taktischen Ebene* ist es, die auf der strategischen Ebene formulierten prinzipiell-globalen Regelungen entsprechend den aktuellen Randbedingungen zu konkretisieren sowie in Abhängigkeit von den Anforderungen der jeweils verfolgten F&E-Aktivitäten zu differenzieren. Dazu gehören z.B. die differenzierende Festlegung der strukturellen Merkmale, die Einrichtung temporärer Gremien zur Behebung von Schnittstellenproblemen und die Auswahl konkreter Koordinationsmaßnahmen. Der taktischen Ebene zugeordnet werden kann auch die *Beeinflussung der informalen Organisation*, d.h. der Gesamtheit der parallel zur formalen Organisation bestehenden spontanen Verhaltensregeln. Durch eine geschickte Gestaltung der formalen Organisation kann die informale Organisation so beeinflußt werden, daß sie die formalen Regeln unterstützt oder doch zumindest nicht behindert. Besondere Bedeutung kommt in diesem Zusammenhang der Erkenntnis zu, daß der Erfolg von Innovationsprozessen entscheidend davon abhängt, ob bestimmte kritische Funktionen - wie etwa die Funktionen von sog. *Champions* (vgl. Schon 1963), *Innovatoren* (vgl. Hauschildt 1991), (Macht-, Prozeß- und Fach-)*Promotoren* (vgl. Gemünden 1988; Hauschildt 1993, S. 109 ff.) und *Opponenten* sowie von *Gatekeepern* (vgl. Domsch/Gerpott/Gerpott 1989) - spontan von geeigneten Mitarbeitern übernommen werden. Die Übernahme derartiger Funktionen kann i.d.R. nicht durch formale Stellenbeschreibungen und -besetzungen „erzwungen" werden, die (taktische) Organisation kann aber Bedingungen schaffen, die die spontane Übernahme derartiger Rollen begünstigen.

Die konkrete Aufbau- und Ablauforganisation der Projekte ist Aufgabe der *F&E-Organisation auf der operativen Ebene*. Ausgehend von den strategischen und taktischen Vorgaben sind die aufbau- und ablauforganisatorischen Details - z.B. die mit der Bildung von Teams zusammenhängenden Fragen, die konkrete Gestaltung der Leitungs- und Kommunikationsbeziehungen zwischen den an einem Projekt Beteiligten oder der Grad der Parallelisierung einzelner Aktivitäten - zu regeln. Dabei können grundsätzlich alle Techniken organisatorischer Gestaltung eingesetzt werden; allerdings wird die Eignung dieser Techniken durch die Einmaligkeit der F&E-Vorhaben als Ganzes begrenzt. Die anderen Merkmale von F&E-Aktivitäten, insbesondere ihre Unsicherheit, machen zudem vielfach Modifikationen der Techniken erforderlich.

d) F&E-Mitarbeiterführung

Der Erfolg von F&E-Aktivitäten hängt primär von der fachlichen und persönlichen Qualifikation und der Motivation der F&E-Mitarbeiter ab. Die Führung der F&E-Mitarbeiter ist daher von entscheidender Bedeutung für den Erfolg der F&E-Aktivitäten. Sie hat sowohl für die Schaffung und Entwicklung der benötigten Mitarbeiterpotentiale als auch für deren umfassende Nutzung Sorge zu tragen.

Grundlage für die Führung der F&E-Mitarbeiter ist die *F&E-(Sub-)Kultur* als Gesamtheit der „gelebten" Basisannahmen, Werte und Normen sowie der Denk- und Verhaltensmuster, die den F&E-Mitarbeitern gemeinsam sind. Für das F&E-Management zentrale Aspekte des gemeinsamen Wertsystems sind das zugrundeliegende Referenzsystem - die (Ziele der) Unternehmung oder die „Spielregeln" der sog. *„scientific community"* - sowie die Einstellung zum Risiko und zu Neuerungen. Die jeweiligen Ausprägungen dieser Attribute sind unternehmungsindividuell und müssen mit den durch Planung, Kontrolle und Organisation festgelegten Strategien und Strukturen kompatibel sein. Darüber hinaus ist sicherzustellen, daß die F&E-(Sub-)Kultur in die Unternehmungskultur integriert ist.

Bei der *Wahl des Führungsstils* sind vor allem zwei Aspekte zu berücksichtigen:

- Zum einen ist über das Ausmaß der Beteiligung der F&E-Mitarbeiter an (Führungs-) Entscheidungen zu befinden. Sowohl die spezifischen Merkmale der F&E-Aktivitäten als auch die Eigenschaften der F&E-Mitarbeiter - insbesondere der Wissenschaftler und Ingenieure - lassen grundsätzlich den *kooperativen* Führungsstil als für F&E-Aktivitäten empfehlenswert erscheinen.
- Zum anderen ist der Konflikt zwischen der Orientierung an den Unternehmungszielen und der Orientierung an der Befriedigung der Bedürfnisse der F&E-Mitarbeiter zu lösen. Da bei F&E-Mitarbeitern tendenziell das Bedürfnis nach Selbstverwirklichung dominiert und kreative Prozesse weniger direkt gesteuert als indirekt beeinflußt werden können, empfiehlt sich grundsätzlich ein eher *personenorientierter* Führungsstil.

Auf der *taktischen Ebene* der F&E-Mitarbeiterführung geht es um die *Herstellung der strukturellen Voraussetzungen* für die Schaffung und die Ausschöpfung eines leistungsfähigen Mitarbeiterpotentials. Im Mittelpunkt stehen zwei Teilsysteme:

- Das *F&E-Personalentwicklungssystem* hat für die Vermittlung der erforderlichen Qualifikationen zu sorgen, wobei neben den Interessen der Unternehmung auch die Interessen der F&E-Mitarbeiter zu berücksichtigen sind.
- Dem *F&E-Anreizsystem* obliegt die Bereitstellung aufgaben- und bedürfnisgerechter Anreize zwecks Aktivierung der Qualifikationspotentiale (vgl. dazu Gerpott/Domsch 1991). Dabei ist zwischen einer Vielzahl potentieller materieller wie immaterieller Anreize - von Prämien für Erfindungen, Verbesserungsvorschläge und die Einhaltung von Kosten- und Zeitvorgaben bis hin zur (begrenzt) freien Wahl der F&E-Arbeitsthe-

men oder der (teilweise) freien Verfügung über die eigene Arbeitszeit - zu wählen. Die unterschiedlichen Bedürfnisstrukturen der F&E-Mitarbeiter und die Zielvorstellungen der Unternehmung sind bei der Gestaltung des Anreizsystems ebenso zu berücksichtigen wie die unterschiedlichen Anforderungen der F&E-Aufgaben.

Ziel der F&E-Mitarbeiterführung auf der *operativen Ebene* ist es, die Mitarbeiter für ihre Aufgaben zu begeistern und sie zu motivieren, sich für die Erfüllung der ihnen übertragenen Aufgaben voll einzusetzen; dafür ist eine genaue Kenntnis der Bedürfnisstrukturen der F&E-Mitarbeiter ebenso unerläßlich wie die Fähigkeit, sich voll auf sie einzustellen. Ihren Niederschlag findet die operative F&E-Mitarbeiterführung im Einsatz der Führungsmittel, zu denen neben der Art und Intensität von Weisungen und Kontrollen vor allem die Art und Häufigkeit sowie der Inhalt der Kommunikation und die Art der verwendeten Anreizinstrumente zählen. Spezifische Instrumente eines kooperativen, personenorientierten Führungsstils sind Mitarbeitergespräche in Form von Zielvereinbarungs- und Zielerreichungs(Leistungsbeurteilungs)gesprächen sowie Abteilungsbesprechungen.

e) Gestaltung des F&E-Informationssystems

Aufgabe des F&E-Informationssystems ist es, die Informationen bereitzustellen, die für die Erfüllung der Management-Aufgaben auf allen Ebenen benötigt werden. Die Erfüllung dieser Aufgabe beinhaltet die Erfassung der relevanten Daten, ihre Speicherung und zweckmäßige (Weiter-)Verarbeitung und die Weiterleitung der Verarbeitungsergebnisse an die Bedarfsträger in einer empfängergerechten Form ebenso wie die Bereitstellung der benötigten Verarbeitungsmethoden.

Zur Erfüllung der Management-Aufgaben auf der rahmensetzenden *strategischen Ebene* werden Informationen über die langfristige Entwicklung der ökonomischen, techn(olog)ischen, ökologischen, soziopolitischen und kulturellen Umfeldbedingungen benötigt. Für die Bereitstellung dieser Informationen bieten sich drei *Typen von Instrumenten* an:

- *Vorhersagemethoden* dienen der Antizipation vornehmlich von *Trendentwicklungen.* Neben den traditionellen ökonomischen Vorhersagemethoden zur Abschätzung zukünftiger Marktentwicklungen sind für das strategische F&E-Management insbesondere die Methoden zur Vorhersage techn(olog)ischer Entwicklungen *(Technological Forecasting)* relevant (vgl. Kern/Schröder 1977, S. 131 ff.).
- (Technologie-)*Frühaufklärungssysteme* (Frühwarn-, Früherkennungssysteme) dagegen zielen auf die Antizipation von *„Brüchen" in der (technologischen) Entwicklung* (vgl. Peiffer 1992; VDI Technologiezentrum 1992).
- Mit Hilfe von *Technikfolgenabschätzungen* (Technologiewirkungsanalysen, *Technology Assessment)* wird versucht, *alle* Auswirkungen der Entwicklung, Einführung und Diffusion von - insbesondere neuen - Technologien auf Natur und Gesellschaft zu erfassen (vgl. Kern/Schröder 1977, S. 156 ff.; Zahn 1981).

Bei allen drei Kategorien bestehen gegenwärtig allerdings noch erhebliche Differenzen zwischen Anspruch und Wirklichkeit; Reliabilität und Validität der Verfahren für langfristige Prognosen sind gering.

Informationen über langfristige Entwicklungen im *Umsystem* sind zu ergänzen um Informationen über langfristige *Unternehmungs*entwicklungen wie die Entwicklung der verfügbaren Potentiale. Für Zwecke der strategischen Kontrolle werden zudem Informationen über die langfristige Entwicklung der *F&E-Leistungen* benötigt.

Steht auf der strategischen Ebene der Bedarf an langfristigen Informationen über Umsystementwicklungen im Vordergrund, so dominiert auf der *operativen Ebene* der Bedarf an kurz- und mittelfristigen Informationen zur informatorischen Fundierung des Projekt-Management. Allerdings ist damit allenfalls der Schwerpunkt des Informationsbedarfs beschrieben: Vor allem für Zwecke der Bewertung und Auswahl von F&E-Vorhaben werden auch Informationen über langfristige Umsystementwicklungen benötigt, da für eine umfassende Projektbewertung und -auswahl die Betrachtung des gesamten Lebenszyklus derjenigen Leistungsobjekte, die mit Hilfe der F&E-Ergebnisse erstellt werden, unerläßlich ist.

Als Instrumente für die Deckung des Bedarfs an Informationen für das Projektmanagement bieten sich neben speziellen Instrumenten - wie z.B. der Projektdeckungsrechnung (vgl. Commes/Lienert 1983) - insbesondere *F&E-Kostenrechnungen* an, die in zwei Varianten vorliegen: Während auf der traditionellen Kostenrechnung fußende F&E-Kostenrechnungen sich um eine sachgerechte Zurechnung der *tatsächlich zu erwartenden* und *entstandenen* F&E-Kosten auf die betrieblichen Leistungen bemühen (vgl. Strecker 1991), steht im Mittelpunkt von Zielkostenrechnungen *(Target Costing)* der Versuch, *Sollkosten* für F&E-Projekte aus den Marktverhältnissen derjenigen Produkte abzuleiten, die mit Hilfe der betreffenden Projekte entwickelt werden sollen (vgl. Horváth/Seidenschwarz 1992).

Eine Mittelstellung bzgl. des zu deckenden Informationsbedarfs nimmt die *taktische Ebene* ein, auf der Informationen bereitzustellen sind, die für die Erfüllung der taktischen Management-Aufgaben benötigt werden. Als spezielle Instrumente bieten sich neben den auch für diese Ebene geeigneten ökonomischen und technologischen Prognosemethoden und der F&E-Kostenrechnung vor allem einzelne *Kennzahlen* - Produktinnovationsraten, Anteil der F&E-Aufwendungen für fehlgeschlagene F&E-Vorhaben, Zahl der Verbesserungsvorschläge (je Mitarbeiter) u.ä. - und *Kennzahlensysteme* an.

f) F&E-Controlling

Aufgabe des F&E-Controlling ist gemäß dem hier zugrundegelegten koordinationsorientierten Controlling-Paradigma die Koordination zwischen den und innerhalb der Teilfunktionen des F&E-Management (vgl. dazu Göpfert/Hoppenheit 1991). Dabei geht es - im Unterschied zur Koordinationsfunktion der Organisation - nicht um die Koordination der Ausführungshandlungen *(Primärkoordination)*, sondern um die Koordination zwischen den und innerhalb der Management-Teilaufgaben und -systeme *(Sekundärkoordination)*, insbesondere innerhalb des F&E-Planungs- und -Kontrollsystems sowie zwischen diesem und dem F&E-Informationssystem.

Strategisches F&E-Controlling besteht zuvorderst in der Schaffung „koordinationsfreundlicher" F&E-Management-Teilsysteme durch eine entsprechende Strukturierung der Führungsteilsysteme und die Schaffung leistungsfähiger Schnittstellen *(systembildende* Koordination). Strategisches F&E-Controlling umfaßt darüber hinaus aber auch die laufende Abstimmung der strategischen Planung, Kontrolle, Organisation und Mitarbeiterführung einerseits mit den strategischen Zielen und der Informationsversorgung für strategische Aufgaben andererseits *(systemkoppelnde* Koordination). Strategisches F&E-Controlling hat schließlich bei dezentraler Erfüllung der einzelnen F&E-Führungsfunktionen für die Koordination der dezentral erfüllten strategischen Führungsaufgaben innerhalb der einzelnen Führungsfunktionen zu sorgen. Als Abstimmungsinstrumente bieten sich vor allem personenorientierte Koordinationsmaßnahmen - insbesondere die Koordination durch Selbstabstimmung - an; von den technokratischen Instrumenten können integrierte Markt-Technologie-Portfolios für die Abstimmung zwischen F&E- und Marktplanungen eingesetzt werden.

Die Notwendigkeit der *Koordination* zwischen den Teilfunktionen des F&E-Management ergibt sich auch auf der *taktischen* und der *operativen Ebene*; zudem besteht auch auf diesen Ebenen bei dezentraler Ausführung der einzelnen Führungsaufgaben ein Koordinationsbedarf innerhalb der Führungsfunktionen: Während auf der taktischen Ebene verschiedene Projekte aufeinander abzustimmen sind, geht es auf der operativen Ebene um die (Sekundär-)Koordination der Phasen und Aktivitäten innerhalb der einzelnen Vorhaben. Dabei hängt der Koordinationsbedarf in starkem Maße von der Art der Projektorganisation ab: Während bei Anwendung der (reinen) Projektorganisation z.B. kaum (sekundärer) Koordinationsbedarf besteht, ergibt sich beim Einfluß-Projektmanagement wegen der starken Dezentralisierung der Leitungsaufgaben auch ein entsprechend hoher Koordinationsbedarf. Als *Koordinationsinstrumente* stehen - neben den universell anwendbaren Instrumenten der nicht-strukturellen Koordination - auch hier vor allem personenorientierte Koordinationsinstrumente, speziell die Koordination durch Selbstabstimmung, zur Verfügung.

C. Ergebnis

Die Eigenheiten der F&E-Aufgaben und ihrer Träger, der Wissenschaftler und Techniker, haben zur Folge, daß F&E-Aktivitäten zu den „sperrigsten“ Management-Sachverhalten zählen. Schwierigkeiten bereitet vor allem die *direkte* Planung und Kontrolle der Aktivitäten; die bisher zur Berücksichtigung der Unsicherheit vorwiegend vorgeschlagenen Ansätze auf der Grundlage der Wahrscheinlichkeitstheorie können weder aus theoretischer noch aus praktischer Sicht befriedigen. Verbesserungen sind hier von der Entwicklung von Konzepten und Instrumenten auf der Basis der Theorie unscharfer Mengen zu erhoffen, die allerdings bisher noch nicht „praxistauglich“ sind (vgl. dazu die Ansätze bei Weber/Werners/Zimmermann 1990).

Angesichts der mangelnden theoretischen Fundierung eines *direkten* Management betrieblicher F&E-Aktivitäten muß sich das Management von F&E-Aktivitäten auf die *indirekte* Steuerung der F&E-Aktivitäten - insbesondere durch die Schaffung einer innovationsorientierten Organisationskultur, die Gestaltung entsprechender organisatorischer Rahmenbedingungen und die Einflußnahme auf die informale Organisation, die Heranbildung, Pflege und Ausschöpfung eines Pools kreativer Mitarbeiter und die Förderung der Übernahme innovationskritischer Rollen durch geeignete Mitarbeiter - konzentrieren. Auch indirekt wirkendes F&E-Management ist wegen der lückenhaften Kenntnisse über den Ablauf und die Einflußgrößen kreativer Problemlösungsprozesse gegenwärtig allerdings noch mehr „Kunst" als „Wissenschaft".

Literatur

BECKMANN, CHR.; FISCHER, J.: Einflußfaktoren auf die Internationalisierung von Forschung und Entwicklung in der deutschen Chemischen und Pharmazeutischen Industrie, in: ZfbF, 46. Jg. (1994), S. 630-657.

BRAUN, H.; BROCKHOFF, K.: PED - Ein Programm zur optimalen Planung der Entwicklungsdauer, in: Zeitmanagement in Forschung und Entwicklung, ZfbF-Sonderheft 23, hrsg. v. K. Brockhoff, A. Picot u. Chr. Urban, Düsseldorf 1988, S. 74 - 85.

BROCKHOFF, K.: Abstimmungsprobleme von Marketing und Technologiepolitik, in: DBW, 45. Jg. (1985), S. 623-632.

BROCKHOFF, K.: Budgetierungsstrategien für Forschung und Entwicklung, in: ZfB, 57. Jg. (1987), S. 846-869.

BROCKHOFF, K.: Forschung und Entwicklung. Planung und Kontrolle, 3. Aufl., München/Wien 1992.

COMMES, M.-TH.; LIENERT, R.: Controlling im FuE-Bereich, in: ZFO, 52. Jg. (1983), S. 347-354.

DOMSCH, M.: Laufbahnentwicklung für Industrieforscher, in: F&E Management, hrsg. v. M. Domsch, H. Sabisch u. S.H.A. Siemers, Stuttgart 1993, S. 153-178.

DOMSCH, M.; GERPOTT, H.; GERPOTT, T.J.: Technologische Gatekeeper in der industriellen F&E, Stuttgart 1989.

DOMSCH, M.; GERPOTT, T.J.: Personalauswahl und Personalbeurteilung als Instrumente des Personal-Management in industrieller Forschung und Entwicklung (F+E), in: RKW-Handbuch Forschung, Entwicklung, Konstruktion (F+E), hrsg. v. H.H. Moll u. H.J. Warnecke, Berlin 1976 ff., Kennzahl 5200, 15. Lfg. (1985).

DOMSCH, M.; JOCHUM, E. (Hrsg.): Personal-Management in der industriellen Forschung und Entwicklung (F&E), Köln et al. 1984.

EVERSHEIM, W.: Simultaneous Engineering - eine organisatorische Chance! in: Simultaneous Engineering. Neue Wege des Projektmanagements, hrsg. v. VDI-Gesellschaft Produktionstechnik (ADB), VDI-Berichte 758, Düsseldorf 1989, S. 1-25.

GEMÜNDEN, H.G.: „Promotors" - Key Persons for the Development and Marketing of Innovative Industrial Products, in: Innovation: A Cross-Disciplinary Perspective, hrsg. v. K. Gronhaug u. G. Kaufmann, Oslo 1988, S. 347-374.

GERPOTT, T.J.: Globales F&E-Management. Bausteine eines Gesamtkonzeptes zur Gestaltung eines weltweiten F&E-Standortsystems, in: Integriertes Technologie- und Innovationsmanagement, hrsg. v. Booz, Allen&Hamilton, Berlin 1991, S. 51-73.

GERPOTT, T.J.; DOMSCH, M.: Anreize im Bereich der industriellen Forschung und Entwicklung, in: Handbuch Anreizsysteme in Wirtschaft und Verwaltung, hrsg. v. G. Schanz, Stuttgart 1991, S. 999-1023.

GERYBADZE, A.: Strategisches Management und Controlling von Technologien, in: Innovation und Controlling, hrsg. v. W. LÜCKE u. J.-W. DIETZ, Wiesbaden 1989, S. 29-63.

GÖPFERT, I.; HOPPENHEIT, CHR.: Controlling in Forschung und Entwicklung, in: Controlling. Selbstverständnis - Instrumente - Perspektiven, ZfB-Erg.H. 3, hrsg. v. H. Albach u. J. Weber, Wiesbaden 1991, S. 147-166.

HAUSCHILDT, J.: Managementrolle: Innovator, in: Handbuch Management. Die 24 Rollen der exzellenten Führungskraft, hrsg. v. W.H. Staehle, Wiesbaden 1991, S. 225-239.

HAUSCHILDT, J.: Innovationsmanagement, München 1993.

HORVATH, P.; SEIDENSCHWARZ, W.: Zielkostenmanagement, in: Controlling, 4. Jg. (1992), H. 3, S. 142-150.

KERN, W.; SCHRÖDER, H.-H.: Forschung und Entwicklung in der Unternehmung, Reinbek b. Hamburg 1977.

Küpper, H.-U.: Controlling, in: HWB, Bd. 1, hrsg. v. W. Wittmann et al., 5. Aufl., Stuttgart 1993, Sp. 647-662.
Peiffer, St.: Technologie-Fühaufklärung - Identifikation und Bewertung zukünftiger Technologien in der strategischen Unternehmensplanung, Hamburg 1992.
Pfeiffer, W.: Allgemeine Theorie der technischen Entwicklung, Göttingen 1971.
Pfeiffer, W. et al.: Technologie-Portfolio zum Management strategischer Zukunftsgeschäftsfelder, 4. Aufl., Göttingen 1987.
Roberts, E.B.; Berry, C.A.: Entering New Business: Selecting Strategy for Success, in: SMR, 26. Jg. (1985), H. 3, S. 3-17.
Schon, D.A.: Champions for Radical New Inventions, in: HBR, 41. Jg. (1963), H. 2, S. 77-86.
Servatius, H.-G.: Methodik des strategischen Technologie-Managements, Berlin 1985.
Spear, R.E.; Souder, W.E.: Defining the Technical Ladder, in: Research Management, 29. Jg. (1986), H. 5, S. 25-28.
Strecker, A.: Prozeßkostenrechnung in Forschung und Entwicklung, München 1991.
Tebbe, K.: Die Organisation von Produktinnovationsprozessen, Stuttgart 1990.
Thom, N.: Grundlagen des betrieblichen Innovationsmanagements, 2. Aufl., Königstein i.Ts. 1980.
VDI Technologiezentrum (Hrsg.): Technologiefrühaufklärung. Identifikation und Bewertung von Ansätzen zukünftiger Technologien, Stuttgart 1992.
Weber, R.; Werners, B.; Zimmermann, H.-J.: Planning models for research and development, in: EJOR, 48. Jg. (1990), S. 175-188.
Wicher, H.: Innovation und Organisation: Das Paradigma vom organisatorischen Dilemma, in: WISU, 14. Jg. (1985), S. 355-359.
Wildemann, H.: Simultaneous Engineering als Baustein für Just-in-time in Forschung, Entwicklung und Konstruktion, in: VDI-Z, 134. Jg. (1992), H. 12, S. 18-23.
Wolfrum, B.: Strategisches Technologiemanagement, Wiesbaden 1991.
Zahn, E: Technology Assessment, in: ZfB, 51. Jg. (1981), S. 798-804.

Wolfgang Gerke
Matthias Bank

Finanzmanagement

A. Aufgabenbereich des Finanzmanagement

B. Planungs- und Kontrollaktivitäten im Finanzierungsprozeß

C. Finanzierungsinstrumente

D. Finanzinnovationen

E. Bewertung von Finanzierungsinstrumenten

F. Optimaler Mix der Finanzierungsinstrumente

G. Organisation des Finanzmanagement

Literatur

A. Aufgabenbereich des Finanzmanagement

Ein tiefgreifender Wandel an den Finanzmärkten hat in den letzten 20 Jahren den Funktionsbereich „betriebliche Finanzierung" verändert. Diese noch nicht abgeschlossene Entwicklung betrifft in erster Linie das Aufgabenfeld und die hierarchische Stellung des Finanzmanagement in mittleren und großen Industrie- und Handelsunternehmen.

Treibende Kräfte für die Veränderung der Rahmenbedingungen des Finanzmanagement sind der technologische Wandel in der Informations- und Kommunikationstechnik sowie umfangreiche Liberalisierungs- und Deregulierungsmaßnahmen in den Industriestaaten. Durch die hiermit einhergehenden *Finanzinnovationen* wurde die Palette von Finanzierungs- und Anlagemöglichkeiten nachhaltig erweitert, so daß es sich für große Unternehmen lohnt, im eigenen Hause detailliertes finanzwirtschaftliches Know-how aufzubauen. Häufig sind sie sogar in der Lage, spezielle Finanzdienstleistungen kostengünstiger zu erstellen als professionelle Finanzintermediäre. Einzelne Finanzabteilungen großer Unternehmen verstehen sich bereits als unternehmensinterne Dienstleistungssparte *(Corporate Banks)* mit Profit-Center-Charakter. Diese Entwicklung umfaßt auch die rechtliche Verselbständigung des Finanzbereichs *(Ausgliederung)* und das Angebot von Finanzdienstleistungen an Dritte.

Indem das Finanzmanagement großer Unternehmen Finanzierungs- und Anlageprozesse an den Banken vorbeisteuert *(Disintermediation)*, verfolgt es zunehmend das Ziel, durch Finanzinvestitionen an den Geld- und Kapitalmärkten sowie an den neu etablierten Options- und Terminmärkten die Unternehmensrentabilität zu steigern. Die Märkte für Finanzderivate sind aber auch mit einem beachtlichen Risikopotential verbunden, wie z.B. die spektakulären Fehlentscheidungen des Finanzmanagement bei VW, Klöckner und der Metallgesellschaft manifestieren. Ein integraler Bestandteil des Finanzmanagement sollte daher ein quantitatives *Risikomanagement* sein. Fortschritte in der kapitalmarktorientierten Bewertungstheorie liefern Konzepte, die eine Feinsteuerung von Risikopositionen erlauben. Die gewachsene Bedeutung des Finanzmanagement wird auch dadurch unterstrichen, daß die Leitung des Finanzbereichs i.d.R. auf Vorstandsebene angesiedelt ist. Dabei spielen im Zuge der Entwicklung zum managergeleiteten Unternehmen Interessenkonflikte zwischen Eigentümer, Fremdkapitalgeber und Management im Rahmen der Unternehmenszielsetzung und -kontrolle eine immer stärkere Rolle. Das Finanzmanagement soll die Interessen der Eigenkapitalgeber vertreten *(shareholder orientation)*. Solche „agency-theoretischen" Überlegungen münden in die Einsicht, das Finanzmanagement durch finanzielle Anreize und durch Kontrollaktivitäten zu veranlassen, primär die Interessen der Eigentümer zu verfolgen.

Finanzmanagement beinhaltet alle zielgerichteten Tätigkeiten, die bei der Anlage oder Aufnahme finanzieller Mittel anfallen *(asset liability management)*. Das Instrumentarium des Finanzmanagement ist generell auf die Lösung von Finanzinvestitions- und Finanzierungsproblemen in allen wirtschaftlichen Organisationseinheiten (z.B. private Haushalte, Unternehmen, Kreditinstitute, Versicherungen, Investmentfonds, öffentliche Körperschaften) anwendbar.

Auf *Unternehmensebene* umschreibt der Begriff *Finanzmanagement* alle leitenden Tätigkeiten, die sich aus der Notwendigkeit der Kapitalbeschaffung und -anlage zur Erreichung der übergeordneten Unternehmensziele ableiten lassen. Zentrale Tätigkeitsfelder sind, ausgehend vom Zielsystem eines Unternehmens, Planungsaktivitäten (d.h. Alternativensuche, Bewertung und Entscheidung) sowie eine Erfolgskontrolle in Form eines Soll-Ist-Vergleichs.

Der zahlungsstromorientierten Sichtweise folgend kann ein Unternehmen als ein Bündel von Zahlungsströmen aus unterschiedlichen Investitions- und Finanzierungsprojekten aufgefaßt werden. Im realwirtschaftlichen Bereich eines Unternehmens fallen im Prozeß der Leistungserstellung und -verwertung Ein- und Auszahlungen zeitlich zumeist *asynchron* an, so daß temporäre Zahlungslücken bzw. -überschüsse ausgeglichen werden müssen.

Einen Überblick über die Teilbereiche des Finanzmanagement gibt Abbildung 1[1)]. Zu den *Kernbereichen des Finanzmanagement* zählen die Strukturierung und Steuerung der Finanzinvestitionen *(asset management)* sowie die Erschließung und Nutzung von Finanzierungsquellen und Finanzmärkten *(liability management)*. Beide Kernbereiche sollten unter Berücksichtigung von risikopolitischen Aspekten gesehen werden.

Finanzmanagement	
Tätigkeit	Inhalte
Informationsmanagement	• Aufbau von Informationssystemen (Finanzpläne, Finanzflußrechnungen, Kennzahlen) • Finanzmarktforschung (Marktprognosen, Kapitalgeber- und -nehmeranalysen)
Anlagemanagement (Asset Management)	• Strukturierung von Finanzinvestitionen (Finanzanlagen, Kassenhaltung)
Beschaffungsmanagement (Liability Management)	• Erschließung und Nutzung externer Finanzierungsquellen (Rechtsformwahl, Emission marktfähiger Finanzierungstitel, Kreditfinanzierung) • Erschließung und Nutzung interner Finanzierungsquellen (Ausschüttungspolitik, Rückstellungspolitik) • Erschließung und Nutzung von Finanzmärkten und Finanzinstitutionen (Banken, Börsen, „Euromarkt“)
Risikomanagement	• Bewertung und Steuerung von Risikopositionen (Anwendung der modernen Portefeuilletheorie)
Intermediationsmanagement	• Angebot von Finanzdienstleistungen

Abbildung 1: Die Dimensionen des Finanzmanagement

B. Planungs- und Kontrollaktivitäten im Finanzierungsprozeß

Ausgangspunkt aller Planungs- und Kontrollaktivitäten ist die Formulierung eines Zieles bzw. eines Zielsystems. Aus dem übergeordneten Zielsystem eines Unternehmens kann für den Finanzbereich eines Unternehmens das Ziel der *Rentabilitätsmaximierung* unter Berücksichtigung der individuellen Risikopräferenz und der Liquiditätssicherung abgeleitet werden.

Liquiditätssicherung besitzt im Kontext des übergeordneten Zielsystems den Stellenwert eines *unbedingten Begleitziels.* Jederzeitige Liquidität erfordert, daß die eingegangenen Zahlungsverpflichtungen termin- und vertragsgerecht erfüllt werden können. In funktionsfähigen Märkten folgt die Liquidität der Rentabilität bzw. Bonität, indem rentable Unternehmen Liquiditätsengpässe durch Kredite überbrücken können. Die Notwendigkeit jederzeitiger Liquidität liegt in den Konsequenzen der Illiquidität (Zahlungsunfähigkeit) begründet. Eine *temporäre Illiquidität* signalisiert in einer Welt mit asymmetrischer Informationsverteilung den Vertragspartnern (Gläubigern, Lieferanten, Belegschaft, Kunden usw.), daß das Vertrauen in den Fortbestand des Unternehmens prinzipiell gefährdet ist. Entsprechend wird in zukünftigen vertraglichen Austauschbeziehungen das erhöhte Unternehmensrisiko durch höhere Kapitalkosten oder zusätzliche Kreditsicherheiten berücksichtigt. Zudem besteht die Gefahr, daß Humankapital abwandert, Lieferanten die Zahlungsmodalitäten verschärfen oder sich zurückziehen und Kunden zur Konkurrenz wechseln. Folglich verursacht eine temporäre Illiquidität neben den direkten Finanzierungskosten für die Kreditaufnahme zusätzliche Kosten *(Bedrängniskosten).* Liegt hingegen eine *permanente Illiquidität* vor, so kommt es i.d.R. zur Eröffnung eines Insolvenzverfahrens, welches in einen *Konkurs,* einen *Vergleich* oder eine *Reorganisation* mündet.

Rentabilitätsmaximierung im Finanzbereich steht, wie am Beispiel der Illiquiditätskosten angedeutet, in sehr enger Verbindung mit dem Ziel der Liquiditätssicherung. Operationalisiert wird die Rentabilitätsmaximierung z.B. durch Minimierung der *Kapitalkosten* oder Maximierung der *Finanzinvestitionsrendite* bei gegebenem Risiko. Unter Kapitalkosten versteht man den (risikoadjustierten) Preis für die Überlassung von Kapital. Bei gegebenen Investitionsprojekten und sonstigen Zahlungsverpflichtungen ist diejenige Finanzierungsweise (Kapitalstruktur) zu wählen, welche die Kapitalkosten minimiert. Dabei spielt die unterschiedliche Besteuerung der verschiedenen Finanzierungsformen eine wichtige Rolle[2)]. Im Hinblick auf die Kosten der Liquidität (z.B. unverzinsliche Barreserve) müssen in die Rentabilitätsüberlegungen auch die *Opportunitätskosten* der Liquiditätssicherung (d.h. entgangene potentielle Erträge aus nicht durchgeführten Sach- und Finanzinvestitionen) einbezogen werden. Überschüssige Liquidität sollte, falls keine Rückzahlung an die Kapitalgeber geplant ist und keine rentablen Sachinvestitionsprojekte verfügbar sind, unter Risiko-Rendite-Überlegungen an Geld- und Kapitalmärkten investiert werden.

Zentraler Bestandteil der Planungsaktivitäten ist die Erstellung von *Finanzplänen.* Sie umfassen eine systematische, nach Fälligkeiten sortierte Übersicht aller prognostizierbaren Ein- und Auszahlungen eines Unternehmens. Für jeden zukünftigen Zeitpunkt (i.d.R. Tage, Wochen, Monate, Jahre) läßt sich, mit abnehmender Genauigkeit, eine *Über- oder*

Unterdeckung an liquiden Mitteln ableiten. Auf Basis dieser Informationen können frühzeitig *Ausgleichsmaßnahmen* in die Wege geleitet werden (z.B. Kreditaufnahme, Termingeldanlage), die eine jederzeitige Zahlungsbereitschaft sicherstellen. *Kurzfristige Finanzpläne*, mit Planungszeiträumen von einem Tag bis zu einem Jahr, sollten möglichst häufig (z.B. täglich) im Rahmen einer *rollierenden Planungstechnik* auf den neuesten Stand gebracht werden. Nach Ablauf der Planungsperiode sollten für alle Fälligkeiten neue Prognosen unter Berücksichtigung aller verfügbaren Informationen erstellt werden. Die kurzfristige Finanzplanung steuert die *Kassenhaltung* und in Großunternehmen das sog. Cash Management. *Cash Management* bezeichnet die Abwicklung des gesamten Zahlungsverkehrs unter optimaler Nutzung aller verfügbaren liquiden Anlagemittel und Kreditlinien bei unterschiedlichen Kreditinstituten. Im *mittelfristigen Finanzplan* sind die finanziellen Auswirkungen des geplanten Investitionsprogramms antizipiert. Der Planungshorizont beträgt bis zu 5 Jahre. In ihn gehen auch Überlegungen über die Kapitalstrukturierung ein. Der *langfristige Finanzplan* hat strategischen Charakter und umfaßt einen Zeitraum von 5 bis 15 Jahren. Er spiegelt den Kapitalbedarf aus der geplanten Unternehmensentwicklung (z.B. Wachstumsstrategie) wider. Detailgenauigkeit der Pläne und Häufigkeit der Planrevidierung produzieren *Informations- und Erstellungskosten*, denen ein entsprechender Nutzen (Zinserträge, Vermeidung von Illiquiditätskosten) gegenüberstehen muß.

Zur ex ante-Beurteilung, ob eine bestimmte Finanzierungsweise kapitalkostenminimal oder eine Finanzinvestition risikoeffizient ist, benötigt man einen Bewertungsmaßstab. Die *Kapitalwertmethode* liefert einen geeigneten Bewertungsmaßstab, da der Zeitwert von zukünftigen Zahlungen einfließt, Risikoaspekte wenigstens näherungsweise berücksichtigt werden können und die Methode konsistent mit dem Ziel Unternehmenswertmaximierung ist. Zur Durchführung müssen alle zukünftigen *Cash Flows* (Ein- und Auszahlungen), die eine Finanzierungs- oder Anlagemöglichkeit produzieren, geschätzt werden.

$$(1)\quad KW = \sum_{t=0}^{\infty} \frac{E_t - A_t}{(1 + r_t + RP_t)^t}$$

mit

KW = Kapitalwert eines Zahlungsstromes,
E_t = Einzahlungen zum Zeitpunkt t,
A_t = Auszahlungen zum Zeitpunkt t,
r_t = risikoloser Zinssatz p.a. je nach Restlaufzeit t und
RP_t = Risikoprämie p.a. je nach Restlaufzeit t.

Je nach Risiko des Zahlungsstromes ist eine Risikoprämie RP_t im Diskontierungsfaktor aufzunehmen. Die Größe k_t ($r_t + RP_t$) bezeichnet den spezifischen Kalkulationszins. Die Summierung aller diskontierten Cash Flows liefert den Kapitalwert der Finanzierungs- oder Anlagemöglichkeit. Eine Maßnahme sollte immer dann durchgeführt werden, wenn der Kapitalwert größer null ist ($KW > 0$). Das Hauptproblem der Kapitalwertmethode liegt in der Verwendung der „richtigen", risikoadjustieren Diskontierungsfaktoren, da die Annahme oder Ablehnung eines Projektes hiervon stark abhängt. Marktzinssätze, -kurse und -preise sind ein natürlicher Vergleichsmaßstab *(benchmark)* bei der Bestimmung der Vorteilhaftigkeit von Finanzierungs- und Anlagealternativen. Die adäquate Fragestellung lautet: „Ist die zu untersuchende Alternative besser als eine marktbewertete Alternative?“ Hierin manifestiert sich das „Denken in Opportunitäten“. Das *Capital Asset Pricing Model (CAPM)* liefert eine geschlossene Lösungsformel, mit deren Hilfe man „faire“, risikoadjustierte Kalkulationszinssätze auf der Basis eines *Marktkonsensus* ableiten kann. Im Rahmen eines *aktiven*, quantitativen Risikomanagement besitzt das CAPM eine herausragende Bedeutung. Aber auch ohne direkten Marktbezug ist die *Portefeuillebildung* für das *passive* Finanzmanagement zur Risikosteuerung und -streuung *(Diversifikation)* ein zentrales Konzept (vgl. Gerke 1993):

- Die Erschließung mehrerer Finanzierungsquellen verringert c.p. das Risiko eines Scheiterns von Finanzplänen und fördert die finanzielle Unabhängigkeit. Je nach Marktlage kann die relativ günstigste Finanzierungsquelle selektiv genutzt werden.
- Ein Finanzinvestitionsportefeuille kann entsprechend der Risikopräferenz der Entscheidungsträger im Unternehmen zusammengestellt werden. Durch die Aufnahme von Optionen und Futures ins Portefeuille kann die gesamte Risikoposition eines Unternehmens angepaßt und gesteuert werden. Insbesondere können Einzelrisiken durch Portefeuillebildung vollständig vernichtet werden (Hedging).

Die Diversifikation durch Portefeuillebildung besitzt aber keinen eigenständigen Wert und muß deshalb ebenfalls Kosten-Nutzen-Aspekten unterworfen werden. *Mergers & Acquisitions(M&A)-Aktivitäten* bspw. werden häufig mit Diversifikationsargumenten begründet. Empirische Untersuchungen dokumentieren aber, daß ein überwiegender Teil der Unternehmenszusammenschlüsse scheitert bzw. kapitalwertvernichtend wirkt. Darüber hinaus können sich die Kapitalgeber über die Nutzung der Finanzmärkte ein deckungsgleiches Portefeuille kostengünstiger aufbauen. Es ist daher naheliegend, zu vermuten, daß mit M&A-Aktivitäten nicht allein unternehmenswertmaximierende Ziele verfolgt, sondern spezielle Interessen (z.B. Machtstreben) des Management befriedigt werden (vgl. Wenger 1995).

C. Finanzierungsinstrumente

Das Finanzmanagement kann sich sehr unterschiedlicher *Finanzierungsquellen* bedienen. Nach der Mittelherkunft unterscheidet man Außenfinanzierung, Innenfinanzierung, Umschichtungen und Finanzierungsersatz.

Unter *Außenfinanzierung* versteht man den Zufluß finanzieller Mittel von unternehmensexternen Kapitalgebern. Sie kann, je nach Rechtsstellung der Kapitalgeber, in Form einer Eigenkapital- oder Fremdkapitalaufnahme durchgeführt werden. Externes Eigenkapital kann entweder von den bisherigen Eigentümern (Einlagenfinanzierung) oder aber durch neue Eigentümer (Beteiligungsfinanzierung) zur Verfügung gestellt werden. In jedem Fall erhöht sich das Vermögen des Unternehmens durch eine Außenfinanzierungsmaßnahme (Bilanzverlängerung).

Als *Innenfinanzierung* können positive Zahlungsüberschüsse verstanden werden, die nicht durch Einzahlungen externer Kapitalgeber verursacht sind. Klassische Beispiele für Innenfinanzierungsmaßnahmen sind die Einbehaltung von Gewinnen (Selbstfinanzierung) und die Bildung von Pensionsrückstellungen. Während die Gewinnthesaurierung der Eigenfinanzierung zuzurechnen ist, handelt es sich bei der Bildung von (Pensions-)Rückstellungen um Festbetragsansprüche Dritter. Letztere sind deshalb der Fremdfinanzierung zuzuordnen.

Umschichtende Finanzierungsmaßnahmen können sowohl aktivisch als auch passivisch erfolgen. Durch Liquidation von Anlagevermögen (kapitalzuführende Einzahlung) läßt sich bspw. ein neues Investitionsprojekt finanzieren. Passivische Umschichtungen, wie z.B. die Wandlung von Anleihen in Eigenkapitaltitel, können sowohl eine Veränderung der Fristigkeit des Mittelbedarfs als auch eine Veränderung des Innenfinanzierungspotentials bewirken. Bei der Wandelanleihe führt z.B. die Wandlung zu einer Verringerung der Festbetragsansprüche zugunsten einer Erhöhung der Residualansprüche. Da geringere Festbeträge an die Kapitalgeber abfließen, erhöht sich somit das Innenfinanzierungspotential.

Unter *Finanzierungsersatz* werden solche Maßnahmen verstanden, die den Kapitalbedarf eines Unternehmens reduzieren, ohne die realwirtschaftlichen Möglichkeiten substantiell zu verringern. Diesem Konzept liegt die Überlegung zugrunde, daß das betriebsnotwendige Realkapital nicht unbedingt zum Vermögen des Unternehmens gehören muß, also z.B. auch geleast werden kann.

Externe Finanzierungsinstrumente repräsentieren immer einen bedingten Anspruch auf das Vermögen eines Unternehmens. Je nach Rechtsform eines Unternehmens haften die Eigenkapitalgeber entweder nur mit ihrer Einlage (AG, GmbH, KGaA) oder darüber hinaus mit ihrem Privatvermögen (Einzelkaufmann, OHG-Gesellschafter, KG-Komplementäre). Kapitalgesellschaften besitzen generell das Merkmal der beschränkten Haftung. Die ökonomische Position eines Fremdkapitalgebers ist c.p. günstiger, falls die Eigenkapitalgeber auch mit ihrem Privatvermögen haften. Änderungen der Finanzierungsstruktur im Zeitablauf, z.B. die Aufnahme von vorrangigen Krediten oder die Ausgabe von Vorzugsaktien, beeinflussen nachhaltig die ökonomische Position der „Alt"-Kapitalgeber.

Alle externen Finanzierungsinstrumente bzw. -formen lassen sich auf zwei grundlegende Ansprüche bzw. Kombinationen dieser Ansprüche zurückführen: *Residual-* und *Festbetragsansprüche*. Residualansprüche gewähren das Recht auf das verbleibende Vermögen nach Abzug aller sonstigen Ansprüche. Hingegen gewähren Festbetragsansprüche das Recht auf einen bestimmten Rückzahlungsbetrag und i.d.R. auch feste periodische Zahlungen z.B. für Zinsen und Tilgungen.

Die aus den Finanzierungstiteln resultierenden *bedingten Ansprüche auf zukünftige Zahlungen* sind je nach Ausgestaltung der Titel vom Periodengewinn ab- oder unabhängig. Kapitalrückzahlung erfolgt entweder mit Ablauf einer bestimmten Frist, nach Kündigung oder Liquidation. Außerdem repräsentieren Finanzierungstitel bestimmte *Entscheidungs-*, *Mitwirkungs-* und *Kontrollrechte*. Ein weiteres prinzipielles Unterscheidungsmerkmal ist die *Veräußerbarkeit*. Die hier angesprochene Fungibilität *(Marktfähigkeit)* hängt direkt von der Haftungsbeschränkung, einer Verbriefung *(securitization)*, Stückelung und Standardisierung ab. Während bestimmte Finanzierungstitel einer strengen gesetzlichen Regelung unterliegen (z.B. Aktien und GmbH-Anteile) und somit einer individuellen Gestaltung enge Grenzen gesetzt sind, können andere (z.B. Genußscheine) weitgehend den Finanzierungsbedürfnissen eines Unternehmens angepaßt werden. Das Finanzmanagement kann durch die unterschiedliche Kombination von verschiedenen Merkmalen ein optimales Design von Wertpapieren (Finanzinnovationen) und Finanzierungsportefeuilles planen, um den Risikopräferenzen der Kapitalgeber zu entsprechen und segmentierte Finanzmärkte kapitalkostenminimal zu erschließen.

D. Finanzinnovationen

Eine (Finanz-)Innovation ist die Schaffung eines vorher nicht vorhandenen Gutes (Produktinnovation) oder einer Dienstleistung (Prozeßinnovation). Im Rahmen von Produktinnovationen werden bestehende Finanzierungsformen in ihre Bestandteile zerlegt *(stripping)* und neu, d.h. in veränderter Weise, wieder zusammengesetzt *(repacking)*. Da Finanzprodukte „stofflos" und nicht patentfähig sind, kann man sie leicht imitieren. Hieraus erklärt sich zumindest teilweise das große Volumenwachstum von Finanzinnovationen. Katalysator für die ungebremste Vielfalt von Finanzinnovationen waren anhaltende Deregulierungs- und Liberalisierungstendenzen, ein gestiegenes Bedürfnis von Finanzmarktteilnehmern nach Absicherung und Flexibilität sowie der technische Fortschritt bei Informations- und Kommunikationssystemen (für einen Überblick s. Tebroke 1995).

Finanzinnovationen lassen sich aus Sicht des Finanzmanagement danach unterscheiden, ob sie die Palette externer Finanzierungsformen erweitern oder eine bessere Verteilung bestehender Risiken erlauben (vgl. Gerke 1992).

Wichtige Finanzinnovationen, die die Palette der externen Finanzierungsformen erweitern, stellen die *Floating Rate Notes (FRN)*, die *Certificates of Deposit (CD)* und die sog. *Euro-Notes* dar. *FRN* sind mittel- bis langfristige Inhaberpapiere mit Laufzeiten bis zu 25 Jahren. Die Verzinsung wird periodisch (z.B. vierteljährlich) den Kapitalmarktgegebenheiten angepaßt und orientiert sich an einem Referenzzins (z.B. dem *FIBOR*, der Frankfurt Interbank Offered Rate). Im Rahmen von *FRN* sind z.B. *Caps* und *Floors*, d.h. Vereinbarungen über Zinsober- und -untergrenzen, denkbar. *CD* hingegen sind verbriefte Gläubigerrechte an Bankeinlagen in Form handelbarer Quittungen. Ihre Laufzeit beträgt 3 bis 6 Monate. Sie sind Geldmarktpapiere und sekundärmarktfähig. *Euro-Notes* verkörpern kurzfristige Gläubigertitel, die im Rahmen einer mittel- bis langfristigen Finanzierung revolvierend begeben werden. Die Finanzierung wird i.d.R. von einem Bankenkonsortium garantiert, welches die Titel entweder direkt am Kapitalmarkt plaziert oder ins eigene Portefeuille übernimmt. Der Schuldner erhält einen langfristigen Kredit zu Geldmarktkonditionen, da die Laufzeit der revolvierend emittierten Gläubigertitel 1, 3, 6, 9 oder 12 Monate beträgt. Im Rahmen des Finanzmanagement können Unternehmen unter Begebung innovativer Finanzierungsformen somit optimale Finanzierungspakete schnüren *(financial engineering)*.

Finanzinnovationen wie *Swaps* und die auch an der DTB gehandelten *Financial Options* und *Futures* erlauben eine Umverteilung des bestehenden Risikopotentials *(Risikoma-*

nagement). Risikoscheue Marktteilnehmer haben über Options- und Futuresmärkte die Möglichkeit, Risiken unter Zahlung einer Risikoprämie auf Investoren mit einer offenen Gegenposition oder auf Spekulanten abzuwälzen. Das Finanzmanagement kann mit diesen Instrumenten die Gesamtrisikoposition feinsteuern und Freiräume für flexible und gezielte Anpassung der Finanzierungsstruktur an sich ändernde Umweltbedingungen schaffen.

Bei Abschluß eines Finanzterminkontraktes verpflichtet man sich heute, zu einem bestimmten Preis einen Vermögensgegenstand (sog. *underlying)* zu einem bestimmten Zeitpunkt anzunehmen oder zu liefern (unbedingtes Termingeschäft). Bei Fälligkeit ist der vereinbarte Preis zu zahlen. Aus der Differenz zwischen dem bei Fälligkeit herrschenden Kassakurs des underlying und dem vorab festgelegten Preis bestimmt sich der Gewinn oder Verlust aus dem Termingeschäft. Als underlying können ein Index (z.B. DAX), eine Währung (z.B. US-$) oder aber Wertpapiere (z.B. Bundesanleihen) dienen. Einen standardisierten, börsenfähigen Kontrakt nennt man *Future,* einen „maßgeschneiderten" Kontrakt *Forward.* In Abgrenzung zu Futures oder Forwards ist eine *Financial Option* ein bedingtes Termingeschäft. Der Inhaber einer Option hat das Recht, ein bestimmtes underlying innerhalb einer gewissen Frist (Optionsfrist) oder zu einem bestimmten Termin zu einem bestimmten Preis (Basispreis) zu kaufen (Call) oder zu verkaufen (Put). Die Vertragsgegenseite heißt Optionsstillhalter. Bei einem *Swap* handelt es sich um ein kombiniertes Kassa-/Termingeschäft. Die beiden wichtigsten Formen sind der Zins- und der Währungsswap. Beim *Zinsswap* werden unterschiedliche Zinszahlungsströme getauscht. Es handelt sich i.d.R. um einen Tausch fester gegen variable Zinsvereinbarungen. Beim *Währungsswap* tauschen die Vertragspartner Verbindlichkeiten in unterschiedlichen Währungen einschließlich der anfallenden Zinsen. Sie überlassen sich gegenseitig Devisen und kaufen sie heute per Termin zurück.

E. Bewertung von Finanzierungsinstrumenten

Ein integriertes asset liability management setzt Informationen über die Bewertung der Finanzierungsinstrumente voraus[3)]. Aufgrund von Arbitrageüberlegungen lassen sich zumindest Aussagen über die relative Höhe der Kurse und erwarteten Renditen ableiten. Ein Kapitalmarktgleichgewicht setzt voraus, daß Arbitragefreiheit vorliegt. Ansonsten kann man risikolos „aus nichts" einen Wert erzeugen. Ein rationaler Investor wird sich eine solche Arbitragegelegenheit nicht entgehen lassen. Die absolute Höhe der Kurse und erwarteten Renditen wird durch die Zeit- und Risikopräferenzen der Marktteilnehmer determiniert.

Mit Hilfe der *Kapitalwertmethode* (s.a. Kapitel B) läßt sich z.B. der Markt- oder Barwert eines Bonds (Kuponanleihe) relativ problemlos bestimmen. Angenommen, der Bond sei risikolos und die Zinsstrukturkurve, als adäquater Opportunitätskostensatz, sei flach und betrage für alle Restlaufzeiten 6,5 % ($r_1 = r_2 = ... = r_n$)[4)]. Der Nennwert (NW) des Bonds betrage DM 1.000, die Restlaufzeit drei Jahre und die Kuponzahlung (K) für das laufende

Jahr in Höhe von 105 DM sei „gerade" erfolgt. Nach der Kapitalwertmethode erhält man einen Barwert (BW) von DM 1.106. Der Bond notiert also über pari.

$$(2)\quad BW = \frac{K}{(1+r_1)} + \frac{K}{(1+r_2)^2} + \frac{K+NW}{(1+r_3)^3}$$

$$= \frac{105}{1{,}065} + \frac{105}{1{,}065^2} + \frac{1105}{1{,}065^3} = 1.106 \text{ DM}$$

Der Anleihemarkt ist (unter Vernachlässigung von Transaktionskosten) dann arbitragefrei, wenn unterschiedliche Bonds mit gleichem Zahlungsstrom *(Gesetz des einheitlichen Preises)* den gleichen Barwert besitzen.

Eine wichtige Kenngröße für das Management von Zinsänderungsrisiken ist die *Duration* von Finanzierungsinstrumenten mit regelmäßigen und festen Auszahlungen vor Fälligkeit (z.B. Kredite, Kuponanleihen). Die Duration gibt an, zu welchem Zeitpunkt sich die gegenläufigen Effekte einer Zinsänderung, d.h. der unmittelbare Kurseffekt (inverse Beziehung zur Zinsänderung) und der Wiederanlageeffekt zum geänderten Zins (normale Beziehung zur Zinsänderung), genau ausgleichen. Die Duration D wird daher auch als durchschnittliche Fälligkeit eines Zahlungsstroms bezeichnet, kann aber auch als *Elastizität* (relative Barwertänderung BW zu relativer Zinsänderung r) interpretiert werden.

$$(3)\quad D \equiv -\frac{\Delta BW}{BW} \cdot \frac{(1+r)}{\Delta r}$$

Durch Portefeuillebildung läßt sich die Portefeuilleduration beliebig anpassen und somit eine Finanzinvestition gegen Abweichungen von einem geplanten Endwert auf einen bestimmten Zeitpunkt hin „immunisieren". Als Ergebnis kann das Zinsänderungsrisiko gehedgt oder reduziert werden.

Auch Eigenkapitaltitel können mit Hilfe der Kapitalwertmethode bewertet werden. Unter der vereinfachenden Annahme einer konstanten zukünftigen Dividendenentwicklung ergibt sich z.B. der Markt- oder Barwert einer Aktie aus der Summe aller diskontierten Dividenden (Div) *(dividend discount model)*. Der Diskontierungsfaktor bzw. Kalkulationszins sollte Risikoüberlegungen beinhalten. Der Diskontierungsfaktor k wird oftmals auch als *Marktkapitalisierungsrate* bezeichnet. Zudem läßt sich ein direkter Zusammenhang zum Kurs-Gewinn-Verhältnis (KGV) herstellen.

$$(4)\quad K = \sum_{t=1}^{\infty} \frac{Div}{(1+k)^t} = \frac{Div}{k} \text{ bzw. } KGV \equiv \frac{K}{Div} = \frac{1}{k}$$

Unsterstellt man zusätzlich, daß die erwartete Dividende pro Aktie im Zeitablauf mit einer konstanten Rate g wächst, dann läßt sich der Barwert nach der folgenden Formel bestimmen *(Gordon Growth Model)*.

$$(5)\quad K = \frac{Div}{k-g} \text{ bzw. } k = \frac{Div}{K} + g$$

Die Marktkapitalisierungsrate, also die von den Investoren erwartete Rendite, ergibt sich aus der Dividendenrendite der bestehenden Investitionsstruktur plus dem Beitrag des zukünftig erwarteten Dividendenwachstums g.

Eine *Operationalisierung der Risikoprämie* liefert das CAPM. Risiko wird hier in einem ersten Schritt als quadrierte Abweichung vom Erwartungswert definiert (Varianz). Durch Portefeuillebildung läßt sich ein Teil der Portefeuillevarianz, das sog. *unsystematische Risiko*, vernichten. Ein Diversifikationseffekt stellt sich immer dann ein, wenn die in einem Portefeuille enthaltenen Vermögensgegenstände *(assets)* nicht vollständig positiv miteinander korreliert sind. Im Fall homogener Informationen und Markträumung halten alle Marktteilnehmer im Gleichgewicht das gleiche effiziente Portefeuille[5)] risikobehafteter Titel *(Marktportefeuille)*, wobei sie entsprechend ihrer Risikopräferenz über eine zusätzliche Mittelanlage bzw. Kreditaufnahme zum risikolosen Zinssatz den individuellen Grad der Risikoübernahme steuern *(Separationstheorem)*. Die Differenz zwischen der erwarteten Marktrendite und dem risikolosen Zinssatz bezeichnet man als Marktpreis für eine Einheit Marktrisiko. Alle Assets werden relativ zur Rendite-Risiko-Struktur des Marktportefeuilles bewertet. Als Risikomaß dient der (positive oder negative) Zusammenhang und das Ausmaß der gemeinsamen Schwankungen von erwarteter Rendite des Wertpapiers i (r_i) und erwarteter Marktrendite (r_m) *(Kovarianzrisiko oder systematisches Risiko)*. Durch Standardisierung des Kovarianzrisikos erhält man den sog. „Betafaktor (β)" des Wertpapiers i.

$$(6) \quad r_i = r_f + (r_m - r_f) \cdot \beta_i \quad \text{mit} \quad \beta_i \equiv \frac{\text{Cov}(r_i, r_m)}{\text{Var}(r_m)} \quad \text{und} \quad \beta_m \equiv 1 \qquad \text{(CAPM)}$$

erwartete Rendite = Zeitwert + Risikoprämie x Risikomaß

Beträgt das systematische Risiko eines assets genau null (d.h. $\beta_i = 0$), dann entspricht die „angemessene" Rendite der risikolosen Verzinsung r_f. Zu praktischen Zwecken approximiert man die erwartete Marktrendite mit Renditeschätzungen auf der Basis von ex post-Beobachtungen für marktrepräsentative Indizes wie z.B. den DAX oder den Standard and Poor's 500 (S&P 500).

Schließlich ist das Finanzmanagement zunehmend mit der Bewertung von Optionen bzw. von bedingten Ansprüchen konfrontiert. Mit Hilfe der Optionspreistheorie lassen sich Formeln zur Bewertung von Financial Options, Eigenkapital, Fremdkapital, Wandelschuldverschreibungen, nachrangigen Verbindlichkeiten u.a.m. ableiten. Eine überragende Bedeutung für das Finanzmanagement besitzt die *Black/Scholes-Formel* zur Bewertung einer europäischen Kaufoption (C). Unter bestimmten Annahmen über die Aktienkursentwicklung und die Funktionsweise des Kapitalmarktes läßt sich eine Bewertungsformel ableiten, deren Inputvariablen relativ leicht zu erheben sind. Hierbei handelt es sich um die risikolose Verzinsung (r_f), den Basispreis der Option (X), den aktuellen Aktienkurs (S), die Restlaufzeit (T) und die Volatilität (Risiko) des Aktienkurses, gemessen durch die Standardabweichung auf Jahresbasis (σ).

$$(7)\quad C = S \cdot N\left(\frac{\ln(S/X) + \left(r_f + \left(\sigma^2/2\right) \cdot T\right)}{\sigma \cdot \sqrt{T}}\right) - e^{-r_f T} X \cdot N\left(\frac{\ln(S/X) + \left(r_f - \left(\sigma^2/2\right) \cdot T\right)}{\sigma \cdot \sqrt{T}}\right)$$

N(.) bezeichnet dabei den entsprechenden Funktionswert der kumulativen Standardnormalverteilung.

F. Optimaler Mix der Finanzierungsinstrumente

Wichtigste Finanzierungsquelle eines Unternehmens ist die Kapitalfreisetzung aus dem laufenden Umsatzprozeß (vgl. Krahnen 1994). Im Rahmen der internen Finanzierung kommen Gewinnthesaurierung und Rückstellungsbildung hinzu. Die interne Finanzierung entzieht sich häufig einer externen Kontrolle der Mittelverwendung durch die Kapitalgeber. Geht man von einer asymmetrischen Informationsverteilung zwischen Unternehmensmanagement und Kapitalgebern aus, so besteht die Gefahr, daß freie liquide Mittel *(Free Cash Flows)* zu kapitalwertvernichtenden Investitionszwecken eingesetzt werden (vgl. Jensen 1986). Dieser Anreiz wird oftmals mit der Neigung der Manager begründet, prestigeträchtige Projekte durchzuführen sowie Macht und Einfluß zu maximieren. Die Diskussion des Zielkonfliktes zwischen Manager und Eigentümerinteressen wird z.Zt. unter dem Schlagwort *„Shareholder Value"* geführt (vgl. Rappaport 1986; Bühner 1993).

In einem vollkommenen Kapitalmarkt wäre die *Dividendenpolitik* des Finanzmanagement irrelevant (vgl. Miller/Modigliani 1961). Sind aber die Gewinnsteuersätze für Unternehmen durchschnittlich höher als die Einkommensteuersätze der Kapitalgeber, so bietet sich eine *„Schütt-aus-hol-zurück-Politik"* an. Das so gesparte Steuervolumen kann zwischen Kapitalgebern und Unternehmen aufgeteilt werden. Geht man von einem gegebenen Investitionsvolumen aus, so müssen die als Dividende gezahlten Mittel durch Eigenkapitalbeschaffungsmaßnahmen „zurückgeholt" werden. Das Finanzmanagement von Unternehmen widersetzt sich häufig dieser Einsicht und versucht, sich der Kapitalmarktbeobachtung zu entziehen (vgl. Wenger 1995). In einer Welt mit asymmetrischen Informationen können über die Dividendenpolitik Signale über die Unternehmensaussichten übermittelt werden. Eine konstante, hohe Dividendenzahlung kann z.B. die hohe zukünftige Ertragskraft eines Unternehmens glaubhaft signalisieren. Weniger erfolgreiche Unternehmen können diese Dividendenpolitik nicht imitieren, da ihre Konkurswahrscheinlichkeit durch Illiquidität stark ansteigen oder Bedrängniskosten anfallen würden. Die Dividendenpolitik kann somit dem Finanzmanagement als Mittel dienen, sich als erfolgreiches Unternehmen von weniger erfolgreichen abzuheben.

Während in vollkommenen Märkten ein optimaler Mix der Finanzierungsinstrumente nicht existiert bzw. das *Modigliani/Miller-Theorem* der Irrelevanz der Finanzierungsweise gilt, sprechen in einer Welt mit unvollkommenem Kapitalmarkt mindestens fünf Argumente für die Existenz einer optimalen Kapitalstruktur. So muß ein effizientes Finanzmanagement Steuern, Konkurskosten, asymmetrisch verteilte Informationen, Agency-Konflikte und Reputationseffekte berücksichtigen. Wird Fremdkapitalfinanzierung steuerlich bevorzugt behandelt, so ist unter Vernachlässigung sonstiger Effekte eine maximale Verschuldung optimal. Die Substitution von Eigenkapital durch Fremdkapital erhöht den Marktwert eines Unternehmens. Die steuerliche Ungleichbehandlung von Eigenkapital und Fremdkapital entspricht einer *Steuersubvention*. Je höher der Fremdkapitalanteil, desto höher ist c.p. der Barwert der Steuersubvention.

(8) $M^l = M^u$ + Wert der Steuersubvention

M^u stellt den Marktwert eines rein mit Eigenkapital finanzierten Unternehmens und M^l den Marktwert eines gemischt finanzierten Unternehmens dar.

Konkurskosten unterscheidet man in direkte und indirekte Konkurskosten. *Direkte Konkurskosten* fallen als Fremdgebühren für die Abwicklung eines Konkurses an (z.B. Gerichtskosten). Unter *indirekten Konkurskosten* sind die bereits diskutierten Bedrängniskosten zu verstehen. Mit steigendem Verschuldungsgrad erhöht sich das Kapitalstrukturrisiko und damit auch die Wahrscheinlichkeit eines Konkurses aufgrund von Überschuldung oder Illiquidität. Bei gegebenen direkten Konkurskosten wachsen daher die *erwarteten Konkurskosten* mit zunehmender Verschuldung überproportional an. In Kombination mit den Überlegungen zur Steuersubvention von Fremdkapital läßt sich aufgrund der gegenläufigen Effekte theoretisch eine eindeutige, optimale Kapitalstruktur ableiten (vgl. Myers 1984).

Asymmetrisch verteilte Informationen legen die Signalisierung der Unternehmensqualität mittels der Wahl des *Verschuldungsgrades* nahe. „Gute" Unternehmen wählen c.p. einen Verschuldungsgrad, den „schlechte" Unternehmen aufgrund eines erhöhten Konkursrisikos oder positiver Bedrängniskosten nicht imitieren können (vgl. Harris/Raviv 1991).

Die Ankündigung einer Kapitalerhöhung kann *negative Vermögensumverteilungseffekte* für die Altaktionäre zur Folge haben. Diese können dazu führen, daß Investitionsprojekte mit positivem Kapitalwert nicht durchgeführt werden. Myers/Majluf (1984) zeigen, daß in einem rationalen Erwartungsgleichgewicht bei asymmetrischen Informationen die Ankündigung einer Kapitalerhöhung als negatives Signal gewertet wird. Eigenkapitalerhöhungen sollten daher möglichst nur dann durchgeführt werden, wenn die Informationsasymmetrie niedrig ist (z.B. nach Präsentation des Jahresabschlusses). Ansonsten sollte auf weniger informationssensitive Finanzierungsinstrumente ausgewichen werden. Nach Myers (1984) existiert eine sog. *„pecking-order"*, also eine „Hackordnung" unter den Finanzierungsinstrumenten. Danach werden wertsteigernde Projekte bevorzugt aus dem Umsatzprozeß oder sonstigen internen Quellen finanziert. Sind diese ausgeschöpft, so erfolgt die Kapitalbeschaffung mit risikolosem bzw. risikobehaftetem Fremdkapital und zuletzt mit Eigenkapital.

Agency-theoretische Überlegungen basieren auf den relativen Vor- und Nachteilen von Fremdkapital zur Eindämmung von Moral Hazard. *Moral Hazard* bezeichnet den Anreiz, Handlungen durchzuführen, die einen privaten Nutzen stiften, deren Kosten aber auf andere abgewälzt werden *(Free Riding)*. Zwischen Management und Eigenkapitalgebern besteht der potentielle Konflikt, daß das Management verfügbare liquide Mittel ggfs. marktwertvernichtend (z.B. in Prestigeprojekte oder Arbeitsplatzkonsum) investiert (vgl. Gerke 1995). Durch die Substitution von Eigen- durch Fremdkapital können die freien liquiden

Mittel aufgrund fester Zins- und Tilgungspläne gesenkt werden. Das Potential für ineffiziente Investitionen wird hierdurch c.p. vermindert. Ein gegenläufiger Anreizeffekt der Fremdkapitalfinanzierung stellt sich infolge eines potentiellen Konfliktes zwischen Eigen- und Fremdkapitalgebern ein. Eigen- und Fremdkapital sind bedingte Ansprüche mit Optionscharakter. Bei gegebener Finanzierungsstruktur besteht für die Eigenkapitalgeber der Anreiz, statt risikoarmer Projekte mit positivem Kapitalwert hochriskante Projekte mit ggfs. negativem Kapitalwert durchzuführen. Aufgrund der beschränkten Haftung profitieren die Eigenkapitalgeber von einer höheren Gewinnchance, während das höhere Verlustrisiko von den Fremdkapitalgebern absorbiert werden muß. Dieser Anreizeffekt wird als *„asset substitution"* bezeichnet. Die Kombination der beiden geschilderten gegenläufigen Anreizeffekte führt zu einer optimalen Kapitalstruktur (vgl. Jensen/Meckling 1976).

Schließlich können *Reputationseffekte* eine Rolle spielen. Manager werden c.p. relativ sichere Projekte bevorzugen, um die im Laufe ihres Berufslebens angesammelte persönliche Reputation (und damit die Arbeitsmarktchancen) nicht zu gefährden. Unter dem Gesichtspunkt des asset substitution kann hierin aber nicht das Ziel der Eigenkapitalgeber liegen. Reputationseffekte vermindern also c.p. die Nachteile von Fremdkapital. Unter einer längerfristigen Perspektive kann es zudem optimal sein, Reputation bzw. Vertrauenspotential durch den freiwilligen, nachweisbaren Verzicht auf asset substitution aufzubauen, um niedrigere Fremdkapitalkosten zu realisieren (vgl. Harris/Raviv 1991).

G. Organisation des Finanzmanagement

Zur leichteren Verfolgung des Zieles *Liquiditätssicherung* wird die finanzpolitische Entscheidungskompetenz in einer zentralen Instanz gebündelt. Wird diese auf der obersten Führungsebene *(Top Management, Finanzvorstand)* angesiedelt, lassen sich im Falle von Liquiditätskrisen schneller unternehmensweit verbindliche Anweisungen zur Liquiditätssicherung (z.B. Vetorecht gegen Zahlungsverfügungen oder Verfügungssperren über bewilligte Budgets) durchsetzen. Prinzipiell kann man zwischen *delegierbaren* und *nichtdelegierbaren* Aufgaben bzw. Kompetenzen unterscheiden. Als nichtdelegierbare Aufgaben des Finanzvorstandes gelten allgemein die *Repräsentation* von wichtigen Finanzierungsentscheidungen nach außen, die *Koordination* delegierbarer Aufgaben und die *Konfliktlösung* zwischen Funktionsbereichen im Unternehmen. Delegierbare Aufgaben werden i.d.R. auf mindestens zwei nachgeordnete Instanzen (zweite Instanzenebene) verteilt: den Treasurer und den Controller. Der *Treasurer* (Finanzleiter) trägt die *Realisationsverantwortung* der finanzwirtschaftlichen Unternehmensführung. Hierzu gehört in erster Linie die tägliche Finanzdisposition. Dem *Controller* (Leiter des Rechnungswesens) obliegt die *Rechnungsverantwortung* mit Aufgaben wie Informationsbeschaffung, Erstellung und Kontrolle des Finanzplans und die Koordination von Finanzplänen mit der externen Rechnungslegung (insbesondere Liquiditätskonsequenzen von Bilanzierungs- und Bewertungswahlrechten). Das Ausmaß der *Arbeitsteilung* zwischen Finanzvorstand, Treasurer und Controller ist positiv mit der Unternehmensgröße korreliert. Je größer ein Unternehmen, desto leichter können durch *Spezialisierung* und Bildung weiterer, untergeordneter Instanzen Effizienzgewinne erzielt werden. Andererseits ist für kleine Unternehmen festzustellen, daß der Finanzbereich oftmals nichtfinanzielle Aufgaben und Kompetenzen übernehmen muß oder die Bildung einer zweiten Instanzenebene vollständig aus Wirtschaftlichkeitsüberlegungen unterbleibt (vgl. Hauschildt/Schewe 1995; Brealey/Myers 1988).

Anhand von transaktionskostentheoretischen Überlegungen müssen sich große Unternehmen und Unternehmensverbunde entscheiden, ob sie finanzwirtschaftliche Aufgaben auf wirtschaftlich und/oder rechtlich selbständige Unternehmen innerhalb eines Verbundes übertragen *(interne Ausgliederung)* oder diese von unternehmensfremden Dritten beziehen *(externe Ausgliederung)* (vgl. Hauschildt/Schewe 1995). Die Zentralisierung des Finanzmanagement in einer wirtschaftlich und/oder rechtlich selbständigen Einheit *(Profit Center)* geht von der Vorstellung aus, einen internen „Finanzmarkt" zu installieren, in dem die übrigen Unternehmenseinheiten Mittel aufnehmen oder anlegen können. Durch die unternehmerische Eigenverantwortung und Gewinnorientierung der Profit Center erhofft man sich eine effiziente Allokation und Kontrolle der verfügbaren finanziellen Mittel. Diese Entwicklung wird als *Corporate Banking* bezeichnet. Kennzeichnend ist die fast vollständige Umgehung des Bankensystems. Bleibt das Angebot an kreditwirtschaftlichen Leistungen auf den Unternehmensverbund beschränkt, so unterliegt dieses Finanzmanagement nicht dem KWG, dem BBankG und der Bankenaufsicht. Andererseits ist es durchaus denkbar, daß bestimmte Leistungen (z.B. Absatzfinanzierung) auch unternehmensexternen Dritten angeboten werden, wobei dann aber der Wettbewerbsvorteil aus der Nicht-Aufsicht wegfällt.

Ebenfalls auf Wirtschaftlichkeitsüberlegungen basiert die externe Ausgliederung von Aufgaben. Externe Anbieter haben oftmals einen kurzfristig nicht aufholbaren technischen und organisatorischen Vorsprung, der nur über Fremdbezug instrumentalisiert werden kann. Hierzu zählt insbesondere das Angebot von grenzüberschreitenden *Cash-Management-Systemen* durch weltweit operierende Banken. Durch die Nutzung dieser Systeme lassen sich die Liquiditätsnettopositionen global tätiger Unternehmen optimieren *(„netting"* von Zahlungsströmen) und interne Treasury-Leistungen einsparen. Auch die Emission von Eigen- und Fremdkapital, M&A-Aktivitäten oder Swaptransaktionen können spezialisierte Investmentbanken häufig kostengünstiger durchführen als interne Finanzierungsabteilungen oder Corporate Banks. Schließlich sei als weiterer Kandidat für eine externe Ausgliederung das betriebliche *Inkasso- und Mahnwesen* genannt (vgl. Hauschildt/Schewe 1995).

Die dargestellten Umstrukturierungen im Finanzmanagement halten an. Weiter sinkende Transaktionskosten werden in innovativen Prozessen neue Formen der betrieblichen Finanzorganisation und erweiterte Feinsteuerungsmöglichkeiten im Rahmen eines integrativen asset liability management entstehen lassen.

Anmerkungen

[1] Eine ausführliche Diskussion aller unternehmensrelevanten Teilbereiche des Finanzmanagement findet sich bei Gebhardt/Gerke/Steiner 1993.

[2] So sind z.B. auf Unternehmensebene Fremdkapitalzinsen abzugsfähig, während die Eigenkapitalkosten voll versteuert werden müssen. Die Doppelbesteuerung des Gewinns auf Unternehmens- und Anteilseignerebene wurde in der Bundesrepublik Deutschland 1977 durch das eingeführte *Anrechnungsverfahren* weitgehend aufgehoben. Aus Kapitalgebersicht sind damit Eigenkapital und Fremdkapital weitgehend gleichgestellt. Zugunsten der langfristigen Fremdfinanzierung wirken allerdings die doppelte Belastung des eigenfinanzierten Teils durch die *Vermögenssteuer* sowie Besteuerungsunterschiede in der *Gewerbeertrags- und Gewerbekapitalsteuer*, da jeweils nur 50% der Zinsen und des fremdfinanzierten Vermögens diesen Steuerarten unterliegen. Schließlich unterliegt die Zuführung von Eigenkapital an Kapitalgesellschaften der *Gesellschaftssteuer*, eine entsprechende Fremdfinanzierung hingegen nicht (vgl. Hax 1989).

[3] Ein ausführlicher Überblick findet sich z.B. bei Elton/Gruber 1987 oder Uhlir/Steiner 1994.

[4] Die Renditestrukturkurve gibt die erzielbaren Renditen für unterschiedliche Restlaufzeiten *(„yield to maturity")* von Anleihen an. Sind die langfristig erzielbaren Renditen höher als die kurzfristigen, so liegt eine „normale" Zinsstruktur vor ($r_1 < r_n$). Im umgekehrten Fall spricht man von einer „inversen" Zinsstruktur ($r_1 > r_n$). Ist die erzielbare Rendite für alle Restlaufzeiten gleich, so liegt (wie im Beispiel) eine „flache" Zinsstruktur vor.

[5] Ein *effizientes Portefeuille* liegt dann vor, wenn kein Portefeuille existiert, das bei gleichem Risiko *(Varianz)* eine höhere erwartete Rendite oder bei gleicher erwarteter Rendite ein niedrigeres Risiko besitzt *(Dominanzprinzip)*. Auf Kapitalmarktebene wird die Menge der effizienten Portefeuilles durch eine Gerade beschrieben *(Kapitalmarktlinie)*, die durch die risikolose Verzinsung und die Rendite-Risiko-Struktur des Marktportefeuilles determiniert ist.

Literatur

BREALEY, R.; MYERS, S.C.: Principles of Corporate Finance, 3. Aufl., New York et al. 1988.

BÜHNER, R.: Shareholder Value, in: DBW, 53. Jg. (1993), S. 749-769.

ELTON, E.J.; GRUBER, M.J.: Modern Portfolio Theory and Investment Analysis, New York et al 1987.

GEBHARDT, G.; GERKE, W.; STEINER, M.: Handbuch des Finanzmanagements, München 1993.

GERKE, W.: Internationale Finanz- und Devisenmärkte und Finanzinstitutionen in ihrer Bedeutung für die internationale Unternehmenstätigkeit, in: Handbuch der Internationalen Unternehmenstätigkeit, hrsg. v. B. Kumar u. H. Hausmann, München 1992, S. 197-218.

GERKE, W.: Portefeuilletheorie, in: HWB, Bd. 2, hrsg. v. W. Wittmann et al., 5. Aufl., Stuttgart 1993, Sp. 3263-3262.

GERKE, W.: Agency Theorie, in: HWF, hrsg. v. W. Gerke u. M. Steiner, 2. Aufl., Stuttgart 1995, Sp. 17-26.

HARRIS, M.; RAVIV, A.: The Theory of Capital Structure, in: JF, 46. Jg. (1991), S. 297-355.

HAUSCHILDT, J.; SCHEWE, G.: Finanzorganisation, in: HWF, hrsg. v. W. Gerke u. M. Steiner, 2. Aufl., Stuttgart 1995, Sp. 766-776.

HAX, H.: Finanzierung, in: Vahlens Kompendium der Betriebswirtschaftslehre, Bd. 1, hrsg. v. M. Bitz et al., 2. Aufl., München 1989, S. 381-439.

JENSEN, M.C.: Agency Costs of Free Cash Flow, Corporate Finance, and Takeovers, in: AER, 76. Jg. (1986), S. 323-329.

JENSEN, M.C.; MECKLING, W.H.: Theory of the Firm: Managerial Behaviour, Agency Costs, and Ownership Structure, in: JFE, 3. Jg. (1976), S. 305-360.

KRAHNEN, J.P.: Überlegungen zu einer Theorie der Innenfinanzierung, in: Planwirtschaft am Ende - Marktwirtschaft in der Krise? hrsg. v. W. Gerke, Stuttgart 1994, S. 299-317.

MILLER, M.H.; MODIGLIANI, F.: Dividend Policy, Growth, and the Valuation of Shares, in: JB, 34. Jg. (1961), S. 411-433.

MODIGLIANI, F.; MILLER, M.H.: The Cost of Capital, Corporation Finance, and the Theory of Investment, in: AER, 48. Jg. (1958), S. 261-297.

MYERS, S.C.: The Capital Structure Puzzle, in: JF, 39. Jg. (1984), S. 575-592.

MYERS, S.C.; MAJLUF, N.S.: Corporate Financing and Investment Decisions when Firms have Information that Investors do not have, in: JFE, 13. Jg. (1984), S. 187-221.

RAPPAPORT, A.: Creating Shareholder Value, New York/London 1986.

TEBROKE, H.-J.: Finanzinnovationen, Überblick, in: HWF, hrsg. v. W. Gerke u. M. Steiner, 2. Aufl., Stuttgart 1995, Sp. 711-726.

UHLIR, H.; STEINER, P.: Wertpapieranalyse, 3. Aufl., Heidelberg 1994.

WENGER, E.: Markt für Unternehmenskontrolle, in: HWF, hrsg. v. W. Gerke u. M. Steiner, 2. Aufl., Stuttgart 1995, Sp. 1409-1419.

Achtes Kapitel

Internationales Management

Robert Raeber

Integrationsmanagement in einem internationalen Konzern

A. Nestlé: Prototyp eines multinationalen Konzerns

1. Ausprägung und Entwicklung des internationalen Geschäfts

Die meisten großen Industriefirmen sowie viele mittelständische Unternehmen sind heute - im weitesten Sinne - international tätig. Allerdings sind dabei in Art und Intensität der grenzüberschreitenden Aktivitäten große Unterschiede festzustellen. Das Spektrum reicht von bloßen *Exporten* aus dem Stammland an ausländische Direktabnehmer oder Agenten über die Einrichtung eigener Verkaufsniederlassungen in fremden Absatzmärkten bis zur Gründung ausländischer *Tochtergesellschaften*, die praktisch alle unternehmerischen Funktionen - vom Marketing bis zur Produktion - ausüben. Ähnlich stark variieren auch die Rolle und Bedeutung des Auslandsgeschäfts für die einzelnen Unternehmen und die zu seiner Ausrichtung und Steuerung eingeschlagenen Strategien.

Nestlé, der größte Nahrungsmittelhersteller der Welt, repräsentiert den Prototyp eines multinationalen Unternehmens. Der Konzern ist rund um den Globus nahezu überall mit seinen Produkten präsent und allein in über 60 Ländern industriell tätig, zunehmend auch in den ehemals sozialistischen Staaten des Ostblocks und in China. Rund 200 weitgehend selbständig operierende Tochtergesellschaften vertreiben Nestlé-Erzeugnisse, die in einem weltweiten Netz von nahezu 500 Fabriken hergestellt werden. Etwa 98% des Weltumsatzes (1993: 57,5 Mrd. sfr) werden außerhalb des Stammlandes Schweiz erzielt. Nestlé zählt über 200.000 Mitarbeiter in aller Welt, von denen nur etwa 3,5% Schweizer sind. Das Personal der Verwaltungszentrale in Vevey am Genfer See und der angeschlossenen Forschungseinrichtungen rekrutiert sich aus über 60 Nationalitäten; auch die Konzernleitung ist international besetzt. Nestlé-Aktien werden von rund 200.000 in- und ausländischen Aktionären gehalten und außer in der Schweiz an sechs internationalen Börsenplätzen, darunter Frankfurt und Tokio, gehandelt.

Nestlé, 1866/67 in der Schweiz entstanden - Mitgründer und Namensgeber war der aus Frankfurt a.M. stammende Apotheker Henri Nestlé - hat eine weit über 100jährige Erfahrung im internationalen Geschäft. Die Enge des Heimatmarktes gab schon früh Anlaß, die Grenzen zu überspringen; bald wurden auch im Ausland - angesichts von Zollschranken und spezifischen lokalen Erfordernissen - eigene Niederlassungen und Fabrikationsstätten geschaffen. Das Wachstum erfolgte denn auch zum einen über die *geographische Expansion*, zum anderen über eine stetige *Ausweitung der Produktpalette*, wobei von den Anfängen bis heute auch immer wieder bedeutende in- und ausländische *Akquisitionen* zur Entwicklung beitrugen. Zu den beiden Ursprungsprodukten - Kindermehl und Kondensmilch - traten nach und nach immer weitere Nahrungs- und Genußmittel, die sich heute vor allem in folgende Bereiche gliedern: Löslicher Kaffee (Nescafé), Getränke (Vittel, Perrier, Blaue Quellen), Milchprodukte (Bärenmarke), Kindernahrung und diätetische Produkte (Nestlé, Alete), Schokolade und Süßwaren (u.a. Cailler, Frigor, Sarotti), kulinarische Produkte (Maggi, Thomy, Buitoni), Tiefkühlprodukte (Findus), gekühlte Produkte (Chambourcy, Herta) und Tiernahrung (Friskies). Im Kern ist Nestlé bei aller Breite des Sortiments immer *Nahrungsmittelhersteller* geblieben. Erst in den beiden letzten Jahrzehnten kam es auch zu Engagements in der Pharmazie (Alcon) und in der Kosmetik (Beteiligung an L'Oréal).

2. Struktur und Organisation

a) Organisation der Zentrale

Die übergreifenden Funktionen des Konzerns werden von mehreren Gesellschaften wahrgenommen. Muttergesellschaft und Trägerin des Konzerns ist die *Nestlé AG*, die die finanziellen Beteiligungen an den angeschlossenen operativen Gesellschaften besitzt; ihr obliegt die Überwachung und Finanzierung des Gesamtgeschäfts. Sie wird auf Zentralebene unterstützt durch die Tochergesellschaft *Nestec AG*, die einerseits für die Forschung und technologische Entwicklung und anderseits die technische Beratung aller Nestlé-Firmen in den verschiedenen betrieblichen Funktionen, wie Produktion, Marketing, Organisation und Verwaltung, zuständig ist. Angeschlossen ist ferner die *Nestlé World Trade Corporation*, die Import und Export der Nestlé Produkte weltweit koordiniert.

In der praktischen Organisation sind diese Gesellschaften eng verzahnt. Oberstes Führungsorgan des Konzerns ist gemäß schweizerischem Recht der Verwaltungsrat der Nestlé AG. An der Spitze der für das laufende Geschäfte zuständigen Exekutive steht der Delegierte des Verwaltungsrates, unterstützt durch die Generaldirektion, der die Chefs der wichtigsten Zentraleinheiten angehören.

Bei dem der Weltfirma eigenen Prinzip der Dezentralisierung, d.h. der weitgehenden Verlagerung der Führung der lokalen Geschäfte auf die jeweiligen Marktgesellschaften, auf die hier noch ausführlich eingegangen wird, kommt innerhalb der Konzernzentrale den *Regionaldirektionen* die tragende Rolle zu. Die Nestlé-Märkte sind in fünf Regionen eingeteilt, die im wesentlichen den geographischen Kontinenten folgen. Die Regionaldirektionen nehmen Führungs-, Kontroll- und Genehmigungsaufgaben wahr. Sie sind die Linieninstanz für die angeschlossenen Märkte. Sie sind selbst mit hoher Fachkompetenz ausgestattet und können im übrigen auf sämtliche Serviceeinheiten der Zentrale zurückgreifen.

Ein weiterer wesentlicher Organisationsstrang ist nach Produkten orientiert. Die *Strategischen Geschäftseinheiten* (Strategic Business Units), aus ursprünglichen Produktabteilungen hervorgegangen und in den letzten Jahren wesentlich verstärkt, sind - im Benehmen mit zahlreichen Fachstellen einerseits und den Märkten andererseits - mit der technischen und kommerziellen Entwicklung von Produkten und mit Koordinationsfunktionen innerhalb ihrer jeweiligen Produktbereiche betraut. Im Gegensatz zu den Regionaldirektionen sind sie jedoch gegenüber den Marktgesellschaften *nicht mit Linienautorität* ausgestattet. Weitere bedeutende Zentralbereiche, auf deren Bezug zu unserem Thema noch eingegangen wird, sind Finanzen&Administration und F&E.

b) Struktur des operativen Geschäfts

In der Struktur des operativen Geschäfts in den Märkten dominieren bei weitem *Tochtergesellschaften*, die sich voll oder mehrheitlich im Besitz von Nestlé befinden oder für deren Geschäftsführung - ggfs. auch unabhängig von der Beteiligungshöhe - Nestlé zuständig ist. Alle diese Gesellschaften gehen voll in den Konsolidierungskreis der Konzernrechnung ein. Nestlé strebt in der Regel den Vollbesitz an, doch können mannigfache Gründe zu fremden Minderheitsbeteiligungen führen, so etwa der Verbleib freier Aktionäre im Falle von Akquisitionen oder staatliche Auflagen in bestimmten Ländern. In der Regel wirken die Beteiligungsverhältnisse nur in relativ begrenztem Maße auf die Steuerung des laufenden Geschäfts ein, doch können sie bei grundlegenden Entscheidungen die Handlungsfreiheit - unter Umständen auch bei internationalen Integrationsmaßnahmen - einschränken.

Von vornherein anders verhält es sich bei der relativ kleinen Zahl von Gesellschaften, die gemeinsam mit Partnern gehalten und geführt werden (in der Konzernbilanz Quotenkonsolidierung). Obwohl Nestlé i.a. die Entwicklung von Produkten und Geschäften in eigener Regie absolut bevorzugt, ist in den letzten Jahren eine Reihe von international wirksamen *Joint Ventures* eingegangen worden. Maßgeblich dafür waren strategische Aspekte, so insbesondere die Bündelung von spezifischem Produkt- und Fertigungs-Know-how sowie die Nutzung vorhandener Produktions- und Vertriebskapazitäten. Gemeinschaftsunternehmen dieser Art ermöglichen es unter bestimmten Bedingungen, neue Geschäftssparten rascher und effizienter aufzubauen als dies im Alleingang zu realisieren wäre. Wesentliche Nestlé-Kooperationen bestehen z.B. mit den Firmen Coca Cola (konsumfertige Getränke auf Kaffee- oder Teebasis), Baxter (klinische Ernährung) und General Mills (Frühstückscerealien). Die Gemeinschaftsunternehmen haben eine eigenständige Struktur; auch ihre Niederlassungen sind nicht den örtlichen Nestlé-Gesellschaften zugeordnet, wenngleich sie zum Teil deren Dienste, z.B. im Vertrieb, in Anspruch nehmen.

B. Dezentralisierung und Integrationsbedarf

1. Dezentralisierung als Leitprinzip

Insbesondere aus großen Heimatmärkten heraus operierende Konzerne tendieren in ihrer internationalen Betätigung häufig dazu, die angestammten Produkte und die gewohnten Vermarktungsmethoden *möglichst unverändert* auf fremde Gebiete zu übertragen. Sie streben grundsätzlich eine international einheitliche und damit zentralistische Politik an. Nicht selten wirkt denn auch ihr Auslandgeschäft mehr als ein Anhängsel an das einheimische Stammgeschäft denn als wirklich eigenständige, sich selbst tragende Aktivität.

Nestlé, in der kleinen Schweiz zu Hause, hat schon sehr früh in seiner Geschichte einen *entgegengesetzten* Weg eingeschlagen. Leitprinzip war und ist die Dezentralisierung, die der Entwicklung der einzelnen Märkte einen entscheidenden Stellenwert einräumt. Eigentliche Träger des Geschäfts sind die *lokalen operativen Gesellschaften*. Ihnen obliegt es, in weitgehend eigener Inititative das jeweilige örtliche Marktpotential möglichst optimal zu erschließen und auszuschöpfen. Folgerichtig trägt das jeweilige Management der Tochtergesellschaften auch die *Gewinnverantwortung*.

Für die von Nestlé betriebene Dezentralisierung spricht eine Reihe wichtiger Gesichtspunkte:

- Im Gegensatz zu stark technisch geprägten Erzeugnissen - wie Haushaltsgeräten, Kameras, Autos - lassen sich die meisten von Nestlé hergestellten Nahrungsmittel nicht oder nur *sehr bedingt standardisieren*.
- Für einen breit operierenden Hersteller wie Nestlé drängt es sich zudem auf, über bloße Produktabwandlungen hinaus gezielt auf die *lokalen Bedürfnisse* einzugehen und diesen mit marktspezifischen Erzeugnissen zu entsprechen.
- Eng hiermit verknüpft ist die Verwendung *lokaler Rohstoffe* für die Nahrungsmittelproduktion, die von Nestlé konsequent verfolgt wird. Sie trägt nicht nur spezifischen Ernährungsusancen Rechnung (z.B. Soja), sondern erspart überdies Zölle und fördert die Kaufkraft.
- Die optimale Vermarktung von Nahrungsmitteln muß sich an den *lokalen Markt- und Wettbewerbsverhältnissen* ausrichten. Nur vor Ort lassen sich spezifische Absatzchancen erkennen und die geeigneten Vertriebsmethoden, unter Berücksichtigung der jeweiligen Handelsstrukturen, bestimmen.
- Auch die Wahrnehmung *nationaler Akquisitionsmöglichkeiten*, woran Nestlé immer interessiert war, setzt Marktnähe voraus. Auf diese Weise sind auch immer wieder spezifische lokale Produkte in die Sortimente eingerückt und haben so die Nestlé-Position insgesamt gefestigt.

Die weitgehende Dezentralisierung ist zweifellos einer der entscheidenden Pfeiler des weltweiten Nestlé-Erfolgs. Andererseits ist die Dezentralisierung natürlich kein Selbstzweck, und es wäre weit gefehlt, sie mit einem unkontrollierten „Laisser-faire“ gleichzusetzen. Vielmehr wird die Dezentralisierung gerade deshalb in hohem Maße praktiziert, weil sie vielfach am besten geeignet erscheint, zentrale und grundlegende Zielvorstellungen zu verwirklichen. Zentrale Strategien und Kontrollmechanismen setzen daher den Rahmen für das Handeln vor Ort und zeigen zugleich, wo notwendig, die Grenzen der Autonomie der Märkte auf. Nestlé folgt damit in klassischer Manier dem Motto „Think global - act local“. In der Praxis gibt es allerdings keine Einheitsregel für die Abgrenzung zentraler und dezentraler Kompetenzen.

2. Ableitung des Integrationsbedarfs nach Funktionen

Bei der Ermittlung des Integrationsbedarfs, wie er auch in einer grundsätzlich dezentral strukturierten Gesellschaft wie Nestlé entsteht, geht es um die Abwägung zwischen zentraler Willensdurchsetzung und damit verbundener *Einheitlichkeit* einerseits und der Wahrung der Vorteile *flexiblen lokalen Vorgehens* andererseits. Tatsächlich können sowohl die Notwendigkeiten als auch die Möglichkeiten integrativer Maßnahmen und damit auch der

Grad einer zentralen Steuerung je nach Unternehmensfunktion beträchtlich variieren. Es ergibt sich folglich ein funktional abgestufter Integrationsbedarf, wie schon in einer kurzen Betrachtung wesentlicher Tätigkeitsbereiche deutlich wird.

F&E: Bei dieser aufwendigen Funktion verbietet sich ein unkoordiniertes Vorgehen quasi von selbst. Ihre Leitung liegt daher voll in den Händen der Nestlé-Zentrale. Die Grundlagenforschung ist im größten *Forschungszentrum* seiner Art in der Schweiz konzentriert. Die eigentliche Produkt- und Verfahrensentwicklung erfolgt in rund 20 über die ganze Welt verteilten *Research Companies*, die gleichfalls unmittelbar der Muttergesellschaft unterstehen.

Produktpolitik: In diesem kardinalen Bereich industrieller Betätigung treffen sehr verschiedene Gesichtspunkte und Strömungen zusammen. Auf der einen Seite sind strategische Geschäftsfelder, in denen das Unternehmen operiert, *zentral* vorgegeben; zahlreiche Hauptprodukte sind im Kern identisch, Qualitätsstandards sind weltweit einheitlich. Häufig werden auch Produkte, die sich in ihren Heimatmärkten bewährt haben, gezielt internationalisiert. Auf der anderen Seite ist es natürlich gerade bei Nahrungsmitteln - wie schon dargestellt - unerläßlich, mit einer flexiblen, marktorientierten Angebotspolitik den besonderen *lokalen* Bedarfsstrukturen Rechnung zu tragen. Insgesamt handelt es sich hier also um ein Gebiet, in dem die Dezentralisierung ganz wesentlich zum Tragen kommt, das im Interesse einer strategischen Stoßrichtung und der Synergiewahnehmung aber auch ein beträchtliches Maß an Koordination verlangt.

Markenpolitik: Nestlé verfügt über eine große Zahl renommierter Marken, darunter Weltmarken wie Nescafé. Die Marken zählen zu den wertvollsten Kapitalien des Unternehmens überhaupt. Sie spielen eine entscheidende Rolle bei der weltweiten Durchsetzung von Produkten und Sortimenten und haben über die Ländergrenzen hinweg Signalcharakter für Kompetenz und Qualität. Es leuchtet daher ein, daß der Einsatz und die Verwendung von Marken strikter *zentraler* Kontrolle unterliegen; reglementiert sind auch wesentliche Elemente der Markenführung und der Gestaltung.

Marketing und Verkauf: In diesen Bereichen findet die *Dezentralisierung* ihre wohl stärkste Ausprägung. Zumal im Verkauf lassen sich sinnvolle Entscheidungen - etwa über Struktur und Einsatzweise der Außendienste, aber auch über Verkaufspreise, Konditionssysteme und Verkaufsförderungsmaßnahmen - nur aus der intimen Kenntnis der örtlichen Markt- und Wettbewerbsusancen, der Absatzkanäle und der Handelspartner und ihrer Strategien ableiten. Vornehmliche Aufgabe des Marketing ist es ohnehin, sich an den spezifischen Bedürfnissen und Mentalitäten der Verbraucher zu orientieren. Abstimmungen sind allerdings erforderlich in der Markenpolitik und bei grundlegenden produktpolitischen Fragen. Selbst in der Werbung räumt Nestlé den Tochtergesellschaften erhebliche Eigenständigkeit ein. Gewisse Rahmenvorgaben hat die Zentrale für die Agenturpolitik erlassen, die aber nach wie vor den Märkten übertragen ist.

Finanzierung: Es versteht sich fast von selbst, daß die grundlegende Finanzierung des Gesamtkonzerns ureigentliche Aufgabe der *Muttergesellschaft* ist. Sie bestimmt die Ausstattung der Tochtergesellschaften mit Eigenmitteln, die Struktur der Fremdfinanzierung und den Umfang des Investitionsvolumens. Auch die Funktion der Substanzsicherung fällt damit der Zentrale zu. Innerhalb des so gezogenen Rahmens sind die örtlichen Gesellschaften voll für die laufenden Finanzgeschäfte zuständig, so vor allem für die - i.d.R. kurzfristige - Beschaffung von Fremdmitteln, die Auswahl der Kreditinstitute, den Ankauf von Devisen und dergleichen.

Produktion: Auch hier kommen der *Zentrale* aus leicht ersichtlichen Gründen erhebliche Steuerungs- und Koordinationsfunktionen zu, die in jüngerer Zeit noch gewachsen sind. Verfügten früher vor allem die bedeutenden Märkte über weitgehend autarke Produktionsstrukturen, verlangt das Entstehen großer Wirtschaftsräume nunmehr zunehmend eine nach Regionen ausgerichtete Festlegung von Fabrikationsstandorten, Produktionskapazitäten und Investitionen. Auch ist es gerade der Produktionsbereich, in dem die technische Assistenz der *zentralen* Berater und Spezialisten besonders nachhaltig zum Tragen kommt, zumal bei der Einrichtung neuer Anlagen. Andererseits obliegt die laufende Organisation und Abwicklung der Produktion wie auch ihre Anpassung an lokale technische und gesetzliche Erfordernisse wiederum voll den Tochtergesellschaften.

C. Grundlagen und Instrumente der Integration

1. Rahmensetzungen

a) Unternehmensstruktur und Führungsprinzipien

Gemeinsamkeit und einheitliche Ausrichtung entstehen nicht nur durch Anordnung. Sie beginnen im Atmosphärischen, in dem, was heute mit *Unternehmenskultur* umschrieben wird. Trotz der Größe und Vielgliedrigkeit des Konzerns, trotz der zahlreichen nationalen Gesellschaften, die ihrerseits ihre lokalen Subkulturen entwickeln, ist bei Nestlé eine übergreifende Unternehmenskultur deutlich spürbar. Sie ist geprägt durch eine lange Historie, durch Einstellungen und Verhaltensweisen, auch immer wieder durch Personen. Nestlé empfindet sich als schweizerisches Unternehmen, das in der ganzen Welt zu Hause ist. *Solidität, Realismus, Weltoffenheit, Respekt vor den Gesetzen und Gebräuchen anderer Länder, kooperativer Führungsstil* und *Qualtitätsbewußtsein* sind einige der Merkmale des Nestlé-Korpsgeistes.

Eng damit verzahnt sind übergreifende Führungsprinzipien. „Nestlé ist grundsätzlich stärker mitarbeiter- und produktorientiert als systemorientiert... . Die starke Orientierung auf den *Menschen*, auf den Mitarbeiter, auf die Führungskraft halten wir für eine ganz entscheidende, wenn nicht die entscheidende Komponente des langfristigen Erfolges" (Maucher 1992, S. 142). Nestlé mißt daher der Auswahl, Schulung und Weiterentwicklung der Mitarbeiter und der sozialen Verantwortung hohe Bedeutung bei. An zweiter Stelle der Prioritäten stehen die *Produkte*, auf deren Qualität, Fortschrittlichkeit und Sicherheit weltweit alle Anstrengungen gerichtet sind. Ein weiteres Prinzip ist die *langfristige Ausrichtung* der Nestlé-Politik, die zwar auch Jahr für Jahr gute Resultate erstrebt, sich aber nicht in kurzatmiger Hektik verschleißt. Schließlich ist hier noch einmal die Dezentralisierung als grundlegendes Element zu erwähnen.

b) Strategische Ziele

Trotz der erheblichen Handlungsfreiheit der Einzelgesellschaften verfolgt Nestlé grundlegende strategische Ziele. Nestlé ist focussiert auf die Herstellung und den Vertrieb von *Nahrungsmitteln und Getränken*, wobei vor allem auf den Massenbedarf zu guten Qualitäten und erschwinglichen Preisen abgestellt wird. Harte Alkoholika und Tabakwaren sind nicht im Sortiment. Nestlé versteht sich als „global player“ und setzt alles daran, diese Position weiter zu festigen und auszubauen. Angestrebt wird daher, in allen Produktbereichen, in denen Nestlé tätig ist, und in allen Ländern jeweils zu den *führenden Anbietern* zu gehören. Zur Erreichung dieses Ziels wurden und werden immer wieder auch Akquisitionen vorgenommen. Im Interesse des Risikoausgleichs und einer breiten internationalen Marktabdeckung wird eine vernünftige Balance sowohl nach Produktkategorien als auch nach geographischen Zonen angesteuert. Nestlé bekennt sich seit seinen Anfängen zum Markenartikel. Qualitätsstandards werden vorgegeben und die Produkte ganz überwiegend unter Marken vertrieben, wobei die großen internationalen Marken i.S. einer Globalisierung stärker denn je Vorrang genießen.

2. Wesentliche Steuerungs- und Koordinationsinstrumente

a) Planung und Budgetierung

Die von Nestlé forcierte Dezentralisierung bedingt ein gut ausgebautes Planungs- und Kontrollsystem, dem alle Marktgesellschaften unterworfen sind. Entscheidendes Steuerungsinstrument für die Zentrale ist die Planung und Budgetierung. Sie umfaßt bei Nestlé das (ausführlichere) Jahresbudget und den (groberen) *Langplan*, der jeweils für drei Jahre erstellt und jährlich fortgeschrieben wird.

Die Planung erfolgt in engem *Einvernehmen* von Konzernzentrale und operativen Gesellschaften. Die zuständige Regionaldirektion bringt vorab ihre übergeordneten Zielsetzungen und Vorstellungen in den Planungsprozess ein („Letter of intent“). Die Tochtergesellschaften arbeiten dann die an ihren spezifischen Marktverhältnissen orientierten Pläne und Budgets aus und leiten sie der Zentrale zu. Wesentlich Inhalte sind zunächst die - vor allem markt- und produktbezogenen - Ziele der jeweiligen Gesellschaft und die für deren Erreichung vorgesehenen Maßnahmen; besonderes Gewicht kommt dann den Investitionen in Markt, Logistik und Technik sowie den angestrebten finanziellen Ergebnissen zu. Die Vorlagen werden von der Regionaldirektion, unter Einbeziehung zentraler Fachstellen, geprüft und schließlich ausführlich mit den Leitungen der Märkte erörtert und abgestimmt.

b) Berichts- und Kontrollwesen

Das logische Pendant zur Planung und Budgetierung ist ein wirksames Berichts- und Kontrollwesen, das indessen übersichtlich und griffig gehalten ist und mit möglichst wenig „Papier" auszukommen versucht. Kernstück ist zum einen der *Monatsbericht* der Märkte, der vor allem die Umsatzentwicklung belegt und interpretiert sowie über wesentliche Vorkommnisse im Markt informiert. Zum anderen werden *vierteljährliche Budgetkontrollen* durchgeführt, die neben Umsatz-/Absatzdaten auch Kosten und Erträge einschließen. Die Berichte enthalten sowohl die bisher erreichten Effektivwerte als auch Prognosen für das Restjahr. Insbesondere sind Abweichungen frühzeitig deutlich zu machen und zu begründen. Ergeben sich neue Erkenntnisse zur Marktentwicklung, die erhebliche Zielüber- oder unterschreitungen wahrscheinlich machen, kann in Abstimmung mit der Zentrale eine Budgetrevision erforderlich werden.

c) Einheitliche Systeme und Methoden

Während in weiten exekutiven Bereichen ein informelles und pragmatisches Vorgehen vorherrscht, werden in anderen Sektoren einheitliche Systeme und Verfahren zentral vorgegeben und konsequent durchgesetzt. Dies gilt in besonderem Maße dort, wo Steuerungs- und Überwachungsmechanismen betroffen sind. Exemplarisch hierfür sind denn auch die geschilderten Planungs- und Kontroll*dokumente*, deren Form und Aufbau weltweit den gleichen Regeln folgen. Weitere Beispiele sind etwa *Investitionsrechnungen* oder *Kalkulationsschemata* und *-methoden.*

3. Integrationsfunktionen der Zentralinstanzen

a) Die Schlüsselfunktion der Regionaldirektionen

Die Schlüsselrolle bei der Steuerung des weltweiten Geschäfts und damit auch bei der Durchsetzung integrativer Maßnahmen kommt den *Regionaldirektionen in der Zentrale* zu. Als Linienvorgesetzte der Marktchefs können die Regionaldirektoren auf alle wichtigen Entscheidungen in den ihnen zugeordneten Ländern Einfluß nehmen. Sie repräsentieren den zentralen Willen und können übergeordnete Ziele und Strategien vorgeben. Es wäre indessen verfehlt, sie als bloße Befehls- und Genehmigungsinstanz zu sehen, etwa in Zusammenhang mit der Planung und Budgetierung. Vielmehr stehen sie auch außerhalb dieser Anlässe in laufendem Kontakt mit den Märkten - brieflich, telefonisch, persönlich.

Über die Befassung mit den Einzelmärkten hinaus wird künftig die integrative Funktion der Regionaldirektionen weiter an Bedeutung gewinnen. Insbesondere die zunehmende Regionalisierung und Globalisierung der Märkte, auf die im Schlußkapitel noch kurz eingegangen wird, wird dem Regionalmanagement *zusätzliche Aufgaben der Koordination* und Abstimmung unter ihren verschiedenen Ländergesellschaften zuweisen.

b) Die Rolle der Strategischen Produkteinheiten

Die Strategic Business Units, die in der Zentrale jeweils für bestimmte Produktbereiche zuständig sind, sind wesentliche Impulsgeber für die Neu- und Weiterentwicklung von Produkten. Losgelöst vom Tagesgeschäft, widmen sie sich insbesondere der *langfristigen Produktpolitik*. Gestützt auf die weltweiten Erfahrungen, die sich bei ihnen sammeln, können sie vielfältiges Know-how vermitteln und Anregungen für die internationale Ausbreitung erfolgversprechender Produkte geben. Ihre koordinativen Funktionen üben sie in engem Zusammenwirken mit den Märkten aus; im Bedarfsfalle werden unter Beteiligung von Zentrale und Tochtergesellschaften *Arbeitsgruppen* eingerichtet, die über eine überregionale und langfristige Ausrichtung produktpolitischer Maßnahmen beraten und abstimmen.

c) Beiträge der zentralen Fach- und Stabsfunktionen

Integrative Wirkungen gehen auch von der Tätigkeit der *zentralen Fach- und Stabsstellen* aus, auch wenn diese nicht mit direkter Weisungsbefugnis ausgestattet sind. Durch Projektassistenz, Beratung und Wissens- und Erfahrungstransfer, die im übrigen nicht nur schriftlich, sondern häufig durch persönliche Kontakte vor Ort erfolgen, tragen sie wesentlich zur Optimierung von Systemen und Methoden bei. Insgesamt existiert hier auf vielfältigen Gebieten ein hohes Kenntnispotential, das sowohl von der Zentrale - etwa den Regionaldirektionen - in aktiver Weise genutzt als auch von den Marktgesellschaften in eigener Initiative abgerufen werden kann.

4. Unterstützende Instrumente

a) Personalpolitik

Als flankierendes Instrument ist insbesondere die Personalpolitik zu erwähnen, die in mehrfacher Hinsicht für das Organisationskonzept des Konzerns bedeutsam ist. Zum einen erfordert die Dezentralisierung vor allem in den oberen Rängen der Tochtergesellschaften fähige und gut motivierte Führungskräfte, die zugleich aber auch bereit sind, sich in die Rahmenbedingungen eines international operierenden Unternehmens einzufügen. Zum anderen lassen sich durch den internationalen Einsatz von Managementpersonal auch integrative Effekte erzielen. Obwohl die Führungskräfte, wo immer möglich, ganz überwiegend *lokal rekrutiert* werden, legt Nestlé Wert darauf, daß zumindest ein gewisser Teil der Kader auch für eine *Tätigkeit im Ausland* zur Verfügung steht. Auf diese Weise wird viel Erfahrung über die Ländergrenzen getragen und ein internationaler Teamgeist gefördert. Häufig sind es daher auch international erprobte Manager, die später in Führungspositionen der Nestlé-Zentrale einrücken.

b) Kaderschulung und Konferenzen

Entsprechend groß ist auch der Nachdruck, den Nestlé auf die Schulung und Weiterbildung der Führungskräfte legt. Ein modernes *Ausbildungszentrum* am Sitz der Muttergesellschaft führt ständig eine Vielzahl von Seminaren mit internationaler Besetzung durch. Die Veranstaltungen dienen sowohl der allgemeinen Unterrichtung der Teilnehmer über Nestlé und seine Politik als auch der Vermittlung von spezifischem Fachwissen. Sie fördern gleichzeitig auch internationale Verbindungen unter den Führungskräften.

Eindeutig integrativen Charakter haben die mehr operativ ausgerichteten internationalen Konferenzen, unter denen insbesondere die *Zusammenkünfte der Marktchefs* hervorzuheben sind. Sie bieten zum einen die Möglichkeit, zentrale Zielvorstellungen und Strategien darzulegen, zum anderen aber auch Meinungen und Erfahrungen aus den Märkten zu aktuellen Problemen einzuholen und gemeinsame Lösungsansätze zu diskutieren.

D. Ausblick

Nestlé steht seit langem für ein internationale praktiziertes Geschäft. Grundsätzlich läßt sich feststellen, daß sich die von Nestlé praktizierte Dezentralisierung, eingebettet in formelle wie informelle Prozesse der Integration, überaus bewährt hat. Das gewählte Vorgehen hat entscheidend dazu beigetragen, Nestlé nicht nur an die Spitze der eigenen Branche, sondern auch in den Kreis der größten Konsumgüterhersteller der Welt zu führen. Gleichwohl gilt es auch für Nestlé, sich auf die sich abzeichnenden Veränderungen des internationalen Umfelds einzustellen und die daraus fließenden Chancen zu nutzen.

Der erkennbare Wandel wird vor allem von Tendenzen zur Internationalisierung und Globalisierung des Wirtschaftsgeschehens geprägt. Hier ist zunächst auf die Schaffung großer, *supranationaler Wirtschaftsräume* zu verweisen, allen voran den bereits weitgehend realisierten Gemeinsamen Europäischen Markt, aber auch die Nordamerikanische Freihandelszone und im Entstehen begriffene ähnliche Gebilde in Asien und Südamerika. Zu beachten sind darüber hinaus die zunehmende Liberalisierung und Demokratisierung in den Staaten des ehemaligen Ostblocks sowie in zahlreichen Entwicklungsländern. Der damit verbundene freiere Warenfluß kann auf längere Sicht zu erheblichen Konsequenzen führen, insbesondere im Bereich der Produktion. So ist Nestlé seit Jahren dabei, innerhalb des Europäischen Marktes *Fabrikationsstätten jeweils auf bestimmte Produktgruppen zu spezialisieren* und von dort aus vermehrt überregionale Belieferungen vorzunehmen.

Hohe Aufmerksamkeit gebührt angesichts dieser Entwicklungen den Reaktionen und Verhaltensweisen der Verbraucher. Im Nahrungsmittelkonsum sind dabei noch durchaus gegenläufige Strömungen wahrzunehmen. So ist einerseits davon auszugehen, daß in den einzelnen Ländern auch künftig die *tradierten Ernährungsgewohnheiten* vorherrschen werden. Zudem ist nach wie vor der unterschiedliche wirtschaftliche Entwicklungsstand verschiedener Regionen zu berücksichtigen, der insbesondere die Bedürfnisstrukturen westlicher Industrienationen und die Versorgungserfordernisse in Ländern der Dritten Welt oft weit auseinanderklaffen läßt. Andererseits wird aber auch erkennbar, daß sich über die Ländergrenzen hinweg *internationale Lebensstile* herausbilden, die sich auch im Ernährungsverhalten niederschlagen; der weltweite Erfolg von Marken wie Coca Cola oder Nescafé signalisiert diesen Trend. Obwohl zunächst widersprüchlich erscheinend, haben sich beide Strömungen inzwischen auch vielfach auf interessante Weise verknüpft: Die landsmannschaftliche Kost bestimmter Regionen findet Anklang auch in anderen Ländern und bahnt sich in Form von Spezialitäten den Weg rund um den Globus. Gefördert durch Tourismus, Gastarbeiter, ausländische Gaststätten ist „Ethnic Food" zu einer breiten Bewegung in den Nahrungsmittelmärkten geworden. Als großer internationaler Hersteller beteiligt sich Nestlé hieran intensiv und hat bereits zahlreiche Spezialitäten fremdländischer Küchen, etwa aus Italien, Frankreich und Asien, in seine Sortimente aufgenommen.

Sorgfältiger Beobachtung bedarf in diesem Zusammenhang schließlich auch das Vorgehen des *Handels*. In der Vergangenheit hat sich der Nahrungsmittelhandel nur in relativ beschränktem Maße international betätigt. Gerade innerhalb Europas zeichnet sich jedoch inzwischen eine deutliche Tendenz zu verstärkten Auslandsengagements ab. Insbesondere deutsche Discount-Filialisten und französische Verbrauchermarkt-Unternehmen haben ihre Aktivitäten auf eine Reihe von Märkten ausgeweitet; ebenso haben sich europäische Verbundgruppen des Handels herausgebildet. Es ist damit zu rechnen, daß diese Handelsunternehmen und -organisationen zunehmend bestrebt sein werden, auch eine *internationale Einkaufspolitik* zu betreiben und mit großen Lieferanten zu überregionalen Abmachungen zu kommen.

Die genannten Entwicklungen deuten überwiegend darauf hin, daß sich Nestlé künftig steigenden Anforderungen der Integration und Koordination ausgesetzt sehen wird. Es ist nicht auszuschließen, daß damit in bestimmten Fällen gewisse Einschränkungen der Autarkie der Einzelmärkte verbunden sein werden. Grundsätzlich wird Nestlé aber an der bewährten Dezentralisierung festhalten und sich mit Flexibilität den neuen Herausforderungen stellen.

Literatur

HEER, J.: Nestlé. Hundertfünfundzwanzig Jahre, von 1866 bis 1991, Vevey 1991.

MAUCHER, H.: Marketing ist Chefsache, Düsseldorf 1992.

NESTLÉ AG (HRSG.): Mit Weitsicht und Mut, Vevey 1993.

Michael Kutschker

Konzepte und Strategien der Internationalisierung[1)]

A. Einleitung

Die Auseinandersetzung mit Internationalisierungsstrategien stellt einen wichtigen Pfeiler innerhalb der Forschungsdisziplin des *Internationalen Management* dar. Gerade für internationale Unternehmen, die sich noch stärker als rein nationale Wettbewerber mit komplexen und turbulenten Umwelten konfrontiert sehen, ist eine bewußt geplante, strategische Ausrichtung der Internationalisierungsaktivitäten entscheidend für Erfolg oder Mißerfolg.

Im Rahmen des vorliegenden Beitrages soll unter Internationalisierungsstrategie die *geplante, langfristige Evolution grenzüberschreitender Unternehmensaktivitäten und deren Einbindung in die Politik des internationalisierenden Unternehmens* verstanden werden.

Seit die Internationalisierung von Unternehmen von der BWL als Forschungsgegenstand aufgegriffen wurde, ist eine Reihe von Beiträgen entstanden, die verschiedene strategische Optionen für internationalisierende Unternehmen aufzeigen. Die meisten frühen Veröffentlichungen sind jedoch dadurch charakterisiert, daß oftmals lediglich eine Perspektive der Internationalisierung hervorgehoben wird. So beschäftigen sich einige Beiträge in erster Linie mit der Auswahl der Ländermärkte und der Form des Markteintrittes (vgl. Kulhavy 1981), andere wiederum diskutieren, ob Unternehmen eher Strategien der Anpassung an lokale Bedürfnisse verfolgen oder besser auf die Erzielung von Kostenvorteilen durch Standardisierung setzen sollten (vgl. Doz 1986; Henzler/Rall 1986; Leontiades 1985; Meffert 1989). Weitere Beiträge schließlich konzentrieren sich auf die Möglichkeiten der Ausnutzung komparativer Ländervorteile, wie sie etwa durch Faktorkostenunterschiede auftreten (vgl. Kogut 1985a, 1985b, 1990). Der durch die Vielzahl von Veröffentlichungen entstandende Begriffswirrwarr führte in jüngerer Zeit zu Systematisierungsversuchen, die die Beziehungen zwischen den einzelnen Strategieoptionen herauszuarbeiten versuchten (vgl. Ghoshal 1987; Hamel/Prahalad 1988; Roxin 1992; Ringlstetter/Skrobarzyk 1994). Auch im vorliegenden Beitrag wird eine solche Systematisierung vorgestellt, die die grundsätzlichen Stoßrichtungen der Internationalisierung herausarbeitet. Anhand dieses systematisierenden Bezugsrahmens soll versucht werden, die in der Literatur diskutierten vielfältigen Varianten von Internationalisierungsstrategien, die i.d.R. Teilstrategien darstellen, zu ordnen und ihre Inhalt zu erläutern.

B. Internationalisierung von Unternehmen

Wenn man Internationalisierungsstrategie als geplante Entwicklung der internationalen Aktivitäten eines Unternehmens versteht, liegt es nahe, an der *Internationalität* eines Unternehmens anzusetzen, um die Internationalisierungsstrategien in ein logisches Konzept einzuordnen. Internationalität ist selbst ein multidimensionales Phänomen, das bereits einige Autoren zur Ausdifferenzierung unterschiedlicher *Internationalisierungsdimensionen* veranlaßt hat (vgl. Porter 1989; Macharzina 1992; Kutschker 1994b). Im Grundsatz läßt sich diese Mehrdimensionalität auf drei grundsätzliche *Stoßrichtungen der Internationalisierung* und damit der Internationalität eines Unternehmens zurückführen: auf die Anzahl der bearbeiteten Ländermärkte, auf die Entwicklung der Wertschöpfung in diesen Ländern und auf die Integration bzw. Koordination innerhalb des Unternehmensverbundes (vgl. Kutschker 1994b). Diesen Stoßrichtungen lassen sich die in der Literatur behandelten Teilstrategien zuordnen.

- *Anzahl und geographisch-kulturelle Distanz der Länder:* Übereinstimmend wird in der Literatur unterstellt, daß ein Unternehmen um so internationaler ist, in je mehr Ländern es präsent ist. Verfeinerungen knüpfen die Internationalität nicht nur an der Anzahl, sondern auch an der geographisch-kulturellen Distanz der einzelnen Länder an, so daß die Internationalität nicht nur mit der Anzahl der Länder, sondern auch mit dem Tätigsein in unterschiedlichen Kulturkreisen steigt. Sowohl Strategien der Entwicklung eines Länderportfolios als auch Markteintrittsstrategien, aber auch Strategien, die die Reihenfolge der geographischen Entwicklung berücksichtigen, fördern die Entwicklung der Internationalität eines Unternehmens in seiner geographischen Dimension.
- *Art und Umfang der Wertschöpfung:* Die Intensität der internationalen Tätigkeit variiert in den einzelnen Ländern von der Anbahnung und Durchführung einfacher Markttransaktionen bis hin zur integrierten Führung voll entfalteter Tochtergesellschaften mit Leistungsspektren, die im Extremfall diejenigen der Muttergesellschaft übersteigen können. Je größer und variantenreicher die Wertschöpfung im Ausland ist, desto internationaler ist ein Unternehmen. Strategien, die das Unternehmen in seiner internationalen Wertschöpfungsdimension entwickelt, variieren den Standardisierungsgrad und die Konzentration der Wertschöpfung.
- *Ausmaß der Integration:* Die dritte Dimension knüpft an der Art und Weise an, wie die über verschiedene Länder verteilten Wertschöpfungsaktivitäten geführt werden. Internationale Führung kann sich dabei auf eine Koordination i.S. einer Finanzholding der Tochtergesellschaften erstrecken oder aber auch Züge einer hochgradig vermaschten, sich wechselseitig abstimmenden transnationalen Organisation annehmen. Strategien der operationalen Flexibilität zielen auf die Entwicklung einer höherwertigen internationalen Führungsqualität, welche die Ausnutzung international verteilter Fähigkeiten und komparativer Ländervorteile zur Erzielung von Arbitrage- und Leverageeffekten ermöglichen soll. Strategien der internationalen Orientierung rücken die Unternehmenskultur und die Schaffung gemeinsamer Kontexte als Integrationsinstrumente in den Vordergrund der Betrachtungen.

Kombiniert man diese drei Dimensionen der Internationalität, die zugleich die Grundrichtungen der einzelnen Internationalisierungsstrategien beinhalten, dann besitzt jedes Unternehmen seinen internationalen „Fingerabdruck", der in Abbildung 1 für ein fiktives Unternehmen dargestellt ist.

Die Topographie dieses *Internationalisierungsgebirges* deutet darauf hin, daß Länderengagements von Unternehmen zu Unternehmen hinsichtlich ihres Ausmaßes und hinsichtlich der Intensität ihrer Führung variieren können. Je nach Integration in den Unternehmensverbund können dabei einzelnen Tochtergesellschaften unterschiedliche strategische Rollen zuwachsen (vgl. Bartlett/Ghoshal 1986).

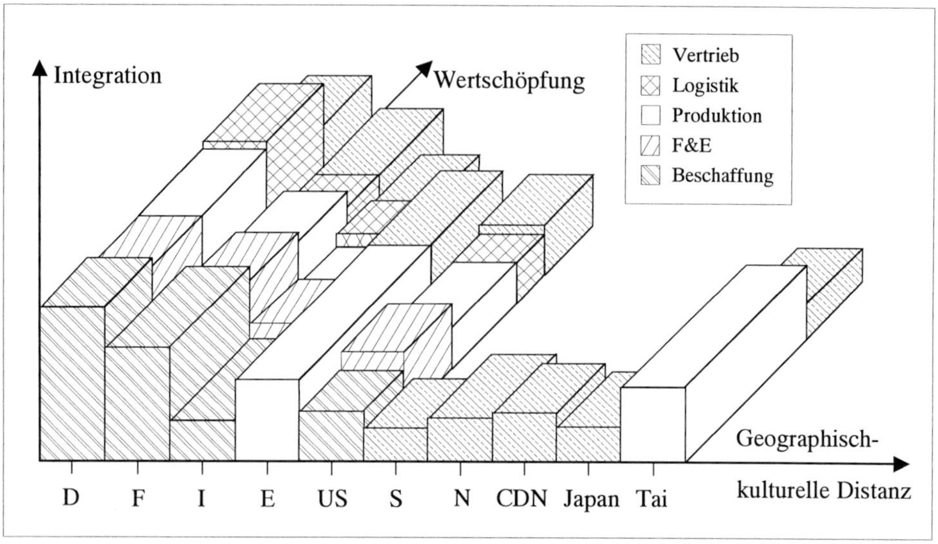

Abbildung 1: Internationalisierung des Unternehmens im dreidimensionalen Raum

Mit zunehmender *Größe* und zunehmendem *Internationalisierungsgrad* des Unternehmens steigt die Wahrscheinlichkeit, daß an verschiedenen Stellen Internationalisierungsaktivitäten in allen drei Dimensionen entfaltet werden. Die dabei verfolgten, zuvor genannten Teilstrategien der Internationalisierung sind nicht unabhängig voneinander. Mittel-Zweck-Relationen und zeitliche Interdependenzen einzelner Teilstrategien sowie der Ressourcenverzehr der Internationalisierung zwingen zu einer Koordination der einzelnen Teilstrategien. Je mehr die einzelnen Teilstrategien der Internationalisierung in einem Unternehmen aufeinander abgestimmt und mit anderen Strategien des Unternehmens, etwa seiner Technologieentwicklung oder der Veränderung seiner Wettbewerbsposition, verwoben sind, desto mehr wird die Internationalisierung Bestandteil der konzeptionellen Gesamtsicht (vgl. Kirsch 1990) eines Unternehmens. Dies bringt es mit sich, daß dann für bestimmte Zeit eine Dimension bzw. Stoßrichtung die Internationalisierung des Unternehmens beherrscht. So würden die Forderungen nach einer transnationalen Organisation vor allem die Art und Weise der Integration der internationalen Aktivitäten eines Unternehmens bestimmen. Dies setzt schon eine weitgehend voll entfaltete Topographie des Internationalisierungsgebirges eines Unternehmens voraus, die wohl ausschließlich bei multinationalen Großunternehmen anzutreffen ist. Die Internationalisierungsstrategie kleinerer und mittlerer Unternehmen wird sich hingegen mehr in den beiden Flächendimensionen bewegen.

Die drei aufgezeigten Dimensionen der Internationalität eines Unternehmens beinhalten eine - versteckte - vierte Dimension, wenn die *Geschwindigkeit* betrachtet wird, mit der sich die Internationalität eines Unternehmens verändern läßt. Die Geschwindigkeit der Internationalisierung kann selbst Gegenstand strategischer Überlegungen werden, die die eigene Internationalität in Relation zur Internationalität der Wettbewerber setzen. Die bislang genannten Teilstrategien der Internationalisierung sind unterschiedlich gut geeignet, die Dynamik zu fördern.

Internationalität des Unternehmens und Internationalisierungsstrategien als Mittel zu deren Veränderung sind also äußerst eng verwoben. Wenn im folgenden entlang der aufgezeichneten Dimensionen bzw. Stoßrichtungen der Internationalität die einzelnen Teilstrategien detaillierter dargestellt werden, sollte sich der Leser darüber bewußt bleiben, daß die Internationalisierungsstrategie eines Unternehmens immer eine Kombination aus diesen Teilstrategien darstellt.

C. Strategien der Internationalisierung

1. Länderstrategien

Unter Länderstrategien werden Internationalisierungsstrategien subsumiert, deren Hauptanliegen die Entwicklung der Länderdimension ist. Dabei sollen *Zielmarktstrategien* und *Markteintrittsstrategien* unterschieden werden.

a) Zielmarktstrategien

Zielmarktstrategien (vgl. Dülfer 1992) beinhalten sowohl die Auswahl der zu bearbeitenden Ländermärkte als auch die Festlegung der Reihenfolge des Markteintritts. Im Rahmen der *Auswahl von Ländermärkten* kommt der internationalen Marktforschung eine entscheidende Rolle zu. Um Länder hinsichtlich ihrer Attraktivität beurteilen zu können, muß eine Fülle von Informationsmaterial gewonnen und ausgewertet werden. Segler (1986) unterscheidet zwischen allgemeinen Länderanalysen und Risikoanalysen. *Allgemeine Länderanalysen* helfen Unternehmen, sich ein Gesamtbild vom jeweiligen Land zu machen. Relevant sind dabei sowohl demographische Daten wie etwa Altersstruktur und Ausbildungsstand der Bevölkerung als auch wirtschaftliche Daten wie Konjunkturlage oder Lohnniveau des betreffenden Landes. Auch rechtliche und kulturelle Rahmenbedingungen können als Entscheidungskriterien herangezogen werden. Besonders wichtig ist jedoch neben diesen allgemeinen Daten eine Bewertung des mit einem Länderengagement verbundenen *Risikos*. Hilfestellung wird internationalen Unternehmen dabei von Informationsdiensten, Fachzeitschriften und Forschungsinstituten angeboten, die eine Reihe von Indikatormodellen entwickelt haben, um politische Instabilitäten in einzelnen Ländern zu messen und zu prognostizieren (vgl. Tümpen 1987). Mit Hilfe dieser Bewertungsmethoden kann die internationalisierende Unternehmung schließlich ihr Länderportfolio festlegen.

Gegenstand von Zielmarktstrategien ist jedoch nicht nur die Marktauswahl, sondern auch die bewußte Gestaltung der *zeitlichen Abfolge* des Markteintrittes. Hier kommt das Konzept der kulturellen oder auch der psychischen Distanz zum Tragen, das davon ausgeht, daß Manager bevorzugt in kulturell ähnliche Regionen internationalisieren, bevor sie sich schrittweise in entferntere Kulturen vorwagen (vgl. Johanson/Vahlne 1977). Die unterschiedliche kulturelle Distanz zu einzelnen Ländern verlangt nach unterschiedlicher

Anpassungs- und Transformationsleistung in den Unternehmen. Wer einen ersten Markteintritt nach Frankreich plant, wird unter Ressourcengesichtspunkten und bei sonst gleichen Bedingungen anschließend eher weitere Länder des romanischen Kulturkreises angehen als sich etwa in die kulturell weiter entfernten skandinavischen Länder zu begeben. Begründen läßt sich dies schon allein mit den sprachlichen Fähigkeiten, die in einem Unternehmen von der Verhandlungsfähigkeit bis zur Gestaltung von Produkten entwickelt werden müssen.

b) Markteintrittsstrategien

Markteintrittsstrategien zielen auf die Ausdehnung des bearbeiteten Marktgebietes auf bislang nicht bearbeitete Märkte. Dies können Beschaffungs- und Absatz-, Produkt- und Ländermärkte sein. Im vorliegenden Zusammenhang interessiert primär der Aspekt der geographischen Ausdehnung des Absatzgebietes durch Eintritt in *Ländermärkte*, die für das Unternehmen neu sind. Durch Markteintrittsstrategien sollen Markteintrittsbarrieren überwunden und eine nachhaltige Marktpräsenz im Ausland erzielt werden. Ein Markteintritt hat immer offensiven Charakter und führt i.d.R. zu einer Zunahme des Wettbewerbs im betrachteten Land. Erfolgreicher Markteintritt heißt, daß lokale, nationale oder internationale Wettbewerber Marktanteile verlieren.

Markteintrittsstrategien beinhalten zwei unterschiedliche Aspekte. Zum einen wird im Rahmen von *Eigentumsstrategien* die Form der Geschäftsaufnahme und -ausweitung festgelegt. Dieser Aspekt dominiert die Literatur zu Markteintrittsstrategien. Zum anderen müssen *Funktionalstrategien* die Vorgehensweise innerhalb der einzelnen Unternehmensfunktionen vorgeben.

Eigentumsstrategien beinhalten die Wahl der Eigentumsform bei Eintritt in einen neuen Ländermarkt und damit die Entscheidung über das Ausmaß des finanziellen Engagements. In der Literatur finden sich verschiedene Formen der Marktbearbeitung, die sich nach dem erforderlichen *Eigenkapitaleinsatz* unterscheiden lassen. Zu diesen Formen gehören Export, Lizenzvergabe, Aufbau von Franchise-Systemen, verschiedene Arten von Kooperationen z.B. Joint Ventures und schließlich die 100%ige Tochtergesellschaft, die entweder durch Gründung oder Akquisition entstehen kann (vgl. Meissner/Gerber 1980; Kulhavy 1981; Bühner 1989; Kutschker 1992; Macharzina 1993). Im Falle einer 100%igen Akquisition oder bei Gründung einer Tochtergesellschaft ist ein 100%iger Eigenkapitaleinsatz erforderlich, bei Joint Ventures und Kooperationen dagegen reicht eine Beteiligung aus. Vertragliche Vereinbarungen schließlich wie Franchising, Lizenzvergabe oder Export erfordern keinen Eigenkapitaleinsatz. Die Entscheidung über die Eigentumsform bestimmt nicht nur den erforderlichen finanziellen Einsatz, sondern nimmt auch Einfluß auf das *Ausmaß der Wettbewerbsstörungen*, die durch den Markteintritt verursacht werden. Der geringste Einfluß ergibt sich bei Übernahme eines Wettbewerbers, da sich zunächst hinsichtlich des Konzentrationsgrades der Branche und der Marktanteilsaufteilung im Eintrittsland nichts ändert. Durch Gründung einer Tochtergesellschaft wird die Rivalität der Branche dagegen erhöht. Je langsamer die Branche wächst und je aggressiver der Markteintritt erfolgt, desto stärker wirkt sich der Versuch eines Marktanteilsgewinns auf das Preisniveau und damit die Ertragsaussichten negativ aus. Diese Wirkung wird noch durch das Joint Venture übertroffen, da hier Vertriebsbasis und Marktposition des lokalen Partners höhere Wirkungsmöglichkeiten schaffen sollten als die eigenständige Gründung (vgl. Kutschker 1992, 1995).

Funktionalstrategien bilden einen weiteren wichtigen Bestandteil von Markteintrittsstrategien, der häufig vernachlässigt wird. Betritt ein Unternehmen einen neuen Ländermarkt, so müssen in Abhängigkeit von der gewählten Eigentumsform auch Strategien für die betrieblichen Funktionsbereiche festgelegt werden. Für den Marketing-Bereich etwa müssen Entscheidungen über Produkt-, Preis-, Distributions- und Kommunikationspolitik getroffen werden. Mit welchem Sortiment und zu welchem Preis soll der Auslandsmarkt bedient werden? Müssen Handelsvertreter eingeschaltet werden oder kann man direkt an den Handel herantreten? Sollte der Markteintritt durch eine Werbekampagne unterstützt werden? Dies sind typische Fragen, die sich jedes Unternehmen bei einem bevorstehenden Markteintritt stellen sollte. Doch nicht nur Marketing-Strategien sind von Interesse. Auch für Beschaffung und Produktion sind Strategien festzulegen. Soll die Beschaffung im Rahmen eines Global Sourcing zentral oder dezentral erfolgen? Sind produktionstechnische Anpassungen erforderlich, um den neuen Markt zu bedienen? Zu den Funktionalstrategien zählen des weiteren Technologiestrategien und Personalstrategien, die die Internationalisierung unterstützen sollen (vgl. Scholl 1989).

Funktionalstrategien haben bereits stark *operativen* Charakter, denn sie dienen i.d.R. dazu, andere übergeordnete Internationalisierungsstrategien umzusetzen. Ein konkreter Eintritt in einen bestimmten Markt kann als ein taktisches Manöver betrachtet werden, so daß man hinterfragen könnte, ob die Bezeichnung „Strategie" für solche Episoden besonders intensiver Internationalisierung gerechtfertigt ist. Zweifellos wäre es i.S. der eingangs gewählten Definition wünschenswert, wenn es sich bei der im Rahmen eines Markteintritts gewählten Vorgehensweise um bewußt geplante Internationalisierungsschritte handelte, da der zeitliche Horizont der Wirkung sehr weit in die Zukunft reicht und die Einbindbarkeit des neuen Marktes in den Gesamtkonzern auch auf eine politische Dimension und damit auf den strategischen Charakter der Funktionalstrategien hinweist.

Zielmarkt- und Markteintrittsstrategien treiben die Internationalisierung eines Unternehmens in Richtung der Länderdimension voran. Im Idealfall sind Zielmarktstrategien Markteintrittsstrategien zeitlich vorgelagert. In der Praxis ist jedoch oft zu beobachten, daß Zielmarktstrategien weitgehend unabhängig von einzelnen Markteintritten festgelegt werden oder umgekehrt viele Markteintritte ohne vorangegangene Zielmarktstrategien erfolgen.

2. Globalisierungsstrategien

Die zweite Stoßrichtung der Internationalisierung, die Entwicklung der internationalen Wertschöpfungsbasis, ist Gegenstand von *Globalisierungs- und Lokalisierungsstrategien*. Diese konfigurieren die gesamte, aus Länderstrecke und Wertschöpfung gebildete Grundfläche des Internationalisierungsgebirges mit dem Ziel, Wettbewerbsvorteile aufgrund von Differenzierung oder Standardisierung zu erringen.

Die Diskussion um Lokalisierungs- und Globalisierungsvorteile stellt eine der ältesten Auseinandersetzungen mit Internationalisierungsstrategien dar. Bereits 1969 zeichnete Fayerweather das Spannungsfeld zwischen Fragmentierung und Standardisierung vor, das jede internationale Unternehmenstätigkeit bestimmt (vgl. Fayerweather 1969). Es ist geprägt durch Forderungen der Gastländer nach länderspezifischer Anpassung des Leistungsprogrammes auf der einen Seite und durch Effizienzerfordernisse auf der anderen Seite, die eine weltweite Standardisierung wünschenswert erscheinen lassen. Aus diesem Spannungsfeld wurde im Laufe der Jahre eine ganze Reihe verschiedener Strategietypen abgeleitet, die sich jedoch letztlich auf drei Typen reduzieren lassen: Globalisierungsstrategien, Lokalisierungsstrategien und Mischstrategien. *Globalisierungsstrategien* versuchen, durch eine Standardisierung von Produkten und Prozeduren Economies of Scale zu erzielen. Ein weltweit einheitliches Vorgehen soll die Effizienz der Unternehmensaktivitäten erhöhen und zu Kostenvorteilen gegenüber Wettbewerbern führen. Im Vordergrund steht dabei die Optimierung der Gesamtunternehmensaktivitäten unter bewußter Inkaufnahme einzelner suboptimaler Länderengagements. Eine *Lokalisierungsstrategie*, auch multinationale Strategie genannt, basiert dagegen auf der Erzielung von Differenzierungsvorteilen durch eine länderspezifische Anpassung des Leistungssortimentes. Diese Anpassung kann entweder aufgrund entsprechender Forderungen der Gastlandregierungen notwendig werden, man spricht in diesem Fall von einem politischen Imperativ. Sie kann jedoch auch aus ökonomischen Gründen verfolgt werden, um durch gezielte Ansprache lukrativer Kundensegmente Gewinne abzuschöpfen, die bei Verfolgung einer standardisierten Produktpolitik verloren gingen (vgl. Meffert 1989; Macharzina 1993; Kutschker 1994a).

Die Diskussion um Lokalisierungs- und Globalisierungsstrategien ist in ihrer ursprünglichen Intention als reine Differenzierungs-/Standardisierungsdebatte zu verstehen. Hiervon getrennt müssen Fragen der *Streuung bzw. Konzentration von Unternehmensaktivitäten* betrachtet werden. Insbesondere Porter (1989) hat im Zusammenhang mit Internationalisierungsstrategien auf die Bedeutung der Konfiguration der Unternehmensaktivitäten hingewiesen. Die Wertschöpfungsaktivitäten können demnach sowohl an einem Standort konzentriert als auch über viele Länder verstreut sein. Eine extreme Streuung ist nach Porter (1989) dann erreicht, wenn in jedem Land die komplette Wertschöpfung vorhanden ist. Eine mögliche Variante der Konfiguration ist schließlich auch die Konzentration einzelner Wertschöpfungssegmente in unterschiedlichen Ländern, wie sie für eine Netzwerk-Organisation charakteristisch ist. Dies ist etwa der Fall, wenn sich in einzelnen Ländern Kompetenzzentren für Marketing oder für F&E bilden oder wenn die Produktion bestimmter Teile am kostengünstigsten Ort zentralisiert wird. Denkbar ist auch, daß Kompetenzzentren für bestimmte Produktbereiche gebildet werden, wie dies bspw. bei Procter&Gamble mit dem sog. *Lead-Country-Konzept* praktiziert wird. Im Extremfall wäre bei dieser Strategie jedes Wertschöpfungssegment in einem anderen Land konzentriert.

Natürlich können diese Fragen des Streuungsgrades von Unternehmensaktivitäten nicht völlig unabhängig von der verfolgten Internationalisierungsstrategie betrachtet werden. Oft gehen Globalisierungsstrategien mit einer konzentrierten, Lokalisierungsstrategien dagegen mit einer gestreuten Konfiguration einher. Dennoch lassen sich auch Beispiele für Unternehmen finden, für die diese einfache Zuordnung von Globalisierung/Konzentration und Lokalisierung/Streuung nicht zutrifft.

Die Entwicklung der internationalen Wertschöpfungsbasis durch Globalisierungs- und Lokalisierungsstrategien sowie durch Konfigurationsstrategien kann wiederum durch bestimmte *Eigentumsstrategien* unterstützt werden. Ist etwa ein Ausbau der Entwicklungswertschöpfung aus eigener Kraft heraus nicht möglich, kann es u.U. sinnvoll sein, ein Entwicklungs-Joint-Venture einzugehen. Auch Funktionalstrategien stehen in engem Zusammenhang mit Globalisierungs- und Lokalisierungsstrategien. Am deutlichsten wird dies bei der Produktpolitik, die entweder ein weltweit standardisiertes oder aber differenziertes Leistungsprogramm vorsehen kann.

3. Integrationsstrategien

Die bisher diskutierten Internationalisierungsstrategien betrafen in erster Linie die Gestaltung der durch die ersten beiden Dimensionen gebildeten Grundfläche des Internationalisierungsgebirges. Wesentliche Bedeutung kommt jedoch auch der Koordination bzw. Integration (die beiden Begriffe sollen im folgenden synonym verwendet werden) der Unternehmensaktivitäten zu. Strategien der Integration betreffen die Art und Weise, wie die verteilten Aktivitäten im multinationalen Unternehmen koordiniert werden. Mit der Frage der Steuerung und Koordination von Tochtergesellschaften haben sich bereits zahlreiche theoretische und empirische Untersuchungen befaßt, auf die an dieser Stelle nicht im einzelnen eingegangen werden soll (zu Überblicken vgl. Martinez/Jarillo 1989; Welge 1989; Macharzina 1993). Im Rahmen unserer Überlegungen wird das Ausmaß der Koordination bzw. Integration an vier Faktoren festgemacht: an der Anzahl der Abstimmungspartner und der Intensität der Abstimmungsaktivitäten, an der Existenz gemeinsamer Kontexte, an der Intensität des unternehmensinternen Ressourcenflusses und am Ausmaß der eingebauten Flexibilität. Das Ausmaß der Integration schlägt sich in Abbildung 1 in der Höhe der Balken nieder.

Im folgenden sollen *Strategien der operationalen Flexibilität*, die eher die *Oberflächenstruktur* des Unternehmens betreffen und *Strategien internationaler Orientierung* unterschieden werden, die in erster Linie die *Tiefenstruktur* des Unternehmens gestalten.

a) Strategien der operationalen Flexibilität

Wenn über die Ressourcenabhängigkeit von Tochtergesellschaften, über sequentielle, gepoolte oder reziproke Interdependenz (vgl. Thompson 1967) sowie über die Ausgestaltung von Managementsystemen diskutiert wird, dann scheinen primär Aspekte der *Oberflächenstruktur* eines multinationalen Unternehmens angesprochen zu sein. Je stärker die Technologien, die Infrastruktur und die Managementsysteme innerhalb des Unternehmensverbundes aufeinander abgestimmt sind, je mehr Teile des Unternehmens in die Abstimmung einbezogen werden und je häufiger und intensiver diese Abstimmung erfolgt, desto höher ist die internationale Integration eines Konzerns. *Strategien der operationalen Flexibilität* folgen der Überlegung, wie die in einem Konzern vorhandenen, aber oft weltweit verteilten Fähigkeiten sowie vorhandene komparative Ländervorteile durch bessere Koordination genutzt und in neue Wettbewerbsvorteile umgesetzt werden können.

Zu den Strategien der operationalen Flexibilität gehören die sog. Arbitrage- und die sog. Leveragestrategien. *Arbitragestrategien* zielen auf die Ausnutzung komparativer Vorteile, d.h. auf die Ausnutzung von Länderdifferenzen in Faktorausstattung, Faktorkosten und Faktorproduktivität. Zu den Arbitragestrategien zählen Produktionsverlagerungen, Global Sourcing, Finanzmarktarbitrage sowie Steuer- und Informationsarbitrage (vgl. Kogut 1985a, 1985b, 1990; Roxin 1992). *Leveragestrategien* versuchen, Vorteile aus der größeren Markt- und Verhandlungsmacht zu ziehen, die das internationale gegenüber dem nationalen Unternehmen aufbauen kann. Hierzu gehört z.B. die Strategie des *Cross Subsidizing*, bei der der Ausbau von Positionen in einem Land unter Rückgriff auf Überschüsse aus anderen Ländern erfolgt. Lokal operierende Konkurrenten sind hier eindeutig im Nachteil.

Sowohl für Arbitrage- als auch für Leveragestrategien ist es notwendig, daß das internationale Unternehmen die Voraussetzungen in Form von angepaßten Managementsystemen, Informations-Infrastrukturen sowie organisatorischen Vorkehrungen und entsprechenden Managementqualifikationen schafft. Die Verfolgung von Strategien der operationalen Flexibilität verlangt daher häufig ex ante Investitionen in die Infrastruktur eines Unternehmens. Die grenzüberschreitende Koordination logistischer Prozesse erfordert die Existenz physisch und informationell kompatibler Schnittstellen. Finanzarbitrage im Multinationalen Unternehmen (MNU) setzt eine entsprechende Informationstechnologie und einen adäquaten Ausbildungsstandard der Betreiber voraus. Dadurch wird deutlich, daß Strategien der operationalen Flexibilität primär an der Integration der Oberflächenstruktur des MNU ansetzen.

b) Strategien internationaler Orientierung

Von den Strategien der operationalen Flexibilität sind die *Strategien der internationalen Orientierung* zu unterscheiden, die weniger an der Oberflächen-, sondern an der *Tiefenstruktur* des MNU ansetzen. Die Unterscheidung in Tiefen- und Oberflächenstruktur geht auf eine entsprechende Differenzierung von Chomsky (1965) zurück, der diese Unterscheidung für Sprachen vollzog, wobei er die Grammatik einer Sprache als deren Tiefenstruktur und die damit produzierten Aussagensysteme als Oberflächenstruktur bezeichnete. Die Grammatik kann dabei aus einer gegebenen Menge von Wörtern Aussagensysteme ganz unterschiedlicher Inhalte konstruieren (vgl. Chomsky 1965; Kirsch 1978, 1992; Gomez/Müller-Stewens 1994). Mit der Tiefenstruktur einer Organisation wird auf deren Unternehmenskultur und -identität, auf die Summe der ungeschriebenen Regeln, Mythen und Normen abgehoben, deren Vorhandensein hohe integrative Kraft für die Selbstorganisation des Unternehmens und für die Abstimmung mit Hilfe von Symbolen zugesprochen wird. Dies bezieht sich auch auf die Koorientierung von Kontexten, aus denen heraus die Mitarbeiter die zwischen den Konzernteilen zu bewältigenden Probleme definieren. Je besser die Tiefenstruktur eines Unternehmens entwickelt ist, desto stärker ist das Unternehmen integriert und desto leichter fällt die Abstimmung international verteilter Aktivitäten. MNU sind im Gegensatz zu schwach internationalisierten Unternehmen eher durch Heterogenität denn durch Homogenität ihrer Tiefenstruktur gekennzeichnet. Die Verankerung der Belegschaften der Tochtergesellschaften in nationalen Kulturkreisen, die Herausbildung unterschiedlicher Subkulturen und die Dominanz einzelner Unternehmensteile lassen die Annahme einer heterogenen Tiefenstruktur plausibel erscheinen.

Zwar erscheint es naheliegend, daß eine homogene Tiefenstruktur i.S. einer starken Unternehmensidentität auch im stark internationalisierten Unternehmen die Integration erleichtert. Ungeklärt ist jedoch, inwieweit eine als Kolonialisierung lokaler Subkulturen empfundene Homogenisierung dysfunktionale Wirkungen entfaltet. Zur behutsamen Entwicklung einer adäquaten Tiefenstruktur im internationalen Konzern kann auf die Strategien der internationalen Orientierung zurückgegriffen werden, wie sie erstmals Perlmutter (1969) mit seinen *idealtypischen Führungskonzeptionen* des ethno-, poly- und geozentrischen Unternehmens beschrieben hat. Ein *ethnozentrisch* orientiertes Unternehmen geht implizit oder explizit von der generellen Überlegenheit des Heimatlandes und einer Unterlegenheit der Gastländer aus. Dies äußert sich darin, daß inländische Managementmethoden und Produkte ohne wesentliche Modifikationen auf die Auslandsmärkte übertragen werden. Die Muttergesellschaft oktroyiert ihre Sichtweise und Unternehmenskultur der Tochtergesellschaft. Im Gegensatz hierzu steht eine *polyzentrische* Einstellung, die der Unterschiedlichkeit der Auslandsmärkte Rechnung zu tragen versucht. Bei polyzentrischer Verhaltensweise wird hoher Wert auf die Entwicklung der lokalen Fähigkeiten gelegt. Zu diesem Zweck wird den Tochtergesellschaften i.d.R. hohe Autonomie zugestanden, die Führungspositionen werden mit einheimischen Managern besetzt. Bei der *geozentrischen* Orientierung schließlich dominiert eine weltweite Perspektive, die die Interessen zwischen Mutter- und Tochtergesellschaft zum Wohl des Ganzen zur Abstimmung bringt. Funktions- und produktbezogene Entscheidungen werden unter weltweiten Gesichtspunkten getroffen (vgl. Perlmutter 1969).

Strategien der Internationalisierung der Tiefenstruktur eines MNU dürften die Wirkung von Strategien der operationalen Flexibilität verstärken. Die Tiefenstruktur bildet die in den Kontexten der Mitarbeiter verborgenen gemeinsamen Werte und die Erfahrungsbasis, die das Unternehmen in die Lage versetzen, aus einem Repertoire organisatorischer Gestaltungselemente solche Oberflächenstrukturen zu erzeugen, die auf gegebene strategische Situationen eine geeignete Antwort darstellen.

Noch ist die Forschung weit davon entfernt, inhaltliche Ausgestaltungsempfehlungen zu geben, wie angesichts der Multikulturalität eines multinationalen Konzerns, d.h. der Zugehörigkeit der Mitarbeiter eines MNU zu ganz unterschiedlichen Kulturkreisen, Strategien der internationalen Orientierung zu formulieren sind. Die Entwicklung der Unternehmenskultur wird angesichts der Einbettung des Konzerns in heterogene Kulturkreise zu einem besonderen Problem.

4. Dynamik der Internationalisierungsstrategie

Bislang wurde die Internationalität eines Unternehmens über die drei Dimensionen Anzahl und geographisch-kulturelle Distanz der Länder, Ausmaß der Wertschöpfung und Ausmaß der Integration entfaltet und Internationalisierung mit der Veränderung der Oberfläche des Gebirges im dreidimensionalen Raum gleichgesetzt. Unberücksichtigt blieb bis jetzt, wie schnell Unternehmen ihre Oberfläche verändern. Diese vierte Dimension der

Internationalisierung ist bislang selten als Gegenstand von Internationalisierungsstrategien thematisiert worden. Ursächlich dafür mag sein, daß die *Dynamik* der Internationalisierungsstrategie keine eigenständige Dimension begründet, sondern jeweils den anderen Dimensionen und Teilstrategien den zeitlichen Aspekt hinzufügt. Zeit- und Ressourcenverzehr der einzelnen Teilstrategien sind jedoch unterschiedlich, so daß ein Reihenfolgeproblem für den Entwurf der Internationalisierungsstrategie eines Unternehmens entsteht. Die Reihenfolge wie auch die Schnelligkeit, mit der einzelne Internationalisierungsschritte vollzogen werden müssen, hängen dabei von den Ressourcen des Unternehmens, seinem Internationalisierungspotential und der Internationalisierungsgrad der Branche, insbesondere seiner unmittelbaren Wettbewerber ab. In Abhängigkeit von einem Internationalisierungsvorsprung oder -rückstand und den vorhandenen Ressourcen sind aufgrund der unterschiedlichen zeitlichen Wirkung einzelner Teilstrategien ganz bestimmte Eigentumsstrategien für den Markteintritt und bestimmte Wertschöpfungsstrategien für den Ausbau bzw. für die Verteidigung von Ländermärkten empfehlenswert. Beispielsweise sind unter dem Gesichtspunkt der Schnelligkeit Joint Ventures als Eigentumsstrategien einer Gründung von Tochtergesellschaften in neuen Ländermärkten vorzuziehen (vgl. ausführlicher zur dynamischen Internationalisierungsstrategie Kutschker 1994a).

D. Ausblick

Die aufgezeichneten Teilstrategien der Internationalisierung stellen Alternativen für ein Unternehmen dar, seine Internationalität zu verändern. In ein und demselben Unternehmen können dabei dichotome Teilstrategien gleichzeitig angewandt werden. So kann in einem Geschäftsfeld nach Lokalisierungsvorteilen gestrebt werden, während in einem anderen Geschäftsfeld danach getrachtet wird, Globalisierungsvorteile zu erringen. Es sollte aber auch offenkundig geworden sein, daß die Teilstrategien auf vielfältige Art und Weise miteinander verwoben sind. Je mehr ein Unternehmen bei dem Entwurf seiner Internationalisierungsstrategie diese Interdependenzen berücksichtigt und je mehr die Internationalisierung mit der gesamten Entwicklung des Unternehmens in Beziehung gesetzt wird, desto stärker macht das betrachtete Unternehmen seine Internationalisierung Gegenstand einer konzeptionellen Gesamtsicht. Wird die Internationalisierung zum Gegenstand einer geplanten Unternehmensentwicklung, dann ist zu erwarten, daß die Teilstrategien der Internationalisierung so geordnet werden, daß sie die Topographie des Internationalisierungsgebirges in einer bevorzugten Richtung verändern. So war z.B. die Internationalisierung von General Electric unter seinem Chairman Jones in den 70er Jahren durch eine bewußte Ausdehnung der Grundfläche des Gebirges gekennzeichnet, d.h. durch ein Neueingehen und eine Vertiefung von Länderengagements. Jones' Nachfolger Welch dagegen nahm bewußt die Fläche des Gebirges zugunsten einer stärkeren Integration zurück.

Wenn man Strategie als eine Folge geplanter Schritte versteht, die aus einer konzeptionellen Gesamtsicht abgeleitet sind, dann könnte z.B. eine normative Konzeption, wie die der transnationalen Organisation (vgl. Bartlett/Ghoshal 1989), die Internationalisierungsstrategie eines Unternehmens steuern. Konkret hieße dies in unserem Gebirge, daß einem ursprünglich multinationalen oder globalen Unternehmen die Stoßrichtung für die Entwicklung hin zu einer transnationalen Organisation vorgegeben wird. Eine solche konzeptionelle Gesamtsicht hilft dann, die Beziehungen der Teilstrategien zu ordnen. Eine konzeptionelle Gesamtsicht kann jedoch auch darin bestehen, daß ein kleineres bzw. mittleres Unternehmen eine Stoßrichtung wählt, die primär entlang der Länderachse über Zielmarkt- und Markteintrittsstrategien versucht, seine Internationalisierung voranzutreiben.

Freilich sind die meisten Unternehmen weit vom Ideal des konzeptionellen Entwurfs ihrer Internationalisierungsstrategie entfernt. Viel realistischer dürfte ein Bild sein, nach dem die Internationalisierung - durchaus erfolgreich - über eine ungeordnete Menge von Teilstrategien, die zudem in einzelnen Teilbereichen eines Unternehmens ganz unterschiedliche Ausprägungen annehmen können, bewerkstelligt wird.

Anmerkung

1) Meiner Mitarbeiterin Frau Dipl.-Oec. Iris Bäurle danke ich für die Unterstützung bei der Erstellung dieses Beitrages.

Literatur

BARTLETT, CH.A.; GHOSHAL, S.: Tap Your Subsidiaries for Global Reach, in: HBR, 64. Jg. (1986), H. 6, S. 87-94.

BARTLETT, CH.A.; GHOSHAL, S.: Managing Across Borders - The Transnational Solution, Boston 1989.

BÜHNER, R.: Rechtsform und Organisation, in: HWInt, hrsg. v. K. Macharzina u. M.K. Welge, Stuttgart 1989, Sp. 1841-1854.

CHOMSKY, N.: Aspects of the Theory of Syntax, Cambridge 1965.

DOZ, Y.L.: Strategic Management in Multinational Companies, Oxford et al. 1986.

DÜLFER, E.: Internationales Management, 2. Aufl., München/Wien 1992.

FAYERWEATHER, J.: International Business Management - A Conceptual Framework, New York 1969.

GHOSHAL, S.: Global Strategy: An Organizing Framework, in: SMJ, 8. Jg. (1987), S. 425-440.

GOMEZ, P.; MÜLLER-STEWENS, G.: Corporate Transformation: Zum Management fundamentalen Wandels grosser Unternehmen, in: Die Bewältigung fundamentalen Wandels, hrsg. v. G. Müller-Stewens et al. Wiesbaden 1994, S. 135-198.

HAMEL, G.; PRAHALAD, C.K.: Creating Global Strategic Capability, in: Strategies in Global Competition, hrsg. v. N. Hood u. J.E. Vahlne, London 1988, S. 5-39.

HENZLER, H.; RALL, W.: Facing up to the Globalization Challenge, in: The McKinsey Quarterly, 23. Jg. (1986), Winter, S. 52-68.

JOHANSON, J.; VAHLNE, J.-E.: The Internationalization Process of the Firm, in: JIBS, 8. Jg. (1977), H. 1, S. 23-32.

KIRSCH, W.: Die Handhabung von Entscheidungsproblemen, München 1978.

KIRSCH, W.: Unternehmenspolitik und strategische Unternehmensführung, München 1990.

KIRSCH, W.: Kommunikatives Handeln, Autopoiese, Rationalität - Sondierungen zu einer evolutionären Führungslehre, München 1992.
KOGUT, B. : Designing Global Strategies: Profiting from Operational Flexibility, in: SMR, 27. Jg. (1985a), H. 1, S. 27-38.
KOGUT, B. : Designing Global Strategies: Comparative and Competitive Value-Added Chains, in: SMR, 26. Jg. (1985b), H. 4, S. 15-28.
KOGUT, B.: International Sequential Advantages and Network Flexibility, in: Managing the Global Firm, hrsg. v. Ch.A. Bartlett, Y.L. Doz. u. G. Hedlund, London/New York 1990, S. 47-68.
KULHAVY, E.: Internationales Marketing, 4. Aufl., Linz 1981.
KUTSCHKER, M.: Die Wahl der Eigentumsstrategie der Auslandsniederlassung in kleineren und mittleren Unternehmen, in: Handbuch der Internationalen Unternehmenstätigkeit, hrsg. v. B.N. Kumar u. H. Haussmann, München 1992, S. 494-530.
KUTSCHKER, M.: Dynamische Internationalisierungsstrategie, in: Strategien für nationale und internationale Märkte, hrsg. v. J. Engelhard u. H. Rehkugler, Wiesbaden 1994a, S. 221-248.
KUTSCHKER, M.: Strategische Kooperationen als Mittel der Internationalisierung, in: Die Unternehmung im internationalen Wettbewerb, hrsg. v. L. Schuster, Berlin 1994b, S. 122-157.
KUTSCHKER, M.: Joint Venture, in: HWM, hrsg. v. R. Köhler, B. Tietz u. J. Zentes, 2. Aufl., Stuttgart 1995.
LEONTIADES, J.: Multinational Corporate Strategy, Lexington 1985.
MACHARZINA, K.: Internationalisierung und Organisation, in: ZFO, 61. Jg. (1992), S. 4-11.
MACHARZINA, K.: Unternehmensführung, Wiesbaden 1993.
MARTINEZ, J.I.; JARILLO, J.C.: The Evolution of Research on Coordination Mechanisms in Multinational Corporations, in: JIBS, 20. Jg. (1989), S. 489-514.
MEFFERT, H.: Globale Marketingstrategien, in: HWInt, hrsg. v. K. Macharzina u. M.K. Welge, Stuttgart 1989, Sp. 1412-1427.
MEISSNER, H.G.; GERBER, S.: Die Auslandsinvestition als Entscheidungsproblem, in: BFuP, 32. Jg. (1980), S. 217-228.
PERLMUTTER, H.V.: The Tortuous Evolution of the Multinational Corporation, in: Columbia Journal of World Business, 4. Jg. (1969), H. 1, S. 9-18.
PORTER, M.E.: Der Wettbewerb auf globalen Märkten: ein Rahmenkonzept, in: Globaler Wettbewerb, hrsg. v. M.E. Porter, Wiesbaden 1989, S. 17-68.
RINGLSTETTER, M.; SKROBARCZYK, P.: Die Entwicklung internationaler Strategien. Ein integrierter Bezugsrahmen, in: ZfB, 64. Jg. (1994), S. 333-357.
ROXIN, J.: Internationale Wettbewerbsanalyse und Wettbewerbsstrategie, Wiesbaden 1992.
SCHOLL, R.F.: Internationalisierungsstrategien, in: HWInt, hrsg. v. K. Macharzina u. M.K. Welge, Stuttgart 1989, Sp. 983-1001.
SEGLER, K.: Basisstrategien im internationalen Marketing, Frankfurt a.M./New York 1986.
THOMPSON, J.D.: Organizations in Action, New York et al. 1967.
TÜMPEN, M.M.: Strategische Frühwarnsysteme für politische Auslandsrisiken, Wiesbaden 1987.
WELGE, M.K.: Mutter-Tochter-Beziehungen in: HWInt, hrsg. v. K. Macharzina u. M.K. Welge, Stuttgart 1989, Sp. 1538-1552.

Martin K. Welge

Strukturen für weltweit tätige Unternehmungen

A. Problemstellung

Die zukünftige Organisationsstruktur großer Konzerne ist tiefgreifenden Veränderungsprozessen unterworfen, die auf zahlreiche Einflußfaktoren zurückgeführt werden können. Die zukünftigen Bestimmungsfaktoren sind Abbildung 1 zu entnehmen.

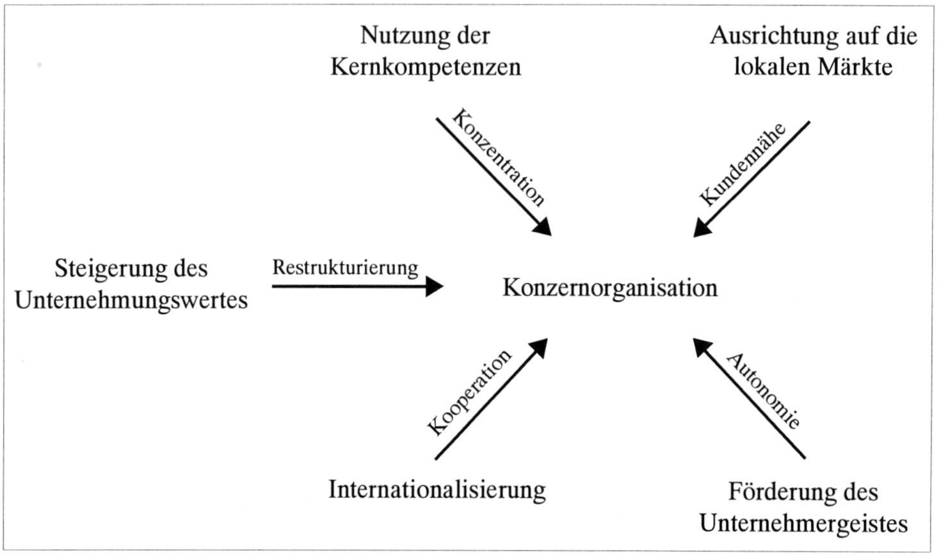

Abbildung 1: Zukünftige Bestimmungsfaktoren der Konzernorganisation

Von dem in Abbildung 1 dargestellten Beziehungsmuster interessiert an dieser Stelle der Einfluß der *Internationalisierung* auf die Konzernorganisation. Um den Zusammenhang zwischen Internationalisierungsstrategie und Organisationsstruktur näher untersuchen zu können, sind zunächst die Grundtypen internationaler Strategien kurz darzulegen. Zur Abgrenzung solcher Grundtypen dienen *Internationalisierungsportfolios*. Die einzelnen Strategietypen werden dabei den dichotomisierten Ausprägungen einer globalen versus einer lokalen Orientierung zugeordnet. Ihre Basis haben diese Internationalisierungsportfolios in dem EPG(Ethnozentrismus-Polyzentrismus-Geozentrismus)-Konzept von Perlmutter (1969, S. 12 ff.). Dieser stellte drei idealtypische Management-Orientierungsmuster der Muttergesellschaft gegenüber ihren Tochtergesellschaften heraus. Die von ihm unterschiedenen Orientierungen Ethnozentrismus, Polyzentrismus und Geozentrismus werden dann als Basis internationaler Strategietypologien interpretiert. Abbildung 2 zeigt die verschiedenen Grundtypen.

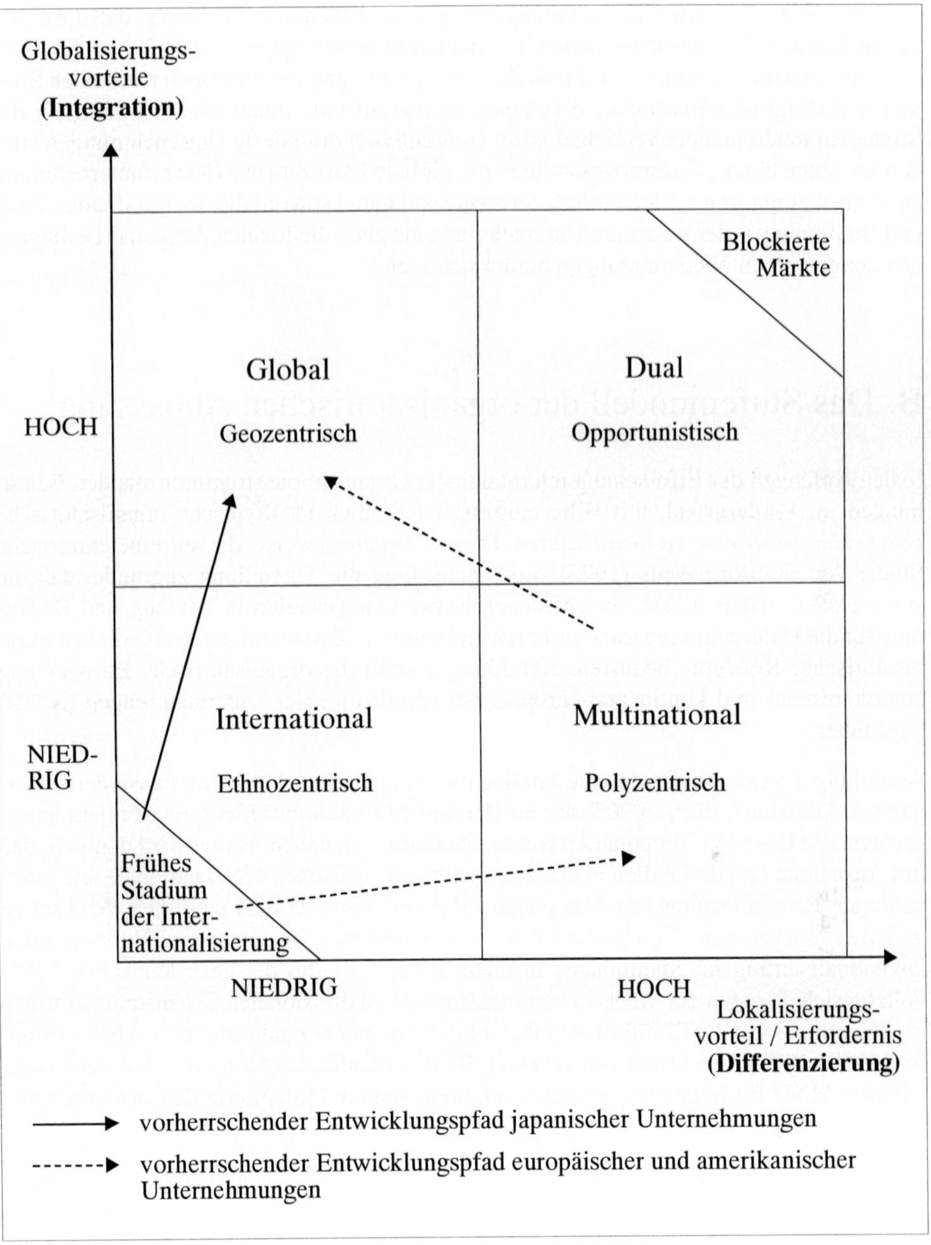

Abbildung 2: Grundtypen von Internationalisierungsstrategien (vgl. Meffert 1986, S. 691)

Ethnozentrisch orientierte Unternehmungen neigen zur Verfolgung *internationaler Strategien*, die durch ein zentralisiertes Führungskonzept gekennzeichnet sind und im Stammhaus bewährte Vorgehensweisen ohne Veränderung auf die Niederlassungen übertragen.

Polyzentrisch orientierte Unternehmungen tragen der Erkenntnis Rechnung, daß die unbekannte Umwelt des Gastlandes einer besonderen Berücksichtigung bedarf. Aus der Sicht der Unternehmungszentrale wird jeweils eine Optimierung der einzelnen nationalen Strategien verfolgt *(Multinationale Strategie)*, wobei auf eine inhaltliche Abstimmung der Strategien untereinander verzichtet wird. *Geozentrisch* orientierte Unternehmungen streben im Sinne einer „Cosmocorporation" die globale Effizienz der Gesamtunternehmung auf dem Weltmarkt an. Eine *globale Strategie* soll dabei sowohl die übergreifenden Ziele und Bedingungen der gesamten Unternehmung als auch die lokalen Ziele und Bedingungen der einzelnen Niederlassungen berücksichtigen.

B. Das Stufenmodell der organisatorischen Anpassung

In den Anfängen der Erforschung internationaler Organisationsstrukturen standen Bemühungen im Vordergrund, mit Hilfe empirischer Studien idealtypische organisatorische *Entwicklungsprozesse* zu identifizieren. Dieser Vorgehensweise, die auf eine empirische Studie von Stopford/Wells (1972) zurückgeht, liegt die Vorstellung zugrunde, daß die Auslandsaktivitäten in den verschiedenen Entwicklungsstadien in Umfang und Bedeutung für die Unternehmung stark variieren und somit im Zeitablauf unterschiedlicher organisatorischer Konzepte bedürfen. Abbildung 3 stellt die organisatorische Entwicklung amerikanischer und kontinental-europäischer Multinationaler Unternehmungen (MNU) gegenüber.

Abbildung 3 verdeutlicht, daß die kontinental-europäischen MNU die Phase der „International Division", die von 90% der im Harvard-Multinational-Enterprise-Projekt untersuchten 170 US-MNU durchlaufen wurde, übersprungen haben. Ferner wird deutlich, daß mit Ausnahme von drei Fällen in den kontinental-europäischen MNU nationale und internationale Reorganisationsprozesse gleichzeitig vollzogen worden sind. Der Wechsel zu globalen, integrierten Organisationsformen war begleitet von einer produktorientierten Divisionalisierung im Stammhaus. In mehr als drei Viertel der amerikanischen MNU vollzog sich dagegen der Wechsel von funktionalen zu divisionalen Organisationsformen im Stammhaus vor der Einführung globaler internationaler Organisationsstrukturen (Stopford/Wells 1972). Die Daten von Franko (1976) verdeutlichen ferner die Präferenz europäischer MNU für integrierte Produktstrukturen, während integrierte Regionalstrukturen eine nur untergeordnete Rolle spielen.

Dieses auf der *Structure-Follows-Strategy-Hypothese* basierende strukturelle Entwicklungsmodell ist in neueren Untersuchungen auf Kritik gestoßen.

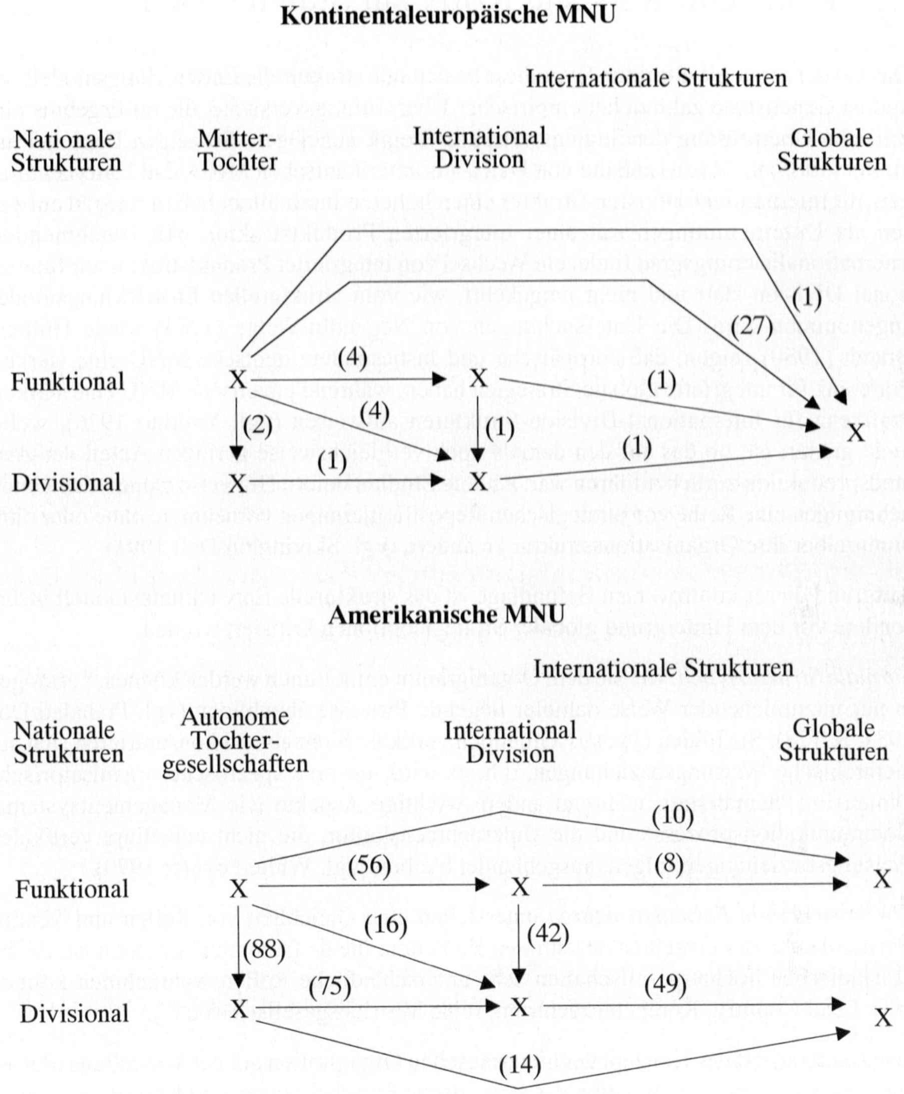

Erläuterung: Die Angaben zu den kontinental-europäischen MNU entstammen dem CEI - Harvard Comparative Multinational Enterprise Projekt (N = 60); die für die amerikanischen MNU dem Harvard Multinational Enterprise Projekt (N = 170). Die eingeklammerten Zahlen geben die Anzahl der Unternehmungen wieder, die die jeweilige Struktursequenz durchlaufen haben.

Abbildung 3: Entwicklung der internationalen Organisationsstrukturen von kontinentaleuropäischen und amerikanischen MNU (vgl. Welge 1989, Sp. 1599)

C. Empirische Tests und Kritik am Stufenmodell

Das auf der Strategie-Struktur-Hypothese basierende strukturelle Entwicklungsmodell war und ist Gegenstand zahlreicher empirischer Überprüfungsversuche, die im Ergebnis eine kritische Überprüfung der Strategie-Struktur-Logik nahelegen. So zeigen Daniels/Pitts/Tretter (1985, S. 223 ff.) anhand von Daten aus amerikanischen MNU, daß Unternehmungen mit International-Division-Struktur einen höheren Internationalisierungsgrad aufweisen als Unternehmungen mit einer integrierten Produktstruktur. Mit zunehmendem Internationalisierungsgrad findet ein Wechsel von integrierter Produktstruktur zur International Division statt und nicht umgekehrt, wie vom strukturellen Entwicklungsmodell angenommen wird. Die Untersuchungen von Negandhi/Welge (1984) sowie Hulbert/Brandt (1980) zeigen, daß europäische und insbesondere deutsche MNU eine stärkere Präferenz für integrierte globale Strategien haben, während japanische MNU eine stärkere Präferenz für International-Division-Strukturen aufweisen (vgl. Yoshino 1976), wobei nicht geklärt ist, ob das auf den damals noch vergleichsweise geringen Anteil der Auslandsproduktion zurückzuführen war. Andere Studien liefern Hinweise darauf, daß Unternehmungen eine Reihe von strategischen Repositionierungen vornehmen, ohne oder ohne unmittelbar ihre Organisationsstruktur zu ändern (vgl. Skivington/Daft 1991).

Aufgrund dieser kontroversen Befundlage ist das strukturelle Entwicklungsmodell insbesondere vor dem Hintergrund globaler Strategieoptionen kritisiert worden.

Formale Strukturtypen, wie sie dem Organigramm entnommen werden können, vermögen in nur unzureichender Weise dahinter liegende Prozesse abzubilden (vgl. Prahalad/Doz 1987, S. 178). Sie bilden eine ausschließlich vertikale Sicht ab und konzentrieren sich auf hierarchische Weisungsbeziehungen, d.h. es wird nur eine spezifische organisatorische Dimension thematisiert, während andere wichtige Aspekte wie Managementsysteme, Kommunikationsprozesse und die Unternehmenskultur, die nicht unbedingt vertikalen Weisungsbeziehungen folgen, ausgeblendet bleiben (vgl. White/Poynter 1990).

Eindimensionale Formalstrukturen unterstellen eine Gleichheit von Rollen und Verantwortlichkeiten der einzelnen dezentralen Einheiten, die de facto nicht gegeben ist, da die ausländischen Tochtergesellschaften sehr unterschiedliche Rollen wahrnehmen können (z.B. Lead Country, Kompetenzzentrum, reine Vertriebsgesellschaft u.ä.).

Insgesamt basiert das Konzept der hierarchischen Organisation auf der Vorstellung, daß es ein Unternehmungszentrum gibt, das strategische Entscheidungen und Koordinationsprozesse wahrnimmt. In Kapitel D wird aber zu zeigen sein, daß in global orientierten Unternehmungen strategische Initiativen in der gesamten Unternehmung verteilt sein können.

Aufgrund dieser Kritik hat sich die neuere Diskussion von der ausschließlich formalstrukturorientierten Analyse organisatorischer Prozesse abgewendet. Eine strukturelle Lösung allein wird als nicht geeignet angesehen, die Multidimensionalität und Flexibilität, die insbesondere in global operierenden Unternehmungen gefordert sind, zu lösen (vgl. Doz/Bartlett/Prahalad 1981). Bartlett (1981, S. 143) zieht auf der Basis seiner Studien das Fazit: „While change in the formal organization has been thought of by managers as the principal means of adapting the decision processes, the subtlety and complexity of a flexible, multidimensional decision process appears difficult to achieve solely (or even primarily) through formal organizational change".

D. Strukturelle Reaktionen auf globale Strategien

Vor dem Hintergrund einer zunehmenden Bedeutung globaler Strategien (vgl. Abbildung 2) und der oft beklagten Implementierungslücke sind alternative Konzepte entwickelt worden, die diese Lücke zu schließen versuchen. Die wichtigsten Ansätze, die eher theoretisch-normativ orientiert sind, sollen im folgenden kurz referiert werden, um sie dann anhand eigener empirischer Daten mit der Realität europäischer MNU zu konfrontieren.

1. Theoretisch-normative Ansätze

Insbesondere Prahalad/Doz (1987), Bartlett/Ghoshal (1989), Hedlund (1986) und White/Poynter (1990) haben alternative Modelle entwickelt, die auf die Implementierung globaler Strategien gerichtet sind. Der Fokus dieser Modelle liegt weniger auf der strategischen Positionierung, sondern mehr auf den organisatorischen Implikationen globaler Strategien. Den Modellen gemeinsam ist die Vorstellung, daß globale Organisationen als ein *integriertes Netzwerk* konzipiert werden sollten. Sie unterscheiden sich partiell darin, was nun genau ein globales Netzwerk konstituiert. Die Autoren betonen, daß in einem globalen Kontext für die Unternehmung erhebliche Wettbewerbsvorteile dadurch entstehen, wie Prozesse innerhalb solcher Netzwerke gemanagt werden. Die entstehende Komplexität solcher Netzwerkprozesse kann durch eindimensionale organisatorische Archetypen, wie sie bereits dargestellt worden sind, nicht beherrscht werden.

Die von den eingangs genannten Autoren entwickelten Modelle werden in Abbildung 4 gegenübergestellt, wobei als Beschreibungsmerkmale die Dimensionen organisatorische Anforderungen, Rolle der Zentrale, Rolle der Tochtergesellschaften, strategische Initiative, Integrationstreiber auf der Ebene der Tochtergesellschaften, organisatorische Prozesse, Interdependenzen und dominante Kontrollmechanismen gewählt wurden (vgl. ausführlich Boettcher 1995, S. 73 ff.).

Dimension	IDEAL DMNC ORGANIZATION (Prahalad & Doz 1987)	TRANSNATIONAL ORGANIZATION (Bartlett & Ghoshal 1989)	HORIZONTAL ORGANIZATION (White & Poynter 1990)	HETERARCHY (Hedlund 1986)	SYNTHESIZED CHARACTERISTICS
Organizational requirements	Simultaneously manage processes of control, change and flexibility	Simultaneously achieve advantages of global competitiveness, multidimensional flexibility and worldwide learning	Simultaneously achieve locally and globally based advantages	Flexible Intra-firm exploitation and experimentation of advantages	Multidimensionality, structural flexibility
Role of headquarters	Central decision-making, strategic direction	Context management of decision-making and coordination	Institutionalizing lateral decision contexts	Context management of decision-making and coordination	Context management
Strategic initiative	Headquarters seeking subsidiary participation	Joint responsibility of headquarters and subsidiaries	Delegated and dispersed to all subsidiaries	Delegated and dispersed to all subsidiaries	Increasing subsidiary involvement
Role of subsidiaries	Undifferentiated roles, subsidiaries provide strategic input and implement resulting action	Specialization, varying roles according to strategic importance from strategic leader to implementor	Undifferentiated roles, operational actors	Specialization, varying roles according to activity from center to implementor	Increasing subsidiary involvement
Integration driver on subsidiary level	Strategic decision-making participation	Self-enforcing reciprocal interdependencies	Delegation of strategic responsibility	Delegation of strategic responsibility	Increasing subsidiary involvement
Nature of organizational process	Additive coupling of subsidiaries under headquarters governance	Cross-flows of resources in an integrated network of subsidiaries	Lateral network of subsidiaries	Synergistic coupling in a network of subsidiaries	Growing interdependencies between all units
Major interdependence	Common objective of global competitiveness	Common objective of global competitiveness, exchange of goods and components, collaborative creation of competitive advantages	Common objective of global competitiveness, collaborative creation of competitive advantages	Common objective of global competitiveness, collaborative creation of competitive advantages	Growing interdependencies between all units
Dominant control mechanism	Traditional/Coercive	Cultural	Cultural	Cultural	Increased subsidiary commitment
Strategy implementation	Deterministic	Self-enforced	Cooperative and voluntaristic	Cooperative and voluntaristic	Self-designing processes

Abbildung 4: Alternative Organisationsmodelle (vgl. Boettcher 1995, S. 83)

2. Empirische Befunde

In einem empirischen Projekt haben wir Implementierungsprobleme global operierender europäischer MNU untersucht (vgl. Boettcher/Paul/Welge 1994; Boettcher 1995). Die hier interessierende *Organisationsstruktur* wurde durch die Dimensionen Spezialisierung, Koordination, Kommunikation und Partizipation abgebildet (vgl. Abbildung 5).

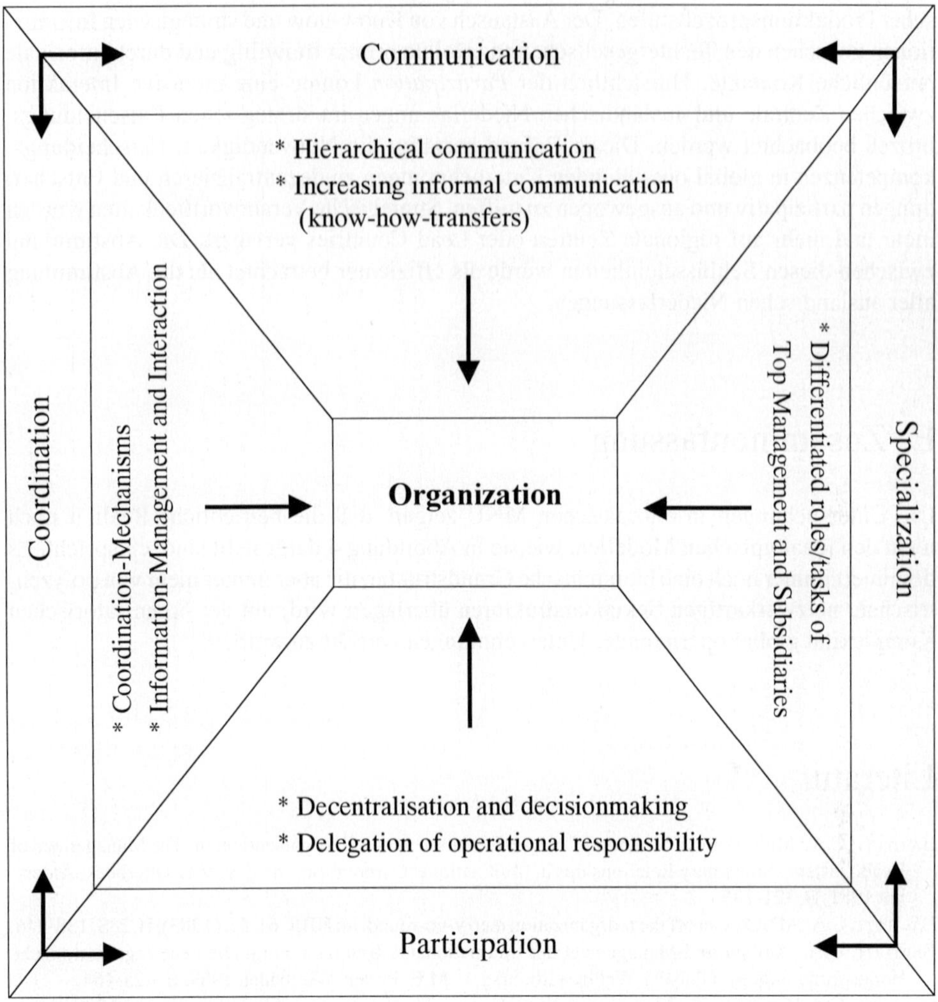

Abbildung 5: Dimensionen der Organisation (vgl. Boettcher/Paul/Welge 1994, S. 68)

Die Befunde (vgl. hierzu und im folgenden Boettcher/Paul/Welge 1994, S. 68 ff.) zur *Spezialisierung* zeigen, daß in den untersuchten Unternehmungen eine klare Unterscheidung zwischen den strategischen Aufgaben der Zentrale und den Niederlassungen getroffen wird, und daß die Größe des Heimatmarktes einen starken Einfluß auf die Einstellungen gegenüber Internationalisierung hat. Die Analyse des *Koordinations*zusammenhanges verdeutlicht die mindestens ebenbürtige Rolle informaler gegenüber formalen Koordinationsinstrumenten. Offensichtlich verlieren hierarchische Koordinationsformen für die Integration globaler Aktivitäten an Bedeutung. Die *Kommunikation* zwischen Managern in globalen Organisationen basiert in hohem Maße auf persönlichen Kontakten

(Telefon, Meetings, Besuche). Dies trifft für alle geographischen Orte und hierarchische Positionen zu. Eine Kommunikation zwischen den Tochtergesellschaften erfolgte meistens auf der Basis arbeitsbezogener Beziehungen im Rahmen eines Projektes oder identischer Produktionsprozeßstufen. Der Austausch von Know-how und strategischen Informationen zwischen den Tochtergesellschaften erfolgte primär freiwillig und durch informale persönliche Kontakte. Hinsichtlich der *Partizipation* konnte eine intensive Interaktion zwischen Zentrale und ausländischen Niederlassungen im strategischen Entscheidungsprozeß beobachtet werden. Dieser Befund bestätigt die Notwendigkeit, Entscheidungskompetenzen in global operierenden Unternehmungen zu dezentralisieren und Entscheidungen partizipativ und ausgewogen zu treffen. Strategische Verantwortlichkeiten wurden mehr und mehr auf regionale Zentren oder Lead Countries verlagert. Die Abstimmung zwischen diesen Schlüsseleinheiten wurde als effizienter betrachtet als die Abstimmung aller ausländischen Niederlassungen.

E. Zusammenfassung

Die Untersuchungen in europäischen MNU zeigen, daß die betriebliche Realität noch nicht den idealtypischen Modellen, wie sie in Abbildung 4 dargestellt sind, entspricht. Es dominiert immer noch eine hierarchische Grundstruktur, die aber immer mehr von polyzentrischen, netzwerkartigen Sekundärstrukturen überlagert wird, um der organisatorischen Komplexität global operierender Unternehmungen gerecht zu werden.

Literatur

BARTLETT, C.A.: Multinational Structural Change: Evolution versus Reorganization, in: The Management of Headquarters - Subsidiary Relationships in Multinational Corporations, hrsg. v. V.L. Otterbeck, Aldershot 1981, S. 121-145.

BARTLETT, C.A.: MNCs: Get off the reorganization merry-go-round, in: HBR, 61. Jg. (1983), H. 2, S. 138-146.

BARTLETT, C.A.: Aufbau und Management der transnationalen Unternehmung: Die neue organisatorische Herausforderung, in: Globaler Wettbewerb, hrsg. v. M.E. Porter, Wiesbaden 1989, S. 425-464.

BARTLETT, C.A.; GHOSHAL, S.: Managing Across Borders. The Transnational Solution, Boston 1989.

BEAMISH, P.W. ET AL.: International Management. Text and Cases, Boston 1991.

BOETTCHER, R.: A Network Perspective on Global Management - Evidence from European MNCs, Diss., Dortmund 1995.

BOETTCHER, R.; PAUL, T.; WELGE, M.K.: Managing Global Business Units. An Exploratory Study of European MNCs, Arbeitspapier Nr. 19 des Lehrstuhls für Unternehmensführung der Universität Dortmund, Dortmund 1994.

DANIELS, J.A.; PITTS, R.A; TRETTER, M.J.: Organizing for Dual Strategies of Product Diversity and International Expansion, in: SMJ, 6. Jg. (1985), S. 223-237.

DOZ, Y.L.; BARTLETT, C.A.; PRAHALAD, C.K.: Global Competitive Pressures and Host Country Demands. Managing Tensions in MNCs, in: CMR, 23. Jg. (1981), H. 3, S. 63-74.

DUNNING, J.H.: Multinational Enterprises and the Global Economy, Wokingham et al. 1993.

EGELHOFF, W.G.: Organizing the Multinational Enterprise: An Information Processing Perspective, Cambridge 1988.

EGELHOFF, W.G.: Strategy and Structure in Multinational Corporations: A Revision of the Stopford and Wells Model, in: SMJ, 9. Jg. (1988), S. 1-14.
FRANKO, L.G.: The European Multinationals, London 1976.
GALBRAITH, J.R.; KAZANJIAN, R.K.: Strategy Implementation, Structure, Systems and Process, 2. Aufl., St. Paul et al. 1986.
GHOSHAL, S.; WESTNEY, B.E.: Organization Theory and the Multinational Corporation, New York 1993.
HEDLUND, G.: The Hypermodern MNC - A Heterarchy? in: Human Resource Management, 25. Jg. (1986), S. 9-35.
HULBERT, J.M.; BRANDT, W.K.: Managing the Multinational Subsidiary, New York 1980.
MEFFERT, H.: Marketing im Spannungsfeld von weltweitem Wettbewerb und nationalen Bedürfnissen, in: ZfB, 56. Jg. (1986), S. 689-712.
NAUJOKS, H.: Konzernmanagement durch Kontextsteuerung. Die Relevanz eines gesellschaftstheoretischen Steuerungskonzeptes für betriebliche Anwendungen, in: Managementforschung 4, hrsg. v. G. Schreyögg u. P. Conrad, Berlin/New York 1994, S. 105-141.
NEGANDHI, A.; WELGE, M.K.: Beyond Theory Z: Global Rationalization Strategies of American, German and Japanese Multinational Companies, Greenwich/London 1984.
PERLMUTTER, H.: The Tortuous Evolution of the Multinational Corporation, in: Columbia Journal of World Business, 4. Jg. (1969), H. 1, S. 9-18.
PRAHALAD, C.K.; DOZ, Y.L.: The Multinational Mission - Balancing Local Demands and Global Vision, New York 1987.
SKIVINGTON, J.E.; DAFT, R.L.: A Study of Organizational ‚Framework' and ‚Process Modalities' for the Implementation of Business-Level Strategic Decisions, in: Journal of Management Studies, 28. Jg. (1991), S. 45-68.
SPIVEY, W.A.; THOMAS, L.D.: Global Management: concepts, themes, problems, and research issues, in: Human Resource Management, 29. Jg. (1991), S. 85-97.
STOPFORD, J.M.; WELLS, L.T.: Managing the Multinational Enterprise, New York 1972.
WELGE, M.K.: Organisationsstrukturen, differenzierte und integrierte, in: HWInt, hrsg. v. K. Macharzina u. M. K. Welge, Stuttgart 1989, Sp. 1590-1602.
WELGE, M.K.; BOETTCHER, R.: Globale Strategien und Probleme ihrer Implementierung, in: DBW, 51. Jg. (1991), S. 435-454.
WHITE, R.E.; POYNTER, TH.A.: Organizing for world-wide advantage, in: Managing the Global Firm, hrsg. v. C.A. Bartlett; Y. Doz u. G. Hedlund, London/New York 1990, S. 95-113.
YOSHINO, M.Y.: Japan's Multinational Enterprises, Cambridge 1976.

Walter A. Oechsler

Personalmanagement in internationalen Unternehmungen

A. Konzeptionelle Grundlagen des Personalmanagement internationaler Unternehmungen

1. Human Resource Management als Systematisierungsansatz

Als konzeptionelle Grundlage des Personalmanagement internationaler Unternehmungen eignet sich insbesondere der *Human-Resource-Management(HRM)-Ansatz,* weil er zum einen durch seine strategische Orientierung an Internationalisierungsstrategien anknüpft und zum anderen einen für die Internationalisierung geeigneten systematischen Instrumenteneinsatz vorsieht (vgl. Oechsler 1994a, S. 36 ff.; ferner Kammel/Teichelmann 1994, S. 25 ff.).

Im Vordergrund des HRM steht die strategische Orientierung, nämlich die Integration von Strategie, Struktur und HRM zum Ausschöpfen der Potentiale dieser drei wichtigsten Erfolgsfaktoren (vgl. Tichy/Fombrun/Devanna 1982, S. 47 ff.).

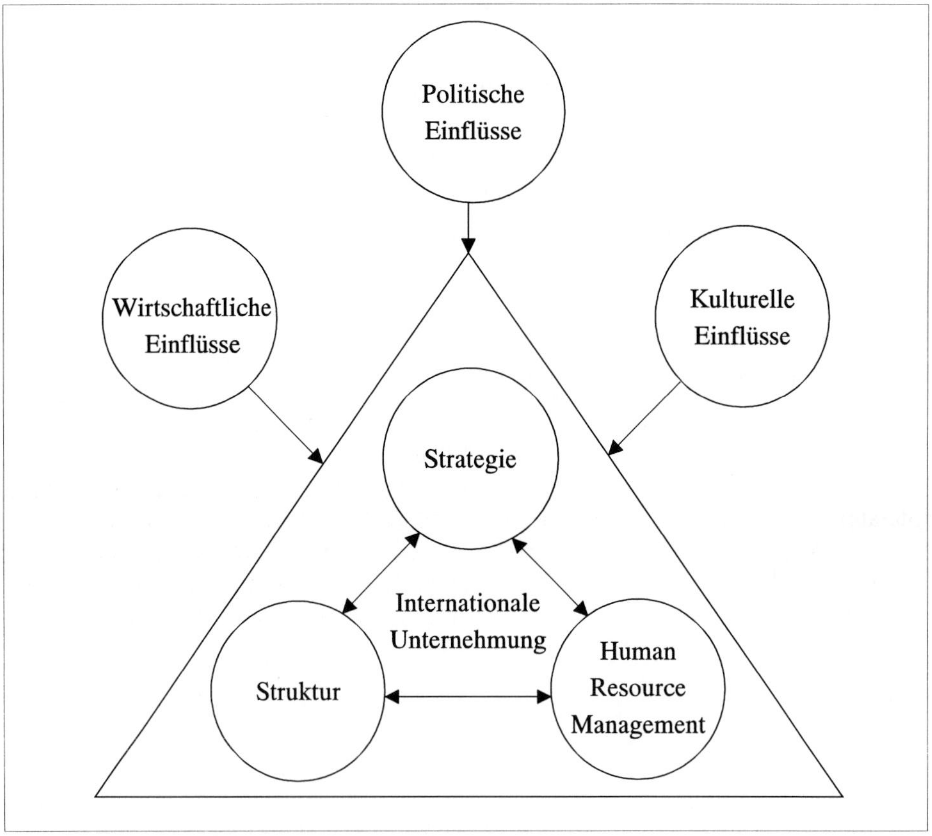

Abbildung 1: Integration von Strategie, Struktur und HRM

In diesem konzeptionellen Ansatz lassen sich zum einen die unterschiedlichen politischen, wirtschaftlichen und kulturellen Einflüsse im internationalen Kontext erfassen und zum anderen die Zusammenhänge zwischen international orientierter Strategie, Struktur und menschlicher Ressource darstellen (vgl. auch Dowling/Schuler 1990).

Neben dieser zentral ausgerichteten strategischen Integration der wichtigsten Erfolgsfaktoren internationaler Unternehmungen stellt der Ansatz eine Systematik von Instrumenten des Personalmanagement bereit, die auf einen *Regelkreis* der Personalmanagement-Aktivitäten bei dezentral operierenden organisatorischen Einheiten und Führungskräften abstellt. Durch die strategische Ausrichtung dieser systematisch aufeinander bezogenen Instrumente läßt sich ein international ausgerichteter *Human-Resource-Kreislauf* erreichen (vgl. Abbildung 2) (vgl. Tichy/Fombrun/Devanna 1982, S. 50).

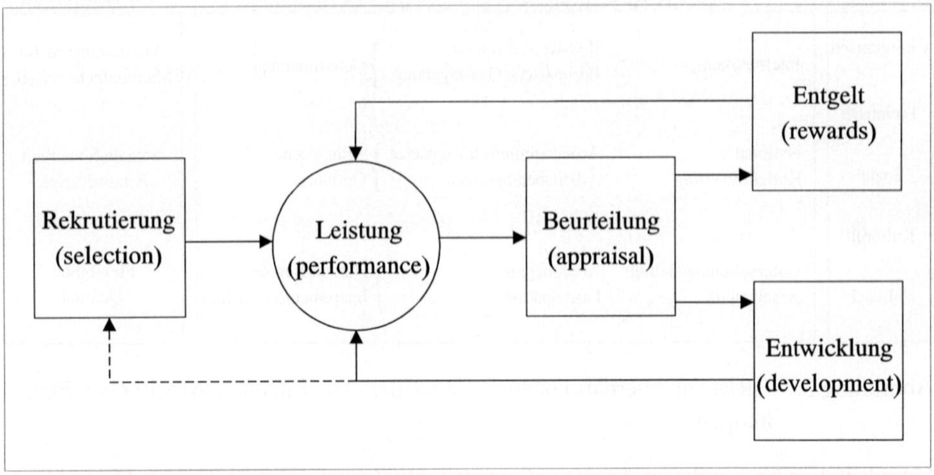

Abbildung 2: Human-Resource-Kreislauf

Internationale Unternehmungen können unterschiedliche Orientierungsmuster bei der Personalrekrutierung wählen, je nachdem, ob das Stammland dominiert oder Personal global rekrutiert wird (Kapitel B). Bei der in internationalen Unternehmungen bedeutsamen Entsendung von Personal sind spezifische Determinanten der Leistung wirksam (Kapitel C). Leistung wird im internationalen Kontext beurteilt und über entsprechende Entgeltpolitik honoriert (Kapitel D). Gleichzeitig findet eine international orientierte Entwicklung des Personals statt (Kapitel E), die ebenso Rückwirkungen auf die Leistung hat wie die Entgeltpolitik.

2. Internationale Dimensionen der Arbeitgeber-Arbeitnehmer-Beziehungen

Der rechtliche Regelungsrahmen der Arbeitgeber-Arbeitnehmer-Beziehungen wird für internationale Unternehmungen in zweifacher Hinsicht bedeutsam. Zum einen schreiten die Regelungen auf internationaler Ebene insbesondere im Bereich der Arbeitsverhältnisse immer weiter voran, die dann als internationale Determinanten des Personalmanagement fungieren. Zum anderen sind die nationalen Regelungen insbesondere im Bereich der Arbeitnehmerpartizipation durch kulturelle Diversität und Eigenständigkeit geprägt, so daß dadurch strategische Optionen für international tätige Unternehmungen eröffnet werden (vgl. Oechsler 1994b, S. 23 ff.).

Konzeptionell bietet sich in diesem Zusammenhang eine Verbindung des HRM-Ansatzes mit dem *Strategic-Choice-Ansatz* der *New Industrial Relations* an (vgl. Kochan/Katz/McKerstie 1986). HRM im internationalen Kontext der Arbeitgeber-Arbeitnehmer-Beziehungen (industriellen Beziehungen) stellt sich dann wie folgt dar (vgl. Oechsler 1994a, S. 54).

Umwelt	Regelungsebenen HRM-Entscheidungen			Ergebnisse
Ökonomisch	International	ILO-Konventionen Europäische Gesetzgebung	Determinanten	Mindestansprüche Maximalbelastungen
Technisch				
Sozial	National Kollektivvertrag	Arbeitnehmerschutzgesetze Arbeitsbedingungen	Strategische Optionen	Soziale Sicherheit Arbeitskämpfe
Kulturell				
Politisch	Unternehmung/Betrieb Arbeitsplatz	Arbeitnehmer- Partizipation	Human-Resource- Instrumente/Kreislauf	Flexibilität Qualität

Abbildung 3: HRM im internationalen Kontext der Arbeitnehmer-Arbeitgeber-Beziehungen

Grundsätzlich basiert dieser Ansatz auf einem *Input-Transformation-Output-Modell* (vgl. Dunlop 1958). Der Input eines jeden nationalen Systems der Arbeitgeber-Arbeitnehmer-Beziehungen ist durch spezifische Umweltkonstellationen gekennzeichnet wie ökonomische Lage, Stand der Technik, soziale und qualifikatorische Beziehungen, kulturelle Besonderheiten sowie politische Stabilität (vgl. Weitbrecht 1991).

Diese Input-Faktoren der jeweils nationalen Umwelt werden im System der Arbeitgeber-Arbeitnehmer-Beziehungen in Output transformiert, der sich anhand verschiedener Ergebnisgrößen messen läßt. Bei der Transformation wird versucht, über eine *internationale Regelungsebene* gleiche Determinanten für das Personalmanagement zu schaffen. Hierfür ist die *International Labour Organization (ILO)* in Genf zuständig, die u.a. Konventionen entwickelt, die vor allem Mindestansprüche und Maximalbelastungen für das Arbeitsverhältnis festlegen. Diese Konventionen müssen allerdings von den nationalen Gesetzgebern ratifiziert werden, um Verbindlichkeit zu erlangen.

Auf internationaler Ebene wurden im Zuge des *Europäischen Binnenmarktes* durch Verordnungen und Richtlinien einheitliche Standards geschaffen, die Freizügigkeit, Gleichbehandlung, Arbeitsvertragsrecht und Arbeitsbedingungen wie Arbeitszeit und Arbeitssicherheit einheitlich regeln und damit Determinanten innerhalb des Binnenmarktes darstellen (vgl. Oechsler/Schuster 1993).

Auf den sich anschließenden *nationalen* und *kollektivrechtlichen* Regelungsebenen eröffnen sich *strategische Optionen* für das Personalmanagement internationaler Unternehmungen. Unterschiedliche gesetzliche Regelungen und Tarifvereinbarungen hinsichtlich Arbeitnehmerschutzgesetzen und Arbeitsbedingungen eröffnen strategische Optionen für die Standortwahl. Diese Regelungsebenen sind einer strategischen Stärken- und Schwächen-Analyse z.B. mit Blick auf Arbeitsschutz und soziale Sicherheit sowie Arbeitskämpfe und damit verbundenen Kosten und Nutzen zugänglich.

Auf *dezentralen Regelungsebenen* in Unternehmungen und mit Blick auf den *Arbeitsplatz* ergeben sich Partizipationsrechte der Arbeitnehmer bzw. von Arbeitnehmervertretungsorganen, die sich auf den Einsatz personalpolitischer Instrumente auswirken. Von diesen Partizipationsrechten ist es z.B. abhängig, ob eine internationale Unternehmung ein personalpolitisches Instrumentarium flächendeckend anwenden kann oder ob nationale Modifikationen erforderlich sind, die einen systematischen Human-Resource-Kreislauf beeinträchtigen (vgl. Weitbrecht 1991, S. 318 ff.).

In dieser Hinsicht werden zur Abstimmung z.B. innerhalb des Europäischen Binnenmarktes bereits freiwillig europäische Betriebsräte praktiziert (vgl. Wiedemeyer 1991, S. 327 ff.), die künftig als „Euro-Betriebsräte" institutionalisiert werden sollen.

B. Orientierungsmuster der Personalrekrutierung

Orientierungsmuster der Personalrekrutierung folgen grundsätzlich der Entwicklung einer Unternehmung mit zunehmendem Internationalisierungsgrad vom ethnozentrischen über das polyzentrische und regiozentrische hin zum geozentrischen Konzept (vgl. Heenan/Perlmutter 1979; ferner Wolf 1994, S. 11 ff.; Macharzina 1992, S. 370 f.).

Beim *ethnozentrischen* Konzept, das vor allem in der Frühphase der Internationalisierung auftritt, dominiert das Ursprungsland. Bei der Besetzung in- und ausländischer Schlüsselpositionen werden Anwärter aus dem Ursprungsland bevorzugt eingestellt. Indem die Entscheidungsstrukturen auf die Zentrale im Stammland ausgerichtet werden, gelingt es auch, Entgeltunterschiede zwischen Stammlandarbeitnehmern und Gastlandarbeitnehmern bewußt herbeizuführen. Ferner legt die Muttergesellschaft im Stammland die Kriterien für die Personalauswahl fest, um weltweit Schlüsselpositionen mit Arbeitnehmern aus dem Stammland besetzen zu können. Dies bringt aber den Nachteil des fehlenden gegenseitigen Know-how-Transfers mit sich (vgl. Banai 1992).

Im *polyzentrischen* Konzept werden die Niederlassungen in den Gastländern als nationale Einheiten mit gewisser Entscheidungsautonomie behandelt. Diese Niederlassungen werden von lokalen Führungskräften geleitet, die allerdings nicht in die Muttergesellschaft aufsteigen können (vgl. Dowling/Schuler 1990, S. 36).

Das *regiozentrische* Konzept spiegelt die regional orientierte Strategie und Struktur internationaler Unternehmungen wider. Personal wird zwar aus allen Regionen rekrutiert, aber nur innerhalb der jeweiligen Region transferiert. Auch hier ist ein Aufstieg in die Muttergesellschaft des Stammlandes nicht möglich. Allerdings erhalten die regionalen Manager relativ große Entscheidungsautonomie.

Im *geozentrischen* Konzept spielen bei der Rekrutierung nationale Überlegungen keine Rolle, sondern stehen Fähigkeiten und Kenntnisse im Vordergrund. Diese ausschließlich auf Qualifikation ausgerichtete Rekrutierungsstrategie ist auf einer dezidiert weltweiten Unternehmungsstrategie gegründet, um eine Integration der vielen nationalen Manager erreichen zu können (vgl. Dowling/Schuler 1990, S. 50).

Diese grundsätzlichen Rekrutierungsmuster des Personals können in der Realität entsprechend den Entwicklungsprozessen der Internationalisierung einer Unternehmung ineinander übergehen.

C. Determinanten der Leistung bei der Entsendung

Über Determinanten der Leistung bei der Entsendung liegen kaum empirisch fundierte Ergebnisse, sondern eher anekdotische Aufarbeitungen von Erfolgs- und Mißerfolgsberichten vor.

1. Erfolgsfaktoren bei der Entsendung

Eine Befragung 80 amerikanischer internationaler Unternehmungen ergab als wesentliche Erfolgsfaktoren bei der Entsendung berufliche Kompetenz, persönliche Eigenschaften und soziale Fähigkeiten, Besonderheiten der Umwelt und familiäre Situation, wobei für jeden dieser Faktoren emotionale Stabilität und Reife erforderlich waren (vgl. Tung 1981).

Das Hauptproblem bei der Entsendung besteht darin, daß die Leistungen im Stammland keine Schlüsse auf die Wirkung dieser Faktoren im Ausland zulassen. Deshalb wurden folgende *Eigenschaftskategorien* abgeleitet, die für einen erfolgreichen Auslandseinsatz von Bedeutung sind (vgl. Mendenhall/Oddou 1985):

- Selbstbezug (technische und berufliche Kompetenzen sowie Fähigkeiten zur Streßreduktion),
- sozialer Bezug (Fähigkeiten und Bereitschaft zur Entwicklung von Kommunikations- und Interaktionsfähigkeit),
- Wahrnehmungsfähigkeit (Fähigkeit, Handlungsweisen richtig zu verstehen) sowie
- kulturelle Härte (Bestehen der Anforderungen anderer Kulturkreise).

Grundlegend kommt zu diesen Faktoren noch die Beherrschung der Sprache des Gastlandes hinzu.

2. Mißerfolgsfaktoren und Versagensrate

Eine fehlgeschlagene Entsendung ist meist mit vorzeitiger Rückkehr und hohen Kosten verbunden. Als *Mißerfolgsfaktoren* werden insbesondere genannt, daß sich sowohl der Partner als auch der Manager selbst nicht eingewöhnen konnten, gefolgt von weiteren familiären und persönlichen Problemen sowie von Schwierigkeiten, im Ausland mit dem Verantwortungsbereich fertig zu werden (vgl. Tung 1981). Dabei ist allerdings zu beachten, daß die *Versagensrate* nach Länderkategorien variiert. So werden in Entwicklungsländern Versagensraten von US-Managern von 70% genannt, wohingegen diese ansonsten nur zwischen 25% und 40% betragen (vgl. Dowling/Schuler 1990, S. 59). Darüber hinaus können sich Mißerfolg und Versagen auch erst bei der Wiedereingliederung zeigen, wenn entweder ein umgekehrter Kulturschock auftritt oder der Karriereweg unterbrochen wird. Um dies zu vermeiden, werden in der Praxis Mentorenprogramme für den Auslandseinsatz durchgeführt und sog. Heimathäfen für die Rückkehr bestimmt und offengehalten.

D. Internationale Aspekte der Entgeltpolitik

1. Entgeltsysteme für den internationalen Personaleinsatz

Entgeltsysteme für den internationalen Personaleinsatz haben die jeweiligen *gesetzlichen* Regelungen der einzelnen Länder (z.B. Steuern, Zölle, Sozialversicherung) und zusätzlich unterschiedliche *wirtschaftliche* Verhältnisse (z.B. Inflation, Kaufkraft, Währungsparitäten) zu berücksichtigen.

Unter diesen Rahmenbedingungen sind die *Ziele* internationaler Entgeltsysteme darauf gerichtet, länderübergreifend relative Gerechtigkeit, Konsistenz und Leistungsbezug zu verwirklichen, wodurch einmal Personal für internationale Mobilität motiviert wird und zum anderen eine strategie- und strukturkonforme Entgeltpolitik erreicht wird (vgl. Joggi/ Rutishauser-Frey 1980).

Als *Gestaltungsalternativen* können entweder gemeinsame *Entgeltkonzepte* für alle Arbeitnehmer oder getrennte Konzepte des Stammlandes und für Personal aus Gast- oder Drittländern gewählt werden, was grundsätzlich vom Internationalisierungsgrad abhängt. Weiterhin wird zwischen *kurz-* und *langfristigen* Auslandseinsätzen differenziert, wobei der entsandte Mitarbeiter im langfristigen Konzept das gleiche Entgelt wie zu Hause und eine Entschädigung für zusätzliche Kosten des Auslandseinsatzes erhält. Dies läßt sich z.B. durch den sog. *„balance sheet approach“* verwirklichen, bei dem der Arbeitnehmer ein Entgelt mit gleicher Kaufkraft wie im Stammland und Zulagen für mögliche Nachteile des Auslandseinsatzes erhält (vgl. Dowling/Schuler 1990, S. 119).

In der Praxis finden sich folgende *Bestandteile des Auslandsentgeltes* (vgl. Dowling/Schuler 1990; ferner Pausenberger/Zinser 1994):

- *Grundentgelt*, mit dem die Anforderungen der Stelle ohne Berücksichtigung der Umweltunterschiede abgegolten werden. Dies ist die Berechnungsbasis für die Auslandszulage.
- *Auslandszulage*, die für erschwerte Lebens- und Arbeitsbedingungen (z.B. klimatische Verhältnisse, Unannehmlichkeiten, Unsicherheiten und größere Verantwortungsbereiche) gewährt wird. Diese bewegt sich zwischen 10% und 30% und wird neuerdings differenziert in ortsunabhängige Zulage und ortsabhängige Zulage (z.B. Klima, Kulturkreis und Sprache, Infrastruktur, gesellschaftliche Isolierung, Entfernung vom Entsendungsland). Hierzu kommen noch gesonderte Kostenausgleiche.
- *Kostenausgleiche*, die durch den Umzug bedingte zusätzliche Kosten ausgleichen sollten (z.B. Lebenshaltungskosten, Wohnungskosten, Steuern, gesetzliche Zulagen wie Beitragspflichten zu Sozialversicherungen oder Pensionsfonds). Schließlich werden noch einmalige Nebenleistungen gewährt.
- *Nebenleistungen*, die aus Übernahme der Umzugskosten, der Gewährung eines Heimaturlaubs, aus Zuschüssen für die Erziehung und Ausbildung von Kindern, aus der Anschaffung eines Automobils oder der Übernahme von Klubkosten usw. bestehen können.

Diese vielfältigen Komponenten werden auch in Form von *Cafeteria-Ansätzen* als Angebotspalette zusammengefaßt (vgl. auch Kammel/Teichelmann 1994, S. 89 ff.).

2. Besonderheiten der Leistungsbeurteilung

Hinsichtlich der Leistungsbeurteilung beim Auslandseinsatz sind neben den Fähigkeiten zur beruflichen Aufgabenerfüllung weitere Faktoren relevant, die sich bereits als Erfolgsfaktoren für den Auslandseinsatz identifizieren ließen. Hierzu gehören kulturübergreifende zwischenmenschliche Fähigkeiten, Einfühlungsvermögen in fremde Normen und Werte, Verständnis unterschiedlicher Arbeitsweisen und Kundenbeziehungen sowie die Fähigkeit, sich auch familiär in einer neuen, fremden Umgebung zurechtzufinden.

Bei der Leistungsbeurteilung tritt zunächst das Problem auf, daß sich Aufgabenerfüllung und wirtschaftlicher Erfolg international nur schwer vergleichen lassen, weil Standards unterschiedlich definiert werden und Ergebnisse durch Unterschiede im Rechnungswesen und in den Wechselkursen verzerrt werden können. Wegen dieser vor allem aus der operativen Ebene resultierenden Probleme werden vor allem für Führungskräfte langfristige, strategische Zielsetzungen der Leistungsbeurteilung zugrunde gelegt. Diese können sich auf langfristigen Strukturaufbau, Entwicklung der Märkte oder Know-how-Transfer richten und sind allerdings auch bestimmten Einflußgrößen unterworfen. So erfordert die Unbeständigkeit der internationalen Umgebung genügend Flexibilität in der strategischen Planung, um auf mögliche Marktveränderungen reagieren zu können. Wegen des unterschiedlichen Reifegrades der Märkte sind Ergebnisse oft nicht mit den Kriterien des Stammlandes zu messen, sondern erfordern eine Beurteilung innerhalb des Landeskontextes. Diese Besonderheiten im internationalen Kontext erfordern viel Einfühlungsvermögen bei der Leistungsbeurteilung, um einen Belohnungs- und Motivationseffekt zu erreichen (vgl. dazu Dowling/Schuler 1990, S. 79 ff.).

E. International orientierte Personalentwicklung

Personalentwicklung in internationalen Unternehmungen ist strategie- und strukturorientiert und somit wiederum gekoppelt mit dem jeweiligen Internationalisierungsgrad (vgl. dazu und im folgenden Dowling/Schuler 1990, S. 93 ff.). Auf einer ersten Entwicklungsstufe mit *geringen Auslandsaktivitäten*, z.B. in Form von Verkaufsbüros und Vertretern, wird für ausländische Partner Teilnahme an der eigenen Managemententwicklung angeboten. Sobald Niederlassungen in verschiedenen Ländern vorhanden sind, werden meist i.S. einer ethnozentrischen Orientierung Stammhausmitarbeiter in das Ausland entsandt. Diese benötigen Entwicklungsprogramme, um einerseits die Unternehmungspolitik und andererseits Fertigkeiten und Fähigkeiten adäquat vermitteln zu können. Auch findet im Rahmen der Personalentwicklung ein personeller Austausch mit den Auslandsniederlassungen statt, um gegenseitiges Verständnis, integrative Problemprozesse und Informationsaustausch zu fördern. Dies steht z.B. bei Fluggesellschaften im Vordergrund von Entwicklungsprogrammen (vgl. Groenewald/Sapozhnikov 1990, S. 31).

Im Stadium *transnationaler Unternehmungsführung* wird mit länderübergreifenden Strategien operiert, was bedeutet, daß sowohl Mitarbeiter aus dem Stammland als auch Mitarbeiter aus den Gastländern über Auslandserfahrung und Kenntnisse in strategischer Führung und internationaler Finanzpolitik verfügen müssen, die Schwerpunkte der Personalentwicklung sind.

Um dies zu erreichen, hat z.B. die Shell-Gruppe ein Austausch-Netzwerk sowohl bei den Servicegesellschaften als auch bei den Produktionsgesellschaften aufgebaut, das schon im ersten Jahr der Unternehmungszugehörigkeit einen Auslandseinsatz vorsieht. Auf diese Weise werden z.B. sog. „Euro-Professionals" entwickelt, die europaweit beim Aufbau von Geschäftseinheiten eingesetzt werden können (vgl. Ahrens 1991, S. 149 ff.).

Bei *globaler*, internationaler Unternehmungsführung sind insbesondere Managemententwicklungsprogramme hinsichtlich weltweiten Informationsflusses mit Blick auf wirtschaftliche, soziale, technologische, politische und marktbezogene Entwicklungen erforderlich. Damit liegen die Schwerpunkte der Personalentwicklung auf bereichs-, funktions- und länderübergreifender Kooperationsfähigkeit und auf der Vermittlung internationaler Erfahrung unabhängig von Nationalität und Hierarchieebene.

Neben diesen globalen Trends der Personalentwicklung werden speziell bei der *Vorbereitung der Entsendung* Weiterbildungs- und Entwicklungsprogramme erforderlich. Diese bestehen vor allem aus *„cross-cultural-training"* (Dowling/Schuler 1990, S. 99) für den Mitarbeiter und seine Familie mit Blick auf vielfache Verknüpfungen und Besonderheiten in Stamm- und Gastländern, die oft auch Verhaltensänderungen erforderlich machen. So stehen als *Inhalte von Entwicklungsmaßnahmen* das internationale Beziehungsgeflecht und darin die spezielle Rolle des Auslandseinsatzes, das Schaffen kulturellen Bewußtseins durch Kenntnisse über das Gastland und die Landessprache sowie Fallstudien, Verhaltenssimulationen und Gruppentraining im Vordergrund. Bei internationalem Personaleinsatz in Japan werden diesbezüglich z.B. Unterschiede in den Rahmenbedingungen zwischen Christentum und Konfuzianismus, Individualisierung und Gruppenorientierung, Rationalität und Emotionalität im Vordergrund stehen. Hinsichtlich der Managementorientierung wird dem Leistungsprinzip Gemeinschaftssinn, dem westlichen Entscheider der japanische Förderer und dem Top-down-Ansatz das Konsensprinzip entgegengestellt (vgl. dazu Kammel/Teichelmann 1994, S. 146 ff.).

Literatur

AHRENS, D.: Die Personalstrategien der Deutschen Shell AG vor dem Hintergrund der Vollendung des Europäischen Binnenmarktes, in: Euro-Strategisches Personalmanagement, Bd. 1, hrsg. v. R. Marr, München/Mering 1991, S. 149-167.

BANAI, M.: Ethnocentric Staffing Policy in Multinational Corporations: A Self-fulfilling Prophecy, in: International Journal of Human Resource Management, 3. Jg. (1992), S. 451-472.

DOWLING, P.J.; SCHULER, R.S.: International Dimensions of Human Resource Management, Boston 1990.

DUNLOP, J.: Industrial Relations Systems, New York 1958.

GROENEWALD, H.; SAPOZHNIKOV, A.: Auslandsentsendungen von Führungskräften, in: DU, 44. Jg. (1990), S. 28-42.

HEENAN, D.A.; PERLMUTTER, H.V.: Multinational Organization Development, Reading 1979.

JOGGI, W.; RUTISHAUSER-FREY, B.: Auswirkungen der Personalpolitik schweizerischer multinationaler Unternehmen auf ihre Führungskräfte in den schweizerischen Hauptsitzen und in den europäischen Niederlassungen, Winterthur 1980.

KAMMEL, A.; TEICHELMANN, D.: Internationaler Personaleinsatz. Konzeptionelle und instrumentelle Grundlagen, München/Wien 1994.

KOCHAN, T.A.; KATZ, H.C.; MC KERSTIE, R.B.: The Transformation of American Industrial Relations, New York 1986.

MACHARZINA, K.: Internationaler Transfer von Führungskräften, in: ZfP, 6 Jg. (1992), S. 366-384.

MENDELHALL, M.; ODDOU, G.: The Dimensions of Expatriate Acculturation - A Review, in: AMR, 10 Jg. (1985), H. 1, S. 39-47.

OECHSLER, W.A.: Strategisches Human Resource Management im Kontext der industriellen Beziehungen, in: Strategien für nationale und internationale Märkte: Konzepte und praktische Gestaltung, hrsg. v. J. Engelhard u. H. Rehkugler, Wiesbaden 1994a, S. 35-61.

OECHSLER, W.A.: Personal und Arbeit: Einführung in die Personalwirtschaft unter Einbeziehung des Arbeitsrechts, 5. Aufl., München/Wien 1994b.

OECHSLER, W.A.; SCHUSTER, F.: Personalmanagement, in: Handbuch Unternehmung und europäisches Recht, Betriebswirtschaftliche Analysen, hrsg. v. E. Gerum, Stuttgart 1993, S. 219-243.

PAUSENBERGER, E.; ZINSER, R.: Entgeltgestaltung beim Auslandseinsatz von Führungskräften, in: ZFO, 63 Jg. (1994), S. 121-127.

TICHY, N.M.; FOMBRUN, C.J.; DEVANNA, M.A.: Strategic Human Resource Management, in: SMR, 24. Jg. (1982), H. 2, S. 47-60.

TUNG, R.L.: Career Issues in International Assignments, in: The Academy of Management Executive, 2. Jg. (1981), S. 241-244.

WEITBRECHT, H.: Das Management internationaler Beziehungen im internationalen Unternehmen, in: Euro-Strategisches Personalmanagement, Bd. 2, hrsg. v. R. Marr, München/Mering 1991, S. 317-326.

WIEDEMEYER, G.R.: Europäische Betriebsräte, in: Euro-Strategisches Personalmanagement, Bd. 2, hrsg. v. R. Marr, München/Mering 1991, S. 327-338.

WOLF, J.: Internationales Personalmanagement: Kontext - Koordination - Erfolg, Wiesbaden 1994.

Brij N. Kumar

Interkulturelles Management

A. Gegenstand und Ziel des Beitrags

In dem Maße, wie die Globalisierung und die internationale Verflechtung der Wirtschaft voranschreiten, rückt das interkulturelle Management verstärkt in das Blickfeld des betriebswirtschaftlichen Interesses. Von interkulturellem Management spricht man dann, wenn Managementaufgaben in (interkultureller) *Interaktion mit Menschen aus fremden Kulturen oder/und mit fremdkultureller Umwelt* wahrgenommen werden müssen. Dabei ist die Frage stets immanent - und insofern als (latenter) Bestandteil der Definition anzusehen -, ob die eigenen Lösungsmuster im Rahmen der interkulturellen Interaktion gültig sind oder angepaßt werden müssen, um die angestrebten Ziele zu erreichen.

Im Prinzip können von dieser Situation unterschiedliche Organisationen betroffen sein: Betriebe, die *ausländische Mitarbeiter* beschäftigen, deren fremdkulturelle Motivationsstruktur von Vorgesetzten bei ihrem Führungsstil in Rechnung gestellt werden muß, wie auch *transnationale Unternehmungen* mit weltweit operierenden Tochtergesellschaften, in denen das im Stammhaus bewährte Management nicht ohne Berücksichtigung der kulturellen Gegebenheiten der Gastländer angewandt werden kann. Große und kleine, nationale und international tätige Unternehmungen werden ohne Unterschied - wenn auch in unterschiedlichem Maße - mit Problemen des interkulturellen Management konfrontiert, wenn zur Aufgabenbewältigung neuartige, aus dem unterschiedlichen Kultureinfluß resultierende Anforderungen hinzukommen. In der Regel sind es allerdings in erster Linie die in den nachfolgenden Ausführungen schwerpunktmäßig behandelten *international tätigen Unternehmungen*, die davon betroffen sind.

Im vorliegenden Beitrag werden diese Anforderungen und die Problemfelder des interkulturellen Management untersucht. Nach einem kurzen Überblick über den Stand der Forschung und die bestehenden Lücken wird ein Konzept entwickelt, das die Thematik auf eine breite Basis stellt.

B. Überblick über den Stand der Forschung

1. Zentralthema und Basisthesen

Die interkulturelle Managementforschung steht als Oberbegriff für Studien, die mit Harbison/Myers (1959) begannen und zum Gegenstand die Untersuchung von Ähnlichkeiten und Unterschieden im Management in verschiedenen Kulturen haben (vgl. z.B. Haire/Ghiselli/Porter 1966). Im Mittelpunkt dieser Forschung steht die *Universalität* bzw. die Frage der *Transferierbarkeit* des Management von einer Kultur in die andere (vgl. Gonzalez/McMillan 1964). Angestoßen wurde dieses Forschungsinteresse durch zwei Entwicklungen jener Zeit: erstens die rasante Verbreitung der Multinationalen Unternehmungen (MNU) und das Problem, Managementaufgaben in fremden Kulturen lösen zu müssen (vgl. z.B. Negandhi/Prasad 1971) und zweitens die entwicklungspolitische Notwendigkeit der Übertragung von westlichem Management-Know-how in die *Entwicklungsländer* (vgl. Farmer/Richman 1965). In beiden Fällen werden Managementaufgaben in Interaktion mit einer fremden Umwelt bewältigt, die sich gegenüber transferierten Lösungsmustern antagonistisch verhalten kann, wie es sich auch in unzähligen Beispielen aus der Praxis zeigte.

Die Studien unterscheiden sich im Forschungskonzept, z.B. Verhaltens- oder Eklektikansatz (vgl. Tung 1986), in der thematischen Fragestellung, z.B. entwicklungs- oder organisationspolitische Orientierung (vgl. Nath 1988) und in der Grundposition, die sie hinsichtlich der „Culture-bound-" und „Culture-free"-These, also ob Management kulturvariant oder eher -invariant ist, einnehmen. Aufbauend auf diesen Differenzierungen teilt Adler (1983) die bisherige Forschung zum interkulturellen Management in sechs Kategorien ein: (1) parochiale, (2) ethnozentrische, (3) polyzentrische, (4) komparative, (5) geozentrische und (6) synergistische. Die Reihenfolge bis Kategorie (5) spiegelt die zunehmende Rolle der Culture-bound-These wider, die synergistischen Studien konzedieren den maßvollen Kompromiß, um Vorteile aus beiden Richtungen zu erzielen.

Welcher konkreten Fragestellung sich Studien der interkulturellen Managementforschung auch annehmen, und nach welchem Ansatz sie auch vorgehen, die Universalitätsfrage und die Untersuchung von Managementunterschieden und -ähnlichkeiten in verschiedenen Kulturen und Ländern stellen stets den Kernaspekt dar. Nach Brislin (1983) besteht das Ziel der interkulturellen Managementforschung darin, durch den Vergleich und die Identifizierung von spezifischen Kultureinflüssen zu einer *„universalistischen Theorie des Management"* zu kommen.

2. Methodologische Probleme

Bei der Untersuchung der genannten Themen wurden die Forscher immer wieder mit einer Reihe von methodologischen Problemen konfrontiert. So liegt auch ein bedeutender Schwerpunkt der Studien zum interkulturellen Management in der Behandlung dieser Fragen. Die Hauptschwierigkeit betrifft die methodologische Behandlung der *Kultur*: Ihre Begriffsauslegung und ihre Rolle als unabhängige Variable, die die unterschiedliche Ausprägung von Managementfunktionen in verschiedenen Kulturen mit Verknüpfungshypothesen erklärt, ist noch umstritten. Methodologisch fundierte interkulturelle Managementforschung muß auf Theorien aufbauen können, die diese Rolle a priori festmachen, damit Kultur nicht erst ex post als Residualgröße zur Erklärung der Unterschiede herangezogen wird (vgl. Kumar 1988).

Ein Problem, das mit der Erfassung und Interpretation der Kultur zusammenhängt, ist die Wahl zwischen dem „Emic-" und „Etic"- Ansatz. *„Emic"* ist eine kulturendogene Betrachtung, die (Management-) Spezifität impliziert. *„Etic"* meint die Außenperspektive, die stärker eine universalistische Position einnimmt. Diese Unterscheidung spielt vor allem dann eine Rolle, wenn es um die Beschreibung einer Kultur in Kategorien geht, die ihren Angehörigen Sinn machen und gleichzeitig auch in anderen Kulturen verstanden werden, um somit einen universellen Vergleich zu ermöglichen.

Neben solchen, mehr grundsätzlicheren Problemen spielen auch forschungstechnische Schwierigkeiten eine Rolle, die typisch sind für interkulturelle Studien im allgemeinen. Beispielsweise gilt es, das Erhebungsinstrumentarium in verschiedenen Kulturen zu validieren, oder es stellen sich Sprach- und Übersetzungsprobleme bei der Durchführung von empirischer Feldforschung im Ausland (vgl. Kumar 1988).

3. Notwendigkeit einer Konzeption der interkulturellen Interaktion

Wie es scheint, hat sich die interkulturelle Managementforschung bisher schwerpunktmäßig auf die Beschreibung von Management und Kulturen in verschiedenen Ländern und den Vergleich sowie die Behandlung von zusammenhängenden methodologischen Problemen festgelegt. Insofern bleibt die Disziplin noch etwas theoretisch und abstrakt, wenn man von gewissen konkreten Ansätzen in Verbindung mit der Konzeptualisierung der Kultur absieht (vgl. Kapitel C). Darin ist wohl ein Grund dafür zu sehen, daß die Lehre des interkulturellen Management - im Gegensatz zur Lehre der Globalisierungsstrategien oder der MNU - nur langsam voranschreitet und gewissermaßen in der Krise steckt.

Der Ausweg verlangt einen Paradigmenwechsel dahingehend, daß der Schwerpunkt der Forschung vom Kultur- und Managementvergleich auf die *interkulturelle Interaktion* verlagert wird, die - wie eingangs festgehalten - das Wesen des interkulturellen Management ausmacht. Im Rahmen des interkulturellen Management sind aber Interaktionsstudien bisher selten und hauptsächlich nur in Verbindung mit internationalen Verhandlungen bekannt geworden (vgl. z.B. Tung 1988). Die interkulturelle Interaktion an sich als Zentralaspekt des interkulturellen Management wurde nicht behandelt. Im folgenden werden die Elemente und die wesentlichen Fragen zu einem Konzept des interkulturellen Management diskutiert.

C. Konzept der interkulturellen Interaktion im Kontext international tätiger Unternehmungen

1. Grundlagen

Die wissenschaftliche Bedeutung des interkulturellen Management wurde eigentlich erst gesichert, nachdem die ursprüngliche Kontroverse hinsichtlich der Culture-bound versus Culture-free-These unentschieden bzw. eher zugunsten der ersteren Position ausging. Hierzu haben insbesondere die Arbeiten von Negandhi beitragen, der in Verbindung mit situativen Ansätzen aus der Organisationstheorie zum Ergebnis gelangte, daß *universelle* Aspekte des Management bei industriellen Dimensionen, wie z.B. Produktion und F&E, vorzufinden sind, während *Unterschiede* im Management eher im Zusammenhang mit kulturellen Variablen auftauchen (vgl. Negandhi 1975). Auch Child (1981) hat in einem vielbeachteten kontingenztheoretischen Beitrag zwischen den Variablen auf Makroebene (wie z.B. Technologie, Organisationsstruktur), die er als kulturinvariant begründete, und Variablen auf Mikroebene, wie z.B. Führungsstil, denen er eine kulturvariante Qualität zuschrieb, unterschieden. Kultur erhält so ihre Bedeutung als wichtiger und differenzierender Einflußfaktor des Verhaltens im Management.

Im Lichte dieser Grundposition und der bisher dargelegten Problemstellung kristallisieren sich drei Elemente im interkulturellen Managementmodell heraus, die im folgenden zu entwickeln sind:

- Interkulturelle Adaptation,
- Managementaufgaben international tätiger Unternehmungen und
- Kultur.

2. Interkulturelle Adaptation

Die kulturbedingte Unterschiedlichkeit des Management impliziert seine *Adaptation* durch die internationalen Unternehmungen, wenn die Interaktion im Ausland, z.B. das Management der Auslandsniederlassungen, und die Gestaltung der globalen Strategie konfliktfrei ablaufen sollen. Die (inter-)kulturelle Adaptation kann in Anlehnung an Barnett/Toyne (1991) als *Sozialisation* in eine neue, durch die fremdkulturellen Anforderungen (an das Management) bestimmte Rolle bezeichnet werden. Sie spielt in der interkulturellen Forschung i.a. eine gewichtige Rolle, in Verbindung speziell mit dem interkulturellen Management wurde aber wenig darauf verwiesen. Andererseits kann man sagen, daß die interkulturelle Adaptation eigentlich das spezifische Merkmal im interkulturellen Managementmodell schlechthin darstellt, das ohne sie umweltdysfunktional und ohne internes Gleichgewicht wäre.

In der Literatur sind mehrere Modelle der interkulturellen Adaptation bekannt. Die generelle Vorstellung ist die der (Wieder-)Erlangung des homöostatischen Zustandes durch die Sozialisation in die durch die internationale Tätigkeit aufgegebene neue Rolle. So müssen MNU zu einer Neuorientierung ihrer Gesamtstrategie und Unternehmungsphilosophie finden, um ihrer neuen Rolle gerecht zu werden, die ihnen aus den Anforderungen der Auslandsgesellschaften zuwächst. Aus den unterschiedlichen Ansätzen zur interkulturellen Adaptation faßt Anderson (1994) sechs Elemente zusammen, die das Wesentliche dieses komplexen sozialpsychologischen Phänomens wiedergeben.

- *Interkulturelle Anpassung:* Diese bezieht sich auf die Konfliktlösung im Rahmen des Widerstreits mit fremden Kulturen. Im Unterschied zu Adaptation, die eine (langfristige) „Überlebensstrategie" darstellt, ist Anpassung („Adjustment") mehr kurzfristiger Spannungsabbau bzw. spontane Bedürfnisbefriedigung dergestalt etwa, daß MNU im Ausland oft zu *gastlandkonformen Problemlösungen* greifen (müssen) - wie z.B. Zahlung von Schmiergeldern -, die aber keineswegs deren Grundhaltung in dieser Frage ändern.
- *Lernen:* Die Konfrontation mit Problemen in Gastländern verlangt das (Kennen-)Lernen der neuen Situationsparamenter und dann die Erstellung von Lösungsvorschlägen.

Schon das Lernen der *Gastlandsprache* durch die entsandten Manager ist vielerorts Voraussetzung für die Interaktion mit lokalen Interessengruppen.

- *Eindringling-Gastland-Beziehungen:* MNU sind „Eindringlinge“ in Gastländern und werden von den Einheimischen vielerorts auch so gesehen und behandelt. Sie sind Außenseiter und müssen sich durch Überwindung der kognitiven und emotionalen Barrieren in das Land „hineinarbeiten“. In dieser Situation sind *Sensibiliät* gegenüber fremden Bezugsrahmen und die Bereitschaft, den eigenen in Frage zu stellen und zu modifizieren, besonders gefragt. So sind MNU aufgefordert, *ethnozentrische* Einstellungen, z.B. bei der Besetzung von Führungspositionen, durch *geozentrische* zu ersetzen, bei denen Nationalität der Führungskräfte keine Rolle spielt.
- *Kontinuität und Dynamik:* Interkulturelle Adaptation ist ein kontinuierlicher und dynamischer Prozeß, bedingt durch die sich stets verändernde Umwelt und die wechselseitigen Beziehungen. MNU müssen sich durch geeignete organisatorische Lösungen, z.B. *„Bottom-up“-Planungszyklen*, die Voraussetzungen schaffen, daß die speziellen Anforderungen der einzelnen Landesgesellschaften ständig in den globalen Plan gelangen.
- *Relativität:* Interkulturelle Adaptation ist immer relativ in Art und Umfang und kann kaum vollständig durchgeführt werden. MNU sind aufgefordert, stets einen *Kompromiß* zwischen ihren originären Stärken und Verhaltensmustern und den Erfordernissen der lokalen Kultur zu suchen. Je nach Funktionsbereich und Problemfeld werden z.B. entsandte Führungskräfte in den Auslandsniederlassungen die Stammhauskultur verbreiten und bewährtes Managementverhalten praktizieren oder aber mehr für lokalkulturelle Lösungsmuster optieren. Die notwendige Sachkompetenz der mit der Aufgabe betrauten Manager muß sich aus Vertrautheit mit Stammhausfähigkeiten und kultureller Empathie gegenüber der lokalen Kultur zusammensetzen.
- *Personalentwicklung:* Da alle Menschen durch ihre individell-kulturspezifische Primärsozialisation in Einstellung und Verhalten vorgeprägt sind und jede Abweichung davon naturgemäß schwer fällt, bedürfen die mit internationalen Aufgaben betrauten Manager einer gewissen Personalentwicklung, die sie zur interkulturellen Adaptation befähigt. Nach Hofstede (1993) läßt sich die an diesem Ziel orientierte Personalentwicklung in drei Phasen einteilen:
  - *Phase des Bewußtwerdens:* Es gilt, die Rolle der Sozialisation für die „mentale Software“ und die daraus resultierende Kulturrelativität der eigenen Werte und Verhaltenswerte begreiflich zu machen.
  - *Phase der Neugier und des Wissens:* Es gilt, die betreffenden Führungskräfte mit fremdkulturellen und für sie (zunächst) „unverständlichen“ Verhaltensweisen zu konfrontieren und den Wunsch nach Kommunikation und nach mehr Information zu wecken.
  - *Phase der Entwicklung von interkulturellen Fertigkeiten:* Die Führungskräfte müssen versuchen, die fremde Kultur zu leben, und anfangen, sich in einer fremden Umgebung zurechtzufinden. Dabei werden sie sicherlich zuerst damit beginnen, die einfachen Probleme des Lebens zu lösen, bis sie später komplexe Aufgaben mitten unter Andersdenkenden meistern können.

3. Managementaufgaben international tätiger Unternehmungen

Da interkulturelles Management primär im Zusammenhang mit international tätigen Unternehmungen bedeutsam wird, gilt es, die relevanten Aufgabenfelder kenntlich zu machen, wo interkulturelle Adaptation virulent werden kann. Geht man von einer erweiterten internationalen Aktivität (Direktinvestitionen) aus, dann läuft der Internationalisierungsprozeß typischerweise nach folgendem Phasenschema ab (vgl. Steinmann/Kumar/Wasner 1981):

- *Entschlußphase:* In dieser Phase müssen Unternehmungen die Investitionsentscheidung fällen, die aufgrund ihres Strategiecharakters von den Ergebnissen der Umwelt- und Unternehmungsanalyse und der Identifizierung von kritischen Ressourcen abhängt. Insbesondere im Rahmen der Umweltanalyse im Gastland wird die interkulturelle Adaptation wichtig, wenn es vor allem darum geht, die Entscheidungsparameter zu erschließen. Besondere Probleme können auftauchen, wenn im Ausland die nötigen Informationen, z.B. Marktdaten, fehlen oder unzuverlässig sind. Auch die Personalentwicklung, insbesondere das Bewußtwerden der Kulturrelativität, kann die Evaluierung der fremden Kultur als Entscheidungsparameter auf eine objektive Grundlage stellen.
- *Aufbauphase:* In dieser Phase wird über die Strukturfragen der Auslandsniederlassungen, z.B. über Eigentums- und Markteintrittsstrategie, entschieden. Auch hier wird die interkulturelle Adaptation wichtig, etwa als interkulturelle Anpassung bei Konfliktregelungen mit dem Joint-Venture-Partner. Bei Verhandlungen mit dem Joint-Venture-Partner wird oft das „Eindringling-Gastland-Syndrom" hochgespielt, das folglich die deutliche Zurücknahme des eigenen Bezugsrahmens zugunsten der Sichtweise des Partners erfordert.
- *Betriebsphase:* In dieser Phase schließlich geht es um das Management in den Auslandsniederlassungen. Bekanntlich gilt es, diese Aufgabe im Spannungsfeld von Standardisierung (Stammhausanforderungen) einerseits und Differenzierung (lokalen Kultureinflüssen) andererseits zu lösen (vgl. Kumar 1987). In erster Linie wird hier die interkulturelle Adaptation zu einem Problem der Relativität und der Suche nach dem richtigen „Mischungsverhältnis". Auch Kontinuität und Dynamik spielen als Probleme der interkulturellen Adaptation in dieser Phase eine wichtige Rolle, handelt es sich bei den Auslandsbetrieben doch um laufende, auf unbegrenzte Zeit ausgelegte Operationen („going concern"), was die Notwendigkeit mit sich bringt, sich ständig mit den Anforderungen der Gastländer auseinanderzusetzen.

4. Kultur

Interkulturelles Management involviert - wie mehrfach erwähnt - die Interaktion mit Kultur, genauer gesagt, mit fremder Kultur. Obwohl die Rolle der Kultur in Verbindung mit der Culture-bound-These theoretisch ein Datum ist, ist das Bewußtsein in der Praxis über deren Einfluß relativ unterentwickelt. Manager tendieren folglich oft zum Ethnozentrismus, der die interkulturelle Adaptation erschwert (vgl. Lolla/Davis 1991). Gleichwohl erfolgt sie konkret im Kontext einer (fremden) Kultur, die demnach die dritte Variable des Konzepts darstellt.

In der Literatur ist eine Reihe von Kulturkonzepten vorgestellt worden, die für das (interkulturelle) Management von Bedeutung sind (vgl. z.B. Redding 1994; Dülfer 1981). Das bekannteste darunter ist ohne Zweifel der Ansatz von Hofstede (1992), in seiner geringfügig modifizierten Form von Hofstede/Bond (1988) und Hofstede/Bond/Luk (1993). Konkret gehen die Forscher von fünf relevanten Kulturdimensionen aus:

- *Machtdistanz:* Diese Dimension zeigt „das Maß, bis zu dem schwächere Mitglieder von Organisationen und Institutionen (z.B. Familie) die ungleiche Verteilung von Macht hinnehmen bzw. erwarten" (Hofstede 1992, S. 306), woraus man die Einstellung zu sozialen Unterschieden und zur Hierarchie in der Gesellschaft erkennen kann.
- *Individualismus versus Kollektivismus:* Individualismus bedeutet, daß jeder für sich selbst und für seine unmittelbare Familie sorgt. Die Bindung zwischen den einzelnen ist locker. Kollektivismus heißt, daß der einzelne stark in eine sog. „In-Gruppe" eingebunden ist. Die Gruppe bietet dauerhaften Schutz und erwartet dauerhafte Loyalität.
- *Maskulinität versus Femininität:* Diese Dimension zielt nicht auf den biologischen Unterschied ab, sondern fokussiert auf die sozialen, kulturell vorherbestimmten Rollen, die Einstellung zur Leistung und zum Wettbewerb.
- *Ungewißheitsvermeidung:* Das ist der „Grad, in dem die Mitglieder einer Kultur sich durch ungewisse oder unbekannte Situationen bedroht fühlen" und der Versuch, solche Situationen durch formale Regeln und Programme zu vermeiden.
- *Langfristige versus kurzfristige Orientierung*: Die langfristige Orientierung bedeutet Orientierung an der Zukunft und ist dynamisch geprägt, die kurzfristige Orientierung dagegen betrifft die Vergangenheit sowie die Gegenwart und ist statisch geprägt.

Hofstede/Bond/Luk (1993) weisen nach, daß die Ausprägung dieser Dimensionen in der Welt je nach Land und Kultur *unterschiedlich* ist. Beispielsweise ist der Individualismus in den westlichen Ländern im allgemeinen höher als in Asien, umgekehrt ist die Machtdistanz in der Regel in den asiatischen Ländern höher. Es liegt auf der Hand, daß diese Unterschiede die interkulturelle Interaktion erschweren.

Im Rahmen des interkulturellen Management gilt es nun, eine interkulturelle Adaptation im Kontext der einzelnen Kulturdimensionen zu lösen. Beispielsweise wird bei Verhandlungen in der Aufbauphase mit dem Joint-Venture-Partner in Asien der eigene Bezugsrahmen hinsichtlich Gemein- und Familiensinns zu relativieren sein, wenn der lokale Partner aufgrund seines höheren Gefühls für familiäre Verpflichtungen (höherer Kollektivismus) Führungspositionen mit Verwandten besetzen will, auch wenn sie nicht ausreichend qualifiziert sind.

5. Gesamtbild

Das beschriebene Zusammenwirken der drei Elemente des interkulturellen Management, das hier als sachbezogene interkulturelle Interaktion verstanden wurde, veranschaulicht Abbildung 1.

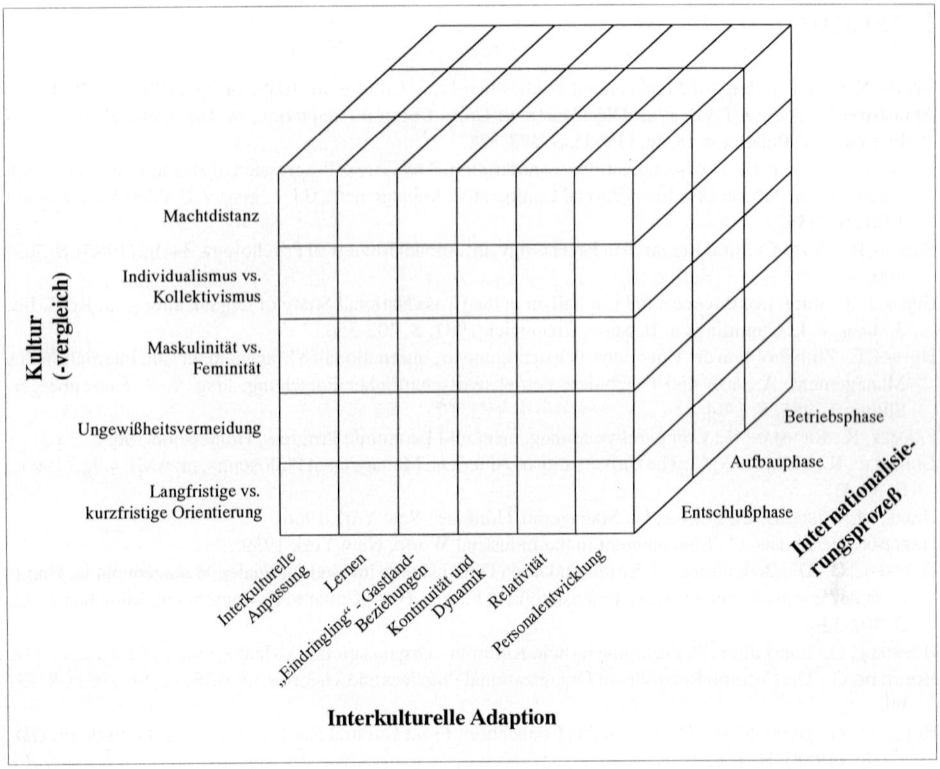

Abbildung 1: Modelldarstellung des interkulturellen Management

Die einzelnen Interaktionsmodule können in Bedeutung und Gewichtung unterschiedlich sein, je nach Ausprägung der zusammenwirkenden Dimensionen. Erfolgreiches interkulturelles Management steht - so gesehen - mit einer ausgewogenen interkulturellen Interaktion in Verbindung.

D. Vorzüge des Interaktionsmodells

Im vorliegenden Modell wird die traditionelle Sichtweise des interkulturellen Management von einer weitgehend auf den Kultur- und Managementvergleich begrenzten Betrachtung auf eine interaktive Perspektive, man könnte auch sagen, von einer deskriptiven auf eine präskriptive Theorie, erweitert. Die Vorzüge sind vor allem darin zu sehen, daß damit eine Strategiebetrachtung des interkulturellen Management mit einer auf Interaktion beruhenden Verknüpfung von kulturellen Kontingenzen und Aufgaben des internationalen Management möglich ist. Die Operationalisierung der Interaktion und Erarbeitung einer empirischen Grundlage müssen der weiteren Forschung vorbehalten bleiben.

Literatur

ADLER, N.J.: A Typology of Management Studies Involving Culture, in: JIBS, 14. Jg. (1983), S. 29-47.

ANDERSON, L.: A New Look at an Old Construct: Cross-Cultural Adaptation, in: International Journal of Intercultural Relations, 18. Jg. (1991), S. 293-328.

BARNETT, S.; TOYNE, B.: The Socialization, Acculturation, And Career Progression of Headquartered Foreign Nationals, in: Advances in International Comparative Management, Bd. 1, hrsg. v. B. Prasad, Greenwich 1981, S. 3-34.

BRISLIN, R.: Cross-Cultural Research in Psychology, in: Annual Review of Psychology, 34. Jg. (1983), S. 363-400.

CHILD, J.: Culture, Contingency and Capitalism in the Cross National Study of Organizations, in: ROB, Bd. 3, hrsg. v. L. Cummings u. B. Staw, Greenwich 1981, S. 303-356.

DÜLFER, E.: Zum Problem der Umweltberücksichtigung in „internationalen Management“, in: Internationales Management, Ansätze und Ergebnisse betriebswirtschaftlicher Forschung, hrsg. v. E. Pausenberger, Stuttgart 1981, S. 1-44.

FARMER, R.; RICHMAN, B.: Comparative Management and Economic Progress, Homewood 1965.

GONZALEZ, R.; MCMILLAN, C.: The Universality of American Management Philosophy, in: AMJ, 4. Jg. (1964), S. 33-41.

HAIRE, M.; GHISELLI, E.; PORTER, L.: Managerial Thinking, New York 1966.

HARBISON, F.; MYERS, C.: Management in the Industrial World, New York 1959.

HOFSTEDE, G.: Die Bedeutung von Kultur und ihren Dimensionen im internationalen Management, in: Handbuch der internationalen Unternehmenstätigkeit, hrsg. v. B.N. Kumar u. H. Haussmann, München 1992, S. 304-324.

HOFSTEDE, G.: Interkulturelle Zusammenarbeit. Kulturen - Organisationen - Management, Wiesbaden 1991.

HOFSTEDE. G.: The Cultural Relativity of Organizational Practices and Theories, in: JIBS, 14. Jg.(1983), S. 75-90.

HOFSTEDE, G.; BOND, M.H.: The Confucius Connection: From Cultural Roots to Economic Growth, in: OD, 16. Jg. (1988), H. 1, S. 4-21.

HOFSTEDE, G.; BOND, M. H.; LUK, C.: Individual Perceptions of Organizational Cultures: A Methodological Treatise of Levels of Analysis, in: OS, 14. Jg. (1993), S. 483-503.

KUMAR, B. N.: Deutsche Unternehmen in den USA, Wiesbaden 1987.

KUMAR, B. N.: Interkulturelle Managementforschung, Ein Überblick über Ansätze und Probleme, in: WiSt, 17. Jg. (1988), S. 389-394.

LOLLA, C.; DAVIS, H.: Cultural Synergy and the Multinational Workforce: Bridging Occidental and Oriental Cultures, in: Advances in International Comparative Management, Bd. 5, hrsg. v. B. Prasad, Greenwich 1991, S. 103-125.

NATH, R.: Comparative Management Research and International Strategy Planning, in: Advances in International Comparative Management, Bd. 3, hrsg. v. R. Farmer u. E. McGoun, Greenwich 1988, S. 187-201.

NEGANDHI, A.: Comparative Management and Organization Theory: A Marriage Needed, in: AMJ, 18. Jg. (1975), S. 334-344.

NEGANDHI, A.; PRASAD, B.: Comparative Management, New York 1971.

REDDING, G.S.: Comparative Management Theory. Jungle, Zoo or Fossil Bed? in: OS, 15. Jg. (1994), S. 323-359.

STEINMANN, H.; KUMAR, B.N.; WASNER, A.: Der Internationalisierungsprozeß von Mittelbetrieben - Überlegungen zum Entwurf eines Forschungskonzepts, in: Internationales Management. Ansätze und Ergebnisse betriebswirtschaftlicher Forschung, hrsg. v. E. Pausenberger, Stuttgart 1981, S. 107-127.

TUNG, R.: Towards a Systems Model of Comparative Management, in: Advances in Comparative Management, Bd. 2, hrsg. v. R. Farmer, Greenwich 1986, S. 233-247.

TUNG, R.: Towards a Conceptual Paradigm of International Business Negotiations, in: Advances in Comparative Management, Bd. 3, hrsg. v. R. Farmer u. E. McGoun, Greenwich 1988, S. 203-219.

Neuntes Kapitel

Unternehmungsübergreifendes Management

Max Ringlstetter

Strategische Allianzen

A. Strategische Allianzen als Instrument der strategischen Unternehmensführung

Gleich zu Beginn stellt sich die Frage, was das Spezifische einer Strategischen Allianz ausmacht. Es handelt sich dabei zunächst um die freiwillige und zielorientierte Zusammenarbeit zwischen selbständigen und auch selbständig bleibenden Unternehmen, den Allianzpartnern. Einige Autoren betonen, daß unter Strategischen Allianzen ausschließlich Kooperationen zwischen Konkurrenten *eines* Geschäftsfeldes zu subsumieren sind (vgl. Backhaus/Piltz 1990, S. 3; Gahl 1991, S. 11 f.; Töpfer 1992, S. 186). Ihrer Meinung nach sind damit Strategische Allianzen ex definitione *horizontale* Strategische Allianzen. Damit wird allerdings der Begriff der Strategischen Allianz sehr stark eingeengt. Denn zum einen wird er der Verwendung in der Praxis nicht gerecht; dort wird bspw. auch bei Hersteller-Zulieferer-Beziehungen von Allianzen gesprochen. Zum anderen wird die Differenzierung, inwieweit die eine oder andere F&E-Kooperation sich nur auf dieses eine Geschäftsfeld bezieht oder nicht, schwerfallen. Es erscheint also zweckmäßiger, das Vorhandensein *horizontaler, vertikaler* und *lateraler* Strategischer Allianzen zu akzeptieren (vgl. zu den einzelnen Formen z.B. Müller-Stewens/Hillig 1992, S. 79).

Experten in Theorie und Praxis sind sich darüber einig, daß Strategischen Allianzen immer auch *gemeinsame Ziele* inhärent sind. Empirische Untersuchungen (vgl. Hamel et al. 1989, S. 133 ff.) unterstützen jedoch die Aussage, daß die Ziele der Partner keinesfalls die gleichen sein müssen, sondern - im Gegenteil - u.U. sogar konfligierend sein können. Viele Allianzen werden mit *verschiedenen Zielen* eingegangen. Die Stärken des einen sollen ja gerade die Schwächen des anderen ausgleichen. Vor diesem Hintergrund erscheint es sinnvoll, zwischen den Zielen der Partner für die Strategische Allianz und den Zielen der Allianz zu unterscheiden (vgl. dazu Tröndle 1987; Lutz 1993, S. 21). Das gemeinsame Ziel einer Strategischen Allianz kann dann als die Realisierung der jeweiligen Zielvorstellungen der Partner interpretiert werden.

Wesentliches Charakteristikum der Strategischen Allianz in Abgrenzung zur Kooperation ist freilich - wie der Name schon sagt - das Strategische. *Strategisch* ist dabei alles das, was die *Erfolgspotentiale signifikant betrifft* (vgl. dazu Wolfrum 1993, S. 53 ff.). Erfolgspotentiale beziehen sich dabei auf mögliche zukünftige Erfolge, die es erst noch zu nutzen gilt. Es geht also um die Schaffung von „Vorsteuergrößen" (Gälweiler 1974) für wie auch immer geartete Erfolge, welche i.d.R. mit dem Ausbau oder der Erhaltung der Wettbewerbsfähigkeit aufgrund wie auch immer gearteter Synergien verbunden sind. Strategische Allianzen können also als ein *Instrument der strategischen Unternehmensführung* in Form einer Unternehmenskooperation bezeichnet werden.

Jenseits des Strategischen ist wesentliches Charakteristikum Strategischer Allianzen - wie in Teilen bereits angeklungen - die Beibehaltung der Eigenständigkeit der beteiligten Unternehmen trotz der Zusammenarbeit. Diese *Selbständigkeit* ist i.d.R. *rechtlicher* und - in den nicht der gegenseitigen Zusammenarbeit unterworfenen Bereichen - auch *wirtschaftlicher* und *organisatorischer* Natur (vgl. z.B. Lutz 1993, S. 36). Man kann also die *Einheit* der gemeinsamen Zusammenarbeit und die *Vielheit der* selbständig bleibenden Partner als jeweils notwendige, aber erst in ihrem gemeinsamen Auftreten hinreichende Charakterisierungsmerkmale einer Strategischen Allianz bezeichnen. Anhand dieser beiden Dimensionen lassen sich freilich nicht nur Strategische Allianzen, sondern prinzipiell auch die Organisationsform des Konzerns charakterisieren. Es handelt sich in diesem Fall um (nicht nur rechtlich) eigenständige Teileinheiten unter einheitlicher Leitung. Beim Konzern sind die genannten Charakterisierungsmerkmale jedoch stärker ausgeprägt als bei der Strategischen Allianz.

Die Eigenschaften Strategischer Allianzen werden in gewisser Hinsicht von der *Motivlage* erklärt, die mit ihrer Gründung verbunden ist. Dabei geht es in erster Linie um *Synergiepotentiale*, die durch die Abstimmung der Unternehmen trotz ihrer Eigenständigkeit im Rahmen einer gemeinsamen Zusammenarbeit erzielt werden können (Kapitel B). Aufgrund der Eigenständigkeit der Partner, die ex definitione in einer Strategischen Allianz erhalten bleibt, kann es zu *Abstimmungsproblemen* der Partner kommen, die die Realisierung der Synergiepotentiale oder gar das Zustandekommen einer Strategischen Allianz verhindern können. Diese Abstimmungsprobleme lassen sich vor allem auf ein Phänomen zurückführen: den *Eigensinn* der Partner (Kapitel C).

Die Überwindung dieses Eigensinns, der sich aus der Eigenständigkeit der Partner ergibt, ist die Voraussetzung für die Realisierung der Synergiepotentiale aus der Zusammenarbeit in einer Strategischen Allianz. In Kapitel D sollen mögliche Wege aufgezeigt werden, die zur Handhabung dieses Spannungsfeldes beitragen können.

B. Synergiepotentiale Strategischer Allianzen

Es gibt viele Gründe für das zunehmende Auftauchen von Strategischen Allianzen. Neben den bekannten ökonomischen Notwendigkeiten ist ein Grund sicherlich, daß Strategische Allianzen als unternehmerische Gestaltungsoption schon seit längerem „in Mode" gekommen sind (vgl. dazu Mintzberg 1983, S. 147 f.). Solche Modeerscheinungen werden jedoch früher oder später von ökonomischen Notwendigkeiten eingeholt. Diese bestehen letztendlich darin, daß die Partner gemeinsam mehr Wert erwirtschaften müssen als es für sie einzeln möglich wäre. Dieser von beiden Partnern angestrebte *„Mehrwert"* kann als die angestrebte *Synergie* der Strategischen Allianz betrachtet werden. In Abgrenzung zu den Synergien, die in einem Unternehmen erzielt werden, kann man hier von *externen* Synergien (vgl. zu diesem Begriff Vizjak 1990, S. 95 ff.) sprechen. Strategische Allianzen haben (fast) immer auch auf irgendeine Art und Weise (externe) Synergien zum Ziel.

Die Synergiepotentiale, die dabei realisiert werden können, lassen sich prinzipiell über zwei Zugänge näher erfassen (vgl. Ringlstetter 1995, S. 79): Quellen der Synergie (Abschnitt 1) und Modus der Synergie (Abschnitt 2).

1. Quellen der Synergie

Wenn in der Literatur über Quellen der Synergie diskutiert wird, wird i.a. auf *„Shared Knowledge“* (Teece 1980, S. 226), *„Shared Activities“* (Wells 1984, S. 623) und *„Shareable Inputs“* (Panzar/Willig 1981, S. 269) verwiesen. Ganz allgemein bedeutet dies, daß hinsichtlich der jeweiligen Ziele ein ähnlicher Bedarf an genannten Variablen besteht. Diese Quelle der Synergie kann als *Identität* der Partner bezeichnet werden. So war der wichtigste Grund für Siemens und IBM, bei den 64 Megabit-DRAM-Speichern eine Strategische Allianz einzugehen, die Absicherung einer entsprechenden Volumenbasis bei Fertigung und Entwicklung. Gemeinsam können insbesondere die Entwicklungskosten besser abgedeckt werden. Zum anderen entstehen vor allem durch die verbesserte Kapazitätsauslastung in der Produktion Kostendegressionseffekte (vgl. Mirow 1992, S. 137).

Anhand von „Wissen“ bzw. Know-how läßt sich die zweite - für Strategische Allianzen sicherlich häufigere - Quelle der Synergie erläutern, die mit *Komplementarität* der Partner bzw. mit deren spezifischen Aspekten in Verbindung gebracht werden soll. So empfiehlt bspw. Lei (1993, S. 37) explizit, sich Partner mit komplementären Fähigkeiten zu suchen. Hierbei geht es darum, daß sich das bei den Partnern jeweils vorhandene Wissen im Hinblick auf die Referenzgrößen positiv ergänzt. So war bei der Strategischen Allianz zwischen BMW und Rolls-Royce von Anfang an klar, daß Rolls-Royce als größter Hersteller von Flugzeugtriebwerken in erster Linie sein technisches Know-how beisteuern müßte. Umgekehrt profitiert Rolls-Royce von der ingeniösen Kapazität bei BMW, insbesondere bzgl. der Integration komplexer Systeme und modernster Fertigungstechnologien (vgl. Grebenc 1992, S. 253 ff.).

2. Modus der Synergie

Der zweite Zugang zur Analyse möglicher Synergiepotentiale bezieht sich auf den Modus, mit dem Synergien geschaffen werden. Ein möglicher Modus besteht darin, *zusätzliche „Werte“* aus den im ökonomischen Feld sichtbaren Möglichkeiten zu schaffen. Entsprechende Ansatzpunkte gibt es vor allem in der Literatur, die sich mit Synergie als Strategiekonzept zur Erzielung kompetitiver Vorteile beschäftigt. Ihren Ausdruck finden solche Synergiepotentiale meist in spezifischen Verflechtungsmöglichkeiten einzelner Funktionsbereiche, wie bspw. auf dem Absatz- oder Beschaffungsmarkt oder im Produktionsbereich.

In der Industrial-Organizations-Forschung dagegen liegt der Schwerpunkt der mit Synergien in Verbindung zu bringenden Überlegungen auf *indirekten* Vernetzungen zwischen den Partnern, auf deren Grundlage Marktmacht im weitesten Sinne aufgebaut werden kann. Ermöglicht wird dadurch eine *Manipulation* der Wettbewerbskräfte. Wenn es um die Erreichung von Vorteilen geht, bedeutet Manipulation, daß die auf das Unternehmen wirkenden Kräfte „abgeschwächt“ oder „umgelenkt“ werden. Für diejenigen, die an der Allianz nicht beteiligt sind, wird der Konkurrenzkampf härter. Ein Beispiel für den mit Manipulation umschriebenen Synergiemodus ist das Setzen von Standards. Standards können nur gesetzt werden, wenn es gelingt, für eine Lösung eine so hohe Marktdurchdringung zu erreichen, daß sie andere Lösungen dominiert (vgl. Backhaus/Piltz 1990, S. 6). Gelingt es, über Strategische Allianzen den Markt schnell zu durchdringen, so kann das von einer Strategischen Allianz angebotene Produkt bzw. die damit verbundene Lösung zum de facto-Standard werden. Ein gutes Beispiel für eine solche Vorgehensweise ist der Videorecordermarkt (vgl. dazu Backhaus/Piltz 1990, S. 6 f.). Der Einsatz von Strategischen Allianzen zur Etablierung von de facto-Standards kann das Wettbewerbsgefüge stark verändern. Im Extremfall bilden sich, obwohl Strategische Allianzen jeweils nur auf begrenzte Zusammenarbeit abzielen, vielfältige Verflechtungen zwischen Großunternehmen, die ganze Branchen mit sog. *Allianznetzwerken* (vgl. Basedow/Jung 1993, S. 106) überziehen, heraus. Durch solche Netzwerkallianzen verändern sich die Wettbewerbsbedingungen einer Branche erheblich. In diesem Zusammenhang wird auch die kartellrechtliche Brisanz Strategischer Allianzen deutlich (vgl. dazu Kartte 1992).

Abschließend sei nochmal darauf hingewiesen, daß das, was die Synergiepotentiale Strategischer Allianzen - vor allem auch im Vergleich zu Akquisitionen oder Fusionen - für die jeweiligen Partner sehr attraktiv macht, die Erhaltung der Flexibilität ist, die aus der Eigenständigkeit der Partner resultiert. Aus dieser Eigenständigkeit ergeben sich jedoch auch Probleme, die der Verwirklichung der Synergiepotentiale im Weg stehen können.

C. Die Eigenständigkeit der Allianzpartner und das Phänomen des Eigensinns als Problem

Durch die Eigenständigkeit der Partner können u.U. Abstimmungsprobleme innerhalb der Strategischen Allianz entstehen. Die Ursache für diese Abstimmungsprobleme kann mit verschiedenen Eigenschaften der Partner in Verbindung gebracht werden, die unter dem Oberbegriff *„Eigensinn"* zusammengefaßt werden können. Im einzelnen sind die Aspekte *Eigeninteresse* (Abschnitt 1) und *Eigenlogik* (Abschnitt 2) der Allianzpartner zu unterscheiden.

1. Eigeninteressen der Allianzpartner

Die Annahme, daß Entscheidungen im Hinblick auf eigene Interessen getroffen werden, gehört wohl zu den unumstrittensten der Wirtschaftswissenschaften. Eigeninteressen können sich in einer Strategischen Allianz bspw. dadurch äußern, daß die vorgesehenen Aufgaben für einen Partner und die damit verbundenen Leistungsspezifikationen nicht den Zielen und Bedürfnissen des Partners entsprechen. Dieses Nichtentsprechen kann in Form eines *direkten Konfliktes* auftreten. Denkbar sind aber auch Fälle, in denen eine Aufgabendefinition für den Partner vor dem Hintergrund eines „übergeordneten" Interesses der Strategischen Allianz erfolgt, das grundsätzlich vom betroffenen Partner akzeptiert wird. Bezogen auf das Eigeninteresse ist es in diesem Fall nicht unbedingt „rational", Beiträge zur Erstellung bzw. zum Aufbau des Gutes zu leisten, sondern sich als *Free Rider* zu beteiligen, d.h. das Gut zu nutzen, ohne Beiträge zu liefern. Dabei kann das Eigeninteresse in *offener* Form formuliert werden. Oftmals werden Eigeninteressen allerdings in *verdeckter* Form verfolgt. Für den Partner sind zwar dann evtl. die Konsequenzen spürbar, es ist aber nicht mehr ohne weiteres möglich, die dahinterstehenden Eigeninteressen zu erkennen und entsprechend zu reagieren. Williamson bezeichnet entsprechende Verhaltensweisen als *„Opportunismus"* (1990, S. 54), den er als die „Verfolgung des Eigeninteresses unter Zuhilfenahme von List" (1990, S. 54) charakterisiert. Möglich werde Opportunismus durch Informationsdefizite, die es erst erlaubten, den anderen zu täuschen. Nach Williamson bezieht sich Opportunismus auf „vorsätzliche Versuche irrezuführen, zu verzerren, verbergen, verschleiern oder sonstwie zu verwirren" (1990, S. 54), die er als „Zustände echter oder künstlich herbeigeführter Informationsasymmetrie" (1990, S. 54) bezeichnet. Im Falle von Strategischen Allianzen kann nun Informationsasymmetrie ganz allgemein so verstanden werden, daß der eine Partner über weniger oder andere Informationen verfügt als der andere. Letzterer kann damit ein von der Aufgabendefinition abweichendes Verhalten verfolgen. Und er kann die Informationen darüber und über die anderen unmittelbaren Einflußfaktoren nicht, unvollständig oder verfälscht an den Partner weitergeben. Durch ein restriktives Informationsverhalten ist es den Partnern möglich, ihr Eigeninteresse als Ursache für eine Nichterfüllung der festgelegten Aufgaben zu verschleiern. Dies gilt nicht nur für ein an Eigeninteressen orientiertes Entscheidungsverhalten, sondern auch für mangelnde interne Fähigkeiten.

2. Eigenlogik der Allianzpartner

Eine weitere Komponente des Eigensinns der Partner liegt in den spezifischen Eigenlogiken ihrer organisatorischen Lebenswelten bzw. Unternehmenskulturen, die wechselseitig *inkommensurabel* (vgl. dazu Kirsch 1992, S. 9 ff.) und damit unvereinbar sind. Damit ist das Übertragen von Informationen - also Kommunikation - von einem zum anderen Partner in logisch deduktiver Form nicht ohne weiteres möglich. Notwendig ist vielmehr oft ein mühsamer, kreativer Akt des Übersetzens. Typisches Beispiel hierfür sind die unterschiedlichen Branchen- und Landeskulturen branchen- bzw. länderübergreifender Strategischer Allianzen. Probleme resultieren jedoch auch bereits aus unterschiedlichen Geschäftspraktiken der Partner, die i.d.R. auch unterschiedliche Vorgehensweisen zur Folge haben, mit denen die Allianz gehandhabt wird. Beispiel hierfür ist die Strategische Allianz zwischen Daimler Benz und Mitsubishi, die aus genanntem Grund zunächst zu keiner konkreten Zusammenarbeit auf operativer Ebene führte.

Hinsichtlich der angesprochenen Informationsasymmetrien bedeutet dies zunächst einmal, daß selbst dann, wenn die Informationen an den Partner weitergegeben werden, diese noch lange nicht verstanden werden. Aus der inkommensurablen Eigenlogik der Lebenswelten können sich freilich noch weitere Probleme bei den Maximen der gemeinsamen Zusammenarbeit ergeben, wenn diese nicht zu dieser Eigenlogik passen. Die Folge kann eine *„Immunreaktion"* bzw. eine Nichtbeachtung dieser Maximen sein, die unabhängig von spezifischen Interessenlagen erfolgt. Die daraus resultierenden Schwierigkeiten sind z.T. unüberwindbar und können zu einem Auseinanderbrechen der Arena führen.

Die Eigenständigkeit der Partner ist also a priori mit Problemen verbunden, die nicht nur in Abstimmungsproblemen innerhalb der Arena, sondern vor allem auch bei der Bildung einer Strategischen Allianz virulent werden können. Der Eigensinn der Partner spricht eigentlich generell schon gegen das Eingehen einer Strategischen Allianz. Vor diesem Hintergrund stellt sich die Frage, welche Möglichkeiten existieren, den Eigensinn der Allianzpartner zu überwinden, um so die Realisierung der genannten Synergiepotentiale zu gewährleisten.

D. Möglichkeiten zur Gestaltung erfolgreicher Strategischer Allianzen

Um den Eigensinn der Allianzpartner und die damit einhergehenden Probleme zu überwinden, wird i.d.R. eine Arena der gemeinsamen Zusammenarbeit institutionalisiert, an der sich beide Partner beteiligen (Abschnitt 1). Die Institutionalisierung dieser Arena reicht aber u.U. nicht aus, die mit dem Eigensinn der Partner einhergehenden Probleme zu handhaben. Einen anderen Weg zur Überwindung dieser Probleme bietet ein Rahmenkonzept (Abschnitt 2).

1. Die Institutionalisierung einer Arena der gemeinsamen Zusammenarbeit

Um trotz (und auch gerade wegen) der Eigenständigkeit der Allianzpartner die Zusammenarbeit zu gewährleisten, wird die gemeinsame Zusammenarbeit in eine Arena ausgelagert. Diese Auslagerung ermöglicht die grundsätzliche Eigenständigkeit der Partner und damit das gleichzeitige Vorhandensein von Eigenständigkeit und gemeinsamer Zusammenarbeit der Partner. Wobei freilich darauf hinzuweisen ist, daß die Zusammenarbeit der Partner in der Arena auch Auswirkungen auf die Eigenständigkeit des einzelnen haben kann. So kann es zum einen zu einseitigen Interdependenzverschiebungen kommen, mit der Folge, daß ein Partner Machtvorteile aufbaut, durch die er die Eigenständigkeit i.S. der (Entscheidungs-) Autonomie des anderen beschneiden kann (vgl. hierzu und zum folgenden Lutz 1993, S. 35). Zum anderen kann die gegenseitige Interdependenz in der Arena so groß werden, daß sie die Eigenständigkeit i.S. einer Autarkie der Partner in Frage stellt. Diese Gefahr besteht vor allem bei gegenseitiger Spezialisierung. Im Extremfall können die daraus resultierenden Idiosynkrasien so weit führen, daß eine alleinige Existenz der Partner nicht mehr möglich ist.

Die besagte Arena der Strategischen Allianz kann nun auf verschiedene Art und Weise institutionalisiert werden. Analog dieser *Institutionalisierungsformen* lassen sich verschiedene *Typen Strategischer Allianzen* unterscheiden.

Die Art und Weise der Institutionalisierung der Arena der Strategischen Allianz bestimmt die Zusammenarbeit der Partner innerhalb der Arena, die u.U. auch die Eigenständigkeit der Partner außerhalb der Arena beeinflussen kann (vgl. dazu und zum folgenden Lewis 1991, S. 112 ff.).

- Bei der *informellen Kooperation* arbeiten Unternehmen ohne bindendes Abkommen zusammen. Das gegenseitige Engagement hält sich hier in Grenzen; die Autonomie der Partner wird nicht berührt. Die Kontrolle liegt weitgehend bei jedem einzelnen.
- *Formelle Verträge* werden benutzt, wenn die Partner explizite Bindungen eingehen wollen. Da die zu teilenden Risiken, die durch die Arena der Interdependenz entstehen, erheblich sein können, bieten Verträge entsprechende Möglichkeiten gemeinsamer Kontrolle.
- *Allianzen mit Minderheitsbeteiligungen* sehen gemeinsames Eigentum vor, das die gegenseitige Bindung und gemeinsame Kontrolle erweitert. Die kapitalmäßige Beteiligung erscheint nur zweckmäßig, wenn die Beziehung strategischen Nutzen hat. Die Investition kann diesen Nutzen zwar erhöhen, aber nicht erzeugen.
- Die Extremform Strategischer Allianzen ist das *Joint Venture*. Bei einem Joint Venture wird die Arena rechtlich verselbständigt. Innerhalb der Arena herrscht i.d.R. eine vollkommene Interdependenz.

Diese Institutionalisierungsformen bieten innerhalb der Arena Strategischer Allianzen eine gewisse *Absicherung* der Zusammenarbeit der Partner. So haben bspw. bei formellen Verträgen beide Partner die Möglichkeit, den anderen wegen Nichterfüllung zu verklagen. Dennoch ist damit nicht automatisch die Eigenständigkeit der Partner eingeschränkt. Selbst bei der Extremform des Joint Ventures ist noch nicht automatisch die Eigenständigkeit der Partner außerhalb der Arena beschnitten. Man könnte sogar genau entgegengesetzt argumentieren: Je extremer die institutionelle Absicherung der Arena einer Strategischen Allianz ist, desto weniger wird die Eigenständigkeit der Partner außerhalb der Arena eingeschränkt.

Durch die institutionelle Absicherung der Arena der Zusammenarbeit kann der Eigensinn aber auch nur bis zu einem gewissen Grad „gebändigt" werden. Insbesondere in den Phasen der Entstehung oder auch der Änderung der Arena lassen sich die Abstimmungsprobleme, die letztendlich aus dem natürlichen Eigensinn der Partner resultieren, durch die beschriebenen Institutionalisierungsformen kaum überwinden. Weitergehende Möglichkeiten könnte hier ein Rahmenkonzept bieten.

2. Rahmenkonzepte zum Management Strategischer Allianzen

In der Regel ist es recht mühsam, über eine mögliche Strategische Allianz zu verhandeln (vgl. zu den Hindernissen Müller-Stewens 1993, Sp. 4073.). Die Festlegung der Ziele, die Verteilung von Aufgaben und Verantwortung für die gemeinsame Arena ist ein langer, steiniger Weg. Besonders schwerwiegend werden die Abstimmungsprobleme dann, wenn die mit der Strategischen Allianz verfolgten Ziele sich ändern oder Kompetenzen neu zu verteilen sind. Aber auch die laufende Synergierealisierung innerhalb einer Strategischen Allianz wird regelmäßig mit vermeintlichen Kompatibilitäts- und Aufwandsargumentationen der Partner konfrontiert werden, die im Extremfall auf eine Blockierung der von ihr angestrebten Zielsetzungen gerichtet sind.

Ein Weg zur Handhabung dieser Probleme und zur Kanalisierung des dahinterstehenden Eigensinns stellt die Erstellung eines Rahmenkonzeptes für die Strategische Allianz dar (vgl. zum Begriff des Rahmenkonzeptes Ringlstetter 1995, S. 9 ff.). Ein Rahmenkonzept beinhaltet zunächst die Sollvorstellung für die langfristige Entwicklung der Strategischen Allianz und verkörpert damit die Gesamtheit der Maximen, an denen strategisch relevante Handlungen oder Entscheidungen in der Strategischen Allianz ausgerichtet werden.

Ganz allgemein kann man sagen, daß die Dokumentation von Maximen immer problematisch ist, da damit regelmäßig die Notwendigkeit verbunden ist, entsprechende innere Festlegungen offiziell und öffentlich zu machen. Dafür muß man sich zunächst auf bestimmte Aussagen einigen. Im negativsten Fall wird Widerspruch erst durch die Dokumentation produziert und damit ein Eigensinn erst manifest. Umgekehrt scheint es hier aber auch in besonderer Weise notwendig, von den einzelnen Partnern mit unterschiedlichen Interessenlagen im Idealfall gemeinsam getragene Maximen zu dokumentieren, um die grobe Richtung der Entwicklung der Strategischen Allianz festzuschreiben. Dabei geht es nicht nur um die inhaltliche Abstimmung von Maximen und Aktivitäten der einzelnen Partner, sondern auch um den Prozeß der Rahmenkonzepterstellung. Dieser Prozeß versucht, unterschiedliche Ansichten, Meinungen und auch Ziele der Partner abzustimmen. Im Gegensatz zur Institutionalisierung der Arena der Allianz z.B. durch Vertrag o.ä. verweist das Rahmenkonzept nicht unmittelbar auf das „Rechtssystem". Vorteil dabei ist zum einen die Möglichkeit der individuelleren Ausgestaltung des Rahmenkonzeptes und zum anderen der Wegfall der Angst vor oft nur schwer absehbaren Rechtsfolgen, die u.U. das Eingehen einer Strategischen Allianz von vornherein verhindert.

Rahmenkonzepte unterstützen durch die Verwendung einheitlicher Formate eine formale Vereinheitlichung und Integration der Maximen. Dabei weist das Rahmenkonzept eine gewisse Flexibilität auf, die nicht jegliche Individualität der Partner von vornherein unterdrückt. Darüber hinaus ist eine Änderung bzw. Weiterentwicklung des Konzeptes - im Gegensatz zur Institutionalisierung der Arena über Verträge o.ä. - möglich. Diese permanente Weiterentwicklung ist vonnöten, um das Rahmenkonzept immer wieder den neuen Gegebenheiten anzupassen und die jeweiligen Partner zu einer fortwährenden Auseinandersetzung untereinander zu veranlassen. Es geht also nicht um die Unterdrückung der Eigenständigkeit, sondern um eine Kanalisierung des aus ihr resultierenden Eigensinns, die die Schaffung einer Einheit innerhalb der Arena der Zusammenarbeit gewährleisten soll. Auf diese Art und Weise kann die Erstellung eines Rahmenkonzeptes hilfreich sein, die genannten Probleme zu handhaben und so die vollständige Realisierung der Synergiepotentiale zu ermöglichen.

Literatur

Backhaus, K.; Piltz, K.: Strategische Allianzen - eine neue Form kooperativen Wettbewerbs? in: Strategische Allianzen, ZfbF Sonderheft 27, hrsg. v. K. Backhaus u. K. Piltz, Düsseldorf/Frankfurt a.M. 1990, S. 1-10.

Basedow, J.; Jung, C.: Strategische Allianzen - Die Vernetzung der Weltwirtschaft durch projektbezogene Kooperationen im deutschen und europäischen Wettbewerbsrecht, München 1993.

Gahl, A.: Die Konzeption strategischer Allianzen, Berlin 1991.

Gälweiler, A.: Unternehmensplanung - Grundlagen und Praxis, Frankfurt a.M./New York 1994.

Grebenc, H.: Konfiguration der Strategischen Allianz BMW/Rolls-Royce, in: Wegweiser für strategische Allianzen: Meilen- und Stolpersteine bei Kooperationen, hrsg. v. C. Bronder u. R. Pritzl, Wiesbaden 1992, S. 252-264.

Hamel, G.; Doz, Y.; Prahalad, C.K.: Collaborate with your Competitors - and Win, in: HBR, 67. Jg. (1989), H. 1, S. 133-138.

Kartte, W.: Wettbewerbspolitische und wettbewerbsrechtliche Probleme Strategischer Allianzen, in: Wegweiser für strategische Allianzen: Meilen- und Stolpersteine bei Kooperationen, hrsg. v. C. Bronder u. R. Pritzl, Wiesbaden 1992, S. 425-429.

Kirsch, W.: Kommunikatives Handeln, Autopoiese, Rationalität - Sondierungen zu einer evolutionären Führungslehre, München 1992.

Lei, D.: Offensive and Defensive Uses of Alliances, in: LRP, 26. Jg. (1993), H. 4, S. 32-41.

Lewis, J.D.: Strategische Allianzen, Frankfurt a.M./New York 1991.

Lutz, V.: Horizontale strategische Allianzen: Ansatzpunkte zu ihrer Institutionalisierung, Hamburg 1993.

Mintzberg, H.: Structures in Five - Designing Effective Organizations, Englewood Cliffs 1983.

Mirow, M.: Strategische Allianzen in der Elektronikindustrie, in: Wegweiser für strategische Allianzen: Meilen- und Stolpersteine bei Kooperationen, hrsg. v. C. Bronder u. R. Pritzl, Wiesbaden 1992, S. 127-145.

Müller-Stewens, G.: Strategische Partnerschaften, in: HWB, Bd. 2, hrsg. v. W. Wittmann et al., 5. Aufl., Stuttgart 1993, Sp. 4063-4075.

Müller-Stewens, G.; Hillig, A.: Motive zur Bildung Strategischer Allianzen: Die aktivsten Branchen im Vergleich, in: Wegweiser für strategische Allianzen: Meilen- und Stolpersteine bei Kooperationen, hrsg. v. C. Bronder u. R. Pritzl, Wiesbaden 1992, S. 63-101.

Panzar, J.C.; Willig, R.D.: Economies of Scope, in: AER, 71. Jg. (1981), S. 268-272.

Ringlstetter, M.: Konzernentwicklung - Rahmenkonzepte zu Strategien, Strukturen und Systemen, München 1995.

Teece, D.J.: Economies of Scope and the Scope of the Enterprises, in: Journal of Economic Behavior and Organization, 1. Jg. (1980), S. 223-247.

Töpfer, A.: Konfiguration der strategischen Allianz, in: Wegweiser für strategische Allianzen: Meilen- und Stolpersteine bei Kooperationen, hrsg. v. C. Bronder u. R. Pritzl, Wiesbaden 1992, S. 171-209.

Tröndle, D.: Kooperationsmanagement - Steuerung interaktioneller Prozesse bei Unternehmungskooperationen, Bergisch Gladbach/Köln 1987.

Vizjak, A.: Wachstumspotentiale durch Strategische Partnerschaften, München 1990.

Wells, J.R.: In Search of Synergy, Diss., Harvard University, Cambridge 1984.

Williamson, O.E.: Die ökonomischen Institutionen des Kapitalismus: Unternehmen, Märkte, Kooperationen, Tübingen 1990.

Wolfrum, U.: Erfolgspotentiale - Kritische Würdigung eines zentralen Konzeptes der strategischen Unternehmensführung, München 1993.

Heinrich v. Pierer
Michael Mirow

Das Management Strategischer Allianzen

A. Strategische Allianzen verändern die Wettbewerbslandschaft

B. Strategische Allianzen schaffen Wettbewerbsvorteile
   1. Größeres Volumen
   2. Zeitvorteile
   3. Lokale Präsenz
   4. Absicherung der Systemkompetenz
   5. Durchsetzung von Standards

C. Bewertung Strategischer Allianzen

D. Erfolgsfaktoren Strategischer Allianzen

A. Strategische Allianzen verändern die Wettbewerbslandschaft

Die Wettbewerbslandschaft in der Elektro- und Elektronikindustrie hat sich in den letzten Jahrzehnten dramatisch verändert. Ein Indiz dafür ist die Rangfolge der 15 größten Unternehmen dieser Branche in ihrer Veränderung zwischen 1970 und 1993. Abbildung 1 zeigt nicht nur, wie sich die einzelnen Unternehmen vergleichsweise entwickelten; es wird auch deutlich, wie sich die Gewichte zwischen den großen Wirtschaftsregionen der Triade verlagert haben: 1970 wurde die Rangfolge von fünf Unternehmen US-amerikanischen Ursprungs angeführt. Das erste japanische Unternehmen tauchte auf Platz 9 auf. Insgesamt waren unter den 15 größten Elektrounternehmen 1970 acht US-amerikanische, vier europäische und nur drei japanische Unternehmen. 1993 zeigte sich ein völlig anderes Bild: Die ersten fünf Plätze teilen sich jetzt ein US-amerikanisches, drei japanische und ein europäisches Unternehmen. Unter den 15 größten Elektrounternehmen sind heute nur noch vier US-amerikanische, hingegen sieben japanische und immerhin vier europäische Unternehmen.

Rangliste der 15 größten Elektrounternehmen[1] 1970 und 1993

Rang	1970		1993	
1	GE	USA	Hitachi	JPN
2	IBM	USA	IBM	USA
3	ITT	USA	Matsushita	JPN
4	Western Electric[2]	USA	Siemens	BRD
5	Westinghouse	USA	Toshiba	JPN
6	Philips	NDL	GE	USA
7	RCA	USA	Sony	JPN
8	GTE	USA	NEC	JPN
9	Hitachi	JPN	Philips	NDL
10	Siemens	BRD	Fujitsu	JPN
11	Matsushita	JPN	ABB	SWZ
12	AEG	BRD	Mitsubishi El.	JPN
13	Toshiba	JPN	Alcatel Alsthom	FKR
14	GEC	GBR	AT&T	USA
15	Honeywell	USA	HP	USA

1) Nach Gesamtumsätzen zu jeweiligen Preisen und Kursen. AT&T ohne Fernmeldebetrieb, GE ohne Financial Services.

2) Jetzt AT&T.

Abbildung 1: Rangliste der 15 größten Elektrounternehmen 1970 und 1994

Diese Verschiebung der Gewichte wird auch noch aus einem anderen Vergleich deutlich. Abbildung 2 stellt dar, welchen Anteil die 15 größten Unternehmen der Elektroindustrie 1970 und 1993 am Gesamtmarkt halten. Eine weitere Unterteilung gibt darüber Aufschluß, wieviel dieses Anteils auf Unternehmen US-amerikanischen, japanischen und europäischen Ursprungs entfällt.

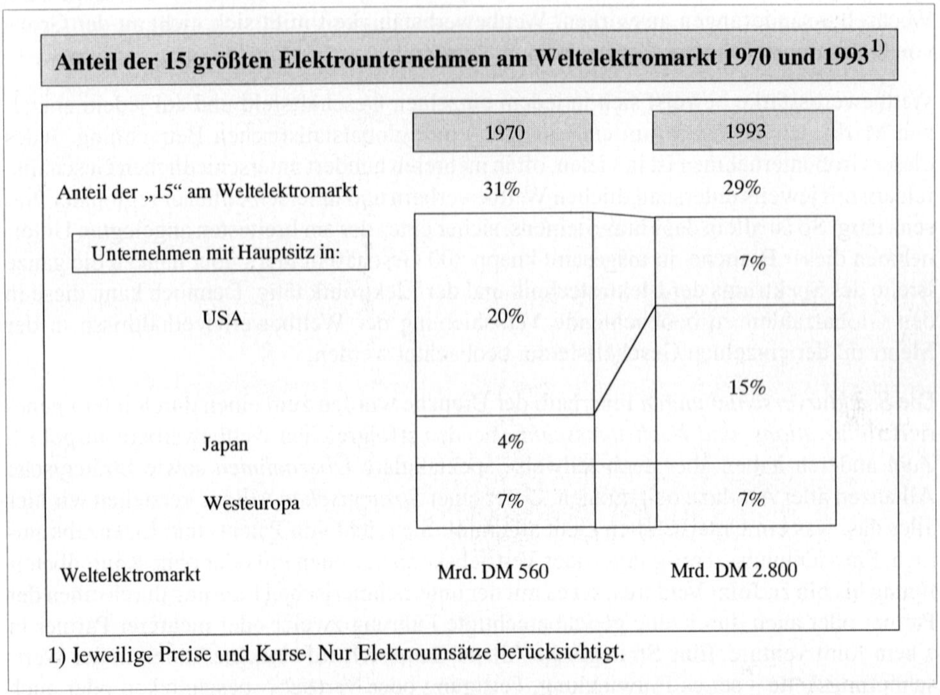

Abbildung 2: Anteil der 15 größten Elektrounternehmen am Weltelektromarkt 1970 und 1993

1970 hielten die 15 größten Unternehmen einen Anteil von 31% am Weltelektromarkt, 20% entfielen auf Unternehmen US-amerikanischen Ursprungs, 4% auf japanische Wettbewerber und 7% auf europäische Unternehmen. Inzwischen hat sich der Gesamtmarkt in seinem Volumen nominal verfünffacht. Die Entwicklung des Konzentrationsgrades der jeweils 15 größten Unternehmen verlief jedoch nicht gradlinig, sie entsprach vielmehr der Dynamik dieser Industrie. Die zahlreichen Neugründungen der 70er Jahre in der hochinnovativen Elektrobranche, insbesondere im Bereich der Mikroelektronik und Computer, führte zunächst zu einer Abnahme des Konzentrationsgrades von ca. 30% (1970) auf 24% zu Beginn der 80er Jahre. Unternehmen wie Intel, Apple und Compaq, die vor 20 Jahren kaum eine Rolle spielten oder noch gar nicht existierten, wurden inzwischen zu Weltmarktführern ihrer Branche mit Milliardenumsätzen. Als Folge der Globalisierung der Märkte, die von zahlreichen Fusionsvorgängen und internen Wachstumsanstrengungen der großen Unternehmen begleitet war, holten die Großunternehmen in den vergangenen zehn Jahren wieder auf, der Konzentrationsgrad nahm zu und liegt inzwischen wieder bei nahezu 30%.

Dabei zeigt sich eine deutliche Verschiebung der regionalen Gewichte in der Triade: die Unternehmen US-amerikanischen Ursprungs haben ihre führende Rolle an japanische Wettbewerber verloren. Ihr Anteil am Gesamtmarkt verringerte sich von rund 20% 1970 auf rund 7% 1993, während sich der Anteil japanischer Unternehmen im gleichen Zeitraum nahezu vervierfacht hat. Die europäischen Unternehmen haben ihre Position gut behaupten können. Nun ist dies alles ein Spiel mit großen Zahlen, bei dem sich auch Wechselkursänderungen auswirken. Wettbewerbsfähigkeit mißt sich nicht an der Größe von Gesamtunternehmen. Größe allein ist kein Ziel.

Wettbewerbsstärke beweist sich in jedem einzelnen Geschäftsfeld und auf jedem einzelnen Markt. Dieses wiederum entzieht sich einer globalstatistischen Betrachtung. Jedes dieser Großunternehmen ist in vielen, oft in mehreren hundert unterschiedlichen Geschäftsfeldern mit jeweils unterschiedlichen Wettbewerbern und unterschiedlicher regionaler Präsenz tätig. So ist allein das Haus Siemens, sicher eines der am breitesten angelegten Unternehmen dieser Branche, in insgesamt knapp 300 Geschäftsfeldern über nahezu die ganze Breite des Spektrums der Elektrotechnik und der Elektronik tätig. Dennoch kann diese in den Globalzahlen zu beobachtende Verschiebung der Wettbewerbsverhältnisse in der Mehrzahl der einzelnen Geschäftsfelder beobachtet werden.

Die *Strukturverschiebungen* innerhalb der Branche wurden zum einen durch intern generierte *Innovations- und Wachstumsschübe* bei den erfolgreichen Wettbewerbern ausgelöst. Zum anderen haben aber auch teilweise spektakuläre *Übernahmen* sowie Strategische Allianzen aller Art dazu beigetragen. Unter einer *Strategischen Allianz* verstehen wir hier alles das, was ein Unternehmen nicht allein tut. Sie reicht von Patent- und Lizenzabkommen, Entwicklungs-, Fertigungs- oder Vertriebskooperationen mit oder ohne Kapitalbeteiligung bis hin zu Joint Ventures, sei es mit der unternehmerischen Führung durch einen der Partner oder auch durch eine gleichberechtigte Führung zweier oder mehrerer Partner in einem Joint Venture. Eine Strategische Allianz kann sich auf einzelne Stufen in der Wertschöpfungskette - sei es Entwicklung, Fertigung oder Vertrieb - beschränken oder auch alle Stufen umfassen. Dem unternehmerischen Gestaltungsspielraum sind hier kaum Grenzen gesetzt. Eine Strategische Allianz endet zwangsläufig dann, wenn im Rahmen einer Akquisition ein Unternehmen vollständig übernommen wird.

So verbirgt sich hinter den auch in der Öffentlichkeit viel beachteten und mitunter spektakulären Unternehmenszusammenschlüssen oder -käufen ein ganzes Netz von Strategischen Allianzen aller Art auch zwischen Unternehmen, die auf anderen Gebieten in einem scharfen Wettbewerb miteinander stehen. Erinnert sei hier nur an die Entwicklungskooperation zwischen Siemens, IBM und Toshiba auf dem Gebiet der Halbleiterspeicher sowie die von Bosch und Siemens gemeinsam gegründete Tochter Bosch/Siemens-Hausgeräte GmbH (BSHG). In beiden Fällen besteht auf anderen Gebieten zwischen den Unternehmen ein äußerst scharfer Wettbewerb. Entsprechendes gilt z.B. auch für Anbieterkonsortien in der Eisenbahntechnik zwischen Siemens, AEG und ABB sowie auf dem Gebiet des Mobilfunks zwischen Siemens und Motorola sowie zwischen Siemens und Philips.

B. Strategische Allianzen schaffen Wettbewerbsvorteile

Strategische Allianzen werden immer dann eingesetzt, wenn die gesteckten Ziele durch interne Maßnahmen allein nicht erreicht werden können. In allgemeiner Form ist dieses *Ziel* immer die *Steigerung der Wettbewerbsfähigkeit*. Dieses wiederum bestimmt die Form, den Inhalt und in einigen Fällen die zeitliche Dauer einer Allianz. Fünf wesentliche Gründe für das Eingehen einer Strategischen Allianz sollen hier genannt werden:

- größeres Volumen,
- Zeitvorteile,
- lokale Präsenz,
- Absicherung der Systemkompetenz sowie
- Durchsetzung von Standards.

Diese Gründe decken sicher nicht alle möglichen Anlässe für Strategische Allianzen ab; zudem durchdringen sie sich gegenseitig, sind teilweise komplementär und mitunter auch gegenläufig. So kann der Aufbau einer lokalen Fertigungspräsenz im Gegensatz zu der Notwendigkeit der Konzentration hochvolumiger Fertigungen an wenigen Standorten stehen. Ebenso kann die Tendenz zu immer weiterer Spezialisierung, z.B. bei der Herstellung einzelner Komponenten, im Gegensatz stehen zu der Notwendigkeit, über einen breiten Ansatz Systemkompetenz für ein ganzes Spektrum von Produkten und Komponenten aufzubauen. Im folgenden sei anhand einiger Beispiele erläutert, welche *Wettbewerbsvorteile* nach den oben genannten Kategorien durch Strategische Allianzen erreicht werden konnten.

1. Größeres Volumen

Für viele Geschäfte ist und bleibt das Volumen im Vergleich zum Wettbewerb einer der entscheidenden *Erfolgsfaktoren*. Das Volumen trägt zum einen zu einer besseren Abdekkung der insbesondere in den Hochwachstumsgebieten der Elektronik immer weiter steigenden Entwicklungskosten bei. Zum anderen führt es über einen komplexen und als Erfahrungseffekt bekannten Vektor zu einer Senkung der Kosten quer über alle Funktionen. Hier wirken zahlreiche Faktoren zusammen: eine verbesserte Kapazitätsauslastung führt zu Kostendegressionseffekten. Die Kosten gemeinsamer unterstützender Funktionen können mit einer breiteren Basis abgedeckt werden. Ein höheres Volumen führt auch zu einer besseren Beherrschung aller Schritte des Wertschöpfungsprozesses und zu einer größeren Erfahrung, die sich letztlich in niedrigeren Kosten niederschlägt.

Die Schaffung einer größeren Volumenbasis war z.B. das Ziel der bereits 1967 gegründeten Bosch/Siemens-Hausgeräte GmbH (BSHG). Durch die Einbringung der Fertigungs- und Vertriebsaktivitäten von Bosch und Siemens in eine gemeinsame und zu gleichen Teilen gehaltene Gesellschaft konnten erhebliche Volumenvorteile in Fertigung und Entwicklung erzielt werden. Über das weiterhin getrennte Auftreten der beiden Marken blieb der jeweilige Kundenstamm erhalten. Dadurch, daß auch die Markenvertriebsgesellschaften voll in die BSHG integriert wurden, konnte der interne Wettbewerb der Marken untereinander minimiert werden. Gleichzeitig partizipieren beide Stammhäuser zu gleichen Teilen am Gesamterfolg des Unternehmens unabhängig von kurzfristigen Schwankungen im Erfolg der jeweiligen Stammarken, die inzwischen durch Akquisitionen um weitere Marken erweitert wurden. Die BSHG konnte über die letzten Jahrzehnte zu einem der führenden Konzerne der Hausgeräte-Industrie Europas ausgebaut werden. Ein wichtiger Erfolgsfaktor dieser Allianz war die in der Konstruktion einer 50:50-Gesellschaft liegende notwendige und relativ große Unabhängigkeit der BSHG von Weisungen ihrer jeweiligen Stammhäuser. Wenn die Stammhäuser sich auch vorbehalten, in den Angelegenheiten ihrer jeweiligen Marke ein gewichtiges Wort mitzureden, so hat die Geschäftsführung der BSHG innerhalb festgelegter Spielregeln doch einen sehr weiten Entscheidungs- und Handlungsspielraum. Die BSHG hat auf diese Weise in diesem reifen und von Verdrängungswettbewerb bestimmten Markt führende Positionen erreicht und ist Nummer 1 in der Bundesrepublik Deutschland (30% Marktanteil), Nummer 2 in Europa (15% Marktanteil). Die jetzige Herausforderung ist die Globalisierung des „Weiße-Ware-Geschäftes“. Es gilt, in den wichtigen Industrieregionen außerhalb Europas Fuß zu fassen und günstige Ausgangspositionen in den Wachstumsregionen der großen Schwellenländer zu schaffen.

Eine Strategische Allianz ganz anderer Art, aber von nicht weniger Gewicht, ist die Entwicklungskooperation von IBM, Siemens und Toshiba auf dem Gebiet der 256-Megabit-DRAM-Speicher. Für die Entwicklung dieser neuen Generation von Halbleiterspeichern müssen mehr als 1 Mrd. US-$ aufgewendet werden. Diese Summe kann während der relativ kurzen Produktlebenszeit von einem einzigen Produzenten kaum noch aufgebracht werden. In der Branche wird damit gerechnet, daß etwa alle drei Jahre eine neue Generation von Halbleiterspeichern auf den Markt kommt. Bis dahin müssen die hohen Entwicklungsaufwendungen sowie die noch höheren Investitionen in die Fertigung wieder erwirtschaftet werden. Durch die gemeinsame Entwicklung von IBM, Siemens und Toshiba konnten die Entwicklungsaufwendungen für jeden Partner auf etwa ein Drittel reduziert werden. Mit dieser Art einer internationalen Zusammenarbeit zwischen Japan, USA und Deutschland wurde auch für die Partner Neuland betreten. Daß dieses bis jetzt geglückt ist, zeigt, daß es dieser Allianz möglich war, erste Labormuster etwa gleichauf mit den wichtigsten Wettbewerbern vorzulegen. Die Entwicklung zu Endprodukten und die Fertigung erfolgten dann getrennt im Wettbewerb.

Als drittes Beispiel sei hier die Telekommunikationsindustrie erwähnt. Die Entwicklung einer neuen Generation von öffentlichen Vermittlungssystemen kostet heute etwa 3 Mrd. DM. Die Aufwendungen hierfür liegen im wesentlichen im Software-Bereich. Zu ihrer Abdeckung braucht man ein Volumen, das nur noch in globalen Maßstäben erzielbar ist. Es muß davon ausgegangen werden, daß mittelfristig nur noch 5 bis 6 Unternehmen auf der Welt mit eigenständiger Systementwicklung in diesem Geschäft erfolgreich tätig sein können. Alle anderen Wettbewerber werden sich in systemtechnische Abhängigkeit begeben müssen. Nachdem es Siemens in den 80er Jahren nicht möglich war, über eine Beteiligung an der CGCT in Frankreich Fuß zu fassen und die Übernahme der deutschen ITT-Tochter SEL aus kartellrechtlichen Gründen nicht in Frage kam, hat Siemens über die damals vielbeachtete Übernahme des britischen Elektronikkonzerns Plessey gemeinsam mit der GEC eine maßgebliche Beteiligung an dem britischen Telekommunikationsunternehmen GPT erworben und diese durch eine Reihe von Kooperationsverträgen abgesichert.

Auch bei der italienischen Italtel kam Siemens in der ersten Runde nicht zum Zuge; eine 20%ige Beteiligung ging zunächst an die amerikanische AT&T. Nach dem Scheitern dieser Allianz wurde Siemens nunmehr 1994 der Erwerb einer 50%igen Beteiligung an der Italtel ermöglicht. Falls diese Allianz, deren Genehmigung durch die europäischen Kartellbehörden noch aussteht, von Erfolg gekrönt ist, hat sich Siemens damit auch vom Volumen in die Spitzengruppe der drei größten Telekommunikationsunternehmen der Welt eingereiht.

Parallel hierzu versuchen alle Unternehmen, in den sich öffnenden und entwickelnden Märkten Osteuropas und Asiens mit einer Vielzahl von Allianzen vor allem auf dem Fertigungs- und Vertriebsgebiet Fuß zu fassen, um hiermit ihre Volumenbasis zur Abdeckung der enormen Entwicklungskosten abzusichern und zugleich neue Märkte zu erschließen. Wesentlich für den Erfolg dieser Allianzen auf dem Gebiet der Telekommunikation ist es, die Standards in den jeweiligen Märkten zu setzen, die Produktlinien und vor allem die Entwicklungsvorhaben arbeitsteilig zu strukturieren, die Kräfte zu bündeln und Überschneidungen zu beseitigen. Diese Koordination und das Ausrichten von vielen Tausenden von Software-Entwicklern aus den unterschiedlichsten Kulturkreisen auf ein gemeinsames Ziel ist eine Managementherausforderung besonderer Art. Auch hier geht es vor allem darum, die richtigen Rahmenbedingungen zu setzen und ansonsten die Kreativität und Entfaltung der einzelnen Mitarbeiter vor Ort zu fördern.

2. Zeitvorteile

Insbesondere in den schnell wachsenden Gebieten der Elektronik haben sich die *Produktlebenszyklen* in den letzten Jahren stark verkürzt. Immer höheren *Entwicklungsaufwendungen* stehen immer kürzere Zeiten gegenüber, die für die Vermarktung eines Produktes bleiben, bevor eine neue Generation sich ankündigt, der Preis verfällt und die Absatzmengen zurückgehen. Ein gutes Beispiel hierfür ist die bereits erwähnte Halbleiterindustrie. Etwa alle drei Jahre kommt eine neue Speichergeneration mit der jeweils vierfachen Speicherkapazität auf den Markt. Gleichzeitig verdoppeln sich mit jeder Speichergeneration in etwa die Entwicklungskosten und die notwendigen Fertigungsinvestitionen. Hier gewinnt, wer als erster mit einer neuen und kostengünstigeren Produktgeneration auf den Markt kommt. Wenn die Fertigung dann hochläuft, müssen die Fertigungskosten massiv gesenkt werden, dieses insbesondere durch eine enorme Steigerung der Ausbeuten, d.h. der Anzahl der voll funktionierenden Chips, die aus einer Siliziumscheibe gewonnen werden können. Diese Kostensenkungen ermöglichen wiederum entsprechende Preissenkungen, die gleichzeitig zu einer enormen Volumensteigerung führen. Ein Wettbewerber, der z.B. mit einem halben Jahr Verspätung auf den Markt kommt, muß damit rechnen, daß die Preise bereits um 30%, in konjunkturell schlechten Zeiten sogar um bis zu 50% gefallen sind. Es gilt daher als Faustregel in der Industrie, daß eine Verspätung von einem Jahr gegenüber dem Marktführer bereits zu einem Ergebnisausfall etwa in Höhe der Entwicklungskosten führen kann, der dann über den gesamten Produktlebenszyklus nicht mehr eingeholt wird.

Dieser *Wettlauf mit der Zeit* führte auch im Jahre 1985 zu einer Allianz mit Toshiba, die es Siemens ermöglichte, mit dem 1-Mega-DRAM-Speicher rechtzeitig auf den Markt zu kommen. Die Speicherbausteine aus dieser Allianz wurden in den folgenden Jahren das Hauptprodukt unseres Mikroelektronikstandortes Regensburg. Ein wesentlicher Erfolgsfaktor in der Handhabung Strategischer Allianzen zur Erringung eines Zeitvorteils ist es, die Ergebnisse dieser Allianz so schnell wie möglich in die Produktion zu überführen und in einen Marktvorteil umzusetzen.

3. Lokale Präsenz

Die Schaffung immer größerer und global optimierter Volumengeschäfte hat vielerorts zu Gegenreaktionen geführt: Kunden fordern zur Sicherung einer JiT-Belieferung und einer guten Zusammenarbeit mit Lieferanten verstärkt lokale Präsenz. Dies gilt z.B. in vielen Fällen für die Automobilindustrie. Gleichzeitig gilt als selbstverständlich, daß kundennahe Vertriebs- und Serviceaktivitäten vor Ort erbracht werden müssen. Trotz aller Volumen- und Globalisierungstendenzen gilt vielfach immer noch: *„all business is local"*. Nur vor Ort wird der Umsatz gemacht, wird das Geld verdient. Diese Notwendigkeit der lokalen Präsenz führt zu Strategischen Allianzen z.B. mit Vertriebspartnern in aller Welt.

Als ein Beispiel hierfür mag die kürzlich erfolgte Allianz von SNI mit der europäischen Computer-Einzelhandelskette ESCOM dienen. Siemens plant, sich mit einer umfassenden und über eine 10%ige Beteiligung an dem Unternehmen abgesicherten Kooperation einen zusätzlichen Vertriebskanal für PC zu erschließen. Gleichzeitig soll über die Poolung des Einkaufs ein Volumenvorteil mit entsprechenden Einsparungen gesichert werden. Für ESCOM liegt der Vorteil dieser Kooperation in einer verläßlichen Lieferbeziehung und einem schnellen Zugriff auf die jeweils neueste technische Entwicklung. Auf der Kostenseite schlägt auch hier die Poolung des Einkaufs der Komponenten für die PC-Produktion beider Partner mit nennenswerten Beträgen zu Buche. Das Risiko liegt in der Harmonisierung der Zusammenarbeit zwischen zwei sehr unterschiedlichen Unternehmenskulturen, wie sie naturgemäß in einer unternehmerisch geführten Einzelhandelskette und in einem Großunternehmen zu sehen sind.

Lokale Präsenz wird auch von einer Reihe staatlicher oder quasi-staatlicher Kunden aus industriepolitischen Gründen gefordert. Dieses gilt insbesondere für die Länder Osteuropas, China und bereits seit langem für eine Reihe von Entwicklungsländern. Betroffen sind vor allem die Infrastrukturbereiche, wie z.B. Telekommunikation, Verkehrstechnik, oder auch das Großanlagengeschäft der Energiewirtschaft. Hier ist Siemens eine Vielzahl von Allianzen insbesondere mit lokalen Fertigungsunternehmen und Zulieferern eingegangen. So hat Siemens z.B. für das öffentliche Vermittlungssystem EWSD in Osteuropa bisher sieben Joint Ventures gegründet mit dem Ziel, dort Fertigungsstätten zu errichten. Damit sind zwangsläufig Kostennachteile wegen der kleineren Fertigungsvolumina verbunden. Der *Zielkonflikt* zwischen Volumenvorteilen und lokaler Wertschöpfung wird soweit wie möglich durch Arbeitsteilung im Fertigungsverbund gelöst. Elektronische Bauteile und hochintegrierte Subsysteme verlangen aufwendige Fertigungseinrichtungen und können ohnehin nur in sog. *„Global Factories"* gebaut werden. Dagegen sind Montage von Baugruppen, Integration von Komponenten und Einbau im Gehäuse eher regional machbar. Statt großvolumiger und automatisierter Fertigung bietet sich hier manuelle Tätigkeit unter Nutzung lokaler Lohnkostenvorteile an. Teilweise wird ein derartiger Fertigungsverbund nach den Regeln von Barter-Geschäften zwischen den Werken und Allianzpartnern abgewickelt, wie z.B. beim Bezug elektronischer Komponenten aus der Zentralfertigung und der Gegenleistung durch Gehäuselieferung und Integrationsleistungen. Auch in China wird eine Zusammenarbeit mit lokalen Partnern von Regierungsseite gefordert. Gleichzeitig ist diese notwendig, da Alleingründungen auf grüner Wiese für ein europäisches Unternehmen ohne Sprach- und Landeskenntnisse kaum mit Erfolg durchzuführen sind.

4. Absicherung der Systemkompetenz

Die zunehmende Komplexität der Technik sowie die immer weitergreifenden Systemzusammenhänge führen dazu, daß Kunden oft die Fähigkeit verlieren, ihre Systeme mit gekauften Komponenten selbst zu integrieren. Im Großanlagengeschäft werden daher vermehrt *Turnkey-Aufträge* für Gesamtanlagensysteme vergeben.

Die Notwendigkeit zur *Systemintegration* im Großanlagengeschäft geht z.T. sogar über Branchengrenzen hinweg. Der Kunde vergibt Turnkey-Aufträge an einen Generalunternehmer. Dieser ist dann für die Gesamtintegration und die Funktionsfähigkeit der Anlage voll verantwortlich. Die Abwicklung komplexer Großaufträge im Anlagengeschäft geht oft über viele Jahre und kann wie im Falle von Kraftwerken oder auch Verkehrssystemen mehrere Milliarden DM umfassen. Die damit verbundenen Risiken sind enorm und können nur von wenigen Großkonzernen getragen werden. Dieses Geschäft ist deshalb weitgehend eine Domäne etablierter und vor allem auch erfahrener Großunternehmen geblieben.

Die Eisenbahntechnik ist ein gutes Beispiel für ein Geschäft, das sich vom Komponenten- zum Systemgeschäft verändert hat. Es erlebt z.Zt. eine beispiellose Renaissance mit gleichzeitig völlig veränderten Spielregeln. Bisher haben die Bahnverwaltungen Lokomotiven, Waggons, elektrische Ausrüstungen und Signalsysteme getrennt geordert oder Konsortien aus Elektro- und Mechanikpartnern mit der technischen Abstimmung beauftragt. Sie verlangen jetzt fast durchweg von den einzelnen Lieferanten die vollständige Systemkompetenz. Moderne Hochgeschwindigkeitszüge wie der deutsche ICE oder der französische TGV müssen heute als Gesamtsystem entwickelt und geliefert werden. Triebköpfe und Reisewagen bilden eine Einheit, die wegen der hohen Geschwindigkeiten und der damit erforderlichen Druckfestigkeit eine Reihe von Anleihen sogar im Flugzeugbau gemacht hat. Gleichzeitig können solche Züge auch nicht mehr unabhängig von der Stromversorgung sowie den Leit- und Signalsystemen entwickelt werden. Dies hat eine völlige Neustrukturierung der bisher auf eine Vielzahl von nationalen Anbietern verteilten Wettbewerbslandschaft nicht nur in Europa, sondern in der ganzen Welt zur Folge.

Siemens war in der Vergangenheit vor allem als elektrischer Zugausrüster auf dem Markt. Durch die Partnerschaft mit Krauss-Maffei, dem Erwerb der Krupp-Lokomotivenfabrik Kiel und Mehrheitsbeteiligungen an den Waggon- und Schienenfahrzeugbauern Duewag sowie Simmering Graz Pauker in Österreich hat sich Siemens die volle Systemkompetenz geschaffen. Die Herausforderung liegt hier vor allem in der Integration dieser aus unterschiedlichen Kulturen stammenden Unternehmen, die vom Schwermaschinenbau über die traditionelle Elektrotechnik bis hin zur ausgefeiltesten Elektronik reicht. Gleichzeitig werden von den meisten Volkswirtschaften für die Realisierung ihrer großen Infrastrukturprojekte Kooperationen oder auch Joint Ventures mit nationalen Anbietern verlangt. Das erfolgreiche Management dieser unterschiedlichen Allianzen ist sicher die größte Herausforderung im Geschäft der Eisenbahntechnik. Hier gibt es derzeit einen so starken Umbruch, daß sich fast täglich die Perspektiven und Allianzen ändern, und es ist sicher verfrüht, eine Prognose für die Struktur dieser Industrie gegen Ende der 90er Jahre zu wagen. Angesichts von Zuwachsraten im Auftragseingang zwischen 30 und 50% pro Jahr sowie der Brisanz der weltweit ungelösten Verkehrsprobleme versucht jeder Marktteilnehmer, seine Position in diesem Geschäft optimal zu besetzen.

Auch in der Automobiltechnik erwarten die Kunden eine verstärkte Systemkompetenz, da sie bei immer komplexerer Technik die Fähigkeit zur eigenen Systemintegration verlieren. So fordern die Automobilhersteller von ihren Zulieferern Systemlösungen unter Einbezug von Elektronik und Mechanik. Siemens kann sich also nicht mehr auf die angestammte Elektronik allein beschränken. Dies war z.B. einer der Gründe für das Joint Venture Siemens Automotive Systems in Großbritannien, das mit Ford als Minderheitspartner gegründet wurde. Hier sollen Montagemodule entwickelt und gebaut werden, zu denen die Mutterhäuser die entsprechenden Bauteile wie Ventile, Sensoren und elektronische Motorsteuerung liefern. Bauteile und Geräteträger werden dann im Joint Venture integriert und geprüft, so daß sie einbaufertig am Werk des Autoherstellers angeliefert werden können.

Trotz allem gilt auch für den Systemintegrator, daß er mit den einzelnen Komponenten im Weltmaßstab wettbewerbsfähig sein muß. Hier gelten die bereits erläuterten Volumeneffekte. Ein Unternehmen, das seine Wettbewerbsfähigkeit bei Komponenten verliert, wird über kurz oder lang von Systemintegratoren ausgehebelt, die diese Fähigkeit entweder selbst beherrschen oder sich anderweitig mit kostengünstigen Komponenten versorgen können.

5. Durchsetzung von Standards

In den innovativen Geschäften der Elektronik haben Branchenstandards große Bedeutung. In die breite Öffentlichkeit wurde dieses Thema durch den Kampf um die Durchsetzung des Videostandards (VHS gegen Betamax und Video 2000) getragen. Dabei ist es nicht immer die technisch beste Lösung, die sich durchsetzt, sondern häufig die mit der stärksten Marktmacht.

Das enorme Innovationstempo auf vielen Gebieten der Elektronik führt dazu, daß die Normungsarbeit in großen Gremien Mühe hat, mit der technischen Entwicklung Schritt zu halten. Deshalb bilden sich gerade in den auf Mikroelektronik und Software basierenden Geschäften viele *de facto-Standards* aus, die mit Hilfe starker Strategischer Allianzen im Markt durchgesetzt werden. Beispiele dafür sind die Prozessoren für Rechner oder die entsprechenden Betriebssysteme.

Besonders wichtig und komplex sind Standards für Kommunikationsnetze. Der Geschäftserfolg für das Kommunikationsnetz selbst, aber auch für alle Steuerungs- und Endgeräte, die an das Netz angeschlossen werden, hängt direkt davon ab, ob sich das Netz in einer bestimmten Konfiguration mit entsprechenden Schnittstellen als Standard durchsetzt oder nicht. Der Multiplikatoreffekt bei den Geräten zeigt besonders deutlich den außergewöhnlichen Wettbewerbsvorteil, der durch Standardisierung erreicht werden kann. Daher ist die Bildung Strategischer Allianzen mit vielen Partnern typisch für dieses Geschäft.

In der Automatisierungstechnik z.B. hat Siemens für die Fertigungs- und Verfahrenstechnik ein Bussystem entwickelt und als de facto-Standard für anspruchsvolle Produktionsstrukturen plaziert. Die Durchsetzung als Standard erfolgte in Stufen. In den 80er Jahren wurde in einer Strategischen Allianz aus 13 Unternehmen und sieben Instituten das Bussystem als nationaler, deutscher Standard durchgesetzt. In der ersten Hälfte der 90er Jahre wurde dann eine internationale Strategische Allianz zusammen mit den amerikanischen Unternehmen Fisher Control und Rosemount sowie mit dem japanischen Unternehmen Yokogawa gebildet mit dem Ziel, auf Basis der nationalen Normen einen globalen de facto-Standard durchzusetzen.

Solche Standards bieten sowohl den Herstellern als auch den Anwendern besonderen Nutzen. Die Hersteller profitieren, weil sie Produkte und Systeme für nur einen Standard anbieten müssen. Sie sparen dadurch Entwicklungskosten und erreichen größere Stückzahlen. Die Anwender realisieren Einsparungen aus reduzierter Lagerhaltung für Geräte und Ersatzteile und verringern Installations- und Instandhaltungskosten sowie Investitionsrisiken.

C. Bewertung Strategischer Allianzen

Strategische Allianzen haben ihren Ursprung vor allem in den strategischen Überlegungen zur *Verbesserung der Wettbewerbsposition*. Dabei darf jedoch ein Grundsatz nie außer Acht gelassen werden: sie müssen sich rechnen - und dieses nicht nur ex ante, d.h. dann, wenn eine Allianz geplant und gegenüber den Aufsichtsgremien begründet wird, sondern vor allem auch ex post. Deswegen kann in der Planung einer Strategischen Allianz der Bleistift gar nicht spitz genug angesetzt werden. Das beginnt zunächst mit der Bewertung der Partner als *„Stand-alone-Unternehmen"*. Sie erfolgt meistens auf Grundlage diskontierter zukünftiger Erträge bzw. Cash Flows. Hier geht es vor allem um eine realistische Einschätzung der Zukunftschancen sowie der Wirksamkeit geplanter oder bereits eingeleiteter Restrukturierungsmaßnahmen beider Unternehmen, jeweils noch ohne Berücksichtigung von Vorteilen aus der Allianz.

In einem zweiten Schritt gilt es, mit aller gebotenen Vorsicht die aus der Strategischen Allianz erwarteten *Synergien* zu bewerten. Welche Synergien treten wo konkret auf und vor allem, wie können diese realisiert werden? Wesentliche Fragen sind z.B. die Realisierung von Entwicklungssynergien durch Zusammenlegung von Entwicklungsstandorten, das Schließen ganzer Fertigungsstandorte oder auch das Zusammenlegen von Vertriebs- oder Verwaltungsorganisationen. Hier müssen das Beharrungsvermögen der jeweiligen Organisationen, kulturelle Probleme oder auch Verpflichtungen gegenüber Kunden und

Lieferanten genauso berücksichtigt werden wie die politischen Auswirkungen von Standortschließungen oder die Aufgabe einer Markenidentität gegenüber den Kunden. Die Erfahrung der letzten Jahre hat gezeigt, daß eine Reihe von Strategischen Allianzen mit nur vage beschriebenen Synergien begründet wurde, die sich hinterher für beide Partner als sehr teure Fehlinvestition erwiesen haben. Synergien sollten erst dann in eine Rechnung eingesetzt werden, wenn sie durch einzelne Maßnahmen konkret begründet nachweisbar sind. Selbst dann sollte man noch einen Abschlag in Höhe von etwa 50% der angesetzten Synergien als Risiko einsetzen, da sich erfahrungsgemäß doch nicht alles so und vor allem auch in der geplanten Zeit realisieren läßt. Der Zeitfaktor spielt hier überhaupt eine wichtige Rolle: Eine Verzögerung der Realisierung von geplanten Synergien um etwa ein Jahr kann den Mehrwert durch eine Allianz bereits um 30 bis 40% verringern. Verzögern sich die Maßnahmen um zwei und mehr Jahre, so ist sehr schnell der gesamte Synergiewert vernichtet.

Die Bewertung einer Strategischen Allianz sollte auch immer gemeinsam von beiden Partnern vorgenommen werden. Eine unterschiedliche Sicht der Dinge kann nämlich zu völlig unterschiedlichen Wertansätzen und zu entsprechenden Reibungen und Verzögerungen in der Implementierung führen. Eine von beiden Partnern gemeinsam vorgenommene realistische und bereits mit verabredeten Maßnahmen untermauerte Bewertung ist bereits ein wichtiger Meilenstein auf dem Weg zu dem Erfolg einer Strategischen Allianz. Diese Fragen müssen diskutiert werden und sollten im Interesse des gemeinsamen Erfolges nicht in Kompromissen enden.

D. Erfolgsfaktoren Strategischer Allianzen

Der *Erfolg einer Strategischen Allianz* steht und fällt mit

- einer gründlichen Planung und Vorbereitung,
- einer schnellen Implementierung und
- einer intensiven und vertrauensvollen Kommunikation

gegenüber den Kunden. Hier darf es keinen Zeitverzug geben.

Der vielleicht wichtigste Erfolgsfaktor ist die *Kommunikation* über die *Ziele* einer Allianz, die notwendigen *Maßnahmen* und die einzelnen Schritte ihrer *Realisierung;* sie muß bis zum Überdruß betrieben werden. Das gilt sowohl gegenüber Mitarbeitern als auch gegenüber Kunden sowie Lieferanten und allen sonstigen am Prozeß des Zusammenwachsens beteiligten Parteien. Ohne ausreichende Kommunikation entstehen schnell Gerüchte und Unsicherheiten; Enttäuschungen lassen sich dann nicht vermeiden. Kommunikation muß schnell, offen und aufrichtig sein. Sie ist einer der wichtigsten Faktoren zur Motivation und damit auch für den Erfolg einer Strategischen Allianz. Kommunikation ist in diesem Sinne auch Chefsache. Sie darf nicht an untergeordnete Stellen delegiert werden.

Der Erfolg einer Allianz bestimmt sich letzten Endes aus ihrer *Durchführung*. Hier erst zeigt sich, ob der zuvor ermittelte Wert auch realisiert wird, ob das Konzept stimmig ist und vor allem, ob die Partner wirklich willens und in der Lage sind, den geplanten Weg mit aller Konsequenz zu gehen. Dazu gehört, daß die Partner die benötigte Durchsetzungsstärke im gemeinsamen Interesse aufbringen und dabei mitunter gegen die Partikularinteressen der jeweiligen Stammorganisation handeln müssen. Erst die Fähigkeit zum gemeinsamen Denken, das Bekennen zu den gemeinsam entwickelten Zielen kann eine Strategische Allianz wirklich zum Erfolg führen und damit den angestrebten Wettbewerbsvorteil schaffen.

Jede Strategische Allianz muß allen beteiligten Partnern Vorteile bringen. Eine Strategische Allianz, die nur als Vehikel angesehen wird, damit einer der Partner die Oberhand behält, ist von vornherein zum Scheitern verurteilt. Der gemeinsame Wille zu einer echten Partnerschaft in Verbindung mit einer gründlichen Planung und konsequenten Durchführung sind notwendige Voraussetzungen für den Erfolg einer Strategischen Allianz.

Erich Staudt

Joint Ventures[1)]

A. Joint Ventures als Form der zwischenbetrieblichen Kooperation

1. Einordnung und Abgrenzung

Neben zunehmendem Wettbewerb durch die voranschreitende Europäisierung der Märkte beleben derzeit Marktsättigungstendenzen, kurze Produktlebenszyklen und der strukturelle Wandel die Diskussion um Vernetzung und Kooperation. Angesichts des ausgeprägten Leidensdrucks in weiten Bereichen der Wirtschaft steigt dabei die Bereitschaft zu kooperativen Wettbewerbsstrategien. Gerade dort, wo die eigenen Ressourcen nicht ausreichen, neue Produkte bzw. Verfahren zu entwickeln oder neue Märkte zu erschließen, können *zwischenbetriebliche Kooperationen* die Wettbewerbsfähigkeit des eigenen Unternehmens nachhaltig steigern. Kooperationen, verstanden als freiwillige Funktionskoordinierung oder -ausgliederung rechtlich und wirtschaftlich selbständiger Unternehmen, gleichen durch Bündelung der betrieblichen Ressourcen, wie z.B. technisches Know-how, qualifiziertes Personal oder Finanzmittel, größenbedingte Defizite aus (vgl. Staudt/Bock/Toberg 1989, S. 143 f.).

Die Intensität der Zusammenarbeit bzw. das Ausmaß der Aufgabenteilung variiert dabei und drückt sich in einer Vielzahl unterschiedlicher Kooperationsformen aus (vgl. Plaßmann 1974, S. 43 ff.). Zwischen den Grundformen der *zentralen* (z.B. Gemeinschaftsunternehmen) und *dezentralen* Kooperation (Abstimmung bei Selbsterfüllung der Aufgaben durch alle Kooperationsmitglieder) vervollständigt die wechselseitige Spezialisierung das Gesamtspektrum der organisatorischen Gestaltungsmöglichkeiten. Im Gegensatz zu diesen Formen der Aufgabenerfüllung findet ein Erfahrungs- und Informationsaustausch auf ungebundener, meist unverbindlicher Ebene statt (vgl. Lilienstern 1972, S. 19).

Joint Ventures (Gemeinschaftsunternehmen) sind die intensivste (vgl. Rath 1990, S. 57) Form der Kooperation: Durch Gründung oder Erwerb eines gemeinsamen Unternehmens schaffen voneinander unabhängige Unternehmen eine neue organisatorische Einheit (vgl. Arbeitskreis Hardach der SG-DGfB 1969, S. 1; Pausenberger 1993, Sp. 4440; Rolfes 1979, S. 16 ff.; Weder 1989, S. 33 ff.). Das Joint Venture unterliegt der gemeinsamen führungsmäßigen Verantwortung und Kontrolle durch die beteiligten Partner (vgl. Hauser 1981, S. 179; Hermann 1988, S. 2). Betriebliche Teilaufgaben werden nicht ersatzlos von anderen Unternehmen übernommen, sondern *gemeinsam* mit dem Partnerbetrieb wahrgenommen. Aufgrund der kapitalmäßigen Beteiligung der Kooperationspartner wird dieses Gemeinschaftsunternehmen auch als *Equity Joint Venture* bezeichnet. Neben diesen rechtlich selbständigen Gemeinschaftsunternehmen mit eigener Rechtspersönlichkeit bestehen in praxi organisierte, aber juristisch nicht selbständige Kooperationsformen als Gemeinschaftsunternehmen *(Contractual Joint Ventures)* (vgl. Gebhardt 1993, Sp. 1376). Diese weitergefaßte Auslegung findet sich vor allem im anglo-amerikanischen Raum (vgl. Dixon 1962, S. 398). Damit überschneidet sich der Joint-Venture-Begriff jedoch mit anderen eigenständigen Kooperationsformen ohne gemeinsame Kapitalbeteiligung, wie etwa Arbeitsgemeinschaften. Die Ausführungen in diesem Beitrag konzentrieren sich daher auf Equity Joint Ventures.

Die Rechnungslegung von Joint Ventures erfolgt nach den Vorschriften des Staates, in dem das Joint Venture seinen Sitz hat. Nach deutschen Konzernabschlußvorschriften dürfen Joint Ventures im Rahmen der *Quotenkonsolidierung* einbezogen werden. Aufgrund der gemeinsamen Leitung ist ansonsten regelmäßig ein Ausweis nach der *Equity-Methode* erforderlich (§§ 310, 311 I HGB; vgl. Busse von Colbe/Ordelheide 1993, S. 46 f. u. S. 476 ff.). In der Einzelbilanz eines deutschen Joint-Venture-Partners ist die Beteiligung an einem Gemeinschaftsunternehmen zu Anschaffungskosten bzw. zu einem dauerhaft niedrigeren Tageswert anzusetzen. Ausleihungen, Forderungen und Verbindlichkeiten gegenüber dem Joint Venture sind gesondert zu erfassen, während in die GuV des Einzelabschlusses die Erträge aus Joint-Venture-Ausschüttungen aufzunehmen sind (§§ 253 II, 275 I, II, 279 I HGB).

2. Zur Begründung von Joint Ventures

Eine konsistente *„Kooperationstheorie"* zur Erklärung der Entstehung von Kooperationen existiert nicht. Gleichwohl werden immer wieder theoretische Ansätze zur Begründung kooperativer Wettbewerbsstrategien herangezogen. *Transaktionskostentheoretische* Überlegungen basieren auf der Annahme, daß Joint Ventures bei Transaktionen i.S. der Übertragung eines Produktes bzw. einer Dienstleistung über eine technisch trennbare Schnittstelle hinweg in bezug auf Anbahnungs-, Vereinbarungs-, Kontroll- und Anpassungskosten der insgesamt kostenminimale Koordinationsmechanismus sind (vgl. Williamson 1990, S. 1 ff.). *Tauschtheoretische* Erklärungsmuster rücken die Vorteilhaftigkeit kooperativer Strategien im Falle marktmäßig schwer bewertbarer Produkte wie Marktkenntnisse oder Know-how in den Vordergrund (vgl. Schrader 1993, S. 249). Im Rahmen von *koalitions- bzw. spieltheoretischen Ansätzen* werden Joint Ventures als Mittel zur Durchsetzung von Interessen gegenüber anderen Gruppen angesehen (vgl. Axelrod 1988).

Neben diesen theoretischen Erklärungsansätzen lassen sich durch die Bündelung empirisch belegter Kooperationsmotive *vier Zieloberkategorien* ableiten (vgl. Contractor/Lorange 1988, S. 9 ff.; Meckl 1993, S. 23 f.; Bleicher 1990, S. 78):

- *Ertragssteigerungsziele*, die zu qualitativem oder quantitativem Wachstum führen, verbunden mit Einzelmotiven wie beschleunigter Markteintritt, Überwindung von Markteintrittsbarrieren, Erweiterung des Produkt- und Dienstleistungsangebots,
- *Kostenreduzierungsziele*, z.B. durch Economies of Scale and Scope, Vermeidung von Doppelinvestitionen, Aufbau von Einkaufsmacht, Know-how-Austausch,
- *Risikominderungsziele*, etwa in Form der Investitionsaufteilung, Sicherung wichtiger Ressourcen, Bildung von Marktgegenkräften sowie
- sonstige bzw. *außerökonomische Ziele* wie Prestigegewinn, Imitation von Konkurrenzverhalten.

Gegenüber anderen Formen der zwischenbetrieblichen Zusammenarbeit ohne Kapitalbeteiligung bietet sich die Wahl eines Joint Ventures an, wenn (vgl. Langefeld-Wirth 1990, S. 38 f.)

- einzelbetrieblich untragbare Investitionen nicht im Alleineigentum eines Partners stehen sollen,
- zahlreiche Drittbeziehungen zu Kunden, Lieferanten usw. besser in einer eigenständigen Organisation gebunden sind,
- die Haftung der Stammunternehmen sich ausschließlich auf die eingesetzte Beteiligung beschränkt oder
- Ergebnisse von F&E sowie damit verbundene Schutzrechte im Eigentum des Joint Ventures und somit im mittelbaren Eigentum aller Partner stehen sollen.

Darüber hinaus können im Einzelfall steuerliche und konzernrechnungslegungsbedingte Vorteile für ein Joint Venture sprechen.

3. Gestaltungsformen von Joint Ventures

Für die Gestaltung von Joint Ventures sind unterschiedliche Aktionsparameter relevant. So können sich Joint Ventures sowohl auf *nationale* Zusammenarbeit beschränken (z.B. Bosch-Siemens Hausgeräte GmbH oder ein Joint Venture von Subaru und Isuzu) oder *international* angelegt sein (z.B. Gemeinschaftsunternehmen von Bosch mit Kraftfahrzeugausrüstern in Japan und Korea oder die Schelde GmbH in Belgien von Ciba Geigy und Bayer). Joint Ventures können von vornherein *befristet* (z.B. bei F&E-Projekten mit fixem Endtermin) oder *zeitlich unbegrenzt* (z.B. bei Errichtung einer gemeinsamen Produktionsstätte) ausgelegt sein. Grundsätzlich stehen dem Joint Venture in der Bundesrepublik Deutschland sämtliche Rechtsformen offen, wobei Kapitalgesellschaften aufgrund ihrer beschränkten Haftung bevorzugt werden. Die weniger verbreiteten Personengesellschaften werden vor allem aus steuerlichen Interessen gegründet.

Darüber hinaus steht seit 1989 europäischen Joint Ventures die *Europäische Wirtschaftliche Interessenvereinigung (EWIV)* als supranationale Unternehmensform zur Verfügung, deren Bedeutung allerdings aufgrund der subsidiär unbeschränkten Haftung der Mitglieder und ihrer Zweckbeschränkung auf eine Hilfstätigkeit im Verhältnis zur Haupttätigkeit der Stammunternehmen zweifelhaft ist (vgl. Staudt et al. 1992, S. 293 f.; Langefeld-Wirth 1990, S. 33 f.). In Vorbereitung befindet sich z.Zt. die Europäische Aktiengesellschaft („Societas Europaea"), die aufgrund ihres hohen Regelungsumfanges, ihrer Verzahnung mit nationalem Recht sowie extensiver Mitbestimmungsvorschriften eher für größere Unternehmen geeignet ist (vgl. Hommelhoff 1990, S. 431 ff.). Vor diesem Hintergrund wird über die Schaffung einer haftungsbeschränkten Euro-GmbH für kleine und mittlere Unternehmen nachgedacht.

Die *Grundrichtung* eines Joint Ventures, also der Blick auf die kooperationsbeteiligten Wirtschaftszweige und -stufen, bietet zahlreiche Möglichkeiten, neue Wege gemeinsam zu beschreiten:

Im Fall der *horizontalen* Zusammenarbeit bündeln Stammunternehmen der gleichen Branche bzw. mit einem ähnlichen Tätigkeitsspektrum ihre Aktivititäten in einem Gemeinschaftsunternehmen. Ein derartiges Bündnis hat seine besonderen Stärken in Größenvorteilen, die über Volumen- und Spezialisierungseffekte zu Kostensenkungen, einer breiteren Marktabdeckung und stärkeren Machtposition führen.

Diagonale (komplementäre) Joint Ventures sind branchenübergreifend ausgerichtet. Hier wird einer Nachfrage, die als verbunden oder zu verbinden angesehen werden kann, ein entsprechend kombiniertes Angebot gegenübergestellt (z.B. Systemgeschäft).

Auf *vertikaler* Ebene können Verbindungen von verschiedenen, aufeinanderfolgenden Produktions- bzw. Handelsstufen eingegangen werden, d.h. Joint Ventures mit Kunden oder Zulieferern. Stehen bei horizontalen Verbindungen die Größenvorteile und bei diagonalen Bündnissen die Schaffung von Komplettangeboten im Vordergrund, so sichern vertikale Joint Ventures einerseits den Absatz und andererseits die Zulieferung sowie den Know-how-Transfer.

Während sich Joint Ventures regelmäßig auf eine dieser Grundrichtungen beschränken, ist eine solche Konzentration im Hinblick auf die betrieblichen Teilfunktionen nicht zu erkennen. Wenngleich sich i.d.R. ein Kernbereich herauskristallisiert, werden gerade im Laufe der Zeit weitere Felder mit den Partnern bzw. dem Gemeinschaftsunternehmen angegangen (vgl. Seibert 1981, S. 52 ff.). Das Spektrum reicht von F&E-, Beschaffungs-, Produktions- und Absatz-Joint-Ventures bis hin zu gemeinsamer Datenverarbeitung.

<table>
<tr><td>Joint-Venture-Richtungen</td><td colspan="5">gleiche Branche und Marktstufe (horizontal)</td><td colspan="4">gleiche Branche, aber vor-/nachgelagerte Marktstufe (vertikal)</td><td colspan="4">andere Branche (diagonal)</td></tr>
<tr><td>Joint-Venture-Gegenstand</td><td colspan="2">Beschaffung/ Einkauf</td><td colspan="3">Produktion</td><td>Absatz/ Vertrieb</td><td colspan="3">Markt-forschung</td><td colspan="3">F&E</td><td>Sonstige</td></tr>
<tr><td>Zeitperspektive</td><td colspan="5">kurzfristig (unter 5 Jahren)</td><td colspan="4">mittelfristig (5 bis 10 Jahre)</td><td colspan="4">langfristig/ nicht befristet</td></tr>
<tr><td>Partnergröße</td><td colspan="5">Partner hat/haben wesentlich mehr Mitarbeiter</td><td colspan="4">Partner hat/haben etwa gleich viele Mitarbeiter</td><td colspan="4">Partner hat/haben wesentlich weniger Mitarbeiter</td></tr>
<tr><td>Art des/der Partner(s)</td><td colspan="5">privatwirtschaftliches Unternehmen</td><td colspan="4">Öffentliche Unternehmen</td><td colspan="4">Forschungs-/universitäre Einrichtung</td></tr>
<tr><td>Anzahl der Partner (insgesamt)</td><td colspan="5">Zwei-Partner-Joint-Venture (2 Partner)</td><td colspan="4">Kleingruppen-Joint-Venture (3-6 Partner)</td><td colspan="4">Großgruppen-Joint-Venture (7 und mehr Partner)</td></tr>
<tr><td rowspan="2">Partnerherkunft</td><td rowspan="2">lokal</td><td colspan="3" rowspan="2">regional</td><td rowspan="2">national</td><td colspan="8">international</td></tr>
<tr><td colspan="3">Entwicklungs-länder</td><td colspan="3">Schwellen-länder</td><td colspan="2">Industrieländer</td></tr>
<tr><td>Rechtsform (des Joint Venture)</td><td colspan="5">Personengesellschaft</td><td colspan="4">Kapitalgesellschaft</td><td colspan="4">supranationale Sonderformen (z.B. EWIV)</td></tr>
<tr><td>Kapitalanteil</td><td colspan="5">Minderheitsbeteiligung</td><td colspan="4">Paribeteiligung</td><td colspan="4">Mehrheitsbeteiligung</td></tr>
<tr><td>Einflußmöglichkeit</td><td colspan="3">pro forma</td><td colspan="4">Vetorecht bei wichtigen Entscheidungen</td><td colspan="3">gleichgewichtig</td><td colspan="3">dominierend</td></tr>
</table>

Abbildung 1: Spektrum unterschiedlicher Joint-Venture-Formen

4. Voraussetzungen für Joint Ventures

Der Erfolg eines Joint Ventures ist an eine Reihe von Voraussetzungen gebunden, die letztlich für alle Formen zwischenbetrieblicher Zusammenarbeit zutreffen. Ohne *persönliche Voraussetzungen* wie Engagement, Teamfähigkeit, Zuverlässigkeit, Fairneß und ein hohes Maß an gegenseitigem Vertrauen (vgl. Staudt et al. 1992, S. 93) ist ein Joint Venture schon im Vorfeld zum Scheitern verurteilt. Gerade in internationalen Joint Ventures sind mentalitätsbedingte Unterschiede nicht zu vernachlässigen. Fremdsprachenkenntnisse reichen nicht aus, um den ausländischen Partner zu verstehen. Bereits in den Vertragsverhandlungen werden bspw. wichtige Fragen ausgeklammert, weil davon ausgegangen wird, daß diese wie „allgemein üblich" geregelt werden, was jedoch für jede der Parteien etwas völlig anderes bedeuten kann. Ein gemeinsames Mittagessen ist für den einen eine erholsame Unterbrechung, für den anderen ist es wesentlicher Teil der Verhandlungen über das Joint Venture.

Neben persönlichen müssen *betriebliche Voraussetzungen* erfüllt sein. *Vorteile für alle Partner* sind dabei von zentraler Bedeutung (vgl. Staudt et al. 1992, S. 86). Der kooperative Ausgleich von Ressourcen-Defiziten ist ein Geben und Nehmen von Unternehmensstärken, nicht von Schwächen. So werden z.B. bei internationalen Joint Ventures auf höhere Wertschöpfung und Marktausweitung gerichtete Partner an niedrigen Löhnen und am Marktpotential des Partners interessiert sein, der Auslandspartner im Gegenzug an der Qualifizierung und Beschäftigung vorhandener Arbeitskräfte (vgl. Helms 1985, S. 291 f.). Dieses *Gleichgewicht* muß auch *langfristig* gelten, denn zieht der einzelne Partner keine Vorteile aus der Kooperation oder stehen diese nicht in einem angemessenen Verhältnis zu seiner eingebrachten Leistung, wird er die Gemeinschaft verlassen, da das Anreiz-Beitrags-Verhältnis gestört ist (vgl. Backhaus/Piltz 1990, S. 9).

Über diese unternehmensinternen Voraussetzungen hinaus müssen eine Reihe *externer*, vom einzelnen Unternehmen nur schwer beeinflußbarer Bedingungen erfüllt sein. Für internationale Joint Ventures sind bspw. insbesondere die Nationalisierungsvorschriften des jeweiligen Gastlandes von Bedeutung: So stellen eine Reihe von Ländern bei der Niederlassung eines ausländischen Unternehmens die Forderung nach der Beteiligung einheimischer Unternehmen (Mindestbeteiligungsquote) (vgl. Endres 1987, S. 373).

B. Phasenspezifische Gestaltung von Joint Ventures

Die Anbahnung und Umsetzung von Joint Ventures ist ein mehrstufiger Entwicklungsprozeß, in dem jeweils spezifische Konfliktbereiche auftreten, die das Zustandekommen der Zusammenarbeit verhindern, eine suboptimale Partnerschaft begründen oder das Joint Venture im Zeitablauf scheitern lassen können:

Phase	Strategische Entscheidung	Partnersuche	Gründung	Management
Handlungs-schritte	Prüfung des Joint Venture als Lösungsstrategie	Geeignete Partner finden und von der Joint-Venture-Idee überzeugen	Architektur des Joint Venture konkretisieren und Kooperationsvereinbarungen treffen	Kooperative Aufgaben durchführen und das Joint Venture weiterentwickeln
Zentrale Probleme	- Joint Venture als Lösungsstrategie nicht erkannt - unzureichende Informationsbasis	- Marktintransparenz - Schwierigkeiten bei der Partnerbeurteilung	- Einigung über Beteiligungsverhältnisse - Abklärung von Kompetenzen/ Verantwortungsbereichen	- Abstimmungsprobleme - Unstimmigkeit über Gewinnverwendung - Anpassung an interne und externe Veränderungen

Abbildung 2: Entwicklungsschritte und Probleme bei Anbahnung und Umsetzung von Joint Ventures

Strategische Entscheidung:
Ausgangspunkt des Entwicklungsprozesses bildet die strategische Entscheidung darüber, ob betriebliche Entwicklungsengpässe durch zwischenbetriebliche Ressourcenbündelung eher überwunden werden können als im Alleingang. Häufig kommt es gar nicht erst zu einer strategischen Entscheidung, die das Joint Venture in den Lösungsraum einbezieht. Kooperative Strategien werden als Zeichen von Unternehmensschwäche oder Aufgabe der Unabhängigkeit interpretiert, oder die Gefahr einer Offenbarung von Unternehmensinterna wird überbewertet. Wird ein Joint Venture als Strategie in Betracht gezogen, so erschwert insbesondere die große Zahl unternehmensspezifischer und daher nur schwer generalisierbarer Auswahlkriterien den Entschluß über die Aufnahme einer Zusammenarbeit. Schlüsselfaktoren des eigenen Erfolges werden häufig übersehen: Es fehlen klare Vorstellungen über unternehmenseigene Chancen und Risiken sowie die sich aus der Umfeldsituation ergebenden Konsequenzen.

Partnersuche:
Ist die Kooperationsentscheidung getroffen, muß der „richtige" Partner gefunden und für das Joint Venture gewonnen werden. Trotz partieller Hilfestellungen in Form von Kooperationsbörsen, Datenbanken über Joint-Venture-Interessenten usw. ist es extrem schwierig und zeitintensiv, einen Partner zu finden, der zum eigenen Unternehmen „paßt". Informationen für die Partnersuche wie Branche, Produkte, Maschinenpark, Beschäftigtenanzahl, beabsichtigtes Kooperationsfeld usw. sind nicht immer verfügbar und ohnehin nur ein grober „Vorfilter". Häufig fehlt zudem die Klarheit über eigene Unternehmensstärken, die die eigene Kooperationsattraktivität steigern, ebenso wie die Vorstellung, welche Vorteile andere Unternehmen aus einem Joint Venture ziehen könnten. Selbst wenn ein potentieller Partner gefunden ist, sind dessen Joint-Venture-Interessen noch mit den eigenen in ein gemeinsames Konzept einzubringen und der Partner für die Gründung eines Gemeinschaftsunternehmens zu gewinnen. Praktisch ist dies ein kommunikativer Prozeß von Kontakt- und Auswahlgesprächen, in dem durch eine *offene Informationspolitik* das gegenseitige Vertrauen ausgebaut werden muß. Bei der *Beurteilung des Partners* besteht jedoch die Gefahr, daß die tatsächlichen Beweggründe des Partners verborgen bleiben, mit der Kon-

sequenz, daß ein auf den ersten Blick erfolgreiches Joint Venture sich später als kostspieliger Flop erweist.

Gründung:
An diese Anbahnungsphase schließt sich die konkrete Umsetzung an. In der Gründungsphase sind die *Kooperationsarchitektur* zu bestimmen und in Vereinbarungen die *Form der Zusammenarbeit* zu konkretisieren. Zu berücksichtigen ist dabei, daß mindestens drei Organisationen (beteiligte Partner sowie das Joint Venture selbst) betroffen sind, bei denen die Interessenlagen divergieren können (vgl. Engelhardt/Seibert 1981, S. 429). Gerade Joint Ventures verlangen deshalb ein systematisch aufgebautes *Führungssystem*. Trotz der beibehaltenen Autonomie der Joint-Venture-Gründer ergeben sich gegenseitige Abhängigkeiten, die schnell zu Konflikten führen können. Umso wichtiger ist es, die Kompetenzen und Verantwortungsbereiche sowie die Besetzung von Führungspositionen in Joint Ventures eindeutig *vertraglich* zu definieren (vgl. Langefeld-Wirth 1990, S. 110 ff.). Konkret bedeutet dies:

– Festlegung von Zielen, Inhalten und Grenzen der gemeinsamen Strategie,
– Abgrenzung der Zuständigkeiten für die einzelnen Bereiche des gemeinsamen Unternehmens und
– Klärung, welche Entscheidungen auf jeden Fall gemeinsam getroffen werden müssen.

Die Gestaltung eines *Joint-Venture-Vertrages* ist komplex und zeitintensiv: Einerseits ist mehr festzuschreiben als in unternehmensinternen Richtlinien, andererseits muß der Vertrag genügend Spielräume offenlassen, um situativen Einflüssen jederzeit begegnen zu können (vgl. Heuss 1991, S. 31; Meckl 1993, S. 131 f.). Um die Entscheidungsbefugnisse in den relevanten Bereichen durchzusetzen, sind Mehrheitsbeteiligungen dienlich, allerdings entscheidet das formale *Beteiligungsverhältnis* nicht allein über die tatsächliche Einflußnahme; bspw. spielt die auf das Know-how der Stammunternehmen zurückzuführende Verhandlungsposition eine nicht zu unterschätzende Rolle (vgl. Kumar 1975, S. 261 f.).

Management:
Die Managementphase beinhaltet schließlich alle *Abstimmungsaufgaben* im Rahmen der laufenden Zusammenarbeit auf technischer, personeller, organisatorischer und marktlicher Ebene. Selbst wenn ein Joint Venture richtig initiiert wird, geeignete Partner gefunden, vertragliche Vereinbarungen/Beteiligungsquoten gegenseitig akzeptiert werden und Einigkeit über die grundsätzlichen Ziele besteht, bleibt zu klären, mit welchen Mitteln die Ziele erreicht werden sollen. Dies ist keine einmalige Frage, denn Joint Ventures unterliegen sowohl *internen* als auch *externen Veränderungen* (vgl. Staudt et al. 1992, S. 165; Bleicher 1990, S. 82). Als dynamische Gebilde erfordern Joint Ventures eine *ständige Anpassung*, die im Extremfall auch in deren Auflösung bestehen kann. Auftretende Interessenkollisionen resultieren z.B. aus der kooperationsinternen Leistungsverrechnung, einem schwer kontrollierbaren Leistungsaustausch zwischen Joint Venture und einzelnen Partnern, Bearbeitung angestammter Märkte eines Partners durch das Joint Venture, Divergenzen in bezug auf die Gewinnverwendung usw. Vor allem in langfristig angelegten internationalen Joint Ventures besteht seitens des ausländischen Investors oft ein hohes Interesse, über die Einbehaltung von Gewinnen das Wachstum des Gemeinschafts-

unternehmens zu finanzieren, während andere Partner eher auf eine frühzeitige, möglichst hohe Verzinsung ihres Kapitaleinsatzes bauen.

C. Internationalisierung durch Joint Ventures

Die Erschließung von Auslandsmärkten durch Direktinvestitionen hat in den vergangenen Jahren deutlich zugenommen. Angesichts des internationalen Konkurrenzdrucks und der zunehmenden Globalisierung von Märkten ist dabei die Relevanz von Joint Ventures als Instrument internationaler Absatzstrategien ständig gestiegen (vgl. Engelhardt/Seibert 1981, S. 431; Endres 1987, S. 373; Zentes 1992, S. 20). Die Vollendung des Europäischen Binnenmarktes, die Öffnung Osteuropas und die Verschiebung von Wertschöpfungsanteilen in Schwellenländer haben die Diskussion um Joint Ventures zusätzlich belebt. Sie sind im Auslandsgeschäft eine Alternative zum Export und der Gründung eines 100%-Tochterunternehmens im Ausland. Im Unterschied zur Gründung einer Auslandstochter zielt das Joint Venture auf eine *gemeinsame Entscheidungsbefugnis* und *Verantwortung* mit dem ausländischen Partner ab. Die Sonderstellung des Gemeinschaftunternehmens als Internationalisierungsform ergibt sich aus der Möglichkeit, weitere Leistungen des Auslandspartners sowie ergänzende *Lizenz-, Turnkey- und Beratungsverträge* mit dem Joint Venture zu verknüpfen. Die *Vorteile* einer kapitalmäßigen Auslandbeteiligung in Form eines Joint Ventures liegen insbesondere in (vgl. Engelhardt/Seibert 1981, S. 429 ff.; Langefeld-Wirth 1990, S. 23 ff.)

- dem Zugang zum Auslandsmarkt,
- der Anpassung an länderspezifische Besonderheiten,
- Verhandlungen mit vielstufigen Bürokratien,
- der Bewältigung von Handelshemmnissen,
- der Suche nach geeigneten Immobilien sowie
- dem Aufspüren zusätzlicher Lieferquellen.

Ein kooperatives Herangehen an den Auslandsmarkt trägt dazu bei, auftretende Widerstände bei Behörden oder in der Bevölkerung abzubauen, die als Folge einer Zurückhaltung gegenüber ausländischen Direkt-Aktivitäten erwachsen können. Joint Ventures mit einem Gastlandpartner sind zudem häufig entscheidend für die Vergabe öffentlicher Aufträge. Mit der Anbahnung und Umsetzung internationaler Joint Ventures sind jedoch erhebliche *Anforderungen* verbunden:

Strategische Entscheidung:
Um abschätzen zu können, ob ein Joint Venture als Strategie in Betracht kommt, sind zunächst die grundsätzlichen Vor- und Nachteile gegenüberzustellen: Der Rückgriff auf die lokalen Kenntnisse des Gastlandpartners erlaubt es, den Auslandsmarkt in größerem Umfang zu erschließen, als es im Alleingang möglich wäre. Joint Ventures haben allein infolge ihrer Marktnähe bessere Markteintrittschancen als andere Internationalisierungsformen wie Exporte oder Lizenzvergaben (vgl. Ihrig 1992, S. 26). Im Gegensatz zur Gründung einer ausländischen Tochtergesellschaft ist zudem das Risiko von Vermögensverlu-

sten vergleichsweise geringer. Mit dem Joint Venture verbinden sich möglicherweise weitere Vorteile zwischenbetrieblicher Bündnisse wie Risikostreuung durch Investitionsaufteilung, Fehlerausgleich durch gebündeltes Erfahrungswissen, Kostendegression infolge höherer Auslastung und Vermeidung von Doppelaktivitäten sowie Addition bzw. Ergänzung von Ressourcen. Als Nachteile treten bspw. höhere Kommunikations- und Koordinationskosten, Flexibilitäts- und Eigenständigkeitsverluste, die Gefahr unbeabsichtigten Know-how-Verlustes insbesondere bei gemeinsamer F&E sowie typische Nachteile von Auslandsgeschäften (z.B. politisches Risiko) auf.

Darüber hinaus spielen gerade die *landesspezifischen Chancen und Risiken* bei der Beurteilung des Joint Ventures eine Rolle. So wird bspw. das niedrigere Lohnniveau in Schwellenländern oder der GUS oft hervorgehoben. Gleichwohl sollte bei langfristig angelegten Vorhaben nicht in dem Maße auf niedrige Löhne gesetzt werden, wie dies in der Vergangenheit geschehen ist. Gegenwärtig vorhandene Lohnkostenvorteile sind angesichts geringerer Arbeitsproduktivität, Qualitätsunterschiede usw. zu relativieren (vgl. z.B. Uebele 1991, S. 95 ff.). Aspekte, die für oder gegen ein Joint Venture sprechen, lassen sich in einer Argumentenbilanz gegenüberstellen; als Saldo ergibt sich der erwartete Kooperationsgewinn bzw. -erfolg (vgl. Bock/Thielemann 1993, S. 118).

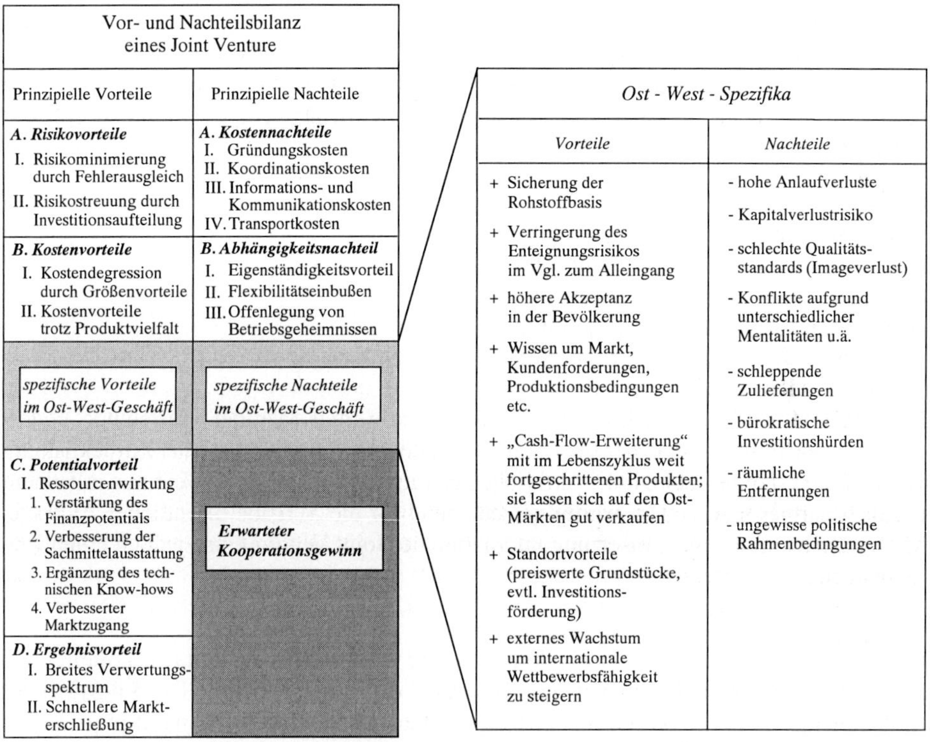

Abbildung 3: Vor- und Nachteilsbilanz am Beispiel eines Ost-West-Joint-Venture

Partnersuche:
Es liegt auf der Hand, daß die Auswahl des Gastlandpartners mit äußerster Sorgfalt erfolgen muß. Dabei ist es nicht immer einfach, unter der Fülle der potentiellen Partner den geeigneten auszuwählen. Entscheidend sind neben den *persönlichen Eigenschaften des Partners* vor allem subjektive Vorstellungen über dessen potentiellen Kooperationsbeitrag, insbesondere dessen *Rechte* und *Pflichten*. Um überhaupt einen Partner zu finden, empfiehlt sich, trotz der mittlerweile zahlreich vorhandenen - nicht immer aktuellen - Kooperationsdatenbanken, ein Rückgriff auf Berater, Institutionen oder Unternehmen, die bereits im Zielland einschlägige Erfahrungen gemacht haben und direkte Empfehlungen geben können. Der kooperationsinteressierte Partner, der auf ausländische Unternehmen zugehen möchte, sollte landesspezifische Kenntnisse auf allen Unternehmensebenen aufbauen, bevor ein Joint Venture eingegangen wird. Auf der Basis eines loseren Zusammenschlusses im Vorfeld eines geplanten Joint Ventures lassen sich z.B. erste Kontakte und Geschäftserfahrungen mit dem Auslandspartner gewinnen. In diesem Zusammenhang sollte im Vorfeld geprüft werden, inwieweit einem Auslands-Joint-Venture nicht zunächst eine Inlands-Kooperation vorgeschaltet werden kann, um damit das Risiko weiter zu verteilen und für den einzelnen Partner tragfähiger zu machen.

Gründung:
Die rechtliche Gestaltung richtet sich nach den jeweiligen Gastlandvorschriften. Zur Vermeidung späterer Mißverständnisse sind *Joint-Venture-Verträge* sehr detailliert und unter Zuhilfenahme vor Ort tätiger Juristen zu gestalten. Dazu zählen auch eindeutig fixierte Beendigungsstrategien, um Joint Venture nicht zum Selbstzweck werden zu lassen und ggfs. eine friktionsfreie Auflösung zu ermöglichen. Während die gerichtliche Durchsetzung von Verträgen in der Europäischen Union kontinuierlich erleichtert wurde, ist dies in anderen Ländern keineswegs selbstverständlich: Gerade vor russischen Gerichten kann bislang lediglich in Einzelfällen von Erfolgen berichtet werden, weshalb nach Möglichkeit immer ein westeuropäischer Gerichtsstand vereinbart werden sollte.

Management:
In osteuropäischen ebenso wie in asiatischen Staaten herrscht im Vergleich zu westlichen Industrieländern eine völlig andere Betriebsstruktur und -führung. In Japan z.B. wird auf hierarchische Strukturen in den Unternehmen großer Wert gelegt, ebenso hat die Gruppen- bzw. Unternehmenszugehörigkeit einen anderen Stellenwert als in Europa (vgl. Lewis 1991, S. 311 ff.). Anders ist dagegen die Situation in der GUS: Den Führungskräften mangelt es in dem dort stattfindenden Transformationsprozeß vom Plan zum Markt häufig an der Bereitschaft, Verantwortung zu übernehmen, im mittleren und unteren Management auch an Leistungsbereitschaft. Ferner fehlen Kenntnisse über Auslandsgeschäfte, für die bisher fast ausnahmslos die dem Außenhandelsministerium unterstellten Außenhandelsorganisationen zuständig waren.

Der Erfolg des Auslands-Joint-Ventures hängt maßgeblich von der vor Ort tätigen „Führungsmannschaft“ ab, wobei zumindest in der Anfangsphase eigene, erfahrene Mitarbeiter zur Unterstützung des Joint Ventures abgestellt werden sollten. Die Zusammenarbeit wird wesentlich erleichtert, wenn beide Seiten aufeinanderzugehen und dabei auf unterschiedliche Ausbildung, Arbeitsmethoden, Mentalitäten usw. eingehen. Konflikte resultieren häufig aus dem Sonderstatus, den im Ausland eingesetzte Fach- und Führungskräfte einnehmen. Bei der Beschaffung und Auswahl ausländischen Personals ist man auf die Unterstützung durch den Auslandspartner angewiesen. Dessen Personalentscheidungen werden jedoch mitunter nach anderen, z.T. für westeuropäische Verhältnisse nicht nachvollziehbaren Aspekten und konträr zu den eigentlichen Anforderungskriterien für die zu besetzende Position getroffen. Vielfach wird es für den Aufbau eines geeigneten Personalstamms notwendig sein, Mitarbeiter von Grund auf selbst anzulernen.

Bei der Ermittlung betriebswirtschaftlicher Kennzahlen sind die *Unterschiede zwischen Rechensystemen* zu berücksichtigen (vgl. Haasis 1991, S. 117 f.). Vor allem in einer Zusammenarbeit mit Unternehmen aus (ehemaligen) Zentralverwaltungswirtschaften ist eine parallele Erfassung der Geschäftsvorgänge nach deutscher Rechnungslegung meist unverzichtbar.

Insgesamt schafft die Zusammenarbeit mit einem Unternehmen aus dem Partnerland in Form eines internationalen Joint Ventures oftmals erst die Voraussetzung, sich an Auslandsmärkten zu beteiligen. Trotz zahlreicher Gestaltungsspielräume und Anwendungsfelder dürfen Joint Ventures in ihren Möglichkeiten nicht überschätzt werden. Die Anbahnung und Umsetzung eines Joint Ventures benötigt Zeit. Daß viele Joint Ventures oft nicht den von ihnen erwarteten Erfolg bringen (vgl. Raffée/Eisele 1994, S. 17; Schrader 1993, S. 238), spiegelt wider, daß die Anbahnung und Umsetzung von Joint Ventures kein Routineprozeß ist und aufgrund der Komplexität und Bedeutung der *Integrationsaufgabe* hohe Anforderungen an die beteiligten Unternehmen stellt. Gelingt die Prozeßgestaltung nicht, wird aus einem Joint Venture schnell ein „Joint Adventure".

Anmerkung

[1)] Meinen Mitarbeitern Herrn Dr. Bernd Kriegesmann und Herrn Dipl.-Ök. Frank Thielemann danke ich für die Unterstützung bei der Erstellung dieses Beitrages.

Literatur

Arbeitskreis Hardach der SG-DGfB: Gemeinschaftsunternehmen, in: ZfbF, 21. Jg. (1969), S. 1-25.

Axelrod, R.: Die Evolution der Kooperation, München 1988.

Backhaus, K.; Piltz, K.: Strategische Allianzen - eine neue Form kooperativen Wettbewerbs? in: Strategische Allianzen, hrsg. v. K. Backhaus u. K. Piltz, ZfbF-Sonderheft 27, Düsseldorf u.a. 1990, S. 1-10.

Bleicher, K.: Zum Management zwischenbetrieblicher Kooperation: Vom Joint Venture zur strategischen Allianz, in: Führungsorganisation und Technologiemanagement, hrsg. v. R. Bühner, Berlin 1990, S. 77-89.

Bock, J.; Thielemann, F.: Ost-West-Joint-ventures. Erfahrungen mit deutsch-russischen Gemeinschaftsunternehmen, in: Mit Innovation vom Plan zum Markt, hrsg. v. E. Staudt, Bochum 1993, S. 111-135.

Busse von Colbe, W.; Ordelheide, D.: Konzernabschlüsse, 6. Aufl., Wiesbaden 1993.

Contractor, F.J.; Lorange, P.: Competition vs. Cooperation: A Benefit/Cost Framework for Choosing Between Fully-owned Investments and Cooperative Relationships, in: MIR, Special Issue (1988), S. 5-18.

Dixon, P.-R.: Joint Ventures: What is Their Impact on Competition? in: The Antitrust Bulletin 7. Jg. (1962), S. 397-410.

ENDRES, D.: Joint Ventures als Instrument internationaler Geschäftstätigkeit, in: WiSt, 16. Jg. (1987), S. 373-378.
ENGELHARDT, W.H.; SEIBERT, K.: Internationale Joint Ventures, in: ZfbF, 33. Jg. (1981), S. 428-435.
GEBHARDT, G.: Gemeinschaftsunternehmungen, in: HWB, Bd. 1, hrsg. v. W. Wittmann et al., 5. Aufl., Stuttgart 1993, Sp. 1375-1388.
HAASIS, C.: Controlling von Beteiligungen am Beispiel eines Gemeinschaftsunternehmens in der UdSSR, in: Controlling-Konzeptionen für die Zukunft, hrsg. v. P. Horváth, H. Gassert u. D. Solaro, Stuttgart 1991, S. 111-123.
HAUSER, H.: Joint Ventures: Sonderlösungen für Einzelfälle oder allgemein verwendbare Instrumente der internationalen Kooperation, in: Aussenwirtschaft, 36. Jg. (1981), S. 176-194.
HELMS, G.: Management von Joint Ventures, in: ZfB, 45. Jg. (1985), S. 290-295.
HERMANN, R.: Joint Venture-Management: Strategien, Strukturen, Systeme und Kulturen, Gießen 1988.
HEUSS, V.: Wie gestaltet man ein Joint-venture krisenfest? in: io Management Zeitschrift, 60. Jg. (1991), H. 5, S. 31-33.
HOMMELHOFF, P.: Gesellschaftsrechtliche Fragen im Entwurf eines SE-Statuts, in: Die Aktiengesellschaft, 35. Jg. (1990), S. 422-435.
IHRIG, F.: Ost-West Joint Ventures: Historische Entwicklung und Bestandsaufnahme, in: Ost-West Joint Ventures, hrsg. v. J. Zentes, Stuttgart 1992, S. 25-57.
KUMAR, B.: Joint Ventures, in: WiSt, 4. Jg. (1975), S. 257-263.
LANGEFELD-WIRTH, K.: Praxis der internationalen Joint Ventures, in: Joint Ventures im internationalen Wirtschaftsverkehr, hrsg. v. K. Langefeld-Wirth, Heidelberg 1990, S. 13-218.
LEWIS, J.D.: Strategische Allianzen, Frankfurt a.M./New York 1991.
LILIENSTERN, H. RÜHLE VON: Planung und Organisation der Kooperation, in: Schriften zur Kooperationsforschung, Bd. 3, hrsg. v. E. Boettcher, Tübingen 1972, S. 19-33.
MECKL, R.: Unternehmenskooperationen im EG-Binnenmarkt, Wiesbaden 1993.
PAUSENBERGER, E.: Unternehmenszusammenschlüsse, in: HWB, Bd. 3, hrsg. v. W. Wittmann et al., 5. Aufl., Stuttgart 1993, Sp. 4436-4448.
PLASSMANN, M.: Die Kooperationsentscheidung des Unternehmers, Diss., Münster 1974.
RAFFÉE, H.; EISELE, J.: Joint Ventures - nur die Hälfte floriert, in: HBM, 16. Jg. (1994), H. 3, S. 17-22.
RATH, H.: Neue Formen der internationalen Unternehmenskooperation, Hamburg 1990.
ROLFES, G.: Gemeinschaftsunternehmen - Ziele ihrer Errichtung sowie ihre betriebswirtschaftlichen und rechtlichen Probleme, Bochum 1979.
SCHRADER, S.: Kooperation, in: Ergebnisse empirischer Forschung: Zu einer Realtheorie der Unternehmung, hrsg. v. J. Hauschildt u. O. Grün, Stuttgart 1993, S. 221-254.
SEIBERT, K.: Joint Ventures als strategisches Instrument im internationalen Marketing, Berlin 1981.
STAUDT, E.; BOCK, J.; TOBERG, M.: Innovation durch Kooperation. Eine Strategie für mittelständische Unternehmen, in: Internationales Gewerbearchiv, 37. Jg. (1989), H. 3, S. 141-149.
STAUDT, E. ET AL: Kooperationshandbuch - Ein Leitfaden für die Unternehmenspraxis, Stuttgart 1992.
UEBELE, H.: Joint Ventures zwischen Betrieben der UdSSR und der Bundesrepublik Deutschland, in: Joint Ventures. Praxis internationaler Unternehmenskooperationen, hrsg. v. H. Albach, ZfB-Erg.H. 1, Wiesbaden 1991, S. 89-124.
WEDER, R.: Joint Venture. Theoretische und empirische Analyse unter besonderer Berücksichtigung der Chemischen Industrie der Schweiz, Grüsch 1989.
WILLIAMSON, O.E.: Die ökonomischen Institutionen des Kapitalismus, Tübingen 1990.
ZENTES, J.: Kooperative Wettbewerbsstrategien im internationalen Konsumgütermarketing, in: Strategische Partnerschaften im Handel, hrsg. v. J. Zentes, Stuttgart 1992, S. 3-31.

Martin Posth

Joint-Venture-Management bei Volkswagen

A. Einleitung

Die Automobilindustrie hat heute einen Komplexitätsgrad erreicht, der immer höhere Investitionen erfordert, um zeit- und marktgerecht den Kunden bedienen zu können. Es ist daher eine gewisse Minimalgröße für Unternehmen erforderlich, um im globalen Wettbewerb langfristig zu bestehen. Aus diesem Grund ist in den letzten Jahren ein Anstieg der Kooperationen innerhalb der Automobilindustrie zu beobachten.

Horizontale Zusammenschlüsse unter Wettbewerbern sollen dazu beitragen, bestimmte funktionale Bereiche der Wertschöpfungskette gemeinsam abzuarbeiten. Auch *vertikale* Kooperationen gewinnen immer größere Bedeutung, und Vorgänge wie PEP (Produkt-Entwicklungs-Prozeß) oder SE (Simultaneous Engineering) erfordern eine frühzeitige Integration aller am Entwicklungsprozeß Beteiligten.

Ebenso werden *vertriebsseitig* engere Kooperationen zwischen Herstellern, Spediteuren und Handelsbetrieben notwendig, um die Kosten nach der Fertigstellung des Produktes bis zur Auslieferung an den Kunden zu verringern.

Transnationale Zusammenschlüsse werden immer häufiger zum Zweck der Markterschliessung getätigt, um mit lokalem Know-how fremde Märkte erfolgreich zu bearbeiten.

Es gibt aber nicht nur Kooperationen, um zukünftige Aktivitäten auszugestalten. Vermehrt sehen wir auch eine Zusammenlegung von Aktivitäten und Ressourcen, um wirtschaftliche Schwierigkeiten von Unternehmen zu bewältigen und das langfristige Überleben zu sichern. Der somit eingeleitete Konzentrationsprozeß wird mittelfristig zu einer oligopolistischen Industriestruktur der Branche führen.

Wir sehen daraus, daß es vielfältige Gründe und Ansatzpunkte gibt, gemeinschaftlich vorzugehen. Dies zeigen auch die Joint-Venture-Aktivitäten des Volkswagen-Konzerns.

Die Volkswagen-Gruppe hat in der Vergangenheit Kooperationen und Joint Ventures aus unterschiedlichen Motivationen gegründet:

- *Beteiligung* an Unternehmen (und deren spätere Übernahme) zur Erweiterung und Abrundung der Produktpalette (Audi-NSU Autounion, Seat, Skoda),
- *Zusammenlegung* von Unternehmen, da eine eigenständige Weiterführung ökonomisch unrentabel gewesen wäre (Autolatina-Joint-Venture zwischen Ford und Volkswagen in Brasilien und Argentinien),
- *Markterschließung* (Shanghai-Volkswagen und FAW-VW in China, Ching Chung Motors in Taiwan),
- *Produktion in Billiglohnländern* (TAS in Yugoslawien, Volkswagen of Nigeria, Volkswagen Bratislava, VW/Siemens-Joint-Venture zur Fertigung von Kabelsträngen in der Türkei),
- *Montagen vor Ort*, um Import- und Zollgesetze zu nützen (T4-Transporter- und Skoda-Montage in Polen, Audi-Montage in Malaysia),
- *gemeinsame Entwicklung und Produktion* von Fahrzeugen und/oder Komponenten zwecks Investitionsoptimierung (Kooperation mit MAN, MPV-Produktion mit Ford durch AutoEuropa, Setubal/Portugal),

- *Partizipation an Vertriebskanälen* (DUO Händlernetz mit Toyota in Japan),
- *kostengünstige Produkt- und Komponentenentwicklung* (Getriebeentwicklung mit Mercedes-Benz und ZF),
- *Diversifikation* (Triumpf Adler) und
- *Know-how-Akquisition von Dritten* (Toyota Hilux-Fertigung in Hannover).

Die im folgenden beschriebenen Erfahrungen beziehen sich auf das *Kerngeschäft* des Volkswagen-Konzerns, nämlich die Konstruktion und Produktion von Automobilen, so daß gemeinsame Aktivitäten auf anderen Geschäftsfeldern hier weitgehend außer Betracht bleiben.

B. Volkswagens Entwicklung zum globalen Unternehmen

Volkswagens Unternehmensentwicklung läßt sich in drei Phasen einteilen:

PHASE 1 GRÜNDUNG		PHASE 2 EXPANSION/INTER- NATIONALISIERUNG		PHASE 3 GLOBALISIERUNG	
		Audi		Audi	
		Brasilien	1953	China (SVW)	1984
		Südafrika	1956	Spanien (SEAT)	1986
		Mexiko	1964	Südamerika (Autolatina)	1987
		VW Brüssel	1971	China (FAW-VW)	1990
		Bosnien - Herzegowina (TAS) (beendet 1993)	1972	Tschechische Republik (SKODA)	1991
				Slowakei (VW-Bratislava)	1991
		Nigeria	1973	Portugal (AutoEuropa)	1991
		USA (geschlossen 1987)	1976	Taiwan (CCM)	1992
Wolfsburg	1938	Hannover	1955	Mosel / Sachsen	1991
Braunschweig	1938	Kassel	1959		
		Emden	1964		
		Salzgitter	1970		

Abbildung 1: Phasen der Unternehmensentwicklung

C. Markterschließung

Während in der Gründungsphase der Aufbau des Unternehmens sowie die Produktion des Käfer und des T2-Transporters im Mittelpunkt standen, begann bereits 1950 das *reine Exportgeschäft* mit der Lieferung von CKD-Fahrzeugen (CKD = completely knocked down) nach Brasilien und Irland. Dies waren zugleich die ersten Wurzeln für Auslandsmontagestätten, die sich im Laufe der Zeit zu eigenständigen Produktionswerken entwikkelten. So wurden Vertriebsgesellschaften in Canada (1952), den USA (1955) und Montagegesellschaften in Brasilien (1953), Australien (1954), Südafrika (1956) und Mexico (1964) gegründet.

Als erstes Joint Venture von Volkswagen kann die Mitte 1954 in Australien aufgenommene CKD-Montage von Volkswagen bezeichnet werden, die die Basis für das 1957 gegründete *Joint Venture Volkswagen Australasia Pty. Ltd.* in Melbourne bildete, an der die Volkswagen GmbH mit 51% beteiligt war. Es übernahm die Montage von Volkswagen in Australien mit begrenztem Lieferanteil.

Die 1953 in San Bernardo do Campo gegründete *Volkswagen do Brasil S.A.* entwickelte sich in kurzer Zeit zur bedeutendsten ausländischen Tochtergesellschaft des Volkswagen-Konzerns. Zunächst wurden in Sao Paulo Volkswagen aus in Deutschland gefertigten Teilen montiert. Die Devisenlage des Landes zwang aber das Unternehmen bald, Teile direkt in Brasilien zu produzieren. Da dafür allerdings die technischen Voraussetzungen fehlten, motivierte Volkswagen deutsche Partner aus der Industrie, sich ebenfalls in Brasilien zu engagieren und dort die positive Zusammenarbeit fortzusetzen. Diese wirtschaftliche Initiative führte zu einem Sozial- und Wirtschaftsengagement von beträchtlichem Umfang, das erheblich zum Wirtschaftsaufschwung Brasiliens beitrug. Im November 1986 wurden die in wirtschaftliche Schwierigkeiten geratene Volkswagen do Brasil und die ebenfalls notleidende Ford do Brasil S.A. in die Holdinggesellschaft *Autolatina* eingebracht. Darüber hinaus wurden die argentinischen Tochtergesellschaften beider Unternehmen miteinander verschmolzen und der gemeinsamen Holdinggesellschaft unterstellt. Die Volkswagen-Beteiligung umfaßt 51%.

1972 wurde gemeinsam mit dem jugoslawischen Importeur UNIS (= die staatliche Importgesellschaft) die *TAS Tvornica Automobila Sarajevo* als Montagegesellschaft gegründet. Ziel war es, durch TAS die osteuropäischen Märkte zu erschließen. Um die Devisenbilanz des Unternehmens auszugleichen, wurde auf der Basis der kostengünstigeren Lohnstruktur im Lande begonnen, Teile in den Unternehmensverbund zu exportieren.

Um den durch den Ölreichtum geschaffenen Markt Nigeria vor Ort zu erschließen, wurde 1973 mit dem Bau der *Volkswagen of Nigeria Ltd.* begonnen.

Die Errichtung des Montagewerks in *Westmoreland*, USA, erfolgte 1976 ebenfalls aus absatzpolitischen Gründen, da unter dem Druck der Währungsparitäten ein Export in die USA immer schwieriger wurde.

Die politischen Veränderungen gegen Ende 1989 und die Öffnung der innerdeutschen Grenze waren für die VW AG Anlaß, die schon in den Jahren zuvor aufgenommenen Aktivitäten mit Firmen in der DDR auszubauen. Es kam zur Gründung der *Volkswagen-*

IFA-PKW GmbH, die in Chemnitz und Mosel statt der bisherigen Trabant-Fertigung eine Produktion von Volkswagen vorbereiten sollte. Das Unternehmen wurde im Dezember 1990 in die Volkswagen Sachsen GmbH, einer 100%-Tochter der VW AG, umgewandelt, um den Ausbau einer neuen Automobilfabrik in Mosel und den Anlauf der Golf-Fertigung sicherzustellen.

D. Produktentscheidung

Während alle bisher genannten Aktivitäten hauptsächlich der Erschließung neuer Märkte dienten, erfolgte die Übernahme von ca. der Hälfte des Stammkapitals der *Auto Union GmbH* in Ingolstadt 1964 von der Daimler Benz AG vornehmlich aus produktpolitischen Überlegungen. Volkswagen konnte durch den Zusammenschluß seine Modellpalette, die zu diesem Zeitpunkt nur aus dem Käfer und dem Transporter bestand, durch Fahrzeuge des oberen Segments erweitern. Die Auto Union GmbH hatte hingegen aufgrund der Ermangelung einer schlagkräftigen Handelsorganisation gravierende Absatzschwierigkeiten, die durch die Übernahme beseitigt werden konnten. Die noch verbleibende Hälfte wurde bis 1966 erworben und 1969 mit der NSU zur Audi NSU Auto Union GmbH verschmolzen.

Auch die 1979 mit *MAN* zur Produktion der LT-Reihe eingegangene Kooperation beruhte darauf, daß der Volkswagen-Konzern kein passendes Produkt in der kleinen LKW-Klasse zur Verfügung hatte und eine eigene Entwicklung zu teuer gekommen wäre.

Die 1981 erfolgte Einigung über die Produktion des Volkswagen Santana in Japan zwischen Volkswagen und *Nissan Motor Co. Ltd.*, Tokio, war die erste Kooperation zwischen einem westeuropäischen und einem japanischen Automobilhersteller dieser Art. Für Volkswagen stand die Erschließung des japanischen Marktes sowie das Studieren japanischer Produktionsmethoden im Vordergrund.

Die Übernahme des spanischen Automobilhersteller *SEAT* 1986, mit dem anfänglich ein Kooperations- und Lizenzabkommen zur technischen Unterstützung abgeschlossen wurde, hatte das Ziel, das Angebot mit mediterranen Produkten zu erweitern. Die Akquisition von Seat solllte auch die Präsenz der Marken Audi und Volkswagen in den südeuropäischen Märkten durch Synergieeffekte in den Vertriebsorganisationen verstärken.

Ebenso hatte die 1987 begonnene Zusammenarbeit mit dem japanischen Hersteller *Toyota* über die Produktion des Eintonnen-Pick-up Taro in Hannover das Ziel, die Nutzfahrzeugpalette zu erweitern. Der Austausch von Fachpersonal sollte auch zu einem Know-how Transfer führen, um Lean-Production-Methoden wie Just in Time, Kanban, etc. bei Volkswagen einzuführen.

Die gemeinsame Entwicklung und Produktion einer Großraumlimousine von Ford und Volkswagen, Projektstart war 1989, beinhaltete erstmals mehrere Schritte der Wertschöpfung in einem Joint Venture. Das Unternehmen *AutoEuropa* wurde gegründet, um ein Fahrzeug zu entwickeln und in Portugal zu produzieren. Beide Partner halten einen Anteil von 50%.

Die Übernahme der Managementverantwortung bei *Skoda* 1991 war die erste ihrer Art, bei der ein westeuropäisches Automobilunternehmen ein ehemaliges kommunistisches Staatsunternehmen in seinen Verbund integrierte. Dabei trafen nicht nur unterschiedliche Mentalitäten, sondern auch unterschiedliche soziale Standards aufeinander. Während die tschechische Seite vornehmlich durch moderne Technologie ihr Unternehmen langfristig retten wollte, waren für Volkswagen die billigen Lohnkosten in der Tschechischen Republik, das Erschließen der osteuropäischen Märkte und die Abrundung der Konzernproduktpalette mit preisgünstigen, robusten Fahrzeugen einer traditionsreichen Marke ausschlaggebend.

E. China-Aktivitäten

Eine besondere Stellung nehmen im Volkswagen-Konzern die Joint Ventures in China und Taiwan ein. Der Volkswagen-Konzern unterhält heute drei Joint Ventures in diesem Teil Asiens. Das größte, älteste und erfolgreichste seiner Art ist die *Shanghai Volkswagen Automotive Ltd.*, basierend auf einem 1982 zwischen der Volkswagen AG und der Shanghai Tractor & Automotive Corporation geschlossenen Grundlagenvertrag über die Montage des Santana in China. Der erste in China montierte Santana wurde 1983 fertiggestellt. Am 24.10.1984 wurde der Joint-Venture-Vertrag unterzeichnet und 1985 nahm das Unternehmen seine Geschäftstätigkeit auf. Ursprünglich war eine Kapazität von 30.000 Fahrzeugen und 100.000 Motoren für 1992 vorgesehen. 1994 wurden aber bereits 115.000 Fahrzeuge produziert und die Expansionspläne sehen eine endgültige Kapazität von 300.000 Einheiten in 1998 und die Errichtung eines weiteren Motorenwerkes vor.

1987 erfolgte der Abschluß eines *Lizenzvertrages* zwischen der Audi AG und *First Automobile Works* in Changchun in der nördlichen Provinz Jilin, der die Montage von jährlich 30.000 Audi 100 zum Inhalt hat. Am 20.11.1990 kam es im Zuge der weiteren Expansion der Volkswagen AG in China zur Unterzeichnung des Joint-Venture-Vertrages mit der First Automobile Works und zur Gründung der *FAW-VW*, die die Produktion des Jetta mit einer Jahreskapazität von 150.000 Einheiten und eine Motorenproduktion aufnehmen soll.

Um das Produktangebot in diesem Teil von Asien abzurunden, wurde im Juni 1992 das Joint Venture *Ching Chung Motor Co. Ltd.* in Taipeh/Taiwan gegründet, das die Produktion des T4 Transporters im Herbst 1994 aufnehmen wird.

F. Ziele der chinesischen Joint Ventures

Bei den chinesischen Joint Ventures waren die Ausgangspunkte der Partner am unterschiedlichsten. Für die Volkswagen AG waren ausschlaggebend:

- der *frühe Einstieg* in einen Markt mit langfristig bedeutenden Absatzpotentialen,

- die Möglichkeit zum *stufenweisen Ausbau* des Engagements hinsichtlich Produktprogramm und Kapazitäten, jeweils in Anpassung an Markterfordernisse und Absatzmöglichkeiten, und
- die Schaffung eines „*VW-Brückenkopfes*" im südostasiatischen Raum mit der Option der Belieferung von Märkten, die heute von den Wettbewerbern beherrscht werden.

Für die chinesischen Partner waren maßgeblich:

- die Modernisierung der eigenen Automobil- und Zulieferindustrie sowie die Einführung lokal gefertigter Produkte, die internationalen Standards hinsichtlich Technologie, Qualität und Preisstellung entsprechen,
- der Zugang sowie die gezielte Übernahme und Einführung von Know-how bei Produkt- und Fertigungstechnologien, Management und Verwaltung sowie Training und Ausbildung im weitesten Sinne und
- die Schaffung von Voraussetzungen für die längerfristig beabsichtigten Exporte zur Positionierung Chinas auf den Weltmärkten.

Die darauf aufgebauten Ziele stellten von Anbeginn eine ausgewogene gemeinsame Basis für eine partnerschaftliche Zusammenarbeit dar.

G. Erfahrungen bei Autolatina

Der Aufbau des größten Industrieunternehmens in Südamerika war von besonderen Schwierigkeiten geprägt. Zwei Unternehmen (Volkswagen und Ford) aus zwei unterschiedlichen Kulturkreisen (Deutschland, USA) versuchten in einem Gemeinschaftsunternehmen (51% Volkswagen, 49% Ford) in einem dritten Kulturkreis (Südamerika) ihre in zwei Ländern (Brasilien, Argentinien) liegenden Automobilinteressen zu optimieren.

Hier galt es, mit mehrdimensionalen, *interkulturellen* Problemstrukturen fertig zu werden. Das neu geformte Management aus Volkswagen und Ford setzte sich das Ziel, in der neuen Einheit Autolatina einen eigenständigen Corpsgeist und ein neues Selbstverständnis zu kreieren. Unmittelbar nach der Gründung des Joint Venture wurden in vierteljährlichen Abständen intensive *Workshops* mit folgenden Inhalten abgehalten:

- Diskussion über die Konzeption des Zusammenschlusses, Präsentation der unterschiedlichen Kulturen von Volkswagen und Ford, den Zielen der Muttergesellschaften und Festlegung der Beziehungen zur brasilianischen Regierung,
- Diskussion von Beispielen erfolgreicher und gescheiterter Merger und die Erfahrungen, die Volkswagen, Ford und Autolatina aus kritischen Themen (Organisation, Management, Entscheidungsprozesse, etc.) ziehen können,
- Bildung eines effizienten Managementteams in einer Situation instabiler Wirtschaftsentwicklung und hohem Management-turnover und
- Erfahrungsaustausch nach 18 Monaten Zusammenarbeit sowie Definition weiterer Zielsetzungen und Maßnahmen zur Integration der unterschiedlichen Managementkulturen.

Die Workshops wurden im Laufe der Zeit eine feste Einrichtung, die dem Executive Management die Möglichkeit gab, ungestört vom täglichen operativen Geschäft wichtige Fragen der Organisation und der Managementprozesse zu klären. Entscheidungen, Ziele und Maßnahmen wurden anschließend sofort dem Gesamtmanagement in eigens dafür geschaffenen Integrations- und Informationsveranstaltungen mitgeteilt, diskutiert und die Umsetzung eingeleitet.

Auf diesen Erfahrungen aufbauend haben Volkswagen und Ford 1991 das erwähnte Joint Venture AutoEuropa in Portugal gegründet.

H. Die Erfolgsfaktoren im Joint Venture

Um internationale und/oder nationale Joint Ventures erfolgreich zu gestalten, sind folgende Punkte je nach Art des Engagements mehr oder weniger entscheidend:

- Sorgfältige *Partnerselektion:* Welches Ansehen hat der Partner in der lokalen Gemeinschaft? Hat er die richtigen politischen Beziehungen? Kompensiert er meine Schwachstellen? Kann der Partner eine qualifizierte Belegschaft zur Verfügung stellen?
- Definition einer gemeinsamen *Zielsetzung*: Haben beide Partner dieselben Ziele? Sind die Zielkriterien identisch? Ist man sich über die Wege der Zielerreichung einig?
- Richtiger *Standort:* Ist die notwendige Infrastuktur existent? Besteht die volle Unterstützung der zentralen und lokalen Behörden für das Projekt?
- *Feasibility-Study:* Sie ist und bleibt das Gebetbuch während der Partnerschaft.
- Sorgfältige *Vertragsverhandlungen.*
- *Devisenhilfe beim Start* absichern: Welche Devisenunterstützungen sind notwendig? Wer beschafft sie? Welche fall-back Pläne/Möglichkeiten für Notfälle gibt es?
- Genaue Analyse des *Human Factors:* Welche Management- und Organisationsformen sollen gewählt werden? Welche Qualifikationen der Mitarbeiter sind notwendig?
- Auswahl der *Expatriates:* Bei transnationalen Joint Ventures, die Aufbauarbeit und Technologietransfer zum Inhalt haben, sind mehr Berater mit breiten Fach- und Führungsqualifikationen als hochqualifizierte Spezialisten gefragt.
- Klare *Definition der Aufgaben und Rechte der Shareholder.*

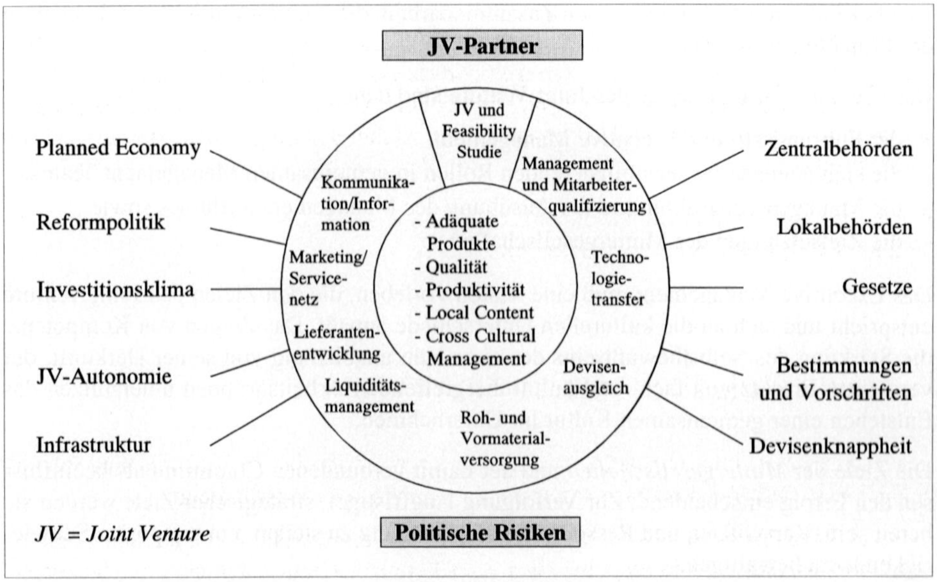

Abbildung 2: Ansatzpunkt für die erfolgreiche Führung von Joint Ventures

I. Die Herausforderung im Joint Venture

Bei jedem Joint Venture werden im Laufe der Zeiten Herausforderungen und Probleme auftreten. Die wahrscheinlichsten sind:

- *politische* Risiken,
- Forderung nach ausgeglichenen *Devisenbilanzen,*
- versteckte *Kosten* (Bürokosten, Mieten, Abgaben, Telekommunikation, etc.),
- *Materialbeschaffung,*
- Sicherung der *Qualitätsstandards,*
- *Bürokratie* versus *Korruption* und
- konkrete Fragen im *Technologieaustausch und -transfer.*

J. Cross Cultural Management und Zusammenfassung

Eine Entscheidung zu einem Joint Venture ist immer getragen von den erhofften und errechneten Synergieeffekten. Die auftretenden Probleme resultieren dann meistens aus externen und internen Schwierigkeiten. Während die externen und technischen Anforderungen zumeist durch Kreativität und Improvisation gelöst werden können, sind es die weichen Faktoren der menschlichen Zusammenarbeit, die über die Zukunft und den Erfolg der Projekte entscheiden.

Entscheidend für den *Erfolg* des Joint Venture sind daher

- der Führungsstil des Executive Management,
- die sich gegenseitig sensibilisierenden Rollen in gemeinsamen Management Teams,
- die Managementstruktur und die Ausübung des Managementeinflusses sowie
- die Zielsetzungen der Muttergesellschaften.

Das Executive Management muß eine Vision vorleben, die den Zielen des Joint Venture entspricht und sich an die kulturellen Unterschiede anpaßt. Das Zeigen von Kompetenz, die Stärkung des Selbstbewußtseins des einzelnen unabhängig von seiner Herkunft, der vermehrte Einsatz von fach- und kulturübergreifenden Arbeitsgruppen unterstützen das Entstehen einer gemeinsamen Kultur im Unternehmen.

Die Ziele der *Muttergesellschaften* und der damit verbundenen Commitments beeinflussen den Erfolg entscheidend. Zur Verfolgung langfristiger, strategischer Ziele werden sie bereit sein, Kapazitäten und Ressourcen zur Verfügung zu stellen, um temporäre Schwierigkeiten zu bewältigen.

Da Joint Ventures meist mehrere Kulturen (Unternehmen, Länder oder Wirtschafts-, Werte- und Gesellschaftssysteme) zusammenführen, sind hiermit Konfliktpotentiale in einem höheren Ausmaß gegeben. *Gegenseitiges Verständnis* und die Fähigkeit, mit den *Cross-Cultural*-Problemen *konstruktiv* fertig zu werden, sind wesentliche Grundlagen für ein erfolgreiches Joint Venture. Man kann daher zusammenfassend feststellen: Menschenkenntnis geht vor Marktkenntnis.

Literatur

Goldberg S.: Management von Joint Ventures, Wiesbaden 1990.

Keow Hoon-Halbauer S.: Management of Sino-Foreign Joint Ventures, Lund 1994.

Posth M.: Volkswagen - Partner der chinesischen Automobilindustrie, in: Der Asiatisch-Pazifische Raum, hrsg. v. D. Schneidewind u. A. Töpfer, Landsberg a. Lech 1991, S. 335-354.

Posth M.: Erfahrungen von Volkswagen beim Einstieg, Aufbau und Führung von Gemeinschaftsunternehmen in der Volksrepublik China, in: Handbuch der internationalen Unternehmenstätigkeit, hrsg. v. N. Kumar u. H. Haussmann, München 1992, S. 1013-1030.

Horst Wildemann

Kooperationen über die Wertschöpfungskette

A. Entwicklungstrends und Reorganisationserfordernisse

1. Veränderungen im Wettbewerbsumfeld

Differenzierte Konsumentenbedürfnisse bei gesättigten Märkten führen für die Unternehmen zu der Notwendigkeit, kundenindividuelle Komplettlösungen anzubieten. Um schnelle und flexible Reaktionen auf diese kundenspezifischen Anforderungen sicherzustellen, haben Produkt- und Produktionsstrukturen jedoch vielfach einen Komplexitätsgrad erlangt, der nur mit hohen Kosten beherrschbar ist. Die wachsende Varianten- und Typenanzahl ebenso wie der große Rationalisierungsdruck infolge der Globalisierung von Absatz- und Beschaffungsmärkten, steigende Materialkostenanteile und die Bedeutung des Faktors Zeit bei gleichzeitiger Forderung nach einem 100%-igen Qualitätsniveau bewirken, daß bei der Erreichung von Wettbewerbsvorteilen künftig ein Überdenken der *optimalen Leistungstiefe* an Bedeutung gewinnt. Lieferanten und Hersteller wollen branchenübergreifend die Fertigungstiefe reduzieren, um die Konzentration auf Kerngeschäfte zu forcieren (vgl. Wildemann 1993, S. 19 f.). Zunehmend werden dabei auch Entwicklungs- und Logistikaufgaben fremdbezogen. Eine weitere, bei der Eigenerstellung oder Fremdvergabe entscheidende Funktion stellt die Qualitätssicherung dar. Kennzeichnend für neue Qualitätssicherungsstrategien ist die zeitliche Vorverlagerung der Qualitätssicherung i.S. der Prävention. Dies gilt sowohl für den Entwicklungs- als auch für den Herstellungsprozeß. Darüber hinaus ist in diesem Zusammenhang die Anerkennung des Qualitätssicherungssystems der Zulieferer durch den Hersteller in Form von Audits von Bedeutung, die zu dem Ziel beitragen sollen, Doppelarbeit durch kosten- und zeitaufwendige Wareneingangskontrollen bei den Abnehmern zu vermeiden (vgl. Wildemann 1994, S. 151 ff.).

Veränderte Anforderungen an Hersteller- und Zulieferunternehmen ergeben sich jedoch nicht nur aufgrund anderer Aufgabeninhalte, sondern auch aufgrund von Internationalisierungsbestrebungen. Zur Ausnutzung günstiger Standortfaktoren und zur Erschließung neuer Märkte haben einige Herstellerunternehmen Produktionsstätten ins Ausland verlagert. Die Fortsetzung der bewährten und kunden- und marktnahen Zusammenarbeit mit den Abnehmern sowie die Ausnutzung ausländischer Standortvorteile fördern den Trend, daß Lieferanten ihren Abnehmern zu neuen Standorten nachfolgen und ebenfalls Internationalisierungsstrategien einschlagen. Die Zielvorstellung besteht dabei im Aufbau von internationalen Produktions- und Beschaffungsnetzwerken zwischen Zuliefer- und Abnehmerunternehmen. Neben Umsatzsteigerungen eröffnet die Internationalisierung die Möglichkeit, Zugang zu neuem Know-how bspw. in Form von Kooperationen mit Unternehmen im Ausland zu erhalten (vgl. Wildemann 1993, S. 28).

2. Kunden-Zulieferer-Beziehungen in der Wertschöpfungskette

Die dargestellten Veränderungen im Wettbewerbsumfeld zwingen Unternehmen zur gleichzeitigen Beherrschung von Kosten, Qualität und Zeit. Diesen Anforderungen unterliegen nicht nur - wie bisher überwiegend betrachtet - die unternehmensinternen Prozesse;

Fremdbezugsanteile von häufig über 50% der Produktionskosten bei weiter anhaltendem Trend zur Leistungstiefenreduktion führen dazu, daß das Beeinflussungspotential eines Unternehmens heute über die Unternehmensgrenzen hinausgeht. Das vom Einkauf zu beeinflussende Kostenvolumen, die Bedeutung des Einkaufs für die Liquidität des Unternehmens sowie für die Gewinnerzielung steigt und bewirkt, daß sich der Erfolg eines Unternehmens vermehrt in Abhängigkeit von der Leistungsfähigkeit und Kostensituation seiner Lieferanten ergibt (vgl. Abbildung 1). Mit abnehmender Leistungstiefe wachsen darüber hinaus Umfang und Komplexität des abzuwickelnden Liefervolumens, das zur richtigen Zeit am richtigen Ort zur Verbauung verfügbar sein muß. Die Komplexität steigt nochmals, wenn Zulieferkomponenten, wie häufig üblich, nicht nur von einem, sondern von mehreren Lieferanten bezogen werden (Mehrquellenbelieferung). Um Verbesserungen zu erreichen, sind aufgrund dieser Intensivierung der vertikalen Verbindung zwischen Herstellern und Lieferanten zunehmend zwischenbetriebliche Leistungsstrukturen in die Optimierungsbestrebungen einzubeziehen. Zur Ermittlung von Rationalisierungspotentialen sind daher immer die unternehmensübergreifenden Gesamtkosten zugrunde zu legen. Isolierte Optimierungsstrategien sind dort in Frage zu stellen, wo zusammenhängende Funktionen voneinander getrennt werden, da dadurch aufwendige Abstimmungs- und Reibungsverluste, Transaktionskosten und letztlich Effizienzverluste entstehen. Die Umsetzung dieser Anforderungen verlangt eine enge, vertrauensvolle und kooperative Zusammenarbeit zwischen Abnehmer und Lieferanten.

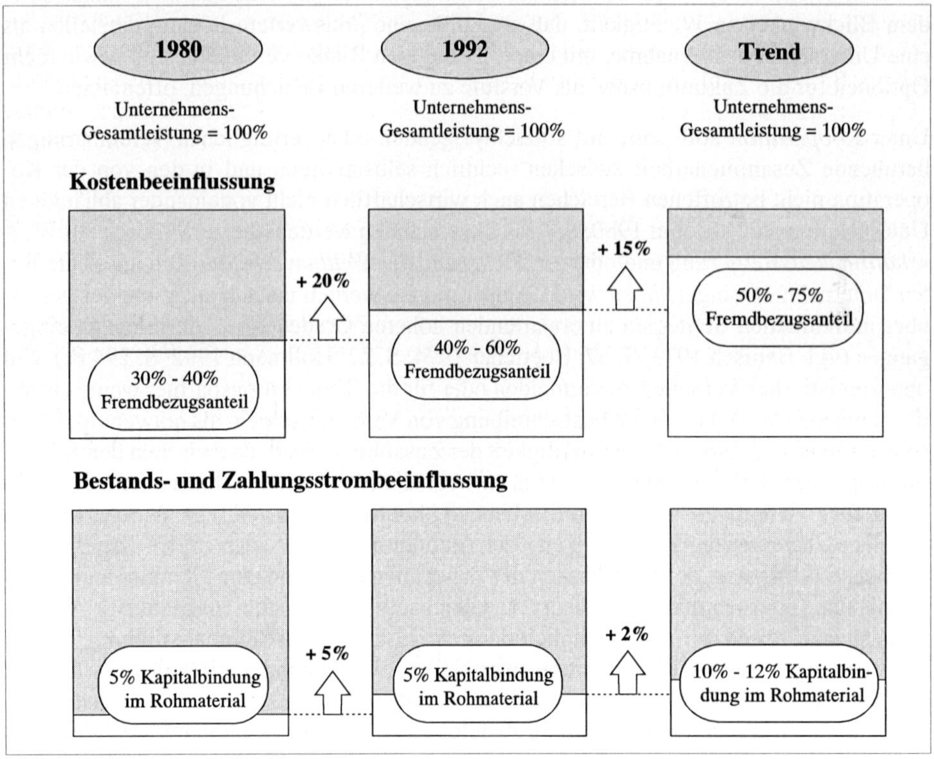

Abbildung 1: Kosten- und Liquiditätsbeeinflussung des Einkaufs

B. Vertikale Kooperationen als Ansatzpunkte zur Steigerung des Wertschöpfungspotentials

Der unternehmerische Alleingang wird zunehmend schwieriger, da die organisatorische Entwicklung eines Unternehmens lange Zeit in Anspruch nimmt, umfangreiche Ressourcen bindet und mit hohen Kosten verbunden ist. Aber auch die andere Extremform, die vollständige Integration oder der Zusammenschluß von Unternehmen, ist häufig mit suboptimalen Ergebnissen verbunden und weist keine eindeutig positive Korrelation mit Rentabilitätserhöhungen auf. Eine Eingliederung in Konzernstrukturen vermindert häufig sogar die Kreativität und das Innovationspotential und senkt die Gewinnwahrscheinlichkeit durch hohe Gemeinkosten, die innerhalb von Konzernstrukturen anfallen. Kooperationen bezwecken dagegen, die wirtschaftliche Situation durch die gemeinsame Ausübung von Funktionen oder Teilfunktionen zu verbessern und Leistungsbeiträge zu erbringen, die über eine reine Marktbeziehung hinausgehen. Kooperationsstrukturen schaffen flexible, anpassungsfähige Unternehmen, die die Vorteile kleinerer Organisationsformen mit denen größerer Organisationseinheiten kombinieren und verbinden. Weitere Vorteile ergeben sich aus der Möglichkeit, Know-how zu bündeln, sich über vorhandene Kenntnisse auszutauschen und Zugang zu komplementären Fähigkeiten zu erlangen. Daraus leiten sich wichtige Synergie- und Zeitvorteile ab (vgl. Wildemann 1994, S. 171 ff.; Bronder/Pritzl 1992, S. 21 ff.). Kooperative Formen der Zusammenarbeit gewinnen darüber hinaus unter dem Blickwinkel an Wichtigkeit, daß sie i.d.R. eine preiswertere Lösung darstellen als eine Unternehmensübernahme, mit einem geringeren Risiko verbunden sind sowie mehr Optionen für die Zukunft, bspw. als Vorstufe zu weiteren Beziehungen, offenlassen.

Unter *Kooperation* soll „eine auf stillschweigenden oder vertraglichen Vereinbarungen beruhende Zusammenarbeit zwischen rechtlich selbständigen und in den von der Kooperation nicht betroffenen Bereichen auch wirtschaftlich nicht voneinander abhängigen Unternehmungen" (Blohm 1980, Sp. 1112) verstanden werden, die zum Zweck der *Wirtschaftlichkeitssteigerung* und/oder zur *Sicherung der Wettbewerbsfähigkeit* aller beteiligten Unternehmen eingegangen wird. Kooperationen werden danach aufgrund des gegenüber individuellen Strategien zu erwartenden höheren Grades der Zielerreichung eingegangen (vgl. Benisch 1973, S. 67; Boettcher 1974, S. 22; Hollmann 1992, S. 294 ff.). Um opportunistisches Verhalten zu vermeiden oder für die Kooperationspartner wenig attraktiv zu machen, erweist sich die Festschreibung von Verhaltensregeln als notwendig. Ebenso wichtig ist der Aspekt der Freiwilligkeit der Zusammenarbeit, da zwischen den Kooperationspartnern keine Weisungsbefugnis vorliegt, die Interessen juristisch oder wirtschaftlich nicht erzwingbar sowie auch nie vollständig kontrollierbar sind (vgl. Wurche 1991, S. 13). Der Charakter der Freiwilligkeit oder Autonomie kommt auch in den Kriterien der zeitlichen Befristung, der Kündbarkeit der Zusammenarbeit und dem Gleichordnungsverhältnis der Unternehmen zum Ausdruck. Gleichzeitig ergibt sich aufgrund des Abstimmungsbedarfes und der Notwendigkeit der gemeinsamen Entscheidungsfindung, um die Ziele und den Nutzen der Kooperation zu erreichen, eine Abhängigkeit (vgl. Tröndle 1987, S. 16 f.). Dieser Sachverhalt wird auch als Paradoxon der Kooperation bezeichnet, da Kooperationen gleichermaßen darauf abzielen, den Handlungsspielraum des einzelnen Unternehmens zu erweitern und ihn durch die teilweise Aufgabe der wirtschaftlichen

Selbständigkeit einzuschränken (vgl. Boettcher 1974, S. 42). Eine Kooperation kommt danach lediglich zustande, wenn der durch das gemeinsame Vorgehen als erreichbar erachtete Nutzen die Nachteile eines Autonomieverlustes, einer Einschränkung der Entscheidungsfreiheit sowie die Koordinationskosten kompensiert (vgl. Tröndle 1987, S. 17 f.).

Erfolgversprechende Strategien setzen auf die enge, vertrauensvolle, leistungsorientierte und kooperative Zusammenarbeit im *Lieferanten-Hersteller-Verbund.* Durch die Neuverteilung von Aufgaben, vor allem im Team zwischen Hersteller und Zulieferer, wird versucht, das Potential einer unternehmensübergreifenden Zusammenarbeit auszuschöpfen, da die klassische Massenfertigung und das dazugehörige Management vielfach zu komplex, zu starr und zu kostenintensiv geworden sind. Mögliche vertikale Kooperationsstufen, in Abhängigkeit von der Intensität der Zusammenarbeit zwischen Hersteller und Zulieferer, reichen dabei von der Abwicklungsstrategie mit *verlängerten Werkbänken,* in der das Preiskalkül dominiert und lediglich eine Minimierung des Abwicklungsaufwandes angestrebt wird, bis zur kundenorientierten Integration im Rahmen von *Wertschöpfungspartnerschaften,* bei der die Kundenanforderungen in Teamarbeit mit allen betroffenen Unternehmen in geeignete Lösungen umgesetzt werden sollen.

C. Kooperationsformen zwischen Herstellern und Zulieferern

Die dargestellten Entwicklungstrends verändern den Grad der Arbeitsteilung sowie Inhalte und Intensität der Beziehungen zwischen Herstellern und Lieferanten. Aufgaben wie F&E, Qualitätssicherung oder Logistikfunktionen werden durch Externalisierung oder Internalisierung neu zwischen Zuliefer- und Abnehmerunternehmen verteilt, um den Aufbau und die Kumulation von Know-how durch Konzentration auf Kernkompetenzen zu fördern. In Abhängigkeit von Produktions- und Produkt-Know-how sowie der Problemlösungskapazität lassen sich *vier Kooperationstypen zwischen Hersteller und Zulieferern* unterscheiden (vgl. Abbildung 2).

1. Kooperationen mit Teilefertigern

Teilefertiger produzieren vom Abnehmer entwickelte Produkte und standardisierte Teile und werden daher auch als *verlängerte Werkbank* oder *Nachbaulieferanten* der Hersteller bezeichnet. Abnehmer stellen dazu ggfs. von ihnen entwickelte Werkzeuge und Vorrichtungen zur Verfügung. Das Kooperationsfeld beschränkt sich darauf, Kapazitätsspitzen kurzfristig und flexibel abzufangen oder bestimmte Nischensegmente abzudecken, ohne langfristige Verträge eingehen zu müssen. Die technologischen Eintrittsbarrieren sind in diesem Segment relativ niedrig, so daß ein erfolgreicher Teilefertiger konsequent eine Position der Kostenführerschaft anstreben muß. Dies wird häufig jedoch nur in lokalen Marktnischen möglich sein, da der wachsende Informationsaustausch und die damit einhergehende Transparenz auf den Weltmärkten internationalen Wettbewerb fördern und bestehende komparative Kostendifferenzen offenlegen. Die langfristige Perspektive von Kooperationen mit verlängerten Werkbänken ist vor dem Hintergrund des zunehmenden weltweiten Einkaufs der Abnehmer, der damit verbundenen Ausdehnung des Konkurrentenkreises auf internationale Märkte und deren Standortvorteile vergleichsweise schlecht. Die *Zielsetzung für Teilelieferanten* muß demnach darin bestehen, sich als Zulieferer der zweiten oder dritten Ebene der Zulieferpyramide Kosten- oder andere Leistungsvorteile zu erarbeiten, so daß sie für System- oder Modullieferanten zu interessanten Partnern werden. Insbesondere eine hohe Flexibilität ist angesichts der oftmals stark schwankenden Bedarfe der Hersteller ein wichtiges Wettbewerbsargument, um die Lieferanten der ersten Ebene just in time beliefern zu können.

Leistungsumfang / **Kompetenz**	Durch den Abnehmer vordefinierte Produkte und Verfahren	System- und Problemlösungskapazität
Produktions-Know-how	A Kooperationen mit Teilefertigern	B Kooperationen zwischen Herstellern und Produktionsspezialisten
Produktions- und Produkt-Know-how	C Entwicklungspartnerschaften	D Wertschöpfungspartnerschaften

Abbildung 2: Kooperationsformen zwischen Herstellern und Zulieferern (vgl. Wildemann 1994, S. 42 ff.)

2. Kooperationen zwischen Herstellern und Produktionsspezialisten

Produktionsspezialisten entwickeln auf eigene Initiative und eigenes Risiko Werkzeuge und Vorrichtungen, die eine temporäre Monopolstellung am Markt ermöglichen. Mit der Installierung kundenorientierter Prozeßtechnologien gelingt es den Lieferanten außerdem, verkürzte Innovationszyklen und sinkende Stückzahlen zu bewältigen. Das *Kooperationsfeld* erstreckt sich insofern neben dem Zukauf von Komponenten vor allem auf den Rückgriff der Entwicklungskapazitäten der Lieferanten. Dem Hersteller bietet sich in dieser Form der Zulieferung die Möglichkeit, innovative Produkte ohne Inanspruchnahme der eigenen Entwicklungskapazitäten zuzukaufen und Zugang zu neuem Know-how und neuen Technologien zu erhalten. Die Absicherung der Rückflüsse des Zulieferers, die zur Deckung der Vorleistungen dienen und die grundsätzliche Frage, wer problem- oder kundenspezifische Werkzeuge und Vorrichtungen bezahlt, werden häufig zum Gegenstand von Einquellenbelieferungen oder Modellebenszyklus-Verträgen.

Aufgrund von Kostenüberlegungen und der Tatsache, daß sich Produktionsspezialisten vornehmlich auf weniger komplexe Komponenten spezialisieren, wechseln Herstellerunternehmen in späteren Produktlebensphasen häufig zu einer *Mehrquellenbelieferung*. Hierbei gibt der i.d.R. kostengünstiger produzierenden Teilefertiger das spezifische Prozeß-Know-how des Produktionsspezialisten an Abnehmer weiter. Durch diese Förderung der Nachbaulieferanten infolge der zeitlich befristeten Zusammenarbeit erfolgt eine Diffusion neuer Prozeßtechnologien und gleichzeitig eine Schwächung der Position des Produktionsspezialisten, da die Amortisation der hohen Anfangsinvestitionen in die Prozeßtechnologie erschwert wird. Die daraus resultierenden Risiken müssen erfolgreiche Produktionsspezialisten durch eine höhere Innovationsrate im Prozeßbereich und Kooperationen mit Konkurrenten und Vorlieferanten vermindern. Denn nur die Steigerung der Innovationsfähigkeit ermöglicht die erneute Einnahme einer temporären Monopolstellung und sichert den Herstellern Zulieferleistungen auf höchstem und neuestem technologischen Niveau.

3. Entwicklungspartnerschaften

Entwicklungspartner versuchen, durch den gezielten Aufbau von F&E-Kapazitäten ihr Leistungsangebot auf der Produktseite zu erweitern. Dies erweist sich als erforderlich, da bei einer kundennahen, variantenreichen Produktion in zunehmendem Maße die *Entwicklungszeit* und die *Marktbelieferungszeit (time to market)* zu eigenständigen Wettbewerbsfaktoren werden. Zulieferunternehmen, deren Produkte maßgeblichen Einfluß auf Kosten und Leistungen des Endproduktes aufweisen, sind daher konsequent bereits in die Entwicklung einzubeziehen. Der Lieferant wird damit bereits in frühen Phasen kompetenter Ansprechpartner für Produktentwicklungsvorhaben der Abnehmer. Die sukzessive Abarbeitung von Konstruktionsaktivitäten mit anschließender Produktion wird abgelöst durch den Versuch einer simultanen Produkt- und Prozeßentwicklung (Simultaneous Engineering). *Aufgaben*, die im Rahmen der Kooperation gemeinsam von Zulieferer und Abnehmer abzuarbeiten sind, bestehen bspw. in der Prüfung von Entwürfen, einer gemeinsam durchzuführenden Wertanalyse, in der Beurteilung von Prototypen oder in der Diskussion über mögliche Fehlerquellen, deren Behebung und Beseitigung. Durch die Zusammenarbeit entstehen nicht nur neue Ideen, sondern der Lieferant kann auch verstärkt die Produkte realisieren, denen ein konkreter oder zukünftiger Bedarf gegenübersteht. Vor dem Hintergrund der wachsenden technischen und funktionalen Komplexität der Produkte ergeben sich für Entwicklungspartnerschaften große, strategische Erfolgsmöglichkeiten.

4. Wertschöpfungspartnerschaften

Wertschöpfungspartnerschaften lassen sich als *strategisch-vertikale Allianzen* zwischen Unternehmen charakterisieren, die auf unterschiedlichen Stufen einer Wertschöpfungskette agieren und kooperieren (vgl. Johnston/Lawrence 1989, S. 81 ff.). Den Partnern obliegt die Pflicht, die Produktion und Lieferung eines marktfähigen Produktes gemeinsam zu fördern, das Risiko ihrer Betätigung gesamtschuldnerisch zu tragen, so daß sich außer der finanziellen Absicherung auch Synergieeffekte ergeben. Wertschöpfungspartner bieten System- und Problemlösungskapazität sowohl für Produkte als auch für Prozeßinnovationen an. Ein Lieferantenwechsel wird infolge des umfassenden Eingehens auf die Anforderungen des Herstellers sowie der höheren Abhängigkeit des Abnehmers risikoreicher und wirkt kostentreibend. Im Rahmen von Wertschöpfungspartnerschaften entwikkeln und produzieren bspw. Lieferanten komplexe Komponenten und Module (Systeme), die den Herstellern einbaufertig und geprüft just in time geliefert werden. Alle dazu notwendigen Koordinationsleistungen wie die Zusammenarbeit mit anderen am System beteiligten Lieferanten, terminliche Abstimmung, Entwicklung und Qualitätssicherung führt der Lieferant selbständig aus. Da Wertschöpfungspartner sowohl Produktions- als auch Produkt-Know-how bereitstellen, ist der Abnehmer in der Lage, seine Bezugsaktivitäten auf ein geringeres Maß zu reduzieren und dadurch Transaktionskosten zu verringern. Wertschöpfungspartner entwickeln autonom neue Lösungen, indem sie Markttrends i.S. des *Reverse-Engineering-Konzepts* antizipieren, um strategische Zeit- und Wettbewerbsvorteile zu realisieren. Gerade vor dem Hintergrund der zunehmenden Individualisierung der Verbraucherbedürfnisse ergeben sich hierdurch - bei einer entsprechend kurzen Reaktionszeit - immer wieder neue Erfolgs- und Differenzierungspotentiale. Wettbewerbsvorteile für die kooperierenden Unternehmen resultieren daraus, daß sich eigene Schwächen durch den Zugriff auf Stärkepotentiale anderer Unternehmen kompensieren lassen. Offenheit und gegenseitiger Informationsaustausch bilden daher die wesentlichen Voraussetzungen für die Vorteile von Wertschöpfungspartnerschaften. Aufgrund dieser Funktionsweisen nutzen Wertschöpfungspartnerschaften die Flexibilität kleinerer Einheiten gleichzeitig mit der Möglichkeit zur Erzielung von Kostendegressionseffekten in großen Unternehmen, ohne die Nachteile vertikaler Integration in Kauf nehmen zu müssen (vgl. Johnston/Lawrence 1989, S. 86 ff.).

D. Zusammenfassung und Ausblick

Die Veränderungen der Rahmenbedingungen in der Hersteller-Zulieferer-Beziehung führen zu der Notwendigkeit einer grundsätzlichen Neuorientierung bestehender Strukturen. Da immer weniger Teile in Eigenfertigung der Abnehmer erstellt werden, wächst die Bedeutung der Zulieferindustrie bei der Suche nach Kosteneinsparungsmöglichkeiten. Die *Schnittstelle* zwischen Lieferanten und Abnehmer ist insofern verstärkt als Rationalisierungspotential zu nutzen. Der Einkauf verändert sich daher von der Teilebeschaffung zur *Beschaffung komplexer Systemlösungen* (Modular- oder System-Sourcing). Das *Modular-Sourcing-Konzept* sieht vor, daß der Modullieferant den Hersteller mit komplett einbaufertigen Modulen, also komplexen Teilen, die wiederum aus verschiedenen Komponenten oder Einzelteilen bestehen, flexibel und in kurzen Abständen beliefert, so daß viele lohnintensive Zusammenbautätigkeiten beim Hersteller entfallen. In der Zulieferkette des Abnehmers wird der Modullieferant zum Führungsunternehmen, der das Modul produziert, prüft und montiert sowie die ehemaligen Direktlieferanten des Herstellers in seine logistische Gesamtverantwortung integriert. Komponenten-, Teilefertiger oder Rohmateriallieferanten weisen größtenteils keinen direkten Kontakt mehr zum Hersteller auf und werden von den Modul- oder Systemlieferanten koordiniert. Ein Teil der Subkontraktoren beschäftigt wiederum weitere Zulieferunternehmen, so daß sich die Zulieferpyramide auf unteren Ebenen fortsetzt.

Die heute vorherrschenden, kurzfristigen, auf die Ausnutzung von Kostendegressionseffekten ausgerichteten Strategien mit häufigem Wechsel der Vertragspartner sind daher zunehmend in Frage zu stellen. Notwendig sind vielmehr Strategien, die das ganze Unternehmen und seine externen Partner informell und organisatorisch über alle Hierarchieebenen, vom Management bis zur operativen Ebene, sowie funktionsübergreifend integrieren. Denn nur eine *partnerschaftliche Zusammenarbeit über die gesamte Wertschöpfungskette* bietet eine sichere Gewähr für hohe Qualität, Innovations- und Problemlösungspotential und damit die Erreichung internationaler Wettbewerbsfähigkeit.

Literatur

Benisch, W.: Kooperationsfibel, 4. Aufl., Bergisch Gladbach 1973.

Blohm, H.: Kooperation, in: HWO, hrsg. v. E. Grochla, 2. Aufl., Stuttgart 1980, Sp. 1112-1117.

Boettcher, E.: Kooperation und Demokratie in der Wirtschaft, Tübingen 1974.

Bronder, C.; Pritzl, R.: Ein konzeptioneller Ansatz zur Gestaltung und Entwicklung strategischer Allianzen, in: Wegweiser für strategische Allianzen, hrsg. v. C. Bronder u. R. Pritzl, Frankfurt a.M./Wiesbaden 1992, S. 17-44.

Hollmann, H.H.: Strategische Allianzen. Unternehmens- und wettbewerbspolitische Aspekte, in: WuW, 42. Jg. (1992), S. 293-305.

Johnston, R.; Lawrence, P.R.: Vertikale Integration II: Wertschöpfungspartnerschaften leisten mehr, in: Harvard manager, 11. Jg. (1989), H. 1, S. 81-88.

Tröndle, D.: Kooperationsmanagement. Steuerung interaktioneller Prozesse bei Unternehmungskooperationen, Bergisch Gladbach/Köln 1987.

Wildemann, H.: Unter Herstellern und Zulieferern wird die Arbeit neu verteilt, in: Harvard manager, 14. Jg. (1992), H. 2, S. 82-93.

Wildemann, H.: Die deutsche Zulieferindustrie im europäischen Markt - ein Blick in die Zukunft. Ergebnisse einer Delphi-Studie, München 1993.

Wildemann, H.: Entwicklungsstrategien für Zulieferunternehmen, 2. Aufl., München 1994.

Wurche, S.: Konzeptionelle Vorüberlegungen zu einer Theorie strategischer Kooperation, Nürnberg 1991.

Teil IV

Integrationsfelder der Unternehmungsführung

Zehntes Kapitel

Effizienzorientierte Integration

Christof Schulte

Komplexitätsmanagement

A. Begriff und Formen der Komplexität

1. Komplexitätsbegriff

Aus systemtheoretischer Sicht wird eine Unternehmung als sozio-technisches, zielgerichtetes und offenes System charakterisiert, das sich aus einer Menge von Elementen zusammensetzt, die miteinander in Beziehung stehen (vgl. Ulrich 1971).

Die Komplexität einer Unternehmung umfaßt die *Anzahl und Diversität der Systemelemente* sowie deren *Verknüpfungen*. Eine Unternehmung kann einen hohen Gliederungsgrad an arbeitsteiligen Sub-, Basis- oder Zwischensystemen (z.B. Werke oder Abteilungen) ausweisen und selbst Teil eines anderen Systems (z.B. Gesamtkonzern) oder mehrerer Systeme sein.

Mit zunehmender Komplexität

- steigt der *Koordinations- und Kontrollaufwand* überproportional an,
- gelangen zunehmend *formale Managementmethoden* zum Einsatz,
- wächst die Anzahl und Bedeutung von *unerwarteten* und *unvorhersehbaren Handlungskonsequenzen* und
- verliert die Unternehmung an *Flexibilität.*

2. Komplexitätsformen

Die Analyse von Unternehmungen zeigt drei Grundkategorien von zu hoher Komplexität:

- Das Unternehmungs- oder Konzern*portfolio* weist zahlreiche, heterogene Geschäftsfelder auf. In der Strategie wird der Diversifikation ein höherer Stellenwert beigemessen als der Konzentration.
- Die *Organisationsstruktur* ist durch das Bestreben gekennzeichnet, Größenvorteile zu realisieren (Zentralbereiche), die Entscheidungsvorbereitung zu professionalisieren (Stäbe) oder mehrere gleichgewichtige Dimensionen simultan zu berücksichtigen (Matrix-Organisation).
- Auf der Ebene der Geschäftsfelder versucht man, stagnierendem Marktwachstum durch eine höhere Zahl von *Produktvarianten* und die Bedienung von Nischenkunden entgegenzusteuern. In der Leistungserstellung wird der Eigenfertigung und der damit einhergehenden hohen *Wertschöpfungstiefe* ein hoher Stellenwert eingeräumt.

B. Diversifikation versus Konzentration

Die Unternehmungs- bzw. Konzernstrategie hat die Frage zu beantworten, in welchen Märkten die Unternehmung tätig sein will. Mit der Zielsetzung, das strukturelle Risiko zu streuen oder die Auswirkungen konjunktureller und saisonaler Schwankungen abzufangen, haben Konzerne in der Vergangenheit neue, sich vom bisherigen Kerngeschäft unterscheidende Geschäfte aufgebaut (interne Diversifikation) oder akquiriert (externe Diversifikation). Als *Vorteile* diversifizierter Unternehmungen werden u.a. genannt:

- Negative Cash Flows können mit positiven Cash Flows ausgeglichen werden.
- Die gemeinsame Nutzung von Ressourcen eröffnet Synergievorteile („2+2=5-Effekt").
- Durch die Integration vor- oder nachgelagerter Wertschöpfungsstufen ergeben sich Transaktionskostenvorteile bzw. lassen sich Beschaffungs- und Absatzmöglichkeiten sichern.

Jede Diversifikationsmaßnahme führt zu einem Anstieg der Komplexität, d.h. die Anzahl und Diversität der Subsysteme nehmen zu. Der Koordinationsbedarf steigt.

Wenngleich viele Unternehmungen diversifizieren, kommen zahlreiche empirische Untersuchungen zu dem Ergebnis, daß die *Erfolgschancen relativ niedrig* sind:

- Rumelt (1974) unterscheidet Unternehmungen nach dem Ausmaß der horizontalen und lateralen Diversifikation. Er fand in den Kategorien dominierender Geschäfte (zwischen 70% und 94% des Umsatzes werden mit einem Produkt bzw. einer Produktgruppe erzielt) und nicht verwandter Geschäfte (weniger als 70% des Umsatzes werden mit einem Produkt bzw. einer Produktgruppe erzielt und es wurde in nicht verwandte Wirtschaftszweige diversifiziert) die größte Anzahl erfolgloser Unternehmungen. Die Unternehmungen in der Kategorie verwandte Geschäfte (weniger als 70% des Umsatzes werden mit einem Produkt bzw. einer Produktgruppe erzielt; die Diversifikation erfolgte innerhalb des Industriezweiges) gehören zu den erfolgreichsten.
- Nach Analysen der PIMS-Datenbank liegen die Erfolgschancen einer Marktdurchdringungsstrategie (vorhandene Produkte in den bestehenden Märkten) bei 50% und diejenigen einer Marktentwicklungsstrategie (Bearbeitung neuer Märkte mit den bestehenden Produkten) bei 30%. Die klassische Diversifikationsstrategie (neue Produkte für neue Märkte) weist eine Erfolgschance von weniger als 10% auf.
- In einer Studie über die 200 größten amerikanischen Unternehmungen stellte Biggadike (1979) fest, daß i.d.R. erst nach 10-12 Jahren der ROI einer durch Akquisition entstandenen diversifizierten Unternehmung derjenigen der Muttergesellschaft vor dem Zusammenschluß entspricht.
- Porter (1987) hat in den USA den (Miß-) Erfolg von über 2000 Akquisitionen von branchenfremden Gesellschaften, die 33 Großunternehmungen im Zeitraum von 1950 bis 1986 durchgeführt haben, analysiert. Weit mehr als die Hälfte der Akquisitionen wurde nach wenigen Jahren wieder abgestoßen oder liquidiert. Häufigste Ursachen für den Mißerfolg waren der Einstieg in unattraktive Märkte, zu hohe Kaufpreise, die fehlende Erzielung von Synergieeffekten sowie mangelndes Verständnis des Geschäftssystems.

Die *Hauptfehler einer Diversifikationspolitik* liegen im Grad der Verwandtschaft zwischen bisherigem und neuem Geschäft, der Ausgewogenheit der Diversifikationsbereiche und der organisatorischen Eingliederung der neuen Bereiche (vgl. Bühner 1984). Im Hinblick auf Konjunktur-, Saison- und Produktlebenszyklen sieht man in der Diversifikation einen wertvollen Ansatz, um für die Zukunft vorzusorgen. Hierbei wird übersehen, daß kontrazyklische Geschäfte häufig nicht verwandte Geschäfte sind, von denen man wenig versteht. Nicht vertraute Geschäftsgebiete ohne eigene praktische Erfahrung und ohne Einfühlungsvermögen in den Markt zu führen, ist ein risikoreicher Weg.

Ein zweiter Fehler ist die *fehlende Ausgewogenheit* der Geschäftsfelder. Geschäfte mit relativ niedrigem Umsatz binden im Anfangsstadium in Relation zu etablierten Geschäften überproportional viel Managementkapazität, die dann zur Führung der umsatzstarken Geschäftsfelder fehlt.

Zu Diversifikationsfehlschlägen kann es schließlich dann kommen, wenn die Diversität zwischen den zu *integrierenden Unternehmungskulturen* sehr groß ist. Versucht bspw. die akquirierende Unternehmung, ihre bürokratische und von langen Informationswegen gekennzeichnete Organisation auf die bislang sehr dynamisch und informell geführte Tochterfirma zu übertragen, kann hierdurch der Erfolg einer Diversifikation gefährdet werden.

Zusammenfassend lautet deshalb die Handlungsempfehlung für die wertorientierte Weiterentwicklung von Portfolios, sich primär auf die *Kerngeschäfte* zu konzentrieren. Unternehmungen mit starkem Kerngeschäft in reifen Märkten müssen sich überlegen, ob zum Kerngeschäft verwandte Neugeschäfte aufgebaut werden. Wenig zukunftsträchtige Randgeschäfte, die oft einen unverhältnismäßig hohen Teil der Aufmerksamkeit der Unternehmungsspitze verlangen, sollten in jedem Fall aufgegeben werden.

C. Organisatorische Komplexität

Organisationsstrukturen bedürfen einer permanenten Weiterentwicklung, um - i.S. des Paradigmas „structure follows strategy" - veränderten Strategie- und Führungsanforderungen gerecht zu werden (vgl. Chandler 1962). So hat, beginnend in den sechziger Jahren, bei vielen deutschen Unternehmungen eine steigende Unternehmungsgröße und Geschäftsdiversifikation zum Übergang von funktionalen Strukturen auf die divisionale bzw. *Geschäftsbereichsorganisation* geführt. Die Notwendigkeit zur gleichzeitigen Berücksichtigung von Produktgruppen, Regionen und Funktionen führte in den siebziger Jahren bei einer Reihe von Konzernen zur *Matrix-Organisation.* Diese ursprünglich als Instrument zur Komplexitätsbewältigung gedachte Organisationsform hat sich aber mittlerweile als zu aufwendig und konfliktreich erwiesen, so daß einfachere und transparentere Strukturen wieder in den Mittelpunkt des Interesses gerückt sind.

Die Komplexität bestehender Organisationsstrukturen gefährdet vielfach die strategischen Erfolgsfaktoren Kunden-, Mitarbeiter- und Leistungsorientierung. So fördert die Komplexität von Strukturen und Systemen, die in Matrix- und Tensor-Organisationen, detaillierten Planungs- und Controlling-Systemen sowie umfangreichen Koordinationsregeln zum Ausdruck kommt, die *Innenorientierung* und hemmt gleichzeitig die Außenorientierung. Mit wachsender Entfernung der Unternehmungsleitung von der Basis kennt diese die Kunden und deren Bedürfnisse kaum mehr. Die Zentralisierung von Produktverantwortung in *globalen Divisionen* erhöht die Gefahr marktferner Produktentwicklungen. Eine hohe Bedeutung der Entscheidungsvorbereitung durch *Stäbe* birgt die Gefahr eines marktfernen Entscheidungsfilters in sich und konterkariert die erforderliche Marktnähe der Linienmanager. Motivation und Produktivität der Mitarbeiter leiden, wenn die *Kommunikationswege* zu lang und die *Hierarchien* zu tief gestaffelt sind. In Unternehmungen bzw. Konzernen mit zahlreichen Geschäftsfeldern läßt sich die organisatorische Komplexität durch die Einführung einer Holding-Organisation besser bewältigen.

Die *Managementholding* stellt eine spezifische Ausprägung der Geschäftsbereichsorganisation dar, bei der rechtlich selbständige Geschäftsbereiche von einer konzernleitenden Obergesellschaft (= Holding-Leitung) geführt werden, die ebenfalls rechtlich selbständig ist. Somit sind bei der Managementholding die Organisationsbereiche auf der zweiten Hierarchieebene nach Produkten (Regionen oder Märkten) gegliedert. Im Rahmen der Divisionalisierung entstehen relativ autonome wirtschaftliche Einheiten in den Unternehmungen.

Die einzelnen Geschäftsfelder verfügen i.d.R. über alle für sie erforderlichen Prozesse in der Wertschöpfungskette. Soweit sinnvoll und möglich, werden multidivisionale Anlagen und Tochtergesellschaften entflochten. Die Trennung der Tochtergesellschaften untereinander ermöglicht, daß diese, die - bezogen auf ihre externen und internen Anforderungen - bestgeeigneten Organisationsformen, Führungsformen, Entlohnungssysteme realisieren können. Im Vergleich zu einem Einheitskonzern, in dem versucht wird, mit komplexen Lösungsansätzen möglichst viele verschiedene Produkt-Markt-Kombinationen zu bearbeiten, können so sehr einfache, *differenzierte Geschäftssysteme* entstehen. Durch eine konsequente und exklusive Aufgaben- und Verantwortungsunterteilung zwischen den zu schaffenden Tochtergesellschaften einerseits und der übergeordneten Konzernführungsgesellschaft andererseits nehmen die Schnittstellen ab und die Entscheidungswege werden kürzer. Durch die *Delegation der Ergebnisverantwortung* läßt sich der Kontrollaufwand reduzieren. Die Konzernleitung wird von operativen Aufgaben völlig entlastet und kann sich auf konzernstrategische Fragestellungen konzentrieren.

D. Variantenmanagement

Auf der Ebene der einzelnen Geschäftsfelder haben das Eingehen auf immer *differenziertere Kundenwünsche* und die Bearbeitung von immer mehr *Auslandsmärkten* vielfach zu einem drastischen Anstieg der Produktvarianten geführt. Höhere Markt- und die damit einhergehende Produktkomplexität führen hierbei i.d.R. automatisch zu zunehmender Produktions- und Organisationskomplexität (vgl. Schulte 1989).

1. Variantennutzen und -kosten

Ausgangspunkt für die Einführung zusätzlicher Varianten sind fast immer Marktargumente. So wird der *Nutzen einer Variantenausweitung* damit begründet, daß

- der Markt besser ausgeschöpft werden kann,
- für neue Zielgruppen spezifische Angebote unentbehrlich sind,
- neue Auslandsmärkte erschlossen werden sollen und
- die Annahme eines Auftrags die Basis für lukrative Folgeaufträge darstellt.

Diesen Umsatzwachstumspotentialen stehen aber *steigende Kosten* für die Planung und Steuerung in allen Bereichen gegenüber. Um die negativen Auswirkungen der zunehmenden Komplexität auf die Gemeinkosten und den Kapitalbedarf zu begrenzen, sind Strategien zu entwickeln, mit denen die Komplexität reduziert werden kann bzw. die sie gar nicht erst entstehen läßt. Vorbeugende Aktivitäten sind hierbei wirksamer als solche zur Handhabung der Komplexität.

2. Reduzierung der Variantenkomplexität

Ein erster Ansatzpunkt, die Marktkomplexität abzubauen, besteht darin, die angebotenen Varianten durch eine *Sortimentsanalyse* gezielt auszuwählen. Hier geht es insbesondere darum, festzustellen, welchen Beitrag die einzelnen Varianten zum gesamten Umsatz und Deckungsbeitrag leisten. Als geeignete Analysemethode kann die *ABC-Analyse* herangezogen werden. Bei vielen Unternehmungen wird so transparent, daß 50-65% der verkauften Varianten kaum am Umsatz beteiligt sind, mit ihnen aber gleichzeitig eine erhebliche Kapitalbindung einhergeht. Die so gewonnenen Erkenntnisse sind um Informationen des Marketingbereichs über unbedingt notwendige Varianten für A- und B-Kunden zu ergänzen. Anschließend ist das Sortiment um die vom Markt nicht oder kaum geforderten Varianten zu bereinigen.

Die Produktpolitik der europäischen Automobilhersteller läßt sich dadurch kennzeichnen, daß neben der Basisausstattung eine Vielzahl von *Optionen* angeboten wird. Demgegenüber verfolgten die japanischen Automobilproduzenten zu Beginn der achtziger Jahre eine andere Strategie. Durch das Angebot einer relativ *hochwertigen Grundausstattung* bestand die Notwendigkeit für Sonderausstattungen nur in beschränktem Maße. Es lassen sich so die Nachteile vermeiden, die aus den unterschiedlichen Arbeitsinhalten der einzelnen Varianten entstehen (sog. Modellmix-Verluste) und höhere Steuerungsaufwendungen zur Folge haben. Generell ist für die Angebotspolitik zu überlegen, ob Ausstattungsvarianten, die von 70 oder 80% der Kunden gewünscht werden, zum *standardisierten* Angebot erklärt werden.

Nach übereinstimmender Aussage der vorliegenden empirischen Untersuchungen wird im Rahmen der Konstruktion der überwiegende Anteil der Stückkosten eines Produktes (70-80%) festgelegt. Eine Vermeidung von Produktkomplexität kann deshalb am effizientesten durch Maßnahmen im *Konstruktionsbereich* erfolgen. Da der Konstrukteur in der Vergangenheit die kostenmäßigen Konsequenzen seiner Entscheidungen i.d.R. nicht kannte und die in der Unternehmung bereits vorhandenen Teile nicht schnell genug fand, wurden immer mehr neue Teile konstruiert und eingeführt. Durch den Einsatz von CAD und DV-gestützten Informationssystemen läßt sich eine Verbesserung dieser Situation erreichen. Durch die zeitverzugslose Bereitstellung von *Kosteninformationen am Konstruktionsarbeitsplatz* lassen sich Kostensenkungseffekte in beträchtlichem Umfang realisieren. Hierzu ist bereits in der Entwurfsphase eines Produktes der Zugriff auf Kosten- und Beschaffungsinformation, Kapazitäts- und Bestandsdaten, Betriebsmittel- und Werkzeugdaten sowie Grunddaten des Fertigungsbereichs erforderlich.

Durch den verstärkten Einsatz von *Gleichteilen* ist sicherzustellen, daß die angebotenen Varianten mit einer möglichst niedrigen Zahl unterschiedlicher Teile hergestellt werden. Hierzu sind ggfs. konstruktive und fertigungstechnische Änderungen vorzunehmen.

In der *Arbeitsvorbereitung* kann der Produktionskomplexität dadurch begegnet werden, daß im Rahmen der Make-or-Buy-Entscheidung so weit wie möglich auf bereits am Beschaffungsmarkt erhältliche Komponenten zurückgegriffen wird. Auch durch die Wahl des Fertigungsverfahrens kann die Produktionskomplexität stark beeinflußt werden.

3. Beherrschung der Variantenkomplexität

Falls Varianten angeboten werden müssen, sind diese individuell zu behandeln. Nur durch die Ungleichbehandlung der Varianten wird eine effiziente Handhabung der Variantenvielfalt möglich. Dazu ist die *Bildung von Produktkategorien* erforderlich, bei der als Bewertungskriterien die vom Markt geforderte Lieferzeit, die vorhandene Fertigungstiefe, das Konkurrenzverhalten und der relevante Kundenkreis heranzuziehen sind. Hierauf aufbauend können die Produkte in *Vorzugsprodukte, Standardprodukte* und *Exoten* eingeteilt werden, für die jeweils eine spezifische Kalkulation vorzunehmen ist. Eine pauschale Zuschlagskalkulation würde auch hier zu verfälschten Ergebnissen führen. Entsprechend den Ergebnissen dieser produktspezifischen Kalkulation ist eine Differenzierung bei den eingesetzten absatzpolitischen Instrumenten vorzunehmen, die sich bspw. in unterschiedlichen Preisen, Lieferzeiten oder Werbebotschaften niederschlagen kann.

Die unzureichende Qualität von Prognosen ist oftmals darauf zurückzuführen, daß versucht wird, für einzelne Endproduktvarianten die voraussichtliche Absatzmenge anzugeben. In der Folge weichen die Zahlen für den tatsächlichen Bedarf auf den unteren Dispositionsebenen von den prognostizierten Werten ab. Demgegenüber werden die Planwerte für das gesamte Absatzprogramm häufig erfüllt. Es hat sich deshalb bewährt, in einem ersten Schritt das *gesamte Absatzvolumen* zu planen und erst in einem zweiten Schritt die Prognosen auf der Ebene *einzelner Sachnummern* vorzunehmen. Bei geringwertigen, variantenspezifischen Teilen, die lange Wiederbeschaffungszeiten aufweisen, kann es sinnvoll sein, diese großzügig zu bevorraten.

Bei einem Kosmetikhersteller ging man zur Verbesserung der Planungsqualität dazu über, das Produktangebot für die jeweils bevorstehende Verkaufskampagne einer begrenzten Anzahl von Kundenberaterinnen vorab zur Verfügung zu stellen. Die in diesen repräsentativen Absatzgebieten erzielten Umsätze wurden anschließend auf den Gesamtmarkt extrapoliert. Allein durch diese Maßnahme ließ sich erreichen, daß die Plan-Ist-Abweichung nur mehr ca. 10% beträgt.

Falls schon auf Varianten nicht mehr verzichtet werden kann, gilt es, zunächst eine *fertigungs- und montagegerechte Konstruktion* sicherzustellen. Die hierzu erforderliche engere Verzahnung zwischen Konstruktion und Fertigung bzw. Montage kann durch den Aufbau von Expertensystemen unterstützt werden. So kann das Wissen um die Probleme und Anforderungen der Fertigung bereits systematisch in den Konstruktionsprozeß eingebunden werden.

Hohe Bestände sind vielfach dadurch verursacht, daß die Variantenbildung auf einer sehr frühen Stufe im Produktionsprozeß erfolgt. Ziel muß es sein, auf den unteren Stufen *kundenauftragsneutral* zu fertigen. Die letzten Fertigungsstufen können dann *kundenauftragsspezifisch* gefertigt werden, wodurch die Gefahr der Bevorratung falscher Produkte und Mengen zum falschen Zeitpunkt sinkt bzw. auf eine niedrige Fertigungsstufe mit relativ geringer Kapitalbindung verlagert wird.

Bei einer Unternehmung der Elektroindustrie, die Funkrufgeräte fertigt, ging man dazu über, die Chips, die die Frequenzen festlegen, an den *Handel* mitzuliefern. Dieser baut sie dann entsprechend dem Kundenwunsch ein. Früher wurde mit dem Einbau des gesamten Chips bereits in einem früheren Stadium des Fertigungsprozesses die Kundenspezifikation festgelegt. Die Bestände an Fertiggeräten konnten durch diese Maßnahmen um 70% reduziert werden.

Mit einer *produktorientierten Gestaltung der Fertigungsorganisation*, z.B. im Wege der Bildung von Fertigungsinseln oder von „Fabriken in der Fabrik", können die Produktionsbeziehungen entflochten und damit die Produktions- und Organisationskomplexität reduziert werden. Während in der konventionellen Werkstattfertigung jedes zu bearbeitende Teil eine Vielzahl von Kostenstellen durchläuft, erfolgt bei den genannten Organisationsformen eine Zuordnung der Teile auf spezifische Produktionseinrichtungen. Durch diese Produktorientierung reduziert sich die Notwendigkeit des Rüstens sowie der gesamte Koordinationsaufwand.

Durch gezielte *Rüststrategien*, die eine Festlegung der Rüstreihenfolge zum Gegenstand haben, lassen sich die zur Fertigung eines gegebenen Variantenspektrums erforderlichen Rüstzeiten minimieren. Hierzu sind die an einer Arbeitsplatzgruppe anstehenden Aufträge derart zu ordnen, daß die Summe der Rüstzeiten minimal wird.

Um den Montageablauf nicht mit einer aus der Variantenvielfalt entstehenden Vielzahl von Einzeltätigkeiten mit unterschiedlichen Arbeitsinhalten zu überlasten und den hierfür notwendigen Koordinationsaufwand in Grenzen zu halten, hat sich in der Automobilindustrie die Entflechtung der Endmontage als sinnvolle Alternative herausgestellt. Hierbei werden begrenzte Montageumfänge für komplette Baugruppen in einer *Vormontage* zusammengefaßt. Dies führt im einzelnen zu geringeren Wege- und Nebenzeiten, einer niedrigeren Fehlerquote beim Einbau sowie einer Verbesserung des Materialflusses.

Einen weiteren Lösungsansatz stellt die *Teilung der Montage* in Rennerlinien und kleine, parallele Arbeitssysteme dar. Voraussetzung hierfür ist insbesondere, daß ein Teil des Montageprogramms in relativ hohen Stückzahlen und einer niedrigen Schwankungsbreite nachgefragt wird. Für die Rennerlinie ergibt sich dann eine stetige Materialdisposition. Die Notwendigkeit von Taktänderungen und des Umrüstens ist relativ gering. Weitere Vorteile sind die hohe Auslastung der technischen Einrichtungen, die gute Überschaubarkeit des Fertigungsflusses sowie die Möglichkeit der Mechanisierung bzw. Automatisierung bei Vorrichtungen und Betriebsmitteln sowie bei den Verkettungseinrichtungen. Nachteilig können sich demgegenüber - je nach Gestaltung der Rennerlinie - die einseitige Belastung der Mitarbeiter, die geringe Flexibilität und das ungünstige Verhältnis von Haupt- und Nebenzeit auswirken

Literatur

BIGGADIKE, R.: The risky business of diversification, in: HBR, 57. Jg. (1979), H. 3, S. 32-39.

BÜHNER, R.: Diversifikationsplanung tut not, in: BddW v. 3. Dezember 1984, S. 8.

CHANDLER, A.D.: Strategy and Structure: Chapters in the History of the American Industrial Enterprise, Cambridge/London 1962.

PINE, J.B.: Maßgeschneiderte Massenfertigung, Wien 1994.

PORTER, M.E.: Diversifikation - Konzerne ohne Konzept, in: HBM, 9. Jg. (1987) H. 4, S. 30-49.

REISS, M.: Schlanke Matrix, in: ZFO, 63. Jg. (1994), S. 6-10.

REISS, M.; GASSERT, H.; HORVÁTH, P.: Komplexität meistern - Wettbewerbsfähigkeit sichern, Stuttgart 1993.

ROEVER, M.: Fokussierte Produkt- und Programmgestaltung zur Komplexitätsreduzierung, in: Handbuch Produktionsmanagement, hrsg. v. H. Corsten, Wiesbaden 1994, S. 115-130.

ROMMEL, G.: Einfach überlegen: das Unternehmenskonzept, das die Schlanken schlanker und die Schnellen schneller macht, Stuttgart 1993.

RUMELT, R.: Strategy, structure and economic performance, Boston 1974.

SCHULTE, C.: Produzieren Sie zu viele Varianten? in: HBM, 11. Jg. (1989), H. 2, S. 60-66.

SCHULTE, C.: Die Holding als Instrument zur strategischen und strukturellen Neuausrichtung von Konzernen, in: Holding-Strategien. Erfolgspotentiale realisieren durch Beherrschung von Größe und Komplexität, hrsg. v. C. Schulte, Wiesbaden 1992, S. 17-58.

ULRICH, H.: Die Unternehmung als produktives soziales System, 2. Aufl., Bern 1971.

Matthias Bellmann

Zeitmanagement

A. Einführung

„Zeit ist eine kostbare Ausgabe" - diese dem griechischen Philosophen des dritten vorchristlichen Jahrhunderts, Theophrast, zugeschriebene Äußerung - ist seit dem 17. Jahrhundert in dem englischen „Time is money" sprichwörtlich geworden. Nachdem die klassischen Konzepte des Kosten- und Qualitätswettbewerbs und der Produktdifferenzierung zur Sicherung bzw. zum Ausbau der eigenen Position im Markt allein nicht mehr ausreichen, ist die Relation von Zeit und Geld seit etwa der zweiten Hälfte der achtziger Jahre auch den Unternehmungsleitungen wieder deutlicher bewußt geworden. Zeit gilt heute als die vierte Dimension des Wettbewerbs und als der strategiebeherrschende Faktor der neunziger Jahre (vgl. Istvan 1994, S. 559 ff.).

Unter *„Zeitmanagement"* soll hier - in Anlehnung an die von Ulrich/Probst (1990, S. 232) eingeführte Definition von „Management" - die Führung eines zweckgerichteten sozialen Systems mit dem Ziel einer effizienten *Nutzung der Ressource Zeit* verstanden werden. Zeitmanagement und Time-based Management werden synonym verwendet.

B. Zeit als Wettbewerbsfaktor

Der geringe Stellenwert der Zeit als Wettbewerbsfaktor insbesondere in westlichen Unternehmungen ist aufs engste verknüpft mit der bis heute dominierenden tayloristischen Arbeitsorganisation: Arbeitsabläufe werden in Teile zerlegt und dem einzelnen Mitarbeiter klar definierte, standardisierte Aufgaben zugewiesen, die er in Abgrenzung von den Tätigkeiten anderer zu erfüllen hat. Es erfolgt eine ausgeprägte Planung dieser zergliederten Abläufe, und die Kooperation zwischen den einzelnen Arbeitsschritten muß durch besondere Funktionsebenen erzwungen und überwacht werden (vgl. Freedman 1993). In diesem Umfeld war und ist Zeit - vor allem unter Produktivitäts- und Kostenaspekten - zwar durchaus eine Leitvariable für die einzelnen Prozeßschritte bzw. für die direkten wertschöpfenden Tätigkeiten; der Zeitverbrauch für die *Koordinierung* und Abstimmung innerhalb des komplexen Gesamtsystems im Sinne des Transaktionsaufwandes (vgl. Bonus 1994) wird jedoch vernachlässigt.

Im Rahmen ganzheitlicher, prozeßorientierter Konzepte und als Bestandteil der Unternehmungsstrategie wird der Faktor Zeit allerdings zu „eine(r) Schlüsselgröße für die Gewinnung von Marktanteilen, die Kapitalbindung in der logistischen Kette, die Geschwindigkeit und Flexibilität bei der Umsetzung von Kundenwünschen in marktfähige Produkte, die Kundenbelieferung sowie für die Wirtschaftlichkeit und Rentabilität der Unternehmung" (Wildemann 1994, S. 119).

C. Das Konzept Time-based Management

Wie viele der Beiträge zu Lean Production erhielten auch die Überlegungen zum Time-based Management (TBM) wesentliche Impulse durch die bekannte Studie des MIT über die globale Wettbewerbssituation der Autoindustrie in der zweiten Hälfte der achtziger Jahre. Im Hinblick z.B. auf die durchschnittlichen Ingenieurstunden je neuem Auto, der Entwicklungszeit, der Werkzeugentwicklungszeit, der Vorlaufzeit der Pilotserie und der Zeit vom Produktionsbeginn bis zum ersten Verkauf schnitten japanische Automobilproduzenten jeweils besser ab als ihre amerikanischen und europäischen Wettbewerber (vgl. Womack/Jones/Roos 1991, S. 123 ff.).

Die Verbreitung des Konzepts TBM aber geht vor allem auf Beratungsprojekte der Boston Consulting Group und die in diesem Umfeld entstandenen, sicherlich auch auf Umsatzförderung zielenden Publikationen zurück (vgl. v. Oetinger 1994; Stalk/Hout 1990). Es handelt sich bei TBM um einen strategisch ausgerichteten, kundenbezogenen Ansatz zur Veränderung mit Hilfe der Leitgröße Zeit. Ziel ist *Zeiteffizienz in allen Abschnitten des Leistungserstellungsprozesses* - unter Einschluß von Lieferanten und Kunden - zum Ausbau, zum Erhalt oder zur Rückgewinnung von Wettbewerbsanteilen.

Die praktische Umsetzung des Konzepts kann sich entweder auf einzelne Leistungsbereiche oder aber auf das gesamte Leistungsspektrum von Unternehmungen beziehen. Die Leistungsbereiche lassen sich mit Hilfe eines fünfstufigen Modells beschreiben (vgl. Abbildung 1). Auf jeder dieser Stufen können - mit unterschiedlichen Instrumenten - Wettbewerbsstärken aufgebaut werden, wobei die Erschließung höherwertiger Stufen eine mindestens durchschnittliche Leistungsfähigkeit auf der/den niedrigeren Stufe(n) voraussetzt. Dieses erklärt die weitgehend sequentielle Abfolge der einzelnen Stufen. Auch gibt dieses in praktischen Veränderungsprozessen bewährte Modell eine Vorstellung von der Implementierungsdauer entsprechender Programme und dem erreichbaren Imitationsschutz.

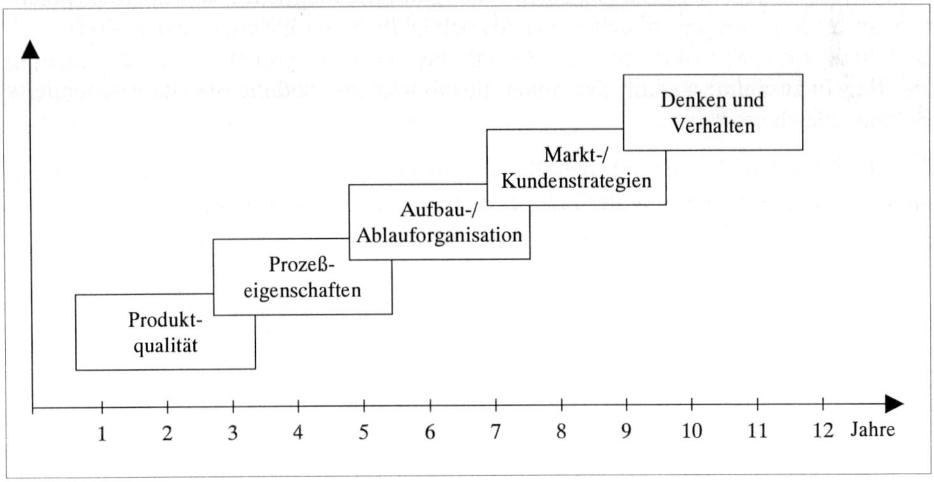

Abbildung 1: Leistungsbereiche einer Unternehmung

TBM *als Instrumentarium* konzentriert sich auf die Verbesserung der Prozeßeigenschaften und dort vorrangig auf die Verkürzung von Durchlaufzeiten. TBM *als Unternehmungsvision* umfaßt dagegen die Veränderung in allen Leistungsbereichen, und Zeit ist die alles beherrschende Variable. Dieses kommt etwa in einer Äußerung von Jack Welch, dem CEO von General Electric, zum Ausdruck, der die Erfahrungen mit dem überaus erfolgreichen Umgestaltungsprozeß seiner Unternehmung einmal so zusammenfaßte: „I've made my share of mistakes - plenty of them - but my biggest mistake by far was not moving faster ... Everything should have been done in half the time" (Tichy/Sherman 1993, S. 247). In diesem Metaverständnis wird TBM zum Zeitwettbewerb um die *Restrukturierung*, die *Reorientierung* und die *Revitalisierung* einer gesamten Unternehmung gegen seine Wettbewerber im Markt.

D. Beziehungen zwischen Zeit-, Qualitäts- und Kostenzielen

Bei einer Verringerung des Zeitbedarfs für die Tätigkeiten in *Produktion und Logistik* stehen oft Kostensenkungen im Vordergrund, etwa die Kosten der Bestände, die Flächennutzungskosten, die internen Transportkosten und die Personalkosten. Dagegen kann im Bereich von *Forschung und Entwicklung (F&E)* die zeitoptimierte Markteinführung von Produkten mit der Folge einer verbesserten Ausschöpfung der Marktpotentiale Vorrang vor Kosteneinsparungen haben (vgl. z.B. Murmann 1994). Ähnliches gilt bei Ansätzen, die eine Verbesserung der Liefertreue und damit eine Steigerung der Prozeßqualität zum Ziel haben.

Welche Zeit-, Kosten- und Qualitätseffekte angestrebt werden sollten und erreichbar sind, wird in jedem Einzelfall genau zu untersuchen sein. Die möglichen Verbesserungspotentiale durch Zeitmanagement gelten aber als beträchtlich. Stalk/Hout (1990, S. 76 ff.; vgl. auch Stalk 1994, S. 574 ff.) haben die Erfahrungswerte aus großen Unternehmungen in *vier Regeln* zusammengefaßt. Sie gelten für produktions- und dienstleistungsorientierte Betriebe gleichermaßen.

Die „0,05-bis-5-Regel" besagt, daß die eigentliche Wertschöpfung in vielen Unternehmungen nur in 0,05% bis 5% der Zeit passiert, die der Prozeß benötigt.

Der Rest sind Wartezeiten bis zur Fertigstellung des Loses, zu dem das Produkt gehört, bis zur Fertigstellung des vorausgehenden Loses oder bis zur Weiterleitung des Loses zur nächsten Wertschöpfungsstufe. Da der Zeitverlust etwa gleichmäßig auf diese drei Gründe zurückzuführen sei, nennen Stalk/Hout diesen Aspekt die „3/3-Regel".

Die „1/4-2-20-Regel" gibt wieder, daß die Reduzierung des Zeitverbrauchs für die Leistungserstellung um ein Viertel zu einer Verdoppelung der Produktivität von Arbeit und Umlaufvermögen führen kann; und dieses bei möglichen Kostenreduzierungen von bis zu 20%.

Schließlich soll die „3x2-Regel“ zum Ausdruck bringen, daß Unternehmungen, die den Zeitverbrauch im Wertschöpfungsprozeß erfolgreich reduziert haben, dreimal so schnell wachsen wie der Branchendurchschnitt bei einer doppelt so hohen Gewinnmarge.

Vielfach wird auch bestätigt, daß mit TBM nicht nur die Dauer der Abläufe reduziert, sondern *zugleich* die *Produktqualität* gesteigert wird (vgl. z.B. Reiner/Ericksen 1990).

E. Zeitverbrauchende Prozesse als ein vernetztes System

Unternehmungen sind kleinste Ausschnitte einer Welt, die Leistungen für andere kleinste Ausschnitte dieser Welt erbringen und hierbei Zeit verbrauchen. Zeitmanagement bedarf adäquater Modelle oder Bilder, um die wesentlichen *zeitverbrauchenden* und *zeitverursachenden* Größen zu identifizieren.

Bei den üblichen Flußdiagrammen (vgl. Stalk/Hout 1990, S. 71) kommen zwar technische und organisatorische Relationen, kaum aber die Denk- und Verhaltensdispositionen der an der Zusammenführung der Gesamtleistung beteiligten Menschen, ihre Wahrnehmung der Wirklichkeit oder Faktoren wie soziale Nähe bzw. Distanz zwischen den Teilsystemen in den Blick. Zugleich scheint die Neigung zu bestehen, sogleich auf die Analyse und Veränderung von Teilprozessen statt zunächst auf eine Untersuchung des gesamten Systems abzuheben.

Letzteres erlaubt z.B. die hier gewählte kartographische Darstellung eines fiktiven Beispiels, in der - auch zugunsten eines eher spielerischen Zugangs - auf eine stärkere Detaillierung bewußt verzichtet wurde: Sie verdeutlicht gewachsene Strukturen und organische Abläufe, bildet wesentliche Einflußregionen auf den Hauptprozeß ab und erlaubt insbesondere auch, die Relevanz der sog. „weichen Faktoren“, etwa der kommunikativen und kulturellen Barrieren zwischen den Angehörigen der verschiedenen Teilsysteme, zu thematisieren (vgl. Abbildung 2). Diese Darstellung ist für die ersten Phasen konkreter Zeitmanagement-Projekte, etwa für den Austausch von Informationen, die Erzielung eines gemeinsamen Verständnisses über die Problemlage und die Verabredung der geeigneten Ziele, Strategien und Methoden, nützlich. In einem späteren Stadium wird dann eine Ergänzung durch Analysen und Darstellungen der Teilprozesse notwendig und sinnvoll sein.

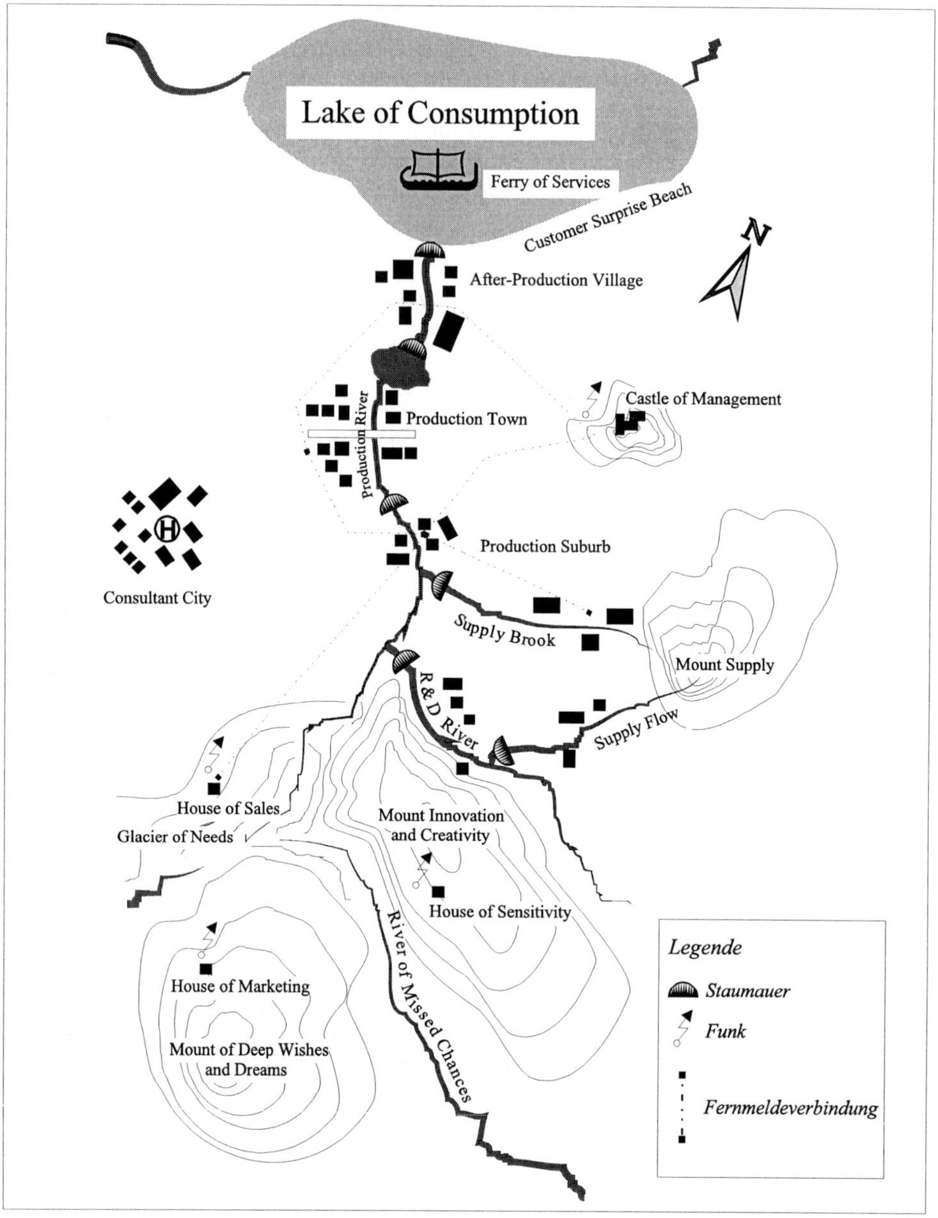

Abbildung 2: The Little World of Time-based Competition Inc.

In diesem Bild entspricht die Dauer einer Leistungserstellung der Zeit, in der sich eine Leistung in unterschiedlichen Aggregationsstufen im Gewässersystem und in den am Gewässersystem befindlichen Örtlichkeiten - selbst jeweils ein komplexer Mikrokosmos - bewegt.

Kundenwünsche und -träume *(„Mount of Deep Wishes and Needs")* manifestieren sich - unterstützt durch das Marketing - zu einem bestimmten Zeitpunkt in konkreten Kundenbedürfnissen *(„Glacier of Needs")* und dann als Resultat des Kauf- bzw. Verkaufsprozesses hoffentlich auch in einem Auftragseingang. Schon in diesem Zyklus bestehen Beziehungen und Abhängigkeiten, die sich auf den Zeitverbrauch entscheidend auswirken, etwa zu den kreativen und innovativen Bereichen außerhalb der Unternehmung *(„Mount Innovation and Creativity")*, zur eigenen F&E sowie zur logistischen Kette. Die beiden letztgenannten Bereiche sind ein vorgelagerter oder je nach Kundenwunsch bereits integrierter Teil des Prozesses, in dem die Umwandlung des Kundenwunsches in eine konkrete Leistung erfolgt, und lassen sich selbst als Teilprozesse separieren *(„R&D River, Supply Flow")*. Schnittstellen bestehen auch zur Fertigung.

Im Produktionsvorlauf *(„Production Suburb")* erfolgen die Auftragsbearbeitung, die technische Klärung, Entwicklung und Konstruktion, die Erstellung von Arbeitsplänen und Stücklisten, die Beschaffung von Ressourcen und die Lagerung von Material (vgl. hierzu Wildemann 1994). Schnittstellen im vorgelagerten Teil der Leistungskette bestehen zum Beschaffungsmarkt, zur F&E sowie zum Marketing und Verkauf. Er wird beeinflußt vom Zeitverbrauch und Zeitverhalten des Zuliefermarktes *(„Supply Brook")* und hat Schnittstellen sowohl zur F&E wie auch zur Produktion.

Der Produktionsdurchlauf *(„Production Town")* umfaßt den Materialabruf, die Auftragsvergabe, die Fertigung, die Zwischenlagerung von Bauteilen und Baugruppen, die Prüfung, die Packerei und die Anlieferung an das Fertigteilelager.

Der Produktionsnachlauf *(„After-Production Village")* schließt die Liegezeit im Fertigteilelager, den Versand, den Transport, ggfs. die Montage, Errichtung und Inbetriebnahme sowie die Verrechnung ein.

Schließlich ist der Service ein eigener Prozeß, der Schnittstellen zu allen Abschnitten der vorgelagerten Leistungskette hat. Weitere Teilsysteme, etwa die Unternehmungsplanung, -steuerung und -administration *(„Castle of Management")* üben nachhaltigen Einfluß auf das Zeitverhalten der anderen Subsysteme in der Leistungskette, den Grad der Vernetzung von Informationen und ihre unternehmerische Ausrichtung aus.

Es ist leicht ersichtlich, daß die Zeitvorgabe für die Leistungserstellung von der Differenz zwischen der Manifestierung des Kundenbedarfs in einem Kundenauftrag und dem vom Kunden erwarteten bzw. mit ihm vereinbarten Liefertermin determiniert wird und der tatsächliche Zeitverbrauch wesentlich von der Abfolge und Abstimmung der Hauptprozesse, dem jeweiligen Durchlauf in den Unterprozessen sowie der Vernetzung der Informationen aller Prozeßabschnitte abhängt. Vorhandene Puffer im Leistungsfluß bzw. Liegezeiten - in Abbildung 2 symbolisiert durch Staumauern - müssen als Zeitverbraucher und damit meist als Ausdruck mangelnder Prozeßbeherrschung sowie Verursacher vermeidbarer Kosten angesehen werden.

F. Strategien des Zeitmanagement und deren Implementierung

Beim letztgenannten Punkt setzt üblicherweise eine der *Strategien zur Zeitverkürzung* (vgl. Wildemann 1994, S. 132 ff.), die Vermeidung von Zeitpuffern, an. Sie wird ergänzt durch die Strategie der Steigerung der Arbeitsgeschwindigkeit, deren Realisierung insbesondere im Abbau kultureller und organisatorischer Hindernisse für eine Orientierung am Kriterium Geschwindigkeit besteht. Die erfolgreiche Umsetzung dieser beiden Strategien erfordert u.a. einen hohen Grad der informationstechnischen Integration innerhalb und zwischen den Teilsystemen, vor allem durch den Einsatz von Werkzeugen aus dem Baukasten von CIM (vgl. Shunk 1992) und Computer Integrated Office (CIO).

Die Strategie der intensiveren Nutzung der Zeit verlangt vor allem eine Konzentration auf die wesentlichen Einflußgrößen für den Zeitverbrauch i.S. der Pareto-Regel, die effizientere Nutzung der vorhandenen personellen Kapazitäten durch eine Anpassung der Systeme zur Entlohnung und Arbeitszeitgestaltung sowie einen möglichst hohen First-Time-Yield (vgl. z.B. Harry/Lawson 1992).

Die Strategie des Einsatzes der Zeit als „Waffe im Wettbewerb“ stellt auf die Gesamtorganisation als „lernendes System“ ab: Sie umfaßt die Überwindung der Barrieren zwischen den einzelnen Unternehmungsbereichen durch Maßnahmen zur Zeitsynchronisation wie Projektmanagement und Simultaneous Engineering, die systematische Steigerung der sozialen Kompetenz, der Kommunikationsfähigkeit sowie der Lernfähigkeit und -bereitschaft der Mitarbeiter und eine Vernetzung von Informationen und Wissen innerhalb der Organisation selbst und mit den Kunden und Lieferanten. In diesem umfassenden strategischen Ansatz bedarf es einer Integration der erstgenannten Ansätze als Teilstrategien.

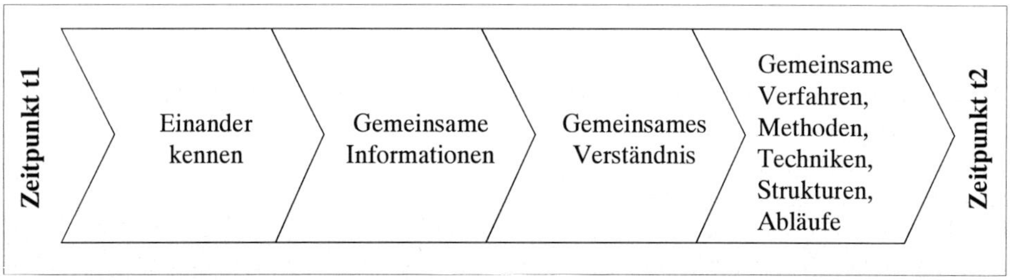

Abbildung 3: Implementierungsschritte

Unabhängig davon, welche Zeitstrategien in einer konkreten Unternehmungssituation als geeignet gelten, setzt deren Implementierung stets den Durchlauf von *vier Phasen* voraus (vgl. Abbildung 3), die man selbst als Prozeß des kulturellen Wandels i.S. einer Veränderung von Denken und Verhalten bezeichnen könnte: In einer ersten Phase wird das Kennenlernen aller Beteiligten mit dem Ziel organisiert, Vertrauen untereinander aufzubauen. Erst hierdurch ist der Austausch aller relevanten Informationen und die Schaffung einer gemeinsamen Informationsbasis möglich. Diese wiederum ist die Voraussetzung für die zielführende Interpretation der Daten sowie die Erarbeitung eines von allen getragenen

Verständnisses über Vorgehensweisen und Ziele der anstehenden Veränderungen. Die Einführung, d.h. u.a. auch Schulung, und Umsetzung entsprechender methodischer, technischer und organisatorischer Ansätze ist dann fast der geringste Teil des Vorhabens. Viele der durch Zeitmanagement-Programme angestrebten nachhaltigen Veränderungen dürften deshalb gescheitert sein, weil man sich zu rasch auf die vierte Stufe dieses Prozesses konzentriert und den Nutzen und die Evidenz der erreichbaren Vorteile als für alle anderen Beteiligten ebenfalls nachvollziehbar und erstrebenswert unterstellt hat.

G. Gefahren einer unkritischen Anwendung von Zeitmanagement

Auch der Zeitgeist, der in Stan Nadolnys „Die Entdeckung der Langsamkeit" literarisch zum Ausdruck kommt (vgl. auch Füllgraf 1994), scheint vor einer unkritischen Anwendung von Zeitmanagement zu warnen. Wo es - auch im Wirtschaftsleben - zumindest vordergründig nur noch um das „Schneller, weiter, höher" geht, mehren sich die Zweifel der Beteiligten am mittel- und langfristigen Sinn und Nutzen dieser Maxime.

In der wissenschaftlichen Diskussion wurden diese Zweifel ebenfalls aufgenommen. So weisen z.B. Backhaus/Gruner (1994) anhand von Modellsimulationen nach, daß bei einer kontinuierlichen Verkürzung eines ursprünglichen Produktlebenszyklus von 10 Jahren um jährlich 5% der Gesamtumsatz zunächst ansteigt, mittelfristig aber wieder auf das Ausgangsniveau zurückfällt und dann kontinuierlich weiter zurückgeht. Selbst wenn man mit Zeitmanagement auf Marktbereinigungsprozesse setzt, in denen Marktanteile von ausscheidenden Mitbewerbern gewonnen werden können, ist - bezogen auf den Gesamtumsatz - ein Ende des Beschleunigungsprozesses und dann ein *Umsatzrückgang* nachweisbar.

Die Computerbranche dürfte derzeit das beste Beispiel sein, wie Beschleunigungsprozesse auch zu einer Überforderung der Kunden führen können. Eine zu hohe Innovationsgeschwindigkeit kann den Zeitbedarf für die Kaufentscheidung der Kunden übersteigen und Kaufzurückhaltung die Amortisation der Innovationsinvestitionen gefährden. Nicht zuletzt hieraus erklärt sich, warum in einem Wirtschaftszweig, dessen Umsätze immer noch überdurchschnittlich wachsen, die Ergebnissituation der meisten Anbieter ausgesprochen unbefriedigend ist.

Die unkritische Verkürzung von Durchlaufzeiten kann bis ins Absurde gesteigert werden: So ist es aus Sicht eines Kunden möglicherweise vollkommen irrelevant, ob eine Leistung statt in 72 bereits in 48 Stunden zur Verfügung gestellt werden kann, wenn er diese Leistung im Rahmen seines eigenen Leistungserstellungsprozesses jeweils donnerstags um 15.00 Uhr benötigt.

Zeitmanagement muß sich deshalb stets auch am *Nutzen für die Kunden*, der internen wie der externen, orientieren: „Irgendwann wird der Ausgleich zwischen den Grenzkosten und dem Grenznutzen weiterer Zeiteinsparung erreicht, zumal die Grenzkosten ab einem bestimmten Punkt überproportional ansteigen“ (Simon 1991, S. 134).

Zeitmanagement kann, wie oben bereits angedeutet, im Einzelfall auch bedeuten, sich für einen Teilprozeß *mehr* Zeit zu nehmen. Ein Beispiel ist der Vergleich des Zeitverbrauchs japanischer und westlicher Unternehmungen bei der Produktentwicklung mechanischer Getriebe. Die japanischen Entwicklungsabteilungen benötigen für alle Zyklen des Gesamtprozesses signifikant weniger Zeit als ihre westlichen Konkurrenten, was sich über die gesamte Leistungskette zu einem Zeitvorteil von 50% summiert. Lediglich in der Phase des Design Review wenden sie etwa doppelt soviel Zeit auf (vgl. Stalk/Hout 1991, S. 118). Analysiert man die Inhalte dieses Prozeßabschnitts, so werden hier die grundsätzliche Einigung und Entscheidung über den weiteren Verlauf der Entwicklung herbeigeführt. Offenbar haben die Japaner besser als ihre westlichen Mitbewerber die Bedeutung der Identifikation aller Beteiligten und einer guten Vorbereitung für den Zeitbedarf aller folgenden Abschnitte erkannt (vgl. Schneidewind 1992). Die Zeiteffizienz von Entscheidungen dürfte damit ein wesentlicher Schlüssel für die Effizienz bzw. Ineffizienz des Zeitmanagement insgesamt sein (vgl. Simon 1991, S. 123 ff.).

H. Wohin sollte sich Zeitmanagement entwickeln?

Der sorgsame Umgang mit der Ressource Zeit ist und bleibt für Unternehmungen unerläßlich. Organisationen, die sich dem Zeitwettbewerb nicht stellen, werden zu den Verlieren gehören oder sind dieses bereits. Das Verständnis von Zeitmanagement wird sich und muß sich jedoch weiterentwickeln. Zum einen gilt es, Zeitmanagement im *Rahmen ganzheitlicher Restrukturierungs- und Reorientierungskonzepte* in ein ausbalanciertes, vernetztes Verhältnis zu den anderen Instrumenten für die Sicherung des Unternehmungserfolgs zu setzen. Hierzu gehören das Qualitätsmanagement, ein vor allem die Ablauforganisation betreffendes Integrationsmanagement sowie ein Management der Unternehmungskultur. Zum anderen wird sich die Erkenntnis durchsetzen müssen, daß vielen Unternehmungsaufgaben und speziell Managementaufgaben nicht weniger, sondern mehr Zeit zukommen muß. Percy Barnevik, der CEO der Asea Brown Boveri, drückte dieses hinsichtlich der internen Unternehmungskommunikation in einem Gespräch mit dem Magazin Forbes so aus: „It is necessary to bring a message deep down and convince people. Take it to their heart, you know. That's the essence of leadership. That takes time and that takes skill. We tell our top managers to spend more time on this. You do not save time by cutting this process short.“

Zeitmanagement in diesem Sinne ist, den Dingen die *ausreichende* Zeit zukommen zu lassen. Der russische Poet und Nobelpreisträger Joseph Brodsky charakterisierte kürzlich seine Kunst als „restructuring of time“. Zeitmanagement wird sich zum Nutzen der Unternehmungen und ihrer Kunden weiterentwickeln, wenn diese Aufgabe als Restrukturierung der Zeit verstanden wird, teilweise auch als deren Rekultivierung.

Literatur

BACKHAUS, K.; GRUHNER, K.: Epidemie des Zeitwettbewerbs, in: Die Beschleunigungsfalle oder der Triumph der Schildkröte, hrsg. v. K. Backhaus u. H. Bonus, Stuttgart 1994, S. 19-46.

BONUS, H.: Die Langsamkeit von Spielregeln, in: Die Beschleunigungsfalle oder der Triumph der Schildkröte, hrsg. v. K. Backhaus u. H. Bonus, Stuttgart 1994, S. 1-18.

FREEDMANN, D.A.: Was kommt nach dem Taylorismus? in: HBM, 14. Jg. (1993), H. 2, S. 24-32.

FÜLLGRAF, G.: Entschleunigung, in: Die Beschleunigungsfalle oder der Triumph der Schildkröte, hrsg. v. K. Backhaus u. H. Bonus, Stuttgart 1994, S. 47-65.

HARRY, M.J.; LAWSON, J.R.: Six Sigma productibility analysis and process characterization, Reading 1992.

ISTVAN, R.L.: Zeit: Die vierte Dimension des Wettbewerbs, in: Das Boston Consulting Group Strategie-Buch, hrsg. v. B.v. Oetinger, 2. Aufl., Düsseldorf et al. 1994, S. 559-564.

MURRMANN, P.: Zeitmanagement für Entwicklungsbereiche im Maschinenbau, Wiesbaden 1994.

OETINGER, B.v. (HRSG.): Das Boston Consulting Group Strategie-Buch, 2. Aufl., Düsseldorf et al. 1994.

REINER, G.; ERICKSEN, M.: Zeit und Qualität, in: Das Boston Consulting Group Strategie-Buch, hrsg. v. B.v. Oetinger, 2. Aufl., Düsseldorf et al. 1994, S. 588-591.

SCHNEIDEWIND, D.: Eile mit Weile - Mentalität und Methoden der Japaner für den Wettbewerb, in: Langsamkeit entdecken, Turbulenzen meistern: wie Sie sich für turbulente und dynamische Zeiten rüsten können, hrsg. v. D. Schuppert et al., Wiesbaden 1992, S. 163-214.

SHUNK, D.L.: Integrated process design and development, Homewood 1992.

SIMON, H.: Simon für Manager, Düsseldorf et al. 1991.

STALK, G.: Zeitwettbewerb: Reaktionsgeschwindigkeit: 4 Regeln, in: Das Boston Consulting Group Strategie-Buch, hrsg. v. B.v. Oetinger, 2. Aufl., Düsseldorf et al. 1994, S. 574-576.

STALK, G.; HOUT, T.M.: Competing against time. How time-based competition is reshaping global markets, New York, London 1990.

TICHY, N.M.; SHERMAN, S.: Control your destiny or someone else will: how Jack Welch is making General Electric the worlds most competitive corporation, New York 1993.

ULRICH, H.; PROBST, G.J.B.: Anleitung zum ganzheitlichen Denken und Handeln. Ein Brevier für Führungskräfte, 2. Aufl., Bern/Stuttgart 1990.

WILDEMANN, H.: Fertigungsstrategien. Reorganisationskonzepte für eine schlanke Produktion und Zulieferung, 2. Aufl., München 1994.

WOMACK, J.P.; JONES, D.T.; ROOS, D.: Die zweite Revolution in der Autoindustrie. Konsequenzen aus der weltweiten Studie aus dem Massachusetts Institute of Technology, 1. Aufl., Frankfurt a.M./New York 1991.

Hans-Jörg Bullinger

Prozeßmanagement[1)]

A. Idee und Ursprung der Prozeßorientierung

1. Konsequente Kunden- und Marktorientierung

Die Erfüllung der vielseitigen Kundenwünsche stellt für die Unternehmen heute eine wesentliche Voraussetzung zum Bestehen im nationalen und internationalen Wettbewerb dar. Dies erfordert von den Unternehmen eine breite Angebotspalette mit hoher Variantenvielfalt bei höchster Qualität und kürzesten Lieferzeiten. In der Folge haben viele Unternehmen ihre Geschäftsfelder den gewandelten Wettbewerbserfordernissen angepaßt, z.B. durch die Gründung einer Managementholding oder durch den Aufbau Strategischer Allianzen. Weitgehend vernachlässigt wurden dabei jedoch die enormen Verbesserungspotentiale, die in einer flexiblen kundenorientierten Organisationsstruktur liegen. Im Wettbewerb um die Geschäfte von morgen wird mit Strukturen von gestern gearbeitet, die auf hochgradig arbeitsteiligen Organisationsprinzipien des Taylorismus basieren. Durch die organisatorischen Schnittstellen an den Abteilungsgrenzen entstehen erhebliche Reibungsverluste. Die internen Strukturen und Abläufe sind mit der strategischen Neuausrichtung auf eine konsequente Kunden- und Marktorientierung nicht mehr verträglich. Die gewachsenen Aufbaustrukturen stehen einem optimierten Material- und Informationsfluß entgegen.

Das Primat der „Kapazitätsauslastung“ und der „Kostenminimierung durch Funktionsspezialisierung“ tritt heute in den Unternehmen zugunsten einer konsequenten Prozeßorientierung zurück. Eine Vielzahl aktueller Managementkonzeptionen vom Total Quality Management (TQM) über das Time-based Management (TBM) bis hin zum Business Process Reengineering (BPR) fokussiert daher auf eine stärkere Prozeßorientierung. Je nach Reichweite der Gestaltungsansätze wird von einer Optimierung von Prozessen bei inkrementalen Verbesserungen (vgl. Harrington 1991) bis hin zu Prozeßinnovationen (vgl. Davenport 1992) oder einem Reengineering von Geschäftsprozessen (vgl. Hammer 1990; Hammer/Champy 1994) gesprochen.

2. Perspektivenwechsel durch Prozeßorientierung

Die Prozeßorientierung wird heute in vielen Unternehmen als ein geeignetes Gedankengerüst für einen grundlegenden Perspektivenwechsel im Management gesehen. Angesichts der stetig wachsenden Wettbewerbsintensität zeigen traditionelle funktionale Organisationsformen eine Reihe von Schwachstellen:

- Die *mangelhafte Kundenorientierung* funktionaler Organisationsformen führt häufig zu Leistungen (Produkten oder Dienstleistungen), die den Qualitätskriterien der Abnehmer nur unzureichend entsprechen. Vielen Aktivitäten steht so häufig keine echte Wertschöpfung gegenüber. Nicht selten ist der eigentliche Abnehmer der Leistung, der Kunde, gar nicht bekannt, und es ist auch keineswegs üblich, aktiv und systematisch nach Qualitätserwartungen und -bewertungen zu fragen. Eine klare Formulierung von

Qualitätsanforderungen aus Kundensicht (Kunde als Auftraggeber des Prozesses) ist jedoch Meßlatte und Grundlage aufsetzender Gestaltungsmaßnahmen.

- Eine hohe Arbeitsteilung führt zur *Desorganisation* und *Inflexibilität*. Bei einer Betonung des Wettbewerbsfaktors Zeit (time to market, Verkürzung der Durchlaufzeit) ist ein hoher Anteil von Liege- und Transportzeiten an der gesamten Durchlaufzeit nicht mehr akzeptabel. Dies macht eine Reduktion des objektbezogenen Koordinationsbedarfs sowie eine Minimierung der organisatorischen Schnittstellen erforderlich.
- In Verbindung mit einer *fehlenden oder falsch verstandenen Standardisierung* führt dies zu massiver Ressourcenverschwendung. Entweder bleibt Erfahrungswissen systematisch ungenutzt, oder es wird Organisation mit bürokratischer Verwaltung der bestehenden Ordnung verwechselt. Dienstwege degenerieren zu „Absicherungswegen", die die Verantwortung eher sozialisieren als sie punktgenau und nachvollziehbar zuzuordnen. Wesentliche Hintergrundinformationen laufen dagegen durch informelle Kanäle. Die Anlehnung an scheinbar „Bewährtes" läßt kaum Spielraum für kritische Fragen und Neuerungen.
- Eng damit verbunden ist eine verbreitete *Intransparenz der Gesamtleistungsstruktur* bzw. der Leistungszusammenhänge zwischen den Beteiligten. Vor allem in Dienstleistungs- und Verwaltungsbereichen sind nur wenige Geschäftsabläufe „vom Kunden zum Kunden" gestaltet. Wenn die Bedeutung des eigenen Leistungsbeitrags nicht in den Gesamtprozeß eingeordnet werden kann, sind auch kaum selbständig initiierte Maßnahmen zur Qualitätsverbesserung zu erwarten. Solange Kollegen jenseits der Abteilungsgrenzen lediglich als Kurzzeichen auf dem Organigramm wahrgenommen werden, fehlen wichtige Voraussetzungen zu einer übergreifenden und gesamtzielorientierten Neugestaltung und Anpassung.
- Die *nicht durchgängige informationstechnische Unterstützung von Prozessen* resultiert in einer Vielzahl von Medienbrüchen und ist heute in vielen Fällen nach wie vor ein nicht gelöstes Problem. Nicht zuletzt deswegen hat sich eine gewisse Ernüchterung in bezug auf die tatsächlichen Wirkungen von informationstechnologischen Lösungen breit gemacht. Besonders schwierig ist es, den Nutzennachweis für hier getätigte Investitionen zu führen. Hard- und Softwareinvestitionen werden als Gemeinkostensenke erlebt, denen kaum direkte Verbesserungen auf der Nutzenseite gegengeschrieben werden können. Neben Fehlern in bezug auf Technikauswahl, zu stark einzelarbeitsplatzorientierten Implementierungsstrategien und unzureichender Mitarbeiterbeteiligung ist hier auch die mangelnde Zielorientierung und Zieloperationalisierung des Technikeinsatzes ein wesentlicher Faktor. Die Messung und der Nachweis der Zielerreichung setzen klar definierte Soll-Größen voraus, die wiederum die Transparenz der bestehenden Leistungsstruktur zur Grundlage haben.

3. Das Zusammenwachsen ehemals autonomer Prozesse

Nach der intensiven Diskussion um „schlanke" Produktionsstrukturen gerät auch der Büro- und Dienstleistungsbereich wieder verstärkt in den Blickpunkt des Gestaltungsinteresses, zumal Büro und Produktionsprozesse immer stärker miteinander verflochten sind. Die Ursache dafür liegt darin begründet, daß

- Sachgüter und Dienstleistungen zunehmend von Informationsprodukten begleitet werden,
- die Haftung sich auch auf die begleitenden Informationsprodukte (z.B. Dokumentation, Handbücher, Schulungsunterlagen) bezieht,
- die begleitenden Informationsprodukte häufig kaufentscheidend sind,
- die verfügbare Zeit zur Erstellung der Informationsprodukte sich dramatisch verkürzt,
- das Informationsprodukt zum Marketinginstrument wird und
- die Kommunikationsqualität zum Kernfaktor der Unternehmensqualität wird.

Mit dem sich verstärkenden Fokus auf Zeitwettbewerb und individualisierte Kundenbedürfnisse ist klar, daß Büro- und Fabrikstrukturen sich in Zukunft noch stärker vermischen werden.

B. Eine Typologie von Prozessen

1. Zur Definition des Begriffes „Prozeß“

Der Begriff „Prozeß“ wird in der Praxis oftmals unreflektiert verwendet und muß daher definiert werden. *Prozesse* werden als eine Sammlung logisch verknüpfter Aufgaben definiert, die ein spezifisches Geschäftsresultat erzeugen (vgl. Davenport/Short 1990, S. 12). Diese Definition bezieht sich auf die inhaltlich abgeschlossene Beschreibung der zeitlich-logischen Abfolge von Funktionen, die zur Bearbeitung eines unternehmerisch relevanten Projektes erforderlich sind. Aus dieser Definition lassen sich drei wesentliche Eigenschaften von Prozessen ableiten: Sie haben einen *internen oder externen Kunden*, erzeugen für ihn ein *Ergebnis von Wert* und können als Regelkreise gestaltet werden, die unter einer *(Prozeß-) Verantwortung* stehen.

2. Abgrenzung unterschiedlicher Prozeßtypen

Vor dem Hintergrund dieser allgemeinen Definition können vier Typen von Prozessen unterschieden werden (vgl. Earl 1994, S. 7 f.): Die *Kernprozesse* eines Unternehmens sind von grundlegender Bedeutung für das Funktionieren eines Unternehmens. Diese Kernprozesse umfassen normalerweise die primären Aktivitäten der Wertschöpfungskette und haben einen externen Kunden. Sie gehen i.d.R. über die einzelnen funktionalen und hierarchischen Organisationseinheiten hinaus: Beim Kernprozeß „Auftragsabwicklung“ arbeiten z.B. die Produktion, der Vertrieb und der Versand auf das Kundenergebnis „gelieferte Ware“ zu. Die verschiedenen Kundengruppen, die ein Unternehmen bedient, stellen meist unterschiedliche Anforderungen an diesen Kernprozeß. Im Sinne einer kundenorientierten Prozeßorganisation gibt es deshalb Prozeßvarianten, die durch eine Segmentierung der Kundengruppen ermittelt werden können. Varianten werden gebildet z.B. durch die Produkte (Auftragsabwicklung Produktgruppe A und B), durch die Märkte oder die Kulturkreise. Kernprozesse werden in der betrieblichen Praxis häufig als „Geschäftsprozesse" bezeichnet. *Unterstützungsprozesse* haben einen internen Kunden und sichern die Kernprozesse eines Unternehmens informationell ab. Bei den Unterstützungsprozessen handelt es vor allem um die administrativen sekundären Aktivitäten der Wertschöpfungskette. *Geschäftsnetzwerkprozesse* gehen über die Grenzen eines Unternehmens hinaus und beziehen Kunden, Lieferanten und Kooperationspartner ein. Die *Managementprozesse* beziehen sich auf die Planung, Steuerung und Kontrolle von Ressourcen.

C. Die Prozeßsicht in der betriebswirtschaftlichen Analyse

Mit der Prozeßsicht wird in der betriebswirtschaftlichen Analyse eine Reihe von Nutzeffekten verbunden. Prozesse eignen sich als Analyseinstrument, da sie

- eine Folge von Aktivitäten darstellen, die direkt oder indirekt zur Wertschöpfung des Unternehmens beitragen *(Wertschöpfungsorientierung)*, eine integrative Betrachtung der an der Leistungserstellung beteiligten strategischen Zielgruppen (Wettbewerber, Kunde, Lieferant) unterstützen *(Zielgruppenorientierung)*,
- zumindest als Kernprozesse zu einem vom Markt bewertbaren Ergebnis führen *(Ergebnis-/Zweckorientierung)* und damit ergebnisorientierte Geschäftsvorfälle repräsentieren *(Ergebnis-/Ereignisorientierung)*,
- als Strukturierungskonzept mehrere Analysebereiche und Betrachtungsebenen auf unterschiedlichem Aggregationsniveau verbinden *(Synchronisationsorientierung)*,
- eine gesamtheitliche Betrachtung mehrerer Funktionsbereiche ermöglichen *(Synergieorientierung)*,
- modellierbar und damit quantitativ und qualitativ beschreibbar sind, d.h. über auslösende Ereignisse (Geschäftsvorfälle), Aktivitäten, Ziele, Organisationseinheiten und Ergebnisse können Geschäftsprozesse in ihren räumlich-zeitlichen Dimensionen exakt dargestellt werden *(Beschreibungsorientierung)*,
- einfach abgrenzbar sind und damit zur Kapazitätsreduzierung beitragen *(Partialmodellbildungsorientierung)*,
- bereichsbezogene Betrachtungen zu bereichsübergreifenden, vernetzten Denk- und Handlungsansätzen integrieren *(Integrationsorientierung)*,
- alle unternehmensspezifische Eigenheiten abbilden *(Unternehmensorientierung)*,
- einen bidirektionalen Bezug von der strategischen zur operativen Ebene gewährleisten und in ihrer Gesamtheit als ein der formalen Ablauforganisation überlagertes, feinabstimmendes Steuerungsinstrument verstanden werden können *(Strategie-/Steuerungsorientierung)*.

D. Handlungsanleitungen für die Neugestaltung von Prozessen

Bei einer kunden- und qualitätsgetriebenen Neugestaltung der Prozesse im Unternehmen

- sind die kunden- und erfolgsorientierten Leistungen, d.h. Produkte oder Dienstleistungen sowie die begleitenden Informationsprodukte neu zu definieren. Dazu sind Streichungen vorzunehmen (z.B. in bezug auf ein aufgeblähtes internes Berichtswesen), wenn nicht wertschöpfende Leistungen zu viele Ressourcen verschlingen. Dies bedeutet, daß nicht nur der Erstellungsprozeß der Produkte oder Dienstleistungen selbst rationalisiert und gestaltet wird, sondern auch die hieraus resultierende „Endleistung" in Frage gestellt bzw. neu definiert wird. Letztlich ist der Kunde Maßstab und Ausgangspunkt aller Gestaltungsmaßnahmen und somit derjenige, der Qualitätsmaßstäbe setzt.
- muß der Erstellungsprozeß dieser Leistungen über die einzelnen Bearbeitungsstufen *transparent* gemacht werden. Akteure, Arbeitsmittel, Informationsressourcen, Mengengerüste und Bearbeitungszeiten sind dazu zu identifizieren, um eine solide Ausgangsbasis für Gestaltungsmaßnahmen zu schaffen. Die dazu erforderliche Prozeßbeschreibung kann gleichzeitig einen Beitrag zu den Dokumentationsanforderungen der internationalen Normenreihe DIN ISO 9000 ff. liefern.
- ist das Soll-Konzept *gemeinsam* mit Mitarbeitern, Kunden und Vorgesetzten zu erarbeiten. Intern ist es von zentraler Bedeutung, die Mitarbeiter für die Prozeßwahrnehmung zu sensibilisieren.

Es gibt nicht „das" Modell der Prozeßorganisation. Dennoch gibt es gemeinsame Gestaltungsprinzipien, die im folgenden beispielhaft aufgezeigt werden.

Kundenorientierung: Alles, was der Kunde nicht honoriert, ist Verschwendung. Demnach lautet folgerichtig die Kernfrage beim Redesign, welche Leistungen dem Unternehmen am Markt honoriert werden. Die konsequente Verfolgung dieses Prinzips führt zum Abwerfen des entstandenen strukturellen Ballastes und zu einer kundenorientierten Ausrichtung der Organisation.

Mitarbeiterorientierung: Wichtigste Ressource sind die Mitarbeiter und ihr Wissen. Nur durch eine hohe und lebenslange Lernbereitschaft und Lernfähigkeit aller können in Zukunft die hohe Veränderungsgeschwindigkeit und der Veränderungsdruck bewältigt werden. Im Rahmen der Einführung einer Prozeßorganisation sollte ein selbstorganisierendes, selbststeuerendes und sich ständig selbsterneuerndes Unternehmen verwirklicht werden.

Dezentrale Verantwortungsbereiche: Eine marktnahe Organisation, die schnell und flexibel auf die Anforderungen und Veränderungen reagiert, impliziert, Entscheidungs- und Kommunikationswege kurz zu halten und Verantwortungs- und Entscheidungskompetenzen in den marktnahen Bereichen zu positionieren. Ansätze zur Umsetzung sind z.B. der Abbau von Hierarchieebenen, die Einführung von bereichsübergreifenden Projekt- und Teamstrukturen („cross-functional-teams") mit dezentraler Verantwortung sowie dezentrale Holdingstrukturen.

Durchgängige Ergebnisverantwortung: Die definierten „Produkte" sollen möglichst ressourcensparend und unter Vermeidung zu hohen Koordinationsaufwands erstellt werden. Hierfür sind die notwendigen Bearbeitungsschritte möglichst schnittstellenarm bestimmten Stellen und ihren Inhabern zuzuordnen. Eine prozeßorientierte Neugestaltung stellt eine Abkehr von der bisher betriebenen internen „Nabelschau" dar, die Stellen- und Abteilungsgefüge als unverrückbare Größen ansieht. Hierbei können auch Chancen zur Mitarbeiterqualifizierung und zur Schaffung höherwertigerer Arbeitsplätze wahrgenommen werden.

Einführung von Prozeßverantwortlichen: In der prozeßorientierten Aufbauorganisation ist ein Prozeßverantwortlicher dem Kunden gegenüber für das Prozeßergebnis verantwortlich. In einzelnen Prozeßabschnitten gibt es unterschiedliche Verantwortliche für die internen Teilaufträge wie z.B. Fertigungssteuerung im Fertigungsbereich. Dabei ergibt sich bspw. die Frage, wie lange der Kundenauftragsbezug aufrecht erhalten werden soll. In der Vorfertigung ist durch die Losgrößenorientierung meist kein sinnvoller Kundenauftragsbezug mehr herzustellen, soweit dies nicht durch gesetzliche Vorschriften für das Produkt erforderlich ist. Wichtig ist, eine Prozeßoptimierung, wie sie von der Fertigungsvorbereitung oder von Organisationsfachleuten durchgeführt wird, strikt zu unterscheiden von der Arbeit des Prozeßverantwortlichen, der für einzelne Prozeßinstanzen zuständig ist.

Nutzen von Standardisierungspotentialen: Abgesicherte und rationelle Verfahren für die Zieldefinition und die Erstellung von Produkten und Dienstleistungen sollen unter Nutzung von Erfahrungswissen und Präzedenzlösungen fixiert und bekanntgemacht werden. Diese können sich z.B. bei Büroprodukten auf die Inhaltsstruktur und zu verwendende Informationsquellen von Dokumenten beziehen oder Hinweise auf einzubeziehende Expertenmeinung umfassen. Diese Standardisierung soll „Qualität in den Prozeß bzw. das Produkt" direkt einbauen und sie nicht erst im nachhinein „erprüfen". Standards sind hier nicht gleichzusetzen mit Formalisierung, sondern mit dem aktiven „Commitment" aller Beteiligten, den besten (nicht den kleinsten) gemeinsamen Nenner zu verfolgen.

Initiierung eines permanenten Verbesserungsprozesses: Angesichts der Dynamik heutiger Wettbewerbsumwelten wird man sich sehr rasch von der Vorstellung verabschieden müssen, reale Arbeitsprozesse ließen sich durch geschickte Gestaltung ein für alle Mal neugestalten. Das klassische Schema von Ist-Analyse, Soll-Konzeption und Umsetzung läuft eben allzu häufig auf die Zementierung einmal als optimal erkannter Abläufe hinaus, insbesondere dann, wenn organisatorische Regelungen bis auf die Ebene des Einzelvorganges herunter greifen. Diese ständige Weiterentwicklung ist durch entsprechende Mechanismen, wie z.B. (technisch gestützte) Diskussionsforen und Qualitäts- bzw. Prozeßbeauftragte zu unterstützen.

Verbesserung der inner- und überbetrieblichen Kooperation: Wachsende Spezialisierung und die Notwendigkeit der Konzentration auf Kernkompetenzen machen die Zusammenarbeit zwischen Spezialisten im eigenen oder in anderen Unternehmen zunehmend erforderlich. Vor allem bei räumlicher Verteilung müssen Informations- und Dokumentenaustausch, Abstimmungsgespräche und Ideensammlung flexibel und rasch zu organisieren sein, um die Gesamtdurchlaufzeit weitmöglichst zu verkürzen und die Reaktionsflexibilität zu erhöhen. Die Koordination der Leistungsprozesse weitgehend unabhängiger Unternehmenseinheiten oder zwischen unabhängigen Unternehmen erfordert übergreifende (tele-) kommunikationstechnische Unterstützung, die Zeit- und Informationsverluste minimiert und räumliche Entfernungen vernachlässigbar macht. Dies ist durch erhebliche Weiterentwicklungen auf dem Gebiet der Telekommunikationsanwendungen und gruppenunterstützender Softwarelösungen (Workgroup Computing) heute wesentlich besser möglich als noch vor wenigen Jahren.

Optimierung des Informations- und Dokumentenflusses: Bestehende Informationsbestände müssen transparent und selektiv zugänglich gemacht werden. Hierzu gehört, daß vorhandene Bestände unkompliziert und umfassend eingesehen werden können, prompte Beschaffungswege verfügbar sind, um Doppelarbeiten und redundante Informationshaltung zu vermeiden. Dies setzt auch eine offene Informationskultur voraus, die Informationen als lebenswichtige Ressource für den Gesamterfolg des Unternehmens begreift und weniger als persönlichen Vorsprung. Ebenso müssen erstellte Dokumente unmittelbar in der aktuellen Version zur Verfügung gestellt und auf elektronischem Wege weiterleitbar gemacht werden, um Medienbrüche zu vermeiden. Angesichts der raschen Entwicklung im Bereich der multimedialen Dokumentverarbeitung ist auch über das Einsatzpotential dieser neuen Aufbereitungsformen von Information nachzudenken.

Nutzbarmachung von Automatisierungspotentialen: Soweit möglich, sind (Teil-) Vorgänge automatisch zu verwalten, weiterzuleiten, wiedervorzulegen, oder mit Hilfe von Standarderfassungsmasken und Auswertungsroutinen weitgehend zu verarbeiten. Workflow-Systeme, gekoppelt mit Imaging-Technologie, bieten hier kommerziell verfügbare Soft- und Hardwarelösungen, die bereits auf eine Vielzahl von Referenzanwendungen verweisen können. Angesichts der vorhandenen und gewachsenen Infrastruktur in den Unternehmen sind vor allem Ergänzungen und Erweiterungen gefragt. Stichworte sind hier die Verbesserung der internen und externen rechnergestützten Kommunikationsfähigkeit (Electronic Mail, Telekonferenzen, Bulletin Boards etc.), der Einsatz der bereits erwähnten Groupware- und Workflow-Systeme sowie verbesserter Filing- und Retrieval-Systeme unter Integration der Imaging-Technologie.

E. Vorgehensweise im Rahmen eines Prozeßmanagement

Das Prozeßmanagement umfaßt die Planung, die organisatorische Einführung sowie die laufende Kontrolle und Steuerung der Prozesse. Bei der Realisierung einer kundenorientierten Prozeßorganisation können mehrere Schritte unterschieden werden.

1. Begutachtung der Unternehmensperformance

Der erste Schritt ist eine Begutachtung der Unternehmensperformance. Erprobte Instrumente zur Messung der Unternehmensperformance sind z.B. Benchmarking mit den „Weltbesten“, Interviews mit Führungskräften und Kundenbefragungen. Ein mögliches Ergebnis ist in Abbildung 1 graphisch veranschaulicht.

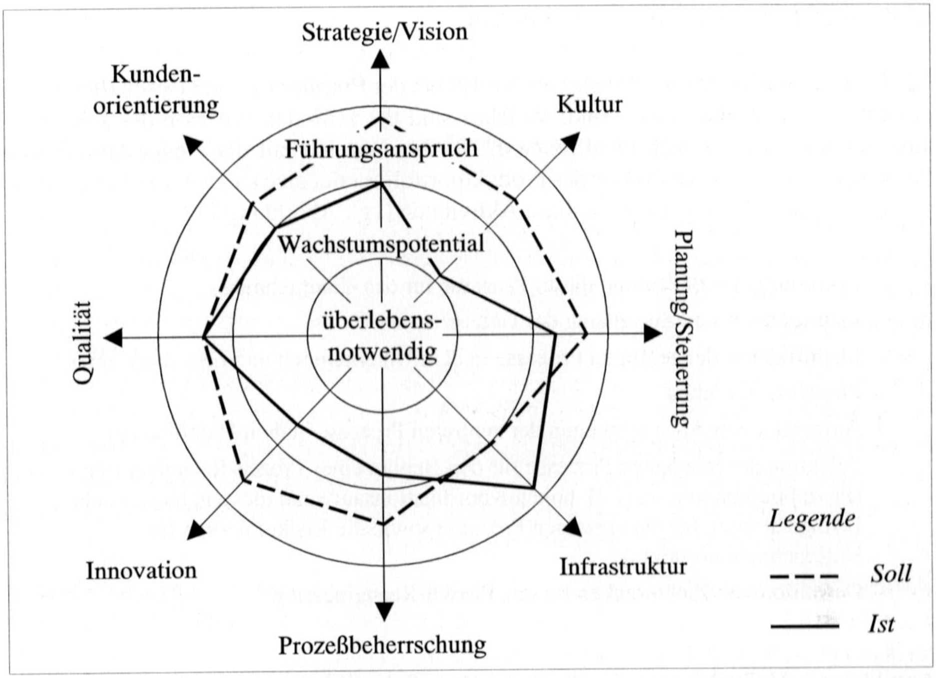

Abbildung 1: Der Reengineering-Kiviatgraph

Solche Ergebnisse können jedoch nur Handeln initiieren, indem sie die Ansatzpunkte für Verbesserungen aufzeigen, sie liefern nicht automatisch die notwendigen kreativen Ideen für den Wandel. Benchmarking als Instrument ist jedoch ein heilsamer Beginn. Viele Manager und Mitarbeiter, konfrontiert mit der realen Situation, wollen zunächst die Ergebnisse nicht glauben: „Das ist bei uns ganz anders" oder „Das kann man doch nicht vergleichen". Abbildung 2 faßt die wesentlichen Maßnahmen in dieser Stufe zusammen.

- Kurzbestandsaufnahme und Messung der Indikatoren
- Einschätzung und Bewertung der Ursachen durch die Führungskräfte
- Erarbeitung von Empfehlungen für einzuleitende Gestaltungsmaßnahmen
- Ermittlung der Performance-Indikatoren und Auswahl der Instrumente zur Messung der Unternehmungsperformance
- Definition der strategischen Ziele und Zielvorgaben durch das obere Management
- Erstellung und Verabschiedung eines Projekt-Portfolios mit Umsetzungsplänen

Abbildung 2: Initialisierung von Maßnahmen zur Verbesserung der Unternehmensperformance

2. Prozeßidentifikation und -erfassung

Die Prozeßidentifikation ist der nächste Schritt bei der Einführung einer Geschäftsprozeß-organisation. Zentrale Fragen sind: Welches sind die zentralen Prozesse des Unternehmens? Wie lassen sie sich identifizieren? Wo beginne ich mit der Neugestaltung von Prozessen? Die (Neu-) Definition des Produktportfolios oder eine kundenorientierte Unternehmenssegmentierung ergänzen diese Aktivitäten (vgl. Abbildung 3).

- Ermittlung der Bedeutung dieser Prozesse für das Unternehmen
- Identifikation und Zuordnung der Unterprozesse
- Identifikation der zentralen Prozesse in dem Unternehmen und Erstellung eines
- Prozeß-Diagramms
- Aufzeigen von Abhängigkeiten der zentralen Prozesse in dem Unternehmen
- Selektion der relevanten Prozesse für den Beginn eines Prozeß-Reengineering (Prozeßindikatoren wie z.B. hohen Koordinationsaufwand messen; strategische Erfolgsfaktoren für die einzelnen Prozesse sowie die Risikofaktoren im Unternehmen ermitteln)
- Definition von Zielvorgaben für das Prozeß-Reengineering

Abbildung 3: Maßnahmen in der Phase der Prozeßidentifikation und -erfassung

3. Prozeß-Evaluation und -Redesign

Das Ziel dieser Phase ist die technisch-organisatorische Ausgestaltung der Geschäftsprozesse sowie die Erarbeitung von Empfehlungen zur Anpassung der aufbauorganisatorischen Strukturen (vgl. Abbildung 4).

- Weitere Verfeinerung der Modellierung in Abhängigkeit vom Prozeßtyp und den geplanten weiteren Schritten (z.B. Zertifizierungsvorhaben)
- Modellierung des Prozesses unter Orientierung am idealen Soll-Prozeß auf hohem Aggregationsniveau und unter Einbezug der betroffenen Führungskräfte in den Fachabteilungen, der Organisatoren und der Informatik-Experten, die einen Überblick über den bestehenden Prozeß haben
- Neugestaltung der Aufbauorganisation
- Durchsprache mit den Anwendern, um notwendige Veränderungen aus deren Sicht zu übernehmen
- Teilprozesse und Arbeitsschritte werden auf ihre Notwendigkeit hin überprüft
- Spezifikation der informationstechnischen Unterstützung

Abbildung 4: Maßnahmen in der Phase des Prozeß-Evaluation und -Redesign

Für diese Phase ist es zunächst wichtig, die Gestaltungsfreiräume bewußt offen zu halten und Visionen zu entwickeln. Unabhängig von bestehenden Organisationsprinzipien und ihren gültigen Regeln gilt es zunächst, alternative Zukunftsszenarien zu entwickeln. Schon in dieser Phase sollte das Potential von Informationstechnik - einschließlich innovativer Technologien - kreativ ausgeschöpft werden.

4. Einführung und Umsetzung neuer Prozeß-Designs

Die Realisierung neuer Prozeßstrukturen ist eine komplexe Aufgabe, die nur durch ein systematisches Vorgehen und laufende Fortschrittskontrollen beherrschbar wird (vgl. Abbildung 5). Faktoren für eine erfolgreiche Umsetzung sind z.B. die sichtbare Unterstützung durch das Top Management, ein für alle Beteiligten verständliches Vorgehen, schnelle und direkt sichtbare Erfolge für die Mitarbeiter. Die kritischste Frage dieser Phase ist jedoch, wie der Wandel in den Köpfen zu schaffen ist. Eine wesentliche Rolle werden Maßnahmen zur Organisations- und Personalentwicklung spielen. Hierzu gehören neue Rollenkonzepte für das Management, neue Karriere- und Entlohnungssysteme, neue Qualifikationskonzepte für die Mitarbeiter.

- Auswahl und Implementierung der Informations- und Kommunikationstechnik
- Test- und Pilotinstallationen
- Kontinuierliche Verbesserung des Prozesses
- Erarbeiten von organisatorischen Regelungen/Umsetzung der neuen Aufbau-/ Ablaufstruktur
- Erarbeiten und Umsetzen von Einführungskonzepten (inklusive Schulung der Anwender)
- Einführung prozeßorientierter Kostenrechnungssysteme

Abbildung 5: Maßnahmen zur Einführung und Umsetzung

F. Ausblick

Wir brauchen neue Ansätze. Wir müssen unsere Büros und Fabriken anders organisieren und die Menschen im Unternehmen mit dem ganzen Leistungsvermögen, das ihnen als Persönlichkeit zur Verfügung steht, zum Einsatz bringen. Die Traditionalisten suchen neue Organisationsformen, die bisherige Zustände ablösen. Natürlich kennen wir heute Konzepte wie dezentrale Verantwortungsbereiche, ganzheitliche Arbeitsgestaltung oder vernetzte Informations- und Kommunikationsstrukturen. Das entscheidende Wesensmerkmal unserer Unternehmen aber heißt *Wandel*. Den Weg zu gehen, wird wichtiger als die Hoffnung auf einen deterministisch zu beschreibenden Zustand. Die Dinosaurier sind ausgestorben und haben nur noch einen hohen Unterhaltungswert, die Schmetterlinge aber haben überlebt.

Anmerkung

1) Meinem Mitarbeiter Herrn Dr. rer. pol. Joachim Niemeier danke ich für die Unterstützung bei der Erstellung dieses Beitrags.

Literatur

DAVENPORT, T.H.: Process Innovation. Reengineering Work Through Information Technology, Boston 1992.

DAVENPORT, T.H.; SHORT, J.E.: The New Industrial Engineering: Information Technology and Business Process Redesign, in: SMR, 31. Jg. (1990), H. 4, S. 11-17.

EARL, M.J.: The New and Old of Business Process Redesign, in: Strategic Information Systems, 3. Jg. (1994), H. 1, S. 5-22.

HAMMER, M.: Reengineering Work: Don't Automate, Obliterate, in: HBR, 65. Jg. (1990), H. 7-8, S. 104-112.

HAMMER, M.; CHAMPY, M.: Business Reengineering. Die Radikalkur für das Unternehmen, Frankfurt a.M./ New York 1994.

HARRINGTON, H.J.: Business Process Improvement. Breakthrough Strategy for Quality, Productivity and Effectiveness, New York 1991.

Wolfgang Dernbach

Prozeß-Engineering

A. Einleitung

Trotz des Ende 1994 einsetzenden konjunkturellen Aufschwungs ist in den meisten Branchen der Leidensdruck weiterhin extrem groß. Um insbesondere vor dem Hintergrund der zunehmenden Internationalisierung des Wettbewerbs auch künftig eine starke Marktposition einnehmen zu können, sind in einer Vielzahl von Unternehmen nicht marginale Leistungsverbesserungen gefordert, sondern nach wie vor regelrechte *„Quantensprünge“:* Kostenreduzierungen um mehr als 30%, Verkürzungen der Durchlaufzeiten bei der Bearbeitung von Aufträgen um bis zu 70%, die Garantie einer Liefertreue von annähernd 100% - all dies sind typische Richtwerte für die in einer Vielzahl von Branchen in Angriff genommenen strategisch-organisatorischen Neuausrichtungen.

Daß mittels Prozeß-Engineering solche Resultate auch tatsächlich erzielbar sind, wird inzwischen nicht mehr bestritten, obgleich die sich 1994 auch hierzulande immer weiter ausbreitende „Business-Reengineering“-Euphorie doch erste Dämpfer bekommen hat: Drei von vier Projekten - so haben jüngste Untersuchungen ergeben - scheitern demnach oder bringen zumindest nicht die von ihren Initiatoren gewünschten Quantensprünge in der Verbesserung der Leistungsfähigkeit.

Was sind nun die wesentlichen Ursachen, daß Reengineering-Projekte so häufig scheitern? Oder anders formuliert: Welche *Grundregeln* müssen unbedingt beachtet werden, damit die Projekte die in sie gesetzten Erwartungen erfüllen ?

B. Prozeß-Engineering in der Praxis

1. Wesentliche Aspekte der Diebold-Reengineering-Methode „Geschäftsprozeßoptimierung“

Flexibilität, Zeit, Kosten und Innovationskraft sind die entscheidenden Erfolgsfaktoren, an denen Unternehmen sich heute messen lassen müssen. Gerade in reifen Märkten - wie sie für viele Branchen typisch sind - ist es heute nur noch temporär möglich, sich über Produkte, deren Funktionalitäten und Design, sowie über eine besondere Stärke in den Vertriebswegen oder beim Marktzugang von der Konkurrenz zu differenzieren. Zum alles entscheidenden Wettbewerbsfaktor wird demgegenüber die *Kundenorientierung* und damit die organisatorische Leistungsfähigkeit eines Unternehmens.

Schnelle Reaktionsfähigkeit bei Kundenwünschen, eine ausgeprägte Servicequalität oder auch eine extrem hohe Lieferzuverlässigkeit bei akzeptablem Preisniveau sind augenfällige Merkmale einer solchen, der Konkurrenz überlegenen organisatorischen Leistungsfähigkeit. Andererseits ist dies aber auch ein deutliches Indiz dafür, daß die interne Organisation der Geschäftsabwicklung eines solchen Unternehmens konsequent nach Kunden- und Marktanforderungen ausgerichtet ist.

Genau hierauf zielt der Reengineering-Ansatz ab, wie er von Diebold bereits seit 1988 unter dem Begriff „Geschäftsprozeßoptimierung“ (GPO) praktiziert wird:

- Anstatt wie traditionell nach Funktionen werden die Unternehmensaufgaben bei diesem Managementansatz nach marktorientierten Leistungen strukturiert. Alle Aktivitäten, die zu dieser Leistung führen, bezeichnet man als *Geschäftsprozeß*.
- „Controllingfähige“, von den spezifischen Marktanforderungen über Benchmarks oder aus der Unternehmensstrategie abgeleitete *Ziele* sind der Maßstab, an dem sich die Ausführung dieser Leistungen orientiert. Die Qualität einer Leistung wird damit grundsätzlich an der Erreichung konkreter Ziele festgemacht.
- Ausgehend von diesen Leistungszielen wird der gesamte Geschäftsprozeß unabhängig von Organisationseinheiten, Standorten oder bisherigen „Herzogtümern“ redesigned. Dabei steht immer die Gesamtleistung gegenüber dem Kunden - und damit die teamartige Zusammenarbeit aller Beteiligten - und nicht etwa irgendeine sektorale Teilleistung im Mittelpunkt der Neuausrichtung. Zuständigkeiten werden für solche Leistungen oder Geschäftsprozesse insgesamt festgelegt. Die Verantwortung hierfür erhält entweder eine *Person* oder ein *Team*. Im Idealfalle deckt sich die Geschäftsprozeß-Verantwortung mit den Organisationsstrukturen.
- Oft entsprechen die Organisationseinheiten jedoch Kompetenzzentren, die eine kritische Masse voraussetzen. In diesem Fall wird die Kompetenz über das Team eingebracht. Für die Leistung insgesamt ist jedoch der GP-Verantwortliche - der sog. *„Process Owner“* - zuständig.
- Die Gestaltung der Organisation der Geschäftsabwicklung, also der Strukturorganisation, der Ablauforganisation, der Führungs- und Steuerungssysteme, der Personalqualifikation und -anzahl, der Qualität der benötigten Informationen oder des Einsatzes von Informationstechnik, richtet sich alleine am jeweiligen Beitrag einzelner Gestaltungsideen zur Zielerreichung aus - und nicht wie allgemein üblich an tradierten Vorstellungen zur Arbeitsteilung.

Es handelt sich auf einen Nenner gebracht bei einer GPO also um ein zielorientiertes Führungskonzept, dessen Leistungskategorien allein von den Anforderungen des Marktes her abgeleitet werden. Die vielgepriesenen *radikalen* Veränderungen kommen zustande, weil nicht einzelne Funktionen, sondern komplette Geschäftsprozesse als zusammenhängende Einheit auf Basis der definierten Leistungsziele neu ausgerichtet werden. Visionäre Vorstellungen zur - organisationseinheiten- und standortübergreifenden - Neugestaltung eines Geschäftsprozesses zu entwickeln, erhält Priorität gegenüber Verbesserungen für einzelne Organisationseinheiten.

Bei einem Redesign aller Geschäftsprozesse kommt es vor allem auf zwei Schwerpunkte an:

- Kurzfristig ist das Schwergewicht auf die operative *Abwicklung*, die zur eigentlichen *Leistung* gegenüber den Kunden führt (z. B. Auftragsabwicklung oder Kundenbetreuung), sowie auf alle Prozesse zu legen, die dazu die *Infrastruktur* bereitstellen (wie etwa Personalwesen, Finanzen und Informationstechnik).

  Die konsequente Optimierung dieser Prozesse führt zu deutlichen Leistungsverbesserungen und zu einer Senkung der Kosten, indem - abhängig natürlich von den Kriterien, die für das betreffende Unternehmen wichtig sind - z.B. die Reaktionszeiten gegenüber dem Kunden reduziert, der Kunden-Service und die Qualität verbessert, Lieferzeiten gesenkt und die Kosten für die gesamte Abwicklung (Gemeinkosten) deutlich reduziert werden.

- Mittelfristig kommt es zusätzlich darauf an, die *Innovationsprozesse* kundenorientiert zu gestalten, das heißt Innovationsschwächen zu beseitigen.
  Während bei einer Konzentration auf die direkte Leistungsabwicklung gegenüber dem Kunden kurzfristig Wettbewerbsvorteile erzielbar sind, entscheiden die Erfolge beim Redesign der Innovationsprozesse darüber, ob das Unternehmen mittelfristig überlebt. Die Innovationsprozesse schaffen die Voraussetzung für die strategische Neuorientierung. Ohne ein Redesign auch der Innovationsprozesse ist eine dauerhafte Wende kaum zu schaffen.

2. Nicht Höchstleistungen, sondern Engpässe im Prozeß bestimmen die Leistungsqualität

Einen Kunden interessiert nicht, wie ein Unternehmen intern organisiert ist. Für den Kunden ist die abgelieferte Leistung entscheidend. Folglich ist es für die Leistungsfähigkeit eines Unternehmens auch ziemlich egal, ob eine bestimmte interne Organisationseinheit Top-Leistungen erbringt. Entscheidend ist die Gesamtleistung - und die wird nicht durch Höchstleistungen einzelner Bereiche, sondern durch Engpässe im Geschäftsprozeß bestimmt.

Für das Unternehmen heißt dies, alles daransetzen zu müssen, den gesamten Kunde-Kunde-Prozeß zu optimieren. Je Geschäftsprozeß sind dabei mögliche „Redesign"-Alternativen solange durchzuspielen, bis Lösungen erkennbar werden, die das Erreichen der vom Markt abgeleiteten Leistungsziele möglich erscheinen lassen. Solche Ziele lassen sich aber in aller Regel nicht über Einzelmaßnahmen erreichen. Notwendig ist vielmehr eine *ganzheitliche Optimierung aller Einflußgrößen* auf die Leistungsfähigkeit eines Geschäftsprozesses.

Struktur- und Ablauforganisation, Qualifikation und Anzahl der Mitarbeiter, der Einsatz von Informationstechnik, Planungs- und Steuerungssystemen, Aktualität und Qualität von Informationen oder auch Investitionen in technische Einrichtungen werden dabei simultan - unter Berücksichtigung der Abhängigkeiten untereinander - und nicht sequentiell hintereinander modifiziert. Realisiert werden dann nur solche Maßnahmen, die der Forderung genügen, den Unterschied zwischen Ist-Leistung und abgeleiteten quantifizierten Leistungszielen *signifikant* zu reduzieren (vgl. Abbildung 1).

Bei einer Diebold-GPO wird also nicht auf irgendwelche Mode- oder vermeintliche Patentrezepte gesetzt. Welche Maßnahmen umgesetzt werden, ist vielmehr ausschließlich abhängig vom jeweils erwarteten Einfluß auf die Zielerreichung.

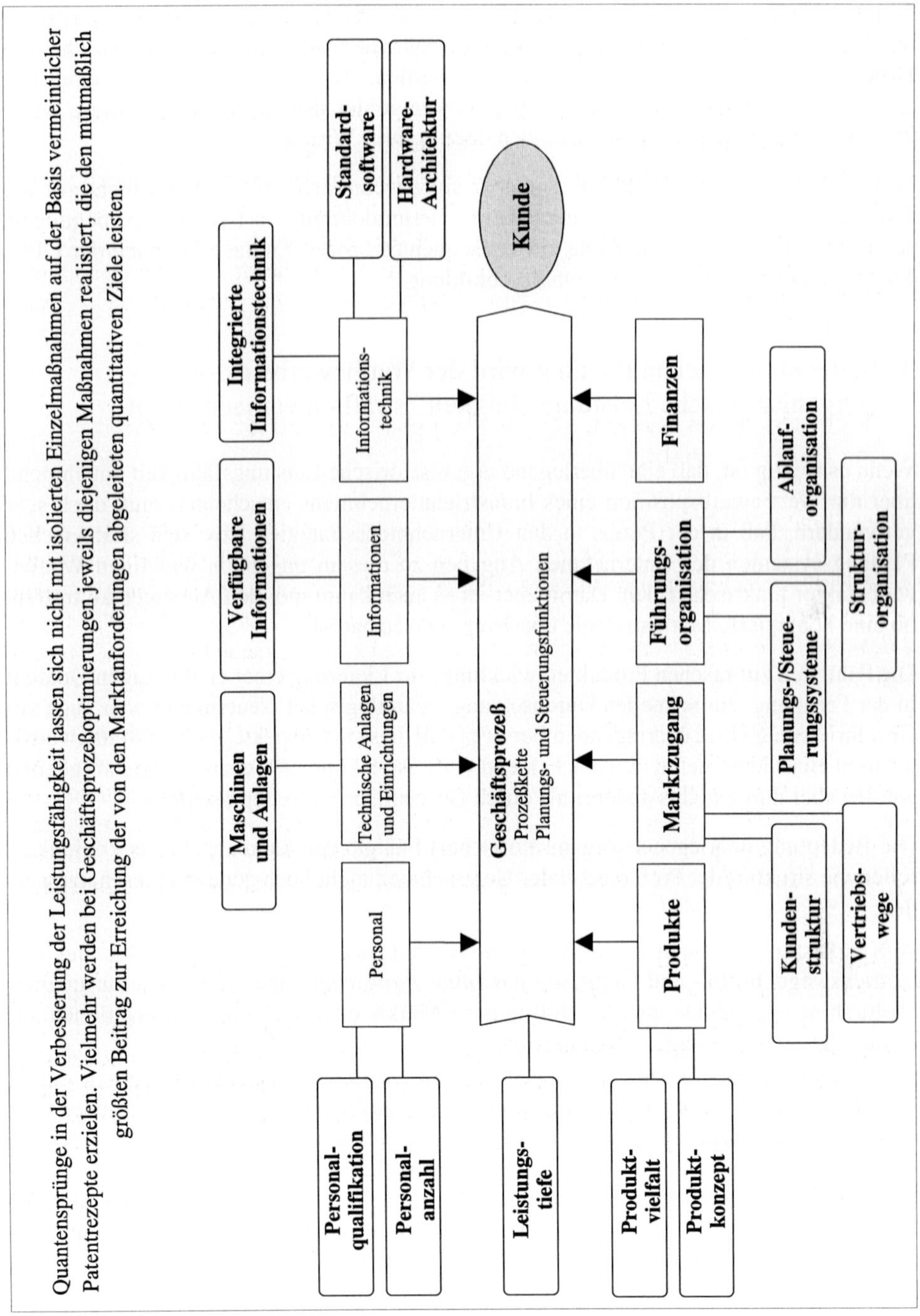

Abbilddung 1: Konzentration auf zielführende Maßnahmen

Durch diese klare Orientierung an quantitativen Zielen wird zugleich verhindert, daß sich das Unternehmen in einzelnen *isolierten* Maßnahmen verstrickt, die manchmal eher auf Druck starker „Bereichsfürsten“ initialisiert werden, als daß sie das Ergebnis einer Gesamtbetrachtung darstellten. Die Alltagspraxis zeigt hier sehr häufig, daß auf diese Weise initialisierte Projekte sich überschneiden oder in ihrer Wirkung aufheben.

Welche Ergebnisse in der Praxis erzielbar sind, wenn sich Unternehmen nicht auf der Basis isolierter Einzelkonzepte mit einem „Herumdoktern“ an Symptomen begnügen, sondern in dem skizzierten Sinne ein konsequentes Prozeß-Engineering nach der GPO-Methodik betreiben, zeigt beispielhaft Abbildung 2.

3. In der strategischen Planung wird der Wettbewerbsfaktor „Organisatorische Leistungsfähigkeit“ sträflich vernachlässigt

Wenn es richtig ist, daß eine überlegene organisatorische Leistungsfähigkeit zunehmend über die Wettbewerbsposition eines Industrieunternehmens entscheidet, muß doch sehr verwundern, daß in der Praxis in den Unternehmensstrategien bzw. den strategischen Planungssystemen der Unternehmen Angaben zu diesem ungemein wichtigen Wettbewerbsfaktor praktisch fehlen. Damit aber ist es auch kaum möglich Aussagen zu treffen, ob eine konzipierte Marktstrategie überhaupt umsetzbar ist.

Die Fähigkeit zur raschen Produktentwicklung, zur Lieferung einer erstklassigen Qualität in der Fertigung, zur schnellen Durchsetzung technologischer Neuerungen oder auch zur Gewährleistung eines überragenden Services - all dies sind Aspekte, die die Wettbewerbsposition eines Unternehmens entscheidend verbessern können. Genau solche Fähigkeiten werden aber durch nichts anderes als durch Geschäftsprozesse repräsentiert.

Die Bedeutung überlegener (organisatorischer) Fähigkeiten kann angesichts konjunktureller wie struktureller Probleme vieler Unternehmen nicht hoch genug eingeschätzt werden:

- Kurzfristig bestimmen sie das *Ertragsniveau* auf Basis bestehender Produkte und Vertriebswege, mittel- und langfristig das *Innovationstempo* und die Innovationsqualität durch neue Produkte, den Vorstoß in neue Märkte oder auch durch Innovationen auf dem Sektor der internen Organisation.
- Gleichzeitig aber ist eine überlegene organisatorische Leistungsfähigkeit in einem Marktsegment der Dreh- und Angelpunkt, um *neue Marktsegmente* zu erschließen oder sogar ganze Märkte zu verändern. Ein geradezu exemplarisches Beispiel hierzu lieferte der „Kamera-Produzent“ Canon. Diesem Unternehmen gelang es, auf Basis der Fähigkeiten in der Entwicklung optischer Linsen, feinmechanischer Geräte und elektronischer Steuerungen in den Kopierermarkt vorzustoßen. Unternehmen, die nicht permanent konsequent prüfen, in welchen Marktsegmenten ähnliche Fähigkeiten verlangt werden wie in den angestammten, nutzen daher strategische Chancen nicht aus.

GPO-PROJEKT	ERGEBNISSE
Kreditbearbeitung Geschäftsbank	- Reduzierung der Durchlaufzeiten um 70% - Reduzierung der Bearbeitungszeiten um 35%
Anlagenbauer	- Reduzierung der Lieferzeiten von 12 auf 3 Monate im Konzept, auf 10 Wochen tatsächlich - Senkung der Gemeinkosten um 30% im Konzept, um 45% tatsächlich - Halbierung der Betriebskosten in der Informatik
Kraftwerksbauer	- Reduzierung der Dauer zur Abgabe eines Angebotes von 6 Wochen auf eine Woche - Reduzierung/Aufschub der Investitionen in die Informationstechnik um mehrere Millionen Mark
Produktentwicklung Telefonbau-Firma	- Halbierung der Produktentwicklungszeiten bei höherem Ausstoß
Geschäftsbank	- Reduzierung der Berichte von rund 300 auf ca. 100 - Halbierung der Kosten für die Berichtsaufarbeitung (ca. 2% der Gesamtkosten)
Geschäftsbank (1. Stufe)	- Nachweis der Kosten für die Bearbeitung einer Scheckkarte (knapp 100,- Mark bei Gebühren von 10,- Mark)
Bundesweit vertretener Mineralölhändler	- Reduzierung der Kosten für die Finanzbuchhaltung um 70% - Reduzierung der Forderungsausfälle um 80% - Beseitigung interner Beschwerden wegen Lieferstopps
Stahlhersteller und Maschinenbauer	- Reduzierung der DV-Kosten um 30%
Konsumgüter-hersteller	- Reduzierung der Overheads in der Fertigung um 50% - Senkung der DV-Kosten in der Fertigung um 60%

Abbildung 2: Ergebnisse aus realisierten Diebold-Reengineering-Projekten nach der GPO-Methodik

Zusätzlich ist im Rahmen der Strategieentwicklung jedoch die Frage zu behandeln, welche Fähigkeiten und damit auch welche organisatorische Leistungsfähigkeit in Zukunft Wettbewerbsvorteile sichern. Strategische Maßnahmenprogramme sind folglich so auszurichten, daß Lücken zwischen Ist- und Soll-Fähigkeiten geschlossen werden. Das setzt natürlich eine Vorstellung von den Geschäftsfeldern voraus, in denen man künftig tätig sein will.

Um zu verhindern, daß Engpässe die Leistung begrenzen oder eine Überdimensionierung Ressourcen vergeudet, ist es unerläßlich, alle vier Wettbewerbsfaktoren (Produktspektrum, Vertriebswege bzw. Markterschließung, organisatorische Leistungsfähigkeit und Finanzierung) aufeinander abzustimmen. Investitionen in Produkte, Markterschließung sowie in die „Organisatorische Leistungsfähigkeit (OLF)“ müssen unter Berücksichtigung der Finanzierung so gestaltet werden, daß ein Optimum entsteht (vgl. Abbildung 3).

Die Organisation der Geschäftsabwicklung und damit das „Aufeinanderabstimmen“ so wichtiger Stellgrößen wie Strukturorganisation, Führungs- und Steuerungssystem, Ablauforganisation, personeller Anforderungen und Qualifikationen, Informationstechnik-Unterstützung und Investitionen, wird in den meisten Unternehmen indes nach wie vor nicht als strategische Aufgabe betrachtet. Die besondere Bedeutung der Organisation der Geschäftsabwicklung als elementarer Wettbewerbsfaktor wird sträflich unterschätzt.

Noch immer nämlich ist die Meinung weit verbreitet, daß es für die Festlegung der Organisation auf strategischer Ebene ausreicht, die *Organisationsstruktur* grob festzulegen und mit den richtigen Führungskräften zu besetzen. Gemäß dieser Philosophie ist es dann Aufgabe der mittleren Führungsebene, alle anderen Details wie Ablauforganisation, Personalbedarf, Informationstechnik oder Führungs- und Steuerungssysteme zu gestalten. Kurzfristige, strategisch nicht zu planende Anpassungsfähigkeit wird dabei unterstellt.

Angesichts der heutigen Wettbewerbssituation ist diese Einstellung nicht mehr haltbar. Die organisatorische Leistungsfähigkeit muß als wesentliches Element *in den strategischen Planungssystemen* berücksichtigt werden. Eine solche Ergänzung der strategischen Planung und ein konsequentes strategisches Management sind Voraussetzungen, um strategische Leistungslücken auch hinsichtlich der Organisation der Geschäftsabwicklung früher als bisher erkennen und schließen zu können.

4. Empfehlungen zur erfolgreichen Durchführung von Geschäftsprozeßoptimierungen

Diebold hat bislang mehr als 60 GPO-Projekte im Kundenauftrag durchgeführt. Die Erfahrungen belegen, daß bestimmte Vorgehensweisen angewendet und Maßnahmen ergriffen werden müssen, wenn durch Geschäftsprozeßoptimierungen schnelle Ergebnisse erzielt und zugleich ein Prozeß kontinuierlicher Verbesserungen sichergestellt werden sollen.

Mit der GPO wird zuerst die *strategische Richtung* festgelegt, um ein - auf ein gemeinsames Ziel hin gerichtetes - Veränderungsmanagement zu erreichen. Das Ergebnis ist ein aufeinander abgestimmtes Konzept des Top und mittleren Management.

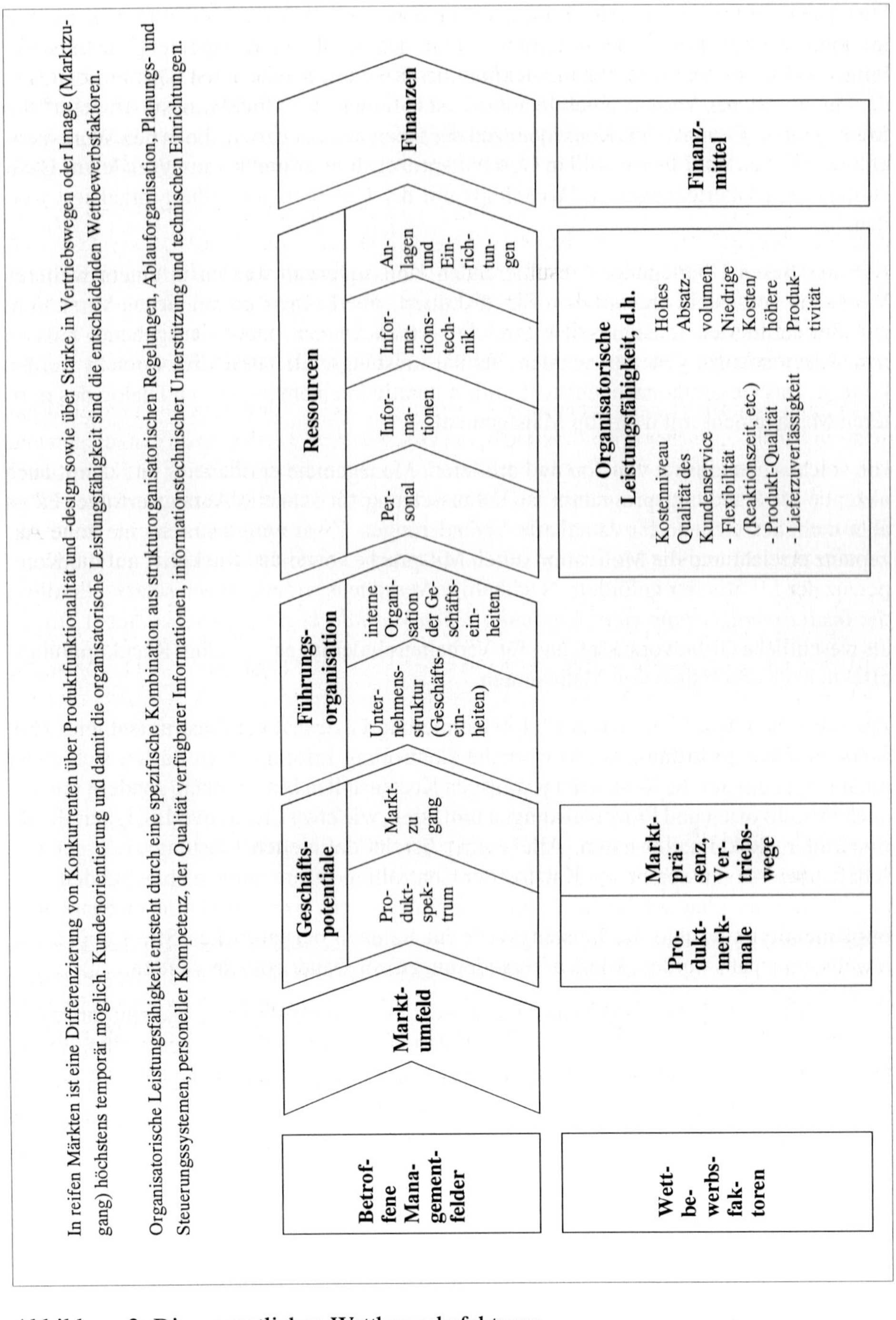

Abbildung 3: Die wesentlichen Wettbewerbsfaktoren

Hier hat es sich in der Praxis als sinnvoll erwiesen, *Workshops* mit der Unternehmensleitung zur Entwicklung von Szenarien und mit dem mittleren Management zur Entwicklung von Ideen und zur Weiterentwicklung des Konzeptes abzuhalten. Das Projektteam, das für ein solches Vorhaben gebildet wird, ist lediglich ein „Umsetzungsinstrument" des Management. Es analysiert Konsequenzen der Ideen und Szenarien, die in den Workshops entwickelt wurden. Ebenso sollten Geschäftsprozeßstruktur und Leistungsziele auf Basis strategischer Überlegungen in Workshops mit der Unternehmensleitung präzisiert werden.

Die aus diesen Überlegungen resultierenden Konsequenzen werden in einem weiteren Workshop vorgestellt und mit dem Ziel diskutiert, zu erkennen, ob mit diesen Vorstellungen die definierten Leistungsziele erreicht werden können. Davon ausgehend, müssen neue Ideen solange generiert werden, bis die Leistungsziele tatsächlich erreicht werden können. Das Gesamtkonzept entsteht mithin iterativ in einem intensiven Dialog des mittleren Management mit dem Top Management.

Ein solches gemeinsam von Top und mittlerem Management erarbeitetes und damit auch akzeptiertes Handlungsprogramm ist Voraussetzung für schnelle Anfangserfolge. Es ist aber nicht ausreichend für dauerhafte Veränderungen. Zwar wird dadurch eine hohe Akzeptanz erreicht und die Motivation durch Mitsprache sowie den Rückgriff auf die Kompetenz der Mitarbeiter gefördert. Nachhaltige Verhaltensveränderungen setzen allerdings die *Institutionalisierung eines kontinuierlichen Veränderungsprozesses* voraus. Lernen - als wesentliche Grundvoraussetzung für Verhaltensänderungen - verlangt Rückkopplungseffekte über Ergebnisse von Maßnahmen.

Als erster Schritt im Rahmen der Implementierung ist deshalb ein Instrument zum *Prozeßcontrolling* zu installieren. Monatliche Controlling-Informationen dürfen sich daher nicht länger nur auf die Kosten der jeweiligen Kostenstellen beschränken, sondern müssen auch Prozeßkosten und Prozeßleistungen umfassen, wie etwa Lieferzuverlässigkeit, Reaktionszeiten, Reklamationsraten. Alle vorher bereits definierten Leistungsziele der Geschäftsprozesse müssen in den Katalog der Controlling-Informationen eingebunden werden. Nur wenn eine solche Rückkopplung funktioniert, wenn Sanktionsmechanismen implementiert sind und die Leistungsziele im Rahmen der jährlichen Strategieplanung jeweils eingepaßt werden, können Veränderungen auf Dauer erreicht werden.

GPO und Prozeßcontrolling ergänzen sich nicht nur in ihrer Wirkung. Sie sind praktisch untrennbar miteinander verbunden, wenn es darum geht, das Unternehmen nicht nur richtig „in den Wind zu legen", sondern dann auch konsequent „auf Kurs zu halten".

Neben diesen instrumentellen Voraussetzungen haben sich in der Praxis noch einige weitere Punkte als „erfolgskritisch" erwiesen, um schnelle Veränderungen zu gewährleisten und eine permanente Anpassung an die sich ändernden Marktverhältnisse sicherzustellen:

- Das Management muß die Verhaltensänderung konsequent *vorleben* und den Prozeßverantwortlichen die notwendigen Freiräume im operativen Geschäft einräumen.
- Die Implementierung von *Selbststeuerungsprinzipien* auf Basis von Geschäftsprozessen führt zu einem veränderten Führungskonzept: Der Prozeßmanager als Verantwortlicher für die Leistung eines Prozesses ist quasi als Unternehmer zu betrachten, der an

den Leistungszielen gemessen wird. Die Unternehmensleitung sollte sich daher aus operativen Einzelentscheidungen heraushalten.

- Die Neuausrichtung muß sich in einer - z.T. radikal - geänderten Strukturorganisation widerspiegeln. Die neuen Zuständigkeiten sind durch die Ernennung von *Prozeßmanagern* zu dokumentieren.
- Ein *Gesamtprojekt-Manager* muß etabliert werden. Dieser hat insbesondere die Aufgabe, als Vertreter des Top Management die Einhaltung des skizzierten „goldenen Weges" sicherzustellen. Als eine Art „Lokomotive" muß er bei aufkommender Lähmung der Bemühungen neu motivieren, absehbare Frustrationen bei der Überwindung der Widerstände abbauen und durch permanentes Predigen der „Vision" und der bereits erzielten Erfolge den Garanten für die Erreichbarkeit des Zieles symbolisieren. Zu seinen Aufgaben gehört es auch, Korrekturen am Konzept oder der personellen Besetzung vorzunehmen, falls sich diese als Hindernis herausstellen sollten.

C. Fazit

Nach den rund 60 GPO-Projekten, die Diebold seit 1988 im Kundenauftrag durchgeführt hat, kann zweifelsfrei konstatiert werden, daß sich die Vorgehensweise branchenübergreifend als stabil erwiesen hat und zu dramatischen Steigerungen der Leistungsfähigkeit - und nicht nur zu bloßen Produktivitätsverbesserungen - führt. Damit Prozeß-Engineering-Projekte die in sie gesetzten Erwartungen erfüllen, müssen von den Unternehmen und insbesondere vom Top Management, jedoch vor allem die in Abschnitt B. 4 dargestellten Empfehlungen beherzigt werden.

Siegfried Roth

Rationalisierung aus der Sicht der Gewerkschaften

A. Rationalisierungskonzepte im Wandel

1. Defizite herkömmlicher Produktionskonzepte

Arbeitsorganisation, Produktionstechnik und die Einstellung zum Menschen im Arbeitsprozeß sind in der westlichen industriellen Massenproduktion durch die Namen Frederick W. Taylor und Henry Ford geprägt. Insbesondere Taylors Grundsätze zielen darauf ab, aufgrund wissenschaftlicher Analysen die Arbeitssituation jedes einzelnen Arbeiters durch das Management genau zu durchleuchten und dessen Verantwortung für seine Arbeit möglichst einzugrenzen.

Kennzeichen ist, daß Taylor sein System als Gegenstück zu einem *Initiativsystem* (heute würde man Selbstorganisation sagen) verstand, in dem die Lösung tatsächlich ganz dem Arbeiter überlassen war. Damit machte Taylor die eindeutige Herrschaft des Management zur Bedingung seines Systems.

Bis heute ist dieses Arbeitsmodell dominant und hat durch die damit verbundene Verkümmerung der Humanressourcen die Menschen in den Unternehmungen nachhaltig sozialisiert und geprägt: Trennung von Kopf- und Handarbeit, Kontrolle, Schuldzuweisungen, Befehlsverhalten, Entmündigung und entsprechendes Widerstandsverhalten sind Teile dieser negativen Erfahrungen. Daneben gab es im tayloristischen Produktionssystem auch positive Erfahrungen der Beschäftigten wie etwa Identifikation mit dem Qualitätsprodukt, Produzentenstolz, solidarische Zusammenarbeit - welche zwangsläufig heute noch fortwirken. Die Personalpolitik in den Unternehmungen ist heute mit den Ergebnissen ihrer eigenen jahrzehntelang betriebenen Politik konfrontiert. Will man neue Wege gehen, so muß dies in Rechnung gestellt werden.

2. Paradigmawechsel und kundenorientierte Qualitätsproduktion

Höchste Qualität bei Produkten und Produktionsverfahren und ein hoher Ausbildungsstand bei den Beschäftigten (System der dualen Ausbildung), welche diese Qualität erarbeiten konnten, waren in der Nachkriegszeit die Erfolgsfaktoren der deutschen Wirtschaft. Heute wird immer deutlicher, daß neben den Erfolgsfaktor *Qualität* zunehmend die Erfolgsfaktoren *Zeit* und *Produktivität* getreten sind. Eine *kundenorientierte, diversifizierte Qualitätsproduktion* ist heute die entscheidende Grundlage für Wettbewerbsfähigkeit und damit Standort- und Beschäftigungssicherung.

Allerdings lassen sich die hohen Anforderungen an Qualität und Flexibilität nicht mehr mit den herkömmlichen Organisationsstrukturen und der damit verbundenen Personalpolitik und Unternehmungskultur bewältigen.

Das Ziel einer alle Unternehmungsbereiche umfassenden, kundenorientierten Qualitätsproduktion ist nicht mehr durch aufwendige Kontroll- und Steuerungsmaßnahmen oder durch Vorgaben zu erfüllen, sondern nur noch auf der Basis von Selbststeuerung und Motivation aller Beteiligten zu realisieren.

Allerdings ist der damit notwendig verbundene *Paradigmawechsel* hin zu neuen Leitbildern für viele Manager nur sehr schwer nachzuvollziehen und häufig mit der Angst vor Kontrollverlusten verbunden.

ALTES PARADIGMA	NEUES PARADIGMA
- Technokratisches Denken	- Vernetztes, systemhaftes Denken
- Funktion und Ergebnis	- Kompetenz und Prozeß
- Zentrale Steuerung und Kontrolle	- Selbstorganisation/zentrale Koordination
- Ökonomisch-technische Rationalität	- Ökonomisch-ökologisch-humane Rationalität
- Tayloristisches Menschenbild	- Human-Resources-Ansatz

Abbildung 1: Paradigmawechsel

Die Unternehmungen wünschen sich mitdenkende, problemlösende und selbständige Mitarbeiter. Häufig wird jedoch durch tiefgreifende Rationalisierungsmaßnahmen, Arbeitsplatzabbau und Veränderung von Arbeitsstrukturen ohne Beteiligung der Betroffenen das Gegenteil eines lernförderlichen, innovativen und motivierenden Klimas erzeugt.

B. Rationalisierungsansätze aus gewerkschaftlicher Sicht

1. Unternehmungs- und Betriebspolitik

a) Effizienzfaktoren

Die Diskussion über die *japanischen Erfolgsfaktoren* Toyotismus und Lean Production hat trotz aller Verzerrungen gezeigt, daß übertriebene Arbeitsteilung und undurchlässige Hierarchie, daß Taylorismus und Bürokratie wirtschaftlicher Effizienz in den Unternehmungen entgegenstehen. Durch die Einsicht, daß Identifikation und Motivation wichtige Elemente einer effektiven Produktion, Entwicklung und Administration sind, gibt es neue Chancen einer Verbindung von *Humanisierung* der Arbeit und Demokratisierung der Betriebe einerseits mit einer höheren *Wettbewerbsfähigkeit* der Industrie andererseits. Gleichzeitig besteht aber die Gefahr, daß unter dem Druck verschärfter Konkurrenz und kurzsichtiger

Sparprogramme eher die altbekannten Elemente der Arbeitsverdichtung und traditioneller Kostensenkung durch Personalabbau dominieren. Es gibt eine Vielzahl von Ansätzen zur Effizienzverbesserung der Betriebs- und Unternehmungsorganisation jenseits von Lohnsenkungen und Arbeitsintensivierung. Hierzu gehören

- bessere Information und Kommunikation, schnellere Entscheidungen durch Abbau von Hierarchie, Dezentralisierung und Stärkung der Eigenverantwortung der verschiedenen Unternehmungsbereiche und konzerninternen und -externen Zulieferer,
- stärkere Aufgabenintegration und Kooperation, z.B. zwischen Entwicklung und Produktion, Produktionsplanung und Ausführung, nicht zuletzt entlang der Lieferketten zwischen Unternehmungen,
- Einführung von Gruppenarbeit, die auch die Gestaltungsmöglichkeiten der Belegschaft erweitert, und ein kontinuierlicher Verbesserungsprozeß (KVP), der nicht vordergründig bei Personaleinsparungen und Arbeitsverdichtung ansetzt, sondern gleichermaßen zu Effizienzsteigerung, Verbesserung der Arbeitsbedingungen und ökologischer Produktionsweise führt, was allerdings kreative Freiräume für die Beschäftigten voraussetzt, und
- Weiterbildung und Personalentwicklung, die eine größere Durchlässigkeit der Berufsverläufe und Aufstiegsmöglichkeiten eröffnen (die Unterscheidung von Arbeitern und Angestellten ist überholt).

Einzelne Unternehmer haben erkannt, daß es ein Managementfehler war, die früheren Humanisierungsansätze nicht weiterzuentwickeln. Die wachsende Einsicht, daß Kompetenz und Motivation der Beschäftigten entscheidend sind für Flexibiltät, Produktqualität und hohe Anlagennutzung sollte zu verstärkten Initiativen zur Qualifizierung und Partizipation der Arbeitnehmer führen. Weiterbildung und erweiterte Gestaltungs- und Beteiligungsmöglichkeiten setzen Motivations- und Leistungspotentiale frei. Wenn eine faire Verteilung der Produktivitätsgewinne erreicht wird, kann dies auch nachhaltig wirken.

b) Personalpolitik

Personalpolitik war in der Vergangenheit weitgehend reaktiv und quantitativ ausgerichtet. Es dominierte ein System der Anweisungen und der Kontrolle. Eine langfristig orientierte *Personalentwicklungsplanung* ist nach wie vor als Defizitbereich anzusehen. Dagegen ist der vorherrschende Typus der Personalpolitik der des kurzfristigen Krisenmanagement. Betriebliche Weiterbildung verbunden mit entsprechenden Planungen ist unterentwickelt.

Die traditionelle Personalpolitik steht allerdings zunehmend im Widerspruch zu den neuen Produktionskonzepten. Diese setzen vor allem Vertrauensbeziehungen und reale Perspektiven für Selbstverwirklichung durch konkrete Maßnahmen der Personalentwicklung voraus.

Die Erfolgsfaktoren liegen in der Nutzung des Wissens- und Erfahrungspotentials der Beschäftigten. Diese Potentiale sind jedoch nur zu nutzen, wenn Leistung und Gegenleistung in einem erkennbar ausgewogenen Verhältnis stehen (Balance), wenn die betrieblichen Rahmenbedingungen Motivation schaffen, Qualifikation fördern, Verantwortung delegieren und Eigeninitiative zulassen.

Im Kern geht es um die Grundauffassung und Einstellung des Management zu den Menschen im Betrieb. Werden diese als *Kostenfaktor* angesehen, so ist das konsequente Ziel dieser Auffassung die Einsparung dieses Faktors. Fehlende Initiative, Motivation und Innovationsbereitschaft sind die Folgen. Im Gegensatz dazu steht die Grundauffassung des Management, Beschäftigte als *Innovationspotentiale* anzusehen. Das konsequente Ziel einer solchen Auffassung ist die Förderung dieser Potentiale. Beide Grundauffassungen sind diametral entgegengesetzt. Auf seiten des Management muß man sich entscheiden - beides zusammen ist langfristig kein tragfähiges Konzept!

Zumindest die Erfahrungen in der letzten Krise haben gezeigt, daß das deutsche Management noch einen weiten Weg vor sich hat, um von der traditionellen Betrachtung der Beschäftigten als Kostenfaktor zu einer neuen Grundauffassung der Förderung und Nutzung von Innovationspotentialen durch die Personalpolitik zu gelangen.

c) Qualitätsproduktion

Der Satz *„Qualität muß nicht erprüft, sondern erzeugt werden!"* ist heute allgemein bekannt. Weniger verbreitet ist allerdings die Erkenntnis, daß eine umfassende Qualitätsproduktion sich nur dann einstellt, wenn alle in der Unternehmung, vom Top Manager bis zum Werker, nach diesen Grundsätzen denken und handeln.

Um eine effiziente, flexible und kundenorientierte Qualitätsproduktion (vgl. Roth 1994) dauerhaft realisieren zu können, bedarf es des Zusammenwirkens unterschiedlicher strategischer Ansätze im Rahmen eines *ganzheitlichen* Unternehmungskonzeptes. Nur wenn Führungsverhalten, Gruppenarbeit, Kundenorientierung, Kaizen, JiT-Prinzip, Anlagenverfügbarkeit (Total Productive Maintenance), innovativer Entwicklungsprozeß und Zulieferintegration konzeptionell aufeinander bezogen sind, entstehen die Synergien für Spitzenleistungen.

Die zentralen Voraussetzungen für optimale und umfassende Qualität *(Qualitätsmanagement)* müssen zunächst auf der Ebene der Managementqualität geschaffen werden und setzen bestimmte Grundeinstellungen und Organisationsänderungen voraus:

- eine von allen Beteiligten getragene *Unternehmungskultur*, die insbesondere vom Management vorgelebt wird;
- eine *Führungsstruktur*, welche die Beschäftigten als wichtigsten Faktor für Qualitätsproduktion anerkennt und fördert;
- eine *Arbeits- und Aufbauorganisation*, die auf Selbststeuerung und Gruppenarbeit ausgerichtet ist.

Ein so definiertes *Qualitätsmanagement* gehört als eine Form der Personal- und Unternehmungsführung grundsätzlich zum Aufgabenbereich einer jeden Führungskraft.

Qualitätsmanagement ist damit mehr als nur die Vorgabe von Qualitätsprogrammen und Methoden. Vielmehr setzt Qualitätsmanagement andere Formen der Zusammenarbeit und der Kommunikation in der Unternehmung und eine mitarbeiterorientierte Grundeinstellung voraus und bedeutet damit Information, Kommunikation, Delegation und Motivation. Es bedeutet, Freiräume zu schaffen für eigenverantwortliche, selbstregulierende Umsetzungsbereiche. Damit ist eine *kundenorientierte, diversifizierte Qualitätsproduktion* untrennbar verbunden mit dem Prozeß ganzheitlicher Personalentwicklung, ganzheitlicher Organisationsentwicklung und ganzheitlicher Prozeßentwicklung.

Eine umfassende Definition von Qualität läuft auf die Orientierung einer Unternehmung an mehreren Gegebenheiten hinaus (vgl. Abbildung 2).

PRODUKTORIENTIERT Qualität der Produkte und Dienstleistungen	KUNDENORIENTIERT Qualität der Kundenbeziehungen
MITARBEITERORIENTIERT Qualität der Arbeit/Arbeitsbedingungen	KULTURORIENTIERT Qualität der Innenbeziehungen (Management/Beschäftigte)
PROZESSORIENTIERT Qualität der Arbeitsabläufe und -verfahren	UMWELTORIENTIERT Qualität der Umweltbeziehungen (ökologische/gesellschaftliche Verantwortung)

Abbildung 2: Umfassende Qualitätsdefinition

d) Arbeitsorganisation

Neue Formen der Arbeitsorganisation wie z.B. *Gruppenarbeit* bieten die Chance, eine Verbindung von Effizienz und Humanisierung der Arbeit herzustellen.

Gewerkschaftliche Zielvorstellungen humaner Arbeitsbedingungen sind verbunden mit begrenzter stabiler Leistungsabforderung, ausreichenden Erholungs-, Kommunikations- und Beteiligungszeiten, Mitbestimmung über Arbeits- und Leistungsbedingungen und Möglichkeiten der Weiterentwicklung der persönlichen Qualifikationen der Beschäftigten. Diese Ziele humaner Gestaltung der Arbeits- und Leistungsbedingungen müssen einhergehen mit einem hohen und stabilen Arbeitsentgelt und der Demokratisierung der Strukturen in Unternehmung und Betrieb.

Neue Formen der Arbeitsorganisation und Gruppenarbeit dürfen nicht alleine an ökonomischen Vorteilen ausgerichtet werden. Die ausschließliche Gestaltung von Gruppenarbeit als Rationalisierungsansatz - und damit die völlige Unterordnung der Menschen unter den ökonomischen Zweck - läßt sich weder mit unseren Wertvorstellungen und ethischen Grundsätzen vereinbaren noch ist es ökonomisch ein erfolgversprechender Weg. Denn wenn die soziale Seite ausgeblendet wird, schwinden Akzeptanz und Motivation, werden gerade die Vorteile nicht erreicht, die Gruppenarbeit zu versprechen scheint. Ein solches Modell wird kontraproduktiv.

Auf der anderen Seite wäre es unrealistisch, von der ausschließlichen Ausrichtung der Gruppenarbeit an Humanisierungskriterien auszugehen, ohne ein Mindestmaß an Wirtschaftlichkeit zu bedenken.

e) Neues Leitbild der Rationalisierung

Was hier am Beispiel Gruppenarbeit problematisiert wurde, läßt sich auf jede Form der Rationalisierung verallgemeinern: Es bedarf eines neuen Leitbildes der Rationalisierung, in dem *Effizienz der Arbeit* und *Attraktivität der Arbeit* als *gleichrangige Ziele* in eine *Balance* gebracht werden (vgl. Abbildung 3).

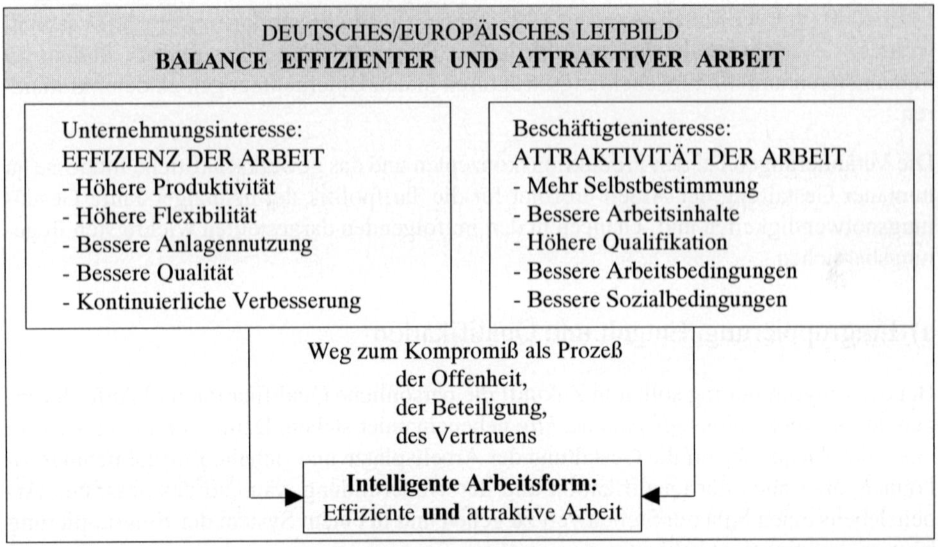

Abbildung 3: Neues Leitbild der Rationalisierung

Dies bedeutet, daß in der Praxis in einem Prozeß der Offenheit und Beteiligung um die beste Lösung zwischen Management und gewerkschaftlicher Interessenvertretung gerungen wird, mit der Perspektiven einer von allen akzeptierten und getragenen intelligenten Arbeitsform. Eine solche Orientierung würde enorme Innovationspotentiale für die Entwicklung ökonomischer und sozialer Prozesse freisetzen.

2. Tarifpolitik

Umbruchprozesse in Arbeitsorganisation, Produktionstechnik und Sozialstruktur haben bereits in den achtziger Jahren die Ablösung alter Tarifverträge (Lohn-, Gehaltsrahmen- und Manteltarifverträge) notwendig gemacht. Im zurückliegenden Jahrzehnt hat die Dringlichkeit einer solchen Reform zugenommen. Das arbeitspolitisch und tarifpolitisch bedeutsamste Kennzeichen neuer Produktionskonzepte ist die geänderte Stellung des Menschen im Produktionsprozeß. Bei der *Rückkehr lebendiger Arbeit in die Fabrik* geht es zweifellos darum, das Leistungsvermögen des Menschen im Produktionsprozeß anders zu nutzen und einzusetzen und in diesem Zusammenhang bessere Entfaltungsmöglichkeiten und Kreativität in den Arbeitsprozeß zurückzugeben. Im Kern müssen zukünftige tarifvertragliche Regelungen von der Beantwortung folgender vier Fragestellungen ausgehen:

- Wie soll zukünftig Arbeit organisiert werden?
- Wie wird die Arbeit bewertet und honoriert?
- Wie erfolgt die Leistungsorganisation?
- Wie wird diese Leistung bewertet und honoriert?

Antworten auf diese Fragen versuchen die strategischen Zielbestimmungen der Tarifreform 2000 (vgl. IG Metall-Vorstand 1993) zu geben. Mit dieser Tarifreform soll versucht werden, die Arbeit inhalts- und abwechslungsreicher zu machen, die Arbeitsbedingung zu humanisieren und die Entscheidungsstrukturen in den Unternehmungen zu demokratisieren.

Die Veränderungen bei den Produktionskonzepten und das gewerkschafltiche Interesse an humaner Gestaltung der Arbeit eröffnet für die Tarifpolitik der neunziger Jahre Gestaltungsnotwendigkeiten und -chancen in den im folgenden dargestellten wichtigsten Regelungsbereichen.

a) Eingruppierung, Entgelt und Qualifikation

Bei der Eingruppierung sollen in Zukunft die persönliche Qualifikation und Anforderungen des Arbeitssystems *gleichgewichtig* nebeneinander stehen. Damit verbunden ist zum einen der Anspruch, auf die Gestaltung der Arbeitsplätze und -inhalte Einfluß nehmen zu können, aber auch der Qualifikation und der Weiterbildung während des gesamten Arbeitslebens einen höheren Stellenwert zu geben und in einem System der Eingruppierung bessere Aufstiegsmöglichkeiten zu verankern:

- Angestrebt sind gemeinsame *Entgelt-Rahmentarifverträge*, welche die Trennung zwischen heutigen Arbeitern und Angestellten aufheben.
- Arbeitnehmer sollen auf der Grundlage ihrer Arbeit im *umfassenden* Arbeitssystem eingruppiert werden.
- Die *paritätische Kommission* aus Unternehmungsvertretern und Betriebsrat soll die Eingruppierungen vornehmen bzw. Bewertung und Einstufung von Arbeitssystemen erarbeiten.
- Für den einzelnen Beschäftigten soll die Möglichkeit der *Reklamation* seiner Eingruppierung geschaffen werden.
- Unterhalb der Eck-Entgeltgruppen soll es höchstens *drei* Entgeltgruppen geben.
- Die Zahl der Entgeltgruppen soll insgesamt *geringer* werden gegenüber der Gesamtzahl der heutigen Lohn- und Gehaltsgruppen.
- Der Stellenwert der *Qualifikation* bei der Ein- und Höhergruppierung soll größer werden.
- *Qualifikationsanforderungen* sollen das vorrangige Merkmal der Entgeltdifferenzierung sein.

- Qualifikation bezieht sich dabei sowohl auf formale Bildungsabschlüsse, aber vor allem auf Qualifikation, die durch Berufserfahrung und außerberufliche Tätigkeit sowie durch Weiterbildung erworben werden.
- Das Recht auf Weiterbildung als Teil der Arbeitszeit soll in den Tarifverträgen verankert werden.
- Die Vergütung der Auszubildenden soll innerhalb der Entgelt-Rahmenverträge mitgeregelt werden in Anbindung an die Eck-Entgeltgruppen.

Aus gewerkschaftlicher Sicht kommt es darauf an, Eckpunkte für Eingruppierung und Entgeltdifferenzierung durchzusetzen, die dem Wandel zu einer modernen Produktionstechnik und Arbeitsorganisation Rechnung tragen. Das bedeutet: Umfassende Arbeitsinhalte, Vorrang für Qualifikationsförderung, mitbestimmte Eingruppierung, größere Durchlässigkeit und verbesserte Aufstiegsmöglichkeiten sollen gleichzeitig Kreativitäts- und Qualifikationsanreiz darstellen.

b) Arbeitsorganisation und Leistungspolitik

Die Neugestaltung der tariflichen und damit der betrieblichen Leistungspolitik ist ein zweiter zentraler Schwerpunkt neuer Entgelt-Rahmentarifvertäge. Die betrieblichen Leistungsbedingungen für alle Gruppen von Arbeitnehmern haben sich entscheidend gewandelt. Dieser Prozeß geht schon über einen längeren Zeitraum hinweg, wenn man z.B. an die schleichende Aushöhlung des Akkords durch den höheren Anteil an Prozeßzeiten denkt. In den letzten Jahren hat sich die *Veränderung der betrieblichen Leistungsbedingungen* durch Einführung neuer Produktionskonzepte, wie Gruppenarbeit oder kontinuierlicher Verbesserungsprozeß, zudem zugespitzt. Aber auch veränderte Leistungsbedingungen im Zeitlohn- und Angestelltenbereich verlangen eine tarifliche Neugestaltung, um auch dort auf die Gestaltung der Leistungs- und damit auf humane Arbeitsbedingungen Einfluß nehmen zu können. Die bestehenden Entlohnungs- und Entgeltgrundsätze sollen um den neuen Entlohnungsgrundsatz in Form des Standard- oder Pensumentgelts ergänzt werden. Dabei ist eine tarifliche Mindestsicherung vorzusehen. Die Personalbemessung und die Leistungspensen sollen in Zukunft *unter der Beteiligung* der Betroffenen und der Mitbestimmung des Betriebsrats vereinbart werden. Der tarifliche Rahmen für die betriebliche Leistungspolitik der Zukunft wird die Arbeits- und Betriebsorganisation entscheidend beeinflussen. Aus gewerkschaftlicher Sicht kommt es darauf an, Arbeitssysteme zu vereinbaren, die gleichermaßen Effizienz der Arbeit und humane Gestaltung der Arbeitsbedingungen verbinden.

c) Demokratisierung, Beteiligung und Mitbestimmung

Bei der Neugestaltung der Tarifverträge sollen Mitbestimmungs- und Beteiligungsrechte des Betriebsrates *gewahrt* sowie Informations- und Beteiligungsrechte der unmittelbar Betroffenen zusätzlich *ausgeweitet* und gestärkt werden. Reklamationsmöglichkeiten durch die Beschäftigten sind anzustreben, wobei Konfliktlösungen in paritätischen Kommissionen unter Wahrung der Mitbestimmungsrechte des Betriebsrates erfolgen sollen. Insbesondere bei Regelungen von *neuen Formen der Gruppenarbeit* sind in den Tarifverträgen Eckpunkte vorzusehen:

- Arbeitsinhalte sind möglichst ganzheitlich für alle Gruppenmitglieder zu gestalten.
- Duch Qualifizierungsmaßnahmen sollen alle Gruppenmitglieder die Perspektive haben, möglichst viele Arbeitsaufgaben zu übernehmen.
- Die Entgeltstruktur in den Gruppen soll möglichst wenig unterschiedliche Entgeltgruppen umfassen.
- Arbeitspensum, interne Aufgabenverteilung und das leistungsbezogene Entgelt für Gruppen sind in Vereinbarungen zu regeln.
- Die Personalbesetzung ist unter Berücksichtigung der Fehl- und Ausfallzeiten, der Taktausgleichszeiten, der Beteiligungszeiten und der Erholzeiten zu vereinbaren.
- Bei der Vereinbarung der Arbeitspensen und der Personalbesetzung ist ausdrücklich die Mitarbeit von leistungsschwächeren und älteren Arbeitnehmern zu ermöglichen.

Eine vernünftige Ausgestaltung der betrieblichen Leistungspolitik mit vereinbarten Leistungsstandards, mit Weiterbildungs-, Erholungs- und Beteiligungszeiten ist ein wichtiges Element zur langfristigen Erschließung von Produktivitätsreserven und einer beschäftigungssichernden Tarifpolitik.

C. Perspektiven

Unternehmerische Rationalisierungsstrategien sind für Gewerkschaften eine elementare Herausforderung. Es eröffnen sich einerseits Chancen zur Durchsetzung gewerkschaftlicher Ziele der Humansierung und Attraktivität der Arbeit. Andererseits ergeben sich neue Risiken durch höhere Arbeitsintensität und weitere Personalreduzierungen. Die Position der Gewerkschaften zu Rationalisierungsmaßnahmen läßt sich mit der Zielsetzung einer *sozialverträglichen Modernisierung* zusammenfassen. Dies bedeutet auf der betrieblichen und tariflichen Ebene, daß die Zustimmung zu Rationalisierungsmaßnahmen nicht vorbehaltlos sein kann. Sie ist vielmehr geknüpft an eine faire Verteilung der Produktivitätsgewinne, die für den einzelnen Arbeitnehmer humanere Arbeitsbedingungen, weniger Leistungsdruck und qualifikationsfördernde Arbeitsinhalte und Bezahlung bringen.

Das Konzept einer zukunftsgerichteten Tarifreform versucht den Erhalt der *Wettbewerbsfähigkeit* zu verbessern und die *Vorteile für den Industriestandort Deutschland* auszubauen. Dem sollen die weitere Entwicklung der Qualifikation, die Erschließung und Entfaltung neuer Produktivitätsreserven, die ganzheitliche Gestaltung der Arbeit und Entfaltung der Kreativität der Arbeitnehmer wie auch umfassende Beteiligungsprozesse dienen. Diese Tarifreform ist auf Verbesserung der Produktionsprozesse und Innovationsfähigkeit ausgerichtet. Sie setzt darauf, daß mehr Arbeitnehmer sich der Verbesserung der Arbeitsorganisation, der Produktinnovation, der Qualität, der Effizienz und der humanen Gestaltung der Arbeit widmen können.

Untrennbar damit verbunden sind industriepolitische Reformstrategien, welche die Sicherung der Wettbewerbsfähigkeit in Verbindung mit humaner, demokratischer und ökologischer Umgestaltung bringen. Durch Rationalisierungsmaßnahmen verlorene Arbeitsplätze müssen durch Produkt- und Prozeßinnovationen in Zukunftsfeldern (Energie-, Verkehrs-, Ökologiebereiche) und durch Erschließung neuer gesellschaftlicher Bedarfsfelder kompensiert werden.

Nicht zuletzt bedarf es deshalb neben der Schaffung neuer Beschäftigungsfelder auch der weiteren solidarischen Umverteilung der knapper werdenden Arbeit auf mehrere Schultern (z.B. durch Arbeitszeitverkürzung) wie auch der gezielten staatlichen Unterstützung von Innovationen und Modernisierungshilfen für bestimmte Branchen oder Regionen.

Es sollte ein breit getragener gesellschaftlicher Konsens sein, daß die Verbesserung der Wertschöpfung durch marktfähige Produkte ebenso entscheidend für die Zukunftssicherung des Standorts ist wie die Schaffung der dafür notwendigen Arbeit. Beides muß stimmen. Denn ohne Beschäftigungsperspektiven wird jede Gesellschaft auf Dauer politisch, sozial und ökonomisch instabil.

Literatur

IG Metall-Vorstand: Tarifreform 2000, Frankfurt a.M. 1993.

Roth, S.: Qualitätsproduktion und Unternehmenskultur, in: Qualität durch Qualifizierung, Vortragsmanuskript an der Ruhr-Universität Bochum, Bochum 1994.

Elftes Kapitel

Effektivitätsorientierte Integration

Hans H. Hinterhuber

Management von Wachstums- und Schrumpfungsprozessen

A. Die Unternehmung im labilen „Fließgleichgewicht“ zwischen Wachstum und Schrumpfung

1. Kernkompetenzen als Determinanten der Wachstums- und Schrumpfungsprozesse

Das Wachstum einer Unternehmung ist die Zunahme, Schrumpfung oder Abnahme einer wirtschaftlichen Größe im Zeitablauf, gemessen an Eigenkapital, Wertschöpfung, Umsatz oder Beschäftigtenzahl. Abbildung 1 zeigt die wesentlichen Determinanten der Wachstums- und Schrumpfungsprozesse der Unternehmung.

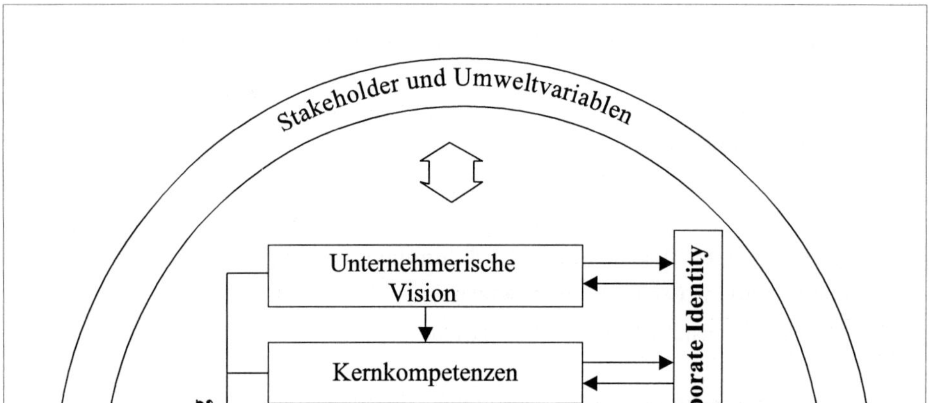

Abbildung 1: Die Determinanten der Wachstums- und Schrumpfungsprozesse

Die unternehmerische *Vision* ist das Bild einer wünschenswerten Zukunft, das der Unternehmer und/oder die obersten Führungskräfte in einer mittel- bis langfristigen Perspektive zu verwirklichen hoffen, das Sinn vermittelt und die Richtung angibt, in die sich die Unternehmung bewegen will. Der Rektor einer Technischen Universität sieht seine Vision darin, die Bedingungen zu verwirklichen, die es einem Mitglied des Lehrkörpers erlauben, den Nobelpreis zu gewinnen. Edzard Reuter hat die Vision eines hochintegrierten Technologiekonzerns. Die Vision von Ciba-Geigy ist, durch das Streben nach einem Gleichgewicht zwischen wirtschaftlicher, gesellschaftlicher und Umweltveranwortung die Prosperität der Unternehmung nach dem Jahr 2000 zu sichern.

Die Vision ist kein Ziel und kann als solche erst ex post erkannt werden. Sie bestimmt die Kernkompetenzen und wird ihrerseits durch diese beeinflußt.

Kernkompetenzen sind durch organisationale Lernprozesse koordinierte und integrierte Gesamtheiten von Know-how, Technologien und Prozessen, die

- dem Kunden Nutzen bringen und/oder dessen Wettbewerbsfähigkeit erhöhen,
- von den Konkurrenten nicht oder nur schwer imitierbar sind,
- den Wert einer Vielzahl von Geschäftseinheiten steigern und
- potentiell den Zugang zu neuen Märkten eröffnen.

Die Konzentration auf Kernkompetenzen führt einmal zu Wachstumsprozessen, wenn dadurch neue Märkte erschlossen werden, andererseits zu Schrumpfungsprozessen, wenn die Unternehmung sich von Bereichen und Tätigkeiten trennt, die keinen Bezug zu den Kernkompetenzen aufweisen und von Dritten effizienter betrieben werden können. Die Schrumpfungspozesse können taktischer oder strategischer Art sein (vgl. Friedrich/Hinterhuber 1994).

Strategische Schrumpfungsprozesse sind dadurch gekennzeichnet, daß sich die Unternehmung aus den Bereichen, in denen sie kein „World Class Player" ist, zurückzieht und mit den freigesetzten Ressourcen bestehende Kernkompetenzen weiterentwickelt und neue aufbaut und dadurch neue Märkte erschließt. Strategische Schrumpfungsprozesse sind der Umweg zum Aufbau führender Wettbewerbspositionen in anderen Geschäftsfeldern. Friedrich der Große weist in seinen Generalprinzipien darauf hin, daß das größte Führungsgenie sich in den strategischen Rückzugsoperationen zeige. General Electric hat in den vergangenen sieben Jahren über 20 Prozent ihrer strategischen Geschäftseinheiten verkauft oder liquidiert, sich auf die Kernkompetenzen konzentriert, damit führende Wettbewerbspositionen in allen Geschäftseinheiten aufgebaut und zählt nach den üblichen Leistungsstandards zu den erfolgreichsten Unternehmungen der Welt.

Taktische Schrumpfungsprozesse sind negativ qualifiziert; sie tragen weder zur Erhaltung noch zum Aufbau führender Wettbewerbspositionen bei. Ihr Vorteil liegt im Zeitgewinn. Sie bieten keine Perspektiven (Zeitgewinn: Wozu?) und verlängern die „involutive Entwicklung" der Unternehmung. Der größte Konzern Europas, die italienische staatliche IRI-Gruppe („ein Riese auf Beinen aus Ton") verkauft oder liquidiert seit 10 Jahren Unternehmungsteile, ohne dadurch seine Kernkompetenzen zu verbessern und neue Werte zu schaffen. Der Zeitgewinn wird nicht genutzt, und der Konzern mit über 400.000 Beschäftigten wird voraussichtlich zerschlagen und aufgelöst.

Die Wachstums- und Schrumpfungsprozesse stellen hohe Anforderungen an die Anpassungsfähigkeit und den Anpassungswillen der Führungskräfte und Mitarbeiter, die die kontinuierliche Reorganisation der Unternehmung als „way of life" auffassen müssen. Dieser nie endende Prozeß der Reorganisation ist sehr subtil, da laufend Leistungen ausgelagert werden, die den Wert der Unternehmung nicht oder nur wenig erhöhen sowie Führungskräfte und Mitarbeiter mit Aufgaben betraut werden, die Kernkompetenzen und deren Übertragung auf eine Vielzahl von Geschäftseinheiten und Märkten betreffen. Andy Grove, CEO von Intel beschreibt Führungskräfte und Mitarbeiter in dieser neuen Organisation als „a node in a not - so - crisply defined network" mit unternehmungsinternen und externen Partnern (vgl. Hinterhuber/Lewin1994).

Die *Unternehmungskultur* ist eine wesentliche Determinante der Wachstums- und Schrumpfungsprozesse. Das Ziel ist die Einrichtung einer Kommunikationsgemeinschaft, in der die Barrieren zwischen Mitarbeitern, Funktionsbereichen, hierarchischen Ebenen und regionalen Einheiten abgebaut werden, die die Lernfähigkeit behindern (vgl. Hinterhuber 1994). Die Corporate Identity ist das Bild, mit dem die Unternehmung von Dritten gesehen werden möchte.

Die Unternehmung lebt, wie jeder Organismus, in einem labilen *„Fließgleichgewicht"*. In einer funktionierenden Unternehmung laufen gleichzeitig Schrumpfungs- und Wachstumsprozesse ab, die sich gegenseitig beeinflussen und Rückkoppelungen zu den Kernkompetenzen, zur unternehmerischen Vision, zur Unternehmungskultur/Corporate Identity und zur Organisation aufweisen. Das System muß mit den Änderungen in der Umwelt Schritt halten, alle „Stakeholder" zufriedenstellen und den Wert der Unternehmung in einer mittel- bis langfristigen Perspektive erhöhen.

2. Die neuen Grenzen der Unternehmung

Viele herausfordernde Möglichkeiten - Navigationssysteme für Autos, interaktives Fernsehen, Hybridmotoren usw. - lassen sich nur durch die Integration der Fähigkeiten und Fertigkeiten einer Vielzahl von Unternehmungen nutzen. Der Wettbewerb findet zunehmend zwischen *Netzwerken* von Unternehmungen statt (vgl. Hamel/Prahalad 1994, S. 187). Die Bandbreite der Partnerschaften zwischen Unternehmungen reicht von der Kooperation über Joint Ventures und Unternehmungsbeteiligungen bis zur 100%igen Übernahme.

Mit der Einbindung der Unternehmung in strategische Netzwerke verlieren die Grenzen der Unternehmung an Schärfe (vgl. Teece 1986, S. 270). Sie verändern sich nach Maßgabe der unternehmerischen Vision. Die neuen Grenzen der Unternehmung werden durch die Kosten der Koordinationsaufgaben (Transaktionskosten) bestimmt, die mit der arbeitsteiligen Erstellung von Leistungen neben den unmittelbaren Produktions- und Logistikkosten anfallen. Angestrebt wird eine strategische Ausrichtung des gesamten Leistungsspektrums auf die Kernkompetenzen bei gleichzeitiger Reduzierung der *Transaktionskosten* durch die Optimierung der Koordinationsabläufe (vgl. Stuhec 1995). Transaktionskosten treten immer dann auf, wenn eine Leistung oder Kernkompetenz über eine interne oder externe Schnittstelle übertragen wird; Beispiele sind: Anbahnungs-, Vereinbarungs-, Kontroll-, Anpassungskosten und dgl. mehr. In Abbildung 2 ist das Grundschema der evolutiven Unternehmungsentwicklung dargestellt.

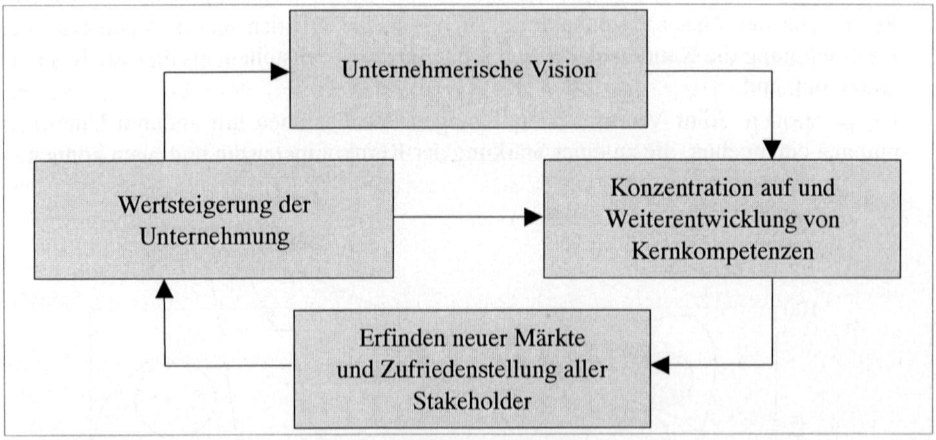

Abbildung 2: Grundschema der evolutiven Unternehmungsentwicklung

Werden durch Konzentration auf Kernkompetenzen und entsprechende Auslagerung von nicht strategischen Tätigkeiten neue Märkte geschaffen und/oder alle „Stakeholder" besser und schneller zufriedengestellt, als dies die Konkurrenten oder andere Referenzunternehmungen zu tun in der Lage sind, kann die daraus resultierende Wertsteigerung der Unternehmung dazu benutzt werden, neue Kernkompetenzen zu entwickeln und bestehende zu verbessern sowie neue beschleunigende Momente in die unternehmerische Vision einzubringen. Der Vorsitzende der Geschäftsführung einer großen deutschen Unternehmung drückt diesen Sachverhalt wie folgt aus: „In dem, was wir tun, wollen wir die Besten am Weltmarkt sein und dadurch wirtschaftlich und technologisch die Zukunft sichern".

B. Die Gestaltung der Wachstums- und Schrumpfungsprozesse

1. Die Ermittlung der Kernkompetenzen

Die Gesamtstrategie einer Unternehmung ist nicht nur ein Portfolio von Geschäftseinheiten, sondern auch ein *Portfolio von Kernkompetenzen* (vgl. Abbildung 3). Die Aufgabe der Unternehmungsleitung besteht dann darin (vgl. Hamel/Prahalad 1994, S. 32 ff.),

- die Kernkompetenzen der Unternehmung, nicht nur einzelner Geschäftseinheiten, zu identifizieren und weiterentwickeln zu lassen,
- neue Möglichkeiten zu erkennen, die mit Kernkompetenzen genutzt werden können,

- neue Kernkompetenzen entwickeln zu lassen, die den Wert mehrerer Einheiten erhöhen,
- die Geschäftseinheiten aufzugeben, die keinen Bezug zu Kernkompetenzen aufweisen,
- Ressourcen den Geschäftseinheiten zuzuweisen, die mit den Kernkompetenzen der Unternehmung die Kunden besser und schneller zufriedenstellen, als dies die Konkurrenten tun, und
- Kooperationen, Joint Ventures, Beteiligungen und Fusionen mit anderen Unternehmungen einzugehen, die zu einer Stärkung der Kernkompetenzen beitragen können.

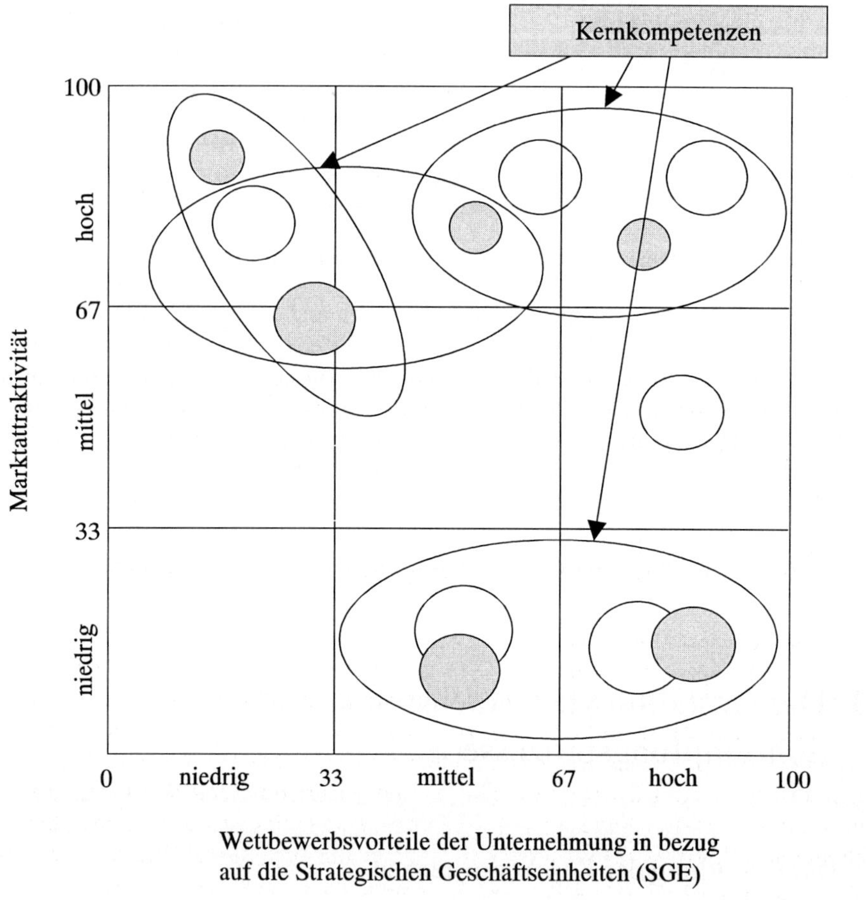

Abbildung 3: Die Gesamtstrategie als Portfolio von Kernkompetenzen

Wachstumsprozesse lassen sich nicht nur dadurch bewirken, daß die Wertschöpfungskette neu gestaltet und/oder bestehende Geschäftseinheiten in ihren Märkten neu positioniert werden, sondern auch dadurch, daß die Unternehmung mit ihren Kernkompetenzen neue Märkte „erfindet“. Swatch z.B. versteht sich als Hersteller und Verkäufer von emotionalen

Gütern. Mit seinen Kernkompetenzen – Automatisierung, Miniaturisierung, Design und Marketing – kann Swatch in neue Märkte eindringen wie z.B. mit den Brillen, Pagers, Telephonapparaten und vielleicht sogar, in Kooperation mit Mercedes Benz, in der Automobilindustrie erfolgreich Fuß fassen.

2. Die Zufriedenstellung aller „Stakeholder"

Ziel der Wachstums- und Schrumpfungsprozesse ist die *Wertsteigerung der Unternehmung* in einer mittel- bis langfristigen Perspektive (vgl. Gomez 1993, S. 90; Hinterhuber/ Lewin 1994, S. 68). Dazu müssen alle *Stakeholder*, nicht nur die Kunden, besser und schneller zufriedengestellt werden, als dies die Konkurrenten oder andere Referenzunternehmungen zu tun in der Lage sind. Abbildung 4 veranschaulicht die Vorgehensweise bei der Zufriedenstellung der Stakeholder.

Sie zeigt aber auch, daß es darum geht, neue Maßnahmen und Indikatoren zu entwickeln, mit denen der effektive Grad der Zufriedenheit der *Stakeholder* ermittelt und die Wirtschaftlichkeit, Sozial- und Umweltverträglichkeit zum Ausdruck gebracht werden können.

C. Optimale Unternehmungsgröße und organisationales Lernen

1. Unternehmungsgröße und wertsteigerndes Führungsverhalten

Die *optimale Unternehmungsgröße* ist ein komplexer Begriff, der wie folgt definiert werden kann: Die Wertsteigerung einer Unternehmung nimmt tendenziell mit zunehmender Größe bis zu einer ersten Schwelle zu, die von den Kernkompetenzen und auszulagernden Tätigkeiten bestimmt wird. Die Möglichkeit, auf der Grundlage der Kernkompetenzen führende Wettbewerbspositionen einzunehmen und neue Märkte zu erschließen, rechtfertigt das Überschreiten dieser Schwelle. Aufgrund von organisatorischen Ineffizienzen liegt die effektive Wertsteigerung der Unternehmung unter derjenigen, die die erreichte Unternehmungsgröße erwarten läßt. Optimale Unternehmungsgröße und Organisationssysteme hängen zusammen: In einer gegebenen Marktsituation kann in einer bestimmten Zeit eine Vielzahl von Unternehmungsgrößen optimal sein, je nachdem, welche Organisationssysteme die Unternehmung in Verbindung mit der zweckmäßigsten Kombination von Out- und Insourcing anzuwenden in der Lage ist.

Der Maßstab für die Unternehmungsgröße ist die Wertschöpfung, d.h. die Differenz zwischen den Einnahmen aus bestimmten Produktionen oder dem Wert, der diesen zugeschrieben wird, und den Kosten der dazu benötigten Rohstoffe, Halbfertigfabrikate, Komponenten oder Fremddienstleistungen.

Stakeholder	Kriterien der Zufriedenstellung	Gewichtung: Wichtigkeit für die Stakeholder	schlechter besser als die Konkurrenten „best practices“					Gewichtete Punktzahl
			-2	-1	0	-1	+2	
Abnehmer	Preis	6			•			0
	Service	10	•					-20
	Qualität/Langlebigkeit	10					•	+20
Mitarbeiter	Attraktive Gehälter	10				•		+10
	Arbeitsumwelt	9		•				-9
	Mannschaftsspiel	9			•			0
Anteilseigner (financial community)	ROI	8	•					-16
	Motivierte Mitarbeiter	10		•				-10
	Wertsteigerung	10	•					-20
Gesellschaft	Umweltschutz	10					•	+20
	Erhaltung/Schaffung von Arbeitsplätzen	8				•		+8
Lieferanten	stabile Absatzmärkte	10			•			0
	ROI	7			•			0
Unterneh-mungen in Strategischen Allianzen	Unterstützung der Partner	10				•		+10
	Informationsaustausch	6					•	+12
	ROI	8				•		+8
Gewichtete Punktezahl								**+13**

Abbildung 4: Grundschema der Zufriedenstellung aller „Stakeholder“

Mit zunehmender Unternehmungsgröße und unterschiedlichen Wachstums- und Schrumpfungsprozessen (vgl. Abbildung 5) steigt die Schwierigkeit, zwei Grundvoraussetzungen für die Wertsteigerung zu gewährleisten: einheitliche Ausrichtung und unternehmerischen Schwung. Wertsteigerndes Führungsverhalten heißt, durch Dezentralisation, Delegation und „empowered Teams“ beschleunigende Momente in die Unternehmungsentwicklung einzubringen, das Potential der Mitarbeiter auf allen Verantwortungsebenen zur Entfaltung zu bringen (vgl. Hinterhuber 1992, S. 302) und neue Wachstumsprozesse einzuleiten, bevor die bestehenden ihren Höhepunkt erreicht haben.

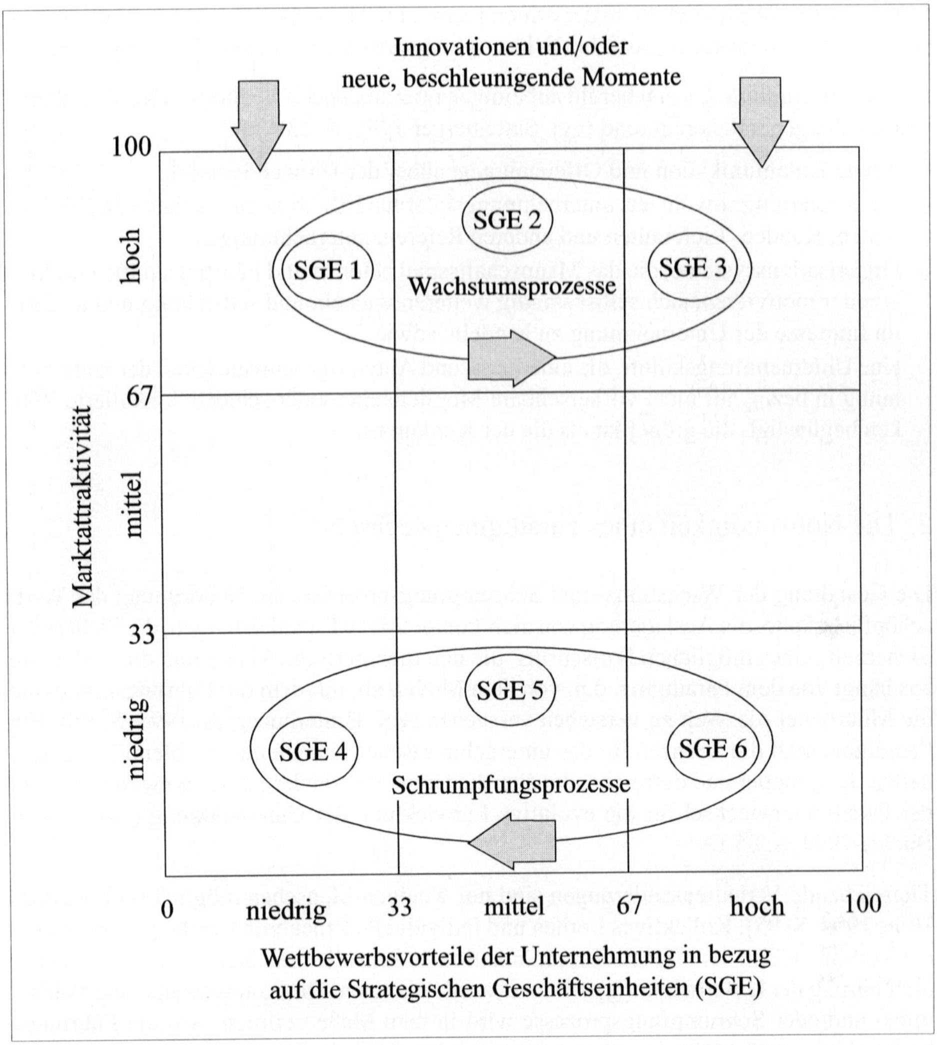

Abbildung 5: Wachstums- und Schrumpfungsprozesse der Unternehmung

Das wertsteigernde Führungsverhalten der Führungskräfte scheint einem ähnlichen Lebenszyklus zu folgen wie viele Produkte oder Geschäftseinheiten der Unternehmung (vgl. Kets de Vries 1994, S. 108). In der *Eintritts- und Experimentierphase* konzentrieren sich die Führungskräfte auf wenige kritische Themenbereiche: Kostensenkungen, Qualität, Kundenorientierung, Prozeßmanagement, Strategische Allianzen und dgl. mehr, mit denen sie i.d.R. Wachstumsprozesse erfolgreich steuern und Schrumpfungsprozesse wirksam umstrukturieren. In der *Konsolidierungsphase* verlieren die Führungskräfte häufig die Begeisterung für die Meisterung der Wachstums- und Schrumpfungsprozesse und greifen auf bewährte Erfolgsformeln der Vergangenheit zurück.

Erkennen die Führungskräfte in der dritten Phase - im Abstieg - nicht ihre Grenzen, tragen sie weder bei Wachstums- noch bei Schrumpfungsprozessen zu einer Wertsteigerung bei.

Das *organisationale Lernen* beruht auf einigen grundlegenden Methoden und Verhaltensweisen, die generalisierbar sind (vgl. Sattelberger 1991, S. 13 f.):

- offene Kommunikation und Offenheit gegenüber der Umweltdynamik,
- Team-Learning sowohl aus unternehmungsinternen Erfahrungen als auch von Konkurrenten, Kunden, Lieferanten und anderen Referenzunternehmungen,
- Organisationssysteme, die das Mannschaftsspiel betonen und Führungskräfte und Mitarbeiter motivieren, sich selbst ständig weiterentwickeln und selbständig und initiativ im Interesse der Unternehmung zu handeln, sowie
- eine Unternehmungskultur, die eine Lern- und Antwortgeschwindigkeit der Unternehmung in bezug auf nicht vorhersehbare Möglichkeiten oder schlecht kalkulierte Risiken begünstigt, die größer ist als die der Konkurrenten.

2. Die Notwendigkeit eines Paradigmenwechsels

Die Gestaltung der Wachstums- und Schrumpfungsprozesse, die Neuordnung der Wertschöpfungskette, die Auslagerung von nichtkompetitiven Eigenleistungen, die Sicht (oder Sicherheit) eines möglichen Fortschritts, die unternehmerische Vision und die Kultur, all das hängt von dem Paradigma, d.h. von dem Modell ab, mit dem die Führungskräfte und die Mitarbeiter die Welt zu verstehen versuchen (vgl. Hinterhuber, A. 1994, S. 98). Ein Paradigma setzt die Grenzen für das unternehmerische Handeln und Problemlösungsverhalten. Je schneller und tiefreichender sich die Umwelt verändert, desto notwendiger wird der Paradigmenwechsel für die evolutive Entwicklung der Unternehmung (vgl. Probst/Büchel 1994, S. 85 f.).

Tiefreichende Verhaltensänderungen sind nur wenigen Menschen möglich (vgl. Kets de Vries 1994, S. 95). Kollektives Lernen und individuelle Erneuerung verlangen ein Klima des Vertrauens und der offenen Kommunikation, in dem alle bestehenden Annahmen über die Führung der Unternehmung diskutiert werden können. Die Kontrolle über die Wachstums- und/oder Schrumpfungsprozesse wird in dem Maße verloren, wie die Führungskräfte sich nicht laufend innerlich erneuern oder, falls sie dazu nicht in der Lage oder bereit sein sollten, sich nicht rechtzeitig von der Unternehmung trennen. Von Führungskräften wird erwartet, daß sie viele Rollen beherrschen, je nachdem, in welcher Phase sich eine Unternehmung befindet und welche Entwicklungsperspektiven erkannt werden und machbar erscheinen.

D. Zusammenfassung und Ausblick

Die Unternehmung kann ihren „Stakeholder" nur dann Werte bieten, wenn sie sich durch *Konzentration auf die Kernkompetenzen* von ihren Konkurrenten unterscheidet und im Markt eine Position der Einzigartigkeit einnimmt. Sie muß, mit anderen Worten, wirksame *Beziehungsnetze* nach innen, mit ihren Mitarbeitern, und nach außen, mit ihren Kunden und Lieferanten sowie mit verbündeten Unternehmungen einrichten, in denen sie diesen, aber auch den anderen „Stakeholder" (Gesellschaft, Anteilseigner und „Financial Community") Nutzen und Werte in einem Ausmaß bietet, das über dem der Konkurrenten oder anderer Referenzunternehmungen („best practices") liegt. In dieser Perspektive verliert die Unternehmungsgröße an Bedeutung, da sich die Grenzen der Unternehmung in Abhängigkeit von der Gestaltung der Wertschöpfungskette verschieben.

In diesem labilen „Fließgleichgewicht" zwischen Schrumpfung und Wachstum spielen die immateriellen Faktoren eine wichtige Rolle: die Vision und Führungskompetenz der obersten Führungskräfte, die in der Lage und bereit sein müssen, viele Rollen zu spielen, vor allem die eines „Coach" und Mentors, die Fähigkeit zur offenen Kommunikation, das Anziehen herausragender Mitarbeiter, die Kühnheit und Rechtzeitigkeit der Entscheidungen, mit anderen Worten, die kollektive Entdeckung eines neuen Paradigmas, mit dem die Unternehmung die Spielregeln im Markt zu ihren Gunsten verändern kann.

Literatur

FRIEDRICH, S.; HINTERHUBER, H.H.: Strategischer Rückzug - Herausforderung für die Unternehmungsführung, in: IO Management-Zeitschrift, 63. Jg. (1994), H. 7/8, S. 82-86.

GOMEZ, P.: Wertmanagement, Düsseldorf 1993.

HAMEL, G.; PRAHALAD C.K.: Competing for the Future, Cambridge 1994.

HINTERHUBER, A.: „Critical Choices" bei der Restrukturierung von Unternehmen, in: Critical Choices, hrsg. v. H. Siegwart et al., St. Gallen 1994, S. 95-98.

HINTERHUBER, H. H.: Strategische Unternehmungsführung. Bd. 2: Strategisches Handeln, 5. Aufl., Berlin/ New York 1992.

HINTERHUBER, H.H.: Paradigmenwechsel: Vom Denken in Funktionen zum Denken in Prozessen, in: JfB, 44. Jg. (1994), S. 58-75.

HINTERHUBER, H.H.; AICHNER, H.; LOBENWEIN W.: Unternehmenswertsteigerung und Lean Management. Wie ein Unternehmen alle „Stakeholder" zufriedenstellen kann, Wien 1994.

HINTERHUBER, H.H.; Lewin, J.: Strategic Networks - The Organization of the Future, in: LRP, 27. Jg. (1994), H. 3, S. 43-53.

KETS DE VRIES, M.: CEOs also have the Blues, in: European Management Journal, 15. Jg. (1994), S. 94-109.

PROBST, G.J.B.; BÜCHEL, B.S.T.: Organisationales Lernen, Wiesbaden 1994.

SATTELBERGER, T.: Die lernende Organisation, Wiesbaden 1991.

STUHEC, U.: Strategisches Outsourcing: Konzentration auf Kernkompetenzen, Wiesbaden 1995 (im Druck).

TEECE, D.J.: Firm Boundaries, Technological Innovation and Strategic Management, in: Economics of Strategic Planning, hrsg. v. L.G. Thomas, Lexington, 1986, S. 261-280.

Alexander Gerybadze

Innovationsmanagement

A. Bedeutung und Gegenstand des Innovationsmanagement

Innovationsmanagement befaßt sich mit der Gestaltung und Führung von Veränderungsprozessen in Organisationen. Der Zwang zur Innovation hat in den letzten Jahren offensichtlich durch folgende Faktoren stark zugenommen:

- Neue Technologien sowie neue Dienstleistungs- und Servicekonzepte eröffnen ein Potential der Veränderung und lösen entsprechende Anpassungserfordernisse aus.
- Unternehmungen investieren einen wachsenden Anteil ihrer Ressourcen in Forschung und Entwicklung (F&E) und in die Technologieentwicklung (vgl. ZEW 1994).
- Die Aufmerksamkeit des Management wird immer stärker auf die Neuproduktentwicklung, auf die Entwicklungszeitverkürzung und auf Prozesse der Geschäftstransformation gerichtet (vgl. Davenport 1993; Hammer/Champy 1993; Hamel/Prahalad 1994; Geschka 1994).
- Tradierte Organisationsstrukturen werden zunehmend in Frage gestellt und durch Veränderungen auf Kapitalmärkten, durch die Reorientierung von Investorengruppen und im Zuge eines neu aufkommenden Verständnisses dynamischer Wettbewerbsvorteile „durcheinandergewürfelt" („Corporate takeovers", „mergermania" usw.).
- Prozesse der Deregulierung von Märkten in zahlreichen hochentwickelten Ländern haben in ehemals geschützten Industrien dramatische Veränderungen ausgelöst, die ihrerseits bugwellenartig Veränderungen in anderen Industrien auslösen.
- Die zunehmende außenwirtschaftliche Verflechtung, die schrittweise Zusammenführung immer größerer Binnenmärkte (EU, NAFTA etc.) und die weiterhin zunehmende Konfrontation innerhalb der Triade trägt ihren Teil dazu bei, daß die wirtschaftliche Veränderungsdynamik nicht unterbrochen wird.

Angesichts dieser geradezu stürmischen Entwicklungen hat sich eine wachsende Heerschar von Managern, Unternehmungsberatern, Wissenschaftlern und Politikern des Themas *„Innovation"* angenommen. Von diesen werden ganz unterschiedliche Fragestellungen, Betrachtungsweisen und Methoden in den Vordergrund gerückt, und es kommt nicht selten zu Begriffsverwirrungen und Verständigungsproblemen. Um diesem Dilemma zu entgehen, soll der Gegenstand des Innovationsmanagement aus der Sicht der Unternehmungsführung im folgenden präzisiert werden.

Zu differenzieren ist zunächst einmal nach dem Gegenstandsbereich bzw. der Untersuchungseinheit (vgl. dazu die Zeilen in Abbildung 1). *Untersuchungseinheit* kann zum einen der Funktionsbereich F&E sein, aber auch eine Technologie (z.B. die Lasertechnologie). Untersuchungseinheit kann darüber hinausgehend auch eine Innovation sein, die sich nicht allein auf technologische Veränderungen beschränken läßt, bspw. die Einführung neuer Servicekonzepte oder von Finanzinnovationen.

Diesen verschiedenen Gegenstandsbereichen kann man sich mit ganz unterschiedlichen *Fragestellungen* und Betrachtungsweisen annähern. Aus der Sicht des Management steht dabei die Effizienz und Effektivität der zugrundeliegenden Leistungsprozesse im Vordergrund. Das *F&E-Management* befaßt sich entsprechend primär mit der Fragestellung, wie der Einsatz von Ressourcen im Bereich F&E zielgerecht und effizient gestaltet und geführt werden kann (vgl. Brockhoff 1988).

Technologie-Management ist weiter gefaßt und beinhaltet neben dem Management der F&E-Funktion alle Leistungsprozesse, die zur Durchsetzung einer technologischen Innovation erforderlich sind, wie z.B. Produktentwicklung, Prozeß- und Verfahrensentwicklung, Test- und Standardisierungsverfahren etc. (vgl. dazu das mittlere, linke Feld in Abbildung 1).

Gegenstandsbereich/ Untersuchungseinheit	**Fragestellung/Zielrichtung von Untersuchungen**		
	Management	**Ökonomie**	**Sonstige** z.B. Soziologie/Politik
Innovation (einschließlich nicht primär technologischer Veränderungen)	Gegenstandsbereich des Innovations-management	Ökonomische Innovationsforschung	Sozialwissenschaftliche Innovationsforschung
Technologische Innovation	Technologie-Management	Ökonomische Analysen technologischer Innovation	Sozialwissenschaftliche Analysen technologischer Innovation
Forschung und Entwicklung (F&E)	F&E-Management	Forschungs-ökonomik	Forschungs-soziologie/-politik

Abbildung 1: Gegenstandsbereich und Fragestellungen des Innovationsmanagement

Der Gegenstandsbereich des *Innovationsmanagement* deckt zum einen die Frage der Effektivität und Effizienz von F&E und von technologischen Veränderungsprozessen ab. Innovationsmanagement ist jedoch noch weiter gefaßt und berücksichtigt auch Innovationen, die nicht primär technologischer Natur sind, wie etwa Veränderungen von Geschäftsprozessen, die Einführung neuer Dienstleistungs- und Servicekonzepte und die Frage der Schaffung leistungsgerechter Organisationsstrukturen. Gemäß dieser Betrachtung sind auch die vielfach diskutierten neueren Konzepte des „Business Process Redesign“ und der „Corporate Transformation“ i.w.S. zum Gegenstandsbereich des Innovationsmanagement zu zählen (vgl. Davenport 1993). Die folgende Darstellung des Innovationsmanagement

- konzentriert sich somit auf die Analyse der Effektivität und Effizienz von Innovationsprozessen,
- unterstellt eine gewisse Planbarkeit und analysiert Prinzipien und Methoden der Führung von Innovationsprozessen und
- beinhaltet als institutionelle Untersuchungseinheit schließlich den Betrieb bzw. die Unternehmung und weniger eine überbetriebliche Zusammenfassung von Leistungsbereichen.

Somit grenzen wir unseren Blickwinkel von vornherein auf Fragen der Unternehmungsführung ein und blenden die überwiegende Mehrzahl der Untersuchungen zu Innovationsprozessen (bspw. die ökonomische Innovationsforschung, vgl. mittlere Spalte in Abbildung 1) aus. Unberücksichtigt bleiben ferner auch die zahlreichen neueren Untersuchungen mit primär soziologischen, politikwissenschaftlichen oder sonstigen Fragestellungen (rechte Spalte in Abbildung 1). Die BWL greift Erkenntnisse aus diesen Disziplinen sukzessive auf; sie tut dies aber stets unter dem Gesichtspunkt der Anwendbarkeit im Bereich des Management.

B. Neuere Erkenntnisse aus der Innovationsforschung und zentrale Fragestellungen des Innovationsmanagement

Ohne den Anspruch erheben zu können, eine Zusammenfassung der wesentlichen Veröffentlichungen zum Innovationsmanagement zu erstellen, wollen wir uns im folgenden auf eine synoptische Gegenüberstellung wichtiger Erkenntnisse und auf eine Ausgrenzung von Fehleinschätzungen beschränken. Beginnen wir zunächst mit einer Ausgrenzung von Fehleinschätzungen, widerlegten Hypothesen und sog. „Holzwegen der Innovationsforschung“, um anschließend eine Konzentration auf diejenigen Fragestellungen vornehmen zu können, die sich auch sinnvoll beantworten lassen.

Solche *Mythen des Innovationsmanagement*, die entweder durch eine hinreichende Zahl von Untersuchungen widerlegt sind, oder die sich nicht sinnvoll überprüfen lassen, umfassen:

- Innovationsprozesse laufen linear und nach einem vorgegebenen *Phasenschema* ab, das bspw. von der Grundlagenforschung über die angewandte Forschung, Entwicklung bis zur Produktions- und Markteinführung reicht und sequentiell diese Stufen durchläuft (vgl. Gerybadze 1982; Brockhoff 1988; Hauschildt 1993).
- Innovationsprozesse sind im Hinblick auf Technologiewahl, Ressourceneinsatz, Prozeßablauf und Prozeßergebnis (Output) mehr oder weniger gut spezifizierbar und entsprechend durch Einsatz geeigneter Managementinstrumente *planbar*.
- Es gibt eindeutige Aussagen über Ursachen und *Anstöße* von Innovationsprozessen, bspw. im Hinblick auf die Einflüsse von Demand Pull versus Technology Push, Engpaß- versus Überflußinnovationen („bottleneck innovations“ versus „slack innovations“) oder über den Zusammenhang von Wettbewerb und Innovation.
- Die Innovationsforschung war lange dadurch geprägt, Strukturen zur Erklärung von Ursachen, Abläufen und Ergebnissen von Innovationsprozessen heranzuziehen. Diese *strukturorientierte Sichtweise*, die an Erklärungsfaktoren wie Unternehmungsgröße, Organisationsstruktur, Marktstruktur etc. ansetzt, hat u.E. nur wenige Erkenntnisse gebracht.
- Schließlich findet sich in der Literatur die verbreitete Auffassung, es gäbe bestimmte *Strategietypen*, die nachweislich zu Erfolgen im Innovationswettbewerb führen würden. Dies gilt bspw. für die Strategien der Innovationsführerschaft, des „time to market“ oder - alternativ dazu - für eine Imitationsstrategie (vgl. Adler 1988).

Im Gegensatz zu diesen vereinfachenden und generalisierenden Erklärungsversuchen zeigt die Fülle der bislang dokumentierten empirischen Analysen, daß Innovationsprozesse scheinbar „ungeordnet" und unstrukturiert ablaufen und sich selten an ein lineares Phasenschema halten. Prozesse sind hochgradig offen, d.h. im Hinblick auf Technologiewahl, Prozeßablauf und Output nur schwer ex ante festzulegen (vgl. Gerybadze 1995b). Innovationsprozesse sind entsprechend nur bedingt und in dem Maße „planbar", wie non-deterministische, nicht-zentralistische und flexible Methoden zum Einsatz kommen.

Innovationsprozesse sind stets einmalig und kontextspezifisch, und es ist problematisch, verallgemeinerungsfähige Ursachen, Strukturen und „Erfolgsfaktoren" herauszufinden, die für eine größere Auswahl von Innovationen Erklärungskraft besitzen. Prozeßvariablen (z.B. Ereignisfolgen) sind i.d.R. bedeutsamer als Strukturvariablen (z.B. Firmengröße). Jeder Innovationsprozeß verlangt in Verbindung mit den vorherrschenden Kontextfaktoren nach einer bestimmten Kombination von Strategien.

Diese Ausgrenzung von „Mythen des Innovationsmanagement" impliziert nicht notwendigerweise, daß keine verbindlichen Aussagen getroffen werden können und daß „alles oder nichts möglich" ist. Die empirische Forschung zum Innovationsmanagement hat offengelegt, daß es einige *generische Erfolgskonstellationen* für Innovationsprozesse gibt. Zu diesen zählen:

- die explizite Berücksichtigung des *Bedarfs* und der Kundenbedürfnisse und -anforderungen bereits in frühen Phasen des Innovationsprozesses;
- die explizite Ausrichtung an *Zielen*, die auf künftig relevante Märkte gerichtet sind und die „rückübersetzt" werden in heutige Aktionen;
- ein möglichst offenes *Scanning* von Veränderungen im Bereich der Wissenschaft und Technologie, aber auch im Hinblick auf Märkte, Wettbewerber sowie Produktions- und Zulieferbeziehungen;
- die möglichst *flexible Anpassung* an neue Gegebenheiten und Kontextbedingungen im Hinblick auf Technologie-, Prozeßauswahl und Ressourceneinsatz;
- ein möglichst reibungsloser *Prozeßdurchlauf*, der möglichst gut auf die Anforderungen des spezifischen Innovationsprozesses zugeschnitten ist und nicht durch prozeßfremde Restriktionen und Strukturen beeinträchtigt wird;
- die Berücksichtigung von *Querbeziehungen* (interfunktional, bereichsübergreifend) und der offene Zugriff auf die jeweils besten Ressourcen und Leistungsbereiche;
- die Überwindung der „klassischen" Trennung zwischen Planung und Implementierung sowie zwischen strategischen und operativen Aufgaben (vgl. Jelinek 1979, 1981);
- die möglichst *unverzerrte Kopplung von Informationen* über Prozeßabläufe und Kontextbedingungen mit dem Prozeß der Bereitstellung von Ressourcen und Budgets durch das Top Management.

Diese beschriebenen generischen Erfolgskonstellationen für Innovationsprozesse lassen sich nun nicht i.S. des „1-Minuten-Managers" in konkrete Handlungsanleitungen ummünzen. Sie können jedoch zum Gegenstand von Organisationsanalysen, von empirischen Verlaufsanalysen und von Verbesserungsmaßnahmen im Bereich des Management werden. Dabei erscheinen uns folgende *zentrale Fragestellungen* von grundlegender Bedeutung für das Innovationsmanagement zu sein:

- Wie wird in Unternehmungen sichergestellt, daß neues *Wissen über Technologien und Märkte* möglichst schnell und unverzerrt verarbeitet wird. Im Vordergrund stehen dabei Prozesse der Bedarfserfassung, der Ideenfindung, des Scanning und des Technological Forecasting. Sie zielen insbesondere auf die Identifikation, Spezifikation und Auswahl von Innovationsprojekten ab.
- Die zweite, noch wichtigere Fragestellung richtet sich darauf, wie innovationsgerechte Prozeßabläufe in der Unternehmung (möglicherweise auch unter Berücksichtigung überbetrieblicher Leistungsverflechtungen) gestaltet und durchgesetzt werden können. Diese Frage zielt auf die geeignete *Ablauforganisation des Innovationsmanagement* und auf das effiziente Management von Innovationsprojekten ab.
- Die dritte Fragestellung des Innovationsmanagement ordnet innovative Leistungsprozesse in einen dafür geeigneten organisatorischen Rahmen ein. Im Vordergrund steht die Frage der Gestaltung innovationsgerechter Organisationsstrukturen, also insbesondere der *Aufbauorganisation des Innovationsmanagement.* Dabei steht die Erfahrung im Vordergrund, daß die besten Innovationsprozesse über kurz oder lang „versanden", wenn sie nicht zu entsprechenden Anpassungen von Führungsstrukturen und Allokations- und Anreizmechanismen innerhalb von Unternehmungen führen (vgl. Kieser 1990; Jelinek 1979; Gerybadze 1995b).

Wir wollen uns im folgenden vor allem auf die beiden letztgenannten Fragen, d.h. auf die Gestaltung von Ablaufprozessen (Kapitel C) und die Schaffung innovationsgerechter Organisationsstrukturen (Kapitel D) konzentrieren.

C. Gestaltung innovationsgerechter Prozeßabläufe: die Ablauforganisation des Innovationsmanagement

Im Mittelpunkt des Innovationsmanagement steht primär die *Prozeßbetrachtung*, die sich an Leistungsprozessen ausrichtet und erst in zweiter Hinsicht die Strukturbetrachtung. Leistungsprozesse, die auf die Generierung von neuen Produkten, Verfahren und Servicekonzepten ausgerichtet sind, müssen offen gestaltet werden. Prozesse sind sozusagen „auf der Suche nach möglichst friktionsfreien Routen". Sie sollten durch vorhandene Routinen, Organisationsabläufe und -strukturen möglichst wenig behindert werden.

Für die *Ablaufmodellierung* von Innovationsprozessen eignen sich Methoden wie die Prozeßketten-Analyse, die Wertschöpfungskette und Verfahren des Qualitätsmanagement. Zu beachten ist jedoch, daß diese Methoden ursprünglich für stark strukturierte, repetitive Prozeßabläufe entwickelt wurden. So lehnt sich das von Porter (1985, 1990) weiterentwikkelte und verbreitete Verfahren der Wertschöpfungskette noch weitgehend an der traditionellen, funktionalen Gliederung an. Methoden des Qualitätsmanagement (z.B. House of Quality) eignen sich weitgehend nur für Routineprozesse und inkrementale Innovationen (vgl. Gerybadze 1995b).

Innovationsprozesse sind demgegenüber gering strukturiert und im Hinblick auf Output, Prozeßablauf und Technologiewahl unzureichend spezifiziert. Die „optimale Route" muß im Verlauf des Innovationsprozesses erst entdeckt werden. Dies geschieht am besten dadurch, daß den Prozeßbeteiligten, die über „lokales Wissen“ verfügen, Autonomie eingeräumt wird. Dennoch dürfen Innovationsprozesse keineswegs ungerichtet ablaufen. Ziele, die auf Märkte von Morgen gerichtet sind, müssen verbindlich abgesteckt sein. Bedürfnisse von innovativen Kundengruppen müssen exploriert werden und leiten das Handeln hier und heute.

Hierfür kann die Methodik der *innovativen Wertschöpfungskette* herangezogen werden, (vgl. Abbildung 2). Diese geht in einem ersten Schritt von einem (realen oder erwarteten) Auftrag in einem künftig interessanten Marktsegment aus. Dieser führt zu einer Analyse und Konfiguration von Leistungsprozessen und von technologischen Prozeßabläufen. Unter Berücksichtigung der von den entscheidenden Know-how-Trägern abgesteckten „Idealrouten“ können entsprechend Entscheidungen über die Bewertung und Auswahl von Technologien und F&E-Projekten vorgenommen werden (vgl. Gerybadze 1995b).

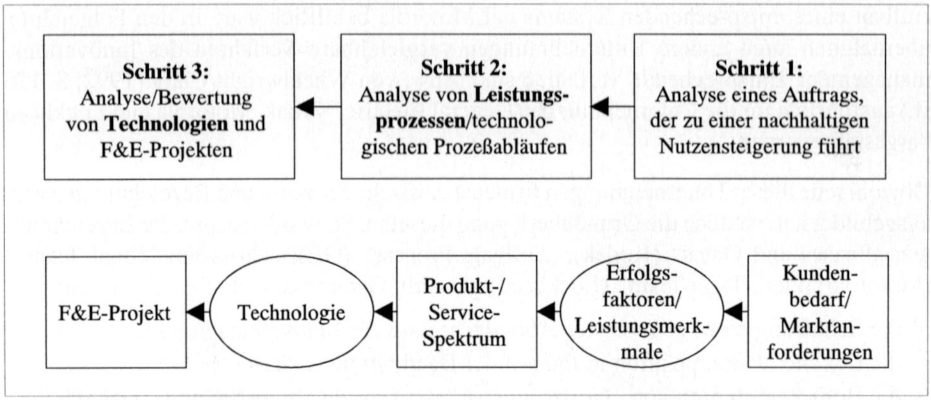

Abbildung 2: Die Methodik der Innovations-Wertschöpfungskette

Dieses rekursive Verfahren der „Rückübersetzung“ von künftigen Marktanforderungen in Entscheidungen über das Produkt- und Servicespektrum und zur Priorisierung von F&E-Maßnahmen ähnelt sehr stark dem Verfahren, das Jelinek (1979) in einer Analyse des Innovationsprozesses bei Texas Instruments (TI) beschrieben hat. Diese Unternehmung, die zumindest zum damaligen Zeitpunkt als ausgesprochen neuerungsfreundlich galt, hatte konzernweit ein „Innovationssystem“ bzw. eine innovationsgerichtete Planungsroutine mit der Bezeichnung OST etabliert. OST steht dabei für *„Objectives, Strategies* and *Tactics“*. Dahinter verbirgt sich eine Zuordnungsvorschrift, die Relationen herstellt zwischen Zielen und Aktivitäten, die Bewertungsvorgaben für innovatives Handeln trifft und Empfehlungen für Suchroutinen enthält, die sich bereits in der Vergangenheit bei TI bewährt haben. OST ermöglicht damit einen Algorithmus und eine Hierarchie von Zielen und Maßnahmeplänen, bei der ausgesprochen zukunftsgerichtete und noch schemenhafte Ziele in Relation gesetzt werden können zu ganz konkreten heutigen Maßnahmen, die für die Erfüllung der angestrebten Ziele unabdingbar sind (vgl. Jelinek 1981, S. 563).

Nützlich ist dieses Verfahren insbesondere dadurch, daß es hilft, die für Routineprozesse sinnvolle Trennung in Planung und Durchführung, die strikte Trennung von „oben und unten“ und die organisatorische Fragmentierung in Funktions- und Geschäftsbereiche zu überwinden. In den Vordergrund wird eine Sachaufgabe, die Durchsetzung eines möglichst erfolgreichen Innovationsprojekts, gerückt. Dispositive Aufgaben und Leistungsbeiträge richten sich gezielt an der Erfüllung dieser Sachaufgabe aus. Dieselben Personen, die Innovationen bei TI implementieren müssen, sind bereits bei der Strategiefindung und in der frühen Designphase involviert. Gleichzeitig wird sichergestellt, daß Innovationsprojekte je *nach Bedarf* auf Ressourcen und Leistungsträger in der Unternehmung Zugriff haben. Dies steht im Gegensatz zu der in vielen Unternehmungen verbreiteten Gepflogenheit, daß erst die Primärinteressen der Stammgeschäfte und der etablierten Bereiche bedient werden, während den Innovationsprojekten anschließend zugeteilt wird, was übrig bleibt.

Die Erfahrungen bei der Gestaltung und Implementierung innovationsgerechter Prozeßabläufe bei TI wurden im Verlauf der achtziger Jahre auf andere Unternehmungen übertragen. Es gab z.T. organisierte Know-how-Transfers, bei denen bspw. ein Team von TI beim Aufbau eines entsprechenden Systems bei Motorola behilflich war. In den Folgejahren übernahmen auch andere Unternehmungen vergleichbare Verfahren des Innovationsmanagement. Entsprechende Verfahren sind bspw. von Wheelwright/Clark (1992, S. 176 ff.) ausführlich für die Unternehmungen General Electric, Kodak, Motorola und Lockheed dargestellt worden.

Obwohl jede dieser Unternehmungen firmenspezifische Prozesse und Bezeichnungen herausgebildet hat, ist doch die Grundüberlegung dieselbe. So wurden bspw. die Bezeichnungen „Phases and Gates“ (Kodak), „Tollgate Process“ (GE), „Cross-Functional Teams“ (Motorola) oder „Tiger-Team“ (Lockheed) gewählt. Gemeinsam ist allen Verfahren:

- die Schaffung eines *generischen Ablaufprozesses* für Innovationsprojekte,
- die flexible Dekomposition in *Phasen* der Bearbeitung („Phases“),
- die Berücksichtigung von *„Gatterpunkten“* der Entscheidungsfindung („Gates“),
- die Einrichtung eines bereichsübergreifenden *Teams,* das primär für die Bearbeitung in den Phasen zuständig ist, und
- dazu die parallele Etablierung eines *Entscheidungsgremiums* an den Gatterpunkten.

In der Literatur hat sich hierfür mittlerweile die Bezeichnung *„Stage-Gate-Prozeß“* bzw. *„Phase-Gate-Prozeß“* etabliert. Für die Gestaltung und Durchsetzung eines solchen Verfahrens sind erfahrungsgemäß weniger Strukturmerkmale, sondern vielmehr Prozeß- und Ausführungscharakteristika ausschlaggebend. Strukturmerkmale wie: „Unternehmung X verfügt über entsprechende Phaseneinteilungen, Meilensteine bzw. Handbücher“ legen noch lange nicht offen, ob ein solches Verfahren wirklich in der Unternehmung wirksam ist und wie es von Prozeßbeteiligten beschrieben wird, ob „es lebt“. Wichtige *Prozeßcharakteristika*, die es bei der Gestaltung der Phasen zu beachten gilt, umfassen:

- Die Anzahl und Dauer der einzelnen Phasen darf nicht starr vorgegeben werden, sondern richtet sich nach den spezifischen Ablauferfordernissen der Projekte;
- die Bezeichnung der Phasen darf nicht zu Verwechslungen mit bestehenden Bereichen und Organisationseinheiten Anlaß geben;
- Verschiebungen und unerwartete Umgruppierungen von Phasen sind möglich und werden nicht als „Fehler“ angesehen;

– der Gesamtheit der Phasen ist ein Objektziel zugeordnet, das im Verlauf des Prozesses immer stärker konkretisiert wird;
– jede Phase hat jeweils einen Verantwortlichen für das Arbeitsergebnis und dessen Abnahme auf der nächstfolgenden Stufe;
– es gibt klare Rahmenvereinbarungen, die das Zusammenwirken und die Koordination der beteiligten Akteure prägen.

Prozeßcharakteristiken auf der *Ebene der Gatterpunkte*, d.h. auf der Entscheidungsebene, sind entsprechend:
– Die Anzahl und Terminierung der Gatterpunkte richtet sich nach den Prioritäten des Innovationsprozesses und nicht etwa nach einem vorgegebenen Kalender;
– entscheidend ist, daß es eine Gruppe von Entscheidungsträgern gibt, die gemeinsam Entscheidungen abwägen und nicht im Einzelentscheid Beschlüsse fassen;
– Entscheidungsgremien müssen über unverzerrtes Insiderwissen zu den Innovationsprozessen verfügen und ggfs. schnell genug Informationsdefizite durch Hinzuziehung von Experten überwinden können;
– entscheidend ist die persönliche (Face-to-face-) Kommunikation im Gegensatz zur linearen Weiterreichung und „Gegenzeichnung" schriftlicher Informationen;
– entscheidend ist schließlich vor allem das „Top-Level-Involvement" der beteiligten Entscheidungsträger im Hinblick auf deren hierarchische Position, ihre Entscheidungs- und Durchsetzungsfähigkeit sowie Risikoakzeptanz.

Aufgrund der beschriebenen Prozeßcharakteristika dürfen Stage-Gate-Prozesse auf keinen Fall gleichgesetzt werden mit Standardverfahren des Projektmanagement, die sich in vielen Unternehmungen für die Führung zeitlich begrenzter Routineaufgaben etabliert haben. Der Unterschied liegt im Ausmaß der Neuartigkeit, im Strukturiertheitsgrad der Prozesse, im Ausmaß der zugestandenen Flexibilität und Kreativität auf der Durchführungsebene sowie in der Art der Kommunikationsflüsse.

Viele Unternehmungen, gerade im deutschsprachigen Raum, haben in den letzten Jahren entsprechende Organisationsroutinen (Projektplanungsmanuals, Meilensteintechnik, Qualitäts-Handbücher) in der Unternehmung verankert, die sie gern als Phase-Gate-Prozesse „verkaufen". Zwischen beiden bestehen jedoch deutliche Unterschiede. Meilensteine sind bspw. nicht mit Gattern im oben beschriebenen Sinne gleichzusetzen. Erstere sind dadurch geprägt, daß Termine ex ante festgelegt werden, Information schriftlich „abgehakt" wird, Entscheidungen linear-sequentiell ablaufen und weitgehend in die Hierarchie eingebunden sind. Prozeßmodellierungen für Innovationsprozesse laufen erfahrungsgemäß ganz anders ab; sie lassen sich nicht in „Orga-Handbücher" und Checklisten pressen. Innovationskonforme Prozeßabläufe stecken einen allgemeinen, verbindlichen, aber dennoch flexiblen Rahmen ab, innerhalb dessen Innovationsprozesse nach Sacherfordernissen möglichst unbehindert ablaufen können.

D. Gestaltung innovationsgerechter Organisationsstrukturen: die Aufbauorganisation des Innovationsmanagement

Im Vordergrund des Innovationsmanagement steht, wie im vorherigen Kapitel ausgeführt wurde, zunächst einmal die Gestaltung und Implementierung von Leistungsprozessen, die möglichst zielgenau auf Bedarfsanforderungen in Zukunftsmärkten zugeschnitten sind (Prozeßeffektivität) und dabei möglichst friktionsarm ablaufen sollen (Prozeßeffizienz). Die Effektivität und Effizienz von Innovationsprozessen muß durch geeignete Führungs-, Koordinations- und Kontrollinstrumente sichergestellt und unterstützt werden. Dies kann durch Regelungsmechanismen mit eher informellem und „weichem" Charakter erfolgen, die eher der Organisationskultur zuzuordnen sind; über kurz oder lang sollten aber auch die Regelungsmechanismen mit eher formellem und „hartem" Charakter, d.h. die Organisationsstruktur, entsprechend angepaßt werden.

Innerhalb der Literatur zum Innovationsmanagement stand lange Zeit die Steigerung der Innovationsfähigkeit von Organisationen durch Maßnahmen im Vordergrund, die vorzugsweise auf die *Organisationskultur* abzielten: die Verbesserung von Kommunikation, die Berücksichtigung von Werten und Leitbildern, die Hervorhebung von Persönlichkeiten und ihren Rollen etc. In den letzten Jahren ist das Augenmerk wieder stärker auf die Gestaltung innovationsgerechter *Organisationsstrukturen* gelenkt worden (vgl. Gussmann 1988; Kieser 1990). Organisationskulturelle Verbesserungsmaßnahmen versanden leicht, wenn sie nicht durch geeignete strukturelle Anpassungen unterstützt werden; Organisationsstrukturen schaffen verbindliche Regelungsmechanismen, insbesondere dort, wo Organisationsmitglieder in ihrem Verhalten stark hierarchie- bzw. strukturgeprägt sind.

Burns/Stalker (1961) haben in ihrer empirischen Analyse zum Innovationsmanagement auf die enge Wechselwirkung zwischen Prozeßcharakteristiken und Organisationsstruktur hingewiesen und gezeigt, wie die Wahl des Organisationstypus von dem Veränderungsgrad und der Strukturiertheit der zugrundeliegenden Prozesse abhängt. Ihre Unterscheidung in mechanistische und organische Organisationsstrukturen beschreibt zwei polare Typen, von denen erstere Innovationen systematisch behindern, während das organische System eher geeignet ist, Innovationen hervorzubringen bzw. zu unterstützen. *Mechanistische*, Innovationen behindernde Organisationsstrukturen sind geprägt durch:

- eine extrem starke funktionelle Aufgabenzerlegung,
- die Hervorhebung von Mitteln und Teilzielen gegenüber den übergeordneten Zielsetzungen der Unternehmung,
- die Ausrichtung der Mitarbeiter an den Anweisungen des unmittelbaren Vorgesetzten,
- die möglichst präzise und eindeutige Festlegung von Rechten und Verantwortlichkeiten,
- die hierarchische Regelung von Weisungsbefugnissen, Kontrolle und Kommunikation und
- die Zusammenführung von Informationen und Beschlußfassungen über Gesamtprozesse und deren Veränderung ausschließlich an der Spitze der Hierarchie.

Diese mechanistischen Organisationsprinzipien, die zu einer außerordentlich hohen Effizienz bei der Durchführung stark repetitiver, immer gleichbleibender und leicht zerlegbarer Aufgaben führen können, sind prädestiniert dafür, die geringste Spur von Innovation sofort im Keim zu ersticken. Jeglicher Versuch, Innovationen durch Motivierungs- und Kommunikationsprogramme innerhalb solch mechanistisch verfaßter Organisationen zu fördern, ist von vornherein zum Scheitern verurteilt.

Innovationen gedeihen demgegenüber nur innerhalb von Organisationsstrukturen, die dem von Burns/Stalker (1961) als *organisch* beschriebenen Typus entsprechen:

- Zielsetzungen und Wissen über die Gesamtaufgabe der Unternehmung sind untrennbar verknüpft mit Teilzielen und lokalem Wissen auf der Bearbeitungsebene;
- die kontinuierliche Veränderung und Anpassung der Aufgaben erfolgt durch die Ausführenden und ihre Interaktionen;
- die breitere Verlagerung von Verantwortung und Kontrollrechten auf die Prozeßbeteiligten und die Gruppe;
- eine stärkere Dezentralisierung von Kompetenzen und Wissen innerhalb der Organisation im Gegensatz zur mechanistischen Zentralisierung an der Spitze;
- laterale, informelle, Hierarchien überbrückende Kommunikationsflüsse, bei denen Information und Beratung gegenüber Anweisungen überwiegen;
- das Vorherrschen einer Netzwerkstruktur im Hinblick auf Kommunikation, Verfügungsrechte über Ressourcen sowie Kontroll- und Weisungsbefugnisse.

Die Problematik der Organisationsgestaltung im Innovationsmanagement liegt nun nicht so sehr darin, daß man nicht wüßte, wie entsprechende organische Strukturen aussehen könnten, sondern darin, daß zumeist eine Doppelstrategie zwischen Effizienz und Innovation gefahren werden muß. Kreative, innovationsfähige Jungorganisationen „auf die grüne Wiese zu setzen“, mag die Innovation beflügeln, ist aber für viele Geschäftsfelder keine überlebensfähige, effizienzsichernde Strategie.

Die neuere Literatur zum Management innovationsfähiger Organisationen betont daher gerade das Spannungsverhältnis und den Dualismus zwischen Effizienz und Innovation und hebt auf die Transformationsfähigkeit von Systemen ab. Unternehmungen sind in bestimmten angestammten Geschäften stark, verfügen über einzigartige Organisationsroutinen und verbauen sich dennoch nicht den Weg der permanenten Neuausrichtung. „Effektive Organisationen schaffen Bedingungen, die es ihnen erlauben, ihre heutigen Aufgaben gut zu erfüllen und gleichzeitig die Innovationen für die Geschäfte von morgen hervorzubringen“(Arthur D. Little 1987; vgl. auch Tushman/Nadler 1986, S. 78; Hamel/Prahalad 1994).

Das Dilemma des Innovationsmanagement liegt nun aber darin, daß die Geschäfte von heute und ihre Effizienzerfordernisse die Organisationsstruktur determinieren. Die fortwährende Effizienzsteigerung für repetitive Prozesse führt zur Hervorhebung mechanistischer Organisationsprinzipien. Fortwährende Erfolge bei der Optimierung von Stammgeschäften führen dazu, daß weniger über grundlegende Veränderungen nachgedacht wird und daß der eingespielte, mechanistische Apparat abweichendes Verhalten ausgrenzt. „In dem Maße, wie Organisationen wachsen und erfolgreich werden, entwickeln sie interne

Zwänge zur Stabilität. Organisationsstrukturen und Systeme werden so stark verfestigt, daß sie nunmehr nur noch kompatible Veränderungen zulassen. ... Lange Perioden des Erfolgs führen leicht zu Selbstgefälligkeit und zu Tunnelvisionen. Je länger der Erfolg anhält, desto stärker werden die internen Kräfte der Beharrung und umso geringer ist die Lern- und Innovationsfähigkeit des Systems" (Tushman/Nadler 1986, S. 79 ff.).

Dem beschriebenen Konflikt zwischen Effizienz und Innovation, zwischen der Optimierung der heutigen Stammgeschäfte und der Erschließung von Zukunftsmärkten (vgl. Hamel/Prahalad 1994) versucht man in den meisten Unternehmungen dadurch zu begegnen, daß man parallel zu der dominanten Primärstruktur eine duale Organisationsstruktur aufbaut. Dies geschieht i.d.R. durch den Aufbau von Projektorganisationen, Gremien, Komitees und von vielfältigen Formen von Overlay-Strukturen.

Die Parallelität von zwei oder sogar mehreren Strukturierungsprinzipien führt aber zu ganz erheblichen Problemen. Entweder die Primärstruktur dominiert die Sekundärstruktur und letztere zieht i.d.R. den kürzeren (fast immer zu Lasten der Innovation); oder aber beide Strukturierungsprinzipien werden annähernd gleichermaßen gewichtet, was dann aber zu erheblichen Koordinierungskosten (Zuständigkeits- und Abstimmungsproblemen sowie Organisationspathologien) führt (vgl. Dawis/Lawrence 1977; Reiß 1994).

Das Vorhandensein innovationsgerechter Organisationsstrukturen läßt sich nicht daran ablesen, ob Unternehmungen über duale Koordinierungsmechanismen verfügen, sondern eher daran

- wie das Machtverhältnis zwischen Primärstruktur und Sekundärstruktur geregelt ist,
- durch welche Regelungsmechanismen ein möglichst wirksames Zusammenwirken und der Leistungsaustausch zwischen Primärstruktur und Sekundärstruktur sichergestellt wird und
- ob dafür Sorge getragen wird, daß Entitäten der Sekundärstrukturen zu zentralen Entitäten der Primärstruktur übergeleitet werden.

E. Das Zusammenwirken von Aufbauorganisation und Ablauforganisation im Innovationsprozeß

Um dem beschriebenen Dualismus und den daraus folgenden Organisations- und Führungsproblemen zu entgehen, sollte eine Organisationsstruktur etabliert werden, in der von vornherein die Aufgaben der Effizienz in Stammgeschäften und der Innovation annähernd gleichrangig verankert sind. Jeder dieser beiden Aufgabenstellungen sind die dafür erforderlichen Ressourcen, Verfügungsrechte und Koordinationsmechnismen zugeordnet. Zwischen beiden gibt es klar geregelte Interdependenzbeziehungen. Das hierfür empfohlene Führungsmodell umfaßt drei wesentliche Organisationsbausteine (vgl. Litke 1991; Reiß 1994; Gerybadze 1995b):

– den Organisationsbaustein der *Basisstruktur* für Innovationsprojekte und -prozesse,
– den Organisationsbaustein einer *Suprastruktur*, der weitgehend identisch ist mit der Führungsstruktur, die für die Primäraufgaben entwickelt wurde, sowie schließlich
– den Organisationsbaustein der *Support-Infrastruktur*, durch den der Zugriff der Basisstruktur (d.h. der Innovationsprojekte) auf die operativen Einheiten und die Leistungs- und Know-how-Träger in der Unternehmung sichergestellt wird.

Die Basisstruktur der Innovationsorganisation ist als eine Art Kugel in das vorherrschende Machtgefüge der primären Führungsstruktur (Suprastruktur) und des Ressourcen- und Leistungssystems (Support-Infrastruktur) eingegliedert (vgl. Abbildung 3). Diese enthält zwei Halbkugeln, von denen die untere für die operativen Aufgaben „zuständig" und eng verzahnt ist mit der Support-Infrastruktur. Hier finden sich alle dedizierten Projektteams, die vorwiegend oder sogar ausschließlich Innovationen verfolgen. Diese Kernteams sind zugleich mit Ressourcen und Verfügungsrechten ausgestattet, um unter normalen Bedingungen ebenso wie in Konfliktsituationen auf Leistungs- und Know-how-Träger in der Support-Infrastruktur zurückgreifen zu können. Das Kernteam im unteren Halbkreis wird geleitet von einem vergleichsweise starken Projektleiter, der Aufgaben des Fachpromoters wahrnimmt (vgl. Witte 1973, 1988; Hauschildt 1993).

Gerade weil Innovationsprojekte oft unkonventionell ablaufen, unberechenbaren Veränderungen unterworfen sind und Beurteilungs-Know-how erfordern, das im vorherrschenden Führungsapparat der Unternehmung selten auf Verständnis und angemessene Priorisierung stößt, ist es erforderlich, eine gewisse Abschirmung vorzunehmen. Innerhalb der Basisstruktur der Innovationsorganisation wird den Projekten und Kernteams daher im oberen Halbkreis eine Führungsebene zugeordnet, auf der hochrangige und fachlich kompetente Manager Lenkungs- und Reviewaufgaben wahrnehmen. Alle laufenden Innovationsprojekte werden mindestens einmal jährlich einem Review unterworfen. Zugleich wird auf der Ebene der Lenkungsgremien die Aufgabe des Portfolio-Management wahrgenommen. Jedes Lenkungsgremium wird von einem Machtpromoter geleitet, der gleichzeitig in der primären Führungsstruktur (Suprastruktur) verankert ist und hier die entsprechenden Ressourcen und die strategische Aufmerksamkeit für das Projekt sicherstellen kann.

Entscheidend für ein wirksames Innovationsmanagement ist das Zusammenwirken der Aufbauorganisation und der Ablauforganisation. Die Innovationsfähigkeit von Organisationen wird vor allem dadurch behindert, daß es zu Inkonsistenzen auf drei Ebenen kommt:

– Die Primärstruktur dominiert die Sekundärstruktur, und Innovationsprozesse werden zugunsten der Optimierung der Stammgeschäfte benachteiligt.
– Es werden ablauforganisatorische Verbesserungsmaßnahmen eingeleitet, ohne diese entsprechend durch geeignete Veränderungen der Aufbauorganisation abzustützen.
– Schließlich gibt es zahlreiche Koordinationsbrüche in der Zusammenarbeit zwischen Kernteams, Lenkungsgremien, operativen Leistungseinheiten und Führungsinstanzen der Primärebene (Suprastruktur).

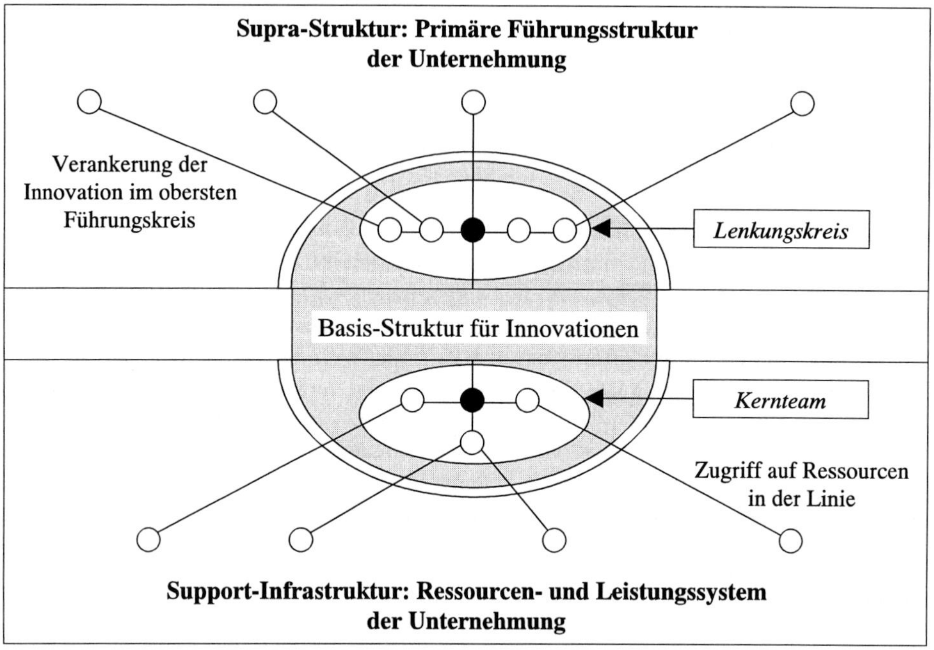

Abbildung 3: Die drei Organisationsbausteine der innovationsgerechten Aufbauorganisation

Diese Schwierigkeiten können nur dann überwunden werden, wenn Innovationsmanagement als eine *Primäraufgabe* im Machtgefüge der Unternehmung verankert und entsprechend mit Ressourcen versehen wird. Hierzu ist es zunächst einmal erforderlich,

- daß es eine klare Strategie dafür gibt, in welchen Feldern durch Innovationen Zukunftsgeschäfte erschlossen werden sollen und in welcher Relation diese zu den Stammgeschäften stehen sollen,
- daß diese Strategie durch Zuweisung von Investitionsmitteln und Budgets entsprechend unterlegt ist,
- daß die Interessen der Innovationsgeschäfte im Kreis der Top-Führungskräfte entsprechend stark vertreten werden müssen, vorzugsweise durch eines der beiden höchstrangigen Führungsmitglieder,
- daß das Engagement für Innovationen angemessen durch das Anreiz-, Beförderungs- und Karrieresystem der Unternehmung unterstützt wird, und
- daß schließlich sichergestellt ist, daß die Innovationsorganisation in bestimmten Etappen das dominante Machtgefüge verändert und selbst zu einem wesentlichen Element der Primärorganisation wird.

Mehrere dieser zentralen Implementierungserfordernisse des Innovationsmanagement sind in den meisten großen Unternehmungen nicht erfüllt. Der angewandten Managementforschung bietet sich hier ein reiches Betätigungsfeld für die Gap-Analyse ebenso wie für die Gestaltung innovationsförderlicher Organisationsstrukturen.

Literatur

ABERNATHY, J.; UTTERBACK: Patterns of Industrial Innovation, in: Technology Review, 80. Jg. (1978), H. 7, S. 40-47.

ADLER, P.S.: Technology Strategy: A Guide to the Literatures, Stanford 1988.

ALLEN, T.J.: Managing the Flow of Technology. Technology Transfer and the Dissemination of Technological Information within the R&D Organization, Cambridge/London 1977.

ARGYRIS, C.: Knowledge for Action. A Guide to Overcoming Barriers to Organizational Change, San Francisco 1993.

ARTHUR D. LITTLE (HRSG.): Management der Geschäfte von morgen, Wiesbaden 1987.

ARTHUR D. LITTLE (HRSG.): Innovation als Führungsaufgabe, Frankfurt a.M./New York 1988.

ARTHUR D. LITTLE (HRSG.): Management des geordneten Wandels, Wiesbaden 1988.

BIERFELDER, W.: Innovationsmanagement, München 1987.

BLEICHER, K.: Organisation - Strategien - Strukturen - Kulturen, 2. Aufl., Wiesbaden 1991.

BOOZ, ALLEN & HAMILTON: Integriertes Technologie- und Innovationsmanagement, Berlin 1991.

BROCKHOFF, K.: Forschung und Entwicklung. Planung und Kontrolle, München/Wien 1988.

BURGELMAN, R.A.: A Process Model of Internal Corporate Venturing in the Diversified Major Firm, New York et al. 1983.

BURGELMAN, R.A.; SAYLES, L.R.: Inside Corporate Innovation. Strategy, Structure, and Managerial Skills, New York/London 1986.

BURNS, T.; STALKER, O.M.: The Management of Innovation, London/New York 1961.

COOPER, R.G.: Stage-Gate System: A New Tool for Managing New Products, in: Business Horizons, 18. Jg. (1990), H. 5, S. 44-54.

COOPER, R. G.: The NewProd System: The Industry Experience, in: Journal of Product Innovation Management, 12. Jg. (1992), H. 9, S. 113-127.

DAVENPORT, T.H.: Process Innovation. Reengineering Work through Information Technology, Cambridge 1993.

DAVIS, S.; LAWRENCE, P.: Matrix, Reading 1977.

DE PAY, D.: Die Organisation von Innovationen - Ein Transaktionskostentheoretischer Ansatz, Wiesbaden 1989.

DE PAY, D.: Die Organisation von Innovationen: Die Anwendung des Dekompositionsprinzips von Williamson, in: Organisation: Mikroökonomische Theorie und ihre Anwendungen, hrsg. v. H. Albach, Wiesbaden 1989, S. 289-320.

FOSTER, R.N.: Innovation: Die technologische Offensive, Wiesbaden 1986.

FREEDMAN, G.: The Pursuit of Innovation: Managing the People and Processes That Turn New Ideas into Profits, New York 1988.

FREEMAN, C.: The Economics of Industrial Innovation, Cambridge 1982.

GAITANIDES, M.: Prozeßorganisation, München 1983.

GALBRAITH, J.R.: Organization Design, Reading 1977.

GERYBADZE, A.: Innovation, Wettbewerb und Evolution. Eine mikro- und mesoökonomische Untersuchung des Anpassungsprozesses von Herstellern und Anwendern neuer Produzentengüter, Tübingen 1982.

GERYBADZE, A.: Strategisches Management und Controlling von Technologien, in: Innovation und Controlling, hrsg. v. W. Lücke u. J.W. Dietz, Wiesbaden 1988, S. 223-254.

GERYBADZE, A.: Strategic Alliances and Process Redesign. Effective Management and Restructuring of Cooperative Projects and Networks, Berlin/New York 1995a.

GERYBADZE, A.: Technologie, Strategie und Organisation. Management von Technologiestrategien und Innovationsprozessen der Unternehmung, Wiesbaden 1995b.

GESCHKA, H.: Zeitmanagement, Landsberg a. Lech 1994.

GUSSMANN, B.: Innovationsfördernde Unternehmenskulturen. Die Steigerung der Innovationsbereitschaft als Aufgabe der Organisationsentwicklung, Berlin 1988.

HAMEL, G.; PRAHALAD, C.K.: Competing for the Future. Breakthrough Strategies for Seizing Control of Your Industry and Creating the Markets of Tomorrow, Boston 1994.

HAMMER, M.; CHAMPY, J.: Reengineering the Corporation: A Manifest for Business Revolution, New York 1993.

HAUSCHILDT, J.: Innovationsmanagement, München 1993.

IMAI, M.; NONAKA, I.; TALCEUCHI, H.: Managing New Product Development: How Japanese Companies Learn and Unlearn, in: The Uneasy Alliance, hrsg. v. K.B. Clark, Hayes, R.H. u. Lorenz, C., Boston 1985, S. 112-142.

JELINEK, M.: Institutionalizing Innovation: A Study of Organizational Learning Systems, New York 1979.

KANTER, R.M.: The Change Masters. Innovation & Entrepreneurship in the American Corporation, London 1983.

KHANDWALLA, P.N.: The Design of Organizations, New York 1977.

KIESER, A.: Organisationsstruktur, Unternehmenskultur und Innovation, in: Zukunftsperspektiven der Organisation, hrsg. v. K. Bleicher u. P. Gomez, Bern 1990, S. 157-178.

MINTZBERG, H.: The Rise and Fall of Strategic Planning, New York 1994.

NADLER, D.; TUSHMAN, M.: Organizing for Innovation, in: CMR, 28. Jg. (1986), H. 3, S. 74-92.

NADLER, D.; TUSHMAN, M.: Strategic Linking: Designing Formal Coordination Mechanisms, in: Readings in the Management of Innovation, hrsg. v. M. Tushman u. W.L. Moore, 2. Aufl., New York 1988, S. 469-486.

NELSON, R.R.; WINTER, S.G.: An Evolutionary Theory of Economic Change, Cambridge 1982.

NONAKA, I.: Creating Organizational Order Out of Chaos. Self-Renewal in Japanese Firms, Boston 1988.

NONAKA, I.: Redundant, Overlapping Organization. A Japanese Approach to Managing the Innovation Process, Boston 1990.

O'CONNOR, P.: Implementing a Stage-Gate Process: A Multi-Company Perspective, in: Journal of Product Innovation Management, 14. Jg. (1994), H. 11, S. 183-200.

OKIMOTO, D.I.: Between MITI and the Market. Japanese Industrial Policy for High Technology, Stanford 1989.

OSTERLOH, M.: Die innovative Organisation im Spannungsfeld von Aufbau- und Ablauforganisation, in: Führen in Organisationen. Konzepte und praktische Beispiele aus privaten und öffentlichen Unternehmen, hrsg. v. J.S. Krulis-Randa, B. Staffelbach u. H.P. Wehrli, Bern 1993, S. 21-56.

PLESCHAK, F.: Prozeßinnovationen, Stuttgart 1991.

PORTER, M.E.: Wettbewerbsstrategien, Frankfurt a.M. 1983.

PRAHALAD, C.K.; HAMEL, G.: The Core Competence of the Corporation, in: HBR, 66. Jg. (1990), H. 3, S. 79-91.

QUINN, J.B.: The Intelligent Enterprise. A Knowledge and Service Based Paradigm for Industry, New York 1992.

REDEL, W.: Kollegienmanagement. Effizienzaussagen über Einsatz und interne Gestaltung betrieblicher Kollegien, Bern/Stuttgart 1982.

REISS, M.: Temporäre Organisationsformen des Technologiemanagements, in: Handbuch Technologiemanagement, hrsg. v. E. Zahn, Stuttgart 1994, S. 521-552.

ROUSSEL, P.A.; SAAD, N.; ERICKSON, T.J.: Third Generation R&D. Managing the Link to Corporate Strategy, Boston 1991.

RUBINSTEIN, A.H.: Managing Technology in the Decentralized Firm, New York et al. 1989.

SABISCH, H.: Produktinnovationen, Stuttgart 1991.

SOMMERLATTE, T.: Innovationsfähigkeit und betriebswirtschaftliche Steuerung, Stuttgart 1988.

SYDOW, J.: Strategische Netzwerke. Evolution und Organisation, Wiesbaden 1992.

TEECE, D.J.: Strategies for Capturing the Financial Benefits from Technological Innovation, in: Technology and the Wealth of Nations, hrsg. v. N. Rosenberg, R. Landau u. D.C. Mowery, Stanford 1992, S. 175-205.

UTTERBACK, J.M.: Mastering the Dynamics of Innovation, Boston 1994.

VAN DE VEN, A.H.; POOLE, M.S.: Research in the Management of Innovation. The Minnesota Studies, New York 1989.

WHEELWRIGHT, S.C.; CLARK, K.B.: Revolutionizing Product Development. Qantum Leaps in Speed, Efficiency, and Quality, New York 1992.

WILSON, J.Q.: Innovation in Organizations: Notes Towards a Theory, in: Approaches to Organizational Design, hrsg. v. D. Thompson, Pittsburg 1967, S. 193-218.

WITTE, E.: Organisation für Innovationsentscheidungen, Göttingen 1973.

WITTE, E.: Innovationsfähige Organisation, in: Innovative Entscheidungsprozesse. Die Ergebnisse des Projektes Columbus, hrsg. von E. Witte, J. Hauschildt u. O. Grün, Tübingen 1988, S. 162-169.

ZALTMAN, G.; DUNCAN, R.; HOLBEK, J.: Innovations and Organizations, New York et al. 1973.

ZEW-ZENTRUM FÜR EUROPÄISCHE WIRTSCHAFTSFORSCHUNG: Innovationsverhalten der deutschen Wirtschaft. Ergebnisse der Innovationserhebung 1993, Mannheim 1994.

Hans-Gerd Servatius

Technologie-Management aus Beratersicht

A. Einleitung

Viele Unternehmungen beschäftigen sich gegenwärtig mit der *Umsetzung von Reengineering-Programmen* (vgl. Hammer/Champy 1993; Servatius 1994) und sind dabei mit der Frage konfrontiert, wie die horizontale Organisation und ein stärker selbstorganisiertes Controlling aussehen sollten, nachdem die Schlüsselprozesse neu gestaltet worden sind.

So wichtig diese Aufgabe auch ist, es darf dabei jedoch nicht übersehen werden, daß Reengineering allein noch keine neuen Märkte und Arbeitsplätze schafft (vgl. Hamel/Prahalad 1994). Zur *Sicherung von Innovation und Beschäftigung* haben wir deshalb das traditionelle Technologie-Management weiterentwickelt. Wir beschreiben zunächst die Entwicklung des Technologie-Management und gehen dann auf unser 6 T-Beratungsprogramm ein, das wir als Ansatz zu einem Technologie-Management der dritten Generation betrachten. Anschließend behandeln wir den Baustein einer koordinierten Branchen-Transformation, der darauf abzielt, Schnittstellenprobleme zwischen Wissenschaft, Wirtschaft und Politik zu überwinden. Notwendige Ansätze zur Verbesserung der Innovationsfähigkeit fassen wir dann in zehn Thesen zusammen.

Die Sicherung von Innovation und Beschäftigung durch *fluide Unternehmungen*, die Zukunftsmärkte schaffen und deshalb nicht zu Sanierungsopfern werden, sehen wir als die große unternehmungspolitische Herausforderung der neunziger Jahre an. Dabei geben erfolgreich umgesetzte Reengineering-Programme die Kraft für neue Wege im Technologie-Management (vgl. Abbildung 1).

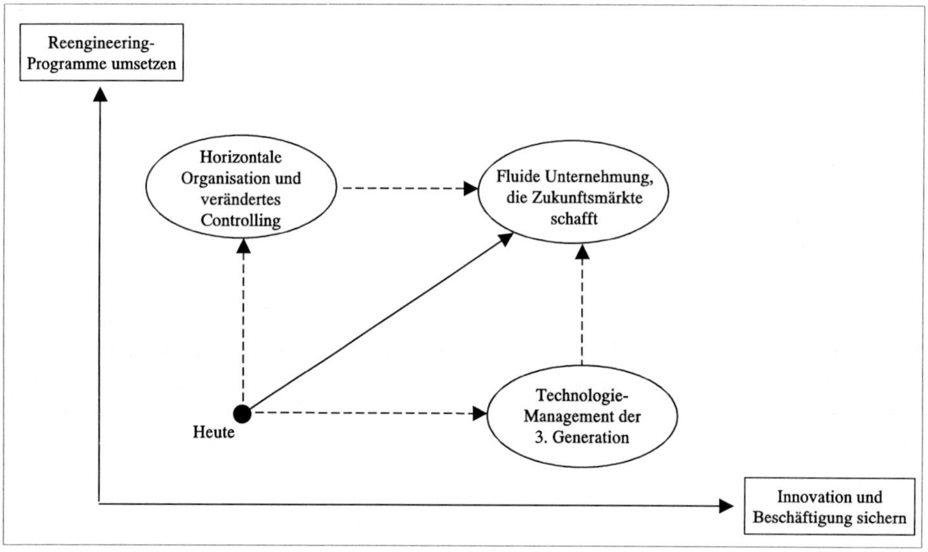

Abbildung 1: Reengineering und Innovation

B. Entwicklung des Technologie-Management

Vorläufer des heutigen Technologie-Management entstanden in den *siebziger Jahren,* als die Sicherung der technologischen Wettbewerbsfähigkeit immer stärker zum Aufgabenschwerpunkt von Führungskräften wurde (vgl. Allen 1977). Dabei konzentrierten sich Wissenschaft und Beratungspraxis zunächst auf die Entwicklung von Modellen zur *technologischen Vorhersage* und auf Konzepte zum *Management* des Funktionsbereichs *Forschung und Entwicklung (F&E).* Gleichzeitig erlebte das *F&E-Projektcontrolling* einen Aufschwung. Die Schnittstellenprobleme zu anderen Funktionsbereichen blieben aber hiervon meist unberührt. Im *Marketing* setzte allmählich eine Öffnung für die Besonderheiten von *Investitionsgütern* ein und man erkannte, daß Techologie-Unternehmungen spezifische Ansätze eines strategischen Management benötigten. Die *Organisation der F&E* blieb aber - von Ausnahmen abgesehen - auf den *Heimatmarkt* beschränkt. Im Zuge einer allgemeinen Planungseuphorie gewannen *industriepolitische Modelle* an Bedeutung, und es mehrten sich die Stimmen, die einen verstärkten Einsatz von *Technikfolgenabschätzungen* forderten.

In den *achtziger Jahren* entstand dann das *strategische Technologie-Management,* das eine potential- und ressourcenorientierte Sicht der Unternehmung betont (vgl. Servatius 1985). Im Zuge dieser Entwicklung wurden allgemeine strategische Konzepte, wie die *Frühaufklärung* stärker auf technologische Aspekte ausgerichtet (vgl. VDI Technologiezentrum 1992). Vor allem aber erarbeiteten Beratungsunternehmungen neue *Portfolio-Konzepte* zur besseren *Koordination* von *Technologie- und Marketing-Strategien* (vgl. Pfeiffer et al. 1982). Neben die Strategischen Geschäftsfelder als Untersuchungseinheit traten dabei Technologie- und Innovationsfelder, die vom traditionellen strategischen Management weitgehend ignoriert worden waren. Systematische *Suchfeldanalysen* (vgl. Müller 1986) unterstützen die Erschließung neuer Geschäftsmöglichkeiten, und in den USA erlebte das *Venture Capital* einen Boom (vgl. Gladstone 1983). Gleichzeitig fragten sich die von bürokratischen Erstarrungstendenzen bedrohten Großunternehmungen, wie Sie ihre Innovationsfähigkeit verbessern können (vgl. Servatius 1988). Hierzu wurde in vielen Unternehmungen ein *Technologie-Marketing* im Vorfeld der Produkteinführung implementiert (vgl. Sommerlatte/Töpfer 1991). Insgesamt ging es im Rahmen eines integrierten *Innovationsmanagement* also um Umsetzungsaspekte (vgl. Ewald 1989) und die Überwindung von Widerständen gegen den technischen Wandel. Im Zuge des Entstehens multinationaler oder globaler Organisationen beschäftigte man sich auch verstärkt mit der Frage, wie das *Technologie-Management* internationalisiert werden könne (vgl. Servatius 1987). Parallel dazu führte die Diskussion um die Wettbewerbsvorteile von Nationen (vgl. Porter 1990) zu einem verstärkten *Wettbewerb* zwischen nationalen oder regionalen *Innovationssystemen* (vgl. Nelson 1993).

Gegen Ende der achtziger Jahre wurde es dann um das Thema Technologie-Management etwas stiller. Die günstige konjunkturelle Entwicklung überdeckte eine Zeitlang viele Strukturprobleme. In der allgemeinen Einheitseuphorie fanden die Stimmen, die die deutsche *Innovationsschwäche* und einen drohenden Verlust der technologischen Wettbewerbsfähigkeit beklagten (vgl. Seitz 1990), zunächst wenig Gehör. Um so größer war dann die Ratlosigkeit, als der Vereinigungsboom allmählich abebbte und die Arbeitslosenzahlen immer weiter anstiegen. Viele Unternehmungen versuchten, mit drastischen *Kostensenkungsprogrammen* die Probleme in den Griff zu bekommen. Nun, in der Mitte der neunziger Jahre, wird den Führungskräften allmählich bewußt, daß Kostensenkung allein nicht ausreicht, um Zukunftsmärkte zu erschließen. In dieser Situation erlebt das *Technologie-Management* eine Renaissance, allerdings in einer weiterentwickelten und aktualisierten Form, die wir im folgenden beschreiben.

C. Technologie-Management in den neunziger Jahren: Das 6 T-Programm zur Sicherung von Innovation und Beschäftigung

In den letzten Jahren haben wir bei unseren Klienten verschiedene Module eines Technologie-Management der dritten Generation erprobt und in unserem 6 T-Programm zusammengefaßt (vgl. Abbildung 2).

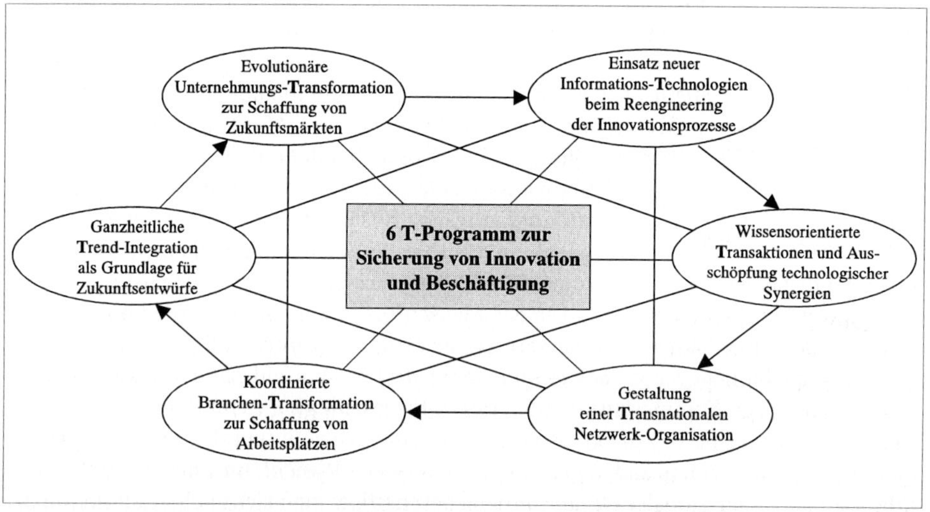

Abbildung 2: 6 T-Progamm

Für viele Technologie-Unternehmungen stellt sich heute die Aufgabe, vorhandene Ansätze zur Frühaufklärung in Richtung auf eine ganzheitliche *Trend-Integration* (vgl. Burrus/ Gittines 1994) weiterzuentwickeln. Eine solche Vorausschau verbindet technische, wirtschaftliche, politische, ökologische und kulturelle Perspektiven. Beispielsweise bieten erneuerbare Energien vielfältige Möglichkeiten für Systemgeschäfte, wie sie in Japan gegenwärtig durch das New-Sunshine-Programm erschlossen werden.

Die Schaffung solcher Zukunftsmärkte erfordert i.d.R. eine evolutionäre *Unternehmungs-Transformation* (vgl. Levy/Merry 1986; Servatius 1994), die von den eigenen Kernkompetenzen ausgeht und diese weiterentwickelt. Jenseits der klassischen Technologie-Portfolios zielt die Unternehmungs-Transformation darauf ab, die Schlüsselprozesse im Hinblick auf veränderte Märkte und Kundenbedürfnisse neu zu gestalten.

Der Einsatz neuer *Informations-Technologien* (vgl. Scott Morton 1991; Steinbock 1994) ermöglicht ein Reengineering der Innovationsprozesse, mit dem vor allem Großunternehmungen ihre Schnittstellenprobleme überwinden können. So eröffnen z.B. integrierte Entwurfssysteme, eine interaktive Visualisierung der Entwurfsobjekte und ein verbessertes Wissensmanagement neue Wege zur Gestaltung von innovativen Produkte und Systeme.

In Systemgeschäften, wie z.B. der Umwelttechnik oder der Verkehrstechnik, stellt sich für das Technologie-Management darüber hinaus die Aufgabe, das Wissen der Unternehmung und ihrer Kooperationspartner zu integrieren, technologische Synergien auszuschöpfen und so neue Kunden zu erschließen. Durch wissensorientierte *Transaktionen* (vgl. Quinn 1992; Albrecht 1993) zwischen der relevanten Konzernunternehmung und Geschäftseinheiten, aber auch zwischen der Unternehmung und externen Partnern haben die Pioniere des Know-how-Management die weltweite Systemführerschaft erreicht. Dabei verstehen wir unter wissensorientierten Transaktionen die Beschaffung, Produktion und Vermarktung von Patenten, technischen Know-how und Erfahrungswissen z.B. im Rahmen von Synergieprojekten oder Allianzen.

Ein weltweites Technologie-Management erfordert die Gestaltung einer *Transnationalen Netzwerk-Organisation* (vgl. Bartlett/Ghoshal 1989), in der die Zentrale und die Landesgesellschaften definierte Rollen übernehmen. Diese Organisationsform versucht, eine aus Größenvorteilen resultierende globale Effizienz und die Differenzierungsvorteile einer multinationalen Marktbearbeitung mit den Vorteilmöglichkeiten eines internationalen Wissensaustauschs zu verbinden.

Zur Schaffung von neuen Arbeitsplätzen wird es immer wichtiger, daß Unternehmungen, Forschungsinstitute und Ministerien Zukunftsfelder in koordinierter Weise erschließen. Ob wir es wollen oder nicht - weltweit findet ein Wettbewerb der nationalen Innovationssysteme statt. Dabei werden diejenigen zu den Gewinnern gehören, denen *Branchen-Transformationen* (vgl. Gibbons et al. 1994) im Rahmen einer sich verändernden internationalen Arbeitsteilung am besten gelingen. Wenn Europa nicht zwischen die Mühlsteine der Hochtechnologieländer und der Niedriglohnländer geraten möchte, so müssen jetzt die richtigen Weichen gestellt werden. Mit technologischen Leitprojekten und regionalen Modellvorhaben sollten Innovationsnetzwerke aus Wirtschaft, Wissenschaft und Politik die Grundlagen für ein wissensintensives und ressourcenschonendes Wachstum schaffen.

Die Entwicklung des Technologie-Management in den siebziger, achtziger und neunziger Jahren ist noch einmal in Abbildung 3 zusammengefaßt. Für Europa und speziell für die Bundesrepublik Deutschland stellt sich in den neunziger Jahren vor allem die Aufgabe, neue Arbeitsplätze durch eine Innovationsführerschaft in Systemgeschäften zu schaffen und ein wissensorientiertes Wachstum zu realisieren. Im folgenden gehen wir auf die Herausforderung einer koordinierten Branchen-Transformation ausführlicher ein.

70er Jahre	80er Jahre	90er Jahre
• Technologische Vorhersagen	• Technologie-Frühaufklärung	• Ganzheitliche Trend-Integration als Grundlage für Zukunftsentwürfe
• F&E-Management	• Koordination von F&E- und Marketing-Strategien mit Technologie-Portfolios	• Evolutionäre Unternehmungs-Transformation zur Schaffung von Zukunftsmärkten
• F&E-Projektcontrolling	• Suchfeldanalyse und Erschließung neuer Geschäftsmöglichkeiten; Venture Capital in den USA	• Einsatz neuer Informations-Technologien beim Reengineering der Innovationsprozesse
• Investitionsgüter-Marketing	• Technologie-Marketing im Vorfeld der Produkteinführung	• Wissensorientierte Transaktionen und Ausschöpfung technologischer Synergien
• Organisation der Forschung und Entwicklung im Heimatland	• Multinationale, globale oder internationale Organisation	• Gestaltung einer transnationalen Netzwerk-Organisation
• Industriepolitische Planungsmodelle und Technikfolgenabschätzungen	• Wettbewerb der Innovationssysteme	• Koordinierte Branchen-Transformation zur Schaffung von Arbeitsplätzen

Neue Arbeitsplätze durch Innovationsführerschaft in Systemgeschäften

Abbildung 3: Entwicklung des Technologie-Management

D. Neue Arbeitsplätze durch eine koordinierte Branchen-Transformation

Viele High-Tech-Branchen stehen in Europa vor der Aufgabe, das Handeln der Akteure aus Wirtschaft, Wissenschaft und Politik besser zu koordinieren und die Innovationsprozesse stärker zu vernetzen. Ein solches koordiniertes Technologie-Management der Branche muß darauf gerichtet sein, Schnittstellenprobleme zwischen den Sektoren zu überwinden und neue Arbeitsplätze zu schaffen.

Unsere Erfahrung zeigt, daß das koordinierte Vorgehen einer Branche zur Sicherung von Innovation und Beschäftigung Konsensbildungsprozesse und häufig einen Wandel in den Köpfen erfordert. Leider erschweren Einzelinteressen und unterschiedliche Positionen die immer notwendiger werdende Abstimmung zwischen den Sektoren. Am Beispiel einer High-Tech-Branche beschreiben wir das Vorgehen bei einer solchen Branchen-Transformation.

Auf der Grundlage der meist vorhandenen Perspektiven zur Wettbewerbsfähigkeit der Branche stellen wir zunächst die für die Branche relevanten neuen Geschäftsmöglichkeiten und Technologien zusammen. Die Kommerzialisierung neuer System-, Produkt- und Produktionstechnologien eröffnet i.d.R. interessante *Innovationsfelder,* die konsequent erschlossen werden müssen.

Anschließend leiten wir aus den Einzelanalysen anspruchsvolle *Zukunftsentwürfe ab.* Nach unserer Erfahrung trägt die Entwicklung einer ganzheitlichen *Branchenperspektive* entscheidend dazu bei, die Kräfte zu bündeln und neue Fördermittel zu erschließen. Gleichzeitig sollte aber auch deutlich werden, wie die Realisierung einer solchen Vision aussehen könnte.

Parallel dazu zeigt eine branchenbezogene *Analyse der Innovationspolitik* sowie der *Innovationsstrategien* von Forschungsinstituten und Unternehmungen, an welchen Stellen zwischen den Akteuren *Koordinationsbedarf* besteht. Benchmarking-Analysen anderer Branchen machen deutlich, wie dort neue Technologie-Programme entstehen. Hieraus ergeben sich wichtige Anregungen, die möglicherweise z.T. auf die eigene Branche übertragen werden können.

Auf dieser Grundlage erarbeiten wir dann für die Branche eine *Stärken-Schwächen-Analyse* des *nationalen Systems der Innovation.* Abbildung 4 verdeutlicht anhand definierter Leistungskriterien das typische Innovationsprofil einer deutschen High-Tech-Branche mit Stärken bei den einzelnen Akteuren und Schwächen an den Schnittstellen zwischen Staat, Wissenschaft und Politik.

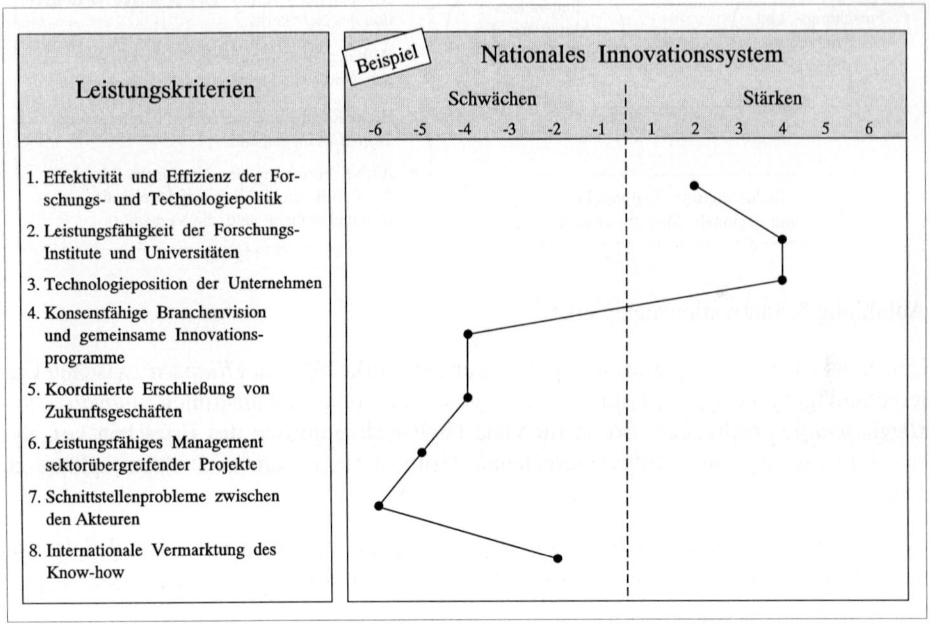

Abbildung 4: Nationales Innovationssystem

Anschließend entwickeln wir gemeinsam mit den Verantwortlichen ein *Rahmenkonzept* für die *Neugestaltung der Innovationsprozesse* in ihrer Branche. Ähnlich wie beim *Reengineering* in der Unternehmung geht es darum, Schnittstellenprobleme innerhalb der Branche zu überwinden, zu einer stärker integrierten Erschließung von Innovationsfeldern zu kommen und die Unterstützung durch Politik und Wissenschaft zu sichern. Mögliche

Träger solcher gemeinsamer Aktivitäten wären *koordinierte Innovationsnetzwerke.* Wichtige Erfolgsfaktoren für diese Netzwerke sind in Abbildung 5 dargestellt. Leider fehlt es in Deutschland an Institutionen, die eine vergleichbare Rolle übernehmen wie die japanischen „Think-and-do-Tanks".

Auch das BMFT will in Zukunft stärker das Förderziel einer horizontalen Vernetzung zwischen Sektoren und einer vertikalen Vernetzung zwischen der System- und der Komponentenebene verfolgen. Es sollen *technologische Leitprojekte* und *regionale Modellvorhaben* definiert werden, in denen mehrere Partner zusammenarbeiten. Das BMFT spricht in diesem Zusammenhang von „neuen Modi der Wissensproduktion".

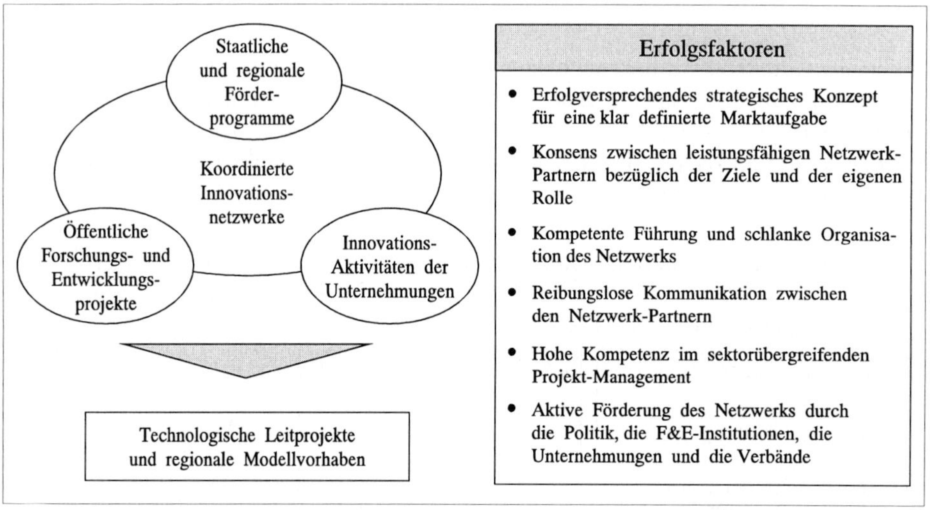

Abbildung 5: Innovationsnetzwerke

Eine konsequente Fortführung der Innovationsnetzwerke führt zu *Allianzen* zwischen Unternehmungen, die z.B. mit aktiver Beteiligung von Forschungsinstituten *innovative Systemgeschäfte* erschließen. So ist für viele High-Tech-Branchen das Erreichen von Systemführerschaft eine erfolgversprechende Grundstrategie, um neue Arbeitsplätze zu schaffen.

Ein internationales *Technologie-Marketing* muß darüber hinaus sicherstellen, daß das kumulierte Wissen optimal genutzt wird. Je nach Reifegrad der Technologie zielt ein solches Branchen-Marketing ab auf (vgl. Abbildung 6):

- die bessere Erschließung öffentlicher Fördermittel,
- das Erreichen von Innovationserfolgen in neuen Geschäftsfeldern und
- die Gestaltung des Technologietransfers mit Niedriglohnländern.

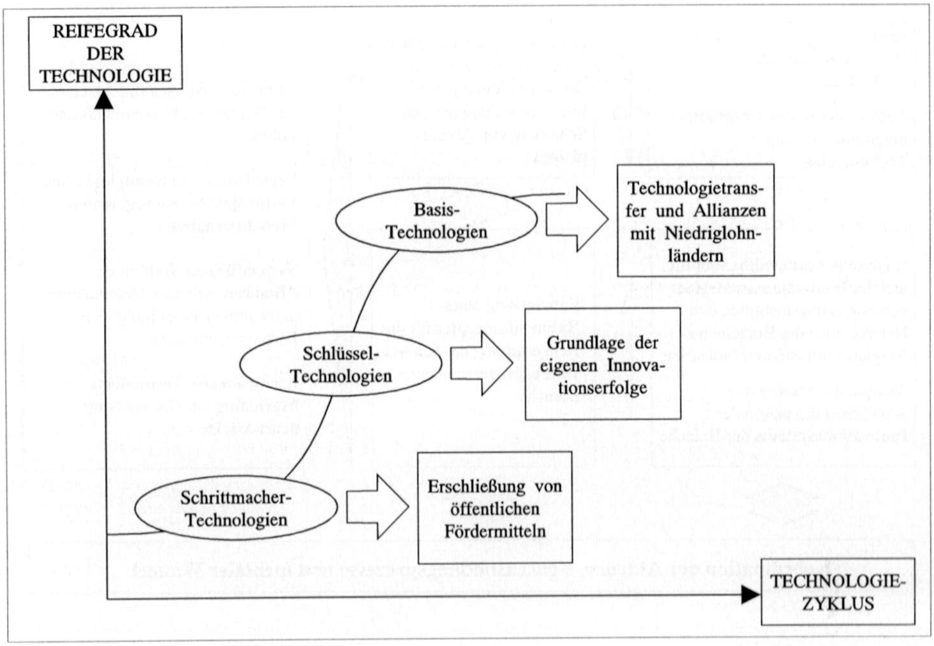

Abbildung 6: Internationales Technologie-Marketing

E. Thesen zur Verbesserung der Innovationsfähigkeit

Neben diesen Branchen-Transformationen erscheint es notwendig, einen gesellschaftlichen Wandel zur Verbesserung der Innovationsfähigkeit einzuleiten. Bei unseren *traditionellen Eliten* (vgl. Glotz/Süssmuth/Seitz 1992) dominierte in der Vergangenheit ein politisch geschicktes, angepaßtes Verhalten, um Einfluß, Macht und natürlich auch Wohlstand zu erreichen. Den angepaßten Aufsteigern in Großunternehmungen, die als „Nieten in Nadelstreifen" verspottet werden (vgl. Ogger 1992), gelingt es immer weniger, Innovationen erfolgreich umzusetzen. Wir brauchen daher mehr Anreize und Vorbilder für unkonventionelles, innovatives Verhalten, wenn wir die gesellschaftliche Erstarrung überwinden wollen. Den Forschern an den Hochschulen und in der Industrie, die nach neuem Wissen streben, müssen auch Wege eröffnet werden, wie sie mit Pionierleistungen reich werden können. In den USA geht eine dynamisierende Wirkung von der Venture-Capital-Szene aus. Es erscheint also dringend geboten, das Thema Technologie-Management in einem größeren gesellschaftlichen Kontext zu sehen (vgl. Abbildung 7).

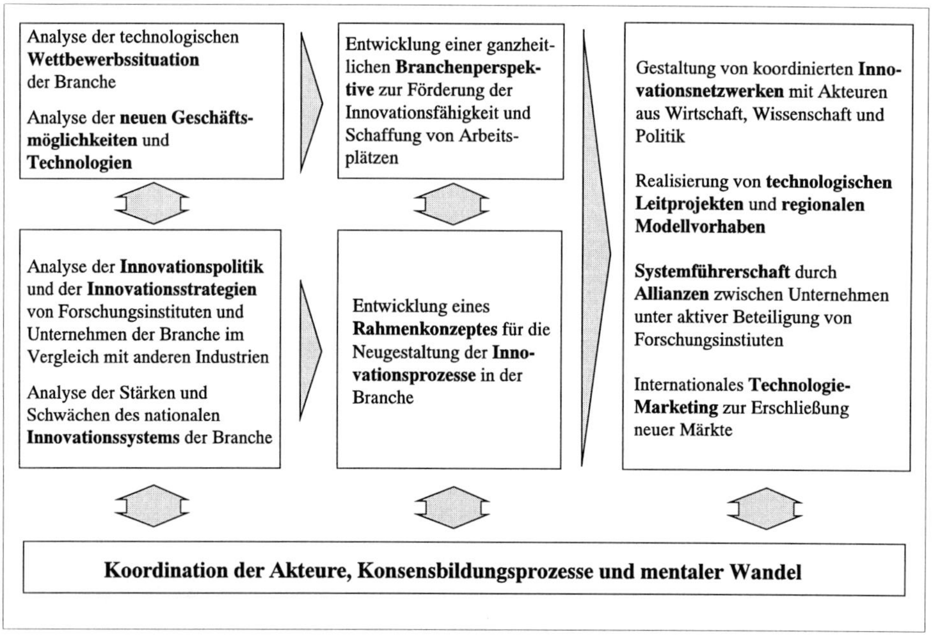

Abbildung 7: Gesellschaftlicher Kontext

In *10 Thesen* zur Verbesserung der Innovationsfähigkeit fassen wir abschließend zusammen, was aus Beratersicht passieren sollte, damit der notwendige gesellschaftliche Wandel von erstarrten Strukturen zu fließenden Prozessen Wirklichkeit wird:

- Durch Ausbildung und Berufspraxis müssen *„transdisziplinäre Fähigkeiten"* stärker entwickelt werden.
- Wir brauchen gesellschaftliche *Vorbilder* für innovatives und ökologisch verantwortliches Handeln.
- Innovationserfolge von Unternehmungen müssen sich auch für den einzelnen Pionier materiell auszahlen.
- An die Stelle des *Herrschens in Hierarchien* sollte ein *Dienen in Netzwerken* treten.
- Teamfähigkeit, *kooperatives* Verhalten und das Erreichen von Konsensen müssen stärker belohnt werden.
- Politik, Wissenschaft und Wirtschaft sollten durchlässiger werden. Wir brauchen eine *Kultur des Fließens zwischen den Sektoren.*
- Die potentielle Stärke Europas der *Vielfalt innerhalb einer Ganzheit* sollte als Chance begriffen werden.
- *Ökologisches* Denken und Handeln hilft, die gesellschaftliche Akzeptanz technischer Innovationen zu verbessern.
- Der Prozeß des Wandels erfordert neue Führungsfähigkeiten und die Bereitschaft, *Chaos* als Möglichkeit für einen Neubeginn zu begreifen.
- Der verbreiteten *Verweigerungs- und Destruktionshaltung* sollte ein *positives Vorleben* entgegengesetzt werden.

Literatur

ALBRECHT, F.: Strategisches Management der Unternehmensressource Wissen. Inhaltliche Ansatzpunkte und Überlegungen zu einem konzeptionellen Gestaltungsrahmen, Frankfurt a.M./Berlin 1993.

ALLEN, T.J.: Managing the Flow of Technology. Technology Transfer and the Dissemination of Technological Information within the R&D Organization, Cambridge/London 1977.

BARTLETT, C.A.; GHOSHAL, S.: Managing Across Borders, Boston 1989.

BERGER, R.; SERVATIUS, H.G.: Die Zukunft des Autos hat erst begonnen. Ökologisches Umsteuern als Chance, München 1994.

BURRUS, D.; GITTINES, R.: Technotrends. 24 Technologien, die unser Leben revolutionieren werden, Wien 1994.

EWALD, A.: Organisation des strategischen Technologie-Management. Stufenkonzept zur Implementierung einer integrierten Technologie- und Marktplanung, Berlin 1989.

GIBBONS, M. ET AL.: The New Production of Knowledge. The Dynamics of Science and Research in Contemporary Societies, London 1994.

GLADESTONE, D.J.: Venture Capital Handbook. An Entrepeneur's Guide to Obtaining Capital to Start a Business, Buy a Business, or Expand an Existing Business, Reston 1983.

GLOTZ, P.; SÜSSMUTH, R.; SEITZ, K.: Die planlosen Eliten. Versäumen wir Deutschen die Zukunft? München 1992.

GLOTZ, P.; THOMAS, U.: Das dritte Wirtschaftswunder. Aufbruch in eine neue Gründerzeit, Düsseldorf/Wien 1994.

HAMEL, G.; PRAHALAD, C.K.: Competing for the Future. Breakthrough Strategies for Seizing Control of Your Industry and Creating the Markets of Tomorrow, Boston 1994.

HAMMER, M.; CHAMPY, J.: Reengineering the Corporation. A Manifesto for Business Revolution, New York 1993.

LEVY, A.; MERRY, U.: Organizational Transformation. Approaches, Strategies, Theories, New York 1976.

MÜLLER, G.: Strategische Suchfeldanalyse. Die Identifikation neuer Geschäfte zur Uberwindung struktureller Stagnation, 1. Aufl.,Wiesbaden 1986.

NELSON, R.R. (HRSG.): National Innovation Systems. A Comparative Analysis, New York/Oxford 1993.

OGGER, G.: Nieten in Nadelstreifen. Deutschlands Manager im Zwielicht, München 1992.

PFEIFFER, W. ET AL.: Technologie-Portfolio zum Management strategischer Zukunftsgeschäftsfelder, Göttingen 1982.

PORTER, M.: The Competitive Advantage of Nations, London 1990.

QUINN, J.B.: Intelligent Enterprise. A Knowledge and Service Based Paradigm for Industry, New York 1992.

SCOTT MORTON, M.S. (HRSG.): The Corporation of the 1990s. Information Technology and Organizational Transformation, New York 1991.

SEITZ, K.: Die japanisch-amerikanische Herausforderung. Deutschlands Hochtechnologie-Industrien kämpfen ums Überleben, München 1990.

SERVATIUS, H.G.: Methodik des strategischen Technologie-Managements. Grundlagen für erfolgreiche Innovationen, Berlin 1985.

SERVATIUS, H.G.: Internationales Technologie-Management zur Koordination von strategischen Allianzen und F&E-Netzwerken, in: Strategische Planung, 3. Jg. (1987), S. 217-243.

SERVATIUS, H.G.: New Venture Management. Erfolgreiche Lösung von Innovationsproblemen für Technologie-Unternehmen, Wiesbaden 1988.

SERVATIUS, H.G.: Vom strategischen Management zur evolutionären Führung. Auf dem Wege zu einem ganzheitlichen Denken und Handeln, Stuttgart 1994.

STEINBOCK, H.J.: Potentiale der Informationstechnik. State of the Art und Trends aus Anwendungssicht, Stuttgart 1994.

TÖPFER, A.; SOMMERLATTE, T. (HRSG.): Technologie-Marketing. Die Integration von Technologie und Marketing als strategischer Erfolgsfaktor, Landsberg 1991.

VDI-TECHNOLOGIEZENTRUM (HRSG.): Technologie-Frühaufklärung. Identifikation und Bewertung von Ansätzen zukünftiger Technologien, Stuttgart 1992.

Dieter Spöri

Innovations- und Technologieförderung als wirtschaftspolitische Aufgabe

A. Einleitung

Innovationen sind Keimzellen des wirtschaftlichen und sozialen Wohlstands. Entwicklung, Verbreitung und Anwendung von technischem Wissen sind mittlerweile zum entscheidenden Wettbewerbsfaktor geworden. In der heutigen Weltwirtschaft mit ihren rasanten Veränderungen auf der Angebots- und Nachfrageseite ist die Bereitschaft zu ständigem Wandel Voraussetzung für die Sicherung der wirtschaftlichen Zukunft der einzelnen Unternehmen, aber auch eines ganzen Standortes.

Mit neuen Produkten, Verfahren und organisatorischen Maßnahmen bauen Unternehmen aus dem pazifischen Raum weltweit leistungsfähige Industrien auf. Die internationale Arbeitsteilung wird immer intensiver, die Innovationszyklen werden immer kürzer. Eine globale Beschaffung von Ressourcen und internationale Absatzmärkte sind auch für Mittelständler nichts Ungewöhnliches mehr. Für die besonders stark exportorientierte Wirtschaft Baden-Württembergs bedeutet dies, daß ständig neue Spitzenleistungen hervorzubringen sind und das neue Wissen schnellstmöglich in der Breite genutzt werden muß-will man weiter zu den führenden Industriegebieten zählen, will man weiter das hohe Einkommensniveau und die soziale Sicherheit im Land erhalten.

Die Bundesrepublik Deutschland und auch Baden-Württemberg befinden sich nach der stärksten Rezession der Nachkriegszeit seit 1994 in einer Phase der konjunkturellen Erholung, die eine Rückkehr zu positiven Wachstumsraten auch in den alten Bundesländern signalisiert. Beim Blick auf den Arbeitsmarkt zeigt sich, daß trotz der konjunkturellen Erholungstendenzen im Jahr 1994 nicht mit einem Rückgang der Arbeitslosigkeit gerechnet werden kann und auch die langfristigen Arbeitsmarktprognosen keinen Anlaß zu Optimismus geben. Obwohl das Prognos-Institut davon ausgeht, daß langfristig in Deutschland durchschnittliche Wachstumsraten von 2% erreichbar sind, erwartet es ein „jobless growth". Das Wirtschaftswachstum wird nach diesen Prognosen also nicht ausreichen, um die Arbeitslosigkeit in Deutschland in den nächsten Jahren nachhaltig zu reduzieren. Dies läßt sich im wesentlichen darauf zurückführen, daß die Unternehmen durch drastische Kostensenkungsprogramme und Maßnahmen zur Produktivitätssteigerung einen Kostennachteil von durchschnittlich 20 bis 30% gegenüber anderen Ländern zu kompensieren suchen. Die Kehrseite der notwendigen Bereinigung ist ein Verlust von 20 bis 30% der Arbeitsplätze, um damit die anderen 70 bis 80% konkurrenzfähig zu halten. Deshalb wird das Problem der Arbeitslosigkeit mit Kostensenkungsprogrammen allein nicht zu lösen sein. Vielmehr muß die Innovationskraft der deutschen Wirtschaft massiv gestärkt werden, um auf diesem Weg neue Markt- und Produktfelder zu erschließen.

Es müssen also Wege gefunden werden, damit die tatsächliche Beschäftigungsentwicklung positiver verläuft als vorhergesagt. Eine beschäftigungswirksame Wirtschaftspolitik ist zentrale Aufgabe einer marktwirtschaftlichen Industrie- und Strukturpolitik, in deren Mittelpunkt eine zukunftsweisende Forschungs- und Industriepolitik stehen muß.

Jede Erholungsphase muß als Chance begriffen werden, um von dem eher defensiv orientierten Strukturwandel der beiden letzten Jahre zu einem positiven Strukturwandel mit dem schöpferischen Aufbau neuer Strukturen zu gelangen.

Die Unternehmen müssen im Aufschwung ihre Kräfte und Ressourcen bündeln, um neue Markt- und Produktfelder zu erschließen und sich damit in Zukunft national und international durchzusetzen. Es wäre eine gefährliche Illusion, sich nur auf eine sich selbst tragende Konjunkturentwicklung zu verlassen und die Ursachen der Probleme der beiden Jahre 1992 und 1993 darüber zu vergessen. Damit würden die Hausaufgaben aus der Strukturkrise nur zu einem Drittel bis zur Hälfte gemacht - mit verheerenden Folgen für die mittelfristige Wettbewerbsfähigkeit. Die konjunkturelle Erholung ist deshalb auch eine Herausforderung an die Wirtschaftspolitik, mit ihrem Gestaltungsspielraum die Innovationspotentiale in den Unternehmen zu stärken und die darin liegenden Chancen zu nutzen.

Nur durch eine Verstärkung von F&E-Aufwendungen und eine engere Verzahnung mit der Wirtschaftspolitik kann die deutsche und die baden-württembergische Wirtschaft im internationalen Wettbewerb auf den Zukunftsmärkten des 21. Jahrhunderts, nämlich Bio- und Gentechnik, Umwelttechnik, Optoelektronik, Logikchips, neue Werkstoffe, Mikrosystemtechnik, Software und Medienwirtschaft, wieder aufschließen und auch im nächsten Jahrtausend sich einen sicheren Führungsplatz erkämpfen. Und nur mit einem solchen Führungsplatz in den Zukunftsmärkten können wir unsere Arbeitsplätze dauerhaft sichern, neue Arbeitplätze schaffen und die durch den Strukturwandel wegbrechenden Arbeitsplätze ersetzen.

B. Grundsätze der baden-württembergischen Technologiepolitik

Die Technologiepolitik des Landes Baden-Württemberg orientiert sich an den folgenden Grundsätzen:

- Sie muß in erster Linie auf die *Schaffung innovationsfreundlicher Rahmenbedingungen* abzielen, wobei einer leistungsfähigen wirtschaftsnahen Forschungsinfrastruktur besondere Bedeutung zukommt.
- Sie soll den *Strukturwandel vorantreiben* und nicht überalterte Strukturen erhalten. Sie zielt nicht nur auf die Diffusion neuer Technologien in eher klassische Industriebereiche, sondern sie soll insbesondere im Hinblick auf Wachstumstechnologien rechtzeitig die Weichen dafür stellen, daß sich neue Industrien mit neuen Arbeitsplätzen bilden können. Technologiepolitik kann damit einen wichtigen Beitrag leisten, um Arbeitsplätze, die in traditionellen Wirtschaftsbranchen wegfallen, durch Arbeitsplätze in neuen Industrien zu kompensieren.
- Technologiepolitik eines Landes kann *nicht losgelöst betrieben* werden, sondern ist eingebettet in die Forschungs- und Technologiepolitik auf nationaler Ebene bzw. auf EU-Ebene. Die Maßnahmen setzen daher dort an, wo räumliche und organisatorische Nähe ein entscheidender Faktor für die Effizienz landesspezifischer Technologiepolitik ist. Dies gilt insbesondere für die Zusammenarbeit zwischen Wissenschaft und Wirtschaft und für die gezielte Förderung kleiner und mittlerer Unternehmen.

- Technologiepolitische Maßnahmen müssen sich am *Bedarf aus der Wirtschaft* und daher an der Wirtschaftsstruktur des Landes orientieren. Dieser Bedarf muß in ständigem Dialog mit allen Beteiligten aus Wirtschaft, Wissenschaft und Staat unter Beteiligung der Gewerkschaften festgestellt werden. Technologiepolitik muß konsensorientiert sein.
- Größten Wert muß die Technologiepolitik auf die *Beschleunigung der Umsetzung neuer Technologien* in marktfähige Produkte legen.
- Die Technologiepolitik des Landes ist an den *Besonderheiten der Wirtschaftsstruktur Baden-Württembergs* (starker Mittelstand, Dominanz des produzierenden Gewerbes und der Investitionsgüterindustrie, wachsende Bedeutung des Dienstleistungssektors, hohe Exportleistung) ausgerichtet und daher eng mit der Wirtschaftspolitik verzahnt.

C. Schwerpunkte der Technologie- und Innovationsförderung

1. Schaffung einer leistungsfähigen technologischen Infrastruktur

a) Einrichtungen der wirtschaftsnahen außeruniversitären Forschung

Baden-Württemberg verfügt über das wohl dichteste Netz an Forschungseinrichtungen und Universitätslabors in Deutschland. Hierzu zählen nicht nur die vorwiegend in der Grundlagenforschung tätigen Universitäten (9, davon 2 technische) und 12 naturwissenschaftlich orientierte Max-Planck-Institute sowie die 16 technisch orientierten Fachhochschulen mit ihren Instituten für angewandte Forschung. Dazu gehört auch ein beachtliches Potential an Einrichtungen der außeruniversitären wirtschaftsnahen Forschung, die das Land institutionell gefördert hat. Es sind dies:

- 14 Institute und Einrichtungen der Fraunhofer-Gesellschaft (FhG), die 30% der bundesweiten FhG-Kapazität entsprechen, aber fast 40% aller Vertragsforschungseinnahmen der FhG erzielen; hierzu gehört als größte Einrichtung das Stuttgarter FhG-Institut für Produktionstechnik und Automatisierung;
- 10 Institute der industriellen Gemeinschaftsforschung, zu denen z.B. die Deutschen Institute für Textil- und Faserforschung in Denkendorf oder das Institut für Mikro- und Informationstechnik in Villingen-Schwenningen gehören;
- 7 Vertragsforschungseinrichtungen an Universitäten, die seit Mitte der achtziger Jahre in der Rechtsform von Stiftungen gegründet wurden, was die unmittelbare Beteiligung der Wirtschaft als Stifter, in Kuratorien oder in Fördervereinen begünstigte; als Beispiele seien das Institut für Mikroelektronik Stuttgart (IMS), das Forschungszentrum Informatik (FZI) an der Universität Karlsruhe oder das Forschungsinstitut für Anwendungsorientierte Wissensverarbeitung (FAW) an der Universität Ulm genannt;

– 2 Großforschungseinrichtungen (Forschungszentrum Stuttgart der Deutschen Forschungsanstalt für Luft- und Raumfahrt/DLR; Kernforschungszentrum Karlsruhe/KfK); während bei der DLR Technologiebereiche wie Bauweisen/Verbundwerkstoffe und Energetik bearbeitet werden, hat das KfK einen Umstrukturierungsprozeß weg von der Kerntechnik hin zu Mikrosystem- bzw. Umwelttechnik begonnen.

Diese wirtschaftsnahen Einrichtungen sind in ihrer Brückenfunktion zwischen der Grundlagenforschung und der technischen Entwicklung in den Betrieben begehrte Partner der Wirtschaft. Dies zeigte sich 1993 an über 2.100 rein industriefinanzierten Projekten (ohne Großforschung), aus denen über 42 Mio. DM erlöst werden konnten.

b) Steinbeis-Stiftung für Wirtschaftsförderung

Die 1971 gegründete Steinbeis-Stiftung für Wirtschaftsförderung, deren Vorstandsvorsitzender seit 1983 der Regierungsbeauftragte für Technologietransfer ist, unterhält an den 16 technischen Fachhochschulen des Landes über 150 fachlich orientierte Transferzentren. Diese Zentren stehen unter der Leitung von Fachhochschullehrern (in Nebentätigkeit). Insgesamt sind in der Steinbeis-Stiftung über 2.600 Professoren, wissenschaftliche Mitarbeiter und Studenten tätig.

Der Schwerpunkt der Arbeit in den Transferzentren liegt weniger in der Forschung als in der Entwicklung, Beratung und Schulung, wodurch ihr Leistungsangebot für mittelständische Unternehmen besonders attraktiv ist. 1993 konnte die Stiftung 7.400 Spezialberatungen und 4.800 F&E-Aufträge durchführen. Der große Erfolg des Steinbeis-Modells wird weit über die Grenzen Baden-Württembergs hinaus anerkannt.

2. Gewährleistung eines funktionsfähigen Technologietransfers

Eine leistungsfähige Forschungsinfrastruktur mit potenten Technologieanbietern nutzt wenig, wenn sie von den Unternehmen nicht angenommen wird und insbesondere mittelständische Unternehmen den Zugang dazu nicht finden. Baden-Württemberg hat daher ein funktionierendes System des Technologietransfers aufgebaut. In dieses Netzwerk sind auf der einen Seite die Forschungseinrichtungen eingebunden. Auf der anderen Seite gehört dazu eine orts- und unternehmensnahe Anlauf- und Kontaktvermittlungsebene, zu der bei Kammern, Verbänden und Fachhochschulen (im Rahmen der Steinbeis-Stiftung) 40 solcher Stellen zählen. Zu ihrem Aufgabenspektrum gehört die Technologievermittlung, Förderberatung und Informationsbeschaffung.

Teil des Technologietransfers sind auch die zehn Mitte der achtziger Jahre in Baden-Württemberg errichteten Technologiezentren („incubators") in Träger- und Betreiberschaft von Wirtschaftsorganisationen, Banken oder Kommunen. Die darin ansässigen technologieorientierten Existenzgründer erhalten dort zu verbilligten Mieten und in räumlicher Nähe zu Hochschuleinrichtungen eine befristete Starthilfe in der schwierigen Phase der Produktentwicklung und -einführung. Auf einer Nettofläche von 44.000 qm sind derzeit ca. 160 Gründer mit etwa 1.400 Mitarbeitern in diesen Zentren ansässig. Aufgrund steigender Nachfrage zeichnet sich Erweiterungsbedarf ab.

3. Einzelbetriebliche Technologieförderung

Das Innovations- bzw. Wirtschaftsförderungsprogramm Baden-Württembergs enthält drei einzelbetriebliche Technologieförderungsmaßnahmen für mittelständische Unternehmen:

- In dem Programm *„Förderung von Entwicklungsvorhaben kleiner und mittlerer Unternehmen“* wurden seit 1977 über 1.100 technisch und finanziell risikoreiche Neuentwicklungen von Produkten und Verfahren mit Zuschüssen gefördert.
- Das *Programm zur Förderung des Einsatzes moderner Technologien* erlaubt zinsgünstige Darlehen vor allem für Geräte- und Anlageinvestitionen z.B. bei der Einführung neuer, technologisch fortschrittlicher Produktionsverfahren. Seit 1984 wurden hier über 4.500 Darlehen gewährt.
- Technologieorientierte Unternehmensgründer erhalten nicht nur einen höheren Kreditrahmen als andere Existenzgründer, sondern zählen auch zu den innovativen Existenzgründern, für die im Rahmen der kürzlich gestarteten Existenzgründungsinitiative der Landesregierung erhebliche *weitere Verbesserungen*, wie z.B. die weitere Reduktion des Zinssatzes und die Förderbarkeit von Betriebsmitteln eingeführt wurden. Von 1987 bis 1993 wurden 380 technologieorientierte Gründer mit Darlehen gefördert. Im laufenden Jahr ist eine deutlich gestiegene Nachfrage nach solchen Fördermitteln zu verzeichnen.

4. Verbundprojekte

Das Instrument der Verbundprojekte spielt in der Technologieförderung des Landes heute eine zentrale Rolle. Sie sollen die Umsetzung von Forschungsergebnissen beschleunigen und zielen darauf ab, vor allem kleine und mittlere Unternehmen bei der mittelfristigen Deckung ihres Technologiebedarfs zu unterstützen.

Verbundprojekte dienen der gemeinsamen Bearbeitung vorwettbewerblicher Problemstellungen, deren Lösung für eine ganze Branche von Bedeutung ist. Voraussetzung für eine Förderung durch das Land ist, daß in dem Projekt mindestens drei mittelständische Unternehmen mit einer Forschungseinrichtung zusammenarbeiten. Die Ergebnisse gehören aber nicht den Projektpartnern allein, sondern müssen darüber hinaus auch anderen interessierten Unternehmen offenstehen und daher verbreitet werden.

Auf Verbundprojekte entfällt mittlerweile ein Großteil der vom Wirtschaftsministerium gewährten Projektförderung.

D. Gemeinschaftsinitiative „Wirtschaft und Politik“

Die konjunkturelle Krise hat die Anpassungsfähigkeit unserer Volkswirtschaft auf eine schwierige Probe gestellt. Mit Polarisierung in Wirtschaft und Gesellschaft sind diese Herausforderungen nicht zu meistern. Baden-Württemberg hat daher ein neues Politikmodell entwickelt. Die Gemeinschaftsinitiative „Wirtschaft und Politik“ ist das bundesweit erste funktionierende Modell für einen „neuen wirtschaftlichen Grundkonsens“ zwischen Staat, Unternehmen und Gewerkschaften, mit dem zentrale Fragen der Zukunftsfähigkeit unserer Wirtschaft aufgegriffen und hierzu konkrete Lösungsansätze entwickelt werden.

Nur mit einem neuen wirtschaftlichen Grundkonsens kann vermieden werden, daß sich Unternehmer und Arbeitnehmer in strategischen Zukunftsfragen unserer Wirtschaft gegenseitig blockieren. Der Beitrag zur Überwindung dieser wechselseitigen Blockadehaltungen macht den eigentlichen Wert des neuen Politikmodells aus.

Die „Gemeinschaftsinitiative Wirtschaft und Politik“ zielt darauf ab, die in unseren Leitbranchen bestehenden Kostenstrukturen zu verbessern, vorhandene Produktivitätsreserven zu mobilisieren und neue Produkt- und Marktfelder zu erschließen. Damit wird die Grundlage geschaffen, um im Land bestehende Arbeitsplätze zu sichern und neue Arbeitsplätze einzurichten.

Die Gemeinschaftsinitiative ist die operative Umsetzung der langfristig angelegten wirtschaftspolitischen Leitlinien des Landes, die von der „Zukunftskommission Wirtschaft 2000“ unter dem Vorsitz von Berthold Leibinger und Konrad Seitz in ihrem Bericht vom August 1993 dargelegt wurden.

Dieser Bericht enthält strategische Überlegungen und Empfehlungen zum Thema Arbeitsmarkt und Beschäftigungspolitik in Baden-Württemberg auf dem Weg in das 21. Jahrhundert. Es wird dabei eine *Doppelstrategie* vorgeschlagen, um die gegenwärtige Wirtschafts- und Beschäftigungskrise dauerhaft zu überwinden und Baden-Württemberg in die Zukunft zu führen. Die Doppelstrategie enthält

- eine Strategie zur Wiederherstellung und Sicherung der internationalen Wettbewerbsfähigkeit der baden-württembergischen Wirtschaft (angeregt werden u.a. Infrastrukturmaßnahmen in den Bereichen Verkehr und Kommunikation, die Wiedereinführung der steuerlichen F&E-Förderung) und
- eine Aufholstrategie für den massiven Vorstoß in neue Technologien und industrielle Felder (wie Multimedia, Umwelttechnik, Bio-/Gentechnik, Mikrosystemtechnik etc.).

Vorgeschlagen wurde auch die Einrichtung eines Innovationsbeirats, der mittlerweile seine Arbeit aufgenommen hat. Er soll u.a. eigene Vorschläge zur strategischen Ausrichtung der Forschungs-, Technologie- und Wirtschaftspolitik des Landes sowie zur Verbesserung der innovationsrelevanten Rahmenbedingungen erarbeiten.

Im Rahmen des neuen Politikmodells Gemeinschaftsinitiative „Wirtschaft und Politik“ wurden bisher auf folgenden Feldern *konkrete Handlungskonzepte* für wichtige Branchen des Landes vereinbart:

- Qualifizierungsoffensive im Metallbereich,
- Kooperationen zwischen Zulieferern und Abnehmern im Automobilsektor,
- Maßnahmen zur Sicherung der Wettbewerbsfähigkeit des baden-württembergischen Maschinenbaus,
- aktive Bewältigung des Strukturwandels in der baden-württembergischen Textil- und Bekleidungsindustrie,

- Stärkung der beruflichen Aus- und Weiterbildung im Handwerk,
- Technologieoffensive,
- Stärkung der baden-württembergischen Wirtschaft auf dem Zukunftsmarkt Umwelttechnologien,
- Vernetzung von Telekommunikation und Medienwirtschaft,
- Handlungsschwerpunkte für den Wachstumsmarkt Software.

An den drei Beispielen Technologieoffensive, Umwelttechnologie und Medienwirtschaft werden die bisherigen Ergebnisse kurz dargestellt.

Die *Technologieoffensive* konzentriert sich auf die anwendungsnahe Forschung, deren Bedeutung für die Unternehmen in einer möglichst raschen Umsetzung von Forschungsergebnissen in neue Produkte liegt. Die inhaltlichen Schwerpunkte wurden hier in enger Abstimmung mit Wirtschaft und Gewerkschaften bei Technologien gesetzt, bei denen in der Zukunft ein großes Marktpotential erwartet wird. So wurde etwa die Mikrosystemtechnik im Institut für Mikro- und Informationstechnik in Villingen-Schwenningen sowie im Kernforschungszentrum Karlsruhe gezielt ausgebaut. In der Informationstechnik wurde in wirtschaftsnahen Forschungsinstituten in Stuttgart und Karlsruhe (IMS und FZI) eine Entwicklungs- und Anwendungsoffensive für serientaugliche anwendungsspezifische Schaltkreise (ASIC) und Multichip-Systeme auf weltmarktfähigem Qualitäts- und Zuverlässigkeitsniveau eingeleitet. Ergänzt werden diese Maßnahmen durch den weiteren Ausbau des einzigartigen Systems des Technologietransfers in Baden-Württemberg. Derzeit ist die Ausdehnung dieses bewährten Transfersystems auf die Universitäten in der Realisierungsphase, um das dort vorhandene technologische Potential besonders für mittelständische Unternehmen besser zu erschließen.

Der Zukunftsmarkt *Umwelttechnologie* ist ein zentrales Handlungsfeld für zukunftsorientierte Wachstumsmärkte. Neben den aus dem erwarteten Wachstum des Marktvolumens abzuleitenden positiven Arbeitsplatzeffekten trägt dieser Sektor ganz maßgeblich zur ökologischen Erneuerung der Marktwirtschaft bei. Auf dem Feld der Technologieentwicklungen für umweltverträgliche Produktions- und Verfahrenstechniken wurden 60 Vorschläge für gemeinschaftliche Projekte von Industrieunternehmen und wirtschaftsnahen Forschungseinrichtungen entwickelt, mit deren Umsetzung begonnen wurde. Die Vorschläge reichen von der umweltverträglichen und recyclinggerechten Produktgestaltung im Maschinen- und Fahrzeugbau über die Entwicklung neuer Kühlschmierstoffe inklusive deren Recycling bzw. Entsorgung bis hin zu der Entwicklung ungiftiger Elektronikbaugruppen für die elektrotechnische Industrie.

Es muß gelingen, den hohen technologischen Sachverstand der baden-württembergischen Firmen in der Telekommunikation mit Anwendungen im Dienstleistungsbereich *Medienwirtschaft* offensiv zu vernetzen. Baden-Württemberg muß gerade bei einem qualitativen Sprung in den Medientechnologien zur Modellregion für die Anwendung dieser neuen Technologien werden. Neben dem Markt für Umwelttechnologien liegen gerade in der Medienwirtschaft enorme Wachstumschancen mit hohen Arbeitsplatzeffekten. Experten halten es nicht für ausgeschlossen, daß der Kommunikations- und Medienbereich im Jahr 2000 in Baden-Württemberg mit einem Beitrag von 7% zum Bruttosozialprodukt viele klassische Industriebranchen übertreffen wird. Um diese derzeit besonders aktuelle Chance auf eine Spitzenposition zu nutzen, fördert das Land im Rahmen des Pilotprojektes „Anwendung multimedialer Dienste“ die Bereitstellung einer baden-württembergischen „Daten-Autobahn“. Am Modellprojekt sind führende baden-württembergische Unternehmen der Elektronikbranche, der Softwarebranche, der Medienwirtschaft und die Telekom beteiligt. Ziel des Pilotversuchs ist die praktische Erprobung von interaktiven Fernseh-Diensten in einem repräsentativen Umfeld mit 4.000 Haushalten und Betrieben. Die Dienste-Anbieter (Verlage, Medienunternehmen, Rundfunkanstalten, Filmunternehmer usw.) werden den Test-Teilnehmern über Fernsehen interaktiv ein breites Angebot vorstellen: Video on demand, Tele-Banking und -Shopping, Tele-Learning, Informationen, Filme, Tele-Spiele etc. Das Angebot ist zunächst kostenlos; nach einer Startphase werden Entgelte verlangt. Ziel des Pilotprojektes, das im Großraum Mittlerer Neckar Mitte 1995 startet, ist die Erprobung der technischen Machbarkeit und der praktischen Nutzung der Dienste.

E. Schlußbemerkung

Baden-Württemberg betreibt eine aktive dialogorientierte Technologie- und Wirtschaftspolitik. Gerade in der stärksten Rezession der Nachkriegszeit und trotz knapper öffentlicher Kassen hat die Landesregierung in großem Umfang Mittel eingesetzt, um durch eine antizyklische Technologieförderpolitik der Wirtschaft, und hier vor allem den kleinen und mittleren Unternehmen, bei der Bewältigung der Struktur- und Innovationskrise zu helfen.

Dabei darf jedoch nicht vergessen werden, daß die Technologiepolitik des Landes in die Technologiepolitik auf nationaler Ebene oder der Europäischen Union eingebunden ist. Was den Haushalt des Bundesforschungsministeriums (BMFT) angeht, so ist festzustellen, daß er seit Jahren nicht den Erfordernissen der Wiedervereinigung angepaßt wurde und nach wie vor keine realen Zuwachsraten in Sicht sind. Auch wurde der Anteil der wirtschaftsbezogenen Projektförderung ständig zurückgefahren. Die entsprechenden Ausfälle können auf Landesebene nur bedingt aufgefangen werden; hier sind Korrekturen auf nationaler Ebene dringend erforderlich.

Trotz ihrer wachsenden Mittelausstattung können auch die Forschungsprogramme der Europäischen Union, die in den industrieorientierten Programmen auf grenzüberschreitende Zusammenarbeit mit strategischer europäischer Zielsetzung ausgelegt sind, orts- und unternehmensnahe Technologieförderung insbesondere für kleine und mittlere Unternehmen auf der Ebene eines Bundeslandes nicht ersetzen. Im Gegenteil: Die Technologiepolitik eines Bundeslandes kann die Voraussetzungen dafür schaffen, daß Unternehmen wie Forschungseinrichtungen als potente Partner Zugang zur Forschung auf europäischer wie internationaler Ebene finden.

Baden-Württemberg hat zu diesem Zweck zahlreiche Maßnahmen ergriffen; so wurde z.B. ein Europa-Beauftragter eingesetzt, der die Wege für Unternehmen nach Brüssel kürzer macht.

Norbert Thom

Change Management[1)]

A. Die Dynamik des betrieblichen Umsystems als Herausforderung für das Change Management

Die Dynamik des betrieblichen Umsystems erfordert eine permanente Anpassung und manchmal auch radikale Veränderung bestehender Strukturen, Prozesse und Kulturen. Um sich in einem globalisierten und kompetitiven Umfeld zurechtzufinden, müssen Unternehmungen danach trachten, die sich aus den Umfeldveränderungen ergebenden Risiken frühzeitig zu erkennen und die sich bietenden Chancen erfolgreich zu nutzen.

Das Konzept des Change Management umfaßt alle *geplanten, gesteuerten* und *kontrollierten Veränderungen* in den *Strukturen, Prozessen* und (sofern dies möglich ist) in den *Kulturen* sozio-ökonomischer Systeme. Ein integriertes und differenziertes Veränderungsmanagement beschäftigt sich u.a. mit Fragen der Organisation, des Personalmanagement, der Unternehmungsführung sowie der Kommunikation und Information (vgl. Doppler/ Lauterburg 1994, S. 26). Es scheint evident, daß die erfolgreiche Bewältigung von multidimensionalen und komplexen Aufgaben eine konzeptionelle Vielfalt erfordert, die sowohl Elemente eines *radikalen* als auch eines *evolutionären* Wandels (Change) beinhaltet.

Der Kontext einer Unternehmung setzt sich aus außerbetrieblichen, betrieblichen und personellen Bedingungsgrößen zusammen. Die im Rahmen des Change Management primär relevanten außerbetrieblichen Bedingungsgrößen können nach Kubicek/Thom (1976, Sp. 3988 f.) in fünf Umsystemkomponenten strukturiert werden:

- ökonomische Komponente: wirtschaftliche Rahmenbedingungen eines bestimmten Wirtschaftsraumes oder eines bestimmten Marktes (z.B. Konjunktur);
- technologische Komponente: Entwicklungen, die Voraussetzungen für neue Produkte (Produktinnovationen) und Verfahren (Verfahrensinnovationen) schaffen;
- rechtlich-politische Komponente: rechtliche Vorschriften sowie Entwicklungen im politischen Umsystem (z.B. internationale Verträge, Rechtsetzung und -sprechung);
- sozio-kulturelle Komponente: gesellschaftliche Aspekte des Umsystems einer Unternehmung (z.B. demographische Strukturen, Wertsysteme relevanter Bevölkerungsgruppen, Bildungssysteme);
- physisch-ökologische Komponente: Gesamtheit der physischen Rahmenbedingungen (z.B. Topographie, klimatische Bedingungen, Naturkatastrophen).

Bei der Betrachtung der ökonomischen Komponente zeigt sich bspw. daß die konjunkturellen Entwicklungen starke Diskontinuitäten aufweisen und immer schwieriger prognostizierbar sind. Betriebliche Entscheidungsträger müssen dementsprechend über ein dynamikadäquates Frühwarnsystem verfügen, um Veränderungen im ökonomischen Umsystem frühzeitig zu antizipieren. Auch im Bereich der sozio-kulturellen Umsystemkomponente sind Entwicklungen auszumachen, welche den Handlungsspielraum für Unternehmungen maßgeblich beeinflussen können. So erweisen sich bspw. die Veränderungen in den Wertsystemen (Wertewandel), die Verlagerungen in den geschlechtspezifischen Rollenverteilungen und die Umorientierungen in der Lebensplanung bzw. -führung als bedeutsame Determinanten der Bedürfnisstrukturen des zur Verfügung stehenden Arbeitskräftepotentials und damit auch der Unternehmungsmitglieder.

Die Wirkungsdarstellung der möglichen Einflußfaktoren auf die Handlungsspielräume von Unternehmungen könnten noch um viele Aspekte ergänzt werden. Es zeigt sich aber schon jetzt, daß im Change Management letztlich die Beantwortung der folgenden Frage im Vordergrund steht: Wie können Unternehmungen den Herausforderungen eines sich ständig wandelnden Umsystems begegnen und durch ein pro- und reaktives Vorgehen ihr langfristiges Überleben und ihre Zielerreichung sichern?

Mit dieser Frage beschäftigt sich der vorliegende Beitrag, indem zuerst eine Typologie der Auslöser des Wandels vorgestellt wird und es dann darum geht, zwei grundsätzliche Ansätze des Change Management zu kennzeichnen. Die Erläuterung des Business Reengineering (BR) und der Organisationsentwicklung (OE) als z.T. gegensätzliche Modelle verdeutlichen die konzeptionelle und instrumentelle Breite des Change Management. Eine Synopse beider Konzepte verstärkt diesen Eindruck. Im Anschluß an die Charakterisierung der Träger des Change Management wird ein Vorschlag für ein integriertes und differenziertes Veränderungsmanagement skizziert. In ihren Erläuterungen der Ansätze zu einer Theorie des geplanten organisatorischen Wandels gehen Kirsch/Esser/Gabele (1979, S. 142 ff.) auf ähnliche Themenbereiche ein.

B. Krisenarten als Ausgangspunkte des Wandels

Als Ausgangspunkte für den Wandel werden die verschiedenen Arten von Unternehmungskrisen kurz erläutert. Müller (1986, S. 53 ff.) geht von den durch die Krise bedrohten Unternehmungszielen aus und differenziert dementsprechend in eine strategische Krise, eine Erfolgskrise und eine Liquiditätskrise. Der Konkurs und der Vergleich als weitere Krisenarten werden an dieser Stelle nicht vertieft.

Eine *strategische* Krise liegt dann vor, wenn „... Aufbau und Verfügbarkeit des Erfolgspotentials der Unternehmung ernsthaft gefährdet (sind).“ (Müller 1986, S. 54). Das Bestehen einer strategischen Lücke erfordert einen strategischen Wandel im Sinne einer strategischen Neu- bzw. Umorientierung.

Die *Erfolgskrise* ist durch eine massive (negative) Abweichung der Ist-Zustände von den Soll-Zuständen (z.B. Gewinn-, Rentabilitäts- oder Umsatzziele) gekennzeichnet. Fehlerhafte Entscheidungen in den Bereichen der Produktion, der Investition, des Marketing oder des Personalmanagement können zu dieser Krise führen.

In der *Liquiditätskrise* besteht die akute Gefahr der Insolvenz und die Notwendigkeit zum raschen Handeln, da sonst das Ausscheiden aus dem Wirtschaftsgeschehen droht.

Neben diesen Krisenarten, die sich in einer zeitlichen Reihung auch als Krisenphasen bezeichnen lassen, soll noch auf den Ansatz von Greiner (1972) hingewiesen werden, der die Unternehmungskrisen anhand eines Entwicklungsstufenmodells (z.B. Growth through Creativity - Crisis of Leadership - Growth through Direction - Crisis of Autonomy - Growth through Delegation - Crisis of Control etc.) strukturiert. Aufgrund des Zusammenhangs mit den „Lebensphasen“ einer Unternehmung, die empirisch betrachtet nicht immer in dieser Reihenfolge ablaufen müssen, ist dieses Modell für eine allgemeine Typologie der Auslöser des Wandels aber nicht geeignet.

Dubs (1994, S. 90 f.) geht in seinem „Modell zur Erfassung des Wandels“ vom technologischen Wandel, dem Wandel in den Kundenbedürfnissen, den Impulsen aus der Wissenschaft und dem sozio-politischen Wandel aus. Im Zusammenhang mit dem Change Management scheint das Konzept von Dubs nur bedingt geeignet, da es erstens nicht alle relevanten Bedingungsgrößen umfaßt, zweitens bei den Kategorien des Wandels nicht hinreichend differenziert und drittens keine Aussagen zur Dringlichkeit beinhaltet.

Da sich die einzelnen Determinanten des Wandels nur sehr schwer konkreten Formen des Change Management zuordnen lassen, scheint ein Strukturierungsansatz (vgl. Müller 1986, S. 53 f.), der von den tangierten Unternehmungszielen ausgeht, besser geeignet. Obwohl das Change Management nicht nur im Falle einer Krise zur Anwendung kommt, sondern auch - vor allem in seinem evolutionären Ansatz - i.S. des organisationalen Lernens (und damit zur Krisenprophylaxe) eingesetzt werden kann, stellen die genannten Krisenarten eine grobe Typologie zur Verfügung, welche die Dringlichkeit und die primäre Stoßrichtung des Change Management aufzeigt.

C. Grundlegende Ansätze des Change Management

Veränderungen in den Strukturen, Prozessen und Kulturen können sich in kleinen Schritten oder in großen Schüben vollziehen. Krüger (1994, S. 216) bezeichnet dies als Evolutionsmodell bzw. als Umbruchsmodell. Im Sinne dieser Unterteilung wird nun je ein Konzept des *radikalen* (revolutionären) und des *evolutionären* Wandels vorgestellt.

1. Die radikale (revolutionäre) Veränderung im Sinne des Business Reengineering

In der formalen Definition ist Business Reengineering (BR) ein „fundamentales Überdenken und radikales Redesign von Unternehmungen oder wesentlichen Unternehmungsprozessen. Das Resultat sind Verbesserungen um Größenordnungen in entscheidenden, wichtigen und meßbaren Leistungsgrößen in den Bereichen Kosten, Qualität, Service und Zeit.“ (Hammer/Champy 1994, S. 48). Damit sind zentrale Elemente dieses Konzeptes bereits genannt.

Der Begriff *fundamental* verdeutlicht die Notwendigkeit, nicht vom bestehenden Ist-Zustand, sondern vom möglichen Soll-Zustand auszugehen. Die am Reengineering Beteiligten fragen sich zuerst, was zu tun ist und legen erst dann fest, wie es zu tun ist.

Die Tatsache, daß in diesem Konzept von einem revolutionären Change die Rede ist, zeigt das Schlüsselwort *radikal*. Es geht hier also um eine völlige Neugestaltung der Unternehmung (bzw. ihrer Prozesse) „... unter Mißachtung aller bestehenden Strukturen und Verfahrensweisen“ (Hammer/Champy 1994, S. 49). Der Terminus Unternehmungsprozesse weist darauf hin, daß es sich um einen primär *prozeßorientierten* Ansatz handelt. Johansson et al. (1993, S. 15) sprechen sogar von Business Process Reengineering.

Durch die Konzentration auf die Kernprozesse einer Unternehmung (in einer Universalbank würden bspw. die Kreditbearbeitung oder der Zahlungsverkehr solche Prozesse darstellen) wird die Fokussierung der Umgestalter auf diejenigen Prozesse sichergestellt, welche zur Wertschöpfung und damit zu Wettbewerbsvorteilen beitragen.

Ein weiteres wichtiges Kennzeichen des Business Reengineering ist die Verbesserung um *bedeutende* Größenordnungen *(dramatic improvement)*. Die Radikalität der Veränderung (z.B. bei den Durchlaufzeiten oder der Produktivität), die damit verbundenen Widerstände und die daraus resultierende Unruhe in der Unternehmung lassen sich nur dann rechtfertigen, wenn mit diesem Veränderungskonzept eine grundsätzliche und nicht nur eine inkrementale Verbesserung verbunden ist.

Neben diesen vier Kernelementen des Business Reengineering ist anzumerken, daß dieses Konzept ausschließlich als *„Spitze-abwärts-Strategie"* (Top-down-approach) erfolgversprechend umgesetzt werden kann. Die herausragende Bedeutung der Informationstechnologie im Sachmittelbereich und der konsequenten Kundenorientierung im Wertsystem des Business Reenginering verdienen eine besondere Erwähnung.

Der vermutlich aufgrund der Spitze-abwärts-Strategie vielfach erhobene Vorwurf, Business Reengineering sei zu wenig mitarbeiterorientiert, ist nur bedingt gerechtfertigt. Hammer/Champy (1994, S. 90 ff.) gehen im Zusammenhang mit den Begriffen Teamwork und Empowerment explizit auf die Bedeutung der Mitarbeiter im und nach dem Reengineering-Prozeß ein. Eine empirische Untersuchung von Hall/Rosenthal/Wade (1994, S. 91) zeigt u.a., daß die Qualifikationen der am Reengineering-Prozeß Beteiligten als kritische Erfolgsfaktoren gelten können.

2. Die evolutionäre Veränderung im Sinne der Organisationsentwicklung

Die Organisationsentwicklung (OE) bzw. der geplante organisatorische Wandel (Planned Organizational Change) ist eine Konzeption zur Planung, Initiierung und Durchführung von Änderungsprozessen in sozialen Systemen (vgl. Thom 1992, Sp. 1478). Die Vertreter der Organisationsentwicklung gehen davon aus, daß sich zuerst die *Einstellungen, Werte* und *Verhaltensweisen* der Mitglieder eines sozio-ökonomischen Systems ändern müssen, bevor sich die Organisation selbst ändern kann. Das dadurch implizierte Menschenbild des sich selbst verwirklichenden, entwicklungs- und lernfähigen Menschen (Theorie Y) stellt einen wichtigen Grundpfeiler der OE dar.

Die deutsche Gesellschaft für Organisationsentwicklung (GOE) charakterisiert die OE in ihrem Leitbild als „... einen längerfristig angelegten, organisationsumfassenden Entwicklungs- und Veränderungsprozeß von Organisationen und der in ihr tätigen Menschen. Der Prozeß beruht auf [dem] Lernen aller Betroffenen durch direkte Mitwirkung und praktische Erfahrungen. Sein Ziel besteht in einer gleichzeitigen Verbesserung der Leistungsfähigkeit der Organisation und der Qualität des Arbeitslebens (Humanität)" (GOE 1980). Der Terminus Organisation wird hier im institutionalen Sinn verwendet.

Mit dieser Definition sind bereits die normativen Grundpositionen der OE angedeutet. Veränderungen müssen von den Organisationsmitgliedern ausgehen und interne bzw. externe Berater (Change Agents) dürfen nur als Veränderungshelfer und nicht als dominierende „Veränderer“ angesehen werden. Die Prinzipien „Betroffene zu Beteiligten machen“ und „Hilfe zur Selbsthilfe“ greifen diesen Aspekt auf.

Perich (1994, S. 35 f.) weist in diesem Zusammenhang auf die Notwendigkeit des Selbstmanagement (bzw. der Selbstorganisation) und der Mitarbeiterführung hin. Diese beiden Maßnahmenbündel sollten idealerweise gleichzeitig und mit gleicher Gewissenhaftigkeit gefördert werden. Anhand von acht Schlüsselfaktoren macht dieser Autor deutlich, daß alle Mitarbeiter entsprechend ihrem Potential einen Beitrag zum Unternehmungserfolg leisten können (vgl. Perich 1994, S. 36 f.):

Selbstmanagement (Betroffene zu Beteiligten machen): Systematische Selbstreflexion; Entwicklung eines Bewußtseins für Systemzusammenhänge (vernetztes Denken); Bereitschaft zu ständigem Lernen; Verbesserung der eigenen Arbeitstechnik.

Mitarbeiterführung (Hilfe zur Selbsthilfe): Aufrechterhaltung und Entwicklung eines Klimas des Vertrauens; Schaffung einer vereinigenden Vision; Pflege einer intensiven und offenen Kommunikation; laufendes Überdenken von Führungs- und Organisationsprinzipien. Die Verwirklichung dieser Schlüsselfaktoren geht einher mit der Forderung nach einem Abbau von Hierarchien und nach Machtausgleich. Sie führt im Endzustand zur Demokratisierung des Lebens in Organisationen.

Im Unterschied zum BR läßt die OE verschiedene Veränderungsstrategien zu (vgl. Glasl 1975, S. 152 f.). Es sind dies die „Spitze-abwärts-Strategie“, die „Basis-aufwärts-Strategie“, die „bipolare Strategie“, die „Keil-Strategie“ und die „Multiple-Nucleus-Strategie“.

Ein umfassendes OE-Konzept enthält sowohl einen strukturalen als auch einen personalen Ansatz. Der *strukturale* Ansatz versucht, über die Veränderung des Organisationsplanes oder der Stellenbeschreibungen günstige Rahmenbedingungen für die Erreichung der OE-Ziele zu schaffen. Der *personale* Ansatz setzt bei den Mitarbeitern an und fördert durch Qualifizierungsmaßnahmen (Personalentwicklung) deren Fähigkeit zur Bewältigung und Unterstützung von Veränderungen. Es steht außer Zweifel, daß die Zieldimensionen der OE (wirtschaftliche Effizienz und soziale Effizienz) eine Kombination des strukturalen und des personalen Ansatzes erfordern.

Die OE kann durch die Förderung der Kommunikations-, der Lern-, der Feedback- und der Teamfähigkeit sowie des bewußten Umgangs mit Zielen, Werten und Regeln zur Entwicklung einer Unternehmung in Richtung lernende Organisation (Verankerung der organisationalen Wert- und Wissensbasis) beitragen (vgl. Probst/Büchel 1994).

3. Gegenüberstellung der grundlegenden Ansätze

Die Konzipierung eines integrierten und differenzierten Veränderungsmanagement erfordert die Kenntnis der Charakteristika bzw. der Stärken und Schwächen der grundlegenden Ansätze des Change Management (vgl. Abbildung 1).

Kriterium	Business Reengineering	Organisationsentwicklung
Herkunft der Ansätze	- Ingenieurwissenschaften/ Beratungspraxis (managementorientiert)	- Sozialpsychologie/Beratungspraxis (sozialorientiert)
Grundidee	- Fundamentales Überdenken und radikales Redesign von Unternehmungen oder Unternehmungsprozessen (revolutionärer Wandel)	- Längerfristig angelegter, organisationsumfassender Veränderungs- und Entwicklungsprozeß von Organisationen und der darin tätigen Menschen (evolutionärer Wandel)
Normative Grundposition (Auswahl)	- Diskontinuierliches Denken - Frage nach dem Warum - Überzeugte zu Beteiligten machen	- Hilfe zur Selbsthilfe - Betroffene zu Beteiligten machen - Demokratisierung und Enthierarchisierung
Menschenbild	- tendenziell Theorie X	- Theorie Y
Charakterisierung der Veränderung	- tiefgreifender und umfassender Wandel - Diskontinuität - Veränderung in größeren Schüben	- dauerhafter Lern- und Entwicklungsprozeß - Kontinuität - Veränderung in kleinen Schritten
Zeithorizont	- mehrjährig mit Druck auf raschen Erfolg (in quantifizierbaren Größen)	- langfristig mit Geduld und Offenheit (z.B. für Eigendynamik)
Veränderungsobjekt	- Gesamtunternehmung bzw. Kernprozesse	- Gesamtunternehmung bzw. Teilbereiche
Ziele	- Erhöhung der Wirtschaftlichkeit (ökonomische Effizienz)	- Erhöhung der Wirtschaftlichkeit (ökonomische Effizienz) **und** der Humanität (soziale Effizienz)
Einsatz bei folgenden Krisenarten	- Liquiditätskrise - Erfolgskrise	- Erfolgskrise - Strategische Krise
Veränderungsstrategien	- Spitze-abwärts-Strategie	- Spitze-abwärts-Strategie - Basis-aufwärts-Strategie - Bipolare Strategie - Keilstrategie - Multiple-Nucleus-Strategie

Abbildung 1: Gegenüberstellung der grundlegenden Ansätze

Kriterium	Business Reengineering	Organisationsentwicklung
Ansatzpunkte	- primär Ablauforganisation - strukturaler Ansatz (bzw. Neugestaltung der Kernprozesse) aber auch - Organisationsstrukturen/Stellen - Wertvorstellungen sowie - Personalbeschaffungs-, -beurteilungs- und -belohnungsverfahren	- strukturaler und personaler Ansatz (Neugestaltung der organisatorischen Strukturen sowie Änderung der Einstellungen und Verhaltensweisen der Menschen)
Rollen	- Leader (Machtpromotor) - Process Owner (Prozeßpromotor im Sinne eines Prozeßbetreuers) - Reengineering Team - Steering Comittee (Mischung aus Macht- und Fachpromotoren) - Reengineering Czar (Fachpromotor)	- Change Agent (Mischung aus Fach- und Prozeßpromotor im Sinne eines Beraters) - Client System - Change Catalyst (Machtpromotor)
Stärken	- Klare Abgrenzung der Veränderungsphasen - Möglichkeit zum Neuanfang - Chance zur deutlichen Steigerung der Wirtschaftlichkeit - Schnelligkeit des Wandels - Konzeptionelle Einheitlichkeit der Veränderung	- Sozialverträglichkeit - Natürliche Veränderung - Berücksichtigung der Entwicklungsfähigkeit der Systemmitglieder - Förderung des Selbstmanagement bzw. der Selbstorganisation - Langfristige Optik - Vermeidung/Reduktion von Änderungswiderständen
Schwächen	- Instabilität in der Phase der Veränderung - Zeit- und Handlungsdruck - Druck auf kurzfristige Resultatverbesserung - Ausschluß alternativer Veränderungsstrategien (neben der Spitze-abwärts-Strategie) - mangelnde Sozialverträglichkeit (Berücksichtigung von Widerständen)	- Reaktionsgeschwindigkeit - Extrem hohe Anforderungen an die Sozialkompetenz der am OE-Prozeß Beteiligten - Zwang zur Suche nach Kompromissen - Unzureichende Möglichkeiten zur Durchsetzung unpopulärer aber notwendiger Entscheidungen (Unterschätzung der Machtkomponente)

Abbildung 1: Gegenüberstellung der grundlegenden Ansätze (Fortsetzung)

D. Träger des Change Management

Die Tatsache, daß die Qualifikationen und die Motivation der an den Veränderungen aktiv oder passiv Beteiligten als kritische Erfolgsfaktoren gelten können, zeigt sich darin, daß die Nichtberücksichtigung dieses Aspektes meistens das Scheitern des Veränderungsprozesses mit sich führt (vgl. Hall/Rosenthal/Wade 1994, S. 91). Es erweist sich also als durchaus angebracht, die verschiedenen Rollen in Change-Management-Prozessen näher zu beleuchten. Das zugrundeliegende Promotorenmodell von Witte (1973) und seine Weiterentwicklung durch Hauschildt/Chakrabarti (1988) beziehen sich zwar auf den Innovationsprozeß, können aber dennoch als konzeptionelle Basis dienen.

Der *Machtpromotor* (BR = Leader, OE = Change Catalyst) ist aufgrund seines (i.d.R.) höheren hierarchischen Ranges in der Lage, den Veränderungsprozeß nach oben abzusichern und die grundlegenden Rahmenbedingungen für eine erfolgreiche Veränderung zu schaffen. Im BR nimmt das Top Management zudem die Funktion des Initiators der Veränderung wahr (Spitze-abwärts-Strategie). Auf jeden Fall ist es von großer Wichtigkeit, daß der Machtpromotor die am Prozeß direkt Beteiligten mit den notwendigen Kompetenzen ausstattet. Als Visionär stellt er zudem sicher, daß die Ziele des Veränderungsprozesses in der „richtigen" Richtung gesetzt werden. Der „Process Owner" im BR ist dabei eher als Prozeßbetreuer und weniger als Prozeßberater zu verstehen, da er keine fachliche Beratungsfunktion wahrnimmt.

Die Funktion des *Prozeßpromotors* (BR = Process Owner, OE = Change Agent) ist sowohl in fachlicher als auch in sozialer Hinsicht sehr anspruchsvoll. Neben einer fachlichen Beratung bestehen die Aufgaben des Prozeßverantwortlichen primär darin, das „Change Team" zusammenzustellen, bürokratische Eingriffe abzuwenden sowie die am Veränderungsprozeß direkt Beteiligten zu motivieren und zu inspirieren. Als Repräsentant und Anwalt des Veränderungsprozesses nimmt der Prozeßpromotor eine zentrale Koordinations- und Kommunikationsfunktion wahr. Er informiert laufend über die Veränderung und dient als Ansprechpartner für Verbesserungsvorschläge und Kritik. Der „Process Owner" im BR ist dabei eher als Prozeßbetreuer und weniger als Prozeßberater zu verstehen, da er keine fachliche Beraterfunktion wahrnimmt.

In der Person des *Fachpromotors* (BR = Reengineering Czar, OE = Change Agent) verfügt das Change Management über einen Kompetenzträger, der das fachliche Instrumentarium für Veränderungen zur Verfügung stellt und weiterentwickelt. Er ist i.d.R. in einer Stabsstelle angesiedelt und erweist sich als Hüter der Veränderungstechniken (z.B. Organisationsanalyse, Kreativitätstechniken, Organisationstechniken, Gruppendynamik etc.). Eine weitere Aufgabe des Fachpromotors liegt darin, für die zur Realisierung der Veränderungsmaßnahmen notwendige Infrastruktur zu sorgen. Vor allem in BR-Projekten nimmt die Informations- und Kommunikationstechnologie einen hohen Stellenwert ein.

Die vorgängig erläuterte Rollenverteilung in Veränderungsprozessen ist hinsichtlich einer genauen Aufgabenabgrenzung als dynamisch zu betrachten. Je nach der Art der Veränderung (z.B. BR oder OE) tragen die am Prozeß Beteiligten andere Namen oder ihre Aufgaben sind anders definiert. Im Endeffekt kommt es hauptsächlich darauf an, daß der Veränderungsprozeß von der Unternehmungsleitung getragen, von einem sozialkompetenten Prozeßverantwortlichen gefördert und von versierten Experten fachlich betreut wird.

E. Grundidee für ein integriertes und differenziertes Veränderungsmanagement

Die bisherigen Ausführungen haben die Notwendigkeit der konzeptionellen Breite eines integrierten und differenzierten Veränderungsmanagement aufgezeigt. Die eingangs erwähnte Dynamik des betrieblichen Umsystems erfordert eine umfassende Philosophie die, je nach Situation oder Krisenart, unterschiedliche Vorgehensweisen ermöglicht. Abbildung 2 zeigt die mögliche Bandbreite des Veränderungsmanagement.

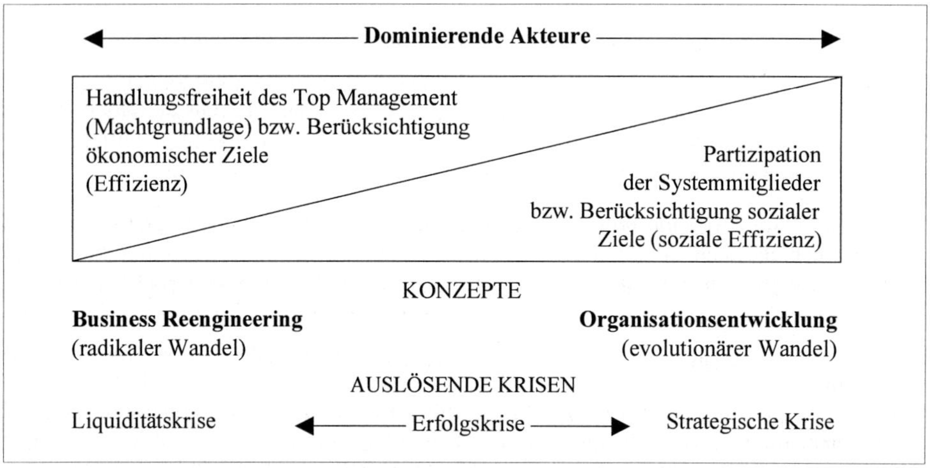

Abbildung 2: Bandbreite des Veränderungsmanagement

Das Kontinuum zwischen dem radikalen und dem evolutionären Wandel verdeutlicht die Spannungsfelder *Partizipation der Systemmitglieder* versus *Handlungsfreiheit des Top Management* und ökonomische Effizienz versus soziale Effizienz. Je nach Dringlichkeit des Wandels (vgl. die Krisenarten) erscheint ein entsprechender Ansatz des Change Management (oder Varianten auf dem Kontinuum) situationsgerecht und erfolgversprechend.

Die Vielfalt der diskutierten Managementmodelle bzw. Veränderungsansätze (z.B. Lean Management, TQM, Business Reengineering, Organisationsentwicklung, Organisationales Lernen etc.) weist auf das Bedürfnis unternehmerischer Entscheidungsträger für Konzepte hin, welche die langfristige Sicherung der Erreichung der Unternehmungsziele in einem sich ständig wandelnden Umsystem ermöglichen bzw. fördern. Wenn das Change Management i.S. eines integrierten und differenzierten Veränderungsmanagement als konzeptionelles Dach aller geplanten, gesteuerten und kontrollierten Veränderungen in sozioökonomischen Systemen verstanden wird, steht seiner konzeptionellen Weiterentwicklung nichts mehr im Wege. Als Beispiele einer weiteren Differenzierung des vorgestellten Konzepts sei auf Reiß (1994, S. 17 ff.) hingewiesen, der vorschlägt, den Wandel nach seiner Breite, seiner Tiefe und seiner Geschwindigkeit zu unterscheiden. Bei der praktischen Anwendung dürfte Fragen der Implementierung eine besondere Bedeutung zukommen.

Anmerkung

1) Meinem Mitarbeiter Herrn lic. oec. Robert Zaugg danke ich für die Unterstützung bei der Erstellung dieses Beitrags.

Literatur

DOPPLER, K.; LAUTERBURG, C.: Change Management. Den Unternehmenswandel gestalten, Frankfurt a.M./ New York 1994.

DUBS, R.: Unternehmerischer Wandel. Überlegungen zu den Pendelschlägen in der Führung und bei der Gestaltung von betrieblichen Führungskonzepten, in: Unternehmerischer Wandel: Konzepte zur organisatorischen Erneuerung, hrsg. v. P. Gomez u. K. Bleicher, Wiesbaden 1994, S. 85-104.

GESELLSCHAFT FÜR ORGANISATIONSENTWICKLUNG (GOE) E.V.: Leitbild und Grundsätze. Gründungsveranstaltung vom 4. Juni 1980.

GLASL, F.: Situatives Anpassen der Strategie, in: Organisationsentwicklung, hrsg. v. F. Glasl u. L. de la Houssaye, Bern/Stuttgart 1975, S. 145-158.

GREINER, L.: Evolution and revolution as organizations grow, in: HBR, 50. Jg. (1972), H. 4, S. 37-46.

HALL, G.; ROSENTHAL, W.; WADE, P.J.: Reengineering: Es braucht kein Flop zu werden, in: HBM, 16. Jg. (1994), H. 4, S. 82-93.

HAMMER, M.; CHAMPY, J.: Business Reengineering. Die Radikalkur für das Unternehmen, Frankfurt a.M./New York 1994.

HAUSCHILDT, J.; CHAKRABARTI, A.K.: Arbeitsteilung im Innovationsmanagement. Forschungsergebnisse, Kriterien und Modelle, in: ZFO, 57. Jg. (1988), S. 378-388.

JOHANSSON H.J. ET AL.: Business Process Reengineering. Breakpoint Strategies for Market Dominance, New York 1993.

KIRSCH, W.; ESSER, W.-M.; GABELE, E.: Das Management des geplanten Wandels von Organisationen, Stuttgart 1979.

KRÜGER, W.: Transformations-Management. Grundlagen, Strategien, Anforderungen, in: Unternehmerischer Wandel: Konzepte zur organisatorischen Erneuerung, hrsg. v. P. Gomez u. K. Bleicher, Wiesbaden 1994, S. 199-228.

KUBICEK, H.; THOM, N.: Umsystem, betriebliches, in: HWB, Bd. 2, hrsg. v. E. Grochla u. W. Wittmann, 4. Aufl., Stuttgart 1976, Sp. 3977-4017.

MÜLLER, R.: Krisenmanagement in der Unternehmung. Vorgehen, Maßnahmen und Organisation, 2. Aufl., Frankfurt a.M. et al. 1986.

PERICH, R.: Wie können Vorgesetzte und Mitarbeiter Veränderungen erfolgreich bewältigen? in: IO Management Zeitschrift, 63. Jg. (1994), H. 1, S. 33- 37.

PROBST, G.; BÜCHEL, B.: Organisationales Lernen, Wiesbaden 1994.

REISS, M.: Reengineering: radikale Revolution oder realistische Reform? in: Kunden und Prozesse im Fokus, hrsg. v. P. Horváth, Stuttgart 1994, S. 9-26.

THOM, N.: Organisationsentwicklung, in: HWO, hrsg. v. E. Frese, 3. Aufl., Stuttgart 1992, Sp. 1477-1491.

WITTE, E.: Organisation für Innovationsentscheidungen - Das Promotoren-Modell, Göttingen 1973.

Klaus J. Zink

Qualitätsmanagement

A. Grundlegende Begriffsklärungen

Vergleicht man verschiedene, in der einschlägigen Fachliteratur publizierte Definitionen des Begriffes Qualitätsmanagement (QM), so läßt sich ein uneinheitliches Begriffsverständnis feststellen. Dies ist insbesondere auf die Tatsache zurückzuführen, daß 1992 in der internationalen Normenreihe DIN/ISO 9000 ff. der Begriff *Qualitätssicherung (QS)* in *Qualitätsmanagement* geändert wurde. Im ursprünglichen Verständnis war QS der Oberbegriff für alle qualitätssichernden Maßnahmen, und QM beschränkte sich auf die Aufgaben der QS, die das Management betrafen. Durch die Umkehrung der Hierarchie im neuen Sprachgebrauch (vgl. Petrick 1992, S. 197) wird damit das QS-System der DIN/ISO implizit in die Nähe *umfassender QM-Ansätze*, wie z.B. *Total Quality Management (TQM)*, gebracht, ohne jedoch den dort thematisierten, erweiterten Anforderungen (derzeit) gerecht werden zu können. Um beide Ansätze miteinander vergleichen zu können, ist es zunächst erforderlich, sich mit den jeweiligen *Qualitätsbegriffen* zu befassen.

Im Verständnis der DIN/ISO 8402 ist Qualität *„die Gesamtheit von Merkmalen einer Einheit bezüglich ihrer Eignung, festgelegte und vorausgesetzte Erfordernisse zu erfüllen“* (DIN/ISO 8402, S. 14). Eine Einheit muß dabei nicht unbedingt ein materieller Gegenstand sein, es kann sich vielmehr auch um ein immaterielles Produkt handeln, das Ergebnis einer Tätigkeit oder eines Prozesses ist, oder aber um die Tätigkeit bzw. den Prozeß selbst. Insofern ist Qualität nicht nur produktorientiert, sondern beinhaltet auch tätigkeitsbezogene Aspekte. Obwohl diese Definition keine expliziten Aussagen darüber macht, wer Anforderungen definiert, geht sie dennoch davon aus, daß die Erfüllung von Kundenanforderungen der Maßstab für Qualität ist. Damit wird aber auch deutlich, daß es ohne eine genaue Spezifikation der Anforderungen keine Qualität geben kann. Hieraus resultieren u.a. spezifische Aufgabenstellungen für die am Markt agierenden Unternehmensbereiche (vgl. Zink 1994a, S. 18).

Betrachtet man den Leistungserstellungsprozeß sowie die vor- und nachgelagerten Bereiche eines Unternehmens, so lassen sie sich als System interner Kunden und Lieferanten darstellen. Es liegt folglich nahe, den Qualitätsbegriff explizit auch auf Anforderungen interner Kunden auszuweiten. Obwohl die Begriffsbestimmung der DIN/ISO bereits wesentliche Elemente beinhaltet, sollte sie auch explizit um den Aspekt der Kundenzufriedenheit - der in dieser Definition nur implizit enthalten ist - ergänzt werden. Eine geeignete Definition, die auch im Rahmen umfassender QM-Konzepte gültig ist, wäre z.B. die folgende: *„Qualität ist die Erfüllung von (vereinbarten) Anforderungen zur dauerhaften Kundenzufriedenheit.“* (Zink 1994a, S. 18).

Untersucht man nun, auf welchen Feldern Qualität zum Tragen kam bzw. kommt, so wird deutlich, daß diese sich im Laufe der Zeit gewandelt haben. Zunächst stand die Qualität des Produktes oder der Dienstleistung im Zentrum des Interesses. Qualität war die geforderte Eigenschaft einer Einheit, die in erster Linie durch aufwendige und damit teure Prüfungen sichergestellt wurde. Je nachdem, ob die Prüfungen in Zusammenhang mit der Materialbeschaffung standen oder ob man versuchte, während der Fertigung Qualität in ein Produkt „hineinzukontrollieren“, dominierte eine Input- oder Outputorientierung bei der Interpretation des Qualitätsbegriffs (vgl. Zink 1994a, S. 19).

Die Erkenntnis, daß Qualität produziert werden muß und nicht erprüft werden kann, hat dazu geführt, daß Arbeitsabläufe und -verfahren stärker in den Blickpunkt des Interesses gerückt sind. Die Betonung der Prozeßorientierung fand in den DIN/ISO-Normen u.a. ihren Niederschlag in der Darstellung des *Qualitätskreises* - einem Phasenkonzept der QS.

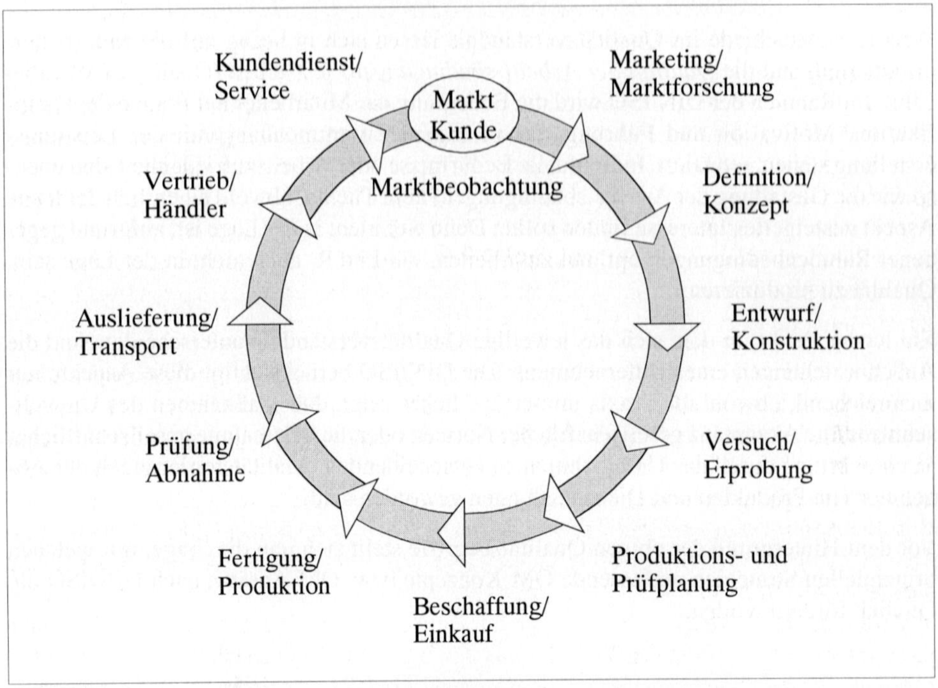

Abbildung 1: Qualitätskreis als Phasenkonzept (vgl. DIN/ISO 55350, Teil 11, S. 6)

Dieses Phasenmodell orientiert sich am Produktentstehungsprozeß und verdeutlicht insbesondere die exponierte Stellung des *Kunden*, der das schließende Element dieses Kreises bildet. Er steht einerseits am Anfang des Qualitätskreises (Ermittlung der Anforderungen im Rahmen der Marktforschung), andererseits auch an dessen Ende (After-Sales-Qualität im Kundendienst/Service). Darüber hinaus zeigt Abbildung 1 die internen Kunden-Lieferanten-Beziehungen, und es wird deutlich, daß i.S. der DIN/ISO alle Bereiche - sofern sie in den Produktentstehungsprozeß eingebunden sind - in die Gestaltung eines QM-Systems einzubeziehen sind.

Die oben skizzierten Felder der QS sind typisch für QM-Ansätze i.S. der DIN/ISO. Im Vergleich zu diesen gehen umfassende QM-Konzepte von einem erweiterten Qualitätsbegriff aus. Während die DIN/ISO die Dokumentation der Prozesse in den Vordergrund stellt, die in direktem Zusammenhang mit der Entstehung eines Produkts oder einer Dienstleistung stehen, thematisieren TQM-Ansätze den Wertschöpfungsaspekt aller Prozesse und schließen dabei auch indirekte Prozesse (z.B. korrekte Rechnungserstellung, Qualifizierung der Mitarbeiter etc.) ein. Umfassende QM-Ansätze sind darüber hinaus stärker auf ökonomische Ziele ausgerichtet. Das Ziel ist nicht, Qualität um der Qualität willen zu erreichen, sondern die Sicherung der Wettbewerbsfähigkeit durch umfassende Qualität. Insofern ist die Vermeidung von Fehlern und damit der Einsatz präventiver Methoden zur Sicherung der Qualität von essentieller Bedeutung. Zusammenfassend kann man damit einem TQM-Ansatz im Vergleich zur DIN/ISO eine *konsequentere* Kunden- und Prozeßorientierung attestieren.

Weitere Unterschiede im Qualitätsverständnis lassen sich in bezug auf die Mitarbeiterorientierung und die *Qualität der Arbeit(-sbedingungen)* feststellen (Quality of Working Life). Im Rahmen der DIN/ISO wird die Bedeutung der Mitarbeiter auf Fragen der Qualifikation, Motivation und Führung, die in engem Zusammenhang mit der Leistungserstellung stehen, reduziert. Individuelle Bedürfnisse oder Arbeitszufriedenheit sind ebenso wie die Gestaltung der Arbeit(-sbedingungen) kein Thema, obwohl eigentlich der letzte Aspekt gesteigertes Interesse finden sollte: Denn wer nicht in der Lage ist, aufgrund gegebener Rahmenbedingungen optimal zu arbeiten, wird i.d.R. auch nicht in der Lage sein, Qualität zu produzieren.

Ein letzter Punkt, in dem sich das jeweilige Qualitätsverständnis unterscheidet, sind die Außenbeziehungen eines Unternehmens: Die DIN/ISO berücksichtigt diese Aspekte nur unzureichend, obwohl die Praxis immer deutlicher zeigt, daß Maßnahmen des Umweltschutzes, die Akzeptanz gesellschaftlicher Normen oder die Übernahme gesellschaftlicher Verantwortung durch das Unternehmen zu entscheidenden Qualitätsforderungen der Abnehmer von Produkten und Dienstleistungen geworden sind.

Vor dem Hintergrund der obigen Qualitätsbegriffe stellt sich nun die Frage, mit welchen prinzipiellen Strategien umfassende QM-Konzepte bzw. QM-Ansätze nach DIN/ISO die Qualität fördern wollen.

B. Das Qualitätsmanagementsystem der DIN/ISO

1. Die Normenreihe DIN/ISO 9000 - 9004

Der Aufbau und die Ausgestaltung eines QM-Systems nach DIN/ISO werden im wesentlichen in der Normenreihe DIN/ISO 9000 - 9004 beschrieben. Darüber hinaus enthält die Norm DIN/ISO 8402 wesentliche Definitionen aus dem Bereich des QM und der QS. Hier findet sich auch eine Definition des Begriffes Qualitätsmanagement:

„Alle Tätigkeiten der Gesamtführungsaufgabe, welche die Qualitätspolitik, Ziele und Verantwortungen festlegen sowie diese durch Mittel wie Qualitätsplanung, Qualitätslenkung, Qualitätssicherung und Qualitätsverbesserung im Rahmen des Qualitätsmanagementsystems verwirklichen“ (DIN/ISO 8402, S. 22).

Demzufolge handelt es sich nach dem Begriffsverständnis der DIN/ISO bei einem QM-System um die zur Verwirklichung erforderlichen Organisationsstrukturen, Verantwortlichkeiten, Verfahren, Prozesse und Mittel. Anhand dieser Begriffsbestimmungen läßt sich unschwer erkennen, daß es kein allgemeingültiges QM-System geben kann. Zu unterschiedlich sind die Märkte, in denen ein Unternehmen agiert, zu verschieden die Anforderungen der jeweiligen Kunden und zu individuell die betriebsspezifischen Rahmenbedingungen. Jedes Unternehmen muß daher - vor dem Hintergund der jeweils relevanten Rahmenbedingungen - seine *eigene* Qualitätspolitik definieren, seine spezifischen Qualitätsziele festlegen und damit auch ein unternehmensspezifisches QM-System aufbauen.

Obwohl oben betont wurde, daß QM-Systeme sich an den spezifischen Eigenheiten eines Unternehmens orientieren müssen, nimmt die Normenreihe DIN/ISO 9000 - 9004 für sich in Anspruch, branchen- und unternehmensunabhängig zu sein. Dieser scheinbare Widerspruch läßt sich dadurch auflösen, daß QM-Systeme zwar unternehmensspezifisch zu entwickeln sind, daß sie aber dennoch gleiche oder ähnliche Elemente beinhalten können, diese jedoch i.d.R. dann in unterschiedlicher Ausprägung vorliegen (vgl. Pfeifer 1993, S. 336 f.).

Die DIN/ISO 9000 erläutert zunächst die wesentlichen Unterschiede und Wechselwirkungen in den grundsätzlichen Qualitätskonzepten. Darüber hinaus gibt sie eine Anleitung zur Auswahl und Anwendung von Normen zur Darlegung des internen QM und der externen QS. Die Normen DIN/ISO 9001 - 9003 beschreiben verschiedene Modelle zur externen Darlegung der QS, wobei jeweils verschiedene Phasen des Leistungserstellungsprozesses einbezogen werden. In der Norm 9004 liegt schließlich ein Leitfaden vor, der Anforderungen zur Ausgestaltung des internen QM gibt. Die inhaltliche Gliederung der Normenreihe DIN/ISO ist in einer Übersicht in Abbildung 2 dargestellt.

2. Die Dokumentation des Qualitätsmanagementsystems

Die detaillierte Beschreibung der Qualitätspolitik und des QM-Systems erfolgt im wesentlichen mit Hilfe des *QM-Handbuchs*. Die dort enthaltenen Darstellungen beziehen sich insbesondere auf die Festlegung von Zuständigkeiten, Verantwortungen und Beziehungen zwischen Mitarbeitern untereinander bzw. Mitarbeitern und Vorgesetzten, sofern sie qualitätsrelevante Aspekte betreffen. Darüber hinaus sind Angaben zu Verfahren und Anweisungen im QM enthalten sowie Festlegungen bzgl. Review, Überwachung und Aktualisierung des Handbuchs. Je nach Anwendungszweck und Anforderung des Unternehmens werden in ihm alle oder nur Teile der Tätigkeiten einer Organisation dokumentiert. Bezieht sich das QM-Handbuch z.B. nur auf die Forderungen der QS, so bezeichnet man es auch als QS-Handbuch (vgl. DIN/ISO 8402, S. 28).

Die Erstellung eines solchen Handbuchs ist i.d.R. mit einem hohen Aufwand verbunden, dem auf der anderen Seite allerdings zahlreiche Vorteile gegenüberstehen. Im Zuge seiner Erstellung ist es z.B. erforderlich, sich intensiv mit innerbetrieblichen Abläufen auseinanderzusetzen und diese eingehend zu analysieren. Es besteht dabei auch die Chance, eingefahrene Abläufe kritisch zu hinterfragen und unter den Aspekten der Effizienz- sowie Qualitätsförderung zu optimieren. Durch die schriftliche Dokumentation werden Prozesse und qualitätssichernde Maßnahmen transparent und unabhängig von Einzelpersonen, so daß auch bei einem Personalwechsel die Kontinuität in bezug auf qualitätsrelevante Tätigkeiten gewahrt bleibt. Darüber hinaus ist das QM-Handbuch ein Instrument, um sowohl gegenüber den eigenen Mitarbeitern als auch gegenüber externen Kunden das QM-System zu dokumentieren (vgl. Pfeifer 1993, S. 351).

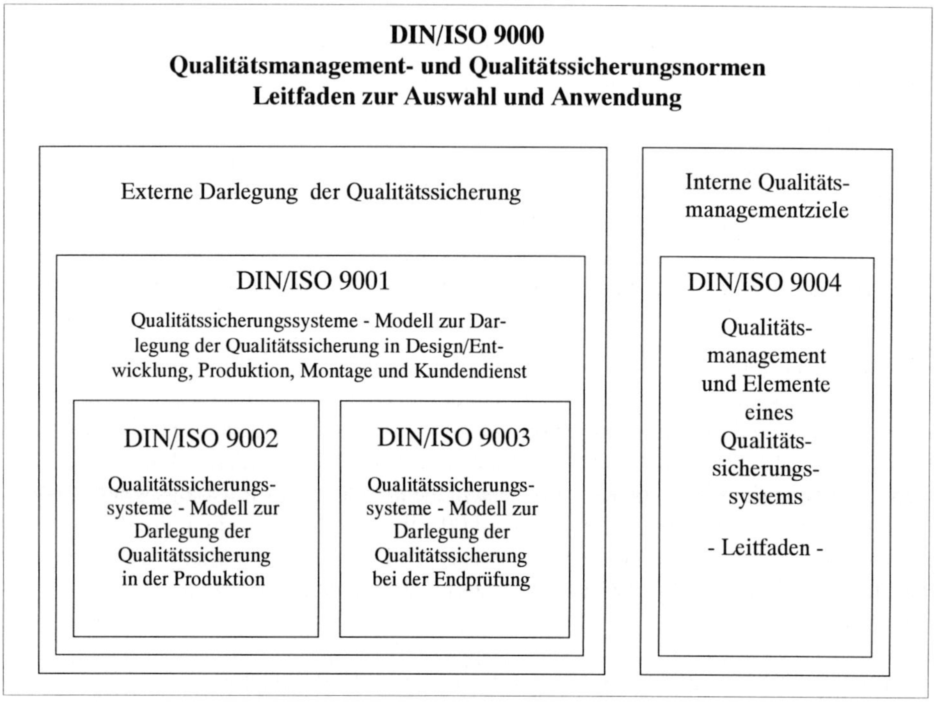

Abbildung 2: Die Normenreihe DIN/ISO 9000 - 9004 (vgl. Zink/Schmidt 1992, S. 550)

3. Zertifizierung nach DIN/ISO 900x

Der Nachweis, daß ein QS-System in der Lage ist, die gestellten Qualitätsforderungen zu sichern, läßt sich z.B. durch eine Zertifizierung erbringen, die eine externe, neutrale Stelle durchführt. Im Rahmen des Zertifizierungsprozesses wird zunächst mit Hilfe eines Fragebogens geklärt, ob das Unternehmen die grundlegenden Anforderungen für eine erfolgreiche Zertifizierung erfüllt und welche Norm der Reihe 9001 - 9003 man zur Darlegung des QS-Systems heranzieht. Anschließend wird die Dokumentation des QS-System überprüft, was im wesentlichen die Sichtung und Bewertung des QS-Handbuchs und den darin enthaltenen Verfahrensanweisungen umfaßt. Nach erfolgreichem Abschluß der vorbereitenden Aktivitäten nimmt ein Team von Auditoren die Arbeit vor Ort auf, wo die *Realisierung* des QS-Systems kontrolliert wird. Anhand detaillierter Fragen untersuchen die Auditoren die einzelnen Elemente des QS-Systems und bewerten diese vor dem Hintergrund der spezifischen betrieblichen Rahmenbedingungen. Die Ergebnisse ihrer Analysen und insbesondere die erkannten Schwachstellen sowie die vom Unternehmen vorgesehenen Korrekturmaßnahmen dokumentiert das Auditoren-Team abschließend in einem Prüfbericht. Sind keine gravierenden Schwachstellen vorhanden, erfolgt die Zertifizierung. Das zu verleihende Zertifikat hat eine Gültigkeitsdauer von drei Jahren, setzt allerdings jährliche Überwachungsaudits voraus (vgl. Petrick 1992, S. 207 ff.).

C. Total Quality Management

Dem oben skizzierten QM nach DIN/ISO soll im folgenden ein umfassender Ansatz i.S. von Total Quality Management (TQM) gegenübergestellt werden. Ein Definitionsversuch findet sich bspw. in der DIN ISO 8402 (S. 25):

„Auf der Mitwirkung aller ihrer Mitglieder beruhende Führungsmethode einer Organisation, die Qualität in den Mittelpunkt stellt und durch Zufriedenstellung der Kunden auf langfristigen Geschäftserfolg sowie auf Nutzen für die Mitglieder der Organisation und für die Gesellschaft zielt.“

Diese Definition enthält eine Reihe von Elementen, die charakteristisch für ein umfassendes QM-Konzept sind. Durch die Reduktion auf eine *Führungsmethode* greift sie allerdings zu kurz. Deshalb soll im folgenden ein etwas breiterer Ansatz gewählt werden, der in Abbildung 3 dargestellt ist.

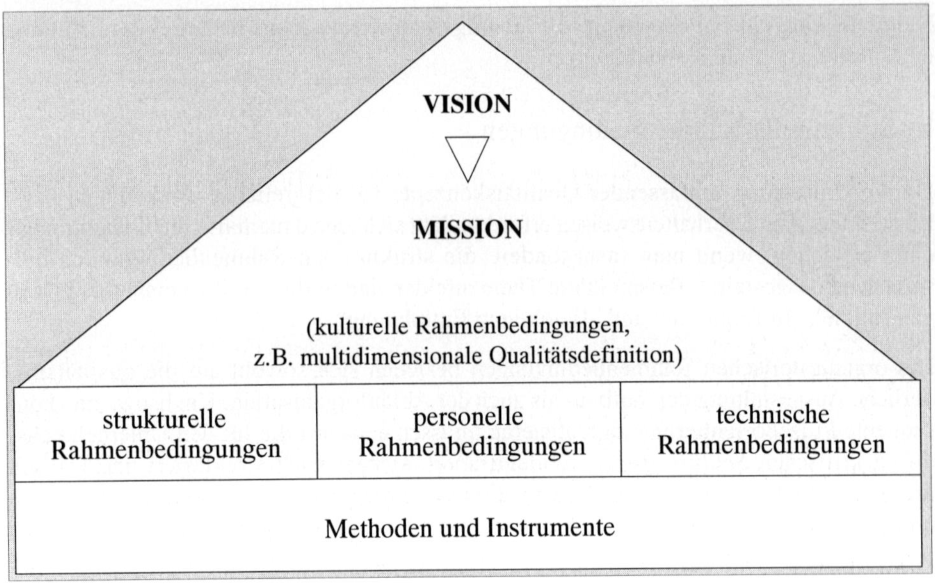

Abbildung 3: Bausteine eines TQM-Konzeptes

1. Bausteine eines Total-Quality-Management-Ansatzes

Umfassende Qualitätskonzepte lassen sich nur dann dauerhaft in einem Unternehmen etablieren, wenn es gelingt, die Einstellungen aller Mitglieder einer Organisation dahingehend zu beeinflussen, daß sie Qualität als primäres Handlungsziel akzeptieren. Hierzu ist es erforderlich, eine unternehmensspezifische *Qualitätsphilosophie* zu formulieren, sie in die Unternehmensziele einzubinden und zu einem integralen Bestandteil der gelebten Unternehmenskultur zu machen.

a) Qualität als strategisches Unternehmensziel

Da TQM kein Programm mit begrenzter Lebensdauer ist, sondern eine langfristige Aufgabe von strategischer Bedeutung, ist es unumgänglich, die Kräfte eines Unternehmens auf das Ziel umfassender Qualität zu fokussieren. Hierzu bedarf es zunächst einer *Vision*, die die Zielsetzungen des Unternehmens in bezug auf umfassende Qualität ausdrückt und die Grundlage für die Ableitung konkreter Handlungsfelder *(Missionen)* bildet. In der Vision müssen insbesondere Aussagen zum Qualtätsverständnis gemacht werden (mehrdimensionaler, auf Prävention ausgerichteter Qualitätsbegriff), und es muß klar zum Ausdruck kommen, daß Qualität eine unternehmensweite Aufgabe ist, die alle Bereiche (direkte und indirekte) und alle Beschäftigten (Mitarbeiter und Führungskräfte) betrifft.

Damit die Qualitätsphilosophie in die Tat umgesetzt werden kann, bedarf es der Erfüllung einer Reihe von Rahmenbedingungen.

b) Strukturelle Rahmenbedingungen

Da die Umsetzung umfassender Qualitätskonzepte i.a. tiefgreifende Änderungen bzgl. Einstellungen und Verhaltensweisen erfordert, läßt sich eine dauerhafte Stabilisierung nur dann erreichen, wenn man insbesondere die strukturellen Rahmenbedingungen entsprechend ausgestaltet. Beispielhafte Themenfelder sind in diesem Zusammenhang „Organisation", „Information" und „Belohnung/Entlohnung".

Die organisatorischen Rahmenbedingungen beziehen sich sowohl auf die qualitätsförderliche Ausgestaltung der Aufbau- als auch der Ablauforganisation. Um bspw. eine konsequente Prozeßorientierung zu realisieren, müssen zunächst die für den Unternehmenserfolg kritischen *Schlüsselprozesse* identifiziert, systematisch strukturiert und kritisch analysiert werden. Durch die Dekomposition von Prozessen in Subprozesse, Tätigkeiten und Tätigkeitselemente lassen sich die relevanten Schnittstellen mit ihren spezifischen Regulationsanforderungen definieren und die Grundlagen für eine effektive Prozeßregelung schaffen. Ein weiteres Element zur Förderung der Prozeßqualität ist z.B. die Einrichtung der Institution der *Prozeßverantwortlichen*, die über Bereichs- und Abteilungsgrenzen hinweg die Geschäftsprozesse überwachen und steuern. Ihre Verantwortung erstreckt sich dabei nicht nur auf einzelne Phasen, sondern - wie der Name schon sagt - auf den gesamten Prozeß.

Die Tatsache, daß Qualität sich nur dann produzieren läßt, wenn man die Anforderungen der Kunden kennt, erfordert die Herstellung (auch) *interner Kunden-Lieferanten-Bezie-*

hungen. Neue Formen der Arbeitsteilung, die insbesondere durch den Übergang von einer Funktions- zu einer Prozeßorientierung gekennzeichnet sind, tragen wesentlich dazu bei, den Leistungserstellungsprozeß in einem Gesamtzusammenhang zu sehen. Dem einzelnen Mitarbeiter eröffnet sich die Chance zu erkennen, wer seine Kunden sind und welche Anforderungen sie an ihn stellen. Er ist dadurch in der Lage, Qualitätsverantwortung zu übernehmen (z.B. auch durch die verstärkte Übernahme von Prüftätigkeiten in seinem Arbeitsbereich). Abbildung 4 zeigt diesen Sachverhalt beispielhaft.

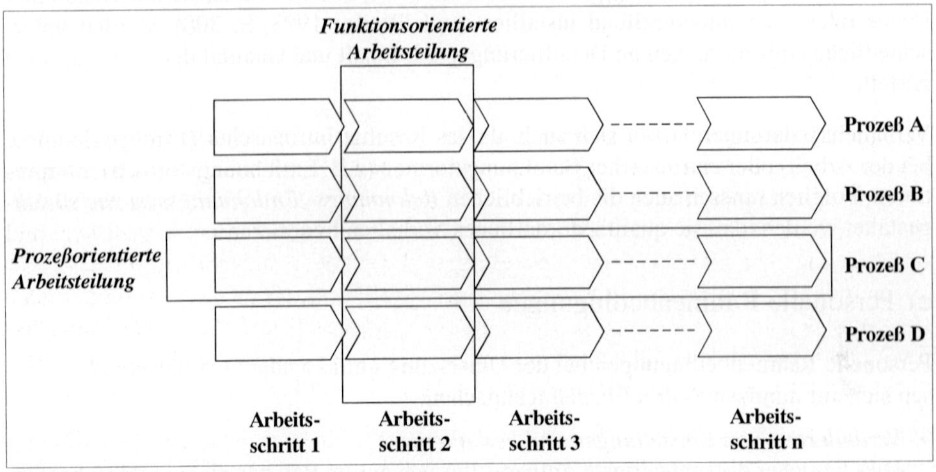

Abbildung 4: Funktionale und prozeßorientierte Arbeitsteilung

Die stärkere Kunden-, Mitarbeiter- und Prozeßorientierung erfordert i.d.R. auch eine Ergänzung bzw. Modifikation der betrieblichen *Aufbauorganisation*. Beispielhafte Maßnahmen in diesem Zusammenhang sind die Umgestaltung von Hierarchien durch Kompetenzverlagerung, die Neudefinition der Aufgaben von Abteilungen oder aber die Realisierung einer kundenorientierten Segmentierung.

Umfassende Qualitätskonzepte lassen sich ohne die aktive Unterstützung von *Macht- und Fachpromotoren* nur sehr schwer einführen. Deshalb wird in dieser Phase ein Steuerkreis benötigt, der sich aus den relevanten Machtpromotoren zusammensetzt. Darüber hinaus übernehmen Quality Manager oder TQM-Koordinatoren, die das Bindeglied zwischen dem Steuerkreis und den Mitarbeitern bilden, die Rolle von Fachpromotoren. Zur aktiven Einbeziehung der Mitarbeiter insbesondere auf der ausführenden Ebene empfiehlt sich der Einsatz differenzierter Teamkonzepte, wie bspw. *Quality Circles* oder *Task-Force-Gruppen*. Solche Teams sind ein Instrumentarium, um i.S. von Kaizen kontinuierliche Verbesserungsprozesse zu institutionalisieren.

Für alle diese zusätzlichen Institutionen gilt, daß sie spätestens nach Abschluß der Einführungsphase in die Linienorganisation zu *integrieren* sind. Es sollte keine Parallelorganisation entstehen, die in Konkurrenz zur vorhandenen Aufbauorganisation tritt und damit den Eindruck erwecken könnte, TQM sei kein integraler Bestandteil der Alltagsarbeit bzw. ein Programm.

Sollen die Anstrengungen aller Mitarbeiter auf eine konsequente Kunden-, Mitarbeiter- und Prozeßorientierung ausgerichtet werden, muß man diesen auch geeignete Informationen bereitstellen, die den Aufbau entsprechender Regelkreise ermöglichen. *Qualitätsinformations- oder Qualitätsberichtssysteme* liefern hierfür aktuelle, bedarfsorientiert ausgewertete Informationen, die die Grundlage für Soll-Ist-Vergleiche zur Steuerung und Regelung von Geschäftsprozessen bilden (vgl. Dolch 1994, S. 963). Je nachdem, ob die Regelkreise auf der Management-, der planerischen, der administrativen oder der operativen Ebene angesiedelt sind (vgl. Willenbacher 1994, S. 62), ob man sie innerhalb einer Ebene oder ebenenübergreifend installiert (vgl. Pfeifer 1993, S. 308), werden unterschiedliche Anforderungen an Detaillierungsgrad, Inhalt und Qualität der Informationen gestellt.

Verhaltensänderungen lassen sich auch als das Resultat intrinsischer (Erfolgserlebnisse bei der Arbeit) oder extrinsischer Belohnungsformen (z.B. Entlohnungsformen) interpretieren. Folglich müssen auch die betrieblichen *Belohnungs-/Entlohnungssysteme* so umgestaltet werden, daß sie qualitätsförderliches Verhalten honorieren.

c) Personelle Rahmenbedingungen

Personelle Rahmenbedingungen bei der Umsetzung umfassender Qualitätskonzepte lassen sich auf mindestens drei Ebenen festmachen:

- *Veränderung von Einstellungen und Verhalten:*
  Dies ist sicher die schwierigste Aufgabe, die sich nur im Rahmen einer entsprechenden Unternehmenskultur realisieren und nachhaltig stabilisieren läßt. Inhaltlich geht es vor allem um das „Denken in Kundennutzen“, das Streben nach „kontinuierlicher Verbesserung“ (in einer „schuldfreien“ Atmosphäre), aber auch um die Notwendigkeit, das „Rollenverständnis“ organisatorischer Einheiten neu zu definieren.
- *Systematisches Human-Resource-Management:*
  Da Mitarbeiterorientierung ein explizites Ziel von TQM ist, sind die tiefgreifenden strukturellen Veränderungen durch flankierende Personalführungsmaßnahmen zu ergänzen. Ein beispielhafter Ansatzpunkt ist die stärkere Einbeziehung der Mitarbeiter in betriebliche Entscheidungs(-umsetzungs-)prozesse (i.S. von Policy Deployment) und die daraus resultierende Delegation von Verantwortung und Entscheidungskompetenzen. In diesem Zusammenhang ist auch zu überprüfen, inwieweit die bisher vorhandenen Konzepte den geänderten Anforderungen noch gerecht werden.
- *Kontinuierliche Messung der Verbesserung:*
  Im Sinne einer Erfolgskontrolle muß z.B. durch regelmäßige Mitarbeiter- und Kundenbefragungen die Erreichung der angestrebten Ziele überprüft werden.

In der Einführungsphase sind folgende Aufgabenstellungen von besonderer Bedeutung:

- *Qualifizierung:*
  Bei der Einführung von TQM hat die zielgerichtete Qualifizierung der Betroffenen oberste Priorität. Informations- und Schulungsveranstaltungen sollen zum einen die Verbreitung der Qualitätsphilosophie sicherstellen und zum anderen das Handwerkszeug für die Arbeit an Qualitätsprojekten vermitteln.

- *Managementeinbindung:*
Praktische Erfahrungen haben gezeigt, daß die aktive Einbindung des Management von entscheidender Bedeutung für eine erfolgreiche Umsetzung ist. Ausgehend von der obersten Führungsebene muß das TQM-Gedankengut in einem kaskadenförmigen Top-down-Prozeß in die Organisation gebracht und verbreitet werden. Besondere Aufmerksamkeit ist dabei der Vorbereitung der mittleren Managementebene zu schenken. Dies bezieht sich insbesondere auf umfassende Information, auf die inhaltliche Ausgestaltung des Konzepts sowie auf die spätere Übernahme von Koordinationsfunktionen.
- *Nutzenbrücken:*
Ein weiterer wichtiger Erfolgsfaktor des Einführungsprozesses ist die aktive Einbeziehung aller Betroffenen, da sich nur so eine breite Akzeptanz erreichen läßt. Dies erfordert jedoch geeignete „Nutzenbrücken" für den einzelnen. Auf der Führungsebene läßt sich dies bspw. durch die Integration in ein Zielvereinbarungskonzept oder die Berücksichtigung bei Vorgesetztenbeurteilungen erreichen. Auf der ausführenden Ebene gibt es eine Vielzahl materieller und immaterieller Anreize.

d) Technische Rahmenbedingungen

Die sicherlich größten Fortschritte im Bereich der QS hat es in den letzten Jahren im Bereich der technischen Rahmenbedingungen gegeben. Ausgereifte Automatisierungstechniken, rechnerunterstützte Informationssysteme oder aber die Qualitätstechnik i.e.S., wie Meß- und Prüftechnik, Meßdatenerfassung, -verarbeitung und -verwaltung, sind hier zu nennen (vgl. Zink 1994b, S. 6). So wichtig diese technischen Rahmenbedingungen für ein umfassendes QM sind, muß man dennoch feststellen, daß ohne eine gleichzeitige Anpassung der personellen und strukturellen Rahmenbedingungen die erhoffte Effektivität technischer Systeme i.d.R. hinter den Erwartungen zurückbleibt. Erfahrungen, die bei der Einführung von CIM-Systemen gewonnen wurden, bestätigen dies eindringlich.

e) Methoden und Instrumente

Methoden und Instrumente, die im Rahmen von TQM eingesetzt werden können, sind außerordentlich zahlreich. Beispielhaft seien hier angeführt:

- *Self Assessments* als Grundlage für die Beschreibung des Ist-Zustandes sowie als Fortschrittskontrolle unter Einbeziehung eines Benchmarking (Vergleich mit den jeweils besten Problemlösungen);
- *Policy Deployment* als systematisches Herunterbrechen der Ziele für jeden einzelnen Mitarbeiter (in Verbindung mit einer entsprechenden Prioritätensetzung auf der Grundlage der Assessmentergebnisse);
- *Qualitäts-Standards* i.S. von Maßzahlen und Kosten als Grundlage einer Prozeßorientierung;
- qualitätsfördernde Instrumente für die am Markt tätigen Einheiten (z.B. *Quality Function Deployment (QFD)* als Methode zur Übersetzung von Kundenanforderungen in die Anforderungen der Produktion; Systematisierung von Feedback-Schleifen, um mehr Informationen über den Kunden zu erhalten, etc.);

- *Kreativitäts-, Analyse- und Problemlösungstechniken* (z.B. Brainstorming, Pareto-Analyse, Ursache-Wirkungs-Diagramme, Multivariate Analysen, Taguchi-Methoden, Fehler-Möglichkeits- und Einfluß-Analyse (FMEA), Statistische Prozeßregelung (SPC), Zuverlässigkeitsanalyse, Part-Count-Methode (PCM), Verfahren zur Lösungsauswahl und -bewertung);
- verschiedene Formen der *Gruppenarbeit* bzw. geeignete Teamkonzepte;
- Methoden zur Verbesserung der Prozeßqualität in spezifischen Segmenten des „Qualitätskreises" (z.B. *Simultaneous Engineering*);
- Methoden zur *Ermittlung der Kunden- und Mitarbeiterzufriedenheit*;
- *Rechnerunterstützung* (z.B. Computer Based Quality Information System) i.S. der Integration aller für ein Total-Quality-Konzept relevanten Daten - wie z.B. auch Kunden- und Mitarbeiterzufriedenheit - unter Nutzung wissensbasierter Systeme zur Sicherung der Produktqualität;
- zeitlich begrenzte Motivationsprogramme, wie z.B. *Fehlerquellenhinweisaktionen.*

2. Das Kriterienmodell des European Quality Award

Analog zum QM-System nach DIN/ISO muß auch die Wirksamkeit eines TQM-Ansatzes systematisch und regelmäßig überprüft werden. Als Grundlage für eine Bewertung läßt sich bspw. das in Abbildung 5 dargestellte europäische Qualitätsmodell heranziehen. Dieses Kriterienmodell, das von der European Foundation for Quality Management (EFQM) entwickelt wurde, bildet die Grundlage für den 1992 erstmals verliehenen European Quality Award.

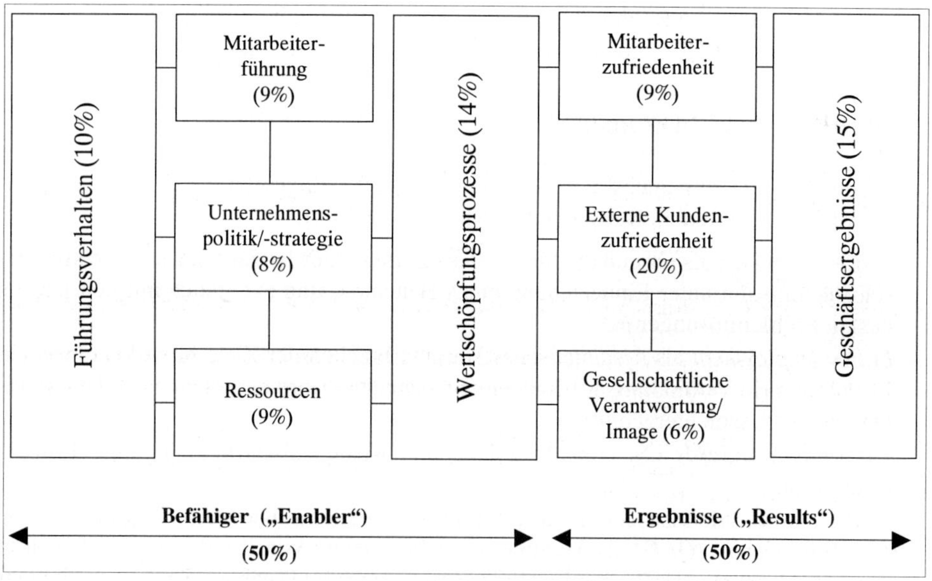

Abbildung 5: Das europäische Qualitätsmodell (vgl. EFQM 1993, S. 10)

Charakteristisch für dieses Modell ist (vgl. Zink 1994b, S. 14 f.):

- die explizite Trennung zwischen den Befähigern, die auf die relevanten Potentiale zur Qualitätsförderung hinweisen, und den Ergebnissen, die aus den Qualitätsanstrengungen resultieren,
- der hohe Stellenwert der Mitarbeiterorientierung, der sich in den Bausteinen Führungsverhalten und Mitarbeiterführung ausdrückt,
- die Beherrschung der Geschäftsprozesse, für die unter Wertschöpfungsgesichtspunkten insbesondere die optimale Ressourcennutzung und die Vermeidung von Verschwendung wichtig sind,
- die dominante Stellung der Kundenzufriedenheit, die mit 20% die höchste Gewichtung erfährt, und
- die Berücksichtigung der gesellschaftlichen Verantwortung eines Unternehmens und seines Ansehens in der Öffentlichkeit.

Literatur

Deutsches Institut für Normung (Hrsg.): DIN 55350, Teil 11, Begriffe der Qualität und Statistik, Berlin 1987.

Deutsches Institut für Normung (Hrsg.): DIN/ISO 9000 Qualitätsmanagement- und Qualitätssicherungsnormen - Leitfaden zur Auswahl und Anwendung, Berlin 1990.

Deutsches Institut für Normung (Hrsg.): DIN/ISO 9001 Qualitätssicherungssysteme - Modell zur Darlegung der Qualitätssicherung in Design/Entwicklung, Produktion, Montage und Kundendienst, Berlin 1990.

Deutsches Institut für Normung (Hrsg.): DIN/ISO 9002 Qualitätssicherungssysteme - Modell zur Darlegung der Qualitätssicherung in Produktion und Montage, Berlin 1990.

Deutsches Institut für Normung (Hrsg.): DIN/ISO 9003 Qualitätssicherungssysteme - Modell zur Darlegung der Qualitätssicherung bei der Endprüfung, Berlin 1990.

Deutsches Institut für Normung (Hrsg.): DIN/ISO 9004 Qualitätsmanagement und Elemente eines Qualitätssicherungssystems - Leitfaden, Berlin 1990.

Deutsches Institut für Normung (Hrsg.): DIN/ISO 8402 Qualität - Begriffe, Berlin 1992.

Dolch, K.: Rechnergestützte Informationssysteme, in: Handbuch Qualitätsmanagement, hrsg. v. W. Masing, 3. Aufl., München/Wien 1994, S. 959-978.

European Foundation for Quality Management (Hrsg.): The European Quality Award 1994 - Bewerbungsbroschüre, Brüssel 1993.

Kaminski M.; Fein, P.: Fallbeispiel einer Qualitätsverbesserung mittels Taguchi-Methoden, in: QZ, 33. Jg. (1988), S. 599-603.

Petrick, K.: ISO 9000 - Entwicklung 1996 - Die Kurzzeit- (1992/1993) und die Langzeitversion (1996) der ISO 9000-Serie, in: Lean Quality Management - Schlanke Strukturen und Qualität, hrsg. v. J.P. Bläsing, München 1992, S. 195-227.

Pfeifer, T.: Qualitätsmanagement. Strategien, Methoden, Techniken, München/Wien 1993.

Willenbacher, K.: Qualitätsmanagement in der Praxis, in: Qualität als Managementaufgabe, hrsg. von K.J. Zink, 3. Aufl., Landsberg a. Lech 1994, S. 53-72.

Zink, K.J.: Total Quality Management, in: Qualität als Managementaufgabe, 3. Aufl., hrsg. v. K.J. Zink, Landsberg a. Lech 1994a, S. 9-52.

Zink, K.J.: Total Quality als europäische Herausforderung, in: Business Excellence durch TQM-Erfahrungen europäischer Unternehmen, hrsg. von K.J. Zink, München/Wien 1994b, S. 1-29.

Zink, K.J.; Schmidt, A.: Ein Erfolgsfaktor - Normenreihe EN 29000 als Basis für die Zertifizierung von Qualitätssicherungssystemen, in: Industriebedarf, o. Jg., (1992), S. 549-552.

Zwölftes Kapitel

Aktuelle Trends und Herausforderungen

Stephan Zelewski

Krisenmanagement

A. Ansätze zur Systematisierung von betrieblichen Krisen

1. Krisenbegriff

Unter einer Krise im betriebswirtschaftlichen Sinne wird eine *Gefährdung des Fortbestehens* (des Überlebens, der Existenz) eines Unternehmens oder eines wesentlichen Unternehmensbereichs verstanden. Neben diesem essentiellen Bestandsgefährdungsmerkmal können weitere Merkmale den ökonomischen Krisenbegriff ergänzen, die jedoch nur akzidentielle Qualität besitzen. Dazu gehören vor allem *Dringlichkeit, Überraschendheit* und *Ungewißheit*: In Krisensituationen steht oftmals nur eine geringe Reaktionszeit zur Verfügung, um Maßnahmen zur Krisenbewältigung zu ergreifen. Entsprechend dringlich sind die zugehörigen Entscheidungsfindungs- und -durchsetzungsprozesse. Häufig treten existenzgefährdende Krisen ohne vorbereitende Anzeichen ein; statt dessen überraschen sie die betroffenen Unternehmen. In zahlreichen Fällen wird auch der Ausgang einer Krise im Spannungsfeld zwischen langfristiger Sicherung des Überlebens eines Unternehmens und seiner kurzfristigen Liquidierung von den Betroffenen als hochgradig ungewiß empfunden.

Als viertes akzidentielles Krisenmerkmal werden des öfteren *Diskontinuitäten* angesehen. Solche Diskontinuitäten erstrecken sich auf die zeitliche Entwicklung von Merkmalen, die für das Überleben eines Unternehmens wesentlich sind. Dabei kann es sich z.B. um Erfolgspotentiale, Erfolgsgrößen oder die Liquidität des Unternehmens handeln. Allerdings erweisen sich Diskontinuitäten weder als notwendig noch als hinreichend für Unternehmenskrisen. Denn einerseits braucht eine Krise keineswegs immer mit einer diskontinuierlichen Merkmalsentwicklung verknüpft zu sein. Beispielsweise kann sich die Liquiditätslage eines Unternehmens im Zeitablauf kontinuierlich verschlechtern, bis schließlich die Unternehmensexistenz durch Eintritt der Insolvenz unmittelbar gefährdet ist. Andererseits lassen sich ebenso Diskontinuitäten bei der zeitlichen Entwicklung überlebenswichtiger Unternehmensmerkmale vorstellen, die keine Unternehmenskrise darstellen. Solche Diskontinuitäten ohne Krisencharakter liegen z.B. vor, wenn sich die Merkmalsausprägungen zwar sprunghaft verändern, dabei aber ein überlebensgefährdendes Ausprägungsniveau noch nicht erreichen.

2. Krisentypologie

Aus der Perspektive des zeitlichen Krisenverlaufs lassen sich drei typische *Phasen* von Unternehmenskrisen unterscheiden. Potentielle Krisen sind real noch nicht eingetreten, sondern existieren nur als Fiktion. Latente Krisen existieren bereits real, sind aber dem jeweils betroffenen Unternehmen noch nicht bewußt. Bei aktuellen (oder akuten) Krisen handelt es sich um real existente Krisen, die dem jeweils betroffenen Unternehmen auch als solche bekannt sind. Innerhalb der Klasse der aktuellen Krisen wird oftmals durch Hinzuziehung einer neuen Betrachtungsdimension (der Krisenbeherrschung) noch weiter zwischen den Subklassen der aktuell beherrschten und der aktuell nicht beherrschten Krisen differenziert.

Ein vielschichtigeres Bild von Krisenklassen stellt sich ein, wenn als Betrachtungsdimension die Art der *Krisenverursachung* zugrunde gelegt wird. In einer ersten, recht groben Annäherung läßt sich zwischen natürlich, menschlich, technisch, politisch und ökonomisch verursachten Unternehmenskrisen unterscheiden. Natürliche Krisenursachen liegen etwa vor, wenn (Rück-) Versicherungsunternehmen infolge einer atypischen Häufung von Naturkatastrophen in eine existenzgefährdende Schieflage geraten. Von ökonomischen Krisenursachen wird dagegen immer dann geredet, wenn die Überlebensfähigkeit eines Unternehmens durch wirtschaftliche Handlungen seiner Mitglieder oder Außenstehender gefährdet wird. Eine ökonomisch verursachte Krise lag z.B. im Fall der Metallgesellschaft AG vor. Deren bedrohliche Schieflage wurde durch problematische Lieferkontrakte und risikoreiche Terminkontrakte verursacht, die von einzelnen Mitgliedern der Unternehmensführung zu verantworten waren.

Die Betrachtungsdimension der Krisenursachen läßt sich inhaltlich ausdifferenzieren. So können etwa die ökonomischen Krisenursachen in eine Vielzahl unterschiedlicher Einflußgrößen aufgespalten werden. Als besonders häufige ökonomische Krisenursachen werden bspw. genannt (vgl. Macharzina 1993, S. 525):

- Fehlentscheidungen bei der Besetzung von Führungspositionen (etwa im Falle von Familiengesellschaften, bei denen der Familienzugehörigkeit eine größere Bedeutung als der Führungstauglichkeit beigemessen wird),
- Fehler bei der Gestaltung des Produktprogramms (ein aktuelles Problem vieler osteuropäischer Unternehmen),
- unzulängliche Berücksichtigung langfristiger Trends auf Beschaffungs- oder Absatzmärkten (langanhaltende Vernachlässigung des expandierenden Personalcomputer-Markts durch IBM),
- Fehler bei der Einschätzung des ökonomischen Potentials neuer Technologien (Schweizer Uhrenindustrie in bezug auf elektronische Quarzuhren),
- Fehler bei konstitutiven Unternehmensentscheidungen, wie etwa über den Unternehmensstandort oder die finanzielle Ausstattung eines Unternehmens mit haftendem Eigenkapital (Problem der Unterkapitalisierung zahlreicher ostdeutscher Unternehmen),
- Mängel bei der Ausgestaltung von Informationssystemen für Planungs- oder Kontrollaufgaben (existenzgefährdende Anlaufprobleme bei der Einführung neuartiger Reservierungssysteme durch ein Autovermietungsunternehmen).

Eine breit angelegte empirische Untersuchung über die häufigsten ökonomischen Krisenursachen findet sich bei Hauschildt (vgl. Hauschildt 1983, S. 142 ff., insb. S. 144).

Darüber hinaus muß als weiterführende Komplizierung beachtet werden, daß Unternehmenskrisen zumeist nicht nur durch eine Ursache bewirkt werden, sondern auf ein Bündel mannigfaltiger Krisenursachen zurückzuführen sind *(Multi- oder Polykausalität)*. So hängen bspw. technische Krisenursachen, die als technische Defekte von Produktionsanlagen auftreten, i.d.R. mit ökonomischen Krisenursachen eng zusammen, weil etwa aus Gründen der Kosteneinsparung auf eine intensivere Anlagenwartung oder auf eine technisch aufwendigere - aber auch sicherere - Anlagenkonstruktion verzichtet wurde.

Schließlich können Krisen auch nach dem Gesichtspunkt ihrer *Erwünschtheit* klassifiziert werden. Prima facie scheint es sich bei Krisen um ungewollte Phänomene zu handeln, die infolge ihres existenzgefährdenden Charakters prinzipiell vermieden oder - wenn sie schon eingetreten sind - zumindest bekämpft werden sollten. Dies muß aber keineswegs der Fall sein. Vielmehr können Unternehmenskrisen auch bewußt herbeigeführt werden. Als Motiv für solche gewollten Krisen wird vor allem der Schumpetersche Gedanke angeführt, Innovationen anzustoßen, indem verkrustete Strukturen aufgebrochen werden, die sich in der Routinetätigkeit von Unternehmen herausgebildet haben.

Daneben können auch andere Motive treten, wie etwa die Gewinnung von Handlungsfreiheiten, die nur in Krisensituationen gewährt werden. So ließe sich z.B. ein drastischer Personalabbau in einer akuten Krisensituation gegenüber Belegschaft und Öffentlichkeit wesentlich leichter durchsetzen, als es in Zeiten gewöhnlicher Unternehmensaktivität möglich wäre. Auf einem anderen Blatt, das hier nicht näher diskutiert werden kann, steht allerdings die Frage, ob sich die gezielte Herbeiführung von Unternehmenskrisen aufgrund solcher Motive noch mit Grundsätzen der Unternehmensethik oder der gesellschaftlich verantwortlichen Unternehmensführung vereinbaren läßt.

B. Phasen des Krisenmanagement

1. Proaktiver Umgang mit potentiellen Krisen

a) Krisenvermeidung

Proaktives Krisenmanagement bezieht sich auf denkmögliche Krisen, die tatsächlich noch nicht eingetreten sind. Im Sinne der *Krisenprophylaxe* kann versucht werden, solchen zunächst nur potentiellen Krisen vorbeugend zu begegnen. Dabei stehen zwei grundverschiedene Optionen offen. Die erste besteht darin, solange eine Krise nur potentiellen Charakter besitzt, ihr Umschlagen in eine latente und letztlich aktuelle Krise zu vermeiden.

Zwar sind ausgeprägte Krisenvermeidungsstrategien im Rahmen des Krisenmanagement bislang noch kaum thematisiert worden. Immerhin bietet es sich aber an, zwecks Krisenvermeidung an der Klassifizierung von Krisenursachen anzuknüpfen. So ließen sich Sachverhalte, die als häufige Verursacher von Unternehmenskrisen bekannt sind, vorbeugend bekämpfen oder sogar von vornherein verhindern.

Allerdings bereitet eine solche kausale Vermeidungsstrategie in der betrieblichen Praxis weitaus größere Schwierigkeiten, als es auf den ersten Blick erscheinen mag. Dies wird durch die zahlreichen Unternehmenskrisen bestätigt, die immer wieder eintreten, obwohl doch - wie eingangs aufgezeigt - ein breites Spektrum von Krisenursachen hinlänglich bekannt ist. Beispielweise läßt sich durch das Vermeiden einer einzelnen Krisenursache keineswegs sicherstellen, daß Unternehmenskrisen nicht durch andere, bislang nicht berücksichtigte Krisenursachen hervorgerufen werden.

Leider fehlt auf dem heutigen betriebswirtschaftlichen Kenntnisstand operationales Wissen über den komplexen kausalen Wirkungszusammenhang zwischen multiplen Krisenursachen und Unternehmenskrisen. Daher bleibt die Strategie der kausalen Krisenvermeidung vorerst ein Konzept, das noch einer weiteren Konkretisierung durch praktisches Handlungswissen bedarf. Einen Ansatz in dieser Richtung hat Linde (vgl. Linde 1994, S. 84 ff.) vorgestellt. Unter Anlehnung an St. Galler systemtheoretische Arbeiten von Gomez und Probst versucht er, das Entstehen von Unternehmenskrisen durch eine „vernetzte" Analyse der qualitativen Interdependenzen in polykausalen Wirkungszusammenhängen besser zu verstehen, als es mit bisher üblichen monokausalen oder „linearen" Kausalbetrachtungen möglich war.

b) Krisenantizipation

Die Krisenantizipation stellt die zweite Option der Krisenprophylaxe dar. Sie unterscheidet sich von der Krisenvermeidung insofern, als das Entstehen von Unternehmenskrisen bewußt in Kauf genommen wird. Allerdings wird darauf geachtet, spätere latente und aktuelle Unternehmenskrisen gedanklich frühzeitig vorwegzunehmen, um Maßnahmen zur Krisenbewältigung zu planen, solange „nur" eine potentielle Unternehmenskrise vorliegt. Auf diese Weise gelingt es, die Dringlichkeit des Krisenmanagement drastisch zu reduzieren.

Für die antizipative Planung von Maßnahmen, die sich auf einen Sachverhalt erstrecken, der im Planungszeitpunkt noch gar nicht existiert, aber in Zukunft eintreten könnte, bietet die BWL ein breites Spektrum von Planungstechniken an. Sie werden oftmals unter dem Begriff der *Eventualplanungen* zusammengefaßt; im US-amerikanischen Sprachgebrauch ist auch häufig von *Kontingenzplanungen* die Rede. Da es sich hierbei um betriebswirtschaftlich wohlvertraute Planungstechniken handelt, die keineswegs spezifisch für Aufgaben der Krisenbewältigung konzipiert wurden, mögen einige Andeutungen genügen.

Das Konzept der *Flexiblen Planung* ist aus theoretischer Perspektive für Eventualplanungen prädestiniert. Es läßt sich aber nur schwer in die Planungspraxis umsetzen, weil seine Informationsanforderungen und die Planungskomplexität zu hoch ausfallen. Dagegen haben sich *Szenarioplanungen* für das antizipative Krisenmanagement bereits mehrfach praktisch bewährt. Dabei werden typische Krisenfälle als „Szenarien" simuliert, um ohne Zeitdruck die mutmaßlichen Auswirkungen alternativer Maßnahmen zur Krisenbewältigung erforschen zu können. Wenn sich ein Maßnahmenbündel in der Simulation als zufriedenstellend herausgestellt hat, wird es als Krisenplan festgeschrieben. Er kann abgerufen werden, sobald die antizipierte Unternehmenskrise tatsächlich eintritt.

Konventionelle Eventualplanungen leiden allerdings unter dem Nachteil, daß sie sich auf Unternehmenskrisen nur in derjenigen Krisenausprägung beziehen können, die konkret antizipiert wurde. Krisen weisen aber die unangenehme Eigenschaft auf, daß sie sich oftmals nicht in genau der Form manifestieren, in der sie ursprünglich - bspw. anhand eines Krisenszenarios - erwartet wurden. So lagen etwa im Falle der Havarie des Öltankers

„Exxon Valdez“ entsprechende Katastrophenpläne vor. Nur ließen sie sich nicht anwenden, weil sie auf Havarieausmaße zugeschnitten waren, die durch den tatsächlichen Tankerunfall noch beträchtlich überschritten wurden. Daher benötigt das Krisenmanagement für eine effektive Krisenantizipation nicht nur Eventualpläne, sondern auch die Fähigkeit, solche Eventualpläne bei Kriseneintritt unter hohem Zeitdruck an die tatsächlichen Charakteristika der Krisensituation anzupassen. Konkrete Konzepte für solche kurzfristigen und situationsspezifischen *Anpassungsplanungen* wurden bislang aber noch kaum erforscht. Zu den wenigen Ausnahmen gehört ein Konzept, Anpassungsplanungen mit Hilfe von Erkenntnissen aus der Erforschung Künstlicher Intelligenz durch begründungsverwaltende Systeme zu realisieren (vgl. Zelewski 1994a, S. 489 ff.).

Darüber hinaus läßt sich die antizipative Bewältigung von Unternehmenskrisen durch Maßnahmen unterstützen, die darauf abzielen, die *Unternehmensflexibilität* zu verbessern (vgl. Oelsnitz 1994, insb. S. 144 ff. u. S. 200 ff.). Solche flexibilitätsorientierten Konzepte fokussieren sich auf die allgemeinen Rahmenbedingungen, die ein rasches Anpassen an Unternehmenskrisen im Falle ihres tatsächlichen Eintritts fördern sollen. Spezielle Techniken für die kurzfristige Anpassung von Eventualplänen umfassen sie jedoch nicht.

c) Krisenstimulation

Krisenvermeidung und -antizipation stellen die konventionellen Formen des proaktiven Krisenmanagement dar. Beide unterstellen, daß es sich bei Krisen um unerwünschte Phänomene handelt, die sich für Betriebe prinzipiell als nachteilhaft erweisen. Diese Präsupposition braucht aber keineswegs zuzutreffen. Statt dessen können Krisen auch als fruchtbare Phasen des betrieblichen Umbruchs aufgefaßt werden, deren Vorteil im Aufbrechen verkrusteter Unternehmensstrukturen liegt. Die Überwindung solcher struktureller Verfestigungen empfiehlt sich insbesondere, um die Mitarbeiter eines Unternehmens zu Innovationen anzuregen, indem sie aus der Befangenheit ihrer Routinetätigkeiten befreit werden (vgl. dazu auch Perlitz/Löbler 1985, S. 424 u. S. 427 ff.).

Die gezielte Stimulation gewollter Unternehmenskrisen ist betriebswirtschaftlich noch wenig erforscht. Zu den seltenen Ausnahmen zählen die Ausführungen von Dumaine (1993, S. 123 ff.). Er beschreibt, wie Unternehmen trotz ihrer aktuell zufriedenstellenden Lage bewußt Krisensituationen herbeiführten, um in weit vorausblickender Einsicht in zukünftige Veränderungen des Unternehmensumfelds schon frühzeitig einen entsprechenden Unternehmenswandel einzuleiten.

Besonders eindrucksvoll mutet das Beispiel einer PepsiCo Division an. Ihr Präsident löste eine künstliche Unternehmenskrise aus, in deren Verlauf die bisherige Organisationsform in 107 kundenorientierte dezentrale Einheiten zerschlagen wurde. Es erfolgte eine grundsätzliche Restrukturierung der Geschäftsprozesse, obwohl die aktuelle Ertragslage des betroffenen Pepsi-Cola Geschäftsbereichs keinen Anlaß zur Klage bot. Dumaine bezeichnet diese radikale Vorgehensweise plastisch als „doomsday management“.

2. Präventiver Umgang mit latenten Krisen

Latente Krisen sind bereits eingetreten, aber die betroffenen Unternehmen wissen noch nichts davon. Hauptaufgabe des Krisenmanagement in dieser Phase ist es, Unternehmenskrisen als solche zu identifizieren und den Betroffenen bewußt zu machen. Die Erfüllung dieser Aufgabe wird am treffendsten als Krisenerkennung bezeichnet.

Aus der *technischen* Perspektive gilt es, Unternehmenskrisen möglichst frühzeitig aufzudecken. Zur Unterstützung dieser Identifizierungsaufgabe dienen *Früherkennungssysteme*. Hinsichtlich ihrer Besonderheiten wird auf die einschlägige Literatur verwiesen (z.B. Krystek 1987, S. 140 ff.). Früherkennungssysteme können darüber hinaus auch dafür eingesetzt werden, die Anbahnung von Unternehmenskrisen aufzudecken, noch bevor die Krisen selbst eingetreten sind. Zu diesem Zweck lassen sich bspw. Vorlaufindikatoren überwachen. Von ihnen wird erwartet, daß sie die Entwicklung von Einflußgrößen, die das Überleben eines Unternehmens ernsthaft gefährden werden, mit einem bestimmten zeitlichen Vorlauf vorwegnehmen. In dieser Funktion dienen Frühwarnsysteme allerdings nicht der Krisenidentifizierung, sondern bereits der vorangehenden Krisenantizipation.

Selbst wenn „objektive" Daten über die Existenz einer Unternehmenskrise vorliegen, besteht noch das *psychologische* Problem, ob die maßgeblichen Mitglieder der Unternehmensführung die Situation auch subjektiv als krisenhaft wahrnehmen. Vor allem von drei Determinanten hängt das Ausmaß der Krisenwahrnehmung ab (vgl. Macharzina 1993, S. 530 ff.): der wahrgenommenen Höhe desjenigen Schadens, der durch eine unternehmensgefährdende Entwicklung droht, den Vorstellungen über die Eintrittswahrscheinlichkeit dieses Schadens und dem Zeitdruck, der hinsichtlich der Schadensabwehr empfunden wird. Kommunikations- und Präsentationstechniken können behilflich sein, psychologisch bedingte Wahrnehmungsbarrieren im Interesse der Krisenbewältigung zu überwinden.

3. Reaktiver Umgang mit aktuellen Krisen

a) Repulsives Krisenmanagement

Reaktives Krisenmanagement setzt voraus, daß eine Unternehmenskrise bereits eingetreten ist und als solche auch erkannt wurde. Falls sich diese aktuelle Krise von dem betroffenen Unternehmen beherrschen läßt, wird von einem repulsiven Krisenmanagement gesprochen. Seine Aufgabe ist es, die erkannte Gefährdung des Unternehmens mit dem Ziel zu bekämpfen, die Unternehmenskrise zu beseitigen und dadurch die Überlebensfähigkeit des Unternehmens langfristig sicherzustellen. Repulsives Krisenmanagement kann daher auch mit Unternehmenssanierung gleichgesetzt werden.

Auf *Sanierungsstrategien* im Rahmen des Krisenmanagement geht Krystek (1987, S. 221 ff.) ausführlicher ein. Im wesentlichen lassen sich zwei Strategiedimensionen identifizieren. In der ersten Dimension wird aus der Perspektive der Unternehmensselbständigkeit zwischen Kooperations- und Autonomiestrategien unterschieden. In der zweiten Dimension werden hinsichtlich der Stoßrichtung von Krisenbekämpfungsmaßnahmen finanz- und leistungswirtschaftliche Sanierungsstrategien einander gegenübergestellt.

Kooperationsstrategien zielen darauf ab, unternehmensexterne Partner für die Überwindung einer Unternehmenskrise zu gewinnen. Die Partnerschaft kann sich z.B. auf die Bereitstellung dringend erforderlicher Finanzmittel, auf die Zuführung von Management-Know-how oder auch auf die Erschließung neuer Absatzmärkte erstrecken. Den potentiellen Partnern müssen aber überzeugende Anreize geboten werden, um sich für ein krisengeschütteltes Unternehmen zu engagieren. Aufgrund der aktuellen Krise des betroffenen Unternehmens werden dafür monetäre Anreize kaum in Betracht kommen. Daher laufen Kooperationsstrategien i.d.R. darauf hinaus, potentiellen Partnern eine Unternehmensbeteiligung einzuräumen, damit sie an den späteren Früchten der intendierten Unternehmenssanierung teilhaben können.

Solche Unternehmensbeteiligungen erweisen sich aber als problematisch. Erstens ist es risikoreich, derart tiefgreifende Entscheidungen unter dem Druck einer aktuellen Krisensituation zu fällen. Es besteht die Gefahr der „Ausbeutung“ durch Partner, die den krisenbedingten Handlungsdruck ausnutzen, um Unternehmensbeteiligungen weit unter ihrem „normalem“ Marktwert zu erwerben. Zweitens bedeutet die Einräumung von Unternehmensbeteiligungen oftmals ein erhebliches Ausmaß an Autonomieverlust für die bisherige Unternehmensführung.

Aus beiden Gründen kann es vorteilhafter sein, auf die Hinzuziehung externer Partner bei der Krisenbewältigung zu verzichten. Diesen Weg beschreiten die *Autonomiestrategien*. Sie schließen keineswegs aus, externes Wissen - etwa von Unternehmensberatern - für die Krisenbekämpfung zu nutzen. Sie unterlassen es lediglich, die Hilfestellungen Dritter mit Unternehmensbeteiligungen zu honorieren.

Hinsichtlich der Stoßrichtung von Sanierungsstrategien dominieren - zumindest kurzfristig - *finanzwirtschaftliche* Maßnahmen. Sie können sich etwa auf die Bereitstellung liquider Mittel oder die Zufuhr neuen Eigenkapitals erstrecken, aber auch bis hin zum Vergleich mit den Unternehmensgläubigern reichen.

Die Dominanz der finanzwirtschaftlichen Sphäre liegt insofern nahe, als sich aktuelle Unternehmenskrisen zumeist in einer Bedrohung der Zahlungsfähigkeit oder in einer drohenden Überschuldung des betroffenen Unternehmens manifestieren. Diese Krisensymptome können durchaus im finanzwirtschaftlichen Bereich des Unternehmens verursacht worden sein, wie etwa durch eine unzureichende Ausstattung mit Eigenkapital bei der Unternehmensgründung. Oftmals handelt es sich aber lediglich um oberflächliche Symptome, denen tiefgreifende *leistungswirtschaftliche* Unzulänglichkeiten zugrunde liegen. Daher sollte im Rahmen von Sanierungsstrategien nach der Beseitigung der dringendsten finanzwirtschaftlichen Probleme geprüft werden, ob weiterreichende leistungswirtschaftliche Restrukturierungen erforderlich sind.

b) Kompensierendes Krisenmanagement

Im Gegensatz zum repulsiven Krisenmanagement greift das kompensierende Krisenmanagement erst dann, wenn sich eine aktuelle Unternehmenskrise nicht mehr beherrschen läßt. Eine solche Krise wird auch als Katastrophe bezeichnet. Deshalb ist oftmals von einem *Katastrophenmanagement* die Rede.

Das kompensierende Krisenmanagement geht davon aus, daß sich das Verlöschen eines Unternehmens nicht mehr abwenden läßt. Aus diesem Grund befaßt es sich mit der Aufgabe, den Unternehmensuntergang wirtschaftlich möglichst vorteilhaft zu gestalten. Es soll also nur noch versucht werden, die wirtschaftlichen Auswirkungen des Sterbens eines Unternehmens durch *kompensierende* Maßnahmen zu dämpfen.

Die Ausgestaltung des kompensierenden Krisenmanagement hängt wesentlich von der Definition jener Gruppierung ab, aus deren Perspektive die Vorteilhaftigkeit des „Untergangsmanagement" beurteilt wird. Dafür kommen die Unternehmenseigentümer einerseits („shareholder view") und die übrigen Mitglieder einer Unternehmenskoalition andererseits („stakeholder view") in Betracht. Zu einer Unternehmenskoalition gehören neben den Eigentümern insbesondere auch die Mitarbeiter, die Gläubiger und die Kunden eines Unternehmens. Unternehmenseigentümer werden vorrangig an einer Maximierung der Liquidationserlöse interessiert sein. Für die Mitarbeiter dürften dagegen die Ausstattung eines Sozialplans oder gar die Einrichtung einer Auffanggesellschaft wesentlich wichtiger erscheinen. Gläubiger zielen darauf ab, die Unternehmenssubstanz, die zur Befriedigung ihrer Forderungen bereitsteht, durch Verhinderung von substanzmindernden Auszahlungen an die Eigentümer oder Mitarbeiter zu erhalten. Aus der Perspektive von Kunden kann es z.B. bedeutsam sein, die langfristige Versorgung mit Ersatzteilen für Produkte sicherzustellen, die von ihnen erworben wurden.

Weil sich das kompensierende Krisenmanagement mit dem krisenbedingten Untergang eines Unternehmens auseinandersetzt, steht die Abwicklung der Unternehmensliquidation im Mittelpunkt seines Gestaltungsinteresses. Es wird daher auch als *liquidatives* Krisenmanagement bezeichnet. Diese Liquidation erstreckt sich aber nicht nur auf rein finanzwirtschaftliche Aspekte, sondern kann - je nach involvierter Interessengruppe - auch leistungswirtschaftliche Gesichtspunkte umfassen. Dazu rechnet z.B. die zuvor erwähnte Ersatzteilversorgung.

Darüber hinaus besteht bei der Unternehmensliquidation eine Fülle von Freiheitsgraden, die durch das kompensierende Krisenmanagement ausgenutzt werden können. So bietet sich die Möglichkeit, einer *zwangsweisen* Liquidation, die im Falle eines Konkurses erfolgen würde, durch eine frühzeitige *freiwillige* Unternehmensliquidation zuvorzukommen. Ein Beispiel dafür ist die Liquidation des Homecomputer-Pioniers Commodore International Ltd., der im Mai 1994 freiwillig seine Selbstauflösung einleitete. Da hierbei die einschränkenden Vorschriften des Konkursrechts nicht beachtet zu werden brauchen, existieren z.B. erhebliche Gestaltungsspielräume hinsichtlich des Liquidationsbeginns, der Liquidationsgeschwindigkeit und des Liquidationsausmaßes. Hinzu kommen weitere Aspekte, wie etwa die Ausgestaltung der Schuldentilgung während des Liquidationsprozesses.

c) Ausschöpfendes Krisenmanagement

Das ausschöpfende Krisenmanagement korrespondiert mit der Krisenstimulation. Es wird immer dann erforderlich, wenn eine Unternehmenskrise bewußt herbeigeführt wurde, um z.B. verkrustete Unternehmensstrukturen aufzubrechen. In diesem Falle wäre es völlig verfehlt, die gewollte Unternehmenskrise in repulsiver oder kompensierender Weise zu bekämpfen. Statt dessen geht es darum, das befruchtende Potential auszuschöpfen, das durch die provozierte Krise eröffnet wurde. Es bedarf einer kontrollierten Durchführung und Beendigung der schöpferischen Krise, um in eine Phase „normaler“ Unternehmensaktivität zurückzukehren.

Zu diesem Zweck können Techniken des „change management“ eingesetzt werden. Dazu gehört es bspw., „change agents“ durch unternehmensexterne Personalakquisition oder unternehmensinterne Personalentwicklung heranzuziehen, etablierte Strukturen durch tiefgreifende organisatorische Restrukturierungen zu beseitigen oder „bewährte“ Unternehmensroutinen durch externe Unternehmensberater radikal in Frage stellen zu lassen.

C. Organisation des Krisenmanagement

1. Strukturelles Krisenmanagement

Das strukturelle Krisenmanagement (vgl. Linde 1994, S. 17 ff. u. S. 50 ff.) erstreckt sich auf die Gestaltung eines „Krisenbewältigungssystems“, das darauf spezialisiert ist, Handlungsempfehlungen für die Bewältigung von Unternehmenskrisen hervorzubringen. Im wesentlichen gilt es dabei, die *Aufbauorganisation* eines solchen betrieblichen Subsystems festzulegen. Eine zentrale Gestaltungsentscheidung erstreckt sich auf die Frage, ob die Aufgaben der Krisenbewältigung entweder zentralisiert oder aber dezentralisiert erfüllt werden sollen.

Zugunsten einer weitgehenden *Zentralisation* spricht, daß die Dauer von Entscheidungsprozessen gegenüber dezentralen Organisationsformen verkürzt wird. Daher empfehlen sich zentralisierte Organisationsformen insbesondere für Unternehmenskrisen, auf die das akzidentielle Merkmal der Dringlichkeit zutrifft. Hinzu kommen Spezialisierungs- und Lernkurveneffekte, wenn die Mitarbeiter einer zentralen Krisenbewältigungseinheit ständig damit befaßt sind, alle für die Krisenbewältigung erforderlichen Aktivitäten auszuführen. Eine solche Zentraleinheit wäre wegen der existenzbedrohenden Qualität von Unternehmenskrisen i.d.R. unmittelbar unterhalb der Unternehmensführung zu positionieren. In Ausnahmefällen können aber auch die Unternehmensführung selbst oder - im Falle einer Aktiengesellschaft - der Aufsichtsrat das aktuelle Krisenmanagement übernehmen. Letztes war bspw. jüngst bei der Metallgesellschaft AG der Fall. Im folgenden wird von solchen Sonderfällen abgesehen.

Die Zentraleinheit für Krisenbewältigung kann sowohl als eine Stabs- als auch als eine Linienstelle ausgestaltet sein. Im Rahmen einer *Krisenstabsstelle* werden Entscheidungen über krisenbewältigende Maßnahmen nur vorbereitet, aber nicht getroffen. Das Fällen der erforderlichen Entscheidungen bleibt dann weiterhin den dafür vorgesehenen Organisationseinheiten, wie etwa der Unternehmensführung, vorbehalten. Eine vollständige Zentralisation des Krisenmanagement erfolgt also nicht. Sie liegt erst bei einer *Kriseninstanz* vor, die als Linienstelle auch über die erforderliche Entscheidungskompetenz verfügt.

Die Kriseninstanz ist der Krisenstabsstelle zumindest dann vorzuziehen, wenn in einer aktuellen Krisenlage Maßnahmen dringend ergriffen werden müssen. Denn es widerspräche dem dringlichen Charakter der Krisenbewältigung, die Entscheidungsvorbereitung in einer Krisenstabsstelle von der Entscheidungsfällung außerhalb zu trennen, da hierdurch Reibungsverluste mit entsprechenden Handlungsverzögerungen drohen.

Schließlich kommt auch ein *Krisenprojektkollegium* für die zentralisierte Krisenbewältigung in Betracht. Es unterscheidet sich von Krisenstabsstelle und Kriseninstanz dadurch, daß es nicht dauerhaft eingerichtet, sondern nur als „Task Force" zur Bewältigung einer einzelnen Unternehmenskrise ins Leben gerufen wird. Die Krisenbewältigung wird dabei als ein Projekt aufgefaßt, nach dessen Beendigung sich das Krisenprojektkollegium wieder auflöst. Für solche Projektkollegien werden interne Teamstrukturen empfohlen, weil von Gruppenarbeitstechniken besondere Impulse für die Bewältigung von Unternehmenskrisen erwartet werden. Allerdings wird i.d.R. auch ein Teamleiter vorgesehen. Entsprechend dem Konzept „überlappender Gruppen" soll der Teamleiter zugleich ein Mitglied der Unternehmensführung sein, um in der Krisensituation einen unmittelbaren Kontakt zwischen Krisenmanagement und Unternehmensführung herzustellen. Das Krisenprojektkollegium erhält eigenständige Entscheidungskompetenzen, stellt also eine temporäre Instanz im Organisationsgefüge des Unternehmens dar. Die Kompetenzübertragung kann so weit reichen, daß im Krisenfall auch die Führungsentscheidungen auf das Kollegium übergehen.

Eine grundsätzliche Beschränkung von Krisenprojektkollegien besteht allerdings darin, daß sie wegen ihrer ad hoc-Konstitution im Krisenfall grundsätzlich nur auf *aktuelle* Unternehmenskrisen angewendet werden können. Aufgaben der Krisenvermeidung, -antizipation und -erkennung im Falle potentieller oder latenter Unternehmenskrisen lassen sich von solchen Kollegien hingegen nicht erfüllen. Denn diese Aufgaben bedürfen einer dauerhaft eingerichteten Organisationseinheit, deren Mitglieder auch dann agieren, wenn sich Krisen noch nicht aktuell manifestiert haben, sondern „nur" potentiellen oder latenten Charakter besitzen. Daher scheiden Krisenprojektkollegien als ausschließliche Organisationsform für ein „ganzheitliches" Krisenmanagement aus. Sie können Krisenstabsstellen oder -instanzen allenfalls im Hinblick auf aktuelle Unternehmenskrisen ergänzen.

Für eine weitreichend *dezentralisierte* Erfüllung der Krisenbewältigung lassen sich aber ebenso überzeugende Gründe anführen.

Erstens ist es schwer vorstellbar, daß Mitarbeiter einer zentralen Krisenbewältigungseinheit stets über das Fachwissen jener Unternehmensbereiche verfügen, die von den Auswirkungen einer Unternehmenskrise besonders stark betroffen sind. Denn solche Betroffenheitsschwerpunkte können von Krise zu Krise variieren. Da nicht vorherzusehen ist, welche Schwerpunkte die nächste Krise setzen wird, müßten die Mitarbeiter einer zentralen Krisenbewältigungseinheit im Prinzip auf alle denkmöglichen Schwerpunkte vorbereitet sein. Dafür müßten sie über das gesamte Fachwissen verfügen, das in den unterschiedlichsten Unternehmensbereichen relevant ist. Diese „Omnipotenz" widerspricht aber dem Kerngedanken der Zentralisation, eine Einheit zu schaffen, deren Mitglieder auf die Aufgabe der Krisenbewältigung spezialisiert sind - und deshalb keine Generalisten mit unternehmensumgreifendem Fachwissen darstellen können.

Zweitens sind im Verlauf von Unternehmenskrisen wegen ihres existenzbedrohenden Charakters des öfteren genuine Führungsentscheidungen zu treffen. Das ist z.B. spätestens dann der Fall, wenn über Zeitpunkt und Ausmaß einer Unternehmensliquidation zu entscheiden ist. Würden solche Führungsentscheidungen einer spezialisierten Organisationseinheit übertragen, so bedeutete dies letztlich eine drastische Kompetenzeinbuße der Unternehmensführung. Ihre Leitungsfunktionen würden auf den krisenfreien Routinebetrieb eingeschränkt.

Sowohl der Wissens- als auch der Kompetenzaspekt legen es nahe, von einer zentralen Krisenbewältigungseinheit Abstand zu nehmen. Eine Entscheidung zugunsten einer dezentralisierten Krisenbewältigung bedarf aber einer Kronkretisierung in mindestens zweifacher Hinsicht.

Einerseits muß festgelegt werden, welchen Organisationseinheiten eines Unternehmens welche zusätzlichen Teilaufgaben aus dem Aufgabenbereich des Krisenmanagement zugeordnet werden sollen. Beispielsweise wäre zu klären, ob die Teilaufgabe der Krisenidentifizierung mit Hilfe von Früherkennungssystemen über alle Teilbereiche eines Unternehmens verteilt oder ob sie auf einen Teilbereich, der für Frühaufklärung oder Informationsmanagement zuständig ist, fokussiert werden soll. Abermals stellt sich - allerdings auf einer tieferen Organisationsebene - die Frage nach dem zweckmäßigen (De-) Zentralisierungsgrad. Für eine *Verteilung* der Krisenidentifizierung spricht die Nutzung des Fachwissens der jeweils betroffenen Unternehmensbereiche. Eine *Fokussierung* läßt sich hingegen durch die bereits oben erwähnten Spezialisierungs- und Lernkurveneffekte rechtfertigen. Handlungsempfehlungen mit klar spezifizierten Handlungsbedingungen für die Beantwortung solcher aufbauorganisatorischen Detailfragen finden sich in der betriebswirtschaftlichen Literatur leider noch nicht.

Andererseits wäre zu klären, wie die Organisationseinheiten, die mit Teilaufgaben des Krisenmanagement betraut wurden, zum Zweck der Krisenbewältigung *koordiniert* werden. Zwar könnte diese Koordinierungsaufgabe der Unternehmensführung selbst zugeordnet werden; doch dürfte sie dadurch oftmals überfordert werden. Daher werden vornehmlich zwei andere Alternativen thematisiert. Entweder ist eine neuartige Koordinationseinheit einzurichten, wie etwa eine Stabsstelle oder ein Dauerkollegium. Ihre einzige Aufgabe besteht darin, die dezentral erbrachten Beiträge zur Krisenbewältigung untereinander und mit den Vorgaben der Unternehmensführung abzustimmen. Oder die Koordinierungsfunktion wird einer bereits bestehenden Organisationseinheit übertragen. Dafür bietet sich insbesondere die *Controllingabteilung* an. Sie besitzt eine hinreichende Nähe zur Unternehmensführung, um im Krisenfall notwendige Führungsentscheidungen unmittelbar anstoßen zu können. Darüber hinaus gehört es ohnehin zu den Controllingaufgaben, die Aktivitäten der Unternehmensbereiche zu überwachen und aufeinander abzustimmen. Schließlich verfügt die Controllingabteilung i.d.R. auch über die erforderliche Kompetenz, um im Krisenfall auf die übrigen Unternehmensbereiche koordinierend einzuwirken.

2. Prozessuales Krisenmanagement

Das prozessuale Krisenmanagement (vgl. insb. Weber 1980, S. 105 ff.; Linde 1994, S. 17 f., S. 33 ff. u. S. 63 ff.) befaßt sich mit der systematischen Planung und Ausführung von Prozessen, die in einem Unternehmen zur Krisenbewältigung erforderlich sind. Dies betrifft vornehmlich die *Ablauforganisation* des betrieblichen Krisenmanagement.

Aus ablauforganisatorischer Perspektive werden zumeist idealtypische *Phasenschemata* für den Ablauf von Krisenbewältigungsprozessen diskutiert. Als verdeutlichendes Beispiel wird ein Schema herausgegriffen, das sich an Linde (vgl. Linde 1994, S. 35 ff.) anlehnt. Es empfiehlt, bei der Bewältigung aktueller Unternehmenskrisen wie folgt vorzugehen:

- *Problemerkennung:* Beschreibung einer Unternehmenskrise auf der Symptomebene anhand von krisenindizierenden Größen (wie z.B. Erfolgspotentialen, Erfolgsgrößen oder Liquiditätskennzahlen);
- *Problemanalyse:* Untersuchung der Wirkungen, die von der erkannten Krise hinsichtlich des Fortbestands des Unternehmens zu befürchten sind, und der Ursachen, die der Unternehmenskrise mutmaßlich zugrunde liegen;
- *Zielbildung:* Festlegung operationaler Unterziele in Abhängigkeit von den zuvor identifizierten Krisenwirkungen und -ursachen, weil Oberziele - wie langfristige Sicherung der Erfolgspotentiale, Erwirtschaftung eines Mindestgewinns oder Liquiditätssicherung - es i.a. nicht gestatten, konkrete Handlungsempfehlungen für die Krisenbewältigung abzuleiten;
- *Prozeßplanung:* Ableitung von zeitlich geordneten Handlungsplänen, die zur Krisenbewältigung vorgeschlagen werden, sowie die abschließende Entscheidung zugunsten eines Handlungsplans;
- *Prozeßrealisierung:* Durchsetzung des Handlungsplans, der zur Krisenbewältigung ausgewählt wurde, mit den üblichen Instrumenten der Plandurchsetzung (z.B. Mittel zur Überwindung von Akzeptanzbarrieren und zur Erhöhung der Motivation von Mitarbeitern);
- *Prozeßkontrolle:* Überwachung der Einhaltung des Handlungsplans und Durchführung von Plananpassungen, wenn erkannt wird, daß sich der ursprüngliche Handlungsplan nicht verwirklichen läßt oder daß die ursprüngliche Problemanalyse auf die tatsächliche Krisensituation nicht (mehr) zutrifft.

Die Ablauforganisation von Krisenbewältigungsprozessen muß aber auch die Flexibilität besitzen, Aktivitäten zuzulassen, die zwar nicht nach der Maßgabe des Phasenschemas ermittelt werden, aber ebensowenig den Charakter von ad hoc-Improvisationen besitzen. Dazu gehören vor allem *Sofortmaßnahmen*. Sie werden i.S. eines kognitiv abkürzenden Mustererkennungsprozesses ergriffen: Aufgrund früherer Erfahrungen liegt oftmals heuristisches Wissen vor, daß es sich empfiehlt, beim Auftreten bestimmter Krisensymptome

(Phase der Problemerkennung) die Krisenbekämpfung *unmittelbar* mit symptomspezifischen Maßnahmen einzuleiten (Phase der Prozeßrealisierung). Zu solchen Sofortmaßnahmen rechnen z.B. Investitions- oder Einstellungsstopps. Hier bietet sich ein betriebswirtschaftlich interessantes Einsatzfeld für relativ einfach strukturierte, regelbasierte *Expertensysteme*. Sie können heuristisches Wissen über erfolgversprechende Symptom/Maßnahmen-Assoziationen zeit- und unternehmensübergreifend sammeln, um im Krisenfall unverzüglich Empfehlungen für Sofortmaßnahmen zu generieren.

Auf weiterführende ablauforganisatorische Fragestellungen wird wegen der hier gebotenen Kürze nur noch anhand eines abschließenden Beispiels eingegangen. Es betrifft das Problem, bei der *Krisenkommunikation* gegenüber Belegschaft und Öffentlichkeit ein richtiges „timing" zu finden. Dazu ist es erforderlich, zwischen zwei Extremen abzuwägen. Auf der einen Seite steht die Strategie spätestnotwendiger Information über Unternehmenskrisen. Mit ihr verfolgen Krisenmanager die Absicht, „unnötige Störungen" durch Betroffene oder interessierte Dritte während der Planung und Ausführung von krisenbewältigenden Maßnahmen zu vermeiden. Auf der anderen Seite bietet sich die Strategie frühestmöglicher Information an, um Belegschaft oder Öffentlichkeit zu einer möglichst weitreichenden Beteiligung an der Krisenbewältigung zu motivieren. Für die Ermittlung eines optimalen „timings" sind Funktionen erforderlich, mit denen die ökonomischen Störungs- und Motivationswirkungen in Abhängigkeit von der Dauer der Informationsverzögerung wiedergegeben werden. Solche funktionalen Abhängigkeiten sind aber wegen der vielfältigen psychologischen Imponderabilien weitgehend unbekannt. Daher bleibt die Wahl des „optimalen" Kommunikationszeitpunktes über eine Krise vorerst der weitgehend willkürlichen Entscheidung der zuständigen Krisenmanager - oder positiv gewendet: dem Vertrauen in Intuition - überlassen.

Literatur

DUMAINE, B.: Times are Good? Create a Crisis, in: Fortune, 123. Jg. (1993), 28. Juni, S. 123-130.

GABELE, E.: Ansatzpunkte für ein betriebswirtschaftliches Krisenmanagement, in: ZfO, 50. Jg. (1981), S. 150-158.

HAUSCHILDT, J.: Aus Schaden klug, in: MM, 13. Jg. (1983), H. 10, S. 142-152.

KRUMMENACHER, A.: Krisenmanagement. Leitfaden zum Verhindern und Bewältigen von Unternehmungskrisen, Zürich 1981.

KRYSTEK, U.: Organisatorische Möglichkeiten des Krisen-Management, in: ZfO, 49. Jg. (1980), S. 63-71.

KRYSTEK, U.: Unternehmungskrisen. Beschreibung, Vermeidung und Bewältigung überlebenskritischer Prozesse in Unternehmungen, Wiesbaden 1987.

LAMBECK, A.: Die Krise bewältigen. Management und Öffentlichkeit im Ernstfall, Frankfurt a.M. 1992.

LINDE, F.: Krisenmanagement in der Unternehmung. Eine Auseinandersetzung mit den betriebswirtschaftlichen Gestaltungsaussagen zum Krisenmanagement, Berlin 1994.

MACHARZINA, K.: Unternehmensführung. Das internationale Managementwissen. Konzepte - Methoden - Praxis, Wiesbaden 1993.

MITROFF, I. I.: Crisis Management. Cutting through the Confusion, in: SMR, 28. Jg. (1988), H. 1, S. 15-20.

MÜLLER, R.: Krisenmanagement in der Unternehmung, 2. Aufl., Frankfurt a.M. et al. 1986.

OELSNITZ, D. v.: Prophylaktisches Krisenmanagement durch antizipative Unternehmensflexibilisierung, Bergisch Gladbach/Köln 1994.

PERLITZ, M.; LÖBLER, H.: Brauchen Unternehmen zum Innovieren Krisen? in: ZfB, 55. Jg. (1985), S. 424-450.

PINKWART, A.: Chaos und Unternehmenskrise, Wiesbaden 1992.

PÜMPIN, C.; PRANGE, J.: Management der Unternehmensentwicklung. Phasengerechte Führung und der Umgang mit Krisen, Frankfurt a.M./New York 1991.

SCHIMKE, E.; TÖPFER, A. (HRSG.): Krisenmanagement und Sanierungsstrategien, 2. Aufl., Landsberg a. Lech 1986.

WEBER, P.: Krisenmanagement. Organisation, Ablauf und Hilfsmittel der Führung in Krisenlagen, Bern et al. 1980.

WITTE, E.: Die Unternehmenskrise, in: Unternehmenskrisen, hrsg. v. R. Bratschitsch u. W. Schnellinger, Stuttgart 1981, S. 7-24.

ZELEWSKI, S.: Die ATMS-Technik. Das Einsatzpotential begründungsverwaltender Systeme für Anpassungsplanungen, in: Technologiemanagement und Technologien für das Management, hrsg. v. E. Zahn, Stuttgart 1994a, S. 487-506.

ZELEWSKI, S.: Unternehmenskrisen und Konzepte zu ihrer Bewältigung, Arbeitsbericht Nr. 3, Lehrstuhl für Produktionswirtschaft und Industrielle Informationswirtschaft, Universität Leipzig, Leipzig 1994b.

Claus Steinle

Ökologieorientierte Unternehmungsführung

A. Unternehmungspolitische Grundlagen und Ökologie: Verantwortung gegenüber der natürlichen Umwelt im Mittelpunkt

1. Unternehmung und Ökologie

Wird die lange dominierende Sichtweise der Unternehmung als Instrument zur Realisation allein ökonomischer Ziele der Anteilseigner verlassen und wendet man sich der Unternehmung als einem interessenorientierten und gesellschaftlich bezogenen System zu, so zeigt sich ein sehr komplexes Wirkungsgefüge, in das Unternehmungen eingebunden sind: Es konstituiert sich aus ökonomischen, technischen, politischen, gesellschaftlichen und ökologischen Interessen und Anforderungen.

In bezug auf die Grundprinzipien entwicklungsfähiger Unternehmungen, die einereits eine günstige Ressourceneinwerbung, andererseits aber die Herstellung von Evolutionsfähigkeit und strategiebezogener Umweltanpassung fordern, zeigt sich die Bedeutung der *natürlichen* Umwelt, da hierbei ein kurzfristig orientiertes, sachtechnologisches Zweckdenken (periodenbezogener, maximaler Gewinn) durch ein eher längerfristig orientiertes, komplexes Problemdenken (Verbesserung interner/externer Bedürfniserfüllungsniveaus) zu ergänzen und möglicherweise zu ersetzen ist.

Im Rahmen der Unternehmungsphilosophie ist auf die Verantwortlichkeit der Unternehmung als einer interessenorientierten und gesellschaftlich bezogenen Institution hinsichtlich gesellschaftlich-ökologischer Zielsetzungen hinzuweisen. Unter ethischen Gesichtspunkten kann verdeutlicht werden, daß ökonomisches Handeln eine Zeitdimension besitzt und somit die langfristigen - insbesondere ökologischen - Folgen des Handelns in Rechnung zu stellen sind. Bei der Bestimmung unternehmungspolitischer Grundkonzepte ist im Rahmen unternehmungsexterner Bezugsfelder wiederum auf die gesellschaftliche Verantwortung und direkt auf die Unabdingbarkeit ökologiebezogenen Unternehmungsverhaltens i.S. eines Erhalts der natürlichen Lebensgrundlagen hinzuweisen. Damit wird die tiefe und zugleich alle Dimensionen und Bereiche der Unternehmung durchziehende Verwurzelung ökologiebezogener Unternehmungsführung verdeutlicht.

2. Ursachen und Ziele ökologiebezogener Unternehmungsführung

Die Virulenz ökologiebezogener Unternehmungsführung resultiert aus drei Ursachenbereichen, deren Wirksamkeit im Zeitablauf als starke und stabile Trends aufgefaßt werden kann:

- dem Umweltbewußtsein der Bürger und Mitarbeiter als aktives Kritik- und Forderungspotential in bezug auf einen wirksamen Umweltschutz,
- der Ressourcenknappheit und begrenzten Emissionsaufnahmekapazität der natürlichen Umwelt,

- der dezidierten Umweltgesetzgebung mit der Folge einer Veränderung oder Verschärfung der unternehmerischen Handlungs- und Haftungssituation.

a) Umweltbewußtsein

Das Interesse an einer intakten, sauberen Umwelt, an einem bedachteren Umgang mit ökologisch knappen Ressourcen sowie einem Erhalt der natürlichen Lebensgrundlagen und - daraus abgeleitet - die Herausbildung eines ausgeprägten Umweltbewußtseins i.S. eines sehr stabilen Wertekomplexes kann insbesondere in der Bundesrepublik Deutschland nachgewiesen werden. So zeigen die regelmäßigen Befragungen des Instituts für praxisorientierte Sozialforschung (ipos) seit 1984 konstant hohe Nennungen für „wirksamen Umweltschutz“: Für 1991 wurde mit 71% der Nennungen darin das wichtigste politische Ziel überhaupt gesehen (vgl. BDI 1992, S. 35 f.; ähnlich auch Engelhardt 1990, S. 682; Fischer/Weigand 1990, S. 94 f.).

Veränderte Konsumeinstellungen und ein erhöhter ökologischer Wissensstand führen auf der Verbraucherseite zu einem differenzierteren und durchaus kritischeren Verbraucherverhalten (vgl. Meffert et al. 1986, S. 141; Steger 1990, S. 50). Auch von Mitarbeiterseite her und hier insbesondere von Führungsnachwuchskräften werden in verstärktem Maße ökologische Erwartungen an die Unternehmung gerichtet (vgl. z.B. Horst 1991, S. 10). Als grundlegendes *Werteziel* ökologieorientierter Unternehmungsführung resultiert hieraus die Forderung: Die Unternehmung soll einen Beitrag zum Erhalt und der Förderung einer intakten Umwelt leisten.

Die somit umrissenen ökologiebezogenen Push-Faktoren (z.B. Mitarbeiter, Konkurrenten) sowie die ökologiebezogenen Pull-Faktoren (z.B. Verbraucher, Handel; vgl. zu diesem Konzept Meffert/Kirchgeorg/Ostmeier 1988, S. 23) wirken damit in hohem Maße erfolgs-, überlebens- und entwicklungskritisch auf die Unternehmung ein.

b) Ressourcenknappheit und Emissionsaufnahmekapazität

Werden unter einem Ökosystem Lebensgemeinschaften pflanzlicher und tierischer Organismen sowie menschlicher Aktoren mit abiotischen Ressourcen i.S. von Stoffen, Energie, Wasser, Boden und Luft verstanden, dann kann die Unternehmung durchaus auch als ein ökologisches Teilsystem interpretiert werden (vgl. Dyllick 1990, S. 24; Walletschek/Graw 1991, S. 38).

Inputseitig werden hierbei Ressourcen in einen Transformationsprozeß eingebracht, dabei „outputseitig“ Emissionen und Abfälle als „Beiprodukte“ des Transformationsprozesses an die Umwelt abgegeben und marktfähige Produkte erstellt. Der zweite Hauptsatz der Thermodynamik (das sog. „Entropiegesetz“) vermittelt grundlegend die Erkenntnis, daß die Ausschöpfung nicht mehr regenerierbarer Ressourcen die unabwendbare Bedingung „transformierender“ Systeme darstellt.

Als grundlegendes *Ressourcenziel* ökologieorientierter Unternehmungsführung resultiert hieraus die Forderung: Knappe Ressourcen möglichst weitgehend schonen und langfristig erhalten.

Auch die Belastungen der natürlichen Umsysteme durch immer mehr und qualitativ immer stärker einwirkende Emissionen und Abfallstoffe ist schon bzw. wird an natürliche Grenzen der Aufnahmekapazität außerunternehmerischer Ökosysteme (ge)stoßen; damit wird deren natürliche Regenerationsfähigkeit außer Kraft gesetzt. Als grundlegendes *Emissionsziel* ökologieorientierten Unternehmungsverhaltens resultiert hieraus die Forderung (vgl. auch Dyllick 1990, S. 24 ff.): Belastende Emissionen und Abfälle sind zu vermeiden, vermindern, verwerten oder zu entsorgen.

c) Umweltgesetzgebung und Haftungssituation

Die Umweltschutzgesetzgebung zeigt sich in der Bundesrepublik Deutschland insbesondere im Immissionsschutz-, Abfall- und Wasserhaushaltsgesetz; neuerdings haben darüber hinausgehend das Umwelthaftungsrecht sowie das Umweltstrafrecht an Bedeutung gewonnen. Im Mittelpunkt des Umwelthaftungsrechts steht die Verpflichtung für den Schädiger, den ursprünglichen Zustand wiederherzustellen, im Mittelpunkt des Umweltstrafrechts die verschärfte Bekämpfung umweltschädigender Handlungen. Beide Sachverhalte bewirken einen starken Internalisierungsdruck im unternehmungspolitischen Handlungsfeld: Es gilt, Gefahrenpotentiale und eventuelle Risiken frühzeitig und aktiv aufzudecken und zu bewältigen. Als grundlegendes *Risiken- und Haftungsziel* ökologieorientierten Unternehmungsverhaltens resultiert hieraus die Forderung (vgl. Dyllick 1990, S. 25): Potentielle Gefahren vermindern; Störfälle verhindern bzw. in ihren Auswirkungen begrenzen.

B. Ökologiebezogene Gestaltung von Unternehmungspolitik, Managementprozessen und Funktionsbereichen

1. Ein kubusorientiertes Ordnungsgerüst

Abbildung 1 bestimmt das Unternehmungsgeschehen anhand einer *Steuerungsebene* aus Unternehmungspolitik, Grundstrategie und Managementprozessen, die sich auf die *Realisationsebene* i.S. der betrieblichen Funktionsbereiche (einschließlich des „Personals") richtet (vgl. hierzu und zum folgenden: Steinle/Lawa/Schollenberg 1995).

Hieraus resultieren insgesamt fünf zentrale *Bereiche*, mit deren Hilfe sich eine ökologieorientierte Unternehmungsführung „fassen" und inhaltlich spezifizieren läßt: Unternehmungspolitik, Grundstrategie, Managementprozesse, Funktionsbereiche und Personal: Sie werden im folgenden eingehender untersucht.

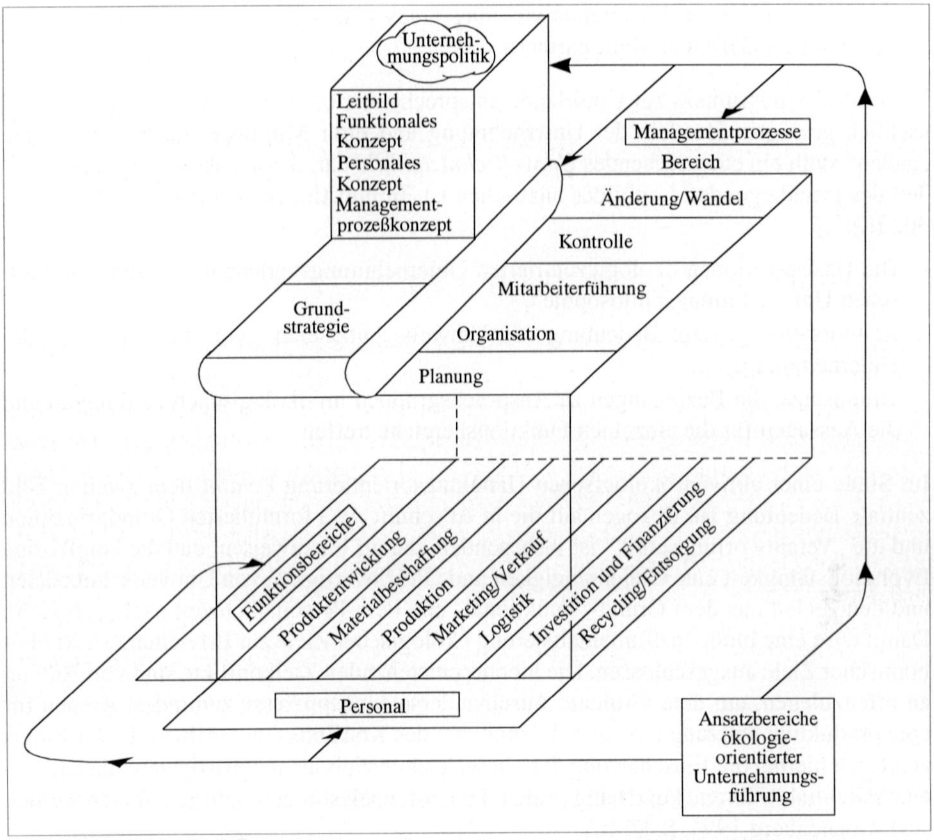

Abbildung 1: Ansatzbereiche ökologieorientierter Unternehmungsführung

2. Ökologiebezogene Unternehmungspolitik

Ausgangspunkte einer ökologiebezogenen Unternehmungspolitik können die bereits im Abschnitt A. 2 umrissenen Wert-, Ressourcen-, Emissions- und Risiken-/Haftungsziele sein: In ihnen zeigt sich die unternehmerische Verantwortung gegenüber der natürlichen Umwelt. Die dahinterstehenden Wertpositionen, die insgesamt den ökologiebezogenen Bereich der Unternehmungsphilosophie verdeutlichen, können in folgenden *Leitmaximen* zusammengefaßt werden (vgl. Ospelt 1977, S. 37 f.):

- Im Sinne einer Fortentwicklung der Grundaufgabe versteht sich die Unternehmung auch als ökologischer Problemlöser („Von der Produkt- zur Funktionsorientierung“);
- Nutzung natürlicher Ressourcen unter dem Primat von Sparsamkeit und ökologischem Gleichgewicht;
- gezielter Einsatz des in der Unternehmung vorhandenen Informations- und Innovationspotentials zur Vermeidung und Verminderung von Umweltverschmutzung;

- aktive Schaffung und Weiterentwicklung eines Umweltbewußtseins bei Unternehmungsmitgliedern und Marktpartnern.

Ein zentrales Instrument zur Umsetzung entsprechender ökologiezentrierter Werte in tatsächlich gezeigtes Handeln der Unternehmung und ihrer Mitglieder nach „innen“ und „außen“ stellt ein entsprechendes *Umweltschutzleitbild* dar, das als ökologiespezifizierter Teil des grundlegenden Leitbildes anzusehen ist. In ihm finden sich (vgl. Senn 1986, S. 302 ff.):

- Die Basispositionen ökologiezentrierten Unternehmungsverhaltens i.S. der „ökologischen Unternehmungsphilosophie“,
- Leitvorstellungen zur Bedeutung von Umweltschutzzielen - vor anderen Zielen der Unternehmung,
- Grundsätze, die Beziehungen zu Anspruchsgruppen im ökologischen Feld regeln und die Aussagen für die einzelnen Funktionsbereiche treffen.

Im Sinne einer aktiven ökologischen Handlungsorientierung kommt dem zweiten Feld zentrale Bedeutung zu. Bezogen auf die in Abschnitt A. 2 formulierten Grundprinzipien und die „Verantwortungsethik“ ist insbesondere darauf hinzuweisen, daß die langfristige Evolutionsfähigkeit eine Gleichrangigkeit und Gleichwertigkeit von Umweltschutzzielen und den Zielen aus dem Grund-, Funktional- und dem Personalkonzept nach sich zieht. Damit wird eine bloße Instrumentalisierung ökologischer Ziele zur Erreichung strikt ökonomischer Ziele ausgeschlossen. Die hieraus entstehenden Zielkonflikte sind von Anfang an offenzulegen, um über virulente Auseinandersetzungsprozesse zumindest Arenen für eine produktive Nutzung („bessere Lösungen“) des Konfliktes zu eröffnen. In der Praxis zeigt sich hierbei die Einschätzung des Umweltschutzziels als langfristig gewinnsteigerndem Potential, während kurzfristig primär die Kostenbelastungen wahrgenommen werden (vgl. Coenenberg 1994, S. 85 ff.).

3. Grundstrategie, Managementprozesse und Ökologie

Instrumente zur Erfassung und Ausbildung ökologierelevanter Sachverhalte im Rahmen der *Grundstrategie* sind zum einen die unternehmungsintern orientierten Stärken-Schwächen-Analysen, mit deren Hilfe z.B. Kontakte zu Lieferanten umweltfreundlicher Roh-, Hilfs- und Betriebsstoffe und Zwischenprodukte, die Ökologiebezogenheit des Leistungsprogramms sowie entsprechende Forschungs- und Entwicklungsaktivitäten, das Finanzierungspotential für Umweltschutzinvestitionen und die Offenheit der Mitarbeiter für Umweltschutzfragen bestimmt werden können (vgl. Hopfenbeck 1990, S. 122; Stähler 1991, S. 105). Als analytischer Rahmen bietet sich das - um die Vorstufen Rohstoffgewinnung und Logistik sowie um die nachgelagerten Stufen des Konsums und der Entsorgung erweiterte - Konzept der betrieblichen Wertschöpfungskette an. Zum anderen sind mit der ökologiebezogenen Chancen-Risiken-Analyse externe Umfeldentwicklungen (z.B. umweltbezogene Technologieänderungen, Änderungen der Umweltgesetzgebung, Zunahme des Umweltbewußtseins bei den Marktpartnern, umweltbezogene Aktivitäten der Konkurrenz) aufzunehmen. Zur Ableitung von ökologiebezogenen Grundstrategien könnten dann insbesondere die Suchfeldanalyse sowie Ökologie-Portfolios eingesetzt werden (vgl. Dyllick 1990, S. 34 ff.; Stähler 1991, S. 108 f.).

Im Rahmen der *Planung* kommt der Früherkennung bzw. einem entsprechenden Frühaufklärungssystem eine hohe Bedeutung zur Bestimmung ökologischer Chancen und Risiken zu (vgl. zum Aufbau und Inhalt von Umweltinformationssystemen Zahn/Steimle 1993). Über die Bestimmung von Beobachtungsbereichen (vgl. zum folgenden Senn 1986, S. 164 f.) wie Unternehmung, engerer und globaler Umwelt und die Zuordnung entsprechender Indikatoren (z.B. „Energieverbrauch“ für die Produktion; „ökologiebezogene Werbebotschaften“ für das Konkurrenzfeld; „Anstieg der Urteile mit veränderter Rechtsprechung“ für das Umweltrecht) können „operative“ Chancen- und Risikenfelder eingegrenzt werden. Für die Wahrnehmung eher qualitativer Informationen und die Aufnahme „Schwacher Signale“ und damit für ein strategisch geprägtes Frühaufklärungssystem ist dagegen eher die Szenario-Technik geeignet, mit deren Hilfe systematisch ökologierelevante Potentiale über Indikatoren in ihrer Wirkung auf betriebliche Tätigkeitsfelder abgebildet und „durchgespielt“ werden können (vgl. Steger 1988, S. 177 ff.).

Schon diese Sachverhalte der Wahrnehmung und Weiterverarbeitung „weicher“ Informationen und Einschätzungen verdeutlichen die Notwendigkeit, für den Bereich der *Organisation* eher flexible und innovationsoffene Aufbau- und Ablaufstrukturen zu schaffen, die ein ganzheitliches Wahrnehmen und Handeln als wichtige Bedingung einer Ökologiezentrierung ermöglichen. Flache Hierarchien, Teamarbeit und mehrlinige Informations- und Kommunikationsstrukturen sind hierbei als adäquate Organisationsformen zu nennen.

Im Bereich der *Führung* steht eine umweltorientierte Motivation i.S. einer Schaffung von „Verantwortung für die Umwelt“ im Mittelpunkt. Dies kann erreicht werden, indem das betriebliche Anreizsystem ökologiezentriert ausgestaltet wird. Dies wird detailliert in Abbildung 2 verdeutlicht (vgl. dazu auch Steinle/Lawa/Schollenberg 1995).

Als eine wichtige Querfunktion, welche die bislang genannten Prozesse überwacht, steuert und Änderungen induziert, kann das ökologiebezogene *Controlling* gesehen werden (vgl. hierzu ausführlich Steinle/Lawa/Jordan 1995; Praxisberichte bei Lutz 1992, S. 160 ff.). Seine Aufgabenfelder liegen in der kontinuierlichen Nutzung, Verarbeitung und Bereitstellung ökologiebezogener Informationen wie Einhalten gesetzlicher Regelungen oder die Bestimmung von Chancen- und Risikenpotentialen im Feld der Produktionsprozesse und Produkte, wobei auf eine enge Verbindung mit den vorhandenen unternehmungsbezogenen Informationssystemen zu achten ist. Wichtige Elemente sind dabei im betrieblichen Umweltinformationssystem, das insbesondere Instrumente zur ökologiebezogenen Folgenabschätzung enthält und in der ökologischen Buchhaltung bzw. der Ökobilanz als weiterentwickeltem Konzept der ökologischen Buchhaltung zu sehen (vgl. hierzu Freimann 1990b).

UMWELTORIENTIERTE ANREIZGESTALTUNG IN DER UNTERNEHMUNG		
materielle Anreize	Spezifische Ausgestaltung des *Bonussystems*, so daß ökologische Minderzielerreichung nicht durch ökonomische Übererfüllung kompensiert werden kann Verknüpfung von *Beförderung/Karriereplanung* und *Gehaltsfindung/Leistungsbeurteilung* mit der (Über-) Erfüllung ökologiebezogener Ziele *Betriebliches Vorschlagswesen* (Anbindung an Ecology Circles), in Verbindung mit einem höheren Prämiensatz für umweltverbessernde Mitarbeitervorschläge	Ansprache materieller Bedürfnisse
immaterielle Anreize	Information über *toxische* Stoffe, Sicherheit am Arbeitsplatz ökologiebezogene Kennzahlensysteme, die „Feedback" Informationen liefern	Ansprache von Sicherheitsbedürfnissen
immaterielle Anreize	Lernstatt, *„Ecology Circles", Umweltprojektteams* usw. *solidaritätsfördernde* Umwelt(lehr)veranstaltungen, -seminare, -bildungsausflüge mit Umweltbezug Vorgesetzte fungieren als *„Umweltschutz-Vorbild"*	Ansprache von sozialen Kontaktbedürfnissen
immaterielle Anreize	*Aufstiegsrelevanz* umweltorientierten Verhaltens deutlich machen *Auszeichnung* von besonders umweltorientierten Mitarbeitern bei Betriebs- bzw. Erfinderfesten, Lob durch den Vorgesetzten; Übertragung besonderer Aufgaben an umweltbewußte Mitarbeiter Frühzeitige *Einbeziehung,* Nutzung der Fachkompetenz, *Information* der Mitarbeiter hinsichtlich Umweltschutzmaßnahmen *Eigenkontrollen*	Ansprache von Anerkennungsbedürfnissen
immaterielle Anreize	*herausfordernde,* kreativitätsfördernde, ökologiebezogene Aufgabeninhalte („Job Enlargement/Enrichment"), *identitätsstiftende* Tätigkeiten, durch die ein privat gelebtes Umweltbewußtsein auch in der Unternehmung realisiert werden können Partizipation bei der Fixierung von Umweltzielen *Anregen* zu ökologiebezogenen Innovationen Umweltbezogene *Aus- und Weiterbildung* (Personalentwicklung)	Ansprache von Selbstverwirklichungsbedürfnissen

Abbildung 2: Umweltorientierte Anreizgestaltung

Die Vorstellung einer Veränderung traditionellen Unternehmungsverhaltens in Richtung auf eine bewußte und aktive Ökologieorientierung fordert „geplante" Formen des Wandels und die Einleitung von Lernprozessen. In diesem Feld der *Organisationsentwicklung* kann eine Ökologieorientierung initiiert werden, bspw. indem Arbeitsbedingungen (Arbeitsbelastung; Aufgabenzuschnitt; Mitbeteiligungsmöglichkeiten) so verändert werden, daß eine grundlegende Änderungsbereitschaft entsteht. Auch eine Personalentwicklung i.S. einer ökologischen Qualifizierung kann als weiteres Element gesehen werden. Dem Konzept der Einrichtung von Ökologie-Zirkeln - in Analogie zu Qualitäts-Zirkeln - dürfte darüber hinaus zentrale Bedeutung zukommen, wenn im mittleren und unteren Bereich der Unternehmungshierarchie ökologische Problemfelder erkannt und weitgehend selbständig bearbeitet werden sollen.

4. Ökologiebezogene Aspekte der Funktionsbereiche sowie im Bereich Personal

Gegenstand der vorgenannten Steuerungsfelder sind die betrieblichen *Grundfunktionen* oder die primär leistungswirtschaftlichen Bereiche der Unternehmung. In ihnen zeigen sich spezifisch ökologische Problemfelder, die in vorgenannten Steuerungsbereichen noch nicht erfaßt wurden. Werden die „funktionalen" Ansatzbereiche für ökologiebezogenes Unternehmungshandeln eingekreist und mit ökologischen Zielkriterien versehen, dann kann die nachfolgende Übersicht erstellt werden (vgl. hierzu die „Checkliste" von Dyllick 1990, S. 29 ff. sowie Winter 1990, S. 142 ff.):

Produktentwicklung:
- Produktmerkmale (langlebig, wartungsfreundlich, reparaturfähig, recyclierbar, ressourcen- und energiesparend),
- Produktbestandteile (nicht toxisch, neben- und spätwirkungsfrei),
- Produktverwendung (risikofrei, abfall-, emissionsarm),
- Produktentsorgung (Rückgabe möglich, abbaubar, entsorgungssicher, Wieder-/Weiterverwendung mitgeplant).

Materialbeschaffung:
- Eigenschaften (regenerierbar, recycliert, haltbar, sicher, nicht toxisch, abbaubar),
- Information (Inhaltstoffe/Herstellverfahren bekannt).

Produktion:
- Ressourcenverbrauch (energie-/rohstoffsparend),
- Emissionen (emissionsarm, geschlossene Kreisläufe),
- Risiken (risikoarm bezüglich Arbeit, Umwelt, Gesundheit),
- Bauten/Anlagen (energiesparend, lärmgeschützt, bedienungssicher, umweltfreundliche Baustoffe).

Marketing/Verkauf:
- Marketing-Mix (Ersatz/Ergänzung durch umweltfreundliche Produkte/Bestandteile, differenzierte Preisgestaltung, Promotion umweltfreundlicher Produkte),

- Verpackung (wenig aufwendig, wiederverwendbar, regenerierbare Materialien, abbaubar),
- Werbung/Absatzkanal (ökologischen Nutzen bewußt machen, umweltfreundlichen Konsum fördern, Position bezüglich Ökologie verdeutlichen; Retrodistributionsfähigkeit herstellen).

Logistik:
- Strukturen (Distanzen zwischen Produktion, Lager und Konsum durch Standortpolitik verringern),
- Transporte (Routen optimieren, umweltfreundliche Transportmittel verwenden und voll auslasten, Risiken vermeiden),
- Lagerung (Bestände riskanter Stoffe minimieren, Lagerbestände kontrollieren, Risiken absichern).

Recycling/Entsorgung:
- innerbetrieblich (Rückstände sammeln, rückgewinnen, wiederverwenden),
- überbetrieblich (Rückstände anderer Wiederverwertung zuführen oder selber aufbauen),
- Entsorgung (kontrollierte Entsorgung, seriöse Entsorgungspartner, Entsorgungskooperation).

Personal:
- Aus- und Weiterbildung (Integration der Ökologieorientierung in das interne Weiterbildungs- und Seminarprogramm, Förderung ökologischer Weiterbildungswünsche),
- Bedeutungssignal (Ökologie als Zielfeld, hinter dem die Unternehmungsleitung steht).

C. Problemfelder und Umsetzungshinweise einer ökologieorientierten Unternehmungsführung sowie Ausblick

1. Interne und externe Problemfelder

Grundlegend zeigen sich im Bereich der ökologiebezogenen Unternehmungspolitik, der Managementprozesse und im Rahmen der funktionsbereichsbezogenen Aspekte eine Vielzahl von *Hindernissen*, die zu Problemfeldern werden, wenn es um die Umsetzung ökologiebezogenen Handelns geht. Wie Abbildung 3 zeigt (vgl. hierzu: Steinle/Lawa/Schollenberg 1995), sind im Bereich *unternehmungsexterner* Problemfelder eine relativ hohe Preiselastizität der Nachfrage sowie eine fehlende Anreizwirkung der staatlichen, eher „kurativen" Umweltpolitik zu beobachten. Eine wenig stringente Umweltgesetzgebung, andersgelagerte Präferenzen von Banken, Lieferanten und Handel, ambivalentes Kaufverhalten und die Nichtverfügbarkeit von Technologien erzeugen weitere Problemfelder.

Unternehmungsinterne Problemfelder können sich zeigen in Informations- und Methodendefiziten, in Umweltschutzinsellösungen und organisatorischen Abstimmungsproblemen, in mangelhaft ausgeprägter Umweltverantwortung beim Management, psychologischen Widerständen, Defiziten in der externen Kommunikation, einer schlechten finanziellen Ausgangslage oder einem Kostendruck durch Umweltschutzmaßnahmen.

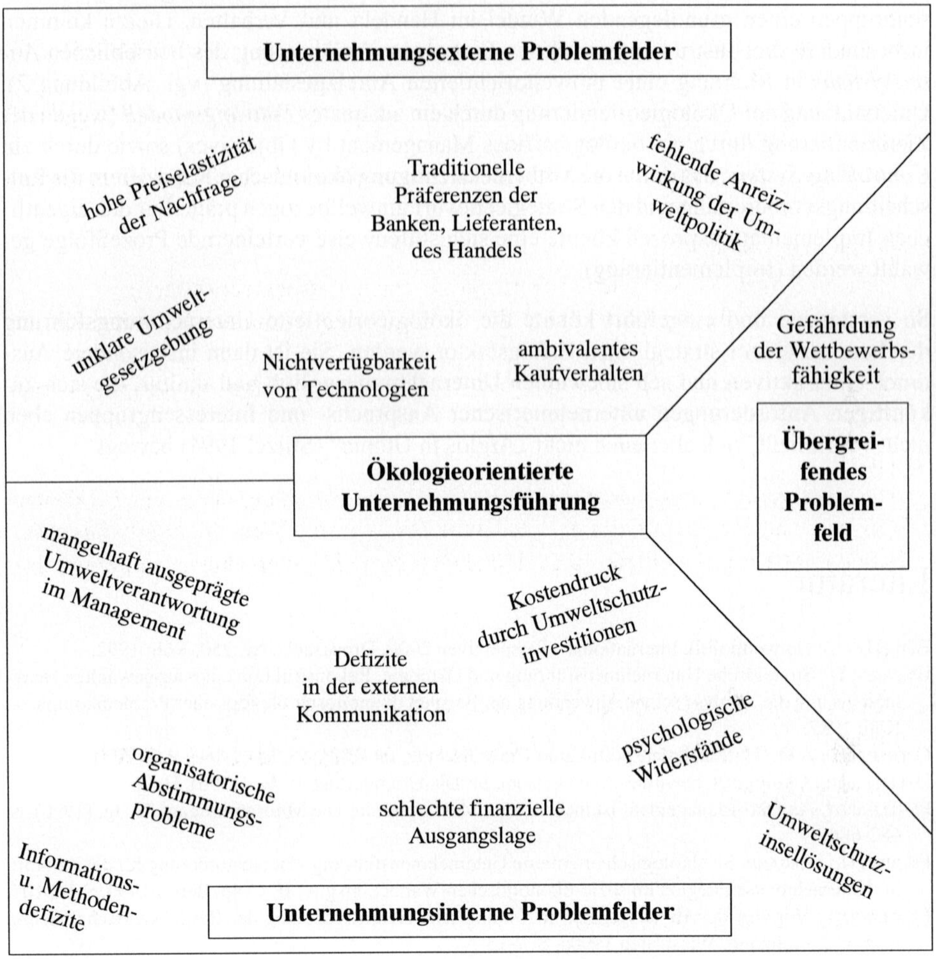

Abbildung 3: Problemfelder ökologiebezogener Unternehmungsführung

Interne und externe Umsetzungshindernisse können sich im *übergreifenden* Problemfeld „Gefährdung der Wettbewerbsfähigkeit" kondensieren, denen sich „Spitzenreiter" bei Umweltschutzanstrengungen durchaus gegenüber sehen können. Letztlich kann nur eine entsprechende Strategiebildung mit aktiver Orientierung (auch) an ökologischen Stärken und Potentialen einen anfänglichen, kostenbezogenen Wettbewerbsnachteil in eine langfristige Erlössteigerung und einen entwicklungsorientierten Vorteil umkehren.

2. Umsetzungsinstrumente und Ausblick

Ähnlich wie im Bereich der Strategiediskussion haben sich vorliegende Konzepte bislang nur marginal mit der Umsetzungs- und Implementationsproblematik beschäftigt.

Die Motivation zu umweltgerechterem Verhalten fordert von allen Beteiligten und Interessengruppen einen grundlegenden Wandel im Handeln und Verhalten. Hierzu kommen insbesondere drei Instrumentbereiche in Frage: eine Veränderung des betrieblichen *Anreizsystems* in Richtung einer umweltorientierten Anreizgestaltung (vgl. Abbildung 2), Unterstützung der Ökologieorientierung durch ein adäquates *Führungsmodell* (wegen der Zielorientierung durch ein ökologieaffines Management by Objectives) sowie durch ein *Controlling-System*, das durch die Mitberücksichtigung ökologischer Kennziffern die Entscheidungsvorbereitung und den Strategieentwurf umweltbezogen prägt. Für den eigentlichen Implementationsprozeß könnte eine sich stufenweise verfeinernde Prozeßfolge gewählt werden (Implementierung).

So verstanden und eingeführt könnte die ökologieorientierte Unternehmungsführung durchaus zu einem strategischen Erfolgsfaktor werden. Sie ist dann insbesondere Ausdruck einer aktiven und selbstbewußten Unternehmungspolitik und -kultur, die sich zukünftigen Anforderungen unternehmerischer Anspruchs- und Interessengruppen eben nicht verschließt, sich aber auch nicht „Arglos in Utopia" (Stitzel 1994) bewegt.

Literatur

BDI (Hrsg.): Umweltpolitik International - Perspektiven 2000, Drucksache Nr. 250, Köln 1992.

Brenken, D.: Strategische Unternehmensführung und Ökologie. Rekonstruktion eines ausgewählten Denkmodells und die Analyse seiner Anwendung am Beispiel ökonomisch-ökologischer Problemkomplexe, Köln 1987.

Coenenberg, A.G.: Unternehmenspolitik und Umweltschutz, in: ZfbF, 46. Jg. (1994), S. 81-100.

Dyllick, Th.: Ökologisch bewußtes Management, in: Die Orientierung, o. Jg. (1990), H. 96.

Engelhardt, A.: Öko-Management ist mehr als ein Modetrend, in: Die Mitbestimmung, 36. Jg. (1990), S. 682-686.

Fischer, U.; Weigand, S.: Ökologisch orientierte Unternehmensführung - Herausforderung für die Zukunft, in: Unternehmensstrategien im sozio-ökonomischen Wandel, hrsg. v. H. Czap, Berlin 1990, S. 91-107.

Freimann, J.: Vorwort des Herausgebers, in: Ökologische Herausforderung der Betriebswirtschaftslehre, hrsg. v. J. Freimann, Wiesbaden 1990a, S. 7-15.

Freimann, J.: Plädoyer für die Normierung von betrieblichen Öko-Bilanzen, in: Ökologische Herausforderung der Betriebswirtschaftslehre, hrsg. v. J. Freimann, Wiesbaden 1990b, S. 177-195.

Hopfenbeck, W.: Umweltorientiertes Management und Marketing: Konzepte - Instrumente - Praxisbeispiele, Landsberg a. Lech 1990.

Horst, P.: Ökocheck für die Unternehmensstrategie, in: Gablers Magazin, 4. Jg. (1991), H. 6, S. 10-16.

Kirchgeorg, M.: Ökologieorientiertes Unternehmensverhalten, Typologien und Erklärungsansätze auf empirischer Grundlage, Wiesbaden 1990.

Lange, C.: Umweltschutz und Unternehmensplanung. Die betriebliche Anpassung an den Einsatz umweltpolitischer Instrumente, Wiesbaden 1978.

Lutz, R. (Hrsg.): Innovations-Ökologie. Ein praktisches Handbuch für umweltbewußtes Industriemanagement, Stuttgart et al. 1992.

Mann, R.: Das ganzheitliche Unternehmen, Bern et al. 1990.

MEFFERT, H.; BENKENSTEIN, M.; SCHUBERT, F.: Umweltschutz und Unternehmensverhalten, in: HBM, 9. Jg. (1987), H. 2, S. 32-39.

MEFFERT, H. ET AL.: Marketing und Ökologie - Chancen und Risiken umweltorientierter Absatzstrategien der Unternehmung, in: DBW, 46. Jg. (1986), S. 140-159.

MEFFERT, H.; KIRCHGEORG, M.; OSTMEIER, H.: Analysekonzepte und strategische Optionen des ökologieorientierten Marketing, in: Thexis, 5. Jg. (1988), H. 3, S. 22-27.

OBERHOLZ, A.: Umweltorientierte Unternehmensführung. Notwendigkeit, Einführung, Erfolge, Frankfurt a.M. 1990.

OSPELT, F.: Unternehmungspolitik und Umweltschutz, Wien 1977.

PFRIEM, R.: Option für das Forschungsprogramm, eine ökologisch orientierte Betriebswirtschafslehre auszuarbeiten, in: Ökologische Unternehmenspolitik, hrsg. v. R. Pfriem, Frankfurt a.M. 1986, S. 98-106.

SEIDEL, E.; MENN, H.: Ökologisch orientierte Betriebswirtschaft, Stuttgart et al. 1988.

SENN, J.: Ökologieorientierte Unternehmensführung - Theoretische Grundlagen, empirische Fallanalysen und mögliche Basisstrategien, Frankfurt a.M. et al. 1986.

STÄHLER, C.: Strategisches Ökologiemanagement. Praktische Ansätze und theoretische Überlegungen zu einer Ökologieorientierung der Unternehmenspolitik, Herrsching 1991.

STEGER, U.: Umweltmanagement - Erfahrungen und Instrumente einer umweltorientierten Unternehmensstrategie, Frankfurt a.M. 1988.

STEGER, U.: Unternehmensführung und ökologische Herausforderung, in: Unternehmung und ökologische Umwelt, hrsg. v. G. Wagner, München 1990, S. 48-57.

STEINLE, C.; LAWA, D.; JORDAN, W.: Elemente und Instrumente eines ökologiebezogenen Controlling - Überblick und Implementationshinweise, in: BFuP, 47. Jg. (1995), S. 99-117.

STEINLE, C.; LAWA, D; SCHOLLENBERG, A.: Ökologieorientierte Unternehmungsführung - Ansätze, Integrationskonzept und Entwicklungsperspektiven, in: Zeitschrift für Umweltpolitik und Umweltrecht o. Jg. (1995), H. 1, S. 12-19.

STITZEL, M.: Arglos in Utopia? Die Literatur zum Umweltmanagement bzw. zur ökologisch orientierten Betriebswirtschaftslehre, in: DBW, 54. Jg. (1994), S. 95-116.

STREBEL, H.: Die natürliche Umwelt als Gegenstand der Unternehmenspolitik, Berlin 1980.

ULRICH, H.: Die Bedeutung der Management-Philosophie für die Unternehmungsführung, in: Management-Philosophie für die Zukunft: Gesellschaftlicher Wertewandel als Herausforderung an das Management, hrsg. v. H. Ulrich, Bern et al. 1981, S. 11-23.

ULRICH, H.: Unternehmungspolitik, 2. Aufl., Bern et al. 1987.

ULRICH H.; PROBST, G. J. B.: Anleitung zum ganzheitlichen Denken und Handeln, 2. Aufl., Bern et al. 1990.

VESTER, F.: Neuland des Denkens. Vom technokratischen zum kybernetischen Zeitalter, Stuttgart 1983.

VESTER, F.: Was wir als Fortschritt bezeichnen, ist ein Rückschritt in der Evolution, in: Die Mitbestimmung, 35. Jg. (1989), S. 606-610.

WAGNER, G.: Unternehmung und ökologische Umwelt - Konflikt oder Konsens? in: Unternehmung und ökologische Umwelt, hrsg. v. G. Wagner, München 1990, S. 1-28.

WALLETSCHEK, H.; GRAW, J.: Ökologie und Umwelt, in: Öko-Lexikon, Stichworte und Zusammenhänge, hrsg. v. H. Walletschek u. J. Graw, 3. Aufl., München 1991, S. 33-56.

WICKE, L.: Chancen durch ein offensives, gewinnorientiertes Umweltmanagement der Betriebe. Pladoyer für ein offensives Umweltmanagement, in: Chancen der Betriebe durch Umweltschutz, Plädoyer für ein offensives gewinnorientiertes Umweltmanagement, hrsg. von E. Pieroth u. L. Wicke, Freiburg 1988, S. 11-33.

WINTER, G.: Das umweltbewußte Unternehmen - Ein Handbuch der Betriebsökologie mit 22 Check-Listen für die Praxis, 4. Aufl., München 1990.

ZAHN, E.; STEIMLE, V.: Umweltinformationssysteme und umweltbezogene Strategieunterstützungssysteme, in: Betriebswirtschaft und Umweltschutz, hrsg. v. G.R. Wagner, Stuttgart 1993, S. 225-249.

Hans Jobst Pleitner

Unternehmungsführung im Mittelstand[1)]

A. Zur Charakterisierung des Mittelstandes

1. Vorbemerkung

Im vorliegenden Handbuch war bisher nicht vom Mittelstand die Rede. Wenn nunmehr die Frage nach Führung im Mittelstand bzw. in mittelständischen Unternehmungen aufgeworfen wird, drängt sich zunächst eine Klarstellung auf, worum es bei diesen Unternehmungen geht. Wir wollen dabei versuchen, sie hinreichend zu charakterisieren und von nicht mittelständischen Einheiten abzugrenzen, gehen also davon aus, daß es sich bei mittelständischen Unternehmungen um eine Teilmenge aller Unternehmungen handelt.

Nach der Abgrenzung bleibt zu untersuchen, welche Bedeutung diesen Einheiten zukommt und welche spezifischen Führungsmerkmale sie insgesamt aufweisen. In der Folge wird versucht, die Spezifika der Führung nach Unternehmungsgrößenklassen durch Vergleiche zu differenzieren. Am Schluß dieser Überlegungen werden wir aktuelle Herausforderungen an die Führung in mittelständischen Unternehmungen bezeichnen und skizzieren, wie die Führung ihnen gerecht werden kann.

Es liegt in der Natur des Themas, daß die Erörterung deskriptive wie normative, grundsätzliche wie pragmatisch gewonnene Hinweise umfaßt und daß sie sich nicht eng an wissenschaftliche Argumentationsmuster hält, zumal sie auch dem Praktiker zugänglich sein soll.

2. Abgrenzung mittelständischer zu anderen Unternehmungen

Der Terminus „Mittelstand“ umschreibt ursprünglich eher eine soziologische oder politische als eine ökonomische Kategorie, suggeriert er doch die Positionierung einer bestimmten Gruppe in der Mitte eines Spektrums, während andere „rechts“ oder „links“ davon oder - historisch eher - unterhalb oder oberhalb dieses Standes anzusiedeln wären. So sind dem Mittelstand konsequenterweise auch unselbständige Wirtschaftssubjekte und freie Berufe zuzurechnen. Der Bezug auf das Gebiet der Wirtschaft sei deswegen dadurch hergestellt, daß wir vorzugsweise von „mittelständischen Unternehmungen“ sprechen. Damit ist freilich ihre Abgrenzung gegenüber anderen Einheiten noch nicht gegeben. Sie wird aber erforderlich, wenn wir mittelstandsspezifische Führungsmerkmale identifizieren wollen.

Wir ziehen dazu aus Gründen der Operationalisierbarkeit *quantitative* Merkmale heran. Von den Kriterien, die grundsätzlich in Betracht kommen können (Anzahl Beschäftigte, Umsatz, Bilanzsumme, Produktionsmenge, Marktanteil usw.) halten wir uns an die Beschäftigtenzahl - wegen ihrer leichten Erfaßbarkeit und ihrer statistischen Verfügbarkeit. Dieses Merkmal läßt - mit Einschränkungen - Rückschlüsse auf die betriebliche Leistungsfähigkeit zu (etwa via Produktivitätsmaße) und ermöglicht von Geldwertschwankungen unabhängige Vergleiche der betrachteten Unternehmungen.

Für die Zwecke der hier angestellten Überlegungen betrachten wir alle Unternehmungen mit bis zu 500 Beschäftigten als „mittelständisch“ (in dieser Kategorie fallen übrigens nach unseren Beobachtungen die Unternehmungen i.d.R. mit Betrieben zusammen). Damit setzen wir die mittelständischen Firmen in tolerierter Vereinfachung mit Klein- und Mittelunternehmungen (KMU) gleich, die in der Mehrzahl der Publikationen auf 500 Mitarbeiter begrenzt werden (vgl. Commission of the European Communities 1990, S. 2.3; Mugler 1993, S. 27; Bussiek 1994, S. 17; Schweizerisches Institut für gewerbliche Wirtschaft 1994, S. 3).

Es ist uns bewußt, daß diese Zahl für eine typische Handelsfirma einen anderen Stellenwert signalisiert als für einen gängigen Güterproduktionsbetrieb. Unter dem Führungsaspekt scheint diese Grenzziehung trotzdem vertretbar.

Wichtiger wird eine Differenzierung innerhalb der besagten Kategorie: Praxiseindrücke deuten darauf hin, daß es - mindestens unter dem Gesichtspunkt der Unternehmungsführung - innerhalb des Mittelstandes zweckmäßig ist, zwischen Mikro-, Klein- und Mittelbetrieben zu unterscheiden. Für die folgenden Überlegungen wird die Differenzierung zwischen Mikrounternehmungen mit 1-9 Beschäftigten, Kleinunternehmungen mit 10-99 Beschäftigten und Mittelunternehmungen mit 100-499 Beschäftigten vorgenommen. Für Deutschland ergeben sich nach dieser Einteilung folgende Bestandszahlen:

	Mittelständische Unternehmungen				
	Mikrounternehmungen	Kleinunternehmungen	Mittelunternehmungen	gesamt	Großunternehmungen
Beschäftigte	1-9	10-99	100-499	1-499	500 und mehr
Anteil der Unternehmen	86,0%	12,9%	0,9%	99,8%	0,2%
Anteil der Beschäftigten	18,2%	27,3%	18,7%	64,2%	35,8%

Abbildung 1: Unternehmungsgrößenklassifizierung aufgrund der Beschäftigtenzahlen (Quelle: Commission of the European Communities 1990, S. 4.7)

3. Wirtschaftliche und gesellschaftliche Bedeutung der mittelständischen Unternehmungen

Abbildung 1 belegt die quantitative Bedeutung des - ökonomisch definierten - Mittelstandes eindrücklich: Über 99% der Unternehmungen sind ihm zuzurechnen, und zwei Drittel der Erwerbstätigen finden dort ihre Arbeitsplätze. Dieses Bild ist ohne große Verschiebungen über die vergangenen Jahrzehnte nachzuzeichnen und ähnelt erstaunlich demjenigen der anderen westlichen Volkswirtschaften - bemerkenswerterweise unabhängig davon, ob sie größer (etwa USA, Japan) oder kleiner (etwa Schweiz, Österreich) sind.

Die umfassende Rolle der mittelständischen Unternehmungen für Wirtschaft und Gesellschaft ist freilich mit dem Hinweis auf die Bestandszahlen noch nicht adäquat abgebildet. Ihr *qualitativer* Stellenwert wird insbesondere auf folgenden Gebieten sichtbar:

Für die Gesellschaft erfüllen sie eine ordnungs- und eine sozialpolitische Funktion. Die mittelständischen Unternehmer verwirklichen exemplarisch ein fundamentales Ordnungsanliegen der westlichen Gesellschaften, die Selbstbestimmung, und ein starker Mittelstand insgesamt verleiht dem System Stabilität (z.B. via breitgestreutes Eigentum), unter Vermeidung von Machtkonzentrationen. In der sozialpolitischen Perspektive gewährleisten die mittelständischen Unternehmungen humane Arbeitsplätze, attraktive (wenig automatisierte) Tätigkeiten und hohe Arbeitszufriedenheit (vgl. Pleitner 1981).

Im Kontext der Bedeutung der KMU für die Wirtschaft ist etwa ihre Funktion der Erbringung dezentralisierter, kundennaher Marktleistungen hervorzuheben, nicht minder ihre Bereitstellung der Mehrzahl der Arbeitsplätze (vgl. Abbildung 1) - und der Neuschaffung selbst noch in Zeiten, in denen Großunternehmungen Arbeitsplätze abbauen. Die Rolle der mittelständischen Unternehmungen im Bereich der F&E wird durch ihre Innovationstätigkeit (und die Ausbringungseffizienz dabei) ausgewiesen. Schließlich übernehmen die KMU einen im Vergleich zu den Beschäftigtenzahlen überproportionalen Anteil der beruflichen Ausbildung.

Diese Stichworte zum Stellenwert des Mittelstandes in Gesellschaft und Wirtschaft machen aus der Makrowarte die Relevanz adäquater Führung der mittelständischen Unternehmungen sichtbar.

B. Spezifika der Führung mittelständischer Unternehmungen

1. Prinzipielle Betrachtung

Betrachten wir die Führung der mittelständischen bzw. der kleinen und mittleren Unternehmungen insgesamt, fällt für alle diese Einheiten die zentrale Stellung der Person des *Unternehmers* auf - ganz besonders im Vergleich zur Situation in den Großunternehmungen, wo „der Unternehmer" i.d.R. gar nicht identifizierbar ist, weil die Unternehmerrolle sich auf eine Mehrzahl von Personen (oder Instanzen) verteilt. Im Mittelstand dagegen repräsentiert der Unternehmer im Regelfall die drei *konstitutiven* Rollen in einer Person: Risikoträger, Kapitalgeber und Leiter. Die letztere Rolle bedeutet, daß zugleich alle Führungs*funktionen* beim Unternehmer („owner-manager") zentralisiert sind. Daraus ergeben sich Unmittelbarkeit und (zumindest die Chance der) Eindeutigkeit von Entscheidungen und Handlungen, die im Verein mit der Überschaubarkeit der Unternehmung dank der begrenzten Größe die essentielle Spezifität der Unternehmungsführung im Mittelstand ausmachen (vgl. Hamer 1990, S. 52 ff.; Ackermann/Blumenstock 1993, S. 6 ff.; Kao 1993, S. 292 ff.; Zander 1994, S. 17 ff.).

Es liegt auf der Hand, daß die dreifache Rolle der zentralen Person für ihre Unternehmung ihre enge Identifikation mit der Firma und eine überdurchschnittliche Motivation zum Durchhalten gewährleistet, zumal in ihrer Wahrnehmung oft die Alternative fehlt - dies alles idealtypisch im Gegensatz zu angestellten Managern in der Großunternehmung.

Zudem verheißt die unternehmerische Betätigung ein hohes Maß an Selbstverwirklichung und Arbeitszufriedenheit - zumindest im Erfolgsfalle. Dieser Hinweis erinnert an die Kehrseite der Medaille: Die zentrale Bedeutung des Unternehmers für die Firma stellt nicht nur den entscheidenden Erfolgsfaktor dar, sondern zugleich das größte Risiko des Scheiterns für den Fall, daß der Unternehmer den zahlreichen Anforderungen an seine Person nicht genügt. In der Tat kann die mittelständische Unternehmung durch mangelnde Kompetenz des Leiters nachhaltig erschüttert und in seinem Bestand gefährdet werden.

Versucht man, die Charakteristika der Führung mittelständischer Unternehmungen aufzulisten und durch eine Gegenüberstellung zu denen der Großunternehmungen zu verdeutlichen, ergibt sich eine Übersicht (vgl. Abbildung 2), die zwar in der Polarisierung nicht ganz ohne Stereotype auskommt, aber die gebotene Anschaulichkeit gewährleistet.

Mittelständische Unternehmungen		**Großunternehmungen**
Führung durch Eigentümer-Unternehmer	-	Führung durch angestellte Manager
personenbezogene Führung	-	Führung nach Managementprinzipien
unmittelbare Teilnahme am Betriebsgeschehen	-	Ferne zum Betriebsgeschehen
kaum Gruppenentscheidungen	-	häufige Gruppenentscheidungen
große Bedeutung von Improvisation und Institution	-	geringe Bedeutung von Improvisation und Intuition
begrenzte Planung	-	umfangreiche Planung
kurze, direkte Kommunikationswege	-	lange, teils intransparente Kommunikationswege
Führungspotential nicht austauschbar	-	Führungspotential austauschbar
wenig Bürokratie	-	viel Bürokratie
mangelnde oder einseitige Führungskenntnisse	-	fundierte Führungskenntnisse
kaum formalisiertes Informationswesen	-	ausgebautes formalisiertes Informationswesen
Nutzung von ad hoc-Informationen	-	Vernachlässigung von ad hoc-Informationen
Überlastung des Unternehmers durch Funktionshäufung	-	hochgradige, sachbezogene Arbeitsteilung
hohe Identifikation der Geführten mit dem Unternehmen	-	wenig Identifikation der Geführten mit der Unternehmung
geringe Ausgleichsmöglichkeiten bei Fehlentscheidungen	-	gute Ausgleichsmöglichkeiten bei Fehlentscheidungen
technisch orientierte Ausbildung des Unternehmers	-	technisches Wissen dezentralisiert in Fachabteilungen und Stäben verfügbar

Abbildung 2: Charakteristische Merkmale der Unternehmungsführung (vgl. Pfohl/Kellerwessel 1990, S. 18 ff.)

Wenn die Führungsaufgabe in eine personale und eine Sachdimension aufgegliedert werden kann, läßt diese Gegenüberstellung erkennen, daß der ersteren in den mittelständischen Unternehmungen, der letzteren in den Großunternehmungen die größere Bedeutung zukommt. Diese Beobachtung entspricht der charakteristischen Personenorientierung der Mittelstandsbetriebe und der Regelorientierung der „Großen".

Bei näherer Prüfung ergibt sich freilich das Bedürfnis, die veranschaulichende Übersicht zu differenzieren.

2. Differenzierende Betrachtung

a) Unternehmungsführung in Mikro- versus Großunternehmungen

Bei genauerem Hinsehen gewinnt der Betrachter den Eindruck, daß die in Abbildung 2 polarisiert aufgeführten Führungscharakteristika am umfassendsten Geltung beanspruchen können in den ganz kleinen sowie in den wirklich großen Unternehmungen. Letztere weisen aufgrund ihrer puren Größe einen zuweilen gigantisch anmutenden Führungsbedarf auf, der sowohl sachlich-strukturell wie personell sehr erhebliche Ressourcen bindet - wohlverstanden nur für die Bewältigung der Führungsaufgabe. Nicht zufällig setzt hier immer wieder Kritik an, die etwa auf Phänomene der Überorganisation, auf „Wasserköpfe" und auf wuchernde Bürokratie gerichtet ist. Dabei ist nicht zu übersehen, daß die Größe und damit die Komplexität dieser Unternehmungen selbst bei Verwirklichung eines „Lean Management" zwangsläufig einen u.U. sehr hohen Mindestaufwand generieren.

Die personelle Unterstützung besteht dabei primär aus dem Einsatz von Managern oder Managergruppen, die als Spezialisten Führungsfunktionen in bestimmten Unternehmungsbereichen wahrnehmen, die sachlich-strukturelle Unterstützung wird angestrebt aus einem differenzierten System von Unternehmungsplanung, Entscheidungsfindung, Implementierungs-, Koordinations- und Kontrollmechanismen sowie einem umfassend ausgebauten Informationswesen, für dessen Realisierung selbst der Einsatz sophistizierter Hilfsmittel aus dem Bereich der Informations- und Kommunikationstechnologie nicht immer genügt.

Unternehmungen hingegen, die sich gemäß unserer quantitativen Abgrenzung den kleinsten Einheiten zuordnen lassen, sind oft reine *Familienbetriebe* (vgl. Hamer 1990, S. 47 f.), d.h. in diesem Zusammenhang wörtlich „Firmen", die nur durch Angehörige einer Familie (Eltern, Söhne, Töchter, allenfalls nahe Verwandte oder einzelne externe Helfer) betrieben werden. Sie weisen ein Geschäftsvolumen auf, das es dem Unternehmungseigner noch erlaubt, den Betrieb selbst in aktiver Zusammenarbeit mit seinen Angehörigen direkt - also ohne die Zwischenschaltung von Führungskräften und weitgehend ohne die Unterstützung durch ein formalisiertes Führungsinstrumentarium - zu leiten. Die in diesen Unternehmungen anzutreffende „Organisation" ist folglich einstufig und nur rudimentär ausgestaltet, zumal die Anzahl der beteiligten Personen noch unterhalb der Spanne liegt, die i.d.R. als maximale Leitungsspanne („span of control") akzeptiert wird. Sie umfaßt je nach Tätigkeitsgebiet und Qualifikationsprofil eine Größenordnung von bis zu 20 Mitarbeitern. Aufgrund seiner überwiegend technischen Orientierung sowie seines inneren

Drangs nach innovativ-kreativer Leistung („need for creative achievement“) zeichnet sich der Führungsstil des Unternehmungseigners auf der einen Seite durch Spontaneität („hands on“) und Flexibilität, auf der anderen Seite aber auch durch ein mangelndes Bewußtsein für die Notwendigkeit eines zukunftsorientierten Management aus.

Mikrounternehmungen aus dem Bereich des tertiären Wirtschaftssektors (Dienstleister), die hochqualifizierte Spezialisten beschäftigen, wie z.B. Ingenieurbüros, Architekturbüros, Unternehmungsberatungsfirmen, Anwaltskanzleien oder Werbeagenturen, stellen in bezug auf diese Aussagen mögliche Ausnahmen dar: Ihre Branchenumfelder können wettbewerbsbedingt eine so hohe Dynamik und ihre Tätigkeiten auch bei ganz kleiner Betriebsgröße einen derart hohen Komplexitätsgrad aufweisen, daß der Einsatz anspruchsvollerer Führungssysteme bereits relevant wird.

b) Unternehmungsführung in Klein- versus Mittelunternehmungen

Für die von den Mikro- und den Großunternehmungen „eingerahmten“ KMU (mit einer Beschäftigtenzahl von über 10 und unter 500) stellen sich die Führungsfragen differenzierter, da sie keine Idealtypen mehr repräsentieren, sondern auf dem Kontinuum zwischen „ganz klein“ und „wirklich groß“ als Zwischenformen aufgefaßt werden können.

Diese Sichtweise leitet über zur Frage nach den Konsequenzen für die Führung, je nachdem, ob eine erreichte Unternehmungsgröße noch als klein oder schon als mittel einzustufen ist. Wir haben oben die Unterscheidung statistisch-konventionell gelöst. Dem Unternehmer in der Praxis ist eine solche Feststellung, abgesehen vielleicht vom Statusgefühl, zunächst gleichgültig. Sie muß es freilich nicht bleiben, wenn wir ihm einen empirisch gewonnenen Daten-„Spiegel“ vorhalten, der besagt, daß die *Rentabilitäten* (ob am Eigen- oder am Gesamtkapital gemessen) sich mit der Unternehmungsgröße U-förmig zu entwickeln scheinen. Für eine repräsentative Stichprobe von 370 gewerblichen Unternehmungen (Elektroapparatebau, Malerbetriebe, Maschinenbau, Nahrungsmittel, Plattenleger, Sanitärinstallateure und Schmuck) in der Schweiz wurden unlängst folgende Größen ermittelt:

Anzahl Beschäftigte	Gesamtkapitalrentabilität (Return on Investment)	Eigenkapitalrentabilität
1-5	8.00	22.5
6-20	5.34	16.69
21-50	4.14	12.51
51-100	2.76	8.95
101-200	3.71	9.87
201-500	3.93	10.94

Abbildung 3: Rentabilitätskennzahlen nach Betriebsgrößen (Quelle: Müller-Ganz 1992, S. 93-95)

Die Daten suggerieren, daß die Mikrounternehmungen auffallend hohe, die größeren Mittelunternehmungen mit der Größe zunehmende Rentabilitäten erzielen. Sie vermitteln andererseits den Eindruck, daß die kleineren Mittelbetriebe und vor allem die größeren Kleinunternehmungen (mit zwischen 50 und 100 Beschäftigten) sich mit signifikant tieferen Renditen zufrieden geben müssen.

Diese empirischen Daten erinnern den Leser an die Diskussion um die optimale Betriebsgröße in der klassischen deutschsprachigen BWL (z.B. Gutenberg 1975, S. 429 ff.) - allerdings in einer Umkehrung: Während es nach dem überlieferten Konzept für die Führung darum geht, die optimale Größe zwischen einer zu kleinen und einer übergroßen Dimensionierung zu *finden* (die dort liegt, wo die Grenzkosten - mit U-förmigem Verlauf wie die durchschnittlichen Stückkosten - die Grenzerträge erreichen), suggerieren die zitierten Daten dem Unternehmer die Schlußfolgerung, eine bestimmte Größe zwischen „klein" und „mittel" bzw. noch innerhalb einer kleinen Dimension zu *meiden*. Wie das zu bewerkstelligen ist, läßt sich konzeptionell nicht leicht bestimmen. Der aufgeklärte Leser wird seine Zuflucht zunächst zum amerikanischen Konzept der Erfahrungskurve (vgl. Henderson 1972) nehmen wollen, das - im Gegensatz zum erwähnten deutschsprachigen Ansatz - darauf hinausläuft, die Optimierung der Unternehmungsgröße durch Maximierung zu versuchen, weil unterstellt wird, daß die Stückkosten mit kumulierter Produktionsmenge ständig abnehmen, wobei die Steigerung dieser Menge durch Aufstockung der Unternehmungsgröße erleichtert wird. Unter sonst gleichen Bedingungen ist dann in der Tat die maximale Unternehmungsgröße auch die optimale, also anzustrebende (wobei diese Vorstellung von den Repräsentanten des Erfahrungskurvenkonzepts durch zusätzliche begünstigende Annahmen noch bestätigt wird).

Freilich werden auf diese Weise empirisch beobachtbare hohe Rentabilitäten der ganz kleinen Betriebe nicht erklärt. Führungsüberlegungen, in diesem Falle Betriebsgrößenentscheidungen, für mittelständische Unternehmungen mit den skizzierten Charakteristika können also offenbar weder vom „deutschen" noch vom „amerikanischen" Konzept unmittelbar profitieren.

Sollen die oben referierten empirischen Beobachtungen im Hinblick auf die reale Welt der KMU interpretiert werden, bleiben wir einstweilen auf pragmatische Überlegungen angewiesen. Danach nimmt einerseits das wirtschaftliche Potential der mittelständischen Unternehmungen nach einer logischen Grundannahme mit ihrer wachsenden Größe zu. Andererseits steigen mit der Größe auch die Anforderungen an die Unternehmungsführung in jeglicher Hinsicht, so daß die Unternehmer, die im Mittelstand zugleich die obersten Führungskräfte sind, wenn auch nolens volens, neben den dispositiven zunehmend strategische Aufgaben wahrnehmen müssen und sich von der unmittelbaren Lenkung ihrer Firma in allen Bereichen auf die indirekte Führung via geeignete Instrumente und Verfahren umstellen müssen.

So gesehen, bilden die *Kleinunternehmungen* mit weniger als 100 Beschäftigten eine *Übergangskategorie*. Die für Mikrounternehmungen kennzeichnende Spontaneität und Flexibilität kann zwar aufgrund der angestiegenen Größe und der Komplexität des Unternehmungsgeschehens nicht mehr vollumfänglich gewährleistet werden; es wird aber noch nicht versucht, sie durch systematische Regelungen zu kompensieren, die imstande wären, ähnliche Nutzenpotentiale zu erreichen. Aufgrund der mangelnden Fähigkeit und/oder Bereitschaft, Teilbereiche der Führungstätigkeit zu delegieren, sieht sich der Unternehmer in vielen Fällen einer Überlastung und Überforderung sowohl durch die neuen strategischen wie durch die alten operativen und dispositiven Aufgaben ausgesetzt.

In dieser Konstellation muß offenbar entweder die Führungsrolle professioneller bestimmt und die Unternehmungsgröße ihr „nach oben" angepaßt oder aber die Unternehmung „nach unten" redimensioniert werden. Die Entscheidung des Unternehmers, ob er mit der eigenen Unternehmung eher eine Größe in der Nähe der Mikrounternehmungen oder eher die einer Mittelunternehmung anstreben solle, bedeutet für diese Gruppe der Unternehmungen die Weichenstellung, in welchem Maße professionelle Führung und systematische Hilfsmittel zum Einsatz kommen sollen. Demzufolge besitzt der Einsatz von systematischen Unterstützungsmöglichkeiten für die Unternehmungsführung in dieser Größenklasse zu einem guten Teil Optionscharakter, d.h. es obliegt dem Entscheid des Unternehmers, wie weit er einen entsprechende Einsatz vorsehen will, mit entsprechenden Konsequenzen für die Anpassung der Unternehmungsgröße.

Die *Mittelbetriebe* (mit einer Belegschaft zwischen 100 und 500 Beschäftigten) nähern sich in ihren spezifischen Merkmalen allmählich den Großunternehmungen an, und der Übergang zu einem umfassend *professionellen Management* durch den Unternehmer wird Schritt für Schritt vollzogen bzw. fällig. Das bedeutet etwa, daß er zusätzliche Personen (ob Familienmitglieder oder Fremdmanager) in die Unternehmungsführung einbezieht und systematische Sachregelungen auf allen Führungsgebieten (Entscheidung, Planung, Implementierung, Koordination, Kontrolle) in Angriff nimmt, die mit dem weiteren Größenwachstum schrittweise ausgebaut und verfeinert werden. Dennoch behält in Mittelunternehmungen der Unternehmer selbst die zentrale Rolle, und durch ihn wird auch weiterhin die Unternehmungsführung in ihren wesentlichen Zügen bestimmt. Es obliegt daher seinem Geschick, die entsprechenden Regelungen und Instrumente so auszugestalten, daß sie nicht zu einer Bürokratisierung führen, die die verbleibenden Flexibilitätsvorteile zunichte macht. Mit anderen Worten geht es um den Versuch, die charakterisierten Vorzüge des mittelständischen Betriebes in eine Größenkategorie „hinüberzuretten", die schon Züge der umfassend professionalisierten, potenten Großunternehmungen zeigt.

Diese Überlegungen lassen erkennen, daß die Frage nach der Unternehmungsführung im Mittelstand nicht pauschal beantwortet werden kann, sondern differenziert nach den vom Mittelstand umfaßten Größenklassen anzugehen ist. Es steht zu vermuten, daß sich die Unterschiede umso konkreter darstellen lassen, je mehr man sich der Operationalisierung der Führung nähert. Sie scheint etwa durch die Betrachtung der zur Führung geeigneten oder für die Führung empfohlenen *Instrumente* möglich. Von den zahlreichen Instrumenten, die heute zur Verfügung stehen, kommt nach unserer Überlegung nicht allen in jeder Größenklasse dieselbe Bedeutung zu. Deshalb stellt Abbildung 4 den Versuch dar, eine diesbezügliche Differenzierung konkreter Instrumente der Unternehmungsführung nach ihrer Relevanz für die einzelnen Größenklassen vorzunehmen.

Instrumente der Führung	Relevanz für Unternehmungen mikro	klein	mittel	groß
Gesamtführung				
Unternehmungsgrundsätze	xx	xx	xx	xx
Unternehmungsstrukturierung		x	xx	xx
Planungssystem			x	xx
Frühwarnsystem		x	xx	xx
Organisations-/Unternehmungsentwicklung			x	xx
Personalführung				
Führungskonzept		x	xx	xx
Entlohnungs-/Beteiligungskonzept	x	x	xx	xx
Motivationskonzept			x	xx
Aus-/Weiterbildung	x	xx	xx	xx
Nachfolge-/Übernahmekonzept	xx	xx	xx	x
Sachführung: bereichsübergreifende Funktionen				
Controlling		x	xx	xx
Informations- und Kommunikationsmanagement		x	xx	xx
Projektmanagement		x	x	xx
Prozeßorientierung			x	xx
Geschwindigkeits-/Zeitorientierung			x	xx
Wertorientierung		x	xx	xx
Teambildung		x	x	xx
Qualitätsorientierung	xx	xx	xx	xx
Kernfähigkeitenpflege		x	x	xx
Sachführung: Funktionsbereiche				
Marketing				
Produkt-/Markt-Strategien		x	xx	xx
Wettbewerbsstrategien			x	xx
Marketing-Mix		x	xx	xx
F&E				
Produktinnovation	xx	xx	xx	xx
Verfahrensinnovation			x	xx
Produktion				
Make-or-Buy-Strategie			x	xx
CIM/CAD/CAM/CAx/PPS			x	xx
Finanzierung und Investition				
Risk-Management-Konzept			x	xx
Gewinn-/Cash-Flow-Strategie		x	xx	xx
Finanzierungs-/Liquiditätsstrategie	xx	xx	xx	xx
Investitionsstrategie	x	x	xx	xx

Abbildung 4: Relevanz konkreter Führungsinstrumente

Instrumente der Führung	Relevanz für Unternehmungen mikro	klein	mittel	groß
Logistik				
Beschaffungskonzept		x	xx	xx
Just-in-Time-Konzept		x	x	xx
Materialbewirtschaftung		x	xx	xx
Vertriebskonzept		x	xx	xx
Kooperation				
Outsourcing		x	x	x
Netzwerke/Beziehungsmanagement	x	x	xx	xx
Rossourcenpoolung	xx	xx	xx	xx

Abbildung 4: Relevanz konkreter Führungsinstrumente (Fortsetzung)

Es ist nicht zu bestreiten, daß Abbildung 4 eine Reihe von Fragen offen läßt. So schafft die Auflistung der Instrumente Probleme (Umschreibung, Abgrenzung, Systematisierung, Vollständigkeit), desgleichen die Festlegung der Relevanzkategorien und wiederum - wie angesprochen - die Größeneinteilung der Unternehmungen mit den kritischen Bereichen an den Klassengrenzen. Der in Abbildung 4 abgebildete Versuch ist daher Gegenstand einer empirischen Erhebung im Institut des Verfassers. Für die hier angestellten Überlegungen wurde die Zuordnung nach pragmatischen Beobachtungen und Erfahrungen in Betrieben sowie nach Plausibilität vorgenommen. Sie lassen auch so einerseits die Deutung zu, daß die Großunternehmungen eher als homogene Gruppe (unter dem Gesichtspunkt des Einsatzes von Führungsinstrumenten) erscheinen als die KMU. Andererseits vermitteln sie den Eindruck, daß unter dem besagten Aspekt die KMU untereinander mehr Gemeinsamkeiten aufweisen als mit den Mikrobetrieben.

Jedenfalls scheint die Praxisevidenz zu bestätigen, was oben prinzipiell vermutet wurde, daß nämlich im instrumentellen Bereich keine pauschalierenden Aussagen zur Führung mittelständischer Unternehmungen gemacht werden können, sondern auf einer noch immer ansehnlich breiten Basis von Gemeinsamkeiten dieser Firmen bestenfalls gruppenweise Aussagen sinnvoll, da realistisch sind.

C. Bewältigung der Herausforderungen für die Führung

Nach dieser zunächst ernüchternden Schlußfolgerung hinsichtlich der Unternehmungsführung in KMU bleibt die Frage zu stellen, ob die aktuellen *Herausforderungen aus dem Umfeld* an die Unternehmungen ähnlich betriebsgrößenspezifisch variieren wie die Versuche der Unternehmungen, darauf zu reagieren. Das scheint uns indessen (man ist versucht zu sagen leider) nicht der Fall zu sein. Vielmehr sehen sich alle Unternehmungen mit diesen Herausforderungen konfrontiert - ohne freilich alle über vergleichbares Potential zu ihrer Bewältigung zu verfügen.

Als die bedeutendsten größen- und branchenunabhängigen „Challenges“ beurteilen wir folgende Phänomene:

- unaufhaltsame Internationalisierung der Wirtschaft,
- heftigere Ausschläge wirtschaftlicher Größen,
- wachsender Druck auf Preise, Erlöse und Margen,
- steigender Innovations- und Technologiewettbewerb,
- zunehmender Investitionsbedarf,
- Ausuferung der Bedürfnisse in widersprüchliche Richtungen,
- höhere Ansprüche an Qualifikation und Mobilität der Erwerbstätigen und
- größeres Gewicht der neuen gesellschaftlichen Anliegen, z.B. Umweltschutz.

Alle diese Phänomene haben aus der Perspektive der damit konfrontierten Unternehmungen ein Doppelgesicht: Sie bedeuten einerseits existenzgefährdende Bedrohungen und stellen andererseits Opportunitäten dar.

Die Rolle der Führung besteht nun offensichtlich darin, die Gefahren abzuwehren und die Chancen zu nutzen. Für beide Aufgaben sind Führungsinstrumente aus dem skizzierten Arsenal heranzuziehen. Ihre Nutzung zum Aufbau defensiver Abwehr- und/oder offensiver Erfolgspositionen (vgl. Pümpin 1986) bedeutet nicht mehr und nicht weniger als ein größenspezifisch angepaßtes *strategisches Management*, das damit in rudimentärer Form selbst für Mikrounternehmungen seine Berechtigung erlangt. Der richtig bemessenen strategischen Führung kommt auch in mittelständischen Unternehmungen der Rang eines Erfolgsfaktors (vgl. Daschmann 1994, S. 150; Pleitner 1988, S. 16 ff.) zu, der nur noch von der Persönlichkeit des Unternehmers selbst übertroffen wird.

Anmerkung

[1] Ich danke Herrn lic. oec. Martin Stadelmann für die Betreuung des Manuskripts und Herrn Dr. Urs Füglistaller für kritische Anregungen.

Literatur

ACKERMANN, K.-F.; BLUMENSTOCK, H. (HRSG.): Personalmanagement in mittelständischen Unternehmen, Stuttgart 1993.

ALBACH, H.: Die Bedeutung mittelständischer Unternehmen in der Marktwirtschaft, in: ZfB, 53. Jg. (1983), S. 870-888.

BUSSIEK, J.: Anwendungsorientierte Betriebswirtschaftslehre für Klein- und Mittelunternehmen, München 1994.

COMMISSION OF THE EUROPEAN COMMUNITIES (HRSG.): Enterprises in the European Community, Brüssel 1990.

DASCHMANN, H.-A.: Erfolgsfaktoren mittelständischer Unternehmen, Stuttgart 1994.

GUTENBERG, E.: Grundlagen der Betriebswirtschaftslehre, Bd. 1: Die Produktion, 24. Aufl., Berlin 1975.

HAMER, E.: Unternehmensführung, in: Betriebswirtschaftslehre der Mittel- und Kleinbetriebe. Größenspezifische Probleme und Möglichkeiten zu ihrer Lösung, hrsg. v. H.-C. Pfohl, 2. Aufl., Berlin 1990, S. 43-73.

HENDERSON, H.B.D.: Perspectives on Experience, Boston 1972.

KAO, R.W.Y.: Small Business Management, Toronto 1993.

MÜLLER-GANZ, J.: Kennzahlen zur Bonitätsbeurteilung im Quervergleich unter besonderer Berücksichtigung von Klein- und Mittelunternehmungen, Bern 1992.

MUGLER, J: Betriebswirtschaftslehre der Klein- und Mittelbetriebe, Wien 1993.

PFOHL, H.-C. (HRSG.): Betriebswirtschaftslehre der Mittel- und Kleinbetriebe: Größenspezifische Probleme und Möglichkeiten zu ihrer Lösung, 2. Aufl., Berlin 1990.

PFOHL, H.-C.; KELLERWESSEL, P.: Abgrenzung der Klein- und Mittelbetriebe von Großbetrieben, in: Betriebswirtschaftslehre der Mittel- und Kleinbetriebe. Größenspezifische Probleme und Möglichkeiten zu ihrer Lösung, hrsg. von H.-C. Pfohl, 2. Aufl., Berlin 1990, S. 1-23.

PLEITNER, H. J.: Die Arbeitszufriedenheit von Unternehmern und Mitarbeitern in gewerblichen Betrieben, St.Gallen 1981.

PLEITNER, H. J.: Künftige Erfolgsfaktoren für das Gewerbe, Wien 1988.

PLEITNER, H. J.: Die Klein- und Mittelunternehmen auf dem Weg ins nächste Jahrhundert, in: Volkswirtschaft, 67. Jg. (1993), H. 8, S. 12-20.

PÜMPIN, C.: Das Management strategischer Erfolgspositionen, 3. Aufl., Bern/Stuttgart 1986.

SCHWEIZERISCHES INSTITUT FÜR GEWERBLICHE WIRTSCHAFT (HRSG.): Jahresdokumentation 1993 des Schweizerischen Instituts für gewerbliche Wirtschaft an der Hochschule St. Gallen, St. Gallen 1994.

ZANDER, E.: Führung in Klein- und Mittelbetrieben, Freiburg i. Br. 1994.

Heinz Bolsenkötter

Management von Non-Profit-Organisationen

A. Begriff und Arten von Non-Profit-Organisationen

1. Begriff

Als Non-Profit-Organisationen (NPO) seien hier Organisationen verstanden, bei denen Ertragsziele einem Sachziel oder mehreren Sachzielen nachgeordnet sind, die also Organisationen mit *Sachziel-Dominanz* sind (vgl. Zaltman 1979; Schüler/Strasman 1989, S. 201; Schwarz 1992; Blümle 1987, 1994, S. 216; Gui 1987, S. 415; Otto 1992; Grochla 1959). Sie können ihre Leistungen auf Märkten anbieten, im Wettbewerb stehen und ein Marktrisiko tragen - und mithin Unternehmungen sein. Sie können aber auch Leistungen erstellen, die einem Marktwettbewerb entzogen sind - etwa öffentliche Güter oder nichtwirtschaftliche Leistungen - und sind dann nicht als Unternehmungen zu betrachten. In jedem Falle aber sind (auch) NPO auf das Erreichen von Zielen und auf das Erbringen von Leistungen hin ausgerichtet, und sie setzen hierzu menschliche Ressourcen wie auch Sachfaktoren ein. Sie sind also Betriebe, in denen sich die Frage nach einem optimalen Management und nach dem optimalen Zusammenführen der zur Zielerreichung eingesetzten Mittel (Faktorkombination) stellt.

Wir knüpfen hier also nicht bei einengenden Merkmalen an, die etwa Unternehmungen aus dem Kreis der NPO ausschließen oder andere Einzelmerkmale - etwa Gemeinwirtschaftlichkeit, Gemeinnützigkeit - als begriffsprägend verwenden. Es dürfte angebracht sein, möglichst die Vielfalt zu erfassen, Gemeinsames herauszuarbeiten und das, was sie von anderen Organisationen mit Ertragszieldominanz unterscheidet.

2. Arten

In Anlehnung an Schwarz (1992; ferner Engelhardt 1993, Sp. 1388 ff.; Eichhorn 1993, Sp. 2925 ff.; Thiemeyer 1975; Thiemeyer 1993, Sp. 1396 ff.) sei versucht, die Vielfalt von NPO schematisch darzustellen (vgl. Abbildung 1). In diesem Schema sind NPO mit Unternehmungseigenschaft einerseits und NPO mit Vereins-/Verbandsstruktur (also mitgliedschaftliche Organisationen) andererseits erfaßt. Diese Merkmale können mit wechselndem Gewicht auch nebeneinander gegeben sein, etwa bei Genossenschaften.

B. Zielstrukturen von Non-Profit-Organisationen

1. Non-Profit-Organisationen mit Unternehmungseigenschaft

Das Spektrum dieser Unternehmungen ist groß: Industrie-, Dienstleistungs-, kommunale Versorgungs- und Verkehrsunternehmungen, Krankenhäuser, Theater, Bäder, Kurbetriebe

Art der NPO	Zweck/Aufgabe	Beispiele
Öffentliche NPO (NPO in öffentlicher Trägerschaft)	Erfüllung öffentlicher Aufgaben im Rahmen des Haushalts-, Kommunalrechts und sonstiger Vorschriften	- Leistungsverwaltung (im Gegensatz zur Hoheitsverwaltung oder zur Eingriffsverwaltung) - Wirtschaftliche Betätigung z.B. Versorgung, Verkehr, Wohnungswirtschaft, Rundfunk - Nichtwirtschaftliche Betätigung, z.B. Entsorgung, Gesundheits-, Bildungswesen, Kulturpflege, Feuer- und Katastrophenschutz
(Frei-)gemeinwirtschaftliche NPO	Erfüllung wirtschaftlicher Aufgaben im Interesse bestimmter Personengruppen (häufig Mitglieder der NPO) oder sachlich definierter Zwecke	- Genossenschaften, z.B. für Konsum, Beschaffung, Verwertung, Kreditversorgung - Andere gemeinwirtschaftliche Unternehmungen - Stiftungen
NPO für wirtschaftliche Interessenvertretung	Vertretung der wirtschaftlichen Interessen der Mitglieder	- Wirtschaftsverbände - Arbeitnehmerorganisationen - Berufsverbände
NPO mit speziellen Aufgaben	Berufsaufsicht, fachliche Betreuung der Mitglieder	- Kammern (für Industrie, Handwerk, Handel, Wirtschaftsprüfer, Steuerberater) - Institute u.ä. mit freiwilliger Mitgliedschaft
Soziokulturelle NPO	Gemeinsame Aktivitäten im Rahmen kultureller und gesellschaftlicher Interessen und Bedürfnisse der Mitglieder	- Sportvereine - Freizeitvereine - Kirchen und andere religiöse Zusammenschlüsse - Kulturkreise
Politische NPO	Gemeinsame Aktivitäten zur Verfolgung politischer Interessen und Wertvorstellungen	- Politische Parteien - Natur-, Heimat-, Umweltschutzorganisationen - Organisierte Bürgerinitiativen
Karitative NPO	Karitative Unterstützung bedürftiger Bevölkerungskreise	- Hilfsorganisationen für Betagte, Behinderte, Süchtige, Arme - Entwicklungshilfe-Organisationen - Selbsthilfegruppen mit sozialen Zwecken

Abbildung 1: Vielfalt der Non-Profit-Organisationen

u.a. Auch solche Unternehmungen gehören dazu, bei denen umstritten ist, ob öffentliche Zwecke öffentliche Trägerschaft erfordern oder ob vollständige oder teilweise Privatisierung zweckmäßig oder vertretbar ist (industrieller Bundesbesitz, Deutsche Bahn AG, Postunternehmungen usw.).

– Als typisch ist zu unterstellen, daß *öffentliche Zwecke* einerseits eine öffentliche Trägerschaft rechtfertigen, andererseits aber auch zwingend zu verfolgen sind; bei freigemeinnützigen Unternehmungen - etwa kirchlich getragenen Krankenhäusern - ergibt sich auf dem Wege der Selbstbindung für die Zielstruktur eine ähnliche Situation. Das Haushaltsrecht von Bund und Ländern wie auch das Kommunalrecht enthalten für die Gebietskörperschaften Vorschriften in dem hier knapp beschriebenen Sinne. Öffentliche bzw. gemeinwirtschaftliche Zwecke schließen eine Gewinnerzielung jedoch nicht

aus; das Kommunalrecht schreibt sogar ausdrücklich vor, daß wirtschaftliche Unternehmungen - deren Kreis wird in den Gemeindeordnungen jeweils definiert und muß nicht identisch sein mit dem, was betriebswirtschaftlich als Unternehmungen zu verstehen ist - einen *Ertrag* für den Haushalt der Gemeinde abwerfen sollen, soweit das mit dem öffentlichen Zweck vereinbar ist.
Das kann zu *Zielkonflikten* führen (vgl. Witte/Hauschildt 1966). Die formale Lösung liegt darin, daß solche Unternehmungen ebenso wie andere bestimmte Ertragsziele (Gewinn, Rentabilität) zu maximieren versuchen, daß aber die öffentlichen Zwecke zu Auflagen, Nebenbedingungen bzw. Restriktionen führen, die andere Unternehmungen nicht haben. Solche Unternehmungen verhalten sich weiterhin marktwirtschaftlich, allerdings im engeren Rahmen einer „kategorialen Umklammerung" durch die öffentlichen Zwecke (vgl. Gutenberg 1955, S. 322 ff.; Bräunig 1994; Thiemeyer 1975, S. 288).

- Unter Umständen sind Unternehmungen selbst dann fortzuführen, wenn - vorübergehend oder nachhaltig - keine Aufwanddeckung mehr zu erreichen ist, etwa Verkehrsunternehmungen, Kur- und Bäderunternehmungen, Unternehmungen der Kulturpflege, der Wirtschaftsförderung usw. Auch dann ändert sich die Zielfunktion in ihrer Formalstruktur nicht grundsätzlich. An die Stelle des Ziels der Maximierung eines Überschusses unter Restriktionen tritt das Ziel der *Minimierung von Verlusten* - absolut oder relativ definiert - ebenfalls unter Restriktionen. Die Sicherung der Existenz und Leistungsfähigkeit der Unternehmung unter Wahrung der ständigen Liquidität wird allerdings wegen des laufenden Substanzverzehrs schwieriger und erfordert zusätzliche Maßnahmen (Mittelzufuhr durch Trägereinlagen und -zuschüsse sowie durch Zuwendungen Dritter).
- Unternehmungen, die nach dem *Aufwand-(Kosten-)deckungsprinzip* arbeiten, folgen einer etwas anderen Zielfunktion; gleiches gilt auch für Unternehmungen mit dem Ziel *angemessener Überschußerzielung*. Die Ertragseite der Erfolgsrechnung wird von der Aufwand-(Kosten-)seite her bestimmt, nicht also - jedenfalls nicht primär - von den Möglichkeiten, die der Markt eröffnet. Man mag dabei an Unternehmungen mit ständischer Prägung, an freigemeinnützige Unternehmungen oder auch an öffentliche Einrichtungen denken, die sich aus Gebühren finanzieren und dabei den besonderen abgabenrechtlichen Vorschriften unterliegen. Ob diese Einrichtungen Unternehmungen sind, mag man bezweifeln. Das Kommunalrecht rechnet sie nicht zu den „wirtschaftlichen Unternehmen"; steuerlich werden sie bei öffentlicher Trägerschaft im Hoheitsbereich geführt.

2. Öffentliche Betriebe ohne Unternehmungseigenschaft

Zu denken ist an Einrichtungen, die ihre Leistungen an den Markt abgeben, nicht also an solche, die lediglich einen Eigenbedarf öffentlicher Körperschaften decken. Die Unternehmungseigenschaft fehlt ihnen, weil sie *nicht* die *typischen Marktrisiken* zu tragen haben. Im einzelnen wird der Betriebstyp nicht von der Leistungsaufgabe als solcher geprägt, sondern von der Art, wie der Betrieb nach ordnungspolitischen Vorstellungen geführt wird. Beispielhaft seien hier Bildungsbetriebe (vgl. Bolsenkötter 1993, Sp. 543) genannt, die im Grundsatz durchaus auch unternehmerisch geführt werden können, in der Bundesrepublik Deutschland aber überwiegend nicht so geführt werden, insbesondere auch ihre Leistungen überwiegend entgeltfrei anbieten.

Bei Betrieben dieser Art gelingt es insbesondere nicht oder nur sehr begrenzt, die Elemente des Zielsystems i.S. einer zu optimierenden Zielfunktion zusammenzufassen. Im Regelfall ist ein Bündel von Sachzielen zu erfüllen, wobei selbstverständlich Formalziele - Wirtschaftlichkeit, Sicherung der Liquidität, Aufrechterhaltung der Leistungsbereitschaft - zu beachten sind.

3. Non-Profit-Organisationen mit Vereins-/Verbandsstrukturen

Zu dieser Gruppe gehört eine Vielzahl der unterschiedlichsten Einrichtungen, z.T. in öffentlich-rechtlicher Form und mit Zwangsmitgliedschaft (Kammern, vgl. Abbildung 1). Auch für diese erscheint eine Verdichtung ihrer Zielstruktur in einer zu optimierenden Zielfunktion kaum möglich. Das zwingt zu einer anderen Ordnung der Elemente des Zielsystems. Dies mag folgende Grobgliederung veranschaulichen (vgl. Schwarz 1992, S. 450 ff.; Schwarz 1984, S. 134 ff.; Grochla 1959, S. 53 ff.):

- *Leitbild* (Selbstverständnis, „Philosophie“, Abgrenzung des Mitgliederkreises, Grundsätze für den Aufbau der Organisation),
- *Sachziele* (Leistungsziele),
- daraus abgeleitete *Leistungserbringungsziele* (im angelsächischen Bereich wird z.T. in ähnlichem Sinne zwischen „missions“ und „objectives“ unterschieden; vgl. Zimmer/Nährlich 1993, S. 345) und Leistungsprogramm,
- *Nebenziele* sowie
- *Aufrechterhaltung der Leistungsbereitschaft* durch Sicherung der Bereitstellung der Finanzmittel, der personellen und sachlichen Ressourcen bis hin zur optimalen Kombination im Organisationsgefüge und in der Kooperation.

C. Besonderheiten der Leistungserstellung in Non-Profit-Organisationen

1. Besonderheiten aufgrund der Art der Leistungserstellung

- Da zu NPO Betriebe aller Sparten wie auch Betriebe mit wirtschaftlicher und außerwirtschaftlicher Zielsetzung gehören (können), hat sich die jeweilige NPO spartenorientiert - „wirtschaftszweigorientiert“ würde außerwirtschaftliche Zielsetzungen nicht erfassen - einzuordnen und zur Analyse auf das Angebot der BWL zurückzugreifen. Da viele NPO *Dienstleistungsbetriebe* sind, seien hier einige diesbezügliche Charakteristika hervorgehoben.

Bei Bildungsbetrieben spielt das Wissen als Produktionsfaktor eine besondere Rolle; es verbraucht sich nicht und ist daher - obwohl es im Rahmen der Leistungserstellung aufzubereiten ist - nur begrenzt als Werkstoff zu interpretieren, sondern hat im übrigen Züge eines Potentialfaktors. Ähnliches gilt z.B. auch für kulturelle Güter (Literatur, Musik) und für religiöses Gut bei Organisationen, die deren Pflege und Vermittlung zum Zweck haben. Fraglich kann es u.U. sein, ob die Adressaten eines Leistungsangebots (Schüler, Studenten, Konzert- und Kirchenbesucher, Mitglieder von Kulturkreisen u.ä.) an der Leistungserstellung mitwirken, betriebswirtschaftlich interpretiert also Produktionsfaktoren sind. Dies wird insbesondere zu verneinen sein, doch mag dies im einzelnen - etwa bei Sportvereinen - auch anders sein. Bei vielen NPO spielt ehrenamtliche oder - gemessen an Marktpreisen - unterbezahlte Arbeit eine erhebliche Rolle; insoweit kommt es zu einem nicht oder nicht vollständig bewerteten Faktoreinsatz.

Für viele Dienstleistungsbetriebe ist eine *mehrstufige Leistungserstellung* charakteristisch (vgl. Corsten 1993, Sp. 764 ff.; Potthoff 1989, Sp. 289 ff.). In einem einfachen, zweistufigen Modell wäre dies einmal die Schaffung einer Leistungsbereitschaft, etwa eines Museums- oder Bibliotheksbestands, eines Verkehrsnetzes, eines qualifizierten „Betten"angebots in Krankenhäusern, eines Auskunfts- und Beratungsdienstes bei Verbänden, zum anderen die Erbringung konkreter Leistungen an deren Empfänger. Dem entspricht dann auch ein mehrstufiger Prozeß der Kombination von Ressourcen (Produktionsfaktoren) in der Leistungserstellung.

Hiermit ist die Tatsache verbunden, daß die Leistungen meistens nicht oder nur beschränkt speicherbar sind. Statt dessen wird eine Leistungsbereitschaft hergestellt, ein Leistungspotential aufgebaut und zur Abnahme angeboten; das ist mit einem gewissen Zwang zum Vorhalten von Überkapazitäten verbunden. Das Leistungspotential ist vielfach differenziert, z.B. sachlich, qualitativ, zeitlich und örtlich (man denke etwa an Verkehrsbetriebe, Bildungsbetriebe). Zum Teil sind die Leistungspotentiale nicht nach allen Merkmalen differenziert; z.B. sind im Gesundheitswesen sowie im Feuer- und Katastrophenschutz gewisse Leistungen auch „rund um die Uhr" vorzuhalten.

In diesen Zusammenhang gehört es auch, daß die letzte Phase der Leistungserstellung bei vielen Dienstleistungsbetrieben zugleich die Phase der Leistungsverwertung ist, daß sich hieran also kein besonderer Absatzakt mehr anschließt. Dies gilt insbesondere bei Betrieben, die ihre Leistung unmittelbar gegenüber dem Kunden bzw. am Kunden erbringen; zu denken ist dabei etwa an Verkehrsbetriebe, Betriebe des Gesundheits- und Bildungswesens sowie der Kulturpflege.

Die Tatsache, daß Leistungserstellung (in der letzten Phase) und Leistungsverwertung z.T. zusammenfallen und technisch-wirtschaftlich sowie organisatorisch nicht voneinander zu trennen sind, bedeutet nicht, daß es in diesen Fällen im Bereich der Leistungsverwertung keine eigenständigen Aufgaben mehr gäbe. Werbung, Information, Beratung (z.B. Studienberatung) u.ä. haben auch unter den beschriebenen Umständen ihr besonderes Gewicht.

Das Erbringen von Dienstleistungen ist üblicherweise stark personenbezogen.

Bei zahlreichen NPO werden Öffentlichkeitsarbeit, Marketing, Werbung - sonst als Bestandteile der Funktion Leistungsverwertung zu verstehen - zu einer Zentralfunktion, dienen unmittelbar den Zwecken dieser Organisationen und sind damit (fast) als Teile der Leistungserstellung zu verstehen. Dies ist der Fall bei Organisationen, die die wirtschaftlichen Interessen ihrer Mitglieder vertreten (dabei auch Lobby-Aufgaben wahrnehmen), bei soziokulturellen, politischen und karitativen Organisationen. Man spricht auch von einem *Non-Profit-Marketing* (vgl. Balfanz 1983; Kotter/Roberto 1991; Wehrli 1992, S. 2420; Schmid 1985, S. 187; Homann 1988, S. 195), um damit die besonderen Inhalte und die besondere Bedeutung dieser Art von Marketing zu charakterisieren. Dabei kann es um die allgemeine Meinungsbildung in einer breiteren Öffentlichkeit, um die Beeinflussung von Personen oder Personengruppen, um die Einwerbung von Finanzmitteln (öffentliche Fördermittel, Spenden, Sponsorengelder), um Mitgliederwerbung usw. gehen. Zum Teil wird auch die Gewinnung unentgeltlicher/ehrenamtlicher Mitarbeiter in diesem Zusammenhang gesehen.

Damit wird eine weitere wesentliche Besonderheit von NPO berührt, die besondere Art der *Finanzierung*. Die Sachziel-Dominanz schließt zwar durchaus nicht aus, daß sich NPO vollständig aus Leistungsentgelten finanzieren; es gibt viele Betriebe dieser Art (im Bereich der NPO mit Unternehmungseigenschaft). Es gibt aber auch NPO mit vollständiger Alimentierung ihrer Leistungen durch andere als die Leistungsempfänger (etwa aus öffentlichen Haushalten), und es gibt ein vielfältiges Spektrum der Finanzierung aus verschiedenen Quellen (Leistungsentgelte, Defizitfinanzierung der Träger oder öffentlicher Haushalte, Mitgliedsbeiträge, Spenden, Zahlungen von Sponsoren, Mittel aus Lotterien sowie aus dem Verkauf von Zuschlags-Briefmarken usw.); Gebühren sind durch eine spezielle Entgeltlichkeit charakterisiert, während eine Steuerfinanzierung - ebenso wie insbesondere die Finanzierung aus Mitgliedsbeiträgen und Spenden - die Leistungen nur allgemein finanzieren.

2. Besonderheiten aufgrund der Sachziel-Dominanz

Im Gegensatz zu Organisationen mit Ertragsziel-Dominanz ist die *Leistungserstellung nur z.T. am Markt orientiert.* Die Marktorientierung gilt weithin für wirtschaftliche Betätigung - etwa i.S. des Kommunalrechts -, aber wesentlich auch für die sog. nichtwirtschaftliche Betätigung (Entsorgung, Gesundheits-, Bildungswesen, Kulturpflege u.ä.). Merkmal ist die Deckung eines Bedarfs Dritter. Dabei werden aber die Mengenziele nicht nach betriebswirtschaftlichen Kriterien definiert, und es werden Leistungen u.U. auch dann erbracht, wenn eine hinreichend kaufkräftige Nachfrage nicht vorhanden ist, entsprechende Bedürfnisse aber gegeben sind. Die Leistungsmengen werden also häufig nicht nach Marktsignalen zurückgefahren. In anderen Fällen sind Mengenziele von vornherein nicht an Marktdaten auszurichten, sondern müssen grundsätzlich aufgrund autonomer Entscheidungen, auf anderem Wege definierter Bedürfnisse vorgegeben werden, wobei natürlich auch hier der finanzielle Rahmen und die verfügbaren personellen und sachlichen Ressourcen limitierend wirken. Häufig ist Anbietungspflicht (Ver- und Entsorgungszwang, Beförderungszwang) gegeben, was dann auch zu entsprechender Ressourcenbereitstellung verpflichtet.

D. Steuerung von Non-Profit-Organisationen

Man sagt NPO ein größeres Maß an *Trägheit* nach als Organisationen mit Ertragsziel-Dominanz, weil ihnen - sonst gegebene oder unterstellte - Leistungsanreize fehlen. Es fragt sich also, wie unter den jeweils gegebenen Umständen betriebswirtschaftliche Erkenntnisse und Instrumentarien für die Steuerung von NPO nutzbar gemacht werden können. Hierzu erscheint es sinnvoll, die Einteilung nach Kapitel B dieses Beitrags aufzugreifen, obwohl zwingende Abgrenzungen kaum möglich erscheinen und auch die hierzu jeweils zu nennenden Steuerungsmöglichkeiten nicht ausschließlich der jeweiligen Gruppe von Organisationen zuzuordnen sind.

1. Non-Profit-Organisationen mit Unternehmungseigenschaft

Da die Zielstrukturen dieser Unternehmungen formal und mit ihren Optimierungsaufgaben in der Zielrichtung weitgehend mit denen anderer Unternehmungen übereinstimmen - wenn auch mit weitergehenden Restriktionen -, sind Steuerungsfunktionen und das einzusetzende Instrumentarium ebenfalls weitgehend entsprechend allgemeinen Erkenntnissen zu gestalten. Die Art der Leistungserstellung - der Spartenaspekt - dominiert, wobei Restriktionen unterschiedlicher Art und Besonderheiten aufgrund der Trägerschaft zu berücksichtigen sind. Da sich in den Restriktionen die Sachziele niederschlagen, liegen aber auch hier Steuerungsansätze, zu deren Bewältigung zieladäquate Indikatorensysteme dienen können.

- Das Steuerungsinstrumentarium - insbesondere das Planungssystem - ist im übrigen *weitestgehend betriebswirtschaftlich* zu gestalten. Eine auch sonst übliche Einteilung von Geschäftsführungsbereichen (vgl. Potthoff 1966, S. 586; Institut der Wirtschaftsprüfer 1987; Eibelshäuser 1994, S. 919) läßt sich etwa wie folgt darstellen: Organisation der Geschäftsführung, Instrumente der Geschäftsführung (Rechnungswesen und Information, Planung, Überwachung, Organisation des Betriebes), Tätigkeit der Geschäftsführung.

  Dies entspricht etwa dem, was nach herrschender Literaturmeinung und in der Praxis bei Geschäftsführungsprüfungen öffentlicher Unternehmungen und von Genossenschaften als wesentlicher Prüfungs- und Berichtsgegenstand angesehen wird (§ 53 Abs. 1 Nr. 1 Haushaltsgrundsätzegesetz, § 53 Genossenschaftsgesetz). Es wird so auch als zielbezogen gestaltbar und als überwachbar (intern kontrollierbar und extern prüfbar) angesehen.

  Planungssysteme sind als Wirtschaftspläne auszugestalten, wobei sie auch - mehr oder weniger weitgehend - Elemente einer Etatisierung/Budgetierung enthalten können. Den Eigenbetrieben der Kommunen wird z.B. ein Planungssystem mit Erfolgsplan (Planung von Erträgen und Aufwendungen), Vermögensplan (Planung von Einnahmen und Ausgaben) und einer Stellenübersicht vorgeschrieben, das um einen mehrjährigen, jährlich gleitend fortzuschreibenden Finanzplan zu ergänzen ist; ein ähnliches System praktizieren die Rundfunkanstalten. Auch bei Kapitalgesellschaften in öffentlicher Trägerschaft (etwa kommunale Unternehmungen und privatrechtlich geführte Forschungseinrichtungen) sind solche Planungssysteme teils obligatorisch, teils auf freiwilliger Grundlage üblich.

- Besondere Managementaufgaben bestehen darin, einerseits den jeweiligen *Auflagen* - öffentliche Zwecke, gemeinwirtschaftliche Vorgaben -, die sich im Zielsystem als Restriktionen (mit Konkretisierung z.B. in Indikatorensystemen) niederschlagen, Rechnung zu tragen, andererseits aber die nachhaltige *Leistungsfähigkeit* - auch mit der erforderlichen Entwicklung und Anpassung an den Aufgabenwandel - sowie die jederzeitige Leistungsbereitschaft/(technisch-wirtschaftlich und finanziell) zu gewährleisten (vgl. Kirsch 1992, S. 148). NPO mit Unternehmungseigenschaft stehen häufig im Wettbewerb mit ertragszieldominierten (privaten) Unternehmungen.
- Für die Steuerung und Überwachung formaler Ziele und für die Einhaltung formaler Restriktionen ist auf die von der allgemeinen BWL entwickelten, auf dem Rechnungswesen aufbauenden Instrumentarien zu verweisen (Jahresabschlußanalyse einschließlich zugehöriger Kennzahlensysteme, Kapitalflußrechnung, Analyse verlustbringender Geschäfte und von Perioden-/Spartenfehlbeträgen, Wirtschaftlichkeits- und Rentabilitätsermittlungen, Analyse der zweckentsprechenden und sparsamen Verwendung von Zuwendungen Dritter u.ä.).

2. Öffentliche Betriebe ohne Unternehmungseigenschaft

Die herkömmliche Art der Steuerung solcher Organisationen ist die über das *Budget* mit der Verpflichtung zur sparsamen und wirtschaftlichen Mittelverwendung. Da dies seit Jahren als unbefriedigend empfunden wird, gibt es zunehmend Bemühungen, die Steuerungssysteme mit betriebswirtschaftlichen Elementen - wenn auch ohne ein in sich geschlossenes betriebswirtschaftliches Steuerungsmodell - anzureichern. Wesentliche Ansatzpunkte sind:

- *Wirtschaftlichkeitsrechnung* für Investitionen (in abgewandelter Form auch dann durchführbar, wenn Einnahmenreihen nicht existieren oder nicht zugeordnet werden können),
- *Informationswesen* (insbesondere Rechnungswesen), z.B. um nach betriebswirtschaftlichen Kriterien berechnete Kosteninformationen zu gewinnen,
- *Indikatorensysteme* für Leistungen, Kapazitäten, Faktoreinsatz u.ä., in Betracht kommen sowohl reine Mengenindikatoren als auch Indikatoren mit bewerteten Größen,
- *Qualitätsstandards* und Kriterien für nicht quantifizierbare Ziele,
- möglichst leistungsfähige *Organisationsstrukturen* und Organisationsabläufe,
- *Anreizsysteme* für die Mitarbeiter,
- Nutzung von Möglichkeiten der *Selbststeuerung*, soweit diese in Teilbereichen realisierbar sind (etwa Verknüpfung von etatmäßigen Mittelzuweisungen mit Leistungsindikatoren, Möglichkeit der Verwendung erwirtschafteter Mehreinnahmen für nicht geplante Mehrausgaben, flexible Budgetierung).

3. Non-Profit-Organisationen mit Vereins-/Verbandsstrukturen

Bei dieser Gruppe von Organisationen zeigen sich die Managementproblematik und die denkbaren Lösungsansätze noch komplexer und inhomogener. Die wesentlichen Besonderheiten der Managementaufgaben dürften in folgendem liegen (vgl. Blümle 1987, Sp. 2007 f.; Schwarz 1992, S. 25 f.):

- Die mitgliedschaftlichen Grundlagen bringen in besonderem Maße eine *demokratische Willensbildung* mit sich, ein ausgeprägtes Element der Selbstverwaltung.
- Die stark demokratisch bestimmte Willensbildung bedingt zugleich, daß hierbei betriebswirtschaftlicher oder anderer einschlägiger Sachverstand gegenüber dem „Laien“-element nur schwierig aktivierbar ist.
- Die Elemente ehrenamtlicher Tätigkeit auf den Ebenen der Willensbildung und Führung sowie der unentgeltlichen Mitarbeit bei der Aufgabenerfüllung haben besonderes Gewicht.
- Die im Regelfalle *außerwirtschaftlichen Zwecke* erschweren die Orientierung des Management an betriebswirtschaftlichen Kriterien.
- Die Steuerung verwendet nur in geringem Maße Marktsignale und beruht großenteils auf Verhandlungen.
- Die Leistungen sind im Regelfalle nicht in Geldeinheiten zu bewerten und mithin auch nicht auf dieser Grundlage zu skalieren und zu aggregieren.
- Die Träger/Mitglieder sind häufig *zugleich* auch die Kunden oder Benutzer.
- Die Zwecke, Leitbilder, Ziele, Unterziele, (Einzel)aufgaben sind besonders flexibel, so daß auch deren Fixierung und ggfs. deren Ordnung auf einer Prioritätenskala besonderer Aufmerksamkeit und organisatorischer Rahmenbedingungen bedürfen.
- Die erstellten Leistungen sind häufig kollektive Güter, teils öffentliche und private Güter.
- Die Organisation ist vielfach sowohl vertikal als auch horizontal, d.h. regional *mehrgliedrig* (föderalistische Struktur), so daß sich dann die angedeuteten Probleme in dieser verschachtelten Weise mehrfach stellen.
- Das Marketing ist eine besondere zentrale Funktion.

Die Steuerung hat hieran anzuknüpfen und ist dabei auszurichten auf möglichst effiziente

- Willensbildung,
- Ziel- und Aufgabenbestimmung,
- Aufbau- und Ablauforganisation (einschließlich Einsatz ehrenamtlicher Mitarbeiter),
- Vertretung des Verbandes bzw. Vereins nach außen (Marketing),
- Mittelbeschaffung und -verwendung, Erhaltung der Leistungsfähigkeit,
- Planung, Budgetierung sowie
- Information einschließlich Rechnungswesen.

Mit klarer Ziel- und Aufgabenbestimmung hängt es zusammen, daß man auch Maßstäbe für deren Erreichen und Erfüllen definiert, also ein Indikatorensystem erarbeitet, das der Ziel- und Aufgabenstruktur gerecht wird und das es gestattet, den Grad der Zielerreichung und Aufgabenerfüllung abzubilden.

In Teilen ist für die Steuerung allgemeines betriebswirtschaftlich-organisatorisches Wissen einsetzbar, z.T. auch ohne besondere Umsetzungsprobleme (bei manchen Fragen zur Organisation, zum Rechnungswesen usw.). Zum Teil sind auch Techniken anwendbar, die in wirtschaftlichen Unternehmungen in Gemeinkostenbereichen (z.B. in der Verwaltung), also in Bereichen mit besonderen Quantifizierungs- und Bewertungsproblemen angewendet werden, etwa die Verfahren der Wertanalyse und der Gemeinkostenwertanalyse (Aufgabenwertanalyse) sowie der Stärken-Schwächen-Analyse. Die Besonderheiten erfordern aber wesentlich auch gerade darauf abgestimmte besondere Maßnahmen.

E. Führungsstrukturen von Non-Profit-Organisationen

Insbesondere dürften NPO eine mehrgliedrige Führungsstruktur haben. Als typisch können - mehr oder weniger ausgeprägt - drei Ebenen angesehen werden:

1. Ebene: Vertretung der Eigentümer, Träger, Mitglieder, ggfs. auch der Öffentlichkeit oder des Stifters.

2. Ebene: Aufsichtsrat, Verwaltungsrat, Werksausschuß, Vereinsvorstand, Präsidium u.ä.

3. Ebene: Vorstand (bei AG u.ä.), Geschäftsführung, Werkleitung, Generalsekretariat.

Die Aufgabenverteilung zwischen diesen Ebenen ist unterschiedlich, wie auch das Gewicht der einzelnen Ebenen für Entscheidungen in grundlegenden Fragen unterschiedlich ist. Für die Zwecke der hier interessierenden Fragestellung sei zwischen trägerbezogenen NPO (Unternehmungen wie auch öffentliche Betriebe ohne Unternehmungseigenschaft) sowie mitgliederbezogenen NPO (Verbände, Vereine u.ä.) unterschieden.

1. Trägerbezogene Non-Profit-Organisationen

Als übergreifendes charakterisierendes Merkmal läßt sich für diese Organisationen die *Abgabe von Leistungen an Dritte*, wenn auch mit Sachziel-Dominanz und u.U. verlustbringend und im Extremfalle auch unentgeltlich, nennen. Es fragt sich, ob sich unter dem Non-Profit-Aspekt Verallgemeinerndes über die Kompetenzverteilung sagen läßt.

Eine Kernfrage ist es, wo die besonderen öffentlichen/gemeinwirtschaftlichen Interessen zu verankern sind, wie sich - mit anderen Worten - die Sachziel-Dominanz organisatorisch niederschlägt. Hierzu sei die Auffassung vertreten, daß die dritte Führungsebene - die Ebene der Geschäftsführung, der Exekutive - primär und möglichst weitgehend und möglichst ausschließlich mit der möglichst guten, effizienten und wirtschaftlichen *Führung der Geschäfte* im betriebswirtschaftlichen und technisch-wirtschaftlichen Sinne zu betrauen ist. Dieser Ebene sollte also vor allem die Wahrung des Interesses des Betriebes bzw. der Unternehmung und der darin tätigen Personen obliegen; es sollte ihr nicht die Aufgabe übertragen werden, Konflikte zwischen den betrieblichen bzw. unternehmerischen Zielen und den vorgelagerten öffentlichen/gemeinwirtschaftlichen Interessen zu lösen. Dies ist in sinnvoller Weise - selbstverständlich unter Berücksichtigung von rechtlichen Vorgaben aus dem jeweiligen Organisationsrecht - den beiden anderen Führungsebenen zu übertragen (vgl. Eichorn 1989; Braun/Jacobi 1993; Pfeifer 1991; Gesellschaft für öffentliche Wirtschaft und Gemeinwirtschaft 1980; Thiemeyer 1990).

Dem dienen dann im einzelnen eine (i.S. der Zielerreichung) möglichst ausgewogene Zuordnung und eine klare Abgrenzung der Zuständigkeiten, Entscheidungs- und Überwachungsbefugnisse sowie der Zustimmungs- und Genehmigungsvorbehalte bei Entscheidungen. Zu sehen ist dies im Zusammenhang mit den angesprochenen instrumentalen Ansätzen zur Steuerung, die ihrerseits wiederum organisatorisch zu verankern sind; konkret führt dies auch zur Institutionalisierung der Controlling-Funktion.

2. Non-Profit-Organisationen mit Vereins-/Verbandsstrukturen

NPO mit Vereins-/Verbandsstrukturen sind mitgliedschaftlich getragen; die Willensbildung vollzieht sich im wesentlichen demokratisch, häufig auch in mehrgliedrigen fachlich oder regional bestimmten Strukturen. Unter Umständen kann es dabei auch zu „Verbände-Verbänden“ kommen. In mehrgliedrigen Gebilden kommt es zu föderalistischen Strukturen.

Stiftungen haben zwar keine Mitglieder, aber ein Kuratorium bzw. einen Stiftungsrat, dem ähnliche Funktionen zukommen wie einer Mitgliederversammlung oder einer Mitgliedervertretung. Vereine oder Verbände sind üblicherweise „offen“, haben also keinen geschlossenen Mitgliederkreis und sind vielfach um das Anwerben weiterer Mitglieder bemüht. Als zentrales Organ ist üblicherweise ein Vorstand oder ein Präsidium tätig, wobei sich eine mehrgliedrige (föderale) Struktur auch hier niederschlägt.

Die Steuerung muß also vorrangig dahin wirken, die *Willensbildung* mit der Zielbestimmung und Zielkonkretisierung *möglichst effizient zu gestalten*. Bei großen Organisationen wird die direkte Demokratie durch Formen einer mittelbaren, repräsentativen Demokratie zu ersetzen oder zu ergänzen sein (mit Beschränkung der direkten Demokratie auf wesentliche Grundsatzangelegenheiten). Auch ist es eine Gestaltungsaufgabe, den mit dem Demokratieprinzip zwangsläufig verbundenen *Mangel an einschlägiger Sachkunde auszugleichen*. Hierbei kann an die Bildung von Präsidial- oder Direktionsausschüssen, an Regelungen über Rekrutierung und Amtszeit von Organ- und Ausschußmitgliedern, um die Vorbereitung von Entscheidungen und Beschlüssen durch die Geschäftsführung (mit dem Problem einer Beherrschung der „Legislative“ durch die „Exekutive“) und schließlich an ein zweckentsprechendes Informations- und Berichtssystem gedacht werden.

Die laufende Arbeit eines Vereins bzw. Verbands wird - abgesehen von vergleichsweise kleinen, ehrenamtlich geführten Organisationen - in einem zentralen Geschäftsbetrieb erledigt. Der Geschäftsbetrieb ist teils Verwaltung, teils „Produktion“ von Kernleistungen der Organisation, teils auch Organisation und Koordinierung ehrenamtlicher Tätigkeit. Er steht unter der Leitung eines Geschäftsführers, Generalsekretärs o.ä. Die Aufgaben des Vereins-/Verbandsbetriebs liegen in der Vorbereitung der Beschlüsse oder Entscheidungen der Organe, in der Erledigung der laufenden Verwaltungsangelegenheiten, im Erbringen von Dienstleistungen (laufend oder auf Einzelanforderung) an Mitglieder und an Dritte, in der Vorbereitung und Durchführung von Veranstaltungen, die nicht der Willensbildung der Organisation dienen (Kongresse, Ausstellungen, Fachausschußsitzungen, sportliche, kulturelle und Werbeveranstaltungen u.ä.), in der Wahrnehmung von Aufgaben des Marketings (Mitgliederwerbung, Lobby-Tätigkeit, Publikations- und sonstige Öffentlichkeitsarbeit, Spenden- und Sponsorenwerbung u.ä.) und im Vollzug von Organbeschlüssen (soweit nicht bereits in den anderen genannten Aufgaben erfaßt). Zum zentralen Geschäftsbetrieb gehört schließlich auch die Verarbeitung aller relevanten Informationen über die Potentiale des Vereins oder Verbands (Mitgliederzahlen und -struktur, Vermögen und Verbindlichkeiten, Kontaktpersonen und -institutionen u.ä.), über Leistungen, über das für den Verein oder Verband relevante Umfeld, über Plandaten und tatsächliche Entwicklung usw. Den Verantwortlichen des zentralen Geschäftsbetriebs obliegen damit Vorbereitungs-, Vollzugs-, Dienstleistungs- und Controlling-Funktionen, darüber hinaus aber auch Initiativ- und Steuerungsfunktionen, die sich daraus ergeben, daß hier mit der weithin hauptamtlichen Tätigkeit der Führungskräfte und ihrer Mitarbeiter die größere Sachkunde und die umfassendere Information verankert sind.

Bei der Optimierung des Geschäftsbetriebs muß also stets eine doppelte Blickrichtung vorherrschen, einmal die des Wirksamwerdens im Interesse *optimalen Funktionierens der Organe* mit ihren Elementen demokratischer Willensbildung und zum anderen die der *optimalen Ausgestaltung des Geschäftsbetriebs* im Hinblick auf seine innere Funktionsfähigkeit. Dabei ist vielfach eine Abteilungsbildung nach den Vereins-/Verbandsfunktionen - z.B. mit fachlicher Spezialisierung bzw. im Hinblick auf Mitgliederkontakte und Außenkontakte zu Dritten - geboten. Mit zunehmender Größe der Organisation und sich daraus ergebenden Problemen einer möglicherweise zu großen Leitungsspanne ist schließlich auch der Führungseffizienz der Geschäftsführung besonderes Augenmerk zu widmen mit Ausschöpfung der Möglichkeiten der Führungsunterstützung, der Delegation u.ä.

F. Abschließende Bemerkungen

NPO gibt es in vielfältigen Formen und mit vielfältigen Zielen sachlich-inhaltlicher und formaler Art. In diesem Beitrag wurde versucht, das Übergreifende und Gemeinsame herauszuarbeiten und dabei auch die NPO soweit zu gruppieren und andeutungsweise zu typisieren, wie das erforderlich erschien, um sinnvolle Aussagen zu ermöglichen; in der Praxis gehen dabei die Typenmerkmale fließend ineinander über.

Grundsätzlich erscheint es durchaus fruchtbar, auch auf NPO die Denkweise, Erkenntnisse und Instrumentarien der BWL anzuwenden, wobei hier im einzelnen die betriebswirtschaftlichen Gebiete der allgemeinen BWL, der Lehre von den Dienstleistungsbetrieben wie auch der speziellen Sparten gewidmeten Lehren in Betracht kommen. Bei Gestaltungsaufgaben zur Optimierung des Management von NPO kommt es also darauf an, diese Möglichkeiten in der dargestellten Art und Weise auszuschöpfen; andererseits sind daneben die jeweiligen Besonderheiten der Betätigung in inhaltlicher und struktureller Sicht ebenso wie die je besonderen Ziele und Rahmenbedingungen zu berücksichtigen. Damit ergeben sich auch bei Non-Profit-Organisationen erfolgversprechende Ansätze zur Gestaltung des Management.

Literatur

BALFANZ, D.: Öffentlichkeitsarbeit öffentlicher Betriebe, Regensburg 1983.

BLÜMLE, E.-B.: Führung in Verbänden, in: HWFü, hrsg. von A. Kieser, G. Reber u. R. Wunderer, Stuttgart 1987, Sp. 2004-2010.

BLÜMLE, E.-B.: Nonprofit-Organisationen in Amerika - Forschung, Lehre und Weiterbildung. Versuch einer Bestandsaufnahme, in: ZögU, Bd. 17 (1994), S. 216-220.

BOLSENKÖTTER, H.: Die Prüfung der Ordnungsmäßigkeit der Geschäftsführung, in: Handbuch des Jahresabschlusses in Einzeldarstellungen, hrsg. von K. v. Wysocki u. J. Schulze-Osterloh, Stuttgart 1991, Abt. VI/ 8.

BOLSENKÖTTER, H.: Bildungsbetriebe, in: HWB, Bd. 1, hrsg. v. W. Wittmann et al., 5. Aufl. Stuttgart 1993, Sp. 543-555.

BOLSENKÖTTER, H. ET AL. (HRSG.): Das Recht der gemeindlichen Eigenbetriebe, 4. Aufl., Bonn 1993, S. 253-285.

BRAUN, G.; JACOBI, K.-O.: Führungsorganisation kommunaler Unternehmen, Baden-Baden 1993.

BRÄUNIG, D.: Zu Zielsystem und Leistungsindikatoren öffentlicher Unternehmen, in: ZögU, Bd. 17 (1994), S. 471-481.

CORSTEN, H.: Dienstleistungsproduktion, in: HWB, Bd. 1, hrsg. v. W. Wittmann et al., 5. Aufl., Stuttgart 1993, Sp. 765-776.

EIBELSHÄUSER, M.: Die Aufgaben des Abschlußprüfers nach § 53 Haushaltsgrundsätzegesetz, in: Bilanzrecht und Kapitalmarkt, hrsg. v. W. Ballwieser u. A. Moxter, Düsseldorf 1994, S. 919-926.

EICHHORN, P.: Öffentliche und gemischtwirtschaftliche Unternehmungen, in: HWB, Bd. 1, hrsg. v. W. Wittmann et al., 5. Aufl., Stuttgart 1993, Sp. 2925-2940.

EICHHORN, P. (HRSG.), Unternehmensverfassung in der privaten und öffentlichen Wirtschaft, Festschrift für E. Potthoff, Baden-Baden 1989.

ENGELHARDT, W.: Gemeinwirtschaftliche Unternehmungen, in: HWB, Bd. 1, hrsg. v. W. Wittmann et. al., 5. Aufl., Stuttgart 1993, Sp. 1388 -1396.

FLÖSSER, G.; OTTO, H. (HRSG.): Sozialmanagement oder Management des Sozialen? Bielefeld 1992.

GESELLSCHAFT FÜR ÖFFENTLICHE WIRTSCHAFT UND GEMEINWIRTSCHAFT (Hrsg.): Kontrolle öffentlicher Unternehmen, Bd. 1, Baden-Baden 1980, Bd. 2, Baden-Baden 1982.

GROCHLA, E.: Betriebsverband und Verbandsbetrieb. Wesen, Formen und Organisation der Verbände aus betriebswirtschaftlicher Sicht, Berlin 1959.

GUI, B.: Productive Private Nonprofit Organizations. A conceptual framework, in: Annalen der Gemeinwirtschaft 1987, S. 415.

GUTENBERG, E.: Grundlagen der Betriebswirtschaftslehre, Bd. 2: Die Produktion, 2. Aufl. Berlin et al. 1955.

HOMANN, K.: Marketing in der kommunalen Versorgungswirtschaft. Bericht über eine empirische Untersuchung, in: ZögU, Bd. 11 (1988), S. 195-199.

INSTITUT DER WIRTSCHAFTSPRÜFER IN DEUTSCHLAND: Stellungnahme KFA 1/1987, Berlin 1987.

KIRSCH, H.: Leistungserhaltung als Ziel öffentlicher und anderer gemeinwirtschaftlicher Unternehmen, in: ZögU, Bd. 15 (1992), S. 148-156.

KOTTER, P.; ROBERTO, E.: Social Marketing, Düsseldorf et al. 1991.

PFEIFER, A.: Möglichkeiten und Grenzen der Steuerung kommunaler Aktiengesellschaften durch ihre Gebietskörperschaften, München 1991.

POTTHOFF, E.: Die Möglichkeiten der Geschäftsführungsprüfung, in: WPg, 9. Jg. (1966), S. 586-592.

POTTHOFF, E.: Dienstleistungsbetriebe, Planung von, in: HWPlan, hrsg. v. N. Szyperski, Stuttgart 1989, Sp. 289-296.

SCHMID, G.: Marketing nichterwerbswirtschaftlicher Genossenschaften, in: ZögU, Bd. 8 (1985), S. 187-190.

Schüller, A.; Strasmann, J.: Ansätze zur Erforschung von „Nonprofit Organizations“, in: ZögU, Bd. 12 (1989), S. 201-207.

Schwarz, P.: Erfolgsorientiertes Verbands-Management, Sankt Augustin 1984.

Schwarz, P.: Management in Nonprofit Organisationen. Eine Führungs-, Organisations- und Planungslehre für Verbände, Sozialwerke, Vereine, Kirchen, Parteien usw., Bern et al. 1992.

Thiemeyer, T. (Hrsg.): Instrumentalfunktion öffentlicher Unternehmen, Baden-Baden 1990.

Thiemeyer, T.: Genossenschaften, in: HWB, Bd. 1, hrsg. von Wittmann, W. et al., 5. Aufl., Stuttgart 1992, Sp. 1396-1405.

Thiemeyer, T.: Wirtschaftslehre öffentlicher Betriebe, Reinbek bei Hamburg 1975.

Wehrli, H.-P.: Nonprofit-Marketing, in: Gablers Wirtschafts Lexikon, 13. Aufl., Wiesbaden 1992, Sp. 2420.

Witte, E.; Hauschildt, J.: Die öffentliche Unternehmung im Interessenkonflikt. Betriebswirtschaftliche Studie zu einer Zielkonzeption der öffentlichen Unternehmung, Berlin 1966.

Zaltman, G. (Hrsg.): Management Principles for Nonprofit Agencies and Organizations, New York 1979.

Zimmer, A.; Nährlich, S.: Nonprofit-Management und Marketing. Mehr als Betriebsführung und Marktorientierung, in: ZögU, Bd. 16 (1993), S. 345-354.

Stichwortverzeichnis

C

D

G

N

O

P

Q

R

S

T

Z